동영상 강의 커리큘럼

01 행정학의 기초이론

| 행정의 본질 | 행정의 의의 / 행정과정 및 행정변수 / 행정과 환경
| 행정국가의 성립과 시장 및 정부실패 | 행정국가의 성립 / 시장실패와 정부실패
| 행정학의 발달과 주요 접근방법 | 행정학의 성립 및 발달 / 행정학의 주요 접근방법
| 행정이념과 행정문화 | 행정이념 / 행정문화 / 공익

02 정책론

| 정책과 정책학의 본질 | 정책의 의의 및 유형 / 정책학의 본질 / 정책결정요인이론
| 정책과정 및 기획론 | 정책의제(policy agenda)의 설정 / 정책분석과 미래예측 / 정책결정 / 정책집행(policy implementation) / 정책평가와 정책변동 / 기획론

03 조직론

| 조직의 본질 및 기초이론 | 조직의 본질 / 조직과 개인 / 조직과 환경 / 조직과 목표
| 조직의 구조 | 조직구조의 본질 / 관료제(bureaucracy) / 공식조직과 비공식조직 / 계선과 막료 / 위원회 / 공기업 / 책임운영기관
| 조직의 관리 | 의사전달(Communication, 의사소통) / 조직문화 / 갈등(Conflict) / 권위(Authority) / 리더십(Leadership) / 행정정보공개제도
| 조직의 발전과 변동 | 목표관리(MBO ; Management By Objectives) / 조직발전(OD ; Organization Development) / TQM과 리엔지니어링 등 / 균형성과관리(BSC, 균형성과표) / 전략적 관리(SM ; Strategic Management) / 조직의 동태화

04 인사행정론

| 인사행정의 기초이론 | 인사행정의 개관 / 엽관주의와 실적주의 / 직업공무원제도 / 대표관료제 / 중앙인사행정기관 / 인간 중심적 인사행정 / 공직의 분류
| 임용 및 능력발전 | 공무원의 임용 / 공무원의 능력발전
| 사기앙양 및 공무원 윤리 | 공무원의 사기 / 공무원의 사기와 관련된 제도 / 공무원 윤리

05 재무행정론

| 예산의 기초이론 | 예산의 의의 및 본질 / 정부회계 / 재정민주주의 / 예산의 분류 / 예산의 종류
| 예산결정이론 및 예산제도론 | 예산결정이론 / 예산제도
| 예산과정 | 예산과정의 개관 / 예산의 편성 / 예산의 심의 / 예산의 집행 / 결산 및 회계검사

06 행정환류론

| 행정책임과 행정통제 | 행정책임 / 행정통제 및 참여
| 행정개혁 | 행정개혁의 본질 / 행정개혁의 구현 / 정보화 사회와 행정, 지식관리

07 지방행정론

| 지방행정의 기초이론 | 지방행정의 본질 / 정부 간 관계론(IGR이론) / 지방자치단체에 대한 국가의 관여 · 감독(중앙통제) / 특별지방행정기관(일선기관) / 광역행정
| 지방자치 | 지방자치의 개관 / 지방자치의 내용
| 도시행정 | 도시행정의 이해

※ 강의 커리큘럼은 사정에 따라 변경될 수 있습니다. 자세한 내용은 나두공 홈페이지를 참조하시기 바랍니다.

9급 공무원 응시자격

※ 경찰 공무원, 소방 공무원, 교사 등 특정직 공무원의 채용은 별도 법령에 의거하고 있어 응시자격 등이 다를 수 있으니 해당법령과 공고문을 참고하시기 바랍니다.

※ 매년 채용시험 관련 법령 개정으로 응시자격이 변경될 수 있으므로 필요한 경우 확인절차를 거치시기 바랍니다.

01 최종시험 예정일이 속한 연도를 기준으로 공무원 응시가능 연령(9급 : 18세이상)에 해당한다. (단, 9급 교정·보호직의 경우 20세 이상)

02 아래의 공무원 응시 결격사유 중 어느 하나에도 해당되지 않는다.

1. 피성년후견인
2. 파산선고를 받고 복권되지 아니한 자
3. 금고 이상의 실형을 선고받고 그 집행이 종료되거나 집행을 받지 아니하기로 확정된 후 5년이 지나지 아니한 자
4. 금고 이상의 형을 선고받고 그 집행유예 기간이 끝난 날부터 2년이 지나지 아니한 자
5. 금고 이상의 형의 선고유예를 받은 경우에 그 선고유예 기간 중에 있는 자
6. 법원의 판결 또는 다른 법률에 따라 자격이 상실되거나 정지된 자
7. 징계로 파면처분을 받은 때부터 5년이 지나지 아니한 자
8. 징계로 해임처분을 받은 때부터 3년이 지나지 아니한 자

단, 검찰직 지원자는 금고 이상의 형을 선고받은 경우 응시할 수 없습니다.

03 공무원으로서의 직무수행에 지장을 주지 않는 건강상태를 유지하고 있어, 공무원 채용 신체검사에서 불합격 판정기준에 해당되지 않는다.

04 9급 지역별 구분모집 지원자의 경우, 시험시행년도 1월 1일을 포함하여 1월 1일 전 또는 후로 연속하여 3개월 이상 해당 지역에 주민등록이 되어 있다.

05 지방직 공무원, 경찰 등 다른 공무원시험을 포함하여 공무원 임용시험에서 부정한 행위를 한 적이 없다.

06 국어, 영어, 한국사와 선택하고자 하는 직류의 시험과목 기출문제를 풀어보았으며, 합격을 위한 최소한의 점수는 과목별로 40점 이상임을 알고 있다.

- 위의 요건들은 7급, 9급 공무원 시험에 응시하기 위한 기본 조건입니다.
- 장애인 구분모집, 저소득층 구분모집 지원자는 해당 요건을 추가로 확인하시기 바랍니다.

"나두 공무원 할 수 있다"

나두공

9급 공무원

행정학개론

개념서

2025

나두공 9급 공무원 행정학개론 개념서

인쇄일 2024년 10월 1일 4판 1쇄 인쇄
발행일 2024년 10월 5일 4판 1쇄 발행
등 록 제17-269호
판 권 시스컴2024

ISBN 979-11-6941-413-5 13350
정 가 26,000원

발행처 시스컴 출판사
발행인 송인식
지은이 나두공 수험연구소

주소 서울시 금천구 가산디지털1로 225, 514호(가산포휴) | **시스컴** www.siscom.co.kr / **나두공** www.nadoogong.com
E-mail siscombooks@naver.com | **전화** 02)866-9311 | **Fax** 02)866-9312

발간 이후 발견된 정오 사항은 나두공 홈페이지 도서정오표에서 알려드립니다(나두공 홈페이지 → 교재 → 도서정오표).

INTRODUCTION

최근 경제 불황은 심각해진 상태이다. 경제 불황에서 시작된 고용 불안은 이제 만성화 단계에 이르렀다. 이러한 현실에서 많은 젊은이들이 공무원에 주목하는 것은 당연한 일일 것이다.

최근 9급 공무원의 위상은 많이 바뀌었다. 대학 진학을 하지 않고 준비하는 학생들이 증가하고 있고, 상당수의 대학 1학년생들이 입학 직후부터 9급 공무원 시험 준비를 시작한다. 또한 다니던 직장을 그만두고 9급 공무원 시험을 준비하는 사람들도 찾아볼 수 있다. 이러한 응시생의 증가는 시험 문제의 변별력 및 난이도 상승으로 이어지고 있다. 이러한 이유로 오랜 준비에도 불구하고 합격을 장담하기가 어려워지고 있다.

따라서 이 책에서는 짧은 시간에 수험생들이 고득점을 획득할 수 있도록 시험에 나오는 핵심 내용을 위주로 구성하였다. 불필요한 부분을 과감히 쳐내고 반드시 필요한 부분만을 엄선하였고, 수험생의 이해를 돕기 위한 Check Point를 추가하여 공무원 시험 준비를 더욱 쉽게 할 수 있도록 하였다.

이 책을 통해 공무원 시험을 준비하는 수험생들에게 합격의 밝은 내일이 있길 기원한다.

시험 과목

직렬	직류	시험 과목
행정직	일반행정	국어, 영어, 한국사, 행정법총론, 행정학개론
	고용노동	국어, 영어, 한국사, 행정법총론, 노동법개론
	선거행정	국어, 영어, 한국사, 행정법총론, 공직선거법
직업상담직	직업상담	국어, 영어, 한국사, 노동법개론, 직업상담 · 심리학개론
세무직(국가직)	세무	국어, 영어, 한국사, 세법개론, 회계학
세무직(지방직)		국어, 영어, 한국사, 지방세법, 회계학
사회복지직	사회복지	국어, 영어, 한국사, 사회복지학개론, 행정법총론
교육행정직	교육행정	국어, 영어, 한국사, 교육학개론, 행정법총론
관세직	관세	국어, 영어, 한국사, 관세법개론, 회계원리
통계직	통계	국어, 영어, 한국사, 통계학개론, 경제학개론
교정직	교정	국어, 영어, 한국사, 교정학개론, 형사소송법개론
보호직	보호	국어, 영어, 한국사, 형사정책개론, 사회복지학개론
검찰직	검찰	국어, 영어, 한국사, 형법, 형사소송법
마약수사직	마약수사	국어, 영어, 한국사, 형법, 형사소송법
출입국관리직	출입국관리	국어, 영어, 한국사, 국제법개론, 행정법총론
철도경찰직	철도경찰	국어, 영어, 한국사, 형사소송법개론, 형법총론
공업직	일반기계	국어, 영어, 한국사, 기계일반, 기계설계
	전기	국어, 영어, 한국사, 전기이론, 전기기기
	화공	국어, 영어, 한국사, 화학공학일반, 공업화학
농업직	일반농업	국어, 영어, 한국사, 재배학개론, 식용작물
임업직	산림자원	국어, 영어, 한국사, 조림, 임업경영
시설직	일반토목	국어, 영어, 한국사, 응용역학개론, 토목설계
	건축	국어, 영어, 한국사, 건축계획, 건축구조
	시설조경	국어, 영어, 한국사, 조경학, 조경계획 및 설계

방재안전직	방재안전	국어, 영어, 한국사, 재난관리론, 안전관리론
전산직	전산개발	국어, 영어, 한국사, 컴퓨터일반, 정보보호론
	정보보호	국어, 영어, 한국사, 네트워크 보안, 정보시스템 보안
방송통신직	전송기술	국어, 영어, 한국사, 전자공학개론, 무선공학개론
법원사무직 (법원직)	법원사무	국어, 영어, 한국사, 헌법, 민법, 민사소송법, 형법, 형사소송법
등기사무직 (법원직)	등기사무	국어, 영어, 한국사, 헌법, 민법, 민사소송법, 상법, 부동산등기법
사서직 (국회직)	사서	국어, 영어, 한국사, 헌법, 정보학개론
속기직 (국회직)	속기	국어, 영어, 한국사, 헌법, 행정학개론
방호직 (국회직)	방호	국어, 영어, 한국사, 헌법, 사회
경위직 (국회직)	경위	국어, 영어, 한국사, 헌법, 행정법총론
방송직 (국회직)	방송제작	국어, 영어, 한국사, 방송학, 영상제작론
	취재보도	국어, 영어, 한국사, 방송학, 취재보도론
	촬영	국어, 영어, 한국사, 방송학, 미디어론

- 교정학개론에 형사정책 및 행형학, 국제법개론에 국제경제법, 행정학개론에 지방행정이 포함되며, 공직선거법에 '제16장 벌칙'은 제외됩니다.
- 노동법개론은 근로기준법 · 최저임금법 · 노동조합 및 노동관계조정법에서 하위법령을 포함하여 출제됩니다.
- 시설조경 직류의 조경학은 조경일반(미학, 조경사 등), 조경시공구조, 조경재료(식물재료 포함), 조경생태(생태복원 포함), 조경관리(식물, 시설물 등)에서, 조경계획 및 설계는 조경식재 및 시설물 계획, 조경계획과 설계과정, 공원 · 녹지계획과 설계, 휴양 · 단지계획과 설계, 전통조경계획과 설계에서 출제됩니다.

※ 추후에 변경 가능하므로 반드시 응시 기간 내 시험과목 및 범위를 확인하시기 바랍니다.

"나두 공무원 할 수 있다"

나두공 9급 공무원 시험 안내

응시자격

1. 인터넷 접수만 가능
2. 접수방법 : 사이버국가고시센터(www.gosi.kr)에 접속하여 접수할 수 있습니다.
3. 접수시간 : 기간 중 24시간 접수
4. 비용 : 응시수수료(7급 7,000원, 9급 5,000원) 외에 소정의 처리비용(휴대폰 · 카드 결제, 계좌이체비용)이 소요됩니다.

※ 저소득층 해당자(국민기초생활 보장법에 따른 수급자 또는 한부모가족지원법에 따른 지원대상자)는 응시수수료가 면제됩니다.

※ 응시원서 접수 시 등록용 사진파일(JPG, PNG)이 필요하며 접수 완료 후 변경 불가합니다.

학력 및 경력

제한 없음

시험방법

1. 제1·2차시험(병합실시) : 선택형 필기
2. 제3차시험 : 면접

※ 교정직(교정) 및 철도경찰직(철도경찰)의 6급 이하 채용시험의 경우, 9급 제1 · 2차 시험(병합실시) 합격자를 대상으로 실기시험(체력검사)을 실시하고, 실기시험 합격자에 한하여 면접시험을 실시합니다.

원서접수 유의사항

1. 접수기간에는 기재사항(응시직렬, 응시지역, 선택과목 등)을 수정할 수 있으나, 접수기간이 종료된 후에는 수정할 수 없습니다.
2. 응시자는 응시원서에 표기한 응시지역(시 · 도)에서만 필기시험에 응시할 수 있습니다.

   ※ 다만, 지역별 구분모집[9급 행정직(일반), 9급 행정직(우정사업본부)] 응시자의 필기시험 응시지역은 해당 지역모집 시 · 도가 됩니다.(복수의 시 · 도가 하나의 모집단위일 경우, 해당 시 · 도 중 응시희망지역을 선택할 수 있습니다.)
3. 인사혁신처에서 동일 날짜에 시행하는 임용시험에는 복수로 원서를 제출할 수 없습니다.

양성평등채용목표제

1. 대상시험 : 선발예정인원이 5명 이상인 모집단위(교정 · 보호직렬은 적용 제외)
2. 채용목표 : 30%

※ 시험실시단계별로 합격예정인원에 대한 채용목표 비율이며 인원수 계산 시, 선발예정인원이 10명 이상인 경우에는 소수점 이하를 반올림하며, 5명 이상 10명 미만일 경우에는 소수점 이하는 버립니다.

응시 결격 사유

해당 시험의 최종시험 시행예정일(면접시험 최종예정일) 현재를 기준으로 국가공무원법 제33조(외무공무원은 외무공무원법 제9조, 검찰직 · 마약수사직 공무원은 검찰청법 제50조)의 결격사유에 해당하거나, 국가공무원법 제74조(정년) · 외무공무원법 제27조(정년)에 해당하는 자 또는 공무원임용시험령 등 관계법령에 의하여 응시자격이 정지된 자는 응시할 수 없습니다.

가산점 적용

구분	가산비율	비고
취업지원대상자	과목별 만점의 10% 또는 5%	• 취업지원대상자 가점과 의사상자 등 가점은 1개만 적용 • 취업지원대상자/의사상자 등 가점과 자격증 가산점은 각각 적용
의사상자 등	과목별 만점의 5% 또는 3%	
직렬별 가산대상 자격증 소지자	과목별 만점의 3~5% (1개의 자격증만 인정)	

기타 유의사항

1. 필기시험에서 과락(만점의 40% 미만) 과목이 있을 경우에는 불합격 처리됩니다. 필기시험의 합격선은 공무원임용시험령 제4조에 따라 구성된 시험관리위원회의 심의를 통해 결정되며, 구체적인 합격자 결정 방법 등은 공무원임용시험령 등 관계법령을 참고하시기 바랍니다.
2. 9급 공채시험에서 가산점을 받고자 하는 자는 필기시험 시행 전일까지 해당요건을 갖추어야 하며, 반드시 필기시험 시행일을 포함한 3일 이내에 사이버국가고시센터(www.gosi.kr)에 접속하여 자격증의 종류 및 가산비율을 입력해야 합니다.

※ 자격증 종류 및 가산비율을 잘못 기재하는 경우에는 응시자 본인에게 불이익이 있을 수 있습니다.

※ 반드시 응시 기간 내 공고문을 확인하시기 바랍니다.

"나두 공무원 할 수 있다" 나두공

구성 및 특징

간결한 내용 구성

빠른 시간 안에 공무원 수험을 마칠 수 있도록 만들어진 단기완성용 공무원 수험서입니다. 꼭 필요한 내용만 쏙쏙 뽑아 공부하면서 합격까지 한번에!

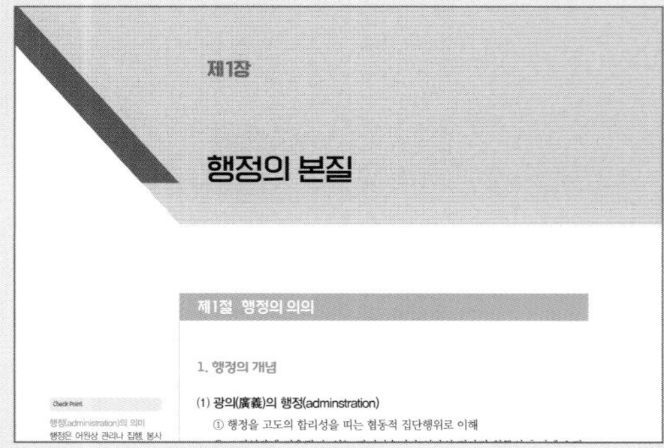

제1장

행정의 본질

제1절 행정의 의의

1. 행정의 개념

(1) 광의(廣義)의 행정(adminstration)

① 행정을 고도의 합리성을 띠는 협동적 집단행위로 이해

Check Point

행정(administration)의 의미

행정은 어원상 관리나 집행, 봉사

Check Point

공부하면서 알아두어야 하는 요소를 모아 관련 내용 옆에 수록하였습니다. 본문 학습 시 슬쩍 주워가세요.

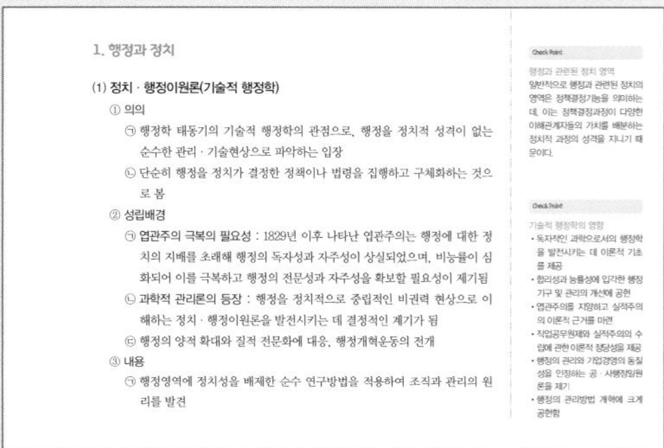

1. 행정과 정치

(1) 정치 · 행정이원론(기술적 행정학)

① 의의

㉠ 행정학 태동기의 기술적 행정학의 관점으로, 행정을 정치적 성격이 없는 순수한 관리 · 기술현상으로 파악하는 입장

㉡ 단순히 행정을 정치가 결정한 정책이나 법령을 집행하고 구체화하는 것으로 봄

② 성립배경

㉠ 엽관주의 극복의 필요성 : 1829년 이후 나타난 엽관주의는 행정에 대한 정치의 지배를 초래해 행정의 독자성과 자주성이 상실되었으며, 비능률이 심화되어 이를 극복하고 행정의 전문성과 자주성을 확보할 필요성이 제기됨

㉡ 과학적 관리론의 등장 : 행정을 정치적으로 중립적인 비권력 현상으로 이해하는 정치 · 행정이원론을 발전시키는 데 결정적인 계기가 됨

㉢ 행정의 양적 확대와 질적 전문화에 대응, 행정개혁운동의 전개

③ 내용

㉠ 행정영역에 정치성을 배제한 순수 연구방법을 적용하여 조직과 관리의 원리를 발견

Check Point

행정과 관련된 정치 영역

일반적으로 행정과 관련된 정치의 영역은 정책결정기능을 의미하는데, 이는 정책결정과정이 다양한 이해관계자들의 가치를 배분하는 정치적 과정의 성격을 지니기 때문이다.

Check Point

기술적 행정학의 영향

- 독자적인 과학으로서의 행정학을 발전시키는 데 이론적 기초를 제공
- 합리성과 능률성에 입각한 행정기구 및 관리의 개선에 공헌
- 엽관주의를 지양하고 실적주의의 이론적 근거를 마련
- 직업공무원제와 실적주의의 수립에 관한 이론적 정당성을 제공
- 행정의 관리와 기업경영의 동질성을 인정하는 공 · 사행정일원론을 제기
- 행정의 관리방법 개혁에 크게 공헌함

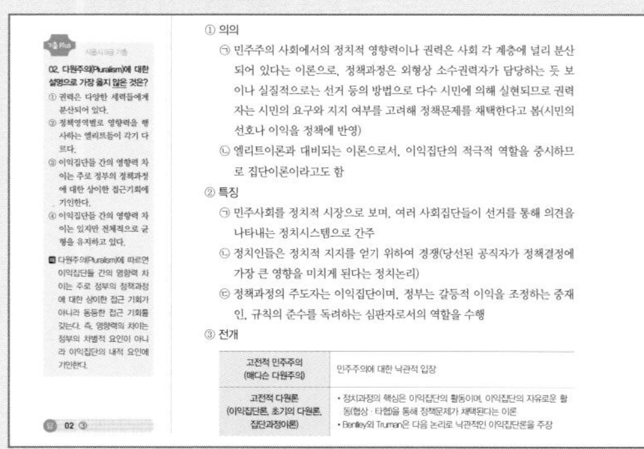

① 의의

㉠ 민주주의 사회에서의 정치적 영향력이나 권력은 사회 각 계층에 널리 분산되어 있다는 이론으로, 정책과정은 외형상 소수권력자가 담당하는 듯 보이나 실질적으로는 선거 등의 방법으로 다수 시민에 의해 실현되므로 권력자는 시민의 요구와 지지 여부를 고려해 정책문제를 채택한다고 봄(시민의 선호나 이익을 정책에 반영)

㉡ 엘리트이론과 대비되는 이론으로서, 이익집단의 적극적 역할을 중시하므로 집단이론이라고도 함

② 특징

㉠ 민주사회를 정치적 시장으로 보며, 여러 사회집단들이 선거를 통해 의견을 나타내는 정치시스템으로 간주

㉡ 정치인들은 정치적 지지를 얻기 위하여 경쟁(당선된 공직자가 정책결정에 가장 큰 영향을 미치게 된다는 정치논리)

㉢ 정책과정의 주도자는 이익집단이며, 정부는 갈등적 이익을 조정하는 중재인, 규칙의 준수를 독려하는 심판자로서의 역할을 수행

③ 전개

고전적 민주주의 (매디슨 다원주의)	민주주의에 대한 낙관적 입장
고전적 다원론 (이익집단론, 초기의 다원론, 집단과정이론)	• 정치과정의 핵심은 이익집단의 활동이며, 이익집단의 자유로운 활동(협상 · 타협)을 통해 정책문제가 채택된다는 이론 • Bentley와 Truman은 다음 논리로 낙관적인 이익집단론을 주장

기출 plus

02. 다원주의(Pluralism)에 대한 설명으로 가장 옳지 않은 것은?

① 권력은 다양한 세력들에게 분산되어 있다.

② 정책영역별로 영향력을 행사하는 엘리트들이 각기 다르다.

③ 이익집단들 간의 영향력 차이는 주로 정부의 정책과정에 대한 상이한 접근기회에 기인한다.

④ 이익집단들 간의 영향력 차이는 있지만 전체적으로 균형을 유지하고 있다.

해 다원주의(Pluralism)에 따르면 이익집단들 간의 영향력 차이는 주로 정부의 정책과정에 대한 상이한 접근 기회가 아니라 동등한 접근 기회를 갖는다. 즉, 영향력의 차이는 정부의 차별적 요인이 아니라 이익집단의 내적 요인에 기인한다.

답 02 ③

기출 plus

이해도를 높이는 가장 빠른 방법, 문제풀이! 요점정리와 함께 기출 plus로 실력을 쑥쑥 키웁시다.

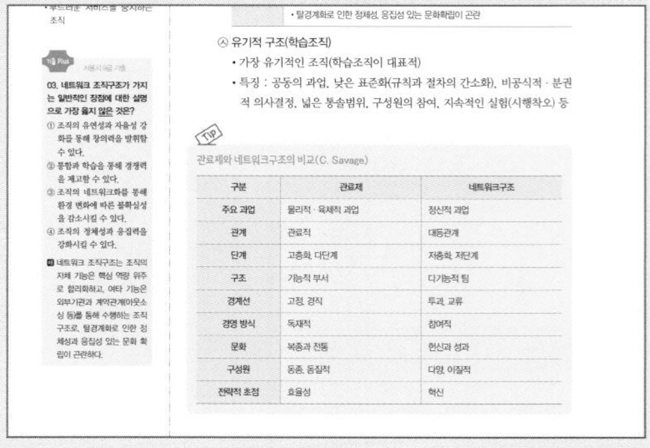

• 탈경계화로 인한 정체성, 응집성 있는 문화확립이 곤란

ⓢ 유기적 구조(학습조직)

• 가장 유기적인 조직(학습조직이 대표적)

• 특징 : 공동의 과업, 낮은 표준화(규칙과 절차의 간소화), 비공식적 · 분권적 의사결정, 넓은 통솔범위, 구성원의 참여, 지속적인 실험(시행착오) 등

Tip

관료제와 네트워크구조의 비교(C. Savage)

구분	관료제	네트워크구조
주요 과업	물리적 · 육체적 과업	정신적 과업
관계	관료적	대등관계
단계	고층화, 다단계	저층화, 저단계
구조	기능적 부서	다기능적 팀
경계선	고정, 경직	투과, 교류
경영 방식	독재적	참여적
문화	복종과 전통	헌신과 성과
구성원	동종, 동질적	다양, 이질적
전략적 초점	효율성	혁신

기출 plus

03. 네트워크 조직구조가 가지는 일반적인 장점에 대한 설명으로 가장 옳지 않은 것은?

① 조직의 유연성과 자율성 강화를 통해 창의력을 발휘할 수 있다.

② 통합과 학습을 통해 경쟁력을 제고할 수 있다.

③ 조직의 네트워크화를 통해 환경 변화에 따른 불확실성을 감소시킬 수 있다.

④ 조직의 정체성과 응집력을 강화시킬 수 있다.

해 네트워크 조직구조는 조직의 자체 기능은 핵심 역량 위주로 합리화하고, 여타 기능은 외부기관과 계약관계(아웃소싱 등)를 통해 수행하는 조직구조로, 탈경계화로 인한 정체성과 응집성 있는 문화 확립이 곤란하다.

Tip

본문의 흐름과 내용을 이해하는 데 참고가 되는 자료를 정리하여 수록하였습니다. 머릿속에 쏙쏙 담아 가세요.

꼭! 확인 기출문제

학습한 내용을 바로바로 확인 할 수 있도록 기출문제를 적재적소에 배치하였습니다. 학습 성과를 점검하세요.

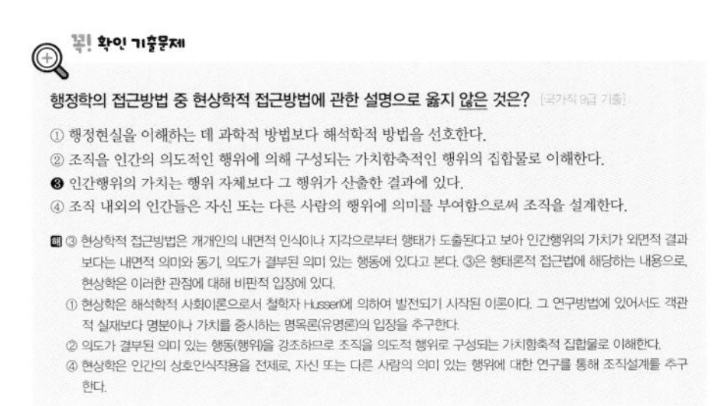

꼭! 확인 기출문제

행정학의 접근방법 중 현상학적 접근방법에 관한 설명으로 옳지 않은 것은? [국가직 9급 기출]

① 행정현실을 이해하는 데 과학적 방법보다 해석학적 방법을 선호한다.
② 조직을 인간의 의도적인 행위에 의해 구성되는 가치함축적인 행위의 집합물로 이해한다.
❸ 인간행위의 가치는 행위 자체보다 그 행위가 산출한 결과에 있다.
④ 조직 내외의 인간들은 자신 또는 다른 사람의 행위에 의미를 부여함으로써 조직을 설계한다.

해 ③ 현상학적 접근방법은 개개인의 내면적 인식이나 지각으로부터 행태가 도출된다고 보아 인간행위의 가치가 외면적 결과보다는 내면적 의미와 동기, 의도가 결부된 의미 있는 행동에 있다고 본다. ③은 행태론적 접근법에 해당하는 내용으로, 현상학은 이러한 관점에 대해 비판적 입장에 있다.
① 현상학은 해석학적 사회이론으로서 철학자 Husserl에 의하여 발전되기 시작된 이론이다. 그 연구방법에 있어서도 객관적 실재보다 명분이나 가치를 중시하는 명목론(유명론)의 입장을 추구한다.
② 의도가 결부된 의미 있는 행동(행위)을 강조하므로 조직을 의도적 행위로 구성되는 가치함축적 집합물로 이해한다.
④ 현상학은 인간의 상호인식작용을 전제로, 자신 또는 다른 사람의 의미 있는 행위에 대한 연구를 통해 조직설계를 추구한다.

참고

요점 정리만으로는 부족한 내용을 실었으며, 이론 범위의 주요 개념 등을 한 단계 더 깊이 학습할 수 있는 수험생을 위한 보충자료입니다.

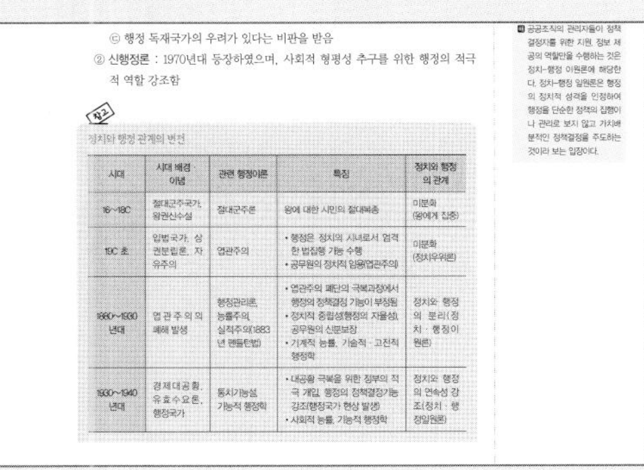

ⓒ 행정 독재국가의 우려가 있다는 비판을 받음
② **신행정론** : 1970년대 등장하였으며, 사회적 형평성 추구를 위한 행정의 적극적 역할 강조함

참고

정치와 행정 관계의 변천

시대	시대 배경·이념	관련 행정이론	특징	정치와 행정의 관계
16~18C	절대군주국가, 왕권신수설	절대군주론	왕에 대한 시민의 절대복종	미분화(왕에게 집중)
19C 초	입법국가, 삼권분립론, 자유주의	엽관주의	• 행정은 정치의 시녀로서 엄격한 법집행 기능 수행 • 공무원의 정치적 임용(엽관주의)	미분화(정치우위론)
1880~1930년대	엽관주의의 폐해 발생	행정관리론, 능률주의, 실적주의(1883년 펜들턴법)	• 엽관주의 폐단의 극복과정에서 행정의 정책결정 기능이 부정됨 • 정치적 중립성(행정의 자율성), 공무원의 신분보장 • 기계적 능률, 기술적·고전적 행정학	정치와 행정의 분리(정치·행정이원론)
1930~1940년대	경제대공황, 유효수요론, 행정국가	통치기능설, 기능적 행정학	• 대공황 극복을 위한 정부의 적극 개입, 행정의 정책결정기능 강조(행정국가 현상 발생) • 사회적 능률, 기능적 행정학	정치와 행정의 연속성 강조(정치·행정일원론)

해 공공조직의 관리자들이 정책결정자를 위한 지원, 정보 제공의 역할만을 수행하는 것은 정치-행정 이원론에 해당한다. 정치-행정 일원론은 행정의 정치적 성격을 인정하여 행정을 단순한 정책의 집행이나 관리로 보지 않고 가치배분적인 정책결정을 주도하는 것이라 보는 입장이다.

해 ③ 「국가공무원법」상 감봉은 1~3개월의 기간 동안 보수의 1/3을 감하며, 12개월 간 승급이 제한된다.
① 「국가공무원법」상 징계는 파면 · 해임 · 강등 · 정직 · 감봉 · 견책의 여섯 가지로 구분한다.
② 정직은 1개월 이상 3개월 이하의 기간으로 하고, 정직 처분을 받은 자는 그 기간 중 공무원의 신분은 보유하나 직무에 종사하지 못하며 보수는 전액 감한다.
④ 감사원에서 조사 중인 사건에 대하여는 조사개시 통보를 받은 후부터 징계 의결의 요구나 그 밖의 징계 절차를 진행할 수 없다(국가공무원법 제83조 제1항).

02. 「국가공무원법」상 공무원 인사에 대한 설명으로 옳지 않은 것은? [지방직 9급 기출]

① 당연퇴직은 법이 정한 사유가 발생한 경우 별도의 처분 없이 공무원 관계가 소멸되는 것을 말한다.
② 직권면직은 법이 정한 사유가 발생한 경우 임용권자가 일방적으로 공무원 관계를 소멸시키는 것을 말한다.
③ 직위해제는 직무수행능력이 부족하거나 근무성적이 극히 나쁜 경우 공무원의 신분은 유지하지만 강제로 직무를 담당하지 못하게 하는 것이다.
❹ 강임은 한 계급 아래로 직급을 내리는 것으로 징계의 종류 중 하나이다.

해 ④ 한 계급 아래로 직급을 내리는 「국가공무원법」상의 징계는 강등이다. 강임은 정부조직 개편으로 폐직 · 과원 상태가 되었거나 본인의 희망에 의하여 하위직급으로 임용되는 것으로 징계에 해당되지 않는다.
① 당연퇴직은 임용권자의 처분에 의해서가 아니라 재직 중에 법률에 규정된 일정한 사유의 발생으로 인하여 공무원관계가 소멸되는 것을 말한다.
② 직권면직은 법률로 정한 일정한 사유에 해당되는 경우 임용권자의 직권에 의해 공무원신분을 박탈하는 것을 말한다.
③ 직위해제는 직무수행능력이 부족하거나 근무성적이 극히 불량한 자 등에게 공무원 신분은 유지하지만 강제로 직위를 부여하지 않는 처분을 말한다.

해설

기출문제의 상세한 정답 해설은 물론 오답 해설까지 친절하게 풀어드립니다.

"나두 공무원 할 수 있다"

나두공 목 차

4편 인사행정론

5편 재무행정론

6편 행정환류론

7편 지방행정론

4주완성 Study Plan

	분류		날짜	학습 시간
1st Week	1편 행정학의 기초이론	제1장 행정의 본질 제2장 행정국가의 성립과 시장 및 정부실패 제3장 행정학의 발달과 주요 접근방법 제4장 행정이념과 행정문화		
2nd Week	2편 정책론	제1장 정책과 정책학의 본질 제2장 정책과정 및 기획론		
	3편 조직론	제1장 조직의 본질 및 기초이론 제2장 조직의 구조 제3장 조직의 관리 제4장 조직의 발전과 변동		
3rd Week	4편 인사행정론	제1장 인사행정의 기초이론 제2장 임용 및 능력발전 제3장 사기앙양 및 공무원 윤리		
	5편 재무행정론	제1장 예산의 기초이론 제2장 예산결정이론 및 예산제도론 제3장 예산과정		
4th Week	6편 행정환류론	제1장 행정책임과 행정통제 제2장 행정개혁		
	7편 지방행정론	제1장 지방행정의 기초이론 제2장 지방자치 제3장 도시행정		

1 편

행정학의 기초이론

제1장

행정의 본질

제1절 행정의 의의

1. 행정의 개념

Check Point

행정(administration)의 의미
행정은 어원상 관리나 집행, 봉사의 의미를 지님

(1) 광의(廣義)의 행정(adminstration)

① 행정을 고도의 합리성을 띠는 협동적 집단행위로 이해
② 조직일반에 적용될 수 있는 관리기술이나 인간의 집단적 협동의 측면에 초점
③ 공(公) · 사(私)를 구분하지 않고 정부조직 · 기업 · 비영리민간단체 등 모든 조직의 보편적 · 공통적 현상

(2) 협의(狹義)의 행정 : 광의의 행정 중 공행정(public administration)만을 의미함

① 공적 목적(공익)의 달성을 위한 정부나 공공조직의 기능과 역할
② 목적과 주체 면에서 사행정(私行政, private administration)과 구별됨
③ 행정은 정치권력을 바탕으로 한 공공정책의 형성 및 구체화 → 행정은 권력성을 바탕으로 한 정치적 속성과 관리성을 바탕으로 한 경영의 속성을 동시에 지님

Check Point

행정학적 행정개념
(일반적 의미의 행정개념)
공적 목적(공익)을 달성하기 위한 정부의 협동적 집단행위

(3) 거버넌스 관념의 대두

① 1980년대 이후 신보수주의 · 신자유주의를 기반으로 한 신공공관리론과 참여주의 · 공동체주의를 기반으로 한 신국정관리론의 대두로 인해 행정개념에 변화가 나타남. 국가나 정부 행정에 중점을 두던 전통적 행정개념과 달리 public administration의 public(공공)을 government(정부)가 아닌 governance(거

버넌스, 협치(協治))로 파악

② 사회문제 해결을 위한 정부 · 시장 · 시민사회의 공 · 사(公 · 私) 부문 간 네트워크 구성과 협력적 활동을 중시

2. 행정의 특성

(1) 행정 개념상의 특성

① **공공으로서의 행정** : 행정은 공익(공공의 가치)을 실현시키기 위한 공공적 성격을 지님

② **체제로서의 행정** : 행정은 사회환경과 역동적으로 상호작용을 하면서 변화하는 체계로서의 속성을 지닌다고 보는 체제론적 관점으로 행정은 환경으로부터 영향을 받기도 하고 영향을 미치기도 하는 유기체임

③ **권력으로서의 행정** : 행정은 공권력을 배경으로 행정객체에게 반대급부 없이 일방적으로 명령하거나 강제할 수 있는 힘을 가짐. 국민의 권리를 규제(제한)하고 의무를 부과하는 것은 행정의 본질임

④ **정치로서의 행정** : 현실의 행정은 정치적 환경 하에서 이루어지고 정치적 영향을 받으며, 또한 정치적 지지를 얻어야 하고 정치적 기능(준입법, 정책결정 등)도 수행하고 있음

⑤ **관리로서의 행정** : 행정은 목표달성을 위한 물적 및 인적 자원의 관리라는 점에서 정치와 구별되고 경영과는 공통점을 지님. 행정을 관리로 보는 행정관리설이나 행정을 협동적 집단행동으로 보는 행정형태설의 관점임

(2) 행정의 공공재적 특성

① **공급 측면의 특성**

㉠ **비시장성** : 시장에서 공급되지 않고 이윤을 추구하지도 않으며, 성과나 가치를 화폐로 표현하기도 곤란함

㉡ **비경쟁성(독점성)** : 정부가 독점적 형태로 공급함

㉢ **비저장성(비축적성)** : 생산과 동시에 소비되므로 서비스를 따로 저장하여 둘 수 없음

㉣ **비분할성** : 특정인에게만 분할하여 배타적으로 공급되지 않음

㉤ **무형성** : 활동성과가 가시적이지 않으며 계량화 역시 곤란함

② **소비 측면의 특성**

㉠ **비경합성** : 다수가 동시에 이용하더라도 타인의 소비가 자신의 소비에 영향을 미치지 않아 모두가 이용(소비)할 수 있음

Check Point

무임승차 문제의 폐해

무임승차의 문제(free-ride rproblem)는 '나 하나쯤 빠져도 된다는 생각(N-1)'이나 '나 정도의 비율은 빠져도 된다는 생각(1/N)'을 발생시킴으로써, 집단 전체로는 공통적 문제를 해결하지 못하는 집단행동의 딜레마를 초래하게 됨

Check Point

배제성과 비배제성(재화의 구분 기준)

- **배제성** : 가격을 지불하지 않으면 그 재화에 대한 소비행위에서 배제되는 것
- **비배제성** : 가격을 지불하지 않더라도 소비 행위에서 배제되지 않는 것(돈을 내지 않아도 소비할 수 있는 것)

Check Point

경합성과 비경합성(재화의 구분 기준)

- **경합성** : 다른 사람이 소비할 경우 이로 인해 나의 소비가 지장을 받거나 소비에서 얻는 효용이 감소되는 것
- **비경합성** : 다른 사람이 소비할 경우라도 지장을 받지 않거나 효용이 감소되지 않는 것(경쟁하지 않아도 얻을 수 있는 것)

Check Point

분할성과 비분할성(재화의 구분 기준)

- **분할성** : 전체 재화를 개인별로 분할하여 소유·소비할 수 있는 것
- **비분할성** : 분할해서 소유·소비할 수 없는 것

ⓛ **비배제성(무임승차)** : 대가에 대한 비용부담을 하지 않는 사람도 소비에서 배제시킬 수 없음(수익자 부담주의를 적용할 수 없으며 무임승차 현상 발생)

ⓒ **등량소비성** : 다수가 동일한 재화를 동시에 소비하여 동일한 이익을 얻음

ⓡ **내생적 선호** : 서비스 선택에 있어 개인 선호의 형성이나 표출이 제약되므로, 시장에서와 같이 개인의 선호에 따라 서비스를 자유롭게 선택할 수 없음(소비자 선호의 파악이 곤란함)

재화의 유형별 특성 및 정부의 관여 형태

특징	비경합성	경합성
비배제성	공공재	공유재
	• 공급상의 문제점 : 무임승차 → 시장에서 공급곤란(과소공급) • 정부개입 : 공급문제 해결을 위해 정부가 직접 공급(무료)하며(계약에 의해 민간기업이 생산할 수도 있음), 공급비용은 세금 등 강제적 수단으로 징수 예 국방·치안·외교·방역서비스, 도로·등대·가로등·공원, 기상예보, 공영TV방송, 라디오	• 공급상의 문제점 : 과다사용과 자원손실(공유지의 비극), 비배제성에 따른 비용회피 • 정부개입 : 자원고갈 방지를 위한 공급·소비에 대한 적극적 규제(예 환경오염 방지정책), 공공부문에서의 공급비용 부담(예 정부에 의한 환경오염방지시설 설치나 예방접종) 예 자연자원(산, 강, 바다, 개울가 수석, 어족자원, 지하수, 천연자원, 관개용수(灌漑用水)), 예산 등)
배제성	요금재	민간재
	• 공급상의 문제점 : 규모의 경제와 자연독점 우려 • 정부개입 : 민간기업이 생산하도록 가능한 한 자율성을 보장하지만, 일부재화의 자연독점 문제를 방지하기 위해 정부가 규제를 가하거나 직접 공급하며, 공급비용은 서비스 판매(유료)를 통해 조달 예 전기, 가스, 수도, 통신, 상·하수도, 고속도로, 케이블TV	• 공급상의 문제점 : 시장 가격기구에 의해 응익주의에 따라 수요·공급이 원활하게 이뤄지면 문제 없음 • 정부개입 : 원칙적으로 민간기업이 생산하도록 자율성을 보장, 공익차원에서 소비자보호를 위한 서비스의 안정성과 규격기준 설정이나 저소득층을 위한 기본적 수요의 충족 등에 부분적으로 정부가 개입하는 경우가 있음 예 일상생활의 재화(냉장고, 빵, 자동차 등)

㉠ **공공재**

- 배제성과 경합성을 띠지 않는 전형적인 공공 서비스
- 시장에서 공급하도록 둘 경우 과소공급되는 시장실패를 초래하므로(비시장성) 원칙적으로 정부가 개입하여 직접공급하며, 이 경우 공급수준에 대한 과다공급과 과소공급의 쟁점을 야기할 수 있음

㉡ **공유재**

- 소비는 경쟁적이지만(경합성) 배제가 불가능한 재화(비배제성)로 구성원 모두가 공유하는 공동재
- 공유재는 부정적 외부효과에 의한 고갈사태(공유재의 비극)를 초래할 수 있으므로 시장에 맡기기 곤란(시장실패)함. 따라서 소유권의 명확화 또는 정부의 규제나 구성원 간 자발적인 규칙이나 합의(신제도) 등의 대안이 필요

ⓒ 요금재
- 공동으로 소비하지만(비경합성) 요금을 지불하지 않으면 배제가 가능하기 때문에(배제성) 공기업 등이 주로 공급하는 재화
- 요금재는 배제성을 띠므로 수익자부담주의가 적용 가능하여 시장이 공급할 수 있는 재화이지만 자연독점 성격이 강하므로 독점이익의 왜곡을 방지하기 위해 정부가 직접 공급하거나 공기업이 공급하는 경우가 많았음

ⓔ 민간재
- 소비의 대가를 지불해야 하며 소비의 경합성이 존재하고 개별적인 분할 소유 · 소비가 가능한 재화로 시장에서 공급 · 소비되는 재화
- 원칙적으로 시장이 공급하지만, 기본적인 수요조차 충족하기 어려운 저소득층이나 사회적 약자를 위해 정부가 일정 부분 공급하는 경우(가치재)도 있음

꼭! 확인 기출문제

경합성과 배제성을 고려할 때 공공재(public goods)에 가장 가까운 것은? [국가직 9급 기출]

① 국립도서관 ② 고속도로
❸ 등대 ④ 올림픽 주경기장

해 ③ 등대는 국방, 외교, 치안 등과 함께 경합성과 배제성을 띠지 않는 대표적인 공공재에 해당한다. 공유재는 경합성과 비배제성을 특징으로 하는 재화이다. 여기서 경합성이란 어떤 사람의 소비가 다른 사람의 소비에 영향을 미쳐 소비를 감소시키거나 효용가치를 떨어뜨리는 것을 말하며, 비배제성이란 비용을 지불하지 않는 사람도 소비에서 배제시킬 수 없는 것을 말한다.
① 국립도서관이나 국립공원은 공유재에 해당한다.
② · ④ 고속도로와 올림픽 주경기장은 배제성과 비경합성을 지닌 요금재에 해당한다.

3. 행정학적 행정개념

(1) 행정관리설(1880년대~1930년대)

① 성립 및 의의
- ㉠ 19세기 말 행정학 성립 초기의 기술적 행정학(엽관주의 폐단 극복을 위한 펜들턴법 제정 직후 행정학 성립 초기의 관점)
- ㉡ 행정의 정치영역에 대한 독자성 구축을 강조하여 행정을 공공사무의 관리라는 기술적 과정 내지 체계로 인식(정치 · 행정이원론)
- ㉢ 행정을 이미 수립된 정책이나 법령을 구체화한 것으로 간주하여 경영과 동질적인 것으로 파악(공 · 사행정일원론)
- ㉣ 과학적 관리론, 고전적 관료제론 등과 함께 행정학의 출범 초기에 학문적 기초를 쌓는 데 크게 기여함(행정학의 독자성 확립에 기여)

② **대표적 학자** : W. Wilson, L. White, F. Goodnow, L. Gulick, L. Urwick, H. Fayol 등

Check Point

행정관리설의 대표적 학자
- W. Wilson : 〈행정의 연구〉(1887)라는 논문에서 행정은 정치 밖의 고유한 영역이 있고 이는 사무(business)의 영역이라고 주장
- L. White : 최초의 행정학 교과서인 《행정학 입문》(1926)에서 행정은 국가목적을 달성하기 위한 사람과 물자의 관리라 정의
- F. Goodnow : 《정치와 행정》(1900)에서 정치란 국가의사의 표현이고, 행정은 국가의사의 실천이라 주장
- L. Gulick : 최고관리층의 7대 기능으로 포스드코르브(POSDCoRB)를 제시하여 행정의 관리기술적 특성과 능률 · 절약을 강조

Check Point

통치기능설의 대표적 학자

- M. E. Dimock : 통치는 정책형성(정치)과 정책집행(행정)으로 이루어졌는데, 이 두 가지는 상호배타적이 아니라 상호협조의 과정이라고 주장하고, 기계적 능률 대신 사회적 능률을 강조
- P. H. Appleby : 행정은 정책형성이며, 행정은 정치와 융합적이고 순환적인 통치과정이라고 주장하면서 행정을 정형성 과정으로 파악
- Sayre : 행정은 중요치 않은 것만 경영과 닮았다며 행정의 정치성 · 권력성을 강조

(2) 통치기능설(1930년대~1940년대)

① 등장배경

㉠ **경제대공황의 발생 :** 불황 극복을 위한 뉴딜정책 등의 대규모 정책을 전개하면서 행정은 단순한 집행기능 외에도 정책결정기능을 담당하게 됨

㉡ **위임입법의 증가 :** 행정환경의 복잡화와 행정수요의 다양화에 따라 행정의 전문성이 요구되고 행정기관에 대한 위임입법이 증가

㉢ **사회적 능률성과 민주성의 요구 :** 기계적 능률성을 강조하는 고전적 행정의 폐단에 대한 노조의 저항 등으로 인해 사회적 능률성과 민주성 등이 요구됨

② **정치 · 행정일원론(공 · 사행정이원론) :** 행정을 통치과정을 수행하여 정책을 결정하고 결정된 정책을 집행하는 일련의 작용으로 이해하는 입장

③ 기능적 행정학

㉠ 행정을 단순한 기술적 관리과정으로 보지 않고, 정책을 수립 · 형성하며 가치를 배분하는 기능으로 이해함

㉡ 정치와 행정을 연속적 관계로 이해하며, 사회문제를 적극적으로 해결하기 위한 처방성과 가치지향성을 지님

④ **대표적 학자 :** M. E. Dimock, P. H. Appleby, M. Lerner, J. Gaus 등

(3) 행정행태설(1940년대~1960년대 초반)

① 의의 및 특성

㉠ 행정을 인간의 집단적 의사결정을 위한 협동적 집단행동(behavior, 행태)이라 하여 인간의 집단적 행동과 태도에 초점을 두는 이론으로, H. A. Simon을 비롯한 카네기학파들이 주창함

㉡ 연구의 초점을 구조나 제도보다는 인간의 행태에 중점을 두며, 의사결정에 있어 사회심리학적인 방법을 취함

㉢ 가치(정치)와 사실(행정)을 구분하여, 가치판단을 배제하고 순수한 과학성을 추구(논리실증주의)

㉣ 연구영역이나 대상에 있어 정치영역인 가치를 고려하지 않기 때문에 정치 · 행정 새이원론(공 · 사행정 새일원론)이라 함

② **평가 :** 검증 가능한 사실만을 대상으로, 보다 엄밀한 계량적 · 과학적 분석을 함으로써 행정의 과학성 향상에 공헌하였으나, 가치를 배제함으로써 사회문제를 해결하지 못하는 한계가 있음(비적실성)

③ **대표적 학자 :** H. A. Simon, C. I. Barnard 등

Check Point

논리실증주의

행태과학에서 사용한 접근법으로 가설을 세우고 관찰과 실험 등을 통하여 가설을 검증하는 자연과학적인 연구 방법

(4) 발전기능설(1960년대)

① 의의 및 특성

㉠ 행정을 국가발전 목표 달성을 위하여 정책결정과 정책집행, 기획의 기능을 주도하는 제과정으로 파악(정치 · 행정 새일원론)

㉡ 사회를 의도적 · 능동적 · 계획적으로 변화시키는 주체로 보는 행정 강조

㉢ 공무원은 변동의 담당자로서 가치배분적인 정치기능을 수행하며, 쇄신적 가치와 효과성이 강조됨

㉣ 신생국의 근대화 상황에서 발생한 것으로서 행정을 우위로 한 발전을 주장

② 대표적 학자 : M. J. Esman, E. W. Weidner 등

(5) 정책화기능설(1970년대)

① 의의 및 특성

㉠ 행정의 정책형성기능을 강조하는 입장으로, 행정을 공공정책 형성에 중요한 역할을 하는 정치과정의 일부로 파악(정치 · 행정일원론, 공 · 사행정이원론)

㉡ 1960년대의 격동기 사회문제를 가치중립적인 형태주의가 해결하지 못한다는 비판에 따라 등장한 사회적 적실성과 실천을 강조하는 후기행태주의나 정책과학 등의 입장

② 대표적 학자 : H. Lasswell, I. Sharkansky, Y. Dror, J. Davis 등

(6) 신공공관리설(1980년대)

① 의의 및 특성

㉠ 정부실패 극복을 위한 정부기능 감축을 주장하는 신행정국가의 행정개념으로, 행정을 시장메커니즘에 의한 국가경영으로 파악－정치 · 행정이원론(탈정치화), 공 · 사행정일원론

㉡ 정부실패를 치유하고자 규제완화, 민영화, 복지축소 등을 통해 작고 효율적인 정부를 주장하는 1980년대 신자유주의를 토대로 한 입장으로 행정의 시장화 · 경영화를 중시

㉢ 행정을 '국가에 의한 일방적인 통치나 지배(rule)'가 아니라 시장원리에 입각한 새로운 공공관리, 즉 시장적 거버넌스로 보고 시장기법의 도입에 초점을 둠

② 대표적 학자 : C. Hood, D. Osborne, T. Gaebler 등

Check Point

뉴거버넌스(new governance)
뉴거버넌스를 1980년대 시장적 거버넌스와 구분하여 참여적 거버넌스 또는 공동체지향적 거버넌스라 지칭하기도 하며, 넓게 보아 거버넌스(governance)로 통칭하기도 함

기출 Plus 지방직 9급 기출

01. 공공재와 행정서비스에 관한 설명으로 적절하지 않은 것은?

① 비배제성과 비경합성으로 인해 무임승차(free-riding)가 발생하기 쉽다.
② 시장실패의 발생가능성은 정부개입을 합리화하는 정당성을 제공한다.
③ 문화행사와 같이 사회구성원에게 일정 수준까지 공급되어야 바람직하다고 판단되는 것이다.
④ 공동체를 유지하기 위한 국방은 일반적으로 정부가 공급한다.

해 문화는 가치재로서 공공재가 아닌 민간재에 해당한다.

답 01 ③

(7) 뉴거버넌스(new governance, 신국정관리설, 1990년대)

① 의의 및 특성

㉠ 공공문제 해결을 위해 정부와 다양한 비정부조직 간의 신뢰와 협조를 바탕으로 형성된 네트워크나 공동체(공공서비스 연계망)에 의한 행정을 강조(행정의 정치화)

㉡ 행정을 정부의 독점적 통치나 지배가 아닌 정부와 준정부 · 비정부조직, 비영리 · 자원봉사조직 등 다양한 사회세력에 의한 참여적 · 협력적 공동생산(co-product)으로 파악

② 대표적 학자 : R. A. W. Rhodes, H. G. Frederickson 등

꼭! 확인 기출문제

01. 정치 · 행정 이원론에 대한 설명으로 옳은 것은? [국가직 9급 기출]

❶ 정당정치의 개입으로부터 자유로운 행정 영역을 강조하였다.
② 1930년대 뉴딜정책은 정치 · 행정 이원론이 등장하게 된 중요 배경이다.
③ 과학적 관리론과 행정개혁운동은 정치 · 행정 이원론의 한계를 지적하였다.
④ 정치 · 행정 이원론을 대표하는 애플비(Appleby)는 정치와 행정이 단절적이라고 보았다.

해 ① 윌슨(W.Wilson)이 1887년에 주장한 정치 · 행정 이원론은 엽관정치의 폐해를 지적하고 이를 극복하기 위하여 정당정치의 개입으로부터 분리된 행정 영역의 독립성과 자율성을 강조하였다.
② 1930년대 경제대공황으로 인해 등장한 뉴딜정책은 시장실패를 극복하기 위한 행정의 적극적 역할을 강조하고 행정이 정책결정의 역할까지 수행해야 한다고 본 입장이므로, 정치 · 행정 일원론이 등장하게 된 중요 배경이다.
③ 19세기 말에 등장하여 정치 · 행정 일원론의 한계를 지적하고 효율성 및 관리성을 강조하는 과학적 관리론과 엽관주의의 폐해를 극복하려는 행정개혁운동은 능률적인 행정을 강조하였으므로 정치 · 행정 이원론의 발전에 영향을 미쳤다.
④ 정치 · 행정 일원론을 대표하는 애플비(Appleby)는 '정책과 행정(1949)'에서 정치와 행정의 과정은 배타적이 아닌 상호보완적 · 연속적 · 융합적 · 정합적 관계임을 강조하였으며, 행정과정에서도 정책결정이 이루어진다고 주장하였다.

02. 정치 · 행정 일원론에 대한 설명으로 옳은 것은? [지방직 9급 기출]

❶ 행정국가의 등장과 연관성이 깊다.
② 윌슨(Wilson)의 「행정연구」가 공헌하였다.
③ 정치는 의사결정의 영역이고, 행정은 결정된 내용을 집행한다고 보았다.
④ 행정은 경영과 비슷해야 하며, 행정이 지향하는 가치로 절약과 능률을 강조하였다.

해 ① 1930년대 경제대공황(시장실패), 빈부격차 등의 사회문제가 확산되고 공공수요의 폭발적 증대로 인해 행정국가가 등장하였다. 정치 · 행정 일원론은 이와 같은 상황 속에서 신속한 정책결정의 필요성 등 행정의 '정책형성기능'이 중시되면서 제기되었다.
② 윌슨의 행정연구는 정치행정이원론을 최초로 주장했던 논문이다.
③ 정치는 결정을, 행정은 집행을 담당한다고 보는 시각은 정치와 행정을 이분법적으로 나누는 정치행정이원론에 대한 설명이다.
④ 정치로부터 행정을 분리시키고, 행정을 경영과 유사하게 다루었던 방식은 정치행정이원론과 밀접한 관련이 있다.

제2절 행정과정 및 행정변수

1. 행정과정

(1) 전통적 행정과정

① 개관 : 행정을 법과 정책의 집행으로 이해하는 전통적 행정관리론이나 정치 · 행정이원론에서의 행정과정을 말함

② 전통적 과정의 단계 : 1930년대 이전까지의 행정학에서는 Gulick의 POSDCoRB를 근거로 행정과정을 파악

㉠ 계획(Planning) : 공동 협력으로 달성할 목표를 수립

㉡ 조직화(Organizing) : 목표 달성에 필요한 조직을 편제하는 과정

㉢ 집행 · 실시(Activating) : 조직원 각자가 실제 업무를 수행

㉣ 통제(Controlling) : 계획된 업무가 적절히 수행되고 있는가를 검토하고 시정책을 강구

Check Point

L. Gulick의 POSDCoRB (최고관리층의 7대 기능)
- 기획(Planning)
- 조직화(Organizing)
- 인사(Staffing)
- 기획(Directing)
- 조정(Coordinating)
- 보고(Reporting)
- 예산(Budgeting)

글릭(L. Gulick)의 POSDCoRB

㉠ 「행정과학논문집(Papers on the Science of Administration ; L. Gulick & L. Urwick, 1937)」에서 L. Gulick이 제시한 전통적 행정과정

㉡ 기획(Planning), 조직화(Organizing), 인사(Staffing), 지휘(Directing), 조정(Coordinating), 보고(Reporting), 예산(Budgeting)의 두문자를 따서 만든 합성어. POSDCoRB에 통제(control), 협동(Cooperation), 정책결정, 목표설정, 환류, 동기부여(동작화)는 포함되지 않음

㉢ 특징
- 하향적 분업, 하향적 관리 : 부하의 능력 · 적성이나 동기부여를 고려하지 않은 하향적 조직관리방식
- 최고관리층의 7대 기능(계선의 7대 기능×, 막료의 7대 기능×) : 최고관리층 측근의 막료(참모)조직 편성시 기준으로 사용
- 성격(행정관리론의 성격과 동일) : 공 · 사행정 1원론, 정치 · 행정 2원론, 고전적 조직론, 행정변수로서 구조 중시, 기계적 능률성 강조, 폐쇄체제관, X이론적 인간관(경제인 · 합리인)

(2) 현대적 행정과정

① 개관 : 행정국가 이후의 정치 · 행정일원론이나 발전행정론 등에서의 관점

② 현대적 과정의 단계

㉠ 목표설정 : 행정의 기본방향이나 바람직한 미래 상태를 설정하는 단계

㉡ 정책결정 : 목표를 달성하기 위해 합리적이고 바람직한 대안을 선택하는 단계

㉢ 기획 : 목표나 정책을 보다 구체화하고 세부적인 활동계획을 수립하는 단계

㉣ **조직화** : 조직을 구조적으로 편성하거나 분업체제를 확립하고 인적 · 물적 자원이나 정보 등을 동원 · 배분하는 단계

㉤ **동작화** : 조직이 계획대로 움직이도록 필요한 유인을 제공하는 단계로서, 구성원의 능동성과 의사소통의 원활화, 민주적 리더십의 확보, 결정과정의 참여, 인간관계의 개선 등이 중시됨

㉥ **통제(평가)** : 조직화와 동작화에 근거한 실적과 성과를 목표 또는 기준과 비교하는 심사분석 및 평가 단계

㉦ **환류(시정조치)** : 성과를 분석 · 평가하여 행정체제의 능력향상과 행정서비스 개선에 기여하는 단계

2. 행정변수

(1) 행정변수의 의의

① 행정변수는 행정행위나 행정현상을 야기하는 요인, 즉 그러한 행위나 현상이 무엇에 의해 발생했는가에서 '무엇'에 해당하는 것

② **행정의 주요 변수** : 구조, 인간 및 행태, 환경, 가치관 등

> **Check Point**
>
> 행정의 주요 변수
> - **행정의 3대 변수** : 구조, 인간, 환경
> - **행정의 4대 변수** : 구조, 기능, 인간(행태), 환경
> - **행정의 5대 변수** : 구조, 기능, 인간, 환경, 이념

(2) 행정변수의 유형 및 변천

① 주요 행정변수

㉠ **구조** : 조직의 편제 및 형태, 법령체계, 직무나 권한 · 책임의 수직적 · 수평적 구조, 인사 · 예산제도 등 공식적 요인이나 제도 일반을 말하며, Taylor(과학적 관리론), Mooney(조직원리론), Gulick 등이 중시

㉡ **기능** : 공식적 · 외형적 제도나 구조, 형식이 실제로 수행하는 기능(역할, 업무)을 말하며, 구조기능주의 분석을 토대로 하여 서로 다른 각국의 행정현상을 비교 · 연구하는 비교행정론에서 중시

㉢ **인간** : 인간행태를 중심으로 한 행동이나 동기, 대인관계, 심리적 성향, 지식 · 능력 등 사회적 · 심리적 · 비공식적 요인을 말하는 것으로, Mayo(인간관계론), Merton, Barnard, Simon(행태론) 등이 중시

㉣ **환경** : 행정을 둘러싸고 있는 정치 · 경제 · 사회 · 문화 등 외적 요인을 말하며, Gaus, Riggs 등이 중시

㉤ **가치관 · 태도** : 인간의 창의적 · 쇄신적 가치관과 태도 등 적극적 · 독립변수적 측면의 변수를 말하며, 발전행정론자들이 중시

> **Check Point**
>
> 행정이론과 변수로서의 '인간'
> - **인간관계론** : 인간의 사회적 · 심리적 요인, 대인관계, 비공식집단 등을 중요한 요인으로 봄
> - **행정행태론** : 인간의 행태연구를 통한 행정의 과학화를 도모
> - **발전행정론** : 관료를 국가발전을 주도하는 변동의 역군(change agent)으로 간주, 관료의 가치관과 태도를 중시함
> - **신행정론** : 관료를 적극적인 사회문제 해결자로 인정하고 행정인의 가치관과 태도를 중시함

② 행정변수의 변천

구분	행정이론	행정변수
1880~1920년대	과학적 관리론(고전적 조직이론), 관료제론, 행정원리론	구조(공식적 구조)
1930년대	인간관계론	인간(비공식구조)
1940년대	행정행태론	인간 · 행태
1950년대	생태론 및 체제론	환경
	비교행정론	기능
1960~1970년대	발전행정론, 신행정론	인간(가치관, 이념, 태도)

제3절 행정과 환경

1. 행정과 정치

(1) 정치 · 행정이원론(기술적 행정학)

① 의의

㉠ 행정학 태동기의 기술적 행정학의 관점으로, 행정을 정치적 성격이 없는 순수한 관리 · 기술현상으로 파악하는 입장

㉡ 단순히 행정을 정치가 결정한 정책이나 법령을 집행하고 구체화하는 것으로 봄

② 성립배경

㉠ **엽관주의 극복의 필요성** : 1829년 이후 나타난 엽관주의는 행정에 대한 정치의 지배를 초래해 행정의 독자성과 자주성이 상실되었으며, 비능률이 심화되어 이를 극복하고 행정의 전문성과 자주성을 확보할 필요성이 제기됨

㉡ **과학적 관리론의 등장** : 행정을 정치적으로 중립적인 비권력 현상으로 이해하는 정치 · 행정이원론을 발전시키는 데 결정적인 계기가 됨

㉢ 행정의 양적 확대와 질적 전문화에 대응, 행정개혁운동의 전개

③ 내용

㉠ 행정영역에 정치성을 배제한 순수 연구방법을 적용하여 조직과 관리의 원리를 발견

Check Point

행정과 관련된 정치 영역

일반적으로 행정과 관련된 정치의 영역은 정책결정기능을 의미하는데, 이는 정책결정과정이 다양한 이해관계자들의 가치를 배분하는 정치적 과정의 성격을 지니기 때문이다.

Check Point

기술적 행정학의 영향

- 독자적인 과학으로서의 행정학을 발전시키는 데 이론적 기초를 제공
- 합리성과 능률성에 입각한 행정기구 및 관리의 개선에 공헌
- 엽관주의를 지양하고 실적주의의 이론적 근거를 마련
- 직업공무원제와 실적주의의 수립에 관한 이론적 정당성을 제공
- 행정의 관리와 기업경영의 동질성을 인정하는 공 · 사행정일원론을 제기
- 행정의 관리방법 개혁에 크게 공헌함

㉡ 행정의 분야는 사무의 분야이고, 행정은 정치의 고유영역 밖에 존재하며 행정문제는 정치문제가 아님(W. Wilson의 《행정의 연구》)

㉢ 행정의 관리적 측면을 강조(L. White의 《행정학 입문》)

㉣ POSDCoRB와 행정에서의 절약과 능률을 강조(Gulick)

④ 비판

㉠ 행정의 정책결정과 재량권 확대라는 현대 행정의 성격상 정치 · 행정의 분리는 무의미함

㉡ 행정을 수단으로만 파악하며 행정의 목적성을 간과함

㉢ 기계적 능률관의 강조로 인간적 측면에 대한 경시 우려

Check Point

기능적 행정학의 영향
- 행정현상을 포괄적으로 파악함
- 행정이론의 범위가 확대됨

(2) 정치 · 행정일원론(기능적 행정학)

① 의의 : 행정의 정치적 성격을 인정하여 행정을 단순한 정책의 집행이나 관리로 보지 않고 가치배분적인 정책결정을 주도하는 것이라 보는 입장

② 성립배경

㉠ 경제대공황 극복을 위한 뉴딜정책과 제2차 세계대전으로 행정의 확대 · 강화

㉡ 행정의 전문화 · 기술화에 따른 위임입법의 증대와 행정의 정책결정기능 증대

㉢ 시장실패의 치유를 위한 정부의 적극적인 개입의 필요성 대두

㉣ 국가와 사회의 일원적 동일화의 인식 확산(국가 · 사회의 이원적 대립관계 극복)

Check Point

국가 · 사회의 이원화와 일원적 동일화
- **국가와 사회의 이원화** : 19세기 근대 입법국가에서는 국가의 역할이 증가할수록 국민의 자유와 권리는 제약을 받는다는 국가(정부)와 사회(민간)의 이원적 대립관계를 토대로, 대의제 원리에 따라 정부에 대한 의회의 견제를 강조함
- **국가와 사회의 일원적 동일화** : 대의제(의회 민주주의)의 한계와 시장실패를 경험하면서 국민의 복지 증대를 위해 국가(정부)의 역할이 확대되어야 한다는 인식이 확산됨

③ 내용

㉠ 행정의 기능을 정책결정과 관리 · 집행으로 인식

㉡ 행정과 정치를 연속적인 상호보완적 통치과정으로 파악

㉢ 사회적 · 인간적 능률을 강조(M. E. Dimock의 《현대정치와 행정》)

㉣ 행정과정에서도 정책형성이 이루어짐(P. H. Appleby의 《정책과 행정》)

㉤ 행정의 정치에 대한 절대적 우위를 인정(M. Lerner의 정부책임론)

㉥ 그 외 Burnham(《경영자혁명론》), Gaus, Marx 등이 주장

④ 비판 : 행정의 지나친 비대화를 가져와 재량권을 남용할 여지가 증가함

(3) 정치 · 행정 새이원론

① 행정행태론

㉠ 1940년대 후반 Simon을 중심으로 한 행태론자들의 입장

㉡ 행정을 합리적인 협동적 집단행동으로 이해하며, 카네기학파에 의해 주창

㉢ 가치와 사실을 이원화하는 논리실증주의에 입각하여 경험적 검증가능성이

Check Point

행정행태론과 초기 이원론과의 차이
행정연구의 과학화를 위해 방법론적으로 사실문제에 연구범위를 국한하였지만, 행정의 정책형성기능과 가치판단을 부정하는 것은 아님

있는 사실만 연구(가치 배제)

ⓔ 연구 초점을 인간의 행태(behavior)에 두고 이를 경험적 · 실증적으로 연구

ⓜ 원리접근법을 배격하고 행정이론의 과학화를 위해 경험적 과학성 추구

② **신공공관리론** : 1980년대 행정의 탈정치화를 강조하면서 공공부문의 민간화와 행정의 시장화를 중시(정치 · 행정이원론, 공 · 사행정일원론의 입장)

(4) 정치 · 행정 새일원론

① 발전행정론

㉠ 1960년대 신생국 발전문제에 관심을 가지면서, Esman, Weidner 등이 주창

㉡ **초기 일원론과의 차이** : 신생국은 선진국과 달리 정치나 민간부문이 취약하므로, 행정이 직접 다양한 정책수립의 역할 강조(행정우위적 정치 · 행정 일원론)

㉢ 행정 독재국가의 우려가 있다는 비판을 받음

② **신행정론** : 1970년대 등장하였으며, 사회적 형평성 추구를 위한 행정의 적극적 역할 강조함

정치와 행정 관계의 변천

시대	시대 배경 · 이념	관련 행정이론	특징	정치와 행정의 관계
16~18C	절대군주국가, 왕권신수설	절대군주론	왕에 대한 시민의 절대복종	미분화 (왕에게 집중)
19C 초	입법국가, 삼권분립론, 자유주의	엽관주의	• 행정은 정치의 시녀로서 엄격한 법집행 기능 수행 • 공무원의 정치적 임용(엽관주의)	미분화 (정치우위론)
1880~1930년대	엽관주의의 폐해 발생	행정관리론, 능률주의, 실적주의(1883년 펜들턴법)	• 엽관주의 폐단의 극복과정에서 행정의 정책결정 기능이 부정됨 • 정치적 중립성(행정의 자율성), 공무원의 신분보장 • 기계적 능률, 기술적 · 고전적 행정학	정치와 행정의 분리(정치 · 행정이원론)
1930~1940년대	경제대공황, 유효수요론, 행정국가	통치기능설, 기능적 행정학	• 대공황 극복을 위한 정부의 적극 개입, 행정의 정책결정기능 강조(행정국가 현상 발생) • 사회적 능률, 기능적 행정학	정치와 행정의 연속성 강조(정치 · 행정일원론)

기출 Plus 서울시 9급 기출

01. 정치-행정 일원론에 대한 설명으로 가장 옳지 않은 것은?

① 공공조직의 관리자들은 정책결정자를 위한 지원, 정보제공의 역할만을 수행한다.
② 공공조직의 관리자들은 정책을 구체화하면서 정책결정 기능을 수행한다.
③ 공공조직의 관리자들이 수집, 분석, 제시하는 정보가 가치판단적인 요소를 내포한다.
④ 행정의 파급효과는 정치적인 요소를 내포한다.

해 공공조직의 관리자들이 정책결정자를 위한 지원, 정보 제공의 역할만을 수행하는 것은 정치-행정 이원론에 해당한다. 정치-행정 일원론은 행정의 정치적 성격을 인정하여 행정을 단순한 정책의 집행이나 관리로 보지 않고 가치배분적인 정책결정을 주도하는 것이라 보는 입장이다.

답 01 ①

1940~1960년대	행태주의	행정행태설	• 가치와 사실을 분리하고 행정연구 대상을 사실에 국한(가치판단 배제) • 행정이론의 과학화(논리실증주의)	정치 · 행정 새이원론
1960년대	급속한 발전을 위한 경제성장 제일주의, 비교행정의 정태성	발전행정론	• 국가발전을 위한 목표설정 및 정책결정 강조 • 행정국가의 절정기	정치 · 행정 새일원론
1970년대	미국 사회의 격동기	신행정론	사회문제 해결을 위한 처방성, 가치지향성 강조(행정의 가치주의)	정치 · 행정 새일원론
1980년대 이후	정부실패의 발생	신공공관리론	• 작고 효율적인 정부 • 행정의 시장화 · 경영화 • 고객 지향적 행정	행정의 시장화 · 탈정치화(정치 · 행정이원론)
1990년대 이후	지나친 시장주의의 폐해	신국정관리론(뉴거버넌스)	• 신뢰를 바탕으로 하는 서비스 연계망 강조 • 시민의 참여와 소통 중시	시민의 정치참여 중시, 행정의 재정치화(정치 · 행정일원론)

2. 행정과 경영

Check Point

행정과 경영에서의 관료제적 속성
행정과 경영은 관료제적 성격을 가지므로 관료제의 순기능과 역기능을 모두 내포하고 있다는 점에서 유사하다. 또한, 정보화 사회의 출현 이후 나타나는 탈관료제적 속성도 공통적으로 지니고 있다.

(1) 행정(공행정)과 경영(사행정)의 비교

① 유사점

㉠ **목적달성을 위한 수단성(합리성)** : 추구하는 목표는 다름(공익 vs 사익)

㉡ **관리기술성 · 기술성(인사 · 재무 · 조직관리)** : 목표달성을 위한 인적 · 물적 자원의 동원 · 활용

㉢ **관료제적 성격** : 전문화 · 계층제 · 분업 · 비정의성(非情誼性) · 규칙중시 등을 특징으로 하며 그에 따른 순기능과 역기능(형식주의 · 동조과잉 · 인간소외 · 할거주의 등)을 갖는 조직구조(상대적으로 정부조직이 관료제의 역기능이 강함).

㉣ **집단적 협동행위, 합리적 의사결정** : 다수인의 협력체계, 복수의 대안 중 최적안 선택(정책결정성은 차이점)

㉤ **봉사성** : 행정은 국민에게 직접적 봉사, 경영은 소비자에게 간접적 봉사(기업의 이윤 추구를 위한 서비스 · 재화 공급이 간접적으로 소비자의 수요를

충족시킴), 봉사대상은 다름(행정은 일반국민, 경영은 소비자), 행정보다 경영이 고객범위가 명확하며 고객의 요구 파악이 더 용이함.

ⓑ **동기부여 방법** : 경제적 욕구 · 사회적 욕구 · 자아실현 욕구 등의 충족을 통한 동기유발(단, 행정부문에서는 공직동기가 작용할 수 있음).

ⓢ **개방체제적 성격** : 외부환경과의 유기적 상호작용

ⓞ **탈관료제와 지식조직의 활용** : 지식정보사회, 후기산업사회에서 관료제 구조의 한계를 보완하기 위해 행정과 경영에서 활용

② 차이점

구분	행정(공행정)	경영(사행정)
의의	공익이나 공적 목표 달성을 위하여 정치권력을 배경으로 행하는 행정	영리추구를 위하여 행하는 행정
목적	공익, 질서유지 등 다원적 목적(공익)	이윤 극대화의 일원적 목적(사익)
주체	국가 또는 공공기관	민간기업
법적 규제	엄격한 기속행위(법정주의)	재량적 · 자율적으로 처리
정치적 성격	강함(정치적 중립성이 요구됨)	약함
독점성	강함	약함
경쟁성	약함	강함
능률성	기계적 능률이 곤란 (사회적 능률 추구)	기계적 능률을 추구
공개성	공개(국민의 알 권리)	비공개(비밀 업무활동)
자율성	작다	크다
평등성	평등한 공공재를 제공(비배제성, 무임승차 적용됨)	거래자와의 차별성 인정
활동범위	전 국민에게 광범위하게 영향력	특정 분야(경제분야 또는 특정지역에 국한)
결정의 신속성	결정을 위한 단계가 복잡해 정책결정의 속도가 느림	단계의 간소화로 의사결정 속도가 상대적으로 빠름
기술 변화에 대한 민감성	• 새로운 기술의 변화나 정보에 둔감함 • 대기비용 발생	• 새로운 기술의 변화나 정보에 민감함 • 대기비용 적음

(2) 오늘날의 양자관계

① 행정과 경영의 접근

㉠ 공 · 사조직의 거대화, 대규모 기업체의 출현, 사기업의 정치성이나 영향력의 증대 등으로 공 · 사행정의 구별이 점차 불분명해짐으로써 이 양자를 동

일한 범주에 포함시켜 연구하는 경향이 증대함

㉡ 주장자

- Caiden : 오늘날 공 · 사행정의 구별은 애매모호함
- Simon : 양자는 본질적인 차이보다 양적 · 정도상의 차이라 할 수 있음
- Etzioni : 오늘날엔 순수한 공행정의 영역도 아니고, 순수한 사행정의 영역도 아닌 독립된 또 다른 영역이 증대하고 있는데, 이를 '제3영역'이라 함
- Burnham : 《경영자혁명론》에서, 민간부문의 관리자들이 집단화되면서 권력을 추구하는 모습을 보이고 있어 권력성과 정치성이 공공부문에서처럼 높아지고 있다고 주장함
- Bozeman : 1984년 《공공성의 차원》에서 기존의 이분법적인 공 · 사조직 비교방법론을 배척하고 새로운 차원적 접근방법을 제시하였는데, 조직을 환경으로부터 자원을 투입받아 목표를 달성하는 유기체라고 정의하고, 자원 · 생명주기 · 조직구조 · 목적이라는 네 가지 제약요인에 따라 공공성의 정도가 결정된다고 주장함

② 제3섹터(제3영역)의 등장 및 확대

㉠ 제3섹터의 개념 : 민간부문이 비영리활동을 수행하거나, 공공기관이 영리활동을 수행하는 영역

- 준정부조직(QUAGO) : 공공기관 중 정부의 대리인 자격으로 정부기능이나 기금을 위탁받아 수행, 관리함
- 비정부기구(NGO) : 순수한 시민단체나 비영리기구임
- 공기업 : 공적 기업으로 자체수입의 비중이 5할 이상인 법인임
- 준비정부조직(QUANGO) : 민간단체(자원봉사단체)가 비영리활동(공익적 사업)을 수행하는 영역으로 시민단체 중 정부로부터 재정지원을 받는 관변단체가 이에 해당함

㉡ 제3섹터의 의의

- 미국에서 발생한 제3섹터는 Etzioni가 정립한 개념으로, 제1섹터인 정부부문과 제2섹터인 민간부문의 중간 · 혼합영역을 의미(정부도 아니고 민간기업도 아닌 독립섹터)
- 일반적으로 정부투자 및 출자기관, 민관협동체나 공동출자법인, 민간박물관, 시민단체, 적십자단체, 준정부조직(QUANGO ; Quasi-Autonomous NGO) 등을 총칭하는 개념

㉢ 문제점

- 책임소재의 불분명, 즉 공공부문이나 정부의 책임회피 수단으로 악용 가능
- 공공부문이 사익 추구 수단으로 이용될 소지가 있음

Check Point

제3섹터의 의의

- 영국에서는 준정부조직이나 그림자국가라 부름
- 일본은 주로 민간능력의 도입이라는 관점에서 제3섹터를 파악함
- 우리나라의 경우 준정부조직과 준비정부조직을 모두 포괄하는 것을 의미하며, 주로 지방재정 분야에서 민관공동출자사업이라는 용어로 사용

Check Point

제3섹터의 특성

- 공행정도 사행정도 아닌 중간적 형태로서, 공익이 추구되는 활동
- 주민참여를 통한 민주성의 확보 또는 민간기업의 경영노하우 도입

• 퇴직 정부 관료의 자리보전 수단이 될 수 있음
• 정부팽창의 은폐수단이 될 수 있음

3. 행정과 법

(1) 입헌주의(행정의 헌법적 토대)

① 다른 모든 국가작용과 마찬가지로 행정도 헌법의 테두리 안에서 이루어져야 정당성을 가진다.

② 입헌주의 정신은 국민의 기본권 보장과 권력 분립, 법치주의 등을 통해 구현되므로, 행정작용도 이에 근거해야 한다.

(2) 행정과 법의 관계

① **법이 행정에 미치는 영향**

㉠ 법은 행정의 합법적 · 합리적 권위를 부여

㉡ 행정에 대한 법적 정당성 및 권한을 부여하며, 행정의 한계와 근거로 작용

㉢ 행정과정과 절차에 대한 적절한 통제수단이 됨

㉣ 행정에 대한 예측가능성을 보장하고 안정성을 제고

㉤ 행정의 책임성을 확보하며, 정책 및 행정관리, 갈등 조정의 도구로 작용

② **행정이 법에 미치는 영향**

㉠ 법 집행 및 실행 기능(집행을 통한 입법 의도의 구현)

㉡ 법 형성 기능(정책형성 및 정책의 구체화)

㉢ 준사법적 기능(공무원의 권익보호나 국민의 권리구제를 위한 행정심판기능 등을 수행)

③ **상호 간의 갈등과 조화**

㉠ **갈등** : 법의 안정성을 추구하며 현상유지적 성격이 강한 법에 비해, 행정은 효율성 · 탄력성 · 역동성을 지니며 미래지향적 성격을 지니므로 양자가 충돌할 소지가 있음(합법성과 효율성의 갈등)

㉡ **조화** : 효율성을 전혀 고려하지 못한 법은 국민적 지지를 받지 못하며, 합법성이 결여된 행정은 국민적 신뢰를 얻지 못해 결국 효율성이 저해되므로 양자는 상호 보완관계로서 조화를 이루어야 함

Check Point

법치주의의 3대 원리
• **법률의 법규 창조력** : 법규의 제정(입법권)은 국회의 고유권한임
• **법률 우위의 원리** : 행정은 법규에 위반되어서는 안 된다는 원리(소극적 합법성)
• **법률 유보의 원리** : 행정작용은 반드시 법률에 근거해 이루어져야 한다는 원리(적극적 합법성)

지방직 9급 기출

02. 행정과 법의 관계에 대한 설명으로 옳지 <u>않은</u> 것은?

① 법규는 행정에 합리적 · 합법적 권위를 부여하는 원천이다.
② 법은 행정활동을 정당화하는 기능을 수행한다.
③ 정부가 행정을 수행하는 과정에서 국민의 권리구제를 위한 사법적 결정을 하는 경우도 있다.
④ 경직적인 법규의 적용은 행정과정에서 목표와 수단이 전도되는 상황을 유발시킬 수 있다.

해 권력분립의 원칙상 정부가 사법적 결정기능을 수행한다고 볼 수는 없다. 다만, 공무원의 권익보호나 국민의 권리구제를 위해 행정심판이나 소청심사 등 제한된 범위에서 준사법적 결정을 하는 경우가 있다.

4. 준정부조직(QUAGO 또는 QUANGO)

Check Point

준정부조직을 칭하는 용어
- QUANGO : Quasi-Autonomous Non-Governmental Organizations. 정부조직이 아니면서 어느 정도의 자율성을 가지고 정부에 준하는 공공기능을 수행하는 조직
- QUAGO : Quasi-Governmental Organizations. 정부조직에 준하는 공공기능을 하는 점에 초점. 자율성 정도에 따라 비자율적 준정부조직과 준자율적 준정부조직으로 구분하기도 함

(1) 준정부조직의 개념

① 준정부조직이란 법적으로는 민간의 조직형태를 취하면서 정부의 대리인 자격으로 공공부문에 해당하는 공적인 기능을 수행하는 기관을 말함. 대리정부, 계약국가, 그림자국가, 공유된 정부, 감추어진 공공영역 등이라고도 부름

② 정부의 역할수행이 직접행정에서 간접행정으로 변화되고 있다는 점과 공공성과 민간성이 연속선상에 있음을 보여주는 개념으로 공공부문과 민간부문이 합작해 공익성과 기업성을 조화시키면서 제도적인 이익을 극대화하는 새로운 행정운영방식임

③ 우리나라의 준정부조직

㉠ 「공공기관의 운영에 관한 법률」 상 공공기관 : 공기업, 준정부기관, 기타공공기관

㉡ 「지방공기업법」 상 지방공사, 지방공단

(2) 준정부조직의 특징 및 유용성

① 민간과 공공의 영역이 연속성이 있음을 보여 줌

② 법적인 면에서 민간부문의 조직형태를 취하므로 권력적 행정에서 간접적 지원 행정으로의 전환을 의미함

③ 정부로부터 독립해 준자율적으로 운영됨. 그러나 정부의 통제나 재정상 지원을 받음

④ 공공부문의 팽창을 억제하며 민간의 전문성을 활용해 경영의 능률성을 높임

⑤ 관료제의 경직성을 극복하고 조직의 신축성과 자율성을 유지함

(3) 준정부조직의 문제점

① 관료의 잠재적 이해관계에 따라 관료의 퇴직 후 자리보장을 위한 수단이 되기도 함. 또한 행정활동의 가시성을 낮춤으로써 정부팽창의 은폐수단이나 정부책임 회피수단이 되기도 한다는 문제점을 지님

② 공적인 공간에 의해 사적 이용이 정당화될 가능성 있음. 민 · 관 공동협력 방식이지만 실제로는 영리를 추구하는 경향이 지배적이라는 것임

③ 책임소재가 불분명하며 경영이 부실할 경우 그 원인을 서로에게 전가함으로써 경영의 책임성을 구현하기 어려움

5. 행정과 시민사회(비정부기구)

(1) 비정부기구(NGO)

① 개념

㉠ 정부 이외의 기구로서 국제사회의 사회적 연대와 공공의 목적 실현을 위한 자발적 공식 조직(유엔헌장의 NGO 정의)

㉡ 비영리를 목적으로 자발적인 회원활동과 분권화된 조직구조를 바탕으로 국가의 서비스 전달기능을 수행하는 기구

② 개념적 특징(M. Salamon)

㉠ 비영리 조직(non-profit distributing) : 이윤 획득이 아닌 공익을 추구하는 조직

㉡ 공식적 조직(formal) : 어느 정도 지속성을 지님(비공식 조직 아님)

㉢ 사적 조직(private) : 정부의 간섭을 받지 않는 민간 조직(공적 조직이 아님)

㉣ 자치적 조직(self-governing) : 자기 통치성을 지닌 조직

㉤ 자발적 조직(voluntary) : 구성원들이 자발적으로 모인 조직

(2) NGO의 역할 및 기능

① 정책제언자(governance) 또는 정책파트너

② 정부나 시장에 대한 감시 · 견제 · 통제의 역할 수행

③ 공공서비스의 공동생산 및 공급자로서 활동 분야를 확대

(3) NGO와 정부의 관계이론(기능에 따른 관계의 분류)

오늘날 서로의 존재를 인정하고 상호 협력하는 동반자적 관계(보완 · 협력)가 점차 일반화

① 대체적(supplementary) 관계 : NGO는 정부가 수행하지 못하는 공공사업과 관련한 틈새시장의 수요를 충족시킴. 정부실패로 인해 정부가 공급하기 어려운 공공재에 대한 수요를 NGO가 대체하여 충족시킬 수 있음. 정부가 공공재 공급 관련 재원조달을 증가시키면 관련 공공재를 공급하는 NGO의 역할과 활동 영역은 그만큼 줄어들므로 현대사회에서는 주된 관계 양상은 아님

② 보완적 관계(complementary) 관계 : 정부－NGO관계가 복지국가로서의 확장된 정부 역할을 수행하는 하나의 동반자로서 NGO의 협력적 기능을 포괄한다는 점을 강조. 정부와 NGO가 긴밀한 협조관계에 있으며 이러한 관계는 주로 NGO가 생산하는 공공재나 집합재의 생산비용을 정부가 지원하는 경우가 많기 때문임

Check Point

비정부기구의 발생 및 성장배경
- 시장실패의 극복 및 정부실패 극복을 위한 작은 정부의 구현
- 행정환경의 변화(세계화 · 지방화 · 정보화 · 민주화 · 민간 중심)
- 다양한 수요에 대한 공급 보충 · 보완의 필요
- 구조적 요인으로 발생한 소외계층의 이익 대변
- 공공재의 공급

Check Point

조직상의 특성(D. Brown)
- 사회변화 목표
- 가치와 이념의 공유
- 느슨하고 비정형화된 조직
- 다양한 외부의 고객

③ **적대(대립)적 관계(adversarial)** : NGO의 대변적(advocacy) 기능을 강조. NGO는 다양한 방법을 통해 정부의 정책결정과정에 참여하여 정책 변화를 유도하거나, 정부의 책임성을 높이기 위한 감독자 역할을 수행하면서 정부와 상호견제적 · 갈등적 관계

④ **의존적 관계** : 정부가 지지나 지원의 필요성 때문에 특정한 NGO 분야의 성장을 유도해 온 경우 나타나는 관계로서 개도국에서 많이 나타남. 단 이 경우에도 NGO가 국가에 일방적으로 의존하는 것은 아님

(4) NGO의 문제점

① 재정 및 활동상의 제약과 어려움으로 인한 관변단체화의 우려
② 전문성이 높지 않으며, 정책적 영향력이나 구속력 등이 부족
③ 순수한 본래의 의도를 잃고 정치적 · 정파적 성격의 조직으로 변질될 우려

(5) NGO의 활성화를 위한 전제조건

① 정부와 상호보완적 · 동반자적 관계를 형성 · 유지하며, 정책에 대한 지나친 관여보다 서비스 공급에 주력
② 시민 참여를 활성화하여 시민의 대표성을 확립
③ 국내외 시민단체 간의 연대 강화
④ 재정 및 운영상의 자율성 · 전문성을 강화하고, 책임성을 제고

M. Salamon의 NGO 실패모형(1987)

- **박애적 불충분성(philanthropic insufficiency)** : NGO는 내 · 외부에 대한 강제성이 없기 때문에 활동에 절대적으로 필요한 충분한 양의 자원을 지속적이고 안정적으로 획득하는 데 많은 어려움이 있음
- **박애적 배타주의(philanthropic particularism)** : 특정 종교, 인종단체 등을 배경으로 한 NGO는 활동영역과 서비스 공급 대상이 한정되어 있는 경우가 많아 도움이 필요한 모든 대상에게 전달되지 않음
- **박애적 온정주의(philanthropic paternalism)** : NGO의 활동내용과 방식은 NGO에게 가장 많은 자원을 공급하는 사람 · 집단의 결정에 의하여 좌우될 수 있으므로 몇몇 지역 유지의 의지를 반영
- **박애적 아마추어리즘(philanthropic amateurism)** : 사회문제의 해결이나 서비스의 제공은 전문적인 지식을 필요로 하는 경우가 많아 도덕적 · 종교적 신념에 바탕을 둔 일반적 도움은 한계가 있음

Check Point

NPO와 NGO의 비교

㉠ 비영리단체(NPO)
- 비영리성에 초점을 둔 개념
- 미국에서 공식적으로 사용
- 자발성, 자율성, 공익성, 이익의 비배분성

㉡ 비정부조직(NGO)
- 비정부성에 초점을 둔 개념
- UN, 유럽이나 제3세계 국가에서 보편적으로 사용
- 자발성, 비영리성, 공익성

Check Point

정부와 NGO의 관계 모형

- Gidron의 모형(1992)
  - 재정부담과 공공서비스 공급이라는 두 측면에서 정부와 NGO의 관계를 정부주도형과 이중혼합형, 상호공조형, NGO주도형의 4가지로 구분
  - 이중혼합형은 재정 부담과 서비스 공급을 양자가 분담하는 모형이며, 상호공조형은 재정부담은 정부가, 서비스 공급은 NGO가 담당하는 모형임
- Coston 모형(1998)
  - 민간부문도 공공서비스를 공급할 수 있어야 한다는 제도적 다원주의로, 다원주의의 수용 여부, 권한관계의 대칭성, 관계의 공식화 여부를 기준으로 8가지 모형을 제시
  - 다원주의 수용 모형으로는 용역형 · 제3자형 · 협력형 · 보충형 · 공조형을, 다원주의 거부 모형으로는 억압형 · 대항형 · 경쟁형을 제시

Coston(1998)의 모형

Coston은 다원주의를 수용할 것이냐 혹은 거부할 것인가와 관계의 공식화 정도 그리고 양자간 권한관계 대칭 혹은 비대칭적이라는 3대기준을 변수로 정부와 NGO관계를 8가지로 유형화함

다원주의 수용여부	대칭성	공식화	모형	특징
다원주의 거부형	비대칭	공식 또는 비공식	억압형	NGO 불인정
			대항형	쌍방적인 대항관계(NGO는 등록 · 규제 대상)
		비공식	경쟁형	정부가 원하지 않는 경쟁관계
다원주의 수용형	비대칭	공식	용역형	정부서비스를 위탁받아 제공하는 관계
			제3자형	비교우위에 따라 양자 간 분업관계
	대칭	비공식	협력형	기본적으로 정보를 공유하는 관계
			보충형	기술적 · 재정적 · 지리적 보충관계
		공식	공조형	상호 협조적 관계

꼭! 확인 기출문제

오늘날 시민사회조직에 대한 설명으로 가장 적합하지 않은 것은? [국가직 9급 기출]

① 정부와 비정부조직 간에 적대적 관계보다는 서로의 존재를 인정하는 동반자적 관계가 점차 확산되고 있다.

❷ 비정부조직이 생산하는 공공재나 집합재의 생산비용을 정부가 지원하는 경우에는 정부와 대체적 관계를 형성한다.

③ 비영리조직이 지닌 특징으로는 자발성, 자율성, 이익의 비배분성 등이 있다.

④ 정부가 지지나 지원의 필요성을 위해 특정한 비정부조직 분야의 성장을 유도하여 형성된 의존적 관계는 개발도상국에서 많이 나타난다.

해 ② 정부와 NGO의 관계를 기능에 따라 분류할 때, 비정부조직이 생산하는 공공재 · 집합재의 비용을 정부가 지원하는 경우는 보완적 관계를 형성한다. 대체적 관계는 국가가 공급에 실패한 공공재 · 집합재를 NGO가 대신 공급하게 되는 경우에 형성된다.

① 정부와 NGO가 서로의 존재를 인정하고 상호 협력하는 동반자 관계가 점차 일반화되고 있는 추세이다.

③ 비영리조직은 자발성과 자율성, 이익의 비배분성 등의 특징을 지니는데, 이익의 비배분성은 조직구성원들이 이익이나 편익을 분배받을 수 없다는 것을 의미한다.

④ 의존적 관계는 정부가 특정한 비정부조직 분야의 성장을 유도하여 형성된 관계를 말하는 것으로, 사회가 다원화되지 못한 개발도상국에서 많이 나타난다.

제2장

행정국가의 성립과 시장 및 정부실패

제1절 행정국가의 성립

Check Point

행정국가
행정기능의 확대 · 강화에 따라 정책을 집행하거나 관리하는 것 외에도 정책결정의 기능까지 담당하는 국가로서, 적극국가, 급부국가, 봉사국가, 복지국가, 직능국가라고도 함

1. 행정국가의 의의

(1) 현대 행정국가의 의의 및 성립배경

① 의의

㉠ 현대 행정은 20세기(1930~1970년대) 행정국가에서의 행정을 의미하며, 현대 행정국가는 국가의 권력 및 통치기능 중에서 행정권력 · 기능이 상대적으로 우월한 지위에 있는 국가를 의미

㉡ 현대 행정국가는 19세기 서구의 입법부 우위의 국가, 즉 근대 입법국가(소극국가 · 야경국가 · 방임국가 · 자유국가)에 대비되는 개념

② 성립배경

㉠ 일반적 배경

- 과학기술, 교통통신의 발달
- 자본주의의 급속한 성장, 인구 증가 및 도시의 성장
- 국내외적 위기의 증가와 국가 간 관계의 긴밀화
- 대중민주주의의 출현과 대의제 원리의 한계 노출(의회민주주의의 위기)
- 행정수요의 다양화 · 전문화에 따른 행정기능의 팽창
- 국가–사회의 동일화 경향(정부에 의한 사회문제 해결)

㉡ 선진국의 배경

- 자본주의의 폐해 및 독점자본주의 출현에 따른 노사 간 대립 해결
- 독점 · 빈부격차 등의 해결을 위한 정부역할 강화
- 과학기술의 발달로 인한 행정의 전문화와 기술화 · 복잡화

- 산업화 · 도시화에 따른 행정수요 증가
- 위임입법의 증가와 이에 따른 행정재량권의 확대
- 입법부 · 사법부 기능의 상대적 약화(엄격한 3권분립의 붕괴)
- 20세기 대중민주주의의 출현(야경국가에서 복지국가 · 적극국가로의 변화)
- 전후 국제적 긴장 고조에 효과적으로 대처(정보와 전문지식을 갖추고 있는 행정부가 담당하는 것이 보다 적절)

㉢ **신생국(개발도상국)의 배경** : 급박한 경제 · 사회발전, 국가안보, 국민통합을 위해 행정권의 주도적 역할이 강조되었으며, 권위적인 문화적 전통에 근거하여 행정국가가 급속히 성장(선진국과 달리 대부분 입법국가의 단계를 거치지 못한 채 절대국가체제에서 전후 행정국가화가 진행됨)

㉣ **공산권 국가의 배경** : 계획경제체제에 따라 국가의 주도에 의해 가장 먼저 행정국가화가 이루어짐

Check Point

위임입법(委任立法)
법률의 위임에 의하여 입법부 이외의 국가기관이 규범을 정립하는 것 또는 그에 따라 정립된 규범

근대 입법국가와 현대 행정국가의 비교

구분	근대 입법국가	현대 행정국가
시기	19C~1920년대	1930~1970년대
배경	시민혁명(프랑스혁명, 1789)	경제대공황(1929)
기초이론 및 사상	• A. Smith 예정조화설(보이지 않는 손) • Say 법칙(공급이 수요를 창출) • 자유방임주의	• 정부의 적극개입에 의한 시장실패 치료(뉴딜정책, 자본예산 등) • J. Keynes 유효수요이론(정부가 유효수요 창출) • 수정자본주의
기본구조	입법부 우위(행정부 통제)	행정부 우위로 사회문제 해결
정부관	최소의 정부가 최선의 정부(작은 정부론, 값싼 정부론)	최대의 행정이 최선의 행정(큰 정부론, 정부 규제 강화)
국가 성격	소극국가, 야경국가	적극국가, 복지국가
국가와 사회	이원적 대립구조(국가는 필요악), 대의제 원리에 의존	국가와 사회의 일원적 동일화(국가는 사회문제 해결자), 대의제 원리의 모순
정부기능	소극적 기능(축소지향)	적극적 기능(양적 · 질적 확대지향)
지방자치	지방분권 중시	지방자치 위기(광역행정 · 신중앙집권화)
문제	경제대공황으로 시장실패(market failure) 발생	1970년대 오일쇼크 등으로 정부실패(government failure) 발생
대안	정부개입(행정국가)	민영화, 신자유주의(신행정국가)

(2) 현대 행정국가의 특징

① 일반적 특징

㉠ 행정이 정치에 대한 수동적 관계에서 탈피하여 정치적 측면에서도 중요한 역할을 담당

㉡ 단순한 질서유지나 전통수호 역할에 국한하는 것이 아니라 바람직한 사회변동을 유도 · 촉진하고 갈등조정의 기능을 수행

㉢ 국가발전을 위한 적극적인 발전 목표 설정, 국민생활의 질적 향상 추구

㉣ 행정기능의 확대 · 강화로 광범위한 분야에서 행정의 재량권이 증대

② 양적 측면의 특징

㉠ 행정수요의 복잡화 · 다양화 · 전문화 · 기술화에 기인하여 행정기능이 확대 · 강화됨

㉡ **파킨슨의 법칙** : 행정기능의 확대, 행정기구 · 공무원 수 증가 → 재정규모의 팽창

㉢ 경제 · 사회 발전과 문제 해결을 위해 공기업 및 제3부문이 증가

③ 질적 측면의 특징

㉠ 과학기술의 발달과 사회적 분화에 따라 행정의 전문화 · 기술화 · 과학화 현상이 대두함

㉡ 합리적 정책결정 및 기획을 위해 행정조사와 통계가 중시됨

㉢ 행정기능의 확대 · 강화, 정보체제의 발달, 국제 긴장의 고조 등으로 지방이 할 수 없는 일을 중앙에 위임하는 신중앙집권화 현상이 대두

㉣ 행정재량권 확대에 따른 행정부패와 권력남용의 방지를 위해 행정책임과 통제가 중시됨

㉤ 기존의 행정구역이나 지방자치단체를 초월한 행정수요 문제를 해결하기 위해 행정의 광역화 현상 및 교통과 통신수단의 발달이 촉진됨

㉥ 불확실한 상황 변화와 사회경제적 위기에 신속하고 적절히 대응할 필요성이 증대하여 행정의 동태화가 강조됨

㉦ 정치와 행정의 유기적 연관성이 커져 정책결정기능이 중시되며, 행정의 효과성 제고와 성과 향상을 위해 계획기능이 강조됨

㉧ 현대 행정은 행정의 재량권 강화에 따라 준입법적 기능(위임입법)이 활성화됨

㉨ 예산과 계획의 연결 필요성이 증대하고 합리적 · 종합적 예산의 추구 경향이 두드러짐

㉩ 정치 · 행정일원론과 공 · 사행정의 유기적 연관성이 강조됨(제3의 영역이 중요한 연구 분야로 등장)

Check Point

파킨슨의 법칙(Parkinson's law)

㉠ 의의
- 본질적인 업무량이나 조직의 구조적 특징과 관계없이 공무원의 수와 업무는 일정한 비율로 증가한다는 법칙
- 파킨슨이 영국 해군을 대상으로 조사한 것으로, 행정수요에 상관없는 정부 규모 확장에 대한 통제의 필요성을 제기한 이론
- 관료제는 권한 행사의 영역을 계속 확장하여 이른바 제국건설을 기도한다고 하여 관료제의 제국주의 또는 상승하는 피라미드의 법칙이라고도 함

㉡ **내용** : 제1공리와 제2공리의 악순환 과정을 통해 공무원 수는 지속적으로 증가
- 부하 배증의 법칙(제1공리) : 공무원은 동일 직급의 경쟁자가 아닌 부하직원의 증가를 원함
- 업무 배증의 법칙(제2공리) : 공무원은 부하와 같이 일을 하면서 파생적 업무가 창조됨

㉢ **한계**
- 영국의 특수한 환경을 바탕으로 심리적 측면에 초점을 두어 조사하여 보편성이 결여됨
- 국가 비상시에 행정업무 증가가 공무원 수의 증가를 수반한다는 사실과 사회 · 경제적 증가 요인을 경시함

꼭! 확인 기출문제

01. 현대사회에서 행정기관과 관료의 역할이 확장되는 이유로 옳지 않은 것은? [지방직 9급 기출]

① 사회가 발전함에 따라 입법활동의 기술적 복잡성이 증대되기 때문이다.
② 지속적으로 증가하는 경제사회적 위기에 대한 신속하고 일관성 있는 대응이 필요하기 때문이다.
❸ 이익집단들의 의견을 조직화하고 동원하여 효율적인 국정운영을 해야 하기 때문이다.
④ 국회에서 제정된 법규정의 모호성과 비정밀성으로 인해 집행과정의 재량권이 커지기 때문이다.

해 ③ 이익집단들을 조직화하고 동원하여 국정운영을 한다는 것은 다원주의 사회에서 나타나는 일반적 현상으로, 상대적으로 행정기관과 관료의 역할을 축소시키거나 소극적 · 수동적 역할을 수행하게 한다.
① 행정부문의 확대를 특징으로 하는 현대 행정국가에서는 행정수요의 복잡화 · 다양화 등에 기인하여 행정기능이 확대 · 강화되면서 행정기관과 관료의 역할도 확대된다.
② 불확실한 상황 변화와 사회경제적 위기에 신속하고 적절히 대응할 필요가 있다는 것도 현대 행정국가에서 행정부문의 역할이 확대 · 강화되는 배경이 된다.
④ 현대 행정국가에서는 행정기능의 확대 · 강화로 광범위한 분야에서 행정의 재량권이 증대된다.

02. 파킨슨의 법칙에 대한 설명으로 옳지 않은 것은? [지방직 9급 기출]

❶ 조직의 구조적 특징이 조직의 규모를 결정한다.
② 상승하는 피라미드의 법칙(the law of rising pyramid)이라고도 불린다.
③ 공무원 수는 업무와 무관하게 일정 비율로 증가한다.
④ 부하 배증의 법칙과 업무 배증의 법칙을 핵심 내용으로 한다.

해 ① 파킨슨의 법칙(Parkinson's law)은 업무량과는 관계없이 공무원의 수나 업무가 일정한 비율로 증가한다는 것을 설명한 것으로, 조직의 구조적 특징과는 관련이 없다.
④ 파킨슨의 법칙은, 공무원은 부하직원을 늘리려 하는 반면 경쟁자가 늘어나는 것은 바라지 않는다는 부하 배증의 법칙과, 부하가 배증되면 파생적 업무가 창조된다는 업무 배증의 법칙을 핵심 내용으로 한다.

(3) 신행정국가의 등장(행정국가의 변천)

① 의미 : 신행정국가란 전통적인 행정국가에 신자유주의적 요구가 결합되어 국가의 역할이 보다 축소 · 효율화된 탈행정국가를 의미함

② 등장배경 : 20세기 후반(1970년대 이후)부터 신자유주의 사상의 등장과 정보화 현상이 급진전함을 배경으로 하여 행정국가가 초래한 문제 해결을 위해 새로운 형태의 국가, 즉 신행정국가가 등장

③ 국가의 변화

국가의 역할과 권한의 변화	적극국가(positive state) 복지혜택제공자 큰 정부	→	규제국가(regulatory state) 시장형성자 작은 정부
국정운영방식의 변화	의회정체모형 시장화	→	분화정체모형 제도적 분화(R. A. W. Rhodes)

④ 방향 : 신공공관리론(시장적 거버넌스론)과 뉴거버넌스론(참여적 거버넌스론)

⑤ 일반적 특징

㉠ 행정국가보다 국가의 역할이 상대적으로 감소

Check Point

행정국가와 신행정국가의 비교

	행정국가	신행정국가
정치적 책임	직접적	간접적
핵심 행위자	정당, 공무원, 조합	규제자, 전문가, 판사
정부 기능	큰 정부	작은 정부
직업 관료제	옹호	비판
지방 분권	신중앙 집권	신지방 분권
재정의 주요 기능	안정화, 자원배분, 소득재분배(포괄적 기능)	자원배분의 효율화

㉡ 국가기능을 형평성 확보가 아닌 시장 효율성 제고에 중점
㉢ 적극적 복지서비스 제공자에서 시장형성자로의 권력 이동
㉣ 정보국가, 지식국가, 계약국가, 신자유국가, 그림자국가, 공동(空洞)국가 등으로 지칭

의회정체에서 분화정체로의 변화

의회정체	분화정체
단방제 국가(단일의 전국수준 정부가 중앙집권적 권한을 행사)	정책연결망과 정부 간 관계(단방제 국가 해체, 중앙이 없는 정부 간 관계)
의회주권과 내각정부(대의민주주의를 토대로 다수당이 입법 · 행정 통제)	공동화(空洞化)국가와 핵심행정부(정부 중심부의 단편화 · 분산화, 상호의존성 심화)
장관책임과 중립적 관료제(최종적 결정권을 행사하고 의회와 유권자에 정치적 책임을 짐)	신국정관리(new governance, 상호 의존하는 조직 간 연결망 강조)

2. 행정국가의 기능

(1) 일반적 기능

① **소극적 기능** : 사회의 안정 · 유지기능을 말하며, 구체적인 예로 국방 · 외교 · 치안 · 질서 · 조세징수기능 등이 있음
② **적극적 기능** : 사회변동 유도 · 촉진기능을 말하며, 구체적인 예로 건설, 경제 · 사회개발 · 교육사업 등이 있음

(2) 행정기능의 분류

① 국가에 따른 기능 분류
㉠ **선진국** : 행정은 사회의 조정자로서 사회규제 및 질서유지 등을 담당함, 사회의 안정 · 유지기능을 중시하므로 소극적 · 수동적 · 사후적 기능을 강조함
㉡ **개발도상국 · 후진국** : 사회변화의 촉진 및 유도기능을 중시하므로 적극적 · 능동적 · 사전적 기능을 강조함
㉢ **공산국** : 국가의 총체적 기능을 중시하므로 적극적 · 능동적 · 사전적 기능을 강조함
② M. E. Dimock의 행정기능 분류
㉠ 보호(protection)의 기능

- 대내적 : 범죄, 질병, 풍속, 교통, 보건, 천재지변에 있어 개인의 안전보호 기능 등
- 대외적 : 외교, 국방, 전시 동원 기능 등

ⓛ 규제(regulation)의 기능

- 대내적 : 독점 및 물가통제, 오염 규제, 인 · 허가, 노동조합 규제, 의약품 · 식품 통제 기능 등
- 대외적 : 이민규제, 출입국 규제, 관세 규제, 외환 기능 등

ⓒ 원호(assistance)의 기능

- 대내적 : 구호, 보험, 구빈(救貧), 연금, 사업 보조 등
- 대외적 : 교포원호 및 외국원조, 국제기구와의 협력 기능 등

ⓡ 직접봉사(direct service)의 기능

- 대내적 : 교육사업, 체신 · 철도 · 주택 · 병원 · 도서관 · 공원 건설 등
- 대외적 : 교포 관련 봉사, 국제우편 및 전신, 후진국 개발 기능 등

행정 기능별 성격 비교

보호기능	규제기능	원호기능	직접봉사기능
← 좌측으로 갈수록 고유기능 · 고전적 기능 · 소극적 기능 · 권력적 기능 · 질서 기능의 성격이 강함			→ 우측으로 갈수록 파생적 기능 · 현대적 기능 · 적극적 기능 · 비권력적 기능 · 봉사 기능의 성격이 강함

③ 성질별 기능

㉠ **기업행정기능** : 정부기업 등 수익사업기능(우체국예금, 우편사업, 수도사업, 양곡관리, 조달 등)

ⓛ **규제행정기능** : 인허가 등 민간부문(시장)에 대한 제한 · 금지기능(진입규제)으로 법령에 기초하여 국민의 생활을 일률적으로 금지 또는 제한하는 기능

ⓒ **중재 · 조정행정기능** : 이해관계나 분쟁 · 갈등에 대한 중립적 조정으로 합의를 이끌어내는 기능 (노사분쟁 조정 등)

ⓡ **조장 · 지원행정기능** : 서비스 제공과 급부기능(사회간접자본 건설 등)으로 정부가 직접 사업주체가 되어 서비스를 제공하는 급부행정기능

④ 행정과정별 기능

Check Point

행정기능의 변천

- **시간적 변천** : 과거에는 소극적 사회안정기능이 중시되었으나, 현대 행정국가에서는 적극적인 사회변동 유도 · 촉진기능이 중시
- **공간적 변천** : 선진국의 경우 사회안정기능이 중시되어 소극적 · 수동적 · 사후적 관리기능이 강조되나, 후진국의 경우 사회변동 유도 · 촉진기능이 중시되어 적극적 · 능동적 · 사전적 예방기능이 강조

㉠ **기획기능** : 정책입안이나 결정, 계획수립 등 전략적 기능(방향잡기, plan)

㉡ **집행기능** : 정책집행 등 전술적 구체화 기능(노젓기, do)

㉢ **평가기능** : 성과평가 및 환류(see)

⑤ **G.Caiden(케이든)의 국가발전단계에 따른 행정기능분류**

G.Caiden은 국가발전단계에 따라 다음 ㉠에서 ㉤으로 행정기능의 중점이 이동한다고 봄. ㉤ 환경통제기능이 가장 최근에 강조되는 기능이며, 개도국은 ㉡ 국민형성기능과 ㉢ 경제관리기능을, 선진국은 ㉣ 사회복지기능과 ㉤ 환경통제기능을 상대적으로 중시함.

㉠ **전통적 기능** : 사회안정화기능(법과 질서 유지, 외교, 국방, 치안, 공공사업, 과세 등)

㉡ **국민형성기능(Nation Building)** : 국가적 통일감, 국민적 일체감, 국민적 사회화, 국가 상징조작

㉢ **경제관리기능** : 국가경제의 기획과 관리, 경제산업 발전, 경제규제, 공기업 운영, 보조금, 기술 원조

㉣ **사회복지기능** : 사회조장, 교육, 보건위생, 연금 등을 통한 삶의 질 향상

㉤ **환경통제기능** : 자연자원이나 환경의 보존 · 유지, 국토의 효율적 이용

⑥ **이념에 따른 정부관–보수주의와 진보주의**

구분		보수주의 정부관(우파, 작은 정부론)	진보주의 정부관(좌파, 큰 정부론)
이념		자유방임적 자본주의, 최소한의 정부(소극국가, 야경국가), 기독교적 보수주의	개혁주의, 규제된 자본주의, 사회주의, 평등주의, 혼합자본주의국가, 복지국가
인간관		• 오류의 가능성이 없는 인간 • 합리적 이기적인 인간(경제인간)	• 욕구, 협동, 오류의 가능성이 있는 인간 • 경제인의 인간관 부정
시장관		• 정부불신, 정부는 개인자유를 위태롭게 하고 경제조건을 악화시키는 전제적 횡포 • 자유시장에 대한 신념이 강함(시장주의자) • 정부개입은 정부실패를 초래 : X-비효율 등	• 시장의 결함과 윤리적 결여 인지 • 효율과 공정, 번영과 진보에 대한 자유시장의 잠재력 인정 • 시장실패는 정부개입에 의해 치유가능
가치판단	정의	교환적(평균적) 정의(거래의 공정성)	배분적 정의(부의 공정한 분배)
	평등	기회의 평등(기회균등)과 경제적 자유 강조–형식적 평등(소득 · 부나 기타 경제적 결과의 평등은 경시)	결과의 평등 증진을 위한 실질적인 정부 개입 허용–실질적 평등
	자유	간섭이 없는 소극적 자유, 정부(국가)로부터의 자유 강조 → 보수적 자유주의	자유를 열렬히 옹호–무엇인가 할 수 있는 적극적 자유, 정부(국가)에로의 자유→ 진보적 자유주의

정책관	• 소외집단을 위한 정책 비선호 • 조세 감면 내지는 완화 • 정부규제 완화와 시장지향 정책 선호 • 낙태금지를 위한 정부권력 사용 찬성 • 공립학교에서의 종교교육 찬성	• 소외집단을 위한 정책 선호 • 조세제도를 통한 소득재분배정책 • 공익목적의 정부규제정책 • 낙태금지를 위한 정부권력 사용 반대 • 공립학교에서의 종교교육 반대
관련 정권	우파정권, 신보수주의, 신자유주의	유럽 좌파정권, 제3의 길

제2절 시장실패와 정부실패

1. 시장실패와 정부규제

(1) 시장실패

① 의의

㉠ 시장 기능이 제대로 작동하지 않음으로써 자원배분이 효율적이지 못하거나 형평성이 달성되지 못하는 상태를 말함

㉡ 시장이 불완전하여 완전경쟁시장에서의 '파레토 최적'상태를 이루지 못하는 것을 의미함

② **시장실패의 출발점** : 일반적으로 시장실패는 사회적 유의성은 고려하지 않고 개인의 사적 이익만을 추구하는 이기주의에서 출발하며, 이를 해결하기 위한 정부개입(정부규제)이 요구됨

③ **시장실패의 근거이론** : 소위 개인의 합리적 선택이 사회적인 합리적 선택을 보장하지 않는다는 죄수의 딜레마나 공유지의 비극이론 등에 근거

㉠ **죄수의 딜레마(prisoner's dilemma)이론**

- 두 명의 죄수가 각자의 입장에서 보다 낮은 형량을 받기 위해 합리적인 선택(자백)을 하지만, 결과적으로는 모두 자백을 하게 되어 모두 자백을 하지 않은 경우보다 높은 형량을 받게 되는 것을 설명한 이론
- 개인의 사적 이익의 지나친 추구는 공익의 파멸로 귀결된다는 이론으로, 시장실패 원인의 출발점이자 합리적 선택이론의 한 지류를 형성

㉡ **공유지의 비극(The tragedy of the commons)이론(G. Hardin)**

- 공유지에서 농민이 양을 많이 사육할수록 개인의 이익은 늘어나지만 과중

Check Point

시장실패(넓은 의미의 시장실패)
- **경제적 시장실패(좁은 의미의 시장실패)** : 시장이 제대로 작동하지 못하여 완전경쟁 상황을 달성하지 못함으로써 발생하는 시장실패
- **사회적 시장실패** : 시장기능이 제대로 작동을 한다 하더라도 시장 자체가 본래적으로 해결할 수 없는 문제점(빈부격차 등 시장기능의 부작용)이 발생하여 이상적인 소득분배 상태를 이루지 못하는 경우의 시장실패

한 방목으로 목초지가 황폐되어 비극적인 손실을 초래함을 설명한 이론
- 개인적 합리성과 집단적 합리성과의 갈등과 관련하여, 개인의 합리성 추구가 반드시 전체적 합리성을 보장하는 것이 아니라는 것을 보여주는 이론
- 개인의 합리적 선택이 타인이나 사회 전체에 부정적 외부효과를 초래할 수 있다는 것을 보여줌
- 정부개입의 필요성을 반영하는 이론으로, 과세나 비용부담 등을 통해 외부효과를 내부화함으로써 어느 정도 해결할 수 있음

㉢ 구명보트의 윤리 배반 현상(G. Hardin)
- 구명보트에 너무 많은 사람이 탑승하여 더 태울 수 없음에도 불구하고 물에 빠진 사람을 더 태워 결국 보트가 가라앉게 된다는 것을 설명하는 이론
- 공유지의 비극이론과 같이 개인의 합리성 추구가 반드시 전체적 합리성 보장으로 이어지는 것이 아님을 보여주는 이론이며, 위급한 상황에서는 도덕적 윤리보다 상황의 긴급성에 따라 행동(규제)하여야 한다는 것을 설명

꼭! 확인 기출문제

'공유지의 비극(The tragedy of the commons)'에 대한 설명으로 적절하지 않은 것은? [지방직 9급 기출]

① 개인적으로는 합리적인 선택이 사회 전체적으로는 비효율을 초래한다.
② 소유권이 불분명하게 규정되어 자원이 낭비되는 현상이다.
❸ 한 사람의 선택 행위가 다른 사람에게 긍정적인 외부효과를 초래한다.
④ 외부효과를 내부화함으로써 어느 정도 해결할 수 있다.

해 ③ '공유지의 비극'이론은 개인의 선택 행위가 다른 사람이나 사회 전체에 부정적 외부효과(손실, 피해 등)를 초래하는 현상을 설명하는 것으로, 시장실패의 근거 이론의 하나에 해당한다.
① 공유지에서 농민이 양을 많이 사육할수록 개인의 이익은 늘어나지만 과중한 방목으로 목초지가 황폐화되어 비극적인 손실을 초래하는 것처럼 개인적으로 합리적인 선택이 사회 전체적으로는 비효율을 초래하는 것을 설명하는 이론이다.
② 공유지의 비극을 초래하는 자원(공유재)은 소유권이 불명확하고 비배제성을 띠는 자원이다.
④ 공유지의 비극은 과세나 비용부담 등을 통해 외부효과를 내부화함으로써 어느 정도 해결할 수 있다.

④ 시장실패의 원인

㉠ **불완전 경쟁(독과점)** : 생산자(공급자) 1인 또는 소수가 시장을 점유하여 경쟁이 결여되는 경우 이들에 의해 가격이 좌우되므로 시장실패가 발생하게 됨

㉡ **공공재의 존재 및 공급 부족** : 공공재는 비배제성과 비경합성이 높은 재화와 서비스를 말하는데, 이는 시장에 맡겨두었을 때 충분히 공급되지 못하여 시장실패를 초래함

㉢ **외부효과의 발생** : 외부효과란 특정 경제주체의 행위가 다른 경제주체에게 중요한 영향을 미침(외부경제, 외부불경제)에도 불구하고 그 영향에 대한

Check Point

외부효과(external effect, 외부성)의 분류
- 외부경제(external economy) : 제3자에게 대가를 받지 않고 이익을 주는 것으로, 시장기능에만 맡길 경우 과소공급되는 경향이 있음 예 과수원 옆집의 양봉업자, 무상의무교육 등
- 외부불경제(external diseconomy) : 제3자에게 손해를 끼치면서도 아무런 비용을 지불하지 않는 것으로, 방치하는 경우 과다 공급되는 경향이 있음 예 환경오염, 쓰레기 투기, 스팸메일, 불법주차 등

대가의 청산(지불)이 이루어지지 않는 현상을 말하는데, 외부효과가 존재하면 시장은 자원을 효율적으로 배분하는 역할을 하지 못함

㉣ **정보의 비대칭성(불완전 정보)** : 거래 일방만이 정보를 가지고 있는 정보의 편재가 존재하는 경우 문제가 발생하므로 이를 시정하기 위한 정부의 개입 요구

㉤ **규모의 경제 존재** : 규모의 경제로 인해 해당 산업의 평균비용은 감소하고 평균수익은 증가하게 되어 독점현상이 발생하게 되므로 정부의 개입이 요구됨

㉥ **소득분배의 불공정성(형평성의 부재)** : 시장메커니즘은 능률성을 추구하므로 계층이나 지역, 산업 간의 소득 불균형이 발생할 수 있는데, 이를 규제하고 경제적 약자를 보호하기 위해 정부의 규제가 수반됨

㉦ **경제의 불안정(물가불안 및 고용불안)** : 시장경제에 맡겨 두면 인플레이션과 디플레이션 등으로 물가불안과 고용불안, 무역적자 등이 야기되는데, 개별 경제주체의 독립된 행위의 결과로 발생하는 이런 경기불안정을 조절하는 정부의 개입이 필요함

대리 손실(agency loss)

① **의미** : 정보의 불균형(비대칭성 · 격차 · 편재)에 의하여 발생하는 것으로, 일반적으로 대리인은 많은 정보를 가지고 있는 반면, 주인은 정보가 부족해 대리인을 잘못 선택하거나 대리인을 제대로 감시 · 통제할 수 없기 때문에 손해(대리손실)를 보게 되는 것을 말함

② **종류** : 대리 계약체결 전의 '역선택' 문제와 계약체결 후의 '도덕적 해이'가 있음

㉠ 역선택(adverse selection) : 주인이 대리인에 대해서 잘 몰라 적합하지 않은 대리인을 선정할 가능성이 매우 높은 현상 예 보험회사가 보험계약자에 대한 정보를 모른 채 계약하는 경우, 후보자에 대한 정보부족으로 문제 많은 대통령을 선출하는 경우

㉡ 도덕적 해이(moral hazard) : 대리인에 대한 정보부족으로 주인이 대리인을 잘 감시할 수 없는 경우, 대리인이 기회주의적 행동으로 주인의 이익보다는 자기의 이익을 추구하게 되는 현상 예 보험계약 후 가입자의 난폭운전 등으로 인한 보험지급액 증가

⑤ 시장실패에 대한 정부의 대응방식

㉠ 정부의 대응(개입)수단

- 공적 공급(조직) : 정부가 조직을 구성하여 시장 개입수단으로 활용
- 공적 유도(유인) : 정부가 조세감면, 보조금 지급 등의 경제적 유인책을 시장 개입수단으로 활용
- 공적 규제(권위) : 정부가 법적 · 제도적 권위나 규제, 부담금 부과 등을 시장 개입수단으로 활용

㉡ 시장실패 원인별 대응(개입)방식

Check Point

정보격차
정보접근능력에 차이가 있어 경제주체 간에 정보가 동등하게 소유되지 못하는 현상으로 정보가 부족한 경제주체는 피해를 입게 되는 현상

Check Point

공적 유인(보조금과 조세감면)
조세감면방식은 보조금 지급과 같은 경제적 효과를 창출하지만 정부가 직접 세금을 징수하여 다시 민간에게 보조금을 지급하는 보조금 방식보다는 절차가 간편하며 직접 비용이 상대적으로 적게 소요됨

구분	공적 공급(조직)	공적 유도(유인)	공적 규제(권위)
공공재의 존재	○		
불완전 경쟁(독과점)			○
자연독점	○		○
외부효과의 발생		○	○
정보의 격차		○	○

파레토 최적(pareto optimum)

- '파레토 최적' 또는 '파레토 효율성(pareto efficiency)'이란, 자원배분이 효율적으로 이루어져 한 개인의 후생을 감소시키는 일 없이는 다른 사람의 후생을 증가시킬 수 없는 상태를 의미함(최고의 이상적 배분 상태)
- 자원 배분상의 효율성을 판단할 때 가장 많이 사용하는 기준으로, 완전경쟁시장에서는 자원이 가장 합리적으로 배분되어 국민들의 경제적 후생이 극대화되는 파레토 최적에 이르게 됨
- 파레토 최적은 더 이상의 파레토 개선(누구도 불리하게 만들지 않고서도 다른 개인을 유리하게 할 수 있는 경우)이 불가능한 상태를 말함

꼭! 확인 기출문제

01. 시장실패 원인에 대응하는 정부의 방식에 대한 설명으로 가장 옳지 않은 것은? [서울시 9급 기출]

① 외부효과 발생에 대해서는 보조금 혹은 정부규제로 대응할 수 있다.
② 자연독점에 대해서는 공적공급 혹은 정부규제로 대응할 수 있다.
③ 정보의 비대칭성에 대해서는 보조금으로 대응할 수 있다.
❹ 불완전경쟁에 대해서는 보조금 혹은 공적공급으로 대응할 수 있다.

해 ④ 불완전경쟁에 대해서는 보조금 혹은 공적 규제(정부규제)로 대응할 수 있다.

02. 정부의 개입활동 중에서 외부효과, 자연독점, 불완전 경쟁, 정보의 비대칭 등의 상황에 모두 적절한 대응방식은? [국가직 9급 기출]

① 공적공급　　② 공적유도
❸ 정부규제　　④ 민영화

해 ③ 외부효과 · 자연독점 · 불완전 경쟁 · 정보의 비대칭은 모두 시장실패의 원인에 해당하는데, 이러한 4가지 원인에 대해 모두 적절하게 대응할 수 있는 정부의 활동은 정부규제(권위)이다.
①·② 시장실패에 대한 정부의 대응방식 중 공적공급은 공공재의 존재와 자연독점에 대한 적절한 대응방식이 되며, 공적유도는 외부효과와 정보의 비대칭에 대한 대응방식이 된다.
④ 민영화 · 민간화는 일반적으로 시장실패가 아닌 정부실패에 대한 대응방식에 해당한다.

Check Point

정부규제의 정당화 근거(오석홍)

- 경쟁의 적정화
- 자원배분의 왜곡문제 시정
- 외부효과 문제의 해결
- 정보제공(정보의 불완전성에 따른 폐단 시정)
- 공공재의 원활한 공급
- 경제정책에 대한 지지 확보
- 기업의 육성

Check Point

정부규제의 목적

정부규제는 효율성(자원배분의 효율성)과 형평성(소득분배의 공평성)을 동시에 충족시켜야 함

(2) 정부규제

① **의의** : 바람직한 경제사회 질서의 구현을 위해 정부가 개입하여 기업과 개인의 행위나 사회적 활동을 제약하는 것을 뜻함

② 필요성(목적) : 효율성과 형평성 확보

㉠ 시장실패의 극복

㉡ 독과점 업체들의 불공정 경쟁을 억제하여 경쟁의 공정성 확보

㉢ 자원배분의 왜곡 및 비효율성 시정

㉣ 정보의 불완전성으로 인한 폐단 시정

㉤ 소득분배의 불공평성 시정

㉥ 중소기업 육성정책의 지원

③ 유형 구분

㉠ 대상 영역을 기준한 영역

구분	경제적 규제(economic regulation)	사회적 규제(social regulation)
의의	• 경제 질서의 확립 · 구현을 위해 민간 경제활동에 정부가 직접 개입하여 설립 · 생산 · 판매 · 유통 · 가격 · 퇴출 등 기업의 본원적 경제활동 등을 제약하는 것 • 역사가 오래된 전통적 규제 • 재량적 규제(일반적 경제규제), 비재량적 규제(독과점 규제)	• 사회구성원의 삶의 질(quality of life) 향상을 위해 정부가 사회적으로 바람직하지 않은 기업 및 개인을 통제하여 사회적 책임을 부과하는 규제 • 1980년을 전후하여 비교적 최근에 등장함 • 기업의 사회적 책임 및 사회계층에 대한 보호와 관련된 규제(소비자 · 노동자 보호, 안전, 보건, 공해방지 등) • 비재량적 규제
종류 및 구체적 예	• 경제적 규제(일반적 경제규제) : 개별기업을 대상으로 한 차별적 규제(제한 · 억제) – 가격규제 : 최고 · 최저 가격규제, 가격구조 규제 – 진입 · 퇴거규제 : 인 · 허가, 면허, 특허 등 – 공급 · 생산량규제, 수입규제 – 품질규제 • 독과점 규제 : 모든 산업과 기업에 대한 비차별적 규제 – 불공정거래규제, 경쟁촉진 – 합병규제, 경제력 집중 억제 등	• 소비자안전 및 산업안전규제 – 의약품규제 – 식품안전규제 – 자동차안전규제 – 근로자의 보건 및 안전규제 – 소비자보호시책의 종합적 추진 등 • 소비자 권익 침해규제 • 환경(오염)규제 • 사회적 차별규제 • 범죄자규제
목적	부패 방지, 경쟁의 촉진 및 횡포 방지	삶의 질 향상 및 기본적 권리 신장, 경제적 약자 보호, 사회적 형평성 확립
규제 범위 및 대상	개별기업에 효과가 미침 (차별적 규제)	사회 전체에 광범위한 파급효과 발생 (비차별적 규제)
규제 개혁의 방향	경제적 규제는 완화, 독과점 규제는 유지(또는 강화)	합리적으로 유지 · 강화할 필요가 있음
저항 및 실패	포획이나 지대추구 현상이 발생할 가능성이 높아 실패 가능성이 높음	실패 가능성이 낮음

ⓛ 규제목적에 따른 유형(Ripley & Franklin)

- 경쟁적 규제 : 과당경쟁이나 출혈경쟁을 막고 자원을 절감하기 위해 인허가 제도를 통해 자격을 갖춘 경우에 한해 공급을 허용하거나 경쟁범위를 제약하는 규제 예 방송국 인가, 이동통신사업 인가, 항공기 · 버스 노선 인가, 입찰자격 제한, 부실기업 퇴출 등
- 보호적 규제 : 국민 다수의 공익 보호를 위해 행하는 규제 즉, 유리한 조건을 허용하고 불리한 조건을 금지하는 규제 예 식품 및 의약품 사전허가제, 의약분업, 개발제한구역 지정, 최저임금제, 근로기준설정, 독과점 및 불공정 거래행위 규제, 남녀고용평등제, 광고규제 등

ⓒ 규제수단에 따른 유형

- 직접규제 : 강제수단에 의한 강력한 규제(법령 · 행정처분 등에 규제기준을 직접 설정)로, 반드시 법령의 근거를 요하며 규제도 최소한에 그쳐야 함
- 간접규제
  - 어떠한 사항에 대해서 인센티브를 제공함으로써 유인하거나 제재를 함으로써 일정 방향으로 유인 · 유도하는 규제 예 세제 혜택, 보조금 지원, 환경오염부담금, 중과세 등
  - 민간의 자율 판단에 따른 순응을 확보하는 장점이 있는 반면, 대부분 법령보다는 정책에 근거하기 때문에 무책임하고 포괄적인 규제로 전락할 소지가 있으며, 직접규제보다 규제의 효과성이 떨어짐
- 자율규제
  - 조합자율규제 : 관련 업계가 조합 · 단체를 결성하고 자체적으로 의무규정을 작성하여 조합원이 준수하도록 함으로써 자율적 제한을 가하는 규제
  - 민간자율규제 : 민간에서 자발적으로 협동하여 문제를 해결하게 하는 탈규제 · 불간섭적 성격의 규제(정책)
- 공동규제 : 정부로부터 위임 받은 민간집단에 의해 이루어지는 규제로서, 직접규제와 자율규제의 중간 상태

ⓡ 규제 대상에 따른 유형

- 수입규제-투입규제 : 특정 목표를 달성하기 위해 필요한 기술이나 행위에 대해 사전적으로 규제하는 것
  - 사례 : 환경오염방지를 위해 특정 유형의 환경통제기술 사용을 요구, 작업장 안전을 위한 안전장비 착용의 의무화
  - 평가 : 정부의 규제 정도와 피규제자의 순응 정도를 파악하는 것이 용이, 정책목표와 무관한 수단규제를 도입하면 불필요한 규제준수 비용

Check Point

포획, 지대추구 현상

규제 주체인 정부가 규제의 객체에 포섭되어 오히려 요구나 주장에 동조하는 현상을 포획이라 하며, 정부가 시장에 개입하여 경쟁을 제한하거나 독점적 상황을 만들 때 발생하는 반사적 독점이익(지대)을 유지하기 위한 비생산적인 로비 등의 낭비 현상을 지대추구라 함

Check Point

명령지시적 규제와 시장유인적 규제

- **명령지시적 규제** : 정부가 준수해야 할 기준이나 규칙 등을 정하고 위반 시 처벌하는 규제로, 직접규제와 성격이 유사
- **시장유인적 규제** : 정부가 기업이나 개인에게 일정 의무를 부과하고 그에 대한 달성 방법을 기업 · 개인의 판단과 선택에 맡기는 규제로, 경제적 유인을 제공한다는 점에서 간접규제와 유사

을 유발시킬 수 있음

- 성과규제-산출규제 : 정부가 특정한 사회문제 해결에 대한 목표달성 수준을 정하고 피규제자에게 이를 달성할 것을 요구하는 것
  - 사례 : 대기오염 방지를 위해 공기 중 이산화탄소 농도를 일정 수준으로 유지하도록 규제, 인체건강을 위해 개발된 신약에 허용가능한 부작용 발생 수준을 요구하는 것, 오염물질 배출량 통제
  - 평가 : 수단규제에 비해 피규제자에게 자율성을 부여하면서 정책목표 달성 가능, 사회경제적으로 바람직한 최적의 성과수준을 찾는 것이 어려움
- 관리규제-과정규제 : 수단 · 성과가 아닌 과정을 규제하는 것으로, 정부는 피규제자가 만든 규제목표 달성계획의 타당성을 평가하고 그 이행을 요구
  - 사례 : 식품안전을 위해 식품위해요소 중점관리기준(HACCP : Hazard Analysis Critical Control Point)에 기초하여 피규제자가 체계적인 위생관리체계를 갖추도록 요구하는 것
  - 평가 : 수단규제에 비해 피규제자에게 더 많은 자율성을 부여하며, 피규제자의 특성과 상황을 고려할 수 있음, 성과 측정이 아니라 피규제자가 설계한 내용이 제대로 집행되는가를 평가하면 되기 때문에 성과측정이 어려울 때 이용할 수 있음

ⓜ 규제의 개입 범위에 따른 유형

구분	포지티브(positive) 규제	네거티브(negative) 규제
특징	원칙적 금지, 예외적 허용, 사전규제 예 허가제 · 인가제	원칙적 허용, 예외적 금지, 사후규제 예 신고제 · 등록제
법 규정 형식	~할 수 있다, ~이다. – 허용 사항 명시(특정 행위만 허용, 나머지는 금지)	~할 수 없다, ~가 아니다. – 금지 사항 명시(특정 행위만 금지, 나머지는 허용)
입증책임	피규제자가 규제법규 준수를 입증	규제기관이 규제법규 위반을 입증
효과	피규제자의 자율성이 상대적으로 더 제약됨	피규제자의 자율성이 상대적으로 더 보장됨

④ 정부규제의 문제점 · 한계점

㉠ 정부의 비효율성(정부실패) 초래 : 경제적 규제총량의 과다는 경제전체의 효율성을 저하시켜 정부실패 초래

㉡ 관료부패의 가능성 : 인허가 등 정부규제는 하나의 이권이 되기 때문에 이를 둘러싸고 포획이나 지대추구현상 등에 의해 부패가 발생함. 이는 규제

실패로 연결됨

ⓒ **규제의 악순환(규제피라미드)** : 정부규제의 자기확장적 · 자기완결적 속성으로 인해 정부규제가 누적적으로 증가

ⓓ **경쟁의 결여와 기술개혁에의 소홀** : 경제행위의 이윤이 독점력에 의해 확보되기 때문에 새로운 제품을 개발하고 수요자의 기호에 적응하기 위해 노력하기 보다는 이익집단을 형성하고 기득권 유지에 노력

ⓔ **규제의 획일성 · 경직성으로 인한 규제집행의 불합리성–법규주의(legalism)** : 피규제자의 다양성, 규제집행 현장의 불확실성, 규제상황의 동태성에도 불구하고 획일적인 규제를 법령대로만 적용하면 비효율, 고비용, 불응, 시간낭비를 초래

ⓕ **규제로 인한 통상마찰 · 무역분쟁** : 상호주의에 입각한 시장개방이 확대되는 상황에서 외국기업에 대한 차별적 규제시

ⓖ **행정만능주의–민간의 자율성 약화의 악순환** : 정부의 계획 · 통제에 의한 경제성장으로 인해 정부의존성이 증대되며, 민간의 자율능력에 대한 불신조장, 정부규제는 민간의 자율성 부재를 야기하고 다시 정부의 추가적 규제로 이어짐

J. Wilson의 규제정치모형

구분		규제편익(benefit)	
		집중	분산
규제비용 (cost)	집중	이익집단정치	기업가적정치(운동가의 정치)
	분산	고객정치	대중적정치(다수의 정치)

① **의의**

J.Q.Wilson은 규제비용과 규제편익의 분포에 따라 상황이 다르게 발생한다고 보고 규제정치유형을 다음 네 가지로 유형화함. 대부분 비용이나 편익이 소수에게 집중되면 크게 느껴져 정치활동(집단행동)이 활발한 반면, 다수에게 분산되면 작게 느껴져 정치활동(집단행동)이 약해짐

② **이익집단정치**

㉠ 개념 : 정부규제로 인한 비용과 편익이 소수의 동질적인 집단에게 집중되어 그것이 크게 느껴질 경우 관련 이익집단 모두가 조직화와 정치행동의 유인을 강하게 느끼게 되는 유형

㉡ 특징

- 어느 일방이든지 집단행동의 딜레마가 생기지 않으며 세력 확장을 위해 국외자와의 연합이나 정치적 상징 등 규제채택과정이 가시성이 높음
- 쌍방이 막강한 정치조직적 힘을 바탕으로 첨예하게 대립되는 경우로서 규제기관이 어느 한쪽에 장악될 가능성이 약함

㉢ 사례 : 중소기업 간 영역규제 대립, 노사규제, 의약분업규제, 대기업과 중소기업의 관계에 관한 규제 등이 이에 해당함

③ 고객정치
㉠ 개념 : 규제비용은 상대적으로 작고 이질적인 불특정 다수에게 부담되지만 규제의 편익이 크고 동질적인 소수에게 귀속되는 정치적 상황에서 수혜자집단의 집단행동은 강화되고, 비용부담집단의 집단행동은 완화되는 유형
㉡ 특징
- 규제기관은 조직화된 소수의 피규제산업(편익집단)에 의하여 포획당하는 반면, 다수의 비용부담집단에서는 집단행동의 딜레마가 일어나 가장 강력하고 쉽게(은밀하게) 규제가 이루어짐
- 정부는 소수집단의 이익을 대변하게 되고 공익은 저해됨
- 조직화된 소수가 포획 등 강력한 로비활동으로 다수 압도 · 이용하는 미시적 절연이 발생

㉢ 사례 : 진입규제(변호사 · 의사 등 직업면허, 인 · 허가제도), 택시사업 인가, 수입규제, 농산물 최저가격 규제 등 주로 협의의 경제규제가 이에 해당함

④ 기업가적정치(운동가의 정치)
㉠ 개념 : 비용은 소수의 동질적인 집단에 집중되어 있으나 편익은 대다수에게 나타나는 유형
㉡ 특징
- 의제채택이 가장 어려우며 극적인 사건이나 재난, 위기발생이나 운동가(정치인이나 공익집단, 언론 등)의 활동에 의하여 규제가 채택됨
- 소수의 비용부담집단들은 정치적으로 막강한 영향력을 발휘하는 반면, 다수의 수혜집단에서는 집단행동의 딜레마가 발생하여 활동이 미약하고, 규제기관과 피규제산업간에는 포획(적극 찬성)이 아닌 대립(적극 반대)이 발생함

㉢ 사례 : 환경오염규제, 자동차안전규제, 산업안전 규제, 원자력 발전규제, 식품위생규제, 위해물품규제, 약자보호규제, 최고가격 규제 등 대부분의 재분배정책이나 사회적 규제 등이 이에 해당함

⑤ 대중적정치(다수의 정치)
㉠ 개념 : 해당 정부규제에 대한 감지된 비용과 편익이 쌍방 모두 이질적인 불특정 다수에게 미치지만 개개인으로 보면 그 크기가 작은 경우의 유형
㉡ 특징
- 이념적 반대가 극복되어야 하며 규제채택이 규제기관의 책임자인 대통령의 생각에 좌우됨
- 쌍방 모두 집단행동의 딜레마에 빠지게 되어 규제의 필요성이 공익단체에 의해 먼저 제기됨

㉢ 사례 : 신문 · 방송 · 출판물 등 언론에 대한 규제, 종교활동규제, 낙태규제, 차별규제, 음란물규제, 독과점규제, 차량 10부제 등이 이에 해당함

(3) 행정지도

① 행정지도의 의의

㉠ 개념
- 행정지도란 행정기관이 그 소관 사무의 범위 안에서 일정한 행정목적을 실현하기 위하여 특정인에게 일정한 행위를 하거나 하지 아니하도록 지도 · 권고 · 조언 등을 하는 행정작용을 말함(「행정절차법」 제2조)
- 상대방의 임의적 협력이나 동의 아래 일정한 행정질서의 형성을 유도하거나 행정목적을 실현하는 비권력적 사실행위

㉡ **법적 성질** : 행정지도는 일정한 법적 효과의 발생을 목적으로 하는 의사표시가 아니며, 강제력이 없이 국민의 임의적인 협력을 전제로 하는 비권력적 행정작용이므로, 상대방의 의사에 반하여 부당하게 강요할 수 없고 준수하지 않는다는 이유로 불이익한 조치를 해서도 안 됨

② 필요성(유용성)

Check Point

집단행동의 딜레마
- **개념** : 집단구성원이 공통의 이해관계가 걸려있는 문제를 스스로의 노력으로 해결하지 못하는 현상으로 무임승차심리 등으로 인하여 구성원 어느 누구도 자신의 노력을 자발적으로 제공하지 않으려는 1/N, N-1 현상.(공유지의 비극 등)
- **딜레마 극복방안**
  - 정부규제론 : 정부가 직접 개입하여 규제하는 방식 → 행정국가 때 활용된 방식 (예 낚시 면허제 등)
  - 사유화이론(G.Hardin) : 소유권의 명확화로 공유상태해결
  - 사회자본론 : 구성원들이 무임승차하는 것이 아니라 뉴거버넌스에서처럼 힘을 합쳐 공동의 이익을 추구하는 방식 → 현대시민사회에서 활용

Check Point

미시적 절연과 거시적 절연
- **개념** : 정부실패의 요인인 비용과 수익의 절연에는 두 가지 형태가 있음
- **미시적 절연** : 편익은 조직화된 소수에게 돌아가고 비용은 조직화되지 못한 다수가 부담
- **거시적 절연** : 조직화된 소수가 다수를 압도 · 이용하지 못하는 현상

㉠ 행정수요의 다양화, 행정영역 · 기능의 확대에 따른 탄력적 · 신속적 행정작용의 필요
㉡ 분쟁이나 마찰 · 저항 방지를 위한 비권력적 · 임의적 수단의 필요
㉢ 행정객체에 대한 새로운 지식 · 기술 · 정보 제공 및 일정 방향으로의 유도
㉣ 법적 규율의 한계(법과 행정현실과의 괴리 등)의 보완 · 극복

③ 원칙(「행정절차법」 제48조)
㉠ **비례원칙** : 행정지도는 그 목적 달성에 필요한 최소한도에 그쳐야 함
㉡ **임의성의 원칙(강제성의 배제)** : 상대방의 의사에 반하여 부당하게 강요해서는 안 됨
㉢ **불이익조치의 금지원칙** : 행정기관은 행정지도의 상대방이 행정지도에 따르지 않았다는 이유로 불이익한 조치를 해서는 안 됨(임의성의 사후적 확보를 위한 원칙)

④ 구체적 방식
㉠ **행정지도실명제** : 행정지도를 하는 자는 「행정절차법」 규정에 따라, 그 상대방에게 그 행정지도의 취지 및 내용과 신분을 밝혀야 함(동법 제49조 제1항)
㉡ **의견제출** : 행정지도의 상대방은 해당 행정지도의 방식 · 내용 등에 관하여 행정기관에 의견제출을 할 수 있음(동법 제50조)
㉢ **다수인을 대상으로 하는 행정지도에서의 공표** : 행정기관이 같은 행정목적을 실현하기 위하여 많은 상대방에게 행정지도를 하려는 경우에는 특별한 사정이 없으면 행정지도의 공통적인 내용이 되는 사항을 공표하여야 함(동법 제51조)

⑤ 실효성 확보수단
㉠ **억제조치** : 불응 시 불이익을 부과하여 행정지도 불응을 억제하는 수단을 말함 예 명단공개, 세무조사, 인 · 허가 보류, 공급거부 등
㉡ **장려조치** : 순응 시 일정한 이익을 부여하는 조치를 말함 예 보조금 지급, 인 · 허가상의 특별배려, 국 · 공유지의 우선매각 등

⑥ 문제점
㉠ 법치주의의 침해
㉡ 행정의 과도한 팽창
㉢ 공익에 대한 침해
㉣ 불분명한 행정책임과 구제수단의 미흡
㉤ 행정의 형평성 상실과 밀실화
㉥ 획일주의, 형식주의, 졸속지도, 권위주의, 남발우려, 단기적 관심 등

Check Point

행정지도의 개혁방향
- 행정지도 최소한의 원칙
- 강요 금지의 원칙
- 일상적 · 반복적 지도의 법제화 원칙
- 책임의 명확화를 위한 지도실명제 원칙 등

2. 정부팽창 및 정부실패 요인

(1) 정부팽창요인

① **도시화와 Wagner의 법칙** : 도시화에 따른 정부팽창을 설명한 이론으로, 도시화의 진전과 사회의 상호의존관계 심화는 정부개입의 강화를 촉진함

② **전위효과와 대체효과** : 전위효과(문지방효과)는 전쟁이나 경제공황과 같은 비상적 재난 및 위기상황에서는 국민들의 조세부담 허용수준이 높아진다는 것을 뜻하며 이러한 위기가 종료된 후에도 한번 증액된 조세나 재정규모는 감소하지 않고 새로운 사업추진에 대체되는 효과를 대체효과(단속효과)라 함(Peacock과 Wiseman이 제시)

③ **정부서비스의 노동집약적 성격(보몰병)** : 정부나 공공부문의 노동집약적 성격과 낮은 생산성으로 양적 팽창을 지속하며 감축이 어려움

④ **이익집단의 영향** : 각종 이익집단은 자신의 목표나 이익을 달성하기 위하여 정부에 끊임없이 더 많은 서비스를 요구함

⑤ **과학기술의 비약적 발달** : 새로운 과학기술의 발전에는 막대한 투자가 필요한데, 이는 민간부문이 감당하기 어려워 정부가 주요한 투자자 · 소비자 · 구매자의 역할을 담당하게 됨

⑥ 관료제의 발달(Kaufman의 정부조직 불멸론 등), 사회복지제도의 확산 등

(2) 정부실패요인

① **정부개입의 수요 측면 특징**

㉠ **행정수요의 팽창** : 정치사회의 민주화와 민권의 신장, 시장 결함에 대한 사회적 인식의 증가 등으로 정부기능은 지속적으로 팽창함

㉡ **왜곡된 정치적 보상체계** : 사회에서의 재정문제가 있을 때, 무책임한 정치적 보상 약속이 정부활동을 확대하고 재정적 어려움을 가중시킴

㉢ **정치인의 단기적 안목** : 정치인의 짧은 재임기간으로 인해 장기적 이익과 손해의 현재가치보다 단기적 이익과 손해를 더 높게 평가함

② **정부개입의 공급 측면 특징**

㉠ **정부성과의 무형성** : 정부산출이나 성과는 정의 및 측정이 어려움

㉡ **독점적 생산구조로 인한 문제** : 경쟁의 부재와 무사안일에 의한 X-비효율성과 소비자의 선호 반영이 어려움

㉢ **생산기술의 불확실성** : 생산기술(생산함수)이 존재하지 않거나 정부부문의 생산성과 효율성을 높이기 위해 어떤 측면에서의 개선이 요구되는지를 파악하기 어려움

Check Point

정부실패

- 정부실패란 정부의 개입이나 활동의 생산성이 낮고 자원배분의 효율성이나 형평성을 달성하지 못하거나 악화시키는 현상
- 행정국가의 내생적 문제점이 정부실패의 요인으로 작용해 왔으며, 1970년대 말부터 본격적으로 정부실패요인에 대한 논의가 대두
- C. Wolf는 1979년 시장실패와 대비되는 개념으로 '비시장실패'라는 용어를 제시하여 정부실패이론을 체계화함
- 1970년대 자원난 시대를 배경으로 확산된 신자유주의 체제 아래 정부실패에 대한 관심이 크게 증가하였는데, 이 시기의 공공선택이론은 이러한 정부실패를 이론적으로 가장 신랄하게 비판하고 최근의 정부혁신을 주도하는 신공공관리론의 이론적 기초가 됨

Check Point

정부실패의 두 측면

- **민주성 측면** : 정부가 국민의 선호를 정확하게 대변하지 못하여 정부실패가 발생
- **효율성 측면** : 정부가 국민의 선호를 정확하게 대변한다 하더라도, 정부 관료제의 비효율적인 속성으로 인해 정부실패가 발생

기출 Plus 지방직 9급 기출

01. 시장실패와 정부실패에 대한 설명으로 적절하지 않은 것은?

① 시장실패는 시장기구를 통해 자원배분의 효율성을 달성할 수없는 경우를 의미한다.
② 비배제성과 비경합성을 가진 공공재의 존재는 시장실패의 주요 원인 중 하나이다.
③ X 비효율성으로 인해 시장실패가 야기되어 정부의 시장개입 정당성이 약화된다.
④ 정부실패는 시장실패에 대응하는 개념으로 행정서비스의 비효율성을 야기한다.

해 X 비효율성은 법 규정으로 명시할 수 없는 행정이나 관리상의 심리적 요인에 의해 발생하는 비효율로 정부실패 요인이다. 시장실패가 발생하면 정부의 시장개입이 강화된다.

답 01 ③

㉣ **최소수준과 정책종결 메커니즘의 결여** : 활동이 부진하고 효과성이 없는 정부기관을 해체시킬 수 있는 종결 메커니즘도 없음

㉤ **관료들의 예산극대화 동기(Niskanen)** : 자기 자신이나 부서의 이익 극대화에 치중

③ **내부성의 존재(내부목표와 사회목표와의 괴리)** : 정부조직은 시장과 같은 명확한 성과기준이 없으므로 활동의 기준으로서 내부조직목표가 필요한데, 행정활동에 관한 목표 · 기준을 설정하는 데 있어서 관료 자신의 사적 차원의 이익을 우선적으로 고려함으로써 사회 전체의 목표와 조직 내부목표의 괴리가 발생(내부성에 따라 예산의 극대화 현상이나 최신 기술에 대한 집착, 정보의 획득과 통제 등이 나타남)

④ **관료의 예산증액 추구 성향(W. Niskanen의 예산극대화 모형)** : 관료들이 자기 이익을 위하여 예산을 극대화하는 형태를 취하여 정부실패현상이 초래됨

⑤ **최신 기술에 대한 집착** : 정부조직은 비용을 고려하지 않고 대체로 새로운 기술, 최신의 기술과 복잡한 첨단 과학기술을 추구

⑥ **X비효율성** : X비효율은 Leibenstein이 주장한 것으로, 법 규정으로 명시할 수 없는 행정이나 관리상의 심리적 요인에 의해 발생하는 비효율을 말함(행정이 경쟁 압력에 노출되지 않고 적절한 종결장치가 없기 때문에 발생)

⑦ **공공재의 파생적 외부효과** : Wolf가 주장한 것으로 시장실패를 치료하기 위한 정부개입이 초래하는 의도하지 않은 잠재적 부작용을 말하며, 주로 정치적 개입에 의한 졸속행정이 원인이 되어 발생함

⑧ **소득배분의 관여와 권력배분의 불평등** : 분배정의를 실현하기 위한 정부의 직접 개입 시 오히려 각종 보조금이나 세제상의 우대조치, 특정 산업의 보호 · 육성 등으로 분배의 불공평을 초래할 수 있으며, 공공서비스의 제공과정에서 특정집단에 대하여 권력을 부여하고 다른 집단으로부터는 박탈하는 일이 발생할 수 있음

⑨ **비용과 편익의 절연** : 정부정책은 그것으로부터 이익을 얻는 사람과 비용을 부담하는 사람이 서로 분리되어 있는 경우가 많은데, 특정 정책으로 인한 이익이 특수한 소수집단에 집중적으로 귀속되는 반면 그에 대한 비용은 불특정 다수 국민이 부담하게 될 때 이익을 노리는 소수집단이 정치적 조직화와 로비를 통하여 자신의 주장을 관철(포획, 지대추구 등)하여 정부실패가 발생

⑩ **복지국가의 폐단** : 의존성 심화와 국가 재정위기 등을 초래

정부실패요인별 대응방식

구분	규제완화 · 폐지	정부보조 축소 · 중단	민영화
사적 이익의 추구			○
X비효율성	○	○	○
파생적 외부효과	○	○	
권력배분의 불평등	○		○

3. 정부실패의 대응방안

(1) 작은 정부

① 의의 : 단순히 규모를 줄이는 것이 아니라 정부의 공권력에 의한 시민의 권리 침해 방지, 기능의 재정립, 효율적인 관리를 하는 것 등을 포괄하는 개념

② 구현 방향

㉠ 권력 통제를 통한 민주화

- 민간의 참여를 통한 시민의 통제를 강화
- 입법부의 행정통제와 사법부에 의한 권리보장의 수단 확보
- 내부 감사기능을 통한 행정 재량의 남용과 불법 · 비리에 대한 감독기능 강화

㉡ 민간기능 활성화를 통한 행정기능 재정립

- 정부규제의 최소화 · 합리화를 통한 민간부문의 창의성과 경쟁력 확보
- 불필요하고 중복된 기능을 철폐, 행정권한 및 기능의 갈등에 대한 정책조정 등 정부기능의 재조정
- 민간화 · 민영화를 통한 재정 적자 감축(시장성 평가가 요구됨)
- 행정 만능적 사고와 행정 편의주의의 배격
- 민간의 전문성과 자율성 보장을 위한 민간 공동생산(co-production) 영역의 확대

(2) 감축관리

① 의의 : 특정 정책이나 사업, 조직이나 기구 등을 의도적 · 계획적으로 축소 · 정비하여 조직 전체의 효과성 제고를 추구하는 관리전략(행정개혁의 실천적 접근방법의 하나)

Check Point

시장성 평가(market test)의 의의

- 영국정부가 1991년 '품질을 위한 경쟁(competing for quality)'이라는 시책에서 강조한 것으로, 정부기능을 원점에서부터 재검토하여 이를 적정히 축소하려는 기법
- 신공공관리론의 주요 프로그램으로, 정부의 모든 기능을 3년 또는 5년마다 검토하여 존폐 여부와 수행 주체를 결정

Check Point

권력의 남용과 정부실패

분배의 정의를 실현하기 위한 각종 보조금이나 세제상의 우대조치, 특정산업의 보호 · 육성 등 정부의 개입이 포획 등 권력의 편재로 분배의 불공평(빈익빈 부익부)을 초래하는 경우이다.

② 방법 및 수단

㉠ **조직 · 인력의 축소 및 정비** : 불필요한 기구나 인력 축소, 적정한 정원배치, 총정원제, 임시적 해고

㉡ **사업의 축소** : 사업축소 및 사업시행의 보류

㉢ **정책종결제도** : 기능적 종결(사무, 인력, 예산의 감축)과 구조적 종결(대국대과주의, 조직동태화, 조직개편 등)

㉣ 행정절차의 간소화 및 행정규제, 감독의 완화 · 폐지, 업무의 정비

㉤ 정부기능의 공기업화 또는 민간화(민간 이양 및 민간 영역의 확대), 생산성의 제고

㉥ 자발적 조직에 대한 공익 사업의 이관

㉦ 영기준예산(ZBB) 및 일몰법 도입(Sun-set Law)을 통한 예산감축

㉧ 총액예산제도의 도입

㉨ 조직구조 · 과정의 개선에 의한 비용절감

㉩ 자료의 구매가격과 서비스 수준의 하향 조정

③ 저해요인

㉠ 조직의 존속 지향성과 조직구성원의 심리적 저항

㉡ 새로운 대안에 따른 과다한 비용 · 손실

④ 방향

㉠ 행정조직의 전반적 효율성 제고(감축관리는 소극적 절약논리가 아닌 적극적인 효율성 제고 전략)

㉡ 행정의 변동관리능력의 확보

㉢ 조직과 정책의 쇄신적 재형성

㉣ 조직원의 사기를 고려하여 획일적 · 기계적 감축 지양

㉤ 가외성의 고려

Check Point

영기준예산(ZBB)
기존 사업과 새로운 사업을 구분하지 않고 매년 모든 사업의 타당성을 영기준에서 분석하고 예산을 편성하는 제도를 말함

Check Point

일몰법(Sun-set Law)
3~7년마다 국회에서 재보증을 얻지 못하는 사업은 자동폐기 되도록 하는 입법제도

Check Point

가외성
위기에 대비하기 위한 여유분으로 감축관리와 상반되거나 충돌되는 개념으로 해석되어서는 안됨

꼭! 확인 기출문제

감축관리 방안으로 적절하지 않은 것은? [국가직 9급 기출]

① 영기준예산(ZBB) 도입
② 일몰법(sunset law) 시행
❸ 위원회(committee) 설치
④ 정책 종결(policy termination)

해 ③ 위원회의 설치는 불필요한 기구나 인력의 축소를 지향하는 감축관리 방안과는 거리가 멀다. 위원회의 확대는 행정기능과 기구가 확대 · 강화되는 행정국가 시대에 나타나는 현상으로서 정부팽창 요인의 하나로 볼 수 있는데 반해, 감축관리는 이러한 행정의 확대 · 강화에 따른 정부실패를 치유하기 위한 방안의 하나로 등장하였다.

(3) 공공부문의 민영화

① 민영화의 의의 : 정부기능의 전부나 일부를 민간으로 이양하는 것으로서, 넓은 의미에서는 정부규제의 완화도 포함

② 필요성

㉠ 경쟁을 통한 비용의 절감과 업무의 능률적 수행을 도모, 효율성(생산성) 확보

㉡ 민간의 전문기술을 활용한 업무의 전문성 제고 및 양질의 행정서비스 제공

㉢ 행정참여 및 민간경제의 활성화

㉣ 정부와 공공부문의 비용절감을 통한 재정 건전성 제고

㉤ 보수인상 요구의 억제

③ 민영화의 방식

㉠ 정부기능의 민간이양 : 정부기능을 완전히 민간으로 이양하여 시장이 완전하게 재화를 공급 · 생산하는 방법임

㉡ 주식이나 자산의 매각 : 정부보유 주식이나 자산을 민간에 매각하는 방식으로 소유권의 이전임

㉢ 계약방식 · 위탁계약(contracting-out ; 협의의 민간위탁)≒아웃소싱(outsourcing ; 외주위탁)

- 정부가 위탁계약을 통해 민간부문에 서비스의 생산을 맡기는 대신, 정부가 서비스 생산 비용 전액을 현금으로 지불하고 그 서비스에 대하여 일정한 책임을 지는 방식
- 정부는 서비스공급권을 전면적으로 민간에게 넘기지는 않고, 재원부담책임 · 감독책임 · 공적 규제권한을 보유
- 서비스 구입자는 국민이 아니라 정부

역할	공급(provide)	생산(produce)	서비스 구입자	비용부담자
담당	정부	민간	정부	정부(전액)

㉣ 면허(franchise ; 허가 · 지정 · 특허 · 독점판매권의 부여)

- 정부가 민간조직에게 일정한 구역 내에서 공공서비스를 제공하는 권리를 인정해주는 방식. 서비스를 이용하는 시민(소비자)이 비용을 지불(정부는 비용 부담 안 함)하며 공급에 관한 책임은 정부에게 귀속되어 서비스 수준과 질은 정부가 규제

구분	franchise	contracting out
서비스 구입자	소비자	정부
비용부담자	소비자	정부

Check Point

민영화

민영화는 1970년대 석유 위기를 배경으로 각국이 저성장시대에 들어가면서 관심을 끌게 되었고, 특히 1980년대에 전세계적으로 성행(영국의 Thatcher, 미국의 Reagan 정권). 덧붙여 민간화는 민영화, 민간위탁(광의) 등으로 불리어지기도 하며, 정부에 의한 과잉생산과 독점 등이 야기한 공공부문 비효율의 해결책으로 주목받게 되었음

Check Point

민간위탁의 개념 범위

일반적으로 민간위탁은 contracting-out을 의미하지만 광의의 민간위탁에 협의의 민간위탁(계약방식 ; contracting-out), 면허, 보조금, 바우처, 자원봉사, 자조, 규제 및 조세 유인 등을 포함시키는 견해도 있음

Check Point

provide(공급 · 제공), arrange(배열 · 기획), produce(생산)

- **provide(공급 · 제공) · arrange(배열 · 기획)** : 생산자 선정, 소비자에게 생산자를 배정 또는 생산자에게 소비자를 배정, 누구를 위해(수혜자), 어느 정도(수준)의 공급을 하며, 재화에 대한 지불은 어떻게 할 것인가를 결정
- **produce(생산)** : 직접 재화 · 서비스를 생산해 소비자에게 전달

서비스 공급권 부여	권리로 인정	서비스 생산을 맡김
유사점	정부가 공급(provide), 민간이 생산(produce) 서비스 공급의 최종 책임은 정부에 귀속	

- 방식
  - 독점적 허가 : 한 기업에만 서비스공급권을 부여하는 방법(예 차량 견인, 폐기물 수거 · 처리)
  - 경쟁적 허가(license) : 다수의 기업에게 서비스공급권을 부여하는 방법(예 택시사업 면허)

ⓜ 생산자에 대한 보조금 지급 · 재정지원(grants, subsidies)

- 서비스 성격상 공공성을 지니지만, 공공부문만으로 서비스의 생산 · 공급이 수요에 미치지 못할 경우 이와 유사한 서비스를 제공하는 민간부문에 재정 또는 현물을 지원(저금리대출, 융자보조, 지급보증 등)해 서비스를 생산하게 하는 제도
- 장점 : 공공서비스에 대한 요건을 구체적으로 명시하기 곤란하거나 서비스가 기술적으로 복잡하고 서비스의 목표를 어떻게 달성할 것인지 불확실한 경우에 사용, 이용자의 부담 경감, 정부 비대화 방지
- 단점 : 보조금 횡령 · 유용 등 대리손실(도덕적 해이) 발생 가능, 정치적 목적의 악용, 자율적 시장가격 왜곡 우려

ⓑ 규제 및 조세유인(regulatory and tax incentive)

- 특정 서비스의 민간 생산을 장려하기 위해 규제 완화 및 조세감면 · 세율인하 등 유인을 제공하는 방식
- 보조금 지급과 동일한 효과를 창출하면서도 직접 지출비용은 상대적으로 적게 소요되는 장점이 있음

ⓢ 바우처(이용권 · 구매권 · 증서) 지급(vouchers)

- 공공서비스 생산을 민간부문에 위탁하면서 시민들의 서비스 구입 부담을 완화시키기 위해 금전적 가치가 있는 구입증서(voucher)를 제공하는 방식. 시민들은 바우처를 활용해 서비스 제공기관을 자유롭게 선택할 수 있음
- 사회복지서비스의 제공이나 특정 서비스 이용을 장려할 경우에 사용. 현금보조가 아니라 현물보조에 해당
- 보조금이나 계약방식이 생산자에게 비용이 지급되는 것이라면 구매권 방식은 생산자가 아닌 서비스이용자에게 서비스 구매권(비현금 ; 현물과 교환할 수 있는 증서)을 지급하는 방식인 점에서 차이가 있음
- 우리나라는 2007년부터 전자 바우처를 확대 적용. 이용금액을 전액 지급

Check Point

로드쉐딩(Load Shedding ; 기능감축)

Morgan과 England는 정부가 공급 · 생산을 완전히 중단하고 민간이 서비스를 제공하도록 하는 것을 진정한 의미의 민영화로 보면서 로드쉐딩이라 하였다. 로드쉐딩은 정부사업 폐지나 축소에 그치고 이를 대치하는 민간사업에 관여하지 않는다.

Check Point

바우처(voucher)의 종류

- **지불수단(형태)에 따른 구분**
  - 종이바우처 : 쿠폰형식(영미의 식품구매권 등)
  - 전자바우처 : 카드형식(2007년 보건복지부가 도입한 노인돌봄서비스, 산모돌봄서비스 등)
- **구매대금의 실질지급대상에 따른 유형**
  - 명시적(실질) 바우처 : 쿠폰(종이바우처)이나 카드(전자바우처) 등 물질적 형태를 통해 구매권을 특정인(소비자)에게 사전에 지급하는 것(산모돌봄서비스, 노인돌봄서비스 등)
  - 묵시적(명목) 바우처 : 직접적으로 소비자 개인에게 구매권(쿠폰)을 지급하지는 않지만 소비자가 공급기관을 자유롭게 선택할 권한이 보장되고 정부가 공급자에게 비용을 사후에 지급하는 제도(공교육의 방과후 수업제)
  - 환급형 바우처 : 수혜자가 일단 지출하고 나중에 정부가 비용을 환급해주는 방식

하는 방식 외에도 서비스 비용의 일부를 본인이 부담하는 방식도 사용하고 있으며 바우처 유효기간제도와 바우처의 추가 구매제도도 운영 중임

- 장점
  - 소비자의 구입부담 완화, 소비자의 선택권 보장, 소비 장려가 필요한 민간부문의 활성화
  - 공급자 간 경쟁 촉진과 서비스 질 향상, 공급자와 정치인 · 정부관료와의 결탁에 의한 서비스 독점 예방
  - 전자 바우처의 경우 투명한 결제시스템으로 부정 방지
  - 자유 · 보수 양 진영으로부터 지지 획득 가능(소득 재분배 기능을 수행하면서도 시장의 자율성 침해가 적기 때문)
- 단점
  - 공급자가 소수이면 비효과적임, 민간 공급자 측에서 서비스 수요량의 예측과 파악 곤란.
  - 바우처의 전매 및 서비스 누출(정보의 비대칭성으로 인해 대상소비자의 불합리한 선정, 바우처 오 · 남용에 대한 감독 곤란), 서비스 제공조직의 책임성 담보 곤란, 현실적으로 제한된 범위에서만 사용 가능

ⓞ 자원봉사방식(volunteers)

- 직접적인 보수는 받지 않으면서 서비스 생산과 관련된 현금지출(실비)만 보상받고 정부를 위해 봉사하는 사람들을 활용하는 방식
- 신축적 인력운영이 가능하고, 서비스 수준이 개선될 수 있으며 재정형편이 좋지 않은 재정제약 시기에 예산삭감에 따른 서비스 수준에의 영향을 최소화할 수 있음(예 레크리에이션, 안전모니터링, 복지사업 등 분야에 활용)
- 공동생산(Coproduction)도 넓게는 자원봉사방식에 포함될 수 있음

ⓩ 자급(self service) · 자조(self help)

- 공공서비스 수혜자와 제공자가 같은 집단에 소속되어 서로 돕는 형식으로 활동하는 것
- 정부의 서비스 생산업무를 대체하기보다는 보조하는 성격을 가지며 주민순찰, 보육사업, 고령자 대책 사업 등에서 주로 활용(예 전과자의 소년범죄 예방활동, 노인의 노인보조 서비스)

ⓒ 기타

- 대여제도(Lease) : 정부가 기업을 소유하되 외부기관이 일정기간동안 정부소유의 시설과 장비를 임차하여 운영하는 것으로, 외부기관은 상업적 위험(commercial risk)을 떠안게 되나 마케팅 등 경영에 관한 결정은 독자적으로 내림

Check Point

내부민영화와 외부민영화를 구별하는 견해

- 내부민영화
  - 정부조직 내에서 시장메커니즘, 경쟁 등 민간기법 사용
  - 위탁계약(contracting-out), lease(임대)방식, 책임운영기관, 성과관리제도(성과급), 성과협약제, 계약임용제, 내부노동시장 활용, 기업회계방식인 발생주의 · 복식부기 활용, 수익자부담주의(요금부과), 내부경쟁체제, 시민헌장제도 등
- 외부민영화
  - 공공부문의 업무를 전적으로 민간기업에 맡김
  - 일반적인 민영화(민간이양, 주식 · 자산의 매각[load-shedding], franchising, grants · subsidy, vouchers), 준정부조직, NGO의 활용, 자원봉사활동, 규제완화 · 자율화(경쟁 촉진), 민자유치(BOO, BOT, BTO, BTL) 등

- 제3섹터 활용(준정부조직 · NGO 활용, 공동생산 등)
- 민자유치(BOO, BOT, BTO, BTL, BLT)

사바스(E. Savas)의 10가지 서비스 제공방식

구분		공급자(provider, 제공자) · 배열자(arranger, 기획자)	
		정부가 공급 결정	민간이 공급 결정
생산자(producer)	정부가 생산	정부의 직접 공급, 정부 간 협약	정부의 서비스판매
	민간이 생산	계약방식(contracts), 보조금(grants), 면허(franchises)	vouchers, 시장공급(market), 자원봉사, 자조

- **정부 간 협약[협정]** : 중앙과 지방 간 또는 지방상호 간에 협정을 통하여 서비스의 생산 · 제공을 타 정부에 맡기는 방식. 한 정부가 공급, 다른 정부가 생산(예) 지방자치법상 지방자치단체 간 '사무위탁'
- **정부의 서비스 판매 사례** : 정부의 경영수익사업(골재채취 판매), 민간주최 행사에 일정 비용을 받고 경찰 경호서비스를 제공하는 경우
- vouchers의 경우 정부공급–민간생산으로 분류하는 국내 학자도 있음(예) 정부가 지정한 업체의 물품을 지정한 양만큼 구매하도록 할 경우)

④ 민영화의 필요성(장점, 이점)과 한계(폐단)

㉠ 필요성(장점, 이점)

- 정부규모의 적정화와 작은 정부 실현 : 행정의 체제과중부담을 완화해 공공부문의 작은 정부(적정규모)를 확립할 수 있게 해줌
- 효율성(능률성)의 제고 : 민간화는 경쟁 및 벤치마킹을 통해 비용의 절감과 업무의 능률적 수행을 도모할 수 있으며 특히 민영화는 주인–대리인 관계가 반복되는 복대리 문제로 인한 누적적 비효율을 극복할 수 있음. 그러나 소유권 이전과 함께 경쟁을 도입해야만 효율이라는 민영화의 근본목표 달성이 가능함
- 업무의 전문성 제고 : 민영화(민간화)는 민간기업의 전문적 지식과 기술, 재정적 부담능력 및 경영관리능력을 활용할 수 있어 업무의 전문적 처리가 가능함
- 근린행정의 구현 : 민간의 행정참여를 활성화함으로써 근린행정(주민과 가까운 곳에서 서비스가 이루어지는 현상)에 의하여 행정에 대한 민주적 통제와 자율적 통제를 강화시킴
- 정부재정의 건전화 : 부실공기업의 매각으로 정부 재정부채를 줄이고 아울러 새로운 재원(매각대금)의 확보로 공공재정이 확충되고 재정운영의 건전성과 탄력성이 높아짐
- 서비스의 질적 수준 향상(대응성 향상) : 경쟁으로 인해 비용 절감과 더 나은 서비스를 제공할 수 있음

- 민간경제의 활성화 : 우량공기업의 민영화로 자본시장의 저변 확대와 통화의 안정적 관리, 민간경제의 활성화가 기대됨
- 행정수요의 변화에 대응한 신축성 · 대응성 확보 : 정부가 민간부분과의 계약에 의해 특정서비스를 공급하면 관련 공무원과의 갈등이 없이 공공서비스 시설을 확장 · 축소하는 것에 대해 신축성을 유지할 수 있음
- 자본시장 및 통화의 안정적 관리 : 공기업 주식 매각은 우량주 공급 확대로 자본시장을 안정시키고, 시중유동자금의 산업자금화로 통화의 안정적 관리 가능
- 복대리인(復代理人) 이론 : 공기업 운영시 국민–정치인–정부–공기업으로 연결되는 중층구조의 복대리인(대리인의 대리인) 관계에서 정보의 비대칭성에 따라 실제로 주인이 없는 상황에 처하게 되어 도덕적 해이가 심화됨. 그러므로 민영화를 통해 재산권 주체를 찾아주면 관리자에게 비용절감에 대한 강력한 유인을 부여하므로 도덕적 해이 현상이 감소될 것이라는 주장으로 민영화를 지지함
- 임금 인상 요구의 억제 : 민영화되면 회사 존립의 책임을 정부가 지지 않으며, 기업과 근로자의 공동책임 관계로 전환되므로 노조 스스로 임금인상요구 등 극렬한 노조활동 자제

ⓛ 한계(폐단)

- 행정통제 및 책임 확보 곤란, 책임성의 저하 : 정부 부문의 국민에 대한 서비스 제공의 책임회피 수단화, 민간위탁이나 준정부조직의 경우 공공의 관심사가 민간부문의 책임으로 전가되어 사적(私的)이익화할 수 있고 서비스에 대한 책임소재가 불분명해짐
- 형평성의 저해 : 시장에서는 약자에 대한 배려가 없고 구매력이 없는 저소득층 등에 대해서는 서비스를 기피하는 보편적 서비스와 형평성의 문제를 불러일으킴
- 안정성의 저해 : 기업은 도산할 우려도 있고 민간은 이윤보장이 안 되면 언제라도 사업을 포기할 수도 있어 서비스의 안정적 공급을 저해하고 공공서비스의 원활한 공급이 곤란해질 수 있음
- 역대리인 이론(도덕적 해이) : 정보격차로 인한 대리손실문제는 정부와 국민간에도 발생하지만 소비자의 무지를 이용해 영리를 창출하려는 기업의 속성상 시장에서는 더욱 심해짐. 즉 민영화가 부패를 제거해 준다는 보장이 없음
- 저렴한 서비스의 제약 : 시장에서는 수익자부담주의나 원가계산에 기초하게 되므로 서비스 제공비용(공공요금)이 정부에 의한 공급 때보다 상승할 우려가 높음

기출 Plus 지방직 9급 기출

02. 민간위탁 방식에 대한 설명으로 옳지 않은 것은?

① 자조활동(self-help) 방식은 서비스의 생산과 관련된 현금지출에 대해서만 보상받고 직접적인 보수는 받지 않으면서 공익을 위해 봉사하는 사람들을 활용하는 것이다.
② 보조금 방식은 민간조직 또는 개인이 제공한 서비스 활동에 대해 정부가 재정 또는 현물을 지원하는 것이다.
③ 바우처(voucher) 방식은 공공서비스의 생산을 민간부문에 위탁하면서 시민들의 구입부담을 완화시키기 위해 금전적 가치가 있는 쿠폰(coupon)을 제공하는 것이다.
④ 면허 방식은 민간조직에게 일정한 구역 내에서 공공서비스를 제공하는 권리를 인정하는 것이다.

해 자조활동(self-help)방식이 아니라 자원봉사(volunteer) 방식에 대한 설명이다.

답 02 ①

- 부패의 발생가능성 : 정부기업 매각시 대상업체를 선정해 정치권과의 결탁으로 인한 특혜와 부패의 가능성이 있음
- 취업기회 위축 : 민영화시 없어지는 정부부문의 일자리보다, 민간부문에 새로 생기는 일자리 수는 축소될 수 있음
- 크림스키밍(cream skimming) 현상, 탈지(脫脂) 현상 : 공기업 민영화과정에서 민간이 흑자 공기업만 인수하려 하므로 적자 공기업은 매각되지 않고 흑자 공기업만 매각되는 현상. 민영화 후에도 흑자 분야만 운영하거나 저소득층과 관련된 적자 분야는 폐지하려는 경우가 있음. 이 경우 흑자분야와 적자분야를 함께 넘기는 교차보조방식이 필요함

꼭! 확인 기출문제

공기업 민영화에 대한 설명으로 옳지 않은 것은? [지방직 9급 기출]

❶ 공공기관 경영평가에서 3년 연속 최하등급을 받은 공기업은 「공공기관의 운영에 관한 법률」상 민영화하여야 한다.
② 공공영역을 일정 부분 축소하는 것으로 볼 수 있다.
③ 공기업을 민영화하면 국민에 대한 보편적 서비스의 제공이 약화될 수 있다.
④ 공기업 매각 방식의 민영화를 통해 공공재정의 확충이 가능하다.

해 「공공기관의 운영에 관한 법률」에 공기업이 공공기관 경영평가에서 3년 연속 최하등급을 받은 경우 민영화해야 한다는 규정은 없다. 기획재정부장관은 운영위원회의 심의 · 의결을 거쳐 매년 6월 20일 까지 공기업 · 준정부기관의 경영실적 평가를 마치고, 그 결과를 국회와 대통령에게 보고하며, 경영실적 평가 결과 경영실적이 부진한 공기업 · 준정부기관에 대하여 운영위원회의 심의 · 의결을 거쳐 기관장 · 상임이사의 임명권자에게 그 해임을 건의하거나 요구할 수 있다.

사회기반시설에 대한 민간투자 유치 방식

① BOO(Build-Own-Operate) 방식
㉠ 민간자본으로 민간이 직접 건설(Build)하여 소유하고(Own), 직접 운용(Operate)하면서 투자비용을 회수하는 방식
㉡ 정부투자재원의 부족 문제 해결에 도움이 되며, 민간의 경영으로 효율성이 향상됨

② BOT(Build-Operate-Transfer) 방식
㉠ 민간자본으로 민간이 건설(Build)하여 직접 운용(Operate)하여 투자비용을 회수한 이후 소유권을 기부채납형식으로 정부에 이전(Transfer)하는 방식
㉡ SOC 투자 등에 가장 일반적으로 이용되는 방식

③ BTO(Build-Transfer-Operate) 방식
㉠ 민간자본으로 민간이 건설(build)하여 완공 후 소유권을 정부에 이전(Transfer)하고 민간(사업시행자)이 운용(Operate)하여 투자비용을 회수하는 방식
㉡ 정부가 적자보존협약을 통해 최소운영수익을 보장함, 즉 운영으로 인한 적자 발생 시 정부 보조금으로 운영 수입을 보장함

④ BTL(Build-Transfer-Lease) 방식
㉠ 민간자본으로 민간이 건설(Build)하여 완공 후 정부에 소유권을 이전(Transfer)하며, 정부는 협약 기간 동안 시설 임대비용을 지불하고 임대(Lease)하여 운영하며 투자비용을 회수하는 방식
㉡ 정부가 수익률을 일정 수준으로 보장하여 임대료를 지급하므로 최근 가장 선호되는 방식(투자 기업의 입장에서는 투자 위험의 감소 및 수익률 보장의 이점이 있음)

⑤ BLT(Build-Lease-Transfer) 방식
㉠ 민간이 건설(Build)하여 정부가 시설을 임대(Lease)하여 운영한 후, 운영종료 시 소유권을 정부에 이전(Transfer)하는 방식
㉡ 민간에게 위험부담이 거의 없음

⑥ 방식 간의 비교

구분	BOO 방식	BOT 방식	BTO 방식	BTL 방식	BLT 방식
운영의 주체	민간	민간	민간	정부	정부
운영 시 소유권	민간	민간	정부	정부	민간
투자비 회수방법	사용료 등	사용료	사용료	임대료	임대료
소유권 이전시기	이전 없음	운영종료 시	준공 시	준공 시	운영종료 시
특징		주로 수익사업을 대상으로 하며, 민간의 위험 부담이 따르므로, 정부가 일정 수익을 보장함		주로 비수익사업을 대상으로 하며, 정부가 일정 수준의 임대료를 지급하므로 민간의 위험이 거의 없음	

꼭! 확인 기출문제

01. 민간투자사업자가 사회기반시설 준공과 동시에 해당 시설 소유권을 정부로 이전하는 대신 시설 관리운영권을 획득하고, 정부는 해당시설을 임차 사용하여 약정기간 임대료를 민간에게 지급하는 방식은? [지방직 9급 기출]

① BTO(Build-Transfer-Operate)
❷ BTL(Build-Transfer-Lease)
③ BOT(Build-Own-Transfer)
④ BOO(Build-Own-Operate)

해 ② 민간투자사업자가 사회기반시설 등 공공시설을 건설하고(Build), 건설 직후 소유권을 정부에게 이전하며(Transfer), 대신 획득한 운영권을 정부에게 임대해주고 정부로부터 임대료를 지급받는(Lease) 방식을 BTL(Build-Transfer-Lease)이라고 한다.
① BTO는 민간이 건설하고, 소유권을 정부에 이전한 다음 투자비가 회수될 때까지 민간이 운영하는 방식이다.
③ BOT는 민간이 건설하고, 투자비가 회수될 때까지 민간이 운영한 후 소유권을 정부에 이전하는 방식이다.
④ BOO는 민간이 건설하고, 소유권을 이전하지 아니하여 민간이 운영하는 방식이다.

02. 새로운 공공서비스 공급방식으로 제시된 BTO(Build-Transfer-Operate)와 BTL(Build-Transfer-Lease)에 대한 설명으로 옳지 않은 것은? [국가직 9급 기출]

구분	BTO 방식	BTL 방식
ㄱ. 실제 운영의 주체	민간	정부
ㄴ. 운영 시 소유권	정부	민간
ㄷ. 투자비 회수방법	사용료	임대료
ㄹ. 소유권 이전시기	준공	준공

① ㄱ
❷ ㄴ
③ ㄷ
④ ㄹ

해 ② BTL 방식에 있어 운영 시 소유권은 정부가 가진다. BTO(Build-Transfer-Operate) 방식과 BTL(Build-Transfer-Lease) 방식 모두 준공 시 소유권이 정부로 이전되므로, 운영 시 소유권은 정부가 가지게 된다는 점에서 동일하다. 다만, BTO 방식은 소유권 이전 이후 민간이 운영하고, BTL 방식은 정부가 운영한다는 점에서 차이가 있다.

제3장

행정학의 발달과 주요 접근방법

제1절 행정학의 성립 및 발달

1. 행정학의 성립

(1) 유럽과 미국의 행정학

① 유럽 : 16~18세기 후반, 독일과 오스트리아를 중심으로 발달한 관방학을 연원으로 하며, 이것이 경찰학을 거쳐 오늘날의 행정학으로 정립

② 미국 : 19세기 이후, 정치학을 모태로 하여, 정치학 · 경영학과의 삼각구도 속에서 성장 · 발전하여 현대 행정학의 주류로 정립

Check Point

관방학의 성립배경

식민지 획득과 해외무역 등 프러시아 국내의 경제적 · 사회적 부흥과 이를 통한 군주정치 강화를 뒷받침하기 위해 형성된 이론(정치적으로는 절대주의 지배를 위한 통치술이며, 경제 · 사회적으로는 국가 부흥을 위한 학문)

(2) 관방학(cameralism)

① 의의 : 16~18세기 말까지 프러시아에서 발달한 행정사상으로, 국가의 목적이나 이념을 실현하기 위한 합목적적인 국가활동에 관한 이론이라는 점에서 행정학의 기원으로 봄

② 내용 : 1727년 F. Wilhelm 1세가 관료 양성을 목적으로 Halle 대학과 Frankfurt 대학에서 관방학 강좌를 설치한 때를 기준으로 전기와 후기로 구분

구분 기준	전기 관방학	후기 관방학
시기	1727년 관방학 강좌 개설 전	1727년 관방학 강좌 개설 후
대표 학자	M. V. Osse	J. H. G. Justi
학문의 분화	미분화(통합)	분화(경찰학, 재정학 등)
재정의 분리	왕실재정과 국가재정 미분리	분리
공공복지의 사상적 기초	신학, 왕권신수설	계몽사상, 자연법사상

③ 평가

㉠ 절대군주와 경찰국가의 성립에 공헌

㉡ 절대군주의 통치술 연구를 위한 정치적 시녀 역할에 불과

㉢ 정치와 행정의 미분화로 관방학은 독자적인 행정학으로 전개되지 못함

(3) L. V. Stein의 행정학

① 내용 및 특성

㉠ Justi의 후기 관방학의 기본개념인 '경찰'개념을 헌정과 행정으로 분리하고, 헌정은 정책결정으로, 행정은 정책집행으로 파악

㉡ 헌정과 행정은 상호의존 관계에 있지만 독자적 영역을 보유하고 있는 것으로 인식하였고, 서로가 상대적으로 우위를 점하는 이중의 관계로 설정

② 공헌 : 행정기능의 증대와 독자성에 대한 인식을 제고하고 관방학의 모순을 뛰어넘는 행정학체계를 이루었고, 행정법학의 길을 열어놓은 것으로 평가받고 있음

③ 한계 : 법치주의적 자유시대의 요구에 불일치, 공법학 등 법률학적 연구의 적극성 요구 등으로 학문적 성과가 미진해 더 이상 계승 · 발전되지 못하고 행정법학에 매몰됨

Check Point

행정학의 구분(L. V. Stein)

행정을 외무 · 군무 · 재무 · 내무 · 법무행정이라는 5가지 영역으로 구분

2. 미국 행정학의 발달

(1) 미국 관료제의 성립배경(규범적 관료제 모형)

① 해밀턴주의(Hamilton 연방주의, 능률적 행정)

㉠ 정부의 적극적인 역할을 통해 행정의 유효성을 지향하는 모형

㉡ 중앙집권화에 의한 능률적인 행정방식이 최선임을 강조하며, 국가기능 확대를 강조

㉢ 국내외적 안정과 평화, 개인의 자유를 위한 강력한 연방정부와 입법부에 대한 행정부 우위를 주장

② 제퍼슨주의(Jefferson 자유주의, 지방분권주의)

㉠ 개인적인 자유를 극대화하기 위해 행정책임을 강조하면서, 소박하고 단순한 정부와 분권적 참여과정을 중시하는 모형

㉡ 연방주의에 반대하여 지방분권화를 통한 민주적 행정을 강조

㉢ 현재 미국의 민주당과 공화당의 양대제도의 뿌리는 Jefferson과 Hamilton으로 볼 수 있음

③ 메디슨주의(Madison 다원주의) : 다양한 이익집단의 요구에 대한 조정을 위해

견제와 균형을 중시하는 모형

④ **잭슨주의(Jackson 민주주의)** : 공직경질제(엽관제)를 통한 민주주의 실현을 강조하는 모형으로, 미국의 정치체제에서 지배적인 정치적 관점으로 유지되어 온 작은 정부 지향 및 공직순환을 의미

⑤ **W. Wilson의 능률주의 · 중립주의** : Wilson은 〈행정의 연구(1887)〉에서 비능률과 부패로 얼룩진 정치로부터 행정을 분리하고 능률적 행정을 주창하여 행정학의 학문적 정착과 유럽의 선진행정 연구 · 도입에 노력(고전적 행정학, 즉 윌슨-베버리언(Wilson-Weberian) 패러다임이 성립)

Check Point

행정학 성립기의 행정개혁운동

19세기 후반 이후 미국에서 고전적 행정학이 태동하는 바탕에는 일련의 진보적 개혁운동이 전개되었는데, 이러한 개혁운동에는 엽관주의를 극복하고 실적주의를 확립하기 위한 펜들턴법의 제정(1883), 뉴욕시정연구회(1906)의 활동, 절약과 능률에 관한 대통령위원회(Taft 위원회)의 결성(1910), 과학적 관리론의 도입 등이 있다.

(2) 미국 행정학의 발달요인

① **행정국가로의 발전** : 산업혁명 후 발생한 자본주의의 병폐를 해소하기 위한 행정기능의 확대 · 강화는 행정에 대한 관심을 증대시켰으며, 이는 미국 행정학의 성립과 발전을 촉진

② **과학적 관리론의 영향** : 과학적 관리론이 행정에 도입되어 행정의 과학화 · 능률화에 기여하여 기술적 행정학의 발전에 기여

③ **행정개혁운동과 실적주의 도입** : 엽관주의의 폐해를 시정하고 실적주의를 확립하기 위한 정부의 개혁운동은 행정학의 발달을 촉진(1883년 펜들턴법 제정)

④ **행정조사운동의 전개** : 1906년 뉴욕시정연구회의 창설로 행정조사운동이 전개되었고, 연방정부 차원에서 Taft 위원회(절약과 능률에 관한 대통령위원회)가 설치됨

(3) 미국 행정학의 전개과정

① 기술적 행정학(전기 행정학, 1880~1930년대)

㉠ 엽관주의 폐해에서 벗어나고자 행정의 정치적 독립을 주장

㉡ 행정능률학의 입장에서 행정을 권력현상이 아닌 관리기술로 파악(행정관리설, 능률주의, 정치 · 행정이원론)

㉢ 과학적 관리론의 영향으로 원리를 중시(원리접근법)

㉣ 공식구조 강조(공식구조 중심주의), 합리적 경제인관(피동적 인간관, X이론) 주장

Check Point

X이론

인간은 억압과 통제 내지는 기껏해야 경제적 보상 정도 해주면 관리가 가능하다는 Mcgregor의 인간관 이론

② 기능적 행정학(후기 행정학, 1930~1940년대 중반)

㉠ 정치와 행정의 연계성을 강조하는 정치 · 행정일원론의 입장(통치기능설)

㉡ 행정을 단순한 기술적 관리과정으로 보지 않고, 정책을 수립 · 형성하는 기능으로 이해

㉢ 과학적 관리론과 원리주의에 대한 반발(반발적 행정학)로, 1930년대 인간

관계론 등 신고전적 조직이론 등장

ⓔ 비공식구조와 사회인관, 사회적 능률 등을 강조

ⓜ 행정을 둘러싼 환경에 대한 관심 고조(환경유관론)

③ **현대 행정학(1940년대 중반 이후)** : 행정학의 다원화

㉠ **내용** : 사회의 구조나 가치가 다원화되면서 행정학 연구도 다양하게 분화

㉡ **특징**

- 행정학 접근방법의 다원화, 연구범위의 확장 · 통합(종합학문적 연구)
- 행정연구의 실증적 과학화 및 이에 대한 반론(반실증주의)
- 탈관료적 · 동태적 · 유기적 · 개방적 조직관, 적극적 인사행정
- 행정의 경영화 · 시장화(신공공관리론) 및 협력적 네트워크(거버넌스론) 강조
- 인본주의적 후기 산업사회 행정이론(담론이론, 비판행정학 등)
- 정보화사회의 진전에 따른 행정연구 강조

Check Point

미국의 현대 행정학의 전개

- 행정행태론(1940년대)
- 생태론 · 체제론 · 비교행정론(1950년대)
- 발전행정론 · 신행정론 · 정책과학 · 공공선택론(1960~1970년대)
- 신공공관리론 · 거버넌스론(1980년대)
- 뉴거버넌스론(신국정관리론, 1990년대)

행정학의 기술성·과학성 논쟁

㉠ 기술성(art)

- 행정학의 기술성(art)이란 정해진 목표를 어떻게 효율적으로 달성하는가 하는 처방과 치료행위를 지칭하는데, 이는 '어떻게(How)'를 중심으로 하는 실용성 · 실천성 · 처방성을 내포하는 개념임
- 1970년대를 전후로 처방과 실천 위주의 기술성을 강조한 Marx와 Sayre 등을 중심으로 하는 신행정학파는 '가치를 배제한 과학성 위주의 행정학(행태론 등)은 여러 사회 및 행정문제를 해결할 능력이 없다'고 지적
- Sayre의 법칙은 행정과 경영은 중요하지 않은 면에서만 닮았다는 이론으로, 공 · 사행정이원론, 정치 · 행정일원론을 강조한 것인데 이는 행정학의 과학성과 기술성 논쟁에 있어 기술성을 강조한 것으로 과학성을 강조한 행태주의(정치 · 행정이원론)와 대립됨

㉡ 과학성(science)

- 검증에 의하여 증명된 원칙의 체계화된 지식이 곧 과학이며, 행정학 연구에서의 과학성은 '왜(Why)'를 중심으로 인과성 · 객관성 등을 강조하는 개념
- 과학성을 내세우는 대표적인 학자로는 Simon과 Landau 등

㉢ 행정학의 양면성

- 기술성과 과학성의 오랜 논쟁은 행정학에 있어 과학이나 기술, 어느 한 측면에 강조점을 둘 것인가에 관한 논쟁이라 할 수 있으며, 행정학의 경우 과학성과 기술성의 어느 한 측면을 완전히 배제할 수 없는 양면성을 지님
- Waldo는 행정학은 기술성과 과학성의 양면성을 띤다고 전제하고, 행정학이 기술적 이유에서 출발하긴 하였으나 과학성을 전제로 해야지만 성립할 수 있다고 봄(양자는 상호보완 · 공존관계임을 강조)

제2절 행정학의 주요 접근방법

1. 과학적 관리론

(1) 의의 및 성립배경

① 의의

㉠ 절약과 능률을 실현할 수 있는 표준화된 업무절차를 만들어 업무의 양을 설정하고 생산성과 능률성을 향상시키고자 하는 방법에 관한 관리기술을 말함

㉡ 최소의 투입비용으로 최대의 산출을 올릴 수 있는 방법을 탐구하는 것으로, 오늘날 관리과학으로 발전

② 성립배경

㉠ 19세기 말 초기 산업자본주의의 폐해를 시정하고 산업기술발달에 기인한 경영합리화의 필요성에서 대두

㉡ Taylor를 비롯한 여러 경영관리론자들이 새로운 관리방법을 모색하기 위해 기계적 능률관에 입각한 과학적 관리기법을 확립

Check Point

과학적 관리론

F. W. Taylor에 의해 체계화되어 '테일러시스템'이라고도 하며, 정치 · 행정이원론과 기술적 행정학, 행정능률주의의 발달을 촉진

(2) 발전과정

① 테일러(Taylor)이론(과업관리)

㉠ 의의 : 동작연구와 시간연구, 생산과정의 분업화 · 표준화를 통하여 생산성 향상을 도모하려는 것

㉡ 과업관리(테일러시스템)의 원리

- 요소별 시간연구 · 동작연구를 통해서 합리적인 일일 과업을 설정(과학적 분석에 의한 합리적이고 공평한 1일 작업량 설정)
- 업무나 작업여건, 공구의 표준화
- 표준화에 따른 노동자의 선발 및 교육
- 과업달성에 따른 차별적 성과급(경제적 보상이나 불이익)의 지급(최초로 성과급 보수제도 도입)
- 관리층은 예외적인 사안만 담당하고 일상 · 반복적 업무는 부하에 일임

동작연구·시간연구

- **동작연구(motion study)** : 작업동작을 최소의 요소단위로 분해하여 각 단위의 변이를 측정해서 표준작업 방법을 알아내기 위한 연구이며, 인체를 분석의 핵심으로 삼음
- **시간연구(time study)** : 작업현장에서 실제로 작업하는 데 소요되는 시간의 양을 측정하는 연구

Check Point

F. Taylor의 기업관리 4대 원칙

- 작업을 통한 진정한 과학원칙의 발견
- 노동자의 과학적인 선발과 교육
- 노동자의 과학적 관리
- 관리자와 노동자의 협력관계 인식

Check Point

기타 과학적 관리론 연구

- Halsey & Rowan : 노동의 생산성 증가를 통해 근로자 임금의 삭감 없이 생산단위당 최소한의 임금지출이 가능한 새로운 임금제도를 제시하였고, 초기 경영합리화 정책을 주창함으로써 과학적 관리법의 기초를 제공함
- Gantt는 과업상여금제를, Emerson은 표준원가제도를 제시함

② 포드(Ford)이론(포드시스템, 동시관리)

㉠ 생산의 표준화와 유동식 조립방법(conveyer system, 이동 조립법)을 실시하였고, 이를 위하여 생산의 표준화, 부품의 규격화, 공장의 전문화, 작업의 기계화와 자동화(4대 경영원리)를 강조

㉡ '저가격 고임금' 원칙에 근거하여 경영을 사회에 대한 봉사로 표명하였으나, 소위 '백색사회주의'라 하여 인간관계론자들로부터 비판을 받음

③ Fayol 이론 : 조직의 관리가 생산성에 미치는 영향을 종합적으로 파악 · 관리하고자 14대 관리원칙을 주장

Check Point

Fayol의 14대 관리원칙

- 분업의 원칙
- 권한과 책임의 원칙
- 규율의 원칙
- 명령일원화의 원칙
- 지휘일원화의 원칙
- 개인이익의 전체종속의 원칙
- 종업원 보상의 원칙
- 집권화의 원칙
- 계층적 연쇄의 원칙
- 질서의 원칙
- 공정성의 원칙
- 고용안정의 원칙
- 창의력 개발의 원칙
- 단결의 원칙

(3) 특성 및 영향

① 행정의 전문화 · 객관화 · 과학화 · 합리화에 기여

② 행정을 권력현상이 아닌 관리현상으로 파악하여 정치 · 행정이원론의 성립에 영향을 미침

③ 업무의 배분을 중심으로 하는 공식적 구조를 중시

④ 인간을 경제적 · 합리적으로 가정하는 X이론적 인간관에 근거함

⑤ 기계적 능률관을 강조

⑥ 행정조사 및 행정개혁운동의 원동력(능률촉진운동)이 됨

(4) 한계

① 인간의 기계화 · 부품화에 따라 사회적으로 인간의 소외현상 초래

② 인간을 지나치게 경제적 인간으로만 파악하는 편향성을 지님

③ 조직 내 인간변수나 인간관계의 중요성, 내면적 · 심리적 · 사회적 요인 경시

④ 폐쇄적인 체계로서 환경적 요인을 무시함

⑤ 비공식집단이나 조직을 소홀히 취급함

⑥ 노동자에 대한 연구만 있고 관리자에 대한 연구가 없음(관리자를 위한 인간조정기술의 성격을 지님)

⑦ 과학적 관리론의 능률개념을 행정에 획일적으로 적용하는 데는 많은 어려움이 따름

꼭! 확인 기출문제

행정개혁수단 가운데 테일러(F. Taylor)의 과학적 관리법 내용을 가장 잘 반영하고 있는 것은?
[국가직 9급 기출]

① 다면평가제(360-degree appraisal)
❷ 성과상여금제(bonus pay)
③ 고위공무원단제(Senior Civil Service)
④ 목표관리제(MBO)

> 해 ② Taylor의 과학적 관리법(과업관리)에서 최초로 성과급 보수제도를 도입하였다. 즉, 시간 · 동작 연구를 통해 일일 부과 업무를 설정하고 이의 달성이나 성과를 토대로 차별적 성과급을 지급하였다.
> ① 다면평가는 감독자(상급자)뿐만 아니라 부하나 동료, 일반국민까지 평가주체로 참여시키는 평가방법으로, 조직 내 의사소통을 활성화하고 책임성을 제고하는 장점이 있다.
> ③ 고위공무원단제(Senior Civil Service)란 정부의 주요 정책결정이나 관리에 있어서 핵심적 역할을 담당하는 고위(실 · 국장급) 공무원을 범정부적 차원에서 일반 공무원과 별도로 구분 · 관리하여 정부생산성을 향상시키는 데 기여하도록 편성하는 전략적 인사시스템을 말한다.
> ④ 목표관리제(MBO)는 조직구성원의 자발적 참여와 합의를 토대로 조직 목표와 개별적 목표가 설정되고, 구성원 각자의 권한과 책임 아래 직접 직무를 수행하고 결과를 평가 · 환류시켜 조직의 효율성 제고에 기여하고자 하는 참여적 · 민주적 · 쇄신적 · 관리기법이다.

2. 인간관계론

(1) 의의 및 성립배경

① 의의

㉠ 조직의 생산성 향상을 위하여 인간의 정서와 감정적 · 심리적 요인에 역점을 두는 관리기술 내지 방법에 관한 이론

㉡ 관리상의 민주화 · 인간화를 강조하며, 오늘날 행태과학으로 발전

② 성립배경

㉠ **과학적 관리론과 강압적 관리방식에 대한 반발** : 저임금과 강압적 관리방식은 노동조합의 강한 반대를 야기하였고, 이에 따라 인간관계론이 대두됨

㉡ **새로운 관리기법의 필요성** : 1930년대 경제대공황 이후 기업이 확대되고 복잡해짐에 따라 등장한 문제들을 해결하기 위한 새로운 관리기법이 필요해짐

㉢ **사회적 능률관의 등장** : 인간 소외의 극복을 위해 인간의 가치를 중시하는 새로운 사회적 능률관이 Dimock 등에 의해 제시

㉣ **Hawthorne 실험의 영향** : Mayo가 호손실험을 통해 인간은 경제적 욕구보다 사회적 욕구에 의하여 더 지배받는다는 것을 밝힘

③ 주요 내용

㉠ 생산성은 인간의 동태적 요인인 소속감 · 집단규범에 따라 결정됨

㉡ 구성원의 귀속감, 대인관계, 팀워크, 의사소통 등을 중시함

㉢ 구성원의 욕구충족에 따라 인간적 · 민주적 관리를 중시함

> Check Point
>
> **과학적 관리론의 4대 비인간화**
> - 직업으로부터의 비인간화 : 기계부품화
> - 소유로부터의 비인간화 : 소유 · 경영의 분리
> - 직장으로부터의 비인간화 : 감시체계
> - 동료로부터의 비인간화 : 경쟁체제

(2) 일반적 특징

① 근로자들은 집단구성원으로서 사회적 규범을 중시함

② 경제적 유인뿐만 아니라 격려나 칭찬, 고충처리, 상담 등 다양한 비경제적 요

소를 중시함

③ 비공식조직 · 집단을 중시하며, 비공식적 리더의 역할이 강조됨

④ 참여와 동기부여를 강조하는 민주적 리더십을 중시함

⑤ 조직과 구성원의 관계에 있어서 비공식적 · 동태적 관계를 강조함

⑥ 기계적 능률보다 인간적이고 민주적인 능률을 나타내는 사회적 능률을 중시함

(3) 영향

① **조직관의 변화 :** 공식적 조직보다 비공식적 조직 및 소집단에 대한 관심 증가

② **인간관의 변화 :** 기존의 X이론적 인간관과 달리 구성원을 사회적 인간으로 파악하여 Y이론적 인간관이 성립하는 토대가 됨

③ **행정의 인간화 · 민주화 :** 참여관리 등의 인간적 · 민주적 인사관리 정착에 기여

④ **민주적 리더십 :** 권위주의적 리더십이 아니라 민주적 리더십을 강조

⑤ **집단 중심의 사기 중시 :** 개인의 사기보다 집단 중심의 사기를 중시

⑥ 행태과학 및 동기부여이론의 발달에 공헌

(4) 한계

① 공식 · 비공식조직과 인간의 합리적 · 비합리적 측면을 지나치게 대립적으로 파악(이원론적 조직관 및 인간관)

② 비공식적 측면과 비합리적인 측면을 강조한 나머지 조직의 능률을 저해하였고, 감정적 측면과 사회적 인간관을 지나치게 강조하여 경제인관을 경시함

③ 조직과 환경과의 상호작용을 고려하지 않음(폐쇄체제이론)

④ 인간 간의 협동만을 중시할 뿐 갈등적 요인을 등한시함

⑤ 관리자를 위한 인간 조종의 기술에 불과하며, 그 적용에 한계가 있음

⑥ 인간관계의 안정성을 지나치게 중시하여 보수주의 경향을 띰

(5) 과학적 관리론과의 비교

① 차이점

구분	과학적 관리론	인간관계론
중점	직무(구조) 중심	인간 중심
조직관	공식적 조직관	비공식적 조직관
능률관	기계적 능률	사회적 능률
인간관	인간을 기계의 부품화로 인식, 정태적 인간관(X이론, 합리적 · 경제적 인간)	인간을 감정적 존재로 인식, 동태적 인간관(Y이론, 사회적 인간)

행정에 대한 기여	능률 증진에 기여	민주성 확립에 기여
조직목표와 인간욕구	자연스러운 균형을 이룸	인간적인 면을 고려할 때 균형을 이룸
유인동기	경제적 동기(경제적 욕구충족)	비경제적 동기(사회적 욕구충족)
보수 체계	성과급	생활급
연구방법	테일러시스템(시간 · 동작연구 등)	호손실험

② 유사점

㉠ 조직목표와 개인목표의 양립성(교환) 인정

㉡ 관리자를 위한 연구이론

㉢ 생산성 · 능률성 향상의 추구

㉣ 외재적 동기부여 및 인간행동의 피동성, 수단화된 인간가치

㉤ 환경을 고려하지 않은 폐쇄체제이론

꼭! 확인 기출문제

01. 행정관리학파에 대한 설명으로 옳지 않은 것은? [지방직 9급 기출]

① 대표적인 학자로는 귤릭(Gulick), 어윅(Urwick), 페이욜(Fayol) 등이 있다.
❷ 비공식 집단의 생성이나 조직 내의 갈등 등에 대한 설명을 용이하게 한다.
③ 과학적 관리론, 고전적 관료제론 등과 함께 행정학의 출범 초기에 학문적 기초를 쌓는데 크게 기여했다.
④ 조직과 구성원 간의 관계를 합리적 존재로만 봄으로써 조직을 일종의 기계 장치처럼 설계하려 하였다.

해 ② 비공식집단의 생성과 조직 내의 갈등 등에 대한 설명이 용이한 것은 인간관계론을 중심으로 하는 신고전적 조직이론이다. 1920년대 호손실험을 계기로 발전된 인간관계론은 인간 중심의 조직관리를 강조하고 사회적 능률과 조직의 비공식적 측면에 주목했다. 한편, 행정관리학파는 행정을 공공사무의 관리라는 기술적 과정 내지 체계로 인식하고 과학적 관리론, 원리접근법 등을 통해 행정의 능률성을 강조하였는데, 특히 과학적 관리론은 기계적 능률과 업무의 배분을 중심으로 하는 공식적 구조를 중시하고 조직의 비공식적 측면과 갈등 현상 등을 경시하였다는 점에서 인간관계론과 차이가 있다.

① 행정관리학파의 대표적인 학자로는 Wilson, White, Goodnow, Gulick, Urwick, Fayol 등이 있다.
③ 행정관리설과 과학적 관리론, 고전적 관료제론 등은 모두 행정학 초창기인 1880년대부터 1920년대까지의 행정학 성립과 독자성 확립에 기여하였다.
④ 행정관리학파와 과학적 관리론에서는 인간을 경제적 · 합리적으로 가정하는 X이론적 인간관에 근거하며, 기계적 능률을 강조하였다.

02. 조직이론의 유형들을 발달 순으로 옳게 나열한 것은? [서울시 9급 기출]

보기

ㄱ. 체제이론	ㄴ. 과학적 관리론
ㄷ. 인간관계론	ㄹ. 신제도이론

① ㄱ → ㄴ → ㄹ → ㄷ
❷ ㄴ → ㄷ → ㄱ → ㄹ
③ ㄴ → ㄱ → ㄷ → ㄹ
④ ㄷ → ㄴ → ㄹ → ㄱ

해 ② 조직이론은 과학적 관리론(1880~1910년대) → 인간관계론(1930년대) → 체제이론(1950~1960년대) → 신제도이론(1980~1990년대) 순으로 발달하였다.

호손(Hawthorne)실험

① **개요** : 1927~1932년에 걸쳐 서부전기회사의 Hawthorne 공장을 대상으로 Mayo, Roethlisberger, Whitehead 등 하버드 경영대학원 교수들에 의하여 연구된 실험으로, 고전적 이론의 입장에서 물리적 · 육체적 작업조건의 변화가 노동생산성에 미치는 영향을 분석하는 것을 목적으로 하였으나 연구과정에서 이와 상반된 사실들이 드러나 과학적 관리론의 기본 가정들을 재검토할 필요성이 제기됨

② **주요 내용**

㉠ 조명실험 : 조명(외부환경)은 생산성 제고에 직접적인 영향을 미치는 변수가 아님을 발견

㉡ 계전기 조립실험 : 휴식시간이나 근무일수, 간식 등 작업조건의 변화도 생산성과 관련이 없음을 발견

㉢ 면접실험 : 근로자의 인간적 감정이나 태도 등이 작업상황에 영향을 미친다는 것을 발견

㉣ 뱅크선 작업실실험 : 자생적 비공식집단에서 합의한 규범에 근거하여 작업이 이루어짐을 발견

③ **실험의 결과**

㉠ 근무의욕이나 조직의 생산성은 비공식적 · 비경제적 요인이라 할 수 있는 비공식적 조직 및 소집단, 사회적 · 심리적 요인에 크게 영향을 받음(관리자는 기술적 능력뿐만 아니라 인간의 심리적 측면을 관리할 수 있는 사회적 기술도 갖출 것이 요구됨)

㉡ 노동의 작업량은 그의 육체적 능력이 아니라 사회적 결속력에 의하여 결정

㉢ 대인관계와 비공식적 조직을 통해 인간의 소외감이 극복되며, 이것이 결국 생산성 제고로 이어짐

㉣ 경쟁에 기초한 생산보다는 협동에 의한 생산이 더욱 효율적임이 밝혀짐

Check Point

호손효과(Hawthorne effect)

실험집단으로 선정된 근로자들은 자신들이 관심을 받고 있음을 인식하게 되며, 이로 인해 동기가 유발되어 생산성이 증가되는 결과가 초래되는 현상을 말한다. 호손효과는 실험결과를 왜곡시켜 실험의 타당성을 저해시키는 요인의 하나가 된다.

3. 행태론적 접근(행정행태론)

(1) 의의 및 특징

① 의의

㉠ 행정을 합리적 · 협동적 집단행위로 규정하는 접근방법으로, 행정에 내재한 인간의 행태(행동이나 태도 등의 외면적 행태)를 중심으로 행정현상을 과학적 · 체계적으로 설명하는 이론

㉡ 행정의 과학화와 행정학의 정체성위기를 극복하는 데 기여(정치 · 행정 새 이원론)

② 일반적 특징

㉠ 행정의 과학적 연구를 위해 자연과학을 행정학에 적용(자료의 계량적 분석 및 조사기술, 개념의 조작적 정의를 통한 객관적 측정방법 등을 강조)

㉡ 연구 초점을 인간의 행태(behavior)에 두고 이를 경험적 · 실증적으로 연구(인간행태의 경험적 입증과 행태의 통일성 · 규칙성 · 유형성 발견에 치중)

㉢ 논리실증주의를 토대로 가치(목표)와 사실(수단)을 구분하여 가치를 배제(가치중립성), 경험적 검증가능성이 있는 사실 연구에 치중

㉣ 집단의 고유한 특성을 인정하지 않는 방법론적 개체주의를 택하며, 복잡인관의 입장을 취함

㉤ 종합과학적 · 연합학문적 성격을 지님(사회학 · 심리학 · 경제학 등을 다룸)

Check Point

행정행태론

1940년대 대두되어 H. A. Simon에 의해 체계화되었으며, 대표적 학자로는 H. A. Simon, J. G. March, C. I. Barnard, R. Cyert 등이 있음

Check Point

행태론의 방법론적 개체주의

행태론은 인간의 사고나 의식은 그가 속한 집단의 고유한 속성에 의해 규정되는 것이 아니라 각자에 따라 다르다고 보는 방법론적 개체주의의 접근방법에 입각하고 있다.

논리실증주의(신실증주의)

① **의의** : 사회현상을 규범적 연구방법이 아닌 자연과학적 방법으로 설명하는 분석철학으로서, 1920년대 Schlick을 중심으로 하는 오스트리아 비엔나학파에서 출발

② **특성** : 자연과학적 · 계량적 분석을 통한 검증(실험 · 관찰을 통한 가설 검증)을 중시하였고, 추상적인 형이상학을 거부하고 경험적인 검증이 불가능한 것은 무의미하다고 하여 검증가능성 원리를 강조

Check Point

H. A. Simon 행태론의 종합적 성격

- **인간관** : 행정인(경제인과 사회인의 절충)
- **능률관** : 종합적 능률(기계적 능률과 사회적 능률의 절충)
- **합리성** : 제한된 합리성(절대적 합리성과 비합리성의 절충)
- **조직관** : 구조론적 접근(공식구조와 비공식구조의 절충)

(2) H. A. Simon의 행태론

① 논리실증주의에 입각한 경험주의와 과학적 방법론을 중시함(고전적 원리접근법을 신랄하게 비판하고 과학적 연구를 위해 일반법칙성 · 예측가능성 · 제한된 합리성을 추구)

② 행정을 집단적 의사결정행위로 파악해 목표의 집행뿐만 아니라 결정을 담당하는 과정으로 봄(행정연구의 과학화를 위해 방법론상 연구범위를 사실문제에 국한하였으나, 행정의 정책형성기능과 가치판단을 부정하는 것은 아니라는 점에서 초기의 정치 · 행정이원론과는 차이가 있음)

③ 정치 · 행정이원론, 공 · 사행정일원론의 입장에 있음

④ 연구대상은 인간의 반복적 행위나 행동이어야 함

⑤ 행정에서 인간의 합리성은 심리적인 자극 · 반응에 의해 결정된다고 봄(사회심리학적 접근)

⑥ 행정문화(행정인이 공유하는 생활양식의 총체)를 중시

⑦ 사회학, 심리학, 경제학 등을 다루는 종합과학적 성격을 지님

⑧ 종합적 행정관점의 성격을 띰(인간관 · 능률관 · 조직관 · 합리성 등에 있어 과학적 관리론과 인간관계론의 통합을 시도)

(3) 평가

① 행태론의 공헌

㉠ **행정연구의 과학화에 기여** : 고전적 이론이나 행정원리를 비판하고 행정연구의 과학화에 기여

㉡ **의사결정과정론과 사회심리적 접근법의 개발** : 논리실증주의에 입각한 행태연구를 통해 의사결정과정에서의 권위, 갈등, 리더십, 동기부여 등의 연구에 있어 많은 이론적 성과를 거둠

㉢ **과학적 관리론과 인간관계론의 종합** : 과학적 관리론(합리성, 경제인, 공식구조)과 인간관계론(비합리성, 사회인, 비공식구조)을 객관적이고 실증적인 연구를 통하여 종합(제한된 합리성, 행정인, 구조론적 접근)

㉣ **정치 · 행정 새이원론과 공사 · 행정 새일원론 확립** : 행정을 의사결정으로

인식하면서도 연구방법에 있어서는 가치와 사실을 구별하고 사실을 연구

② 비판

㉠ 연구대상과 범위가 지나치게 제약(사실명제에 국한), 행태 중심의 미시적 분석에 치중(지나친 계량화)

㉡ 가치판단을 배제하는 것은 비현실적이며, 사회문제를 해결하지 못하고 어용학설로 이용당할 우려가 있음(처방성이 결여된 비현실적 보수주의)

㉢ 외부의 환경요인을 고려하지 못한 폐쇄이론

㉣ 공행정의 특수성을 과소평가함

㉤ 외면적 형태를 통해 인간 내면 심리나 의도를 파악하는 것은 한계가 따름

(4) 후기 행태론(탈행태론)

Check Point

후기행태주의의 성격(D. Easton)
Easton은 〈정치학의 새로운 혁명(1969)〉에서 후기행태주의의 시작을 선언하고 그 성격을 '적실성(relevance)의 신조'와 '실천(action)'이라고 주장

① 배경 : 기존의 가치중립적인 행태주의 등이 1960년대 미국사회의 당면문제(인종갈등, 흑인폭동, 월남전에 대한 반전 운동 등)를 해결하는 데 아무런 기여를 하지 못한다는 비판에 직면하면서 이러한 문제 해결을 위해 대두됨

② 발전

㉠ 1960년대 말에 Easton이 후기 행태주의(post-behavioralism)가 시작되었음을 선언한 이후 신행정론자들을 중심으로 후기 행태주의 접근방법이 도입되기 시작

㉡ 신행정론은 1960년대 중반 이후 Johnson 행정부가 위대한 사회의 건설이라는 기치를 내걸고 하류층 및 소외계층의 복지 향상을 위하여 사회복지 정책을 추진하면서 이와 관련된 행정이론으로 등장함

③ 내용

㉠ 후기 행태주의적 접근법은 사회의 급박한 문제 해결을 위해 가치중립적인 과학적 · 실증적 연구보다는 가치판단적 · 가치평가적인 정책 연구를 지향함

㉡ 행정학 분야에서도 정책지향적인 연구, 가치판단의 문제, 바람직한 사회를 위한 정책목표에 관한 문제, 새로운 행정이념으로서의 사회적 형평성 등의 문제에 많은 관심을 갖게 됨

행태론과 후기 행태론의 비교

행태론	후기 행태론
• 가치중립적 • 설명적 · 서술적 • 정치 · 행정 새이원론, 공 · 사행정 새일원론 • 과학성 강조 • 논리실증주의	• 가치지향적 • 응용적 · 처방적 • 정치 · 행정 새일원론, 공 · 사행정 새이원론 • 기술성 강조 • 반(反) 논리실증주의

기출 Plus 국가직 9급 기출

01. 가우스(J. M. Gaus)가 지적한 행정에 영향을 미치는 환경요인에 포함되지 않는 것은?

① 국민(people)
② 장소(place)
③ 대화(communication)
④ 재난(catastrophe)

해 대화는 Gaus가 제시한 환경요인(생태요인)에 포함되지 않는다.

답 01 ③

4. 생태론적 접근(행정생태론)

(1) 의의

① 유기체와 그 환경의 상관관계를 밝히려는 이론으로서, 행정조직을 유기체로 간주하고 그것을 둘러싸고 있는 환경과의 상호작용을 규명하려는 거시적 이론

② 행정과 환경과의 관계에 있어 생태론은 행정이 환경으로부터 영향을 받는 종속변수적 성격을 강조한 이론이며, 행정과 환경과의 관계를 다룬다는 점에서 개방체제이론에 해당한다고 할 수 있음

③ **전개** : 행정생태론은 1950년대를 전후로 등장하였으며, 대표되는 학자로는 《행정에 관한 성찰》(1947)의 J. Gaus와 《행정의 생태학》(1961)의 F. Riggs 등이 있음

(2) 이론

① **J. Gaus의 이론** : 행정에 영향을 미치는 생태적 · 환경적 요인으로 국민, 장소, 물리적 기술, 사회적 기술, 욕구와 이념, 재난, 개성(인물)의 7가지를 제시

② F. Riggs의 이론

㉠ **사회이원론(1961)** : 《행정의 생태학》에서 농업사회(미분화사회 · 융합사회), 산업사회(분화사회)의 2가지 생태모형을 제시함

㉡ **사회삼원론(1964)** : 사회이원론이 발전도상국의 과도기적 사회를 설명하지 못한다는 비판이 제기되자 농업사회를 융합사회로, 산업사회를 분화사회로 파악하고, 여기에 융합사회에서 분화사회로 이행되어 가는 전이사회에 해당하는 프리즘적 사회를 추가함

프리즘적 사회

① 프리즘적 사회의 구분

㉠ 농업사회를 융합사회로, 산업사회를 분화사회로 두고 그 중간의 전이 · 과도사회로 프리즘적 사회를 둠

㉡ 각 사회의 관료제 모형으로 융합사회에는 공 · 사가 구분되지 않는 '안방 모델'을, 프리즘적 사회에는 공 · 사가 불명확하게 구분되는 '사랑방 모델'을, 분화사회에는 공 · 사가 구분되는 '사무실 모델'을 제시함

구분	융합사회	프리즘적 사회	분화사회
사회구조	농업사회(agraria)	전이 · 굴절 · 과도 사회(transitia)	산업사회(industria)
분화 정도	미분화	분화가 이루어지지만, 통합이 미흡	분화 활성화

관료제 모형	안방모델(chamber model) : 공사(公私)의 미분화	사랑방 모델(sala model) : 공사(公私)의 분화 · 미분화가 혼재	사무실 모델(office model) : 공사(公私)의 분화

② 프리즘적 사회의 특징
- ㉠ 공 · 사 기능의 중첩, 고도의 이질성(전통적 요인과 분화적 요인의 혼재)
- ㉡ 법제상 제약된 관료의 권한이 현실적으로는 큰 영향력 행사(양초점성)
- ㉢ 연고 우선주의, 다분파주의, 신분과 계약의 혼합양상(법적 관계와 신분관계 혼합)
- ㉣ 형식주의(형식과 실제의 괴리)
- ㉤ 상용성(相容性, 현대적 규범과 전통적 규범의 공존), 다규범성, 무규범성
- ㉥ 가격의 불확정, 무정가성(無定價性)
- ㉦ 권한과 통제의 불균형 및 괴리
- ㉧ 천민기업가, 의존 증세(권력자도 기업가의 재력에 의존)

(3) 평가

① 영향 및 기여
- ㉠ 행정과 환경과의 관계를 최초로 분석(행정을 개방체제로 처음 파악한 이론)
- ㉡ 행정을 하나의 유기체로 이해하고 거시적 이론 형성에 기여
- ㉢ 시간 · 장소에 따른 특수한 행정현상을 이해하는 데 공헌(행정의 특수성 인식을 통해 후진국 행정현상의 설명에 기여하고, 비교행정의 방향을 제시함)
- ㉣ 종합과학적 연구활동을 촉진(사회학, 정치학, 심리학, 인류학 등 여러 학문과의 다양한 상호교류를 통하여 종합적 연구활동을 촉진)

② 비판
- ㉠ 행정의 환경에 대한 적극적이고 주체적인 역할을 경시하고 수동적으로 파악(환경결정론적 입장)
- ㉡ 행정현상을 환경과 관련시켜 진단과 설명은 잘 하지만, 내부적으로 행정이 추구해야 할 목표나 방향을 전혀 제시하지 못함(내부문제를 경시함)
- ㉢ 행정의 동태적 사회변동기능을 설명하기 곤란하며, 발전을 선도하는 엘리트를 경시함(정태적 균형이론)
- ㉣ 특정 국가의 환경만을 고려 · 연구함으로써 일반이론화가 곤란

> **Check Point**
>
> **관료 권한의 양초점성(兩焦點性, bi-focalism)**
> 관료의 권한은 법규상 제한 · 제약되고 있으나 실제로는 그 영향력이 크며, 고객에 따라 이중적인 태도를 보이는 등 일관성이 없다. 이로 인해 공식적 통제는 잘 이루어지지 않고 비공식적 사회세력에 의한 통제가 주로 이루어진다.

5. 체제론적 접근(행정체제론)

(1) 의의 및 특징

① 의의
- ㉠ **행정체제론** : 행정을 하나의 체제로 파악하고 행정을 둘러싸고 있는 환경과의 상호작용과 행정체제 내의 하위체제 간 상호관계를 체계적으로 밝히

> **Check Point**
>
> **체제(system)**
> 일반적으로 복수의 구성요소가 상호의존성 · 상호작용성과 질서, 통일성을 지니면서 환경과 끊임없이 영향을 주고받는 전체 또는 실체

는 이론

㉡ I. Sharkansky의 체제론 : 행정체제를 환경으로부터 '투입 → 전환 → 산출 → 환류'의 상호작용을 반복하는 개방체제로 정의

- 환경 : 체제와 교류하는 체제 밖의 모든 정치 · 경제 · 사회적 영역(고객, 수혜자, 이익단체, 경쟁조직 등)
- 투입 : 체제에 투입되는 요구나 희망, 지지나 반대, 인력 · 물자 · 정보 등과 같은 자원
- 전환 : 산출을 위한 체제 내의 작업절차나 과정, 행정조직이나 결정과정 등
- 산출 : 결과물(정책, 법령, 재화, 서비스 등)
- 환류 : 적극적 · 긍정적 피드백(목표의 변화나 수정), 소극적 · 부정적 피드백(오차의 수정, 통제)

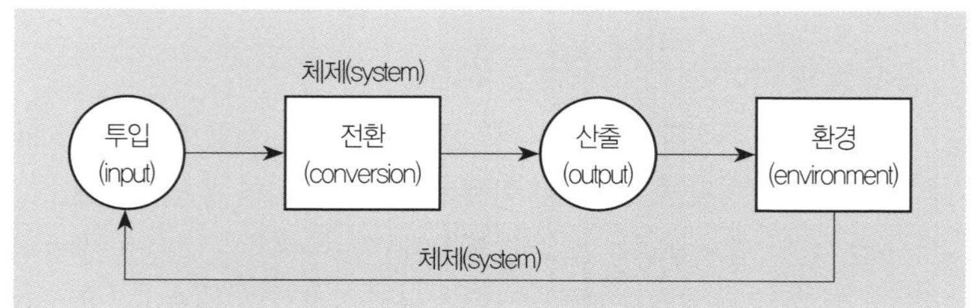

Check Point

개방체제의 속성(Kats & Kahn)
- 분화와 통합
- 체제 간의 경계 및 환경과의 상호작용
- 동태적 균형과 안정(동태적 적응을 통해 안정을 추구)
- **항상성(homeostasis)** : 체제는 질서와 안정성을 갖는 집합체로서 언제나 자기 본래의 속성으로 돌아가려 하는 속성
- '투입 - 전환 - 산출 - 환류 - 환경'의 5단계 기능 수행(반복)
- **부정적 엔트로피(negative entropy)** : 모든 유기체가 필연적으로 밟게 되는 해체와 소멸의 과정(엔트로피의 증가)을 억제하는 현상
- **정보투입과 부정적 피드백** : 체제 이탈을 바로잡기 위한 행위를 촉발시키는 정보의 전달
- **부호화(coding)** : 복잡한 정부를 단순화하여 자기식으로 해석하는 과정
- **등종국성(等終局性, equifinality)** : 체제는 출발점과 발전 경로가 달라도 결국 동일한 성과를 나타낸다는 것

② 체제의 특징(T. Parsons)

㉠ **분화 · 통합** : 체제는 다양한 상 · 하위체제로 분화되고, 동시에 목표 달성을 위해 유기적으로 상호 조정 · 통합됨

㉡ **경계성과 균형성** : 각 체제는 경계에 의해 다른 하위체제나 환경과 구별되며, 투입 · 산출을 통해 환경과 균형을 유지함

㉢ **전체론적 인식** : 체제는 부분이 아니며, 공동목표를 위한 전체론적 통일적 유기체임

㉣ **개방체제** : 현대의 체제는 환경과의 상호작용을 하는 개방체제임

㉤ **균형성 · 항상성(homeostasis)** : 체제는 구성요소 간에 동태적 균형성과 항상성을 지님

㉥ AGIL기능 : 체제의 네 가지 필수기능을 제시함

- 적응기능(Adaptation) : 환경에 적응하기 위하여 필요한 자원을 생산 · 배분하는 기능(경제조직의 기능)
- 목표 달성기능(Goal-attainment) : 체제가 달성하고자 하는 목표를 설정하고 목표 간의 상대적 수준을 정립하면서 추구하는 기능(정치조직의 기능)
- 통합기능(Integration) : 부분체제 및 하위체제에서 발생하는 갈등이나 대립을 조정하고 통합하는 기능으로 질서유지와 관련됨(경찰 · 사법의 기능)

• 체제 유지기능(Latency pattern maintenance) : 체제의 자기유지기능(형상유지기능)으로서, 문화를 전수하고 교육의 기능을 담당하는 교육·문화체제의 기능

(2) 체제의 유형 비교

① 폐쇄체제와 개방체제

폐쇄체제	개방체제
• 환경과의 관계를 고려하지 않음(상호작용이 없음) • 체제 내부에만 관심을 기울임 • 주어진 목표의 능률적 집행에 관심 • 예측 가능성이 높음 • 엔트로피의 증가 • 정태적 균형론	• 환경과의 관계를 고려함 • 체제 외부에 관심을 기울임 • 환경에 어떻게 적응하느냐의 생존에 관심 • 환경으로부터의 투입 및 전환, 환경으로 산출이라는 연속과정을 지님 • 부정적 엔트로피의 존재(조직이 해체·소멸, 무질서로 움직여가는 엔트로피 현상을 부정) • 동태적 균형성, 등종국성을 지님

② 합리체제와 자연체제

㉠ **합리체제** : 구체적 목표를 집합적으로 추구하며 공식화된 사회구조를 갖는 체제(조직)로, 목표와 그 목표의 달성을 위한 인적·물적 수단의 논리적·체계적 연결(기능적 합리성)이 강조됨

㉡ **자연체제** : 구성원의 심리·사회적 욕구를 강조하며 목표 달성보다는 조직의 생존과 조직 내 비공식성·비합리성 등에 중점을 두는 체제(조직)

(3) 평가

장점	단점
• 행정과 환경과의 상호작용뿐만 아니라 행정체제 내의 하위체제 간의 상호작용을 파악하게 함으로써 종합적·거시적 시각 제공 • AGIL기능은 행정체제의 생존능력을 평가하는데 유용한 기준을 제공 • 행정체제의 역동적 과정은 행정현상을 체계적으로 설명할 수 있는 틀을 제공 • 각국의 행정체계를 분석하는 데 있어 분석의 일반적 기준을 제공하고, 행정학 연구의 과학화에 기여	• 정태적·균형적·현상유지적 성격을 띠어 문제의 처방이나 역동성, 변화·발전을 설명하기 곤란 • 행정과 환경의 교호작용을 강조하지만 행정을 종속변수로 봄(결정론) • 선진국에 적합한 이론으로, 개발도상국·후진국의 변화하는 행정현상 연구에 한계(행정의 독립변수적 성격의 설명이 미흡) • 거시적 접근방법이므로 전체적인 국면은 잘 다루나, 체제의 구체적 운영이나 행태적 측면에 소홀 • 체제나 조직을 지나치게 물화(物化)시켜 정치권력이나 갈등, 인간의 심리적·감정적·질적 요인을 고려하지 못함 • 행정현상에서 특수한 인물의 개성·성격·리더십 등의 인적요소를 과소평가하기 쉬우며, 가치문제를 고려하지 못함

Check Point

체제론의 특징(오석홍 등)
• 연합학문적 연구(학제적 성격)
• 총체주의적 관점(모든 체제는 총제 또는 전체로서의 특성을 지님)
• 목적론적 관점(모든 체제는 목적을 가지며 목표 달성기능을 수행)
• 계서적 관점(상·하위체제로 구성)
• 추상적·관념적 관점
• 시간적 차원의 중시(시간선상에서의 순환적·동태적 변동)

6. 비교행정론

(1) 의의 및 발달배경

① 의의

㉠ 비교행정은 각국의 다양한 행정현상을 비교함으로써 여러 국가의 제도에 적용될 수 있는 원칙이나 보편적 · 일반적 법칙을 발견하고자 하는 이론임

㉡ 각국의 행정에 영향을 미치는 여러 환경적 요인을 비교하여 행정을 과학화하고 행정 개선전략을 도출하려는 접근방법

② 발달배경

㉠ **행정학의 과학화를 위한 노력** : 미국 중심의 행정학에서 벗어나 행정을 타 국가들과 비교함으로써 보편타당한 원리를 발견하는 접근방법의 필요성에 의하여 등장

㉡ **비교정치론의 영향** : 2차 세계대전 이후 비교정치론은 제도론적 연구방법에서 기능적 연구방법으로, 서구 중심에서 신생국 및 생태론적 연구방법으로 전환하였고 이는 비교행정에 있어 많은 자료와 연구방법을 제시

㉢ **신생국에 대한 원조 계획과 학자들의 참여** : 마샬계획(Marshall plan) 실패의 원인 분석과 이를 토대로 한 콜롬보계획(Colombo plan, 신생국에 대한 원조계획)의 실효성을 확보할 목적으로 등장

㉣ **비교행정연구회(CAG)의 활동** : Ford 재단의 후원을 받은 비교행정연구회는 Riggs를 중심으로 활발한 연구활동을 전개함

Check Point

비교행정의 연구목적

- 각국 행정체제의 특징을 비교 연구하여 나라마다 다르게 작용하는 요소를 발견
- 행정체제의 성패에 영향을 미치는 정치적 · 사회적 · 문화적 요인을 분석
- 각국의 관료제 차이를 규명하고, 관료제의 개선 방안 모색

(2) 학자별 접근법(연구방법)

① F. Heady의 접근법

㉠ **수정전통형(수정전통적 접근법)** : 전통적 접근방법을 일부 수정한 방법으로, 각국의 행정현상을 단순 비교 · 고찰하는 방법

㉡ **발전지향형(발전지향적 접근법)** : 국가발전 목표 달성을 위한 행정의 필요조건을 규명하여 행정개선을 위한 전략을 수립하는 방법으로, 발전행정론으로 발달함

㉢ **일반체제모형(일반체제 접근법)** : 각국 행정현상의 비교를 위한 일반적인 기준이나 모델을 개발하기 위한 연구

㉣ **중범위모형**

- 일반체제이론은 지나치게 포괄적이며 추상적인 까닭에 실증적 자료에 의한 뒷받침이 어려우므로 연구의 대상범위를 좁혀 제한된 연구대상을 집중적으로 연구하자는 접근법

- 비교행정론은 대체로 비교의 범위가 워낙 포괄적이고 산만하기 때문에 특정 범위를 설정하여 비교 · 연구하는 모형
- Heady는 Weber의 관료제의 이념형을 기초로 한 관료제모형을 가장 효과적인 중범위모형으로 봄

② F. Riggs의 접근법

㉠ 접근방법의 전환

규범적 접근법		경험적 · 실증적 접근법
행정 이념이나 가치 등을 전제로 하고 이를 설정 · 연구	➜	행정현실을 있는 그대로 조명 · 연구
개별사례적 접근법		**일반법칙적 접근법**
특정 국가 또는 한 나라의 행정만을 연구	➜	여러 나라의 보편적 법칙을 비교 · 연구
비생태적 접근법		**생태적 접근법**
행정과 환경적 요인을 고려하지 않는 폐쇄체제이론	➜	행정과 환경적 요인을 고려하는 개방체제이론

㉡ **내용** : 사회 유형을 농업사회 · 전이사회 · 산업사회로 구분하고, 이를 다시 사회체제로 모형화하여 융합사회 · 프리즘적 사회 · 분화사회로 구분

사회 유형	농업사회(agraria)	전이사회(transitia)	산업사회(industria)
사회체제 유형	융합사회 (fused society)	프리즘적 사회 (prismatic society)	분화사회 (refracted society)
행정체제 모형	안방모형 (chamber)	사랑방모형 (sala)	사무실모형 (office)

(3) 한계

① 행정과 환경 사이의 상호영향을 분석하지 못했으므로 이상적인 생태학적 접근법에 미치지 못함

② 발전적 엘리트의 다양한 결합가능성을 제대로 파악하지 못함

③ 국가발전을 주도하면서 환경을 지나치게 강조하여 발전으로 이끄는 동태적인 독립변수로 작용할 수 있는 전망이 비관적(정태적 보수적 균형이론)

④ Riggs의 이론(프리즘적 모형)에서는 신생국의 발전에 대해 비관적이며 부정적 측면만을 강조

⑤ 모든 국가에 적용 가능한 보편적 행정이론이라는 허상

Check Point

비교행정론의 공헌
- 각 구행정의 비교 · 분석을 통해 행정의 과학화에 기여
- 정치와 행정의 설명에 가장 중요한 공통적 비교 기준인 기능을 규명하였고, 1950년대 기능주의 탄생에 기여

7. 발전행정론

(1) 의의 및 특성

① 의의

㉠ 발전행정은 행정체제가 국가발전 목표를 달성하기 위한 계획을 수립 · 집행하고 계속적인 사회변동에 대한 적응능력을 증진시키는 것을 의미함

㉡ 국가발전사업의 관리와 행정체제의 발전을 함께 내포하는 개념으로서, 환경을 의도적으로 변혁해 나가는 행정인의 창의적 · 쇄신적 능력을 중시함

② 발달배경

㉠ **비교행정론의 비판과 극복** : 1950년대 등장한 비교행정론을 계승하였으나, 비교행정론은 처방성이 결여되어 실질적 대안을 제시하지 못하였다고 비판하면서 등장

㉡ **비교행정연구회와 동서문화센터의 영향** : Ford 재단이 후원하는 비교행정연구회(CAG)와 Hawaii 대학 부설의 동서문화센터는 발전행정의 연구와 보급에 중요한 역할을 담당함

③ 특성

㉠ 과학성보다는 사회문제 처방을 위한 기술성을 강조하며, 국가목표 달성을 위한 효과성을 중시함

㉡ 행정인의 문제 해결능력, 자원동원능력, 위기관리능력 등 적극적인 역할을 강조함(행정인을 가장 중요한 독립변수로 인식)

㉢ 과학적인 원리의 발견보다는 실질적인 사업의 성과를 강조함(효과성 강조)

㉣ 목표설정, 정책결정, 환류 등의 영역을 중시함(정치 · 행정 새일원론)

㉤ 행정현상이 한 국가의 정치상황이나 사회문화적 환경에 영향 받는 것에 주목

㉥ 행정을 우위로 한 사회체제론적 접근방법을 일반적으로 강조함(사회체제론과 행정 주도의 불균형적 접근방법 강조)

㉦ 소수엘리트에 의한 하향식(top-down) 기획과 집중 관리를 중시하며, 엘리트주의(선량주의)를 지향

㉧ 국가주의적 · 전체주의적 이론

(2) 접근방법(W. F. Ilchman)

① **행정체제론적 접근방법** : 행정의 역할을 중시하며, 행정의 독자적인 역량 증대로 국가발전이 이루어진다고 보는 접근방법

㉠ **균형적 접근방법** : 행정 전반에 걸쳐 동시적 · 전면적 발전을 이룩하려는

Check Point

행정발전과 발전행정

- 행정발전은 행정 자체의 발전을 의미함
- 발전행정은 행정발전을 포함하여 행정을 우위로 한 다른 사회체계의 발전을 의미함

Check Point

국가발전목표 달성을 위한 기관형성

기관형성(institution building)은 국가발전 목표를 달성하기 위하여 새로운 공식 조직(기관)을 만들어 새로운 가치관 · 이념 · 기술 등을 확산시킴으로써 사회변동을 유도하는 것을 말한다. 이는 Esman 등이 제2차 세계대전 이후 개발도상국에 대한 미국의 대외원조정책을 효율적으로 수행하기 위한 연구를 통해 성립된 개념이다. 일반적으로 기관(institution)이 성공적으로 활동하였는가를 평가하는 기준(기관성 지표)에는 기관의 생존력과 영향력, 파급효과, 자율성 등이 있다.

전략

㉡ **불균형적 접근방법** : 행정부 내부의 특정 분야의 발전을 통한 전체 행정조직의 발전을 추구하는 전략

② **사회체제론적 접근방법** : 행정과 환경과의 상호작용을 통한 국가사회 전체의 발전을 추구하는 접근방법

㉠ **균형적 접근방법** : 정치 · 경제 · 사회체제의 균형 있는 발전을 통해 전체 국가체제의 발전을 추구하는 접근방법

㉡ **불균형적 접근방법** : 국가발전에 있어 행정이 주도적인 역할을 취하여야 한다는 입장으로, 행정을 먼저 발전시키면 다른 국가체제들도 발전한다고 파악하는 입장

(3) 한계 및 문제점

① 발전 개념이 모호하며, 서구화가 곧 발전이라는 편견 지님(서구중심적 편견)
② 행정의 비대화를 초래해 민주주의를 저해할 우려가 있음
③ 처방적 · 규범적 성격을 지니며 가치판단을 중시하므로 상대적으로 이론적 과학성이 미흡함
④ 관료의 권한강화(행정의 비대화)로 인한 예산낭비와 부패의 우려가 존재함
⑤ 관료에 의한 가치배분의 불공정성을 초래할 수 있으며, 사회적 형평성 저해
⑥ 목표 달성이나 산출에만 주력하며 투입기능을 경시함
⑦ 정치발전을 저해하고 행정책임의 약화를 초래함

> **Check Point**
>
> **발전행정의 공헌**
> - 종래의 비교행정의 정태성을 극복하고, 행정체제와 행정인을 쇄신적인 사회변동자(독립변수)로서 파악함
> - 개발도상국의 동태적 행정현상을 설명하고 국가발전전략 수립 및 개발에 크게 기여함

비교행정론과 발전행정론의 비교

구분	비교행정론	발전행정론
시기	1950년대	1960년대
행정이념	과학성 · 보편성 · 일반성 · 능률성	효과성 · 생산성 · 전문성
변수로서의 행정	종속변수로서의 행정, 비관주의, 결정론	독립변수로서의 행정, 낙관주의, 임의론
이론	균형이론	불균형이론, 변동이론
행정행태	행정인의 자격으로 과학적 사고 중시	행정인의 자격으로 쇄신 및 성취지향성 요구
관료(행정인)	피동적 종속변수	능동적 독립변수(쇄신적 가치관을 가진 발전행정인)
과학성	진단차원(why), 과학성 추구	처방차원(how), 기술성 추구

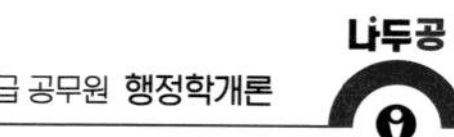

변동의 관점	• 균형을 위한 정태적 변동 • 선진국에서 후진국으로 전이적 변화	• 쇄신적 변화를 위한 동태적 변동 • 계획된 변화
분석의 차원	공간적 차원의 분석(국가 간 비교)	시간적 · 미래지향적 차원의 분석(변화 유도)
정책결정 도구	체제분석(SA)	정책분석(PA)
정치 · 행정	정치 · 행정이원론	정치 · 행정일원론

Check Point

신행정론의 개념

신행정론은 1960년대까지 주류를 형성한 실증주의적 주류이론(고전적 행정이론, 행태주의)의 몰가치성이 초래한 사회문제와 행정이론 간의 괴리현상을 비판하고, 사회적 적실성과 실천을 강조하면서 1970년대에 새롭게 등장

Check Point

미노브룩 회의(Minnowbrook Conference)

1968년 미국 뉴욕의 Syracuse 대학의 미노브룩(Minnowbrook) 기념관에서 진행된 회의이다. 이 회의에 참여한 신진 행정소장파 학자들에 의해 주장된 행정학의 새로운 동향을 신행정론이라 한다.

8. 신행정론

(1) 신행정론의 등장과 발전

① 1968년 제1차 Minnowbrook 회의에서 소장파 학자들을 중심으로 기존의 행정이론에 대해 비판하고 새로운 행정 방향을 모색하는 과정에서 신행정론이 태동함

② 1970년을 전후한 미국의 격동기에 당면한 여러 문제를 기존의 행정이론(과학적 관리론 · 인간관계론 · 행정행태론 등)이 해결하지 못하자, 이에 대한 비판의 차원에서 행정의 적실성과 처방성을 강조하면서 등장

③ 하류층 및 소외계층을 위한 사회적 형평성 및 공정성을 강조한 Johnson 정부의 '위대한 사회건설'과 관련하여 대두 · 발전

④ **대표적인 학자** : D. Waldo, V. Ostrom, H. G. Frederickson, M. Marini, Harmon 등

(2) 주요 내용

① 행정의 외부환경을 중시하는 현실적 적실성(social relevance)과 처방성 · 실천성을 강조

② 문제지향 및 정책지향성이 강함, 거시적인 정책분석을 중시하는 정책과학적 입장 견지

③ 변동성 및 적극적 행정인의 역할(행정인의 독립변수적 역할)을 강조

④ 문제 해결에 고객의 참여를 중시하며, 합의에 의한 의사결정을 추구(고객지향성 · 민주성)

⑤ 사회적 형평성을 강조(인본주의, 가치주의)

⑥ 행태론이나 논리실증주의를 지양(비판)하며, 현상학적 접근법을 추구(주관주의, 인간주의)

⑦ 계층제를 타파하고 비계층적 · 분권적 · 동태적 조직을 모색함
⑧ 관료제의 종언을 낙관함(탈관료제 · 후기관료제)
⑨ 조직을 통해 구성원이 성장 · 발전함으로써 개인과 조직목표가 조화를 이루는 새로운 조직론(도덕적 조직론)을 추구
⑩ 행정책임을 강화하고, 행정철학이나 행정윤리를 중시함
⑪ 행정학의 정체성 위기를 극복하기 위해 노력함(Waldo는 전문직업주의의 확립을 역설하였고, Ostrom과 Henry는 패러다임의 설정을 강조)

(3) 문제점(한계)

① 사회적 형평의 개념에 대한 명확한 기준이나 합의가 곤란하며, 사회적 형평이 사회적 불평등이 될 수도 있음
② 경제 · 사회적으로 소외된 계층의 이익을 우선시할 경우 공익이나 행정기관의 목표와 마찰이 발생할 수 있음
③ 다원화된 선진사회에는 적합한 이론일 수 있으나, 행정통제기능이 미약하고 공직윤리가 정착되지 않은 개발도상국의 경우 관료(행정인)의 권한남용을 심화시키고 행정의 능률성을 저해할 우려가 있음
④ 비현실적인 면이 있고 경험적 검증이 부족하며, 독립된 이론적 실체가 없음
⑤ 관료제를 대체할 조직원리가 아직 부재한 상태에서 비계층조직의 도입은 현실적으로 어려움이 뒤따름
⑥ 관료제가 행정에 있어 순기능이 있음에도 불구하고 역기능을 지나치게 강조하여 탈관료제 및 관료제의 종언을 지나치게 낙관하는 위험성을 지님
⑦ 규범주의적 신행정론은 특정 영역에 대한 연구 및 과학성의 결여로 가설적 이론으로서의 성격을 지님

(4) 다른 이론과의 비교

① 행정행태론과의 비교

구분	행정행태론	신행정론
시기	1940~1960년대(행태주의 연구)	1960~1970년대의 사회적 격동기
초점	행정의 과학적 연구(일반법칙 발견)	사회적 적실성, 처방성
행정이념	합리성	사회적 형평성, 민주성, 대응성
접근법	사회심리학적 접근법 (외면적 행태를 중시)	현상학적 접근법 (내면적 주관을 중시)
인식론	실증주의 · 객관주의 (객관성이 결여된 가치는 배제)	후기 실증주의(반실증주의) · 주관주의 (적극적인 가치 지향)

Check Point

신행정론의 공헌
기존 이론의 비적실성을 비판하고 행정의 새로운 가치기준과 방향을 제시함

정치와의 관계	정치 · 행정새이원론(공 · 사행정일원론)	정치 · 행정새일원론(공 · 사행정이원론)

② 발전행정론과의 비교

공통점	차이점	
	발전행정론	신행정론
• 행정인의 적극적 역할(독립변수) • 정치 · 행정일원론(가치지향성) • 사회문제의 처방성 및 적실성 강조 • 과학성 부족 • 변화지향적 이념	• 권위주의적 개발도상국에 적용 • 1960년대 • 성장, 발전위주 • 효과성 • 공무원(발전행정인) 위주의 행정 • 성장 중심의 불균형적 전략 • 전통적 관료제가 목표 달성을 위한 수단 • 기관형성 중시(제도적 측면에 초점)	• 다원주의적 선진국에 적용 • 1970년대 • 분배, 윤리위주 • 형평성 • 적극적 행정인과 시민(고객) 참여 위주의 행정 • 분배 중심의 균형적 발전전략 • 탈관료제(민주적 · 동태적 조직) 강조 • 기관형성 비판(사회문제에 초점)

꼭! 확인 기출문제

미국에서 등장한 행정이론인 신행정학(New Public Administration)에 대한 설명으로 옳지 않은 것은? [지방직 9급 기출]

① 신행정학은 미국의 사회문제 해결을 촉구한 반면 발전행정은 제3세계의 근대화 지원에 주력하였다.
❷ 신행정학은 정치행정이원론에 입각하여 독자적인 행정이론의 발전을 이루고자 하였다.
③ 신행정학은 가치에 대한 새로운 인식을 기초로 규범적이며 처방적인 연구를 강조하였다.
④ 신행정학은 왈도(Waldo)가 주도한 1968년 미노브룩(Minnowbrook) 회의를 계기로 태동하였다.

해 ② 신행정학(New Public Administration)은 1970년을 전후한 미국의 격동기에 가치지향적인 정치 · 행정새일원론에 입각하여 사회적 형평성 추구를 위한 행정의 적극적 역할을 강조하였다.
① 신행정학은 미국의 사회문제 해결을 위한 새로운 행정 방향을 모색하는 반면 발전행정은 신생국과 개발도상국 등 제3세계의 근대화 지원에 주력하였다.
③ 신행정학은 가치에 대한 새로운 인식을 기초로 행정의 외부환경을 중시하는 현실적 적실성과 처방성 · 실천성을 강조하였다.
④ 미노브룩(Minnowbrook) 회의는 1968년 미국 뉴욕의 Syracuse 대학의 Minnowbrook 기념관에서 진행된 회의로, 왈도(Waldo)의 주도 아래 신진 행정소장파 학자들에 의해 신행정학이 태동하였다.

9. 현상학적 접근

(1) 의의 및 성립배경

① 현상학적 접근의 의미 : 개개인의 내면적인 인식이나 지각으로부터 행태가 도출된다고 보아 외면적 행태보다 행위자의 내면적 의도가 결부된 '의미 있는 행태'를 연구해야 한다는 철학적 · 심리학적 접근

② 현상학적 접근론의 성립배경

Check Point

현상학
해석학적 사회이론으로서 철학자 Husserl에 의하여 발전되기 시작한 이론이며, Schutz에 의하여 본격적으로 연구된 이론이다. 현상학의 창시자 Husserl은 물질적 · 감각적인 현상이 아니라 의식에 나타난 현상(現象)을 연구대상으로 하였다. 따라서 Husserl의 현상학은 가치와 사실의 구별을 거부하고 현상을 본질적인 전체로 파악하며, 대상과 의식의 상호작용을 바탕으로 직관을 통하여 구체적 현상의 본질을 파악하고자 하는 선험적 관념론에 해당한다.

㉠ **행태론 및 객관주의 · 논리실증주의에 대한 비판** : 신행정론은 가치를 배제하는 실증주의적 방법을 탈피하기 위해 방법론적 토대를 재구축하는 과정에서 가치함축적인 현상학을 도입(신행정론의 연구방법으로 성립)

㉡ **Kirkhat와 Harmon의 영향** : Husserl의 해석학의 영향을 받아 일반철학운동으로 전개된 현상학은 1970년대에 Kirkhart가 신행정론에 도입하였고, 1980년대 Harmon의 행동이론(행위이론)의 영향으로 정립됨

(2) 특성

① **인본주의(인간중심적 접근)** : 인간을 자유의지를 지닌 능동적 자아로 간주함(인간의 물상화 배제)

② **미시적 접근** : 거시적인 체제적 접근보다 행정인의 행위를 중심으로 연구하는 미시적 관점의 접근

③ **간주관성(상호주관성, 상호인식작용)** : 인간은 고립된 개체가 아니며 대면적 접촉을 통해 상호인식하고 자유로운 의사소통을 한다고 봄

④ **의미 있는 행동(행위)을 중시** : 의도가 결부된 의미 있는 행동(행위)을 연구함

⑤ **사회현상(사회과학)과 자연현상(자연과학)을 구분** : 사회현상 또는 사회적 실재란 자연현상처럼 사람과 동떨어진 객체가 아니라 그 속에 참여하는 사람들의 의식 · 생각 · 언어 · 개념 등으로 구성되며, 그들의 상호주관적인 경험으로 이룩되는 것

⑥ **행태론과 논리실증주의에 반기** : 사회현상의 본질이나 인간 인식 등 사회과학 연구의 본질적 문제에 관해 행태론과 논리실증주의의 과학적 연구방법에 반대(경험적 검증 가능성과 일반법칙성, 가치중립성 등을 추구하지 않음)

⑦ **철학적 연구방법** : 객관적 실재보다 명분이나 가치를 중시하는 명목론 · 유명론을 견지

⑧ 관료제의 물상화 과정 해석에 중점

> **Check Point**
>
> **행위이론(M. Harmon)의 내용상 특징(오석홍 · 김영기)**
> - 사회과학과 자연과학의 구별
> - 행위의 의미탐구
> - 개인과 사회의 상호적 영향
> - 외재적 결정론의 배척
> - 능동적 인간
> - 상호의존성
> - 행정적 실천과 책임
> - 합의적 규칙과 반응성

(3) 평가

① 행위의 산출 결과에 치중하는 행태론의 한계 극복에 기여, 과학적 방법을 통해 규명하지 못한 인간의 주관적 관념 · 의식 · 동기 등의 의미에 대한 이해 심화

② 사회현상이나 조직을 이해하는 데 있어 폭넓은 철학적 사고방식과 준거의 틀을 제공하나, 지나치게 비과학적인 사변적 · 주관주의적 철학에 의존

③ 문제 해결 방법에 대한 언급이 없으며, 관리의 원칙 · 기술을 명시하지 못하고 경험적 증명이 가능한 가설 제시에 실패

④ 인간 행위의 많은 부분이 무의식이나 집단규범, 외적 환경의 산물이라는 것을

> **Check Point**
>
> **물상화(reification)**
> 인간활동의 소산을 인간의 소산이 아닌 것처럼 이해하는 것으로, 인간과 창조물과의 변증법적 관계가 의식 속에서 상실되는 상태를 말함

간과(현상학적 접근은 인간의 모든 행위는 의식의 산물이라 가정)

⑤ 개별적 인간행위와 개인 간 상호작용의 분석에 역점을 두므로 그 접근방법이 지나치게 미시적임

행태론과 현상학의 차이점 비교

구분	행태론	현상학
기본 관점	객관적 · 외면적	주관적 · 내면적
존재론	실재론	명목론
인식	실증주의(과학적)	반실증주의(철학적 · 사변적)
인간관	결정론(도구주의), 종속변수	자발론(인본주의), 독립변수
방법론	일반법칙적	개별사례와 문제 중심적
자아관	수동적 · 원자적 자아(개체주의)	능동적 · 사회적 자아(신비주의)
사회관	사회현상 = 자연현상	사회현상 ≠ 자연현상
조직	계층구조, 표준화된 절차	비계층구조, 다양화된 절차
동기부여 원천	자기 이익, 체제의 존속	애정, 상호 간의 성취욕구
행정 방식 및 지향	• 표준화된 최선의 방식 추구 • 비참여적, 관리지향, 생존지향	• 다양화된 방식 추구 • 참여적, 정책지향, 고객지향
이념	합리성, 능률성	대응성, 책임성

꼭! 확인 기출문제

행정학의 접근방법 중 현상학적 접근방법에 관한 설명으로 옳지 않은 것은? [국가직 9급 기출]

① 행정현실을 이해하는 데 과학적 방법보다 해석학적 방법을 선호한다.
② 조직을 인간의 의도적인 행위에 의해 구성되는 가치함축적인 행위의 집합물로 이해한다.
❸ 인간행위의 가치는 행위 자체보다 그 행위가 산출한 결과에 있다.
④ 조직 내외의 인간들은 자신 또는 다른 사람의 행위에 의미를 부여함으로써 조직을 설계한다.

해 ③ 현상학적 접근방법은 개개인의 내면적 인식이나 지각으로부터 행태가 도출된다고 보아 인간행위의 가치가 외면적 결과보다는 내면적 의미와 동기, 의도가 결부된 의미 있는 행동에 있다고 본다. ③은 행태론적 접근법에 해당하는 내용으로, 현상학은 이러한 관점에 대해 비판적 입장에 있다.

① 현상학은 해석학적 사회이론으로서 철학자 Husserl에 의하여 발전되기 시작된 이론이다. 그 연구방법에 있어서도 객관적 실재보다 명분이나 가치를 중시하는 명목론(유명론)의 입장을 추구한다.
② 의도가 결부된 의미 있는 행동(행위)을 강조하므로 조직을 의도적 행위로 구성되는 가치함축적 집합물로 이해한다.
④ 현상학은 인간의 상호인식작용을 전제로, 자신 또는 다른 사람의 의미 있는 행위에 대한 연구를 통해 조직설계를 추구한다.

10. 비판론적 접근(비판행정학)

(1) 의의 및 성립배경

① 개념

㉠ 비판이론

- 이성을 통한 자유의 실현과 왜곡된 사회체제 · 제도로부터의 해방을 위해서는 비판적 이성과 가치비판적 입장을 명확히 해야 한다는 철학적 연구방법으로, 사회모순의 폭로와 사회가치의 구현을 통한 인간해방을 목적으로 함
- 넓게는 현실 비판적인 후기 산업사회의 모든 이론들을 지칭하기도 함

㉡ **비판론적 접근법** : 비판이론의 관점으로 행정에 접근하는 것으로, 정부관료제의 문제점과 이로 인한 인간소외에 대한 분석과 해방에 초점을 둠

② 성립배경

㉠ **전통적 행정이론에 대한 반발** : 구조와 제도를 중시한 전통적 행정이론과 행태 연구에 치중한 행태론 등이 인간소외 현상을 초래했다고 비판

㉡ **해석학 및 현상학에 대한 비판** : 두 이론이 행위자의 이해에 치중하고 사회의 구조적 특징을 간과했다고 비판

Check Point

비판이론과 담론적 접근
비판이론은 인간해방을 위한 실천(연구대상이 자기성찰과 이해의 비판적 과정을 시작하도록 하는 계몽과정)이며, 이러한 과정에서 활용되는 구체적 방법이 담론적(discursive) 방법(담론이론)이다.

(2) 특성

① **주의주의(主意主義)** : 능동적이고 자율적 존재인 인간의 이성과 내면적 능력을 신뢰

② **인본주의** : 인간의 무력감과 인간소외를 극복하려는 이론

③ **근본주의 · 보편주의 배격** : 이성의 획일화 · 절대화를 부정하고 기존 진리에 대한 고정관념을 부정하는 비판적 관점

④ **처방성 · 규범성** : 삶의 조건을 개선하려는 실천적 관심과 자기 반성적 인간의 주체적인 노력을 강조(인간의 현실 개선을 강조)

⑤ **상호 담론** : 자유로운 토론과 의사소통을 통해 공공행정의 위기와 인간소외 등을 극복

⑥ **총체성** : 고립된 부분으로의 사회가 아닌 전체적 연관으로의 사회 지향

⑦ 기타 반실증주의, 반실용주의, 전체주의의 배격 등

Check Point

비판이론의 전개과정

- 독일 · 프랑크푸르트학파인 Horkheimer에서 유래되어 Marcuse, Habermas 등에 의해 체계화됨(1937)
- 1980년대 Denhart가 관료제에 대한 비판적 연구와 개혁방안이 제시하면서 행정학에 본격 도입되었고, 이후 White, Forester, Dunn에 의하여 발전

(3) J. Habermas의 비판이론(인식론적 관점)

① **내용** : 도구적 합리성의 확대로 경험적 · 분석적 과학이 강화되면서 사회적 통제와 조종수단이 발달하고 생활세계는 식민지화되었다고 주장

② 극복대안

㉠ **개인적 차원** : 자연과학 중심적 사고에 의해 도구화된 이성을 규범적 · 도덕적 이성(비판적 이성)을 통해 극복

㉡ **사회적 차원** : 상호주관적 이해를 토대로 자유롭고 왜곡 없는 의사소통을 함으로써 합의와 동의를 구해 나가는 담론상황을 확보(의사소통의 합리화)

③ **이성의 구분** : 인간 행위의 이해를 위해서는 3가지 이성이 모두 필요하다고 봄

구분	도구적 이성	실천적(해석적) 이성	비판적(해방적) 이성
특징	합목적적 · 합리적 행위	의사소통에 의한 상호작용	권력관계에 대한 통찰
지식의 목적	통제(인간에 대한 목적적 통제)	이해와 해석, 주관적 행위의 실천(행위이론)	제약으로부터의 해방
접근법	실증주의(행태론), 과학적 관리론	현상학 · 해석학, 인본주의	비판과학

Check Point

비판이론과 행정이론 (Denhardt, Forester, Dunn)

- 공공정책의 형성과 집행을 가치 비판적 시각을 통해 파악
- Denhardt는 오늘날 관료 불신의 원인을 시민과 관료 간의 의사소통 왜곡으로 인한 관심의 불일치라 봄
- 관료제 내부 간, 관료와 시민 간의 상호작용을 강조하며, 자율성 · 책임성 제고를 강조
- 조직은 인간 구성원에 대한 통제보다는 개인의 발전욕구 충족에 초점을 맞추어야 함
- 비판이론은 권력과 종속문제로 인해 갈등과 혼란이 발생한다고 보므로 사회적 관계의 민주화를 강조함
- 권력과 종속관계에서 초래되는 소외의 원인을 규명함으로써 관료제 내외의 의사소통을 향상시켜야 함
- 자유로운 의사소통과 담론(談論)으로 공공행정의 위기(권력과 정보의 비대칭성, 인간소외, 참여배제, 의사소통의 왜곡 등)를 극복해야 함

(4) 평가

① 공헌

㉠ 관료제 조직과 거기에 매몰된 인간과의 의미와 관계를 비판함으로써 관료제의 병리를 밝히고, 이를 개선하기 위한 대안으로 민주적 공개성이 확보된 상태에서 자유로운 토론을 강조하는 의사소통적 합리성을 제시

㉡ 1990년대의 담론이론과 신국정관리(new governance)에 큰 영향을 미침

② 비판(한계)

㉠ 관료제의 기본 가치에 위배되더라도 조직구성원의 자기실현 욕구를 충족해야 한다는 주장은 유토피아적 환상에 지나지 않는다는 비판이 제기됨

㉡ 제시되는 대안들이 추상성을 벗어나지 못함(새로운 제도적 대안에 대한 구체성 부족)

㉢ 부분적 현상을 지나치게 일반화 · 보편화하는 오류가 존재

11. 신제도론적 접근(신제도주의)

Check Point

신제도론의 발생배경

신제도론은 제도를 정태적으로 연구한 구제도론이나 인간의 행태를 미시적으로 연구한 행태주의를 비판하고 그 한계를 극복하기 위해 대두된 것으로, 1960년대 이후 행태주의와 방법론적 개체주의의 논리에 대한 반발로 경제학 · 사회학 · 정치학 분야에서 등장함

(1) 의의

① 제도를 법으로 규정된 공식적 요소로 한정하지 않고 인간행위와 사회현상 등의 다양한 변수를 포함한 공식 · 비공식 요소의 결합으로 인식하며, 규범(norm)이나 절차, 규칙(rule), 균형점 등을 포함하는 개념으로 파악함

② 인간의 행위와 사회적 현상을 설명하는 과정에서 제도의 중요성을 강조하는

이론으로, 인간과 제도의 상호작용을 동태적으로 연구하고 제도의 개념 속에 인간을 포함함으로써 거시와 미시를 연계시킨 새로운 제도이론(제도 자체가 수행하는 독립적 기능이나 제도가 인간의 선호체계에 미치는 제약을 분석하여 제도의 발생 동기나 인간행위에의 제약, 기능 · 효과 연구에 초점을 둠)

(2) 특성

① 유 · 무형의 제도까지도 제도로 다룸
② 조직의 구조적 특성뿐만 아니라 가치나 규범, 문제 해결방식까지 제도에 포함
③ 분석의 수준이 다양함(미시, 거시)
④ 정책의 보편성보다는 특수성에 기인한 개별 정책구조의 특성에 주목함
⑤ 정책의 차이와 변화를 설명하기 위한 중범위수준의 변수들을 제시하여 미시 또는 거시적 행정학이 지닌 한계를 보완(정책현상 등 다른 변수들과의 관계 분석도 추구)
⑥ 사회적 성과의 차이를 야기하는 일단의 규칙도 제도의 범위에 포함시킴
⑦ 생산활동에 참여하는 인간을 합리적 행위자라 가정하며, 경제활동과 사회를 지배하는 정치적 · 사회적 제도인 규칙을 강조함

(3) 구제도론과의 비교

구분	구제도론(1880~1920년대)	신제도론(1980년대 이후)
제도의 의의	• 정부에 의해 만들어진 일방적 · 공식적인 법제나 기관 • 가시적이고 구체적인 조직(통치체제나 구조, 행정기구 등) • 인간 행위나 사회현상을 제도의 범위에서 제외	• 제도와 인간 간의 상호 작용으로 형성 · 공유된 공식적 · 비공식적 규범 • 공식적으로 표명되지 않은 조직이나 문제 해결기제까지도 제도로 봄 • 인간 행위나 사회현상을 제도의 범위에 포함
형성	외생적 요인에 의해 일방적으로 형성	제도와 인간 간의 상호작용으로 형성
특성	• 공식적, 구체적 • 개별제도의 정태적 특성을 서술 • 거시적 접근법(인간을 고려하지 않음) • 규범적 · 도덕적 • 행태주의의 비판을 받음	• 비공식적, 상징적, 문화적 • 다양한 제도의 동태적 관계를 중시(분석적) • 거시적인 제도와 미시적인 인간행동의 연계 • 경험적 · 실증적 · 분석적 • 행태주의를 비판
연구	• 각국 제도의 차이를 설명하기 위한 정태적 연구 • 행위자를 배제(사회현상을 설명하지 못함)	• 제도와 행위자의 상호작용에 따른 정책 내용과 효과의 차이를 설명하기 위한 동태적 연구 • 제도와 행위자의 동태적 상호관계 연구(사회현상을 설명)
학문적 토대	정치학적 기술	행정학적 기술

Check Point

제도의 핵심 요소
- **규칙(rule)** : 사회 내의 행위자들의 관계를 규율하는 것(따르지 않을 경우 제재가 수반된다는 공통적 이해나 사회적 제약)
- **규범(norm)** : 행위자들의 선호와 행위를 제약하는 판단기준(행위의 적절성에 대한 공유된 인식이나 통념)
- **균형점(equilibrium)** : 합리적 상호작용의 결과로 나타난 어떤 규칙이나 질서(균형상태, 질서)를 말하며, 행위자들의 관계를 규율하고 선호와 행위를 제약함으로써 다양한 거래행위에 있어서 안전성과 예측가능성을 부여함

Check Point

제도론의 비판적 흐름

(1880~1920)
구제도론 제도
(거시적 접근)

↓ 비판

(1940~1960)
행태주의 인간
(미시적 접근)

↓ 비판

(1980~)
신제도론 제도+인간
(거시와 미시의 연계)

Check Point

합리적 선택의 신제도주의 특징

- 선험적 · 외생적 선호와 선호를 극대화하기 위한 전략적 행동(연역적 접근)
- 집단행동의 딜레마에 대한 해결책으로서 제도를 형성(제도의 의도적 설계)
- 개인이나 조직의 선호와 유인구조에 영향을 미치는 제도
- 개인과 제도의 전략적 상호작용을 강조
- 개인의 전략적 선택의 결과 및 균형으로서의 제도(제도적 균형)

Check Point

역사적 신제도주의 특징

- 방법론적 전체주의(전체주의의 입장)
- 독립변수이자 종속변수로서의 제도
- 내생적 선호(선호는 주어진 것이 아니라 제도적 맥락 속에서 형성)
- 인과관계의 다양성과 맥락성(역사적 우연성과 맥락에 대한 강조)
- 권력관계의 불균형(불균등성) 강조
- 제도의 지속성과 경로의존성(path-dependence) 강조
- 정치적 영역의 상대적 자율성 중시

(4) 신제도론의 유파

① 합리적 선택의 신제도주의(경제적 신제도주의)

㉠ 제도는 균형점을 이루며 공유되는 전략 · 규칙 · 규범에 의하여 구조화된 상황에서 나타나는 인간행태의 지속적인 규칙성임

㉡ 개인을 전략적 · 산술적인 행동을 취하는 경제인으로 가정하며, 개인의 전략적 상호작용에 의해 제도가 구조화된다고 봄

㉢ 개인(부분)이 전체를 결정한다는 방법론적 개체주의의 입장에 입각해 있음

㉣ 제도의 범위는 개인 간 거래행위 분석차원이므로 좁고 미시적임

㉤ 개인의 선호는 고정되어 있으며(외생적으로 주어짐), 결정론과 임의론적 접근법을 취함

㉥ 공공선택이론, 주인–대리인 이론, 거래비용경제학, 공유재이론 등이 해당됨

② 역사적 신제도주의(정치적 제도주의)

㉠ 제도는 정치체제나 경제체제의 구조에 내포된 공식 · 비공식적 절차, 규칙, 관례(미시와 거시가 연계된 중범위수준)

㉡ 동일 정책이라도 역사적 특수성에 따라 제도가 달라질 수 있다고 보아 역사적 특수성과 제도의 장기적 지속성을 강조하며, 기존 제도가 새로운 제도의 형태를 제약한다는 경로의존성을 중시

㉢ 국가 간 비교역사적인 분석과 비교정책 연구가 필요함을 강조

㉣ 사회에 대한 정치의 의존성이 아닌 정치체제(국가 · 정부)의 자율성 및 의사결정과정에서의 권력관계의 불균형성 강조(정부를 중립적 중재자로 한정하는 다원주의를 거부)

㉤ 제도는 국가별 특성을 결정짓는 독립변수이자 종속변수

㉥ 개인적 선호와 사회적 선호를 고려하며, 결정론적 접근법을 취함

③ 사회적 신제도주의(문화론적 신제도주의)

㉠ 제도는 개인의 행위를 제약하는 의미구조나 상징, 인지적 · 도덕적 기초나 틀, 사회문화(제도의 범위가 거시적이며, 제도 형성 · 변화과정에서 내생적 선호와 비공식적 측면을 중시)

㉡ 제도는 인간행위의 인지적 기초를 제공함으로써 전략적 계산이나 행태에 영향을 미침을 강조

㉢ 제도의 형성과 변화 과정에서 합리성이나 효율, 경쟁이 아니라 사회적 정당성을 인정받는 구조와 기능을 닮아가는 과정, 즉 사회적 동형화(isomorphism)를 중시

㉣ 사회적 선호(문화)가 개인의 선호를 결정한다고 보며, 결정론적 접근법을 취함

(5) 신제도론의 유파별 비교

① 유사점

㉠ 사회현상의 설명에서 사회의 구조화된 일정 측면을 의미하는 제도에 초점

㉡ 제도는 개인행위를 제약하며 제도적 맥락에서 이루어지는 개인행위는 규칙성을 지니므로, 원자화되거나 과소사회화된 개인이 아닌 제도라는 맥락 속에서 이루어지는 개인행위에 초점

㉢ 제도의 독립변수성과 종속변수성, 제도가 개인행위를 제약하지만 개인 간 상호작용의 결과 제도가 변할 수도 있음

㉣ 제도는 공식적 규칙과 법률 등 공식적인 측면과 규범, 관습 등 비공식적 측면을 지님

㉤ 제도는 안정성을 지니므로, 일단 형성된 제도는 그때그때의 상황과 목적에 따라 쉽게 변하는 것이 아님

② 차이점

구분	합리적 선택의 신제도주의	역사적 신제도주의	사회학적 신제도주의
제도의 개념	개인의 합리적(전략적) 계산	역사적 특수성(맥락)과 경로의존성	사회문화 및 상징, 의미구조
제도의 측면	공식적 측면	공식적 측면	비공식적 측면
제도의 범위	좁음 : 개체주의(미시적 : 개인 간 거래행위)	넓음 : 집합(전체)주의(중범위)(거시적 : 국가, 정치체계=제도)	넓음 : 집합(전체주의)(거시적 : 사회문화)
학문적 기초	경제학	정치학	사회학
초점	개인 중심(개인의 자율성)	국가 중심(국가의 자율성) 제도의 상이성 설명	사회 중심(문화의 자율성) 제도의 유사성 설명
개인의 선호	외생적(주어진 것, 선호의 형성에 사회적 제약을 덜 받음) – 개인의 고정된 선호가 전체선호를 결정	내생적(주어진 것이 아님) – 집단의 선호를 결정하는 정치체제가 개인선호를 형성	내생적(주어진 것이 아님) – 사회문화 및 상징이 개인선호를 결정 – 선호는 개인 간 상호작용의 산물
인간행동	임의론과 제도적 결정론 절충	제도적 결정론 성격(선호가 제도의 영향을 받음)	
제도의 형성	전략적 행위, 균형	역사적 과정, 경로의존성	인지적 측면
	합리성, 효율성, 결과성	정치체제의 자율성, 권력 불균형 반영	사회적 정당성, 수용성, 적절성
제도의 변화 원인	전략적 선택, 비용·편익비교, 결과성(consequentiality) 논리	결절된(단절적) 균형, 외부적 충격, 역사적 우연성	동형화(isomorphism), 인지·상징흡수, 적절성(appropriateness)의 논리

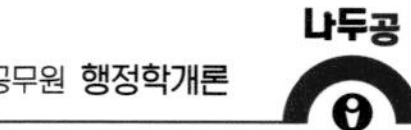

제도의 역할	거래의 안정성 제공, 거래비용 최소화	국가의 정책 및 정책결과에 영향	인간행동을 구조화, 안정화
접근법	연역적(일반이론 추구), 방법론적 개체주의	귀납적(사례연구, 비교연구)	귀납적(경험적, 실증적, 형이상학적 신비주의, 해석학, 민속학, 현상학적 연구)
분석 단위	개인(미시적, 방법론적 개체주의)	제도(거시적, 방법론적 전체주의)	

꼭! 확인 기출문제

신제도주의에 대한 다음 설명 중 가장 옳지 않은 것은? [서울시 9급 기출]

① 신제도주의는 행태주의에서 규명하고자 했던 개인의 선호체계와 행위결과 간의 직선적 인과관계에 의문을 제기한다.
② 합리적 선택 신제도주의 계열에는 거래비용 경제학, 공공선택이론, 공유재 이론 등이 있다.
③ 사회학적 신제도주의는 경제적 효율성이 아니라 사회적 정당성 때문에 새로운 제도적 관행이 채택된다고 주장한다.
❹ 역사적 신제도주의는 경로의존적인 사회적 인과관계를 강조하므로 특정 제도가 급격한 변화에 의해 중단될 수 있는 가능성을 부정한다.

해 ④ 역사적 신제도주의는 경로의존성을 중시하여 제도의 장기적 지속성을 강조하지만 특정 제도가 급격한 변화에 의해 중단될 수 있는 가능성을 인정한다.
① 신제도주의는 제도가 인간의 행동에 미치는 영향을 연구하는 분야로서 인간의 행태를 미시적으로 연구한 행태주의를 비판하고 그 한계를 극복하기 위해 1980년대 초 구미학계에서 발전한 이론이다.
② 합리적 선택 신제도주의는 개인의 전략적 상호작용에 의해 제도가 구조화된다고 보는 것으로 그 이론에는 공공선택이론, 주인-대리인 이론, 거래비용경제학, 공유재이론 등이 있다.
③ 사회학적 신제도주의는 인간의 행위는 사회문화적 규범이나 제도적 환경에 따라 결정된다는 보는 것으로 인간이나 조직의 행위는 합리성, 효율성보다는 사회문화적인 제도에 대한 정당성 확보를 위해 존재한다고 주장한다.

Check Point

사회학적 신제도주의의 특징
- 내생적 선호(선호는 주어진 것이 아닌 사회적으로 생성된 것)
- 제도의 인지적 측면과 비공식적 측면의 강조
- 조직이나 제도 변화를 제도적 동형화(isomorphism) 과정으로 파악(결과성의 논리보다 적절성의 논리를 강조)
- 모든 상황에 적용되는 보편적 제도의 추구를 부정
- 해석학, 귀납적 방법론의 적용

12. 공공선택이론(public choice theory)

Check Point

공공선택론의 성립배경
- 정부실패 및 전통적 정부관료제의 한계
- 공공부문의 시장경제화
- 시민 개개인의 선호 중시
- 파레토 최적의 실현
- 교환으로서의 정치

(1) 의의 및 특징

① 의의

㉠ 공공선택론은 공공부문에 경제학적 관점을 도입하려는 정치경제학적 관점에서 공공재의 공급을 위한 의사결정방법과 조직배열을 연구하는 이론으로, 정부(관료 · 정당)를 공공재의 생산자로 국민(시민 · 이익집단)을 공공재의 소비자로 가정(Buchanan과 Tullock은 공공선택론을 비시장적 경제학이라 함)

㉡ 공공재와 공공서비스의 특질을 중시하여 공공정책을 사회의 희소한 공공재와 공공서비스를 합리적으로 배분하는 수단으로 이해(파레토 최적점에

서 가장 합리적인 의사결정이 이루어진다고 봄)

㉢ 소비자인 고객의 만족도를 제고하고자 하는 고객 중심적 이론(분권적이고 다원적인 고객지향적 전달체제 선호)

㉣ 1960년대 경제학자 Buchanan에 의해 창시되어 Tullock, Downs 등에 의해 전개되었고, 1973년 Ostrom이 미국 행정학의 위기를 극복하기 위한 대안으로 행정학에 본격 도입

② 특징

수단적 특성 (방법론적 특성)	• 방법론적 개체주의(개인주의) : 개인(부분)이 전체를 결정한다는 방법론적 개체주의에 입각하여 조직이나 사회 전체가 아닌 개인을 연구대상으로 함(정부나 국가를 유기체적 · 전체주의적 관점으로 보지 않고 개인 선호의 집합체로 파악) • 연역적 논리와 수학적 공식의 사용(수리정치이론)
내용적 특성	• 합리적 경제인관 : 모든 개인을 철저하게 자기 이익을 추구하는 합리적 이기주의자로 가정 • 공공부문의 시장경제화 : 관료(정부)와 정당을 공공재의 생산자(공급자)로, 시민과 이익집단 등을 공공재의 소비자로 가정 • 공공재의 효율적 공급을 위한 장치 강조 : 중첩적 관할 구역과 분권적 · 중복적인 제도적 장치 마련을 강조(신제도론, 다중공공관료제 등) • 민주적 · 집단적 결정 중시 : 정치적 비용의 극소화 및 동의의 극대화를 모색하는 것이 핵심 • 정책의 파급효과나 확산효과를 중시(정책분석기능 중시) • 재화와 용역의 공공성 강조 • 시민의 선호와 대응성 중시 • 공공부문의 파레토 최적 실현가능성을 긍정

(2) 주요모형

① J. Buchanan과 G. Tullock의 비용극소화모형(적정참여자 수 결정모형)

㉠ 민주적인 정책결정을 위한 정책결정 참여자 수의 확대와 이로 인한 정책결정 비용이 증가되는 문제를 조화시키는 방안 모형, 즉 동의의 극대화와 비용의 극소화를 이루는 적정 참여자의 수를 찾고자 하는 모형

㉡ 정책결정 시 참여자가 많을수록 결정비용은 증가하나 집행 시 외부순응비용은 내려가므로, 정책결정 시의 내부비용(IC ; Internal Cost)과 정책집행 시의 외부비용(EC ; External Cost)을 모두 고려한 총비용(TC ; Total Cost)이 최저인 점이 적정참여자 수가 됨(최적다수결제, Optimal Majority)

② 투표정치모형(투표자 행태분석 모형) : 공공서비스 선택 시 투표방식을 통해서는 최선의 선택이 이루어질 수 없다는 정부실패현상을 설명하는 이론

㉠ K. Arrow의 불가능성 정리(투표의 역설)

• 합리적(효율적)이면서도 민주적(비독재적)인 조건을 충족시키는 다수결

Check Point

투표정치모형

Arrow의 불가능성 정리(Arrow's impossibility theorem), 중위투표자 정리(median voter theorem), 투표의 교환(logrolling), 티부가설(tiebout hypothesis) 등이 있음

Check Point

K. Arrow의 5가지 공리(가능성의 정리)와 불일치

㉠ **바람직한 사회적 선택에 요구되는 5가지 공리**
- 파레토 원리 : 모두가 B보다 A를 원하면 A가 선택되어야 한다.
- 이행성의 원리 : A>B이고 B>C이면 A>C이어야 한다(일관성에 입각한 결정).
- 독립성의 원리 : 관련이 없는 선택대상(대안)으로부터 영향을 받지 않고 결정되어야 한다.
- 비독재성의 원리 : 한 사람의 독재적인 의사결정은 금지된다(자기의 선호를 강요해서는 안된다).
- 선호의 비제한성 원리 : 자기가 선호하는 대안을 충분히 고려하고 선택할 수 있는 자유가 보장되어야 한다.

㉡ **5가지 공리의 불일치(투표의 역설)** : 합리성을 충족시키는 원리(파레토 · 이행성 · 독립성의 원리)는 민주성의 원리(비독재성 · 선호의 비제한성 원리)에 반드시 위배된다.

투표방식은 존재하지 않는다는 투표의 역설(voting paradox)현상으로 인해 개인의 선호들을 합한 사회의 최적선택은 불가능하다는 이론(투표행위의 역설적 현상으로 바람직한 사회적 선택을 확보해 주지 못한다는 이론)

- 바람직한 사회적 선택에 요구되는 5가지 공리(개인의 선택을 충분히 반영하는 5가지 공리)를 모두 충족시키는 사회적 선택은 존재하지 않는다는 것을 입증하는 이론
- Arrow의 불가능성 정리는 시장실패를 치유하기 위한 정부의 대안 결정에 있어 우선순위가 잘못되거나 비효율적인 대안이 선택되어 정부실패가 발생할 수 있다는 점을 시사함

㉡ 중위투표자정리(Median Voter Theorem)

- 개념 : 양대정당 체제 아래 정당은 집권에 필요한 과반수를 획득하기 위하여 중위투표자(중간선호를 가진 투표자)의 선호를 대변하는 정책을 제시하게 되어 점차 정책이 거의 일치하게 되며, 극단적 선호를 가진 투표자들은 자신의 선호와 합치되는 지지정당을 상실하게 되어 기권을 많이 하게 된다는 것을 설명하는 모형
- 전제조건 : 양당정당 체제, 다수결투표제(과반수제), 유권자의 선호가 단봉형으로 나타날 것(선호의 고정), 모든 대안이 투표의 대상일 것, 선택대안들이 단일의 연속선상에 나타날 수 있을 것, 투표자가 선호하는 대안을 솔직하게 선택할 수 있을 것
- 학자 : Downs, Hotelling 등

㉢ 투표의 교환(Log-rolling)

- 투표자들 간에 표의 거래나 담합을 통해 각 투표자들이 원하는 대안에 대해 상호 지지를 주고받는 것을 말하며, 투표거래, 투표담합이라고도 함
- 로그롤링은 '불가능성 정리'를 완화함으로써 투표의 역설현상을 극복하고자 등장한 모형으로, 배분정책에서 정책예산을 많이 확보하기 위해 정치인들이 경쟁적으로 다투는 돼지구유식 갈라먹기 다툼(pork barrel)과 관련

㉣ 티부가설(Tiebout hypothesis)

- 자원배분기능에 있어서 중앙정부보다는 지방정부의 역할이 왜 강조되어야 하는가에 대한 체계적 논의의 하나로서, 티부(Tiebout)에 따르면 지방간 이동이 자유로운 주민들은 자신이 선호하는 정책이 실시되는 지역으로 이동함으로써 자신의 후생수준을 극대화하려고 한다고 주장
- 주민들은 행정서비스에 대해 불만을 느낄 경우 다른 지역으로 이주(발에 의한 투표)하므로 지방정부는 공공재에 대한 주민 선호를 만족시키기 위해 경쟁하며, 이 과정을 통하여 지방공공재의 적정한 공급이 가능하다는 이론

Check Point

티부가설의 전제 조건

- **완전한 정보(perfect information)** : 지방정부가 제공하는 재화나 용역, 조세정책에 대한 정보가 주민에게 공개
- **완전한 이동성(perfect mobility)** : 시민은 자신의 선호에 맞는 지방정부로 자유로운 이동이 가능
- **다수의 지방정부** : 서로 다른 재정정책을 추구하는 많은 수의 지방정부가 존재
- **고정적 생산요소의 존재** : 모든 지방정부는 최소 한 가지 이상의 고정적 생산요소를 가짐
- **최적규모의 추구** : 모든 지방정부는 최적(인구)규모를 추구
- **외부효과 부존재**
- **배당수입에 의한 소득**
- **단위당 평균비용 동일**

• 지방정부의 경쟁적 노력으로 공공서비스의 질 향상과 민주적 행정이 가능하며, 이를 위해선 지방자치단체가 다양한 정책을 자주적으로 결정할 수 있는 지방분권체제가 바람직하다는 것을 시사해 주는 이론

③ V. Ostrom의 민주행정모형

㉠ 의의 : Ostrom은 《미국 행정학의 지적 위기》(1973)에서 계층제적 관료제를 능률적 조직으로 평가한 Wilson 등의 이론을 고전적 패러다임이라고 비판하고 민주행정모형을 제시

㉡ 내용 및 특징

• 권한 · 권력의 분산 : 권력집중은 부패되고 권력의 남용을 초래하여 개인의 권리를 제한

• 관료의 부패 가능성 인정 : 관료도 부패할 수 있으므로 언제나 공공재의 최선의 공급자인 것은 아님

• 다중공공관료제(multiple public bureaucracy) : 권한의 분산과 관할권의 중첩(overlapping jurisdiction)을 특징으로 하는 다중공공관료제를 통해 공공서비스를 경쟁적 방식으로 공급하고 그 선택권을 시민에게 맡김으로써 민주적 행정이 가능하다고 주장

• 정치와 행정의 연관성 : 정부활동은 정치적 환경 속에서 수행되고 어디서나 정치적 영향을 받으므로 행정은 본질적으로 정치성을 지님(정치행정일원론)

• 다양한 선호를 반영한 능률성 : 민주행정에 있어서의 능률성은 소비자의 다양한 선호를 고려하는 사회적 능률성의 개념이며, 소비자 효용이 무시된 생산자 능률성은 경제적 의미를 갖지 못한다고 강조

④ A. Downs의 득표극대화모형(정당 간 선거경쟁모형)

㉠ 의의 : 정치인은 자기이익을 위해 유권자 득표수의 극대화를 목표로 하고 투표자는 자신의 선호를 가장 충족시켜주는 정치인에게 표를 주는데, 현실적으로 투표자는 합리적 무지에 빠지게 되고 정당은 소비자적 소비자(일반국민)보다는 생산자적 소비자(기업)를 위한 정책을 산출함으로써 투표를 통한 자원의 최적배분이 이루어지지 않고 정책실패가 발생한다는 모형

㉡ 합리적 무지

• 원인 : 미미한 의사결정의 영향력, 편익의 과소평가, 무임승차 등

• 결과 : 특정 이익집단의 이익이나 이해관계를 대변하는 입법이 증대하고 그들의 로비활동을 가능하게 하며(포획현상 발생), 투표자들은 정책에 충분한 정보를 갖지 못해 적은 규모의 예산을 지지하게 되어 공공재는 과소공급됨

Check Point

다중공공관료제의 효용

• 행정의 대응성을 향상
• 정부기관 간의 건전하고 민주적인 경쟁을 촉진
• 행정의 민주성을 확보(행정책임 소재를 다양화 · 다층화, 공공서비스 선택권을 시민에게 맡김)
• 지역이기주의(NIMBY)와 같은 갈등구조를 완화하며, 비용과 편익이 일치하지 않는 외부효과를 극복하게 해줌

Check Point

합리적 무지의 의의

투표자는 투표행위에 수반되는 비용(cost)과 투표로 예상되는 편익(benefit)을 고려하여 편익보다 비용이 클 경우 유권자는 정보의 수집과 분석에 노력을 기울이지 않고 의사결정을 하는 합리적 무지(rational ignorance)에 빠지거나 투표를 기권하게 됨

⑤ W. Niskanen의 관료예산극대화모형

㉠ 의의 및 내용

- 관료는 자신의 효용극대화를 위해 그와 관련된 예산을 부풀려 배정받게 됨으로써(과다공급) 정부실패가 발생한다는 이론모형
- 관료들은 자신의 효용을 극대화하는 예산의 최대치가 공공서비스 공급에 투입되는 비용의 최소치 이상이 되는 범위에서 자신의 효용이 극대화됨

㉡ 예산극대화가 가능한 이유

- 관료의 업무성과를 계량적으로 측정하기 곤란
- 관료는 독점적 업무를 수행하며, 업무비용에 대해 의회가 정확한 정보를 획득하기 곤란

(3) 평가

① 유용성(공헌)

㉠ 시민의 선호와 선택에 초점을 둔 민주행정 패러다임

㉡ 행정의 능률성과 대응성을 강조하는 민주적 제도적 장치를 마련

㉢ 행정의 분권화 및 자율성을 제고하고 시민참여의 확대에 기여

㉣ 정부조직의 관료제적 경직성을 타파하고 상황적응성을 향상

㉤ 행정의 경쟁성을 제고하고 시장성을 도입

㉥ 지역이기주의와 외부효과의 극복 가능성을 제시

② 한계

㉠ 인간의 가치나 개인의 자유보다는 경제적 동기만을 중시

㉡ 개인과 집단 간의 이익 갈등으로 시장실패 논란이 제기

㉢ 경쟁시장 논리는 현상유지와 균형이론에 집착하는 것

> **Check Point**
>
> **신공공관리(NPM)의 개념(범위)**
> - **최협의의 개념** : 민간경영기법의 도입을 통한 행정성과 및 고객만족을 제고하려는 신관리주의(내부개혁운동)
> - **일반적 개념** : 신관리주의에 시장주의(신자유주의적 관리)를 추가한 개념
> - **최광의의 개념** : 일반적 개념의 신공공관리에 참여주의 · 공동체주의를 추가한 개념으로, Osborne & Gaebler가 '정부재창조'에서 주장한 기업형 정부가 여기에 해당

13. 신공공관리론(NPM ; New Public Management)

(1) 의의 및 특징

① 의의

㉠ 신공공관리론이란 1970년대부터 공공선택론자 등에 의해 전통적 관리론이나 관료제조직에 대한 비판이 고조되면서 Aucoin과 Hood에 의해 제기된 공공분야에 대한 합리적 관리방식임

㉡ 종래 정부의 권력적 행정작용을 극복하고 효율적으로 공공서비스를 제공하는 작고 효율적인 정부로 가기 위한 행정개혁의 일환으로 대두됨

㉢ 민간기업의 경영이론을 행정부문에 적용하여 재정적 효율성과 서비스의

질 향상을 도모하고 고객인 국민의 수요에 적합한 서비스를 제공하려는 것(효율성 · 고객중심주의 강조)

㉣ 세계화 · 정보화 사회에서 드러난 계층제 중심의 공식체제의 비효율성, 국제경쟁 심화에 따른 정부의 비대화, 복지정책의 실패 등 정부능력에 대한 불신이 심화되면서 더욱 강조됨

㉤ 정부의 역할을 줄이고 시장기능을 회복하려는 것을 골자로 하며, 민영화 · 민간화를 중시함(공공서비스 제공에 민간부문이 적극적으로 참여할 것을 강조)

㉥ 영국의 Thatcher(신보수주의), 미국 Reagan 행정부의 정책(신자유주의), 신관리주의, 시장기반 행정학, 기업가적 정부론 등이 이러한 맥락에서 등장

② **특징**

㉠ 공공부문의 시장화, 정부기능의 대폭적 축소 · 민간화 및 계약에 의한 민간위탁 강조

㉡ 경쟁 및 개방, 고객 서비스 지향

㉢ 정부의 감독 · 통제 완화, 정부규제의 개혁과 권한위임, 융통성 및 관리자의 재량권 확대(혁신과 창의력 고취를 추구)

㉣ 권한 확대 및 재량에 대한 책임의 강조(행정의 정치적 성격 인정)

㉤ 정책기능과 집행기능의 분리를 통한 정부 조직 · 인력 감축 및 신축성 · 탄력성 제고(조정역할 및 정책능력 등의 강화에 더욱 집중)

㉥ 결과 · 성과 중심의 행정체제로의 전환(적절한 성과목표 제시, 성과 중심의 조직 · 인력 · 예산 관리 중시)

㉦ 성과급의 도입과 근무성적평정제도의 대폭적 강화를 강조

㉧ 경력직 공무원의 축소 및 유능한 인재의 개방적 채용을 선호함(계약직에 의한 임용)

㉨ 생산성 향상을 위해 절차 · 과정보다 결과 · 성과를 강조

㉩ 낭비를 줄이고 효과성을 높여 비용 가치의 증대를 추구

㉪ 국제협력 증진, 정부 간 협력 추구

(2) 정부혁신의 방향과 내용(C. Hood, D. Osborne, T. Gaebler 등)

① **작지만 효율적인 정부** : 거대 정부의 비효율성으로 인한 정부실패를 치유하기 위해 대대적 감축관리를 추진함

② **촉진적 정부** : 집행 및 서비스 전달은 민간에 이양하고 목표 및 전략기능에 역량을 집중

③ **성과 중심의 정부** : 명확한 목표의 설정과 조직구성원의 자율적 참여에 의한 성과 중심의 정부를 지향함(지출과 투입 중심에서 수익과 결과 · 산출 중심으

Check Point

임파워먼트(empowerment)의 효능(오석홍)

- 참여관리 · 신뢰관리를 촉진하고 창의적 업무수행을 촉진
- 관리의 지향성을 권한중심주의에서 임무중심주의로 전환
- 조직은 조정 · 통제에 필요한 인력과 비용을 절감
- 하급자들에게 권력을 이양함으로써 관리자들의 권력은 오히려 증가

로 전환)

④ **사명지향적 정부** : 일하는 방식을 지시하기보다 성취할 목표를 지시하며, 규칙과 규제에 얽매이기보다는 목표와 사명에 따라 혁신적으로 활동(규칙 · 절차 중심에서 임무 · 성과 중심으로 전환)

⑤ **기업가적 정부**

㉠ 생산성 향상을 위해 이미 효과가 검증된 우수한 민간경영기법을 행정에 도입함(아웃소싱, TQM, 리오리엔테이션, 리스트럭처링, 리엔지니어링, SWOT 분석)

㉡ 민간경영기법으로 공공서비스의 생산성 향상(지출보다는 수익창출에 초점을 두어 예산지출 위주의 정태적 운영방식에서 수입을 적극적으로 확보하는 동태적 운영방식으로 전환)

㉢ 장기적 비전과 전략에 의한 행정을 수행함으로써 문제발생을 사전에 예방하는데 초점을 둠(미래에 대비하는 정부)

⑥ **분권화된 정부**

㉠ 신뢰를 바탕으로 의사결정권을 최대한 위임(조직 내부의 권한위임 ; empowerment)하여 구성원들의 책임과 역량강화를 모색하고 조직 전체 차원의 문제 해결능력을 증대하고, 조직 간에도 권한이양(조직 외부의 권한이양)을 추진

㉡ 통제와 공급자 위주의 행정에서 벗어나 지역주민들에게 권한을 부여하고 주민과 지역공동체를 서비스공급 주체의 일원으로 참여시킴

⑦ **시장지향적 정부**

㉠ 정부가 경쟁원리를 핵심으로 하는 시장화를 지향하고 민간부문의 생산성을 향상시키기 위하여 각종 규제를 완화 또는 철폐

㉡ 내부시장화(수익자부담주의, 시장성테스트 등), 외부시장화(민영화, 공동생산), 규제완화 등을 내용으로 함

⑧ **고객지향적 정부**

㉠ 시민을 정부의 고객으로 인식하고 정부나 공무원들의 편의보다 시민의 요구와 평가를 반영함으로써 시민 만족을 최우선으로 추구

㉡ 주요한 고객지향적 기법으로 총체적 품질관리(TQM), 시민헌장제(citizen's charter), 전자정부(EG) 등이 있음

(3) 오스본과 게블러(D.Osborne & T.Gaebler)가 「정부재창조」(1992)에서 제시한 기업가적 정부운영의 10대 원리

전통적 관료제		기업형정부(NPM)의 특징	기업형정부의 10대 원리
노젓기(rowing)	⇨	방향키(steering) 역할	촉매적 정부
직접 해줌(service)	⇨	할 수 있도록 함(empowering)	시민소유 정부
독점 공급	⇨	경쟁 도입	경쟁적 정부
규칙중심 관리	⇨	임무중심 관리	임무지향 정부
투입중심	⇨	성과중심	결과지향 정부
관료중심	⇨	고객중심	고객지향 정부
지출지향(지출절감)	⇨	수익창출	기업가적 정신을 가진 정부
사후치료	⇨	예측과 예방	예견적 정부
집권적 계층제 (명령과 통제)	⇨	참여와 팀워크(협의와 네트워크 형성)	분권화된 정부
행정메커니즘	⇨	시장메커니즘	시장지향 정부

Check Point

임무
임무(mission)란 기관의 존재이유를 말하며 NPM은 전통 관료제에 비하면 임무 중심적이지만 후술할 거버넌스에 비하면 상대적으로 임무보다는 고객 중심적이다.

(4) 구체적 혁신전략

① **총체적 품질관리(TQM)** : 고객에 대한 행정서비스나 공공재 품질의 제고에 중점을 두는 새로운 관리기법으로, 미국의 Deming이 주장

② **다운사이징(down sizing) · 아웃소싱(outsourcing)** : 정부의 비대화와 비효율에 대응하여 정부 인력이나 기구, 기능을 감축하고 권한을 위임하며, 업무처리에 있어서도 분산처리방법을 강조

③ **벤치마킹(bench-marking)** : 국내외 우수기업이나 조직의 성공적 경영혁신방식을 행정에 수용

④ **리스터럭처링(re-structuring)** : 유 · 무형의 사회간접자본을 재구축하는 것으로서, 투자역량 및 교육환경 개선, 인적 · 물적 자본의 형성, 과학기술의 수준 제고, 시민참여를 통한 사회통합역량의 강화 등을 포함하는 전략

⑤ **리엔지니어링(re-engineering)** : 프로세서 리엔지니어링을 의미하는 것으로, 기존의 제도를 질 좋은 행정서비스로 제공할 수 있도록 재공정하는 전략을 말함

⑥ **리오리엔테이션(re-orientation)** : 시장원리와 성과지향적 경제원칙을 수용해서, 보호와 규제보다는 경쟁과 자유를 지향하는 새로운 관리목표로 재설정하는 전략

⑦ **마켓테스팅(market testing)** : 공공서비스의 공급에 경쟁을 도입하기 위한 것으

Check Point

시민헌장제도(Citizen's Charter)
1991년 영국 메이저 정부가 고객서비스의 질 향상을 목표로 명문화한 것으로, 행정기관이 제공하는 행정서비스의 기준, 절차와 방법, 시정 및 보상조치 등을 설정하고 이를 시민의 권리로 인정함과 동시에, 그 실현을 국민에게 약속하는 것을 말한다.

로, 정부기관 간 또는 정부기관과 민간기관 간의 경쟁을 통해 정부에서 수행할지, 내부시장화 내지 민간화할지를 결정하는 절차

⑧ 책임운영기관, 시민헌장제도 등

(5) 문제점 및 한계

① 시장과 민간부문에 지나치게 의존하여 행정의 공공성 · 형평성, 공행정의 특수성을 저해함(공공부문과 민간부분의 차이를 경시)

② 지나친 효율성의 중시는 형평성을 경시할 위험성이 있음

③ 정책 집행의 분리문제와 조직 축소로 인한 행정의 공동화 현상을 초래할 수 있음

④ 공무원의 신분보장을 저해하고 사기를 저하시킴(직업공무원제 약화)

⑤ 모든 계층에 대한 대표성을 확보하지 못해 민주성이 훼손될 우려가 있음

⑥ 산출에 대한 책임소재의 문제가 발생할 수 있으며, 정부기관 외의 공공서비스 공급은 윤리적 · 관리적 책임문제를 일으킴

⑦ 성과급 등 금전적 보상체계로 인해 단기적 · 가시적 성과에 대한 집착현상, 동기부여의 편협성, 인간관계 악화 및 갈등 등이 초래될 수 있음

⑧ 성과 중심 행정의 지나친 강조로 참여 등 절차적 정당성이 경시되며, 창조적 · 창의적 사고를 저해함

⑨ 외부 전문가에 의한 행정운영으로 비용이 과다하게 발생

⑩ 고객만능적 사고로 인해 다수의 이익집단과 특정 계층에게만 편중되는 문제와 의무에 대한 경시, 지역이기주의 등의 문제가 발생할 수 있음

꼭! 확인 기출문제

신공공관리론(NPM)에 대한 비판적 논의에 해당하지 <u>않는</u> 것은? [국가직 9급 기출]

① 공공부문은 민간부문과 다르기 때문에 민간부문의 관리 기법을 공공부문에 그대로 적용하는 데에는 한계가 있다.
② 민주적 책임성과 기업가적 재량권 간의 갈등으로 인하여 정부관료제의 효율성을 제고하기 어렵다.
③ 고객 중심 논리는 국민을 관료주도의 행정서비스 제공에 의존하는 수동적 존재로 전락시킬 우려가 있다.
❹ 정치적 논리를 우선하여 내부관리적 효율성을 경시하는 경향이 있다.

해 ④ 신공공관리론은 효율성을 강조하나 민주성 · 형평성 · 가외성의 중요성을 상대적으로 간과한다는 비판을 받는다. 정치적 논리를 우선하여 내부관리적 효율성을 경시하는 경향이 있다는 비판을 받는 이론은 뉴거버넌스의 한계에 해당한다.
① 신공공관리론은 민간부문을 정부경영에 접목시킴에 따라 공공부문을 지나치게 시장화하려는 비판을 받는다.
② 신공공관리론은 기업가적 자율성 · 재량권과 민주적 책임성과의 갈등으로 정부관료제의 효율성을 제고하기 어렵다.
③ 신공공관리론은 소비자 주권보다는 소비자 만족에 초점을 둠에 따라 국민을 수동적 존재로 전락시킬 우려가 있다.

기출 Plus 서울시 9급 기출

02. 다음 중 신공공서비스론(New Public Service, NPS)에서 강조하는 공무원의 동기 유발 요인은?

① 기업가 정신
② 보수의 상승
③ 신분 보호
④ 사회봉사

해 신공공서비스론은 공익을 추구하려는 시민의 적극적 역할과 의욕을 존중하며 시민에게 힘을 실어주고, 시민에게 봉사하는 정부의 역할을 강조하는 것으로 사회봉사가 공무원의 동기유발요인이다.
① 기업가 정신은 신공공서비스론에서 말하는 동기유발요인이다.
②·③ 보수의 상승과 신분보호는 전통적 정부관료제에서 말하는 동기유발요인이다.

답 02 ④

전통적 관료제 정부와 기업가적 정부모형의 비교

구분	전통적 관료제정부(정부관료제론)	기업가적 정부 (신공공관리론, 국정관리론)
국가와 정부의 모습	행정국가, 경성정부 (hard government)	신행정국가, 연성정부 (soft government)
정부의 역할 및 활동	노젓기(rowing) 역할 (정책입안 및 집행)	방향잡기 · 조타수(steering) 역할 (시장의 힘을 활용)
서비스 공급	정부의 직접적 서비스 제공, 독점 공급	정부는 서비스 공급의 촉매자 · 촉진자, 경쟁 도입(민영화, 민간위탁)
행정의 가치	형평성 및 민주성	경제성, 효율성, 효과성
주도 주체	공급자(관료 및 행정기관) 중심	수요자(고객) 중심
행정관리	• 행정메커니즘의 관리기제 작용 • 법령 및 규칙 중심의 관리(관료는 제한된 재량만 가짐) • 집권적 계층제 및 명령과 통제 • 투입 중심의 예산, 지출지향 • 사후대처 위주 • 폐쇄적 인사관리	• 시장메커니즘의 관리기제 작용 • 임무 · 성과 중심 관리(기업적 목적 달성을 위해 관료는 넓은 재량을 가짐) • 참여와 팀워크 및 네트워크 관리 • 성과 연계 예산, 수익 창출 • 예측과 예방 중심 • 개방적 인사관리
조직구조	상명하복식 관료적 조직, 고객에 대한 규제와 통제	권한 위임과 융통성 부여를 통한 분화된 유기적 조직, 기본적 통제만을 수행
책임에 대한 접근 방식	계층제적 책임 확보	참여적 책임 및 대응성 확보
행정목표 달성기제	정부기구 중심	정부 외에 개인이나 기업 및 비영리기구 등을 활용
공익관	법률로 표현된 정치적 결정	개인들의 총이익

기업형정부의 5C 전략(오스본과 플래스틱(D.Osborne, P.Plastrick)에서 제시, 1997)

전략	정부개혁수단	접근방법
핵심전략	목적	목표와 방향의 명확화
성과전략	유인체계	경쟁관리, 기업 관리, 성과관리
고객전략	책임성	고객의 선택, 경쟁적 선택, 품질확보
통제전략	권한	조직권한위임, 지방사회로의 분권
문화전략	문화	관습타파, 감동정신, 승리정신

꼭! 확인 기출문제

작은 정부를 적극적으로 옹호하는 것은? [지방직 9급 기출]

① 행정권 우월화를 인정하는 정치 · 행정 일원론
② 경제공황 극복을 위한 뉴딜정책
③ 사회복지 프로그램의 확대
❹ 신공공관리론

해 ④ 1970년대 정부실패로 나타난 신공공관리론은 신자유주의를 바탕으로 정부의 역할을 축소하고 시장의 원리를 활용하는 '작은 정부'를 옹호한다.
① 정치 · 행정 일원론은 경제대공황 이후 행정국가 시기의 행정권 우월화를 인정하는 것으로 큰 정부에 해당한다.
② 경제대공황을 극복하기 위한 뉴딜정책은 작은 정부에서 큰 정부로의 이행을 촉진시켰고 1930년대 시장실패를 극복하기 위해 행정부의 역할을 강화했다.
③ 사회복지 프로그램의 확대 등 복지국가는 행정권의 팽창을 초래하였으며 행정국가와 직결되는 크고 강한 정부를 지향한다.

(6) 탈신공공관리론

① 의의 : 재집권과 재규제를 통하여 신공공관리론의 한계를 보완하기 위한 일련의 조치를 통칭하는 개념(거버넌스와 신공공서비스를 포함하는 개념, 신공공관리를 대체 · 부정하려는 이론이 아니라 조정하고 보완하려는 것)

② 특징
㉠ 재집권화와 재규제의 주창
㉡ 구조적 통합을 통한 분절화의 축소
㉢ 총체적 정부 또는 합체적 정부의 주도
㉣ 역할모호성의 제거 및 명확한 역할관계의 안출
㉤ 민관파트너십 강조
㉥ 집권화, 역량 및 조정의 증대
㉦ 중앙의 정치 · 행정적 역량 강화
㉧ 환경 · 역사 · 문화 · 맥락적 요소에의 유의

③ 신공공관리론과 탈신공공관리론의 비교

구분	신공공관리론	탈신공공관리론
정부시장관계	시장지향주의 규제완화(탈규제, 탈정치)	정부 역량 강화(재규제, 재정치, 정치적 통제 강조)
행정가치	능률 · 성과 등 경제적 가치를 강조	민주성 · 형평성 등 전통적 가치도 고려
정부규모	정부규모의 감축, 시장화 · 민영화	민간화 · 민영화의 신중한 접근
기본모형	탈관료제 모형	관료제와 탈관료제의 조화
조직구조	유기적, 비계층적, 임시적, 분권적	재집권화, 분권과 집권 조화

조직개편	소규모의 준자율적 조직으로 분절화	구조적 통합을 통하여 분절화 축소(총체적 · 합체적 정부)
통제	결과 · 산출중심 통제	과정과 소통 중심
인사	경쟁적 · 개방적인 성과중심 인사관리	공공책임성 중시
재량	넓음	재량 필요, 제약 · 책임
관리	자율, 경쟁	자율, 책임

꼭! 확인 기출문제

현대 행정학의 주요 이론에 대한 설명으로 가장 옳지 <u>않은</u> 것은? [서울시 9급 기출]

① 신공공관리론은 공공선택이론의 주장과 같이 정부의 역할을 대폭 시장에 맡겨야한다는 입장은 아니며, 기존의 계층제적 통제를 경쟁원리에 기초한 시장체제로 대체함으로써 관료제의 효율성과 성과를 높이려 한다.
❷ 탈신공공관리(post-NPM)는 신공공관리의 역기능적 측면을 교정하고 통치역량을 강화하며, 구조적 통합을 통한 분절화의 확대, 재집권화와 재규제의 축소, 중앙의 정치 · 행정적 역량의 강화를 강조한다.
③ 피터스(B. Guy Peters)는 뉴거버넌스에 기초한 정부개혁 모형으로 시장모형, 참여정부 모형, 유연조직 모형, 저통제정부 모형을 제시한다.
④ 신공공관리론이 시장, 결과, 방향잡기, 공공기업가, 경쟁, 고객지향을 강조한다면 뉴거버넌스는 연계망, 신뢰, 방향잡기, 조정자, 협력체제, 임무중심을 강조한다.

해 ② 탈신공공관리(post-NPM)는 신공공관리의 역기능적 측면을 교정하고 통치역량을 강화하며, 구조적 통합을 통한 분절화의 축소, 재집권화와 재규제의 확대, 중앙의 정치 · 행정적 역량의 강화를 강조한다.
① 신공공관리론은 민간기업의 경영이론을 행정부문에 적용하여 경쟁원리에 기초한 시장체제로 대체함으로써 관료제의 효율성과 서비스의 질 향상을 도모한다.
③ 피터스(B. Guy Peters)는 거버넌스 모형을 전통적 거버넌스에 해당하는 전통적 정부모형과 새로운 거버넌스에 해당하는 시장모형, 참여정부 모형, 유연조직 모형, 저통제 정부 모형으로 분류하였다.
④ 신공공관리론은 신자유주의에 입각한 시장, 결과, 방향잡기, 공공기업가, 경쟁, 고객지향을 강조한다면 뉴거버넌스는 공동체주의에 입각한 연계망, 신뢰, 방향잡기, 조정자, 협력체제, 임무중심을 강조한다.

행정학의 기타접근법

- **역사적 접근법** : 행태론 성립 이전 미국 정치학 분야에서 널리 사용되던 전통적 접근방법 중의 하나로 제도나 정책의 진정한 성격과 그것이 형성되어온 기원 또는 특수한 경로나 방법을 연대기적으로 기술하는 발생론적 접근법(과거와 현재의 사건들은 상호 연결되어 있으므로 과거를 잘 이해하면 현재의 문제도 해결 가능하다고 봄)
- **관리기능적 접근법** : 행정의 효율은 내부적인 관리기능에 달려 있다고 보는 행정학 성립기의 전통적인 입장
- **사회학적 접근법** : 행정이란 인간 집단들의 의식적인 공동협력체이므로 행정을 내부관리현상으로만 이해하는 것이 불충분하고 조직과 환경, 행정과 가치, 행정과 외부요인과의 상호작용관계를 중심으로 연구해야 한다는 개방체제적 접근법으로부터 출발하여 생태론, 체제론 등에 영향을 줌
- **구조기능주의** : 구조를 기술하고 기능을 분석하는 것으로 외형적인 구조와 실제기능간의 차이의 분석에 역점을 둠(외국제도의 무분별한 도입으로 법제와 실제간에 차이가 심한 나라에서 구조와 기능간의 괴리를 규명하기 위하여 실제 기능을 중심으로 분석하는 것)

• **논변적 접근법** : 자연현상의 법칙성을 연구하는 자연과학과 달리 행정현상과 같은 가치측면의 규범성을 연구할 때는 결정에 대한 주장의 정당성을 갖추는 것이 중요하다고 보고 행정에서의 진정한 가치는 자신들의 주장에 대한 논리성을 점검하고 상호 타협과 합의를 도출하는 민주적 절차에 있다고 보는 접근법

14. 거버넌스(governance, 국정관리론)

(1) 의의

① 신공공관리론에서 강조하는 국가행정이론으로서, 시장화와 분권화, 기업화, 국제화를 지향하는 행정

② 전통적 관료제의 무수한 이해당사자들을 정부 정책결정과정에 참여시키는 새로운 정부 운영방식을 의미함

Check Point

거버넌스(governance)의 특징
- 파트너십(partnership)의 중시
- 유기적 결합관계의 중시
- 공식적 · 비공식적 요인의 고려
- 정치적 특성의 강조
- 세력연합 · 협상 · 타협의 중시
- 행정조직의 재량성 중시

거버넌스이론의 유형 분류

구분	의의	이론 유형
국가 중심의 거버넌스론	국가가 주도적으로 관리하는 관리주의적 입장의 거버넌스로, 전통적인 국가중심적 통치에 시장주의나 기업가 정신을 도입하여 보다 효율적 · 경쟁적 · 민주적인 특징을 지님	신공공관리론, 좋은 거버넌스, 신축적 정부모형, 탈규제적 정부모형 등
시장 중심의 거버넌스	시장이 국정을 주도하는 시장주의적 거버넌스로, 시장 중심적 경쟁원리, 고객주의 등을 특징으로 함	시장적 정부모형, 최소국가론 등
시민사회 중심의 거버넌스	시민사회가 주도하는 참여주의적 · 공동체 주의적 거버넌스로, 참여를 통한 민주주의적 관점을 중시함	신공공서비스(NPS), 참여적 정부모형, 기업 거버넌스 등

(2) 국정관리의 주요모형(G. Peters)

① 시장적 정부모형(시장지향모형)

㉠ 민간부문과 마찬가지의 공공부문도 관리 및 서비스 전달 문제에 직면해 있으므로, 이를 해결하기 위해 시장에서와 동일한 기법이 적용될 수 있다고 주장

㉡ 기본적으로 정부관료제의 비효율성과 시장의 효율성에 대한 신뢰를 전제로 함

Check Point

G. Peters의 거버넌스모형 분류
Peters는 거버넌스모형을 전통적 거버넌스에 해당하는 전통적 정부모형과 새로운 거버넌스에 해당하는 시장적 정부모형, 참여적 정부모형, 신축적 정부모형, 탈규제적 정부모형으로 분류하였다.

㉢ 공익의 기준을 정부가 시장의 선호에 얼마나 대응적인가 하는 것으로 봄
㉣ Ostrom 등이 주창한 공공선택이론과 신공공관리론에 뿌리를 두고 있는 모형

② 참여적 정부모형
㉠ 계층제적 구조에 비판적 입장을 취하여 대내외 구성원들의 광범위한 참여를 통한 협의나 협상을 중시하는 모형(조직구성원의 창의성과 동기부여를 위한 행정과정에 대한 참여를 강조)
㉡ 공조직을 보다 수평적으로 전환하여 조직 내 계층의 수를 축소하고 전통적 계층제에서 탈피할 것을 강조
㉢ 전통적 계서제 모형에서 소외되었던 집단들의 조직에 대한 관여가 허용되고 고객과 근로자들의 참여가 제고되어야 한다고 주장
㉣ 담론주의와 공동체주의에 기반하며, 시장적 접근을 거부하고 정부에 대해 정치적 접근법으로 집단적인 메커니즘을 사용
㉤ 시장모형이 우파적 시장주의인 국정관리(거버넌스)와 직결된다면, 참여정부모형은 신국정관리(뉴거버넌스)와 관련됨

③ 신축적(유연한) 조직모형(연성정부모형)
㉠ 종래 조직의 경직성(항구성)을 문제시하는 모형으로, 조직구조와 인력 및 예산관리 등에 있어 탈항구성과 유연성, 융통성을 추구하는 신축적 모형
㉡ 이 모형에서의 신축성이란, 환경의 변화에 대응하여 적합한 정책을 만들려는 정부기관의 능력을 말함
㉢ 전통적 형태의 조직에 의존하기보다 기존 조직의 신축성을 증대시키는 것이 바람직한 결과를 낳게 됨을 강조

④ 탈규제적 정부모형(저통제 · 탈규제모형)
㉠ 정부에 대한 내부통제 · 규제의 완화나 철폐를 통해 정부의 잠재력과 창의력에 대한 속박을 풀고 이를 분출시켜야 한다고 주장함
㉡ 행정에 대한 제약이 제거되면 공무원의 잠재력과 창의력이 제고되고 정부의 기능은 보다 능률적으로 수행될 수 있다고 가정함

> Check Point
>
> **연성정부(유연정부)**
> 이념적으로는 신자유주의, 기술적으로는 지식 정보화 사회를 맞이하면서 나타난 새로운 행정 모형. 행정환경에 민감하게 반응하며, 행정요소들간 유기적으로 통합되어 단절없는 기능수행이 이루어지며, 유의미한 가치 창출을 위해 행정구조와 절차나 양식이 가변적인 정부

15. 뉴거버넌스(new governance, 신국정관리론)

(1) 의의 및 특성

① 의의
㉠ 1990년대 이후 그 개념을 넓게 보아 신공공관리나 국정관리의 개념과 유사하게 사용되기도 하나, 보통 이를 좁게 보아 정부가 책임을 지고 비정부

조직과 서비스 연계망(network)을 형성하여 신뢰와 협력 속에 공공재의 공동 공급을 강조하는 이론

ⓛ 공공서비스의 결정 · 공급, 공적 문제의 해결 등을 정부만이 아니라 준정부기관이나 비정부조직 등에 의해 공동으로 추진 · 수행되는 것을 의미(공공서비스를 정부만이 아니라 준정부기관이나 제3섹터, 비정부조직 및 개인들이 신뢰와 협조를 바탕으로 참여하여 공동으로 결정 · 공급하는 것으로 파악)

② 특성

㉠ 국가주도적 수단보다 정부와 민간부문의 수평적 · 공동체적 관계를 전제로 사업을 추진하며, 정책과정에서 다양한 참여자 간의 갈등을 관리하고 조정 · 중재하는 역할이 강조됨

㉡ 공공부문 역할에 대한 전면적 재검토라는 국가 재창조의 개념을 포함(공공부문이 하지 않아도 될 영역과 공공부문이 새로 해야 할 영역에 대한 재검토)

㉢ 정부와 시민사회의 새로운 파트너십이 요구되며 시민을 고객이라는 수동적 위치가 아닌 주인(참여자)이라는 능동적 위치로 파악

㉣ 국가에 대한 국내외의 신뢰뿐만 아니라 정책, 기업, 대통령, 정당, 제3섹터, NGO, 시민단체 등에 대한 종합적인 신뢰의 확립이 중요한 과제로 등장함

㉤ 효율성보다는 민주성을 중시함(정책과정에서의 참여 · 협의 등의 민주성을 강조)

> **Check Point**
>
> **뉴거버넌스 구성의 세 가지 측면**
> - **다양한 참여자** : 정부기관 외에 다수의 비정부조직이나 기관이 공공서비스 결정 및 공급에 참여
> - **서비스 연계망** : 계층제(명령적 위계)가 아닌 수평적인 서비스 연계망(network)이 형성되어 서비스 공급을 담당
> - **인지공동체** : 연계망의 구성 조직들은 서로 신뢰의 기반 위에 협조하는 관계를 유지

(2) 뉴거버넌스의 주요이론(R. A. Rhodes)

① **기업(법인)적 거버넌스** : 기업의 최고관리자들이 주주 및 기타 관련자의 이익을 보장하기 위한 역할을 수행하는 것처럼 정부의 역할을 강조한 것

② **신공공관리론** : 시장의 경영방식이나 유인체제를 도입하여 작고 효율적인 정부를 구현하려는 것

③ **좋은 거버넌스** : 국가의 업무를 관리하기 위해 정치권력을 행사하는 것으로, 신공공관리와 자유민주주의(참여민주주의)의 결합을 의미

④ **사회적 인공지능 체계** : 정보화 기술의 발달을 기초로 한 사이버 거버넌스나 전자정부와 관련되는 것으로, 사회정치 체계에서 통합된 모든 행위자들이 상호작용 노력의 공통적인 결과로서 출현하는 유형을 말함

⑤ **자기조직화 연결망** : 계층제와 시장의 중간지대로서, 신뢰와 협력을 바탕으로 한 정부와 다양한 비정부조직 간의 연계망을 말함(시장과 계층제의 권위에 의한 자원분배이나 통제 · 조정을 위한 거버넌스 구조를 보완하며, 시장과 계층제에 대한 대안이 됨)

> **Check Point**
>
> **최소국가**
> 시장에 대한 규제를 완화하고 시장 중심의 공공서비스를 제공하여 국가기능을 최소화하는 것을 말하며, 이는 사적 부문이 질적으로 더 높은 공공서비스를 제공할 수 있다는 점에 근거함

(3) 신공공관리론과 뉴거버넌스(신국정관리론)의 비교

구분	신공공관리론 · 거버넌스	뉴거버넌스(신국정관리론)
인식론적 기초	신자유주의(우파적 자유주의, 신보수주의) · 신공공관리	공동체주의(좌파적 공동체주의, 진보주의, 참여주의)
인간관	이기적 인간관	이타적 인간관
혁신의 초점	정부 재창조(미국)	시민 재창조(영국)
시대 배경	1970년대 재정위기 및 정부실패	1990년대 신공공관리론의 지나친 시장주의
관리 가치	결과 지향(효율성, 생산성)	신뢰, 과정 지향(민주성, 정치성)
분석수준	조직 내(intra-organizational), 부문 내	조직 간(inter-organizational), 부문 간
관리기구(주체)	시장(시장주의에 입각한 정부)	공동체(네트워크, 서비스 연계망)
관리 방식	고객 지향	임무 지향
작동 및 조정의 원리	갈등과 경쟁 · 시장원리(시장메커니즘), 서비스 품질의 사후적 확보	신뢰와 협력 · 정치적 조정 및 참여(참여메커니즘), 서비스 품질의 사전적 확보
공급자 간의 관계	경쟁관계	서비스 연계망(참여주의)
서비스 공급 방식	민영화, 민간위탁	공동생산 · 공급(시민과 기업의 참여)
문제해결 방식	시장적 방법, 민간경영기법 도입	정치적 방법, 다양한 참여자와 방법 모색
정부의 역할	방향잡기	방향잡기(정부시장 · 시민사회의 평등한 관계 중시)
관료의 역할	공공기업가	조정자
정치성	탈정치화	시민주의
국민	고객(수동자)	주인(능동자, 참여자)
참여방식	자원봉사주의	시민주의

① 유사점

㉠ **정부역할** : 거버넌스는 초기의 시장적 거버넌스(신공공관리론)를, 뉴거버넌스는 그 이후에 등장한 정책네트워크에 의한 참여적 거버넌스를 의미한다고 볼 수 있다. 양자 모두 정부역할 축소, 정부 중심의 방향잡기 강조, 민관협력, 행정과 민간의 구분의 상대성, 정부실패에의 대응을 강조한다는 점에서 대조적이지는 않다.

㉡ **뉴거버넌스의 토대로서의 신공공관리론** : 신공공정부의 기능을 방향잡기에

기출 Plus 지방직 9급 기출

03. 행정이론의 패러다임과 추구하는 가치를 바르게 연결한 것은?

① 행정관리론－절약과 능률성
② 신행정론－형평성과 탈규제
③ 신공공관리론－경쟁과 민주성
④ 뉴거버넌스론－대응성과 효율성

해 행정관리론은 행정의 정치영역에 대한 독자성 구축을 강조하여 행정을 공공사무의 관리라는 기술적 과정 내지 체계로 인식하고 절약과 능률을 최고의 가치로 지향하였다.
② 신행정론은 하류층 및 소외계층을 위한 사회적 형평성 및 공정성을 강조한 존슨정부의 '위대한 사회 건설' 계획과 관련하여 발전하였다. 탈규제는 신행정론을 비판한 신공공관리론의 가치에 해당한다.
③ 신공공관리론은 정부실패를 해결하기 위해 민간기업의 경영이론을 행정부문에 적용하여 시장의 경쟁원리에 따른 작지만 효율적인 정부를 추구하였다. 신공공관리론은 지나친 효율성의 중시로 민주성을 훼손할 우려가 있다는 비판을 받는다.
④ 뉴거버넌스론은 공공서비스의 결정 · 공급, 공적 문제의 해결 등을 정부만이 아니라 준정부기관이나 NGO, 시민단체 등의 비정부조직 등과 공동으로 추진하여 정부의 대응성과 민주성을 제고하였다. 뉴거버넌스론은 정책과정의 참여 · 협의에 있어서 효율성보다는 민주성을 중시한다.

답 03 ①

국한시키려는 의도나 민영화 등 시장주의적 개혁이 결과적으로 서비스연계망을 엄청나게 확대시켰다는 점 등을 볼 때 신공공관리론은 거버넌스의 이론적 토대가 되었으며, 신공공관리 개념없이 뉴거버넌스는 불가능하다고 볼 수 있다.

② 차이점

㉠ **경쟁 대 신뢰** : 신공공관리론은 경쟁의 원리를 중시하는 반면, 뉴거버넌스는 시장주의에 입각한 경쟁보다는 신뢰를 기반으로 조정과 협조가 이루어진다.

㉡ **고객 대 시민** : 신공공관리론은 국민을 공리주의에 입각하여 국정의 대상인 '고객'으로 보는 반면, 뉴거버넌스는 국정의 주체(파트너)로서 시민주의에 바탕을 두고 덕성을 지닌 '시민'으로 본다.

㉢ **경영 대 정치** : 신공공관리론은 행정의 경영화(탈정치화)에 의한 정치행정이원론의 성격이 강한 반면, 뉴거버넌스는 담론이론 등을 바탕으로 한 다양한 구성원의 참여를 중시해 행정의 정치성(정치행정일원론)을 중시한다.

㉣ **효율 대 민주** : 신공공관리론은 시장논리에 따라 행정의 생산성이나 효율성을 중시하는 반면, 뉴거버넌스는 구성원간의 참여와 합의를 중시하므로 행정의 민주성 등에 초점을 두게 된다.

㉤ **시장화 대 참여** : 신공공관리론은 행정기능의 민영화, 민간위탁 등 적극적 역할 분담을 통해서 국가로부터 민간에게 이양되는 반면, 뉴거버넌스에서는 국가(계층제)의 역할을 부정하기보다는 정부가 민간의 힘을 동원하고, 공동체 구성원들의 참여에 의한 공적문제 해결을 중시한다.

관료제 패러다임, 신공공관리, 신국정관리(뉴거버넌스) 비교

구분	관료제 패러다임	신공공관리	신국정관리(New Governance)
인식론적 기초	현실주의	신자유주의	공동체주의
관리기구	계층제	시장	서비스 연계망(공동체)
관리가치	능률성	결과(효율성 · 생산성)	신뢰/과정(민주성 · 정치성)
정부역할	방향키, 노젓기	방향키(steering)	
관료역할	행정가	공공기업가(public entrepreneur)	(네트워크) 조정자(coordinator)
작동원리	내부규제	경쟁체제(시장메커니즘)	신뢰와 협력체제(파트너십)
서비스	독점공급	민영화, 민간위탁	공동공급(시민, 기업 등 참여)
관리방식	규칙위주	고객지향	임무중심
분석수준	조직 내 관계		조직 간 상호작용

꼭! 확인 기출문제

뉴거버넌스(new governance)에 대한 설명으로 옳지 않은 것은? [지방직 9급 기출]

① 조정자로서 관료의 역할 상을 강조한다.
❷ 분석단위로 조직 내(intra-organization) 연구를 강조한다.
③ 경쟁적 작동원리보다는 협력적 작동원리를 중시한다.
④ 공공문제 해결의 기제로써 네트워크의 활용을 중시한다.

해 ② 신공공관리론이나 거버넌스(국정관리)가 조직 내(intra-organizational) 연구를 강조하는데 비해, 뉴거버넌스(new governance)에서는 보다 조직 간(inter-organizational) 연구를 강조한다.
① 신공공관리론이나 거버넌스가 공공기업가로서 관료의 역할을 강조하는데 비해, 뉴거버넌스에서는 조정자로서 관료의 역할 상을 강조한다.
③ 뉴거버넌스는 갈등과 경쟁적 작동원리보다는 신뢰와 협력적 작동원리를 중시한다.
④ 뉴거버넌스는 네트워크나 서비스 연계망을 통한 공공문제 해결을 모색한다.

참고

레짐이론(regime theory, 도시통치론)

① 의의
㉠ 레짐이론은 지방정부 수준에서 제시된 도시 거버넌스의 대표적 이론으로, 도시에서의 지방정부와 민간부문 주체 간의 상호의존 및 협력관계를 다룸
㉡ 지방의 정부부문과 비정부부문의 주요 주체가 연합하여 권력기반을 형성

② 특징
㉠ 레짐이론은 도시정부의 사회 · 경제적 도전에 대응하기 위한 정부부문과 비정부부문 세력 간의 상호의존성을 강조하고, 두 부문 행위자들 간의 협조와 조정 문제에 초점을 둠
㉡ 도시정부들은 발전을 위한 높은 경쟁적 관계에 처하게 되었고 이러한 상황에 대처하기 위해서 도시 내 다른 이해세력과 연합하여 공동으로 업무를 추진
㉢ 도시 정치환경의 변화에 대응하기 위한 정부의 역할변화와 관련해, 영국에서는 조정자, 미국에서는 재창조 및 촉매 역할 개념이 제시됨
㉣ 개인이나 구조가 아닌 제도에 초점을 두며, 기업의 중심적 역할을 강조하면서도 지역주민집단과 같은 행위자들의 영향력을 간과하지 않음

③ 레짐의 유형
㉠ Stoker & Mossberger의 유형 : 레짐 형성의 동기를 기준으로 도구적(instrumental) 레짐과 유기적(organic) 레짐, 상징적(symbolic) 레짐으로 분류
㉡ Feinstin의 유형 : 지도형, 권한참여형, 현상유지형 레짐으로 분류
㉢ Stone의 유형 : 현상유지레짐, 개발레짐, 중산계층 진보레짐, 하층기회 확장레짐으로 분류(도시레짐 유형의 대표적 이론)

④ 레짐이론의 한계
㉠ 지방의 개념과 관련된 실제 설명이 지나치게 단순화되어 나타남
㉡ 국제 간 비교연구에 있어 레짐 접근의 적용성이 매우 제한적임(기본적으로 미국 및 영국의 학자들에 의해 사용된 이론)

Check Point

중산층 진보레짐
지방정부가 시민단체나 지역사회와 함께 전통적인 모습과 자연환경을 되살리고 안전하고 쾌적한 정주환경을 조성하는 것은 중산층 진보레짐과 관련됨

Check Point

레짐(regime, C. Stone)
레짐은 통치결정을 수행하는 데 있어 지속적인 역할을 유지하려는 제도적 자원에 대한 접근 가능성을 지닌 비공식적이지만 상대적으로 안정적인 집단, 즉 비공식적 실체를 가진 통치연합을 말한다.

Check Point

성장기구론(Growth Machine)
지역사회(도시)의 성장을 토지의 교환가치에 관심을 가진 사람들이 주도한다는 이론이다. 즉, 토지와 부동산의 교환가치를 높이는데 관심을 가진 토지자산가와 개발사업자(기업가), 금융기관, 개발전문가 등으로 구성된 성장연합과 일반 지역주민과 환경운동단체 등으로 구성되는 반성장연합의 대결구도에서, 대체로 성장연합이 승리하여 권력을 얻고 이를 통해 정부를 움직여 도시 성장을 주도하게 된다는 것이다. 이러한 성장기구론은 Molotch와 Logan이 주장한 이론으로서, 레짐이론의 기반이 되었다.

꼭! 확인 기출문제

지역사회 및 지방자치단체의 권력구조에 대한 이론과 이에 대한 설명으로 옳은 것은? [국가직 9급 기출]

① 신다원론(neo-pluralism) – 기업이나 개발관계자들의 우월적 지위를 주민이나 지방정부가 용인하지 않는다.
② 엘리트론(elite theory) – 엘리트 계층 내의 분열과 다툼이 최소화되기 때문에 내부 조정과 사회화의 과정은 의미를 지니기 어렵다.
③ 성장기구론(Growth Machine) – 성장연합과 반성장연합의 대결구도에서 대체로 반성장연합이 승리하여 권력을 쟁취한다.
❹ 레짐이론(regime theory) – 지방정부와 지방의 민간부문 주요 주체가 연합하여 권력기반을 형성한다.

해 ④ 레짐이론(regime theory)은 지방정부 수준에서 제시된 도시 거버넌스의 대표적 이론으로, 지방의 정부부문과 비정부부문의 주요 주체가 연합하여 권력기반을 형성하며 양 부문 간의 상호의존성을 강조한다.
① 신다원론(neo-pluralism)은 다원론을 부분적으로 비판하며 신엘리트론의 요소를 일부 수용하는 관점으로, 기업이나 개발관계자들의 특권은 인정하되 정부의 능동적 · 전문적 기능을 강조한다.
② 엘리트 계층 내에서도 분열 · 대립이 있으나 이는 계층 전체의 이익을 해치지 않는 범위 내에서 내부적으로 조정되며, 엘리트 계층의 이익에 부합하는 제도나 문화, 이념을 사회화 과정을 통해 일반 대중에 전파한다. 이런 측면에서 엘리트 내부의 조정과 사회화 과정은 의미가 있다.
③ 성장기구론은 성장연합과 반성장연합의 대결구도에서 대체로 토지자산가와 개발사업자(기업가) 등으로 구성된 성장연합이 승리하여 권력을 얻는다고 보는 이론이다.

Check Point

신공공서비스론의 이론적 배경 (Denhardt, Leftwich, Minogue 등)
종전의 신공공관리론 등은 정부의 주체인 시민을 배제한 채 관료들이 방향잡기와 노젓기 중 어느 것에 치중해야 하는가와 같은 문제에만 관심을 둔 결과 관료의 권력만 강화시키는 결과를 초래했다고 비판하고, 그 권력을 시민들에게 되돌려주어야 한다는 의식이 대두되면서 신공공서비스론(NPS)이 등장하였다.

16. 신공공서비스론(New Public Service)

(1) 의의

① 1990년대 후반부터 전통적 행정이론과 신공공관리론의 지나친 시장주의와 시민의 객체화 등에 대한 반작용(대안)으로 등장한 이론으로, 주인인 시민의 권리를 회복하고 지역공동체 의식을 회복하는데 초점을 둠
② 기존 이론들이 상대적으로 경시한 시민의식, 참여의식, 공익과 같은 공동체적 가치들을 중시하는 규범적 성격의 이론으로, 업무수행의 효율성 제고보다는 시민에 대한 봉사나 서비스를 통한 공익의 실천을 강조
③ 주인으로서의 시민, 다양세력의 협력, 시민에 대한 정부의 봉사 등을 특히 강조하는 제3의 대안적 이론모형으로 제시됨

(2) 내용

① **시민 중심의 이론** : 공공선택론의 개인이익 극대화라는 가정을 버리고, 대의민주주의의 한계를 극복하기 위해 시민의 양성과 정책결정의 시민참여를 강조
② **지역공동체주의** : 지역공동체의 의사결정에 시민이 권한과 책임을 가지고 주체적으로 참여할 것을 강조
③ **담론을 통한 공익의 결정** : 공익은 행정의 목적이며 시민들의 폭넓은 참여를 바탕으로 하는 대화와 담론을 통해 얻은 결과물

④ **봉사자로서의 정부** : 정부는 방향잡기(촉매)역할이 아니라 시민과 지역공동체 내의 이익을 협상 · 중재하며 공유가치가 창출되도록 봉사하는 역할을 수행

⑤ **포괄적이고 광범위한 정부의 책임** : 정부의 책임은 시장지향적인 이윤추구를 넘어서 공동체의 가치와 규범, 시민들의 이해 등에 이르기까지 매우 포괄적이고 광범위함

⑥ **정부와 시민 간의 협력체제 구축** : 시민은 고객이 아니라 정부의 소유주이므로, 정부는 시민들에게 봉사하고 상호 신뢰와 협동관계를 구축하여야 함

⑦ **시민재창조** : 시민교육, 시민지도자 양성 등을 통하여 시민에게 자긍심과 책임감을 고취

⑧ **조직 인간주의** : 조직의 생산성보다 인간에게 높은 가치와 초점을 부여하여 협력적 구조, 공유된 리더십, 분권화 등 인간주의적 접근을 모색

⑨ **전략적 사고와 민주적 행동** : 합의된 비전의 실현을 위해 역할과 책임을 설정하고 구체적 행동단계를 개발하며, 집행에 대한 책임에 있어서도 관료 외의 관련 당사자들을 모두 참여시켜야 함

(3) 전통적 행정이론 및 신공공관리론과의 비교

구분	전통적 행정이론	신공공관리론	신공공서비스론
이론적 인식 토대	초기의 사회과학	경제이론, 실증적 사회과학(실증주의적 인식)	민주주의, 실증주의, 현상학, 포스트모더니즘, 비판이론
공익관	법률로 표현된 정치적 결정	개인 이익의 총합(총이익)	공유 가치에 대한 대화와 담론의 결과물
합리성	개괄적 합리성	기술적 · 경제적 합리성	전략적 합리성
행태모형	행정인	경제적 인간관(경제인)	정치적 · 경제적 · 조직적 합리성에 대한 다원적 접근
정부의 역할	노젓기 역할(정치적으로 결정된 단일 목표에 초점을 맞춘 정책의 입안과 집행)	방향잡기(시장의 힘을 활용한 촉매자의 역할)	봉사(시민과 지역공동체 내의 이익을 협상 · 중재, 공유가치의 창출)
관료 반응대상	고객과 유권자	고객	시민
정책목표의 달성 기재	정부기구를 통한 프로그램	개인 및 비영리기구를 활용해 정책목표를 달성할 기제와 유인체제를 창출	동의된 욕구를 충족시키기 위한 공공기관, 비영리기관, 개인들의 연합체를 구축
책임에 대한 접근 양식	계층제적 접근(행정인은 민주적으로 선출된 정치지도자에게 반응)	시장 지향적 접근(개인이익의 총화는 시민 또는 고객집단에게 바람직한 결과 창출)	다면적 · 복합적 접근(법, 지역공동체 가치, 정치규범, 전문적 기준 및 시민들의 이익에 기여)

지방직 9급 기출

04. 신공공서비스론(New Public Service)에 대한 설명으로 적절하지 않은 것은?

① 민주주의 이론, 비판이론, 포스트모더니즘 등이 인식론적 토대이다.
② 공익은 공유하고 있는 가치에 대하여 대화와 담론을 통해 얻은 결과물이다.
③ 시장의 가격 메커니즘과 경쟁의 원리를 적극적으로 도입한다.
④ 내외적으로 공유된 리더십을 갖는 협동적인 구조가 바람직하다.

해 신공공서비스론은 시장원리와 경쟁의 원리에 의존하는 신공공관리론의 기업가정신을 비판하고 소통과 담론을 통한 공익추구와 시민정신에 입각한 서비스를 중시한다.

Check Point

전략적 합리성(strategic rationality) 수단은 오로지 목표에 적합해야 한다는 전통적인 합리성과 달리 합의와 소통 · 참여를 바탕으로 후기산업사회의 신공공서비스 등에서 강조하는 유연한 합리성(=소통적 합리성, 민주적 합리성)

 04 ③

행정재량	관료는 제한된 재량만 인정됨	기업적 목적 달성을 위해 넓은 재량이 허용됨	재량을 부여하되 제약과 책임이 수반됨
관료의 동기유발	임금과 편익, 공무원 보호	기업가정신, 정부 규모를 축소하려는 이데올로기적 욕구	공공서비스, 시민정신에 부응하고 사회에 기여하려는 욕구
바람직한 조직구조	상명하복으로 움직이는 관료적 조직과 고객에 대한 규제 및 통제	기본적 통제를 수행하는 분권화된 조직구조(분권화된 공적 구조)	조직 내·외적으로 공유된 리더십을 갖는 협동적 구조

17. 포스트모더니즘의 행정이론(후기 산업사회의 행정)

(1) 의의 및 특징

① 의의 : 인간의 이성과 자아를 회복하려는 인본주의·구성주의·상대주의·다원주의·해방주의를 토대로 탈영역과 탈물질, 탈규제, 탈제약, 탈근대, 해체와 해방 등을 제창하는 후기 산업사회에서의 행정이론

② 포스트모더니즘의 특징

㉠ 구성주의(constructivism) : 우리가 발견할 수 있는 객관적 사실이 있다고 보는 객관주의를 배척하고 사회적 현실은 우리들의 마음속에서 구성된다고 보는 구성주의를 지지함

㉡ 상대주의·다원주의 : 상대주의적·다원주의적 세계관을 토대로 보편주의와 객관주의를 배척함(지식의 상대주의를 주창)

㉢ 해방·해체주의(emancipatory)

- 개인들은 조직과 사회적 구조의 지시와 제약으로부터 해방되어야 한다고 주장(서로 간의 상이성을 인정한 뒤 자유롭게 접근할 수 있음)
- 개인들은 모든 의미에서 자유로울 수 있는 존재라고 주장(인위적 계서제와 구조들로부터 자유로울 수 있고 서로 다를 수 있으며 각자가 자기 특유의 개성을 가질 자유를 누려야 한다는 것)

(2) 대표적 행정이론

① D. Farmer의 반관료제이론 : 과학주의·기술주의·기업주의 등의 근대성을 탈피하고 탈근대성을 지향하면서 포스트모더니즘 행정이론의 특징으로 상상, 해체(탈구성), 탈영역화, 타자성(他者性) 등을 제시

㉠ 상상(imagination) : 단순히 상상력을 키운다는 것 이상의 의미를 지니며 새로운 사고의 틀로 현상과 문제를 접하는 태도임. 소극적으로는 규칙에 얽

Check Point

포스트모더니즘의 행정이론
- 모더니즘의 합리주의·과학주의·기술주의·근본주의를 모두 부정함
- 전통적인 관료제 중심 산업사회의 행정이론과 달리 인간의 물상화를 배격함
- 거시정치, 거시이론을 부정하는 미시적 접근이론
- 사회와 문화에 따라서 윤리기준이 달라진다는 반근원주의적 윤리론을 취함

Check Point

포스트모더니티 사회의 특징(오석홍)
- 각자의 상이성을 중시하는 개인들로 구성되는 원자적·분권적 사회
- 추구하는 이상과 체제의 다양성이 높아지는 사회
- 사람들 간의 상이성이 존중되고 이를 위한 공동체의식의 함양이 강조되는 사회
- 반관료제적·분권적·탈계서적·탈집중적 사회, 유동성과 잠정성이 중시되는 사회
- 다품종 소량생산체제가 확산되고 제품의 수명주기는 짧아지는 사회
- 탈물질적 경향이 증가하고 기술의 인간화가 촉진되는 사회
- 국가규제를 반대하는 경향이 강해지는 반규제주의 사회
- 조직환경이 끊임없이 변동하는 사회
- 질서나 획일성, 안전성보다 불확실성이 높아지는 사회
- 세계화가 촉진되면서 동시에 분할·분화되는 사회(세계주의와 국지주의가 갈등하는 사회)

Check Point

포스트포더니즘에서의 상상
- **소극적** : 과거의 규칙에 얽매이지 않는 행정의 운영
- **적극적** : 문제의 특수성을 인정하는 것

매이지 않는 것이며, 적극적으로는 문제의 특수성을 인정하는 것

㉡ **해체(deconstruction ; 탈구성)** : 지배적 패러다임의 통합을 거부하고 특정 상황에서의 진정한 의미를 탐구. 텍스트(언어, 몸짓, 이야기, 설화, 이론)의 근거를 파헤쳐보는 것으로 특정한 상황 하에서 텍스트들을 더 잘 이해할 수 있게 함. 즉, 텍스트들을 무조건 당연한 것으로 받아들이지 않고 상황적 맥락성을 감안해 재해석. 예 '행정의 실무는 능률적이어야 한다.', '행정은 객관적으로 연구될 수 있다.'는 등의 설화를 당연한 것으로 받아들이지 않으며 의문을 제기하고 해체

㉢ **영역해체[탈영역화, 탈영토화] (deterritorialization ; 학문 간 경계 파괴)** : 모든 지식은 그 성격과 조직에 있어서 '고유'영역이 해체되어 지식의 경계가 사라짐. 행정학의 고유영역이라 믿는 지식의 성격이 변화하고 행정조직의 계층성 등이 약화된 탈관료제화된 모습으로 나타나게 될 것으로 봄.

㉣ **타자성(alterity ; 주체와 객체의 구별 해소)** : 나 아닌 다른 사람을 관찰대상에 불과한 인식적 객체(epistemic other)로서가 아니라, 자신과 언제든지 소통과 교류가 가능하고 인격체로서 존중받아야 할 도덕적 타자(moral other)로서 인정하는 것. 타자성은 타인에 대한 개방성, 다양성의 선호, 상위설화에 대한 반대, 기존 질서에 대한 반대 등을 특징으로 함

② Fox & Miller의 담론이론

㉠ 구성원 간 의사소통을 통한 담론을 행정의 중요 요소로 인식하며, 행정을 정책결정과정에서 시민의 의견을 청취하여 시민들이 원하는 것을 파악하는 담론적 행위로 파악함

㉡ 소수담론(few-talk), 다수담론(many-talk), 상당한 수의 담론(some-talk) 중 상당한 수의 사람들이 참여하는 담론이 진정한 담론을 가능하게 한다고 봄

꼭! 확인 기출문제

포스트모더니즘에 기초한 행정이론의 특징으로 가장 옳지 않은 것은? [서울시 9급 기출]

❶ 맥락 의존적인 진리를 거부한다.
② 타자에 대한 대상화를 거부한다.
③ 고유한 이론의 영역을 거부한다.
④ 지배를 야기하는 권력을 거부한다.

해 ① 포스트모더니즘에 기초한 행정이론은 상대주의적 · 다원주의적 세계관을 토대로 보편주의와 객관주의를 배척하고 지식의 상대주의를 주창한다. 즉, 포스트모더니즘은 시대와 상황에 따라 적용되는 진리가 다르다는 맥락 의존적 진리를 강조한다.
② 포스트모더니즘은 타인을 하나의 대상이 아닌 도덕적 타인으로 인정하고 개방적인 태도를 견지해야 한다는 점을 강조한다.
③ 포스트모더니즘은 학문이나 이론간 경계와 영역을 거부 · 타파하고 학문간 통합을 강조한다.
④ 포스트모더니즘은 인간을 억압 · 통제 · 지배하는 권력을 거부하고 인간을 행위의 주체로 보는 해방 · 해체주의를 강조한다.

제4장

행정이념과 행정문화

제1절 행정이념

Check Point

행정이념의 특성
- **상황성** : 행정철학이나 행정의 이상적 미래상과 관련되므로, 국가사회의 지배적 가치관을 반영하는 역사적 · 문화적 · 상황적 제약성을 지님
- **상호보완성** : 행정이념 상호 간의 우선순위를 엄격히 구별할 수 없는 상호보완적 속성을 지님
- **상대성 · 가변성 · 동태성** : 시대나 장소에 따라 다르게 나타날 수 있으며, 강조되는 행정이념에도 차이가 있음

1. 행정이념의 의의 및 변천

(1) 행정이념의 의의

① 행정이 지향하고자 하는 기본가치나 철학, 지도정신 · 원리, 지침 및 방향을 의미

② 행정이념은 반드시 행정현실에 부합하지는 않지만 행정이 준수해야 할 규범과 행정활동에 대한 평가기준을 제시함

③ 행정이 수행하는 정부기능 중에서 어느 것을 더 중시해야 하는지를 결정할 때 따라야 할 기준이나 지침이 됨

④ 행정가치의 분류

본질적 가치	가치 자체가 목적이 되는 가치, 행정을 통해 이룩하고자 하는 궁극적 가치, 결과에 상관없이 만족을 줄 수 있는 가치	공익, 형성, 자유, 평등, 정의, 복지 등
수단적 가치 (비본질적 가치)	본질적 가치를 실현하게 하는 가치, 사회적 가치의 배분 절차나 실제적 행정 과정에서 구체적 지침이 될 수 있는 가치	합법성, 능률성, 민주성, 합리성, 생산성, 투명성, 가외성, 중립성, 적합성, 적절성, 효과성 등

(2) 행정이념의 기능

① 행정활동의 평가기준이자 공무원 행동규범의 평가기준

② 행정 운영상의 방향 제시 및 지침으로서의 기능

③ 행정책임과 행정통제의 기준

④ 특정 시대 · 사회적 가치관의 반영 및 행정문화 파악

⑤ 행정발전의 지표이며 행정목표 달성에 기여
⑥ 행정의 존재가치 확인
⑦ 행정의 환경변동 대응능력 증진

(3) 행정이념의 종류와 변천

① **합법성(19세기)** : 법률에 적합한 행정을 추구하는 이념
② **능률성(19세기 말~20세기 초)** : 최소의 투입으로 최대의 산출을 얻는 것
③ **민주성(1930~1940년대)** : 대외적으로 국민을 위하고, 대내적으로 공무원의 인간적 가치를 존중하는 이념
④ **합리성(1950년대)** : 목표에 대한 수단의 적합성(기여 정도)과 관련된 이념
⑤ **효과성(1960~1970년대)** : 목표 달성 정도와 관련된 이념
⑥ **형평성(1970년대)** : 사회적으로 불리한 위치의 계층을 위한 행정과 관련된 이념
⑦ **생산성(1980년대)** : 능률성과 효과성을 모두 고려한 이념
⑧ **신뢰성(1990년대)** : 행정에 대한 신뢰에 관한 이념

가치와 사실의 비교

가치	사실
• 어떤 것이 좋거나 바람직하다거나 옳다는 주관의 평가의식이 개입된 판단기준 • 옳고 그름에 대한 주관적 · 규범적 판단기준 • 행정학의 규범적 지향에서 중시 • 정치 · 행정일원론, 가치주의(신행정론)에서 강조	• 진실과 거짓 등의 객관적 용어와 관련되어 주관의 평가의식이 개입되지 않은 현상 • 있는 그대로의 객관적 자료나 현상 • 과학적 연구를 위한 경험적 지향에서 중시 • 정치 · 행정이원론, 논리실증주의(행태론)에서 강조

2. 주요 행정이념

(1) 합법성(legality)

① 의의

㉠ 행정의 합법성이란 법에 따른 행정행위 즉, 법률의 정신을 최대한 살리는 행정을 말하며, 이는 행정의 법률적합성, 법치행정, 법의 지배원리가 관철됨을 의미

㉡ 19세기 입법국가에서 중요한 행정이념으로 인식되었으나, 행정국가에서는 법의 형식적 적용보다 행정목적 달성을 위한 법의 탄력적 적용이 요청됨에

> **Check Point**
>
> 가치에 대한 다양한 접근법
> • **Kaplan의 가치접근법** : 개인적 맥락, 표준적 맥락, 이상적 맥락(가장 바람직한 접근법)
> • **Anderson의 가치기준(공공정책 결정자의 가치기준)** : 정치적 가치, 조직의 가치, 개인적 가치, 정책의 가치, 이념적 가치
> • **Bozeman의 행정가치(정책철학으로서의 공익관)** : 합리주의, 이기주의, 보호주의, 이전(移轉)주의, 중개(仲介)주의, 실용주의
> • **Goodsell의 가치접근법** : 수단지향적 접근, 도덕적 접근, 단수인지향 접근, 시장지향 접근, 임무지향 접근

> **Check Point**
>
> 합법성과 합목적성
> 합법성은 법조문에 따른 업무의 수행을 의미하는 것이므로 행정권의 재량을 축소하는 데 비해, 합목적성은 법조문이 없더라도 법 전체를 보아서 법의 정신(목적)에 합당한 것인지를 판단하는 것이므로 합법성에 비하여 상대적으로 행정재량권의 확대를 가져온다.

따라 그 비중이 줄어들게 됨

ⓒ 오늘날은 행정대상의 복잡화, 행정의 전문화와 기술화, 국가발전을 위한 행정의 적극적 기능, 위임입법의 증대 등으로 다양한 합목적적 행정활동이 허용되는 경향임

② 장단점

㉠ **장점** : 행정의 자의성 배제, 행정의 객관성 · 신뢰성 · 투명성의 제고, 법적 안정성 및 예측가능성을 통한 자유와 권리의 보호 등

㉡ **단점** : 법규 만능주의와 형식주의의 초래 우려, 행정 편의주의의 증가, 쇄신적 행정의 저해, 목표의 전환 등

(2) 능률성(efficiency)

① 의의

㉠ 행정의 능률성은 투입에 대한 산출의 합리적 비율로 정의되는데, 일정한 투입으로 최대의 산출을 얻거나 일정한 결과를 최소의 투입으로 얻는 것을 말함

㉡ 19세기 후반과 20세기 초에 과학적 관리론이 행정학에 도입되면서 중요한 이념으로 등장

② 기계적 능률성과 사회적 능률성

구분	기계적 능률성	사회적 능률성
의의	최소의 투입(비용)으로 최대의 산출을 가져오는 것, 수단적 가치	인간 존엄성의 인정, 사회목적 실천이라는 사회적 효용 차원의 능률
행정이념	행정관리설, 과학적 관리론(1910~1930)	인간관계론, 통치기능설(1930~1940)
대두요인	과학적 관리론의 영향, 행정기능의 확대 · 변동	인간관계론의 영향, 과학적 관리론에 따른 비인간화에 반대
대표학자	L. Gulick	M. E. Dimock, G. E. Mayo
유사개념	대차대조표적 능률(H. A. Simon), 절대적 능률, 단기적 · 수치적 능률, 금전적 능률, 물리적 · 양적 능률, 사실적 · 몰가치적 능률, 좁은 의미의 능률	인간적 · 민주적 능률, 합목적적 능률, 상대적 능률, 장기적 · 발전적 능률, 가치적 · 질적 능률, 넓은 의미의 능률
비판	목적보다 수단을 중시, 인간적 가치를 무시, 행정활동의 계량화 곤란	유용성 · 실용성의 한계, 시간이나 경비의 남용 우려, 능률성의 개념을 지나치게 확대

(3) 민주성(democracy)

① 의의

㉠ 행정의 민주성이란 행정과정의 민주화를 전제로 국민의 의사를 우선하고

Check Point

자원배분의 능률성 평가기준

- **파레토의 최적** : 다른 사람의 후생(이익)을 감소시키지 않고는 누구의 후생(이익)도 증대할 수 없는 상태로 재화가 배분되어 있는 것을 의미하며, 사회적 후생의 증대를 위한 과정에서 누구의 후생도 감소시켜서는 안 된다는 조건이 있어 현실적 측면에서 적절한 판단의 기준을 제공하지 못함
- **Kaldo와 Hicks의 보상기준** : 정책도입으로 손해를 보는 집단과 이익을 보는 집단이 공존하더라도 손실과 이익을 비교형량하여 이익(편익)이 손실(비용)보다 더 크면 도입할 수 있으며, 이때 정부는 적절한 보상의 원리를 적용해야 함

기출 Plus 지방직 9급 기출

01. 디목(Dimock)이 제창한 사회적 능률에 해당하지 않는 것은?

① 인간적 능률
② 합목적적 능률
③ 상대적 능률
④ 단기적 능률

해 단기적 · 수치적 능률은 기계적 능률에 해당한다.
①·②·③ 사회적 능률에는 인간적 · 민주적 능률 · 합목적적 능률, 상대적 능률, 장기적 · 발전적 능률이 있다.

답 01 ④

반영하는 행정, 국민의 복지를 위한 행정, 국민에게 책임을 지는 행정이 실현되는 것

㉡ 행정조직 내외에 있어 인간적 가치가 구현되는 것

② 대내적 민주성과 대외적 민주성

구분	대내적 민주성	대외적 민주성
의의	공무원의 행정, 공무원에 의한 행정, 공무원을 위한 행정	주민의 행정, 주민에 의한 행정, 주민을 위한 행정
확보 방안	• 공무원의 민주적 행정행태 확립 • 행정체제의 분권화 • 하의상달적 의사소통, 민주적 조직분위기 형성 • 비공식조직의 활성화 • Y이론적 관리 • 공무원의 교육훈련 · 능력 발전	• 행정의 책임성 또는 대응성을 보장하는 행정 구현 • 일반국민의 행정참여 확대 · 보장 • 행정인의 행정윤리 확립 및 효과적 행정통제 구현 • 국민의 권익 침해에 대한 구제장치 확보 • 행정과 국민 간의 의사전달체제 확보 • 행정절차법, 행정정보 공개제도의 확립

꼭! 확인 기출문제

행정이 추구하는 가치에 대한 설명으로 옳지 않은 것은? [지방직 9급 기출]

① 합리성은 어떤 행위가 궁극적인 목표달성을 위한 최적의 수단이 되느냐를 가리키는 개념이다.
❷ 효과성은 투입 대비 산출의 비율을, 능률성은 목표의 달성도를 나타내는 개념이다.
③ 행정의 민주성은 대외적으로 국민 의사의 존중 · 수렴과 대내적으로 행정조직의 민주적 운영이라는 두 가지 측면이 있다.
④ 수평적 형평성이란 동등한 것을 동등하게 취급하는 것, 수직적 형평성이란 동등하지 않은 것을 서로 다르게 취급하는 것을 의미한다.

해 ② 능률성(efficiency)은 투입 대비 산출의 비율을, 효과성(effectiveness)은 목표의 달성도를 나타내는 개념이다.
① 합리성(rationality)은 목표와 수단의 인과관계에 관한 타당한 근거를 가지고 목표 달성에 맞는 수단을 강구하고 이에 따라 행동하는 것을 의미한다.
③ 민주성(democracy)은 대외적으로 국민의 의사를 우선하고 반영하는 행정과 대내적으로 공무원의 민주적 행정형태 확립이라는 두 가지 측면이 있다.
④ 수평적 형평성(horizontal equity)이란 동등한 것을 동등하게 취급하는 것을 의미하며, 수직적 형평성(vertical equity)이란 동등하지 않은 것을 서로 다르게 취급해야 공평하다는 것을 의미한다.

(4) 합리성(rationality)

① 의의

㉠ 행정학에서의 합리성은 목표 달성에 부합되는 수단을 강구하고 이에 따른 행위, 즉 목표와 수단의 인과관계에 관한 타당한 근거를 가지고 목표 달성에 맞는 수단을 강구하고 이에 따라 행동하는 것을 의미함

㉡ 수단의 합목적성에 입각한 목적 · 수단의 연쇄 또는 목적 · 수단의 계층제에 기초를 두는 개념

Check Point

X, Y이론

맥그리거는 인간의 일에 대한 상반된 두 가지 태도를 중심으로 X, Y이론을 제시함

- **X이론** : 인간에 대한 억압과 통제 내지는 보상을 중시하는 고전적 관리전략
- **Y이론** : 참여를 통한 인간중심의 자율규제 관리

Check Point

행정이론과 합리성의 변천

- **형식적(공식적) 차원의 합리성** : Weber의 관료제론에서 중시하는 합리성으로, 표준화되고 보편적인 법규가 인간생활을 지배할 때 나타나는 합리성
- **실천적(기술적) 차원의 합리성** : Taylor의 과학적 관리론과 이에 영향을 받은 Wilson식 고전적 행정학에서 강조된 합리성으로, 목표 달성을 위한 최선의 대안을 찾는 것
- **인지과정 차원의 합리성** : 목표 달성과정에 있어서 적합한 절차를 따랐는가에 대한 합리성으로, Simon의 절차적 합리성이 여기에 해당됨
- **가치적 차원의 합리성** : 공익이나 형평성 등의 가치까지 포함한 광범위한 합리성을 말하며, 1970년대 신행정론에서부터 강조되기 시작
- **정치적 차원의 합리성** : 점증주의자(Lindblom)들은 정치적 타협과 협상 및 정치적 지지까지를 포함하는 정치적 합리성 강조

② 합리성의 유형

㉠ Mannheim의 유형

- 기능적(functional) 합리성
  - 목표 달성을 위한 수단적 적합성을 말하는 것으로, 이것이 반드시 실질적 합리성을 증가시키는 것은 아니며 자율적 판단력과 통찰력을 흐리게 하기도 함
  - Weber의 형식적 합리성, 수단적 합리성과 유사
- 실질적(substantial) 합리성 : 특정 상황에서의 인과관계를 밝히는 이성적인 사고로서, 주관적 의식이나 행동에 대한 반성과 판단능력을 의미함

㉡ Simon의 유형

- 내용적(substantive) 합리성
  - 목표에 비추어 적합한 행동이 선택되는 정도를 의미
  - 행정의 내용적(실질적) 합리성 여부는 목표성취의 기여여부에 달려 있다는 것으로, 결과적 · 객관적 합리성과 관련됨
  - 효용 또는 이윤 극대화를 위한 가장 효율적인 행위를 지칭하는 경제학적 개념
  - Simon은 인간의 불완전성(인지능력상 한계)로 사실상 내용적 합리성을 포기하고 절차적 합리성을 중시
- 절차적(procedural) 합리성
  - 인간의 의식적인 지적 사유과정이나 인지능력에 근거한 제한된 합리성
  - 인간은 불완전하나, 보다 바람직한 문제 해결을 위해 의식적인 지적 사유과정을 지속하는 행정인이라는 인식의 합리성으로, 결과보다는 인지적 · 지적 과정을 중시하는 주관적 · 과정적 · 제한된 합리성
  - 의식적 사유과정을 말하는 심리학적 개념으로, 어떤 행위가 의식적인 사유과정의 산물이거나 인지력(cognitive power)과 결부되어 있다는 것
  - Simon은 의사결정의 만족모형에서 절차적 합리성을 중시

합리성 유형 간 관계

구분	합리성의 의미		K.Manheim	H.Simon
경제학적 차원	목표 달성을 위한 최적 수단	내용 중심	기능적 합리성	내용적(실질적) 합리성
심리학적 차원	이성적 사고, 의식적 체계적 사유(思惟) 과정, 심사숙고	과정 중심	실질적 합리성	절차적 합리성

㉢ Weber의 합리성

- 형식적 합리성 : 특수성 배제, 법의 보편적 정신을 목표로 그 행위를 중시
- 실질적 합리성 : 자유주의, 민주주의, 쾌락주의 등 일련의 가치 전체를 표준으로 한 행위
- 이론적 합리성 : 현실의 경험에 대한 지적 이해, 연역과 귀납, 인과관계의 규명 등 인지적 사유과정
- 실천적 합리성 : 주어진 현실 속에서 정해진 목적을 성취하는 가장 경제적 · 효과적 방법

㉣ Diesing의 합리성

- 기술적 합리성
  - 하나의 목표를 성취하기 위한 적합한 수단들을 찾는 것으로, 목적과 수단의 인과관계 내지 연쇄관계(계층적 구조)를 핵심으로 하는 합리성
  - 본래적 의미의 합리성이라 할 수 있으며, 목표와 그 목표를 달성하는 행위인 수단을 연결하는 기술적 측면의 합리성을 의미
- 경제적 합리성
  - 비용과 편익을 측정하고 비교하여 목적을 선택 및 평가하는 과정에 관한 합리성
  - 최소의 비용으로 최대의 효과를 목표로 하는 논리와 관련
- 사회적 합리성
  - 사회체제의 구성요소 간의 조화있는 통합성을 확보하는 것
  - 사회 내의 다양한 힘과 세력들이 질서있는 방향으로 조정되고 갈등을 해결할 수 있는 장치와 관련
- 법적 합리성 : 인간과 인간 간에 권리와 의무관계가 성립할 때에 나타나며, 갈등을 해결 가능하게 하고 복잡한 것을 명확하고 예측 가능하게 하는 합리성
- 정치적 합리성
  - 보다 나은 정책을 추진할 수 있는 정책결정구조의 합리성을 의미하며, 가장 영향력이 크고 비중이 높은 중요한 합리성
  - 부족한 자원을 권위적 · 법적 강제를 바탕으로 배분하는 논리와 관련

③ 합리성의 저해요인

㉠ 개인적 저해요인

- 인간의 인지능력의 제약(Simon의 절차적 합리성)
- 가치관과 선입견, 편견, 감정적 차이
- 과거의 습관이나 고정관념에 안주하는 현상유지적 경향

Check Point

Lineberry의 합리성

- **유형** : 개인적 합리성, 집단적 합리성, 사회적 합리성
- **합리성의 충돌** : 개인적 효용의 극대화(개인적 합리성)가 사회적 효용의 극대화(사회적 합리성)를 보장하지 못하고 양자가 충돌한다는 것을 지적 예 공유지의 비극, 죄수의 딜레마 등

㉡ 집단적 · 조직적 요인

- 특정 사회의 문화적 요인이나 사회관습, 가치체계
- 매몰비용에 대한 집착이 존재하거나 새로운 사업에 대한 비용이 과중한 경우
- 상호경쟁적 이해관계가 부딪치는 다원주의적 상황에서의 대인간 조작(Lindblom)
- 상호경쟁과 불신으로 인한 이기주의적 상황
- 자유로운 의사소통을 가로막는 구조적 왜곡이 존재하는 경우(Habermas의 비판이론)

㉢ 정보 요인

- 지식정보의 불완전성에 의한 대안 선택 시 갈등상황
- 지식정보의 격차(불균형성)에 의한 대리손실 상황

(5) 효과성(effectiveness)

① 의의 : 행정목표의 달성도를 의미하는 결과지향적 · 기능적 행정이념

② 등장배경

㉠ 1960년대 발전행정론의 대두에 따라 발전목표의 달성도를 의미하는 효과성이 중시되면서 등장

㉡ 선진국에서도 목표관리의 중요성이 강조되고 신행정론에서도 행정의 목표지향성을 강조함

③ 효과성 측정모형

㉠ 고전적 모형

- 목표모형(Goal Model) : 효과성을 목표달성도(결과)로 평가하는 모형으로 효과성은 조직의 성공도를 측정하는 기준이며 그 측정이 가능하다고 보는 입장(MBO 등)
- 체제모형(System Model) : 결과보다는 환경에 대한 적응 · 생존 및 존속 등 과정을, 산출보다는 자원(수단)의 충분한 투입(확보) 등을 중시하는 입장(체제모형, OD 등)

㉡ 현대적 모형(경쟁적 가치 접근법)

- 의의 : Quinn & Rohrbaugh는 '어떤 조직이 효과적인가'하는 것은 가치판단적인 것이라고 지적하고 상충되는 가치에 의한 통합적 분석틀을 개발

Check Point

효과성 개념모형

- **목표모형** : 효과성(목표 달성도)은 조직의 성공도를 측정할 수 있는 유일한 기준이며, 그 측정이 가능하다고 보는 비교적 고전적 입장
- **체제모형** : 목표 달성만이 조직의 유일한 기능은 아니라는 현대적인 입장으로서, Parsons의 경우 조직의 기능은 목표 달성뿐만이 아니라 적응기능 · 체제유지기능 · 통합기능이 종합적으로 수행되어야 한다고 봄
- **기능모형** : 조직이 업무 수행과정에서 사회적 기능을 얼마만큼 수행하느냐 정도로 효과성 파악
- **생태학적 모형** : 환경에 대한 적응 정도로 효과성을 파악
- **주민만족도 모형** : 행정이 주민들을 얼마만큼 만족시키느냐를 효과성으로 파악

구조 \ 지향	조직(외부지향)	인간(내부지향)
통제 (안정성)	합리적 목표모형–합리문화 • 목적 : 생산성, 능률성, 수익성 • 수단 : 기획, 목표설정, 합리적 통제	내부과정모형–위계문화 • 목적 : 안정성, 통제와 감독, 균형 • 수단 : 정보관리, 의사소통
유연성 (융통성)	개방체제모형–발전(혁신)문화 • 목적 : 성장, 자원획득, 환경 적응 • 수단 : 유연성, 용이함, 준비성, 외부 평가	인간관계모형–집단문화 • 목적 : 인적자원 발달, 능력발휘, 구성원 만족 • 수단 : 응집력, 사기

• 조직의 성장단계별 적용(Quinn & Cameron) : 조직이 성장해나가면서 적용될 모형이 달라진다고 보고, 따라서 하나의 조직이 상호경쟁적인 모형과 문화를 함께 가질 수도 있다고 보았음

단계	창업단계	집단공동체단계	공식화단계	정교화단계
모형	개방체제모형	인간관계모형	내부과정모형, 합리적목표모형	개방체제모형

능률성과 효과성의 비교

능률성	효과성
• 수단적 · 과정적 측면에 중점 • 예산 관계 공무원은 능률성 추구 • 하위 목표적 성격 • 양적 · 단기적	• 결과에 중점 • 기획 담당 공무원은 효과성 추구 • 상위 목표적 성격 • 질적 · 장기적

(6) 사회적 형평성(social equity)

① 의의

㉠ 1970년대 신행정론의 3대 이념(효과성 · 능률성 · 사회적 형평성)의 하나로서, 대내외적으로 모든 면에서 공정하며, 특히 경제적 · 사회적으로 소외된 약자를 위한 행정을 말함

㉡ 재화의 공정한 배분, 공평성, Rawls의 정의론, 분배적 정의, 복지제일주의 등과 일맥상통하는 이념이며, 수직적 평등의 성격을 지님

② 수직적 형평성과 수평적 형평성

㉠ **수직적 형평성** : 다른 사람은 다르게 취급해야 공평하다는 것을 의미(공공서비스의 배분적 형평성을 기하려는 경우에 제기됨)

㉡ **수평적 형평성** : 같은 사람을 같이 취급함을 의미(공공서비스 제공의 결정

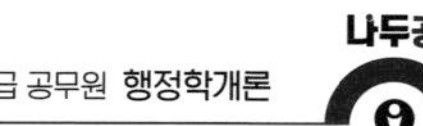

기준에 상응하는 같은 양의 서비스를 받게 하는 경우에 제기됨)

㉢ **양자의 적용** : 동일한 것은 동일하게, 경우에 따라서 다른 것은 다르게 대우함으로써 재화의 공정한 배분이 이루어지는 것을 의미

③ **형평성의 이론적 근거**

㉠ **평등이론** : 모든 인간은 평등하게 대우를 받아야 한다는 이론 즉, 단순히 법 앞에서의 평등만이 아니라 인간의 존엄성과 가치는 동일하다는 것으로, 보수주의자들이 주장

㉡ **실적이론** : 기회균등을 전제로 한 능력과 업적에 따른 배분을 강조하는 이론으로, 자유주의자들이 주장

㉢ **욕구이론** : 부나 가치가 인간의 기본적 욕구 충족에 근거하여 배분될 때 사회적 형평이 구현된다고 보는 입장으로, 주로 사회주의자들에 의해 제기

④ **H. G. Frederickson의 사회적 형평성** : 형평성을 추구하는 수단가치로 응답성, 시민참여, 재화의 공평한 분배, 시민의 선택, 행정의 책임성 등을 제시

참고

J. Rawls의 정의론

① 정의의 의미
- ㉠ 정당화될 수 없는 자의적인 불평등이 없는 상태
- ㉡ 현실의 개인들이 성립시킨 최소한의 합의

② **전제(원초적 입장)**
- ㉠ 자신의 개인적 특성이나 사회적 위치를 모르는 가상 상황(무지의 베일을 쓴 상황)에서, 서로에게 무관심한 합리적 당사자들은 모든 사람에게 적용되기를 바라는 공정한 분배원칙을 선택한다고 전제
- ㉡ 절차에 하자가 없이 공정하다면 차등이나 불평등도 정당화될 수 있다고 가정

③ **정의의 원리** : 정의의 기준은 절차과정의 공정성이며, 이를 위해 두 가지 원리를 제시
- ㉠ 제1원리(평등한 자유의 원리) : 모든 사람은 타인의 자유와 상충되지 않는 한도 내에서 가능한 최대한의 동등한 자유를 가져야 함(모두가 기본적 자유에 있어 평등한 권리를 가져야 한다는 것)
- ㉡ 제2원리(자유를 제외한 가치들의 조정에 대한 원리)
  - 기회균등의 원리(기회의 공평) : 모든 사람에게 공정한 기회균등이 보장된 조건에서만 사회적 · 경제적 불평등이 가능
  - 차등조정의 원리(결과의 공평) : 가장 불리한 사람(최소수혜자, 최빈층)에게 최대한 이익이 되도록 조정하는 경우에만 불평등이 정당화 됨(최소극대화의 원리에 따라 조정)

④ **우선 순위** : 두 가지 원리가 충돌할 경우 제1원리가 항상 우선하며, 제2원리 내에서 충돌이 생길 때에는 기회균등의 원리가 우선

꼭! 확인 기출문제

롤스(J. Rawls)의 정의론에 대한 설명으로 옳지 않은 것은? [국가직 9급 기출]

① 원초적 자연상태(state of nature) 하에서 구성원들의 이성적 판단에 따른 사회형태는 극히 합리적일 것이라고 가정하는 사회계약론적 전통에 따른다.

② 현저한 불평등 위에서는 사회의 총체적 효용 극대화를 추구하는 공리주의가 정당화될 수 없다고 본다.

Check Point

사회적 형평성의 확보 방안
- 행정기관의 공정성 정립
- 대표관료제
- 사회적 약자의 이익보호
- 주민참여의 확대
- 빈곤대비책, 재분배정책의 시행
- 규제의 적정화
- 비정부기관 및 지방자치의 활성화

기출 Plus 지방직 9급 기출

02. 롤스의 정의론에 대한 설명 중 가장 옳지 않은 것은?

① 타고난 차이 때문에 사회적 가치의 획득에서 불평등이 생겨나는 것은 사회적 정의에 어긋난다.

② 형평성이 확보되려면 우선적으로 결과의 평등이 전제되어야만 한다.

③ 원초적 상태에서 구성원들이 합의하는 규칙 또는 원칙이 공정할 것이라고 전제하고 있다.

④ 전통적 자유주의와 사회주의의 양극단을 지양하고 자유와 평등의 조화를 추구하는 중도적 입장을 취하고 있다.

해 Rawls의 정의론에서 '결과의 평등(공평)'은 정의의 원리 중 가장 마지막에 추구하는 차등조정의 원리에 따른 평등이다. Rawls는 정의의 두 가지 원리로 제1원리(동등한 자유의 원리)와 제2원리(기회균등의 원리와 차등조정의 원리)를 제시하고, 제1원리가 언제나 제2원리에 우선하며, 제2원리 중에서는 기회균등의 원리(기회의 공평)가 차등조정의 원리(결과의 공평)보다 우선한다고 하였다.

답 02 ②

③ 사회의 모든 가치는 평등하게 배분되어야 하며, 불평등한 배분은 그것이 사회의 최소수혜에게도 유리한 경우에 정당하다고 본다.
❹ 자유와 평등의 조화를 추구하는 중도적 입장보다는 자유방임주의에 의거한 전통적 자유주의 입장을 취하고 있다.

해 ④ 롤스(J. Rawls)의 정의론은 전통적 자유주의와 사회주의의 양극단을 지양하고 자유와 평등을 사회적 정의의 관점에서 재해석하여 양자의 조화를 추구하는 중도적 입장을 취하고 있다.
① 롤스는 원초적 자연상태와 무지의 베일이라는 가상적 개념을 도입하여 사회계약론적 전통에 따라 정의의 원리를 설명하였다.
② 롤스의 정의론은 총체적 효용의 극대화를 추구하는 공리주의와 달리 약자의 이익을 우선시한다.
③ 롤스의 정의론은 모든 사람에게 공정한 기회균등이 보장된 조건하에서만 사회적·경제적 불평등이 가능하며, 불평등한 배분은 그것이 사회의 최소수혜자에게 최대한 이익이 되도록 조정되어야한다는 최소극대화(Maximin)의 원리를 중시한다.

(7) 생산성(productivity)

① 의의
㉠ 생산성(효율성)이란 능률성과 효과성을 포함하는 개념으로서, 최소한의 투입으로 최대의 산출(능률성, 양적 개념)을 추구하면서도 산출이 원래 설정한 목표기준에 비추어 얼마나 바람직한 효과(효과성, 질적 개념)를 미쳤는가를 나타내는 개념임
㉡ 정부조직이 가능한 한 능률적이고 효과적으로 목표를 어떻게 달성할 수 있으며 성과를 어떻게 향상시킬 수 있는가에 초점을 둠
㉢ 일반적으로 비용을 일정하게 유지하면서 서비스 수준을 향상시키고, 현재의 서비스 수준 비용을 줄이면서 동시에 성과와 서비스 수준을 향상시키는 데 목적이 있음
㉣ 1980년대 신공공관리론, 감축관리론 등에서 강조

② 생산성 측정의 저해 요인
㉠ 행정활동은 대부분 다목적 기능이기 때문에 생산성 측정이 곤란함
㉡ 민간부문과 달리 공공행정은 공공산출의 개별적 단위와 명확한 생산함수가 없음
㉢ 생산성 향상에 필요한 충분한 자료와 정확한 정보가 부족함
㉣ 공공행정에서는 상호적 외부요인이 작용하므로 생산성은 그 활동에 의해서만 정해지지 않으며 기타 기관의 행정활동의 생산성에 의해서도 영향을 받음

Check Point

생산성 제고 방안
- **인적 요인** : 유능한 인재의 채용 및 전문적 능력을 가진 인적자원의 확보
- **관리적 요인** : 자본 · 시설투자의 확대를 통하여 생산 자동화를 촉진하고, 조직구조를 개선
- **생산성 요인** : 생산의 인적 · 물적 요소의 결합을 적정하게 유지하고 업무량의 적정화와 예측가능성 제고

꼭! 확인 기출문제

행정서비스의 성과를 측정하는 개념과 그에 대한 설명이 바르게 연결되지 않은 것은? [지방직 9급 기출]

① 능률성 – 투입과 산출의 비율
❷ 생산성 – 목표달성도
③ 형평성 – 서비스의 공평한 배분정도
④ 대응성 – 시민의 수요에의 부응정도

해 ② 목표 달성도를 의미하는 개념은 효과성(effectiveness)이다. 생산성((productivity)은 최소의 투입으로 최대의 산출(능률성)을 추구하면서도 산출이 원래 설정한 목표를 달성했는가(효과성)를 나타내는 개념이다(능률성과 효과성을 합한 효율성의 개념).
① 능률성(efficiency)은 투입에 대한 산출의 합리적 비율, 즉 일정한 투입으로 최대의 산출을 얻는 것을 말한다.
③ 형평성(equity)은 재화의 공정한 배분 정도 등과 같은 행정의 공정성과 관련된 개념이다.
④ 대응성(responsiveness)은 국민의 요구 등에 충족한 정도를 의미하는 개념이다.

(8) 투명성(transparency)

① 의의
㉠ 투명성은 정부의 의사결정과 집행 과정 등 다양한 공적 활동이 정부 외부로 명확하게 드러나는 것을 의미함(투명성에서 가장 중요한 요소는 공개)
㉡ 단순한 공개의 수준을 넘어 정보에 용이하게 접근할 수 있는 권한을 보장하는 적극적 개념
㉢ 공무원의 부패를 방지하기 위한 가장 중요한 가치로 인식됨
㉣ 정보기술이 발달할수록 투명성 확보가 용이함

② 투명성의 유형
㉠ **과정 투명성** : 의사결정과정의 투명성을 의미하는 것으로, 정부 내부의 의사결정과정이 개방적이고 투명하게 이루어져야 한다는 것 예 민원처리 과정의 온라인 공개
㉡ **결과 투명성** : 의사결정이 제대로 집행되는가를 확인할 수 있도록 집행과정을 통하여 결과의 투명성을 확보하는 것 예 시민 옴부즈만 제도
㉢ **조직 투명성** : 조직 자체의 개방성과 공개성 예 인터넷상에서 조직 관련 정보의 인터넷상의 공개

Check Point

투명성 제고방안
• 시민참여 확대
• 정보공개제도의 확대
• 전자민주주의(tele-democracy) 구현
• 이해충돌 회피의 의무화
• 절차적 투명성 확대
• 정책실명제 실시

(9) 신뢰성(reliability)

① **의의** : 국민을 위한 행정이나 정책결정에 대한 예측가능성, 행정기관이 국민들로부터 이해와 지지를 받는 정도 등을 의미

② 중요성
㉠ 정부주도의 발전 지향적 행정활동이 국민의 불신으로 정책효과를 거두기 곤란함

Check Point

신뢰성 제고 방안
• 공정한 행정절차 및 행정통제절차의 확립
• 행정에 대한 투명성 확보
• 민주적 공복관의 확립과 직업윤리의식의 제고
• 정치발전과 국민통합
• 행정과정의 안정성 확보
• 가외성의 확보

㉡ 신뢰가 사회적 자본의 핵심으로 전환된다고 주장(Fukuyama)

㉢ 특히 1990년대 뉴거버넌스에서 강조

③ **장단점** : 정부의 신뢰가 높은 경우 정책순응도가 높아져 의도한 정책효과를 거둘 수 있는 반면, 정책대안에 대한 비판적 검토가 부족해짐

④ **불신의 원인** : 행정의 투명성 및 일관성 부족, 관료부패와 무능 등

사회적 자본(social capital)

① 의의

㉠ 종전의 인적 · 물적 자원에 대응되는 개념으로, 공동의 목적 달성이나 문제 해결을 위해 사회구성원들이 자발적 · 적극적으로 참여 · 협력할 수 있게 하는 사회적 조건을 말함(구성원들이 협력하여 공동목표를 효율적으로 추구할 수 있게 하는 사회생활 또는 사회적 조직의 특성)

㉡ 상호신뢰, 사회적 연결망(network), 공동체주의, 호혜주의, 친사회적 · 호혜적 규범(공유규범), 규율(공식적인 제도와 규칙) 등을 의미

㉢ 1990년대 뉴거버넌스(신국정관리론)에서 본격적으로 강조 · 연구됨

② **사회적 자본의 원천에 대한 견해**

㉠ 참여, 소득 등을 포함한 사회 · 경제적 배경, 지역으로 보는 견해

㉡ 규범, 신뢰, 네트워크로 보는 견해

㉢ 거버넌스의 증진, 효율성, 경제발전 등으로 보는 견해

③ **특징**

㉠ 사회적 자본은 유형의 자본이 아니라 무형의 자본이며, 사람의 인식이나 믿음, 사회적 관계 속에 존재함

㉡ 배타적으로 소유하거나 소비에서 개인을 배제할 수 없는 공공재의 속성을 지님

㉢ 경쟁과 갈등보다는 구성원 간의 신뢰와 협력을 중시함

㉣ 도덕적 순환, 즉 구성요소들 간에 서로를 강화시키는 경향이 있음

㉤ 사회적 자본의 형성 과정은 지역사회로부터 형성되는 상향적 속성을 지니며, 측정지표는 지역특성에 따라 달라져야 함(사회적 자본이 형성된 지역사회에서 다양성은 갈등의 원천이 아니라 긍정적으로 작용함)

④ **사회적 자본의 기능**

㉠ 순기능

- 신뢰를 통해 거래 비용이나 정보획득 비용을 감소시킴(사회적 관계에 내재하는 정보원으로서의 잠재력으로 작용)
- 효과적인 사회적 통제 · 제재력으로 작용(시민조직은 공직자의 부정부패를 효과적으로 감시)
- 자발적 참여와 신뢰에 기반한 주민 간의 규범 및 네트워크의 형성은 공동체의 결속감 형성과 정부 성과에 긍정적 영향을 미침(민주적 · 효과적 거버넌스 형성에 기여)
- 시민참여의 네트워크를 통한 지역사회 발전에 기여하며, 시민조직의 발달로 공직자의 부정부패를 효과적으로 감시
- 집단행동의 딜레마를 극복할 수 있는 방법을 제공하는 자원으로 기능

㉡ 역기능 : 공동체 간의 갈등이 상호불신과 반목을 초래할 수 있으며, 표현의 자유와 개인의 인권을 침해할 수 있음

(10) 가외성(redundancy)

① 의의

㉠ Landau가 불확실성의 시대에 대비하여 행정의 신뢰성을 제고하기 위해 주장한 이념으로, 행정의 남는 부분이나 초과분, 중첩 · 중복 부분 등을 의

국가직 9급 기출

03. '사회적 자본(social capital)'이 형성되는 모습으로 보기 어려운 것은?

① 지역주민들의 소득이 지속적으로 증가하고 있다.

② 많은 사람들이 알고 지내는 관계를 유지하는 가운데 대화 · 토론하면서 서로에게 도움을 준다.

③ 이웃과 동료에 대한 기본적인 믿음이 존재하며 공동체 구성원들이 서로 신뢰한다.

④ 지역 구성원들이 삶과 세계에 대한 도덕적 · 윤리적 규범을 공유하고 있다.

해 지역주민들의 소득수준은 경제적 자본이므로, 사회적 자본에 해당하지 않는다.

Check Point

가외성의 예

순차적 결재, 분권화, 3권분립, 양원제, 위원회, 법원의 삼심제, 거부권, 계선과 막료 등

03 ①

미함(행정의 능률성과 대조됨)

㉡ 당장은 불필요하나 미래의 불확실성이나 위기상황 등에 대비하기 위한 장치적 개념

㉢ 종래 능률주의 행정학에서는 조직 속에 잠재해 있는 중복적 · 낭비적 요소를 제거하는 데 집중하였으나, 오늘날은 행정체제의 안정성과 신뢰성을 위해 가외성이 재평가됨

② 특성 및 기능

㉠ 중첩성 · 중복성(반복성) · 동등잠재력으로 체제 적응성 · 신뢰성 강화

㉡ 오류의 최소화로 신뢰성 제고, 정보의 불완전성 대비(불확실성 대비)

㉢ 타협과 협상의 사회를 유도하고 종합성 · 융통성을 확보(협상을 위한 전략적 가치)

㉣ 유기적 조직에서 특정 하위체제의 불완전성이 전체로 확산되는 것을 방지(전체 체제성)

㉤ 분권화의 근거로 작용하며, 행정조직의 창조성을 제고

㉥ 수용 범위의 한계 극복

㉦ 목표전환 현상의 완화 · 극복

③ 한계

㉠ 행정의 능률성과는 배치(양자는 절대적 대립관계보다는 상호보완적 관계)

㉡ 감축관리와 조화가 곤란하며, 가외성 확보를 위한 비용과 자원의 한계

㉢ 기능 중복 · 중첩으로 인한 갈등 · 대립과 책임 한계의 불명확성 등의 우려

Check Point

중첩성 · 중복성 · 동등잠재력

- **중첩성(overlapping)** : 여러 행정기관이 상호 의존성을 가지면서 중첩적으로 공동관리함으로써 오류를 최소화(기관 간은 기능분업과 협력관계)
- **중복성(duplication, 반복성)** : 동일한 기능을 여러 기관들이 독자적인 상태에서 수행하는 것(기관 간은 경쟁적 관계)
- **동등잠재력(equipotentiality, 등전위현상)** : 어떤 기관 내에서 주된 조직단위의 기능이 작동하지 않을 때에 동일한 잠재력을 지닌 다른 보조적 단위기관에서 대행(수평적 교체현상)

Check Point

가외성의 정당화 근거

- 불확실한 시대에 대비
- 협상을 위한 전략적 가치
- 광범위한 신경조직으로 이루어진 현대 조직의 위험성과 미비점을 보완
- 전체 조직에 있어 부품의 불완전성이나 이탈가능성에 대한 보완장치(체제성, 전체성)
- 정보체제의 불완전성 · 미비성에 대비

꼭! 확인 기출문제

다음 설명에 해당하는 것은? [국가직 9급 기출]

> 이것은 불확실한 상황에서의 오류 발생 가능성을 최소화 하고 체제의 신뢰성을 높이기 위해 강조되는 행정가치이며, 여러 기관에 한 가지 기능이 혼합되는 중첩성(overlapping)과 동일 기능이 여러 기관에서 독립적으로 수행되는 중복성(duplication) 등을 포괄하는 개념이다.

❶ 가외성(redundancy) ② 합리성(rationality)
③ 효율성(efficiency) ④ 책무성(accountability)

해 ① 지문은 가외성에 대한 설명이다. 가외성은 여분 · 여벌 등 정상적으로 필요한 것 이상의 것, 초과분 등의 개념과 비슷한 것으로 체제의 실패가능성을 방지하고 그 핵심인 중복성, 중첩성이 체제의 신뢰성, 적응성, 안정성 확보에 기여하는 것을 말한다.

3. 행정이념 간의 상호관계

(1) 부합관계(조화적 관계)

① **합법성과 민주성** : 합법성은 법에 근거해서만 이루어지는 소극적 자유에 주안점을 두고, 민주성은 국민을 위해서 행정범위를 확대하는 적극적 자유에 역점을 둔다는 점에 차이가 있을 뿐, 국민의 자유와 권익의 보호 · 신장을 강조한다는 점에서는 유사함

② **민주성과 사회적 능률성** : 목적가치로서의 민주성과 수단적 가치로서의 능률성은 서로 상충될 수도 있고 부합될 수도 있는데, 민주적 행정의 효과를 제고하기 위한 행정능률의 추구를 통해 양자의 조화를 모색할 수 있음

③ **민주성과 형평성** : 기회의 공평을 강조하는 절차적 민주성은 사회정의나 형평성(결과의 공평)과 상충될 수 있으나, 결과로서의 민주성은 정의나 형평성과 부합되기도 함

④ **능률성과 효과성** : 능률성은 양적 개념이며 효과성은 목표 달성도라는 질적 개념이므로 항상 조화되는 것은 아니나, 양자는 목표의 신속하고 경제적인 성취를 지향한다는 측면에서 부합관계에 있음

⑤ **능률성과 중립성** : 행정의 기술성 · 도구성을 강조

(2) 상충관계(대립적 관계)

① **민주성(목적가치)과 기계적 능률성(수단가치)** : 민주성을 강조할 경우에는 능률성(기계적 능률)이 희생될 수 있고, 능률성을 강조할 경우에는 민주성이 희생될 수 있는 상충관계

② **민주성과 효과성** : 민주성은 정당한 절차와 과정을 중시하나 효과성은 목표성취에 치중하므로 정당한 절차가 무시되는 경우가 있음(효과성이 법적 절차를 무시하는 경우 합법성과도 상충됨)

③ **합법성과 대응성** : 합법성은 주어진 법적 절차에 따라 행정이 수행되어야 한다는 것으로 예측가능성과 법적 지향성을 강조하는 반면, 대응성은 주민이 원하는 행정서비스를 제공한다는 것으로 구체적 타당성과 실질적 합리성을 추구함

④ **능률성과 가외성** : 능률성을 제고하기 위해서는 중복 · 낭비되는 부분을 최소화하여야 함

Check Point

대응성, 적절성, 적정성

㉠ **대응성(responsiveness)**
- 고객인 국민이 원하는 바를 얼마나 충족시켜 주는가의 정도를 의미하며, 형평성이나 민주성의 주요 내용이 됨
- 1970년대의 신행정학에서 출발하여 신자유주의 이념과 신공공관리, 거버넌스의 행정철학을 배경으로 본격화됨

㉡ **적합성(appropriateness)** : 주어진 상황에서 문제와 목표 설정이 제대로 되었는가를 평가하는 개념으로, 어떤 정책이 의도하는 목표나 가치가 바람직한 것인가와 관련되는 이념

㉢ **적정성(adequacy)** : 주어진 문제를 해결하기 위한 수단의 충분성과 관련한 개념, 즉 목표 달성 수준의 충분성을 의미하는 개념

Check Point

행정이념(가치)의 우선순위

- **본질적 · 종국적 가치(목적성)** : 시대 흐름과 무관한 불변의 궁극적 가치에 해당하는 것으로는 형평성, 공익성, 자유와 평등, 정의, 복지 등이 있음
- **수단적 · 도구적 가치(도구성)** : 본질적 가치를 달성하기 위한 수단적 가치는 시대 흐름에 따라 중요성이 달라질 수 있는데, 여기에는 민주성과 투명성, 신뢰성, 대응성, 책임성, 합법성, 합리성, 능률성, 효과성, 생산성 등이 있음

꼭! 확인 기출문제

행정이념에 대한 설명으로 가장 옳지 않은 것은? [서울시 9급 기출]

① 디목(Dimock)은 기술적 능률성을 대체하는 개념으로 사회적 능률성을 제시하고 있는데, 이는 행정이 그 목적가치인 인간과 사회를 위해서 산출을 극대화하고 그 산출이 인간과 사회의 만족에 기여하는 것을 의미한다.

② 1930년대를 분수령으로 하여 정치행정이원론의 지양과 정치행정일원론으로 전환과 때를 같이해서 행정에서 민주성의 이념이 대두되었다.

❸ 효과성은 수단적 · 과정적 측면에 중점을 두는 반면에 능률성은 목표의 달성도를 중시한다.

④ 합법성은 법률적합성, 법에 의한 행정, 법에 근거한 행정, 즉 법치행정을 의미한다. 합법성을 지나치게 강조하는 경우 수단가치인 법의 준수가 강조되어 목표의 전환(displacement of goal), 형식주의를 가져올 수 있다.

해 ③ 투입에 대한 산출의 합리적 비율인 능률성(efficiency)은 수단적 · 과정적 측면에 중점을 두는 반면에, 행정목표의 달성도를 의미하는 효과성(effectiveness)은 결과를 중시한다.

① 능률성을 수치적으로 표현한 기계적 능률성과 달리 디목(Dimock)은 행정이 그 목적가치인 인간과 사회를 위해서 산출을 극대화하고 그 산출이 인간과 사회의 만족에 기여하는 사회적 능률성을 제시하였다.

② 1930년대 경제 대공황을 분수령으로 하여 정치행정이원론이 정치행정일원론으로 대체되면서 행정과정의 민주성(democracy)이 대두되었다.

④ 합법성(legality)은 법치행정을 의미하는데, 합법성을 지나치게 강조하는 경우 법규 만능주의와 형식주의의 초래 우려, 행정 편의주의의 증가, 쇄신적 행정의 저해, 목표의 전환 등을 가져올 수 있다.

제2절 행정문화

1. 행정문화의 개관

(1) 의의 및 형성요인

① 의의 : 행정에 있어 인간행동을 규제하고, 그 지침으로서 역할을 하는 관념이나 가치의 총체로서 행정인의 가치관이나 태도, 사고방식, 의식구조, 신념체계 등

② 형성요인 : 구조적 특성, 인간행태와 의식구조, 환경 등

(2) 성격 및 기능

① 성격

㉠ 행정문화는 일반문화의 하위문화로서 학습성 · 축적성 · 공유성 · 총체성 · 변동성 등의 문화적 속성을 지니며, 일반문화가 변화하면 행정문화도 변함

Check Point

행정문화 연구의 필요성

- 각국 행정의 고유한 특성과 그 실체를 파악하는 데 있어 중요한 자료나 근거가 됨
- 행정제도와 현실 간의 괴리를 파악하게 하여 행정발전에 기여함

Check Point

행정문화의 변동요인

- 일반문화나 다른 관련 문화의 변경
- 기술의 발달이나 경제적 발달
- 역사적 대사건의 발생
- 외래문화의 접촉과 수용
- 적극적인 변화의지

ⓑ 전체로서 통합성을 유지하면서 하위문화를 포용함
ⓒ 행정체제가 환경과 상호작용하면서 역사적으로 형성되며, 시대나 장소의 제약을 받음
ⓓ 지속성 · 안정성, 변동저항성, 지연성(변화속도가 느림) 등

② 기능
㉠ 순기능 : 조직의 안정성과 계속성 유지, 조직구성원의 일탈행위에 대한 통제, 응집력과 동질감으로 인하여 사회적 · 규범적 접착제로서의 역할, 조직 경계의 설정과 정체성 제공 등
㉡ 역기능 : 항구적 속성으로 인하여 변화와 개혁에 장애를 초래함

(3) 행정문화 쇄신전략(민주적 행정문화의 정착방안)

① 가치의 다원화 : 권력 이외의 여러 가치에 대한 다양한 인식 및 평가의 제고
② 엘리트의 분산화 : 엘리트가 민간영역에도 진출할 수 있는 기회가 허용되어야 함
③ 절차의 간소화 : 절차 간소화를 통해 행정의 부패 방지와 간편하고 친근한 행정을 모색함
④ 민간부문의 확대(공적 영역의 축소) : 행정에 대한 의존현상과 행정 우월의식을 극복
⑤ 교육훈련의 강화 : 관료의 의식구조를 바람직하게 변모시킬 수 있도록 함
⑥ 생활급의 지급(보수체계의 합리화) : 행정현상을 권력현상에서 관리현상으로 전환시키는 데 기여함

2. 국가별 행정문화

(1) 국가별 행정문화의 특징

① 선진국의 행정문화 : 합리주의, 민주주의, 성취주의 · 개인실적주의, 상대주의 · 다원주의, 세속주의, 모험주의, 사실지향주의, 정치중립주의, 전문주의 등
② 후진국의 행정문화 : 권위주의, 가족주의 · 사인주의, 연고주의 · 집단주의, 정적 인간주의, 형식주의 · 의식주의, 관직이권주의, 운명주의, 일반주의 등

(2) 한국 행정문화의 주요 특징

① 사인주의(私人主義) · 가족주의
㉠ 혈연이나 지연, 학연, 파벌의식, 사적 관계 등이 행정을 지배하게 되고 공사의 구별이 명확하지 않은 것
㉡ 정책결정과 행정활동의 합리성과 객관성 확보를 저해하며 연고주의 · 파벌

주의 · 할거주의 등을 초래하여 행정의 조정을 어렵게 함

② **정적 인간주의(온정주의)** : 타인과의 정적 유대관계를 중시하는 성향으로, 조직의 인간화에 기여하지만 조직 활동의 합리성을 저해할 우려가 있음

③ **권위주의(권력지상주의)**

㉠ 평등의 관계보다는 수직적인 지배 · 복종의 관계를 강조하는 것, 즉 각 개인의 권력 · 지위 · 신분 · 연령 · 금력이나 선후배관계 등의 차이를 중심으로 상하 간의 계층적 인간관계를 순리로서 받아들이는 성향

㉡ 사회질서유지 및 안정을 유지하는 데 긍정적 영향을 미칠 수 있다는 장점도 있으나, 소수엘리트에게로의 권력 집중, 상하 간의 원만한 의사소통의 결여에 따른 합리적 의사결정의 어려움, 하급자의 과잉충성 등의 문제점을 지님

④ **의식주의 · 형식주의**

㉠ 실리나 내용, 현실보다 명분이나 규칙 · 절차, 형식을 중시하고 이에 집착하는 성향

㉡ 실질적 책임보다는 법적 책임이 강조되고 번문욕례, 선례답습주의, 형식과 실질의 괴리, 교조성이 성행하며, 형식과 겉치레가 강조됨

⑤ **숙명주의(운명주의, 관운주의)** : 인간의 운명은 인간의 능력을 벗어난 초자연적 · 신비적인 힘에 의하여 좌우된다는 사고방식

⑥ **일반주의** : 일반적인 지식 · 교양 · 상식을 중시하는 것으로, 전문적인 지식 · 기술을 중시하는 전문주의와 대비됨

제3절 공익

1. 공익

(1) 의의 및 기능

① 의의

㉠ 공익은 일반적으로 불특정 다수인의 이익으로서 사회 전체에 공유된 가치이며, 사회 일반의 공동이익을 말함

㉡ 현대 행정활동의 최상위 기준(가치)이자 행정인의 최고 규범 기준, 행정책

Check Point

공익의 대두 배경

- 정치 · 행정일원론의 대두
- 공무원 재량권의 확대
- 신행정론의 등장과 행정철학의 중시
- 행정행태 준거기준의 필요
- 행정관의 변천과 쇄신적 정책결정의 추구
- 적극적 행정인의 역할 기대

임의 판단기준이 됨

② 기능

㉠ 공무원의 행동지침이나 윤리기준이며, 부패와 일탈을 규제하는 기준이 됨

㉡ 행정을 정당화시켜주는 기능을 수행하며, 일반국민의 지지를 얻기 위한 기반이 됨

㉢ 정책의 평가기준이 됨

㉣ 주관적 가치를 객관적 가치로 전환시켜 주는 역할을 수행

㉤ 다원적 사회에 있어 공존체제를 구축하는 역할을 수행

Check Point

공익의 성격

- 사회의 기본적 공유가치로서의 성격
- 불확정적 · 유동적 · 상대적 · 추상적 성격
- 규범적 · 윤리적 · 가치지향적 성격
- 역사적 · 동태적 성격

(2) 공익의 본질에 관한 학설

① 실체설(규범설, 적극설)

㉠ 의의

- 공익을 사익을 초월한 선험적(先驗的) · 실체적 · 규범적 · 도덕적 개념으로 파악하며 공동체를 개인에 우선시키는 견해
- 사회나 국가는 하나의 유기체로서 개인의 속성과 다르고 개인의 단순한 집합과 다른 실체가 있으므로, 공익도 사익과 별도로 공공선(common good)으로서 규범적으로 존재한다고 봄
- 공익은 사익의 단순한 총화가 아닌 실체적 · 적극적 개념이며, 사익과는 질적으로 다른 전혀 별개의 개념
- 적극적으로 공익의 내용을 정의하므로 적극설 · 규범설이라 하며 전체주의 · 집단주의 관점

Check Point

실체설의 대표학자

Planton, Rawls, Kant, Lipman 등

㉡ 특성

- 인간의 이성에 의해 공익의 의미를 정의할 수 있다는 합리주의 관점. 정책결정의 합리모형과 맥락을 같이 함
- 공익을 전체효용의 극대화, 도덕적 절대가치, 공유하는 이익으로 이해
- 공익의 실체에 대해 자연법, 정의, 형평, 복지, 인간존중 등 단일한 가치로 표현됨
- 사회를 유기체적 공동체로 인식하고 사익은 공동체의 이익에 종속하는 것이므로 공익과 사익의 갈등은 있을 수 없다고 봄
- 공익과 사익이 상충되는 경우 사익은 당연히 희생됨(공익 우선). 공익은 대립적 이익들을 평가할 수 있는 기준을 제시할 수 있으므로 집단이기주의에 대응할 수 있음. (개별 부분의 이익만 강조하는 집단이기주의 문제를 해결하려면 과정설보다는 실체설적 판단이 필요)
- 국가는 우월적 지위에서 목민적(牧民的) 역할을 수행. 도덕적 가치를 공

익으로 인식하고 이러한 도덕적 가치에 의한 시민의 덕성을 함양하는 것이 국가의 역할
- 공익의 실체를 규정하는 엘리트와 관료의 적극적 역할 강조
- 투입기능이 활성화되어 있지 않은 개도국과 관련됨

㉢ 한계
- 단일적 가치가 있다고 주장하나 인간의 규범적 가치관에 따라 공익관이 달라지므로, 통일적 공익관 도출 곤란
- 공익개념이 추상적이며 객관성 · 구체성 결여
- 이념적 경직성이 강해 공익 개념 해석에 융통성이 부족하며 국민 개개인의 주장이나 이익을 무시할 수 있음
- 소수관료의 주관적 가치에 의해 공익 내용이 결정될 경우 비민주적 결정 초래(전체주의 · 권위주의 체제)

Check Point

과정설의 대표학자
Schubert, Harmon, Lindblom 등

② 과정설(소극설)

㉠ 의의
- 공익은 실체적 내용이 선험적으로 존재하지 않으며, 사익 간 경쟁 · 대립을 조정하는 과정에서 형성된다고 봄. 다양한 이해관계가 조정을 통해 공익이 되는 점에서 다원화된 사회의 특성을 반영하며 뉴거버넌스도 이러한 맥락에서 이해됨
- 공익개념을 소극적으로 정의하므로 소극설이라고도 하며 다원주의, 현실주의, 개인주의 관점

㉡ 특성
- 사회집단의 특수이익이나 사익과 본질적으로 구분되는 사회전체의 이익(공익)은 존재하지 않는다고 보며, 공익의 개념이나 역할에 대한 인식이 매우 소극적임
- 공익의 유일성 · 선험성 부정, 공익관념은 다수성 · 복수성과 가변성을 지님
- 공익은 사익과 본질적 차이가 아닌 상대적 양적 차이로 봄
- 공익은 사익의 총합 또는 사익 간 타협 · 조정의 결과임. 공익은 제도나 절차 · 과정을 통해 형성되고, 사회집단 간 타협 · 협상 · 투쟁을 통해 내용이 변형됨. 공익은 상호경쟁적 · 대립적인 이익이 조정과 균형된 결과임. 절차적 합리성을 중시하며 적법절차를 강조
- 각 이익집단이 추구하는 목표가 다르고 특수한 사익이 공익화될 수 있으므로 공익과 사익은 갈등관계
- 투입기능이 활발하고 다원화된 선진국에 적용됨. 정책결정론에서 점증모

형, 다원주의와 관련됨
- 공익결정에 있어서 행정관료보다는 다수의 이해관계자가 보다 적극적인 역할을 수행
- 민주적 조정과정에 의한 공익의 도출을 중시하므로 국가는 개인들이 개별적 이익을 위해 자유스럽게 활동하도록 하는 것이 공익을 극대화 시키는 것이며 따라서 정부의 활동은 중립적 조정자로서 역할로 제한됨

ⓒ 한계
- 조직화되지 못한 일반시민이나 잠재집단 및 약자의 이익 반영이 곤란함(활동적 소수의 이익만 반영)
- 도덕적 · 규범적 요인 경시, 국가이익이나 공동이익의 존재를 고려하지 않음(집단이기주의의 우려)
- 특수이익 간 경합 · 대립이 자동적으로 공익으로 전환된다는 것은 기계적 관념
- 토의 · 협상 · 경쟁과정이 발달되지 못한 신생국에서는 적용 곤란
- 대립적 이익들을 평가할 수 있는 기준을 제시하지 못함. 행정인의 가치판단 기능을 소홀히 여김
- 대립된 이익이 조정된 결과가 특수이익을 반영한 것이어서 전체의 이익을 고려하지 못할 수 있음

③ 절충설(중간설)

㉠ 의의 : 사익의 집합이 아닌 공익의 존재를 인정하면서 사익과 관련시켜 이해하는 입장으로, 사익과 관련된 사회이익을 공익으로 파악

㉡ 특성 : 실체설과 과정설의 조화(공익은 사익의 집합체나 타협의 소산도 아니며 사익과 전혀 별개의 것도 아님)

ⓒ 비판 : 공익에 대한 정의보다 사익 간 공통점 · 일치점에 공익을 찾으려 하며, 공익의 적절한 평가 · 판단 기준이 없음

Check Point

절충설의 대표학자

Herring, Buchanan, Tullock 등

공익의 실체설과 과정설 비교

실체설	적극설	절대설	전체주의, 권위주의	선험적	공익 ≠사익의 합	공익과 사익 간 갈등 없음	합리 모형	후진국
과정설	소극설	상대설	개인주의, 다원주의	경험적	공익 =사익	갈등이 존재(집단 이기주의)	점증 모형	선진국

Check Point

공익결정의 변수
가치관, 정치이념, 정치발전 및 민주화의 수준, 경제체제 및 사회체제, 정책유형

서울시 9급 기출

01. 공익에 대한 설명으로 가장 옳지 않은 것은?

① 과정설은 개인의 사익을 초월한 공동체 전체의 공익이 따로 있다고 보는 견해이다.
② 실체설은 사회 전 구성원의 총효용을 극대화함으로써 공익에 도달할 수 있다고 보는 견해이다.
③ 과정설은 공익이 사익의 총합이거나 사익 간의 타협·조정 과정을 통해 얻어지는 것으로 보는 견해이다.
④ 실체설은 사회공동체 내지 국가의 모든 가치를 포괄하는 절대적인 선의 가치가 있다고 보는 견해이다.

해 개인의 사익을 초월한 공동체 전체의 공익이 따로 있다고 보는 견해는 과정설이 아니라 실체설에 해당된다. 과정설은 공익이 상호 경쟁적·다원적 이익의 조정 결과이며, 특수한 이익이나 사익과 구별되는 사회 전체의 이익은 존재하지 않는다고 보는 견해이다.

답 01 ①

(3) 공익결정 시 유의점

① 민주적 과정과 참여 중요
② 행정인의 바람직한 공익판단기준 확보
③ 행정인의 공익보장 의무
④ 국민의 요망에 부합되고 전체의 참여가 보장된 결정

꼭! 확인 기출문제

01. 공익에 대한 설명으로 옳은 것은? [국가직 9급 기출]

① 「국가공무원법」은 제1조에서 공무원은 국민 전체의 봉사자로서 공익을 추구해야 함을 명시하고 있다.
❷ 「공무원 헌장」은 공무원이 실천해야 하는 가치로 공익을 명시하고 있다.
③ 신공공서비스론에서는 공익을 행정의 목적이 아닌 부산물로 보아야 한다는 점을 강조한다.
④ 공익에 대한 실체설에서는 공익을 사익 간 타협 또는 집단 간 상호작용의 산물로 본다.

해 ② 공무원이 실천해야 하는 가치로 '공익을 우선시 하며 투명하고 공정하게 맡은 바 책임을 다한다.'라고 「공무원 헌장」에 명시되어 있다.
① 「국가공무원법」은 제1조에서 공무원은 국민 전체의 봉사자로서 행정의 민주적이며 능률적인 운영을 추구해야 함을 명시하고 있으나, 공익에 대한 직접적인 언급은 없다.
③ 신공공서비스론에서 공익은 행정의 목적이며 시민들의 폭넓은 참여를 바탕으로 하는 대화와 담론을 통해 얻은 결과물로 본다.
④ 공익을 사익 간 타협 또는 집단 간 상호작용의 산물로 보는 것은 과정설이다. 실체설은 공익을 사회공동체의 선험적 공공선으로 파악하고, 사익을 초월한 도덕적·규범적인 것으로 본다.

02. 공리주의적 관점에서 공익을 설명한 것으로 옳은 것만을 모두 고르면? [국가직 9급 기출]

> ㄱ. 사회 전체의 효용이 증가하면 공익이 향상된다.
> ㄴ. 목적론적 윤리론을 따르고 있다.
> ㄷ. 효율성(efficiency)보다는 합법성(legitimacy)이 윤리적 행정의 판단기준이다.

① ㄱ　　② ㄷ
❸ ㄱ, ㄴ　　④ ㄴ, ㄷ

해 ㄱ. 최대 다수의 최대 행복(사회 전체 후생의 극대화)을 공익으로 보는 공리주의는 개인 간 효용비교보다는 사회 전체의 효용이 증가하면 공익이 향상된 것으로 보아 사회총체적 이익의 증가를 추구한다.
ㄴ. 공리주의적 관점의 철학적 배경은 목적론적 윤리론과 상대주의로, 상대적·결과 지향적·공동체적 특성을 지녔으며 윤리란 어떠한 행위가 좋은 결과를 가져올 수 있다면 옳다는 공리주의적 관점의 윤리론이 목적론적 윤리론이다.
ㄷ. 공리주의적 관점에서 공익이란 전체이익의 총합을 최대화하는 것이므로 형평성이나 합법성 같은 절차적 가치보다는 효율성이나 성과 등 결과적 가치만이 윤리적 행정의 판단기준이 된다.

2편

정책론

제1장

정책과 정책학의 본질

제1절 정책의 의의 및 유형

1. 정책(Policy)의 의의

(1) 정책의 개념

① 공익 또는 공적 목표를 위한 정부 · 공공기관의 행정지침이나 주요 결정 및 활동

② 정부나 공공기관의 권위 있는 미래지향적 행동노선이나 행동대안

Check Point

학자들별 정책의 개념

- H. Lasswell : 목적가치와 실행을 투사한 계획
- Y. Dror : 매우 복잡하고 동태적인 과정을 거쳐 주로 정부기관에 의하여 만들어지는 미래지향적인 행동지침
- D. Easton : 사회 전체를 위한 가치의 권위적 배분의 결과
- C. Lindblom : 상호타협을 거쳐 여러 사회집단이 도달한 결정
- I. Sharkansky : 정부의 중요한 활동

(2) 정책의 특성

① **목표지향성과 미래지향성** : 정책이란 실현하고자 하는 목표나 가치, 바람직한 미래상을 나타내는 것

② **행동지향성** : 당위적 가치를 행동으로 전환시키는 것이며, 현실적으로 선호되는 행동노선을 의미함

③ **규범성, 거시성 및 총체성** : 정책은 가치와 규범을 내포하고 있으며 세부계획이나 법규 등에 비하여 거시성과 총체성을 특징으로 함

④ **공식성 · 권위, 강제성 · 구속성** : 정부에 의하여 주도되기 때문에 공식적 · 권위적 성격과 함께 집행에 있어 강제성과 구속성을 띠게 됨

⑤ **복합성 · 유형성** : 정책이란 정부와 개인, 사회집단 등의 이해가 반영된 복합성을 지니며 이들의 이해관계를 유형화시킨 행동 결정양식

⑥ 인과성, 계획성, 지침성, 변화유발성, 포괄성 등의 성격을 지님

Check Point

정책문제의 특성

Dunn은 정책문제의 특성을 상호의존성, 주관성, 인공성, 동태성, 변동성, 진실성 등으로 제시하였다.

(3) 정책의 구성요소(변수)

① 정책목표

Check Point

정책의 4대 구성요소

정책목표, 정책수단, 정책대상, 정책결정자

㉠ 개념 : 정책을 통해 실현하고자 하는 바람직한 상태나 방향(정책의 존재이유)

㉡ 성격 : 주관적 · 당위적 · 가치적 · 규범적 성격을 띰

㉢ 기능 : 사회지도체계의 방향설정 및 정책과정의 지침과 기준의 역할

㉣ 정책목표 간의 상호관계 : 상하관계(상위목표와 하위목표는 목표-수단의 계층형성), 보완관계, 경쟁 · 모순 · 충돌관계

② 정책수단

㉠ 개념 : 정책목표 달성을 위한 행동방안이자 정책의 실질적 내용

㉡ 종류 : 실질적 수단(정책목표 달성을 위한 도구적 수단), 실행적 수단(실질적 수단을 구현하기 위한 보조적 수단)

③ 정책대상

㉠ 개념 : 정책집행으로 영향을 받는 집단

㉡ 종류 : 수혜집단(정책집행으로 서비스를 제공받거나 혜택을 받는 집단), 비용부담집단(희생집단, 정책집행으로 비용을 부담하는 집단)

Check Point

정책수단의 3단계
정책에 대한 순응확보를 위한 고전적 3단계 전략으로서의 정책수단은 설득 → 인센티브 → 규제의 순서임. 규제는 강압적 수단(강압과 처벌), 인센티브는 공리적 수단(유인과 보상), 설득은 규범적 수단(도덕적 설득)으로 대표됨

2. 정책의 유형

(1) T. Lowi의 분류

① 분배정책(배분정책)

㉠ 국민에게 권리나 편익 · 재화 · 서비스를 제공하는 정책 예 보조금 지급, 국공립학교 교육서비스, SOC(사회간접자본) 구축, 주택자금 대출, 국유지 불하(拂下), 택지분양, 벤처기업 창업지원금 지원, 무의촌 보건진료, 농어촌소득증대사업, 박물관 · 미술관 건립, 공원 조성, 기업에 대한 수출보조금 지급 및 수출정보 제공 등 주로 급부행정

㉡ 분배정책의 결정은 법률의 형식이 아닌 경우도 많음

㉢ 정책의 비용이 일반국민의 세금으로 충당되므로 비용부담집단은 불특정적임. 특정 비용부담자가 별도로 존재하지 않아 사회적 논란과 갈등이 발생하지 않으므로 일반국민에게 잘 알려지지 않고 가시성이 낮음

㉣ 정책이 여러 사업들로 구성되고, 이 사업들의 집합이 하나의 정책을 구성함. 정책내용이 쉽게 세부단위로 구분되고, 각 단위가 다른 단위와 독립적 · 개별적 · 부분적으로 처리될 수 있음 예 구간별 도로 건설

㉤ 주된 정치단위는 기업 · 개인이며 정치단위 간 높은 안정성 유지

㉥ 승자(수혜집단)와 패자(비용부담집단)간 정면대결의 필요가 없음(non-zero sum 게임). 국민의 세금에 의해 정책비용이 지불되고 정책의 혜택이 분배되므로, 경쟁의 대상이 존재하지 않기 때문임. 따라서 집행이 용이함

ⓢ 갈등이나 타협보다는 상호불간섭 또는 상호수용(cooptation)의 특징을 지님

ⓞ 수혜자집단들이 서비스와 편익을 더 많이 배분 받으려는 나눠먹기식정치 · 돼지구유통정치(pork barrel politics)가 나타나거나, 승자와 패자간 정면대결의 필요성이 없으므로 서로 로그롤링(log-rolling ; 담합), 투표의 거래(vote trading)가 이루어짐

포크배럴(pork barrel)과 로그롤링(log-rolling)

- **포크배럴(Pork Barrel Politics ; 돼지구유통 정치, 나눠먹기식 정치)** : 연방의회 의원이 출신지역 주민의 환심을 사기 위해 정부로 하여금 지출하게 하는 지역개발 정부보조금 의안과 관련된 용어. pork barrel은 노예들에게 소금에 절인 돼지고기 통을 주었을 때, 그것을 얻기 위해 싸우는 것을 표현한 것에서 유래. 정치인 · 국회의원들이 정치적 생색을 내기 위해 자기 지역구나 특정 지역 주민의 환심을 사려는 교량건설, 고속도로, 부두, 댐 등과 같은 지역개발사업에 정부예산을 끌어오는 이기적인 행위를 지칭. 지역구의 선심성 사업을 위해 정부예산의 남용을 초래. 특정 배분정책에 관련된 자들이 그 혜택을 서로 나눠가지려 노력하는 현상을 지칭하기도 함
- **Log-rolling(담합 · 통나무굴리기), Vote Trading(투표의 교환 · 거래 · 매수)** : ① 이권(利權)이 걸린 몇 개의 법안을 관련 의원들이 서로 협력하여 통과시키는 행태를 뜻하는 미국 의회용어로서, 통나무를 운반할 때 서로 협력하여 굴리는 데서 유래. 자신이 선호하는 이슈에 대한 지지를 얻는 조건으로 자신은 선호하지 않지만, 타인이 선호하는 이슈를 지지해주는 거래를 하는 것. ② 정책과정에서는 이해당사자들이 서로에게 이익이 되는 방향으로 협력하며 보통 특정 이익에 대한 수혜를 대가로 상대방이 원하는 정책에 동의해주는 방식으로 이뤄짐. 분배정책 과정에서 구유통정치 같은 다툼이 있는 데도 참여자 간 정면대결보다 갈라먹기식의 결정이 이뤄짐
- **양자 간 관계** : 포크배럴은 서로 간 보조금을 받으려는 경쟁이 발생하고, 로그롤링은 서로의 법안의 통과를 위한 협력이 발생. 단 포크배럴을 위한 투표의 거래(담합)가 발생할 여지가 많아 현실에서는 양자가 동시에 발생하는 경우가 많음. 이는 선거구민을 위한 선심성 예산배분이 이루어짐을 의미하며 불필요한 예산팽창으로 연결되어 정부실패 요인이 되기도 함

Check Point

재분배정책과 환경
재분배정책은 계층 간 갈등이 심하고 저항이 발생할 수 있으므로 사회전체의 국민적 공감대를 형성함으로써 정책의 실시 및 정책의 변화를 가져올 수 있음

② 재분배정책

㉠ 사회 내 개인이나 집단에 대해 부, 권리 등과 같은 각종 가치배분의 재조정에 관한 정책으로 복지정책, 사회적 형평성 확보와 관련. 고소득층으로부터 저소득층으로의 소득이전을 목적으로 하는 정책으로, 소득분배의 실질적 변경을 가져옴 예 누진세, 사회보장지출, 종합부동산세, 임대주택건설, 부(負)의 소득세, 통합국민건강보험정책, 국민기초생활보장법

㉡ 재산권 행사보다 재산권 자체, 평등한 대우보다 평등한 소유, 행태(behavior)보다는 존재(being)를 의도(aim)함

㉢ 수혜집단(저소득층)과 비용부담집단(고소득층) 모두가 계층분화에 따라 특정적이며, 정책대상집단이 전국적으로 분포되어 있는 점에서 배분정책과 구별됨. 비용부담집단인 기득권층의 저항이 심하게 나타나 정치적 갈등 수준이 높고 정책집행이 곤란함. 실제 정책의 집행과 성공은 정책결정권자의 강력한 결단과 정책참여자들의 의지에 달려 있음

㉣ '가진 자'로부터 '못 가진 자'에게로 부(富)를 이전하는 영합(zero-sum) 게임

으로서 시장원리가 아닌 정부정책에 의해서 조정 · 통제되므로 계급대립적 성격이 강하며, 정책과정 전반에서 강력한 이해대립과 사회계급 · 복지혜택 · 평등 · 정의 · 국가 역할 등에 관한 이념논쟁(이데올로기적 대립) 야기

ⓜ 강제력이 직접적 · 일률적으로 환경에 미치므로 집권적 · 체제적인 결정이 이루어짐

ⓑ 정책의 주요 내용은 양분된 계층 간 갈등 · 조정에 의해 결정되는데, 주도권은 정부 고위관료, 기업 및 노동조합의 지도자 등 엘리트 집단이 지니며, 이러한 정치적 관계는 사회 내 계급관계의 안정성에 기인하여 매우 안정적임

ⓢ 정책결정은 엘리트들의 제휴(association)에 의해 이루어지므로 엘리트론적 정치가 강하게 나타남

③ 구성정책

㉠ **헌정(憲政)수행에 필요한 운영규칙과 관련된 정책** : 주로 정부기구의 구조와 기능의 변화와 관련되며, 정치체제에서 투입을 조직화하거나 체제의 구조와 운영에 관련된 정책으로 게임의 규칙을 설정 예 정부기관 신설 · 폐지 · 변경, 선거구조정, 선거, 공직자 보수, 군인퇴직연금 등

㉡ 대외적 가치배분과는 거리가 먼 대내적 정책으로 정부의 총체적 기능(overhead function)에 초점을 두며 정부 권위의 성격(nature of government authority)을 나타내며 이러한 권위의 민주적 절차의 달성에 관심을 둠

㉢ 선거구 조정과 같은 구성정책의 결정에는 정당이 중요한 영향을 미침

㉣ 대체적으로 국가의 기본 틀이 확립되고 정치적으로 안정된 상황 하에서는 헌정질서에 대한 변동이 미약하므로, 새로운 정책이 거의 없기 때문에 그 중요성이 크게 인식되지 않음(정치변혁이 작은 후진국에서는 새로운 구성정책이 자주 이루어짐). 최근 정책에서 제도(institutions)의 중요성이 부각되면서 구성정책에 대한 관심이 높아짐

④ 규제정책

㉠ 어떤 개인이나 집단의 활동을 통제 · 제한하여 다른 개인이나 집단을 보호하려는 정책

㉡ 비용부담집단은 주로 특정한 개인이나 기업이지만, 수혜집단은 주로 일반대중이므로 불특정적임

㉢ 정책결정시 비용부담집단과 수혜집단이 명백히 구별 · 선택되고 이해관계가 정면으로 배치되므로, 누가 손해를 보고 혜택을 보는지를 놓고 벌이는 이해당사자간 영합(zero-sum) 게임 발생. 분배정책과 달리 양 집단 간 정치적 투쟁과 갈등이 심하며 이해관계 집단 간 협상을 통해 정책이 결정됨

Check Point

규제정책의 예
환경오염이나 독과점 방지, 최저임금의 보장, 식품첨가물 규제(안전규제), 각종 인 · 허가 등

(다원주의). 단, 어느 한 쪽이 불특정 다수일 때는 집단행동의 딜레마로 인해 무력한 다수로 전락하고 상대방인 소수의 입장에서 정책이 결정되는 경우가 많음(J. Willson의 규제정치모형)

㉣ 주된 정치단위는 이익집단이고, 정치단위 간 이합집산을 거듭하며 안정성 · 지속성이 매우 낮음

㉤ 규제대상집단(비용부담집단)의 정치적 반발이 심하고, 이들의 저항을 극복하기 위해 정책집행시 규제에 따르지 않는 자에 대한 공권력(강제력)을 행사하며 관료의 재량권이 개입됨

㉥ 국민의 자유나 권리를 제한하므로 국회 의결을 거친 법률에 근거를 두어야 함(규제법정주의)

꼭! 확인 기출문제

로위(Lowi)의 정책유형 중 선거구의 조정 등 헌법상 운영규칙과 관련된 정책으로 가장 옳은 것은? [서울시 9급 기출]

❶ 구성정책 ② 배분정책
③ 규제정책 ④ 재분배정책

해 ① 로위(Lowi)의 정책유형 중 선거구의 조정 등 헌법상 운영규칙과 관련된 정책은 구성정책으로, 정부기관의 구조 및 기능의 변경을 목적으로 한다.
② 배분정책 : 국민들이 필요로 하는 재화나 서비스, 지위, 권리, 기회 등을 제공하는 정책
③ 규제정책 : 개인 또는 집단의 활동이나 재산 등에 대하여 정부가 통제 · 강제하거나 일정 제한 · 제재를 가하는 것과 관련된 정책
④ 재분배정책 : 사회의 주요 계층 · 계급 간 소득이나 재산 · 권리 등의 상태를 이전 · 변경시키는 정책

(2) G. Almond & G. Powell의 분류

① **추출정책(동원정책)** : 국내적 · 국제적 환경에서 물적 · 인적 자원이나 수단을 확보하는 것과 관련된 정책

② **규제정책**

㉠ 개인 · 집단의 활동이나 재산에 대해 정부가 통제나 일정 제한을 가하는 정책

㉡ 정책집행자의 재량에 의해 규제의 강도를 조절할 수 있다는 것이 특징임(정부정책 유형 중 많은 비중 차지)

③ **분배정책(배분정책)** : 정부가 각종 재화나 서비스, 지위 · 권리, 이익, 기회 등을 정책대상에게 제공하는 정책

④ **상징정책**

㉠ 국민의 순응과 정부의 정통성 · 신뢰성을 확보하기 위해 정부가 가치나 규범, 상징 · 이미지 등을 만들어 사회나 국제적 환경에 유출하는 것과 관련

기출 Plus 지방직 9급 기출

01. 로위(Lowi)가 제시한 구성정책의 사례로 옳지 않은 것은?

① 공직자 보수에 관한 정책
② 선거구 조정 정책
③ 정부기관이나 기구 신설에 관한 정책
④ 국유지 불하 정책

해 로위(Lowi)가 제시한 구성정책은 정부기관의 구조 및 기능의 변경을 목적으로 하는 정책으로 공직자 보수에 관한 정책, 선거구 조정 정책, 정부기관이나 기구 신설에 관한 정책 등이 이에 속한다. 국유지 불하 정책은 로위의 정책유형 중 분배정책에 속한다.

Check Point

추출정책의 예
조세정책, 병역(징집)정책, 성금모금, 인력 동원, 토지 · 물자수용 등

Check Point

상징정책의 예
국기나 국가 제정, 국경일 지정, 엘리트에 의한 가치 고양, 특정인의 영웅화, 왕족이나 고관의 부각, 스포츠 행사나 축제 개최, 문화재 복원 등

 01 ④

된 정책

㉡ 정치체제 및 정부의 정통성에 긍정적 인식을 심고 정책에 대한 순응을 확보하는 것을 일차 목적으로 하며, 주된 정책에 대한 홍보를 위해 사용되기도 함

꼭! 확인 기출문제

다음 〈보기〉 중 정책과 정책유형이 바르게 짝지어진 것은? [국가직 9급 기출]

보기
ㄱ. 영세민을 위한 임대주택 건설
ㄴ. 재정경제부와 기획예산처를 기획재정부로 통합
ㄷ. 기업의 대기오염 방지시설 의무화
ㄹ. 광화문 복원

	ㄱ	ㄴ	ㄷ	ㄹ
①	분배정책	구성정책	추출정책	상징정책
②	상징정책	추출정책	규제정책	구성정책
③	규제정책	재분배정책	추출정책	상징정책
❹	재분배정책	구성정책	규제정책	상징정책

해 ㄱ. 영세민을 위한 임대주택 건설을 저소득층에 대한 지원정책에 해당하므로 정책유형 중 재분배정책에 해당한다.
ㄴ. 재정경제부와 기획예산처를 기획재정부로 통합하는 것은 정부기관의 구조와 기능의 변경을 목적으로 하는 정책이므로 구성정책에 해당한다.
ㄷ. 오염 방지시설의 의무화는 개인 · 집단의 활동이나 재산에 대한 정부의 통제 · 제한에 해당하므로 규제정책에 해당한다(사회적 규제).
ㄹ. 광화문 등과 같은 문화재의 복원은 상징정책의 예이다. 상징정책은 국민의 순응과 정부의 정통성 확보를 위해 가치나 규범, 상징 · 이미지 등을 만들거나 이용하는 것과 관련된 정책을 말한다.

(3) R. Ripley & G. Franklin의 분류

① **경쟁적 규제정책** : 다수의 경쟁자 중에서 소수의 개인이나 집단에게만 재화나 서비스의 공급 · 사용권을 허가하는 정책(각종 인 · 허가 등)

② **보호적 규제정책** : 사적 활동에 제약을 가하거나 허용 조건을 규정함으로써 일반 대중을 보호하는 것을 목적으로 하는 정책

③ **분배정책**

㉠ 정책대상에게 재화나 서비스, 지위, 권리 등을 제공하는 정책

㉡ 안정적 정책집행을 위한 루틴(routine)화의 가능성이 높고, 반발이 거의 없어 집행이 가장 용이한 정책

④ **재분배정책**

㉠ 재산이나 권리를 많이 소유한 집단에서 적게 소유한 집단으로 이전시키는 것과 관련된 정책

㉡ 안정적 정책집행을 위한 루틴화의 가능성이 낮고, 집행과 관련된 논란 및 이데올로기 논쟁 가능성이 높으며, 저항이나 반발, 압력이 심해 집행이 가장 어려운 정책(집행 도중 분배정책의 성격으로 변질될 수 있음)

Check Point

경쟁적 규제정책의 예
방송국 허가, 항공사업 인가, 이동통신사업자 선정, 약사면허증 발급 등

Check Point

보호적 규제정책의 예
「공정거래법」에 의한 독점규제, 「근로기준법」의 최저임금제, 「식품위생법」의 식품첨가제에 대한 규제 등

지방직 9급 기출

02. 정책의 영향 또는 효과를 기준으로 정책의 유형을 분류할 때 그 성격이 가장 상이한 것은?

① 특수한 대상 집단에 각종 서비스, 지위, 이익, 기회 등을 제공하는 정책
② 특정한 개인, 기업체, 조직의 행동이나 재량권에 제재나 통제 및 제한을 가하는 정책
③ 다수의 경쟁자 중에서 특정한 개인이나 집단에게 서비스나 물품을 제공하는 것과 관련된 정책
④ 각종의 민간 활동이 허용되는 조건을 인정함으로써 국민을 보호하는 것이 목적인 정책

해 정부가 각종 재화나 서비스, 지위, 이익, 기회 등을 정책대상에게 제공하는 정책은 배분정책(분배정책)이다. 나머지는 모두 규제정책에 관한 내용이다.

답 02 ①

정책유행별 특징 비교(R. Ripley & G. Franklin)

구분	경쟁적 규제정책	보호적 규제정책	분배정책	재분배정책
SOP나 안정적 루틴(routine)을 통한 원만한 집행가능성	보통	낮음 (비용부담자의 저항)	높음 (반대 없음)	낮음 (기득권층 반발)
집행기관의 관여도와 관련자들 간의 관계의 안정성	낮음	낮음	높음	높음
집행에 대한 논쟁과 갈등의 정도	보통	높음	낮음	높음
이념적 논쟁 정도	다소 높음	높음	낮음	매우 높음
정부활동 감소에 대한 압력 정도	다소 높음	높음	낮음	높음
성공적인 집행의 상대적 어려움	보통	보통	낮음	높음

(4) 기타 분류

① Salisbury : 요구패턴과 결정패턴의 분산 · 통합 정도를 기준으로 하여 분배정책, 재분배정책, 규제정책, 자율규제정책으로 분류

② D. Easton : 요구대응정책, 지지획득정책, 추출정책, 순응확보정책으로 분류

꼭! 확인 기출문제

리플리(Ripley)와 프랭클린(Franklin)의 정책유형 중 〈보기〉의 사례에 해당하는 것은? [서울시 9급 기출]

보기
식품의약품안전처는 다이어트, 디톡스 효과 등을 내세우며 거짓 · 과장 광고를 한 유튜버 등 인플루언서(SNS로 소비자들에게 큰 영향을 미치는 사람) 15명과 이들에게 법률에서 금지하고 있는 체험형 광고 등을 의뢰한 유통전문 판매업체 8곳을 적발했다고 9일 밝혔다.

① 윤리정책
② 경쟁적 규제정책
❸ 보호적 규제정책
④ 사회적 규제정책

해 ③ 제시문은 소비자나 일반 공중의 건강과 안전을 해칠 우려가 있는 식품 및 의약품의 광고를 규제하는 내용의 보호적 규제정책에 해당한다.
①·② 모두 위 제시문과는 관계가 없는 정책이다.
④ 사례는 넓은 규제의 영역별로 보면 소비자의 건강과 안전 보호를 위한 사회적 규제에도 해당한다고 볼 수 있지만 리플리(Ripley)와 프랭클린(Franklin)의 정책유형 분류에는 사회적 규제정책이 포함되지 않는다.

제2절 정책학의 본질

1. 정책학의 의의 및 특성

(1) 정책학의 의의

① 개념 : 일반적으로 정부와 민간부문의 결정과정에 관한 지식을 다루는 학문

② 전개과정

㉠ 정책과학의 태동 : H. Lasswell이 《정책지향》(1951)에서 기존의 관념론적인 정치학 연구와 미시적인 행태과학 · 관리과학 중심의 연구를 비판하고 정책 중심의 연구를 주장

㉡ 정책학의 독자성 구축 : 1960년대 Y. Dror를 중심으로 정책학의 포괄적 패러다임이 제시되면서 정책학이 본격적으로 연구됨

Check Point

정책학의 의의

- H. Lasswell : 정책결정과 정책집행을 설명하고 정책문제와 관련성이 있는 자료를 탐색 · 수집하여 이에 대한 해석을 제공하는 학문
- Y. Dror : 보다 나은 (최적수준의) 정책결정을 위해 그 방법 · 지식 · 체제를 다루는 학문

(2) 정책학의 특성

① H. Lasswell의 정책학의 특성

㉠ 상황성(맥락성) : 정책과 사회적 구조나 조직과의 관련성 및 교호작용 중시

㉡ 문제지향성 : 사회문제 해결을 위한 처방적 성격

㉢ 연구방법의 다양성(연합 학문성) : 인접 학문과의 종합적 연구를 추구

㉣ 규범성과 당위성 : 사회적 요구를 파악하고 이를 해결하려는 당위성과 인본주의적 성향을 강조

② Y. Dror의 정책학의 특성(정책과학의 포괄적 패러다임)

㉠ 정책결정체제에 중점 : 설정된 목표를 달성할 수 있는 정책결정체제를 중시

㉡ 순수과학과 응용과학의 융합 · 통합 : 이론의 실천성을 지향

㉢ 창조성 강조 : 새로운 대안의 발굴을 중시

㉣ 묵시적 지식 강조 : 비합리성, 직관, 카리스마 등의 초합리성 고려

㉤ 거시적 수준의 연구 : 개방체제적인 성격과 거시적인 수준에 초점

㉥ 범학문적 성격(학문 간 경계의 초월) : 자연과학 · 인문과학 · 사회과학 등 모든 분야에서 연구되는 초학문적 성격

㉦ 시간적 요인 중시 : 과거 · 현재 · 미래를 연계시켜 조망하는 미래예측적 시간관

2. 정책학 연구의 목적 및 내용

Check Point

정책과학의 중점 변화

- **1950~60년대** : 정책결정론(정책분석론)과 정책의제론에 중점을 두고 정책결정의 이론 모형과 정책의제 설정에 관한 연구 전개(다원론, 엘리트이론 등)
- **1970년대 이후** : Johnson행정부의 정책과 PPBS(기획예산)의 실패로 정책집행과 정책평가쪽으로 관심 전환

Check Point

정책과학의 한계

- **분석 방법상의 한계** : 고려해야 할 모든 요소(elements)와 가치(value)를 포괄적으로 분석할 수 없으며, 분석방법에도 제약이 많음
- **집권화 초래** : 정부 내 권한의 집중(중앙집권현상)과 입법부에 대한 정부의 우위현상을 가속화함
- **정부와 집권자의 옹호** : 정책연구는 국민보다 정부의 역할을 옹호하고 지배계층의 이익을 옹호하는 역할을 수행

(1) 연구목적(H. Lasswell)

① **궁극적 목적** : 인간의 존엄성 실현(민주주의 · 인본주의 정책학을 추구)

② **중간목적** : 정책과정의 합리성 제고

③ **구체적 목적** : 바람직한 정책결정 · 집행 · 평가에 필요한 지식의 제공

④ **하위목적**

㉠ **과학적 측면** : 정책과정에 관한 실증적 연구

㉡ **규범적 측면** : 정책과정에 필요한 지적 활동

(2) 연구내용

① 정책과정에 관한 지식(과학적 측면)

㉠ 정책이 어떻게 형성되고 집행 · 평가되는가에 대한 기술적이고 실증적인 연구로부터 얻은 지식을 말함

㉡ 정책의제형성론, 정책결정론, 정책집행론 등에 포함된 이론이 대표적

② 정책과정에서 필요한 지식(규범적 측면)

㉠ 실제 정책과정에서 이용되어 바람직한 정책의 형성과 집행에 도움을 주는 지식

㉡ 주로 정책분석론이나 정책평가론에서 산출한 지식을 말함

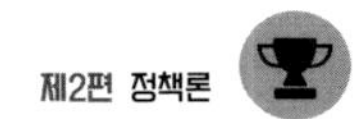

제3절 정책결정요인이론

1. 정책결정요인이론의 의의와 한계

(1) 의의

① 정책을 종속변수로 보고 정책의 내용을 결정하는 요인(원인변수)이 무엇인지를 규명하는 이론

② 정책환경(사회경제적 변수)이 정책의 주요한 내용을 규정하는 변수라는 점을 규명

③ 정치적 변수가 혼란변수로 작용할 때 간접적으로 정책에 영향을 미친다고 보며, 정치적 변수로 정치체제 등의 구조적 측면을 중시함(정치체제도 환경적변수의 제약에서 나름대로 정책에 영향을 미치는 독립변수라는 것을 규명)

> **Check Point**
>
> **정책결정요인론의 배경**
> 정책에 영향을 미치는 요인이 정치적 변수(정치체제)라는 미국 내 정치학자들의 입장과 사회경제적 변수(정책환경)라는 경제학자들의 입장 충돌에서 발생

(2) 문제점(한계)

① 변수 선정상의 문제

㉠ 사회경제적 변수를 지나치게 과대평가하고, 정치적 변수에 대한 고려가 부족

㉡ 계량화가 곤란한 중요한 정치적 변수들이 배제되고, 중요하지 않은 변수가 선정

② 단일방향적인 영향만을 고려한 문제

㉠ 사회경제적 변수와 같은 정책환경 요인들이 일방적으로 정책과 정치체제에 영향을 미치는 것으로 생각하고 있으나, 정책이나 정치체제가 환경에 영향을 미친다는 점을 고려하지 못함(정책이나 정치체제를 종속변수로, 정책환경을 독립변수로만 파악)

㉡ 정책환경이 정책에 영향을 미치는 경로 파악이 불분명(환경이 정책결정의 주체인 정치체제에 영향을 미쳐 간접적으로 정책에 영향을 미친다고 봐야 함)

③ 정책수준이나 구조적 차이를 간과 : 지나친 상위수준의 정책을 연구 대상으로 하여 연구의 정확성이 부족

④ 개인의 중요성 간과 : 결정은 사회경제적 변수가 아니라 개인에 의해 행해지며, 특히 권력엘리트의 역할이 중요하다는 점을 간과함

> **Check Point**
>
> **정책결정이론 논쟁의 전개 양상**
> - **발생 초기의 정치 · 행정학자들의 환경연구** : Key, Lock-hard의 참여경쟁모형 등 초기의 정책결정요인론은 정치학자들의 영향으로 정치적 요인(변수)을 더욱 중시
> - **경제 · 재정학자들의 환경연구** : 1960년대 Dawson, Robin-son 등의 경제자원모형은 사회경제적 요인을 중시(재정지출의 결정요인 등 사회경제적 요인을 과대평가하고 정치적 요인을 배제)
> - **후기 정치학자들의 연구 참가** : 다시 정치학자들이 연구에 참여하게 되면서 사회경제적 요인뿐만 아니라 정치적 요인(정치체제)도 정책내용에 영향을 미친다는 것을 규명

제2장

정책과정 및 기획론

제1절 정책의제(policy agenda)의 설정

1. 정책의제 설정의 의의

(1) 개념 및 대두배경

① 정책의제의 설정이란 사회문제가 정책문제가 되어 정부의 관심 대상으로 전환되는 과정 즉, 정부가 정책적인 해결을 추구하고자 사회문제를 공식적 정책 의제로 채택하는 것을 말함

② 정책의제 설정의 개념은 1960년대 초 미국의 흑인폭동을 계기로 특정 사회문제가 정책문제로 전환되는 이유나 과정 등에 대한 관심이 높아지면서 대두됨

(2) 특성

① 문제해결의 첫 단계로, 가장 많은 정치적 갈등이 발생하며, 정책의제의 설정에 있어 일반적으로 가장 중요한 변수 또는 기준은 '문제의 해결 가능성'임

② 정책대안의 실질적인 제한과 범위의 한정이 이루어지는 단계

③ 주도집단의 이해관계나 주관이 개입되어 복잡성과 다양성, 역동성을 띰

④ 반드시 합리적 · 객관적 과정을 거치는 것은 아니며, 주관적 · 자의적 · 인공적 판단이 개입됨

⑤ 대안이 훌륭하고 바람직한 정책효과가 나타났다 해도 정책문제를 잘못 인지하여 정책문제가 해결되지 못하는 근원적인 오류(제3종 오류)가 발생할 수 있음

Check Point

정책과정의 전개

- **정책의제설정** : 사회문제를 정책 문제화하여 의제로 전환하는 과정(갈등이 빈발한 과정)
- **정책결정** : 정책목표 설정 후 정책대안을 비교 · 분석(정책분석)하여 이를 탐색 · 선택하는 과정(규범적 가치판단이 요구되는 과정)
- **정책집행** : 정책이 잘 수행되고 환경에 바르게 실현하는 과정(저항 발생)
- **정책평가** : 정책의 모든 과정을 평가하고 정책 집행상의 결과를 판단
- **정책종결** : 정책을 의도적으로 중지하거나 종식하는 과정

정책오류(policy error)의 유형

① 제1종 오류(Type I error, 알파 오류)
 ㉠ 대안의 효과가 없거나 인과관계가 없다는 가설(귀무가설 또는 영가설(Null Hypothesis))이 옳음에도 불구하고 이를 부정(기각)하는 결정을 하는 오류
 ㉡ 실제로는 정책대안이 효과나 인과관계가 없는데, 있다고 잘못 평가하여 잘못된 대안을 채택하는 오류(틀린 대안을 채택하는 오류, 옳은 가설을 기각하는 오류)

② 제2종 오류(Type II error, 베타 오류)
 ㉠ 귀무가설 또는 영가설이 틀림에도 불구하고 이를 긍정(채택 · 인용)하는 결정을 하는 오류
 ㉡ 실제로는 정책대안이 효과나 인과관계가 있는데, 없다고 잘못 평가하여 올바른 대안을 기각하는 오류(옳은 대안을 채택하지 않는 오류, 틀린 가설을 인용하는 오류)

③ 제3종 오류(Type III error, 메타 오류)
 ㉠ 가설 검증이나 대안선택에서는 오류가 없었으나, 정책문제 자체를 잘못 인지하거나 정의하여 발생하는 근원적 오류(문제선택이나 목표설정이 잘못되어 정책문제가 해결되지 않는 오류)로, 주로 정책의제설정과정에서 발생
 ㉡ 제3종 오류와 관련하여, 정책문제 정의에 해결방안을 포함시켜서는 안 된다는 점과 문제정의에 암시되어 있는 인과적 주장에 의문을 가져야 한다는 점에 주의해야 함
 ㉢ 제3종 오류는 정책문제의 명확한 정의를 전제로 하여 최적 수단의 탐색에 치중하는 수단 주의적 기획관의 한계를 드러내는 오류유형(가치중립적인 수단 주의적 기획관에서는 정책문제 · 목표의 재정의 과정이 이루어지지 않으므로 제3종 오류 발생을 방지하기 곤란)
 ㉣ 제3종 오류를 방지하고 문제 정의를 명확히 하기 위해서는 목표나 가치를 중시하는 규범적 기획관이나 정책문제를 명확히 하는 정책문제의 구조화가 요구됨(정책문제 구조화는 정책문제를 명확히 하는 것을 말하며, 핵심적 단계로는 문제의 감지, 문제의 탐색, 문제의 정의, 문제의 구체화가 있음)

(3) 유형

① 공중의제와 공식의제

㉠ 공중의제 : 정부에 의해 공식적으로 채택되기 전이지만, 관심이 집중되어 정부에 의해 해결되어야 한다고 생각되는 의제(체제의제, 토의의제, 환경의제)

㉡ 공식의제 : 정부에 의해 공식적으로 채택된 의제(제도의제, 행동의제, 기관의제)

학자별 구분	Eystone	Cobb, Elder	Anderson
채택 이전	공중의제	체제의제	토의의제
채택 이후	공식의제	제도의제	행동의제

② 강요의제와 선택의제 : 강요의제는 재량의 여지없이 정책결정권자가 의무적으로 고려해야 할 의제이며, 선택의제는 의제선택의 재량권이 인정된 의제

③ 제안의제와 협상의제 : 제안의제는 문제 정의에서 더 나아가 문제해결책과 관련되어 제기되는 의제이며, 협상의제는 의제에 대한 지지가 강력히 요구되는 의제

Check Point

정책의제 설정의 변수 기준
- Cobb & Elder : 구체성 또는 추상성, 사회적 유의성, 시간적 적합성, 복잡성 또는 단순성, 선례 유무
- C. Anderson : 집단균형에 대한 위협, 정치적 지도력, 위기나 큰 사건, 폭력시위, 매스컴의 보도
- J. Kingdon : 정부문제, 주도집단, 정치상황
- J. Walker : 심각한 문제, 해결책 유무, 제안자의 유력성 · 영향력, 다수에 대한 광범위한 영향

정책문제의 구조화 기법

① **경계분석** : 개인이나 집단의 문제형성체계, 즉 메타문제(상위문제)가 완전한 것인가를 추정하는 방법으로, 문제의 존속기간, 형성과정 등을 통하여 문제의 위치나 범위를 찾아내며, 포화표본추출(다양한 이해관계자를 연속적 추천형식으로 식별하는 추출기법)을 통해 관련문제나 이해당사자를 선택함

② **계층분석** : 문제상황의 다양한 원인들을 창의적으로 찾아내기 위한 방법으로 개별분석가의 직관이나 판단에 의해 원인이 식별되며, 간접적이고 불확실한 원인부터 직접적이고 확실한 원인까지 인과관계를 계층별로 차례로 살핌

㉠ **가능성 있는 원인** : 주어진 문제가 발생한 상황에 기여하는 사건이나 행위

㉡ **개연적 원인** : 과학적 연구나 직접적 경험에 입각하여 문제라고 판단되는 상황의 발생에 중요한 영향을 끼쳤다고 믿어지는 원인

㉢ **행동가능한 원인** : 정책결정에 의하여 통제 또는 조작 대상이 되는 것)으로 분류

③ **유추분석** : 과거에 등장하였거나 다루어 본 적이 있는 유사한 문제에 대한 관계(유사성)를 분석하여 문제를 정의하는 방법

④ **가정분석** : 문제상황의 인식을 둘러싼 여러 대립적인 가정(전제)들을 창조적으로 통합하는 것으로 여러 가지 기법을 활용하는 가장 포괄적인 분석

⑤ **분류분석** : 문제상황을 정의 · 분류에 사용되는 개념들을 명확히 하는 기법으로 추상적인 개념들을 구성요소별로 나누어 구체적인 대상이나 상황으로 나타내는 논리적(귀납적) 추론과정을 통하여 경험을 분류함

⑥ **복수관점분석** : 문제를 특정 관점에서만 보지 않고 합리적 · 기술적 관점(합리적 행위자 모형), 조직적 관점(조직과정모형), 개인적 관점(관료정치모형) 등 다양한 관점을 체계적으로 적용하여 문제를 정의

⑦ **조사연구방법의 활용** : 조사방법론에서 다루어지고 있는 여러 조사방법(사전조사, 예비조사, 현지조사, 실태조사 등)들은 문제 분석에도 이용될 수 있음

⑧ **주관적 · 직관적 방법** : 논변지도분석, 브레인스토밍(자유집단토론), 델파이기법 등

Check Point

정책의제의 설정을 좌우하는 요인(J. Kingdon)

- **정부문제의 성격** : 사회적, 유의성, 문제의 시간성과 구체성, 복잡성, 선례성 등
- **주도집단의 정치적 자원** : 집단의 규모, 재정력, 응집력, 구성원의 지위 · 명망 등
- **정치적 상황** : 정치체제의 구조, 정치 이념과 정치 문화, 정책 담당자의 태도, 정치적 사건 등

2. 정책의제의 설정에 영향을 주는 요인

(1) 정책문제의 성격

① **문제의 특성이나 중요성** : 영향을 받는 집단이 크고(많고) 문제의 내용이 대중적이고 중요한 것일수록 의제가 될 가능성이 커짐

② **사회적 유의성** : 사회 전체에 주는 충격의 강도가 클수록 의제가 될 가능성이 커짐

③ **쟁점화의 정도** : 관련 집단들에 의하여 예민하게 쟁점화된 것일수록 갈등해결의 필요성이나 중요성이 크므로 의제가 되기 쉬움

④ **시간적 적실성** : 문제의 시간적 적실성이 높을 때 의제로 설정될 가능성이 큼

⑤ **문제의 복잡성(이해관계와 기술의 복잡성)**

㉠ 문제가 단순할수록(복잡성이 낮을수록) 정부의제로 채택될 가능성이 커지며, 이해관계가 복잡할수록 채택가능성은 낮아짐

㉡ 기술적 복잡성이 높아 해결가능성이 낮을 경우 의제채택 가능성이 작음

⑥ **문제의 구체성** : 문제가 추상적(포괄적)일수록 의제가 될 가능성이 크다는 견

해와 문제가 구체적일수록 의제 형성이 용이하다고 보는 견해가 있음

⑦ **문제의 내용적 특징** : 전체적인 이슈로서 전체적 편익을 주면서 부분적 비용을 수반하는 문제는 비용부담자의 조직적 저항으로 채택이 어려움

⑧ **선례와 정형화 여부** : 선례가 있는 문제는 표준운영절차(SOP)에 따라 쉽게 의제로 채택되며, 일종의 유행이 되어 있는 정형화된 문제들도 쉽게 의제가 될 가능성이 큼

⑨ **해결책의 유무** : 해결책이 존재하고 해결이 쉬울수록 쉽게 의제가 됨

Check Point

표준운영절차(SOP ; Standard Operating Procedure)
효율적인 업무 처리를 위해 만든 표준화된 업무 절차와 세세한 규칙을 뜻함

정책문제의 정의 및 고려 요소

① **정책문제의 정의** : 정책문제의 구성요소, 원인, 결과 등을 규정하여 무엇이 문제인지를 밝히는 것으로, 이를 위해서는 정책문제 관련 요소와 역사적 맥락, 인과관계 등을 파악하고 관련자들이 원하는 가치가 무엇인지 판단하여야 함

② **정책문제의 올바른 정의를 위한 고려 요소**

㉠ 관련 요소의 파악 : 첫 번째로 고려해야 할 요소로서, 정책문제를 유발하는 사람들과 사물의 존재, 상황요소 등을 찾아내는 작업을 말함

㉡ 가치 판단 : 문제의 심각성과 피해계층 · 피해집단을 파악함으로써 관련된 사람들이 원하는 가치가 무엇인가를 판단

㉢ 인과관계의 파악 : 관련 요소(변수)들의 관계를 원인, 매개, 결과로 나누어 파악

㉣ 역사적 맥락의 파악 : 관련 요소(변수)들의 역사적 발전 과정, 변수들 사이의 관계의 변화 과정 파악

Check Point

정책문제의 구조화(W. Dunn)
정책문제를 정의하기 위해 문제상황의 대안적 개념화를 통해 문제를 검증 · 규명하는 과정이다. 즉, 제3종 오류를 방지하여 정책문제를 바르게 정의하려는 노력을 말하며, 여기에는 문제의 감지 · 탐색 · 정의 · 구체화가 포함된다.

(2) 주도집단과 참여자

① **영향력의 결정 기준** : 대상 집단의 규모나 응집력 · 영향력, 의제설정자의 가치관 및 성향 등

② **문제인지집단** : 문제인지집단이 크고 응집력이 강할수록, 인지집단의 자원이 풍부하고 자원과 영향력이 클수록 의제채택 가능성이 커짐

③ **의제설정자** : 상부기관의 영향력이 크고 지시가 구체적일수록, 하위조직원의 참여도가 높을수록 의제가 될 가능성이 커짐

(3) 정치적 · 경제적 · 사회적 요인

① 정치적 요인

㉠ **정치이념이나 정치체제** : 사회주의에 비해 자유주의 국가일수록 의제화 논의가 활발하고 개방적임

㉡ **정부의 정책** : 현재 정부가 어떤 정책을 펴는가에 따라 그에 합당한 사회문제가 의제화되기 쉬움

㉢ **정치적 사건의 존재** : 사회적 관심을 유발하는 사건은 의제설정과정에서 점화장치가 됨

㉣ 정치인의 관심 정도나 속성 등

② **사회적 · 경제적 요인** : 사회문화적 상황, 경제발전 정도, 재원마련 가능성 등이 영향을 미침

3. 정책의제의 설정과정

Check Point

체제의제
정책적 해결의 필요성이 높아진 문제 또는 정책적 고려의 대상이 되어야 할 단계에 이른 문제

Check Point

정부의제
국회나 국무회의에 상정된 공식화 · 문서화된 의제로서 제도의제가 모두 정책결정과정으로 이어지는 것은 아니지만 일단 제도의제로 채택이 되면 그 문제는 해결가능성이 상당히 높아짐

Check Point

사회적 이슈가 공중의제가 되기 위한 전제조건
- 많은 사람이 관심을 가지고 있거나 알고 있을 것
- 어떤 방식이든 정부의 조치가 필요하다는 사람들이 상당수 있을 것
- 문제가 정부의 적절한 고려 대상이 될 뿐 아니라 그 문제의 해결이 정부의 권한에 속한다고 많은 사람들이 믿을 것

(1) R. Cobb & C. Elder의 견해

사회문제 → 사회적 이슈 → 공중의제(체제의제 · 토의의제 · 환경의제) → 공식의제(정책의제 · 제도의제 · 행동의제 · 정부의제)

① **사회문제(social problem)** : 많은 사람이나 집단이 해결이나 시정조치를 원하는 욕구나 불만을 말하며, 대표적인 예로 환경오염이나 교통혼잡 등이 있음

② **사회적 이슈(social issue)**

㉠ 해결방안에 관하여 의견이 불일치하거나 쟁점이 된 사회문제와 긴급히 해결해야 할 사회문제를 말함

㉡ 사회적 이슈화과정은 문제정의를 위한 토론과 논쟁의 과정이기도 함

㉢ 사회문제를 이슈화하기 위해서는 주도자와 점화장치(사회적 관심을 유발하는 사건)가 있어야 함

③ **공중의제(public agenda)** : 정부가 해결을 강구해야 한다고 사회일반이 공감하는 일련의 이슈를 말함

④ **공식의제(policy agenda)** : 정부가 공식적으로 검토하기로 결정한 문제를 말함

(2) R. Cobb & Ross의 견해

문제제기(initiation, 이슈제기) → 구체화(specification, 명료화) → 확장(expansion, 확산) → 진입(entrance, 정부의제)

① **문제제기(이슈화)** : 문제나 고충의 표출 및 발생 단계, 즉 정책의 외부환경으로부터 개인이나 집단에 의해 제기되거나 새로운 정책으로 정치지도자 등에 의해 공표되는 단계

② **구체화(명료화)** : 일반적 고충 · 불만이 구체적인 특정 정책의 요구로 전환되거나 새로운 정책의 세부항목이 정해지는 단계(집단민원 제기 등)

③ **확장(확산)**

㉠ 정책적 요구로 전환된 문제가 정부의 관심을 끌거나 많은 집단들 사이에서 논제로 확산되는 과정

Check Point

확장의 구체적 단계
동일화집단 → 주의집단 → 주의공중 → 일반공중(대중)

㉡ 일반공중에게 확산되어 널리 인식되게 하는 이슈화 · 쟁점화단계로서, 이 단계를 거쳐 사회문제가 공중의제화 됨

④ 진입(정부의제)

㉠ 공중의제가 정부에 의하여 공식의제(정부의제)로 채택(전환)되는 과정

㉡ 정부가 구체적으로 관심을 갖거나 정부주도로 확산에 성공하는 단계

(3) C. Jones의 견해

사건인지 및 문제 정의 → 결속(결집) 및 조직화 → 대표화 → 정책의제화

> **Check Point**
>
> **대표화**
>
> 문제를 지닌 집단이 그 문제를 정부에 귀속시키고자 행하는 모든 활동과 노력을 말하며, 개인적 접촉이나 청원, 언론매체, 정보 · 기술제공 등을 포함함

4. 정책의제 설정모형

(1) R. Cobb & Ross의 모형

① 외부주도형

㉠ 개념

- 외부집단이 주도하여 사회문제에 대해 정부가 해결해 줄 것을 요구하고 정부의제로 채택하도록 하는 과정으로 공개도 · 참여도가 가장 높음
- '사회문제 → 공중문제 →정부의제'의 과정을 거치는 모형이며, 주로 이익집단이 발달하고 정부가 외부의 요구에 민감하게 반응하는 정치체제를 가진 다원화된 선진국에서 일반적으로 나타남

> **Check Point**
>
> **외부주도형의 예**
>
> 전자상거래제도, 그린벨트 해제, 금융실명제, 벤처사업의 육성, 지방자치의 실시, 개방형 임용제 등

㉡ 특성

- 정책과정 전반을 사회문제 당사자인 외부집단이나 다양한 행위자가 주도하고 협상과 타협 등 진흙탕 싸움, 즉 외부집단 간의 경쟁으로 인하여 점진적인 해결에 머무르는 수가 많음
- 의사결정비용은 증가하나 집행에 대한 순응 확보를 위한 노력이 필요없게 되므로 집행비용은 감소함(의제설정은 용이하지 않으나 집행은 용이함)

② 동원형

㉠ 개념

- 정부조직 내부에서 주도되어 거의 자동적으로 공식의제화하고, 행정PR을 통하여 공중의제가 되는 모형
- '사회문제 → 정부의제 → 공중의제'의 과정을 거치는 모형이며, 주로 권력집중적 · 권위적 사회인 후진국에서 많이 나타남

> **Check Point**
>
> **동원형의 예**
>
> 우리나라의 새마을 운동, 가족계획사업, 의료보험제도, 국민연금 실시 결정, 의약분업정책, 월드컵 유치, 미국 Johnson 정부의 빈곤퇴치운동, 제2건국운동, 신도시건설사업, 공기업 지방이전 등

ⓒ 특성

- 전문가의 영향력이 지대함
- 분석적인 설정과정
- 정책내용이 종합적 · 체계적 · 장기적
- 카리스마적 지도자에 의해 주도될 가능성이 큼

③ 내부접근형(음모형)

㉠ 개념

- 정부조직 내의 집단 또는 정책결정자에게 쉽게 접근할 수 있는 외부집단에 의하여 문제가 제기되고 정부의제가 되도록 충분한 압력을 가하는 모형, 즉 '사회문제 → 정부의제'가 되는 경우
- 선진국과 후진국에서 모두 나타날 수 있는 모형

ⓒ 특성

- 이슈가 공중에게 확산되기를 원하지 않음
- 호의적 결정과 성공적인 집행의 가능성이 높음
- 부와 지위가 집중된 사회, 엘리트계층에 의해 발생될 가능성이 높음

Check Point

내부접근형의 예

율곡사업 등 무기구매계약, 마산 수출자유지역 결정, 관주도의 경제개발 및 국토개발사업, 고속도로사업, 금강산관광, 대북지원 사업, 집권자의 공약 실천 등

R. Cobb & Ross의 정책의제 설정모형별 특성

구분	외부주도형	동원형	내부접근형
전개 방향	외부 → 내부	내부 → 외부	내부 → 내부(또는 외부 → 내부)
공개성	높음	중간	낮음
참여도	높음	중간	낮음
사회적 배경	평등사회	계층사회	불평등사회

(2) P. May의 모형(1991)

① 구분기준 : 논쟁의 주도자와 대중적 지지의 높고 낮음을 기준으로 하여 네 가지로 구분

논쟁의 주도자 / 대중적 지지	사회적 행위자들	국가
높음	외부주도형	굳히기형
낮음	내부주도형(내부접근형)	동원형

② 모형의 유형

㉠ 외부주도형(outside initiation) : 비정부집단 등의 사회행위자들이 주도하여 사회문제를 이슈화하여 이를 공중의제로 만든 다음, 다시 정부의 공식의제로 채택되도록 하는 모형

㉡ 내부주도형(inside initiation, 내부접근형) : 정책결정자에게 쉽게 접근할 수 있는 영향력 있는 집단들이 정책을 주도하는 모형

㉢ 굳히기형 : 대중적 지지가 필요하나 대중적 지지가 높을 것으로 기대될 때, 정부가 의제설정을 주도하여 의제설정을 명확히 하는 모형

㉣ 동원형(mobilisation) : 대중적 지지가 낮을 때 정부에서 주도하여 공식의제화하고 행정PR(공공관계 캠페인)이나 상징 등을 활용하여 대중적 지지를 높이는 모형

Check Point

외부주도형
비정부집단의 이슈 제기 → 공중의제화 → 공식적인 제도적 의제화

Check Point

내부주도형
사회문제 → 공식적 의제화(이슈화나 정책경쟁이 생략되는 모형)

Check Point

동원형
사회문제에 대한 이슈 제기 → 공식의제화 → 공중의제화

Check Point

포자모형
곰팡이 포자가 적당한 환경이 조성되지 않으면 균사체로 발전하지 못하는 것과 같이, 영향력이 없는 집단이 주도하는 이슈의 경우 이슈 촉발계기(triggering device)가 없으면 정부의제로 발전하지 못한다는 모형

5. 의제설정에 관한 이론

(1) 의제설정과 국가론

① 의의 : 정책의제의 설정을 누가 주도하는가의 문제는 국가론, 즉 국가의 성격을 어떻게 규정하느냐에 따라 달라지므로, 국가론은 정책이론의 기본 가정이자 전제적 이론이 됨

② 의제설정이론의 접근방법

㉠ 주도권자에 따른 분류

- 국가 중심적 접근방법 : 국가주의(statism), 조합주의(corporatism)
- 사회 중심적 접근방법 : 다원주의(pluralism), 엘리트주의(elitism, 선량주의), 마르크스주의(marxism)

㉡ 권력의 집중 · 분산 여부에 따른 분류

- 권력균형론(권력분산론) : 다원주의
- 권력불균형론(권력집중론) : 국가주의, 조합주의, 선량주의, 마르크스주의

Check Point

흐름모형
사회적 이슈가 어떤 계기로 사회적 환경에서 정부의 공식의제로 채택되느냐와 관련하여, 흐름모형은 능동적 참여자와 의제 · 대안의 논의과정이 의제형성에서 중요하다고 보는 모형이다. 이러한 모형의 대표적인 유형으로는 흐름창모형과 쓰레기통모형이 있다.

(2) 엘리트이론과 다원론의 논쟁

① 논쟁의 의의

㉠ 두 이론 간의 논쟁은 단순한 정책문제에만 국한된 것이 아니라 정치제도의 실질적 지배자에 대한 논쟁으로서의 의미를 지님

㉡ 미국의 엘리트이론은 정책문제 채택에 대한 엘리트집단의 영향력에 대한 이론으로서 그 의의가 크며, 정책의제 설정이론도 사실상 이들의 이론전개에 의해 개발됨

② 논쟁의 전개과정

> 고전적 민주주의 → 고전적 엘리트론(19세기 말) → 미국의 엘리트론(1950년대) → 고전적 다원론(초기다원론, 1950년대) → R. Dahl의 다원론(1960년대) → 신엘리트론(무의사결정론, 1960년대) → 신다원론(수정다원론, 1980년대)

(3) 엘리트이론

① 의의

㉠ 사회는 권력을 가진 자와 이를 가지지 못한 일반대중으로 나뉘며, 소수관료나 저명인사 등 사회지배계급(엘리트)에 의하여 정책문제가 일방적으로 채택된다는 이론으로, 정치적으로 무능한 일반대중을 지배하는 엘리트 중심의 계층적 · 하향적 통치질서를 중시함

㉡ 다원론이 권력의 소유와 행사를 별개로 보는 데 비해서 엘리트론은 권력의 소유를 권력의 행사와 동일하게 해석하며, 사회구조가 계층화되어 있다는 것을 전제로 소수 엘리트집단이 그들의 이익을 우선하여 결정을 내리게 된다고 봄

② 전개

고전적 엘리트론 (19세기 말)	• 미국의 고전적 민주주의에 대한 비판으로 유럽에서 전개 • 소수의 동질적 · 폐쇄적 엘리트(정치지도자)가 대중을 지배 • 엘리트는 자율적이고 다른 계층에 대해 책임지지 않으며, 중요한 정치적 문제는 전체의 이익과 관계없이 자신들의 이해관계를 고려해 해결 • V. Pareto, R. Michels, G. Mosca 등이 주장
미국의 엘리트론 (1950년대)	엘리트 이론가들은, 미국사회를 지배하는 엘리트는 정치적으로 중요한 기관의 지도자라는 C. Mills의 지위접근법과, 사회적 명망가가 결정한 것을 대중은 수용할 뿐이라는 F. Hunter의 명성접근법을 토대로 미국도 엘리트사회라고 주장(다원론자들을 자극)
신엘리트론(1960년대)	Bachrach와 Baratz의 무의사결정론이 대표적

> **Check Point**
>
> **유럽의 대표적인 고전적 엘리트론**
> - **G. Mosca의 지배계급론** : 조직화된 소수의 지배계급이 다수의 피지배계급을 지시 · 통제
> - **V. Pareto의 엘리트 순환론** : 사회구성원을 엘리트계층과 비엘리트계층으로 구분하고 엘리트계층을 다시 통치엘리트(정책과정에 참여)와 비통치 엘리트(정책과정에 비참여)로 구분한 후, 엘리트계층 간의 순환과정이 자연스럽게 이루어진다고 주장
> - **R. Michels의 과두제의 철칙(Iron law of oligarchy)** : 정당의 내부구조에 대한 연구를 통해 민주적 조직이 불가피하게 과두제의 방식으로 조직화되어(과두제화) 구성원의 이익이 아닌 지배계급의 이익을 대표하게 됨(목표-수단의 전환)

(4) 신엘리트이론(무의사결정론, non-decision making theory)

① 의의

㉠ 지배엘리트(집권층, 의사결정자)의 권력과 이해관계와 일치되는 사회문제만 정책의제화된다는 이론, 즉 지배엘리트의 이익이나 가치에 반하거나 잠재적인 도전가능성이 있는 것을 억압 · 방해하는 결정(의도적 무결정)을 말함

㉡ 의사결정의 범위를 기존의 가치나 권력에 악영향을 주지 않는 것에 한정시킴으로써 어떤 문제는 정책문제화 되지 못하게 하는 현상

㉢ 1960~1970년대에 수출 · 성장 위주의 경제정책만을 추구한 나머지 노동 · 환경 · 복지 · 인권문제 등을 기피한 현상 등이 그 예임

> **Check Point**
>
> **무의사결정론의 발생 원인**
> - 지배계급의 가치나 신념체계에 대한 도전의 부정, 기득권 침해 예방
> - 지배엘리트들에 대한 행정관료의 지나친 충성심(과잉충성)
> - 정치문화에 부정적으로 작용하는 문제의 억제
> - 정치체제가 특정 문제에 편견이 있거나 구조화 · 경직성이 심한 경우
> - 관료의 이익과 상충되거나 관련 정보 · 지식 · 기술이 부족한 경우

㉣ Bachrach와 Baratz 등 신엘리트론가들이 Dahl의 다원론(권력의 배분에 관한 연구)을 비판한 데서 발생(신엘리트이론)

㉤ Bachrach와 Baratz는 〈권력의 두 얼굴(two faces of power)〉이라는 논문에서 정치권력을 자신의 의사를 관철하려는 차원과 타인의 의견을 억누르는 차원으로 구분하고, 후자를 무의사결정이라 함

② 특징

㉠ 모든 사회문제는 자동으로 의제화된다는 다원론에 대한 반발에서 출발한 이론으로, 1960년대 대규모 흑인폭동을 계기로 발전

㉡ 주로 의제설정 · 채택과정에서 일어나지만 넓은 의미의 무의사결정은 정책의 전 과정에서 발생(즉, 정책결정단계에서는 집권층이나 엘리트들에게 유리하게 결정되도록 통제 · 억압하고, 불리한 정책이 결정된 경우 정책집행단계에서 집행을 연기하다가 취소하도록 노력하거나 형식적으로만 집행하게 하며, 정책평가단계에서는 정책의 부작용을 부각시킴으로써 정책을 수정하도록 함)

③ 행사 방법(수단)

㉠ 폭력 등의 강제력 행사

㉡ 권력에 의한 특혜의 부여 · 회유(특혜의 제공이나 이익을 통한 매수 등)

㉢ 편견의 동원(지배적 규범 · 절차를 강조해 정책요구를 억제하는 간접적 방법)

㉣ 편견의 강화나 수정(지배적 규범 · 절차 자체를 수정 · 보완하여 정책요구를 봉쇄하는 가장 간접적 · 우회적 방법)

㉤ 문제 자체의 은폐 및 지연

꼭! 확인 기출문제

01. 무의사결정론에 대한 설명으로 옳지 않은 것은? [국가직 9급 기출]

① 정치체제 내의 지배적 규범이나 절차가 강조되어 변화를 위한 주장은 통제된다고 본다.
② 엘리트들에게 안전한 이슈만이 논의되고 불리한 이슈는 거론조차 못하게 봉쇄된다고 한다.
③ 위협과 같은 폭력적 방법을 통해 특정한 이슈의 등장이 방해받기도 한다고 주장한다.
❹ 조직의 주의집중력과 가용자원은 한계가 있어 일부 사회문제만이 정책의제로 선택된다고 주장한다.

해 ④ 무의사결정론은 사회엘리트들이 자신의 기득권에 도전을 해오는 주장에 대하여 의도적으로 억압함으로써 정책의제의 채택을 방해하는 신엘리트 이론을 의미하고, 조직의 주의집중력과 가용자원은 한계가 있어 일부 사회문제만이 정책의제로 선택된다고 주장한 이론은 사이먼(Simon)의 의사결정론이다.
① 무의사결정론을 추진하는 방법에는 정치체제 내의 지배적 규범이나 절차를 강조하여 변화를 위한 주장을 꺾는 간접적 방법이 있으며, 이는 새로운 주장을 비애국적 · 비윤리적 또는 지배적인 정치이념에 위반되거나 확립된 절차나 규칙에 위반되는 것으로 낙인찍는 방법에 해당한다.
② 무의사결정론은 엘리트에게 잠재적이고 현재적 위협을 억제하는 권력이 작용한다는 것으로, 엘리트에게 위협이 되지 않는 안전한 이슈만 논의된다고 주장한다.

지방직 9급 기출

01. 무의사결정론(non-decision making theory)에 대한 설명으로 옳지 않은 것은?

① 무의사결정은 특정 사회적 쟁점이 공식적 정책과정에 진입하지 못하도록 막는 엘리트집단의 행동이다.
② 무의사결정은 정책의제의 설정단계뿐만 아니라 정책결정이나 집행단계에서도 나타날 수 있다.
③ 무의사결정론은 고전적 다원주의를 비판하며 등장한 이론으로 신다원주의론이라 불린다.
④ 무의사결정론은 정치권력이 두 얼굴을 가지고 있다고 주장한다.

해 무의사결정론은 Bachrach와 Baratz 등 신엘리트론가들이 Dahl의 다원론을 비판하며 등장한 이론으로, 신엘리트이론이라 불린다.

 01 ③

③ 무의사결정론의 수단과 방법은 편견 및 절차를 수정 내지 강화하는 간접적 수단에서부터 편견을 동원하거나 권력을 행사하거나 심지어 가장 직접적인 폭력적 방법을 동원하기도 한다.

02. 무의사결정(non-decision making)에 대한 설명으로 옳은 것은? [국가직 9급 기출]

① 지배적인 엘리트집단은 자신들의 이해관계와 부합하지 않는 이슈라도 정책의제설정단계에서 논의하려고 한다.
② 무의사결정은 중립적인 행동으로 다원주의이론의 관점을 반영한다.
③ 집행과정에서는 무의사결정이 일어나지 않는다.
❹ 정책문제 채택과정에서 기존 세력에 도전하는 요구는 정책 문제화하지 않고 억압한다.

해 ④ 무의사결정(non-decision making)론은 바흐라흐(Bachrach)와 바라츠(Baratz)에 의해 주장된 신엘리트이론으로, 엘리트의 가치나 이익에 대한 잠재적이거나 현재적인 도전을 억압·방해하는 결정을 말한다. 즉, 정책문제의 채택과정에서 기존 세력에 도전하는 요구는 정책 문제화하지 않고 억압한다.
① 무의사결정은 기존 엘리트 세력의 이익을 옹호하거나 보호하는데 목적이 있다.
② 무의사결정론은 달(R. Dahl)의 다원론을 비판하며 등장하였다.
③ 무의사결정은 정책의 전 과정에서 일어난다.

(5) 다원론(pluralism)

① 의의

㉠ 민주주의 사회에서의 정치적 영향력이나 권력은 사회 각 계층에 널리 분산되어 있다는 이론으로, 정책과정은 외형상 소수권력자가 담당하는 듯 보이나 실질적으로는 선거 등의 방법으로 다수 시민에 의해 실현되므로 권력자는 시민의 요구와 지지 여부를 고려해 정책문제를 채택한다고 봄(시민의 선호나 이익을 정책에 반영)

㉡ 엘리트이론과 대비되는 이론으로서, 이익집단의 적극적 역할을 중시하므로 집단이론이라고도 함

② 특징

㉠ 민주사회를 정치적 시장으로 보며, 여러 사회집단들이 선거를 통해 의견을 나타내는 정치시스템으로 간주

㉡ 정치인들은 정치적 지지를 얻기 위하여 경쟁(당선된 공직자가 정책결정에 가장 큰 영향을 미치게 된다는 정치논리)

㉢ 정책과정의 주도자는 이익집단이며, 정부는 갈등적 이익을 조정하는 중재인, 규칙의 준수를 독려하는 심판자로서의 역할을 수행

③ 전개

고전적 민주주의 (매디슨 다원주의)	민주주의에 대한 낙관적 입장
고전적 다원론 (이익집단론, 초기의 다원론, 집단과정이론)	• 정치과정의 핵심은 이익집단의 활동이며, 이익집단의 자유로운 활동(협상·타협)을 통해 정책문제가 채택된다는 이론 • Bentley와 Truman은 다음 논리로 낙관적인 이익집단론을 주장

Check Point

다원론의 시사점

- 정책결정과정이 특정 계층이나 집단에 독점되어 있지 않고 분권화되어 있으며, 정책결정과정은 유동적이며, 정치적 균형은 갈등과 타협의 결과
- 이익집단은 정책과정에 영향력의 차이는 있지만 동등한 접근기회를 가짐(영향력의 차이는 정부의 차별적 요인이 아니라 이익집단 내적 요인에 기인함)
- 이익집단은 전체적으로는 상호견제와 중복회원 등의 이유로 균형을 유지하고 있음
- 이익집단들은 상호 경쟁을 하고 있지만 게임의 규칙에 대한 합의를 토대로 하므로, 경쟁은 순화될 수 있고 정치체제의 유지에 순기능적 역할을 수행함

기출 Plus 서울시 9급 기출

02. 다원주의(Pluralism)에 대한 설명으로 가장 옳지 않은 것은?

① 권력은 다양한 세력들에게 분산되어 있다.
② 정책영역별로 영향력을 행사하는 엘리트들이 각기 다르다.
③ 이익집단들 간의 영향력 차이는 주로 정부의 정책과정에 대한 상이한 접근기회에 기인한다.
④ 이익집단들 간의 영향력 차이는 있지만 전체적으로 균형을 유지하고 있다.

해 다원주의(Pluralism)에 따르면 이익집단들 간의 영향력 차이는 주로 정부의 정책과정에 대한 상이한 접근 기회가 아니라 동등한 접근 기회를 갖는다. 즉, 영향력의 차이는 정부의 차별적 요인이 아니라 이익집단의 내적 요인에 기인한다.

답 02 ③

고전적 다원론 (이익집단론, 초기의 다원론, 집단과정이론)	– 잠재이익집단론 : 정책결정자는 말 없는 이익집단의 이익을 염두에 두므로 활동적 소수(active minority)에 의한 특수 수익만 추구하기는 어렵다는 이론 – 중복회원이론 : 이익집단 구성원은 여러 집단에 중복하여 소속되어 있으므로 특수 이익의 극대화는 곤란하다는 이론
R. Dahl의 다원론 (다원적 권력이론)	• 엘리트론과 달리 엘리트집단 전체가 대중의 선호나 요구에 민감하게 움직인다는 점에서 미국 도시가 다원적 정치체제를 지닌다고 봄(미국 등 민주주의 국가는 다원적 정치체제를 지님) • 다수에 의한 정치가 이루어지고 어떠한 사회문제든지 정치체제에 침투할 수 있다고 전제 • 다원적 정치체제 국가에서는 엘리트가 모든 정책 영역에서 지배적 권력을 행사하는 것은 아니며(엘리트의 다원화 · 분산화가 이루어짐), 선거 등 정치적 경쟁을 통해 대중의 선호가 정책에 반영된다고 봄 • 이익집단이 정책을 주도하며, 정부는 수동적 심판관 역할에 그친다고 봄
신다원론(수정다원론)	• 전통적 다원주의 이론이 산업사회에서 적용상 한계를 보임에 따라 엘리트 이론의 핵심적 요소 중 일부를 다원론적 위치에서 통합시켜 형성한 이론(Peterson, C. Lindblom, P. Dunleavy) • 특정 엘리트집단의 영향력은 누적적으로 쌓일 수 있으며 특정집단이 다른 집단에 비하여 강한 영향력을 행사할 수 있으므로 특정 엘리트집단이 정부와 사회를 주도할 수 있다고 봄 • 자본주의 국가에서 정부는 중립적 조정자가 아니라, 정책과정에서 기업집단에게 특권적 지위를 부여할 수밖에 없는 특성이 있음 • 정부는 이익집단의 투입활동에 수동적으로 반응하기보다는 전문화된 체제를 갖추고, 능동적으로 활동함. 현대사회의 복잡한 사회문제의 해결을 위해서는, 정부는 과학적 방법들을 활용하여 합리적인 정책결정을 해야 함 • 국가에 의한 구조적 불평등이 가능하므로 개혁이 필요함. 현재의 다두제 국가에서 이루어지는 선거, 이익집단의 압력, 의회의 견제 등 외부통제에는 한계가 있으므로, 국가 관료들 간 내적 견제, 정부 기구의 분화 등 내부통제가 강화되어야 하고, 불평등구조의 심화 방지를 위한 구조적 개혁이 필요함

④ 문제점(한계)

㉠ 집단의 중요성을 지나치게 강조하며 정부나 관료의 독자적 결정능력을 간과

㉡ 정책과정에서 정책결정 요인으로 작용하기도 하는 이데올로기의 역할을 고려하지 못함

㉢ 정부에 가해지는 외적 환경이나 구조적 제약이 정책에 미치는 영향을 고려하지 못함

㉣ 잠재집단이나 정부부처 간의 견제 · 균형으로 특수한 이익이 지배하지 못할 것이라는 점도 설득력이 약함

㉤ 잠재집단이 집합적으로 만나지도 않고 자원도 부족하므로 실제 조직화는 곤란함

Check Point

A. Bentley & D. Truman의 이익집단론에 대한 반발 이론
- **이익집단자유주의론** : 이익집단이 자유로운 활동에서는 조직화된 활동적 소수의 이익만 반영되고 침묵하는 다수의 이익은 반영이 곤란하다는 이론
- **공공이익집단론** : 특수 이익보다 공익에 보다 가까운 주장을 펴는 집단의 이익이 정책에 반영된다고 보는 이론

꼭! 확인 기출문제

정책과정에서 행위자 사이의 권력관계 이론에 대한 설명으로 가장 옳지 않은 것은? [서울시 9급 기출]

❶ 헌터(Hunter)는 지역사회연구를 통해 응집력과 동료의식이 강하고 협력적인 정치엘리트들이 지역사회를 지배한다는 엘리트론을 주장한다.
② 무의사결정(nondecision-making)론은 권력을 가진 집단은 자신들에게 불리하거나 바람직하지 않다고 생각되는 특정 이슈들이 정부 내에서 논의되지 못하도록 봉쇄한다고 설명한다.
③ 다원론을 전개한 다알(Dahl)은 New Haven시를 대상으로 한 연구에서 정책결정을 담당하는 엘리트가 분야별로 다른 형태를 보인다고 설명한다.
④ 신다원론에서는 집단 간 경쟁의 중요성은 여전히 인정하면서 집단 간 대체적 동등성의 개념을 수정하여 특정집단이 다른 집단보다 더욱 강력할 수 있다는 점을 인정하였다.

해 ① 유럽의 고전적 엘리트론이 정치 엘리트들을 지배 엘리트로 파악한다면, 헌터(Hunter)는 명성접근법을 토대로 기업 엘리트들이 지역사회를 지배한다고 주장한다.
② 무의사결정(nondecision-making)론은 집권층의 가치나 이익에 대한 잠재적이거나 현재적인 도전을 억압 · 방해는 결정으로, 자신들에게 불리하거나 바람직하지 못한 특정 이슈들이 정부 내에서 논의되지 못하도록 봉쇄한다.
③ 다알(Dahl)은 다원적 정치체제 국가에서는 동일한 엘리트가 모든 정책 영역에서 지배적 권력을 행사하는 것은 아니며, 정책결정을 담당하는 엘리트가 분야별로 다르다고 보았다.
④ 신다원론은 다원론의 특징인 집단 간 경쟁의 중요성은 인정하면서도 다른 집단보다 더욱 강력한 특정집단이 존재할 수 있다는 점을 인정하였다.

Check Point

신마르크스주의
- 경제를 지배하고 있는 자본가계급이 국가를 장악한다고 보는 이론
- 국가가 어느 정도 자율성을 가진다는 것을 강조하는 점에서 정통 마르크시즘과 구별되며, 민간부문이 실질적 결정권을 장악한다는 점에서 신베버주의와 구별됨

(6) 기타 국가론

① 유럽 중심의 이론

㉠ **계급이론** : 사회가 지배계급과 피지배계급으로 나뉜다고 보고, 경제적 부를 독점하는 지배계급이 엘리트화하여 정책과정을 담당한다는 이론(정통 마르크스주의)

㉡ **베버주의** : 국가나 정부관료제의 절대적 자율성과 지도적 · 개입적 역할을 인정하는 이론(정부관료제는 국익의 관점에서 이익집단들을 지도 · 조정하는 실질적 주체라 봄)

㉢ **신베버주의** : 이익집단이나 지배계급뿐만 아니라 국가나 정부도 자율적 의사결정주체라 보는 이론(수동적 심판관이 아닌 자율적인 의사결정 주체로 봄)

㉣ **조합주의이론**
- 다원주의에 대한 반발로 나타난 국가주의의 일종으로, 사회 전체를 국가에 종속되는 조합들로 구성하려는 이론
- 정부를 중립적 · 피동적 중재자가 아니라 이익집단활동을 규정하고 포섭 또는 억압하는 권위적 · 독립적 실체로 간주
- 주요 정책결정은 자본가 · 노동자 · 정부대표의 삼자연합이 결정하지만 정부와 이익집단 간 공식합의(상호협력)를 중시하므로 이익집단의 자율성은 제약됨

- 이탈리아 파시스트 조합주의를 유래로 하여 유럽에서 형성됨(미국과 무관)
- 대표적 유형으로, 제3세계나 후진 자본주의에서 국가가 일반적으로 주도하는 국가조합주의와 서구 선진자본주의에서 이익집단의 자발적 시도로 발생한 사회조합주의가 있음

조합주의 유형의 비교

구분	사회조합주의(societal corporatism)	국가조합주의(state corporatism)
적용 국가	서구 선진국	제3세계 발전도상국
형성 배경	사회 · 경제체제의 변화에 순응하려는 이익집단의 자발적 시도	국가가 일방적으로 형성하며, 이익집단은 국가를 보조(종속화)
초점	이익집단의 대표기능과 사회적 합의의 조화	이익집단의 기능보다 이익집단에 대한 국가의 통제기능을 강조(대중 동원과 정당화의 도구로 이용)
의존성	국가가 이익집단에 의존	이익집단이 국가에 의존

② 제3세계 국가 중심의 이론

㉠ 종속이론

- 1960년대 남미학자들에 의해 제기된 것으로, 후진국의 저발전 문제를 국내적 문제로 보는 서구 중심의 근대화이론을 비판
- 후진국의 저발전 문제가 주변부(후진국)에서 중심부(선진국)로 유출되는 경제적 잉여 때문이라 보는 이론(후진국의 의제채택은 후진국의 자유로운 판단에 기인한 것은 아니라는 입장)
- 대표적인 학자로는 P. Baran과 A. Frank 등이 있음

㉡ 관료적 권위주의

- 종속이론과 조합주의를 기초로 하여 O'Donnell이 발전시킨 것으로, 종속적 · 불균형적인 제3세계 후발자본주의의 상황을 설명하는 이론
- 서구의 경우 사회경제의 근대화가 정치적 민주주의를 실현시키지만, 제3세계에서는 오히려 강력한 권위주의 정권을 초래한다고 봄

㉢ 신중상주의 : 우리나라 등 동아시아의 신흥 공업국가를 중심으로 경제발전 과정에서 국가의 역할을 논의한 이론(경제성장제일주의, 안보제일주의)

Check Point

조합주의(사회조합주의)의 특징

- 이익집단들은 강제적 · 비경쟁적 · 계층적 형태로 구성되며, 이익집단 간에는 협력적 관계가 형성됨
- 국가는 자체 이익을 가지고 있으면서 이익집단의 활동을 규정하고 포섭 또는 억압하는 자율적 · 독립적 실체로 봄
- 국가로부터 독점적 대표권을 부여받은 이익집단 간에는 협력적 관계, 즉 상호 간의 편익의 교환관계가 성립됨
- 정책결정과정에서 정부와 이익집단 간 합의가 이루어지며, 합의 내용을 대리집행 또는 보조하는 것이 이익집단의 주된 역할임
- 이익집단 구성원의 이익과 함께 사회적 책임, 합의, 사회적 조화 등의 가치를 중시함

꼭! 확인 기출문제

다국적 기업과 같은 중요 산업조직이 국가 또는 정부와 긴밀한 동맹관계를 형성하고 이들이 경제 및 산업정책을 함께 만들어 간다고 설명하는 이론은? [국가직 9급 기출]

① 신마르크스주의 이론
② 엘리트 이론
③ 공공선택 이론
❹ 신조합주의 이론

해 ④ 다국적 기업 등의 중요 산업조직이 국가나 정부와 동맹관계를 맺고 함께 경제 및 산업정책을 만들어간다고 설명하는 이론은 신조합주의(사회조합주의)이론에 대한 설명이다. 조합주의가 국가가 주도하는 노동자 · 자본가 · 정부대표 협의체 제임에 비해, 신조합주의는 산업조직의 영향력을 강조한다는 점에서 차이가 있다.

① 신마르크스주의이론은 경제를 지배하고 있는 자본가 계급이 국가를 장악한다고 보는 이론으로, 국가가 어느 정도 자율성을 가진다는 것을 강조한다.

② 엘리트이론은 권력의 소유를 권력의 행사와 동일하게 해석하며, 사회구조가 계층화되어 있는 것을 전제로 소수 엘리트 집단이 그들의 이익을 우선하여 결정을 내리게 된다고 본다.

③ 공공선택이론은 공공부문에 경제학적 관점을 도입하려는 정치경제학적 관점에서 공공재의 공급을 위한 의사결정방법과 조직배열을 연구하는 이론이다. 공공재와 공공서비스의 특질을 중시하여 공공정책을 사회의 희소한 공공재와 공공서비스를 합리적으로 배분하는 수단으로 이해한다.

제2절 정책분석과 미래예측

1. 정책분석(PA)

(1) 의의 및 특징

① 의의 : 정책분석은 정책결정의 핵심단계로서, 각종 대안에 대한 비교 · 평가를 통해 의사결정자의 합리적 판단을 도와주는 지적 · 인지적 활동을 말함

② 특징

㉠ 결정자의 역할을 대체하는 것이 아니라 합리적 판단을 도와주는 활동임

㉡ 대안의 결과를 예측 · 비교 · 평가하는 합리적 · 상식적 활동이며, 협상과 타협이나 권력적 관계에 의존하는 정치적 활동이 아님

㉢ 정책분석은 어디까지나 상식적인 것으로 정책 전문가 뿐만 아니라 누구나 할 수 있는 작업임

(2) 한계

① 목표 설정의 곤란

② 문제의 복잡 · 다양성

Check Point

정책분석의 절차

문제의 인지 및 정책목표의 설정 → 정책대안의 탐색 · 개발 → 정책대안의 비교 · 분석과 평가 → 최적대안의 선택

③ 정보와 자료의 부족

④ 분석결과 활용능력 및 권력의 제약

⑤ 계량화와 객관적 분석의 곤란

⑥ 지나친 정치적 고려

(3) 정책분석의 세 가지 차원

① (협의의) 정책분석(PA)

㉠ 체제분석에 가치나 사회적 배분, 정치적 효과 등을 고려

㉡ 당위성차원의 분석

㉢ 정책의 기본방향(where) 결정이 분석의 초점

㉣ 정책대안의 실행가능성 및 정책목표의 최적화 등 정치적 요인 고려

② 체제분석(SA)

㉠ 관리과학에 직관 · 통찰력 등을 보완

㉡ 능률성이나 실현성 차원의 분석

㉢ 능률적 정책대안(what) 결정이 분석의 초점

㉣ 부분적 최적화 추구(비용편익 · 효과분석, 관리과학기법)

③ 관리과학(OR)

㉠ 정책집행을 위한 관리결정의 계량적 기법

㉡ 경제적 합리성(능률성) 차원의 분석

㉢ 경제적 달성방법(how) 선택(집행 · 운영계획의 수립)이 초점

㉣ 수단의 최적화, 계량화 추구(선형계획, 모의실험, PERT 등)

정책대안의 탐색 및 평가

① **정책대안의 탐색**

㉠ 정책대안의 개념 : 정책목표를 달성할 수 있도록 하는 채택 가능한 정책수단

㉡ 정책대안의 탐색 : 문제 해결에 필요한 모든 정책대안을 발굴하는 것을 말하며, 대안의 식별(소극적 대안탐색)과 창출(적극적 대안탐색)을 포함

② **정책대안의 평가**

㉠ 개념 : 정책대안의 평가(정책분석)란 대안의 예측결과와 장단점을 비교 · 분석하는 것을 말함

㉡ 평가 기준(Nakamura & Smallwood)

- 소망성(desirability)
  - 노력 : 사업 활동에 투자되는 질적 · 양적 투입이나 에너지
  - 능률성 : 투입과 산출의 비율(최소의 투입으로 최대의 산출을 얻는 것)
  - 효과성 : 목표 달성도
  - 형평성(공평성) : 집단 · 계층 간 비용과 편익의 공평한 배분
  - 대응성(부응성) : 시민의 수요나 욕구 · 선호의 부응 정도
- 실현가능성(feasibility) : 행정적 실현가능성, 법적 실현가능성, 정치적 실현가능성, 경제적(재정적) 실현가능성, 기술적 실현가능성, 윤리적 실현가능성

Check Point

정책분석의 의의

정책분석(PA)쪽으로 갈수록 정치적인 고려가 많은 상위차원의 분석으로 공공부문에 적합하며, 관리과학(OR)쪽으로 갈수록 기술적 · 계량적 분석으로서 민간부문에 적합함

Check Point

(협의의) 정책분석(PA)의 특성

- 가장 상위차원의 분석으로 목표 설정, 정책의 기본방향, 정의 등 규범성 · 당위성을 고려(정치적 변수 고려)
- 분석이 포괄적이므로 복잡하고 광범위한 문제들도 다룸
- 경제적 · 합리적 분석모형과 정치적 점증모형을 혼합한 분석 방법
- 광의의 합리성, 초합리성을 고려하며, 계량적 · 질적 분석 모두를 강조
- 비용 · 편익의 크기 외에도 사회적 배분이나 형평성도 고려
- 정책대안의 쇄신을 강조하여 자기발견적 방법(heuristic method)에 의한 새로운 대안 발견을 중시
- 여러 학문분야의 전문적인 활동에 의존하는 지적이고 분석적인 활동으로, 체제분석을 토대로 함

꼭! 확인 기출문제

나카무라(R. Nakamura)와 스몰우드(F. Smallwood)가 정책대안의 소망스러움(desirability)을 평가하는 기준으로 제시하지 않은 것은? [지방직 9급 기출]

① 노력　　② 능률성
③ 효과성　　❹ 실현가능성

해 ④ Nakamura와 Smallwood가 정책대안의 평가기준으로 제시한 것은 크게 소망성(desirability)과 실현가능성(feasibility)으로 구분할 수 있는데, 소망성에 해당되는 평가기준으로는 노력 · 능률성 · 효과성 · 형평성 · 대응성이 있다.

2. 체제분석(SA)

(1) 의의

① 개념

㉠ 정책결정자의 합리적 · 경제적 대안선택을 돕기 위한 체계적이고 과학적인 접근법

㉡ 문제 해결을 위하여 총체적 대안을 검증적 · 실증적(통계학적) 분석을 통하여 합리적인 대안을 선택하는 것

㉢ 관리과학의 개념이 확대된 것으로, 다양한 관리과학 기법이 체제분석에 포함

② 특징

㉠ 정책분석의 기초로서 결정자의 합리적 판단에 기여(문제 해결을 위한 대안을 발견하고 각 대안의 비교 · 검토를 통해 합리적 결정을 위한 기초를 제공)

㉡ 비교분석을 통한 합리적 · 계량적 분석기법(합리모형의 기법) 강조

㉢ 대안 검토의 기준으로 능률성이나 경제적 합리성을 중시

㉣ 동시적 분석보다는 부분적 분석으로 최적화를 추구

㉤ 체제의 개방성을 전제하여 불확실한 환경 요인까지 고려

㉥ 비용편익분석과 비용효과분석이 핵심수단

Check Point

체제분석의 장점

- 장래의 불확실한 상황을 분석 · 판단하여 결정의 위험요소 감소
- 불확실하고 복잡한 상황에서의 객관적 · 과학적 정책결정에 기여
- 한정된 자원의 합리적 배분과 사용효과의 극대화에 기여
- 정책결정의 과학적 · 분석적 사고를 촉진하여 비합리적 요인을 배제(합리적 판단에 기여)

(2) 한계

① 환경적 요인의 영향으로 분석의 불완전성 극복 곤란(기간 · 자료 · 비용의 제약)

② 계량적 분석만을 중시하여 비합리적 요인과 가치적 · 질적 요인 및 분석을 경시

③ 문제의 명확한 파악과 목표의 계량적 측정이 곤란하며, 목표 달성도 측정이 어려움

④ 객관성 · 과학성으로 인하여 복잡한 문제의 분석에 한계가 있음

⑤ 인간의 불완전성으로 미래예측에 한계가 있음

(3) 정책분석과의 비교

구분	정책분석(PA)	체제분석(SA)
기준	비용 · 효과의 사회적(외적) 배분 고려(형평성 고려)	자원배분의 내적 효율성 중시
성격	정치적 합리성과 공익성, 실현가능성	경제적 합리성
분석방법	계량분석 · 비용편익분석 외에 질적 · 비계량적 분석 중시	계량분석 · 비용편익분석 위주
가치 및 분석	가치문제 고려, 목표분석	가치문제 무시, 수단분석
정치성	정치적 · 비합리적 요인 고려	정치적 · 비합리적 요인 무시
최적화	정책목표와 최적화 추구	부분적 최적화 추구(경제적 측면에서만 대안의 최적화를 추구)
관련학문	정치학 · 행정학 · 심리학 · 정책과학 활용	경제학(미시경제) · 응용조사 · 계량적 결정이론

Check Point

체제분석과 정책분석의 공통점
- 문제와 대안을 넓은 체제적 관점에서 고찰
- 예상결과를 측정 · 비교 · 검토하기 위한 과학적 분석기법
- 보다 나은 명백한 최적대안을 탐색하는 행위
- 체제분석을 토대로 활용

(4) 체제분석의 기법

① 비용편익분석(CBA, B/C분석)

㉠ 의의

- 공공사업에 대한 정책대안의 편익과 비용을 계량적으로 비교 · 평가하여 사업의 경제적 타당성과 자원배분의 우선순위를 결정하는 기법으로 체제분석의 핵심기법
- 미시경제학 · 후생경제학에 근거를 둔 실무적 정책분석 기법으로 정책대안의 비교 · 평가기준 중 '능률성(경제적 타당성)'에 초점을 두므로 자원배분의 주된 목표는 사회총효용 또는 전체 후생(복지)의 증진에 있으며 개인별 소득분배 같은 형평성이나 대응성은 고려하지 않음
- 공공사업 채택으로 가져올 유 · 무형의 비용과 편익을 화폐가치로 평가 · 분석하여 한정된 정부예산으로 사회 전체에 가장 큰 혜택을 가져오는 사업을 선정할 때 사용
- 민간부문에서 발전되어 정부부문으로 확산됨. 특히 PPBS(계획예산제도) 하에서는 모든 정부 사업을 일련의 구조 하에 비용편익분석 논리로 평가함. 우리나라는 1990년대에 본격 도입, 예비타당성조사나 규제영향분석에서 활용

㉡ 절차 : 대안의 식별 → 사업의 수명결정(비용소요 기간과 편익발생 기간 측

Check Point

비용편익분석과 비용효과분석
- 대안과 관련된 모든 비용과 편익 · 효과를 평가하여 최적의 합리적 대안선택을 추구하는 기법
- 구체적으로 동일 편익 · 효과의 경우 비용극소화 대안의 식별을 선택의 척도로 삼으며, 동일 비용인 경우 편익 · 효과극대화 대안의 식별을 선택의 척도로 삼음

Check Point

사업의 수명
사업의 수명은 물리적 수명이 아니라 비용과 편익이 발생하는 경제적 수명을 말함

정) → 비용 · 편익의 확인 및 측정 → 할인 → 민감도 분석 → 대안 우선순위 제시

ⓒ 비용과 편익의 추계(추정)

- 비용 : 기회비용의 개념이며, 매몰비용은 무시하고 미래비용만 고려
- 편익 : 소비자 잉여개념, 총체적 실질 비용 · 편익을 측정(주된 것과 부수적인 것, 내 · 외부적인 것, 긍정적 · 부정적인 것 등)
- 비용 · 편익은 내 · 외부적인 것, 직 · 간접적인 것, 유 · 무형적인 것을 모두 고려
- 실질적 비용과 편익만 포함하며 금전적 비용 · 편익은 제외
  - 세금은 비용에서 제외되고 보조금은 비용에 포함
  - 소득의 이전만 초래하는 금전적 편익은 제외
  - 비용은 민간의 원가개념이 아니라, 기회비용 개념으로 평가
  - 편익은 사회후생의 증가분을 의미하지만 개념 자체가 모호하고 측정이 어려워 공공사업의 최종소비자가 얻는 편익인 소비자잉여 개념으로 분석

ⓓ 평가기준

순현재가치 (NPV ; Net Present Value)	• 가장 일차적인 기준, '순현재가치 = 편익의 현재가치(B) − 비용의 현재가치(C)' • NPV(B−C)가 0보다 크면 사업 타당성이 있음 • 순편익규모를 알 수 있어 예산제약이 없거나 대규모 사업의 평가 시에는 적합하지만, 투입−산출비율은 알 수가 없으므로 예산제약이 있거나 소규모 사업의 평가 시에는 부적합(이러한 점에서 B/C 비율과 상반됨)
편익비용비 (B/C ; Benefit/Cost ratio)	• 편익비용비 = 편익의 현재가치 ÷ 비용의 현재가치 • B/C가 1보다 크면 사업 타당성이 있음
내부수익률 (IRR ; Internal Rate of Return)	• 편익의 현재가치와 비용의 현재가치가 같도록 해주는 할인율(순현재가치를 0으로 만드는 할인율)을 말함 • 내부수익률이 기준할인율(사회적 할인율)보다 크면 사업타당성이 인정됨. 즉 IRR이 클수록 경제적 타당성이 큰 좋은 대안이 됨(IRR은 투자의 수익률과 의미가 같음) • NPC, B/C와 달리 할인율이 주어지지 않아 현재가치를 계산할 수 없을 때 사용할 수 있는 기준으로, IRR에 의한 사업의 우선순위는 사회적 할인율을 적용한 NPV에 의한 우선순위와 다를 수 있음
자본회수기간 (투자회임기간)	• 투자비용을 회수하는 데 소요되는 시간으로, 이 기간이 짧을수록 우수한 사업임 • 낮은 할인율은 장기투자에 유리하고 높은 할인율은 단기투자에 유리(할인율이 높을 때에는 초기에 편익이 많이 나는 사업이 상대적으로 유리)

Check Point

내부수익률의 한계

- 사업기간이나 규모가 다른 복수 사업을 비교할 경우나 예산 제약이 있는 경우에는 IRR 기준 적용 곤란
- 초기에 비용이 발생하고, 편익 발생기간이 지난 후 다시 비용이 발생하는 사업이나 사업 종료 후 또 다시 투자비가 소요되는 변이된 사업의 경우 복수의 IRR이 도출되어 적용기준이 모호해짐

ⓜ 구체적 적용기준

- 같은 상황에서도 어떤 기준을 적용하느냐에 따라 사업 우선순위가 달라지므로 종합적 고려가 요구됨
- 편익비용비(B/C)는 부(負)의 편익을 비용의 증가에 포함시키느냐 편익의 감소에 포함시키느냐에 따라 사업 우선순위가 달라짐(NPV는 이에 영향을 받지 않음)
- 대규모 사업(자금제약이 없는 사업)에는 NPV가 큰 것이 유리하고, 소규모 사업(자금제약이 있는 사업)에는 B/C가 큰 것이 바람직함
- 예산이 충분할 때는 NPV가, 불충분할 때는 B/C가 유리함
- 자금상환능력이 중요한 경우는 내부수익률 기준의 활용이 바람직함
- 재정규모가 다른 사업 중 하나를 선택할 경우에는 NPV 활용이 바람직함

② 비용효과분석(CEA, E/C분석)

㉠ 의의

- 전체비용과 전체효과를 비교하여 최선의 대안을 선택하는 분석기법
- 어떤 대안이 적은 비용으로 의도한 성과를 낼 수 있는지를 분석하는 방법으로, 반드시 금전적으로 표시되지는 않음

㉡ 선택기준 : 대안은 최소비용과 최대효과의 기준에 따라 선택

㉢ 비용효과분석의 한계

- 사회복지와 조직구성원의 만족도를 순편익 개념으로 측정하기는 곤란함
- 효과를 화폐단위로 측정하지 않기 때문에 계량화가 곤란함

㉣ 비용편익분석(CBA, B/C분석)과의 비교

- 전제 : 최적의 합리적 대안선택을 위한 체제분석의 대표적 기법으로, 그 기법의 절차나 내용은 동일한 것으로 간주됨(B/C분석은 분석의 대상으로 화폐적인 단위를, E/C분석은 화폐적 · 비화폐적 단위를 대상으로 함)
- 비교

비용편익분석(CBA, B/C분석)	비용효과분석(CEA, E/C분석)
경제적 합리성 · 타당성, 능률성(효율성) 분석, 양적 분석	기술적(도구적) 합리성, 효과성 분석
• 비용 · 편익을 화폐가치로 표현 • 계량화 · 통계화가 가능(투입/산출을 화폐가치로 환산 가능)	• 비용은 화폐가치로 계량화하나, 효과는 재화나 서비스의 단위, 기타 측정가능한 단위로 표현하므로 쉽게 적용 가능 • 계량화 · 통계화 곤란(산출의 계량화 곤란)
사업의 타당성에 중점	자원이용의 효율성에 중점
가변비용과 가변효과의 분석에 사용	고정 비용과 고정효과의 분석에 사용

Check Point

기회비용, 소비자 잉여, 민감도 분석

- **기회비용(opportunity cost, 대체비용)** : 어떤 행위를 선택 · 포기해야 하는 여러 행위 중 가장 큰 가치를 갖는 행위의 가치 예 특정 대안의 선택으로 선택기회가 포기된 사업의 생산비 중 가장 큰 것
- **소비자 잉여** : 소비자들이 지불할 용의가 있는 금액과 실제 지불한 금액과의 차이
- **민감도 분석(sensitivity analysis)** : 불확실한 환경에서의 결과를 예측하기 위하여 가정의 변화에 따른 결과변화를 시뮬레이션 방법을 통하여 추정하는 기법(정책대안의 결과들이 모형상의 파라미터 변화에 얼마나 민감한지를 알아보려는 분석기법)

Check Point

할인과 할인율

- **할인** : 장래 발생할 편익이나 비용을 현재의 가치로 환산하는 것
- **할인율** : 장래 투입될 비용이나 발생될 편익을 현재가치로 표시하기 위한 교환비율

Check Point

비용편익분석의 효용 및 한계

㉠ 효용
- 다양한 정책이나 사업 간의 우선순위 비교 가능
- 객관적 · 과학적 의사결정으로 불확실성 감소와 의사결정 객관화에 기여

㉡ 한계
- 편익의 계량화가 어려움
- 형평성이나 주관적 가치를 다룰 수 없음(행정 적용 곤란)
- 개인마다 비용과 편익의 가치판단 기준이 다르므로 비교가 곤란함

> **Check Point**
>
> **비용효과분석(CEA)의 장점**
> - 화폐가치로 측정하지 않아 B/C 분석보다 쉽게 사용될 수 있으며, 비계량적 가치분석에 적합함
> - 비용 · 편익이 화폐가치로 표현될 수 없거나 서로 다른 척도로 표현될 경우에 매우 유용함

> **Check Point**
>
> **계층화분석법의 유사기법과의 비교**
> - **계층분석** : 계층분석은 정책문제를 명확히 정의하기 위하여 정책문제의 원인을 계층적으로 분류해 나가는 정책문제의 구조화기법. AHP는 사업대안의 비교 · 평가를 위한 분석기법
> - **의사결정분석** : 의사결정분석은 각 대안들이 가져오는 결과상태의 확률과 결과상태의 효용을 곱한 기대치를 계산하여 대안을 비교 · 평가하는 분석기법. AHP는 불확실성을 나타나는데 확률(probability) 대신에 우선순위(priority)를 사용함. 우선순위란 사람들에게 무엇이 중요한가에 대한 상대적 중요성
> - **교차행렬분석** : 행렬분석을 사용하며 1대1 비교를 하는 점은 같지만 교차행렬분석은 계층이 없고 확률을 주요 분석도구로 하는 점에서 계층이 있고 우선순위를 주요 분석도구로 하는 AHP와는 다름

외부경제에 부적합	외부경제에 적합, 질적 · 무형적 분석에 적합
수력발전, 관개, 관광, 교통, 인력개발, 도시개발 등의 영역에 사용	국방, 경찰행정, 운수, 보건, 기타 영역에 사용

③ **계층화분석법(Analytical Hierarchy Process, AHP)**

㉠ 의의

- 대운하, 새로운 공항, 지하철, 도로 등 기반시설 사업의 타당성 여부 판별에 비용편익분석과 더불어 가장 많이 쓰이는 분석기법. 1970년대 초 새티(T. Saaty)가 개발한 이래 의사결정대안 평가나 미래예측기법으로 사용
- 우리나라도 2000년부터 정부사업의 예비적 타당성 조사에 다기준분석방법이라는 이름으로 개발 · 활용
- 시스템이론에 기초하여 하나의 문제를 시스템으로 보고 여러 개의 계층으로 분해한 다음 각 계층별로 복수의 평가기준(구성요소)이나 대안들을 설정하여 네트워크 형태로 구조화하고 각 계층의 요소들이 상위계층의 평가기준을 얼마나 만족시키는지 둘씩 짝을 지어 비교하고 대안들의 상대적 선호도나 중요도를 숫자로 전환하여 우선순위를 설정하고 각 대안을 종합적으로 평가하여 최적대안을 선택하는 기법
- 정량적 요소와 정성적 요소, 주관적 요소와 객관적 요소의 통합 : 정량적(定量的) 분석이 곤란한 의사결정 분야에 전문가의 정성적(定性的) 지식을 이용하여 경쟁 요소의 가중치나 중요도를 구하는 데 유용한 점에서 수리적 기법만 활용한 분석방법 보다 강점을 지님. 간결한 적용절차에도 불구하고 척도선정, 가중치 산정절차, 민감도분석 등에 사용되는 각종 기법이 실증분석과 엄밀한 수리적 검증과정을 거쳐 채택된 방법들을 활용한다는 점에서 이론적으로 높이 평가됨
- 의사결정요소의 속성과 그 측정척도가 다양한 다기준(多基準) 의사결정 문제에 효과적으로 적용되어 의사결정자가 선택할 수 있는 대안들을 체계적으로 순위화 시키고, 그 가중치를 비율척도화 하여 정량적 형태의 결과를 얻을 수 있음

㉡ 분석단계

- 제1단계 : 문제를 몇 개의 계층 또는 네트워크 형태로 구조화함
- 제2단계 : 각 계층에 포함된 하위목표 또는 평가기준으로 표현되는 구성요소들을 둘씩 짝을 지어 바로 상위계층의 어느 한 목표 또는 평가기준에 비추어 평가하는 이원비교(쌍대비교)를 시행함
- 제3단계 : 각 계층에 있는 요소별 우선순위를 설정하고 숫자로 전환한 다

음 전체적으로 종합하여 최종적인 대안간 우선순위를 설정함

ⓒ 원리

- 동일성과 분해의 원리 : 문제를 계층별로 분해해서 관찰하고 그들이 관찰한 것을 전달할 수 있는 능력
- 차별화와 비교판단(이원비교 · 쌍대비교)의 원리 : 관찰한 요소들간의 관계를 설정하고 요소들의 상대적 강도와 효용을 차별화
- 종합의 원리 : 이들 관계를 총체적으로 이해할 수 있도록 종합화

꼭! 확인 기출문제

비용편익분석에 대한 설명으로 옳지 않은 것은? [지방직 9급 기출]

❶ 분야가 다른 정책이나 프로그램은 비교할 수 없다.
② 정책대안의 비용과 편익을 모두 가시적인 화폐 가치로 바꾸어 측정한다.
③ 미래의 비용과 편익의 가치를 현재가치로 환산하는 데 할인율(discount rate)을 적용한다.
④ 편익의 현재가치가 비용의 현재가치를 초과하면 순현재가치(NPV)는 0보다 크다.

해 ① 비용편익분석은 공공사업의 경제적 타당성을 알아보기 위하여 대안별로 비용과 편익을 비교하는 정책분석기법으로 비용과 편익을 모두 금전적 가치로 환산하여 비교 · 평가하고 모든 정책이나 프로그램의 단위가 화폐가치로 동일하기 때문에 분야가 다른 이질적인 정책이나 프로그램도 비교할 수 있다.
② 비용편익분석은 비용과 편익을 모두 금전적 가치로 표시하여 비교한다.
③ 할인율이란 미래가치를 현재가치로 환산할 때 할인하는 비율로 같은 액수여도 시점이 다르면 가치가 달라지기 때문에 비용편익분석은 할인율을 적용하여 미래의 비용과 편익의 가치를 현재가치로 환산하여 비교한다.
④ 순현재가치(NPV)란 편익의 현재가치에서 비용의 현재가치를 뺀 값으로 편익의 현재가치가 비용의 현재가치를 초과하면 순현재가치(NPV)는 0보다 크다.

3. 관리과학

(1) 의의

① 관리과학이란 문제해결이나 의사결정에 있어 최적대안을 탐색하는 데 활용되는 과학적 · 계량적 · 체제적 접근방법으로, 운영연구(OR ; Operation Research)로부터 발달함(일반적으로 OR과 동일시됨)
② 운영연구란 계량적 · 수리적 모형을 이용하여 문제 해결의 최적방법을 제시하고자 하는 과학적 기법으로, 1941년 군사작전의 효율화를 위하여 과학자들이 개발한 것으로 관리과학의 기초가 됨
③ 관리과학의 연구범위는 운영연구보다 넓고 이론지향성이 강하며, 운영연구(OR)는 문제 해결에, 관리과학은 일반 과학지식의 발전에 목적을 둠

(2) 적용과정

① 해결이 필요한 문제를 명확히 인지하고 이에 따라 목표를 명확히 설정

기출 Plus 지방직 9급 기출

01. 경제적 비용편익분석(benefit cost analysis)에 대한 설명으로 옳지 않은 것은?
① 비용과 편익을 가치의 공통 단위인 화폐로 측정한다.
② 장기적인 안목에서 사업의 바람직한 정도를 평가할 수 있는 방법이다.
③ 편익비용비(B/C ratio)로 여러 분야의 프로그램들을 비교할 수 있다.
④ 형평성과 대응성을 정확하게 대변할 수 있는 수치를 제공한다.

해 비용편익분석은 경제적 타당성 · 효율성 분석기법으로, 형평성이나 주관적 가치를 다루지 못한다는 한계를 가지고 있다.

Check Point

관리과학의 특성
- 과학적 · 미시적 · 연역적 · 계량적 분석방법
- 문제해결 · 의사결정에 체계적으로 접근하는 기법(체제접근방법)
- 수리적 모형구성과 계량적인 분석을 강조
- 합리적 · 분석적 결정이론인 합리모형에 입각하여 수단의 최적화를 추구
- 최적대안의 발견 · 채택이 목적(합리적 의사결정에 기여)
- 컴퓨터를 활용한 이상적 합리성을 추구
- 사회 · 심리적 측면보다 경제적 · 기술적 측면에 관심

 01 ④

Check Point

관리과학의 절차
문제의 정의 → 가설의 설정(수리모형의 설정) → 실험에 의한 검증 → 최적해의 산출

② 문제의 특성과 문제들 간의 관계 등을 파악하기 위하여 자료와 정보를 수집
③ 수집 · 분석된 자료와 정보에 근거하여 해결해야 할 대안을 탐색 · 개발
④ 목표 달성에서 가장 효과적인 대안을 선택하기 위하여 대안의 효과와 영향력을 분석 · 검토
⑤ 결과를 토대로 최선의 대안을 선택(객관적인 효과성 측정의 결과에 대한 가치판단과정)
⑥ 선택된 대안을 실행하고 환류과정을 거침

(3) 한계(Y. Dror)

① 고도의 정치적 요인이나 가치, 질적 문제를 다루기 어려움
② 문제점의 배경이나 제도적 여건을 소홀히 함(정책의 제도적 맥락을 소홀히 함)
③ 이데올로기나 희생, 카리스마 등 비합리적 · 비정형적 현상이나 복잡한 사회문제 등의 비합리적 요소를 무시
④ 쉽게 다룰 수 있는 대안만을 취급하며, 고도의 쇄신이나 판단을 요하는 대안은 다루지 않음
⑤ 미래의 초래 가능한 결과를 예측하지 못함
⑥ 계량화를 강조하므로 복잡한 사회문제를 등한시하거나 다루지 못함
⑦ 정책형성의 일반적인 지침이 되는 원칙결정과정(초정책, meta-policy)은 경시

(4) 체제분석과의 비교

① 유사점 : 종합학문적 성격, 체제적 관점, 기본적으로 관리과학을 바탕으로 함
② 비교

구분	관리과학	체제분석
성격	단기적 · 전술적이며 방법지향적 성격	장기적 · 전략적이며 문제지향적 성격
가치	능률성(경제적 합리성)	실현가능성(기능적 합리성 + 경제적 합리성)
분석범위와 형태	• 한정적(좁고 엄격) • 양적 분석	• 포괄적(넓고 다양한 방법 이용) • 질적 분석 + 양적 분석
목표	명확한 목표(목표는 부여된 것)	목표 그 자체가 검토의 대상
최적화	수단 · 방법의 최적화	부분적 최적화 (경제적 · 객관적 최적화 추구)
계량화	계량화 추구(계량화 가능한 요인을 분석)	계량적 측정과 논리적 사고 병행(계량화가 곤란한 불확실한 요인이나 질적 요인까지 분석)

문제해결	현재 당면문제(단기적)	장래문제에 초점(장기적)

(5) 관리과학의 주요기법

① PERT와 CPM : PERT(계획의 평가조사기법)는 우주사업이나 고속전철사업 등 대규모 비정형적 · 비반복적 사업의 성공을 위한 경로계획 또는 시간관리 기법으로, 최소의 경로나 시간과 비용으로 사업을 완수하기 위한 CPM(경로공정관리법)과 유사

② 선형계획(LP ; linear programming)

㉠ 주어진 제약요건에서 편익 극대화나 비용 극소화를 위한 자원의 최적결합 및 배분점을 알아내기 위한 분석법

㉡ 제약조건을 아는 가장 확실한 상태에서 결정을 하는 것으로, 심플렉스기법을 이용한 알고리즘

③ 민감도분석(sensitivity analysis)

㉠ 미리 산정한 모형의 파라미터(parameter, 매개변수값)가 변경되었을 때 여러 가지 가능한 값에 따라 대안의 결과가 어떻게 달라지는지를 분석하는 것

㉡ "만약 ~이라면 어떻게 되겠는가?"라는 일련의 가상적 의문을 계량적으로 분석하는 것으로, 선형계획으로 도출된 결과를 분석 · 해석하는 데 있어 수단을 제공하고 통찰력을 제고하는 방법

④ 동적 계획법(dynamic programming) : 상황에 따라 변수값이 달라지는 동태적 상황에서의 분석기법으로, 효과가 장기간에 걸쳐 발생하는 상호연관된 의사결정문제를 하나로 결합하여 최적의 정책(최적의 하위정책의 조합)을 도출

⑤ 목표계획법(goal programming) : 일정한 제약조건에서 편익을 극대화하거나 비용을 극소화하는 최적배분점을 찾는 LP와는 달리, 상충되는 복수 목표들 간의 우선순위를 밝히고 이에 따라 만족시킬 수 있는 최적해를 구하는 방법

⑥ 게임이론(game theory) : 불확실한 상황에서 복수 의사결정자의 입장이 상충 · 경쟁될 때의 의사결정 문제를 다루는 것으로, 특정 행동안의 선택결과가 다른 결정자의 선택에 좌우되는 것을 분석한 이론

⑦ 대기행렬이론(QT, WT ; Queuing Theory, Waiting Theory)

㉠ 서비스를 받고자 하는 고객의 도착시간이나 수, 서비스 시설의 서비스 시간이 일정하지 않아 행정서비스를 받기 위한 사회적 비용(대기 시간)이 발생한다고 전제하고, 이를 통제하기 위한 적절한 시설 규모나 대기규칙을 발견하고자 하는 이론

㉡ Erlang이 이론화한 것으로 '줄서기분석'이라고도 함

⑧ 시계열분석(time series analysis)

Check Point

PERT의 장단점

- 장점
  - 달성 목표가 명확히 제시됨
  - 작업상태 · 기간을 파악하므로 문제발생 시 미리 대처할 수 있음
  - 최적계획안의 선택이 가능하므로 자원의 효과적 활용이 가능함
  - 계획에 따른 예산편성 및 집행이 용이함
  - 계획수행의 상태가 명확하므로 시간 및 비용절감이 가능
  - 작업배분 및 진도관리의 명확화가 가능
  - 의사소통의 강화, 단계별 책임소재의 명확성
- 단점
  - 계획이 모호하거나 반복적 · 정형적 사업의 경우 적용이 곤란함
  - 시간과 자원의 정확한 산출이 곤란함
  - 기법의 활용이 가능한 인력의 교육 · 훈련에 시간과 비용이 소요됨

Check Point

심플렉스기법(simplex method)

선형계획모형 문제를 풀이하는 여러 기법 가운데 가장 일반적이고 유용한 기법이다. 1947년 Dantzig가 개발한 반복연산기법으로서 최적해의 후보들에 대한 최적 여부를 체계적으로 검토하여 가장 빠른 시간 내 최적해를 찾아내고자 하는 방법이다.

㉠ 과거의 변동추이(경향)를 시간적으로 분석하여 동일 시점에서 여러 사례를 비교 · 분석하여 미래의 결과를 전망해 보기 위한 비인과적 · 동태적 기법

㉡ 추세연장이나 경향분석을 통한 보외적 · 연장적 예측, 투사법 등에 해당되는 기법이며, 관련된 기법으로 선형회귀분석, 선형경향추정 등이 있음

⑨ 회귀분석

㉠ 통계적 결과나 시계열자료를 토대로 변인 간의 상관관계를 도출하여 미래를 예측하는 기법(인과분석 및 상관분석을 토대로 함)

㉡ 독립변수 한 단위의 변화에 따른 종속변수의 변화량을 알고자 할 때 사용되며, 단순회귀분석(하나의 독립변수와 종속변수)과 다중회귀분석(둘 이상의 독립변수와 종속변수)이 있음

⑩ **의사결정수분석(decision tree analysis)** : 정책대안의 탐색에서부터 탐색된 대안들이 가져올 결과에 이르기까지 일련의 분석과정을 의사결정나무(decision tree)를 통해 정리하고 분석하는 기법으로, 축차적 결정, 다단계분석이라고도 함

⑪ **관리정보체계(MIS)** : 행정에 관한 의사결정 정보를 수집 · 가공 · 축적하여 필요한 정보를 제공해주는 종합적 관리체계임

⑫ **모의실험(simulation)** : 복잡한 사회문제를 해결하기 위하여 사회현상과 유사한 모형을 만들고, 그 모형을 조작함으로써 적절한 해답을 얻고자 하는 방법

⑬ **사이버네틱스(cybernetics, 인공두뇌학)** : 행정목적 달성을 위해 환경변화에 적응하며 최적의 대응을 할 수 있도록 정보를 지속적 · 자동적으로 제어 · 환류해 나가는 장치이론(단기적 환류에 의한 불확실성 극복 방법)

4. 미래예측

(1) 미래예측기법

① 분류

㉠ **과학적 · 이론적 미래예측기법** : 선형계획, 시계열분석, 회귀분석(인과분석), 목적계획법, 모의실험 등

㉡ **주관적 · 질적 미래예측기법** : 직관적(판단적) 예측기법을 말하며, 델파이기법이나 브레인스토밍 등의 집단적 해결 방법이 해당됨

② 델파이 기법(delphi method)

㉠ 의의

• 1948년 Rand 연구소에서 처음 개발한 미래예측기법으로, 문제의 예측 · 진단 · 결정에 있어 전문가집단으로부터 반응을 수집해 체계적 · 통계적

Check Point

게임이론의 종류

• **영화게임(zero-sum game)** : 게임 참여자들의 손해와 이익의 합이 영(zero)인 손익게임을 말하며, 자원이 한정되어 있고 참여자 간 이익이 상반되므로 상대가 손해를 보아야 자신이 이익을 얻게 됨(negative-sum game)
• **비영화게임(non zero-sum game)** : 게임 참여자의 손익의 합이 영이 아닌 이익게임(positive-sum game)

Check Point

게임이론의 기본원리

• **최대극대화(maximax) 원리** : 이익(편익)의 최대치를 극대화하려는 낙관적 기준(모험적 기준)
• **최소극대화(maximin) 원리** : 이익(편익)의 최소치를 극대화하려는 비관적 기준(안전제일주의)

Check Point

게임이론의 기본가정

• 참여자들은 합리적 · 지능적으로 행동한다.
• 참여자들은 이득을 극대화하고 손실을 극소화하려고 한다.
• 정보는 참여자들에게 균등하게 알려져 있다.
• 참여자들은 상대방과 직접 소통하지 않는다.
• 참여자들은 동시에 행동노선을 선택한다.

Check Point

마르코프 모형(Markov model)

어떤 사건의 확률이 시간의 흐름에 따라 변화하는 과정을 분석하여 이를 토대로 미래를 예측하는 통계적 분석기법으로, 회귀분석의 일종

으로 분석 · 종합하는 주관적 · 비계량적 예측기법(의견분석은 컴퓨터가 계량적으로 처리하나, 의견 소스가 주관적이므로 질적 기법에 해당)

- 참여자의 익명성을 보장함으로써 집단사고의 맹점과 다수 의견의 횡포를 회피하고 솔직한 의견을 유도할 수 있음

㉡ 델파이 기법(일반델파이)의 장단점

장점	• 전문가들의 참여로 신뢰도가 높아지고, 수정기회의 부여로 예측 오차가 감소됨 • 특정 문제에 대한 집중검토로 창의적 의견을 도출하며, 창출된 정보를 정책과정에 효과적으로 활용 • 응답자들의 익명성 유지를 통해 솔직한 답변을 유도할 수 있고 외부의 영향력으로 인한 결론 왜곡을 방지할 수 있음 • 대면접촉에서 오는 부작용과 비용을 최소화함
단점	• 해당 분야 전문가 선정이 곤란하며, 전문가의 대표성 문제가 존재함 • 동원된 전문가의 자질 · 역량 · 책임감 부족 및 불성실한 응답의 우려가 있음 • 응답 결과의 주관성 · 추상성 극복 곤란, 과학성과 객관성 결여됨 • 설문 또는 설명 방식에 따라 응답이 영향을 받거나 조작될 수 있음 • 비판기회의 상실로 탐구적 사고나 기발한 방법의 도출이 곤란함

㉢ 전통적 델파이와 정책델파이의 비교

구분	전통적 델파이(일반델파이)	정책델파이
의의	참여 전문가들의 익명성을 계속 유지하며 서로 의견을 제출 · 교환하는 과정을 반복하여 문제를 해결	초기 단계에서는 익명성을 유지하나 어느 정도 대안이나 논쟁이 표면화된 후 참여자들이 공개적으로 토론(전통적 델파이 기법의 약점을 보완하기 위한 것)
특징	익명성의 유지, 질문의 반복과 회람(주제에 대한 지속적 관심과 사고를 촉진), 통제된 환류 등	선택적 익명성, 질문의 반복과 회람, 통제된 환류, 의도적 갈등 조성, 의견 차이를 부각시키는 이원화 · 양극화된 통계처리
적용	일반적 · 기술적 문제에 대한 예측	정책문제(특히 정책수단의 영향)에 대한 예측
응답자	동일 영역의 일반전문가	정책전문가, 이해관계자 등 식견과 통찰력 있는 다양한 대상자 채택
익명성	철저한 익명성과 격리성(토론 없음)	선택적 익명성 보장(나중에 회의 및 상호토론 허용)
응답결과	의견의 대표적인 평균치 중시	의견 갈등을 부각시키는 양극화이론
통계처리	의견의 대푯값이나 평균치(중위값) 중시	의견차나 갈등을 부각하는 양극화 · 이원화된 통계처리
합의	근접된 의견이나 합리적 다수의견 또는 합의 도출	구조화된 갈등(의견차와 대립을 부각)
공통점	주관적 · 질적 미래예측기법, 전문가 참여, 익명성, 반복조사, 통계처리	

Check Point

일반델파이의 방법

- **격리와 익명성 확보** : 직접 대면 및 상호 토론 배제, 서면제출 방식의 활용
- **반복성과 환류** : 제출된 의견을 취합 · 회람한 후, 각자 의견을 수정 및 제시하는 과정을 반복
- **통계분석과 합의** : 수차례의 회람 후 통계적 분석절차를 거쳐 전문가들의 최종 합의(consensus)를 도출

기출 Plus 지방직 9급 기출

02. 정책 델파이에 대한 설명으로 옳지 않은 것은?

① 일반적인 델파이와 달리 개인의 이해관계나 가치판단이 개입될 수 있다.

② 정책문제 해결을 위한 정책대안을 개발하고 그 결과를 예측하기 위해 만들어진 방법이다.

③ 대립되는 정책대안이나 결과가 표면화되더라도 모든 단계에서 익명성이 보장되어야 한다.

④ 정책문제의 성격이나 원인, 결과 등에 대해 전문성과 통찰력을 지닌 사람들이 참여한다.

해 모든 단계에서 익명성이 보장되는 것은 정책델파이가 아니라 전통적 델파이(일반델파이)이다. 정책델파이는 선택적 익명성을 특징으로 하므로, 초기 단계에서는 익명성을 유지하나 어느 정도 대안이나 결과가 표면화된 후에는 참여자들의 공개적인 토론이 허용된다.

Check Point

정책델파이의 기본절차

문제의 명확화 → 전문가 선정 → 질문지 설계와 배포 → 1차 결과의 분석 → 2차 질의서의 작성 → 회의 소집(입장 평가) → 최종보고서의 작성

 02 ③

③ 브레인스토밍(brainstorming)

㉠ 의의 : 자유로운 상태에서 대면접촉을 유지하며 전문가의 창의적 의견이나 아이디어를 즉흥적이고 자유분방하게 교환 · 창출하는 집단자유토의기법(A. Osborne이 개발)

㉡ 내용 및 특징

- 자유로운 아이디어 교환과정에서 다른 아이디어에 편승한 창출을 유도하는 주관적 · 질적 분석기법
- 현장에서의 상호 비판을 금하고 자유로운 상상을 허용
- 질보다 양을 중시하여 많은 아이디어를 얻는 것을 목적으로 함
- 타인의 아이디어를 결합하거나 수정 · 추가해 새로운 아이디어를 만들 수 있음(편승기법)
- 모든 아이디어 제시 후 취합, 제거 등의 과정을 거쳐 몇 가지 대안을 선정
- 최종단계에서는 대면적 토론을 원칙으로 함

꼭! 확인 기출문제

조직의 의사결정에 대한 설명으로 옳지 않은 것은? [지방직 9급 기출]

❶ 전통적 델파이 기법은 전문가들의 다양성을 고려해 의견일치를 유도하지 않는다.
② 현실의 세계에서는 완벽한 합리성이 아닌 제한된 합리성의 상황에서 의사결정이 이루어진다.
③ 브레인스토밍 과정에서는 타인의 아이디어를 비판하거나 평가하지 말아야 한다.
④ 고도로 집권화된 구조나 기능을 중심으로 편제된 조직의 의사결정은 최고관리자 개인이 주도하는 경우가 많다.

해 ① 전통적 델파이 기법은 참여 전문가들의 익명성을 계속 유지하며 서로 의견을 제출 · 교환하는 과정을 반복하여 문제를 해결하며, 근접된 의견이나 합리적 다수의견 또는 합의 도출을 유도한다.
② 현실의 세계에서는 완벽한 합리성이 아닌 제한된 합리성의 상황에서 의사결정이 이루어지므로, 확실한 상황을 전제로 하는 합리모형은 비현실적인 모형이라는 비판을 받는다.
③ 브레인스토밍(brainstorming)은 자유로운 아이디어 교환과정에서 다른 아이디어에 편승한 창출을 유도하는 주관적 · 질적 분석기법으로, 현장에서의 상호 비판을 금지하고 자유로운 상상을 허용한다.
④ 합리모형은 정책결정자가 이성과 고도의 합리성에 따라 결정하고 행동한다고 보며, 목표나 가치가 명확하고 고정되어 있다는 가정 아래 목표 달성의 극대화를 위한 합리적 대안을 포괄적으로 탐색 · 평가 · 선택한다.

기타 판단적(직관적) 예측

- **교차영향분석** : 사건간의 상호관련성을 식별하는데 도움을 주는 기법. 한 사건의 발생 확률이 다른 사건에 종속적이라는 전제하여 조건 확률을 이용함
- **실현가능성 분석** : 정치적 갈등이 심하고 권력이나 자원배분이 동등하지 않은 조건하에서 정책대안을 합법화시키려는 시도의 예상되는 결과를 가늠하는 문제에 적합한 기법으로 특별히 정치적 실현가능성을 중시함

- **변증법적 토론** : 특정대안에 대해 찬성하는 역할을 맡은 한팀과 반대하는 역할을 맡은 다른 팀이 각자의 역할에 충실한 토론을 하는 과정에서 고의적으로 대안의 장점과 단점을 반론과 옹호의 의견수렴의 과정을 거쳐 합의를 형성. 지명반론자기법(찬반토론기법)이라고도 함
- **명목집단기법** : 개인들이 해결방안에 대해 구상을 하고 모든 아이디어가 제시된 후 그에 대해 제한된 집단적 토론만을 한 다음 해결방안에 대해 표결을 하는 기법. 토론이 비조직적으로 방만하게 진행되는 것을 막고 좋은 의견이 고루 개진되는 것을 보장하기 위한 방법

(2) 불확실성과 미래예측

① 의의

㉠ 정책결정의 성패는 주어진 상황 속에서 대안의 결과를 정확히 예측하는 것에 달려 있다는 점에서, 불확실성을 감소·극복하는 것이 정책결정이나 미래예측의 관건이 됨

㉡ 확실한 상황(제약조건이나 미래 상황을 명확히 알 수 있는 상황)의 경우 선형계획·비용편익분석·회귀분석 등의 이론적 예측이 활용되며, 불확실한 상황(미래 상황을 모르거나 불확실성을 극복할 수 없는 상황)의 경우는 불확실성을 전제로 이에 대비하는 전략이 요구됨

② 미래예측의 유형(W. Dunn)

㉠ 이론적·인과관계적·양적 예측 – 예견(predict) 또는 예언 : 합리모형의 기법 등 명백한 이론적 가정이나 인과관계 등을 통한 연역적·인과적 예측

㉡ 연장적·보외적(補外的) 예측 – 투사(project)

- 역사적 추세연장이나 경향분석 등을 통해 예측하는 보외적·귀납적 예측
- 과거의 경험이나 사례, 기록 등에 의존하는 귀납적 논리이며, 과거치를 그대로 연장시키는 보외적 예측

㉢ 직관적·주관적·질적 예측 – 추측(conjecture)

- 주관적 견해나 판단에 의존하는 직관적·판단적·주관적·질적 예측
- 내재적인 통찰력, 창의력 및 암묵지 등 미래에 대한 지시적 주장에 의존

③ 불확실성의 대처방안

㉠ 일반적 방안

- 표준화·공식화 추구(회사모형) : 표준운영절차(SOP)에 의한 불확실성 회피
- 완화된 합리성 추구 : 인지능력의 한계 등을 고려해 완화된(제한적) 합리성 추구
- 문제인지적 탐색 : 발견적 접근(시행착오를 통해 순차적 문제 해결을 추구하는 자기발견적 접근)
- 가외성 장치나 복수의 대안 마련

Check Point

불확실성(오석홍)
예측하려는 사건이나 그 진행경로에 대한 지식이 결여되어 있는 상태로서 미래의 사태에 대한 예측 불가능성을 말함

Check Point

예견 기법
경로분석, 회귀분석, 선형회귀분석, 상관분석, 인과분석, 투입산출분석, 선형계획, 구간(간격)추정, 이론지도, PERT(계획의 평가검토기법), CPM(경로공정관리법) 등(양적·과학적 기법)

Check Point

투사 기법
시계열분석, 외삽법(外揷法), 흑선기법, 구간외추정, 선형경향추정, 최소자승경향추정법, 지수가중법, 자료변환법, 격변방법 등

Check Point

추측 기법
델파이 기법(전통적 델파이, 정책델파이), 브레인스토밍, 교차(상호)영향분석, 실현(실행)가능성 분석, 역사적 유추 등

Check Point

불확실성을 초래하는 원인
문제 상황의 특성(복잡성과 동태성), 이용자의 특성(지식, 시간, 경비 등)이 있음

- 불확실성을 유발하는 환경과 상황을 통제(제어)
- 불확실한 상황에서 위임(분권)의 추구

㉡ **적극적 대처방안** : 불확실한 것을 확실하게 하려는 대응방안

- 불확실성을 유발하는 환경 · 상황의 통제
- 결정을 늦추어 필요한 정보의 충분한 획득을 추구(관련 변수에 대한 정보 획득 확대)
- 모형이나 이론의 개발 · 적용(정책실험, 정책델파이, 브레인스토밍 등)

㉢ **소극적 대처방안**

- 보수적 접근 : 최악의 상황(불확실성)을 전제로 대안을 예측하는 보수적 방안을 말하며, 대표적 방안으로 최소극대화(maximin)기준이 있음
- 민감도 분석(sensitivity analysis) : 미리 산정한 모형의 파라미터(매개변수값)가 변경되었을 때 여러 가지 가능한 값에 따라 대안의 결과가 어떻게 달라지는지를 분석하는 것
- 악조건 가중분석 : 최선의 대안은 최악의 상황을, 다른 대안은 최선의 상황을 가정하고 분석하는 것
- 분기점 분석(break-even analysis) : 악조건 가중분석의 결과 대안의 우선순위가 달라질 경우, 대안이 동등한 결과를 가져오기 위해서는 어떤 가정이 필요한지를 밝히는 분석
- 상황의존도 분석 : 정책상황의 변화 등에 따라 정책결과가 어떻게 영향을 받는지를 분석하는 것
- 복수대안 제시 : 불확실성에 대비하여 두 개 이상의 복수대안을 제시
- 중복 및 가외성 장치 : 중첩성, 반복성, 동등잠재력 등 가외성 장치를 마련
- 한정적 합리성의 확보 : 한정적 합리성은 복잡한 문제를 여러 개의 단순한 문제로 분할하여 얻는 합리성을 말함

Check Point

최소극대화(maximin) 기준
편익의 최소치가 가장 최대인 대안을 선택하는 것으로, 최악의 불확실성을 가정하고 대안을 모색하는 비관적 · 보수적 방안

④ **불확실한 상황에서의 의사결정(대안선택)기준**

㉠ **라플라스(laplace)기준(평균기댓값기준)** : 환경에 의해 정해지는 각 상황의 발생 확률이 모두 동일하다고 가정하고 각 대안의 평균기댓값을 구하여 그 중 최선의 대안(최대기댓값)을 선택하는 것으로, 불충분이유기준이라고도 함

㉡ **낙관적 기준** : 최선의 상황이 발생한다는 가정에서 최선의 조건부 값을 비교하여 최적의 대안을 선택하는 것

- maximax(최대최대치기준, 최대극대화기준) : 편익(이익)의 최대치가 가장 최대인 대안을 선택하는 것
- minimin(최소최소치기준, 최소극소화기준) : 비용(손실)의 최소치가

가장 최소인 대안을 선택하는 것

㉢ 비관적 기준 : 최악의 상황이 발생한다는 가정에서 최악의 조건부 값을 비교하여 최적의 대안을 선택하는 것

- maximin(최대최소치기준, 최소극대화기준) : 편익(이익)의 최소치가 가장 최대인 대안을 선택
- minimax(최소최대치기준, 최대극소화기준) : 비용(손실)의 최대치가 가장 최소인 대안을 선택

㉣ Hurwicz 기준

- 낙관적 기준과 비관적 기준을 절충한 모형으로, 낙관적일 때와 비관적일 때의 확률을 가중평균하여 선택(극단적인 값들 간의 중간값만 낙관계수에 의하여 도출 · 비교하는 방식)
- 최댓값과 최솟값에 속하지 않는 다른 중간 조건부 값들을 전혀 고려하지 못하는 문제가 있음

㉤ Savage 기준 : 미래의 상황을 잘못 판단함으로써 가져오는 손실 혹은 비용의 최소화를 추구하여 선택하는 것으로, 최소최대기회손실기준 또는 미니맥스후회기준(minimax regret criterion)이라고도 함

꼭! 확인 기출문제

정책 환경의 불확실성을 극복하는 대처방안 중 소극적인 방법에 해당하는 것은? [지방직 9급 기출]

① 상황에 대한 정보의 획득 ② 정책실험의 수행
③ 협상이나 타협 ❹ 지연이나 회피

해 ④ 정책 환경의 불확실성을 극복하는 대처방안 중 적극적인 방안은 불확실한 것을 확실하게 하려는 방안이고, 소극적인 방안은 불확실한 것을 주어진 것으로 보고 이에 대처하는 방안이다. '지연이나 회피'는 불확실한 상태에서 이에 대응하는 방안이므로 소극적 방안에 해당된다.

제3절 정책결정

1. 정책결정의 의의 및 유형

(1) 정책결정의 의의

① 개념 : 정책결정은 공익의 추구나 공적 문제 해결을 위하여 합리적이고 바람

Check Point

정책결정의 정의
Easton은 정책결정을 "가치의 권위적 배분과정"이라 정의하였고, Dror는 "정부가 공익을 위하여 내리는 의사결정"으로 정의함

직한 정부의 대안을 탐색 · 선택하는 일련의 동태적 과정을 의미함

② 의사결정과의 관계

㉠ **유사점** : 양자 모두 문제 해결 및 목표 달성을 위해 대안을 선택한다는 점에서 같으며 기법이나 절차 등에 있어 본질적으로 유사함

㉡ **차이점** : 의사결정이 더 포괄적인 개념이며, 구체적으로는 다음과 같은 차이가 존재함

구분	정책결정	의사결정
주체	정부 · 공공기관	정부 · 기업 · 개인
성격	공적	공 · 사적
영향력	광범위한 영향	부분적인 영향
강제성	강함	약함
계량화	곤란함	대체로 용이함
근본이념	공익성	공익, 사익
결정사항	정부활동 지침	대안의 합리적 결정

(2) 정책결정의 특성

① **공공성** : 공익을 추구하며, 인본주의적 성격을 지님

② **가치지향성 · 규범성, 정치성** : 최적대안을 선택하기 위한 과정이며, 정치 · 행정일원론에서 중시

③ **강제성과 구속성** : 정부에 의해 결정되는 과정이므로 강제력을 지님

④ **미래지향성** : 미래의 바람직한 행동대안의 선택과정

⑤ **행동지향성** : 정부의 단순한 의도나 감정이 아닌 구체적 행동을 초래함

⑥ **동태성 · 복잡성** : 여러 변수가 작용하며, 많은 갈등과 이해관계의 상호작용과정

⑦ **합리성** : 경제적 · 정치적 합리성을 중시하는 과정

(3) 정책결정의 유형

① 정형적 결정과 비정형적 결정(H. A. Simon)

㉠ **정형적 결정(프로그램적 결정)** : 선례나 프로그램 등 이미 정해진 형태에 따라 행하는 기계적 · 반복적 결정으로, 하위층에서 하는 단기적이며 예측 가능한 결정

㉡ **비정형적 결정(비프로그램적 결정)** : 선례나 프로그램 없이 행하는 고위층의 결정으로, 장기적이며 예측이 불확실한 결정 등 고도의 판단력과 통찰력이 요구되는 결정

② 전략적 결정과 전술적 결정

㉠ **전략적 결정** : 조직의 목표 설정이나 존속 · 발전과 같은 중요한 전략적 문제에 대한 결정으로, 무엇(what)을 하는가에 관한 결정

㉡ **전술적 결정** : 전략적 결정을 실천에 옮기기 위한 결정으로 일상적 업무처리방식의 선택과 같은 수단적 성격을 띠며, 어떻게(how)에 관한 결정

③ **가치결정과 사실결정** : 가치결정은 전략적 결정과, 사실결정은 전술적 결정과 연결됨

㉠ **가치결정** : 목표나 방향의 설정 등 윤리와 선, 당위에 관한 결정(Etzioni의 통합적 결정에 해당)

㉡ **사실결정** : 수단이나 방법의 채택 등 경험적으로 관찰 및 검증이 가능한 결정(Etzioni의 수단적 결정에 해당)

공공정책결정의 기준(E. Anderson)

㉠ 가치
- 정치적 가치 : 자신의 정치집단이나 고객집단의 이익 · 이해관계 등의 가치판단 기준
- 조직적 가치 : 소속한 조직의 생존이나 활동의 증진 및 권력 · 이권의 유지를 위한 기준
- 개인적 가치 : 자신의 명성이나 평판, 지위, 복지 등
- 정책적 가치 : 공익, 도덕적 신념 및 윤리 등
- 이념적 가치 : 자본주의국가나 공산국가의 이데올로기, 개발도상국가의 민족주의 등

㉡ 정당에의 충성심

㉢ 선거구민이나 이익집단의 이익

㉣ 기타 여론, 추종 및 타인판단의 경청, 결정규칙(decision rules)

2. 정책결정의 참여자

(1) 공식적 참여자

① **입법부** : 의회, 국회의원, 상임위원회, 특별위원회가 이에 해당하며, 국민의 뜻을 통합 · 조정하여 입법적 기능을 통해 참여

② **행정부**

㉠ 행정수반(대통령 · 수상), 행정기관, 행정관료

㉡ 대통령의 결정권한은 국내정책보다는 국방 · 외교정책에서 크며, 국내정책의 경우 재분배정책에서의 대통령의 역할이 중요

③ **사법부**

㉠ 법원, 법관, 헌법재판소, 헌법재판관

㉡ 법률해석과 판단을 통해 참여하는 것으로, 사법부의 판결 자체가 곧 정책

결정의 의미를 지니는 경우도 존재(위헌결정 등)

④ **지방정부** : 지방자치단체장, 지방의회, 지방공무원, 지방행정기관을 의미하며, 정책결정을 담당하는 중요한 참여자

(2) 비공식적 참여자(정부조직 외부의 참여자)

① **정당** : 정권획득을 목표로 이익을 결집하는 정치적 이해관계집단으로, 정책결정에 영향력을 행사하거나 비판적 평가를 통하여 참여

② **이익집단(압력단체)**

㉠ 공통의 이익증진을 위한 결사체 또는 경제적 이해관계집단을 말함

㉡ 입법과정에서 입법부와 행정부를 대상으로 압력을 행사함으로써 영향을 미침

③ **국민(여론), 시민대표** : 일반국민이나 시민대표는 투표와 시민참여 등을 통해 정책결정에 영향을 미침

④ **시민단체(NGO)** : 이해관계가 없고 중립적인 감시단체나 자원봉사단체를 말하며, 바람직한 여론형성 및 영향력 행사를 통해 참여함

⑤ **외부전문가(정책공동체)**

㉠ 학계 및 민간분야의 전문가들은 문제 해결을 위한 정책대안을 제시하거나 정책평가를 통해 정책결정에 영향을 미침

㉡ 전문가들은 정책집행과정보다 결정과정에서 더 중요한 역할을 하며, 최근에는 정책공동체의 형태로 정책에 참여

⑥ **언론** : 다양한 대중매체를 통해 여론을 형성하고 사회문제를 제기하며, 각종 정보와 사건을 널리 알려줌으로써 정책과정에 영향을 미침

참고

비공식적 참여자의 특성 비교

구분	정당	이익집단	NGO	정책공동체
목적	정권의 획득	이익의 극대화	정책의 감시	정책의 비판 · 건의
이해관계	있음(정치적 이해)	있음(경제적 이해)	없음(중립)	없음(중립)
기능	이익의 결집	이익의 표출	–	–
중립성	없음	없음	있음	있음
집단 간의 갈등	대립적	대립적	단일방향	단일방향

Check Point

이익집단의 정치적 역할

이익집단의 전형적인 정치적 역할은 '이익의 표출'이며, 이익집단론자(다원론자)들은 이익집단의 활동을 정당한 정치적 요구를 정부에 전달하는 가장 민주적 방법이라 봄(Truman의 정치적 이익집단론 등)

Check Point

이익집단의 영향력

㉠ **영향력 결정변수**
- 이익집단의 회원 수와 전국적 분포도
- 응집력과 조직력
- 조직을 움직이기 위한 재력과 자원
- 지도자의 능력, 사회적 지위 및 명성

㉡ **영향력 증대요인**
- 구성원이나 지도자의 사회적인 지위나 경제력이 증대
- 추구하는 이익이 특수하지 않고 일반적인 경우
- 지도자와 정책결정자가 친밀
- 이익집단 간에 경쟁과 갈등관계가 약함
- 구성원의 동질성이 높고 응집력이 강함
- 한 사람이 여러 이익집단에 중복 소속되어 있지 않음

꼭! 확인 기출문제

우리나라의 정책과정 참여자에 대한 설명으로 옳지 않은 것은? [지방직 9급 기출]

① 대통령은 국회와 사법부에 대한 헌법상의 권한을 통하여 영향력을 행사하며, 행정부 주요 공직자에 대한 임면권을 통하여 정책과정에서 주도적 역할을 수행한다.
❷ 행정기관은 법률 제정과 사법적 판단을 통하여 정책집행과정에서 실질적인 영향력을 행사한다.
③ 국회는 국정조사나 예산 심의 등을 통하여 행정부를 견제하고, 국정감사나 대정부질의 등을 통하여 정책집행과정을 평가한다.
④ 사법부는 정책집행으로 인한 사회적 갈등상황이 야기되었을 때 판결을 통하여 정책의 합법성이나 정당성을 판단한다.

해 ② 우리나라는 삼권분리의 원리에 따라 입법부는 법률을 제정하고 사법부는 사법적 판단을 내려 정책집행과정에서 실질적인 영향력을 행사한다. 행정부는 국가의 통치권을 행사하는 기구로 국회에서 정한 법률을 근거로 정책을 집행함으로써 국가목적을 실현한다.

3. 정책네트워크 모형

(1) 의의

① 정책네트워크모형은 정책과정에 다양한 공식 · 비공식 참여자 간 상호작용을 중심으로 정책과정을 분석하는 모형으로, 다원론과 엘리트이론, 조합주의에 대한 대안으로 등장
② 정책 및 환경이 복잡해짐에 따라 공공정책의 형성은 이익집단이나 국가기관 등 특정세력에 의해 일방적으로 이루어질 수 없으며 다양한 이익, 목표, 전략을 가진 행위자들의 동태적인 상호작용이라는 인식이 확산됨
③ 사회중심이론(다원주의)이나 국가중심이론(조합주의)의 이분법적 논리에서 나타나는 이론적 한계의 등장으로 두 이론의 장단점을 보완 및 연계시키는 접근법으로서 등장하였으며, 다원주의에 국가의 역할과 전문성을 보완하고, 조합주의의 국가 우월적인 관계를 극복하는 접근법
④ 1960년대 하위정부모형이 대두되었으며, 이에 대한 반발로 공동체모형으로 발전되며 1980년대 본격적인 논의로 현재 유럽과 북미에서 지배적인 패러다임으로 사용되고 있음

(2) 특징

① **정책영역별 · 문제별 형성** : 사안(문제)별로 형성하여 정책을 부분화 · 전문화함
② **다양한 공식적 · 비공식적 참여자** : 정부부문과 민간부문의 개인이나 조직인 공식적 참여자와 비공식적 참여자로 구성되어 있으며, 국가도 자신의 정책에 이해관계를 가지고 정책과정에서 관철시키려는 하나의 행위자에 불과함

Check Point

정책네트워크와 정책산출 예측
정책네트워크 모형에서의 정책산출 예측은 구체적인 모형에 따라 차이가 있으나 전반적으로 볼 때 정책산출은 각종 이해관계자나 참여자들간 상호작용에 의하여 처음 의도했던 정책내용과 달라질 수 있으므로 이러한 동태적 현상에 의하여 정책산출에 대한 예측이 용이하지 않다는 점을 강조함

③ **참여자간 교호작용을 통한 연계** : 연계는 정책선호에 관한 의사표시, 전문지식 기타의 자원교환, 상호신뢰 구축의 통로가 되며 다소 간의 의존관계와 교환관계를 매개

④ **경계의 존재** : 참여자와 비참여자를 구분하는 경계가 있으며 경계의 제한성과 명료성은 상황에 따라 다름

⑤ **제도로서의 특성** : 개별구조라기보다 참여자들의 상호작용을 규정하는 공식적 · 비공식적 규칙의 총체(제도)

⑥ **가변성 · 동태성** : 정책과정 전반을 지배하는 거시적 · 동태적 현상으로, 시간 흐름에 따라 내 · 외재적 요인에 의해 변동됨

(3) 유형

① 하위정부모형(철의 삼각모형)

㉠ 의의

미국의 정책과정을 설명하며 제시된 모형으로서 각 정책영역별로 정책과정의 비공식 참여자인 이익집단, 공식참여자인 의회 상임위원회(정당×), 행정부처(관료조직, 고위관료) 3자가 은밀하게 결탁한 장기적 · 안정적 · 호혜적인 동맹관계를 통해 상당한 독립성을 지닌 하위정부를 형성함으로써 정책에 결정적인 영향을 미친다는 이론

㉡ 내용

- 정책영역별로 하위정부가 해당 정책의 결정과 집행을 주도하는 것으로, 하위정부는 서로 독립적이며 다른 집단의 참여를 제한함으로써 정책을 통제
- 다양한 정책분야별로 결정권을 장악한 집단(하위정부)이 다르므로 정책결정권이 다양한 집단(하위정부)에 분산되어 있어 다원주의와 관련되어 있으며, 개도국 · 후진국보다는 의회기능이나 이익집단의 활동이 활성화된 미국을 중심으로 한 이론
- 하위정부 참여자들은 경쟁적 갈등관계가 아닌 지속적인 상호 작용을 통해 협력관계를 형성하며 참여자들 사이의 협상과 합의로 정책결정이 이루어지고 참여자들은 상호이익을 추구
- 하위정부에서 형성되는 연계관계는 안정성과 응집성이 아주 높으며, 하위정부의 자율성이 높음
- 하위정부모형은 대통령과 공공의 관심이 덜하고 일상화 수준이 높은 정책결정 과정(특히 배분정책)을 설명하는데 유효하며 관료는 특수 이익집단의 이익에 종속되는 경향이 있음

ⓒ 한계

- 시민운동의 확산, 이익집단의 증대와 경쟁 격화, 국회 분과위원회 또는 의원들의 정책관할중첩 증대, 정책문제의 복잡성 증대 등의 변화는 하위정부모형의 적실성 · 영향력을 크게 약화시킴
- 이익집단이 활성화되지 못한 정치체제에서는 설명력이 약하며 사회에서 다수의 관심을 끄는 논쟁적 문제에 있어 이익집단의 이익을 관철시키기 위한 주도적 역할을 하는 것이 용이하지 않음

② 정책공동체모형

㉠ 의의

- 특정한 정책분야별 전문지식이 있는 사람들(대학교수, 연구원, 공무원, 기자, 국회의원 등)이 공식적 · 비공식적으로 접촉하면서 형성된 하나의 공동체로 공식조직과 비공식조직의 인원들로 구성되며, 단순한 이해관계자는 구성원에 포함되지 않음
- 영국에서 정당과 의회 중심의 정책과정 모형인 하위정부모형의 폐단을 보완하려 제시된 이론으로, 정책을 둘러싼 정책문제, 정책대안, 정책내용, 정책결과 등에 대하여 관심을 가지고 있는 사람들로 구성되어 눈에 보이지 않지만 계속적인 활동을 하는 인식공동체

㉡ 특징

- 특정 정책분야별로 구성되며 구성원은 학회, 세미나, 자문회, 토론회 등에 참여하며 의견을 제시하고 비판 · 평가
- 참여자의 범위는 하위정부보다 넓고 이슈네트워크보다는 제한적임
- 정책공동체 내의 행위자들은 상호 교환할 수 있는 가치 있는 자원을 보유하며 정책에 대한 기본적 이해를 공유하고 이들의 관계는 비교적 안정적 · 지속적임
- 정책결정을 둘러싼 권력게임은 승패가 아니라 positive-sum game이며 협력적임
- 정책공동체의 시각은 이익집단과 정부와의 협력을 중시하고 정부의 적극적 역할을 인정하는 유럽식 사회조합주의와 맥을 함께 하므로 시민의 참여가 있더라도 공식적인 결정권을 장악한 사람이나 전문가들이 중심적 역할을 함
- 이익집단정치나 조합주의적 상호작용 과정에 대한 대안으로서 국가 우월적 관계를 극복하고 전문성을 보완

ⓒ 장점

- 정책내용의 합리성 제고 : 정책분야별로 전문가의 전문지식 활용

Check Point

정책공동체의 장단점

㉠ 장점

- 전문가의 지혜나 전문지식을 정책결정과정에 활용하여 정책내용의 합리성을 제고
- 정책에 다양한 요구가 반영되므로 환경에 대한 적응이 가능
- 정책공동체 내에서 대화 · 타협을 거치므로 정책의 혼란과 표류를 감소
- 의도한 정책 산출의 예측이 가능
- 해당 분야의 전문가들의 활동으로 객관적인 평가 가능

㉡ 단점

- 끊임없는 논쟁으로 더 큰 문제를 양산할 가능성 존재
- 합의나 해결방안의 도출보다는 갈등을 당연시함
- 정책공동체의 구성원들은 정책효과에 따른 책임을 지지 않음

- 정책혼란 감소 및 표류 방지 : 일관성 있는 정책추진을 가능하게 하여 정책결정자 교체에 따른 정책혼란의 정도가 감소
- 검증된 인재의 발탁 용이 : 정책대안에 대해 상당기간 토론이 이뤄지다 보면 그 분야의 사람들에 대한 객관적 평가가 가능해지고 해당 정책분야에 필요한 검증된 인재의 발탁 용이
- 다양한 요구의 반영 : 상반되는 주장과 대안의 제시로 다양한 요구들이 반영됨

Check Point

이슈네트워크와 다원주의와의 비교
- **다원주의** : 이익집단 간 경쟁 · 갈등 관계
- **이슈네트워크** : 이익집단 간 경쟁 · 갈등 관계 + 목표와 이해관계가 일치하는 행위자 간 지지연합도 형성
- **유사점** : 다양한 전략이 있음, 불안정, 가변적, 상호작용의 빈도 낮음

③ 이슈네트워크

㉠ 의의

- 이슈네트워크는 지식을 구비한 일반시민까지 포함한 공통의 기술적 전문성을 가진 대규모의 참여자들을 함께 묶는 불안정한 지식공유집단으로, 정책쟁점망, 정책문제망, 이슈망이라고도 함
- 특정한 경계가 존재하지 않는 광범위한 정책연계망으로, 참여자들은 쟁점을 공유할 뿐 서로가 잘 알고 있다고 가정하지 않으며 참여자의 진입 · 퇴장은 용이함

㉡ 특징

- 헤클로(H. Heclo)가 하위정부모형에 대한 비판을 토대로 제시한 것으로, 거미줄처럼 엮어진 수많은 행위자들 간 유동적이고 불안정한 관계를 은유적으로 표현하여 이슈망이라 지칭
- 이슈망은 하위정부모형의 안정적 정책망과는 달리 현대의 복잡한 사회 속에서 대두되는 다양한 집단의 출현과 민주화된 정책과정을 설명하는 데 유용
- 특정문제에 대해 매우 다양한 측면에서 해결방안을 모색할 수 있는 장점이 있음
- 국가나 관료들의 우월적인 지위가 인정되지 않으며, 구성원간 인식에 대한 공유나 책임감이 없고 오히려 갈등을 증폭시킬 수 있음

㉢ 정책공동체와 이슈네트워크

구분	정책공동체	이슈네트워크
정책 행위자	• 제한적 · 폐쇄적 • 정부부처, 의회의 상임위원회, 특정 이익집단, 전문가 집단과 같은 조직화된 행위자에 한정 • 상호 교환할 수 있는 자원을 보유하고 정책에 대한 기본적인 이해를 공유하고 협조(이해 공유도 높음) • 모든 참여자가 자원을 가짐 • 기본관계는 교환관계	• 개방적(다양한 행위자들의 참여) • 조직화된 이익집단뿐만 아니라 조직화되지 않은 개인, 전문가, 언론 등 모든 이해관계자 • 상황에 따라 중시되는 자원의 종류나 주도적 행위자도 다르며 자기이익을 극대화하는 경향(이해 공유도 낮음) • 자원보유의 격차 존재 • 기본관계는 교환관계가 아닌 자문수준

행위자간 관계	• 지속적, 안정적, 상호 협력적 · 의존적 관계 • 비교적 균등한 권력 보유 • positive-sum game	• 경쟁적, 갈등적, 유동적, 불안정적 관계 • 불균등한 권력 보유 • zero-sum game 또는 negative-sum game
유형의 구조화	• 빈번한 상호작용 • 안정된 구조적 관계로 유형화(언어 · 가치관 · 문화 등 공유)	• 상호작용 빈도 낮음 • 개별행위자들로서 특별한 구조가 형성되지 않음
정책산출 (정책결정)	정책산출 예측이 용이하여 정책산출과 집행의 결과 유사	정책산출 예측이 곤란하여 정책산출과 집행의 결과가 다른 경우가 많음

Check Point

정책공동체와 이슈네트워크의 공통점

- 국가는 자신의 이해를 가지고 있고, 이를 관철시키고자 하는 하나의 행위자임
- 국가기관의 범주에는 행정부, 의회, 사법부 모두가 포함되며, 이들은 국가라는 하나의 실체가 아니라 개별 행위자로 간주됨

정책네트워크 모형의 비교

구분	하위정부(철의 삼각)	정책공동체	이슈네트워크
참여자(행위자)	이익집단, 의회 상임위원회, 행정관료	하위정부의 삼자 외에 전문가 추가(제한된 멤버십)	정책공동체보다 행위자가 확대(다양하고 이질적인 집단)
관료의 역할	특수이익집단 이익에 종속되며 공익과 이익집단의 이익 조정	관료의 적극적 역할	쟁점에 따라 주도적 역할 또는 방관자 역할
관계의 지속성 · 안정성	안정적 · 지속적	비교적 안정적(멤버십의 연속성)	불안정(일시적 · 유동적)
행위자간 연계	동맹관계	의존적 · 협력적 관계	경쟁적 · 갈등적 관계
	강한 결합 (안정적 협력관계)	↔	약한 결합 (공개적인 갈등 상황)
정책네트워크의 경계	명확한 경계(폐쇄성)	↔	희미한 경계(개방성)

꼭! 확인 기출문제

01. 정책결정의 장(또는 정책하위시스템)에 대한 이론과 주장하는 내용을 짝지은 것으로 가장 옳지 않은 것은? [서울시 9급 기출]

① 다원주의 – 정부는 조정자 역할에 머물거나 게임의 법칙을 진행하는 심판자 역할을 할 것으로 기대한다.
② 조합주의 – 정부는 이익집단 간 이익의 중재에 머물지 않고 국가이익이나 사회의 공공선을 달성하기 위한 주도적인 역할을 할 것으로 기대한다.
③ 엘리트주의 – 엘리트들은 사회의 다원화된 이익을 대변하는 것이 아니라 자신들의 이익을 추구한다.
❹ 철의 삼각 – 입법부, 사법부 그리고 행정부 3자가 강철과 같은 장기적이고 안정적이며 우호적인 삼각관계의 역할을 형성하면서 정책결정을 지배하는 것으로 본다.

> 해 ④ 철의 삼각(Iron Triangle)이란 하위정부모형(sub-gov't model)이라고 하며, 공식참여자인 관료와 의회상임위원회, 비공식 참여자인 이익집단이 상호 이해관계를 공유하면서 3자가 은밀하게 결탁한 장기적 · 안정적 · 호혜적인 동맹관계를 통해 상당한 독립성을 지닌 하위정부를 형성하여 정책의 결정과 집행에 강력하고도 지속적으로 결정적인 영향력을 끼치는 정책망이다.
> ① 다원주의는 이익집단이 정책을 주도한다.
> ② 조합주의는 국가(정부)가 정책을 주도한다.
> ③ 엘리트이론은 소수 지배계급이 자신들의 추구하는 결정을 내리는 것을 말한다.
>
> **02. 정책네트워크에 대한 설명으로 옳지 않은 것은?** [국가직 9급 기출]
>
> ① 정책네트워크의 참여자는 정부뿐만 아니라 민간부문까지 포함한다.
> ❷ 정책공동체(policy community)에 비해서 이슈네트워크(issue network)는 제한된 행위자들이 정책과정에 참여하며 경계의 개방성이 낮은 특성이 있다.
> ③ 헤클로(Heclo)는 하위정부모형을 비판적으로 검토하면서 정책이슈를 중심으로 유동적이며 개방적인 참여자들 간의 상호작용 현상을 묘사하기 위한 대안적 모형을 제안하였다.
> ④ 하위정부(sub-government)는 선출직 의원, 정부관료, 그리고 이익집단의 역할에 초점을 맞춘다.
>
> 해 ② 정책공동체(policy community)는 정책목표 및 인과(因果)에 관한 기본 신념을 공유하면서 그러한 정책 목표의 달성을 위해 각급 정부기관의 규칙을 조종하려고 하는 특정 정책분야의 전문가 집단을 말한다. 정책공동체는 이슈네트워크(issue network)에 비해 제한된 행위자들이 정책과정에 참여하며 경계의 개방성이 낮은 특성이 있다.
> ① 정책네트워크의 참여자는 정부뿐만 아니라 민간의 공식적 · 비공식적 개인 또는 조직까지 포함한다.
> ③ 헤클로(Heclo)는 하위정부모형의 비판을 토대로 이슈공동체(정책문제망)모형을 제시하였는데, 이는 다양한 이해관계나 전문성을 갖는 광범위한 개인 및 조직으로 구성되는 개방적이며 특정한 경계가 없는 네트워크이다.
> ④ 하위정부(sub-government)는 의회의 상임위원회, 주요 행정관료, 이익집단 삼자가 상호 간의 이해 관계를 보호하기 위해 각 정책 영역별로 안정적인 동맹관계를 형성하여 해당 분야의 정책과정을 지배한다.

4. 정책결정과정

(1) 정책의제 형성(문제인지 및 목표설정)

문제를 정확히 인식하고 문제 해결을 통하여 달성하고자 하는 바람직한 목표를 명확히 하는 단계로, 가장 창조적인 단계이며, 갈등이 가장 많이 발생함

(2) 정보 · 자료의 수집 · 분석

목표를 달성하기 위한 각종 자료와 정보를 수집하는 단계로서 MIS기법이 활용됨

(3) 대안의 작성 · 탐색 · 평가

수집된 정보와 자료를 근거로 대안을 작성하고 비용편익분석, 비용효과분석 등과 같은 체제분석기법을 통하여 대안들을 비교 · 평가

(4) 최적대안의 선택

대안을 평가한 후 최적의 대안을 선택하는 것으로, 정책결정권자의 주관적 가치가 반영되기도 함

Check Point

정책결정과정의 일반

정책의제 형성
(문제인지 및 목표설정)
↓
정보 · 자료의 수집 및 분석
↓
대안의 작성 · 탐색 · 평가
↓
최적대안의 선택

Check Point

E. Quade의 합리적 정책결정 과정(9단계론)

정책의제 형성(문제인지)
→ 정책목표의 설정
→ 정보의 수집 · 분석
→ 대안의 작성 · 탐색 · 개발
→ 모형의 작성
→ 예상결과 예측(대안의 평가)
→ 우선순위 선정기준의 설정
→ 우선순위 선정
→ 종합판단, 우선순위조정 및 최적대안의 선택

5. 우리나라의 정책결정(품의제)

(1) 의의

① 행정기관 내부에서 하급자가 기안을 하여 단계별로 상급자의 결재를 거쳐 최고결재권자의 결재를 거친 다음 집행하는 정책결정 제도

② 우리나라의 공식적이고 전형적인 의사결정체제

(2) 평가

① 장단점

장점	단점
• 상하 간의 정보공유, 하의상달촉진(민주적 · 상향적 결정) • 개별적 · 직접적 통제방식으로 활용 • 하급자의 참여의식 배양, 훈련기회 제공 • 사전조정 및 심사가능 • 실시단계에서의 협력 확보, 정책결정과 집행의 유기적 연계	• 행정지체와 비능률 초래 • 밀실행정으로 정실개입의 우려 • 고급공무원의 전문성 약화 • 할거주의(횡적 협조 저해) • 주사행정 초래 • 결정의 다단계화로 책임한계의 불분명 • 문서과다현상(번문욕례, red-tape) 초래

② 개선방안

㉠ 계층별 전문화 수준을 높여 형식적인 결재를 방지

㉡ 결재 계층 수를 줄이고, 결재시기를 정하여 능률성을 확보

㉢ 기관장의 막료기능을 강화하여 신중한 검토가 이루어지도록 함

㉣ 전자결재의 활성화 및 대면결재의 축소

Check Point

품의제의 특징

- 내부 결제제도이며, 공식적 의사결정 형식 및 절차
- 계선 중심적인 의사결정방식
- 정형적인 의사결정의 방법으로, 목표의 설정, 대안의 탐색, 결과의 예측 등이 의사결정자의 권한으로 전제되어 있음
- 기관의 의사를 결정하는 환류적 의사결정 방법
- 업무의 분산집행을 가능하게 하며, 의사결정의 집권화를 초래

Check Point

번문욕례(red-tape)

실질적 내용보다 형식과 절차, 문서를 중시하는 관료제 병리현상의 일종으로, 형식주의 · 의식주의 행정문화에서 기인한다. 17세기 영국에서 규정집을 붉은 색 노끈(red-tape)으로 묶었다는 사실에서 명칭이 유래되었다.

6. 합리적 정책결정의 제약요인

(1) 정책결정자에 의한 제약요인

① **결정자의 가치관 · 태도, 인식의 차이** : 견해 차이와 편견 등으로 인한 갈등과 대립을 초래하여 합리성을 저해

② **권위주의적 성격이나 사고방식** : 의사전달을 무시하고 민주적인 토의가 어려워 비합리적인 결정을 일으킴

③ **미래예측의 곤란성** : 인간능력의 한계로 정확한 미래예측이 곤란함

④ **관료제의 병리** : 변동에 대한 저항, 쇄신과 발전에 대한 무관심, 형식주의, 무사안일주의 등에 의한 정책의 왜곡과 비합리적 결정을 일으킴

⑤ 정책결정자의 시간 부족, 이해 및 전문지식의 결여, 자신의 경력 및 선입관의 지나친 의존 등

(2) 정책결정구조에 의한 제약요인

① 정보 · 자료의 부족 및 부정확으로 조작된 통계와 부정확한 정책결정이 나타날 수 있음
② 커뮤니케이션의 장애 및 왜곡은 정확하고 객관적인 정책결정을 어렵게 함
③ 정책전담기구의 결여로 효과적이고 체계적인 정책분석과 수립이 어려움
④ 조직의 규범 및 행정선례 · 표준운영절차의 답습은 쇄신적 결정을 어렵게 함
⑤ 지나친 집권적 조직구조는 권위적 · 독선적 · 일방적인 정책결정을 일으킴
⑥ 계선과 막료의 지나친 갈등과 막료의 참모기능 약화는 합리적 정책결정을 곤란하게 함
⑦ 기타 지나친 분화 · 전문화로 인한 할거주의, 정책전담 기구의 부재 등도 구조적 제약요인으로 작용

(3) 정책결정환경에 따른 제약요인

① 해결해야 할 사회문제와 목표의 다양성과 무형성은 정책의 우선순위 결정을 어렵게 함
② 여론 등의 투입기능 약화는 민주적 의사결정을 저해함
③ 매몰비용의 존재는 새로운 대안채택을 어렵게 하며 선택범위를 제약함
④ 이권추구, 연고우선주의, 부정부패 등의 사회적 · 문화적 규범 및 관습이 존재하는 경우 합리적 정책결정이 제약됨
⑤ 자원 및 시간상의 제약은 정확하고 신중한 정책결정을 어렵게 함
⑥ 정책결정과정의 폐쇄성은 외부통제를 제약하여 소수의 이해관계에 따른 자의적 결정을 초래함
⑦ 경제발전의 정도가 지나치게 낙후된 경우에도 합리적 결정을 어렵게 함
⑧ 참여자 간의 첨예한 이해관계 대립은 합리적 결정을 제약함
⑨ 기타 결정자가 속한 외부준거집단의 영향이나 이익집단의 압력, 정치인들의 단기적 안목과 높은 시간 할인율 등도 환경적 제약요인에 해당함

Check Point

매몰비용(Sunk cost)
이미 지불되어 다시 회수할 수 없는 비용을 의미하며 매몰비용과 관련된 기회비용은 0이다.

7. 정책결정 이론모형

(1) 개관

① 정책결정 이론모형의 의의
㉠ 정책대안의 장단점을 비교 · 분석하여 평가하는 분석적 틀을 의미
㉡ 현실의 정책결정환경은 수많은 의사결정의 집합체이므로 이에 대한 이론모형 또한 다양하게 존재하며, 각각의 특성도 차이가 있음

② 정책결정 이론모형의 구분

㉠ 산출지향적 모형과 과정지향적 모형

산출지향적 모형 (합리성모형)	• 주로 행정학에서 다루며, 정책산출의 기준(합리성) 분석에 중점 • 처방성이 강하며, 정책내용이나 정책결정방법 개선에 목적을 둠 • 합리모형, 만족모형, 점증모형, 혼합주사모형, 최적모형, 연합모형 등
과정지향적 모형 (권력성모형, 참여자 중심 모형)	• 주로 정치학에서 다루는 모형으로 공공정책 형성과정에 있어 주도자(권력성)가 누구인가에 중점 • 기술적(記述的) 성격을 특징으로 하고, 분권화된 다원적 사회에 적용될 가능성이 높음 • 집단모형(다원론), 체제모형, 엘리트모형, 게임이론, 제도모형, 쓰레기통모형, 정책의 창 모형 등

㉡ 규범모형 · 실증모형과 합리모형 · 인지모형

규범모형	바람직한 의사결정을 위해 무엇을 어떻게 해야 하는지 제시하려는 처방적 연구
실증모형	실제 발생하고 있는 현실의 의사결정을 기술하고 설명하는 경험적 연구
합리모형	결정자를 합리적 행위자(완전한 합리성)로 가정하여 목표달성을 극대화하는 최적 대안을 선택하는 결정모형
인지모형	인간의 인지능력의 한계(제한된 합리성)를 전제로 의사결정과정의 설명이나 바람직한 의사결정 방법 제시

㉢ 개인적 모형과 집단적 모형(의사결정주체에 따른 구분)

개인적 모형	개인이 실제로 어떻게 의사결정을 하는가를 연구하는 모형(합리모형, 만족모형, 점증모형, 혼합모형, 최적모형)
집단적 모형	여러 개인들의 참여로 이루어지는 모형으로, 개인차원의 모형을 그대로 유추 · 적용하는 모형과 개인차원의 모형과 접근법을 달리하는 모형이 있음(회사모형, 조직모형, 쓰레기통모형, 앨리슨모형, 사이버네틱스모형 등)

(2) 합리모형(합리포괄모형, 규범모형 · 계량모형 · 낙관모형, 총체주의, 연역적 접근방법)

① 의의

㉠ 정책결정자가 이성과 고도의 합리성에 따라 결정하고 행동한다고 보며, 목표나 가치가 명확하고 고정되어 있다는 가정 아래 목표 달성의 극대화를 위한 합리적 대안을 포괄적으로 탐색 · 평가 · 선택하는 모형

㉡ 인간을 합리적 경제인으로 전제하면서 문제와 목표를 완전히 이해하고 대안의 장단점을 모두 파악하여 가장 합리적인 최적의 대안을 선택할 수 있다는 이론

㉢ 고전학파 경제학자, 수학자 등에 의하여 제시된 이론

Check Point

산출지향적 모형의 전개
- 1950년대 : 합리모형(합리주의적 의사결정론) 발달
- 1958년 : 만족모형(제한된 합리성 모형) 발달(Simon & March)
- 1959년 : 점증모형(Lindblom의 정치적 합리성의 관점)
- 1967년 : 혼합주사모형(Etzioni의 의사결정에 관한 제3의 접근방법)
- 1970년대 : 최적모형(Dror)

Check Point

합리모형의 한계
- 명확히 주어진 목표, 확실한 상황을 전제하는 등 비현실적인 모형이라는 비판
- 목표의 총체적 탐색과 목표의 합의가 현실적으로 어려우며, 결과에 대한 정확한 예측도 곤란
- 정책목표의 유동성을 고려하지 않았으며, 목표 · 가치의 신축적 조정도 불가능
- 정책문제 자체에 대해서만 분석 · 강조(분석과정의 폐쇄성)
- 인간의 주관적 가치판단이나 심리 등의 동태적 요인을 경시
- 경제적 합리성을 추구하면서도 분석과정이 매우 복잡하고 시간 · 비용이 많이 소요되는 비경제적 모형
- 매몰비용과 현실의 기득권을 무시
- 실질적으로 실행가능성이 낮음

② 전제조건

㉠ 전체 사회가치의 가중치가 정해짐(목표가 명확히 제시되어 있다는 목표수단 분석)

㉡ 인간은 대안의 결과에 대한 예측 능력 및 합리적인 분석 · 계산 능력을 지님

㉢ 모든 대안을 총체적으로 비교 · 분석할 수 있는 합리적 정책 결정체제가 존재

③ 특징

㉠ 가치 · 목표와 사실 · 수단을 엄격하게 구분 · 분석(목표수단분석)하며, 목표는 주어진 것으로 고정되어 있다고 가정

㉡ 비용 · 효과를 분석하여 합리적인 최적의 대안선택(비용편익분석, 비용효과분석)

㉢ 목표 달성을 이룰 수 있는 절대적 합리성이나 경제적 합리성에 근거하여 추구

㉣ 모든 대안의 전체적 최적화를 위하여 문제의 총체적 · 포괄적 인지 및 검토

㉤ 수리적 · 연역적 · 미시경제학적 지식을 이용

㉥ 계획적이고 단발적인 의사결정으로 동시적 · 분석적 해결추구

④ 효용

㉠ 대안에 대한 체계적 · 과학적 분석, 대안 선택에 대한 객관적 평가가 가능

㉡ 엘리트의 역할이 큰 개발도상국의 국가 발전사업 추진에 용이

㉢ 단기간의 쇄신적 결정에 유용

Check Point

합리포괄모형의 한계

- 합리모형은 확실한 상황, 명확히 주어진 목표를 전제하는 등 비현실적인 모형
- 현실적으로 목표의 합의가 곤란하고 모든 대안의 총체적 탐색이 불가
- 정책목표의 유동성과 신축적 조정을 고려하지 못함
- 다양한 이해관계의 정치적 조정에 대한 고려가 불가능
- 정책문제 자체에 대한 분석만을 강조하고 외적인 요인(정치적지지 등)에 대한 고려가 없으므로 분석과정이 폐쇄적
- 매몰비용이나 기득권(현실)을 무시하고 이상을 추구함
- 대안의 선택기준으로 경제적 합리성을 추구하지만 분석과정은 매우 복잡하고 시간 · 비용이 많이 소모되는 비경제적인 모형

(3) 만족모형(비관모형, 실증모형, 부분주의, 귀납적 접근방법)

① 의의

㉠ 의사결정은 인지능력의 한계 등 여러 현실적 제약으로 인해 최적대안이 아니라 현실적으로 심리적 만족을 주는 정도의 대안선택이 이루어진다는 모형(최적화의 기준이 아니라 주관적 만족화의 기준에 의하여 대안선택)

㉡ 카네기 학파인 March와 Simon에 의해 제기되었으며, 행태론적 의사결정론에 바탕을 두고 '절대적 · 완전한 합리성'기준보다는 '제한된 합리성'을 중시

② 특징

㉠ 완전한 합리성이 아닌 제한된 합리성, 의도적 합리성을 추구(합리성에 있어 합리모형과 점증모형의 중간)

㉡ 합리모형의 한계를 보완한 모형으로, 심리적 만족을 기준으로 대안을 선택(주관적 합리성에 의한 결정)

Check Point

만족모형의 한계

- 개인의 심리적 만족기준이 지나치게 주관적
- 만족기준이 불명확하며 기준에 일치되기 곤란
- 만족 시 최적 대안 탐색을 포기하므로 현실 만족적 보수주의에 빠지기 쉬움
- 창조적 · 쇄신적 대안 탐색활동은 기대하기 어려움
- 개인적 의사결정에 치중하므로 조직적 · 집단적 결정을 설명하기 곤란(연합모형에 의해 조직 차원의 모형으로 발전)
- 정치체제 · 행정체제의 특징을 고려하지 않은 채 고급공무원의 행정결정과 소비자의 구매결정을 동일시

㉢ 경제인이 아닌 행정인의 가정에 기초(Simon은 합리모형이 가정하고 있는 의사결정자를 '경제인'이라고 하고, 합리성의 제약을 받는 의사결정자를 '행정인'이라 지칭)

㉣ 무작위적(random)이고 순차적(sequential)인 대안탐색을 통해 순차적으로 몇 개의 대안을 검토하여 현실적으로 만족하는 대안을 채택(귀납적 · 현실적 · 실증적 접근법, 점증모형으로 발전)

㉤ 대안탐색에 지치면 만족수준(대안선택기준)을 낮추어 조정하며, 만족스러운 대안을 쉽게 찾으면 대안선택의 최저기준을 높임

③ 합리모형과의 비교

구분	합리모형	만족모형
합리성	완전한 합리성(경제인)	제한된 합리성(행정인)
인간에 대한 가정	전지전능	인지상의 한계
목표 설정	극대화	만족수준
대안 탐색	모든 대안을 광범위하게 탐색	만족대안을 찾을 때까지 몇 개의 대안을 무작위적 · 순차적으로 탐색
대안의 결과 예측	모든 대안의 결과예측	중요한 요소만 고려하여 결과예측
대안 선택기준	최적대안(목표를 극대화하는 최적대안 선택)	만족할 만한 대안(심리적 만족 추구)

Check Point

경제인과 행정인

- **경제인** : 목표 달성의 극대화를 위하여 모든 대안을 포괄적으로 탐색하고 복잡한 상황을 모두 고려하여 결과 예측을 시도하며, 모든 가능한 대안 중에서 최선의 대안을 선택
- **행정인** : 몇 개의 대안만을 무작위적 · 순차적으로 탐색하고 복잡한 상황을 단순화시켜 대안의 중요한 결과만을 예측하며, 몇 개의 대안 중에서 만족할 만한 대안을 선택

(4) 점증모형(비관모형 · 실증모형, 부분주의, 귀납적 접근방법)

① 의의

㉠ 정책결정자는 현실적으로 분석력과 시간이 부족하고 정보도 제약되어 있기 때문에 현재의 정책에서 소폭적인 변화만을 대안으로 고려하여 정책을 결정한다는 모형

㉡ 규범적 · 합리적 결정이 아닌 현재보다 약간 나은 결정을 추구하며, 선진 다원주의사회에 적합한 이론모형

㉢ 바람직한 결정은 이상적 · 규범적 합리성보다는 다양한 이해관계를 조정 · 타협할 수 있는 다원주의, 즉 시민과 정치인의 지지를 얻을 수 있는 정치적 합리성을 추구하는 것으로 파악

㉣ 현재의 상황을 바탕으로 조금씩 개선해 가는 방법이므로 '가지에서 시작하는 방법(brench method)', '그럭저럭 헤쳐 나가는 방법'이라고 불림

㉤ 계속적 · 제한적 비교접근법, 지분법, 분할적 접근법, 순차적 · 한정적 접근법

Check Point

점증모형의 한계

- 다원화되고 안정된 사회에서 만족스런 기존정책이 존재할 때만 타당한 이론이며, 이 조건을 만족시키지 못하면 실효성 상실
- 보수적이고 임기응변적 성격이 강하여 혁신의 장애가 될 수 있으며, 의도적 변화나 급속한 국가발전을 도모하는 개발도상국에는 적용이 곤란
- 장기적이고 근본적인 방향이 잘못되어 나갈 때 수정 곤란
- 다원론에 근거하므로 정치적 압력 · 영향력이 큰 집단에게는 유리하고 소수 집단은 불리(형평성이나 소수 집단 이익보호에 부적합)
- 기득권이나 매몰비용을 고려하므로 정책의 축소 · 종결이 곤란(눈덩이 굴리기식 정책결정)

ⓑ Lindblom, Wildavsky, Banfield 등에 의해 제기

② 특징

㉠ 현상유지도 대안의 하나로 보고, 현 정책에 비해 약간 향상된 정책에 치중(현상유지적)

㉡ 한정된 수의 정책대안만 검토 · 분석하거나 중요한 결과만 평가하며 현 사회의 구체적인 결함을 소폭 경감시키는 보수적 · 연속적 · 점진적 · 개량주의적 이론

㉢ 목표를 주어진 것으로 보지 않고 목적과 수단을 구분하여 분석하지 않으며, 양자를 계속 조정할 수 있다고 보아 양자의 연쇄관계를 인정함

㉣ 경제적 합리성보다는 이해관계의 원만한 타협과 조정을 통한 정치적 합리성을 중시

㉤ 정책결정과정을 비합리적이고 무계획적인 이전투구과정(진흙탕 싸움)으로 간주

③ 점증주의 정책분석의 유형(C. Lindblom)

㉠ **단순 점증주의** : 합리모형의 복잡성을 덜기 위하여 정책대안 마련 시 현재 상태보다 약간 나은 것을 찾는 것으로, 소폭적 변화를 중시하는 초기의 점증주의

㉡ **분절적 점증주의** : 더 복잡한 정책문제를 해결하기 위하여 관련 정책요인을 단순화시키고 다소의 전략을 포함하는 분석활동(연속적 접근방법)

㉢ **전략적 점증주의** : 매우 복잡한 정책문제를 해결하기 위하여 신중하고 사려 깊은 전략을 통한 해결활동을 말하며, 합리모형을 추구하는 형태(합리주의와 점증주의의 결합형태)

④ 합리모형과의 비교

구분	합리모형	점증모형
추구하는 가치	경제적 합리성(자원배분의 효율성)	정치적 합리성과 민주성(타협과 조정 중시)
목표-수단 관계	목표 · 수단의 구분, 목표수단분석 실시(목표 고정, 목표에 합치되도록 수단 선택)	목표 · 수단의 연쇄, 목표수단분석 미실시(목표를 수단에 합치되게 수정)
대안의 결과예측	모든 대안 예측(대안의 수는 무한정)	일부만 한정 예측하며, 환류로 결함 보충(대안의 수가 한정)
정책결정	• 근본적 · 쇄신적 결정 • 분석적 · 합리적 · 비분할적 결정 • 포괄적 · 단발적 · 일회적 결정(문제 재정의가 없음)	• 지엽적 · 개량적 결정 • 부분적 · 분산적 · 분할적 결정 • 계속적 · 연속적 · 순차적 결정(문제 재정의 빈번)

Check Point

C. Lindblom의 견해

전략적 점증주의가 가장 이상적이나 인간은 복잡한 사회문제에 대하여 '총체적 지적 완벽함'을 기할 수 있는 능력이 없으므로, 단순 점증주의와 분절적 점증주의를 토대로 한 전략적 점증주의 모방이 바람직하다고 봄

Check Point

점증모형의 유용성

- 부분적인 정책대안의 선택으로 예측이 용이
- 의사결정에 비용이 수반된다는 점을 명확히 함
- 매몰비용과 관련된 정책결정 방법을 설득력 있게 설명함
- 급격한 정책으로 인한 부작용을 예방하고 정책의 안정성을 도모하며, 미래의 불확실성을 극복하는 정책적 대안이 됨
- 다양한 이해관계자의 참여와 정치적 합의를 통해 정치적 갈등을 줄이고 실현가능성을 높임(현실적으로 가장 합리적인 모형)

변화	대폭적 · 쇄신적 · 근본적 변화 모색	소폭적 · 점진적 · 부분적 변화 모색
최적화	전체적 최적화	부분적 최적화
상황	확실한 상황에 적합	불확실한 상황에 적합
매몰비용	기득권이나 매몰비용 무시	기득권이나 현실적 매몰비용 인정
접근방식	연역적 접근, 수학공식 적용	귀납적 접근, 시행착오
결정 방향	하향식(top-down)	상향식(bottom-up)
집권 및 분권	집권적, 참여불인정	분권적, 참여인정
조직 구분	조직 간 장벽제거(사업별 편성)	조직 간 구분(조직별 편성)
적용 국가	개발도상국	선진국
배경 이론	엘리트론(소수가 기획)	다원론(다양한 이익집단의 참여)

꼭! 확인 기출문제

정책결정모형 중에서 점증모형을 주장하는 논리적 근거로 적절하지 않은 것은? [국가직 9급 기출]

① 정치적 실현 가능성　　❷ 정책 쇄신성
③ 매몰비용　　④ 제한적 합리성

해 ② 정책 쇄신성은 합리모형의 특성이다. 점증모형은 급격한 정책의 쇄신보다는 현재보다 약간 향상된 대안을 중시하므로 근본적인 변화(쇄신)가 어려우며 점진적(한계적) 변화를 추구한다.
① 점증모형은 현실적인 정책결정 과정이 정치적 영향력이 큰 몇몇 소수 집단에 의해 주도될 가능성 있다.
③ 점증모형은 기득권이나 매몰비용을 고려하므로 정책의 축소 · 종결이 곤란하다(눈덩이 굴리기식 정책결정).
④ 정책결정의 점증모형은 현재의 정책에서 소폭적인 변화만을 현실적 대안으로 고려하는 현실적 · 점진적 · 보수적 이론이므로 환경 변화에 대한 적응력이 미약하며, 혁신의 장애가 될 가능성도 있다.

(5) 혼합주사모형(혼합모형, 혼합관조모형)

① 의의
- ㉠ Etzioni가 규범적 · 이상적인 합리모형과 현실적 · 실증적인 점증모형의 장점을 교호적으로 혼용한 제3의 접근방법
- ㉡ 합리모형을 제1접근으로, 점증모형을 제2접근으로 양자를 결합하여 합리모형이 지니는 비현실성을 감소시킴과 동시에 점증모형이 지니는 보수성을 극복

② 특성 및 내용
- ㉠ 합리모형과 점증모형을 신축적 · 탄력적으로 절충한 모델
- ㉡ 상황이 급변하거나 최초 결정이 바람직하지 않을 때는 기본적 · 맥락적 결정(합리모형 적용)을, 안정적 상황에서는 부분적 · 세부적 결정(점증모형 적용)을 시도

Check Point

혼합주사모형의 장단점
㉠ 장점
- 합리모형과 점증모형을 절충한 것으로 합리주의의 지나친 엄밀성과 점증주의의 보수성 극복 가능
- 합리모형과 점증모형의 융합을 통해 정책결정 실제에 대한 설명력을 제고하고 상황에 따른 융통성을 부여함
- 정책의 오류를 줄이고, 핵심에 근접할 수 있음

㉡ 단점
- 합리모형과 점증모형의 단순한 절충에 불과한 독창성 없는 이론으로, 두 이론의 결함을 해결하지 못함
- 합리모형의 변형으로 거시적 개략분석과 미시적 정밀분석의 혼합에 불과함(합리모형의 단점인 지나친 엄밀성을 완화한 것에 불과)
- 정책결정이 기본적 결정과 부분적 결정으로 신축성 있게 이루어지기 어려움

Check Point

Etzioni의 모형별 적용영역

Etzioni는 점증주의는 다원주의 사회, 합리모형은 획일적인 전체주의 사회, 혼합주사모형은 능동적 사회(범사회적 지도체제, 거시적인 메타정책)에 적합하다고 주장

Check Point

근본적 결정과 세부적 결정

근본적인 결정은 합리모형에 입각하여 거시적이고 장기적인 안목에서 대안의 방향성을 탐색하고 그 방향성 안에서 세부적인 결정은 점증모형에 입각하여 심층적이고 대안적인 변화를 시도하는 것이 바람직하다는 모형

ⓒ 완전한 당위성을 강조하는 합리모형은 전체주의 사회에 적합하고, 정치적 합리성을 추구하는 점증모형은 다원주의 사회에 적합하며, 혼합모형은 활동적 사회(능동적 사회)에 적합함

ⓔ 정책결정을 정치 사회화함

합리모형·점증모형과의 관계 비교

구분	합리모형(제1접근)	점증모형(제2접근)	혼합모형(제3접근)	
			근본적 결정	세부적 결정
대안의 탐색	포괄적(모든 대안)	제한적(현재보다 소폭 가감된 대안)	포괄적(모든 대안) – 합리모형	제한적(소수의 대안) – 점증모형
예측할 대안결과	포괄적(모든 결과)	제한적(결과의 일부)	제한적(중요한 결과만 예측) – 합리모형의 엄밀성 극복	포괄적(모든 결과를 세밀히 예측) – 점증모형의 보수성 극복
결정상황	근본적(위기, 중대한) 상황	부분적, 지엽적, 안정적 상황	상황에 따른 신축적 적용	
평 가	• 쇄신적 모형 • 비현실적	• 보수적 모형 • 현실적	• 절충 · 혼합 모형 • 합리모형과 점증모형의 단점 극복 시도	
정치 사회	전체주의 사회	다원주의 사회	능동적 사회	

꼭! 확인 기출문제

정책결정모형에 대한 설명으로 옳지 않은 것은? [지방직 9급 기출]

① 린드블롬(Lindblom)같은 점증주의자들은 합리모형이 불가능한 일을 정책결정자에게 강요함으로써 바람직한 정책결정에 도움을 주지 못한다고 주장한다.

② 사이먼(Simon)의 만족모형은 합리모형에 대한 심각한 도전이자, 인간의 인지능력이라는 기본적인 요소에서 출발했기에 이론적 영향이 컸다.

❸ 에치오니(Etzioni)는 합리모형과 점증모형의 단점을 극복하기 위하여 최적모형을 주장하였다.

④ 스타인부르너(Steinbruner)는 시스템 공학의 사이버네틱스 개념을 응용하여 관료제에서 이루어지는 정책결정을 단순하게 묘사하고자 노력하였다.

해 ③ 에치오니(Etzioni)는 규범적 · 이상적인 합리모형과 현실적 · 실증적인 점증모형의 단점을 극복하기 위하여 혼합모형을 주장하였다.

① 린드블롬(Lindblom)같은 점증주의자들은 정책결정자가 현실적으로 분석력과 시간이 부족하고 정보도 제약되어 있기 때문에 합리모형이 불가능한 일을 정책결정자에게 강요하는 것은 바람직한 정책결정에 도움이 되지 못한다고 주장하였다.

② 사이먼(Simon)의 만족모형은 합리모형의 한계를 보완한 모형으로, 인지능력의 한계 등 여러 현실적 제약으로 인해 최적 대안이 아니라 현실적으로 심리적 만족을 주는 정도의 대안선택이 이루어진다는 모형이다.

④ 스타인부르너(Steinbruner)는 시스템 공학의 사이버네틱스 개념을 응용하여 관료제에서 이루어지는 정책결정을 단순하게 묘사한 '인공두뇌학(인공지능)'이라는 사이버네틱스 모형을 주장하였다.

(6) 최적모형(optimal model)

① 의의

㉠ 불확실한 상황이나 제한된 자원, 선례 및 정보의 부재 등으로 합리성이 제약되는 경우 합리적 요소 외에도 결정자의 직관이나 주관적 판단, 영감, 육감 같은 초합리적 요소도 고려해야 한다는 모형

㉡ Y. Dror는 합리모형의 비현실성과 점증모형의 보수성을 비판하고, 양자를 통합하여 이상주의(합리모형)와 현실주의(점증모형)를 결합시켜 최적모형을 제시

② 주요단계

단계	구분	내용
초정책결정단계 (meta-policy making stage)	의의	정책결정에 관한 결정(정책결정을 어떻게 할 것인가에 관한 결정)단계로, 가장 중요한 정책결정이며 고도의 초합리성이 요구됨
	내용	가치의 처리, 현실의 처리, 문제의 처리, 자원의 조사 · 처리 및 개발, 정책시스템의 설계 · 평가 및 재설계, 문제 · 가치 및 자원의 할당, 정책결정 전략의 결정
정책결정단계 (policy making stage)	의의	본래적 의미의 정책결정으로, 합리성이 요구되는 단계
	내용	자원의 세부적 할당, 조작적 목적 설정 및 우선순위 결정, 주요 가치 설정 및 우선순위 결정, 주요 정책대안 마련, 대안의 편익과 비용에 대한 예측 실시, 편익과 비용 비교를 통한 최선의 대안 식별 등
후정책결정단계 (post-policy making stage)	의의	정책을 집행하고 평가하는 단계, 정책수정단계
	내용	정책 집행의 동기부여, 집행, 집행 후 정책결정에 대한 평가 및 환류

③ 특성

㉠ 정책의 합리적 요인과 초합리적 요인을 동시에 다루는 양적 · 질적 모형

㉡ 대안선택 시 제한된 자원의 범위 내에서 최적대안 선택(경제적 합리성)

㉢ 불확실한 상황이나 선례가 없는 복잡한 문제에 대해서는 초정책 결정에 중점(초합리성)

㉣ 정보교류와 환류를 전개하여 정책결정자의 결정능력을 최적수준까지 향상(환류과정의 확장)

㉤ 점증모형이나 만족모형의 보수적 · 타협적 성격을 비판하고 개선을 강조한 모형

꼭! 확인 기출문제

정책결정모형에 대한 설명으로 옳지 않은 것은? [국가직 9급 기출]

① 점증모형 – 기존의 정책을 수정 보완해 약간 개선된 상태의 정책 대안이 선택된다.
❷ 최적모형 – 정책결정자의 직관적 판단은 정책결정의 중요한 요인으로 인정되지 않는다.

Check Point

정책결정구조의 중첩성(Y. Dror)

Dror는 정책결정의 여러 국면(단계)들이 중첩적 · 가외적인 특징을 가진다고 보고, 이러한 정책결정 구조의 중첩성이 정책결정의 오류를 방지하고 최적수준의 정책결정을 보장해준다고 함

Check Point

최적모형의 한계

- 기본적으로 경제적 합리성을 중시하므로 다원화된 사회적 과정에 대한 고려가 부족함
- 지나치게 이상적이고 유토피아적인 모형으로, 여전히 합리모형의 틀을 탈피하지 못함
- 합리성과 구별되는 초합리성의 본질 · 기준이 불분명하며, 최적의 기준도 불명확함

Check Point

초합리성 강조

초합리적 결정은 사례연구, 감수성 훈련, 브레인스토밍 등과 같은 수단들에 의해 증진될 수 있다고 봄

③ 혼합주사모형 – 거시적 맥락의 근본적 결정에 해당하는 부분에서는 합리모형의 의사결정방식을 따른다.
④ 쓰레기통모형 – 조직화된 무질서 상태에서 어떠한 계기로 인해 우연히 정책이 결정된다.

해 ② 최적모형(optimal model)은 드로어(Dror)가 점증모형의 보수적 · 타협적 성격에 대한 비판으로 제시한 모형으로, 불확실한 상황이나 제한된 자원, 선례 및 정보의 부재 등으로 합리성이 제약되는 경우 합리적 요소 외에도 결정자의 직관이나 주관적 판단, 영감, 육감 같은 초합리적 요소도 고려해야 한다는 모형이다. 그러므로 최적모형에 있어 정책결정자의 직관적 판단은 정책결정의 중요한 요인이 된다.

Check Point

회사모형의 한계
- 사조직(회사)을 대상으로 하므로 공공조직에 적용은 무리가 있음
- SOP에 의존하는 보수적 이론으로, 혁신적 대안 제시가 곤란함
- 민주적 · 분권적 모형이므로 개발도상국 등 권위주의 국가나 조직에는 적용이 곤란함

Check Point

회사모형의 효용
- 조직 내 하위조직 간 상이한 목표로 인한 갈등이 협상을 통해 해결될 수 있다는 가능성을 제시
- 조직 통제 · 운영 수단으로서 SOP를 제시하여 의사결정에서 SOP의 중요성을 강조

Check Point

표준운영절차(SOP)의 종류
- **장기적(일반적) SOP** : 장기적인 환류에 따라 서서히 변화하게 하여 장기적 합리성을 도모하는 SOP
- **단기적(구체적) SOP** : 일반적 SOP를 구체화시킨 것으로 이는 단기적인 환류에 의하여 변화된다(회사모형에서 중시하는 SOP).

(7) 회사모형(연합모형)

① 의의

㉠ Cyert와 March가 개인차원의 만족모형을 발전시켜 조직차원의 의사결정으로 확대 · 적용시킨 이론모형

㉡ 회사(조직)를 유기체로 보지 않고 서로 다른 목표들을 가지고 있는 하부조직의 연합체(coalition, 느슨하게 연결된 반독립적인 하부집단의 결합체)로 가정하며, 각 하위조직들이 연합하거나 타협하여 최종안을 선택한다는 의사결정모형

㉢ 기본적으로 개인이 아닌 집단차원의 의사결정모형으로, 정책결정 주체를 참여자 개개인으로 보는 것이 아니라 하부집단의 연합체로 파악

② 특성

㉠ 하위조직 간의 갈등 · 모순을 하나의 차원이나 기준으로 통합하는 방법이 없어 완전한 해결이 아니라 갈등에 대한 잠정적 · 불완전한 해결(준해결)에 머물며, 제한된 국지적 합리성을 추구

㉡ 목표의 극대화가 아닌 만족할 만한 수준의 목표 달성을 추구

㉢ 다른 목표를 제약조건으로 전제한 후 자기의 목표를 추구하며, 동시에 여러 목표를 고려하지 않음

㉣ 환경의 유동성으로 대안의 결과는 불확실한 것으로 보고 환경의 불확실성을 제거(회피)하기 위해 환경을 통제할 방법을 찾음(불확실성에 대한 극복이 아닌 단기적 피드백과 단기적 반응을 통한 회피 전략을 추구)

㉤ 거래관행을 수립하거나 장기계약을 맺는 것과 같은 타협전략도 환경을 통제할 수 있는 하나의 방법으로 고려

㉥ 조직은 문제될 일 없는가를 탐색하기보다 문제 발생 시 대안을 탐색하는 시행착오적 의사결정(문제 중심적 탐색)

㉦ 경험적으로 학습된 행동규칙인 표준운영절차(SOP) 발견 및 이에 따른 의사결정 강조

(8) 쓰레기통모형

① 의의

㉠ 마치 쓰레기가 여러 과정을 거쳐 우연히 한 곳에 모여지듯이 의사결정에 필요한 문제와 해결책(대안), 선택기회(의사결정 기회), 참여자(결정기구)의 네 가지 구성요소가 흘러 다니다 우연히 모이게 된 경우 의사결정이 이루어진다는 것

㉡ 조직화된 무질서와 혼돈(조직화된 무정부 상태) 속에서 쓰레기가 우연히 한 쓰레기통 속에 모이는 것과 같은 임의적 선택과정을 거쳐 의사결정이 이루어진다고 보는 모형

㉢ 불확실하고 응집성이 약하며 복잡하고 혼란스러운 상황(조직화된 혼란 상태)에서 조직이 어떠한 결정 행태를 나타내는가에 대한 연구 모형

㉣ J. March, M. Cohen, J. Olsen 등이 제시했으며, 합리모형은 연구소나 병원, 대학교 같은 자율적 · 동태적 조직에 적용하기는 곤란하다고 비판(쓰레기통모형은 계층제적 권위가 없고 상하관계가 분명하지 않은 연구소나 대학조직 등에 잘 적용되며, 다당제 의회 내의 결정이나 여러 부처가 관련된 결정에도 쉽게 적용될 수 있음)

② 내용

㉠ **전제조건** : 의사결정상황은 조직화된 무정부상태(조직화된 무질서와 혼돈 상태)라는 고도의 불확실한 상황이며, 이는 문제성 있는 선호, 불명확한 기술, 일시적 · 유동적 참여자라는 세 가지 조건을 내포함

㉡ **의사결정** : 조직화된 무질서와 혼돈 속에서 쓰레기가 우연히 한 쓰레기통 속에 모이듯 독자적으로 흘러 다니던 네 가지 의사결정 흐름(문제의 흐름, 해결책의 흐름, 참여자의 흐름, 선택기회의 흐름)이 우연히 한 곳에 모여 의사결정이 이루어짐

㉢ **쓰레기통 속에서의 임의적 선택** : 의사결정과정이 문제의 확인에서 문제해결로 끝나는 순차적 과정이라 보지 않음(논리적 단계들이 순차적으로 진행되는 것이 아님)

㉣ **결정방식 및 전략**

- 날치기 통과(choice by oversight, 간과) : 다른 문제들이 제기되기 전에 재빨리 의사결정을 하는 방식
- 진빼기 결정(choice by flight, 탈피) : 어려운 결정을 내릴 때 다른 관련 문제가 반복적 주장으로 힘이 빠져 다른 기회를 모색할 때까지 기다렸다가 의사결정을 하는 방식

Check Point

쓰레기통모형의 한계

- 대부분의 조직은 조직화된 혼란상태보다는 훨씬 안정적이고 체계적인 상태를 유지하며, 의사결정도 합리적 · 체계적으로 이뤄짐. 조직화된 무정부상태는 일부 조직이나 조직 내부에서 일시적으로 나타나는 특수한 경우임
- 비일상적 의사결정만 다루어 분업, 표준화된 결정 등 일상적 의사결정을 설명하지 못함
- 정책결정 상황을 우연으로만 설명하므로 결정자의 의지성을 설명하지 못함

Check Point

조직화된 무정부 상태의 세 가지 조건

- **문제성 있는 선호** : 사람들의 선호가 분명치 않으며, 서서히 각자의 선호를 알아감
- **불명확한 기술** : 의사결정에 적용할 인과적 지식과 적용기술이 불분명하며, 참여자들이 이것을 잘 이해하지 못함
- **일시적 · 유동적 참여자** : 의사결정에 참여하는 담당자의 유동이 심하고 시간적 압박상태에 놓여 있음

꼭! 확인 기출문제

다음 중 정책결정모형과 그 내용의 연결이 옳지 않은 것은? [서울시 9급 기출]

❶ 쓰레기통모형 – 문제, 해결책, 수혜자, 선택기회의 흐름
② 만족모형 – 행정인(administrative man)
③ 조직과정모형 – SOP와 프로그램 목록
④ 최적모형 – 초합리성 강조

해 ① 쓰레기통모형은 조직화된 무정부상태에서 독자적으로 흘러다니던 네 가지 의사결정 흐름 즉, 문제의 흐름, 해결책의 흐름, 참여자의 흐름, 선택기회의 흐름이 우연히 한 곳에 모여 의사결정이 이루어진다고 본다.
② 만족모형은 의사결정은 여러 현실적 제약으로 인해 최적대안이 아닌 현실적으로 심리적 만족을 주는 정도의 대안선택이 이루어진다는 모형이다. 최선의 대안을 선택하는 경제인이 아닌 대안 중 만족할 만한 대안을 선택하는 행정인의 가정에 기초한다.
③ 조직과정모형은 Allison의 정책결정모형 중 제2모형으로 정책결정은 SOP에 의해 프로그램 목록에서 대안을 추출한다.
④ 최적모형은 Dror가 제시한 것으로 경제적 합리성과 직관 · 판단력 · 창의력과 같은 요인을 중심으로 한 초합리성을 고려한 규범적 · 처방적 정책결정모형이다.

(9) 정책의 창 모형(Streams and Windows Model, 정책흐름 모형, 다중흐름 모형)

① 의의

㉠ 의사결정에 필요한 3요소(문제의 흐름, 정치의 흐름, 정책의 흐름)가 흘러다니다 만날 때 정책창이 열려 결정이 이루어진다는 모형으로, 여기서의 정책창은 정책주창자들이 그들의 관심대상에 주의를 집중시키고 그들이 선호하는 대안을 관철시키기 위해서 열리는 기회를 말함

㉡ Kingdon이 제시한 모형으로, 쓰레기통 모형과 함께 흐름의 모형에 해당

② 3가지 흐름(줄기)

㉠ **문제의 흐름** : 정책결정자나 일반공중은 특정 사회문제에 관심을 집중시켜 문제를 규정하고 문제 해결을 위한 새로운 정책을 모색함

㉡ **정치의 흐름** : 국가적 분위기나 여론, 선거 등에 의한 정치적 영향력의 변화 속에서 이루어지는 협상과정(국민(여론, 국민감정), 고위공무원, 국회의원, 언론, 이익단체 등이 주요 참여자가 되어 협상)

㉢ **정책의 흐름** : 문제 해결을 위한 정책으로서 선택할 수 있는 각종 대안이 마련되고 특정 대안이 부각되는 과정(공무원, 학자, 연구원, 의원 등으로 구성된 정책공동체에서 정책대안이 마련되고 비교평가가 이루어짐)

③ 특성

㉠ 정책창(문제를 논의할 수 있는 문)은 우연한 사건으로 열리기도 하지만, 주로 여러 여건이 성숙하여 세 가지 흐름(줄기)이 함께 할 때 열리게 됨(세 가지 흐름 중 특히 정치흐름의 변화를 계기로 하여 열리는 경우가 많음)

㉡ 정책창은 여러 요건이 갖추어진 짧은 시간 동안만 열리게 되며, 오래 지속되지 않고 몇몇 요인에 의해 이내 닫히게 됨

Check Point

정책창과 점화장치(triggering event)

응집성이 약한 조직화된 무정부 상태에서는 점화장치(점화계기)가 있어야 3가지 흐름이 합쳐져 정책창이 열릴 수 있다. 이러한 점화장치에는 문제의 심각성을 크게 부각시키는 극적인 사건과 정권의 변동 등으로 인하여 정치적 분위기나 이념 등을 변화시키는 정치적 사건이 있다.

㉢ 정책창은 정책의제설정에서부터 최고의사결정까지의 과정에서 필요한 여러 여건들이 성숙될 때 열리게 되므로, 한번 닫히게 되면 다시 열릴 때까지 대체로 많은 시간이 소요됨

Check Point

정책창이 닫히게 되는 요인
- 관련 문제가 충분히 다루어졌다고 느낄 때
- 정책창을 열게 했던 사건이 사라지는 경우
- 정책 참여자들이 정부의 행동을 유도하지 못하거나 정책대안을 제시하지 못한 경우

꼭! 확인 기출문제

킹던(J. Kingdon)의 '정책의 창(policy windows) 이론'에 대한 설명으로 옳지 않은 것은? [국가직 9급 기출]

① 마치(J. G. March)와 올슨(J. P. Olsen)이 제시한 쓰레기통 모형을 발전시킨 것이다.
❷ 문제 흐름(problem stream), 이슈 흐름(issue stream), 정치 흐름(political stream)이 만날 때 '정책의 창'이 열린다고 본다.
③ '정책의 창'은 국회의 예산주기, 정기회기 개회 등의 규칙적인 경우뿐 아니라, 때로는 우연한 사건에 의해 열리기도 한다.
④ 문제에 대한 대안이 존재하지 않을 경우 '정책의 창'이 닫힐 수 있다.

해 ② 킹던(J. Kingdon)의 '정책의 창(policy window)' 이론은 정책결정에 필요한 3요소인 문제 흐름(problem stream), 정책 흐름(policy stream), 정치 흐름(political stream)이 흘러 다니다 우연히 만날 때 정책의 창이 열려 정책결정이 이루어진다고 본다.
① 킹던의 '정책의 창' 이론은 마치(J. G. March)와 올슨(J. P. Olsen)이 제시한 쓰레기통 모형을 발전시킨 이론으로, 쓰레기통 모형과 함께 흐름의 모형에 해당한다.
③ '정책의 창'은 국회의 예산주기, 정기회기 개회처럼 계획적으로 결정되기도 하지만 우연한 사건이나 계기로 정책의 창이 열려 정책결정이 이루어지고도 한다.
④ '정책의 창'은 관련 문제가 충분히 다루어졌다고 느낄 때, 정책창을 열게 했던 사건이 사라지는 경우, 그리고 정책 참여자들이 정부의 행동을 유도하지 못하거나 정책대안을 제시하지 못한 경우 닫힐 수 있다.

(10) G. T. Allison의 모형

① 의의

㉠ Allison은 쿠바 미사일사태에 대하여 체계적으로 설명하기 위해 집단의 특성(응집성이나 권력성)에 따라 세 가지의 상이한 모형을 제시

㉡ 기존의 합리모형은 심리적 · 정치적 문제에 관하여 이론적 기초가 불분명하다고 지적하고 두 가지 대안으로 조직과정모형과 관료정치모형을 제시

② 내용

㉠ **합리모형(합리적 행위자모형, 모형 Ⅰ)** : 엄밀한 통계적 분석에 치중하는 결정방식으로, 개인적 차원의 합리모형의 논리를 집단적인 국가 · 정부정책과정에 유추 적용한 모형

㉡ **조직과정모형(모형 Ⅱ)** : 정부를 느슨하게 연결된 준독립(반독립)적인 하위조직체들의 결정체로 보아, 정부정책을 이들 여러 조직의 상반된 대안이 최고결정자의 조정을 거쳐서 반영된 것이라 보는 모형(Simon, March, Cyert 등의 조직모형과 회사모형을 적용한 것)

㉢ **관료정치모형(정치모형, 모형 Ⅲ)** : 조직의 상위계층에 적용되는 모형으로, 현실적인 정책결정이 결정환경에 참여하는 독립적인 참여자 간의 갈등과 협상 · 타협 · 흥정에 의해 이루어진다는 모형(정책을 정치적 결과의 산물

Check Point

쿠바의 미사일 사건(1962)
구소련이 쿠바에 미국을 공격할 수 있는 미사일기지를 설치하고 핵탄도미사일을 배치하려 하자, 미국의 Kennedy 정부는 이에 해상봉쇄와 무력침공의 두 가지 대안 중 미사일이 운반되지 못하도록 하는 해양봉쇄정책을 채택함으로써 13일 간 지속된 일촉즉발의 위기상황을 극복하게 되었다.

국가직 9급 기출

01. 앨리슨(Allison)의 정책결정 모형 중 Model II(조직과정모형)에 대한 설명으로 옳지 않은 것은?

① 정부는 느슨하게 연결된 연합체이다.
② 권력은 반독립적 하위조직에 분산된다.
③ 정책결정은 SOP에 의해 프로그램 목록에서 대안을 추출한다.
④ 정책결정의 일관성이 강하다.

해 정책결정의 일관성이 강한 것은 합리적 행위자모형(모형 I)에 해당한다.

로 봄, 점증모형이나 쓰레기통모형과 유사)

③ 각 모형의 비교

구분	합리모형(모형 I)	조직과정모형(모형 II)	관료정치모형(모형 III)
목표 공유도 및 응집성	매우 강함	중간 내지 다소 약함	매우 약함
조직관	조정 · 통제가 잘 된 유기체적 조직(정비된 명령복종체계)	반독립적 집합체(느슨하게 연결된 하위조직의 연합체)	독립적인 개개인들의 집합체
권력 소재 및 권위	최고지도자가 권력 보유(집권), 공식적 권위	반독립적 하부조직이 권력 분산 소유, 전문적(기능적) 권위	독립적인 개별적 행위자 개인(개인적 행위자들의 정치적 자원에 의존)
행위자의 목표	조직 전체의 전략적 목표(갈등 없음)	조직 전체 목표 + 하부조직목표(하부조직 간 갈등의 불완전 해결)	조직 전체 목표 + 하위조직목표 + 개인목표(개인 간 갈등은 정치적으로 해결)
적용 계층(결정주체)	전체 계층	하위계층	상위계층
정책결정 원리 및 방식	최고지도자의 명령 · 지시에 의한 총체적 · 동시적 · 분석적 탐색과 결정(합리적 결정)	기존 관행과 프로그램 목록, SOP 등에 의한 대안 추출(순차적 해결), 준해결	• 정치적 게임의 규칙에 따라 협상 · 타협 · 연합 • 흥정 · 경쟁(정치적 해결)
합리성	완전한 합리성	제한된 합리성	정치적 합리성
정책의 일관성	매우 강함(항상 일관성 유지)	약함(빈번히 변경)	매우 약함(거의 일치하지 않음)

Check Point

반대에 의한 결정(decision making by objection)모형

Anderson은 Alison모형의 경우와 같이 쿠바 미사일 사건을 통해 의사결정에 대한 연구를 통해 제기한 것으로, 경쟁적인 대안을 제시하고 탐색하기보다는 논의의 과정에서 반대제기를 통하여 목표를 발견해 나가는 경우가 많다는 모형이다. 여기서는 '문제를 해결해 줄 것인가'가 아니라 '문제를 악화시킬 확률이 낮은 것인가'를 대안 선택에 있어 가장 중요한 판단기준으로 본다.

꼭! 확인 기출문제

앨리슨(Allison) 모형에 대한 설명으로 옳은 것은? [국가직 9급 기출]

① 합리적 행위자 모형에서는 국가전체의 이익과 국가목표 추구를 위해서 개인의 이익을 고려하지 않는 것을 경계하며 국가가 단일적인 결정자임을 부정한다.
② 조직과정모형에서 조직은 불확실성을 회피하기 위하여 정책결정을 할 때 표준운영절차(SOP)나 프로그램 목록(program repertory)에 의존하지 않는다.
❸ 관료정치모형은 여러 다양한 문제에 관심을 갖는 다수의 행위자를 상정하며 이들의 목표는 일관되지 않는다.
④ 외교안보문제 분석에 있어서 설명력을 높이기 위한 대안적 모형으로 조직과정모형을 고려하지는 않는다.

해 ③ 관료정치모형은 조직의 상위계층에 적용되는 모형으로, 여러 다양한 문제에 관심을 갖는 다수의 행위자를 상정하며 이들의 목표는 일관되지 않는다.
① 합리적 행위자 모형에서는 국가를 하나의 합리적 유기체로 봄에 따라 국가전체의 이익과 국가목표 추구를 위해 개인의 이익을 고려하지 않으며 국가가 단일적인 결정자임을 전제한다.
② 조직과정모형에서 조직은 불확실성을 회피하기 위하여 정책결정을 할 때 표준운영절차(SOP)나 프로그램 목록(program repertory)에 의존한다.
④ 외교안보문제 분석에 있어서 설명력을 높이기 위한 대안적 모형으로 조직과정모형을 고려한다.

 01 ④

(11) 사이버네틱스(cybernetics, 인공두뇌학)모형(적응모형)

① 의의

㉠ 분석적인 합리모형과 극단적으로 상반되는 적응적 · 관습적 의사결정모형으로 '인공두뇌학(인공지능)'이라고 하며, 목표 달성을 위한 상황 변화에 따른 정보의 해석 · 판단과 적응, 환류에 의한 통제라는 관점에서 설명한 모형

㉡ 정보의 지속적인 제어와 환류를 통하여 관례를 만들고 이를 프로그램 반응목록에 입력, 이에 따라 의사결정을 하는 것

② 특성

㉠ **비목적적인 적응적 의사결정** : 고도의 불확실성 속에서 정보를 자동적으로 제어 · 환류해 나가는 결정체제로, 목적을 미리 고정하지 않고 프로그램 반응목록에 따라 이루어지는 의사결정 추구(자동온도조절장치의 예)

㉡ **휴리스틱스(heuristics)식 결정** : 시행착오에 근거하여 관례를 만들어가고 그 관례를 프로그램 반응목록에 입력하여 이에 의하여 의사결정(복잡한 문제를 SOP에 의해 단순화시켜 바람직한 상태로 지속시키는 모형)

㉢ **불확실성의 통제** : 대안이 초래할 불확실한 결과를 문제 삼지 않는 시행착오적 적응(주어진 프로그램의 반응목록에 따라서만 의사결정)

㉣ **시행착오적(도구적) 학습** : 관례를 입력한 프로그램 반응목록에 없는 상황이 발생하면 시행착오를 거쳐 새로운 도구를 만들고 이 도구가 효과를 보면 프로그램 반응목록에 입력하여 의사결정의 기준으로 활용

㉤ **집단적 의사결정** : 합리모형과 달리 개인의 의사결정 논리가 그대로 집단에 적용되지 않음

③ 분석적 모형(합리모형)과의 비교

구분	분석적 모형(합리모형)	사이버네틱스모형(적응모형)
기본적 가정	완전한(엄격한) 합리성(전지전능)	제한된 합리성(인지능력의 한계)
문제해결과 해답	알고리즘(연역적 방식) → 최선의 답 추구	휴리스틱스(귀납적 방식) → 그럴듯한 답 추구
학습	인과적 학습	도구적 학습(시행착오적 학습)
대안분석	동시적 검토 · 분석	순차적 검토 · 분석
의사결정 및 대안선택	단발적 결정, 목표의 극대화와 최적대안(수단)의 선택	연속적 결정, 비목적적 적응과 그럴듯한 대안
불확실성 대응	불확실성의 감소 추구	불확실성의 통제 추구
이념	효율성	형평성

Check Point

사이버네틱스모형

Ashby, Weiner 등이 제시하였으며, 사이버네틱스 결정양식에 대하여 Weiner는 '기계 및 동물에 있어서의 제어와 통신에 관한 이론 전반'이라 정의함

모형	합리모형, 앨리슨의 model Ⅰ	조직모형, 회사모형, 앨리슨의 model Ⅱ
조직	단일한 의사결정자로서의 조직 → 유기체이므로 개인의 의사결정=조직의 의사결정	상이한 목적을 지닌 개인의 연합체로서의 조직 → 유기체가 아니므로 개인의 의사결정≠조직의 의사결정

Check Point

정책딜레마의 논리적 구성요건
- **분절성(단절성)** : 대안 간 절충 불가
- **상충성** : 대안 간 충돌
- **균등성** : 대안들의 비슷한 결과가치 내지는 기회손실
- **선택불가피성** : 선택 압력
- **명료성** : 대안의 구체성

⑿ 정책딜레마 모형

① **의의** : 정책결정을 해야 하지만 상충되는 정책대안들 가운데서 어떤 것도 선택하기 어려운 상태로, 상호 갈등적인 복수의 정책대안(가치)이 선택상황에 나타났을 때, 어느 한 대안의 선택이 가져올 기회손실이 용인의 한계를 벗어나기 때문에 선택이 불가능하거나 매우 어려운 상태

② **발생조건**

㉠ **선택요구의 압력** : 시간적 제약으로 대안들 가운데서 하나를 반드시 선택해야 한다는 요청이 강함

㉡ 정책대안의 특성 상호 갈등적인 정책대안들이 구체적이고 명료하지만 대안들이 상충적 · 단절적이어서 상호 절충이 불가능하고 갈등적 대안들을 함께 선택할 수 없는 상황이거나, 대안들의 가치를 직접 비교할 수는 없으나 각각의 결과가치 또는 기회손실이 비슷한 경우

㉢ **행태적 · 상황적 조건**
- 갈등집단간의 권력 균형
- 갈등집단간의 강한 내부응집력
- 대안선택에 걸린 이해관계가 클 것
- 특정대안의 선택으로 이익을 보는 집단과 손해를 보는 집단의 명확히 구분
- 갈등집단이 결정의 회피나 지연을 불용 : 선택불가피성

㉣ **대응행동**
- 소극적 대응 : 결정의 회피(포기, 비결정), 결정의 지연, 결정책임의 전가, 상황의 호도 등
- 적극적 대응 : 딜레마 상황의 변화를 유도하거나 관심을 돌리기 위해 새로운 딜레마 상황을 조성하거나 정책문제의 재규정, 상충대안의 동시 선택 등

㉤ **예방대책**
- 결정자의 개인적 이익이나 판단으로 시스템 전체가 딜레마에 빠지지 않도록 함
- 이해 관계자가 정책결정자에게 직접적인 영향력을 행사할 수 없도록 여과장치(행정계층 등) 설계

- 딜레마를 예방하기 위한 제도적 정비
- 딜레마를 예방하기 위한 토론장치 마련
- 행위자들의 이익으로 인해 문제상황이 영향을 받지 않도록 함

(13) 집단적 의사결정

① 의의 : 위원회, 팀, 회의 등에서의 의사결정 기법으로, 현대 조직의 의사결정이 포괄하는 범위가 넓고 문제가 복잡해져 집단의사결정기법이 증가함

② 특성

㉠ **무임승차** : 적극 나서지 않으려는 현상

㉡ **동조압력** : 집단이 지향하는 문화적 가치와 목표를 수용

㉢ **소수파 영향력** : 소수가 의사결정을 주도

㉣ **집단극화** : 집단이 개인보다 더 극단적인 결정을 하는 집단변환 현상

㉤ **집단사고** : 만장일치에 대한 환상으로 반대의견이나 비판적인 대안이 제시되지 못하는 획일적 사고로 의사결정의 민주성 및 타당성 저하

③ 방법

㉠ **무반응에 의한 결정** : 토론 없이 아이디어 제안만 지속적으로 이루어지다가 채택될 만한 아이디어가 나오면 선택하는 방식

㉡ **권한에 의한 결정** : 토론은 이루어지지만 권한 있는 자(위원장 등)가 최종 결정을 내리는 방식

㉢ **소수에 의한 결정** : 반대기회를 주지 않고 한 두 사람이 재빨리 합의하여 의견을 관철시키는 방식

㉣ **다수결에 의한 결정** : 투표로 결정

㉤ **합의에 의한 결정** : 구성원들이 집단결정에 자기 몫의 영향을 미칠 수 있었다고 생각하고 결과에 승복하도록 하는 결정방법으로 지지적인 분위기가 조성된 가운데 구성원 누구도 소외 또는 무시되었다는 느낌이 없었다면 반대의견이 있었더라도 합의에 의한 결정으로 볼 수 있음

㉥ **만장일치에 의한 방식** : 전원의견일치

Check Point

집단적 의사결정의 장단점
- **장점** : 전통적인 관료제에서 나타나는 독단적 의사결정구조의 경직성을 완화하며, 다양한 대안의 탐색 및 논의가 가능하고 모호한 상황을 타개할 수 있음
- **단점** : 사회적 압력으로 인한 부정적 영향이 있을 수 있으며, 책임분산 및 집단사고의 우려가 있음

(14) 자동화결정모형

① 과학적 문제 해결을 위한 결정원칙을 설계하고 여기에 정보를 결합하여 산출

② 고도의 통찰력이 요구되는 비정형적 문제에는 적용이 곤란하며, 관례적 집행적 결정에 주로 이용

Check Point

자동화결정모형의 특징
- 대규모 자료의 보관 및 관리
- 결정기준과 절차의 마련(프로그램화)
- 정보의 표준화 및 사용자 지향의 정보 기술
- 분석기법 및 결정모형의 개발

Check Point

산출지향적 모형과 과정지향적 모형

- **산출지향적 모형** : 정책결정기준으로서의 합리성을 중시하는 규범적 · 이상적 모형(행정학자들이 중시)
- **과정지향적 모형** : 정책과정 참여자로서의 권력성을 중시하는 설명적 · 서술적 모형(정치학자들이 중시)

참고

과정지향적 모형(권력성 모형)

- **체제모형(system model)** : 정책결정과정은 정책을 매개체로 한 정부와 국민 간의 유기적 관계 속에서 '투입 → 전환 → 산출 → 환류'로 이어지는 일종의 체제로 이해되며, 정책은 산출의 일부로서 파악
- **집단모형(group model)** : 특정 시점에서의 정책이란 집단 간 투쟁을 통해 도달한 균형을 의미하는 것으로 정책의 내용은 이익집단들 간의 상대적 영향력의 정도에 의해 정해진다고 보는 모형(다원론)
- **엘리트모형(elite model)** : 정책은 극소수의 통치 엘리트의 선호 · 가치의 표현에서 인정된다는 모형
- **제도모형(institution model)** : 정책은 정부기관에 의해 권위적 · 강제적으로 집행되는 것으로, 정책이 정부제도 내지 기관과 매우 밀접한 관계에 있다는 모형
- **게임모형(game model)** : 상충되는 상황 속에서 객관적 확률분석의 결과에 의해 최적의 행동대안을 선택한다는 관리과학적 모형

제4절 정책집행(policy implementation)

1. 정책집행의 본질

(1) 의의 및 특성

① 의의

㉠ 정책집행이란 결정된 정책을 현실에서 수행하는 과정

㉡ Nakamura & Smallwood는 권위 있는 정책지시를 실천에 옮기는 과정이라고 정의함

㉢ 미국 Johnson 대통령의 '위대한 사회'건설을 위한 각종 사회복지정책(소수민족 취업계획인 Oakland 사업 등)의 실패에 대한 조사 · 연구에서 출발

② 특성

㉠ 정책결정 및 정책평가와의 상호작용을 하는 계속적 과정

㉡ 많은 조직과 인력이 관련되는 정치적 · 복합적 성격

㉢ 정책문제의 해결과 목표 달성을 위해 실현방안을 계속적 · 구체적으로 결정

㉣ 법률의 제정에서 지침개발 · 자원배분 · 평가 등을 거치는 순환적 특성

㉤ 정책이 현지실정에 맞도록 환류 · 수정(상호적응성)

(2) 다른 과정과의 관계

① 정책결정과의 관계

㉠ 불가분의 관계 : 집행과정에서 정책내용이 실질적으로 구체화된다는 점, 즉 집행과정에서 정책이 수정되거나 결정된다는 점에서 양자는 밀접한 관계에 있음

㉡ 결정된 정책이 집행과정에서 수정되는 이유

- 결정 시 모든 상황에 대응할 수 있는 정책의 구체성 · 명확성 결여(관료는 집행과정에서 상당한 결정권을 행사)
- 모순되는 여러 정책 적용기준의 상존
- 정책집행명령에 복종할 수 있도록 하는 적절한 유인의 부족
- 관련 상급기관으로부터의 배치되는 정책 지시
- 집행방법에 대한 인식부족이나 집행능력의 한계
- 집행을 위한 예산이나 인원, 권한, 통제수단의 부족

② 정책평가와의 관계

㉠ 정책의 최종성과나 영향을 평가하는 총괄평가보다 정책수단이 어떤 인과경로를 통해 결과를 가져왔는가를 평가하는 과정평가가 중시되면서 집행의 중요성이 부각됨

㉡ 정책이 어떤 평가기준에 따라 평가될 것인지에 따라 집행자가 추구하는 요소가 달라짐

(3) 정책집행 연구의 대두

① 고전적 정책집행관

㉠ 의의

- 정책집행에 대한 고전적 연구는 연구대상에서 정책집행의 특정적 측면(행정조직 내부의 운영)만이 강조되고, 정책집행을 극히 단순 · 기계적인 것으로 가정
- 정책집행이 조직외부의 관련집단과의 관계 속에서 정책이 구체적으로 실현되는 과정이라는 측면을 간과하였으며 정책집행을 별도로 연구하지 않음

㉡ 특징

- 정책만능주의 : 정책을 수립하기만 하면 문제가 다 해결됨
- 정태적 정책관 : 구조화된 상황 아래에서 정책은 집행과정에서 변하지 않음
- 계층적 조직관 : 정책은 결정자의 지시에 따라 하향적으로 집행됨

Check Point

현대의 정책집행연구의 흐름

㉠ **제1세대 집행연구(1970년대 초)** : 정책실패 사례의 요인 분석을 통해 정책집행론의 연구를 촉발

㉡ **제2세대 집행연구(1970년대 중반~1980년대)**

- 하향적 접근 : 정책결정자의 입장에서 집행에 영향을 미치는 요인을 체계적으로 연구
- 상향적 접근 : 정책결정자의 지침보다는 집행현장에서 일어나는 문제상황에 초점
- 통합적 접근 : 집행과정의 다양한 측면을 설명하기 위해 양자의 이론을 통합

㉢ **제3세대 집행연구(1980년대 중반~1990년대)** : 정책집행의 동태성과 집행연구의 과학성을 강조

- 목표수정부당론 : 목표는 수정되어서는 안 되고 충실히 집행되어야 함

② 현대적 정책집행론

㉠ 등장배경

- 사회정책사업의 대대적 실패
  - 1960년대 말 잇단 정책 실패 : 1960년대 말 Jonson 정부의 사회복지 사업인 '위대한 사회(Great Society)' 건설을 위한 각종 사회정책(흑백 차별, 성차별, 빈곤, 범죄, 실업, 도시문제 등)의 잇단 실패가 정책집행 연구에 대한 관심을 촉발시킴
  - 다원론적 정치체제 : 연방체제(주정부의 자치권), 엄격한 3권 분립, 관료의 강한 권한, 대리정부(민간부문의 자율성) 등을 특징으로 하는 미국의 다원적 정치체제 하에서 모든 의사결정권이 거부점(veto point)으로 작용할 수 있어, 사회정책적 사업의 집행을 어렵게 함
- J. Pressman & A. Wildavsky의 집행론
  - 많은 참여자 : 집행과정에서 참여기관과 참여자가 너무 많아 동의를 구하는데 의사결정점이 많아지고, 이들이 집행과정에서 거부점(veto point, 정책에 반대하는 집단)으로 작용하여 집행이 곤란함(많은 중간 매개집단과 공동행동의 복잡성)
  - 집행관료의 빈번한 교체 : 핵심적인 집행세력이나 리더십의 붕괴
  - 타당한 인과모형의 결여 : 목표 달성을 위한 실현가능한 수단 결여
  - 부적절한 행정기관 : 부적절한 집행기관이 정책 의도를 왜곡

㉡ 현대적 정책집행관

- 정책결정과 정책집행의 동질성 : 양자는 성질 면에서 본질적 차이가 없고, 정책집행도 정책내용을 구체화시키는 의사결정과정으로서 정치적 성격을 띰(정치 · 행정1원론)
- 정책결정과 정책집행의 순환성 : 정책결정과정에서 지식 · 정보의 부족으로 인해 추상적 정책결정이 이루어지고, 집행과정에서 환류되는 정보와 집행자의 전문가적 판단에 의해 정책내용이 수정 · 보완됨
- 정책결정자와 집행자의 연관성 : 일선관료의 재량권 행사, 대상집단의 불응으로 인해 정책집행은 정책결정자의 지시 · 명령에 의해 자동적 · 기계적으로 수행되지 못함. 정책결정자는 정책내용결정시 정책집행자의 능력과 태도를 고려하고, 정책집행자도 집행과정에서 정책내용을 구체화하는 점에서 양자는 주어진 상황 하에서 상호적응적 형태를 보임(McLaughlin의 상호적응형, Nakamura와 Smallwood의 재량적 실험가형이나 관료적 기업가형과 유사)

(4) 정책집행의 접근방법

① 하향적 접근방법(전향적 · 정형적 접근방법)

㉠ 정책결정과 집행을 분리하여 기계적인 집행(순응)을 이상적인 것으로 봄(일선집행관료의 재량을 인정하지 않고 통제를 강화)

㉡ 집행자는 결정자의 목표 · 의도를 분명히 하고 목표실현을 위한 집행 단계를 구체화하며, 성과를 결정자의 의도와 비교 · 분석

㉢ 최고결정권자의 리더십과 이를 토대로 한 계층제적 조직관계(일방적 · 하향적 명령)를 중시

② 상향적 접근방법(후향적 · 적응적 접근방법)

㉠ 집행과정에서 실질적인 정책결정이 이루어진다고 봄(집행 시 목표수정 가능)

㉡ 일관된 정책목표를 부정하고 정책목표보다는 정책집행을 강조하며, 결정자의 의도보다는 정책을 실제로 집행하는 집행자의 구체적 행태에 초점

㉢ 결정대로의 충실한 집행보다는 일선집행관료의 바람직한 행동 유발의 정도나 효율적인 집행 상황의 적응을 성공적 집행의 핵심요소로 파악

㉣ 집행관료의 재량권을 필수요소로 보며 지식과 능력을 강조

③ 접근방법의 비교

구분	하향적 접근	상향적 접근
성격	정형적 · 거시적 · 전방향적 · 연역적	적응적 · 미시적 · 후방향적 · 귀납적
목적	성공적 정책집행 조건과 전략 제시(결정자에 대한 규범적 처방 제시)	실제 집행 양태를 밝힘(집행과정의 기술과 인과론적 설명)
권한 소유	결정자(정책결정자가 주요 행위자)	집행자(일선집행관료나 정책대상집단이 주요 행위자)
정책 상황	안정적 · 구조화된 상황, 목표 수정의 필요성 낮음	유동적 · 비구조화된 상황, 목표 수정의 필요성 높음
이념 및 성격	합법성, 기술성	대응성, 상호적응성
합리성의 성격	완전한 합리성, 도구적 합리성	제한된 합리성, 적응적 합리성(환경에의 적응 중시)
정책목표	구체성, 명확성(목표수정의 필요성 낮음)	모호성, 일반성(목표수정의 필요성 높음)
관리자의 참여	참여 제한(충실한 집행 강조)	참여 필요(적응적 집행 강조)
정책의 성공요건	결정권자의 리더십(결정자의 효과적 통제와 집행자의 순응)	집행관료의 재량과 역량(일선관료에게 적절한 재량과 자원부여)
집행절차	표준운영절차(SOP) 사용	상황에 맞는 절차 사용
집행자의 재량	인정 안 됨	인정됨
정치와 행정	정치 · 행정이원론, 결정과 집행의 분리	정치 · 행정일원론, 결정과 집행의 통합
집행의 평가기준	집행의 충실성과 성과 · 목표 달성 여부	환경에 대한 적응성, 성과는 부차적 평가 기준

Check Point

상향적 접근법이 유용한 경우

- 조직 상하관계의 상호 교류가 많고 원만한 경우
- 집행참여자가 다양하고 의사결정점이 증대되는 경우
- 급변하는 상황에 신축적인 적응이 요구되는 경우
- 정책의 영향을 받는 개인들을 협상의 장으로 유인할 필요가 있는 경우

주요학자	Van Meter & Van Horn(1975), Sabatier & Mazmanian(1981)	Lipsky(일선관료제론), Elmore(1979), Berman(1978), Hjern & Hull(1985)
모형	• Wildavsky – 통제모형 • Elmore – 전향적 접근방법 • Berman – 정형적(거시적 · 하향적) 집행 • Nakamura – 고전적 기술자형, 지시적 위임형	• Wildavsky – 상호작용모형, 진화모형 • Elmore – 후향적 접근방법 • Berman – 적응적(미시적 · 상황적) 집행 • Nakamura – 재량적 실험가형, 관료적 기업가형

꼭! 확인 기출문제

정책집행의 상향적 접근방법에 대한 설명으로 옳은 것은? [국가직 9급 기출]

① 대표적인 모형은 사바티어(Sabatier)의 정책지지 연합모형(Advocacy Coalition Framework)이다.
② 정책결정과 정책집행은 뚜렷하게 구분된다고 본다.
❸ 집행현장에서 일선관료의 재량과 자율을 강조한다.
④ 안정되고 구조화된 정책상황을 전제로 한다.

해 ③ 정책집행(policy implementation)의 상향적 접근방법은 집행관료의 재량권을 필수요소로 보며 지식과 능력을 강조한다. 따라서 집행현장에서 일선관료의 재량과 자율을 강조한다는 ③의 설명은 옳다.
① 사바티어(Sabatier)의 정책지지 연합모형(Advocacy Coalition Framework)은 정책집행의 통합적 접근방법에 해당한다.
②· ④ 정책집행의 하향식 접근방법의 특징에 해당된다.

참고

M. Lipsky의 일선관료제

㉠ 의의
- 1976년 도시 관료 연구를 통하여 교사, 경찰, 복지요원 등을 분석하면서 상향적 정책집행의 한 영역으로 일선관료제를 제시
- 일선관료란 시민(고객)들과 직접 접촉하는 공무원을 말하며, Lipsky는 고객과 접촉하는 일선관료가 실질적으로 공공정책을 결정한다는 상향적 정책집행 접근법을 중시
- 복지행정에서는 일선관료가 중요한 역할을 수행하나 지금껏 이에 대한 연구가 부족했다고 비판
- 일선관료의 직무상황에 대한 적응방식(적응메커니즘)을 업무의 단순화(simplification)와 정형화(routinization)로 파악

㉡ 일선관료의 직무환경 특성
- 직무수행과정에서 시민들과 끊임없이 상호작용(직접 접촉하며 대인적인 업무를 처리)
- 관료조직 내에서 직무를 수행하지만 상당한 범위의 재량권과 직무의 자율성을 가지고 매우 복잡한 업무를 수행
- 일선관료가 시민에게 미치는 잠재적 영향력은 광범위하며, 기계적 업무진행보다 인간적인 차원에서 대처해야 할 때가 많음
- 일선관료에 대한 서비스 수요는 증가하는 경향이 있으며, 업무수행 기관에 대한 목표기대는 다양하고 불명확하며, 때로는 갈등적 성격을 지님
- 과중한 업무량에 비해 관련 예산이나 자원이 항상 불충분(업무를 정형화 · 단순화하는 적응방식 추구)
- 업무의 정형화 · 단순화는 고객의 필요와 요구에 민감한 반응을 어렵게 하여 비효율을 초래하기도 함
- 업무성과에 대한 객관적 평가기준이 없어 성과 측정이 용이하지 않음
- 일선관료의 권위에 대한 도전과 위협이 빈발

기출 Plus 국가직 9급 기출

01. 정책집행에 대한 연구방법 중 상향적 접근방법(bottom-up approach 또는 backward mapping)에 대한 설명으로 옳지 않은 것은?

① 분명하고 일관된 정책목표의 존재가능성을 부인하고, 정책목표 대신 집행문제의 해결에 논의의 초점을 맞춘다.
② 집행의 성공 또는 실패의 판단기준은 '정책결정권자의 의도에 얼마나 순응하였는가'가 아니라 '일선집행관료의 바람직한 행동이 얼마나 유발되었는가'이다.
③ 말단 집행계층부터 차상위계층으로 올라가면서 바람직한 행동과 조직운용절차를 유발하기 위하여 필요한 재량과 자원을 파악한다.
④ 일선집행관료의 재량권을 축소하고 통제를 강화한다.

해 정책집행 관료의 재량을 인정하기보다 기계적인 집행을 위한 통제의 강화를 강조하는 것은 고전적 · 하향적 접근방법에 해당한다.
① 정책목표보다는 정책집행에 중점을 두어 정책집행 시 목표수정도 가능하다고 보는 현대적 · 상향적 접근방법에 대한 설명이다.

답 01 ④

(5) 통합모형(통합적 접근방법)

① 의의 및 특성

㉠ 1980년대 중반 이후 하향적 접근과 상향적 접근방법을 서로 보완 · 통합하고자 하는 학문적 노력이 전개되면서 등장한 모형

㉡ 통합모형에서는 각 접근방법의 장단점이 상대적이므로 접근방법의 변수들을 통합해야만 집행과정의 다양한 측면을 설명할 수 있다고 보았으나, 하향적 접근법과 상향적 접근법은 이론적 배경과 성격이 달라 유기적 연계성이 부족하고 통합으로 인한 논리적 모순이 발생할 수 있다는 비판이 제기됨

② 주요 연구모형

㉠ **Sabatier의 통합모형** : 초기에는 하향적 접근방법을 주장하다가 이후 통합모형을 제시

- 비교우위 접근법 : 하향적 또는 상향적 방법 중 상대적으로 적용 가능성이 높은 조건을 발견하여 이용함
- 정책지지연합모형 : 기본적 관점은 상향적 접근을 채택하고, 하향적 접근을 결합
  - 정책의 기본적 과정은 정책하위시스템 내의 서로 다른 목표를 가진 경쟁적인 정책지지연합간 갈등과 타협과정을 강조(상향적)
  - 정책하위시스템 참여자들의 활동에 영향을 미치는 요소들은 하향적 접근에서 도출(하향적)
  - 전제조건 : 정책변화과정을 이해하려면 10년 이상의 장기간이 필요(점진적 정책변동), 정책변화를 이해하기 위한 분석단위로서 정책하위체제에 중점을 둠, 정책하위체제들은 다양한 수준의 정부(주로 중앙정부)에서 활동하는 행위자들을 모두 포함, 정책하위체제 안에 신념체계를 공유하는 정책 지지연합이 있는데 서로 상이한 정책목표를 가진 정책지지연합들이 자신의 신념을 정책에 반영하기 위하여 경쟁하는 과정에서 정책변동이 발생
  - 평가 : 변수간의 유기적인 연계성 부족, 정책과정을 기본적으로 정책이 단발에 끝나는 한 번의 기계적인 과정이 아니라 연속적 · 장기적으로 변동되는 과정으로 이해하고, 신념체계 · 정책학습 등이 정책변동에 영향을 준다고 보기 때문에 집행모형이라기 보다는 정책과정 전반에 걸친 정책학습모형의 성격이 강함, 정책하위시스템내 지지연합진단의 범위 파악이 용이하지 않음

㉡ **Elmore의 통합모형(1985)**

- 정책결정자가 정책프로그램 설계 시 하향적 접근방법에 의하여 정책목표

Check Point

Matland의 상황론적 통합모형(1995)
통합모형의 일종으로, 모호성과 갈등이 모두 낮은 경우에는 하향식 접근법이 효과적이고, 모호성과 갈등이 모두 높은 경우에는 상향식 접근이 효과적이라고 봄

Check Point

정책집행과 정책변동
- 점증모형 : 정책은 쉽게 변동되지 않음
- 정책변동모형(단절적 균형모형) : 정책이 어떤 계기로 변동되는 이유를 설명(단절 이후 균형 유지)
  - 정책지지연합모형(Sabatier 등) : 정책은 장기간(10년 이상)에 걸쳐 점진적으로 변동되는 학습과정임
  - 정책패러다임변동모형(P.Hall) : 정책은 급격한 변동이 쉽지 않다는 Sabatier의 주장과 달리 정책의 근본적인 패러다임이 급격히 변동될 수도 있다는 모형(예 자유방임주의 → 케인즈주의 → 통화주의 등)

를 설정하되, 정책수단을 선택하는 경우는 상향적 접근방법에서 제시하는 방법을 수용함으로써 집행가능성이 가장 높은 정책수단을 선택함
- 상호가역성 논리를 토대로 하향과 상향의 통합을 주장한 이론으로 평가되나, 실현가능성이 낮다는 비판을 받고 있음

꼭! 확인 기출문제

정책집행에 대한 설명으로 가장 옳지 않은 것은? [서울시 9급 기출]

① 나카무라(R. T. Nakamura)와 스몰우드(F. Smallwood)는 정책결정자와 집행자간의 관계에 따라 정책집행을 유형화 하였다.
② 사바티어(P. Sabatier)는 정책지지연합모형을 제시하였다.
③ 버만(P. Berman)은 집행 현장을 강조하는 입장을 취하였다.
❹ 엘모어(R. F. Elmore)는 일선현장에 종사하는 공무원이 정책집행에 가장 큰 영향을 미치는 행위자라고 하면서, 이를 전방접근법(forward mapping)이라고 했다.

해 ④ 전방접근법(forward mapping) → 후방접근법(backward mapping)
엘모어(R. F. Elmore)는 정책집행을 전방접근법(forward mapping)과 후방접근법(backward mapping)으로 구분하고, 일선현장에 종사하는 공무원이 정책집행에 가장 큰 영향을 미치는 행위자라고 하면서 이를 후방접근법이라고 했다.

(6) 정책집행의 단계

Check Point

학자별 정책집행단계
- M. Rein : 지침개발 → 자원배분(또는 자원확보와 실현활동) → 감독과정
- R. Ripley & G. Franklin : 자원확보단계 → 해석 · 기획단계 → 조직화단계 → 혜택 · 통제단계

① 정책지침개발(작성)단계
　㉠ 추상적인 정책이 현실적으로 집행이 가능하도록 구체화시켜 '무엇을', '어떻게' 할 것인가를 규정하는 것으로, 이 지침을 집행자(특히 일선관료)에게 밝혀 주어야 함
　㉡ 정책집행에 필요한 사항과 집행자의 업무를 규정하는 사실상의 정책결정단계(SOP가 핵심)

② **자원확보 및 배분단계** : 집행담당기관이나 집행대상자에 대한 예산 · 인력 · 시설 · 정보 등 필요한 물적 · 인적 자원을 확보 · 배분하는 단계

③ **실현활동단계** : 확보된 자원을 이용하여 정책지침에 따라 정책의 내용을 대상자에게 실천하는 단계(서비스 제공이나 행동 규제 등의 단계)

④ **감시 및 환류(감독 · 통제)단계** : 실현활동이 지침에 따라 적절히 수행되었는가를 점검 · 평가하고, 그 결과를 정책집행과정에 환류하는 단계

2. 정책집행의 모형(정책집행유형론)

(1) Nakamura & Smallwood의 정책집행유형

구분	내용
고전적 기술자형 (고전적 기술관료형)	• 정책결정자가 정책과정 전반을 지배 • 결정자는 구체적인 목표와 내용, 정책수단을 수립 • 결정자는 집행자의 활동을 통제하며, 목표를 달성하기 위한 미미한 재량권(기술적 권한)만을 집행자에게 위임 • 집행자는 결정자가 결정한 정책목표와 내용을 지지하고 이를 실행 • 정책실패 시 그 원인을 집행자의 기술자 능력 부족(기술적 결함) 때문이라고 봄
지시적 위임형	• 결정자는 구체적인 목표를 수립하며, 집행자는 목표의 타당성에 동의 • 결정자는 집행자에게 목표 달성을 지시하고 이를 위한 수단을 강구하도록 재량적인 행정적 권한(관리권한)을 위임(집행자는 기술적 권한 외에 행정적 권한을 가짐) • 집행자는 목표 달성에 필요한 기술적 · 행정적 · 협상적 능력을 소유하며, 목표 달성을 위한 행정적 수단에 관해 집행자 상호 간에 협상 • 정책실패의 원인을 집행자의 기술적 역량 부족, 다수 집행기관의 참여(공동행동의 복잡성)와 협상 실패, 결정자의 애매모호한 지시 등으로 봄
협상가형	• 정책결정자가 목표를 설정(목표나 수단에 대해 결정자와 집행자의 의견이 반드시 일치하는 것은 아님) • 결정자가 목표를 수립 • 결정자와 집행자가 목표나 목표 달성을 위한 수단에 관해 협상을 벌이는 유형(집행자는 구체적 목표 및 수단에 관한 협상권한을 가짐) • 협상 결과에 따라 상호 역할비중 및 정책을 조정 · 결정(결정자와 집행자 간의 역할분담은 상대적인 권력자원의 소유 정도에 따라 결정됨) • 정책실패의 원인을 집행자의 기술적 역량부족과 집행수단의 기술적 결함, 협상 실패로 인한 집행자의 불만(타성, 무사안일, 부집행 등), 집행자의 정책목표 왜곡이나 정책집행 회피 등으로 봄
재량적 실험가형	• 결정자는 환경적 제약과 능력 · 지식 부족으로 추상적이고 기본적인 정책 · 목표를 설정(목표 등을 구체화 · 명확화하지 못한 추상적 수준) • 결정자는 집행자에게 목표와 이의 달성방안을 구체화하도록 광범위한 재량권 부여 • 집행자는 목표와 그 달성방안을 구체화하고 이를 자기 책임 아래 관장(집행자가 구체적 목표 및 방안을 수립) • 문제와 해결책에 대한 구체적 정의가 어려운 경우 적용 가능한 유형이며, 복잡하고 불확실한 상황에서 가장 혁신적인 집행방법이 됨 • 정책실패의 원인을 집행자의 전문성 · 지식의 부족, 모호한 정책결정에 따른 집행상의 혼란, 집행자가 임의적 자원 사용이나 기만, 책임의 분산으로 인한 결정자와 집행자의 책임회피 등으로 봄
관료적 기업가형	• 집행자가 강력한 권한을 갖고 정책과정 전반을 주도하며 결정권까지 행사(집행자에게 권력이 이전되는 유형으로, 고전적 기술관료형과 반대됨) • 집행자는 목표를 설정하고 결정자를 설득하여 이를 수용하게 하며, 목표 달성에 필요한 수단을 결정자와 협상을 통해 확보함 • 집행자는 자신의 목표를 수행할 의지와 능력을 가지고 있음 • 결정자는 집행자가 수립한 목표와 목표 달성방안을 지지

Check Point

Nakamura와 Smallwood의 정책집행유형의 의의

- 정책결정자와 집행자의 역할관계를 고전적 기술관료형, 지시적 위임가형, 협상가형, 재량적 실험가형, 관료적 기업가형으로 구분
- 고전적 기술가형에서 관료적 기업가형으로 나아갈수록 정책결정자의 통제는 감소하고 정책집행자의 재량적 역할은 증가

(2) Elmore의 정책집행유형(집행조직모형)

① **체제관리모형(systems management model)** : 조직을 합리적 가치극대자로 보는 모형으로, 집행의 성공을 위한 조건으로 효율적인 관리통제를, 실패 원인으로 미숙한 관리를 제시(고전적 접근법과 밀접)

② **관료과정모형(bureaucratic process model)** : 정책집행은 관료가 지니는 재량과 루틴(집행관료가 나름대로 설정한 정형화된 집행방법)에 의하여 결정된다는 모형

③ **조직발전모형(organizational development model)** : 집행의 성공 조건을 정책결정자와 집행자 사이의 정책에 관한 합의로 드는 모형

④ **갈등협상모형(conflict and bargaining model)** : 조직을 갈등의 장으로 보며, 집행의 성공 여부는 갈등의 협상 여부에 의하여 결정된다고 보는 모형

3. 정책집행에 영향을 미치는 요인(정책집행 성공요인)

(1) 일반적 요인

① 내부요인

㉠ **정책내용** : 내용의 명확성 · 일관성 · 소망성 등

㉡ **자원** : 인적 · 물적 자원 등

㉢ **집행조직** : 조직구조와 분위기, 관료적 규범, 부처할거주의, 조직 간 느슨한 연계 등

㉣ **집행담당자** : 집행자의 능력과 태도 등

㉤ **집행절차** : 표준운영절차(SOP), 상례적 절차(routine) 등

② 외부요인

㉠ **정책문제** : 문제 구성요소들의 복잡성 · 동태성 · 불확실성 등

㉡ **정책대상 집단** : 수혜집단(지지)과 희생집단(저항), 대상집단 간의 이해관계, 대상집단의 규모와 결속력, 행태변화 등

㉢ **정책집행의 참여자** : 참여자(중간매개집단)의 수

㉣ **사회경제적 여건 및 기술** : 국가 전체의 여건, 지역 간의 여건, 기술적 조건(기술수준 등)

㉤ **문화적 특성** : 조직문화 등

㉥ **대중매체와 여론** : 대중매체(언론 · 방송 등)의 관심과 여론의 지지 등

㉦ **정책결정기관의 지원** : 대통령, 의회 등 정책결정기관의 지원

기출 Plus

국가직 9급 기출

02. 나카무라(Nakamura)와 스몰우드(Smallwood)의 정책결정자와 정책집행자의 관계 유형 중 다음 설명에 해당하는 것은?

> • 정책집행자는 공식적 정책결정자로 하여금 자신이 결정한 정책목표를 받아들이도록 설득 또는 강제할 수 있다.
> • 정책집행자는 목표를 달성하기 위한 수단을 획득하기 위해 정책결정자와 협상한다.
> • 미국 FBI의 국장직을 수행했던 후버(Hoover) 국장이 대표적인 예이다.

① 지시적 위임형
② 협상형
③ 재량적 실험가형
④ 관료적 기업가형

해 정책집행자가 정책목표를 설정하고 결정자를 설득 또는 강제할 수 있으며, 목표 달성에 필요한 수단을 획득하기 위해 정책결정자와 협상하는 유형은 관료적 기업가형에 해당된다.

Check Point

관료적 기업가형에서의 권력이전

- **권력이전의 의미** : 관료적 기업가형에서는 권력이 결정자에게서 정책집행자로 이동하게 되어 집행자가 정책과정을 지배하게 되는 현상
- **권력이전의 발생원인**
  - 집행자는 정책결정에 필요한 정보를 산출하고 통제함으로써 정책과정을 지배
  - 안정성과 계속성을 기본 속성으로 하는 행정관료제에서 집행자는 결정자와 달리 교체되지 않음
  - 집행자들이 기업가적 · 정치적 재능(기술)을 발휘해서 처음부터 정책형성을 주도

답 02 ④

(2) P. Sabatier & D. Mazmanian의 정책집행분석모형

① 문제의 성격(문제처리의 용이성)

㉠ 타당한 인과모형의 존재(목표와 수단 간의 긴밀한 인과관계, 기술적 타당성)

㉡ 대상집단 행태(활동)의 다양성과 요구되는 행태변화의 정도(활동의 다양성과 요구되는 행태변화의 정도가 크지 않아야 성공적 정책이 용이함)

㉢ 대상집단의 규모와 명확성(규모가 적절하고 명확할 것)

② 법적 요인(집행에 대한 법규의 구조화 능력)

㉠ 법규상 추구하는 정책목표의 안정성 · 일관성 및 목표 간 우선순위의 명확성

㉡ 집행을 위한 적정한 수준의 재원 확보

㉢ 집행기관의 계층적 통합성(계층적 통합이 약화되면 집행 곤란)

㉣ 목표에 부합하고 표준화 · 공식화된 집행기관의 결정규칙(SOP 등)

㉤ 집행인(담당 공무원 및 집행기관)의 적극적 자세와 책임의식, 지도력

㉥ 대상집단의 대표 등 국외자의 공식적 참여권 보장

㉦ 집행 과정상의 거부점의 최소화 및 저항의 극복수단(제재 · 유인책) 구비

③ 정치적 요인

㉠ 대중의 지지와 대중매체의 관심

㉡ 사회 · 경제 · 기술적 상황과 여건

㉢ 관련 집단의 자원 및 집행에 대한 태도

㉣ 지배기관의 후원과 관심

(3) 기타 모형

① Winter의 정책결정–집행 연계모형 : 정책집행에 영향을 주는 변수로, 정책형성국면, 조직 및 조직 간 집행국면, 일선관료의 행태변수, 대상집단의 사회경제적 조건변수를 제시

② Grindle

㉠ 내용적 변수(내적변수) : 정책변수(목표의 명확성, 적절한 인과모형 등)와 집행변수(집행기구, 인력, 예산 등)

㉡ 맥락적 변수(외적변수) : 환경적 변수(관련 단체의 적극성, 지원, 대중의 관심 등)와 문제 관련 변수(정책문제의 성격)

4. 정책집행의 순응과 불응

(1) 순응(compliance)

① 의의 : 정책집행자나 정책대상 집단이 정책결정자의 의도나 정책 또는 법규의

Check Point

정책집행모형별 평가기준

- **고전적 기술자형, 지시적 위임가형** : 효과성 또는 능률성
- **협상가형** : 주민 만족도
- **재량적 실험가형** : 수익자 대응성
- **관료적 기업가형** : 체제 유지도

Check Point

성공적 정책집행의 판단기준

㉠ **실질적 · 내용적 판단기준**
- 실질적 · 내용적 판단기준이란 정책집행의 성공 여부를 특정 일방의 정책주체와는 관계없이 실질적 내용을 국가 · 사회의 전체 입장에서 판단하는 것
- 정책내용이 분명한 경우 정책집행의 성공 여부를 판단하는 내용적 기준은 효과성과 능률성이 주요기준이 됨
- 정책집행에서 일어나는 실질적 정책결정과정이 바람직한가의 여부(정책목표의 소망성, 즉 목표의 적합성이나 적절성, 정책수단의 소망성)

㉡ **주체적 · 절차적 판단기준** (Rein, Rabinovitz)
- 법적 명제(legal imperative) : 정책집행은 법률의 내용이나 의도를 따라야 하며, 여기에는 정책목표는 물론 정책수단이나 추진방법이 포함됨
- 합리적–관료적 명제(rational–bureaucratic imperative) : 집행이 도덕적으로 옳고, 행정적으로 실현가능하며, 지적으로 합리적이어야 한다는 것으로, 집행관료들이 집행의 성공 여부를 주관적으로 판단하는 기준

㉢ **합의적 명제(consensual imperative)** : 정책집행에 관련되는 이해집단들 모두가 합의할 수 있도록 정책이 집행되는 것을 의미

> 기출 Plus 지방직 9급 기출
>
> **03. 정책집행에 영향을 미치는 요인에 대한 설명으로 옳은 것은?**
>
> ① 사바티어(Sabatier)는 정책대상집단의 행태변화의 정도가 크면 정책집행의 성공은 어렵다고 본다.
> ② 집행주체의 집행역량은 집행구조나 조직의 분위기에 영향을 받지 않는다.
> ③ 정책집행 과정에서 의사결정점(decision point)이 많을수록 신속하게 진행된다.
> ④ 정책수혜집단의 규모가 크고 조직화 정도가 강한 경우 집행이 어렵다.
>
> 해 ② 집행주체의 집행역량은 집행구조나 조직의 분위기에 영향을 받는다.
> ③ 공동행동의 복잡성이론에 의하면 의사결정점이 많을수록 신속한 집행이 어렵다.
> ④ 정책수혜집단의 규모가 크고 조직화 정도가 강한 경우 집행이 용이하다.
>
> 답 03 ①

내용에 일치되는 행위를 하는 것을 말함(행동의 일관성)

② 원인 및 조건

㉠ 결정자의 리더십과 권위 및 정통성에 대한 믿음
㉡ 정책목표의 명확성과 의사전달의 활성화
㉢ 의식적 · 합리적 설득
㉣ 개인의 이익보장 · 편익제공 등의 유인
㉤ 강제적 제재수단(처벌, 벌금 등)
㉥ 집행 기간의 장기성

순응확보 전략

- 교육과 도덕적 설득
- 선전에 의한 호소
- 정책수정 또는 관습 · 관행의 채택
- 유인과 보상(보상수단이나 편익 제공 등)
- 제재나 처벌, 강압적 수단의 사용

(2) 불응(non-compliance)

① 의의 : 정책집행에 있어서 정책결정자의 지시나 정책집행자의 환경에 대한 요구를 피지시자나 환경이 들어주지 않는 상태를 말함

② 원인 및 조건

㉠ 기존 가치와의 대립이나 기득권 침해
㉡ 정책의 모호성과 비일관성
㉢ 순응에 따른 부담회피나 금전적 욕심
㉣ 집행자의 능력이나 지도력, 정보, 예산의 부족
㉤ 정책집행체제에 대한 불신이나 의사전달체계의 결함
㉥ 정책 자체에 대한 회의적 평가

제5절 정책평가와 정책변동

1. 정책평가

(1) 의의

① 정책평가(policy evaluation)란 정부의 정책이나 사업계획을 대상으로 그것이 실제로 정책환경에 미친 영향이나 효과를 판단하는 것을 말함

② 광의의 정책평가는 정책분석, 정책집행 중의 모니터링을 포함(정책평가는 정책의 모든 과정에서 가능)

③ 일반적 의미의 정책평가란 정책집행의 결과 및 정책집행 과정에 대한 사후평가 · 분석으로서, 정책결정의 환류장치의 기능을 수행

(2) 기준

① Nakamura & Smallwood의 기준 : 아래로 갈수록 현대적 · 탄력적 · 포괄적 기준

㉠ **효과성(목표달성도)** : 평가의 결과 정책이 설정한 목표를 어느 정도 달성했는지를 측정(고전적 기준)

㉡ **능률성(경제성)** : 목표를 달성하는 가장 효과적인 수단에 초점(수단의 극대화)

㉢ **주민만족도** : 대상 정책에 얼마나 만족하고 있는지를 측정

㉣ **수혜자(수익자)의 대응성** : 정책 수혜자가 얼마나 만족하고 있는가를 측정

㉤ **체제유지도** : 정책이 적응력 · 활력을 높여 체제유지에 어느 정도 기여하는가를 측정(현대적 기준)

평가기준	초점	특징	방법론
효과성	결과(정책목표 달성도)	목표의 명확성	객관적 · 기술적 · 계량적 평가방법
능률성	수단의 극대화(투입비용 대비 성과)	생산비용	
주민만족도	정치적 조정(유권자의 호응도)	타협과 목표 조정	주관적 · 질적 방법, 비계량적 환류
수익자 대응성	정치적 조정(소비자의 호응도)	프로그램의 적응성과 신축성	
체제유지도	전체 체제의 안정과 집행기관의 활력	안정성과 지속성	혼합적 방법

② W. Dunn의 기준 : 효과성, 능률성, 필요성, 충분성, 형평성, 대응성, 적합성 등을 제시(신행정학적 입장)

Check Point

정책평가의 목적

- 정책향상과 합리적 결정, 능률적 집행을 위한 정보 · 지식의 제공
- 정책결정의 타당성 · 합리성 및 집행의 효율성 제고
- 정책 과정상의 시행착오나 비용손실 감소(단기적으로는 비용이 증가하나 장기적으로는 감소 가능)
- 정책목표의 달성 여부 파악과 목표 달성 수단 및 하위목표의 재구성
- 정책수단이 정책결과에 이르는 인과경로를 검토 · 확인하여 이론 정립
- 담당자의 주체적 · 자발적 책임성 확보 및 투명성 제고
- 원인 분석을 통한 정책환류의 기준 마련

Check Point

D. Nachmias의 정책평가 목적

- 평가를 통한 새로운 지식의 확보
- 효율성을 증진하기 위한 관리의 수단
- 책임성의 확보 등

(3) 과정(단계)

① **탐색 및 상황판단** : 평가의 필요성에 관한 판단 및 평가에 대한 동의 · 지지를 얻는 단계

② **목표의 확인 및 식별** : 평가목표 · 대상을 명확히 하는 단계(목표 상호 간의 연관성 내지 중요도의 등급화 요구)

③ **평가기준의 선정** : 정책에 내포된 기준이나 정책의 유의성 등을 고려하여 선정

④ **인과모형의 설정** : 정책영향에 관한 인과모형 작성

⑤ **평가기획 및 설계의 개발** : 평가과정에 대한 평가계획 및 실험에 관한 연구설계의 개발

⑥ **자료의 수집** : 면접 · 설문조사 · 관찰 · 문헌 및 정부자료 등을 통하여 정책평가 자료 수집

⑦ **자료의 분석 · 해석** : 수집된 자료를 여러 분석 기법을 통하여 종합적으로 분석 · 해석

(4) 정책평가의 유형

① 총괄평가와 과정평가

㉠ 총괄평가(Summative Evaluation)

- 의의
  - 정책이 집행(완료)된 후에 정책집행의 결과가 당초 의도했던 목적(효과 · 영향 등)을 달성했는가에 대한 평가
  - 일반적으로 정책평가라 하면 총괄적 평가를 지칭하며, 효과평가와 영향평가가 대표적인 총괄평가에 해당함
- 효과성 평가
  - 정책이 당초 의도한 목표의 달성정도에 대한 평가를 말하며, 의도한 정책효과 발생이 그 정책에 기인하는 것인가의 여부가 평가의 핵심이 됨
  - 협의의 효과성 평가는 정책목표의 달성도에 대한 평가를 말함
  - 정책효과가 문제해결에 충분한가(적절성)에 대한 평가도 포함하는 개념
- 영향평가 : 정책이 의도한 방향으로 변화를 가져왔는지, 의도한 목표대로 대상집단에 영향을 주었는지를 평가하는 것으로, 효과성 평가의 기초가 됨

㉡ 과정평가(Process Evaluation)

- 의의 : 집행과정을 대상으로 하는 평가를 말하며, 협의의 과정평가와 협의의 형성평가(집행과정평가)가 대표적 과정평가에 해당함
- 협의의 과정평가(사후적 과정평가, 인과관계의 경로평가)

Check Point

정책평가의 유형(이종수)
- 평가시기에 따른 구분
  - 형성적 평가 : 정책집행과정에 대한 평가로, 과정평가 · 도중평가라고도 함
  - 총괄적 평가 : 정책이 집행된 후에 과연 의도했던 목적을 달성했는지를 판단하는 평가
- 평가목적 기준에 따른 구분
  - 과정평가 : 정책이나 사업이 정해진 지침에 따라 집행되었는지를 평가
  - 영향평가 : 정책이나 사업이 의도한 방향으로 변화를 가져왔는지를 평가
  - 포괄적 평가 : 과정평가 + 영향평가

Check Point

협의의 과정평가시 착안점
- 정책효과는 어떠한 경로를 통하여 발생하게 되었는가?
- 정책효과가 발생하지 않은 경우에 어떤 경로에 잘못이 있었는가?
- 보다 강한 영향을 미치는 다른 경로는 없는가?

– 총괄평가(효과성 평가)의 완성을 위한 보완적 수단
– 정책목표와 정책수단 간의 인과관계의 경로를 검증 · 확인하는 평가(정책수단이 어떤 경로를 거쳐 정책효과를 발생시켰는지 파악하려는 것)

• 협의의 형성평가(집행과정평가, 집행분석)
  – 정책이 의도했던 대로 집행되고 있는가 또는 집행되었는가를 확인 · 점검하는 평가로, 효율적인 집행전략 수립이나 정책내용 변경에 도움을 제공
  – 집행계획을 토대로 집행과정을 확인하는 프로그램 모니터링(사업감시)이 형성적 평가의 주요 수단이 됨

② 산출평가 · 결과평가 · 영향평가

㉠ 산출평가 : 산출은 계량적이며 측정이 용이하고 가장 단기간에 나타나는 효과이므로, 산출평가도 세 가지 평가 중 가장 용이한 평가방법임

㉡ 결과평가 : 결과평가는 산출평가보다는 다소 계량화하기 어려운 효과이며, 보다 장기적인 효과임

㉢ 영향평가 : 결과보다 더 오랜 후에 나타나는 효과(영향)에 대한 평가

③ 메타평가(평가종합, 평가의 평가, 2차적 평가, 평가결산)

㉠ 기존의 평가자가 아닌 제3의 기관(상급기관, 외부 전문기관 등)에서 기존의 평가에서 발견했던 사실들을 재분석하는 평가(평가에 대한 재평가)

㉡ 평가에 사용된 방법의 적정성, 자료의 오류 여부, 도출된 결과에 대한 해석의 타당성 등을 재검토하는 것

㉢ 엘리트 중심의 평가가 아닌 외부인에 의한 다면평가의 일종

㉣ 주로 영향평가에 적용되며, 정책형성이나 정책집행, 행정책임 등 여러 가지 목적에 필요한 정보들을 산출 가능

④ 평가성 사정(evaluation assesment, 평가성 검토)

㉠ 의의 : 정책의 본격적 평가에 앞서 정책평가 분석기법과 성과의 기준이 될 목표, 평가의 범위 등을 명료하게 하는 사전설계나 예비평가의 일종으로(사전적 과정평가의 하나에 해당), 평가의 필요성과 소망성, 가능성, 평가범위 등을 검토하는 것

㉡ 중점

• 소망성 있는 평가를 위한 검토
• 어떠한 사업 또는 사업의 어떠한 부분이 평가 가능한가를 검토

㉢ 내용 및 절차

• 평가 대상이 되는 사업의 범위를 확정하고, 사업모형을 파악
• 평가 가능한 모형을 작성

Check Point

모니터링(monitoring)

• 프로그램이 처음 설계대로 운용되고 있는가와 한정된 대상집단에 혜택이 가도록 집행되는가를 평가하는 것
• 정책집행이 목표지침에 순응하는가를 판단하는 기능, 감사 · 회계기능, 설명기능 등을 가짐
• 프로그램 설계에 명시된 대로 그대로 집행되고 있는지를 확인하는 집행모니터링과 당초 기대한 성과가 산출되는지를 확인하는 성과모니터링으로 구분됨

Check Point

인과관계의 조건

- **시간적 선행성**(time order) : 정책(독립변수)은 목표달성(종속변수)보다 시간으로 선행해야 함
- **공동변화**(association) : 정책과 목표달성은 모두 일정한 방향으로 변화해야 함
- **비허위적 관계**(non-spuriousness) : 정책 이외의 다른 요인(경쟁적 요인)이 목표 달성에 영향을 미치지 않았음을 입증해야 함

Check Point

제3의 변수의 유형

- **선행변수** : 인과관계에서 독립변수에 앞서면서 독립변수에 대해 유효한 영향력을 행사하는 변수
- **매개변수** : 독립변수와 종속변수의 사이에서 독립변수의 결과인 동시에 종속변수의 원인이 되는 변수
- **허위변수** : 독립변수와 종속변수간에 실제로는 전혀 상관관계가 없는데도 있는 것처럼 두 변수 모두에게 영향을 미쳐 완전히 왜곡되게 나타나게 하는 제3의 변수
- **혼란변수** : 독립변수와 종속변수간에 상관관계가 일부 있는 상태에서(원인변수가 결과변수에 영향을 미치는 상태) 두 변수 모두에 영향을 미쳐 인과관계를 과대 또는 과소평가하게 하는 제3의 변수
- **억제변수** : 허위변수와 반대로 두 변수가 서로 상관관계가 있는데도 없는 것처럼 나타나게 하는 제3의 변수
- **왜곡변수** : 두 변수간의 사실상의 관계를 정반대의 관계로 나타나게 하는 제3의 변수
- **구성변수** : 포괄적 개념의 하위 변수

- 평가성 검토 결과와 그 활용방안을 제시

㉣ 효용 및 이점

- 한정된 예산과 인력을 가장 유용한 평가를 위해 사용 가능
- 정책관련자로 하여금 추진하는 사업의 평가 가능성을 향상시키기 위한 노력을 자극
- 사업의 목표 · 활동 등에 대한 수정 · 보완을 유도
- 장래 평가에 대한 길잡이 역할

⑤ 착수직전 분석(front–end–analysis, 사전분석)

㉠ 새로운 프로그램 평가를 기획하기 위하여 평가를 본격적으로 착수하기 직전에 수행하는 조망적 차원의 평가작업(사전적 총괄평가의 성격을 지님)

㉡ 프로그램 개시를 결정하기 직전에 프로그램의 수요, 개념의 적합성, 운영적 측면에서의 실행가능성 등에 대해 행하는 평가작업

㉢ 기획과 유사하며, 맥락분석 조망적 종합평가에 해당

꼭! 확인 기출문제

정책평가의 방법에 대한 설명으로 옳지 않은 것은? [국가직 9급 기출]

① 착수직전분석(front–end–analysis)은 주로 새로운 프로그램 평가를 기획하기 위하여 평가를 착수하기 직전에 수행되는 평가작업이다.

② 평가성사정(evaluation assessment)은 여러 가지 가능한 평가로부터 얻을 수 있는 정보수요를 사정하고, 실행 가능하고 유용한 평가설계를 선택하도록 함으로써 평가의 공급과 수요를 합치시키도록 도와준다.

③ 집행에 있어 과정평가(process evaluation)는 정책집행 및 활동을 분석하여 이를 근거로 보다 효율적인 집행전략을 수립하거나 정책내용을 수정 · 변경하는 데 도움을 준다.

❹ 총괄평가(summative evaluation)는 정책이 집행되고 난 후에 인과관계의 경로를 검증 · 확인하고 정책이 사회에 미친 영향(impact)을 추정하는 판단활동이다.

해 ④ 정책목표와 정책수단 간의 인과관계의 경로를 검증 · 확인하는 것은 협의의 과정평가이다(인과관계의 경로에 대한 평가). 총괄평가는 정책이 집행된 후에 정책집행의 결과가 당초 의도했던 목표를 달성했는가에 대한 평가 또는 정책이 사회에 미친 영향에 대한 평가를 말한다.

① 착수직전분석(front–end–analysis)은 주로 새로운 프로그램 평가를 기획하기 위하여 평가를 본격적으로 착수하기 직전에 수행하는 조망적 차원의 평가작업이다.

② 평가성사정(evaluation assessment)은 정책에 대한 본격적 평가에 앞서 시행하는 사전설계나 예비평가의 일종으로, 평가에서 얻을 수 있는 수요를 사정하고, 실행가능하며 유용한 평가설계를 선택하도록 하여 평가의 수요 · 공급을 합치시키는 데 이바지한다.

③ 집행에 있어 과정평가(process evaluation)는 정책집행 및 활동을 분석하여 이를 근거로 보다 나은 집행전략과 방법을 모색하고 정책집행 과정상의 문제점을 해결하기 위해 정책내용을 적절히 수정 · 변경하기 위한 평가이다.

(5) 정책평가의 요소

① 인과관계

㉠ 독립변수와 종속변수 간의 관계를 말함

㉡ 정책평가는 정책수단(독립변수 · 원인변수)과 정책목표 또는 효과(종속변

수 · 결과변수) 간의 인과관계를 밝히는 것

② 변수

㉠ 독립변수 : 결과(정책효과)를 초래하는 원인이 되는 변수(원인변수)

㉡ 종속변수 : 원인변수에 의해 나타난 변화나 효과(결과변수)

㉢ 제3의 변수 : 독립변수와 종속변수의 관계에 영향을 미치는 변수를 말하며, 이러한 변수는 정확한 인과관계 파악을 어렵게 함(내적 타당도를 저해)

③ 타당도(validity)

㉠ 의의 : 정책평가의 타당도란 정책평가가 정책의 효과를 얼마나 진실에 가깝게 추정하고 있느냐 하는 정도를 말함(타당도의 측정이나 절차가 정확하게 이루어진 정도를 말함)

㉡ 타당도의 종류(Cook & Campbell)

내적 타당도 (internal validity)	• 일반적 의미의 타당도로서, 추정된 원인과 그 결과 사이에 존재하는 인과적 결론의 정확성에 관한 것 • 정책이 집행된 후 나타난 변화가 그 정책 때문인가의 정도, 즉 조작된 결과에 대하여 찾아낸 효과가 다른 경쟁적 원인(외생변수)에 의해서라기보다는 조작된 처리에 기인된 것이라고 볼 수 있는 정도 • 결과가 추정된 원인(정책수단)에 기인한 것인가를 정확히 판단해 낸다면 내적 타당성이 높음
외적 타당도 (external validity)	• 조사연구나 실험결과를 다른 모집단이나 상황 및 시점에 어느 정도까지 일반화(이론화)시킬 수 있는지의 정도, 즉 조작된 구성요소들 중 그 효과가 당초의 연구가설 이외의 다른 이론적 구성요소들까지도 일반화될 수 있는 정도를 말함 • 내적 타당도를 확보한 정책평가가 다른 상황에서도 적용될(일반화될) 가능성을 말함 • 특정 상황에서 타당한 평가가 다른 상황에서도 타당하면 외적 타당성이 높음
구성적 타당도 (construct validity)	처리, 결과, 모집단 및 상황, 평가요소 등에 대한 이론적 구성요소들이 성공적으로 조작된 정도
통계적 결론의 타당도 (statistical conclusion validity)	• 추정된 원인과 추정된 결과 사이에 관련이 있는지에 관한 통계적인 의사결정의 타당성 • 정책의 결과가 존재하고 이것이 제대로 조작되었다고 할 때, 이에 대한 정확한 효과를 찾아낼 만큼 정밀하고 강력한 연구설계(통계분석을 위한 준비 및 과정)가 구성되었는가 하는 정도 • 연구설계나 평가기획이 정밀하고 강력하게 구성된 정도로서, 평가과정에서 제1종 및 제2종 오류가 발생하지 않은 정도를 말함(제1종 · 제2종 오류의 발생 시 통계적 결론의 타당성이 낮아짐)

④ 신뢰도(consistency)

㉠ 측정도구가 어떤 현상을 되풀이해서 측정했을 때 얼마나 일관성 있게 측정할 수 있는지의 확률, 즉 동일한 측정도구를 반복해서 사용했을 때 동일한 결과를 얻을 확률을 말함

기출 Plus 국가직 9급 기출

01. 정책변수에 대한 설명으로 옳은 것만을 모두 고르면?

ㄱ. 매개변수 – 독립변수의 원인인 동시에 종속변수의 원인이 되는 제3의 변수
ㄴ. 조절변수 – 독립변수와 종속변수 간에 상호작용 효과를 나타나게 하는 제3의 변수
ㄷ. 억제변수 – 독립변수와 종속변수 간에 상관관계가 없는데도 있는 것으로 나타나게 하는 제3의 변수
ㄹ. 허위변수 – 독립변수와 종속변수 모두에게 영향을 미치며 이들 사이의 공동변화를 설명하는 제3의 변수

① ㄱ, ㄷ ② ㄱ, ㄹ
③ ㄴ, ㄷ ④ ㄴ, ㄹ

해 ㄴ. 조절변수는 독립변수와 종속변수 간에 상호작용 효과를 나타나게 하는 제3의 변수를 말하며, 일반적으로 상황변수는 조절변수에 해당한다.
ㄹ. 허위변수란 독립변수와 종속변수 간에 아무런 상관관계가 없는데도 겉으로는 있는 것처럼 보이게 만들어 두 변수에 영향을 끼치는 변수로 이들 사이의 공동변화를 설명하는 제3의 변수이다.

Check Point

신뢰도의 기준
평가의 신빙성과 안정성의 측면을 기준으로 함

 01 ④

㉡ 측정(검증)방법

- 재검사법 : 다른 시간에 동일 측정도구로 동일 대상자에게 두 번 측정하는 비교법
- 평행양식법(동질이형법) : 유사한 두 가지 측정도구를 사용하여 측정하는 비교법
- 반분법 : 내적 일관성검증법이라고도 하며, 하나의 측정도구에서 반으로 나누어 검사하고 비교하는 방법

타당도 저해

① 의의

㉠ 내적 타당도 저해 : 처음부터 두 집단 간 동질성이 확보되지 못했거나, 실험이 진행되는 동안 두 집단 간의 동질성이 파괴되는 경우에 내적 타당도가 저해됨

㉡ 외적 타당도 저해 : 두 집단 간 동질성이 확보되지 못했거나 동질성은 유지되더라도 집단의 대표성이 부족하여 그 결과를 일반화할 수 없는 경우에 발생

② 타당도 저해요인의 종류

㉠ 내적 타당도 저해요인

- 선발요소(선정요인) : 선발의 차이(실험집단과 통제집단간 구성상 상이함)로 인한 오류로서 집단을 구성할 때 발생할지 모르는 편견 예 내적타당도를 저해하는 유일한 외재적 요인
- 선정효과 : 통제집단이 아닌 실험집단에 선정되게 만든 요인(선정변수)에 의한 현상, 희망에 의하여 자기선정의 경우에 흔히 발생
- 역사적 요소 : 실험기간 동안에 외부에서 일어난 역사적 사건이 실험에 영향을 미치는 것(사건효과) 예 버스전용차선제(혼잡통행료) 도입 → 지하철 개통 → 도로소통 향상
- 성숙효과(성장효과) : 순전히 시간이 지남에 따라 나타난 대상집단의 특성변화, 즉 자연적 성장이나 발전에 의한 효과 예 우유급식 → 자연적인 성장 → 체중 증가
- 선발과 성숙의 상호작용 : 두 집단의 선발상 차이뿐 아니라 두 집단의 성숙 속도가 다름으로 인한 현상
- 상실요소 : 연구기간 중 집단으로부터 이탈(탈락) 등 두 집단간 구성상 변화로 인한 효과(이탈효과, 불균등한 상실) 예 빈곤대책 → 주식투자에 성공한 사람들의 이탈
- 처치와 상실의 상호작용 : 두 집단에 대한 다른 처치로 인하여 두 집단으로부터 구성원들이 다르게 상실되는 현상
- 측정(검사) 요소 : 유사검사를 반복할 경우 실험 전에 측정(테스트)한 사실 자체가 영향을 주는 현상(사전 측정에 익숙해져 사후측정값에 영향을 주는 것) → 이를 제거하기 위해서는 솔로몬식 실험설계(측정요인을 제거하기 위해 사전에 측정을 받은 집단과 받지 않은 4개 집단을 모두 교차적으로 비교하는 방법)가 주효 예 동일한 시험문제를 실험 전과 실험 후에 사용한 경우
- 측정도구의 변화 : 프로그램의 집행 전과 집행 후에 사용하는 측정절차, 측정도구의 변화로 인한 오류 → 이는 측정도구의 일관성 문제로 평가의 신뢰도와 관련됨
- 회귀인공요소 : 실험이 진행되는 동안 당초 극단적인 성향의 구성원들이 원래 자신의 성향(덜 극단적인 성향)으로 돌아갈 경우에 나타나는 오차로서 실험 직전의 측정결과나 단 한 번의 측정만으로 집단 구성시 발생 → 통계적 회귀(실험직전 반응효과) 예 연수생들에게 영어시험을 한 차례 치른 후 최하위 20%에 해당하는 사람들에게 영어교육을 실시한 경우
- 오염효과 : 통제집단의 구성원이 실험집단 구성원과 접촉하여 행동을 모방하는 오염 또는 확산효과로서 모방, 정책의 누출(이전), 부자연스러운 반응 등이 이에 포함

㉡ 외적 타당도 저해요인

- 호돈효과 : 실험집단 구성원이 실험(관찰)의 대상이라는 사실로 인하여 평소와는 다른 특별한 심리적 · 감각적 행동을 보이는 현상으로 외적 타당도를 저해하는 대표적 요인, 실험조작의 반응효과라고도 하며 1927년 호돈 실험결과로 발견되었음

Check Point

크리밍효과

두 집단간 동질성을 확보하지 못한 준실험에서 발생하므로 이는 내적타당성을 저해하는 요인이 외적 타당성을 저해할 수도 있음을 보여주는 요인임

Check Point

내적 타당도 저해요인의 구분

- **내재적 저해요인** : 실험을 진행하는 과정에서 일어나는 변화요인을 말하며, 사건효과, 성숙효과(성장효과), 상실요소, 측정요소, 회귀인공요소, 측정도구의 변화, 선발과 성숙의 상호작용, 처치와 상실의 상호작용 등이 해당됨
- **외재적 저해요인** : 실험을 위해 관련 대상집단을 구성할 때 발생하는 요인을 말하며, 선발요소(선정요인)가 이에 해당

- 다수적 처리에 의한 간섭 : 동일 집단에 여러 번의 실험적 처리를 실시하는 경우 실험조작에 익숙해짐으로 인한 영향이 발생. 그 결과를 처치를 받지 않은 집단에게 일반화 곤란
- 표본의 대표성 부족 : 두 집단간 동질성이 있더라도 사회적 대표성이 없으면 일반화 곤란
- 실험조작과 측정의 상호작용 : 실험 전 측정(측정요소)과 피조사자의 실험조작(호돈효과)의 상호작용으로 실험결과가 나타난 경우 이를 일반화시키기 곤란
- 크리밍효과 : 효과가 크게 나타날 양호한 집단이나 사람만 의도적으로 실험집단에 배정한 경우 그 결과를 일반화 곤란 → 선정(선발)과 실험조작(호돈효과)의 상호작용

꼭! 확인 기출문제

01. 정책평가에서 내적 타당성에 대한 설명으로 옳지 않은 것은? [지방직 9급 기출]

❶ 준실험설계보다 진실험설계를 사용할 때 내적 타당성의 저해요인이 다양하게 나타난다.
② 정책의 집행과 효과 사이에 존재하는 인과관계의 추론이 가능한 평가가 내적 타당성이 있는 평가이다.
③ 허위변수나 혼란변수를 배제할 수 있다면 내적 타당성을 높일 수 있다.
④ 선발요인이나 상실요인을 통제하기 위해서는 무작위배정이나 사전측정이 필요하다.

해 ① 진실험은 무작위 추출에 의해 동질성이 확보되는 인위적 실험이므로 외생변수가 통제되어 내적 타당도가 상대적으로 높다. 그러므로 진실험설계를 사용할 때 내적 타당성의 저해요인은 줄어든다.
② 일반적 의미의 타당도로서, 추정된 원인과 그 결과 사이에 존재하는 인과적 결론의 정확성에 관한 것은 내적 타당도에 해당된다.
③ 허위변수나 혼란변수는 제3의 변수유형으로 정확한 인과관계 파악을 어렵게 하므로, 이를 배제할 수 있다면 내적 타당성을 높일 수 있다.
④ 선발요인이나 상실요인을 통제하기 위해서는 사전측정을 통해 해당자들을 선별하고 이들을 무작위로 배정하는 것이 필요하다.

02. 정책평가에 있어 타당성(validity)과 관련된 설명으로 옳지 않은 것은? [국가직 9급 기출]

① 외적 타당성(external validity)은 어떤 특정한 상황에서 내적 타당성을 확보한 정책평가가 다른 상황에서도 적용될 가능성을 의미한다.
❷ 정책평가를 위하여 고찰된 통계적 · 실험적 방법들은 외적 타당성을 제고하는 것을 제1차적 목적으로 한다.
③ 성숙효과(maturation effect)는 평가에 동원된 집단구성원들이 정책의 효과와는 관계없이 스스로 성장함으로써 나타날 수 있는 효과로서 내적 타당성을 저하시킬 수 있는 요인에 속한다.
④ 회귀인공요소(regression artifact)들은 프로그램 집행 전의 1회 측정에서 극단적인 점수를 얻은 것을 기초로 개인들을 선발하게 되면 다음의 측정에서 그들의 평균점수가 덜 극단적인 방향으로 이동하게 되는 것을 의미한다.

해 ② 정책평가를 위하여 고찰된 통계적 · 실험적 방법들이 1차적으로 제고하고자 하는 타당성은 내적 타당성(internal validity)이다(일반적 의미의 타당성).
① 외적 타당성은 내적 타당성을 확보한 정책평가가 다른 상황에서도 적용될 가능성(일반화 가능성)을 의미한다.
③ 성숙효과(maturation effect, 성장효과)는 실험대상이 정책의 효과와는 관계없이 시간에 따라 스스로 성장 · 성숙함으로써 발생하는 효과를 말하며, 내적 타당성을 저해하는 요인의 하나이다.
④ 회귀인공요소(regression artifact)들은 프로그램 집행 전의 측정에서 극단적 점수를 얻은 실험집단이 다음의 측정에서 덜 극단적인 본래의 평균점수로 회귀해 가는 현상을 의미한다.

기출 Plus 국가직 9급 기출

02. 정책평가를 위한 측정도구의 타당성과 신뢰성에 대한 설명으로 옳지 않은 것은?

① 타당성은 없지만 신뢰성이 높은 측정도구가 있을 수 있다.
② 신뢰성이 없지만 타당성이 높은 측정도구는 있을 수 없다.
③ 신뢰성은 측정도구의 타당성을 담보할 수 있는 충분조건이다.
④ 타당성이 없는 측정도구는 제1종 오류를 범하는 원인이 될 수 있다.

해 신뢰성은 측정도구가 어떤 현상을 반복하여 측정할 때, 얼마나 일관성 있게 측정할 수 있는가 하는 정도이며 신뢰성은 측정도구의 타당성을 담보할 수 있는 필요조건이지만 충분조건은 아니다.
①·② 신뢰성은 측정도구의 타당성에 대한 필요조건일 뿐 충분조건은 아니므로 타당성은 높지 않아도 신뢰성이 높은 측정도구가 있을 수 있지만 신뢰성은 높지 않아도 타당성이 높은 측정도구는 있을 수 없다.
④ 통계적 결론의 타당성이 없는 측정도구는 인과관계를 정확하게 측정할 수 없게 되므로 정책효과가 없는 대안을 있다고 판단하게 하는 제1종 오류 및 제2종 오류의 원인이 될 수 있다.

 02 ③

Check Point

실험의 종류별 장단점

구분	내적 타당도	외적 타당도	실행 가능성
비실험	×	○	○
준실험	△	△	△
진실험	○	×	×

Check Point

과학적인 조사설계

- **실험적 설계** : 사전에 실험집단과 통제집단을 구분하여 행하는 실험
- **비실험적 설계** : 통제집단(비교대상집단) 없이 실험집단에만 정책처리를 하여 효과를 추정하는 실험

(6) 정책평가의 방법 – 실험

① 의의 및 특징

㉠ 정책평가의 방법은 주로 과학적인 조사설계에 의존하는데, 과학적 조사설계는 정책수단과 정책효과 간의 인과관계(내적 타당도)를 규명하는 것으로, 주로 총괄평가에서 이용됨

㉡ 정책평가를 위한 실험적 · 통계적 방법들은 모두 내적 타당도를 제고하는 것을 제1차적 목적으로 함

② 실험의 유형

실험적 설계	진실험	• 실험집단과 통제집단의 동질성을 확보하여 비교 · 평가하는 실험 • 실험대상을 무작위로 두 집단에 배정해 동질성을 확보하고, 한 집단에만 일정한 처치를 가하여 두 집단 간 차이를 효과로 추정하는 실험 • 무작위 추출에 의해 동질성이 확보되는 인위적 실험이므로 외생변수가 통제되어 내적 타당도가 상대적으로 높음 • 모방효과, 누출효과, 호손효과나 대표성 부족 등으로 인해 외적 타당도가 낮아 결과를 일반화시키기 어려우며, 실행가능성도 가장 낮음
	준실험	• 실험집단과 통제집단을 사전에 선정하되, 동질성을 확보하지 않고 평가하는 방법(유사실험) • 무작위 배정에 의한 통제가 어려운 경우에 사용 • 비동질적일지라도 가능한 한 유사한 실험집단과 통제집단을 구성 • 자연스러운 상태에서 실험을 하므로 진실험에서 나타나는 호손효과, 모방효과, 누출효과, 부자연스러운 반응 등이 나타나지 않아 외적 타당도와 실행가능성 상대적으로 높음(크리밍효과로 인한 외적 타당도 문제는 존재함) • 비동질성으로 집단 간 성숙효과가 다르고, 어느 한 집단에만 특유한 반응이 발생하는 경우 사건효과 등이 달라 내적 타당도가 상대적으로 낮음
비실험적 설계	대표적 비실험	• 비교집단을 선정하지 않고 정책대상집단(실험집단)의 집행 전후 상태를 단순히 비교하는 실시전후 비교방법, 정책집행 후에 정책대상집단과 다른 집단을 찾아 비교하는 사후 비교집단 선정방법 등이 있음 • 외생변수의 개입으로 내적 타당도는 낮으나 실행가능성 · 외적 타당도는 높음
	통계적 비실험	• 실험에 영향을 준 외생변수의 영향을 감소시키고자 각종 통계적 분석기법(시계열분석, 인과관계분석, 회귀분석 등)을 사용하는 것으로, '(비실험적) 통계적 분석, 통계적 통계'라고도 함 • 내적 타당도가 낮은 비실험 · 준실험의 약점을 보완하는 데 주로 사용 • 고도의 통계적 분석기법을 사용한다하더라도, 허위변수나 혼란변수를 정확히 파악해 제거할 수가 없으므로 내적 타당성이 저해됨

양적 평가와 질적 평가

㉠ **양적 평가** : 계량적인 자료(경성자료 : Hard Data)분석을 통해 사실적 가치에 초점을 둔 과학적 · 연역적인 접근법으로, 주로 총괄평가에서 많이 사용하는 실험접근법

㉡ **질적 평가** : 현상학적 입장에서 대상자들의 요구에 관심을 두는 가치지향적인 평가방법으로, 과정평가에서 주로 사용하는 비실험적인 접근법(면접, 인터뷰 등)이며 주로 연성자료(Soft Data)를 사용

프로그램 논리모형(프로그램이론)

프로그램의 논리적 인과구조나 인과경로를 잘 구축 · 도식화하여 보여줌으로써 프로그램의 핵심적 목표와 연계된 평가이슈, 평가지표를 인식하고, 이론실패(가정상 오류)와 실행실패를 구분할 수 있게 함으로써 평가의 타당성을 제고시켜 주는 형성평가모형으로, 목표달성도 평가에 초점을 두는 프로그램 목표모형과는 다름

	논리모형	목표모형
개념	프로그램의 논리적 인과경로 설정	정책목표의 달성도 평가
특징	형성(과정)평가의 도구	총괄(효과성)평가의 도구
시기	집행도중에 평가	집행완료 후 평가

(7) 우리나라의 정책평가 – 정부업무평가(「정부업무평가 기본법」의 주요 내용)

① 「정부업무평가 기본법」의 목적(법 제1조) : 정부업무평가에 관한 기본 사항을 정함으로써 중앙행정기관 · 지방자치단체 · 공공기관 등의 통합적인 성과관리 체제의 구축과 자율적인 평가역량의 강화를 통하여 국정운영의 능률성 · 효과성 및 책임성을 향상

② 평가의 정의(법 제2조)

㉠ 정부업무평가

- 정의 : 국정운영의 능률성 · 효과성 및 책임성을 확보하기 위하여 평가대상기관이 행하는 정책 등을 평가하는 것
- 평가대상기관 : 중앙행정기관(대통령령이 정하는 대통령 소속기관 및 국무총리 소속기관 · 보좌기관을 포함함), 지방자치단체, 중앙행정기관 또는 지방자치단체의 소속기관, 공공기관

㉡ 자체평가 : 중앙행정기관 또는 지방자치단체가 소관 정책 등을 스스로 평가하는 것

㉢ 특정평가 : 국무총리가 중앙행정기관을 대상으로 국정을 통합적으로 관리하기 위하여 필요한 정책 등을 평가하는 것

㉣ 재평가 : 이미 실시된 평가의 결과 · 방법 및 절차에 관하여 그 평가를 실시한 기관 외의 기관이 다시 평가하는 것

③ 정부업무평가제도

㉠ 정부업무평가기본계획의 수립(법 제8조) : 국무총리는 위원회의 심의 · 의결을 거쳐 정부업무의 성과관리 및 정부업무평가에 관한 정책목표와 방향을 설정한 정부업무평가기본계획을 수립하여야 하며, 최소한 3년마다 그 계획의 타당성을 검토하여 수정 · 보완 등의 조치를 하여야 함

Check Point

「정부업무평가 기본법」 제정이유
- 개별 법령에 의하여 이루어지는 개별적이고 중복되는 각종 평가를 통합 · 체계화
- 소관 정책을 스스로 평가하는 자체평가를 정부업무평가의 근간으로 하여 자율적인 평가역량을 강화
- 공공기관을 포함한 정부업무 전반에 걸쳐 통합적인 성과관리 체제를 구축

Check Point

통합적 정부업무평가제도의 구축 (법 제3조)

중앙행정기관 및 그 소속기관에 대한 평가는 「정부업무평가 기본법」의 규정에 의하여 통합하여 실시되어야 한다. 업무의 특성 · 평가시기 등으로 인하여 통합실시가 곤란한 경우에는 정부업무평가위원회와 미리 협의하여 별도로 평가를 실시할 수 있으며, 이 경우 지체 없이 그 평가결과를 위원회에 제출하여야 한다.

ⓛ 정부업무평가시행계획의 수립(법 제8조) : 국무총리는 정부업무평가기본계획에 기초하여 전년도 평가결과를 고려하고 평가대상기관의 의견을 들은 후 정부업무평가에 관한 연도별 시행계획을 수립하고, 이를 평가대상기관에 통지함

ⓒ 정부업무평가위원회

- 설치(법 제9조) : 정부업무평가의 실시와 평가기반의 구축을 체계적 · 효율적으로 추진하기 위하여 국무총리 소속으로 설치
- 구성 및 운영(법 제10조)
  - 위원장 2인을 포함한 15인 이내의 위원으로 구성되며, 위원장은 국무총리와 대통령이 위원으로 위촉한 자 중에서 대통령이 지명함
  - 위원회의 사무 처리를 위해 간사 1인을 두되, 간사는 국무조정실 소속 공무원 중에서 국무총리가 지명함
  - 공무원이 아닌 위원의 임기는 2년이며, 1차에 한하여 연임이 가능
  - 회의는 재적위원 과반수의 출석으로 개의하고 출석위원 과반수의 찬성으로 의결함

ⓔ 전자통합평가체계의 구축(법 제13조) : 국무총리는 정부업무평가의 통합적 수행을 위하여 전자통합평가체계를 구축하고, 각 기관 및 단체가 활용하도록 할 수 있음

④ 정부업무평가의 종류 및 절차

㉠ 중앙행정기관의 자체평가(법 제14조~제17조)

- 중앙행정기관의 장은 그 소속기관의 정책 등을 포함하여 자체평가를 실시
- 중앙행정기관의 장은 자체평가조직 및 자체평가위원회를 구성 · 운영하며, 평가의 공정성 · 객관성 확보를 위해 자체평가위원의 3분의 2 이상은 민간위원으로 구성함
- 자체평가계획의 수립 : 중앙행정기관의 장은 정부업무평가시행계획에 기초하여 당해 정책 등의 성과를 높일 수 있도록 매년 자체평가계획을 매년 수립하여야 함
- 자체평가결과에 대한 재평가 : 국무총리는 중앙행정기관의 자체평가결과를 확인 · 점검 후 평가의 객관성 · 신뢰성에 문제가 있어 다시 평가할 필요가 있다고 판단되는 때에는 위원회의 심의 · 의결을 거쳐 재평가를 실시

ⓛ 특정평가

- 관련 사항의 반영(법 제19조) : 국무총리는 정부업무평가시행계획에 특정평가의 기본방향이나 평가 대상, 평가 방법 등에 관해 반영해야 함

Check Point

정부업무평가위원회 심의 · 의결 사항(법 제9조)

- 국가 차원의 중장기 평가기반의 구축 · 운영계획의 수립 및 추진에 관한 사항
- 정부업무평가기본계획 및 정부업무평가시행계획의 수립에 관한 사항
- 정부업무평가의 기획 · 조정 · 총괄에 관한 사항
- 정부업무평가제도와 관련된 성과관리에 관한 사항
- 정부업무평가결과의 활용 및 평가제도 간 연계방안 및 보고에 관한 사항
- 평가관련 기관 간 협조 및 평가업무의 조정에 관한 사항
- 특정평가계획의 수립 및 시행에 관한 사항
- 자체평가제도의 운영 · 개선, 자체평가계획의 조정에 관한 사항
- 자체평가결과의 확인 · 점검 및 재평가에 관한 사항
- 평가제도 운영실태의 점검에 관한 사항
- 새로운 평가제도의 도입에 관한 사항 등

Check Point

정부업무평가기반 구축에 대한 지원(법 제23조)

- 정부는 평가역량의 강화를 위하여 필요한 조직과 예산 등을 최대한 지원하여야 함·
- 정부는 평가의 제도적 정착 및 활성화를 위하여 평가방법과 평가지표의 개발 · 보급 등 필요한 조치와 지원을 하여야 함
- 정부는 평가와 관련된 기관에 대한 지원방안 및 평가에 관한 전문인력을 효율적으로 활용하기 위하여 필요한 방안을 강구하여야 함

- 특정평가의 절차(법 제20조)
  - 국무총리는 2 이상의 중앙행정기관 관련 시책, 주요 현안시책, 혁신관리 등에 대하여 특정평가를 실시하고 그 결과를 공개
  - 특정평가를 시행하기 전에 평가방법 · 평가기준 · 평가지표 등을 대상기관에 통지하고 공개
  - 국무총리는 특정평가결과에 대하여 위원회가 의결한 때에는 이를 대상기관에 통보

ⓒ 지방자치단체에 대한 평가

- 지방자치단체의 자체평가(법 제18조)
  - 지방자치단체의 장은 그 소속기관의 정책 등을 포함하여 자체평가를 실시하여야 함
  - 지방자치단체의 장은 자체평가조직 및 자체평가위원회를 구성 · 운영하여야 하며, 이 경우 평가의 공정성과 객관성을 담보하기 위하여 자체평가위원의 3분의 2이상은 민간위원으로 하여야 함
- 국가위임사무 등에 대한 평가(법 제21조) : 국가위임사무, 국고보조사업, 국가의 주요시책 등에 대하여 국정의 효율적인 수행을 위하여 평가가 필요한 경우에는 행정안전부장관이 관계중앙행정기관의 장이 합동평가를 실시할 수 있음

ⓓ 공공기관에 대한 평가(법 제22조) : 공공기관평가는 공공기관의 특수성과 전문성을 고려하고 평가의 객관성 · 공정성을 확보하기 위해 외부 기관이 실시하여야 함

⑤ 평가결과의 활용

ⓐ 평가결과의 공개(법 제26조) : 국무총리 · 중앙행정기관의 장 · 지방자치단체의 장 및 공공기관평가를 실시하는 기관의 장은 평가결과를 전자통합평가체계 및 인터넷 홈페이지 등을 통하여 공개하여야 함

ⓑ 평가결과의 보고(법 제27조)

- 국무총리는 매년 각종 평가결과보고서를 종합해 국무회의에 보고하거나 평가보고회를 개최
- 중앙행정기관의 장은 전년도 정책 등에 대한 자체평가결과를 지체 없이 국회 소관 상임위원회에 보고

ⓒ 예산 · 인사 등과 연계 · 반영(법 제28조)

- 중앙행정기관의 장은 평가결과를 조직 · 예산 · 인사 및 보수체계에 연계 · 반영하여야 하며, 평가결과를 다음 연도의 예산요구 시 반영하여야 함
- 기획재정부장관은 평가결과를 중앙행정기관의 다음 연도 예산편성 시 반영

㉣ **평가결과에 따른 자체 시정조치 및 감사(법 제29조)** : 중앙행정기관의 장은 평가의 결과 정책 등에 문제점이 발견된 때에는 지체 없이 당해 정책 등의 집행중단 · 축소 등 자체 시정조치를 하거나 자체감사를 실시하고 그 결과를 위원회에 제출하여야 함

꼭! 확인 기출문제

「정부업무평가 기본법」상 정책평가제도에 대한 설명으로 옳지 않은 것은? [국가직 9급 기출]

① 지방자치단체의 장은 정부업무평가시행계획에 기초하여 자체평가계획을 매년 수립하여야 한다.
② 국무총리는 2 이상의 중앙행정기관 관련 시책, 주요 현안시책, 혁신관리 및 대통령령이 정하는 대상부문에 대하여 특정평가를 실시하고, 그 결과를 공개하여야 한다.
③ 중앙행정기관 또는 지방자치단체의 소속기관이 행하는 정책은 정부업무평가의 대상에 포함된다.
❹ 정부업무평가위원회는 위원장 1인과 14인 이내의 위원으로 구성한다.

해 ④ 정부업무평가위원회는 위원장 2인을 포함한 15인 이내의 위원으로 구성한다(정부업무평가 기본법 제10조).
① 지방자치단체의 장은 정부업무평가시행계획에 기초하여 소관 정책 등의 성과를 높일 수 있도록 자체평가계획을 매년 수립하여야 한다(정부업무평가 기본법 제18조 3항).
② 국무총리는 2 이상의 중앙행정기관 관련 시책, 주요 현안시책, 혁신관리 및 대통령령이 정하는 대상부문에 대하여 특정평가를 실시하고, 그 결과를 공개하여야 한다(정부업무평가 기본법 제20조 1항).
③ 「정부업무평가 기본법」 상 평가대상 기관은 중앙행정기관(대통령 소속 기관 및 국무총리 소속 기관 · 보좌기관 포함), 지방자치단체, 중앙행정기관 또는 지방자치단체의 소속 기관, 공공기관이 이에 포함된다.

2. 정책변동

(1) 정책변동의 일반

① 의의 : 정책변동은 정책평가 후 또는 정책과정의 진행 도중에 획득하게 되는 새로운 정보나 지식 등을 다른 단계로 환류시켜 정책내용이나 정책집행방법상의 변화를 가져오는 것을 말하며, B. Hogwood와 B. Peters는 정책의 변동이나 환류의 형태를 정책유지, 정책승계, 정책혁신, 정책종결로 분류함

② 원인

㉠ 정책의 인식이나 환경변화로 집행문제의 우선순위가 바뀌고 새로운 문제가 대두

㉡ 재정수입의 증감에 따라 정책의 확대, 축소가 불가피

㉢ 정책 자체가 잘못된 경우에 대규모의 정책변동을 수반해야 함

③ 종류

㉠ **정책유지** : 정책의 기본적 특성이나 정책목표 · 수단 등이 큰 폭의 변화없이 모두 그대로 유지됨. 정책의 구체적 내용(집행절차, 예산액, 사업내용)에 있어서 부분적 대체나 완만한 변동은 있을 수 있음

Check Point

정책승계의 유형

- **정책대체** : 정책목표를 변경시키지 않는 범위 내에서 정책내용을 새로운 것으로 바꾸는 것
- **부분종결** : 정책의 일부는 유지하면서 일부를 완전히 폐지하는 것
- **복합적 정책승계** : 정책유지, 대체, 종결, 추가 등이 복합적으로 나타나는 것
- **우발적 정책승계** : 타 분야의 정책변동에 연계하여 우발적인 변화가 나타나는 형태의 정책승계(부수적, 파생적 승계)
- **정책통합** : 복수의 정책이 하나의 정책으로 통합되는 것
- **정책분할** : 하나의 정책이 두 개 이상으로 분리되는 것

㉡ **정책승계** : 정책의 기본적 성격을 바꾸는 것으로 정책의 근본적인 수정이나 정책을 없애고 완전히 새로운 정책으로 대체하는 경우를 포함함. 단, 정책목표는 변동되지 않고 정책(실질적 내용, 대안, 프로그램) 또는 정책수단(조직 · 예산 · 사업내용)을 근본적으로 수정 또는 대체하는 것

㉢ **정책혁신** : 완전히 새로운 정책을 결정하는 것으로 현재의 정책이나 활동이 없고 이를 담당하던 정책수단(조직 · 예산 등)이 없는 '무'에서 새로운 정책을 만드는 것

㉣ **정책종결** : 정책목표가 완전히 달성되어 문제가 소멸되었거나 달성 불가능한 경우 정책을 완전히 소멸시키는 것. 새로운 정책도 결정하지 않으며 정책 수단들도 완전히 없어짐

④ 한계

㉠ 행정조직은 정책의 종결을 회피하기 위해 유사한 목표를 설정하는 동태적 보수주의에 빠짐

㉡ 정책수혜집단은 자신의 기득권 유지를 위해 정책의 종결을 막으려고 여러 방법을 동원

㉢ 관료들은 정책종결로 인한 정치적 부담으로 쉽게 정책을 변경 · 포기 못함

(2) 정책종결

① 의의 : 기존의 정책에 대해 종결원인이 발생해 소멸시키는 것을 뜻함

② 원인

㉠ 문제나 행정수요의 고갈

㉡ 정책의 정통성 · 정당성 상실

㉢ 조직 위축이나 감축

㉣ 자원의 부족

㉤ 환경의 엔트로피 증가

㉥ 종결에 대한 저항의 약화

③ 정책종결에 대한 저항의 원인

㉠ 매몰비용의 존재

㉡ 정치적 연합(수혜집단과 정치세력의 연대)

㉢ 법적 제약(법령의 폐지절차 등이 필요)

㉣ 동태적 보수주의(목표의 승계에 의한 조직존속 등)

Check Point

정책환류의 구분

- 적극적 환류(positive feed-back) : 목표나 기준의 수정
- 소극적 환류(negative feed-back) : 오차나 오류의 수정

국가직 9급 기출

03. 정책변동에 대한 설명으로 옳지 않은 것은?

① 킹던(Kingdon)의 정책흐름이론에 따르면 정책변동은 정책문제의 흐름, 정치의 흐름, 정책대안의 흐름이 결합하여 이루어진다.

② 무치아로니(Mucciaroni)의 이익집단 위상변동모형에서 이슈맥락은 환경적 요인과 같이 정책의 유지 혹은 변동에 영향을 미치는 정책요인을 말한다.

③ 실질적인 정책내용이 변하더라도 정책목표가 변하지 않는다면 이를 정책유지라 한다.

④ 정책목표를 달성하기 위한 전반적인 정책수단을 소멸시키고 이를 대체할 다른 정책을 마련하지 않는 것을 정책종결이라 한다.

해 실질적인 정책내용이 변하더라도 정책목표가 변하지 않는다면 이를 정책승계라고 하며, 정책유지는 정책의 기본골격은 유지하면서 구체적인 구성요소를 완만하게 대체 · 변경하는 것을 의미하므로 실질적인 정책내용이 유지되어야 한다.

03 ③

사회지표

① **의의 및 필요성**

㉠ 의의

- 1966년 R. A. Bauer의 《사회지표론》이라는 저서에서 최초로 규정함
- 사회 상태를 총체적 · 집약적으로 나타내어 생활의 양적 · 질적 측면까지 측정함으로써 인간생활 전반의 복지정도를 파악할 수 있게 하는 척도를 말함
- 사회적 측면의 질적 · 복지적 수준의 변화를 측정하기 위한 도구

㉡ 대두요인(필요성)

- 경제지표의 한계 : 물량 중심의 경제지표는 총체적인 삶을 측정할 수 없다는 인식의 대두
- 사회개발의 추진 : 현대국가가 복지국가화 되어감에 따라 국민생활의 전체적인 질적 향상을 위하여 총체적인 정보체계로서의 사회지표가 필요
- 행정평가의 중시 : 행정평가에 대한 관심이 증가함에 따라 그 평가기준으로서의 사회지표에 대한 연구가 촉진

② **기능**

㉠ 양적 측면 이외에 생활의 질 수준까지 측정해줌
㉡ 사회상태의 전반에 관한 종합적 · 체계적 측정을 가능하게 함
㉢ 미래 사회의 바람직한 방향을 예측할 수 있게 함
㉣ 사회개발정책의 성과와 간접적인 경향, 문제점까지 파악할 수 있게 함

③ **우리나라 사회지표의 문제점**

㉠ 통계적 측정기술의 미발달로 측정상의 한계가 있음
㉡ 수량적 측정이 곤란하며 중복 계산 또는 누락되는 경우가 많음
㉢ 주관적 지표와 객관적 지표가 불일치하는 경우가 많음
㉣ 사회지표를 구성하는 항목 · 범위 · 변수 등이 불일치하는 경우가 많음
㉤ 주관적 만족도와 욕구 충족도는 개인의 입장이나 문화에 따라 상이함
㉥ 계량적 수치에 집착한 일방적 판단의 우려가 존재함

제6절 기획론

1. 기획의 본질

(1) 의의

① 행정목표 달성을 위해 장래의 구체적 계획을 준비하는 사전적 · 동태적 · 계속적 과정

② 기획의 개념은 학자에 따라 다르며, 주로 정치 · 행정일원론과 발전행정론에서 중시

③ 예산은 기획에 의하여 작성된 재정 계획표로 1년성, 구체성, 부정성, 저축성,

보수성의 성질을 지니나 기획은 장기성, 추상성, 확장성, 소비성, 쇄신성의 성격을 지님

(2) 특성

① **목표지향적 활동** : 설정된 목표나 정책을 구체화 · 명료화시키는 활동

② **미래지향적 활동** : 미래의 바람직한 활동을 준비하는 예측 과정

③ **계속적 준비 과정** : 더 나은 결정을 위한 계속적이고 순환적인 활동

④ **행동지향적 활동** : 실천과 행동을 통한 문제의 해결이나 현실의 개선에 목적

⑤ **효율적 최적 수단을 강구하는 과정** : 추구하는 목표를 효율적으로 달성할 수 있는 수단을 제시하려는 활동

⑥ **합리성을 지향하는 활동** : 정책결정에 비해 합리성을 추구(목표 달성에 적합한 대안을 추구)하는 과정

⑦ **통제성** : 자유방임이 아니라 인위적인 절차에 따른 강제성을 수반하는 과정

(3) 기획의 과정(Koontz & O'Donnell)

① **목표의 설정** : 기획의 첫 단계로서 달성하려고 하는 목표를 명확히 하고 구체화하는 과정

② **상황의 분석** : 목표 달성의 장애요인과 문제점을 규명하기 위한 정보 · 자료의 수집과 분석이 이루어지는 단계

③ **기획전제의 설정** : 계획 수립 시 토대로 삼아야 할 기본적인 예측이나 가정의 설정단계를 의미

④ **대안의 탐색과 평가** : B/C분석, E/C분석 등의 체제분석, 관리과학의 기법이 동원됨

⑤ **최종안의 선택** : 대안의 비교 · 검토를 통해 몇 가지 유용한 대안을 간추린 후 가장 적절한 최종안을 채택하는 단계를 말하며, 결정권자의 가치범주에서 해석 · 판단됨

(4) 기획의 효용성

① 목표의 명확화 및 장래의 대응방안

② 사전조정과 내부통제의 수단

③ 업무의 성과 및 효율 제고

④ 변화의 촉진, 미래에 대비

⑤ 불필요한 경비의 절약

Check Point

계획과 기획

- **계획** : 기획을 통하여 구체화되고 산출되는 최종적 · 결과적 개념
- **기획** : 계획을 수립 · 집행하는 포괄적 · 절차적 과정

Check Point

기획의 원칙

- 목표성의 원칙
- 간결성 및 표준성의 원칙
- 융통성 및 안정성의 원칙
- 기획우선의 원칙
- 경제성의 원칙 및 예산연계성의 원칙
- 계속성의 원칙 및 장래예측성의 원칙

Check Point

상황분석과 기획전제

상황분석이 주로 현실적인 여건을 대상으로 삼는데 비하여, 기획전제는 미래에 관한 예측이나 전망이라는 점에서 차이가 있음

Check Point

현대적 기획관

- 규범적 · 인본적 기획관
- 질적 · 가치중심적 기획
- 정책형성, 정책결정 등 정책과정으로 이해
- 종합적 · 포괄적 기획
- 개방적 · 동태적 기획
- 창조적 인간행동모형 관점
- 유기적 모형(사회체제 중심)
- 새로운 미래의 창조

(5) 기획의 한계

① **수립상의 제약** : 목표 간의 갈등, 미래예측의 곤란성, 정보와 자료의 부족 및 부정확성, 시간 · 비용, 기획의 그레샴법칙, 창의력 부족

② **집행상의 제약** : 저항과 반발, 계획의 경직성 및 수정의 곤란, 즉흥적 결정과 빈번한 수정, 반복적 사용의 제한, 자원배분의 비효율

③ **행정적 제약요인** : 담당자의 능력부족, 기획 · 예산기구의 이원화, 인식부족, 기술 · 경험의 부족, 정치적 불안정, 자원부족, 기획인력 충원의 어려움, 행정절차의 복잡성, 회계제도와 재정기법의 비효율성, 부처 간 조정 결여, 행정기관의 비능률과 비대화

2. 기획의 발달 및 논쟁

(1) 국가기획의 발달요인

① **도시계획의 발달** : 인구와 산업의 도시집중에 대한 대처가 필요하였고, 이를 해결하기 위해 도시계획이 발달

② **경제대공황(1929년)** : '보이지 않는 손'에 의한 시장경제체제의 무력화를 통해 자본주의의 수정(계획경제와 수정자본주의 등)을 위한 국가 기획이 도입

③ **사회과학의 발전** : Keynes를 중심으로 한 거시경제학과 통계학의 발달로 미래를 예측할 수 있는 기법이 새롭게 등장, 이에 근거해 국가기획제도가 발달

④ **세계대전의 경험** : 전쟁수행을 위한 자원을 국가적 차원에서 조직적으로 동원 · 활용하는 데 기획이 효과적이었음

⑤ **신생국 및 후진국 발전계획** : 이를 효율적으로 추진하기 위해 기획이론이 강조

⑥ **사회주의의 영향** : 최초의 국가계획제도인 소련의 제1차 경제개발 5개년 계획과 프랑스의 Monnet 계획이 성공적으로 수립 · 전개

> Check Point
>
> **모네플랜(Monnet plan)**
>
> 1차 세계대전 후 피폐한 프랑스 경제를 부흥하기 위한 산업 부흥 4개년 계획으로 기간산업의 진흥, 무역의 확대, 인플레이션의 억제를 기반으로 고용 증대 및 생활 향상에 큰 성과를 거두었으며, 1975년까지 6차에 걸쳐 실시되었다.

(2) 기획과 민주주의와의 관계

① **반대론** : F. Hayek 등이 주장

㉠ F. Hayek는 《노예로의 길(The Road to Serfdom)》(1944)에서 국가기획은 의회제도를 파괴하고 국민의 노예화를 초래한다고 하여, 기획과 민주주의는 양립할 수 없다고 주장

㉡ 기획제도는 시장질서를 교란시키고 탄력성이 없는 단조로운 경제사회를 초래하며, 국민의 자유를 위축하고 의회제도를 무력화함

② **찬성론** : H. Finer, K. Mannheim, A. Holcomb, A. Waterstone, A. Hansen 등이 주장

㉠ H. Finer는 《반동의 길(Road to Reaction)》(1945)에서 진정한 민주주의란 책임정치여야 한다는 민주적 기획론을 주장하고, 이를 통해 자본주의의 균형발전도 가능하다고 함

㉡ K. Mannheim도 《자유 · 권력 및 민주적 기획론》(1959)에서 민주주의 전통에 입각하여 자유를 위한 기획을 주장하여 민주주의와의 양립을 강조

㉢ A. Holcomb은 《계획적 민주정부론》을 통해 인간자원의 합리적 이용을 위해서는 제3자인 국가의 힘에 의한 기획제도가 필요하다고 역설

③ 절충론

㉠ 국가기획의 지나친 중시는 시민적 자유와 민주주의에 대한 중대한 위협이 될 가능성이 있다고 봄

㉡ 과소기획과 과잉기획 간의 중간적 결정방식을 선택하였으며, 점진적 · 부분적 · 사후적 기획은 가능하다고 주장(급진적 · 전면적 · 포괄적 국가기획은 최소한에 그쳐야 함)

3. 기획의 유형 및 정향기준

(1) 기획의 유형

① 조직 계층별 유형 : 규범적 기획, 전략적 기획, 전술적 기획
② 대상 기간별 유형 : 단기(1년), 중기(3~7년), 장기(10~20년)
③ 대상별 유형 : 경제기획, 자연기획, 사회기획, 방위 및 전략기획
④ 고정성별 유형 : 고정계획, 연동계획
⑤ 지역 수준별 유형 : 국제기획, 국토기획, 지역기획, 도시기획, 농촌기획
⑥ 이용 빈도별 유형 : 단용기획, 상용기획
⑦ 강제성 정도별 유형 : 유도기획, 강제기획, 예측기획

(2) 기획의 정향기준(R. Ackoff)

기획의 정향 기준	기획의 종류	기획의 관심영역
무위주의 – 현상유지주의	조작적 기획	기계적 집행수단의 선택(조작적 · 수단적 기획)
반동주의 – 복고주의	기술적 기획	수단과 단기목표의 선택
선도주의 – 미래주의	전략적 기획	수단과 장단기목표의 선택
능동주의 – 이상주의	규범적 기획	수단과 장단기목표 및 그 이상의 선택

기출 Plus　서울시 9급 기출

01. 다음 중 기획이 시장질서를 교란시키고 국민의 자유권을 침해하며 자유민주주의에 위배된다고 주장한 학자는?

① 하이에크(F. A. Hayek)
② 파이너(H. Finer)
③ 오스트롬(V. Ostrom)
④ 사이몬(H. Simon)

해 Hayek는 《노예로의 길》을 통해 기획을 반대하는 주장을 펼쳤다.

답 01 ①

3편

조직론

제1장

조직의 본질 및 기초이론

제1절 조직의 본질

1. 조직의 의의

(1) 조직(organization)의 개념

① 일정한 환경에서 구성원의 협동노력으로 특정 목표를 달성하기 위해 체계적 구조에 따라 결합된 인적 집합체 또는 분업(협동)체제

② 공동의 목표를 가지고 조직구성원들이 상호작용을 하며, 경계를 가지고 외부 환경에 적응하는 사회적 집단

Check Point

조직 의미의 변천

- 고전적 의미(1930년대 이전) : 완만한 환경 속에서 집단 내부의 목표를 달성하기 위하여 업무를 분할하고 업무에 상응하는 책임과 의무소관을 명확히 하는 과정(F. Taylor)
- 현대적 의미(1930년대 이후)
  - 급격하게 변화하는 환경 속에서 신속한 적응을 위하여 인간행동을 규합하는 과정
  - 공동목표의 원활한 달성을 위하여 2인 이상의 인위적 협동체가 커뮤니케이션에 의하여 연결된 결합체(C. I. Barnard)

(2) 특성

① 특정 목표나 목적을 지니고 있음

② 개인들의 집합체이자 사회체제 내의 일부분 또는 하위체제

③ 체제로서 파악되고 환경과 끊임없는 상호작용을 함

④ 구성원의 존재와는 별개의 실체로서 존재하며, 경계를 지니고 있음

⑤ 내부의 여러 요소들이 상호의존하면서 상호작용하는 분업체제

⑥ 대규모적 특성으로 인해 대면적 리더십 적용이 곤란함

2. 조직의 유형

(1) P. M. Blau & W. R. Scott의 유형(조직 수혜자 기준)

① 호혜적 조직(상호조직, 공익결사조직)

㉠ 조직구성원이 주된 수혜자가 되는 조직으로, 정당, 노동조합, 이익단체 등

이 해당됨

ⓛ 조직 내의 민주적 절차(구성원의 참여와 민주적 통제를 보장하는 민주적 절차)를 유지하는 것이 가장 중요한 문제가 되는 조직

② 기업조직(사업조직, 경영조직)

㉠ 조직소유자나 투자자가 주된 수혜자가 되는 조직이며, 사기업, 은행, 보험회사, 공장 등이 해당됨

㉡ 조직의 관심사는 이윤추구를 위한 능률의 극대화

③ 봉사조직(서비스조직)

㉠ 조직과 직접 관련된 고객이 주된 수혜자가 되는 조직이며, 병원이나 학교, 사회사업기관, 상담기관 등이 해당됨

㉡ 고객에 대한 전문적인 서비스 제공이나 고객의 복지 등과 행정적 절차 간의 갈등이 가장 큰 관심사가 됨

④ 공익조직(공공복리조직)

㉠ 일반대중이 주된 수혜자가 되는 조직을 말하며, 군대나 경찰, 일반 행정기관 등이 해당됨

㉡ 국민의 통제(외적 통제)가 가능한 민주적 장치의 구현이 가장 중요한 문제

(2) A. Etzioni의 유형(권력과 복종의 유형 기준)

① 강제적 조직

㉠ 강제적 권력, 소외적 관여, 질서목표

㉡ 조직은 강제(물리적 제재)가 주요 통제수단이며, 구성원은 조직에 대하여 소외감을 느끼며 복종하는 조직유형

㉢ 교도소, 강제수용소, 격리적 정신병원 등

② 공리적 조직

㉠ 공리적 · 보수적 권력, 타산적 관여, 경제적 목표

㉡ 물질적 보상이 주요 통제수단이며, 대다수의 구성원은 타산적으로 행동하는 이해타산적 조직유형

㉢ 사기업, 이익단체, 평시의 군대 등

③ 규범적 조직

㉠ 규범적 · 상징적 권력, 도덕적 · 헌신적 관여, 문화적 목표

㉡ 명예나 위신, 존경, 애정 등 상징적 · 도덕적 가치에 의한 규범적 권력이 주요 통제수단이며, 구성원은 조직에 대하여 헌신적 사명감을 지니고 권위를 수용하는 유형

㉢ 정치단체, 종교단체, 시민단체, 사회사업단체, 대학 등

Check Point

A. Etzioni의 조직유형 분류기준
Etzioni는 복종의 구조, 즉 상급자가 사용하는 '권력'과 여기에 대응하는 하급자의 '관여'(involvement)를 기준으로 조직을 3가지로 유형화함

Check Point

구성원의 관여 구분(A. Etzioni)
- **소외적 관여** : 조직과 조직목적에 대한 부정적 · 소외적인 태도
- **타산적 관여** : 물질적 이익과 손해를 계산하여 그 결과에 따르는 계산적 · 타산적 태도
- **도덕적 관여** : 조직목적을 적극적으로 지지하는 태도

Check Point

A. Etzioni가 제시한 조직유형의 조합형태(이중적 복종관계의 조직)
- **강제적 조직 + 규범적 조직** : 전투부대
- **강제적 조직 + 공리적 조직** : 전근대적인 기업(농장 등)이나 어선
- **규범적 조직 + 공리적 조직** : 노동조합

구분		관여(involvement)의 종류		
		소외적 관여	타산적 관여	도덕적 관여
권력(power)의 종류	강제적 권력	강제적 조직		
	공리적 권력		공리적 조직	
	규범적 권력			규범적 조직

Check Point

H. Mintzberg의 조직유형 분류 기준
Mintzberg는 개방체제적 · 복수국면적 관점에서 주요 구성부분(핵심부문), 조정장치(조정기제), 상황요인을 기준으로 하여 조직유형을 5가지로 분류하였다.

Check Point

H. Mintzberg가 제시한 조직의 주요 구성부문(핵심부문)
- 전략부문(전략정점, 최고관리층)
- 기술분석부문(기술구조)
- 핵심운영부문(작업계층)
- 중간라인(중간계층)
- 지원참모(막료집단)

(3) H. Mintzberg의 유형(조직성장경로모형, 복수국면적 접근법)

① **단순구조** : 조직의 주요 구성부분 중 전략부문(전략정점)의 힘이 강한 유형
㉠ 전략정점(최고관리층)과 핵심운영(작업계층)의 2계층으로 구성되며, 최고관리층으로 권력이 집권되는 구조(최고관리층이 직접 감독)
㉡ 조직환경이 매우 동태적이며, 조직기술은 정교하지 않음
㉢ 신생조직, 초창기 소규모 조직, 독재조직, 위기에 처한 조직 등

② **기계적 관료제 구조** : 기술구조부문의 힘이 강한 유형
㉠ 가장 전형적인 고전조직으로, Weber의 관료제 조직과 유사한 형태
㉡ 계층제와 표준화된 절차, 공식적 규정 · 규칙을 중시하며, 일반적으로 조직규모가 크고 조직환경이 안정됨
㉢ 전략정점에서 중요한 의사결정, 일상적 업무는 중간라인(중간관리자)의 감독 아래에서 운영
㉣ 은행 · 우체국 · 대량제조업체 · 항공회사 등

③ **전문적 관료제 구조** : 핵심운영부문(작업계층)의 힘이 강한 유형
㉠ 전문가로 구성된 핵심운영계층이 중심이 되는 분권화된 조직으로, 전문적 · 기술적 구성원에 의한 작업 기술의 표준화와 자율적 과업 조정을 중시
㉡ 핵심운영계층의 조직환경이 상대적으로 안정되고 외부통제가 없음
㉢ 대학 · 종합병원 · 사회복지기관 · 컨설팅회사 등

④ **사업부제 구조** : 중간관리자의 힘이 강한 유형
㉠ 독자적 분립구조, 할거구조, 산출물 표준화 중시, 성과관리에 적합
㉡ 중간관리층(각 부서책임자)이 핵심적 역할을 수행(각 사업부는 자율적 활동을 수행)
㉢ 기능부서 간의 중복, 규모의 불경제로 인해 자원 소요가 많음
㉣ 기업의 사업부, 대학분교, 종합병원의 지역병원 등

⑤ **애드호크라시(adhocracy, 임시특별조직)** : 지원참모의 힘이 강한 유형
㉠ 고정된 계층구조를 갖지 않고, 기계적 관료제와 서로 다르게 분권화된 유기적 구조

㉡ 공식화된 규칙이나 표준화된 절차를 거부
㉢ 동태적이고 복잡한 환경에 적합
㉣ 첨단기술연구소, 우주센터 등

⑥ 구조의 비교(H. Mintzberg)

분류		단순구조	기계적 관료제	전문적 관료제	사업부제	애드호크라시
조정 기제와 구성 부분	조정기제	직접통제	업무(작업) 표준화	기술표준화	산출표준화	상호조절
	구성부분	최고(전략)층	기술구조	핵심운영층(작업계층)	중간관리층(중간계선)	지원참모
상황 요인	역사	신생조직	오래된 조직	가변적	오래된 조직	신생조직
	규모	소규모	대규모	가변적	대규모	가변적
	기술	단순	비교적 단순	복잡	가변적	매우 복잡
	환경	단순, 동태적	단순, 안정적	복잡, 안정적	단순, 안정적	복잡, 동태적
	권력	최고관리층	기술관료	전문가	중간관리층	전문가
구조적 특성	전문화	낮음	높음	높음(수평적)	중간	높음(수평적)
	공식화	낮음	높음	낮음	높음	낮음
	통합/조정	낮음	낮음	높음	낮음	높음
	집권/분권	집권	제한된 수평적 분권	수평 · 수직적 분권	제한된 수직적 분권	선택적 분권
	예	신생조직	행정부, 교도소	종합대학(학교), 종합병원	합병된 재벌기업, 캠퍼스가 여럿인 대학	연구소
장 · 단점	장점	신축성 · 적응성 높음	효율성 높음	전문성 높음	적응성 · 신속성 높음, 성과관리 용이	창의성 · 적응성
	단점	장기적 · 전략적 결정 소홀	상하간 갈등, 환경 부적응	환경 부적응	권한간(영역간) 마찰	책임 불분명, 갈등 유발

(4) T. Parsons, Katz & Kahn의 유형(조직의 기능 중심)

구분	적응기능(A)	목표 달성기능(G)	통합기능(I)	형상유지기능(L)
T. Parsons	• 경제적 조직 • 회사 등 생산조직	• 정치조직(정부) • 행정기관, 정당	• 통합조직 • 사법기관, 경찰서	• 체제유지조직 • 학교, 종교단체

기출 Plus　지방직 9급 기출

01. 민츠버그(H. Mintzberg)가 제시한 조직구조 유형에 대한 설명으로 옳은 것은?

① 기계적 관료제(machine bureaucracy)는 막스 베버의 관료제와 유사하다.
② 임시조직(adhocracy)은 대개 단순하고 반복적인 문제를 해결하기 위해 생성된다.
③ 폐쇄체계(closed system)적 관점에서 조직이 수행하는 기능을 기준으로 유형을 분류하였다.
④ 사업부 조직(divisionalized organization)은 기능별, 서비스별 독립성으로 인해 조직전체 공통관리비의 감소효과가 크다.

해 ② Mintzberg의 조직구조 유형 중 임시조직(애드호크라시)는 고정된 계층구조를 갖지 않는 분권화된 유기적 구조로서, 동태적이고 복잡한 환경에 적합하다.
③ Mintzberg는 주요(핵심)구성부분 · 조정장치 · 상황요인 등을 기준으로 개방체제적 관점에서 조직 유형을 분류하였다.
④ 사업부 조직은 독자적 분립구조나 할거구조, 기능부서 간의 중복, 규모의 불경제로 인한 자원소모가 많다. 따라서 기능부서 간의 중복적인 기능수행으로 인해 조직 전체의 공통관리비 절감이 곤란하다고 할 수 있다.

답 01 ①

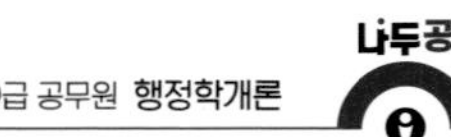

Katz & Kahn	• 적응조직 • 연구소, 대학 등	• 경제적 · 산업적조직 • 산업조직, 공기업	• 정치 · 관리적 조직 • 정부기관, 노조, 압력단체, 정당	• 형상유지조직 • 학교, 교회, 가정

(5) R. Daft의 유형

① 특징

㉠ 고전적 · 전형적인 기계적 구조와 오늘날의 유기적 구조로 구분하고, 중간에 몇 가지 대안적 조직구조를 특징적으로 구분하여 제시함

㉡ 기계적 구조에 가까울수록 수직성 · 안정성 · 능률성을 지니며, 유기적 구조에 가까울수록 수평성 · 학습성 · 신축성을 지님

② 조직유형의 분류

㉠ 기계적 구조

- 의의 : 가장 고전적 · 전형적인 관료제 조직(M. Weber)
- 특징 : 엄격한 분업과 계층제, 명확한 직무규정, 높은 공식화와 표준화 · 집권화, 명확한 명령복종체계, 좁은 통솔범위, 경직성, 비정의성, 낮은 팀워크, 폐쇄체제 등

㉡ 기능구조

구분	내용
의의	• 조직의 전체 업무를 공동 기능별로 부서화한 조직구조(동일 집단의 구성원은 기본적으로 동일한 기술을 소유) • 기본적으로 수평적 조정의 필요성이 낮을 때 효과적으로 작용하는 조직구조
장점	• 특정 기능과 관련된 구성원의 지식과 기술이 통합적으로 활용되므로 전문성과 기술을 제고할 수 있고, 규모의 경제를 실현하여 효율성 확보가 가능 • 유사한 기술과 경력을 가진 구성원 간의 응집력이 강해 부서 내 의사소통에 유리하고 조직구성원에 대한 관리자의 감독이 용이해짐
단점	이질적 기능 간 조정이 곤란(가장 할거적 구조)

㉢ 사업구조

구분	내용
의의	산출물에 기반을 둔 사업부별로 조직된 구조로서, 각 사업부 밑에 모든 기능구조가 소속되어 있는 자기완결적 조직구조를 지님
장점	• 각 사업부 밑에 모든 기능구조가 소속되어 있는 자기완결적 구조를 이루므로, 사업부 내의 기능 간 조정이 용이하여 환경변화에 더 신축적이고 신속한 대응이 가능 • 성과관리체계에 유용(성과별 자원배분과 책임소재의 명확화가 가능하여 상호경쟁을 유도) • 특정 산출물별 운영에 따라 고객만족도가 제고됨 • 사업부별 분권화에 따라 최고결정자는 전략적 업무에 집중할 수 있음 • 부서목표가 분명해지고, 조직구성원의 동기부여와 만족감을 증진 • 불확실한 환경이나 비정형적 기술, 부서 간 상호의존성, 외부지향적인 조직목표를 가진 경우에 유용함

기출 Plus 서울시 9급 기출

02. 민츠버그(Mintzberg)의 정부관리모형에 대한 설명으로 가장 옳지 않은 것은?

① 기계모형-정부는 각종 법령과 규칙, 기준에 의해 중앙통제를 받는다.
② 네트워크모형-정부는 사업단위들의 협동적 연계망으로 구성된다.
③ 성과통제모형-정부는 계획 및 통제의 역할을 담당하고 모든 집행 역할은 민영화한다.
④ 규범적통제모형-정부는 규범적 가치와 신념에 의해 통제된다.

해 정부가 주선만 하고 모든 집행역할을 민영화하는 모형은 성과통제모형이 아니라 가상모형에 해당한다.
① 기계모형은 집권적 통제에 역점을 두는 모형으로 각종 규칙과 통제가 지배하는 기계 같은 체제이다.
② 네트워크모형은 조직 전체가 사업부별로 구성된 단위들이 느슨하게 협동적 연계망으로 구성되고 기계모형과 반대로 유동적이며 교호작용적 특성을 지닌다.
④ 규범적통제모형은 규범 · 도덕적 가치와 신념에 의해 통제되고, 구성원들의 자발적 헌신을 강조하는 모형으로 제도보다는 사람의 정신을 중시하고 모든 직원이 공동으로 책임지며 직무는 경험 많은 사람들이 평가한다.

답 02 ③

단점	• 규모의 불경제와 비효율성으로 인한 손실이 단점(산출물별 기능요원 및 생산라인의 중복) • 사업부 내의 기능 간 조정은 용이하나, 사업 부서 간의 조정과 갈등 해결이 곤란(부서 간의 경쟁이 지나칠 경우 조직 전체의 갈등을 초래) • 기능이 부서별로 분산되어 전문지식과 기술의 발전이 어려움

㉣ 매트릭스구조(이중적 · 복합적 · 입체적 조직, 행렬조직)

의의	• 조직의 신축성 확보를 위해 전통적인 계선적 · 수직적 기능구조에 횡적 · 수평적 사업구조를 화학적으로 결합시킨 복합적 · 이중적 상설조직 • 기능부서의 전문성과 사업부서의 신속한 대응성을 결합한 입체적 조직구조
장점	• 신규채용이나 구매 없이도 기존의 전문요원과 장비를 공유하므로 인적 · 물적 자원의 효율적 · 경제적 활용이 가능하며, 지식관리의 활성화에 기여 • 급변하고 불확실한 환경에서 새로운 조직을 별도로 구성할 필요가 없으므로 새로운 사업이나 고객의 요청에 신속한 대처가 가능 • 의사소통을 활성화하여 문제 파악과 해결책 모색에 기여 • 구성원들은 다양한 경험을 통해 전문지식과 기술의 습득 · 개발, 넓은 시야 및 목표의식 확보가 가능 • 수평적인 의견교류에 의한 민주적인 규범을 통해 구성원의 자아실현욕구 충족과 자기계발의 활성화에 기여, 동기부여에 유리 • 경직화되어 가는 대규모 관료제조직에 융통성 · 창의성을 부여하고 쇄신을 촉진(자발적 협력관계와 비공식적 의사전달체계의 결합) • 조직이 복잡하고 상호의존적인 활동을 수행할 때 구성원들 간의 협동적 작업을 통해 조정 · 통합이 가능(분화 · 전문화를 추구하면서도 통합을 중시하는 체제론적 사고의 응용)
단점	• 이중구조로 인한 역할과 책임, 권한 한계의 불명확성 • 권력투쟁과 갈등이 발생하기 쉬움 • 조정이 어렵고 결정이 지연 • 객관성 · 예측가능성의 확보가 곤란하여 유동적이고 복잡한 조직에만 효과적

꼭! 확인 기출문제

기능(functional) 구조와 사업(project) 구조의 통합을 시도하는 조직 형태는? [지방직 9급 기출]

① 팀제 조직　② 위원회 조직
❸ 매트릭스 조직　④ 네트워크 조직

해 ③ 기능구조와 사업구조의 통합을 시도하는 조직은 매트릭스 조직으로 기능별 구조를 통해서는 계서적 특성을 지닌 기능구조의 기술적 전문성과 사업별 구조를 통해서는 수평적 특성을 지닌 사업구조의 화학적 결합(통합)을 시도하여 사업구조의 환경적 대응성을 결합하려는 이원적 구조의 상설조직형태이다.
① 팀제 조직, ② 위원회 조직, ④ 네트워크 조직은 모두 유기적 구조에는 해당하지만 설문과는 관계없는 조직형태이다.

㉤ 수평구조
- 의의 : 구성원을 핵심업무과정 중심으로 조직화한 구조(팀조직이 대표적)
- 특징 : 수직적 계층과 부서 간 경계를 제거해 팀 단위의 의사소통 · 조정이 용이, 고객에게 신속한 서비스를 제공하는 고객 중심의 유기적 구조

㉥ 네트워크구조

Check Point

매트릭스구조의 특징
- 수직적으로는 기능부서의 권한이, 수평적으로는 사업구조의 권한이 지배
- 명령계통은 다원화되어 있고 구성원은 양 구조에 중복소속되어 기능적 관리자(주로 인사)와 프로젝트 관리자(주로 사업) 간 권한이 분담
- 불안정하고 급변하는 환경적 압력이나 부서 간 상호의존관계가 존재하고, 내부자원 활용에 규모의 경제가 존재할 경우에 적절한 조직

Check Point

팀(Team)조직
㉠ **의의** : 상호보완적인 기능을 가진 소수의 사람들이 공동의 목표 달성을 위해 권한과 책임을 공유하고 공동의 접근방법을 사용하는 소규모의 수평적 분권조직
㉡ **특성** : 팀원 간의 의사소통과 대면적 상호작용, 신속한 의사결정, 업무의 효율적 처리, 책임성 확보 등
㉢ **분류(자율성의 정도에 따른 구분)**
- 전통적 작업집단(traditional work groups)
- 품질관리팀(quality circles)
- 준자율적 작업집단(semi-autonomous work groups)
- 자율관리팀(self-managing teams)
- 자율설계팀(self-designing teams)

Check Point

네트워크조직의 특징
- 구조와 계층을 중시하는 조직을 파괴하며, 유연한 구조와 기술을 가지고 환경변화에 신축적으로 적응
- 비공식적(수평적) 지원체제를 확립함으로써 변화에 적응
- 정보를 네트워크망으로 연결하여 교류·통합하는 조직 간 연계를 중시
- 지식과 정보의 교류를 중시하고, 정보흡수·활용뿐만 아니라 새로운 정보를 지속적으로 창조
- 부드러운 서비스를 중시하는 조직

기출 Plus 서울시 9급 기출

03. 네트워크 조직구조가 가지는 일반적인 장점에 대한 설명으로 가장 옳지 않은 것은?
① 조직의 유연성과 자율성 강화를 통해 창의력을 발휘할 수 있다.
② 통합과 학습을 통해 경쟁력을 제고할 수 있다.
③ 조직의 네트워크화를 통해 환경 변화에 따른 불확실성을 감소시킬 수 있다.
④ 조직의 정체성과 응집력을 강화시킬 수 있다.

해 네트워크 조직구조는 조직의 자체 기능은 핵심 역량 위주로 합리화하고, 여타 기능은 외부기관과 계약관계(아웃소싱 등)를 통해 수행하는 조직구조로, 탈경계화로 인한 정체성과 응집성 있는 문화 확립이 곤란하다.

답 03 ④

의의	• 조직의 자체 기능은 핵심 역량 위주로 합리화하고, 여타 기능은 외부기관과 계약관계(아웃소싱 등)를 통해 수행하는 조직구조(사이버·웹 조직 등) • 유기적 조직유형의 하나로서, 정보통신기술로 더욱 활성화된 새로운 유형
장점	• 외부의 고품질저비용 자원을 활용하면서 간소화된 조직구조를 유지 • 정보통신망을 이용함으로써 감독·지원·관리 인력 절감 • 조직환경의 변화에 따라 외부계약 관계의 신속한 재조정 및 대응 가능 • 과대한 초기 투자 없이도 신속한 신제품 출시 가능 • 수직적 계층이 거의 없어 자율적 운영이 가능하며, 조직 내 개인들의 직무동기를 유발 • 조직 간, 부문 간의 교류가 활발하게 이루어짐
단점	• 전통적인 구조에서 가능한 면밀한 관리를 할 수 없음 • 공급에 대한 신뢰성을 예측하기 어려움 • 지식이 일방적으로 유출되어 네트워크 파트너가 경쟁자로 변모할 수 있음 • 탈경계화로 인한 정체성, 응집성 있는 문화확립이 곤란

㉦ 유기적 구조(학습조직)
- 가장 유기적인 조직(학습조직이 대표적)
- 특징 : 공동의 과업, 낮은 표준화(규칙과 절차의 간소화), 비공식적·분권적 의사결정, 넓은 통솔범위, 구성원의 참여, 지속적인 실험(시행착오) 등

관료제와 네트워크구조의 비교(C. Savage)

구분	관료제	네트워크구조
주요 과업	물리적·육체적 과업	정신적 과업
관계	관료적	대등관계
단계	고층화, 다단계	저층화, 저단계
구조	기능적 부서	다기능적 팀
경계선	고정, 경직	투과, 교류
경영 방식	독재적	참여적
문화	복종과 전통	헌신과 성과
구성원	동종, 동질적	다양, 이질적
전략적 초점	효율성	혁신

꼭! 확인 기출문제

조직구조의 모형에 대한 설명으로 바르게 연결된 것은? [국가직 9급 기출]

보기
㉠ 수평적 조정의 필요성이 낮을 때 효과적인 조직구조로서 규모의 경제를 제고할 수 있다.
㉡ 자기완결적 기능을 단위로 기능 간 조정이 용이하여 환경변화에 대한 대응이 신축적이다.
㉢ 조직구성원을 핵심 업무과정 중심으로 조직화하는 방식이다.
㉣ 조직 자체 기능은 핵심 역량 위주로 하고 여타 기능은 외부계약관계를 통해서 수행한다.

① ㉠ - 사업구조 ② ㉡ - 매트릭스구조
③ ㉢ - 수직구조 ❹ ㉣ - 네트워크구조

해 ④ 조직의 자체 기능은 핵심 역량 위주로 합리화하고 여타 기능은 외부기관과 계약관계를 통해 수행하는 조직구조는 네트워크구조이다.
① 사업구조가 아닌 기능구조에 대한 설명이다. 기능구조는 수평적 조정의 필요성이 낮을 때 효과적으로 작용하는 조직구조로서, 규모의 경제 실현이 가능한 장점을 지닌다.
② 매트릭스구조가 아닌 사업구조에 대한 설명이다.
③ 수직구조가 아닌 수평구조(팀조직 등)에 대한 설명이다.

참고

학습조직

㉠ 학습조직의 다양한 정의
- P. Senge : 조직구성원들이 원하는 결과를 창출할 능력을 지속적으로 신장하고, 새롭고 개방적인 사고방식이 육성되며, 공동의 갈망이 자유롭게 분출되고, 조직구성원들이 공동체의식을 지속적으로 학습할 것 등의 조건이 구비된 조직(자기실현적 인간관)
- M. Pedler, J. Burgoyne, T. Boydell 등 : 모든 구성원들의 학습을 촉진하고 계속적으로 자신을 변혁시켜 나가는 조직
- R. Daft : 조직의 유형 중 수평성 · 학습성 · 신축성을 지닌 가장 유기적인 조직

㉡ 생성 수칙(P. Senge)
- 자기완성(목표 달성을 위한 역량의 학습)
- 사고의 틀(타인의 생각과 관점, 그것이 자신에게 미치는 영향에 대한 성찰)
- 공동의 비전 · 목표 및 구성원 간의 공감대
- 집단적 학습 및 구성원 간의 진정한 대화 · 토론(원활하고 긴밀한 의사소통)
- 시스템 중심의 사고(체제를 구성하는 요인들을 통합 · 융합할 수 있는 능력)

㉢ 학습조직의 특성
- 기본단위를 팀조직으로 하는 수평적 · 분권적 조직(조직구조의 수평적 재설계)
- 비공식적 · 분권적 의사결정(중앙집권 전략의 탈피)
- 체계화된 학습에 따른 구성원의 참여와 권한 강화, 의사소통을 통한 문제 해결 강조
- 낮은 표준화(규칙과 절차의 간소화) 및 넓은 통솔범위
- 부서 간 장벽의 제거 및 경계의 축소 · 완화, 상하협력을 유도(관료제의 탈피가 학습조직의 성공요건)
- 지식기반 권력에 기초하며, 체계적 학습 증진을 위한 신축성 확립(네트워크조직 및 가상조직의 활용)
- 안정적 상태를 가정하지 않으며 창조적 변화를 위한 학습역량 형성(불확실하고 불안정한 환경에서 요구되는 학습의 가능성에 주목)
- 리더는 조직의 통치이념을 설계하고 공유 가능한 미래비전을 창조하며, 조직의 임무와 구성원을 지원(변화나 혁신을 위한 최고관리자의 적극적 관심과 의지가 요구됨)
- 관계지향성과 집합적 행동 장려(집단적 · 전체적 학습, 목표 · 비전의 공유)
- 상호호혜성이나 교호작용을 중시(호혜적 조직문화 형성을 위한 유인설계)
- 관리자와 직원 간, 다양한 기능부문 또는 집단 간의 빈번한 비공식적 접촉을 장려
- 개방체제 모형과 자기실현적 인간관을 전제
- 인간주의적 관리전략, 실수권의 허용, 지속적인 실험(시행착오) 등

기출 Plus

국가직 9급 기출

04. 학습조직의 특성으로 옳지 않은 것은?

① 엄격하게 구분된 부서 간의 경쟁을 통한 학습가능성이 강조된다.
② 전략수립과정에서 일선조직 구성원의 참여가 중요한 역할을 담당한다.
③ 구성원의 권한 강화가 강조된다.
④ 조직 리더의 사려 깊은 리더십이 요구된다.

해 학습조직은 부서 간의 장벽과 경계를 제거 · 완화하고 상호 협력을 유도하는 유기적 조직으로, 엄격하게 구분된 부서 간의 경쟁을 통한 학습이 아니라 집단적 · 전체적 학습을 강조한다.
② · ③ 학습조직은 체계화된 학습에 따른 구성원의 참여와 권한 강화를 강조한다.
④ 학습조직은 공유 가능한 미래비전을 창조하며 조직의 임무와 구성원을 지원하는 사려 깊은 리더십이 요구된다.

답 04 ①

Check Point

기타 조직유형
- Kiedel의 유형 : 자율적 조직, 통제적 조직, 협동적 조직
- J. Woodward의 유형(규모와 기술 중심) : 소량 생산체제, 대량 생산체제, 연속 생산체제(과정적 생산체제)
- W. G. Bennis의 유형(카리스마 분포 구조) : T-구조(Top structure), L-구조(Line structure), R-구조(Rank structure)
- C. Handy의 유형 : 삼엽조직(클로버형 조직), 연방조직, 트리플 아이 조직(3I조직)

Check Point

조직이론 변천에 대한 견해
- Katz와 Kahn : 1930년대를 분기점으로 그 이전을 고전적 조직이론, 그 이후를 현대적 조직이론이라 구분함
- D. Waldo : 1930년대까지를 고전적 조직이론, 1930년대부터 1940년대 중반까지를 신고전적 조직이론, 1940년대 중반 이후를 현대적 조직이론으로 구분함
- W. R. Scott : 폐쇄 · 합리적 이론(1900~1930), 폐쇄 · 자연적 이론(1930~1960), 개방 · 합리적 이론(1970년 이후)으로 구분함

꼭! 확인 기출문제

지식정보화 시대에 필요한 학습조직의 특성에 대한 설명으로 옳은 것만 묶은 것은? [국가직 9급 기출]

보기
㉠ 조직의 기본구성 단위는 팀으로, 수직적 조직구조를 강조한다.
㉡ 불확실한 환경에 요구되는 조직의 기억과 학습의 가능성에 주목한다.
㉢ 리더에게는 구성원들이 공유할 수 있는 미래비전 창조의 역할이 요구된다.
㉣ 체계화된 학습이 강조됨에 따라 조직구성원의 권한은 약화된다.

① ㉠, ㉡
② ㉠, ㉣
❸ ㉡, ㉢
④ ㉢, ㉣

해 ㉡ 학습조직은 불확실하고 불안정한 환경에서 요구되는 학습의 가능성에 주목한다.
㉢ 학습조직의 리더는 조직의 통치이념을 설계하고 조직구성원들이 공유할 수 있는 미래비전을 창조하며, 조직의 임무와 구성원을 지원하는 역할을 수행하여야 한다.
㉠ 학습조직은 기본구성 단위를 팀조직으로 하는 수평적 · 분권적 조직구조를 강조한다.
㉣ 체계화된 학습이 강조됨에 따라 구성원의 권한이 강화된다. 학습조직에서는 구성원의 권한 강화와 참여, 의사소통 등을 통한 문제해결을 특징으로 한다.

(6) Robey의 유형(이종수)

구분	기계적 구조	유기적 구조
조직특성	좁은 직무범위와 통솔범위 표준운영절차(SOP) 계층제 분명한 책임관계 공식적 · 몰인간적 대면관계	넓은 직무 범위와 통솔범위 적은 규칙 · 절차 분화된 채널 모호한 책임관계 비공식적 · 인간적 대면관계
상황조건	명확한 조직목표와 과제 분업적 과제, 단순한 과제 성과 측정이 가능 금전적 동기부여 권위의 정당성 확보	모호한 조직목표와 과제 분업이 어려운 복합적 과제 성과 측정이 어려움 복합적 동기부여 도전 받는 권위
장점	예측 가능성 제고	적응성 제고

3. 조직이론의 변천(D. Waldo)

(1) 고전적 조직이론

① 의의

㉠ 1900년대 과학적 관리론을 바탕으로 1930년대 완성된 전통적 조직이론(wilson-weberian paradigm)으로 행정관리론의 입장에서 조직을 분업화 · 전문화의 기계적인 체계로 이해하고, 절약과 능률, 최고관리층에 의한 행정통제에 중점을 둠

㉡ 조직을 완만한 환경 속에서 내부의 목표를 달성하기 위하여 업무의 분할, 책임과 권한을 명백히 하는 과정으로 이해하며, 구조나 기술, 관리를 중시함

㉢ **대표적인 이론(학파)** : Weber의 고전적 관료제론, 과학적 관리론(Taylor, Ford), 행정관리학파(Fayol, Urwick, Gulick, Wilson) 등

② **특징**

㉠ 능률지상주의, 기계적 능률 강조

㉡ 합리적 · 경제적 인간모형(X이론적 인간관)

㉢ 공식적 구조 중시(권한의 계층, 절차, 분업, 조정 등을 강조)

㉣ 조직관리의 원리로 POSDCoRB를 중시, 조직의 원리 중시(원리주의)

㉤ 폐쇄적 · 기계적 · 정태적 환경론, 명확한 목표 제시

㉥ 정치 · 행정이원론, 공 · 사행정일원론의 시각

㉦ 하향적 · 통제적 · 단선적(單線的) 행정과정

㉧ 형식적 · 미성숙한 과학성(엄밀한 이론분석 미흡)

(2) 신고전적 조직이론

① **의의**

㉠ 1920년대 호손 실험을 계기로 발전된 인간관계론이 신고전적 조직이론의 핵심

㉡ 과학적 관리론의 문제를 지적하며, 인간 중심적 조직관리로 등장

㉢ **대표적인 이론(학파)** : 인간관계론(Mayo, Roethlisberger, Dickson), 경험주의 이론(Barnard, Simon), 환경유관론(Selznick, Parsons, Gaus) 등

② **특징**

㉠ 사회적 능률을 강조

㉡ 조직의 비공식적 측면을 강조하고 조직참여자의 사회적 · 심리적 측면을 중시

㉢ 사회적 인간모형(인간 중심주의)을 토대로 구성원을 사회적 인간으로 파악

㉣ 인간주의 강조, 과학주의의 형식성을 비판하고 경험주의 · 실증주의를 추구

㉤ 폐쇄적 환경관(내부환경과 조직의 상호관계에 주목하고 외부 환경 경시)

(3) 현대조직이론

① **의의**

㉠ 구조나 인간보다도 인간행동 및 환경을 중심으로 한 이론으로, 조직을 "복잡하고 불확실한 환경 속에서 정해진 목표를 달성하기 위한 인간행동을 종합하는 과정"으로 이해

Check Point

고전적 조직이론의 대표적인 학자
W. Wilson, L. Gulick, J. D. Mooney, F. Taylor, M. Weber 등

Check Point

신고전적 조직이론의 대표적인 학자
G. E. Mayo, F. Roethlisberger, M. P. Follett, C. I. Barnard, W. Wissler 등

Check Point

신고전적 조직이론의 환경관
환경유관론에서는 고전이론의 폐쇄적 환경관을 비판하고 조직과 환경이 상호작용하는 사실을 인정함으로써 개방체제적 접근방법으로의 토대를 닦았다. 그러나 환경관계의 복잡한 변수에 대한 경험적 연구가 미흡해 본격적인 개방체제모형으로 볼 수 없다. 조직의 외부환경을 경시하였다는 점에서 대체로 폐쇄적 환경관을 취한다고 볼 수 있다.

Check Point

현대조직이론의 대표적 유형
- **행태과학** : 조직의 인간적 요소와 심리적 체제에 초점을 두고 과학적으로 분석하는 접근법
- **관리과학** : 조직 의사결정과 관련된 최적대안을 찾기 위하여 과학적인 기법을 이용하는 접근법
- **체제이론** : 모든 현상을 보다 상위의 포괄적인 전체를 구성하는 부분으로 파악하는 총체적 · 통합적 접근법
- **상황이론** : 조직과 환경은 끊임없이 변하므로 유일 최선의 방법은 없으며, 상황적 조건에 따라 조직화의 방법도 달라진다는 이론

㉡ 고전적 조직이론과 신고전적 조직이론을 통합하고 조직 전체를 하나의 분석단위로 파악하는 이론으로, 산업화와 정보사회로의 이전 등으로 급속한 변동과 복잡성이 증가하는 현대사회의 특징을 반영

② 특징

㉠ 개방적 환경관, 유기적 · 동태적 조직 강조(복잡하고 불확실한 환경에 대응)

㉡ 복잡인관(Z이론적 인간관)을 토대로 조직구조보다 인간행태나 발전적 가치관을 중시함

㉢ 가치 및 문제의 다원화, 목표와 수단을 구분하지 않음

㉣ 탈관료적 · 상황적응적 접근(애드호크라시, 혼돈이론, 상황적응론)

㉤ 정치 · 행정일원론의 시각

㉥ 행정을 종합적으로 파악

③ 현대조직모형

㉠ **의사결정모형** : Simon에 의해 주장된 모형으로, 행정과정을 의사결정과정으로서 파악하고 의사결정을 행정행태의 기본적인 개념 도식으로 사용

㉡ **체제모형** : Scott에 의해 제시된 것으로, 조직이란 공동목표를 달성하기 위해 환경에 대해 전체적 대응책을 강구한 유기체로 파악(투입에 대한 반응 중시)

㉢ **사회체제모형** : 조직을 하위조직의 유기적 관련 아래에 전체 목표를 달성하기 위하여 AGIL기능을 수행하는 것으로 이해함

㉣ **후기관료제 모형** : Weber가 주장하고 Blau & Scott에 의해 발전된 모형으로, 탈관료제적 입장을 강조함

꼭! 확인 기출문제

다음 설명에 해당하는 조직의 인간관은? [국가직 9급 기출]

- 인간을 자신의 이익을 극대화하기 위해 행동하는 존재로 본다.
- 인간은 조직에 의해 통제 · 동기화되는 수동적 존재이며, 조직은 인간의 감정과 같은 주관적 요소를 통제할 수 있도록 설계돼야 한다.

❶ 합리적 · 경제적 인간관　② 사회적 인간관
③ 자아실현적 인간관　④ 복잡한 인간관

해 ① 주어진 지문의 인간관은 합리적 · 경제적 인간관으로, 인간을 합리적 · 이성적 · 경제적 · 타산적 존재로 간주하는 고전적 조직이론의 인간관이다.
② 사회적 인간관 : 인간관계론의 인간관과 동일하며, 업무수행과정에서 형성되는 인간관계 · 동료관계 등을 중시하는 신고전적 조직이론의 인간관이다.
③ 자아실현적 인간관 : 자신의 능력과 자질을 최고조로 생산 · 발휘하려는 욕구를 가진 존재로 파악하는 인간관으로, 자율적 자기규제를 긍정한다.
④ 복잡한 인간관 : 오늘날의 복잡 · 다양한 상황조건 및 역할에 따라 인간도 복잡한 형태를 표출하는 다양한 존재로 파악하는 인간관으로, 현대조직이론에서 가장 중시된다.

제2절 조직과 개인

1. 조직과 개인의 관계

(1) 의의

① 현대인은 조직인이라 할 수 있으며, 양자는 불가분의 관계에 있음
② 조직 속 개인은 공식적 · 비공식적 행동으로 자아실현과 조직의 목표 달성에 관여하며, 조직은 구성원의 협동행위를 통해 조직목표를 달성하고자 함
③ 조직은 개인에게 권한과 지위, 책임, 자격, 보수 등을 부여함
④ 개인은 가치관과 태도, 특성, 지식, 기술 등을 통해 조직에 참여함
⑤ 조직의 목표와 개인의 욕구가 일치 · 조화되는 조직이 가장 이상적이나, 오늘날은 개인의 이성과 욕구의 다양성으로 인해 조화가 쉽지 않음(필연적인 갈등 · 대립요소를 내포)

Check Point

C. Argyris의 악순환 과정
개인과 조직의 관계를 갈등의 악순환 과정으로 인식하여, 개인의 자아실현의 욕구와 조직의 목표는 언제나 상충된다고 봄

(2) 조직과 개인의 상호작용(J. Pfiffner & F. Sherwood)

① **사회화의 과정** : 개인이 조직에 동화되는 객관화 과정
② **인간화의 과정** : 개인의 개성을 회복하는 주관화 과정(조직이 개인의 자아실현에 기여하는 활동)
③ **융합화의 과정(상호조화)** : 개인의 조직목표를 통하여 자신의 목표를 실현시키는 과정으로서, 인간화와 사회화가 동시에 진행됨(오늘날의 보편적인 작용)

개인의 조직 적응 유형
- **R. Presthus 성격형** : 상승형(관료형, upward mobiles), 무관심형(indifferents), 애매형(모호형, ambivalents)
- **C. Cotton의 권력균형이론** : 조직인형, 독립인형, 외부흥미형, 동료형
- **A. Downs의 성격유형** : 출세형(등반가형), 현상옹호형(보전형), 열성형, 창도형, 경세가형

2. 조직의 인간관계전략 - 동기부여이론

(1) 개관

① **내용적 차원의 이론(내용이론)** : 인간의 선험적인 욕구를 인정하고 이의 자극을 통한 동기부여를 유발하는 이론(인간의 행동은 욕구충족의 수단에 불과하다고 봄)

Check Point

동기부여
조직이 개인으로 하여금 소망스러운 상태로 인도하는 것을 말하며, 크게 내용적 차원과 과정적 차원으로 나누어짐

② **과정적 차원의 이론(과정이론)** : 직무수행과정에서 나타나는 기대감, 보상의 정도에 의하여 동기부여가 결정된다고 파악하는 이론(동기유발의 과정에 초점)

(2) 동기부여의 내용이론(욕구이론)

① A. H. Maslow의 인간욕구 5단계설

㉠ **의의** : 인간의 욕구는 저차원으로부터 고차원의 욕구로 단계적으로 상승한다는 전제 아래 인간이 공통적으로 소유하고 있는 5단계의 욕구를 제시함

㉡ **특징**

- 인간의 욕망은 충동적이며, 항상 욕구를 가지고 있고 더 많은 욕구 충족을 위해 노력함
- 인간의 복잡한 욕구체계를 명확히 분석함
- 욕구는 단계가 있고 각자의 현실적 중요도에 따라 이동함
- 저차원의 욕구가 어느 정도 충족된 후 다음 상위차원의 욕구가 나타남

㉢ **5단계 욕구의 비교**

생리적 욕구	• 가장 기본적이며 우선되는 욕구로, 생리적 욕구 충족 이전에는 어떤 욕구도 일어나지 않음 • 가장 저차원적인 욕구(최하위의 욕구) • 욕구의 내용 : 의식주에 대한 욕구, 수면욕과 성욕, 근무환경, 경제적 보상(보수) 등
안전의 욕구	• 생명과 소유물을 외부환경으로부터 안전하게 보호하고 싶은 욕구 • 공포나 위협, 사고나 질병, 전쟁, 고용 및 신분적 불안, 경제적 불안 등으로부터의 해방과 관련된 욕구 • 욕구의 내용 : 후생복지(건강 · 재해보험, 연금), 직업의 안정성, 신분보장(정년) 등
사회적 욕구	• 집단에 소속하고 인간관계를 맺으며 교류하고 싶은 욕구 • 애정의 욕구 또는 친화의 욕구라고도 함 • 욕구의 내용 : 소속감 고취, 친교, 인사상담, 의사전달의 원할, 고충처리 등
존경의 욕구	• 타인으로부터 존경받고 싶어하는 욕구 • 명예욕, 권력욕, 지위욕, 자존심, 위신 등과 관련된 욕구 • 욕구의 내용 : 명예와 위신, 신망, 지위, 인정(제안제도, 참여, 권한 및 책임 강화)
자아실현의 욕구	• 자신의 가능성과 능력을 개발하여 이를 구현하고자 하는 욕구(이상과 목적에 대한 성취욕) • 가장 추상적이고 고차원적인 욕구(최상위의 욕구) • 욕구의 내용 : 승진 및 사회적 평가의 제고, 도전적 직무와 일을 통한 성장, 성취, 능력발전, 자율성 부여, 창의적 직무수행, 직무충실 · 직무확대 등

② C. P. Alderfer의 ERG이론

㉠ **의의** : 1970년대 Maslow의 인간욕구 5단계설을 수정하여 생존(존재)욕구(Existence needs) · 관계욕구(Related needs) · 성장욕구(Growth needs)의 세 가지를 제시

㉡ **특징**

Check Point

욕구단계설의 한계

- 인간의 욕구를 체계적으로 분석하였으나, 개인차나 상황 등은 고려되지 않고 획일적으로 단계를 설정함
- 5단계 욕구는 단계에 따라 순차적으로 나타난다고 하였으나, 욕구는 역순으로 나타나거나 퇴행되기도 함
- 각 욕구의 단계는 고정되어 있지 않으며, 단계별 경계도 불명확하고 중복 · 복합현상이 나타나기도 함

Check Point

Maslow의 인간욕구 5단계설과 Alderfer의 ERG이론

Maslow의 욕구 5단계설	Alderfer의 ERG이론
생리적 욕구	생존(존재)욕구
안전욕구	
사회적 욕구	관계욕구
존경의 욕구	
자아실현 욕구	성장욕구

- Alderfer는 인간의 욕구는 항상 단계적으로 성장하는 것이 아니며, 보통 만족하면 진행하지만 좌절하면 후진적 · 하향적으로 퇴행한다고 파악(Maslow는 욕구단계론에서 하위욕구 충족 시 다음 상위욕구로 진행된다는 '만족 – 진행' 개념만을 제시하였는데, Alderfer는 여기에 '좌절 – 퇴행' 개념을 추가함)
- Maslow 이론보다 인간 동기에 대해 더 현실적 · 탄력적으로 설명하고 있으며, 욕구구조에 있어서의 개인차를 인정함
- 하나의 행동을 유발하는 데 있어 욕구가 복합적으로 작용할 수 있다고 봄

③ D. McGregor의 X · Y이론

㉠ 의의 : 《기업의 인간적 측면》(1960)에서 인간에 대한 가정을 전통적 인간관인 X이론과 현대적 인간관인 Y이론으로 제시함

㉡ X이론과 Y이론의 비교

구분	X이론	Y이론
가정	인간은 근본 성격이 게으르고 무책임하며, 오로지 안정을 추구하며 새로운 도전을 좋아하지 않음(아동형, 경제적 인간관)	인간은 참여를 통해 자기를 표현하고 행동의 방향을 스스로 정하며, 자제할 능력이 있고 책임 있는 행동을 함(성인형, 자아실현인간관)
관리 전략	• 당근과 채찍이론(엄격한 감독과 구체적 통제) • 권위적 리더십 • 공식적 조직에서 중시 • 경제적 보상과 명령체계를 통한 계층제적 조직관리	• 조직목표와 개인목표의 조화 • 자율통제 · 자기책임 • 민주적 리더십(분권화와 권한의 위임) • 비공식적 조직의 활용 • 인간적 보상과 평면적 조직관리
관련 이론	합리적 경제인 모형, 과학적 관리론	사회인 모형, 인간관계론

④ F. Herzberg의 욕구충족 2요인론(동기요인 · 위생요인론)

㉠ 의의 : 동기유발과 관련된 요인으로 불만요인(위생요인)과 만족요인(동기요인)이 있으며, 이는 서로 독립된 별개라는 이론(불만과 만족의 감정이 별개의 차원에서 작용한다는 이원적 욕구이론)

㉡ 특징

- 불만요인이 제거된다고 하여 만족하는 것이 아니며, 만족요인이 없다고 해서(만족하지 못한다고 해서) 불만이 야기되는 것도 아니라 함(불만의 역은 만족이 아니라 불만이 없는 것이라 봄)
- 불만요인(위생요인)의 충족은 불만을 제거할 뿐이며 직무수행에 대한 동기를 유발하지 못함(소극적 · 단기적 효과만 발생)
- 만족요인(동기요인)이 충족되어야 직무수행을 위한 동기가 유발됨(조직의 생산제고와 직결되는 것은 위생요인이 아니라 만족요인의 충족)

Check Point

X · Y이론(D. McGregor)
McGregor는, X이론은 조직구성원에 대한 전통적 관리전략을 제시하는 이론이며, Y이론은 개인 목표와 조직목표의 통합을 추구하는 새로운 이론이라 주장함

기출 Plus 지방직 9급 기출

01. 동기이론에 대한 설명으로 옳지 않은 것은?

① 매슬로우(Maslow)는 상위 차원의 욕구가 충족되지 못하거나 좌절될 경우, 하위 욕구를 더욱 더 충족시키고자 한다고 주장하였다.
② 앨더퍼(Alderfer)는 ERG이론에서 매슬로우의 욕구 5단계를 줄여서 생존욕구, 대인관계 욕구, 성장욕구의 세 단계를 제시하였다.
③ 허츠버그(Herzberg)는 욕구충족요인 이원론에서 불만족 요인(위생요인)을 제거한다고 해서 만족을 보장하는 것은 아니라고 주장하였다.
④ 애덤스(Adams)는 형평성 이론에서 자신의 노력과 그 결과로 얻어지는 보상과의 관계를 다른 사람의 것과 비교해 상대적으로 느끼는 공평한 정도가 행동동기에 영향을 준다고 본다.

해 매슬로우의 동기이론은 인간 행동은 욕구에 바탕을 둔 동기에 의해 유발되고, 하위 단계의 욕구가 만족되어야만 상위의 욕구로 나아간다고 보고 있지만, 하향적 퇴행현상을 고려하지 않기 때문에 상위 차원의 욕구가 충족되지 못해도 하위 욕구를 충족시키려고 하지 않는다.

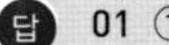

답 01 ①

- 구성원들의 만족을 통해 직무동기를 높이기 위해서는 동기요인에 중점을 둔 동기화 전략이 중요하며, 그 처방으로서 직무충실을 제시

ⓒ 위생요인과 동기요인

구분	위생요인(불만요인)	동기요인(만족요인)
의의	직무맥락이나 작업자의 환경 범주와 관련된 요인(물리적 · 환경적 · 대인적 요인), 사람과 직무상황 · 환경과의 관계	직무 자체와 관련된 심리적 요인(직무요인), 사람과 일 사이의 관계
예	정책과 관리(행정), 감독기술, 작업(업무)조건, 임금 · 보수, 지위 · 안전문제, 조직의 정책 · 방침 · 관행, 인간관계(대인관계, 조직의 수직 · 수평적 관계)	성취감, 성취에 대한 인정감, 책임감, 안정감, 직무내용 자체에 대한 만족이나 보람, 직무 충실, 교육, 성장 · 발전 · 능력 신장, 승진 등 심리적 요인

ⓓ 한계

- 동기유발에 있어 개인차를 고려하지 못하였고, 연구대상의 일반화가 미흡
- 연구자료가 중요사건기록법을 근거로 수집되어 편견이 내포될 가능성이 높음(동기요인에 대한 과대평가의 경향)
- 직무와 동기 간의 인과관계에 대한 설명이 부족

⑤ E. H. Schein의 인간관

ⓐ 의의 : 조직에 있어 시대별 인간본성에 대한 가정에 따라 네 가지 인간관으로 분류하고, 현대사회에 가장 적절한 인간관으로 복잡인관을 제시함

ⓑ 분류

구분	의의	관리전략
합리적 경제인관	인간을 합리적 · 이성적 · 경제적 · 타산적 존재로 간주하는 고전적 조직이론의 인간관	직무조직의 합리적 설계, 통치 및 유인체제의 확립, 개별적 관리, 성과급제 등
사회인관	인간관계론의 인간관과 동일하며, 업무수행과정에서 형성되는 인간관계 · 동료관계 등을 중시하는 신고전적 조직이론의 인간관	구성원의 욕구에 관심, 자생 집단의 인정 및 수용, 집단적 관리, 중간관리층의 가교역할 등
자아실현인관	자신의 능력과 자질을 최고조로 생산 · 발휘하려는 욕구를 가진 존재로 파악하는 인간관으로, 자율적 자기규제를 긍정	도전적이며 의미 있는 직무, 권력평등화, 자기통제와 자기계발, 참여적 관리, 내적인 보상, 면담자 · 촉매자의 역할 강조 등
복잡인관	오늘날의 복잡 · 다양한 상황조건 및 역할에 따라 인간도 복잡한 형태를 표출하는 다양한 존재로 파악하는 인간관으로, 현대조직이론에서 가장 중시	상황 적합적 관리, 융통성 · 신축성 있는 대인관계기술, 진단가의 역할 강조 등

⑥ C. Argyris의 인간관

Check Point

직무확충과 동기부여
직무확장의 경우 직무분담의 폭을 횡적으로 확대함으로써 불만요인의 제거에 기여하며, 직무충실의 경우 직무분담의 깊이를 종적으로 강화하여 만족요인의 충족(향상)에 기여함

Check Point

C. Argyris 인간관의 특징
- **조직과 인간의 갈등** : 인간은 성숙상태로 발전해 나가고자 하지만, 조직(관료제)은 X이론적 관리전략과 능률성 · 생산성을 강조하므로 성숙과 발전을 저해
- **갈등의 악순환** : 조직과의 갈등으로 인간 본연의 성숙욕구를 좌절당한 구성원은 수동적 무관심, 태업, 비공식집단의 결성, 업무보다는 승진에 집착하는 태도 등을 보임
- **성숙한 인간실현을 위한 전략의 제시** : Argyris는 성숙한 인간실현을 위한 인간 중심적 · 민주적 가치체계를 갖출 것을 주장하고, 이를 위한 전략으로 조직발전(OD)과 조직학습(OL) 등을 제시

㉠ 의의 : 인간은 하위 단계의 미성숙(immaturity) 상태로부터 성숙(maturity) 상태로 변화 · 발전한다고 보고, 조직관리자는 구성원을 성숙한 인간으로 관리해야 한다고 주장

㉡ 미성숙인 · 성숙인의 구분

미성숙인	성숙인
• 수동적 활동, 의존적 상태 • 산만하고 우발적이며 얕은 관심 • 단기적 전망, 현재에만 관심 • 단순한 행동 • 종속적 지위에 만족, 복종 • 자기의식의 결여	• 능동적 활동, 독립적 상태 • 신중하며 깊고 강한 관심 • 장기적 전망, 장기적 시간관 • 다양한 행동 • 대등 내지 우월한 지위에 만족 • 자기의식 및 자기규제 가능

⑦ R. Likert의 관리체제이론

㉠ 의의 : 참여를 기준으로 착취적 권위형(체제Ⅰ), 온정적 권위형(체제Ⅱ), 협의적 민주형(체제Ⅲ), 참여적 민주형(체제Ⅳ)으로 분류

㉡ 유형 : 생산성이 높을수록 제4체제와 가까운 관리체제를 갖는다고 봄

- 체제Ⅰ(착취적 · 수탈적 권위형) : 조직의 최고 책임자가 독단적으로 결정하며, 구성원의 이익은 고려되지 않음
- 체제Ⅱ(온정적 권위형) : 주요 정책은 고위층에서 결정하되 하급자는 정해진 테두리에서 상급자의 동의를 거쳐 결정함(제한적 상의하달)
- 체제Ⅲ(협의적 민주형) : 주요 정책은 위에서 결정하나 한정된 범위의 특정 사항은 하급자가 결정함
- 체제Ⅳ(참여적 민주형) : 조직의 구성원이 결정에 광범위하게 참여함

⑧ D. C. McClelland의 성취동기이론

㉠ 의의

- 인간의 동기는 사회문화와 상호작용하는 과정에서 취득되고 개발될 수 있다는 것을 전제로, 인간의 동기를 권력욕구 · 친교욕구 · 성취욕구로 분류함
- 욕구계층이 인간마다 차이가 있다는 것을 전제로 하므로, 인간욕구의 공통성을 강조한 Maslow의 욕구이론에 대해 비판적 입장을 취함

㉡ 인간의 3가지 욕구

- 권력욕구 : 다른 사람에게 영향을 미치거나 환경을 통제하려는 욕구
- 친교욕구 : 다른 사람들과 친근하고 인간적인 관계를 지속 · 발전시키려는 욕구(소속욕구, 결연욕구)
- 성취욕구 : 어떤 목표나 과업을 성취하려는 욕구

기출 Plus 국가직 9급 기출

02. 동기부여 이론가들과 그 주장에 바탕을 둔 관리 방식을 연결한 것이다. 이들 중 동기부여 효과가 가장 낮다고 판단되는 것은?

① 매슬로우(Maslow) – 근로자의 자아실현 욕구를 일깨워 준다.
② 허즈버그(Herzberg) – 근로 환경 가운데 위생요인을 제거해 준다.
③ 맥그리거(McGregor)의 Y이론 – 근로자들은 작업을 놀이처럼 즐기고 스스로 통제할 줄 아는 존재이므로 자율성을 부여한다.
④ 앨더퍼(Alderfer) – 개인의 능력개발과 창의적 성취감을 북돋운다.

해 불만요인(위생요인)의 충족은 불만을 제거할 뿐이며 직무수행에 대한 동기를 유발하지 못한다. 반면 만족요인(동기요인)이 충족되어야 직무수행을 위한 동기가 유발되므로, 조직의 생산제고와 직결되는 것은 만족요인이 충족되어야 한다.

Check Point

성취동기가 높은 사람의 특징

- 보상이나 지위보다는 목표달성을 통한 성취에 더 가치를 둠
- 적당히 어려운 목표를 설정하고 계산된 위험을 감수하려는 성향을 보임
- 일의 수행성과에 대한 즉각적이고 구체적인 피드백(평가와 환류)을 원함
- 문제 해결이나 결과 등에 대해 강한 책임을 느끼며 다른 사람의 개입을 꺼림
- 항상 계획을 수립 · 점검하며 목표를 향해 추진하는 미래지향적 성향을 지님

답 02 ②

꼭! 확인 기출문제

다음 중 동기부여 이론에 대한 설명으로 가장 옳지 않은 것은? [서울시 9급 기출]

❶ 브룸(V. Vroom)의 기대이론 – 성취욕구, 권력욕구, 자율 욕구가 구성될 때 동기부여가 기대될 수 있다고 본다.
② 앨더퍼(C. Alderfer)의 ERG 이론 – 매슬로우의 욕구 이론을 수정하여 개인의 기본 욕구를 존재욕구, 관계욕구, 성장욕구의 3단계로 구분하였다.
③ 매슬로우(A. H. Maslow)의 욕구이론 – 5단계의 욕구 체계 중 가장 하위의 욕구는 생리적 욕구이다.
④ 포터(L. Porter)와 로울러(E. Lawler)의 기대이론 – 성과의 수준이 업무만족의 원인이 된다고 본다.

해 ① 브룸(V. Vroom)의 기대이론은 욕구충족과 동기 사이에는 어떤 주관적 평가과정이 개재되어 있다고 보며, 그 지각과정을 통한 기대요인의 충족에 의해 동기나 근무의욕이 결정된다는 이론으로 동기는 기대감(자신의 노력이 성과를 가져온다), 수단성(목표 달성과 보상의 상관관계), 유인가(보상에 대한 개인의 선호 강도)로 결정된다고 보고 있다. 성취욕구, 권력욕구, 자율 욕구가 구성될 때 동기부여가 기대될 수 있다고 보는 것은 맥클리랜드(McClelland)의 성취동기이론이다.
② 앨더퍼(C. Alderfer)의 ERG 이론 – 매슬로우의 욕구 5단계설을 수정하여 개인의 기본욕구를 존재욕구, 관계욕구, 성장욕구의 3단계로 구분하였다.
③ 매슬로우(A. H. Maslow)의 욕구이론 – 5단계의 욕구 체계 중 가장 하위의 욕구는 생리적욕구이다.(생리적 욕구 → 안전의 욕구 → 사회적 욕구 → 존경의 욕구 → 존경의 욕구 → 자아실현의 욕구)
④ 포터(L. Porter)와 로울러(E. Lawler)의 기대이론 – 만족이 직무성취나 업적 달성을 가져오는 것이 아니라 직무성취나 업적 달성이 만족을 가져다 줄 것이라는 직무수행능력과 생산성을 좌우한다는 이론이다.

⑨ H. Murray의 명시욕구이론
㉠ 명시적 욕구는 모두 성장과정에서 학습된 욕구이며, 각각의 욕구는 두 가지 요소, 즉 '방향'(욕구 충족 대상)과 '강도'(욕구의 중요성)가 있고, 이러한 욕구의 발로는 적당한 환경의 조성이 필수적이라 봄
㉡ 인간의 행동을 유발하는 욕구가 존재한다고 보았다는 점에서는 Maslow의 이론과 동일하나, 미리 정해진 순서에 의해서가 아니라 복수의 명시적인 욕구가 동시에 인간의 행동에 동기부여를 한다고 보는 점이 다름

⑩ 복잡인 모형
㉠ 의의
- 종전의 이분법적 인간관이론이 현대 행정의 내외적 환경의 복잡화와 인간행동의 변이성을 설명하기 어려운 한계가 있으므로, 이를 극복하기 위해 등장한 제3의 이론모형(상황적응적 내용이론)
- 주요모형 : Schein의 복잡인 모형, 직무특성이론, Z이론 등

㉡ Hackman & Oldham의 직무특성이론
- 의의
  - 직무의 특성(환경적 요인)이 개인의 심리상태(개인적 요인)와 결합되어 직무수행자의 성장욕구수준에 부합될 때 긍정적인 동기유발효과를 얻게 된다는 내용적 차원의 동기부여이론
  - 복잡인간관을 바탕으로 직무수행자의 성장욕구수준이라는 개인차를 고려하며, 구체적으로 직무특성, 심리상태변수, 성과변수 등의 관계

Check Point

직무정체성(Hackman & Oldham)
직무특성의 하나인 직무정체성은 직무의 내용이 어떤 제품이나 서비스 완성에 기여하도록 구성된 정도에 관한 요소(제품이나 서비스를 처음부터 끝까지 완성시킬 수 있도록 구성된 것인가 또는 특정 부문만을 만드는 것인가에 대한 것)를 말함

Check Point

직무특성이론의 심리상태변수
- 개인이 직무에 대하여 느끼는 의미성
- 직무에 대하여 느끼는 책임감
- 직무수행 결과에 대한 지식

를 제시

- 동기부여요소(직무의 특성) : 기술다양성, 직무정체성, 직무중요성, 자율성, 환류의 5가지가 동기부여에 중요한 역할을 함(자율성과 환류가 특히 동기부여에 영향을 미친다고 주장(환류가 이루어지고 자율성이 인정되는 직무이면서 구성원의 성장욕구가 강할 때 동기부여가 큼))

$$\text{잠재적 동기지수(MPS)} = \frac{(\text{기술다양성} + \text{직무정체성} + \text{직무중요성})}{3} \times \text{자율성} \times \text{환류}$$

ⓒ Z이론

- 의의 : McGregor의 전통적인 X · Y이론의 한계점을 지적하면서 등장한 이론으로, 현대인의 복잡한 심리상태를 묘사하기 위한 제3의 다양한 모형을 통칭한 것
- 유형
  - Lundstedt의 Z이론 : X이론 · Y이론이 권위형과 민주형만으로 구분하여 이론을 단순화시켰다고 비판하고 Z이론(자유방임형 조직, 자유방임적 리더십 강조)을 추가
  - Lawless의 Z이론 : X · Y이론이 절대적 적합성을 가지는 것이 아니며 때나 장소, 조직특성에 따라 적합성이 달라질 수 있다고 주장하여, 상황 적응적 관리와 융통성 있는 관리를 강조한 이론
  - Ramos의 Z이론 : 작용인(조작인, X이론)과 반응인(Y이론)에 이어, 이성과 자율성을 토대로 자기조직을 괄호로 묶어서 조직 밖에서 관조하는 괄호인(호형인, Z이론)을 제시
  - Bennis의 Z이론 : 유기적 · 적응적 조직의 탐구형 인간을 제시
  - Ouchi의 Z이론 : 미국에 적용한 일본식 Z이론(Z유형의 미국조직)을 제시

꼭! 확인 기출문제

해크먼(J. Hackman)과 올드햄(G. Oldham)의 직무특성모델에 대한 설명으로 옳지 않은 것은?

[지방직 9급 기출]

❶ 잠재적 동기지수(Motivating Potential Score : MPS) 공식에 의하면 제시된 직무특성들 중 직무정체성과 직무중요성이 동기부여에 가장 중요한 역할을 한다.
② 허즈버그의 욕구충족요인 이원론보다 진일보한 것으로 이해할 수 있다.
③ 직무정체성이란 주어진 직무의 내용이 하나의 제품 혹은 서비스를 처음부터 끝까지 완성시킬 수 있도록 구성되어 있는지에 관한 것이다.
④ 이 모델은 기술다양성, 직무정체성, 직무중요성, 자율성, 환류 등 다섯 가지의 핵심 직무특성을 제시한다.

Check Point

W. Ouchi의 Z이론

- 의의 : 전형적 미국식 관리방식을 A이론, 일본식 관리방식을 J이론, 미국에 일본식 관리방식을 적용한 것을 Z이론(일본식 Z이론 또는 Z유형 미국조직, 경영가족주의)이라 하고, J이론이나 Z이론이 A이론보다 성과가 높다고 주장
- 주요 내용
  - 전체적 관심(전인격적 · 총체적 관심)
  - 종신고용과 장기평가, 연공서열제
  - 비전문적 경력관리, 순환보직제
  - 품의제(집단적 · 참여적 의사결정)
  - 개인적 책임
  - 비공식적 · 내적 통제(자율규범에 의한 사회적 통제)

> 해 ① J. Hackman과 G. Oldham의 직무특성이론에서 제시한 잠재적 동기지수(MPS) 공식에 의하며, 기술다양성 · 직무정체성 · 직무중요성 · 자율성 · 환류 등 다섯 가지 직무특성이 모두 동기부여에 영향을 미치지만 그 중에서 자율성과 환류가 가장 중요한 역할을 한다.
> ③ · ④ Hackman과 Oldham의 직무특성모델은 동기부여에 가장 중요한 역할을 하는 요소로 기술다양성 · 직무정체성 · 직무중요성 · 자율성 · 환류의 5가지 직무특성을 제시하였으며, 여기서 직무정체성은 직무의 내용이 제품이나 서비스 완성에 기여하도록 구성된 정도에 관한 것이다.

욕구이론(내용이론)의 비교

구분	←── 하위수준(단계)				상위수준(단계) ──→
Schein	합리적 · 경제적 인간관		사회인관	자아실현인관	복잡인관
McGregor	X이론		Y이론		(Z이론)
Maslow	생리적 욕구	안전욕구	사회적 욕구 / 존경 욕구	자아실현욕구	
Alderfer	생존의 욕구(E)		관계의 욕구(R)	성장의 욕구(G)	
Herzberg	위생(불만)요인		동기(만족)요인		
Argyris	미성숙인		성숙인		
Likert	체제1 (수탈적 권위체제)	체제2 (온정적 권위체제)	체제3 (협의체제)	체제4 (참여집단체제)	
Ramos	작전인		반응인		괄호인(Z 이론)
이론적 배경	인간불신이론, 과학적 관리		상호존재, 인간관계		
동기부여	물질적 요구		정신적 요구		
지도자형	독재형(권위형 리더십)		민주형 리더십		자유방임형
조직목표와 개인목표	상충모형(교환모형)		통합모형(성장이론)		

(3) 동기부여의 과정이론

① J. S. Adams의 형평성(공정성)이론

㉠ 인간은 준거인과 비교하여 자신의 노력(투입)과 그 대가 간에 불일치(과다보상 또는 과소보상)를 지각하면 이를 제거하는 방향으로 동기가 부여된다는 이론(인간은 타인과 비교해서 정당한 보상이 주어진다고 기대했을 때 직무수행 향상을 가져온다고 봄)

㉡ 과소보상을 소극적 비형평성, 과다보상을 적극적 비형평성이라 함

Check Point

공공봉사동기(Public Service Motivation)

- **의의** : 국민과 사회, 그리고 국가를 위해 봉사하려는 이타적 동기를 가지고 공익 증진 및 공공의 목표 달성을 위해 헌신적으로 기여하고자 하는 공무원들의 고유한 동기
- **특징**
  - 개인의 공공서비스동기가 크면 클수록 개인이 공공조직의 구성원이 되고자 하려는 가능성이 더욱 클 것임
  - 공공조직에서는 공공서비스동기가 성과와 정(+)의 관계가 있음
  - 높은 공공서비스동기수준을 갖는 사람을 유인하는 공공조직은 개인성과를 효과적으로 다루기 위하여 실용적인 인센티브에 보다 적게 의존할 것임
- **공공봉사동기의 세 가지 차원** (Perry&Wise)
  - 합리적 차원 : 정책형성과정에 참여, 공공정책에 대한 일체감, 특정한 이해관계에 지지하는 정도
  - 규범적 차원 : 공익적 봉사에 대한 요구, 의무감과 정부 전체에 대한 충성도, 사회적 형평성의 추구
  - 감성적 차원 : 사회적으로 중요한 정책에 대한 몰입, 선의의 애국심

Check Point

타인(준거인)과의 비교결과에 대한 반응

- **타인과 투입-산출 비율이 일치하는 경우** : 만족(동기유발 없음)
- **자신의 투입-산출 비율이 작을 경우(과소보상)** : 편익증대 요구, 투입 감소, 산출 왜곡(질 저하), 준거인물의 변경, 조직에서의 이탈 등
- **자신의 산출-투입 비율이 클 경우(과다보상)** : 편익감소 요구, 투입 증대

㉢ 타인과 공평한 교환을 하려는 호혜주의 규범과 생각과 행동을 일치시키고자 하는 인지 일관성 정향이 행위유발요인이 됨

㉣ 비형평성 존재 시의 형평성 회복을 위한 방법으로는 일에 대한 투입의 변동, 받은 보상의 변동, 현장이탈, 준거인의 변경, 비교의 심리적 왜곡, 준거인의 투입 또는 산출에 대한 변동의 야기 등이 있음

② V. Vroom의 기대이론(VIE 이론)

㉠ 의의

- 욕구충족과 동기 사이에는 어떤 주관적 평가과정(지각과정)이 개재되어 있다고 보며, 그 지각과정을 통한 기대요인의 충족에 의해 동기나 근무의욕이 결정된다는 이론(동기부여가 보상의 실체적 내용보다는 구성원이 보상에 대해서 주관적으로 얼마나 큰 매력을 느끼고 있는가에 따라 결정된다고 봄)
- 조직 내에서 그 일을 함으로써 기대하는 가치가 달성될 가능성, 자신의 일처리 능력에 대한 평가가 복합적으로 작용한다는 것

㉡ 내용

기대감 (expectancy)	자신의 노력이 실제로 성과를 가져오게 할 것이라고 믿는 정도(주관적 확률과 관련된 믿음)
수단성 (instrumentality)	목표 달성(성과)과 보상과의 상관관계(어떤 특정 수준의 성과를 이루면 이에 대한 보상이 적절하게 주어지는가에 대한 관계)에 관한 인지도
유인가 (valence, 유의성)	보상에 대한 개인의 선호 강도(어떤 결과에 대하여 개인이 가지는 가치나 중요성)

㉢ 특징

- 능력이 실제 성과를 거두리라 기대하고, 실제 성과가 승진이나 보상 등의 결과를 가져오리라고 기대할수록 개인의 동기는 강하게 작용함
- 성과에 의심이 많고 성과와 원하는 보상 간에 상관관계가 없다고 믿을수록 동기는 낮게 나타남

③ Porter & Lawler의 업적만족이론(EPRS이론)

㉠ 만족이 직무성취나 업적 달성을 가져오는 것이 아니라 직무성취나 업적 달성이 만족을 가져다 줄 것이라는 기대가 직무수행능력과 생산성을 좌우한다는 이론

㉡ 노력에 대한 업적이 나타나고 이에 대한 적절한 보상이 주어질 때 만족하여 동기부여가 형성된다는 이론(만족은 업적 달성에 대해 보상이 주어질 것이라는 기대감 또는 보상의 가능성에서 나옴)

㉢ 보상에는 외재적 보상과 내재적 보상이 있으며, 내재적 보상이 외재적 보

Check Point

전체적 동기부여의 강도(M)
유인가 또는 유의성(V), 수단성(I), 기대감(E)의 곱의 함수
M=f[Σ(E × I × V)]

군무원 9급 기출

03. 동기부여이론에 대한 연결이 올바르지 않은 것은?
① 내용이론 – 욕구계층이론, ERG이론
② 욕구충족요인 이원론 – 동기요인, 위생요인
③ 기대이론 – 주관적 확률과 관련된 믿음, 유의성, 수단성
④ 과정이론 – 성취동기이론, 직무특성이론

해 성취동기이론과 직무특성이론은 내용이론에 해당한다.

Check Point

EPRS이론
노력(Effort), 업적(Performance), 보상(Reward), 만족(Satisfaction) 등의 변수와 그 상호관계에 중점

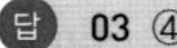

상보다 중요한 변수이나 보상 그 자체보다는 보상의 공평성에 대한 지각이 가장 중요한 변수가 됨

㉣ Vroom의 기대이론에 기초하여 추가변수를 포함시켜 근무태도와 성과와의 관계에 관한 동기부여이론으로 제시

④ B. Georgopoulos의 통로 · 목표이론

㉠ 조직의 목표(생산활동)가 구성원의 목표 달성의 통로로서 얼마나 유효하게 작용하는지가 동기부여를 결정한다는 이론

㉡ 동기부여의 정도는 추구하는 목표가 얼마나 개인의 욕구를 충족시켜 줄 수 있느냐 또는 근로자의 생산성 제고 노력이 목표를 얼마나 잘 달성할 수 있느냐에 대한 인식에 달려 있다는 것

⑤ J. Atkinson의 기대이론

㉠ 행위를 선택함에 있어 결과가 가져다 줄 유인과 행위를 달성할 수 있는 가능성, 행위를 하고 싶어하는 욕구의 정도가 복합적으로 작용하여 동기부여의 강도가 결정됨

㉡ 어떤 행위 선택에 대하여 수행 또는 회피하려는 경우 두 가지를 고려하여 양자 간 교호작용에 의해 개인의 동기가 결정된다고 봄

⑥ 학습이론(강화이론 · 순치이론)

㉠ 의의

- 외적 자극에 의하여 학습된 행동이 유발되는 과정 또는 어떤 행동이 왜 지속되는가를 밝히려는 이론
- 행동의 원인보다 결과에 초점을 두고, 행동의 유발보다는 행동의 변화(지속 또는 중단)를 설명하려는 행태주의자들의 동기이론
- 조작적 조건화 이론이라고도 함(대표적으로 행태론자인 Skinner의 이론)
- 보상받는 행태는 반복되지만 보상받지 못하는 행태는 중단 · 소멸된다는 Thorndike의 효과의 법칙에 근거
- 네 가지 강화수단(긍정적 · 적극적 강화, 부정적 · 소극적 강화, 처벌, 중단)을 제시하였고, 이 중 긍정적 강화를 가장 중시함
- 행동결과(업무성과)에 따른 인센티브 지급 시 그 간격이나 비율의 중요성을 강조

㉡ 분류

- 고전적 학습이론(조건화이론, 자극 – 반응이론)
  - 고전적 조건화 이론(고전적 관점) : 가장 오래된 학습이론으로서, 조건화된 자극과 조건화된 반응의 과정을 설명한 이론(Pavlov 실험 등)
  - 수단적 조건화 이론 : 강화요인(바람직한 결과) 획득을 위하여 어떤

Check Point

강화의 유형

- **적극적 강화** : 바람직한 결과의 제공 → 바람직한 행동의 반복을 유도
- **소극적 강화(회피)** : 바람직하지 않은 결과의 제거 → 바람직한 행동의 반복을 유도
- **처벌(제재)** : 바람직하지 않은 결과의 제공 → 바람직하지 않은 행동을 제거
- **소거(중단)** : 바람직한 결과의 제거 → 바람직하지 않은 행동을 제거

행태적 반응을 보인다는 것을 설명한 이론으로, Watson의 이론과 Thorndike의 '효과의 법칙(law of effect)'이 대표적

- 조작적(작동적) 조건화 이론 : 보상받은 행태는 반복되지만 보상받지 않은 행태는 중단 · 소멸된다는 Thorndike의 효과의 법칙을 기초로 Skinner(1953)가 개척한 이론으로, 행동의 결과를 조건화함으로써 행태적 반응을 유발하는 과정을 설명한 것(오늘날 대부분 동기이론에서 준거로 삼는 학습개념)

• 현대적 학습이론
- 잠재적 학습이론 : 인위적 조작에 해당하는 강화가 없어도 잠재적 학습이 가능하다는 이론
- 자율규제 및 초인지이론 : 인지적 학습이론, 사회적 학습이론, 자율규제이론 등

⑦ E. A. Locke의 목표설정이론

㉠ 목표의 곤란성(난이도)과 구체성(명확성)에 의해 개인성과가 결정된다는 이론

㉡ 목표가 명확하고 구체적이며 적당히 곤란할 때 더욱 노력하게 됨(목표가 구체적일수록 목표가 애매하거나 목표가 없을 때보다 직무수행을 더 향상시킬 수 있음)

동기부여이론의 체제 분류

내용이론(욕구이론)	과정이론
• 합리(경제인) 모형 : X이론, 과학적 관리론 • 사회인 모형 : Y이론, 인간관계론 • 성장이론 : 행태론, A. H. Maslow의 인간욕구 5단계설(욕구계층이론), H. Murray의 명시적 욕구이론, C. P. Alderfer의 ERG이론, D. McClelland의 성취동기이론, D. McGregor의 X · Y이론, R. Likert의 관리체제이론, C. Argyris의 성숙 · 미성숙이론, F. Herzberg의 욕구충족 2요인론(동기요인 · 위생요인) 등 • 복잡인 모형 : E. H. Schein의 복잡인 모형, Hackman & Oldham의 직무특성이론, Z이론(Ouchi, Lawless, Lundstedt 이론 등)	• 형평성이론 : J. S. Adams의 공정성(형평성)이론 • 기대이론 : V. Vroom의 기대이론(VIE이론), Porter와 Lawler의 업적만족이론(EPRS이론), E. Berner의 의사거래분석, B. Georgopoulos의 통로 · 목적이론, J. Atkinson의 기대이론모형 • 학습이론(강화이론) : 조건화이론(Skinner · Thorndike 이론), 자율규제 및 초인지이론(인지적학습이론, 사회적학습이론, 자율규제이론 등) • 목표설정이론 : E. A. Locke의 목표설정이론

서울시 9급 기출

04. 조직 내에서 구성원 A는 구성원 B와 동일한 정도로 일을 하였음에도 구성원 B에 비하여 보상을 적게 받았다고 느낄 때 애덤스(J. Stacy Adams)의 공정성이론에 의거하여 취할 수 있는 구성원 A의 행동 전략으로 가장 옳지 않은 것은?

① 자신의 투입을 변화시킨다.
② 구성원 B의 투입과 산출에 대해 의도적으로 자신의 지각을 변경한다.
③ 이직을 한다.
④ 구성원 B의 투입과 산출의 실제량을 자신의 것과 객관적으로 비교하여 보상의 재산정을 요구한다.

해 애덤스(J. Stacy Adams)의 공정성(형평성) 이론은 인간은 준거인과 비교하여 자신의 노력(투입)과 그대가 간에 불일치(과다보상 또는 과소보상)를 지각하면 이를 제거하는 방향으로 동기가 부여된다는 이론이다. 애덤스의 공정성(형평성) 이론은 심리적 요인에 의해 발생하는 것으로, 객관적 비교를 통한 보상의 재산정 요구는 형평감 회복에 영향을 미치지 못한다.
① 투입 또는 산출을 변화시켜 조정하는 것은 형평성 회복 방법에 해당된다.
② 투입 또는 산출에 대한 본인의 지각을 변경하는 것은 형평성 회복 방법에 해당된다.
③ 현장이탈, 즉 이직은 형평성 회복 방법에 해당된다.

답 04 ④

꼭! 확인 기출문제

동기이론 중 성격이 서로 다른 것이 연결된 것은? [지방직 9급 기출]

① 기대이론 – 형평성이론
② 욕구계층이론 – X · Y이론
③ 자율규제이론 – 사회적 학습이론
❹ 목표설정이론 – 동기 · 위생요인이론

해 ④ 동기부여에 관한 이론은 크게 내용적 차원과 과정적 차원으로 나누어지는데, Locke의 목표설정이론은 동기부여의 과정이론이며 Herzberg의 욕구충족 2요인론(동기요인 · 위생요인)은 내용이론(욕구이론)에 해당한다.
① Vroom의 기대이론과 Adams의 공정성(형평성)이론은 모두 과정이론이다.
② Maslow의 인간욕구 5단계설(욕구계층이론)과 McGregor의 X · Y이론은 모두 내용이론(욕구이론)이다.
③ 자율규제이론과 사회적 학습이론은 모두 학습이론(강화이론)인데, 학습이론은 과정이론에 속한다.

제3절 조직과 환경

1. 조직환경의 유형 및 변화단계

Check Point

환경
- 경계선 밖에서 조직에 영향을 미치고 끊임없이 상호작용을 하는 모든 외부 요소
- 고전적 조직이론은 조직을 폐쇄체제로 인식하였으나, 1950년대 체제론 이후의 현대조직이론에서는 조직을 개방체제로 파악하여 환경과의 관계 속에서 조직현상을 거시적으로 연구함

(1) 조직환경의 유형

① W. R. Scott의 견해
㉠ 일반환경 : 모든 조직의 존립 토대가 되는 넓은 범위의 환경(기술적 · 법적 · 정치적 · 경제적 · 인구학적 · 생태학적 · 물리적 조건 등 사회적 일반 조건)
㉡ 과업(업무)환경(특정 환경) : 특정 조직의 일상적 업무활동이나 전략, 의사결정에 직접적으로 영향을 미치는 구체적 · 일차적 · 매개적 환경(자원 제공자, 고객, 시장과 자원에서의 경쟁자, 대상집단 · 통제집단, 감독기관, 압력단체 등)

② Katz & Kahn의 견해(환경적 특성의 중요 국면)
㉠ 환경적 특성의 중요 국면을 네 가지로 구분 : 안정성과 격동성, 다양성과 동질성, 집약성과 무작위성, 궁핍성과 풍족성
㉡ 각 국면에는 반대되는 특성이 연속선상에 존재하며, 이러한 연속선상에 특정한 환경의 위치가 설정된다고 봄

③ G. Bach의 견해(판매자 수에 따른 분류) : 순수한 경쟁적 환경, 독점적 경쟁의 환경, 소수 독점적 환경, 순수한 독점적 환경

④ R. Hall의 분류 : 기술적 환경, 법적 환경, 정치적 환경, 경제적 환경, 인구학적

환경, 생태학적 환경, 문화적 환경

⑤ J. Gaus의 분류 : 주민, 장소, 물리적 기술, 사회적 기술, 사상, 재난, 인물

(2) 조직환경의 변화단계(Emery & Trist)

① 제1단계 : 정적(평온적) · 무작위적(임의적) 환경

㉠ 가장 단순한 환경유형으로 환경적 요소가 안정되고 행정에 대한 요구도 없으며, 무작위적으로 분포되어 있는 상태(완전경쟁시장)

㉡ 환경을 구성하는 여러 요소 간의 변화가 적고 요소의 구조에 치우침이 없이 골고루 안정적으로 분산되어 있는 환경

㉢ 가장 단순하고 안정적이며 고전적인 행정환경(과학적 관리론 등의 환경)

㉣ 계층제적 · 기계적 조직구조가 적합함

② 제2단계 : 정적(평온적) · 집약적(집합적) 환경

㉠ 환경적 요소가 안정되고 불변적 · 정태적이지만, 환경적 요소들이 일정한 유형에 따라 군집 · 조직화되어 있는 상태(불완전경쟁시장)

㉡ 행정에 대한 위협이 집단적이고 약간 복잡한 성격을 지니나, 변화가 늦어 그 위협을 예측할 수 있는 환경

㉢ 조직이 적응하기 위해 장기적 · 전략적 계획을 세워야 하며, 집권화된 구조에 적합한 환경(인간관계론의 환경)

③ 제3단계 : 교란적 · 반응적 환경

㉠ 복수의 체제(대상체제와 유사한 체제)들이 상호작용하면서 경쟁하는 동태적 상태(독과점 시장)

㉡ 환경변화가 제1단계와 제2단계의 경우보다 심하며, 상대방의 교란에 따라 대처해 가는 환경으로 각 체제는 서로 다른 체제의 반응을 고려하지 않을 수 없게 되는 환경

㉢ 조직은 시장과 경쟁자에 대응하기 위한 전략적 방안을 강구하고 생존을 위해 신축성 · 적응성을 필요로 하며, 구조는 분권화되는 경향이 있음

㉣ 경제학에서의 과점적 상태, 생태론 · 비교행정론 · 체제론 등의 환경

④ 제4단계 : 격동의 장(소용돌이의 장)

㉠ 매우 격동적인 소용돌이의 장 상태로서, 유기적인 임시특별조직 등 조직의 동태화(탈관료화)가 필요한 현대 행정환경

㉡ 환경이 불확실하고 복잡하여 근본적인 개혁이 없으면 조직은 살아남을 수가 없고, 경우에 따라서는 목표 변동도 필요함

㉢ 발전행정론, 신행정론의 환경

Check Point

소용돌이의 장(격동의 장)
Emery, Trist 등이 제기한 용어로, 조직의 예측능력을 앞질러 변화하는 가장 동태적 · 탈계층적이고 불확실성이 높은 현대 조직 환경을 표현한 말

2. 환경변동에 대한 조직의 대응전략

> **Check Point**
>
> **적응적 변화**
> 조직이 문제를 해결하는 유기체로서 환경변화에 적응하기 위하여 유연성을 갖고 대응하는 능력을 말하며, 이를 통해 조직이 안정을 유지하고 발전함

(1) P. Selznick의 이론

① 적응적 변화(adaptive change) : 변화하는 환경에 조직을 적응시켜 창조적 활동을 하는 것(구조, 인간, 행태, 기술, 가치관의 변화)

② 적응적 흡수(co-optation, 호선(互選)) : 조직에 대한 위협을 회피하고 안정을 유지하기 위해 조직지도층과 정책결정 위치에 새로운 외부요소(인적 요소)를 흡수하는 것으로, 전직관료의 기업체 이사 영입, 반대자 영입(재야인사의 여당 영입) 등이 해당

(2) Miles & Snow의 이론

① 방어적 전략 : 경쟁자들이 자신의 영역으로 들어오지 못하도록 적극 경계하는 매우 안정적 · 소극적 · 폐쇄적 전략

② 탐색형 전략

㉠ 새로운 제품과 시장기회를 찾는 공격적 · 변화지향적인 전략

㉡ 성공 여부는 환경변화 및 상황추세의 분석능력에 달려 있음

> **Check Point**
>
> **기타 이론**
> - Scott의 이론 : 완충전략, 연결전략
> - Thompson & McEwen의 이론 : 경쟁전략, 협력전략(협상 및 교섭, 적응적 흡수, 연합)

③ 분석형 전략 : 방어형과 탐색형의 장점을 모두 살려 안정과 변화를 동시에 추구하는 전략(일부는 방어형 전략에 의해 공식화 · 표준화하고, 일부는 탐색형 전략에 의해 유연화함)

④ 반응형 전략

㉠ 앞의 세 가지 전략이 부적절할 때 나타나는 비일관적이고 불안정한 전략

㉡ 반응이 부적절하고 성과도 낮은 소극적이고 수동적인 낙오형 전략

3. 거시조직이론(조직과 환경에 관한 일반론)

(1) 거시조직이론의 개관

① 의의

㉠ 조직과 환경에 관한 일반이론으로, 분석수준과 환경인식을 기준으로 구분

㉡ 조직군은 특정 환경에서 생존을 유지하는 동종의 집합, 즉 추구하는 목표나 전략, 공식적 구조 등이 유사한 조직들을 의미

② 구분

분석수준 \ 환경인식	결정론적 입장	임의론적 입장
개별조직 관점	체제 구조적 관점 – 구조적 상황론(상황적응론)	전략적 선택 관점 – 전략적 선택이론 – 자원의존이론
조직군 관점	자연적 선택 관점 – 조직군생태학이론 – 조직경제학이론(대리인 이론, 거래비용이론) – 제도화이론	집단적 관점 – 공동체생태학이론

Check Point

결정론과 임의론

- **결정론** : 개인이나 조직의 행동이 외부환경의 제약요인에 의해 결정되고, 관리자나 조직은 이에 소극적으로 반응한다는 실증주의의 입장(조직을 수동적 종속변수로 인식)
- **임의론** : 조직이 자율적 · 능동적 · 적극적으로 행동하며 환경을 형성한다는 입장(조직을 독립변수로 인식)

(2) 거시조직이론의 내용

① 구조적 상황론(contingency theory, 상황적응이론)

㉠ 의의

- 조직의 상황과 조직구조 간의 적합성이 조직의 효과성을 제고시킨다고 주장하여, 이러한 상황요인 규명에 노력
- Lawrence & Lorsch에 의하여 1970년대 전후 강조된 조직이론으로서, 상이한 상황에서 조직이 어떻게 기능하여야 하는가에 관심을 가짐

㉡ 특성

- 조직과 환경의 관계 강조
- 분화와 통합을 강조(환경의 불확실성 정도에 따라 조직의 분화수준이 달라지며, 조직의 성과는 통합성의 정도에 달려 있다는 것)
- 상황에 따른 효과적 방안의 강구(유일최선의 방법을 부인함)
- 과정보다 결과 중시(등종국성)
- 객관적 · 실증적 · 과학적 분석
- 중범위이론 추구(방법론적 개체주의도 전체주의도 아님)
- 복잡인관, 다양한 상황변수(조직환경, 기술, 규모, 권력 등)를 고려함

② 조직군생태학이론

㉠ 의의

- 환경의 영향력을 중시하여, 조직의 성쇠가 자생적 힘이 아닌 환경의 특성과 선택에 따라 좌우된다는 이론(조직의 성쇠는 환경과의 적합도 수준에 따라 도태되거나 선택됨)
- 조직환경의 절대성을 강조한 극단적 환경결정론적 이론으로서, 전략적 선택이나 집단적 행동의 중요성을 경시
- 신뢰도와 책임성이 높아 환경에 동질적 조직은 조직군에 편입(선택)되고,

Check Point

상황적응론의 주요 모형(실증적 분석모형)

- **기술유형론** : Woodward, Perrow, Thompson 등은 기술유형에 따라 조직구조가 다르다고 봄
- **조직규모 결정론** : Blau, Child, Robbins 등은 조직규모가 조직구조에 영향을 미치는 가장 중요한 요인이라 주장
- **조직성장단계 결정론** : Scott, Mintzberg, Greiner(조직성장 5단계) 등은 조직의 성장단계별로 조직구조가 다르다고 봄
- **환경결정론**
  - Burns & Stalker : 안정된 상황에서는 기계적 구조가, 동태적 상황에서는 유기적 구조가 적합함
  - Lawrence & Lorsch : 조직의 효율적 구조는 상황변수(규모 · 기술 · 환경)에 따라 달라짐
  - Hall : 환경적 조건으로 기술적 · 법률적 · 정치적 · 경제적 · 인구학적 · 생태학적 · 문화적 조건을 제시함
  - Emery & Trist : 복잡성과 불확실성을 기준으로 환경을 4단계로 구분함

그것이 낮아 환경에 이질적인 조직은 도태된다고 봄

㉡ 특성

- 분석단위는 개별조직 혹은 조직군
- 조직은 환경적소에 의하여 운명이 결정(환경에 대한 수동성)
- 적자생존의 원리 및 자연도태의 원리를 적용하여 조직현상을 연구
- 조직은 '변이(variation) → 선택(selection) → 보존(retention)'의 과정을 거침

③ 조직경제학이론

㉠ 의의

- 시장경제학의 관점을 조직이론에 도입한 것으로, 조직이 발생하고 조직을 운영하는 것은 의사결정에 따른 비용을 최소화하기 위한 하나의 전략으로 파악함
- 조직은 거래 내지 계약의 결합체이고 인간을 이기적 · 기회주의적 존재로 가정하며, 의사결정에 따른 비용을 최소화하기 위한 조직화의 원리를 추구함

㉡ 유형

<table>
<tr><td colspan="2">대리인 이론</td><td>• 조직을 주인(위임자)과 대리인 간 상충적 이해관계로 파악해 효용극대화를 추구
• 위임자는 자기의 의도대로 대리인이 일하도록 보수와 같은 유인을 제공하고 대리인의 업무수행을 감시통제
• 상충적 이해관계의 존재와 정보격차로 대리비용(대리손실) 발생(도덕적 해이, 역선택 현상)
• 도덕적 해이와 역선택을 극복하는 방안 : 정보공개, 공청회, 내부고발자보호, 정보공개법 · 행정절차법의 제정 등</td></tr>
<tr><td rowspan="3">거래비용경제학(거래비용이론, 시장-위계 조직이론)</td><td>의의</td><td>대리이론을 조직이론에 적용해, 조직의 모든 거래관계를 분석하여 거래비용의 최소화를 추구하는 이론(대표적으로 Williamson의 거래비용이론)</td></tr>
<tr><td>특징</td><td>• 거대조직이나 계층제적 조직의 발생원인을 거래비용의 최소화에서 찾는 접근법으로, 조직을 거래비용 감소를 위한 장치 또는 노력의 산물로 파악
• 시장실패 치료를 위한 시장에서의 거래비용이 행정비용(관리비용, 관료제적 조정비용)보다 큰 경우, 거래비용의 최소화를 위해 조직통합(거래의 내부화)이 이루어진다고 봄
• 인간은 모두 합리적 경제주체로서 거래비용의 최소화를 추구한다고 전제하며, 생산보다는 비용에 관심을 갖고 시장에서 이루어지는 개인 및 조직 간의 거래를 미시적으로 분석
• 거래비용 발생(증가)원인으로 시장실패를 제시함</td></tr>
<tr><td>거래비용 발생요인(시장실패요인)</td><td>• 인적 요인 : 제한된 합리성(H. Simon), 기회주의적 행동
• 환경적 요인 : 불완전경쟁, 환경의 불확실성
• 자산의 특정성(전속성) : 이전불가능성
• 정보의 편재성(밀집성) : 정보격차, 정보비대칭성</td></tr>
</table>

꼭! 확인 기출문제

조직이론에 대한 설명으로 옳지 않은 것은? [지방직 9급 기출]

① 구조적 상황이론 – 상황과 조직특성 간의 적합 여부가 조직의 효과성을 결정한다.
② 전략적 선택이론 – 상황이 구조를 결정하기보다는 관리자의 상황 판단과 전략이 구조를 결정한다.
③ 자원의존이론 – 조직의 안정과 생존을 위해서 조직의 주도적 · 능동적 행동을 중시한다.
❹ 대리인이론 – 주인 · 대리인의 정보 비대칭 문제를 해결하기 위해 대리인에게 대폭권한을 위임한다.

해 ④ 대리인이론은 주인과 대리인 간의 정보 비대칭 문제를 해결하기 위해 대리인에게 대폭 권한을 위임하기보다는 정보공개를 통해 도덕적 해이와 역선택을 극복하고, 대리인이 자기 의도대로 일하도록 보수와 같은 유인을 제공하여 대리인의 업무수행을 감시 · 통제한다.
① 구조적 상황론은 조직의 상황과 조직구조 간의 적합성이 조직의 효과성을 제고시킨다고 주장하며 이러한 상황요인 규명에 노력한다.
② 전략적 선택이론은 조직이 스스로 구조를 결정할 수 있다고 보고 환경과 관계없이 관리자가 전략적으로 선택한 구조가 가장 효율적인 조직구조가 된다는 입장이다.
③ 자원의존이론은 환경의 불확실성을 극복하기 위한 전략적 선택으로 조직의 주도적 · 능동적 행동을 중시하며, 환경에 대한 피동성보다 관리자의 통제능력에 의한 적극적 환경관리를 강조한다.

④ 제도화 이론

㉠ 조직은 사회문화적 규범이나 가치체계 등의 제도적 환경과 부합되도록 그 형태와 구조를 적응해야 한다는 이론으로, 행위가 반복되고 자기와 타인에 의하여 유사한 의미가 부여되는 과정으로 제도화를 이해

㉡ 조직 간의 유사성을 강조하며, 조직이 환경의 영향을 강하게 받는 유기체이지만 조직에 결정적으로 작용하는 요인은 합리적 압력의 결과가 아니라 인습적 신념에 부합하는 사회 · 문화적 압력의 결과로 봄

⑤ 전략적 선택이론

㉠ 의의 : 조직이 스스로 구조를 결정할 수 있다고 보고, 조직의 생존과 발전을 좌우하는 것은 결국 환경이 아닌 관리자(인간)의 자율적 판단과 인지라 보는 임의론적 · 환경형성론적 이론, 즉 환경과 관계없이 관리자가 전략적으로 선택한 구조가 가장 효율적인 조직구조가 된다는 입장

㉡ 특성(J. Child)

- 구조적 상황론이 조직구조 결정요인으로 간주하는 환경 · 기술 · 규모 등은 지배집단의 전략적 선택을 제약하는 제약요인에 불과하며, 조직구조를 결정하는 절대적 요인은 지배집단들의 이해관계와 권력이라 주장함
- 상황에 대한 효과적인 방법만이 조직구조를 결정하는 요인은 아니며, 오히려 관리자들은 조직의 지배와 통제를 위한 권력과 자율성 · 안정성 등을 추구(따라서 조직의 구조는 환경에 대한 효과성보다는 이러한 목적을 달성할 수 있는 방향에서 결정)
- 동일한 환경에 처한 조직이라도 조직관리자의 환경에 대한 지각 차이로 인해 상이한 선택을 할 수 있다고 봄(조직관리자의 자율적 · 능동적인 판

Check Point

Williamson의 M형 조직 (Multi–divisional form)
Williamson은 조직 내 거래비용을 최소화하기 위한 효율적 조직형태로 'M형 조직'을 제시하였다. M형 조직(사업부제 조직모형)은 기능의 통합을 토대로 일의 흐름에 따라 편제한 수평적인 흐름별 조직으로, 전통적인 기능별 조직인 U형 조직(Unitary form)에 대응되는 조직을 말한다.

Check Point

계층제가 시장보다 효율적인 근거(Williamson)
- 계층제적 조직(내부조직)은 연속적 · 적응적 의사결정을 용이하게 하므로 인간의 제한된 합리성을 완화시킴
- 소수 교환관계에서 발생하는 기회주의 행태를 완화 · 희석시킬 수 있음
- 거래의 내부화를 통해 구성원들의 기대가 어느 정도 수렴됨으로써 불확실성을 감소시킴
- 자산의 특정성(전속성)이나 정보의 밀집성(정보격차)이 쉽게 극복됨

Check Point

전략적 선택이론의 배경
구조적 상황이론 등의 결정론적 이론이 환경에 대한 적합성 가설에만 집착한다고 비판하면서 등장한 이론으로, 1972년 J. Child에 의하여 제기됨

단에 의하여 조직구조와 환경에 대한 대응방법이 형성된다고 봄)

ⓒ Scott의 전략이론

완충전략 (buffering)	• 환경적 요구를 전적으로 수용할 능력이 부족할 때 환경의 영향을 최소화시키는 소극적 전략 • 분류(coding) · 비축(stock-filing) · 형평화(leveling) · 예측(forecasting) · 성장(growth)전략(가장 일반적 전략)이 사용됨
연결전략 (bridging)	• 조직 간 연계를 통해 공동으로 문제를 해결하거나 환경을 구성하는 집단과의 관계를 원하는 방향으로 재편 · 통제하려는 대외적인 적극적 전략 • 권위주의 · 계약 · 합병 · 경쟁전략이 있음

⑥ 자원의존이론

㉠ 조직의 필요한 모든 자원획득은 불가능하며 희소자원에 대한 통제능력이 관리자의 능력을 좌우한다는 이론으로, 환경에 대한 피동성보다 관리자의 통제능력에 의한 적극적 환경관리를 중시

㉡ 환경의 불확실성을 극복하기 위한 전략적 선택(조직의 능동적 · 주도적 행동)을 중시하면서, 조직 생존에 필요한 자원이나 기능은 조직 내부에서 모두 확보할 수 없기 때문에 조직은 외부 조직과 관계를 형성한다고 봄

㉢ 조직이 외부 자원에 의존적이지만, 조직이 처한 환경적 제약을 전략적 조정을 통해 완화할 수 있다는 입장이므로 임의론(전략적 선택 관점)에 해당됨

⑦ 공동체생태학이론

㉠ 조직군생태학이론이 환경에 능동적으로 대처해 나가는 조직의 공동노력을 설명하지 못한다고 비판하고, 조직의 행동과 환경적응 과정을 설명하려고 하는 거시조직이론의 한 분파

㉡ 거시적으로 조직 간의 관계 그 자체에 연구의 초점을 두고 환경에 능동적으로 대처해 가는 조직들의 공통된 노력을 설명하고자 하는 이론

㉢ 조직을 생태학적 공동체 속의 한 구성원으로서 파악하고 공동전략에 의한 능동적 환경 적응과정을 설명

혼돈이론(카오스이론, Chaos Theory)

㉠ **의의** : 균형과 질서에 집착하지 않고 혼돈과 무질서의 긍정적 측면을 파악하여 폭넓고 장기적인 변동경로와 양태를 모색하는 이론으로, 전통적 균형모형(질서이론)에 대한 반발로 긍정적 엔트로피를 강조하는 비균형이론모형

㉡ **특성**

- 통합적 접근 : 질서와 무질서, 구조화와 비구조화, 안정과 불안정, 부정적 환류와 긍정적 환류 등 통합적 접근을 시도

Check Point

Thompson & McEwen의 전략

- **경쟁전략** : 복수의 조직이 제3자의 선택이나 자원 획득을 위해 타 조직(외부환경)과 대립관계를 띠는 것
- **협상 및 교섭** : 제3자 개입 없이 조직이 환경과의 양보와 획득 전략으로 직접 상호협상 예 노사협상이나 예산협의
- **적응적 흡수 또는 포용** : 조직의 안정성 · 계속성을 위해 지도층이나 의사결정기구에 조직에 위협이 되는 영향력 있는 외부인물이나 반대세력을 흡수하는 것
- **연합** : 복수의 조직이 공동목표 추구를 위해 상호합작하거나 제휴 예 연립내각

Check Point

공동전략(조직상호 간 호혜적 관계)의 형성 이유

- **필요성** : 정부나 법률 등의 규제에 대응하기 위하여 조직 간 교환관계나 연합을 형성
- **불균형** : 중요 자원들이 산재된 경우 핵심적인 자원을 획득하기 위해 관계를 형성
- **호혜성** : 공동목표나 이익 추구를 위해서 조직 간에 관계를 형성
- **효율성** : 투입 대 산출의 비율을 향상시키기 위하여 관계를 형성
- **안정성** : 자원의 희소성, 불완전한 지식 등에 의한 환경의 불확실성 감소를 위해 형성
- **정당성** : 명성이나 이미지를 제고하고 규범 · 신념 · 기대에 부응하기 위해 형성

- 발전의 전제조건으로서의 혼돈 : 혼돈을 통제와 회피의 대상이 아닌 발전의 필수조건 또는 기회로 이해
- 대상체제의 복잡성 : 행정조직을 개인과 집단, 환경이 상호 교호작용하는 복잡한 체제로 가정
- 자생성과 자기조직화 : 조직의 자생성과 자기조직화 능력을 전제로 하여 혼돈의 긍정적 효용을 신뢰
- 반관료적 · 탈관료적 처방 : 통제 중심적 성향과 구조적 경직성을 타파하고, 탈관료적 · 창의적 학습과 개혁을 위해 제한된 무질서를 용인하며, 필요시 이를 의식적으로 조성할 것을 처방함
- 이중적 순환 학습 : 부정적 환류와 긍정적 환류의 통합적 인식을 강조
- 결정론적 혼돈 : 완전한 혼란이 아닌 한정된 혼돈, 의미 있는 무질서, 제한된 무질서를 전제로 함

꼭! 확인 기출문제

혼돈이론(chaos theory)에 대한 설명으로 옳지 않은 것은? [지방직 9급 기출]

❶ 현실의 복잡성과 불확실성을 극복하기 위해 단순화, 정형화를 추구한다.
② 비선형적, 역동적 체제에서의 불규칙성을 중시한다.
③ 전통적 관료제 조직의 통제 중심적 성향을 타파하도록 처방한다.
④ 조직의 자생적 학습능력과 자기조직화 능력을 전제한다.

해 ① 혼돈이론(chaos theory)은 혼돈과 무질서의 긍정적 측면을 파악하여 변동의 경로와 양태를 찾아보려는 이론이므로, 전통적 과학처럼 현실의 복잡하고 불확실한 관계를 극복하기 위한 단순화 · 정형화를 추구하지 않는다(혼돈을 발전의 불가결한 조건이나 기회로 이해함).
② · ③ 전통적 균형론(질서이론)이 선형적 인과관계와 안정, 질서, 통제, 균형 등을 강조하는 데 비해, 혼돈이론은 비선형적 인과관계나 순환 고리적 상호관계, 복잡성, 불규칙성, 상호인과성, 긍정적 환류 등을 강조한다.
④ 혼돈이론은 조직의 자생적 학습능력과 자기조직화 능력을 전제로 하여 혼돈의 긍정적 효용을 신뢰한다.

Check Point

혼돈시대의 조직화 원칙

- **분산구조모형** : 환경으로부터 위기가 증가하면 환경의 분석 가능성이 저하되고 항상성의 유지자체가 곤란해지는 분기점에서는 변화의 방향을 예측하기 곤란함
- **가외적 기능의 원칙** : 중복과 중첩 허용
- **필요다양성의 원칙** : 어느 정도 가외성을 인정할 것인가에 대한 답으로서 자기규제적인 체제의 내부적 다양성은 환경의 다양성과 복잡성에 상응하도록 해야 함
- **최소한의 표준화 원칙** : 핵심사항 외에는 세부적 표준운영절차를 피하고 자율성을 인정
- **학습을 위한 학습의 원칙** : 현재의 규범이 행동의 적절한 근거가 되는가를 스스로 판단하고 규범을 유지 또는 수정(G. Morgan의 홀로그래픽 조직설계를 위해 개발한 이중순환고리학습)

제4절 조직과 목표

1. 목표의 본질

(1) 의의 및 기능

① 의의

㉠ 조직목표는 조직이 달성하고자 하는 미래의 바람직한 상태를 의미함

㉡ 시대와 장소에 따라 그 중요성의 비중이 달라지며, 환경에 대응하기 위해 목표가 변동되기도 함(목표설정 · 변동은 가치판단과 관련된 문제이므로 갈등이 수반됨)

② 목표의 기능

㉠ 미래의 행정활동의 방향과 지침을 제시

Check Point

조직목표의 특성

공공성, 공익성, 가치관련성, 다원성, 변동성, 단계성, 창조성

ⓛ 조직의 활동이나 목표에 대한 정당성의 근거가 됨

ⓒ 효과성 및 행정의 성과, 능률성 등의 측정기준이 됨

ⓡ 조직구성원을 평가할 수 있는 기준을 제시

ⓜ 조직구성원의 응집성과 동기부여, 효율적인 목표관리(MBO)에 기여

ⓑ 권위의 수용범위를 확대하며, 행정에 대한 일체감을 부여

(2) 유형

① 기능성 기준(A. Etzioni)

㉠ **질서목표** : 강제적 조직(경찰서, 교도소, 격리 · 감금된 정신병원 등)이 내세우는 목표로서, 사회질서유지를 위하여 추구되는 목표

ⓛ **경제적 목표** : 공리적 조직(기업, 경제단체)이 내세우는 목표로서, 사회를 위해 재화를 생산 · 분배하려는 목표

ⓒ **문화적(상징적) 목표** : 규범적 조직(학교, 이데올로기 집단, 자선단체, 종교)이 내세우는 목표로서, 문화가치를 창조 · 발전시키고 상징적 대상이나 가치를 창출

② **계층성 기준** : 상위목표와 하위목표가 있으며, 하위목표는 상위목표를 달성하기 위한 수단이 됨(수단-목표의 연쇄관계)

③ **유형성 기준** : 무형적 목표, 유형적 목표

④ **공식성 기준(C. Perrow)** : 공식적 목표, 실질적 목표

⑤ **이익의 대상에 따른 기준** : 사회적 목표(사회의 기대), 생산목표(소비자), 투자자의 목표(투자자), 체제유지목표(최고관리자), 파생적 목표(부수적 목표)

⑥ **목표 수에 따른 기준** : 단일목표, 다원적 목표

⑦ **지향 상태에 따른 기준** : 치료적 · 소극적 목표, 창조적 · 적극적 목표

> Check Point
>
> **공식적 목표와 실질적 목표의 불일치 원인**
> - 조직활동의 반사회성 은폐
> - 실질적 목표 달성을 위해 공식적 목표를 명분화
> - 환경의 변동이나 구성원 간의 갈등요인
> - 목표에 대한 인식부족 · 결여

2. 목표의 변동

(1) 목표의 전환(displacement of goal, 전도 · 왜곡 · 도치 · 대치)

① 의의

㉠ 본래의 목표가 다른 목표로 뒤바뀌어 조직의 목표가 왜곡되는 현상, 즉 본래의 조직목표를 왜곡 · 망각하여 수단적 가치를 종국적 가치로 전환시키는 것(수단과 목표의 전도 · 도치)

ⓛ Michels의 과두제의 철칙에서 최초로 체계화됨

ⓒ Merton & Gouldner는 동조과잉(수단이 목표보다 중시되는 현상)을 제시

② 원인

㉠ **소수 간부의 권력욕(과두제의 철칙)** : 일단 권력을 장악하면 조직 본래 목표를 추구하기보다 목표를 전환시켜 자신의 권력유지에 집착

㉡ **동조과잉현상과 형식주의** : 정책이나 법규의 지나친 집착은 그 자체가 목적화되어 동조과잉과 형식주의를 초래

㉢ **목표의 지나친 추상성 · 무형성** : 행정목표의 추상적 · 무형적 성격으로 인해 구체적 행동기준으로 부적합

㉣ **목표의 과다책정** : 종국적 목표보다 수단적 목표에 치중하게 되며 전시행정 · 과시행정 현상이 발생

㉤ **행정의 내부성** : 조직의 내부문제에 집착하고 조직 전체의 비전 · 가치는 과소평가

㉥ **전문화와 할거주의** : 전문화 · 분업화 등 조직의 수단적 · 기술적 내용에 집착함으로써 할거주의, 변화의 저항 등을 유발

③ 극복방안

㉠ 지나치게 규칙 · 절차에 치중하지 않도록 함

㉡ 조직 상위목표를 가능한 구체적이고 명확하게 설정

(2) 목표의 승계 · 다원화 · 확대 · 비중변동 · 종결

① **목표의 승계(succession)** : 목표 달성 또는 달성 불가능 시 새로운 목표를 재설정하는 것으로, 동태적 보수주의를 초래하여 조직팽창의 원인이 됨

② **목표의 다원화(목표의 추가)** : 본래의 목표에 새로운 목표를 추가하는 것

③ **목표의 확대(확장)** : 목표의 양이나 수준 등 목표의 범위를 확장하는 것(↔ 목표의 축소)

④ **목표의 비중변동** : 조직이 여러 개의 복수목표를 가지고 있을 때 기존의 목표들 간의 우선순위나 비중이 달라지는 것(등전위현상이나 행정이념의 변동 등이 해당)

⑤ **목표의 종결(폐지)** : 목표가 달성됨에 따라 목표를 폐지하는 것

Check Point

과두제의 철칙(R. Michels)
Michels는 제1차 세계대전 이전 독일의 사회주의 정당과 노동조합을 대상으로 한 연구에서, 목표의 왜곡현상으로 '과두제의 철칙'을 최초로 제시하였다. 그는 민주정권 수립을 위하여 창설되었던 정당과 노조의 지도자들이 본래의 목표를 망각하고 그들의 권력욕을 강화시키는 장으로 정당과 노동조합을 활용함으로써 과두제의 철칙을 강화시켰다고 주장하였다.

제2장

조직의 구조

제1절 조직구조의 본질

1. 조직구조의 구성요소 및 변수

(1) 개관

① 조직구조의 구성(형성)요소

㉠ 역할(role) : 사회적인 관계에서 어떤 지위를 점하는 사람들이 해야 할 것으로 기대되는 행위나 행동의 범주(역할기대 · 역할행태 · 역할갈등으로 구성)

㉡ 지위(status) : 사회적 체제 속에서 개인이 점하는 위치의 상대적 가치나 존중도

㉢ 권력(power) : 어떤 개인 · 집단이 다른 개인 · 집단의 행태에 영향을 미칠 수 있는 능력

② 조직구조의 변수(구조변수) : 조직의 효율성에 영향을 주는 구조적 요소나 지표이며, 기본변수와 상황변수로 구분함

(2) 기본변수

① 복잡성(complexity)

㉠ 의의

- 조직 내에 존재하는 분화의 정도를 말하며, 통상 수직적 분화와 수평적 분화로 구성됨
- 일반적으로 기계구조나 단순업무의 경우 구조의 복잡성이 높고 유기적 구조는 낮음

㉡ 내용

Check Point

조직구조

- 조직의 기본적 골격에 해당하는 것으로, 조직구성원들의 '유형화된 교호작용'을 뜻함
- 목표 달성을 위한 협동과 지속적 교호작용 속에서 구성원들의 행위의 유형이 형성됨

Check Point

기본변수와 상황변수

- **기본변수** : 조직구조의 구성요소(역할 · 지위 · 권력)가 지닌 특성이나 정도를 나타낸 것
- **상황변수** : 기본변수에 영향을 미치며, 기본변수가 결정되면 그에 따라 조직설계(처방)가 이루어짐

Check Point

복잡성의 범위에 대한 다양한 견해

구조의 복잡성에 수직적 분화와 수평적 분화 외에 장소적(지역적) 분산을 포함시키는 견해가 있으며, 복잡성의 범위에 구조적 복합성 외에 기술적 복잡성과 환경의 복잡성까지 포함시키는 견해도 있다.

수직적 분화	• 직무의 난이도와 책임 · 권한에 따른 계층화의 정도나 계층의 수, 계층제의 깊이 등을 의미 • 고전적인 기계적 구조는 통솔범위가 좁아 많은 계층이 만들어지므로 수직적 분화의 정도가 높은 반면, 유기적 구조는 수직적 분화의 정도가 낮음
수평적 분화	• 조직이 수행하는 업무(과업)의 세분화를 의미(전문화와 유사) • 직무의 전문화(업무의 분화 또는 분업화)와 사람의 전문화로 나누어짐
장소적 분산	특정 조직의 하위 단위나 인적 · 물적 시설 자원이 지역적 · 지리적 · 장소적으로 분산되어 있는 것

㉢ 특징(상황에 따라 유효성 정도가 결정되는 가설적 특징)

- 규모가 커질수록 복잡성이 높아짐
- 사업범위가 넓을수록, 사업의 곤란성이 클수록 복잡성이 증가함
- 복잡성이 높을수록 분권화되며, 통솔범위가 좁아짐
- 복잡성이 높을수록 사기가 저하되고 갈등이 증가하며, 조직몰입도가 저하됨

분화(분업화)의 정도와 양면성

- 분업화는 업무의 숙달로 능률성을 제고시키지만, 지나치면 소외감과 싫증 등을 유발하고 인간의 기계화 및 비인간화를 초래할 수 있음
- 분업화는 전문화를 가능하게 하지만, 장기적으로는 '훈련된 무능'을 초래할 수 있음
- 부서 간 분화는 업무의 중복을 방지하지만, 할거주의를 초래할 수 있음

② 공식화(formalization)

㉠ 의의 : 조직 내의 직무가 표준화 · 정형화 · 법규화되어 있는 정도 또는 조직구성원의 행태에 대하여 조직이 규칙 · 절차에 의존하는 정도

㉡ 특성(공식화 영향 변수)

- 단순하고 반복적인 직무일수록 공식성이 높아짐
- 조직규모가 클수록 공식성이 높아짐
- 조직환경이 안정적일수록 공식성이 높아짐
- 기계적 구조는 공식성이 높고, 유기적 구조는 공식성이 낮음

㉢ 순기능(장점)

- 불확실성이나 행동의 변이성을 감소시키고 구성원의 행동을 용이하게 규제
- 조직의 시간 및 활동비용 감소(표준운영절차 등)
- 행정의 예측가능성과 안정성을 높여 주고, 조직활동의 혼란 방지
- 신뢰성 향상을 통한 대외관계의 일관성 · 안정성 유지

㉣ 역기능(문제점)

Check Point

공식화의 척도

- 감독 정도 및 자유 재량권의 정도
- 직무기술서와 규정의 세분화 정도
- 법규나 규정의 존재 및 강제 정도
- 작업표준화의 정도

- 지나친 공식화는 구성원의 자율성을 제약하고 소외감을 초래하며, 상하 간의 민주적 · 인간적 의존관계를 무너뜨림
- 비정형적 의사결정사항이 최고관리층에 집중되며, 집권화를 촉진
- 행정의 재량범위를 축소하며, 변화하는 조직환경에 대한 탄력적 대응이 곤란함
- 문서주의나 번문욕례의 폐단 발생

③ 집권화(centralization)

㉠ 의의

- 조직 내의 권력배분 양태에 관한 것으로, 권력 중추로부터 권력이 위임되는 수준을 말함(의사결정의 권한이 집중 · 위임되어 있는 정도)
- 완전한 집권 또는 분권은 없으며, 강조되는 측면에 따라 상대적 · 동태적 성격을 띰
- 대체로 기계적 구조는 집권성이 높고, 유기적 구조는 집권성이 낮음

㉡ 집권 · 분권의 촉진요인

집권의 촉진요인	분권의 촉진요인
• SOP, 규칙과 절차의 합리성 · 효과성 • 최고관리층의 권력욕 • 권위주의적 문화, 계서적 원리의 지배 • 역사가 짧은 소규모 신설 조직 • 조직 통일성 · 일관성에 대한 요청 • 정보통신기술의 발달(신속한 전달) • 재정 규모의 팽창 • 중요성 · 관심도가 높은 사항이나 기능	• 기술 및 환경변화의 격동성 · 불확실성 • 사회의 민주화 • 구성원의 참여와 자율적 동기유발 전략 • 조직참여자의 창의성 강조 • 현대조직의 규모 확대 • 기술수준의 고도화, 인적 전문화와 능력 향상 • 신속하고 상황적응적인 서비스의 요청

기본변수 간의 관계

구분	복잡성	공식화	집권화
규모가 클 때	높음	높음	낮음(분권화)
일상적 기술	낮음	높음(표준화)	높음
불확실한 환경	낮음(구조의 복잡성은 낮고, 환경의 복잡성은 높음)	낮음	낮음

집권과 분권의 유형

- 정치(통치)상의 집권 · 분권은 중앙행정기관과 지방 간의 권한배분 문제와, 행정상의 집권 · 분권은 행정조직체 내 상하계층으로의 권한배분 문제와 연결됨
- 수직적 분권(일반적 의미의 분권)은 하급자(일반관리자)로의 분권을 말하며, 수평적 분권은 전문가로의 분권을 의미함

기출 Plus 서울시 9급 기출

01. 조직의 규모에 대한 설명으로 가장 옳은 것은?

① 조직의 규모가 클수록 공식화 수준이 낮아진다.
② 조직의 규모가 클수록 조직 내 구성원의 응집력이 강해진다.
③ 조직의 규모가 클수록 분권화되는 경향이 있다.
④ 조직의 규모가 클수록 복잡성이 낮아진다.

해 조직의 규모가 클수록 복잡성과 공식화는 높아지고, 집권화는 낮아짐에 따라 조직이 분권화되는 경향이 있다.
① 조직의 규모가 클수록 공식화 수준이 높아진다.
② 조직의 규모가 클수록 조직 내 구성원의 응집력이 약해진다.
④ 조직의 규모가 클수록 복잡성이 높아진다.

답 01 ③

(3) 상황변수

① 환경

㉠ 의의 : 조직 경계 밖의 영역을 말하며, 조직과 상호작용하며 영향을 미치는 상위시스템

㉡ 특성

- 환경의 불확실성과 복잡성은 역관계 : 불확실성이 높을 경우 복잡성이 낮음(분권화된 조직, 유기적인 조직, 포괄적 기획과 예측이 유리)
- 환경의 불확실성과 공식화는 역관계 : 불확실성이 낮은 안정된 환경의 경우 집권화된 조직, 공식적인 조직, 생산 지향적인 조직이 유리
- 환경의 불확실성과 집권화는 역관계 : 불확실성이 낮은 안정된 환경에서는 집권화(관료제 조직)가, 불확실한 유동적 상황에서는 분권화(동태적 조직)가 유리

② 규모

㉠ 의의 : 조직구성원의 수와 직결되나, 그 밖에 조직의 범위와 책임, 사업규모, 물적 수용규모, 업무량, 고객의 수, 순자산 등도 규모를 측정하는 구성요소(변수)가 됨

㉡ 규모의 특성

- 규모와 복잡성 : 조직규모가 커지게 되면 어느 정도까지는 복잡성이 증대
- 규모와 공식화 : 조직규모가 커질수록 공식화가 촉진
- 규모와 집권화 : 조직규모가 커지면 대체로 일정 수준까지 분권화 · 전문화가 지속

③ 기술

㉠ 의의 : 조직의 투입을 산출로 전환시키는 데 필요한 지식 · 과정 · 방법 등의 모든 활동

㉡ 특성

- 기술과 복잡성 : 대체로 일상적 기술일수록 복잡성은 낮고, 비일상적 기술일수록 복잡성이 높음
- 기술과 공식성 : 대체로 일상적 기술일수록 공식성이 높고(표준화 용이), 비일상적인 기술일수록 공식성이 낮음
- 기술과 집권성 : 양자는 상관도가 낮고 타 변수의 개입에 따라 영향을 받는 경향이 있으나, 대체로 일상적 기술은 집권화를, 비일상적 기술은 분권화를 초래함

Check Point

환경의 불확실성
복잡성(다양성)과 불안정성(역동성 · 격동성)으로 구성되며, 복잡하고 불안정한 환경은 불확실성이 높고, 단순하고 안정적인 환경은 불확실성이 낮음

Check Point

기술유형론
J. Woodward, C. Perrow, J. Thompson의 기술유형론

Check Point

J. Woodward의 기술유형론(1965)

- **의의** : 기술유형에 따른 조직구조의 적합성이 조직의 효과성을 좌우한다는 이론으로, 생산기술이 조직설계에 미치는 영향을 실증적 연구를 토대로 주장하여 구조적 상황이론의 발전에 기여
- **기술유형**
  - 소량생산기술(단일 · 소수상품 생산체제) : 비표준화 · 비반복적 기술을 사용하며, 기술적 복잡성이 낮아 기계화의 정도가 낮고 예측가능성도 낮음 예 맞춤양복, 선박, 항공기, 주문제작 상품
  - 대량생산기술(다수단위 생산체제) : 일상적 · 반복적 기술을 사용하며, 소량생산기술에 비하여 기술적 복잡성이 높아 기계화 정도와 예측가능성이 높음 예 자동차, TV 등의 공산품
  - 연속공정기술(연속공산 생산체제) : 연속적 · 장기적인 과정을 거치는 기술을 사용하며 기술적 복잡성이 가장 높음 예 파이프라인에 의한 석유화학 정제공정

C. Perrow의 기술유형론

과업의 다양성(탐색과정의 예외적 사례)과 문제의 분석가능성을 기준으로 다음의 네 가지로 분류하였다.

구분	일상적 기술 (routine technology)	비일상적 기술 (non-routine technology)	장인적 기술 (craft)	공학적 기술 (engineering technology)
분석 기준의 특성	과제다양성 ↓ 분석가능성 ↑	과제다양성 ↑ 분석가능성 ↓	과제다양성과 분석가능성 ↓	과제다양성과 분석가능성 ↑
적합한 조직 구조	기계적 · 집권적인 구조	유기적 · 분권적인 구조	다소 유기적 · 분권적인 구조	다소 기계적 · 집권적인 구조
기술의 특징	분석 가능한 탐색과 소수의 예외가 결합된 기술 예 TV 조립기술, 자동화된 도자기 공장 등 표준화된 제품의 대량 생산기술	분석 불가능한 탐색과 다수의 예외가 결합된 기술 예 AIDS치료기술, 원자력 추진장치기술	분석 불가능한 탐색과 소수의 예외가 결합된 공예적 기술 예 가정용 액세서리 기술 등	분석 가능한 탐색과 다수의 예외가 결합된 기술 예 댐, 수력발전소 등의 기술

J. Thompson의 기술유형론

조직이 사용하는 기술유형에 의해 조직구조가 영향을 받으며, 그에 따라 갈등 정도도 다르다는 것을 전제로, 다음의 세 가지로 분류하였다.

구분	연속적 기술 (long-linked technology)	중개적 기술 (mediating technology)	집약적 기술 (intensive technology)
상호의존성	과업이나 활동이 연속적 · 순차적 상호의존성을 띰(대량 생산조직)	투입 · 변환 · 산출과정들이 상호 간에 독립적으로 형성되는 것으로, 조직 각 부분이 전체 조직에 개별적으로 공헌하는 것을 의미하는 집합적 상호의존성을 가짐	다양한 기술 · 지식을 다양한 대상에 적용시키는 경우이며, 교호적 · 호혜적 상호의존성을 가짐
조정기제	사전계획, 정례회의	표준화	수시적 상호조정
생산비용	중간	낮음(저비용)	높음(고비용)
갈등	중간	낮음	높음
복잡성	중간	낮음	높음
공식화	중간	높음(표준화)	낮음

꼭! 확인 기출문제

조직기술을 과제다양성과 분석가능성의 정도에 따라 범주화할 때 이에 대한 설명으로 옳지 않은 것은? [국가직 9급 기출]

① 일상기술은 과제다양성이 낮고 분석가능성이 높아 표준화 가능성이 크다.
❷ 비일상기술은 과업의 다양성이 높고 성공적인 방법을 발견하는 탐색절차가 복잡하여 통제 · 규격화된 조직구조가 필요하다.
③ 장인기술은 발생하는 문제가 일상적이지 않아 분권화된 의사결정구조가 필요하다.
④ 공학기술은 과제다양성이 높지만 분석가능성도 높아 일반적 탐색과정에 의하여 문제가 해결될 수 있다.

해 ② Perrow의 네 가지 조직기술 유형 중에서 비일상적 기술(non-routine technology)은 과업의 다양성이 높고 분석가능성은 낮아 성공적인 방법을 발견하는 탐색절차가 복잡하기 때문에 통제 · 규격화된 조직으로는 적절히 대응하기 어렵다. 따라서 이러한 기술 유형에는 낮은 집권성 · 규격성을 가진 분권적 · 유기적인 조직구조가 필요하다.

2. 조직의 원리(조직구조의 형성원리)

(1) 개관

① 의의 : 복잡하고 거대한 조직을 합리적으로 편제하고 능률적으로 관리하여 목표를 효율적으로 달성하기 위해 적용되는 일반적 · 보편적 원리

② 구분

㉠ 분업을 위한 원리 : 분업(전문화) 원리, 부성화 원리, 참모조직의 원리, 기능명시의 원리

㉡ 조정을 위한 원리 : 조정의 원리, 계층제 원리, 통솔범위의 원리, 집권화의 원리, 목표 중시의 원리, 일치성의 원리, 예외성의 원리

(2) 주요 조직원리

① 계층제의 원리

㉠ 의의 : 계층제란 권한과 책임의 정도에 따라 직무를 등급화시키고 이에 따라 상하 계층을 설정하여 지휘 및 명령계통을 확립시킨 피라미드형의 직제를 말함

㉡ 특성

- 계층제도 수직적 분업의 일종으로, 계층수준이 높을수록 주요 정책에 관한 비정형적 업무를 담당하며, 낮을수록 정형적 업무를 담당
- 통솔범위와 계층 수는 역관계(상반관계)에 있으므로, 통솔범위가 넓어지면 계층 수는 감소하고 통솔범위가 좁아지면 계층 수는 증가함
- 계선조직의 형태는 계층제 구조의 경우 피라미드형이며, 막료의 경우 역

기출 Plus 지방직 9급 기출

02. 기술과 조직구조의 관계에 대한 페로(Perrow)의 설명으로 옳지 않은 것은?

① 정형화된(routine) 기술은 공식성 및 집권성이 높은 조직구조와 부합한다.
② 비정형화된(non-routine) 기술은 부하들에 대한 상사의 통솔범위를 넓힐 수밖에 없다.
③ 공학적(engineering) 기술은 문제의 분석가능성이 높다.
④ 기예적(craft) 기술은 대체로 유기적 조직구조와 부합한다.

해 비정형화된 기술은 과제다양성이 높고 문제의 분석가능성은 낮아 직무수행이 복잡하여 수평적 분화(복잡성)의 정도가 높기 때문에 상사 한 명이 많은 부하를 통솔하기 어려우므로 부하들에 대한 상사의 통솔범위를 좁힐 수밖에 없다.

Check Point

계층제의 필요성

- 권한위임의 수단이자 통로
- 통솔범위의 한계로 인해 불가피하게 발생

Check Point

피터의 원리(Peter's principle)

L. Peter가 계층제나 관료제 조직의 병폐를 지적한 개념으로, 계층제 조직 내의 구성원은 무능력의 수준까지 승진한다(무능력자로 채워진다)고 함

 답 02 ②

삼각형임

ⓒ 기능

순기능	역기능
• 지휘 · 명령의 통로이자 상하 간 의사전달 경로 • 업무 배분이나 내부 통제의 경로 • 권한과 책임한계 설정 기준 • 분쟁조정 및 조직안정성 유지 • 조직의 질서 및 통일성 · 일체감 유지 • 신속하고 능률적인 업무수행	• 역동적 · 민주적 인간관계 형성 저해 • 자아실현인의 활동무대로 곤란 • 조직의 경직화와 할거주의, 의사소통의 왜곡 • 새로운 지식 · 기술의 신속한 도입 곤란 • 비합리적인 인간지배 및 수단화 • 귀속감 · 참여감의 저해

② 분업(전문화)의 원리

㉠ 의의 : 업무를 성질별 · 기능별로 분할하여 계속적인 수행을 거쳐 조직의 능률성을 제고하고자 하는 원리로, 기능의 원리라고도 함(J. Mooney)

㉡ 유형

- 상향적 분업과 하향적 분업
- 일(업무)의 전문화와 인간(공무원)의 전문화
- 수평적 분업과 수직적 분업(전문화)

㉢ 문제점

- 인간의 부품화를 초래하며, 정형화된 업무의 반복으로 흥미를 감소시킴
- 조직 내의 조정과 통합 곤란(할거주의)
- 전문가적 무능(훈련된 무능)현상 초래
- 자원이 부족한 소규모 조직의 능률성 저해

③ 명령통일의 원리

㉠ 의의 : 한 사람의 상관에게만 보고하고 명령을 받아야 한다는 원리(의사전달의 능률화를 위해 하나의 조직에는 오직 한 명의 장(長)이 있어야 함)

㉡ 문제점

- 행정능률과 횡적인 조정을 저해
- 분권화와 권한위임을 저해
- 기능적 전문가의 영향력 감소, 막료기능의 무력화 초래

④ 통솔범위의 원리

㉠ 의의

- 1인의 상관이 효과적으로 감독할 수 있는 부하의 수에 관한 원리
- 인간의 주의력과 지식이나 경험, 시간에도 한계가 있으므로, 그 수는 반드시 일정한 한계를 가진다고 봄

㉡ 결정요인(통솔범위의 확대요인)

- 역사가 길고, 안정된 조직은 범위 확대(시간적 요인)

기출 Plus 지방직 9급 기출

03. 조직구조에 대한 설명으로 옳지 않은 것은?

① 공식화(formalization)의 수준이 높을수록 조직구성원들의 재량이 증가한다.
② 통솔범위(span of control)가 넓은 조직은 일반적으로 저층구조의 형태를 보인다.
③ 집권화(centralization)의 수준이 높은 조직의 의사결정권한은 조직의 상층부에 집중된다.
④ 명령체계(chain of command)는 조직 내 구성원을 연결하는 연속된 권한의 흐름으로, 누가 누구에게 보고하는지를 결정한다.

해 공식화의 수준이 높을수록 조직구성원들의 재량은 감소한다.

Check Point

수평적 분업과 수직적 분업

- **수평적 분업** : 직무의 동질성을 기준으로 하여 수평적으로 조직을 편성하는 것을 의미
- **수직적 분업** : 상급기관(계층)과 하급기관(계층) 간의 직무의 분할을 의미

Check Point

전문가적 무능현상(Veblen)

전문화가 강조될수록 자기분야는 잘 알지만 시야가 좁아지게 되는 현상

Check Point

명령통일의 필요성(중요성)

- 조직 지위의 안정성과 질서 유지, 심리적 안정, 부하직원에 대한 통제
- 업무의 책임성 확보, 업무의 신속성과 의사전달의 효율성 향상

답 03 ①

- 집중된 공간이거나 교통수단이 발달할수록 범위 확대(공간적 요인)
- 동일한 반복 업무나, 표준화된 업무일수록 범위 확대(업무의 성질)
- 감독자와 부하의 능력이 뛰어날수록 범위 확대(감독자 · 부하 능력)
- 계층 수가 많을수록 통솔범위 축소(계층의 수)
- 조직구성원의 자발성이 높고 막료기능이 활성화될수록, 수평적 · 분권적 구조일수록 범위 확대
- 의사전달 및 교통통신수단이 발달될수록 범위 확대

⑤ 조정의 원리

㉠ 의의 : 공동목표 달성을 위해 행동의 통일을 이루도록 집단적 노력을 정연하게 배열하는 과정, 즉 분열된 의견과 세분화된 업무를 조직목표에 비추어 통합하는 것(J. Mooney는 조정을 '조직의 제1원리'라 함)

㉡ 조정의 방법

- 권한과 책임의 명확화
- 목표와 참여에 의한 조정(MBO), 이념(아이디어)에 의한 조정
- 계층제 원리에 의한 조정(공식적 통로를 통한 조정)
- 자율적인 자기조정, 조정기구에 의한 조정, 위원회나 회의에 의한 조정
- 절차의 표준화 · 정형화에 의한 조정
- 인사배치에 의한 조정
- 계획 및 환류에 의한 조정

⑥ 부처편성의 원리(부성화의 원리)

㉠ 의의 : 정부기능의 합리적 · 능률적 달성을 위해 조직을 편성하는 원리로, 수평적 전문화와 관리 단위의 분화기준 및 방법을 말함

㉡ 부처 편성의 기준(L. Gulick) 및 평가

구분	장점	단점
목적 · 기능별 분류	• 업무의 중복과 기능의 상충 방지 • 업무수행과 문제해결의 신속성 • 정부활동에 의한 국민의 통제 용이 • 업무책임의 명확화(책임 전가 방지)	• 정부활동의 중복 없는 분류 불가능 • 할거주의적 태도로 조정이 어려움 • 지나친 목적 강조로 전문적 기술용이 곤란 • 중앙집권화로 인한 국민접촉 곤란
과정 · 절차별 분류	• 최신기술을 최대한 활용 • 대량생산을 통한 절약과 능률화 • 행정의 분업과 전문화 용이 • 전문직 공무원의 육성에 기여 • 다양한 기능 수행 시 적합	• 행정업무의 과정 · 수단 · 기술로 분담은 불가능 • 목적보다 수단을 중시(red tape) • 지나친 전문화로 넓은 시야의 관리자 양성 곤란 • 전문인으로서의 통제와 조정의 어려움

Check Point

수직적 조정기제와 수평적 조정기제(Daft)
- **수직적 조정기제(연결기제)** : 수직적 연결은 조직 상하 간의 활동을 조정하는 연결장치를 의미하며, 여기에는 계층제, (수직적) 계층직위의 추가, 규칙, 계획, 수직정보시스템 등
- **수평적 조정기제(연결기제)** : 조직 부서 간의 수평적 조정과 의사소통을 의미하며, 여기에는 프로젝트팀, 프로젝트 매니저(사업관리자), 임시작업단(태스크포스), 직접접촉, 통합정보시스템 등

Check Point

조정의 저해요인
- 조직의 거대화 · 비대화
- 행정의 전문화와 분권화, 행정기관의 할거주의, 횡적 의사전달의 미흡
- 정치적 압력이나 이해관계
- 전근대적 가치관 및 태도
- 관리자의 조정능력 부족 및 조정기구 결여

Check Point

예외의 원리

일상적인 업무는 자율적으로 수행하되 예외적인 사항에 대하여 보고와 명령이 이루어지도록 한 원리를 말하는 것으로, 오늘날 조직의 원리에서 일반적으로 수용되고 있다.

고객 · 대상별 분류	• 국민과 정부의 접촉이 용이 • 업무의 반복으로 행정기술 향상과 업무의 효과적 조정 • 실적 평가가 용이(책임한계 파악)	• 다양한 행정대상으로 중복과 혼란 초래 • 지나친 정치적 압력이나 간섭을 받기 쉬움 • 기관 간 기능 중복과 권한 충돌(Mile의 법칙)
지역 · 장소별 분류	• 지역 특수성 반영으로 주민의 요구 반영 • 지역실정에 부합된 행정 • 지역 내 업무의 조정과 통제 용이 • 업무의 간소화와 효율화에 기여	• 국가보다 지방적 이익이 더 중시됨 • 전국적으로 통일된 정책수립 · 집행이 곤란 • 지방의 압력단체에 의한 영향 우려 • 지역별 조직 구획의 어려움

⑦ 조직의 원리에 대한 비판 : 행태론자인 Simon은 조직의 원리에 대하여 경험적 검증을 거치지 않은 격언 혹은 속담에 불과하고, 형식적 과학에 집착할 뿐이라 지적한 바가 있다. 또한, 상황이론학자들은 조직구조에 대하여 유일최선의 원리가 없으며, 조직의 상황에 따른 다양한 구조들이 적용되어야 한다고 주장하였다.

꼭! 확인 기출문제

조직구성 원리에 대한 설명으로 옳지 않은 것은? [지방직 9급 기출]

① 분업의 원리 – 일은 가능한 한 세분해야 한다.
② 통솔범위의 원리 – 한 명의 상관이 감독하는 부하의 수는 상관의 통제능력 범위 내로 한정해야 한다.
❸ 명령통일의 원리 – 여러 상관이 지시한 명령이 서로 다를 경우 내용이 통일될 때까지 명령을 따르지 않아야 한다.
④ 조정의 원리 – 권한 배분의 구조를 통해 분화된 활동들을 통합해야 한다.

해 ③ 명령통일의 원리란 조직원은 누구나 자신에게 권한과 책임을 위임해 준 한 명의 상급자에게만 통일된 명령과 지시를 받고 보고를 해야 한다는 원리로 조직원은 두 사람의 상관을 섬겨서는 안 된다는 것을 의미한다.
① 분업의 원리란 한 사람이 할 수 있는 일의 성격과 종류에는 한계가 있으므로 업무를 가급적 세분화하여 한 사람에게는 한 가지 일만 반복적으로 맡겨야 한다는 원리이다.
② 통솔범위의 원리란 상급자의 통솔범위에는 한계가 있으므로 적정 수의 감독범위를 설정해야 한다는 원리이다.
④ 조정의 원리란 구성원들의 분화된 노력과 활동을 한 방향으로 조정 · 통합하여야 한다는 원리를 말한다.

제2절 관료제(bureaucracy)

1. 관료제의 본질

(1) 관료제의 개념

① 구조적 관점(M. Weber, R. Merton, P. M. Blau)

- 관료제는 계층제 형태를 지니며 합법적 · 합리적 지배가 제도화되어 있는 대규모 조직
- Weber는 관료제 모형을 제시 후 관료제를 대량의 업무를 법령에 따라 비정의적(非情誼的)으로 처리하기 위해 구성된 대규모의 분업체계로 정의하는 관점이 보편화됨

② 정치적(권력적) 관점(H. Laski, H. Finer) : 관료제를 정치권력을 장악한 대규모 조직(특권집단 등)으로 파악

③ 구조기능적 관점(F. Riggs) : 구조적 관점과 정치적 관점을 혼합한 접근으로, 관료제를 고도의 계층제 형태를 지니며 합리적 · 병리적 기능을 수행하는 조직체로 파악

(2) M. Weber의 관료제이론

① 의의

㉠ Weber의 관료제는 20세기 초 당대의 정치 · 경제적 현실을 토대로 연구된 가설적 모형(실제 조직에 대한 실존 연구모형이 아님)

㉡ 독일 등 유럽을 토대로 함(영 · 미의 정당이나 신생국의 관료제 연구 아님)

② 특징

㉠ 이념형(ideal type) : 현존하는 관료제의 속성을 평균화한 것이 아니라 관료제의 가장 특징적인 것만 추출해서 정립한 가설적 모형(경험보다는 고도의 사유과정을 통해 구성)

㉡ 합리성 : 관료제를 기계적 정형성을 가지며 목표 달성을 위하여 인적 · 물적 자원을 집중적이고 최고도로 활용하도록 편제된 가장 합리적 조직으로 봄

㉢ 보편성 : 관료제는 국가뿐만 아니라 공 · 사의 모든 대규모 조직에 보편적으로 존재

③ 지배유형 : Weber는 관료제의 대표적인 형태인 이념형 관료제의 입장에서 권위의 정당성을 기준으로 지배의 유형을 세 가지로 분류함(현실에 그대로 적용되는 것이 아니라 많은 혼합형이 존재한다고 파악)

Check Point

지배의 세 가지 유형(M. Weber)

- **전통적 지배** : 정당성의 근거가 전통과 관례에 있다고 보는 입장이며, 가산관료제가 대표적 예 왕, 족장 등
- **카리스마적 지배** : 정당성의 근거가 개인의 비범한 능력이나 초인적인 품성에 있는 것으로 보는 입장으로, 위기나 재난 시 주로 등장하는 카리스마적 관료제가 대표적 예 종교지도자, 군지도자 등
- **합법적 지배** : 정당성의 근거가 근대 법치주의나 합리주의에 있다고 보는 입장으로, 근대사회를 특징짓는 합법적 · 합리적 근대 관료제가 대표적 예 가장 순수한 형태의 정통관료제, 근대 직업관료제 · 실적관료제 등

(3) 근대 관료제의 성립 배경

① **화폐경제 발달** : 봉건관료의 현물급여와는 달리, 근대관료는 규칙적 화폐급여의 형태를 취하고 있기 때문에 화폐경제의 발달이 전제가 된다.

② **행정업무의 양적 증대와 질적 발달** : 행정업무의 양적 증대와 질적 전문화 및 기술화가 합리적 관리를 내세운 관료제의 성립 배경이 되었다.

③ **물적 관리수단의 집중화** : 물적 수단을 집중관리하는 데에 필요한 근대예산제도의 탄생은 관료제를 필요로 한다.

④ **관료제적 조직의 기술적 우위성** : 직업관료제란 기술적 능력에 의한 기술관료제로서 정확성, 지속성, 통일성, 신속성, 엄격한 복종, 물적 · 인적 비용 절약 등의 기술적 우위성을 지닌다.

⑤ **기타** : 사회의 세속화, 자본주의 경제체제의 성장, 법 앞의 평등에 의한 사회적 차별의 평준화, 제2차 집단의 발달

(4) 근대 관료제의 특징

① **합법적 · 합리적 지배** : 권위의 정당성의 근거는 법규에 의하여 주어짐

② **법규에 의한 지배**

㉠ 관료의 직무와 기능, 책임, 권한배분, 자격요건 등이 명백히 법규에 규정되어 보편성에 근거한 객관적 업무수행이 용이함

㉡ 상관의 권한은 업무활동에 한정됨(명확한 관청적 권한)

③ **공식화 및 문서주의** : 행정에 관한 결정이나 규칙은 모두 공식화되고, 업무나 직무수행은 문서에 의거해 처리되며 그 결과는 문서로 기록 · 보존됨

④ **고도의 계층제** : 조직관계가 고도의 계층제의 원리에 의하여 확립되어 있음(상명하복의 수직적 관계와 위계질서가 강조됨)

⑤ **업무의 전문화(분업화) · 세분화** : 기술적 능력 · 자격에 따라 규정된 기능을 수행하며, 업무의 성질별 · 기능별 분할을 통해 능률성이 제고됨

⑥ **직업의 전업화 및 전문직업관료제** : 전문직업관료제로서의 성격을 지니므로 신속 · 정확한 업무수행과 장기적 측면의 비용감축이 가능(전문지식과 기술을 가진 관료가 직무를 전담)

⑦ **공개적 채용** : 시험 또는 자격증 등을 통해 공개적으로 채용함

⑧ **고용관계의 자유계약성** : 직무수행을 위한 신분보장과 평등한 고용관계를 전제로 한 고용의 자유계약성이 인정됨

⑨ **예측가능성** : 미래 상황에 대한 명확한 예측을 전제로 목표의 명확화와 능률적 수행이 요구됨

⑩ **공사분리주의** : 직무와 직무상의 설비나 재정 등에 있어서 공 · 사가 엄격히

구별됨

⑪ 몰인간성과 비정의성 · 비인격성(impersonality)

㉠ 법규에 근거한 지배로 감정이나 정의적 요소가 배제됨

㉡ 국민의 사정이나 개별적 여건을 고려하기는 어려우며, 보편적 · 일반적 상황을 전제로 한 행정을 추구함

⑫ 객관주의적 공평성 : 형식주의, 평등주의 등을 토대로 비개인적이고 객관적으로 업무를 수행함

(5) 관료제의 순기능과 역기능

① 관료제의 순기능

㉠ 인간본성의 상승욕구를 충족시키는 승진제도

㉡ 법 앞의 평등 및 법규에 따른 예측 가능한 행정 확보

㉢ 업무의 표준화

㉣ 신속하고 효율적인 행정 구현

㉤ 고도의 합리주의(공직의 기회균등과 행정과정의 객관화 · 민주화에 기여)

㉥ 갈등의 구심적 통합

㉦ 조직의 안정성 · 지속성 보장

② 관료제의 역기능(병리)

㉠ **법규에 의한 지배** : 동조과잉(Merton)과 수단의 목표화(수단과 목표의 전환)

㉡ **비인간성(인격적 관계의 상실), 인간 소외** : 조직 내 대인관계의 지나친 몰인정성(impersonality)은 냉담과 무관심 등으로 나타나 인간성을 상실을 초래

㉢ **문서주의 · 형식주의** : 문서에 의한 행정업무처리는 번문욕례(red tape, 문서다작주의)를 초래

㉣ **무사안일주의, 권위나 선례 의존성** : 계서제적 구조와 선례의 답습으로 적극적 · 쇄신적 태도 결여

㉤ **전문화에 따른 무능** : 관료와 조직의 전문화 강조로 부서나 파벌 등의 할거주의(국수주의)와 훈련된 무능(Veblen) 초래

㉥ **변화 · 변동에 대한 저항** : 관료의 전임화, 경직성 · 계층성 등으로 환경변화에 대한 적응력이 부족하며 변화에 저항

㉦ **관료독선주의와 권위주의** : 관료 중심주의 경향에 따라 관료의 독선과 권위 · 특권의식이 형성되며, 귀속주의나 극단적 비밀주의 등의 병폐 발생

㉧ **무능력자의 승진(Peter의 법칙)** : 관료를 무능화하는 연공서열식 승진제도로 인해 무능력자의 승진현상이 발생

㉨ **권력구조의 이원화** : 상사의 계서적 권한과 지시 능력 간의 괴리 또는 상사

기출 Plus 지방직 9급 기출

01. 베버(Weber)의 관료제 모형을 설명한 것으로 옳지 않은 것은?

① 조직이 바탕으로 삼는 권한의 유형을 전통적 권한, 법적 · 합리적 권한으로 나누었다.

② 직위의 권한과 관할범위는 법규에 의하여 규정된다.

③ 인간적 또는 비공식적 요인의 중요성을 간과하였다.

④ 관료제의 긍정적인 측면으로 목표대치 현상을 강조하였다.

해 목표－수단의 대치(displacement) 현상은 법규의 엄격한 강조로 규정과 같은 수단에 지나치게 집착함으로써 중요한 목표를 소홀히 여기는 것을 말한다. 이는 관료제의 부정적인 병리현상에 해당한다.

① 조직의 바탕으로 삼는 권한의 유형을 관료의 직무와 기능, 권한배분, 자격요건 등에 따라 나누었다.

② 권위의 정당성의 근거가 법규에 의하여 주어지고 법규에 의하여 규정된다.

③ 조직관계가 고도의 계층제의 원리에 따라 수직적 관계와 위계질서가 지나치게 강조되어 인간의 비합리적이고 감정적인 요소가 무시되는 병리현상이 있다.

답 01 ④

국가직 9급 기출

02. 관료제 병리현상에 대한 설명으로 옳지 않은 것은?

① 규칙이나 절차에 지나치게 집착하게 되면 목표와 수단의 대치 현상이 발생한다.
② 모든 업무를 문서로 처리하는 문서주의는 번문욕례(繁文縟禮)를 초래한다.
③ 자신의 소속기관만을 중요시함에 따라 타 기관과의 업무협조나 조정이 어렵게 되는 문제가 나타난다.
④ 법규와 절차 준수의 강조는 관료제 내 구성원들의 비정의성(非情誼性)을 저해한다.

해 관료제 병리현상은 관료제 조직에 나타나는 역기능적 · 병리적 형태와 현상을 말한다. 법규와 절차 준수의 강조는 관료제 내 구성원들의 비정의성(非情誼性)을 저해하는 문제가 아니라, 목표와 수단의 대치 현상의 문제를 야기한다.
① 규칙이나 절차에 지나치게 집착하게 되면 목표와 수단의 대치 현상이 발생한다. → 목표대치(目標代置, displacement of goals)
② 모든 업무를 문서로 처리하는 문서주의는 번문욕례(繁文縟禮)를 초래한다. → 번문욕례(繁文縟禮, red-tape)
③ 자신의 소속기관만을 중요시함에 따라 타 기관과의 업무협조나 조정이 어렵게 되는 문제가 나타난다. → 할거주의(割據主義, scetionalism)

답 02 ④

의 계서적 권한과 부하의 전문적 권력이 충돌하는 경우 갈등이 발생

㉦ **관료제의 과도한 팽창 · 확대(관료제국주의)** : 관료제의 자기보존적 속성과 세력 확장으로 업무량과는 무관하게 기구나 인력 등이 지속적으로 팽창

㉧ **민주성과 관료제의 대표성 저하** : 행정의 자율성 제고와 외부 통제력 약화는 관료제의 민주성을 저해하며 대표성을 약화

㉨ 갈등조정 수단의 부족 등

꼭! 확인 기출문제

베버(Max Weber)가 관료제의 특징으로 제시한 내용에 해당하지 않는 것은? [서울시 9급 기출]

① 문서화된 규정 – 조직의 목표달성을 위해 필요한 절차와 방법이 기록된 규정이 존재함
② 계층제 – 피라미드 모양의 계층구조를 가지며, 명령과 통제가 위로부터 아래로 전달됨
③ 전문성 – 업무에 대한 지식을 가진 전문적 관료가 업무를 담당하며, 직무에의 전념을 요구함
❹ 협력적 행동 – 원활한 계층 체계 작동을 위해 구성원은 서로 협력하며, 이를 통해 높은 효율과 성과를 거둘 수 있음

해 ④ 베버의 이념형 관료제는 엄격한 분업과 계층제를 근간으로 하는 집권화를 특징으로 하므로 구성원 간 팀워크나 협력보다는 분업을 통한 효율을 중시한다.
① 관료제는 권한과 책임한계를 명확히 하고 목표의 효율적 달성을 위해 문서화된 규정을 중시하는 문서주의를 추구한다.
② 관료제는 권한과 책임의 정도에 따라 직무를 상하간에 등급화하고 상하명령복종관계를 정립하는 계층제를 근간으로 한다.
③ 관료제는 전문지식과 능력을 갖춘 사람을 채용하는 실적주의와 직무에만 전념하고 그 대가로 보수를 받는 직업관료제를 전제로 한다.

2. 관료제이론의 비판과 쇄신

(1) 비판과 수정

① 1930년대 인간관계론과 사회학자들의 비판

㉠ **특징** : Weber가 근대 관료제의 장점을 지나치게 강조한 나머지 그 역기능과 사회문화적 특성을 충분히 고려하지 않았다고 비판(부분적 비판)

㉡ 내용

- 조직 및 인간 측면의 비판 : P. M. Blau는 관료제가 공식적 · 합리적인 측면만을 강조하고 비공식적 · 비합리적 측면은 도외시한다고 비판
- 기능 측면의 비판 : R. Merton은 관료제가 언제나 목표 달성에 기여하는 것은 아니며 경우에 따라서는 역기능 내지 병리현상을 초래한다고 지적
- 환경 측면의 비판 : P. Selznick은 관료제가 환경을 도외시한다고 비판
- 권력 측면의 비판 : Weber 관료제는 가치중립적 성격을 지니므로 관료제 내 · 외부에서 일어나는 권력현상을 인식하지 못함

② 1960년대 발전론자들의 비판

㉠ 특징 : 1960년대 개발도상국을 중심으로 정부 주도의 급격한 근대화가 추진되면서 관료제에 대한 활발한 재평가가 시작(전면적 비판과 수정)

㉡ 내용

- 법규에 의한 명확한 관청적 권한 배분은 신축적 행정처리와 발전에 장애가 되므로, 조직책임자의 재량권 보장과 임시 구조적 성격을 가미할 것이 요구됨(행정관청론의 한계 지적)
- 합법성에서 나타나는 경직화 타파와 법률의 신축적 · 탄력적 운영을 위해 합목적성 강조
- 지휘 및 통제체제로서의 계층제를 상하 간의 분업체제, 구성원의 참여를 보장하는 협의체제로 파악(하의상달 추구)
- 관료의 전문적 지식 외에 사회 전반에 대한 이해력과 발전지향성을 강조

③ 1970년대 신행정론 등에 의한 비판

㉠ 특징 : 후기관료제(탈관료제)모형에 의한 극단적 비판

㉡ 내용

- W. Bennis 등은 Weber의 기계적 · 집권적 · 정태적 관료제 모형은 급격한 사회변동에 맞추어 탈계서제적인 적응적 · 유기적 구조로 전환 · 대체되어야 생존과 유지가 가능하다고 봄(관료제의 종말론 제기)
- 정태적 관료제 조직에 대비되는 동태적 · 임시적 조직(adhocracy) 등 탈관료제 조직모형 제시

(2) 관료제의 쇄신

① 조직구조적 측면

㉠ **동태적 · 신축적 조직구조** : 경직적 구조를 환경에 적응할 수 있는 쇄신적 · 문제 해결적 조직으로 변모(adhocracy)

㉡ **분권화와 권한위임** : 지나친 집권화에 따른 문제를 극복

㉢ **할거주의의 극복** : 참여를 통한 의사소통의 원활 및 조정

㉣ **보수제도의 개선과 상벌 · 유인제도 확립** : 부패방지를 위해 보수를 현실화하고, 공무원 사기 제고를 위한 제도개선

② 인간적 측면

㉠ 선례답습 및 무사안일주의를 극복하고 발전지향적 · 모험적 창조주의로 변화

㉡ 권위주의 대신 공복의식 및 공직윤리 확보

㉢ 적정한 신분보장과 전문직업의식의 확립

㉣ 대내적 인간관리의 민주화(MBO, OD 등)

Check Point

관료쇄신의 필요성

관료제 내의 보수성과 병리적 현상을 극복함으로써 미래지향적이고 창의적인 행정이 되도록 하여 행정, 나아가 국가발전에 긍정적 · 선도적 역할을 수행

③ 환경적 측면
㉠ 사회적 환경 및 풍토의 개선
㉡ 관료제에 대한 민주적 통제의 강화(정보공개제도 및 행정절차법 정비 등)

Check Point

관료제와 민주주의의 조화(D. Yates)
D. Yates는 〈관료제적 민주주의〉(1982)에서 제도개혁을 통하여 정부관료제에 대한 통제전략을 잘 수립하면 관료제 체제에서 능률과 민주주의를 잘 조화시켜 나갈 수 있다고 보고, 관료제와 민주주의의 조화를 위한 제도적 개혁방안을 제시하였다.

(3) 관료제와 민주주의

① 바람직한 관계(방향) : 법 앞의 평등을 구현한다는 점에서 유사하나, 능률성을 강조하는 관료제가 민주주의의 이념과 상충되는 측면도 있으므로, 상호보완적 · 조화적 관계로 발전시키는 것이 오늘날 관료제의 과제
② 민주주의에 대한 관료제의 영향
㉠ 공헌요소(긍정적 측면)
- 법 앞의 평등 보장 : 신분 · 정실 임용을 배제하고 법규에 의한 보편적 임용을 강조함
- 공직취임의 기회균등보장 : 전문지식과 능력에 의한 관료의 임용 원칙
- 민주적 목표의 능률적 수행 : 민주적으로 결정된 조직목표를 능률적으로 처리함
- 국회의 약화된 입법기능 보완 : 전문분야의 입법에 있어 관료의 전문지식을 활용함
- 국민경제 생활 향상에 기여 : 특히 개발도상국에서 두드러짐

㉡ 저해요소(부정적 측면)
- 관직 · 관료의 특권화(과두제의 철칙, 소수 엘리트나 공무원에게 권력 집중)
- 시민 위에 군림(독선관료화)하여 시민의 요구를 무시하며, 국민에 대한 책임의식 결여
- 행정의 자율성 강화에 따른 외부통제나 민주통제 저해
- 조직의 비민주적 보수화 · 관료제화
- 법규 · 절차에 대한 강조로 민주적 목표 저해(목표의 전환)

3. 탈관료제(후기관료제)

(1) 의의

① 1970년대 전통적 관료제조직의 한계가 지적되면서 관료제조직과 반대되는 조직형태로 등장한 모형으로, 애드호크라시(adhocracy, 임시특별위원회)가 대표적 조직이다.
② 후기관료제 혹은 반(反)관료제모형으로 불리는 애드호크라시는 높은 융통성과 적응성의 동태적 조직 모형으로서 임시특별위원회로 번역되며, 포스트모

더니즘의 산물이라고 할 수 있다.

(2) 탈관료제의 등장 배경

① **이론적 배경** : Weber 이론에 대한 비판을 시작으로 발전행정론과 신행정론의 장

② **시대적 배경** : 사회과학 전반의 인본주의적 성향, 환경의 급속한 변동, 지식과 기술의 고도화, 개인의 자율성 및 조직 내부 민주주의에 대한 요청, 인간주의적 사고 등

(3) 탈관료제의 특징

① 임무와 문제해결능력 중시, 문제의 집단적(협력적) 해결을 강조

② 비계서적 구조를 추구하며, 조직구조변수(복잡성 · 공식성 · 집권성)가 낮음

③ 계선(현상유지)보다 막료의 비중이 큰 유기적 조직

④ 상황적응성, 임무와 기구의 유동성, 조직의 잠정성(가변성)

⑤ 의사전달의 공개주의

⑥ 수평적 동료 관계, Y이론에 입각한 자기통제

⑦ 막료나 전문가를 통한 수평적 분권 또는 조직 하부로의 수직적 분권(선택적 분권화)

(4) 탈관료제의 주요 이론

① **적응적 · 유기적 구조(W. Bennis)**

㉠ 구조는 문제를 중심으로 이루어진다.

㉡ 문제의 해결은 전문분야의 사람들이 모여 구성한 집단에 의해 이루어진다.

㉢ 의사전달과 조정을 위한 접합점의 역할을 할 사람을 지정한다.

㉣ 구조의 배열은 잠정적이다.

② **변증법적 조직(O. White)**

㉠ 조직은 정 · 반 · 합의 변증법적 과정을 전부 거친 통합모형이 아니라, 스스로를 계속 발전시키는 단계에 있다며 주장하고 제시한 조직모형이다.

㉡ 고객과 조직 사이의 경직된 전통적인 경계 개념을 타파한 고객 중심의 조직이다.

㉢ 구조 배열을 고착화시키지 않고 구조의 유동화에 의한 조직 원리를 따른다.

③ **연합적 이념형(L. Kirkhart)**

㉠ 조직 내의 사회 관계는 고도의 독립성과 상호의존성을 보인다.

㉡ 조직의 기초적 업무 단위는 프로젝트팀으로, 고용관계가 잠정적이다.

> Check Point
>
> **탈관료제의 이론모형**
>
> 적응적 · 유기적 구조, 견인이론적 구조(R. Golembiewski), 비계서적 구조, 연합적 이념형(L. Kirkhart), 변증법적 조직(O. White), 임시조직, 과(課) 없는 조직, 이음매 없는 조직(R. M. Linden), 팀 조직, 매트릭스조직(복합조직), 네트워크조직, 학습조직, 가상조직, 하이퍼텍스트(hypertext)형 조직, 위원회 조직, 막료 조직 등

㉢ 봉사 대상인 고객 집단의 대표들이 조직에 참여한다.

㉣ 같은 목표를 추구하는 프로젝트팀은 각기 다른 방법을 통해 목표를 달성한다.

④ 비계서제(F. Thayer)

㉠ 계서제와 경쟁 원리가 인간소외를 초래했다고 여기며, 의사결정의 위임, 고객의 참여, 조직 경계의 개방 등을 통해 계서제의 타파를 주장한다.

㉡ 승진 개념과 보수 차등, 집단 간의 모호하고 유동적인 경계 등을 철폐하는 참여적이고 협동적인 문제해결장치를 발전시킨다.

⑤ 견인이론적 조직구조(Golembiewski)

㉠ 수평적 분화의 기준은 기능의 동질성이 아니라, 일의 흐름에 대한 상호관련성이다.

㉡ 자유로운 업무분위기를 조성하여 조직의 외재적 통제와 억압을 최소화하고 직무수행과 욕구충족의 조화를 이룬다.

㉢ 변화에 대한 적응을 용이하게 한다.

㉣ 권한의 흐름이 하향적 · 일방적인 것이 아니라, 상호적이며 상화 · 좌우적인 권한관계를 형성한다.

㉤ 업무 성과에 대한 평가를 기본으로 자율규제를 촉진하여 통솔 범위를 확대한다.

⑥ 이음매 없는 조직(Seamless Organization)(R. Linden)

㉠ 분할적 · 편린적인 조직이 아니라 총체적으로 구성된 유기적 조직으로서, 기존의 관료제를 분산적 조직이라 비판하며 고객에게 다양한 통합서비스를 제공한다.

㉡ 성과와 고객만족을 중심으로 업무를 평가한다.

㉢ 조직 내부의 경계가 모호하며 네트워크로 전환된다.

㉣ 고객에 대응하도록 복수기능적 팀에 의해 업무를 수행한다.

⑦ 이외의 조직 : 팀 조직, 사업부제 조직, 매트릭스 조직, 네트워크 조직 등

(5) 탈관료제에 대한 평가

① 탈관료제의 장점

㉠ 전문성 · 합리성을 갖춘 다양한 전문가들의 협력을 통해 문제해결이 가능하다.

㉡ 환경이나 상황이 급변하거나 유동적인 경우에 적합하다.

㉢ 변동 · 혁신에 신속하게 대응할 수 있어 높은 환경적응도와 창조성을 요구하는 조직에 적합하다.

Check Point

이음매

조직에서 이음매는 엄격한 계층제와 분업으로 인한 수직적 · 수평적 분화 현상을 의미하며, 유기적 조직구조에선 이러한 분화보다는 통합을 추구

Check Point

관료제 옹호론

- 미국관료제 옹호론(C. Goodsell) : 동태적 조직도 문제가 해결되고 난 후에는 관료제로 다시 회귀한다고 주장
- 카우프만(H. Kaufman) : 관료제에 대한 과다 포장된 두려움은 관료제가 인간에게 통제될 수 있다는 믿음의 붕괴 때문
- 페로우와 다운스(C. Perrow & A. Downs) : 미래에도 관료제 조직은 지배적 조직구조가 됨

㉣ 조직의 업무 자체가 기술적이고 비정형적인 경우에 매우 유용하다.

② 탈관료제의 한계

㉠ 권위적인 계층의 명확한 구분이 없기 때문에 조정과 통합이 어려워 조정과 통합이 곤란하다.

㉡ 임시적인 조직이기 때문에 조직의 불안정성으로 인한 구성원들의 긴장과 심리적 불안을 유발할 수 있다.

㉢ 조직구조의 변경과 재설계 문제에만 중시하여 인간 본성에 대한 배려가 부족하다.

㉣ 관료제에서와 같은 기계적 모형이 갖추고 있는 조직의 정밀성 · 안정성 · 효율성 · 통일성 · 일관성이 결여되어 있다.

애드호크라시(adhocracy)

① **개념**

㉠ 관료제와 대조적인 조직 개념으로, 탈관료제화 현상에서 나온 평면조직의 일종

㉡ 문제 해결을 위한 다양한 전문적 지식이나 기술을 가진 이질적 집단으로, 융통성 · 적응성이 높고 혁신적인 성격을 지닌 체제

㉢ 특별임시위원회, 임시적 · 역동적 · 유기적 조직이라고 함

② **특성** : 복잡성 · 공식화 · 집권화 정도가 모두 낮음

㉠ 낮은 수준의 복잡성(낮은 수준의 분화) : 수직적 분화(계층화의 정도) 수준이 아주 낮음(수평적 · 횡적 분화의 경우, 이를 일의 분화(분업)와 사람의 전문화로 나눌 때, 전자의 수준은 매우 낮지만 후자의 수준은 상당히 높은 양면적 특성이 있음)

㉡ 낮은 수준의 공식화 : 애드호크라시는 규칙과 규정이 거의 없으며, 신속한 결정과 유연성을 필요로 하기 때문에 공식화 · 표준화가 불필요함

㉢ 낮은 수준의 집권화(분권적 의사결정) : 융통성과 신속성을 확보하기 위해 분권적 · 민주적 의사결정이 요구됨

③ **장점**

㉠ 변화에 대한 신속한 대응과 높은 적응성 · 창의성이 요구되는 조직에 적합

㉡ 공동목표 달성을 위한 다양한 전문가의 협력을 통한 문제 해결

㉢ 기술혁신을 촉진함

㉣ 조직의 민주화 촉진에 기여함

④ **단점**

㉠ 상하위층의 업무 및 권한 · 책임의 불명확으로 갈등이 불가피함

㉡ 구성원의 대인관계에 문제를 야기하며 심리적 불안감을 조성함

㉢ 비효율적 구조, 관료제적 기계모형의 정확성이나 편리성이 결여됨

㉣ 전문화의 이점과 규모의 경제를 조화시키기 곤란함

⑤ **형태 및 방식** : 프로젝트팀, 태스크포스, 매트릭스조직, 중복작업집단체제, collegia 조직, 자유형 조직구조 등

⑥ **기계적 구조와의 비교**

기계적 구조(bureaucracy)	유기적 구조(adhocracy)
• 계층제 • 좁은 직무범위, 명확한 책임관계 • 표준운영절차 • 높은 예측가능성 • 공식적 대인관계 • 명확한 조직목표 • 명확하고 단순한 분업적 과제 • 성과측정 용이 • 금전적 동기부여 • 권위의 정당성 확보	• 다양한 의사전달 채널 • 넓은 직무범위, 모호한 책임관계 • 규칙과 절차의 축소 • 높은 상황적응성 • 비공식적 · 인간적 대면관계 • 모호한 조직목표 • 모호하고 복잡한 과제 • 성과측정 곤란 • 복합적 동기부여 • 도전받는 권위

제3절 공식조직과 비공식조직

1. 의의 및 특성

(1) 의의

① 공식조직

㉠ 인위적인 형식적 절차와 제도에 의하여 만들어진 조직체로, 계층제의 형태를 통하여 일정한 목표를 달성하려는 조직

㉡ 과학적 관리론 등 고전적 조직론에서 중시한 조직

② 비공식조직

㉠ 구성원 상호 간의 접촉이나 현실적 인간관계를 토대로 자연발생적으로 형성된 자생조직으로, 공식조직 내에서 존재하고 자체 규범과 리더가 존재

㉡ 인간관계론 등 신고전적 조직론에서 중시한 조직

(2) 공식조직과 비공식조직의 특성 비교

구분	공식조직	비공식조직
생성과 소멸	인위적, 계획적, 법규적	자연발생적(조직원들의 욕구, 희망)
존재 형식	가시적, 외재적 · 외면적, 대규모적	불가시적, 내면적
문서화	문서화	비문서화

지향 대상	조직 전체, 공식적 목적	구성원 개인, 인간관계
목표의 성격	공적 목표	사적 성격의 목표
지배의 논리	합법성, 합리성, 능률성	비합리성, 감정
질서의 범위	전체적 질서 추구	부분적 질서 추구
통제	공식적 통제	비공식적 통제

2. 비공식조직의 형성요인 및 기능

(1) 형성요인

① 인간적 감정과 욕구의 충족의식

② 공식조직의 수직적 비인격성에 대한 반발(지나친 규칙 강조로 비인격성을 띰)

③ 공식조직의 경직성 보완(법규에 의한 지배를 지나치게 강조하여 조직 경직화 초래)

④ 공식적 권위와 실질적 영향력의 차이

⑤ 공식 법규체제의 결함 보완(공식적 조직규정은 일반성을 가지므로 세밀한 특수문제를 규정하거나 해결할 수 없음)

(2) 통제 및 기능

① 비공식조직 통제의 필요성

㉠ 공식조직과의 공존과 조화가능성을 모색하고, 목적의 일치 가능성을 인정

㉡ 공식조직의 기능 향상과 목표 달성에 기여하는 동시에 이를 저해하는 역기능도 가짐(비공식조직의 순기능을 최대화하고 역기능은 최소화할 필요가 있음)

② 순기능과 역기능

순기능	역기능
• 심리적 귀속감 · 일체감 · 안정감 형성(사기앙양) • 구성원들 간의 상호협조와 지식 제공은 업무의 능률적 수행 • 조직 의사소통의 보완 • 구성원의 집단규범 확립, 사회적 통제 • 계층제적 경직성 완화 및 쇄신적 활동의 촉구	• 이해관계의 대립으로 적대감정 조성 • 개인의 불만을 집단적 불만으로 확산 • 비공식적 의사소통으로 전체적인 질서 약화 • 인사 등에 의한 정실행위 만연 • 정치적 중립 저해(압력단체로서의 역할 우려)

Check Point

비공식조직의 통제방안
- 비공식조직의 실태 파악
- 공식조직의 목표와 일치에 주력
- 비공식조직의 지도자를 발견하고 의사결정에 참여토록 함
- 문제발생 예방을 위한 커뮤니케이션 활성화 및 문제발생 시의 접촉과 회유 강화
- 비공식조직에 대한 강제 · 강압적 통제(최후수단)

제4절 계선과 막료

1. 계선

(1) 특성

① 계층제적 형태를 띠며, 명령통일 · 통솔범위의 원칙에 따라 편성됨
② 최고책임자를 정점으로 하는 수직적 명령복종관계를 지님
③ 국민과 직접 접촉하는 대민성을 지님
④ 행정목표의 달성에 직접적으로 기여하며, 결정권과 집행권을 가짐

(2) 장단점

장점	단점
• 명확한 권한과 책임 • 신속한 결정으로 시간과 경비 절약 • 명령복종의 권한관계에 따라 강력한 통솔력 행사 • 조직의 안정을 기할 수 있으며, 단순한 업무와 소규모 조직에 적합	• 결정권이 최고관리층에 집중되어 주관적 · 독단적인 결정 초래 • 조직의 경직화로 민주성 · 신축성 결여 • 부문 간 업무 중복으로 조직운용의 효율성 저하 • 막료에 비하여 전문적인 지식과 기능을 불충분하게 활용

Check Point

계선과 계선기관
- **계선** : 명령복종관계를 지닌 수직적 계층제 구조에서 조직 고유의 업무를 직접적으로 수행하는 중추적 기관
- **계선기관** : 장관, 차관, 실장, 국장, 본부장, 과장, 팀장 등

2. 막료

(1) 특성 및 유형

① 특성
㉠ 전문지식을 가지고 계선기관의 기능을 인격적으로 보완
㉡ 각 행정기관장의 업무를 보완하고 지휘 · 감독의 범위를 확대
㉢ 국민과 직접 접촉하지 않는 비대민성을 가짐
㉣ 구체적인 집행권이나 명령권을 행사할 수 없음

② 유형
㉠ L. White의 분류
- 서비스형(보조형) 막료 : 조직을 유지 · 관리하는 보조기관으로, 계선기관에 서비스 제공
- 자문형 막료(정책자문기관) : 정책 자문이나 건의, 기획 · 조사 · 연구 등의 기능 담당

Check Point

막료와 막료기관
- **막료** : 계선기관의 기능을 지원 · 보좌함으로써 조직목표 달성에 간접적으로 기여하는 기관, 즉 기획 · 자문 · 권고 · 조정 및 협의 · 정보수집과 판단 · 인사 · 회계 · 법무 · 공보 · 연구 등의 지적 기능을 수행하는 참모기관
- **막료기관** : 차관보, 기획실장, 심의관, 담당관, 위원회, 연구소 등

㉡ 서비스의 종류에 따른 분류 : 일반막료, 특별막료(기술막료), 개인막료

(2) 장단점

장점	단점
• 기관장의 통솔범위의 확대 • 전문적 지식과 경험을 활용한 합리적 · 창의적 결정 및 행정 전문화에 기여 • 조직의 신축성 및 적응성 확보 • 계층제의 형태를 띠지 않는 수평적인 업무	• 계선기관과 갈등 · 대립 · 불협화음 • 전문가적 안목의 한계 • 과다한 경비의 지출 • 계선과의 권한과 책임의 한계가 불투명

(3) 계선과의 비교

구분	계선	막료
업무 성격	고유 업무수행	지원 업무수행
행정목표 달성	직접적 기여	간접적 기여
권한	결정 · 집행권	조언의 권한
규모	소규모 · 대규모 조직	대규모 조직
형태	수직적 계층제	수평적 · 부차적 조직
조직 원리	명령통일의 원리	행정기관장의 인격 확장
대국민적 관계	직접적 · 대면적 봉사	간접적 봉사
태도	현실적 · 실제적 · 보수적 성향	이상적 · 개혁적 · 비판적 성향

(4) 계선과 막료의 갈등과 해결방안

① 계선과 막료의 갈등 원인

㉠ **지식 · 능력 · 행태의 차이** : 막료는 교육수준이 높고 개인주의적인 반면, 계선은 상대적으로 교육수준이나 전문적 지식이 부족

㉡ **개혁과 현상유지** : 막료는 비판 · 개혁을 추구하고 미래지향적 성향이 강한 반면, 계선은 현상유지적 · 보수적 성향이 강함

㉢ **심리적 경쟁과 갈등** : 계선은 막료가 기관장을 통해 권한을 침해할 수 있다고 여김

㉣ 상호 간 직무에 대한 이해 부족

② 갈등 해결방안

㉠ 상호 간 권한과 책임의 명료화를 통해 업무를 이해하고 협조함

㉡ 공동교육훈련 및 교육훈련 강화를 통해 계선의 능력을 배양하고 막료의 편

Check Point

행정농도(administrative intensity, L. pondy)

• 의미
  – 조직의 전체인력 대 유지관리인력(지원인력 · 간접인력)의 비율을 의미함
  – 전통적 입장 : 유지관리인력을 간접인력(막료 · 참모)으로만 봄
  – 현대적 입장 : 간접인력과 감독인력(관리층)을 포함하는 것으로 봄
• 특징
  – 대체로 막료의 인력비율이 클수록 행정농도는 높음
  – 후진국 · 개발도상국보다 선진국이 행정농도가 높음
  – 우리나라의 경우 외형적으로는 행정농도가 높다는 것이 일반적 견해
  – 행정농도가 높다는 것은 조직의 동태화나 민주화의 정도가 높다는 것을 의미

Check Point

우리나라의 막료제도

• **차관보** : 행정각부의 장관이 지시하는 사항에 대하여 장관과 차관을 직접 보좌하는 공무원
• **담당관** : 우리나라의 대표적 막료기관으로서, 행정의 경직성을 막고, 환경에 적응할 수 있도록 하기 위하여 전문적 지식을 활용하여 정책의 입안 · 조사 · 분석과 행정개선 등에 관하여 계선의 장 및 보조기관을 보좌하는 기관
• **장관정책보좌관** : 국무위원이 장인 각 부처에 정책 환경의 변화에 효율적으로 대처할 수 있도록 장관의 정책에 관한 사항을 보좌하는 담당관

견을 극복함

ⓒ 의사전달 및 인사교류의 활성화를 통해 상호이해를 증진하고 의사소통을 활성화함

ⓔ 상호접촉을 통한 친밀감을 형성함(대면기회의 확대)

ⓜ 기관장의 인식을 제고하고 편견을 해소하여 상호협조할 수 있는 원만한 분위기를 조성함

제5절 위원회

Check Point

위원회

집행기관이나 의결기관의 성격을 지니는 행정위원회에 한정되지 않고, 자문 · 조사연구기관이나 특정 문제에 관한 심의 · 조정기관의 성격을 가진 것을 포괄적으로 지칭

지방직 9급 기출

01. 위원회(committee)조직의 장점으로 보기 어려운 것은?

① 집단결정을 통해 행정의 안정성과 지속성을 확보할 수 있다.

② 조직 각 부문 간의 조정을 촉진한다.

③ 경험과 지식을 지닌 전문가를 활용할 수 있다.

④ 의사결정과정이 신속하고 합의가 용이하다.

해 위원회조직은 복수의 구성원으로 구성되기 때문에 의사결정과정이 신속하지 못하고 합의의 도출이 용이하지 못하다는 단점이 있다.

답 01 ④

1. 위원회의 의의

(1) 개념 및 특성

① 개념 : 단독제 · 독임형에 대응하는 개념으로서, 민주적 정책결정과 조정 촉진을 위해 복수의 구성원으로 이루어진 합의제 행정기관을 말함

② 특징

㉠ 다수의 결정에 의한 합의적 · 민주적 성격을 지님

ⓛ 계층제 조직에 비해 상대적으로 수평화되고 경직성이 완화된 형태

ⓒ 분권적이고 참여적 구조를 지니며, 다수지배적인 복합적 성격을 띰

ⓔ 전문가의 참여로 행정의 효율성 및 전문성을 제고

ⓜ 대부분 경제적 · 사회적 규제업무를 수행

(2) 장단점

장점	단점
• 의사결정의 민주성 · 신중성 · 공정성 확보 • 정치적 중립성과 정책의 계속성 제고 • 집단결정을 통한 안정성 · 지속성 확보 • 전문지식 · 기술, 경험을 지닌 전문가 활용 • 이해관계와 이견의 사전 조정, 부문 간 조정의 촉진 • 의사소통의 원활화, 업무처리의 혼란방지 • 계층제의 경직성 완화와 창의적 결정 가능 • 권력재분배에 유리(분권적 의사결정) • 참여를 통한 관리자 양성의 계기, 사기앙양	• 신속한 의사결정이 곤란(의사결정의 지연) • 과다한 경비 지출 • 합의 도출의 곤란 • 비밀(기밀성) 확보 곤란 • 타협적 결정 • 책임의 전가 우려 • 소수의 전제화 우려 • 통솔력의 약화 • 사무국의 우월화

2. 위원회의 유형

(1) 일반적 유형

① 자문위원회

㉠ 조직이나 조직구성원에 대한 자문에 응하고, 시민의 의견을 집약하여 행정에 반영시키는 막료기관적 성격의 합의제 기관

㉡ 공식적인 행정관청으로 볼 수 없고 독립성이 미약함

㉢ 조언이나 정책에 대한 지지 유도기능 등을 주로 담당(결정의 법적 구속력 없음)

② 조정위원회

㉠ 행정기관이나 구성원의 상이한 의견을 통합 · 조정할 목적으로 설치된 합의제 조직

㉡ 위원회의 결정은 건의 · 자문의 성질만 지니는 것(사학분쟁조정위원회 등)이 있고 법적 구속력(의결권)을 지니는 것도 있음(중앙환경분쟁조정위원회 등)

③ 행정위원회(고유한 의미의 위원회)

㉠ 어느 정도의 중립성과 독립성을 부여받아 설치되는 행정관청적 성격의 위원회

㉡ 합의제 기관으로서, 그 결정은 법적 구속력을 가짐

㉢ 원칙적으로 법률에 의해 설치되며, 사무기구와 상임위원회를 둠

㉣ 미국의 독립규제위원회도 넓은 의미의 행정위원회에 속함

④ 독립규제위원회

㉠ 의의

- 19세기 말 자본주의의 발달에 수반된 경제 · 사회문제의 규제를 위해 형성된 것으로, 행정부로부터 독립하여 준입법권 · 준사법권을 가지고 특수 업무를 수행하거나 규제하기 위하여 설치된 합의제 · 회의제 기관
- 주로 경제 · 사회분야 위원회라는 점에서 일반행정분야의 관청적 위원회와 구별됨
- 우리나라의 경우 미국의 독립규제위원회와 같은 위원회는 존재하지 않지만, 중앙선거관리위원회, 금융통화위원회, 공정거래위원회, 방송통신위원회, 중앙노동위원회, 국가인권위원회 등이 유사

㉡ 성격

- 행정 · 입법 · 사법으로부터의 독립(특히 행정수반으로부터의 독립 강조, 재정상의 독립성은 없음)

Check Point

행정위원회의 특징
- 일선행정에 대한 규제, 정책 · 기획 · 조정 기능을 수행
- 준사법권(조정, 판정, 결정, 재결), 준입법권(규칙제정권)을 지님
- 법적 강제력이 있는 집행권을 지니며, 부처 편제에 있어 어느 정도 독립적

Check Point

독립규제위원회의 대표적인 예
1887년 설치된 최초의 독립규제위원회인 미국의 주간통상위원회, 연방전력위원회, 민간항공국 등

Check Point

독립규제위원회의 발달배경
- 정치적 독립성 · 중립성 확보
- 권력 간의 견제와 균형의 유지 및 행정권의 비대화 방지
- 지역적 대표성이나 직능대표성 확립
- 규제사무의 복잡성 · 전문성 요구
- 주간통상위원회의 성공적 운영

- 합의제 · 회의식 · 분권적 의결 및 집행 기관
- 준입법적 · 준사법적 권한
- 정치적 중립성

ⓒ 문제점

- 타행정기관과의 조정과 정책 통합 곤란
- 의사결정 및 집행에 있어 책임성의 약화 및 신속성 결여
- 독립성으로 말미암아 대통령의 정책 조정이 곤란
- 정치적 뒷받침이 없어 신속한 정책실천이 어려움
- 행정의 통일성 · 경제성 · 책임성이 약함

Check Point

개인정보보호위원회
종래에는 대통령 소속 행정위원회였지만 2020. 8. 5.부터는 국무총리 소속 중앙행정기관이 되었음

(2) 우리나라의 주요 위원회 유형 및 소속구분

구분	자문위원회	행정위원회
대통령 소속	• 경제사회노동위원회 • 자치분권위원회 • 정책기획위원회 • 국가교육회의	• 규제개혁위원회 • 방송통신위원회
국무총리 소속	• 정부업무평가위원회 • 행정 협의 조정 위원회	• 국민권익위원회 • 공정거래위원회 • 금융위원회 • 원자력안전위원회 • 개인정보보호위원회
각 부처 소속	–	• 중앙노동위원회(고용노동부 소속) • 소청심사위원회(인사혁신처 소속)
독립	–	• 중앙선거관리위원회 • 금융통화위원회 • 국가인권위원회

기출 Plus 국가직 9급 기출

02. 정부의 위원회 조직에 대한 설명으로 옳지 않은 것은?

① 결정에 대한 책임의 공유와 분산이 특징이다.
② 복수인으로 구성된 합의형 조직의 한 형태다.
③ 국민권익위원회는 의사결정의 권한이 없는 자문위원회에 해당된다.
④ 소청심사위원회는 행정관청적 성격을 지닌 행정위원회에 해당된다.

해 국민권익위원회는 의사결정의 권한이 있는 행정위원회에 해당된다. 고충민원의 처리와 이에 관련된 불합리한 행정제도를 개선하고, 부패의 발생을 예방하며 부패행위를 효율적으로 규제하도록 하기 위하여 국무총리 소속으로 국민권익위원회를 둔다.
①·② 정부의 위원회 조직은 단독제·독임형에 대응하는 개념으로서, 민주적 정책결정과 조정 촉진을 위해 복수의 구성원으로 이루어진 합의제 행정기관이다.
④ 소청심사위원회는 행정관청적 성격을 지닌 인사혁신처 소속의 행정위원회에 해당된다.

답 02 ③

우리나라의 정부조직 체계

① 국가행정기관
㉠ 중앙행정기관

본부조직	최고관리층	장관
	보조기관(계선)	차관, 본부장, 실장, 국장, 차장, 과장, 팀장
	보좌기관(참모)	차관보, 심의관, 담당관 등
부속기관	교육훈련기관, 시험연구기관, 자문기관 등	

㉡ 특별지방행정기관
• 중간일선기관 : 지방국세청, 지방경찰청 등

• 최일선기관 : 세무서, 경찰서 등
② 지방자치단체
㉠ 광역자치단체 : 특별시, 광역시, 특별자치시, 도, 특별자치도
㉡ 기초자치단체 : 시, 군, 자치구

중앙행정기관

① 의의
㉠ 국가 행정사무를 담당하기 위한 기관으로, 관할권 범위가 전국에 미치는 행정기관을 말함(관할권이 전국적 범위라도 다른 행정기관에 부속 · 지원하는 행정기관은 제외됨)
㉡ 우리나라 중앙행정기관은 2021년 6월 현재 18부 5처 18청 6위원회로 구성 : 정부조직법에따라 설치된 18부 5처 16청 + 개별법에 따라 설치된 2청(새만금개발청, 행정중심복합도시건설청) 6위원회

② 해당기관 및 주요 업무
㉠ 18부
- 기획재정부 : 중장기 국가발전전략수립, 경제 · 재정정책의 수립 · 총괄 · 조정, 예산 · 기금의 편성 · 집행 · 성과관리, 화폐 · 외환 · 국고 · 정부회계 · 내국세제 · 관세 · 국제금융, 공공기관 관리, 경제협력 · 국유재산 · 민간투자 및 국가채무에 관한 사무를 관장(「정부조직법」 제27조)
- 교육부(「정부조직법」 개정 시 제29조에서 이동) : 인적자원개발정책, 학교교육 · 평생교육, 학술에 관한 사무를 관장(동법 제28조)
- 과학기술정보통신부(「정부조직법」 개정 시 제28조에서 이동) : 과학기술정책의 수립 · 총괄 · 조정 · 평가, 과학기술의 연구개발 · 협력 · 진흥, 과학기술인력 양성, 원자력 연구 · 개발 · 생산 · 이용, 국가정보화 기획 · 정보보호 · 정보문화, 방송 · 통신의 융합 · 진흥 및 전파관리, 정보통신산업, 우편 · 우편환 및 우편대체에 관한 사무를 관장(동법 제29조)
- 외교부 : 외교, 경제외교 및 국제경제협력외교, 국제관계 업무에 관한 조정, 조약 기타 국제협정, 재외국민의 보호 · 지원, 재외동포정책의 수립, 국제정세의 조사 · 분석에 관한 사무를 관장(동법 제30조)
- 통일부 : 통일 및 남북대화 · 교류 · 협력에 관한 정책의 수립, 통일교육, 그 밖에 통일에 관한 사무를 관장(동법 제31조)
- 법무부 : 검찰 · 행형 · 인권옹호 · 출입국관리 그 밖에 법무에 관한 사무를 관장(동법 제32조)
- 국방부 : 국방에 관련된 군정 및 군령과 그 밖에 군사에 관한 사무를 관장(동법 제33조)
- 행정안전부(「정부조직법」 개정 시 안전행정부를 개편) : 국무회의의 서무, 법령 및 조약의 공포, 정부조직과 정원, 상훈, 정부혁신, 행정능률, 전자정부, 정부청사의 관리, 지방자치제도, 지방자치단체의 사무지원 · 재정 · 세제, 낙후지역 등 지원, 지방자치단체 간 분쟁조정, 선거, 국민투표의 지원에 관한 사무를 관장(동법 제34조)
- 문화체육관광부 : 문화 · 예술 · 영상 · 광고 · 출판 · 간행물 · 체육 · 관광, 국정에 대한 홍보 및 정부발표에 관한 사무를 관장(동법 제35조)
- 농림축산식품부 : 농산 · 축산, 식량 · 농지 · 수리, 식품산업진흥, 농촌개발 및 농산물 유통에 관한 사무를 관장(동법 제36조)
- 산업통상자원부 : 상업 · 무역 · 공업 · 통상, 통상교섭 및 통상교섭에 관한 총괄 · 조정, 외국인 투자, 산업기술 연구개발정책 및 에너지 · 지하자원에 관한 사무를 관장(동법 제37조)
- 보건복지부 : 생활보호 · 자활지원 · 사회보장 · 아동(영 · 유아 보육을 포함한다) · 노인 · 장애인 · 보건위생 · 의정(醫政) 및 약정(藥政)에 관한 사무를 관장(동법 제38조)
- 환경부 : 자연환경, 생활환경의 보전, 환경오염방지, 수자원의 보전 · 이용 및 개발, 하천에 관한 사무를 관장(동법 제39조)
- 고용노동부 : 고용정책의 총괄, 고용보험, 직업능력개발훈련, 근로조건의 기준, 근로자의 복지후생, 노사관계의 조정, 산업안전보건, 산업재해보상보험과 그 밖에 고용과 노동에 관한 사무를 관장(동법 제40조)
- 여성가족부 : 여성정책의 기획 · 종합, 여성의 권익증진 등 지위향상, 청소년 및 가족(다문화가족과 건강가정사업을 위한 아동업무 포함)에 관한 사무를 관장(동법 제41조)
- 국토교통부 : 국토종합계획의 수립 · 조정, 국토의 보전 · 이용 및 개발, 도시 · 도로 및 주택의 건설, 해안 및 간척, 육운 · 철도 및 항공에 관한 사무를 관장(동법 제42조)

기출 Plus　서울시 9급 기출

03. 「정부조직법」에서 규정하고 있는 관장 사무에 대한 설명으로 가장 옳지 않은 것은?

① 교육부장관은 인적자원개발정책 등에 관한 사무를 관장한다.
② 산업통상자원부장관은 창업 · 벤처기업의 지원 등에 관한 사무를 관장한다.
③ 법무부장관은 출입국관리 등에 관한 사무를 관장한다.
④ 과학기술정보통신부장관은 우편 · 우편환 및 우편대체 등에 관한 사무를 관장한다.

해 정부조직법 제44조(중소벤처기업부)에 따르면, 창업 · 벤처기업의 지원 등에 관한 사무는 산업통상자원부장관이 아닌 중소벤처기업부장관이 관장하며, 중소벤처기업부장관은 중소기업 정책의 기획 · 종합, 중소기업의 지원 대 · 중소기업 간 협력 및 고상공인에 대한 보호 · 지원에 관한 사무를 관장한다.
①·③·④ 모두 교육부장관, 법무부장관, 과학기술정보통신부장관이 관장하는 사무로 올바른 설명이다.

답 03 ②

기출 Plus 지방직 9급 기출

04. 「정부조직법」상 행정기관의 소속으로 옳지 않은 것은?

① 법제처 – 국무총리
② 국가정보원 – 대통령
③ 소방청 – 행정안전부장관
④ 특허청 – 기획재정부장관

해 특허청은 산업통상자원부장관 소속 하에 특허, 실용신안, 디자인 및 상표에 관한 사무와 이에 대한 심사·심판 및 변리사에 관한 사무를 관장하는 기관이다.
① 법제처는 국가의 법체계적 기반 확립을 위해 설립한 국무총리 산하의 중앙행정기관이다.
② 국가정보원은 국가의 정보활동에 관한 기본정책을 수립하고 집행하는 대통령 직속의 국가 최고정보기관이다.
③ 소방과 방재, 민방위 운영 및 안전 관리에 관한 사무를 관장하는 행정안전부장관 산하의 중앙행정기관이다.

- 해양수산부 : 해양정책, 수산, 어촌개발 및 수산물 유통, 해운·항만, 해양환경, 해양조사, 해양수산자원개발, 해양과학기술연구·개발 및 해양안전심판에 관한 사무를 관장(동법 제43조)
- 중소벤처기업부 : 중소기업 정책의 기획·종합, 중소기업의 보호·육성, 창업·벤처기업의 지원, 대·중소기업 간 협력 및 소상공인에 대한 보호·지원에 관한 사무를 관장(동법 제44조)

ⓑ 5처
- 인사혁신처(「정부조직법」 개정 시 행정안전부의 공무원 인사·윤리·복무 및 연금 기능을 이관하여 국무총리 소속으로 신설)
- 법제처
- 식품의약품안전처
- 국가보훈처
- 대통령경호처

ⓒ 18청
- 국세청·관세청·조달청·통계청 : 기획재정부 소속
- 검찰청 : 법무부 소속
- 병무청·방위사업청 : 국방부 소속
- 경찰청, 소방청 : 행정안전부 소속
- 문화재청 : 문화체육관광부 소속
- 농촌진흥청·산림청 : 농림축산식품부 소속
- 특허청 : 산업통상자원부 소속
- 기상청 : 환경부 소속
- 행정중심복합도시건설청, 새만금개발청 : 국토교통부 소속
- 해양경찰청 : 해양수산부 소속
- 질병관리청 : 보건복지부 소속

ⓓ 6위원회
- 방송통신위원회 : 대통령 소속 위원회
- 공정거래위원회·금융위원회·원자력안전위원회·개인정보보호위원회 : 국무총리 소속 위원회

제6절 공기업

1. 공기업의 의의

(1) 개념

① 국가나 공공단체가 공공수요의 충족(공공성)을 목적으로 수지적합의 원칙(기업성)을 수단으로 관리·지배하는 기업을 뜻함

② **실정법상의 개념(협의)** : 「공공기관의 운영에 관한 법률」에 따를 때, 공기업은 공공기관(법률에 따라 직접 설립되고 정부가 출연한 기관과 정부지원액이 총수입액의 2분의 1을 초과하는 기관, 정부가 100분의 50 이상의 지분을 가지고 있거나 100분의 30 이상의 지분을 가지고 임원 임명권한 행사 등을 통하여 당

Check Point

공기업 범위에 관한 학설
- **소유주체설** : 정부가 자본금 전액을 출자한 공기업으로 보는 입장
- **지배(관리·운영)주체설** : 정부가 전액 출자하지 않았으나 지배적 위치에 있으며, 운영 및 관리에 대한 최종 책임을 지는 경우도 공기업으로 보는 입장(우리나라의 입장)

답 04 ④

해 기관의 정책 결정에 사실상 지배력을 확보하고 있는 기관 등을 말함) 중 대통령령이 정한 직원정원 · 수입액 · 자산규모에 해당되는 기관으로 기획재정부장관이 지정한 기관을 말함(법 제4조 및 제5조)

③ 일반적 개념(광의) : 실정법상의 공기업 이외에 정부부처 형태의 정부기업과, 전액 또는 일부를 정부가 출자한 법인으로서 국가의 계속적 공적 지배가 이루어지는 기업까지 포함함

(2) 원칙 및 이념

① 경영원칙

㉠ 공공성의 원칙(공공성)

- 이윤극대화보다 공공수요 충족과 공익 실현이 일차적 목적(공기업에 대한 통제 근거)
- 공공서비스의 원칙과 공공규제의 원칙이 있음

㉡ 기업성의 원칙(기업성)

- 공기업은 원가보상주의적 · 수익주의적 형태를 지니고 이윤을 추구
- 자주성 · 융통성이 보장되어야 하며, 독립채산제 · 생산성의 원칙 등이 강조됨

② 이념 : 민주성(책임성 · 통제성), 능률성(자율성 · 자주성)

2. 공기업의 유형

(1) 공기업의 유형 분류(광의의 공기업 분류)

① 강학상(이론상)의 유형 분류(M. Friedmann) : 정부부처형, 주식회사형, 공사형 공기업(조직형태에 따른 일반적 분류)

② 실정법상의 유형 분류

㉠ 정부기업(「정부기업예산법」 적용) : 순수정부기업과 책임운영기관(기업형기관) 형태로 분리 · 운영

㉡ 공공기관(「공공기관의 운영에 관한 법률」 적용) : 공공성과 자체수입액 비율에 따라 다음의 세 가지로 구분

- 공기업 : 시장형 공기업, 준시장형 공기업
- 준정부기관 : 기금관리형 준정부기관, 위탁집행형 준정부기관
- 기타 공공기관 : 공기업과 준정부기관을 제외한 공공기관

(2) 일반적인 공기업 유형(조직형태에 따른 분류)

Check Point

공공성과 기업성의 관계

공공성과 기업성을 동시에 추구해 나가는 것이 바람직함

Check Point

공기업의 발달요인

- 사기업에 전담시킬 수 없는 독점성이 강한 서비스의 존재 예 철도, 통신, 전력
- 국방 및 국가 전략상의 고려 예 방위산업, 군수업
- 공공수요의 충족 예 주택
- 재정적 수요의 충족 예 과거의 담배, 인삼
- 민간이 감당하기 어려운 막대한 고정자본 소요 예 전력, 철도
- 위기적 사업관리나 유도 · 개발전략
- 사기업의 비대방지, 독과점 규제 등 경제적 수혜구조 조정의 필요
- 정당의 정강정책이나 정치적 신조 · 신념
- 정치적 유산 예 광복 후의 석탄, 전력 등 국가귀속산업

Check Point

정부부처형 공기업의 제약

- **조직상의 제약** : 정부조직에 해당하므로 조직개편 시 법령 개정을 요함
- **재정상의 제약** : 예산의 국회의결을 요하며, 예산 전용 등에 제약이 있어 신축적 재정운영이 곤란
- **인사상의 제약** : 공무원의 신분이므로 임용, 승진, 보수 등에 있어 일반공무원과 동일한 절차를 요함

① 정부부처형 공기업(정부기업)

㉠ 의의 : 실정법상의 정부기업을 말하는 것으로, 우편사업 · 우체국예금 · 조달사업 · 양곡관리사업, 책임운영기관 등이 있음

㉡ 특징

- 「정부조직법」에 의해 설치되며, 정부기관의 형태를 띰
- 국회 의결로 확정되는 정부예산(특별회계)으로 운영
- 예산 · 회계와 관련하여 「정부기업예산법」(우선 적용), 「국가재정법」, 「국고금관리법」 적용
- 직원은 공무원이므로 일반공무원과 동일한 임용 및 근무조건이 적용됨
- 중앙관서나 소속기관(책임운영기관 등) 형태로 운영됨(조직 · 정원 개정 시 직제 등과 관련된 대통령령 · 부령 개정을 요함)
- 독립법인이 아니므로 당사자능력을 지니지 않음
- 조직(정부조직)상, 재정상, 인사나 신분상의 제약이 따름

② 주식회사형 공기업

㉠ 의의 : 주식자본조직을 갖는 법인형 공기업으로서 민간자본과 정부가 결합된 혼합형 기업(유럽국가에서 주로 운영되는 유형)

㉡ 특징

- 상법이나 특별법에 의해 주식회사 형태로 설립
- 국가와 사인의 공동출자를 원칙으로 하며, 정부는 출자분에 대해서만 책임을 짐(정부출자지분매각으로 민영화가 용이한 유형)
- 일반행정기관에 적용되는 예산 · 회계 관련 법령이 아닌 「공공기관의 운영에 관한 법률」과 「감사원법」 등이 적용됨
- 임원은 주주총회에서 선출되며, 직원은 공무원 신분이 아님
- 독립된 법인으로서 당사자능력을 보유

③ 공사형 공기업

㉠ 의의 : 주식자본조직을 갖지 않는 법인형 공기업으로서 정부가 전액 출자하여 설립하는 유형(공공성과 기업성의 조화를 추구)

㉡ 특징

- 특별한 목적을 위해 특별법으로 설립
- 정부의 전액 출자가 원칙이며, 정부가 운영상의 최종책임을 지나 경영상의 자주성을 가지고 재정상 독립채산제로 운영
- 일반행정기관에 적용되는 예산 · 회계 관련 법령이 아닌 「공공기관의 운영에 관한 법률」과 「감사원법」 등이 적용됨
- 정부가 임명하는 임원은 준공무원의 신분을 가지나, 직원은 공무원이 아님

• 독립된 법인으로서 당사자능력을 보유

④ 공기업 유형의 비교

구분	정부부처형	주식회사형	공사형
독립성	없음	독립된 법인(법인격), 당사자능력 보유	
설치 근거	정부조직법	회사법 또는 특별법	특별법
정부 출자	전부 정부예산	5할 이상 정부 출자(민·관 공동투자 주식 보유)	전부 정부 출자
이념	공공성 > 기업성	공공성 < 기업성	공공성 + 기업성(조화)
직원 신분	공무원	임원은 준공무원, 직원은 회사원(공무원 아님)	
예산회계	국가예산, 특별회계(「정부기업예산법」, 「국가재정법」)	국가예산 아니며, 독립채산제(「공공기관의 운영에 관한 법률」)	
예산 성립	국회의 예산의결 필요	국회의결 불필요(이사회 의결로 성립)	
해당기관 및 기업	우편사업·우체국예금사업·양곡관리사업·조달사업, 책임운영기관	한국전력공사, 한국도로공사 등	한국철도공사, 토지주택공사 등
도입 국가	관료주의 국가형	대륙형, 개발도상국형	영미형
조직 특징	독임형(이사회 없음)	의결기관(합의제, 이사회)과 집행기관(독임형, 사장·총재)이 분리된 이중기관제	

3. 공공기관의 운영에 관한 법률

(1) 법 제정 목적

① 공공기관의 운영에 관한 기본사항과 자율경영 및 책임경영 체제의 확립에 필요한 사항을 정하여 경영의 합리화와 운영의 투명성을 높여 공공기관의 대국민 서비스 증진에 기여함을 목적으로 함

② 기존 정부투자기관관리기본법과 정부산하기관관리기본법을 공공기관의 운영에 관한 법률로 통합 개편

③ 이 법률상 공공기관은 '법률상 요건에 해당하여 정부가 공공기관으로 지정한 기관'

(2) 공공기관으로 지정할 수 있는 기관

기획재정부장관은 국가·지방자치단체가 아닌 법인·단체·기관으로서 법률로 정한 일정 기관을 공공기관으로 지정 가능

Check Point

공공기관으로 지정할 수 있는 기관(제4조 1항)

1. 다른 법률에 따라 직접 설립되고 정부가 출연한 기관
2. 정부지원액(법령에 따라 직접 정부의 업무를 위탁받거나 독점적 사업권을 부여받은 기관의 경우에는 그 위탁업무나 독점적 사업으로 인한 수입액을 포함한다. 이하 같다)이 총수입액의 2분의 1을 초과하는 기관
3. 정부가 100분의 50 이상의 지분을 가지고 있거나 100분의 30 이상의 지분을 가지고 임원 임명권한 행사 등을 통하여 해당 기관의 정책 결정에 사실상 지배력을 확보하고 있는 기관
4. 정부와 제1호부터 제3호까지의 어느 하나에 해당하는 기관이 합하여 100분의 50 이상의 지분을 가지고 있거나 100분의 30 이상의 지분을 가지고 임원 임명권한 행사 등을 통하여 해당 기관의 정책 결정에 사실상 지배력을 확보하고 있는 기관
5. 제1호부터 제4호까지의 어느 하나에 해당하는 기관이 단독으로 또는 두개 이상의 기관이 합하여 100분의 50 이상의 지분을 가지고 있거나 100분의 30 이상의 지분을 가지고 임원 임명권한 행사 등을 통하여 해당 기관의 정책 결정에 사실상 지배력을 확보하고 있는 기관
6. 제1호부터 제4호까지의 어느 하나에 해당하는 기관이 설립하고, 정부 또는 설립 기관이 출연한 기관

공공기관으로 지정할 수 없는 기관(제4조 2항)
① 구성원 상호 간 상호부조 · 복리증진 · 권익향상 또는 영업질서 유지 등을 목적으로 설립된 기관
② 지방자치단체가 설립하고, 그 운영에 관여하는 기관(예 지방직영공기업, 지방공사, 지방공단 등)
③ 「방송법」에 따른 한국방송공사(KBS)와 「한국교육방송공사법」에 따른 한국교육방송공사(EBS)

(3) 공공기관의 구분

① **공기업 · 준정부기관의 지정요건 :** 직원 정원 50명 이상, 총수입액 30억 원 이상, 자산규모 10억 원 이상(단, 이 요건에 해당되더라도 다른 법률에 따라 책임경영체제가 구축되어 있거나 기관 운영의 독립성, 자율성 확보 필요성이 높은 기관 등 대통령령으로 정하는 기준에 해당하는 공공기관은 기타 공공기관으로 지정 가능)

② **기타 공공기관의 지정 :** 공기업 · 준정부기관 외의 기관을 지정.

③ **세부 지정기준**

공기업		준정부기관	
직원 정원 50명 이상, 총수입액 30억원 이상, 자산규모 10억원 이상			
총수입액 중 자체수입액 비중이 50% 이상인 공공기관을 지정(시장성이 더 큼)		공기업이 아닌 공공기관 중 지정(시장성보다 공공성이 더 큼)	
시장형 공기업	준시장형 공기업	기금관리형 준정부기관	위탁집행형 준정부기관
• 자산규모가 2조 원 이상 • 총수입액 중 자체수입액 비중이 85% 이상	시장형 공기업이 아닌 공기업	국가재정법에 따라 기금을 관리하거나 기금관리를 위탁받은 준정부기관	기금관리형 준정부기관이 아닌 준정부기관

(4) 우리나라 공공기관 지정 현황(2021년)

공기업(36개)	시장형(16개)	인천국제공항공사, 한국공항공사, 부산항만공사, 인천항만공사, 한국지역난방공사, 한국전력공사, 한국석유공사, 한국가스공사, 한국수력원자력, 한국광물자원공사, 한국중부발전, 한국남부발전, 한국남동발전, 한국서부발전, 한국동서발전, 강원랜드
	준시장형(20개)	한국토지주택공사, 주택도시보증공사, 제주국제자유도시개발센터, 한국감정원, 한국도로공사, 한국철도공사, 한국수자원공사, 한국조폐공사, 한국마사회, 한국방송광고진흥공사, 대한석탄공사, 여수광양항만공사, 울산항만공사, 해양환경관리공단, 그랜드코리아레저, 한국전력기술, 한국가스기술공사, 한전KDN, 한전KPS, 주식회사 에스알

준정부기관 (96개)	기금관리형 (13개)	국민연금공단, 공무원연금공단, 사립학교교직원연금공단, 기술신용보증기금, 신용보증기금, 한국주택금융공사, 예금보험공사, 한국무역보험공사, 한국자산관리공사, 중소기업진흥공단, 국민체육진흥공단, 한국언론진흥재단, 근로복지공단
	위탁집행형 (83개)	한국관광공사, 한국재정정보원, 한국농어촌공사, 한국연구재단, 한국소비자원, 도로교통공단, 교통안전공단, 국민건강보험공단, 한국산업인력공단, 한국고용정보원, 독립기념관, 한국철도시설공단, 한국수목원관리원, 한국원자력환경공단, 서민금융진흥원 등
기타 공공기관 (218개)		영화진흥위원회, 한국문화예술위원회, 국립중앙의료원, 한국데이터진흥원, 한국원자력연구원, 한국사회복지협의회, 한국과학기술원, 한국특허정보원, 서울대학교병원, 민주화운동기념사업회, 국립암센터, 대한결핵협회, 한국장기기증조직원, 예술의 전당, 국악방송, 영상물등급위원회, 태권도진흥재단 등

(5) 설치 및 임원 임명

구분		시장형 공기업	준시장형 공기업		준정부기관
			자산 2조 이상	자산 2조 미만	
기관신설에 대한 심사		주무기관의 장이 법률에 따라 공공기관을 신설할 경우 입법예고 전에 기획재정부장관에게 신설타당성 심사 요청. 기획재정부장관은 공공기관운영위원회의 심의 · 의결을 거쳐 타당성을 심사하고 결과를 주무기관장에게 통보.			
이사회	구성	기관장 포함 15인 이내의 이사로 구성, 경영목표와 예산 및 운영계획 등에 관한 사항을 심의 · 의결.			
	의장	선임 비상임이사		기관장	
감사위원회		이사회에 감사위원회를 설치해야 한다.(필수)		다른 법률의 규정에 따라 감사위원회를 설치할 수 있다.(임의)	
인사	기관장	대통령이 임명			주무기관의 장이 임명
	감사	대통령이 임명			기획재정부장관이 임명
	상임이사	기관장(공기업의 장)이 임명			기관장(준정부기관의 장)이 임명
	비상임이사	기획재정부장관이 임명			주무기관의 장이 임명
	선임비상임이사	비상임이사 중 기획재정부장관이 임명	비상임이사 중 호선		
	임원 임기	기관장 임기는 3년, 이사와 감사 임기는 2년(각각 1년 단위로 연임가능)			

(6) 공기업 · 준정부기관의 운영

경영지침	기획재정부장관은 운영위원회의 심의 · 의결을 거쳐 공기업 · 준정부기관 및 주무기관의 장에게 조직운영, 정원, 인사, 예산 등에 관한 경영지침 통보.
성과계약	주무기관장은 기관장과, 기관장은 상임이사 등과 성과계약 체결.

경영목표 수립	기관장은 다음 연도를 포함한 5회계연도 이상의 중장기 경영목표를 설정, 이사회 의결을 거쳐 확정 후 매년 10월 31일까지 기획재정부장관과 주무기관의 장에게 제출
경영실적 등의 보고	매년 3월 20일까지 전년도의 경영실적을 기재한 경영실적보고서와 기관장이 체결한 계약의 이행에 관한 보고서를 작성하여 기획재정부장관과 주무기관의 장에게 제출
경영실적 평가	기획재정부장관은 경영실적을 평가하여 부진한 경우 운영위원회의 심의 · 의결을 거쳐 기관장 · 상임이사의 임명권자에게 그 해임을 건의 · 요구 가능
고객헌장등	국민에게 직접 서비스를 제공하는 기관은 고객헌장 제정 · 공표, 연 1회 이상 고객만족도 조사 실시.
회계원칙	정부회계연도를 따르되, 발생주의 적용 의무화
예산편성 · 의결	기관장은 예산안을 편성하여 다음 회계연도 개시 전까지 이사회에 제출. 예산안은 이사회 의결로 확정
예산의 보고	기관장은 예산 확정 또는 변경시 지체 없이 기획재정부장관, 주무기관 장 및 감사원장에게 보고하고 국회 소관 상임위원회에 그 내용을 제출
결산서작성 회계감사	회계연도가 종료되면 지체 없이 그 회계연도의 결산서를 작성하고, 감사원규칙이 정하는 바에 따라 선임된 회계감사인의 회계감사를 받아야 함.
결산승인	회계감사를 거친 결산서를 공기업은 기획재정부장관에게, 준정부기관은 주무기관의 장에게 다음 연도 2월 말일까지 각각 제출하고 3월 31일까지 승인을 받아 결산을 확정
감사	감사원은 별도로 감사원법에 따라 공기업과 준정부기관의 업무와 회계에 관하여 감사 실시 가능

4. 지방공기업

(1) 지방공기업의 유형

① 직접경영(지방직영기업)

㉠ 설립 : 지방자치단체가 직접 경영. 공기업특별회계로 운영(상수도, 하수도, 공영개발, 지역개발기금, 도시개발 등), 수익성에 관계없이 공공서비스의 지속적 공급 가능

㉡ 성격 : 정부조직(구성원은 공무원). 법인격 없음

㉢ 관리책임 : 관리자(공무원)

㉣ 근거법률 : 지방공기업법

② 간접경영

㉠ 지방공단 : 지방자치단체가 전액 출자, 민간 출자 불허, 지방정부의 특정 사무 대행(지방정부가 위탁한 것만)

㉡ 지방공사 : 지방자치단체가 전액 출자 또는 민간(외국인 · 외국법인 포함)과 공동출자(민간이 50% 미만 출자 가능), 독립사업 경영 + 지방정부의

Check Point

지방공기업의 공통 특징

- **설립주체** : 지방자치단체
- **사업연도** : 지방자치단체의 일반회계의 회계연도에 따름
- **재원조달** : 수익자 및 원인자 부담원칙
- **경영 기본원칙** : 공익성과 수익성의 조화(공기업의 경제성과 공공복리를 증대하도록 운영). 독립채산제 적용
- **예산회계** : 발생주의 · 복식부기 적용
- **관리책임** : 지방직영기업은 관리자 지정, 지방공사는 사장을, 지방공단은 이사장을 임명

특정 사무 대행

㉢ 성격 : 법인(구성원은 공무원이 아님)

㉣ 관리책임 : 이사장(지방공단), 사장(지방공사)

㉤ 근거법률 : 지방공기업법

③ 경영위탁(공동출자법인)

㉠ 설립 : 지방자치단체가 자본금 또는 재산을 민간과 공동 출자 · 출연(출연은 자치단체가 10% 이상일 것), 독립사업 경영

㉡ 성격 : 법인(주식회사나 재단법인)

㉢ 관리책임 : 기관장(대표이사)

㉣ 근거법률 : 지방자치단체 출자 · 출연 기관의 운영에 관한 법률

(2) 경영에 대한 감독 및 통제

① 경영평가 : 행정안전부장관은 지방공기업에 대한 경영평가를 하고, 그 결과에 따라 필요한 조치를 해야 함

② 경영진단 및 경영 개선 명령 : 행정안전부장관은 경영평가를 하거나 경영평가 관련서류 등을 분석한 결과 특별한 대책이 필요하다고 인정되는 지방공기업에 따로 경영진단을 실시하고, 그 결과를 공개할 수 있음

Check Point

부실지방공기업에 대한 해산 요구
행정안전부장관은 공사나 공단이 부채 상환 능력이 현저히 낮은 경우, 사업전망이 없어 회생이 어려운 경우, 설립 목적의 달성이 불가능한 경우로서 대통령령으로 정하는 경우 지방공기업정책위원회의 심의를 거쳐 지방자치단체장이나 공사의 사장 또는 공단의 이사장에게 해산을 요구할 수 있음

제7절 책임운영기관

1. 책임운영기관의 개념 및 특성

(1) 개념

① 책임운영기관은 정부가 수행하는 사무 중 공공성을 유지하면서도 경쟁원리에 따라 운영하는 것이 바람직한 집행적 사무에 대하여 책임운영기관장에게 행정 및 재정상의 자율성을 부여하고 그 운영성과에 대하여 책임을 지도록 하는 행정기관을 말함(인사의 자율성과 예산의 자율성이 모두 인정됨)

② 인사 · 보수 · 조직관리 등의 면에서 책임운영기관이 자율적으로 운영하며, 장관과 책임운영기관장 사이에 계약한 사업계획 · 재정목표 등의 달성 정도에 따라 인사 · 보수(성과금) 등에 있어서 우대를 받도록 함

③ 1988년 영국의 next steps 프로그램의 책임집행기관(executive agency)에서 처음 시작(기상대, 면허사업소, 산림사업소, 청사방호사업소 등 130여 기관을 지정 · 시행)

(2) 특성

Check Point

책임운영기관의 기본성격
- 신공공관리론에서 주장하는 민간관리방식을 도입하여 관리자에게 보다 많은 신축성(재량권)을 부여한 다음 그 성과에 따라 책임을 묻도록 함
- 국방이나 보건, 교도소 등의 순수 공공재는 성격상 대상 사업이 될 수 없음
- 책임운영기관의 성격은 정부조직이며, 구성원도 공무원 신분을 유지

① **결정과 집행의 분리 및 집행기능 중심** : 결정과 집행을 통합 수행하던 중앙정부의 기능 중 집행 및 서비스 기능을 분리하여 수행(기획 및 정책결정기관이 아닌 집행 중심의 사업부서조직)

② **성과 중심, 성과에 대한 책임** : 장관과 기관장 간의 성과협약을 통해 성과목표와 사업계획을 설정하며, 기관장은 결과 및 성과에 대해 책임을 짐

③ **개방적 조직** : 공직 내외에서 인재를 공개모집하여 계약직을 채용하며, 성과급적 연봉을 지급함

④ **융통성 및 자율성, 책임의 조화** : 운영에 필요한 인사 · 조직 · 예산 등에 있어 기관장에게 재량과 융통성을 부여하되 그 결과에 대해 책임을 지도록 함

⑤ **내부시장화 조직** : 민간기업의 경쟁을 도입하고 수익자부담주의, 기업회계방식 등 기업화된 조직의 성격을 지님

⑥ 내부구조는 전통적인 계층제 구조를 띠며, 구성원의 신분도 공무원임

⑦ **기관장의 계약제** : 성과에 대한 책임추구를 용이하게 하기 위해 계약직으로 보하며, 계약 임용기간은 2~5년이다.

2. 책임운영기관의 기능 및 한계

(1) 기능

Check Point

책임운영기관의 구제적 적용 대상
- 공공성이 강하여 민영화가 곤란한 분야
- 성과관리가 용이한 분야
- 내부시장화가 필요한 분야
- 자체 재원 확보가 가능한 분야
- 중앙정부와 지방정부 간의 서비스 통합이 필요한 분야

행정의 기능을 서비스와 규제, 조타수 역할(방향잡기)과 노 젓기 역할로 나눌 때, 책임운영기관은 서비스 기능 중 노 젓기 기능을 수행함

(2) 한계

① 책임운영기관의 비대화, 정부팽창 은폐 및 민영화의 회피수단의 악용 가능

② 기관장의 신분보장 미흡으로 소신 있는 책임운영기관의 관리가 어려움

③ 기관장의 책무를 구체적으로 규정한다 해도 운영상의 책임한계 문제가 대두될 가능성이 높음

④ 정책과 집행기관의 분리는 강한 수직적 통합이 요구될 때 한계를 지님

3. 우리나라의 책임운영기관(「책임운영기관의 설치·운영에 관한 법률」)

(1) 책임운영기관의 의의

① 의미 : 책임운영기관이란 정부가 수행하는 사무 중 공공성을 유지하면서도 경쟁 원리에 따라 운영하는 것이 바람직하거나 전문성이 있어 성과관리를 강화할 필요가 있는 사무에 대하여 책임운영기관의 장에게 행정 및 재정상의 자율성을 부여하고 그 운영 성과에 대하여 책임을 지도록 하는 행정기관을 말함

② 설치 및 해제 기관 : 행정안전부장관은 기획재정부 및 해당 중앙행정기관의 장과 협의하여 책임운영기관을 설치 · 해제할 수 있음

③ 운영원칙

㉠ 책임운영기관은 소속중앙행정기관 또는 국무총리가 부여한 사업목표를 달성하는 데 필요한 기관운영의 독립성과 자율성이 보장됨

㉡ 책임운영기관의 장은 그 기관의 경영혁신을 위하여 필요한 조치를 행해야 하며, 소속중앙행정기관의 장은 기관장이 이러한 조치를 성실히 이행할 수 있도록 지원하여야 함

Check Point

책임운영기관의 현황
지방통계청, 국립중앙과학관, 국방홍보원, 국립중앙극장, 경찰병원, 특허청 등 설치 · 운영되고 있음

Check Point

책임운영기관에 적합한 사무기준
- 기관의 주된 사무가 사업적 · 집행적 성질의 행정서비스를 제공하는 업무로서 성과 측정기준을 개발하여 성과를 측정할 수 있는 사무
- 기관 운영에 필요한 재정수입의 전부 또는 일부를 자체적으로 확보할 수 있는 사무

(2) 종류

① 기관의 지위에 따른 구분

㉠ 중앙 책임운영기관 : 「정부조직법」 규정에 따른 청(廳)으로서 대통령령으로 설치된 기관(특허청)

㉡ 소속책임운영기관 : 중앙행정기관의 소속기관으로서 대통령령으로 설치된 기관

② 기관의 사무성격에 따른 구분

㉠ 조사연구형 책임운영기관

㉡ 교육훈련형 책임운영기관

㉢ 문화형 책임운영기관

㉣ 의료형 책임운영기관

㉤ 시설관리형 책임운영기관

㉥ 그 밖에 대통령령으로 정하는 유형의 책임운영기관

(3) 중앙책임운영기관

① 사업목표 및 사업운영계획

㉠ 국무총리는 재정의 경제성 제고와 서비스 수준의 향상, 경영합리화 등에 관한 사업목표를 정하여 기관장에게 부여

Check Point

중앙책임운영기관의 장
- **임기** : 기관장의 임기는 2년으로 하되, 한 차례만 연임 가능(현재 유일한 중앙책임운영기관에 해당하는 특허청의 특허청장은 정무직으로 대통령이 임명)
- **책무** : 국무총리가 부여한 목표를 성실히 이행하여야 하며, 기관 운영의 공익성 및 효율성 향상, 재정의 경제성 제고와 서비스의 질적 개선을 위하여 노력해야 함

㉡ 기관장은 주어진 사업목표 달성을 위한 사업운영계획 및 연도별 사업계획을 수립해 소속중앙행정기관의 장을 거쳐 국무총리에게 제출(연도별 사업계획에는 구체적 사업성과 목표와 이에 대한 성과 측정지표가 포함)

② **사업성과 평가** : 중앙책임운영기관의 사업성과를 평가하고 기관의 운영에 관한 중요사항을 심의하기 위해 기관장 소속으로 중앙책임운영기관운영심의회를 설치

③ **조직 및 인사**

㉠ 조직 및 정원에 관한 사항은 「정부조직법」과 그 밖의 관계 법령이 정하는 바에 의함

㉡ 기관장은 고위공무원단에 속하는 공무원 외의 소속공무원에 대한 일체의 임용권을 가지며, 중앙책임운영기관 소속공무원의 임용시험을 실시함

④ **예산 및 회계** : 중앙책임운영기관의 예산 및 회계에 관한 사항은 소속책임운영기관의 규정에 따름

(4) 소속책임운영기관

Check Point

기관장의 책무
소속중앙행정기관의 장과 체결한 채용계약 내용의 성실한 이행, 기관 운영의 공익성 및 효율성 향상, 재정의 경제성 제고 및 서비스의 질적 개선에 노력

① **소속책임행정기관장의 채용**

㉠ **임용** : 기관장은 공개모집 절차(개방형 임용)에 따라 행정이나 경영에 관한 지식 · 능력이나 관련 분야의 경험이 풍부한 사람 중에서 선발하여 「국가공무원법」에 따른 임기제공무원으로 임용

㉡ **채용요건의 통보** : 소속중앙행정기관의 장이 정하여 행정안전부장관에게 통보

㉢ **채용기간** : 5년의 범위에서 소속중앙행정기관의 장이 정하되, 특별한 사유가 없으면 2년 이상으로 하여야 함

㉣ 기관장의 공개 모집 및 채용절차와 채용 계약의 내용 등에 관하여는 대통령령으로 정함

② **사업목표 및 사업운영계획**

㉠ 중앙행정기관의 장은 소속책임운영기관별로 재정 경제성 제고와 서비스 수준 향상, 경영합리화 등에 관한 사업목표를 정해 기관장에게 부여하고, 기관장은 사업운영계획을 수립해 소속중앙행정기관의 장의 승인을 받음

㉡ 기관장은 사업운영계획에 따라 연도별로 사업계획을 수립 · 제출(연도별 사업계획에는 구체적인 사업성과의 목표와 성과 측정지표가 포함되어야 함)

Check Point

사업성과 평가
사업성과를 평가하고 운영에 관한 중요사항을 심의하기 위해 중앙행정기관장의 소속으로 소속책임운영기관운영심의회를 둠

③ **조직 및 인사**

㉠ 대통령령으로 정하는 바에 따라 소속기관 및 하부조직을 설치할 수 있음

㉡ 소속책임운영기관에 두는 공무원의 총 정원 한도는 대통령령으로, 공무원

의 종류별 · 계급별 정원과 고위공무원단에 속하는 공무원의 정원은 총리령 · 부령으로 정함

ⓒ 업무의 성질상 필요한 경우 소속책임운영기관과 그 소속기관의 장 및 하부조직은 각각 「국가공무원법」에 따른 임기제공무원으로 임명할 수 있으며, 대통령령으로 정하는 바에 따라 정원의 일부를 「국가공무원법」에 따른 임기제공무원으로 임용할 수 있음

ⓔ 중앙행정기관의 장은 소속책임운영기관 소속공무원에 대한 일체의 임용권을 가지며, 대통령령으로 정하는 바에 따라 임용권의 일부를 기관장에게 위임 가능

ⓜ 소속공무원의 임용시험은 기관장이 실시

④ 예산 및 회계

㉠ 사업의 효율적 운영을 위하여 책임운영기관특별회계를 두는데, 책임운영기관특별회계로 운영할 필요가 있는 소속책임운영기관(책임운영기관특별회계기관)은 자체 수입의 비율 등 대통령령의 기준에 따라 기획재정부장관이 행정안전부장관 및 해당 중앙행정기관의 장과 협의하여 정함

㉡ 책임운영기관특별회계기관을 제외한 소속책임운영기관은 일반회계로 운영

ⓒ 특별회계는 계정별로 중앙행정기관의 장이 운용하고, 기획재정부장관이 통합 · 관리함

ⓔ 책임운영기관특별회계기관의 사업은 정부기업으로 봄

ⓜ 특별회계의 예산 및 회계에 관해 「책임운영기관의 설치 · 운영에 관한 법률」에 규정된 것 외에는 「정부기업예산법」을 적용함

ⓑ 자체 수입만으로는 운영이 곤란한 책임운영기관특별회계기관의 경우, 심의회의 평가를 거쳐 대통령령으로 정하는 경상적 성격의 경비를 일반회계 등에 계상하여 특별회계로 전입할 수 있음

(5) 책임운영기관운영위원회

① 설치 및 기능 : 책임운영기관의 존속 여부 및 제도 개선 등의 중요 사항을 심의하기 위해 행정안전부장관 소속으로 설치

② 구성 및 운영

㉠ 위원회는 위원장 및 부위원장 각 1명을 포함한 15명 이내의 위원으로 구성

㉡ 위원장은 행정안전부장관이 되며, 부위원장은 위원 중 행정안전부장관이 위촉

ⓒ 위원회의 위원은 대통령령으로 정하는 관계 중앙행정기관의 차관급 공무원, 책임운영기관의 업무와 관련된 학식과 경험이 풍부한 사람 중에서 행

Check Point

중앙책임운영기관과 소속책임운영기관의 비교

구분	중앙책임운영기관	소속책임운영기관
사업목표	국무총리가 부여	중앙행정기관장이 부여
기관장 임용권자	대통령	소속 중앙행정기관장
임용기간	임기 2년, 1회 연임	5년 이내, 2년 이상
신분	정무직(특수경력직)	임기제(경력직)

Check Point

책임운영기관운영위원회의 심의사항(「책임운영기관의 설치 · 운영에 관한 법률」 제49조)

- 중기관리계획의 수립 및 변경에 관한 사항
- 책임운영기관의 설치 및 해제에 관한 사항
- 책임운영기관특별회계기관 및 기탁을 받을 수 있는 책임운영기관의 선정에 관한 사항
- 책임운영기관의 평가절차, 평가방법, 평가유예 등에 관한 사항
- 책임운영기관 관련 제도의 운영 및 개선에 관한 사항 등
- 그 밖에 대통령령으로 정하는 사항

정안전부장관이 위촉하는 사람으로 함

㉣ 위원의 임기는 2년으로 하며, 법에서 규정한 사항 외에 위원회의 구성 및 운영, 분과위원회 설치 등에 필요한 사항은 대통령령으로 정함

③ 책임운영기관의 종합평가

㉠ 위원회는 책임운영기관제도의 운영 · 개선, 기관의 존속 여부 판단 등을 위해 종합평가를 실시(사업성과 평가에 관한 사항은 소속중앙책임운영기관 운영심의회에서 심의)

㉡ 종합평가결과가 2회 연속 특히 우수한 기관은 2년 범위에서 평가 유예 가능

㉢ 책임운영기관의 장은 평가결과를 기관 운영의 개선에 반영해야 함

㉣ 행정안전부장관은 대통령령으로 정하는 바에 따라 종합평가결과를 공포하여야 함

㉤ 행정안전부장관은 종합평가결과에 따라 우수기관에 대하여 표창, 수여, 포상금 지급 등의 조치를 할 수 있음

Check Point

종합평가결과의 활용

- 책임운영기관의 장은 종합평가결과를 그 기관 운영의 개선에 반영하여야 함
- 행정안전부장관은 대통령령으로 정하는 바에 따라 종합평가결과를 공표하여야 하며, 종합평가결과에 따라 우수기관에 대하여 표창 수여, 포상금 지급 등을 할 수 있음

꼭! 확인 기출문제

01. 책임운영기관에 대한 설명으로 옳지 않은 것은? [국가직 9급 기출]

① 기관장에게 기관 운영의 자율성을 보장하고, 기관 운영 성과에 대해 책임을 지도록 한다.
② 공공성이 크기 때문에 민영화하기 어려운 업무를 정부가 직접 수행하기 위해 고안된 것이다.
③ 객관적이고 신뢰할 수 있는 성과평가 시스템 구축은 책임운영기관의 성공 여부를 결정짓는 요건 중의 하나이다.
❹ 1970년대 영국에서 집행기관(executive agency)이라는 이름으로 처음 도입되었고, 우리나라는 1990년부터 운영하고 있다.

해 ④ 책임운영기관은 1980년대 영국 대처 정부가 정부개혁 프로그램인 Next Steps에서 국방 · 보건 · 교도소 등 140여개 부서를 집행기관(executive agency)으로 지정하면서 도입한 제도로, 우리나라에서는 1999년 1월 김대중 정부에서 「책임운영기관의 설치 · 운영에 관한 법률」을 제정하고 국립의료원, 운전면허 시험관리단 등을 시범기관으로 선정한 이후 현재 40여개 기관이 지정되어 운영되고 있다.
① 책임운영기관이란 정부가 수행하는 사무 중 공공성을 유지하면서도 경쟁원리에 따라 운영하는 것이 바람직하거나 전문성이 있어 성과관리를 강화할 필요가 있는 사무에 대하여 책임운영기관장에게 기관운영의 자율성을 부여하고 그 운영 성과에 대해서 장관에게 책임을 지도록 하는 기관이다.
② 책임운영기관은 아직까지 공공성이 필요하여 민영화 · 공사화 추진이 곤란한 분야를 대상으로 정부가 직접 업무를 수행하는 집행전담기관이기 때문에 외부시장화가 아닌 내부시장화된 조직이며, 기관의 성격도 정부조직이고 직원의 신분도 공무원이다.
③ 책임운영기관은 성과중심의 조직이므로 성과 측정 및 성과 평가가 가능한 분야를 대상으로 하며 객관적이고 신뢰할 수 있는 성과평가 시스템 구축은 책임운영기관의 성공 여부를 결정짓는 요건 중의 하나이다.

Check Point

책임운영기관의 유형

구분	소속책임운영기관	중앙책임운영기관
조사연구형	국립종자원 지방통계청(5) 등 국립과학수사연구원 국립수산과학원 등	–
교육훈련형	국립국제교육원 한국농수산대학	–
문화형	국립중앙과학관 국립중앙극장 등	–
의료형	국립서울병원 경찰병원 등	–
시설관리형	지방해양수산청 해양경비안전정비창 등	–
기타유형	–	특허청

02. 「책임운영기관의 설치 · 운영에 관한 법률」상 책임운영기관에 대한 설명으로 옳지 않은 것은? [국가직 9급 기출]

① 책임운영기관은 기관장에게 재정상의 자율성을 부여하고 그 운영성과에 대해 책임을 지도록 하는 행정기관의 특성을 갖는다.
❷ 소속책임운영기관에 두는 공무원의 총 정원 한도는 총리령으로 정하며, 이 경우 고위공무원단에 속하는 공무원의 정원은 부령으로 정한다.
③ 소속책임운영기관 소속 공무원의 임용시험은 기관장이 실시함을 원칙으로 한다.
④ 기관장의 근무기간은 5년의 범위에서 소속중앙행정기관의 장이 정하되, 최소한 2년 이상으로 하여야 한다.

해 ② 소속책임운영기관에 두는 공무원의 총 정원 한도는 대통령령으로 정하며, 이 경우 공무원의 종류별 · 계급별 정원과 고위공무원단에 속하는 공무원의 정원은 총리령 또는 부령으로 정하되, 대통령령으로 정하는 바에 따라 통합하여 정할 수 있다(제16조 1항).
① 책임운영기관은 정부가 수행하는 사무 중 공공성을 유지하면서도 경쟁 원리에 따라 운영하는 것이 바람직하거나 전문성이 있어 성과관리를 강화할 필요가 있는 사무에 대하여 책임운영기관의 장에게 행정 및 재정상의 자율성을 부여하고 그 운영 성과에 대하여 책임을 지도록 하는 행정기관을 말한다.
③ 소속책임운영기관 소속 공무원의 임용시험은 기관장이 실시한다. 다만, 기관장이 단독으로 실시하기 곤란한 경우에는 중앙행정기관의 장이 실시할 수 있으며, 다른 시험실시기관의 장과 공동으로 실시하거나 대통령령으로 정하는 다른 기관의 장에게 위탁하여 실시할 수 있다.
④ 기관장의 근무기간은 5년의 범위에서 소속중앙행정기관의 장이 정하되, 최소한 2년 이상으로 하여야 한다(제7조 3항).

제3장

조직의 관리

제1절 의사전달(Communication, 의사소통)

1. 의사전달의 의의

Check Point

의사전달의 구성요소
전달자, 전달내용, 전달수단 · 매체와 방법, 피전달자, 반응 및 전달효과 등

(1) 개념

① 의사전달은 학자에 따라 다양하게 정의되는데, Simon은 인간 간의 쌍방적 교류과정이라 정의

② 일반적으로 복수의 행정주체가 결정에 필요한 정보나 자료 등을 서로 교환하여 의미를 공유하는 과정임(전달자와 수용자 상호 간에 사실이나 의견 등이 전달되어 행동이나 의사결정에 영향을 미치는 것)

Check Point

의사전달과정의 핵심 요소
- 발신자와 수신자의 존재
- 발신자는 전달자를 의미하며, 전달자의 의도는 상징을 통해 기호화(coding)됨
- 수신자는 정보를 전달받는 사람을 말하며, 수신된 메시지는 상징을 의미로 전환하는 해독화(decoding) 과정을 거침
- 정보전달의 매체 또는 수단
- 정보전달 통로(전송 채널 · 수단)

(2) 특성

① 의사전달은 원칙적으로 개인(정보 전달자와 피전달자) 간의 과정

② 원칙적으로 목적 지향적(어떤 영향을 미치게 하거나 알리려 함)

③ 조직 내의 모든 상호작용은 의사전달을 내포

④ 의사전달이 없으면 조직은 성립될 수 없음(의사전달은 조직의 생명선에 해당)

(3) 의사전달과정

① 일반적 과정 : 발신자(전달자), 코드화 및 발송, 통로(전송채널이나 수단), 수신자(피전달자), 해독, 환류(수신자의 반응) 순으로 이루어짐

② F. Fisher모형

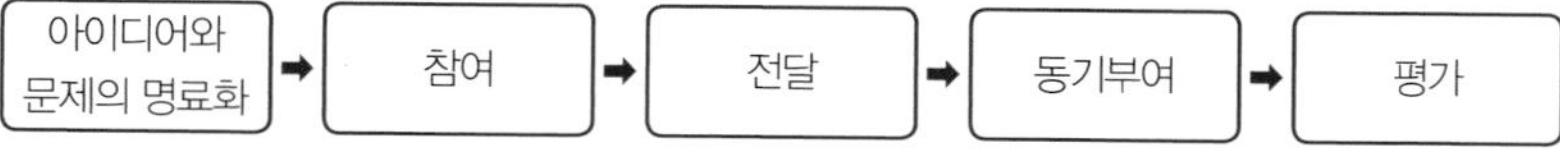

③ C. Redfield모형

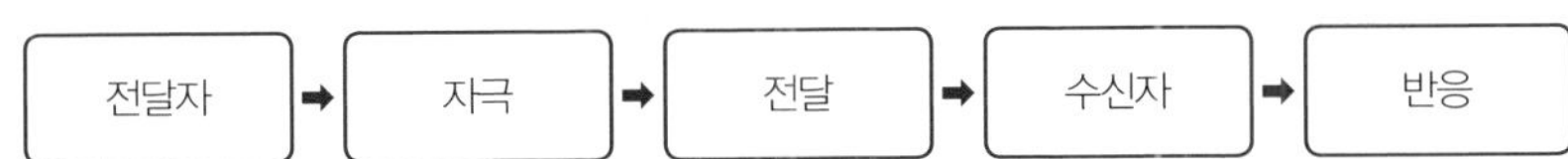

(4) 의사전달의 기능

① **조정(통제)의 기능** : 조직구성원의 행동을 통제하는 기능을 수행함

② **동기유발 · 촉진기능** : 할 일을 알려주고 잘하도록 자극시킴(사기앙양 등)

③ **정책결정의 합리화** : 신속 · 정확하고 우수한 의사소통체제에 의하여 확보됨

④ **사회적 욕구의 충족** : 조직구성원은 의사전달을 통해 감정을 표출하고 교류를 넓혀 가면서 사회적 욕구를 충족시킴

⑤ **리더십의 발휘기능** : 의사전달의 활성화와 효과적인 활용을 통해 행정리더십을 확보할 수 있음

⑥ **조직체의 유지기능** : 상 · 하조직 간의 상호작용을 원활히 하여 조직유지에 기여함

Check Point

의사전달의 제원칙(C. Redfield)
명료성의 원칙, 일관성의 원칙, 적시성의 원칙, 적량성(적정성)의 원칙, 분포성(배포성)의 원칙, 적응성(융통성 · 신축성)의 원칙, 통일성의 원칙, 수용성의 원칙(관심과 수용의 원칙)

2. 의사전달과 의사전달망의 유형

(1) 의사전달의 유형

① 공식성 유무에 따른 유형

구분	공식적 의사전달	비공식적 의사전달
의의	• 조직의 공식적 통로와 수단에 의하여 이루어지는 의사전달 • 정책결정과 지시사항을 계층제에 걸쳐 전달하고 관리층에 직원의 보고 · 제안 · 반응을 전달하며, 조직목표를 직원들에게 알리는 데 목적이 있음	• 공식적 통로를 거치지 않는 의사전달(기능적 통로에 의한 의사전달) • 인간 중심 · 1차 집단 중심의 의사전달 • 목표 간 갈등이 심하거나 권위적 조직 운영, 심리적 불안, 조직 간 상호의존성, 불확실성이 존재하는 경우 활성화 • 소문, 낙서, 메모, 직 · 간접적 접촉 등
장점	• 상관의 권위 유지 · 향상 • 의사전달이 명확하고 편리 • 전달자와 피전달자의 책임소재 명확 • 정보의 사전입수로 의사결정이 용이 • 의사결정의 활용가능성 확대 • 정보나 근거의 보존성 용이	• 급변하는 사회에 즉각 대응 • 여론과 구성원의 감정을 명확하게 파악 • 긴장 · 소외감 극복과 개인적 욕구충족 • 관리자에 대한 조언 역할 • 공식적 의사전달의 단점 보완 • 배후사정을 소상히 전달
단점	• 의사전달의 융통성 결여 • 형식주의 경향 • 복잡 · 다양한 인간 활동의 표현 곤란 • 급변하는 사회에 즉각적인 대응 곤란 • 배후사정 전달 곤란 • 시간 · 비용의 소요	• 책임소재의 불명확 • 조정과 통제가 곤란 • 조직 위계질서의 무시로 상관의 권위를 손상 • 개인적 목적으로 이용 • 공식적 의사소통 기능을 마비

Check Point

하향적 의사전달
게시판, 핸드북, 구내방송, 기관지, 사내신문, 편람, 예규집 등

Check Point

상향적 의사전달
보고 및 제안제도, 직원의견조사, 건의, 품의, 상담, 면접, 고충처리 등

Check Point

횡적 의사전달
사전 심사나 사후 통지, 회의 · 토의, 위원회 및 분임활동, 회람 · 공람, 레크리에이션, 통보 등

② 방향과 흐름을 기준으로 한 유형

㉠ **하향적 의사전달(상의하달)** : 상위계층이 하위계층에게 전달하는 것으로 구두명령과 문서명령으로 구분됨

㉡ **상향적 의사전달(하의상달)** : 하위계층이 상위계층에게 행하는 의사전달

㉢ **횡적(수평적) 의사전달(부처 간 전달)**

- 동일 집단 및 개인 또는 직접적인 상 · 하 관계가 아닌 상이한 행정인 간의 의사소통
- 행정조직의 확대 · 분화에 따라 중요성이 증가하고 있으나, 행정기능의 전문화, 행정조직 단위 간의 갈등 · 대립, 현대 행정조직의 복잡성 등에 의하여 제약을 받음

(2) 의사전달망의 유형

㉠ 의의

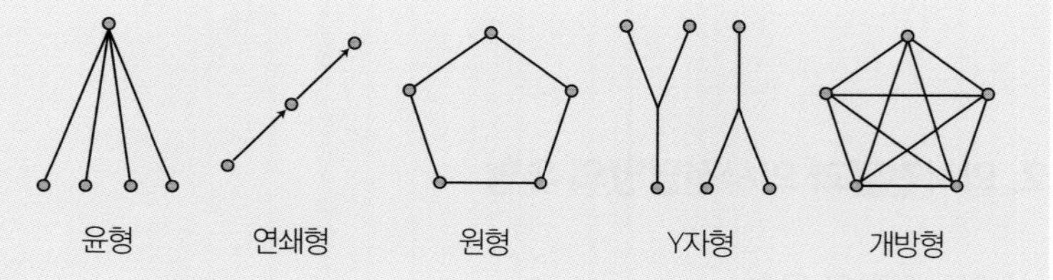

- 윤형(wheel, 바퀴형) : 집단 안에 중심적인 인물이나 리더가 존재하며, 구성원 간의 정보전달이 중심에 있는 한 사람에게 집중되고 있는 형태로, 가장 신속하고 능률적인 유형
- 연쇄형(chain, 사슬형) : 상사와 부하 간에만 의사전달이 이루어지며 수직적 계층만을 통하여 이루어지는 형태로, 비능률적인 유형
- 원형(circle, 반지형) : 집단구성원 간의 서열이나 지위가 불분명하여 거의 동등한 입장에서 의사전달이 형성되는 유형
- Y자형 : 의사전달망의 최상층에 두 개의 대등한 지위가 있거나 반대로 최하위층에 두 개의 대등한 지위를 가진 사람이 있는 유형
- 개방형(all channel, 전체경로형, 자유형) : 집단 내의 모든 구성원들이 다른 구성원들과 자유롭게 정보를 교환하는 형태로, 가장 민주적이며 만족도가 큰 유형
- 혼합형 : 윤형과 개방형이 혼합되어 있는 형태로, 구성원들이 자유롭게 의사전달을 하지만 리더로 여겨지는 한 사람이 중심적 위치를 차지함

㉡ 유형별 특징 비교

평가기준	의사전달망의 유형				
	윤형	연쇄형	원형	Y형	개방형
의사전달의 신속성	• 단순 과업 : 빠름 • 복잡 과업 : 느림	중간	• 모여 있는 경우 : 빠름 • 떨어져 있는 경우 : 느림	중간	빠름
의사전달의 정확성	• 단순 과업 : 높음 • 복잡 과업 : 낮음	• 문서 : 높음 • 구두 : 낮음	• 모여 있는 경우 : 높음 • 떨어져 있는 경우 : 낮음	–	중간
리더의 출현 확률	높음	중간	없음	중간	없음
구성원의 만족감	낮음	낮음	높음	중간	높음
권한 집중도	중간	높음	낮음	낮음	가장 낮음
모호한 상황에 대한 대응	가장 느림	느림	빠름	느림	빠름
의사결정 속도	중간	빠름	느림	–	–
결정에 대한 집단의 몰입도	중간	낮음	높음	–	–

Check Point

의사전달의 변수
- **집중도** : 정보나 권한이 중심인물로 집중된 정도를 말하며, 기계적 구조나 고전적 의사전달 모형(연쇄형)일수록 집중도가 높고 의사전달이 활성화되지 못함
- **개방도** : 의사전달 채널의 수를 말하며, 유기적 구조나 현대적 · 동태적 의사전달모형(개방형)일수록 개방도가 높고, 의사전달이 활성화됨(집중도와 역관계)

3. 의사전달의 장애요인 및 개선방안

	장애요인	개선방안
의사소통자 (전달자 · 피전달자) 측면	• 준거기준 차이 : 가치관 · 사고방식의 차이 • 지위상의 차이 : 여러 지위 단계를 거치며 의사전달 왜곡 • 전달자의 의식적 제한 : 보안상 비밀유지 등을 위해 제한 • 전달자의 자기방어 : 전달자가 자기에게 불리한 사실 은폐 · 왜곡 • 피전달자와 전달자의 부정적 관계 : 불신이나 편견, 수용 거부, 잘못된 해석, 원만하지 못한 인간관계 • 환류의 봉쇄 : 의사전달의 정확성 손상	• 상호접촉 촉진 : 회의 · 공동 교육훈련, 인사교류 등 • 조직 내 관계의 개선 : 대인관계 개선, 개방적 분위기 조성 • 하의상달의 권장과 활성화 : 권위주의적 행정행태의 개선 • 의사전달 조정 집단의 활용 : 상향적 의사전달의 누락 · 왜곡 등의 방지와 정보처리의 우선순위 결정 • 민주적 · 쇄신적 리더십의 확립

전달수단 및 매개체 측면	• 정보의 과다로 인한 내용 파악 곤란 • 정보의 유실과 불충분한 보존 • 전달매체의 불완전성 • 업무의 과다 · 폭주로 인한 압박 • 지리적 거리	• 전달매체의 정밀성 제고 • 효율적인 관리정보체계(MIS)의 확립과 시설의 개선 • 의사전달의 반복과 환류 · 확인 메커니즘 확립
조직구조 측면	• 집권적 계층구조 : 수직적인 의사전달 제한, 유동성 저하 • 할거주의와 전문화 : 수평적 의사전달 저해 • 비공식적 의사전달의 역기능 : 소문 · 풍문 등에 의한 정보의 왜곡 • 정보전달 채널의 부족	• 계층제의 완화와 분권화 • 정보의 분산 • 정보채널의 다원화

꼭! 확인 기출문제

조직의 의사전달에 대한 설명으로 옳지 않은 것은? [지방직 9급 기출]

① 공식적 의사전달은 의사소통이 객관적이고 책임 소재가 명확하다는 장점이 있다.
② 비공식적 의사전달은 의사소통 과정에서의 긴장과 소외감을 극복하고 개인적 욕구를 충족시킨다는 장점이 있다.
❸ 공식적 의사전달은 조정과 통제가 곤란하다는 단점이 있다.
④ 참여인원이 적고 접근가능성이 낮은 경우 의사전달체제의 제한성은 높다.

해 ③ 비공식적 의사전달(공식적 통로를 거치지 않는 의사전달)은 조정과 통제가 곤란하다는 단점이 있다. 공식적 의사전달(조직의 공식적 통로와 수단에 의하여 이루어지는 의사전달)은 조정과 통제가 용이하다.
④ 참여인원이 적고 접근가능성이 낮은 경우 의사전달이 어려울 수 있다.

제2절 조직문화

1. 조직문화의 의의 및 특성

Check Point

조직문화의 구성요소
• 규범
• 철학
• 지배적 가치관
• 행태 규칙성

(1) 조직문화의 의의

사회문화의 하위 체제로 조직의 구성원들이 공유하는 보편적인 생활양식 또는 행동양식의 총체를 말한다. 즉, 구성원의 신념, 전제, 인지, 의식 구조 등 가치의식의 통합을 의미한다.

(2) 조직문화의 특성

① **결정성** : 인간의 사고와 행동을 결정하는 주요 요인
② **학습성** : 선천적인 본능이 아니라 후천적인 학습에 의해 생성 및 유지됨
③ **축적성** : 역사적 유산으로서 후대에 전수
④ **보편성과 다양성** : 보편성과 다양성이라는 양면성을 띰
⑤ **지속성과 변동성** : 쉽게 변동되지 않는 지속성을 지니지만, 적극적인 변화 의지, 기술적 및 경제적 발달, 외래문화의 수용 등에 의해 변동됨
⑥ **공유성** : 구성원들 간에 공유되는 집합성을 지님
⑦ **전체성** : 특정 문화가 다른 문화에 영향을 주거나, 전체 문화가 하위문화를 포용하는 전체성을 지님

(3) 조직문화의 순환

구분	설명
형성	조직문화의 형성은 구성원들의 대외적 적응과 생존, 대내적 통합 등에 관한 문제 해결 방안을 수용하는 데에서부터 시작
보존(사회화)	• 동화 : 신참자가 조직문화에 일방적으로 적응 • 격리 : 신참자가 조직문화에 반감을 가져 직무영역으로부터 고립 • 탈문화화 : 조직문화 혹은 신참자의 개인문화가 모두 지배력을 상실하여 문화적 정체성이 모호해짐 • 다원화 : 쌍방적 학습과 적응의 과정을 통하여 상호 장점을 수용하거나 공존
변동	조직문화는 안정적인 특성이 있지만 시간의 흐름에 따라 변동
개혁	의식적 · 계획적으로 조직문화를 개혁

Check Point

문화의 개혁과 연관된 요인
• 충원
• 발전
• 평가 및 보상
• 조직 설계
• 의사소통
• 상징 · 언어 · 이야기

2. 조직문화의 기능

(1) 조직문화의 순기능

① 문화는 조직의 안정성과 계속성을 유지시킴
② 조직의 경계를 설정하여 조직의 정체성을 제공
③ 모방과 학습을 통하여 구성원을 사회화하는 기능을 함
④ 구성원들이 조직에 몰입하도록 만듦
⑤ 규범의 공유에 의해 조직의 생산성을 높이고, 조직에 대한 충성심과 복종심을 유도
⑥ 구성원을 통합하여 응집력, 동질감, 일체감을 높임
⑦ 구성원의 일탈 행위에 대한 통제기능을 함

(2) 조직문화의 역기능

① 부서별 독자적인 조직문화로 인하여 조직 내부의 조정과 통합에 어려움이 생김
② 집단사고의 폐단으로 조직의 유연성과 구성원들의 창의력을 저하
③ 초기에는 조직문화가 순기능을 하지만 장기적인 관점에서는 문화의 경직성으로 인해 변화와 개혁의 장애를 초래하기도 함

3. 조직문화의 경쟁적 가치접근 - 퀸과 킴벌리(E.Quinn & R.Kimberly)

신축성(유연성·변화)
분권화, 차별화(다양성)

내부지향 (통합·단합)	관계지향 문화 집단(clan)문화 (인간관계모형) clan(공동체, 가족)	혁신지향 문화 발전(development)문화 (개방체계 모형) Adhocarcy	외부지향 (경쟁)
	위계지향 문화 위계(hierarchy)문화 (내부과정 모형) hierarchy(계층제)	과업지향 문화 합리(rational)문화 (합리적 목표 모형) market(시장)	

통제(질서·안정)
집권화, 집중화(통합)

(1) 수직 축(구조)

유연성 지향의 가치는 분권화의 다양성(차별화)을 강조, 통제지향 가치는 집권화와 통합(집중화)을 강조하는데, 이는 조직의 유기적 특성과 기계적 특성의 구분을 의미함

(2) 수평 축(초점)

내부지향성은 조직 유지를 위한 조정·통합 강조. 외부지향성은 조직 환경에 대한 적응, 경쟁, 상호관계 강조

(3) 조직문화유형

조직은 네가지 조직문화 유형을 모두 가질 수 있으며 그 강도는 차이가 있음

제3절 갈등(Conflict)

1. 갈등의 의의

(1) 갈등의 개념

① 희소자원이나 업무의 불균형배분 또는 여건 · 목표 · 가치 · 인지 등에 있어서의 차이와 같은 원인과 조건으로 인해 개인이나 집단, 조직의 심리, 행동에 발생하는 대립적 교호작용(오세덕)

② 조직 내의 의사결정에 있어 대안선택기준이 모호하여 결정자인 개인이나 집단이 심리적으로 곤란을 겪는 상태(H. A. Simon)

(2) 갈등관의 변화

구분	내용
전통적 관점 (1930~1940년대) 갈등유해론, 갈등제거	• 갈등의 역기능, 모든 갈등은 제거대상 • 고전적 조직이론과 초기 인간관계론의 관점 • 갈등은 일종의 악, 조직의 효과성에 부정적 영향 • 직무의 명확한 규정 등을 통해 갈등을 제거할 수 있음
행태론적 관점 (1940년대 말 ~1970년대) 갈등불가피론, 갈등수용	• 갈등의 양면성(역기능 기능), 갈등의 불가피성·보편성 • 갈등은 조직 내에서 자연적으로 일어나는 불가피한 현상, 완전 제거 곤란 – 갈등 수용 • 갈등이 때로는 순기능을 한다고 보지만, 능동적으로 갈등을 추구하거나 조장할 상황요인을 만 들어 낼 수 있다는 생각을 제시하지는 않음
상호작용주의 관점 (1970년대 말 ~) 갈등관리론(현대의 갈등관)	• 갈등의 양면성 인정, 갈등의 관리·활용 – 역기능적(파괴적) 갈등 ⇨ 갈등 완화·해소·억제 – 순기능적(건설적) 갈등 ⇨ 갈등 조장·촉진 • 갈등수준이 너무 낮으면 환경에의 적응력 저하, 독재와 획일주의, 무사안일, 의욕상실, 침체 등의 집단행동을 보이므로 적정한 갈등수준을 유지하는 최적관리가 필요

Check Point

갈등과 경쟁

㉠ 차이점
- 갈등 : 특정 집단의 목표 추구가 다른 집단의 목표를 위협하고 집단적 적대감이 존재하며, 규칙과 규정이 준수되지 않음
- 경쟁 : 집단들이 동일한 목표를 추구하고 상호 적대감이 존재하지 않으며, 규칙이나 규정이 준수됨

㉡ **공통점** : 대상 집단이나 개인이 상호 대립적 행동을 보임

2. 갈등의 유형

(1) N. Miller & J. Dollard의 개인심리기준

① **접근－접근 갈등** : 바람직한 가치(긍정적인 유인가)를 가진 두 가지 대안 중 하나를 선택해야 하는 경우의 갈등

② **접근－회피 갈등** : 바람직한 긍정적 유인가와 회피하고 싶은 부정적 유인가를 함께 가진 대안 중 선택해야 하는 경우의 갈등

③ **회피－회피 갈등** : 회피하고 싶은 부정적인 가치를 가진 두 가지 대안 중 하나를 선택해야 하는 경우의 갈등

(2) H. A. Simon & G. March의 갈등주체기준

① **개인적 갈등** : 결정자로서의 개인이 대안선택에 있어서 곤란을 겪게 되는 경우

㉠ **수락불가능성(비수락성, 비수용성)** : 결정자가 각 대안의 결과를 알지만 만족기준을 충족하지 못해 수락할 수 없는 경우

㉡ **비교불가능성** : 결정자가 각 대안의 결과를 알지만 공통기준의 결여로 최선의 대안을 알지 못하는 경우

㉢ **불확실성** : 대안이 초래할 결과를 알 수 없는 경우

② **복수 의사주체 간의 갈등(집단 간 갈등)**

㉠ **분류** : 조직 내의 집단 간 갈등, 조직 간의 갈등

㉡ **원인** : 가치관 · 태도 · 인지의 차이, 공동의사결정의 필요성, 업무의 상호의존성(순차적 의존성), 목표 및 책임한계의 불분명, 이해관계의 상충, 의사전달 장애 및 왜곡, 역할 · 지위의 분화, 상호기대감의 차이, 자원의 제약, 대등한 권력의 존재(조정 곤란), 의사결정의 참여 증대, 전문가의 증가(계선과 참모의 갈등) 등

(3) L. Pondy의 단위 및 영향 기준

① **단위기준(조직 내 상하단위 기준)**

㉠ **협상적 갈등** : 부족한 자원으로 인한 이해당사자 간에 겪게 되는 갈등

㉡ **체제적 갈등** : 동일 수준의 계층 · 기관이나 개인 간의 수평적 갈등

㉢ **관료제적 갈등** : 상하계층 간의 갈등

② **영향(변화)기준**

㉠ **마찰적 갈등** : 조직구조의 변화를 유발하지 않는 갈등

㉡ **전략적 갈등** : 조직구조의 변화를 유발하는 갈등

Check Point

갈등의 기능

㉠ 순기능(L. Coser, M. P. Follett 등)
- 조직의 조화 · 통합의 새로운 계기로 작용
- 선의의 경쟁을 촉진해 행정발전 · 쇄신의 원동력이 됨
- 갈등의 해결을 위한 조직의 문제해결능력 · 창의력 · 융통성 · 적응능력을 향상
- 행정의 획일성 배제와 다양성 · 민주성 확보에 기여
- 개인 및 집단의 동태적 성장의 계기

㉡ 역기능(G. E. Mayo 등)
- 조직 내 관계자의 심리적 · 신체적 안정 저해
- 구성원과 조직 간에 적대감정과 반목을 유발
- 직원이나 기관 간에 위계질서를 문란하게 하며, 공무원의 사기를 저하
- 행정의 조정을 곤란하게 함
- 조직의 효과성과 생산성을 저하

Check Point

진행단계별 갈등의 분류(Pondy)
- **잠재적 갈등** : 갈등이 야기될 수 있는 상황 또는 조건
- **지각된 갈등** : 구성원들이 인지하게 된 갈등
- **감정적 갈등** : 구성원들이 감정(내면)적으로 느끼는 갈등
- **표면화된 갈등** : 표면적인 행동이나 대화로 표출된 갈등
- **갈등의 결과** : 조직이 갈등에 대처한 후에 남은 조건 또는 상황

꼭! 확인 기출문제

조직 내 갈등에 대한 설명으로 옳지 않은 것은? [국가직 9급 기출]

① 과업의 상호의존성이 높은 경우 잠재적 갈등이 야기될 수 있다.
② 고전적 관점에서 갈등은 조직 효과성에 부정적인 영향을 끼친다고 가정한다.
③ 의사소통 과정에서 충분한 양의 정보도 갈등을 유발하는 경우가 있다.
❹ 진행단계별로 분류할 때 지각된 갈등은 갈등이 야기될 수 있는 상황 및 조건을 의미한다.

해 ④ 폰디(Pondy)에 따르면 갈등은 진행단계별로 분류할 때 잠재적 갈등, 지각된 갈등, 감정적 갈등, 표면화된 갈등, 갈등의 결과로 분류할 수 있으며 갈등이 야기될 수 있는 상황 또는 조건은 아직 갈등이 발생하진 않았지만 갈등의 원인이 존재하는 잠재적 갈등을 의미한다. 지각된 갈등은 구성원이 인식하게 된 갈등이다.
① 과업의 상호의존성이 높은 경우 반드시 갈등이 생기는 것은 아니지만 부서 및 구성원 간 다양한 의견을 조정해야 하기 때문에 갈등의 소지는 높아지며 이 경우 공동의사결정 상황을 초래하므로 잠재적 갈등이 야기될 수 있다.
② 전통적 관료제적 견해인 갈등에 대한 고전적 관점에서 갈등은 조직효과성에 부정적인 영향만 끼치는 나쁜 것으로 보며 예방하거나 해소되는 것이 바람직하다는 입장이다.
③ 의사소통 과정에서 정보의 양이 적은 경우뿐만 아니라 정보가 충분하거나 과잉될 경우에도 정보로 인한 갈등이 유발될 수 있다.

(4) 집단 간 갈등(대인적 갈등)의 원인

구분	상황
공동의사결정의 필요성	조직상의 부처가 세분된 상태에서 다른 조직이나 집단과의 상호의존성에 의한 공동의사결정이 필요한 경우
목표와 이해관계의 차이	서로 다른 조직이 양립 불가능한 목표를 동시에 추구하는 경우, 각 조직 간의 목표나 이해관계의 차이가 나타날 경우
자원의 한정에 따른 경쟁	한정된 자원에 공동으로 의존하고 있는 제로섬게임(Zero sum game) 상황인 경우
지위부조화	높아진 지위만큼 그에 따른 전문적인 능력이 부족하여 행동주체 간의 교호작용을 예측불가능하게 하는 경우
권력의 차이가 없는 경우	권력의 차이가 있는 경우에는 더 큰 권력을 가진 기관에 의해 조직의 조정과 통제가 가능하지만, 권력의 차이가 없는 경우에는 조정이 곤란하여 갈등을 유발
지각 및 인지의 차이	구성원 간의 성격, 태도, 가치관, 지각의 차이로 인하여 정보나 사실에 대하여 다르게 해석하고 평가하는 경우
과업의 상호의존성	과업이 독립적이거나 일방향 집중형일 경우 갈등 가능성이 낮지만, 상호의존적이거나 상호연계적일 경우 갈등 가능성이 증가
의사전달의 방해	의사전달에 대한 오해나 이해부족, 의사전달의 부족으로 인하여 정보의 교환이 불충분할 경우 갈등을 유발

3. 갈등의 해결방안(관리 및 해소전략)

(1) H. A. Simon & J. G. March의 전략

① 개인적 측면의 해결전략

㉠ 비수용성의 해결 : 새로운 대안의 탐색이나 목표의 수정

㉡ 비교불가능성의 해결 : 선택된 대안의 우선순위 선정기준과 비교기준을 명확히 하고, 대안이 제기된 전후관계의 분석

㉢ 불확실성의 해결 : 대안의 결과 예측을 위한 과학적 분석, 자료의 수집 · 탐색, 결과 예측이 가능한 새로운 대안 탐색

② 복수의사주체 간의 갈등 해결전략

㉠ 문제해결(합리적 · 분석적 해결)

- 갈등당사자 간의 자료수집과 제시, 새로운 쇄신적 대안의 모색 등을 통해 공동의 해결책을 찾아보는 방법
- 갈등의 원인이 가장 사소한 수단 · 사실 갈등일 경우에 사용

㉡ 설득(합리적 · 분석적 해결)

- 하위목표와 공동목표의 조화를 검증하고 설득 · 이해를 통해 의견대립을 조정하는 방법
- 문제 해결방법보다 정보수집에 대한 의존 비중이 낮으며, 목표 간 모순제거 및 일치성을 추구

㉢ 협상(비합리적 · 정치적 해결)

- 당사자 간의 직접적 해결방법으로, 양보와 획득을 위한 포기를 통해 조정하는 방법
- 위장이나 책략 등의 방법이 동원될 수 있으며, 비합리적 측면이 가장 강한 전략

㉣ 정략(비합리적 · 정치적 해결)

- 이해관계나 기본목표를 조절하기 위한 방법으로서, 제3자를 통하여 해결하는 방법
- 여론과 대중의 지지에 호소하는 방법 등이 있으며, 갈등의 원인이 가장 근원적인 목표 · 가치갈등인 경우의 해결전략

(2) K. Thomas의 전략

① 의의 : 자신의 욕구(주장 · 이익)를 충족시키려는 욕구인 '단정'과 상대방의 욕구(주장 · 이익)를 만족시키려는 욕구인 '협조'라는 2차원적 요소에 근거해 다섯 가지 전략을 제시

Check Point

갈등의 예방전략
- 사전참여를 통한 의사결정
- 권한과 책임의 명확화 또는 상호의존성의 감소
- 최고관리자의 균형적 자세와 조정역할 강화

Check Point

갈등의 요인

구분	요인
개인적 요인	• 감정 • 상태 • 소통의 장애 • 문화적 차이 • 기술 및 능력 • 지각, 가치관, 윤리 • 성격 등
구조적 요인	• 권력관계 • 목표의 차이 • 지위의 차이 • 권한 및 책임의 불명확성 • 상호의존성 및 협조 필요성 • 전문화 및 분업 • 한정된 자원의 공유(제로섬게임)

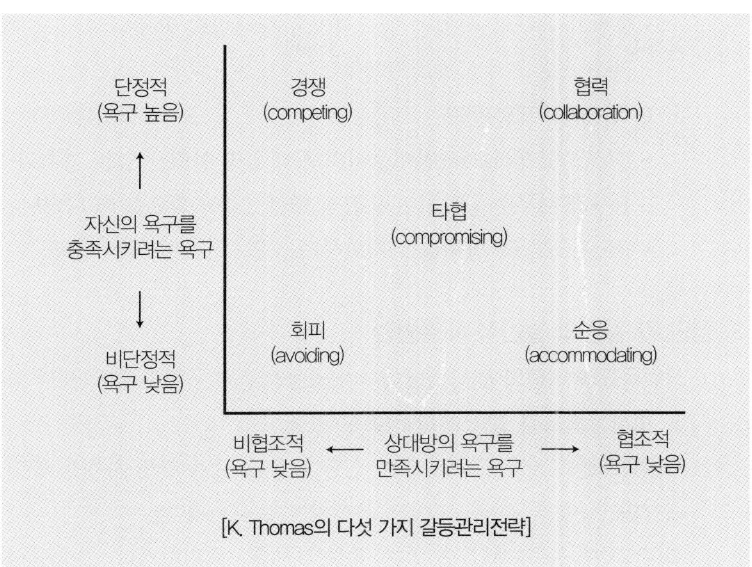

[K. Thomas의 다섯 가지 갈등관리전략]

② 다섯 가지 전략의 내용

㉠ 회피전략

• 갈등상황으로부터 벗어나 버리는 것으로, 사소한 문제이거나 자신의 욕구충족 기회가 없을 때 나타나는 비단정적 · 비협력적 전략
• 자신의 이익이나 상대방의 이익 모두에 무관심한 경우에 나타나는 전략

㉡ 순응(수용 · 적응)전략

• 상대방의 주장을 받아들이는 것으로, 자신의 결정이 잘못되었거나 상대방과 화합하고 조직의 안정과 사회적 신뢰를 중요시할 때 나타나는 전략 (논제가 상대에게 더욱 중요할 때나 다음 논제에 대한 사회적 신용을 획득할 필요가 있을 때 나타나는 전략)
• 자신의 이익을 희생하여 상대방의 이익을 만족시키려는 경우에 나타나는 전략

㉢ 타협전략

• 당사자들이 동등한 권력을 보유하고 시간적 여유가 없을 때 사용되는 임기응변적이고 잠정적인 전략으로, 협상을 통한 양보와 획득으로 자신과 상대방의 이익을 절충
• 단정과 협력의 중간수준으로서 극단적인 전략을 피하는 전략

㉣ 경쟁 · 강제전략

• 위기상황이나 한쪽의 권한이 우위일 때 나타나는 전략(신속한 결단이 요구될 때나 비용절감이나 규칙강요와 같이 인기 없는 조치의 시행이 요구되는 때에 나타나는 전략)

• 자신의 욕구나 이익만 충족시키고 상대방의 욕구나 이익을 희생시키는 전략

ⓜ 협력(협동 · 제휴)전략

• 갈등을 긍정적으로 받아들이며 상대에게 신뢰가 있는 경우와 공통의 관심사가 너무나 중요하여 통합적 해결전략이 필요할 때 나타나는 전략
• 당사자 모두의 만족을 극대화하려는 윈-윈(win-win)전략

(3) 집단 간 갈등의 일반적 해결방안

① **상위목표나 이념의 제시** : 당사자가 공동으로 추구해야 할 목표나 상위의 이념을 제시함으로써 갈등을 완화할 수 있음

② **자원의 확충** : 한정된 자원으로 인한 갈등을 막기 위한 자원을 증대시키는 해결방안

③ **회피** : 갈등을 초래할 수 있는 결정을 보류 · 회피하거나, 갈등당사자의 접촉을 피하게 하거나 갈등행동을 억압하는 방법으로 단기적 해결방법임

④ **완화(smoothing)** : 갈등당사자 간의 대립적인 의견이나 이해관계를 모호하게 하고 공통적인 요인을 내세우려는 잠정적 해결방안

⑤ **상관의 리더십이나 명령** : 상관이 이상적인 리더십을 발휘하거나 부하 간의 대립을 명령으로 강제 해소시킴

⑥ **행태변화** : 조직발전 등 행태과학적 기법을 통한 태도변화에 의하여 장기적으로 갈등을 예방 · 해소하려는 방법

⑦ **제도개혁** : 분업체제 · 보상체제의 개선, 조정 · 통합기능의 합리화, 인사교류를 통하여 갈등의 해소를 모색할 수 있음

⑧ 기타 방안으로 문제의 공동해결이나 상호작용의 촉진, 공동의 적 설정, 집단 간 상호의존성 감소, 조정기구의 설치, 조직개편 등이 있음

> **Check Point**
>
> **갈등의 조성(촉진)전략**
> • **제도 및 구조적 방안** : 조직구조의 수평적 분화(조직개편), 직무재설계
> • **인사 정책적 전략** : 전보 · 순환보직 등
> • **정보 · 권력의 재분배** : 정보전달 통로의 변경, 계층 · 조직 단위의 수 증대, 정보량 조절 등
> • **갈등 · 긴장 조성전략** : 의사결정시기의 변동, 외부집단과의 경쟁 유도 등

제4절 권위(Authority)

1. 권위의 의의 및 유형

(1) 의의

① **개념** : 제도화되고 정당성이 부여된 권력으로서 타인에 의해 자발적으로 수용

> **Check Point**
>
> **권위의 개념적 구성요소**
> 정당성이 부여된 권력, 사회적 관계(상대방의 존재)가 전제, 타인의 행태에 영향, 명령에 대한 자발적 복종

되어 의사결정에 영향을 미치는 능력

② 유사 개념

㉠ 권력(power)

- 어떤 개인이나 집단이 다른 개인이나 집단의 행태에 영향을 미칠 수 있는 잠재적 능력
- 권위가 정당성을 가진 권력으로서 자발적 복종을 전제로 함에 비해, 권력은 상대방의 의사와는 상관없이 명령이나 결정을 따르도록 하는 강제적 · 일방적인 힘을 말함

㉡ 영향력 : 잠재적인 능력을 실제의 행동으로 옮기는 과정으로, 행위를 거부하거나 부정적인 방향으로 유도하는 것도 포함하는 포괄적 개념

영향력·권력·권위의 비교

구분	공식성(제도성)	하향성(작용방향)	정당성	지속성	자발적 수용(공감)
영향력	×	×	×	×	×
권력	○	○	×	×	×
권위	○	△	○	○	○

③ 본질

㉠ 하향적 권위설(명령권리설) : 전통적 조직이론은 권위를 상관이 공식적 직위에 근거하여 명령할 수 있는 권리로 봄으로써 하향적 권위로 인식

㉡ 상향적 권위설(수용설 또는 동의설) : 인간관계론자들은 부하의 수용 정도에 따라서 권위가 좌우된다는 상향적 권위를 주장하고, 권위에 대한 하급자의 동의를 중시

㉢ 종합적 인식 : 명령권리설은 조직 계층상 지위와 관련되며, 수용설은 개인의 속성 · 특성과 관련되므로 양자는 상호보완 관계에 있다고 보는 종합적인 인식이 요구됨

(2) 권위의 유형

① J. Pfiffner의 공식성 유무 기준

㉠ 공식적 권위 : 조직에서 어떤 직위의 담당자가 행사할 수 있는 영향력을 말하며, 합법화 · 제도화된 권위

㉡ 비공식적 권위 : 상관과 부하 간의 공통된 감정을 기초로 형성되는 권위로서, 비공식적 조직구성원들 간의 사회적 상호작용을 통해 구체화됨

Check Point

권위의 기능

㉠ 순기능

- 규범을 준수하게 하는 수단
- 권위 행사자에게 부하의 책임의식을 강제
- 성공적 리더십 발휘를 가능하게 하는 수단
- 조직 내의 갈등의 완화 및 해소에 기여
- 일관성 있는 조정과 결정기능의 집중화 수단
- 행정의 합리적 · 전문적 의사결정의 수단

㉡ 역기능

- 적절한 동기부여 없는 일방적 · 권위주의적 조직관리로 인해 구성원 간의 갈등 초래
- 조직 내의 권위주의는 하급자의 사기 · 행정성과 저해
- 상급자에게 맹종하는 과잉동조의 발생

② M. Weber의 권위의 정당성 기준

㉠ **전통적 권위** : 권위의 정당성을 신성시하는 전통이나 관행, 지배자의 권력에 대한 신념에 근거하는 권위

㉡ **카리스마적 권위** : 지도자의 비범한 초월적 자질이나 능력, 영웅적 행위나 신비감에 대한 외경심 등에 근거하는 권위

㉢ **합법적 · 합리적 권위** : 권위의 정당성을 법규화된 질서나 합법성에 대한 신념 · 동의에 두는 권위

③ A. Etzioni의 기준

㉠ **조직의 성격 기준(조직이 개인에게 행사하는 지배권력 기준)**

- 강제적 권위 : 강제적 · 물리적 힘이 통제수단이 되는 권위
- 공리적 권위 : 보수 같은 경제적 유인이 통제수단이 되는 권위
- 규범적 권위 : 도덕 · 규범 · 가치가 통제수단이 되는 권위

㉡ **권위의 성격 기준(전문성 유무 기준)**

- 행정적 권위 : 공식적 지위(일반행정관리자의 지위)에 근거한 권위로, 부하 · 전문가의 활동을 조정 · 통제(전문적 권위와 대립관계)
- 전문적 권위 : 전문적 지식 및 기술에 근거한 권위(전문가들의 권위)

④ H. A. Simon의 심리적 동기의 기준

㉠ **일체화(동일화)의 권위** : 조직이나 상관에 대한 부하의 일체감 · 동질감 · 충성심에 근거한 권위

㉡ **신뢰의 권위** : 부하의 신뢰에 근거하는 권위로, 기능적(전문적) 권위와 계층적(행정적) 권위가 있음

㉢ **제재의 권위** : 형벌 또는 보상에 근거한 권위

㉣ **정당성의 권위** : 권위가 합법적이고 정당하다는 심리적 · 논리적 귀결에 근거하는 권위(정당성은 가장 중요한 권위의 근거로 인정됨)

> **Check Point**
>
> 조직의 성격 기준 예시
> - **강제적 권위** : 강제 수용소 · 교도소 · 군대 등
> - **공리적 권위** : 사기업체 · 이익단체 등
> - **규범적 권위** : 종교단체 · 학교 · 일반 병원 등

2. 권위의 수용이론

(1) 권위수용의 변수

① **윤리적 신념** : 권위에 대한 윤리적 신념이 권위를 수용하게 함

② **충성심 · 일체감** : 조직에 대한 충성심 · 일체감이 강할수록 권위를 잘 수용하게 됨

③ **보수 · 지위 · 위신** : 보수나 승진의 향상, 위신 · 지위가 고려되는 경우 권위가 잘 수용됨

④ 기타 연령이나 경력 · 경험, 전문기술, 제재의 수반 등

(2) 권위수용이론

① C. I. Barnard의 권위수용과 무차별권

㉠ 권위수용의 전제조건

- 의사전달의 내용 파악 가능
- 권위 내용이 조직 목적에 부합
- 명령이 조직구성원의 개인적 이익과 모순되지 않음
- 정신적 · 육체적으로 의사전달에 대응 가능

㉡ 무차별권(zone of indifference) : Barnard는 권위의 수용형태를 명백히 수용할 수 없는 경우, 중립적인 경우, 이의 없이 수용하는 경우의 세 가지로 나누고, 이의 없이 수용하는 경우(무조건적 수용범위)를 무차별권이라 함

Check Point

무차별권의 범위
목표가 명확하고 명령이 정당하다고 인정되는 경우 확대되고, 조직의 현실적 목표와 불일치하고 계층 수가 많은 경우 축소됨

② H. A. Simon의 수용권

㉠ 의사결정을 수용하는 경우

- 의사결정의 장단점을 파악하여 장점에 대하여 확신할 경우
- 의사결정의 장단점을 검토하지 않고 따르는 경우
- 의사결정의 검토 후 잘못되었음을 알면서도 따르는 경우

㉡ 수용권(zone of acceptance) : 의사결정의 장단점을 검토하지 않고 따르는 경우와 검토 후 잘못되었음을 알면서도 따르는 경우가 권위의 수용권에 해당

Check Point

수용권의 범위
구성원의 교육수준이 높아지고 자아의식이 확립될수록 수용권은 좁아진다고 주장

프렌치와 레이븐(J. French & B. Raven)의 권력 유형

① **직위권력[지위권력]** : 조직 안에서 그가 맡은 직무나 직위와 관련해서 공식적으로 부여받은 권력 예 보상적 권력, 강요적 권력, 합법적 권력

② **개인권력** : 조직에서 지위권력 이외의 개인적 특성(전문성, 설득력, 카리스마 등)에서 비롯된 권력 예 준거적 권력, 전문적 권력

구분	내용
보상적[보수적] 권력	타인이 가치 있다고 생각하는 보상(예 봉급, 승진, 직위부여 등)을 줄 수 있는 능력에 근거를 둠
강요적[강압적] 권력	인간의 공포에 기반을 둔 것으로 어떤 사람이 타인을 처벌할 수 있는 능력을 가지거나 육체적 또는 심리적으로 다른 사람에게 위해를 가할 수 있는 능력을 가진 경우 발생
합법적[정통적] 권력	법·제도에 근거한 권력. 권력행사자가 정당한 권력을 행사할 수 있는 권리를 가지고 있다고 인정되는 경우 성립하며 '권한(authority)'이라고도 함. 상관이 보유한 직위에 기반을 두므로 지위가 높아질수록 커지며 조직에 의해 부여되고 보장됨. 기계적 조직에서는 엄격하며 유기적 조직일수록 불분명함
준거적 권력	복종자가 지배자와 일체감을 가지고, 자기의 행동모형을 권력행사자로부터 찾으려고 하는 역할모형화에 의한 권력으로 어떤 사람이 자신보다 월등하다고 느끼는 무언가의 매력이나 카리스마에 의한 권력. 일체감과 신뢰를 바탕으로 함

전문가적 권력	다른 사람들이 가치를 두는 정보를 갖고 있는 정도에 기반을 둔 것으로, 다른 사람이 필요로 하는 전문적 지식·기술을 지닐 때 발생하는 권력. 직위나 직무를 초월해 누구나 행사할 수 있으므로 공식적 직위와 일치하지 않을 수도 있음

꼭! 확인 기출문제

프렌치와 레이븐(French & Raven)이 주장하는 권력의 원천에 대한 설명으로 옳지 않은 것은?

[국가직 9급 기출]

① 합법적 권력은 권한과 유사하며 상사가 보유한 직위에 기반한다.
❷ 강압적 권력은 카리스마 개념과 유사하며 인간의 공포에 기반한다.
③ 전문적 권력은 조직 내 공식적 직위와 항상 일치하는 것은 아니다.
④ 준거적 권력은 자신보다 뛰어나다고 생각하는 사람을 닮고자 할 때 발생한다.

해 ② 강압적 권력은 인간의 공포에 기반하여 권력 행사자가 상대방을 처벌할 수 있는 능력을 가지거나, 육체적 또는 심리적으로 다른 사람에게 위해를 가할 수 있는 능력으로 카리스마 개념과 유사한 것은 준거적 권력이다.
① 합법적 권력은 권력 행사의 상대방이 권력 행사 주체의 권한을 인정하고, 그에 추종해야 할 의무가 있다고 생각하는 것을 바탕으로 하는 권력을 말한다.
③ 전문적 권력은 다른 사람들이 가치를 두고 있는 정보에 기반을 둔 권력으로 직위와 직무를 초월하여 조직 내의 어느 누구나 가질 수 있으므로 조직 내 공식적 직위와 항상 일치하는 것은 아니다.
④ 준거적 권력은 리더의 개인적인 성격 특성에 기반을 둔 권력으로, 복종자가 자기 행동의 모형을 권력행사자로부터 찾으려고 할 때에 성립하며 일면 카리스마와 유사하다.

제5절 리더십(Leadership)

1. 의의 및 기능

(1) 의의

① 개념

㉠ 조직의 목표 달성을 위하여 구성원이 자발적으로 참여하도록 동기를 부여하고 영향력을 미치는 관리자의 쇄신적 · 창의적 능력 · 기술 등을 말함

㉡ 추종자로 하여금 바람직한 상태로 행동하도록 하는 과정이며, 목표 달성을 위해 노력하는 조직적 집단활동에 영향을 미치는 과정을 의미함

② 연구 배경

㉠ 과학적 관리론 등 고전적 행정이론 시대에는 합리적 · 기계적 인간관에 입

Check Point

직권력과 명령(리더십과의 구별 개념)

- **직권력(headship)** : 리더십이 지도자의 권위에 근거한 자발적 행동과 지도자와 구성원 간의 일체감 · 심리적 공감을 바탕으로 하는 데 비해, 직권력은 공식적 직위를 근거로 한 제도적 권위의 물리적 · 강제적 · 일방적 성격을 띰
- **명령** : 공식적인 계층적 지위에서 행해지는 명령은 일방적 법규나 규칙에 근거하는 데 비해, 리더십은 비법규적이며 사기의 변화와 관련하여 나타남

각하여, 인간은 경제적 욕구충족만으로 동기가 부여된다고 보아 리더십을 중시하지 않음

㉡ 조직구성원의 동기부여나 사회적 · 심리적 측면을 중시하는 1930년대의 인간관계론에서 리더십에 대한 연구가 시작되어 행태론(동기부여이론)에서 경험적으로 연구됨

㉢ 행정인의 독립변수적 역할을 중시하는 발전행정론에서도 행정인의 리더십을 중시

Check Point

리더십이론의 부각

과학적 관리론(고전기 행정이론) 시대에는 합리적 · 기계적 인간관을 토대로 하여 리더십이론의 필요성이 크지 않았으나, 이후 인간과 행태변수를 중시하는 인간관계론이나 행태론(동기부여이론), 발전적 행정인을 중시하는 발전행정론 시대에는 리더십이론에 대한 연구의 필요성이 부각되었다.

(2) 리더십의 성격 및 기능

성격	• 지도자와 추종자, 환경(상황) 변수 간의 의존성(변수의 상호의존성) • 지도자와 추종자의 상호작용이면서 영향을 미치는 과정 • 조직의 목표 달성을 위한 목표지향적 개념 • 리더십의 효율성은 동태적 · 신축적 · 가변적 성격 • 지도자의 권위를 통해야만 발휘되는 기능
기능	• 목표설정과 대표성 있는 목표수립에 기여 • 목표 달성을 위한 인적 · 물적 자원을 동원 • 불완전한 공식구조와 설계의 보완 • 조직의 일체성과 적응성의 확보 • 조직활동의 통합 · 조정과 통제 • 환경변화에 대한 대응 및 변화의 유도

2. 리더십의 본질에 관한 이론 유형

참고

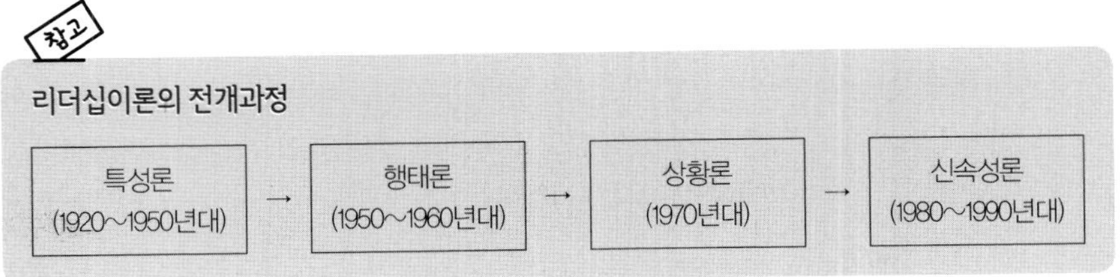

(1) 특성론(속성론, 자질론, 위인론, 성품론)

① 의의 : 다른 사람과 구별되는 리더로서의 필요한 자질(속성 · 특성)을 지닌 사람은 어떤 상황에서도 지도자가 된다는 것으로, 1920 ~ 1950년대까지의 연구이론

② 유형

㉠ **통일적(단일적) 자질론** : 1940년대까지의 전통적 연구로서, 리더는 하나의 통일적 · 단일적 자질을 구비한다는 이론

Check Point

특성론에 대한 비판

• 집단의 특징 · 조직목표 · 상황에 따라 요구되는 리더십의 자질도 변함
• 모든 지도자의 자질이 동일한 것은 아니며, 지도자의 보편적인 자질은 존재하지 않음
• 지도자가 되기 전과 후의 자질이 사실상 동일함을 설명하기 어려움

ⓛ **성좌적 자질론** : 리더십에 있어 통일적 · 단일적 자질은 존재하지 않는다고 보는 이론으로, 의미 있는 자질은 상황에 따라 가변적 · 복합적이며 여러 자질을 갖춘 사람이 리더로서 적합하다는 것(Barnard는 결단력 · 인내력 · 설득력 · 박력, 책임감과 지적 능력을, Davis는 이성, 내적 동기부여, 인간관계적 태도, 사회적 원숙성 등을 자질로 봄)

(2) 행태론

① 의의

㉠ 1940년대 후반부터 연구되어 1950 ~ 1960년대에 이르러 본격화된 이론으로, 리더의 어떠한 행동이 리더십 효과성과 관련이 있는가를 파악하고자 한 접근방법

ⓛ 조직의 효과성을 좌우하는 것은 리더의 자질보다 지도자의 행동유형(리더십유형)이라는 행태론적 입장

㉢ 모든 리더가 가진 공통된 행태는 학습을 통하여 취득이 가능하다고 파악

② 평가

㉠ 리더의 행태만이 리더십의 효율성을 결정하는 요인은 아니라는 점에서 교환이론(리더와 추종자의 행태가 아니라 관계에 초점을 둔 이론)이나 잠재적 리더십이론(추종자들이 리더를 인정해야 진정한 리더가 된다는 이론)은 행태론의 보완이론이라 할 수 있음

ⓛ 지나친 이분법식의 연구라는 점과 리더행동은 상황에 따라 달라질 수 있음을 고려하지 못했다는 비판으로 상황론이 대두됨

③ Iowa 대학의 연구(White & Lippitt의 유형)

㉠ 권위형

- 지도자가 주요한 결정을 내리고 부하에게 맹목적인 복종을 요구하는 형태로, 직무수행에 중점을 두는 유형
- 정치 발전수준이 낮고 권위적 정치 · 행정문화가 지배하는 사회에 나타남
- 업무의 용이한 처리와 명령통일이 장점이나, 하급자의 의견이 무시되고 구성원의 자발적 협력이 곤란하다는 단점이 있음

ⓛ 민주형

- 의사결정이 상관과 부하의 참여 · 합의로 이루어지며, 생산량과 사기가 높은 최선의 유형
- 구성원의 창의력과 근무의욕을 제고할 수 있다는 장점이 있으나, 비민주적 · 획일적 조직에서는 적용이 곤란하다는 단점이 있음

㉢ 자유방임형

Check Point

대표적인 이론연구
Iowa 대학과 Michigan 대학, Ohio 주립대학의 리더십 연구, Blake & Mouton의 관리망(managerial grid) 모형 등

• 리더가 결정권을 대부분 부하에게 위임하여 목표나 방법을 하급자가 설정하는 유형
• 구성원의 능력이 우수하고 업무내용이 전문적 자율성을 가진 경우에는 장점이 되나, 그렇지 못할 경우에는 규율이 확립되지 못하고 성과가 저하되기 쉽다는 단점이 있음

㉣ White & Lippitt의 유형 비교

구분	권위형	민주형	자유방임형
리더에 대한 부하의 태도	수동적	호의적	무관심
리더 부재 시 부하의 태도	좌절감	계속 작업유지	불만족
집단행위의 특성	노동이 많음, 냉담 · 공격적	응집력이 크고 안정적	불만족
성과	생산적	가장 생산적	비생산적
조직이론	X이론	Y이론	Z이론

④ Michigan 대학의 연구

㉠ 1960년대 Likert 등이 주도한 연구로, 리더의 행동을 직무 중심적 행동과 부하 중심적 행동으로 구분하고 부하 중심적 행동이 생산성과 만족감 측면에서 효과적이라 주장

㉡ 리더의 수평적 · 수직적 · 대각적 연결관계를 의미하는 연결핀(linking pin) 역할이 중요하다고 봄

⑤ Ohio 주립대학의 연구

㉠ 리더십을 '구조설정(initiating structure)'과 '배려(consideration)'의 조합으로 살펴보는 이론

㉡ 가장 효과적인 리더는 높은 구조설정 능력과 배려 행태를 동시에 보임

⑥ Blake & Mouton의 관리망(managerial grid)모형

㉠ 의의 : 관리망모형은 리더십의 유형을 생산에 대한 관심과 인간에 대한 관심의 두 차원으로 나누어 다섯 가지로 분류(단합형을 가장 이상적이라 주장)

㉡ 유형

무관심형 (빈약형)	생산과 인간에 대한 관심이 낮아 주로 자신의 직분유지를 위한 최소의 노력만 기울이는 유형
친목형	인간에 대한 관심은 높으나 생산에 대한 관심은 낮아 인간적인 분위기를 조성하는 데 주력하는 유형

Check Point

구조설정과 배려
• **구조설정** : 구성원 간 관계규정 · 구조화, 공식적 의사소통경로의 설정, 집단 과업 달성 방법의 제시 등과 관련 되는 리더의 능력
• **배려** : 조직구성원을 우호적 · 개방적 자세로 대하는 자세나 능력

Check Point

리더십 유형의 차원

- **1차원적 리더십** : 권위형이나 민주형, 특성론 등 리더십 기본 유형을 1차원적 · 단선적으로 접근하는 유형이며, 특성론과 초기의 행태론 등이 해당
- **2차원적 리더십** : 과업과 인간이라는 두 개의 축을 고려하여 리더십 유형을 2차원적 · 평면적으로 접근하는 유형
- **3차원적 리더십** : 과업, 인간, 상황(효율성)이라는 세 축에 의한 입체적 접근의 유형이며, 상황론 중 House & Evans의 통로–목표모형, Hersey & Blanchard의 3차원이론, Reddin의 3차원 모형이 해당

과업형	생산에 대한 관심은 높으나 인간에 대한 관심은 낮아 과업에 대한 능력을 중시하는 유형
타협형(절충형)	인간과 생산에 절반씩 관심을 두고 적당한 수준의 성과를 지향하는 유형
단합형	생산과 인간 모두에 관심이 높아 조직과 구성원들의 상호의존관계와 공동체 의식을 강조함으로써 조직목표 달성을 위해 헌신하도록 유도하는 유형

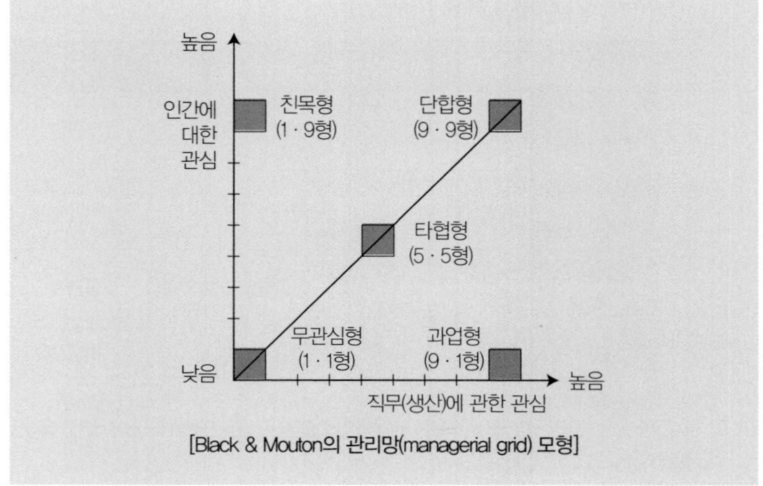

[Black & Mouton의 관리망(managerial grid) 모형]

(3) 상황론

① 의의

㉠ 리더십의 효율성은 상황에 따라 달라진다고 보고 리더십의 효율성에 영향을 주는 상황요인을 규명하는 데 초점을 두는 이론

㉡ 리더십의 행동유형에 효율성이라는 차원을 추가한 3차원론적 이론도 포함됨

② 평가

㉠ 자질론과 근본적으로 대립되는 것은 아니며, 동일한 상황에서 어느 특정인이 경쟁에서 이기고 지도자가 되는지를 명확하게 해명하지 못함

㉡ 어디까지나 중범위이론으로서, 상황을 종합적으로 분석한 것은 아니며 포괄적 · 일반적 이론도 아님

㉢ 비현실적이며, 리더가 통제할 수 없는 상황요인을 지나치게 강조함

③ Tannenbaum & Schmidt의 리더십

㉠ 리더십 유형은 지도자와 집단이 처한 상황에 따라 결정

㉡ **효율적인 리더십의 세 가지 변수** : 지도자 요인, 비지도자 요인, 상황요인

㉢ **리더가 직면하는 의사결정을 어떻게 처리하느냐에 따른 리더십 유형** : 독재

Check Point

상황론의 대표적인 이론

Tannenbaum & Schmidt의 상황이론, Fiedler의 상황이론, Kerr와 Jermier의 리더십대체물접근법, House와 Evans의 통로(경로)–목표이론, Hersey & Blanchard의 3차원적 리더십이론(수명주기이론), Reddin의 3차원적 리더십모형, Yukl의 다중연결모형(multiple linkage model) 등이 있음

적 의사결정, 협의적 의사결정, 공동 의사결정

④ E. Fiedler의 상황이론(목표성취이론)

㉠ '가장 좋아하지 않는 동료(Least Preferred Co-worker ; LPC)'라는 척도에 의하여 리더십 유형을 관계지향적 리더십과 과업지향적 리더십으로 구분

㉡ 리더십 유형의 효율성에 영향을 미치는 세 가지 변수 제시 : 리더와 부하의 관계, 직위권력, 과업구조

㉢ 상황변수가 어떠한 방법으로 결합하느냐에 따라 상황적 유리성이 결정되고, 이에 따라 효과적인 리더십 스타일이 다르다고 봄

㉣ 리더와 부하 간의 관계가 좋고 과업의 구조화 정도가 높으며, 리더의 직위권력이 강할수록 리더에게 유리하며, 리더십 상황이 리더에게 유리하거나 불리한 경우에는 과업지향적 리더가 효과적인 반면, 유리하지도 불리하지도 않은 상황에서는 관계지향적 리더가 효과적이라 주장

꼭! 확인 기출문제

리더십 이론에 대한 설명 중 가장 옳지 않은 것은? [서울시 9급 기출]

❶ 피들러(Fiedler)는 상황 요소로 리더의 자질, 과업구조, 부하의 특성을 들었다.
② 블레이크(Blake)와 머튼(Mouton)의 리더십 격자모형은 리더의 행태를 사람과 과업(생산)의 두 차원으로 나눈다.
③ 허쉬(Hersey)와 블랜차드(Blanchard)는 리더십의 효과에 영향을 미치는 상황 요소로 부하의 성숙도를 들었다.
④ 아이오와(Iowa)주립대학의 리더십 연구에서는 리더의 행태를 민주형, 권위형, 방임형으로 분류하였다.

해 ① 피들러는 리더십의 효율성은 상황요인에 따라 달라진다는 상황론적 리더십을 제시한 학자이지만 상황요인으로 리더와 구성원 간의 관계, 과업구조, 지위권력 세 가지를 제시하였다. 리더의 자질이나 구성원의 특성은 포함되지 않으며 결론적으로 상황이 유리(상하관계가 우호적이고, 과업구조가 명확하며, 충분한 직위권력을 보유할 때)하거나 반대로 불리할 때는 과업지향형이 유리하고 중간 정도일 때는 인간중심형이 효과적이라고 하였다.
② 블레이크와 머튼의 관리망이론(관리유형도이론)에 대한 올바른 설명이다.
③ 허쉬와 블랜차드의 삼차원 리더십모형에 대한 올바른 설명이다.
④ 행태론적 리더십 연구의 시작이라 할 수 있는 리더십 연구에 대한 올바른 설명이다.

⑤ House & Evans의 통로(경로) – 목표이론

㉠ 리더의 행동(원인변수)이 부하의 기대감 등에 영향을 미치는 정도에 따라 부하의 동기가 유발된다는 이론, 즉 리더는 부하가 바라는 목표를 얻게 해 줄 수 있는 경로가 무엇인가를 명확하게 해줌으로써 성과를 높일 수 있다는 것

㉡ 리더의 행동이 부하에게 영향을 미치지만, 이 과정에 부하의 기대감(목표달성에 대한 기대감)과 수단성(보상), 유인가(보상의 가치)가 매개로 작용하며, 또 부하의 특성(능력 · 욕구 등)과 과업환경이 영향을 미친다는 이론

㉢ 동기부여에 관한 기대이론에 그 근거를 두며, 리더십을 지시적 리더십, 지

Check Point

Graen & Dansereau의 수직적 쌍방관계연결이론

- 리더와 각각의 부하간의 관계가 서로 다를 수 있다는 것을 강조함. 수직적-쌍방관계란 리더와 각각의 부하가 이루는 쌍(pair)을 의미하는데 리더가 신뢰하는 내집단과 그렇지 않은 외집단이 있음
- 내집단의 구성원들은 외집단의 구성원들보다 근무성과와 만족도가 높음

원적 리더십, 참여적 리더십, 성취지향적 리더십으로 구분

⑥ Kerr & Jermier의 리더십대체물접근법

㉠ 리더십을 필요 없게 만들거나 중요성을 감소시키는 상황적 요인으로 대체물과 중화물을 제시

㉡ 리더의 행동을 필요 없게 하거나 행동의 효과를 약화 · 중화시키는 부하의 특성으로 능력 · 경험 · 훈련 · 지식, 독립 욕구, 전문가 지향성, 보상에 대한 무관심 등을 제시

⑦ W. J. Reddin의 3차원적 리더십

㉠ **의의** : 과업을 지향하는가 인간관계를 지향하는가에 따라 리더 행동의 기본유형을 네 가지로 분류하고 이를 효과성 차원에 접목한 이론

㉡ **결론** : 상황의 적합성 여부에 따라 효과적일 수도, 비효과적일 수도 있음

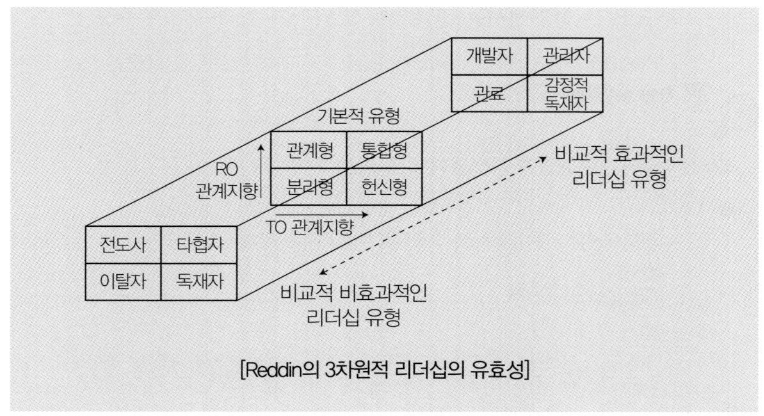

[Reddin의 3차원적 리더십의 유효성]

⑧ Hersey & Blanchard의 3차원적 리더십이론(수명주기이론)

㉠ 의의

- Ohio 그룹의 연구와 Reddin의 3차원 유형을 종합한 이론
- 리더십의 효율성은 상황에 의존한다고 전제하면서 인간 중심적 리더십(관계지향)과 과업 중심적 리더십(과업지향)으로 나누고, 효율성이라는 차원을 추가하여 리더십이론을 제시

㉡ 상황변수

- 리더행동의 효율성은 부하의 성숙도라는 상황변수에 달려 있다고 봄
- 성숙도는 인간의 성장순환주기(수명주기 · 생애주기)에 따라 달라진다고 보는 성장순기론(리더십의 수명주기론)

㉢ **결론** : 과업행동은 부하의 성숙도가 높아질수록 줄여가야 하고, 관계행동은 중간수준에서 많아져야 함

- 부하의 성숙도가 낮을 경우 : 지시적인 과업행동이 효과적(지시형 리더십)

Check Point

대체물과 중화물
- **대체물** : 리더십을 불필요하게 만드는 요인으로, 과업이 일상적이거나 구조화되어 있고 환류가 빈번하게 이루어지며, 구성원이 과업 그 자체로 만족감을 느끼는 경우에는 리더십이 불필요하다고 주장
- **중화물** : 리더십의 필요성을 약화시키는 요인으로서, 명확한 계획과 목표, 규칙과 규정, 높은 응집력, 리더가 통제할 수 없는 보상체계, 리더와 부하 간의 긴 공간적 거리 등을 제시

Check Point

리더 행동의 기본유형(Reddin)
- **분리형** : 과업과 인간관계를 모두 경시
- **헌신형** : 과업만을 중시
- **관계형(관련형)** : 인간관계만을 중시
- **통합형** : 과업과 인간관계를 모두 중시

Check Point

변수(Yukl)
- **매개변수** : 구성원의 노력, 구성원의 능력 및 역할명료성, 과업의 조직화, 집단 내 협동 및 응집력, 업무수행을 위한 자원 및 지원의 제공, 다른 부서와의 업무조정의 원활성
- **상황변수** : 매개변수에 직접적으로 영향을 미치고 집단성과에 간접적으로 영향을 미치는 것, 매개변수의 상대적 중요성을 결정하는 것, 리더의 행동에 대한 상황적 제약

- 부하의 성숙도가 중간일 경우 : 참여적 · 설득적인 관계행동이 효과적(참여형 · 설득형 리더십)
- 부하의 성숙도가 높을 경우 : 부하에게 대폭 권한을 위양해 주어 부하 스스로 과업을 수행할 수 있도록 배려해 주는 것이 효과적(위임형 또는 위양형 리더십)

⑨ G. Yukl의 다중연결모형(multiple linkage model)

㉠ 의의 : 리더의 열한 가지 행동을 원인변수로 보면서, 여기에 여섯 가지의 매개변수와 세 가지 종류의 상황변수를 이용하여 부서의 효과성을 설명

㉡ 결론 : 부서의 효과성은 단기적으로는 리더가 매개변수에서 부족한 면을 얼마나 시정하느냐에 달려 있으며, 장기적으로는 리더가 상황변수를 얼마나 유리하게 만드느냐에 달려 있음

⑩ Graen & Dansereau의 수직적 쌍방관계 연결이론

㉠ 의의 : 리더와 각각의 부하 간의 관계가 서로 다를 수 있다는 것을 강조. 수직적 쌍방관계에서는 리더가 신뢰하는 부하들이 속한 '내집단'과 그렇지 못한 '외집단'이 있다.

㉡ 결론 : 내집단의 구성원들은 책임과 자율성을 갖추며 외집단의 구성원들보다 근무성과 및 만족도가 높다.

(4) 신속성론(신자질론)

① 의의

㉠ 1980년대에 이르러 리더의 가치관이나 감정 등의 속성(특성 · 자질)에 초점을 둔 연구로 다시 등장한 현대적 리더십(도덕적 리더십)

㉡ 종래의 속성론(특성론, 자질론)과는 달리 리더의 보편적 자질 규명에 치중하지 않음

㉢ 대표적인 리더십이론 : 변혁적 리더십, 카리스마적 리더십, 문화적 리더십, 발전적 리더십, 촉매적 리더십, 분배적 리더십, 영감적 리더십 등

② 변혁적 · 전환적 리더십(Burns, Rainey & Watson 등)

㉠ 의의

- 변혁적 리더십은 종래 행태론자들의 교환적 · 거래적 리더십에 대비되는 개념으로, 변화에 능동적으로 적응하거나 변화를 유도하는 최고관리층의 리더십을 말함
- 조직의 노선과 문화를 변동시키려고 노력하는 변화추구적 · 개혁적 리더십(새로운 비전을 창출하고 이를 현실화하기 위한 지지를 확보함으로써 조직문화를 개조하는 리더십)

기출 Plus 지방직 9급 기출

01. '변혁적 리더십(transformational leadership)'에 대한 설명으로 옳지 않은 것은?

① 조직참여의 기대가 적은 경우에 적합하며 예외관리에 초점을 둔다.
② 리더가 부하에게 특별한 관심을 보이거나 자긍심과 신념을 심어준다.
③ 리더가 부하들의 창의성을 계발하는 지적 자극(intellectual stimulation)을 중시한다.
④ 리더가 인본주의, 평화 등 도덕적 가치와 이상을 호소하는 방식으로 부하들의 의식수준을 높인다.

해 변혁적 리더십은 조직참여의 기대가 큰 경우에 적합하며, 예외관리에 초점을 두는 것은 거래적 리더십에 해당한다.

Check Point

변혁적 · 전환적 리더십의 배경

종래의 행태론과 상황론은 분석의 초점을 하급자에게 두고 주로 부하와 상관과의 합리적 · 교환적 거래관계에 기초한 거래적 · 교환적 리더십에 집착하여 최고관리층에게 적용하기에는 어려움이 있었음

Check Point

변혁적 리더에 적합한 조직의 조건

- 능률지향보다는 적응지향이 더 강조되는 조직
- 기술구조보다 경계작용적 구조가 더 지배적인 조직
- Mintzberg가 제시한 기계적 · 전문적 · 사업부적 관료제보다는 단순구조와 임시체제
- 시장적 교환관계나 관료제적 통제보다는 개인과 조직 이익을 통합시키고 공동목표 성취를 위한 동기를 유발하는 조직

 01 ①

- 행태 · 상황뿐만 아니라 리더의 속성도 다룬다는 점에서 리더십 본질에 관한 이론 중 신속성론(신자질론)에 속함

㉡ 주된 구성요소(Bass, Avolio 등)

- 카리스마적(위광적) 리더십 : 리더는 난관을 극복하고 현상에 대한 각성을 확고하게 표명함으로써 부하로부터 존경심과 신념을 이끌어 내는 카리스마(위광)를 가져야 함
- 영감적 리더십 : 리더는 부하직원이 미래지향적 비전과 목표, 임무 등을 제시하고 목표 달성 등에 몰입하도록 영감을 제시해야 함
- 촉매적 리더십 : 리더는 부하직원이 기존 관행을 넘어 혁신적 아이디어를 가질 수 있도록 자극(지적 자극)해야 함
- 개별적 배려 : 리더는 부하직원 개개인에게 관심을 가지고 특정한 요구를 이해함으로써 인간적으로 배려하고 격려해야 함
- 조직과 개인의 통합 : 리더는 조직과 개인의 공생관계를 통한 통합적 관리를 추구해야 함

㉢ 특성

- 변혁적 리더십의 초점은 조직의 변동 · 변혁 추구
- 조직합병이나 새 부서 및 조직문화 창출 등 조직의 변화를 주도 · 관리하는 것과 관련
- 부하의 신념, 가치, 욕구 등의 변혁을 중시하며, 스스로를 통제할 수 있도록 함
- 비전을 제시하고 이를 내면화하며, 업무수행 의미를 발견하고 이에 몰입 · 헌신하도록 함
- 다양성 · 창의성 존중, 신뢰를 기반으로 조직과 개인을 공동의 목표로 통합
- 리더의 카리스마(위광), 인간적 관계(감정 · 관심 · 배려), 지적 자극(아이디어 · 영감 · 비전), 신념 및 자신감, 상징적 활동, 효율적 관리 등이 어우러진 리더십

㉣ 거래적 리더십과의 비교

구분	거래적 · 교환적 리더십	변혁적 · 전환적 리더십
분석 초점	하급관리자, 중간 관리층	최고관리층
변화관	안정 지향적, 소극적 · 폐쇄적	변화 지향적, 적극적 · 개방체제적
시간관	단기적, 현실 중시	장기적, 미래지향적
관리전략	예외에 의한 관리(시정 · 중재), 위로부터의 통제와 억압, 보상을 토대로 한 합리적 교환관계(합리적 과정) 중시	영감 · 비전 제시, 격려, 지적 자극 등 동기부여를 통한 변동 · 변혁

Check Point

변혁적 리더십
변혁적 리더십은 비일상적 · 비정형적 과업, 변동과 적응, 경계작용 구조, 융통성, 통합형 관리를 중시하는 조직일수록 효율성이 높지만, 거래적 리더십보다 항상 행정에 유용한 것은 아님

Check Point

거래적 리더십
거래적 리더십은 조직참여나 변화의지(기대)가 낮은 경우에 적합하여 조건적 보상이나 예외에 의한 관리에 초점을 둠. 예외에 의한 관리란 합의된 성과수준에 도달하지 못할 때에만 리더가 개입을 하는 고전적인 관리전략임

의사소통	하향적, 수직적	다방향적
이념	능률성	적응성
조직구조	기술구조	경계작용적 구조(환경과 연계 작용)
권력의 원천	지위로부터 획득	구성원이 부여
수용의 기제	일방적 지시	합리적 설명
적합한 조직	기계적 관료제, 합리적 구조	임시조직, 가상조직, 단순구조, 탈관료적 · 유기적 구조

③ 카리스마적 리더십(위광적 리더십)

㉠ 의의 : 변혁적 리더십과 관련되며, 리더의 뛰어난 개인적 능력과 자신감, 도덕적 정당성 등에 대한 신념을 기초로 하는 신속성론의 리더십

㉡ 특징

- 부하는 리더의 신념이 옳다고 믿으며, 리더와 부하의 신념이 유사
- 리더는 부하에게 애정을 느끼며, 부하는 리더에게 자발적으로 복종
- 구성원들은 스스로 성과와 목표를 높게 설정하며, 자신의 임무에 감정적으로 몰입

④ 문화적 리더십(cultural leadership)

㉠ 1980년대 이후의 새로운 리더십연구로서 변혁적 리더십이 진보한 것이나, 초점을 지도자와 추종자 간의 관계의 본질에 두는 것이 아니라 지도성-추종성 관계에 배어 있는 사회문화적 맥락에 둠

㉡ 문화와 의식을 통하여 구성원들에게 모범을 보이는 성직자와 같은 지도력을 의미(교육자 또는 성직자의 리더십)

㉢ 리더의 역할과 가치관에 조직문화가 영향을 받는다고 보고 지도자의 솔선수범을 중시

⑤ 발전적 리더십(서번트 리더십)

㉠ 변혁적 리더십과 유사하나 그보다 더 부하 중심적인 리더십임

㉡ 부하에 대한 리더의 봉사적인 리더십으로, 리더의 종복정신을 강조

⑥ 촉매적 리더십 : 연관성이 높은 공공문제의 해결을 위해 리더가 전략적으로 생각하고 행동해야 하며 촉매작용적 기술과 능력이 필요하다는 이론(Luke)

⑦ 분배된 리더십 : 리더십을 단일의 명령체제로 보지 않고 부하 등에게 힘을 실어주는, 즉 분배된(위임된) 공동의 리더십으로 봄(House & Aditya)

⑧ 영감적 리더십

㉠ 변혁적 리더십의 핵심적 구성요소

㉡ 리더가 향상된 목표를 설정하고 추종자들로 하여금 그 목표성취에 대해 자

Check Point

카리스마적 리더의 특성 (Conger & Kanungo)

- 현상에 반대하고 미래에 대한 이상적 비전을 가짐
- 개인적 위협과 대가를 무릅씀
- 현존 질서의 초월을 위하여 비인습적 수단을 활용하는 데 노력
- 과업환경에 민감하며, 목표를 강력히 명시
- 정예주의 · 창업가 정신을 추구

Check Point

적절한 리더십의 결정요인

- 조직이 처한 상황
- 조직의 규모
- 조직목표와 활동의 성질
- 조직구성원의 능력수준
- 사회풍토

Check Point

발전적 리더 (Gilley & Maycunich)

종복의 정신(servantship)을 지니고 직원들이 창의적이고 수준 높은 직무수행을 할 수 있는 여건을 만들고 직원의 발전을 도모하며, 자신보다는 부하들을 우선하는 사람을 말함

신감을 가지도록 하는 리더십으로, 미래에 대한 구상이 핵심

㉢ 리더의 특성보다 리더가 설정한 목표가 더 중요한 영향을 미친다는 점에서 카리스마적(위광적) 리더십과 구분(Dipboye)

⑨ **셀프 리더십** : 정보화사회나 네트워크화 된 지능시대에서는 상호 연계된 리더십이나 구성원 모두가 리더라는 셀프 리더십이 필요(Tapscott)

⑩ **참여지향 리더십** : 부하들이 의사결정에 어느 정도 참여해야 하는가 하는 규범적 리더십(Vroom & Yetton)

기출 Plus 서울시 9급 기출

02. 〈보기〉에서 리더십에 대한 이론과 설명이 바르게 연결되지 않은 것을 모두 고른 것은?

〈보기〉

ㄱ. 변혁적 리더십 : 리더는 부하들에게 영감적 동기를 부여하고 지적 자극 등을 제공하며 조직을 이끈다.

ㄴ. 거래적 리더십 : 리더는 부하의 과업을 정확히 이해하고 목표 달성 정도를 평가하여 성과에 대한 적절한 보상을 한다.

ㄷ. 셀프 리더십 : 리더는 구성원들이 잠재력을 발휘할 수 있도록 구성원들을 섬기는 데 중점을 둔다.

① ㄱ ② ㄴ
③ ㄷ ④ ㄴ, ㄷ

해 ㄷ. 서번트 리더십에 대한 설명으로 셀프 리더십이 정보화 사회나 네트워크화된 지능시대에서 구성원 모두가 자기 스스로를 이끌어나가는 리더라는 인식을 갖는 것을 말한다면, 서번트 리더십은 부하들을 섬기는 리더십이다.

꼭! 확인 기출문제

리더십에 대한 설명으로 옳지 않은 것은? [국가직 9급 기출]

① 특성론에 대한 비판은 지도자의 자질이 집단의 특성 · 조직목표 · 상황에 따라 완전히 달라질 수 있고, 동일한 자질을 갖는 것은 아니며, 반드시 갖춰야 할 보편적인 자질은 없다는 것이다.

② 행태이론에서는 눈에 보이지 않는 능력 등 리더가 갖춘 속성보다 리더가 실제 어떤 행동을 하는가에 초점을 맞춘다.

③ 상황론에서는 리더십을 특정한 맥락 속에서 발휘되는 것으로 파악해, 상황 유형별로 효율적인 리더의 행태를 찾아내기 위한 연구를 수행하였다.

❹ 번스(Burns)의 리더십이론에서 거래적 리더십은 카리스마적 리더십을 기반으로 하므로 카리스마적 리더십과 중첩되는 측면이 있다.

해 ④ 번스(Burns)의 리더십이론에서 카리스마적 리더십을 기반으로 하므로 카리스마적 리더십과 중첩되는 측면이 있는 리더십은 거래적 리더십이 아니라 변혁적 리더십이다.

① 특성론에 대한 비판은 집단의 특성 · 조직목표 · 상황에 따라 요구되는 리더십의 자질도 변하며, 모든 지도자의 자질이 동일한 것은 아니다. 또한 지도자의 보편적인 자질은 존재하지 않는다는 것이다.

② 행태이론은 조직의 효과성을 좌우하는 것은 리더의 자질보다 지도자의 행동유형(리더십 유형)이며, 모든 리더가 가진 공통된 형태는 학습을 통하여 취득이 가능하다고 여긴다.

③ 상황론은 리더십의 효율성은 상황에 따라 달라진다고 보고 리더십의 효율성에 영향을 주는 상황요인을 규명하는 데 초점을 둔다.

Check Point

행정PR과 선전

㉠ **공통점** : 상대방의 동의와 협력 · 지지를 구하는 관리적 · 기술적 · 조작적 활동으로, 인간의 집단의견에 영향을 미치려는 활동

㉡ **차이점**
- 행정PR : 쌍방이익의 추구, 상호교류성 · 수평성, 민주성의 제고, 이성에 호소, 장기적
- 선전 : 일방이익의 추구, 일방성 · 수직성, 이윤추구, 감성에 호소, 단기적

공공관계(행정PR)

① 행정PR(Public Relations)의 의의

㉠ 개념
- 행정조직에 대한 공중의 태도를 평가하고 조직의 정책 · 사업에 대한 동의와 협조를 얻기 위한 적극적 · 계획적 활동
- 정부가 하는 일을 국민에게 알리고 그들의 의견을 수렴하여 국민의 지지와 협조를 얻고자 하는 활동

㉡ 중요성
- 민주주의적 행정의 요청 : 공개행정과 주민참여를 보장하고 주권자인 시민에게 봉사하는 행정이 요구되고 있음
- 합리적 · 능률적 행정이미지 확립 : 행정의 능률이나 효과는 국민의 실제 이미지에 많은 영향을 받으므로, 선입견이나 부정적 이미지를 벗고 긍정적 이미지를 알릴 필요가 있음
- 인간적 행정의 부각 : 관료제의 경직성과 비인간적 측면을 방지하고 이를 극복

답 02 ③

ⓒ 속성(원칙)
- 수평성(상호대등성) : 행정PR은 언제나 주체와 객체의 대등한 지위를 전제로 함
- 의무성 : 국민은 정부활동에 대해 알 권리가 있고 정부는 이를 충족시킬 의무가 있음
- 교류성 : 행정PR은 정부의 입장만을 일방적으로 알리는 것이 아니라 국민의 의견을 듣기도 하는 상호 간의 의사전달과정임
- 객관성(진실성) : 정부의 업무나 정책의 내용 및 성과에 대해 과장 · 왜곡 · 은폐해서는 안 되며, 사실 그대로를 알려야 함
- 교육성(계몽성) : 국민을 계도 · 설득하고 건전한 여론이 조성되도록 함
- 공익성 : 행정PR은 개인적 · 정치적 목적을 위해 이용되어서는 안 됨

② 행정PR의 기능

㉠ 순기능
- 주지기능 : 행정업적을 알리고 국민의 지지와 협조를 유도하는 기능
- 방어기능 : 정부활동의 정당성을 입증하고 반대파의 공격을 중화하는 기능
- 안정화기능 : 위기발생 시 민심을 수습하여 정부를 안정시키는 기능
- 중개기능 : 정부와 국민 사이의 의사교류를 위한 중개의 기능
- 교육기능 : 국민의 자질을 보다 바람직한 방향으로 향상시키는 기능
- 적응기능 : 급변하는 사회에 즉각 대응할 수 있게 태도를 유도하는 기능

㉡ 역기능(문제점)
- 국민의 자율적 결정 · 선택권을 침해하며 정확한 인식 · 전문성 형성을 제약
- 현실적인 사실이나 실책은 왜곡 · 은폐되고 여론 조종의 선전적 형태만 표현
- 정보 왜곡에 무감각하게 하여 정치적 무관심 · 무기력 초래
- 국가 기밀의 강조 등 행정의 비밀주의로 인한 제약

③ 우리나라 행정PR의 문제점과 개선방향

㉠ 문제점
- 임기응변적 · 사후 수습적 PR이 지배적임
- 정권 유지 및 홍보의 도구화가 되기도 함
- 정부활동의 공보에만 치중하고 공청기능을 무시하는 경향이 강함
- 정부기관 내에 PR에 관한 전문인력이 부족한 실정
- 정부와 국민 간의 상호 불신, 행정PR에 대한 인식 부족

㉡ 개선방향
- 국가와 국민 모두를 위한 PR임을 인식
- 국민의 적극적 참여를 유도하여 행정에의 투입을 강화
- 행정공개원칙을 강화시킴으로써 국민의 알 권리를 충족
- 행정의 비밀주의를 배제하고 공개행정으로 행정의 신뢰성을 확보
- 언론기관의 중립화를 통한 정치적 시녀로서의 부작용을 극복
- 행정PR기관의 전문적 자질을 함양하고 전문가를 양성

Check Point

행정PR의 효용
- 국민의 알 권리를 충족하고 국민요구를 정책에 반영
- 국민의견의 반영을 통해 집행의 효율성을 제고하고, 행정과정을 합리화
- 국민 다수의 의견을 반영하여 정부정책의 공익성 · 공공성 · 객관성을 제고
- 국민과 행정 간의 신뢰를 구축하고 협력적 관계를 형성
- 국민과 정부 간의 공감대를 형성하여 동반자적 관계를 유지
- 정부업적에 대한 인정과 과시욕구 충족으로 공무원의 사기를 진작하고 보람을 느끼게 함
- 국민 다수의 의견을 수렴하므로 행정의 민주화와 인간화 구현에 기여함

Check Point

행정PR의 과정
- **정보투입과정** : 여론조사, 민원, 청원 등을 통해 문제와 국민의 뜻을 파악하는 공청과정
- **전환과정(정책결정과정)** : 수렴한 국민의 의견과 태도에 따라 정부를 방어하고 민심 수습책을 강구하는 과정
- **정보산출과정** : 정부간행물이나 각종 매스미디어를 통하여 법이나 정책 등의 산출물을 내보내는 홍보 · 공보과정
- **평가 및 환류과정** : 사업계획이나 정책 등에 대한 국민의 반응을 분석 · 파악 · 평가하여 이를 새로운 투입으로 연결하는 과정

제6절 행정정보공개제도

1. 의의

(1) 정보공개의 개념

① **일반적 개념** : 국가, 지방자치단체 및 공기업 등 공공기관이 보유하고 있는 정보를 국민이나 주민의 청구에 의하거나 자발적으로 공개하는 것을 말함

② **실정법상 개념** : 공공기관이 직무상 작성 또는 취득하여 관리하고 있는 정보를 법규정에 따라 열람하게 하거나 그 사본·복제물을 제공하는 것(「공공기관의 정보공개에 관한 법률」)

③ **목적(필요성)**

㉠ 국민의 알 권리 보장 및 권익보호(정보공개제도에 의해 국민의 정보공개청구권이 인정되고 공공기관의 정보공개가 의무화됨)

㉡ 행정의 신뢰성·투명성 확보(행정통제)

㉢ 행정부패 방지 및 개혁의 촉진

㉣ 국민의 행정참여 신장

Check Point

정보공개제도와 행정PR

㉠ **공통점** : 국민의 알 권리 충족 및 민주행정의 기본요체라는 점에서는 동일함

㉡ **차이점**

- 정보공개제도 : 원하는 자에게만(제한성) 청구를 통해(수동성, 비자발성) 원래 상태의 정보를 그대로(비가공성) 제공하는 것
- 행정PR : 일반국민이나 정책대상자 등에게(광범위성) 국가시책의 홍보 및 협조·지지확보(가공성)를 위해 청구가 없어도 제공(능동성)

(2) 정보공개제도의 효용과 폐단

① **효용**

㉠ **정보민주주의(tele-democracy) 구현** : 국민주권원리에 입각한 국민의 알 권리 보장과 행정참여를 유도하고, 정보접근·사용·참가권을 보장

㉡ **행정의 투명성과 신뢰성 제고** : 행정정보공개를 통해 관료의 정보독점을 막고 행정에 대한 통제와 감시를 효율적으로 강화할 수 있음

㉢ **국민참여 및 열린행정 구현** : 정보공개는 국민의 행정 참여와 열린행정 구현을 위한 전제가 됨

② **폐단(문제점)**

㉠ 국가기밀의 유출과 사생활 침해의 우려

㉡ 정보의 왜곡·조작 및 정보의 남용이나 오용 가능성

㉢ 공개에 따른 비용과 업무부담의 증가

㉣ 공무원의 위축 및 소극적 행정 조장, 업무수행의 유연성·창의성 저해

㉤ 정보격차에 따른 공개 혜택의 형평성 저해

2. 우리나라의 정보공개제도(「공공기관의 정보공개에 관한 법률」)

(1) 정보공개

① **정보공개의 원칙** : 공공기관이 보유 · 관리하는 정보는 국민의 알 권리 보장 등을 위하여 이 법에서 정하는 바에 따라 적극적으로 공개해야 함

② **정보공개청구권자** : 모든 국민(국내에 일정한 주소를 두고 거주하거나 학술 · 연구를 위하여 일시적으로 체류하는 외국인과 국내에 사무소를 두고 있는 외국 법인 또는 단체도 청구대상이 됨)

③ **공개대상정보** : 공공기관이 보유 · 관리하는 정보

(2) 정보공개의 절차

① 비공개대상정보

㉠ 다른 법률 또는 법률에서 위임한 명령(국회규칙 · 대법원규칙 · 헌법재판소규칙 · 중앙선거관리위원회규칙 · 대통령령 및 조례로 한함)에 따라 비밀이나 비공개 사항으로 규정된 정보

㉡ 국가안전보장 · 국방 · 통일 · 외교관계 등에 관한 사항으로서 공개될 경우 국가의 중대한 이익을 현저히 해칠 우려가 있다고 인정되는 정보

㉢ 공개될 경우 국민의 생명 · 신체 및 재산의 보호에 현저한 지장을 초래할 우려가 있다고 인정되는 정보

㉣ 진행 중인 재판과 관련된 정보와 범죄의 예방, 수사, 공소의 제기 및 유지, 형의 집행, 교정, 보안처분에 관한 사항으로서 공개될 경우 그 직무수행을 현저히 곤란하게 하거나 형사피고인의 공정한 재판을 받을 권리를 침해한다고 인정할 만한 상당한 이유가 있는 정보

㉤ 감사 · 감독 · 검사 · 시험 · 규제 · 입찰계약 · 기술개발 · 인사관리에 관한 사항이나 의사결정과정 또는 내부검토과정에 있는 사항 등으로서 공개될 경우 업무의 공정한 수행이나 연구 · 개발에 현저한 지장을 초래한다고 인정할 만한 상당한 이유가 있는 정보(다만, 의사결정과정 또는 내부검토과정을 이유로 비공개할 경우에는 의사결정과정 및 내부검토과정이 종료되면 청구인에게 통지하여야 함)

㉥ 해당 정보에 포함되어 있는 성명 · 주민등록번호 등 개인에 관한 사항으로서 공개될 경우 사생활의 비밀 또는 자유를 침해할 우려가 있다고 인정되는 정보(다만, 다음에 열거한 개인에 관한 정보는 제외)

- 법령에서 정하는 바에 따라 열람할 수 있는 정보
- 공공기관이 공표를 목적으로 작성하거나 취득한 정보로서 사생활의 비밀

> **Check Point**
>
> **정보공개제도의 입법화**
> 우리나라의 경우 1992년 청주시를 비롯하여 여러 지방자치단체에서 '행정정보공개조례'를 제정 · 운영하다가 1994년 '행정정보공개운영지침(총리 훈령)'에 따라 중앙정부 차원의 정보공개를 실시하게 되었으며, 1996년 「공공기관의 정보공개에 관한 법률」이 제정되어 본격적으로 정보공개제도를 도입

> **Check Point**
>
> **정보공개에 대한 판례의 입장**
> 정보공개에 관한 법률의 제정 이전부터 행정정보공개청구권을 헌법상의 알 권리에서 도출되는 청구권의 하나로 보아 이를 인정하였다. 구체적으로, 헌법재판소는 형사피고인의 형사소송기록물 열람 · 복사 청구에 대한 검사의 거부를 국민의 알 권리 침해라 하여 위헌이라 하였고, 청주시 의회의 정보공개조례를 합헌으로 판시한 바 있다.

> **Check Point**
>
> **「공공기관의 정보공개에 관한 법률」상의 공공기관 범위**
> 국가기관(국회, 법원, 헌법재판소, 중앙선거관리위원회, 중앙행정기관 및 그 소속기관, 「행정기관 소속위원회의 설치 · 운영에 관한 법률」에 따른 위원회), 지방자치단체, 「공공기관의 운영에 관한 법률」 제2조에 따른 공공기관, 그 밖에 대통령령으로 정하는 기관을 포함함

Check Point

법인 · 단체나 개인의 경영 · 영업상 비밀공개의 예외

- 사업활동에 의하여 발생하는 위해로부터 사람의 생명 · 신체 또는 건강을 보호하기 위하여 공개할 필요가 있는 정보
- 위법 · 부당한 사업활동으로부터 국민의 재산 또는 생활을 보호하기 위하여 공개할 필요가 있는 정보

Check Point

정보공개심의회

정보공개 여부 등을 심의하기 위하여 정보공개심의회를 설치 · 운영함

Check Point

정보공개위원회의 설치

정보공개에 관한 정책의 수립 및 제도개선에 관한 사항과 기준수립에 관한 사항, 공공기관의 정보공개운영실태 평가 및 그 결과처리에 관한 사항 등을 심의 · 조정하기 위하여 행정안전부장관 소속으로 설치

또는 자유를 부당하게 침해하지 않는 정보

- 공공기관이 작성하거나 취득한 정보로서 공개하는 것이 공익이나 개인의 권리구제를 위하여 필요하다고 인정되는 정보
- 직무를 수행한 공무원의 성명 · 직위
- 공개하는 것이 공익을 위하여 필요한 경우로서 법령에 따라 국가 또는 지방자치단체가 업무의 일부를 위탁 또는 위촉한 개인의 성명 · 직업

ⓢ 법인 · 단체 또는 개인의 경영 · 영업상 비밀에 관한 사항으로서 공개될 경우 법인 등의 정당한 이익을 현저히 해칠 우려가 있다고 인정되는 정보

ⓞ 공개될 경우 부동산 투기 · 매점매석 등으로 특정인에게 이익 또는 불이익을 줄 우려가 있다고 인정되는 정보

② **정보공개여부의 결정** : 정보공개의 청구를 받은 날부터 10일 이내에 공개 여부를 결정하여야 하며, 부득이한 사유가 있는 경우 그 기간이 끝나는 날의 다음 날부터 기산하여 10일의 범위에서 결정기간 연장이 가능

③ **부분공개** : 공개청구한 정보가 비공개대상정보에 해당하는 부분과 공개가 가능한 부분이 혼합되어 있는 경우로서 공개청구의 취지에 어긋나지 않는 범위 안에서 두 부분을 분리할 수 있는 경우에는, 비공개대상정보에 해당하는 부분을 제외하고 공개하여야 함

④ **정보의 전자적 공개** : 공공기관은 전자적 형태로 보유 · 관리하는 정보에 대하여 청구인이 전자적 형태로 공개하여 줄 것을 요청하는 경우에는 원칙적으로 이에 따라야 함

⑤ **비용부담** : 정보의 공개 및 우송 등에 드는 비용은 실비(實費)의 범위에서 청구인이 부담

⑥ **불복구제절차** : 청구인이 정보공개와 관련한 공공기관의 결정에 대하여 불복이 있는 때에는 이의신청, 행정심판, 행정소송을 제기할 수 있음(이의신청이나 행정심판을 거치지 않고 행정심판이나 행정소송을 제기할 수 있음)

개인정보 보호법(제정 2011. 9. 30.)

① **제정이유** : 공공부문과 민간부문을 망라하는 개인정보 처리원칙 등을 규정하고, 개인정보 침해로 인한 국민의 피해 구제를 강화하여 국민의 사생활의 비밀을 보호하며, 개인정보에 대한 권리와 이익을 보장(종전 공공부문의 개인정보 보호만을 규정하던 「공공기관의 개인정보 보호에 관한 법률」은 폐지됨)

② **주요내용**

㉠ 개인정보 보호의 범위 : 공공기관뿐만 아니라 비영리단체 등 업무상 개인정보를 처리하는 자는 모두 이 법에 따른 개인정보 보호규정을 준수하도록 하고, 전자적으로 처리되는 개인정보 외에 수기(手記) 문서까지 보호범위에 포함함

ⓛ 개인정보 보호위원회 설치 : 개인정보 보호 기본계획, 법령 및 제도 개선 등 개인정보에 관한 주요 사항을 심의 · 의결하기 위해 대통령 소속으로 설치(위원장 1명, 상임위원 1명을 포함한 15명 이내의 위원으로 구성하며, 위원회에 사무국을 설치)
ⓒ 개인정보의 수집, 이용, 제공 등 단계별 보호기준 마련 : 개인정보를 수집, 이용하거나 제3자에게 제공할 경우 정보주체의 동의 등을 얻도록 하고, 개인정보의 수집 · 이용 목적의 달성 등으로 불필요하게 된 때에는 지체 없이 파기
ⓔ 고유식별정보의 처리제한 강화 : 주민등록번호 등 법령에 따라 개인을 고유하게 구별하기 위해 부여된 고유식별정보는 원칙적으로 처리를 금지하며, 대통령령으로 정하는 개인정보 처리자는 홈페이지 회원가입 등의 경우 주민등록번호 외의 방법을 제공하도록 의무화
ⓜ 개인정보 영향평가제도 도입 : 개인정보 처리자는 개인정보 보호에 영향을 미칠 우려가 큰 경우 자율적으로 영향평가를 수행할 수 있도록 하되, 공공기관은 정보주체의 권리침해 우려가 큰 일정한 사유에 해당될 때에는 영향평가 수행을 의무화
ⓑ 개인정보 유출사실의 통지 · 신고제도 도입 : 개인정보 처리자는 개인정보 유출 사실을 인지할 경우 지체 없이 해당 정보주체에게 관련 사실을 통지하고, 피해의 최소화를 위해 필요한 조치를 취함
ⓢ 정보주체의 권리 보장 : 정보주체에게 개인정보의 열람청구권, 정정 · 삭제 청구권, 처리정지 요구권 등을 부여하고, 그 권리행사 방법 등을 규정
ⓞ 단체소송의 도입 : 개인정보의 수집 등에 대한 준법정신과 경각심을 높이고, 동일 · 유사 개인정보 소송에 따른 사회적 비용 절감을 위해 개인정보단체소송제도를 도입
ⓙ 개인정보 침해사실의 신고 : 개인정보처리자로부터 권익을 침해받은 자는 행정안전부장관에게 침해사실을 신고할 수 있으며, 행정안전부장관은 개인정보 침해신고센터를 설치 · 운영

꼭! 확인 기출문제

다음은 우리나라의 「공공기관의 정보공개에 관한 법률」에 대한 설명이다. 옳은 것으로 짝지어진 것은? [지방직 9급 기출]

보기
ⓐ 헌법상의 '알 권리'를 구체화하기 위하여 1996년에 제정되었다.
ⓛ 공공기관에 의한 자발적, 능동적인 정보제공을 주된 내용으로 하고 있다.
ⓒ 외국인은 행정정보의 공개를 청구할 수 없다.
ⓔ 직무를 수행한 공무원의 성명 · 직위는 공개할 수 있다.
ⓜ 공공기관은 부득이한 사유가 없는 한 정보공개 청구를 받은 날부터 10일 이내에 공개 여부를 결정해야 한다.

① ⓐ, ⓛ, ⓜ　　❷ ⓐ, ⓔ, ⓜ
③ ⓛ, ⓒ, ⓔ　　④ ⓒ, ⓔ, ⓜ

해 ⓐ 「공공기관의 정보공개에 관한 법률」은 공공기관이 보유 · 관리하는 정보의 공개의무 및 국민의 정보공개청구에 관해 필요한 사항을 정함으로써 헌법상의 '알 권리'를 구체화하고 국정운영의 투명성을 확보하기 위한 목적으로 1996년 12월 31일에 제정되었다.
ⓔ 직무를 수행한 공무원의 성명 · 직위는 공개할 수 있다(동법 제9조 제1항 6호).
ⓜ 공공기관은 부득이한 사유가 없는 한 정보공개의 청구가 있는 때에는 청구를 받은 날부터 10일 이내에 공개 여부를 결정하여야 한다(동법 제11조 제1항).
ⓛ 「공공기관의 정보공개에 관한 법률」에서는 공공기관의 자발적 · 능동적 정보제공이 아니라 정보공개청구권자(국민)의 청구에 의한 공개를 원칙으로 하고 있다.
ⓒ 동법 제5조와 동법 시행령 제3조에 따라 국내에 일정한 주소를 두고 거주하거나 학술 · 연구를 위하여 일시적으로 체류하는 외국인 등은 정보공개청구를 할 수 있다.

제4장

조직의 발전과 변동

제1절 목표관리(MBO ; Management By Objectives)

1. 의의 및 특성

(1) MBO의 의의

① 목표를 중시하는 민주적 · 참여적 관리기법의 일종

② 조직구성원의 자발적 참여와 합의를 토대로 조직목표가 설정되고 조직단위와 개인의 개별 목표가 부과되며, 구성원 각자의 권한과 책임 아래에 직접 직무를 수행하고 결과를 평가 · 환류시켜 조직의 효율성 제고에 기여하고자 하는 참여적 · 민주적 · 자율적 · 쇄신적 · 결과지향적 관리기법

③ 원래는 조직발전(OD) 등과 함께 동태적 조직관리체제로 논의되었으나, 공공부문에서는 PPBS의 지나친 집권화에 따른 한계를 극복하기 위한 예산기법으로 도입함

Check Point

MBO의 발전

1954년 P. Drucker에 의하여 처음 소개되었고, McGregor, Likert 등에 의하여 이론적으로 발전되다가 1973년 Nixon 대통령에 의하여 미국의 예산기법으로 채택함

Check Point

목표관리(MBO)의 구성요소

목표설정, 참여, 환류

TIP

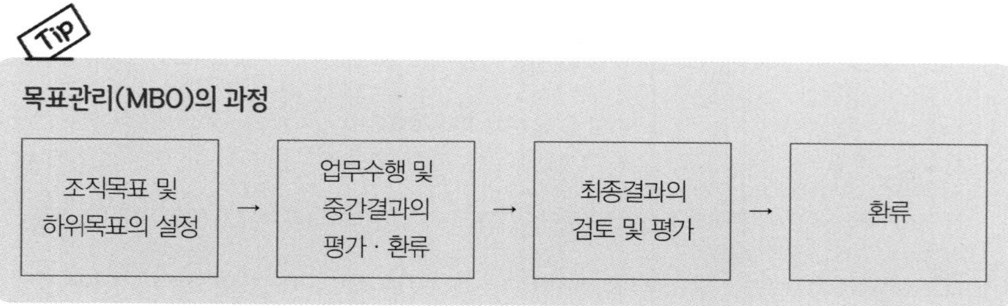

(2) MBO의 특성

① 상하 간의 신축적인 참여적 관리 : 목표설정에서부터 환류의 과정까지 조직구성원이 공동 참여하는 대표적인 참여적 관리방법(수평적 의사소통 체계보다

수직적 의사소통 체계 개선에 더 유용함)

② **Y이론 또는 Z이론적 인간관** : 자발적 참여로 조직목표와 개인목표를 조화시키려는 Y이론 또는 Z이론적 인간관에 입각(구성원의 동기부여 및 사기앙양에 기여)

③ **자율적 · 분권적인 관리** : 구성원의 상호의존과 팀워크를 강조

④ **목표설정, 참여, 환류** : 최종결과를 평가하고 개선책을 강구하는 환류과정을 중시하며, 조직의 쇄신성 제고에 기여함

⑤ **종합적 관리방식** : 통합적인 체제 아래 이루어지는 종합적 관리방법

⑥ **계량 가능 단기 목표 중시** : 계량 가능한 양적 · 단기적 · 가시적인 목표를 중시

⑦ **결과지향적 관리방식** : 효율적인 집행을 위한 결과지향적 관리방식(주먹구구식 관리나 비능률적 관리를 배격하고, 성과와 능률을 강조)

꼭! 확인 기출문제

목표관리제(MBO)와 성과관리제를 비교한 〈보기〉의 설명 중 옳은 것을 모두 고르면? [서울시 9급 기출]

보기

ㄱ. 목표관리제는 개인이나 부서의 목표를 조직의 관리자가 제시한다는 측면에서 조직목표 달성을 위한 하향식 접근이다.

ㄴ. 목표관리제와 성과관리제 모두 성과지표별로 목표달성수준을 설정하고 사후의 목표 달성도에 따라 보상과 재정지원의 차등을 약속하는 계약을 체결한다.

ㄷ. 성과평가에서는 평가의 타당성, 신뢰성, 객관성을 확보하는 것이 중요하다.

ㄹ. 성과관리는 조직의 비전과 목표로부터 이를 달성하기 위한 부서단위의 목표와 성과지표, 개인단위의 목표와 지표를 제시한다는 점에서 상향식 접근이다.

① ㄷ ❷ ㄴ, ㄷ

③ ㄱ, ㄴ, ㄷ ④ ㄴ, ㄷ, ㄹ

해 ㄴ. 목표관리제와 성과관리제 모두 성과지표별로 목표달성수준을 설정하고 사후의 목표달성도에 따라 보상과 재정지원의 차등을 약속하는 계약을 체결한다는 점에서 공통된 특성을 갖는다.

ㄷ. 성과평가는 평가 결과가 의도하는 특정 용도에 부합되는 특성인 평가의 타당성(validity), 측정도구가 측정대상을 일관성 있게 측정하는 정도를 말하는 신뢰성(reliability), 그리고 평가도구가 얼마나 공정한가를 의미하는 객관성(objectivity)을 확보하는 것이 중요하다.

ㄱ. 목표관리제는 목표설정에서부터 환류의 과정까지 조직구성원이 공동 참여하는 대표적인 참여적 관리방법으로 조직목표 달성을 위한 상향식 접근이다.

ㄹ. 성과관리는 조직의 비전과 목표로부터 이를 달성하기 위한 부서단위의 목표와 성과지표, 개인단위의 목표와 지표를 제시한다는 점에서 하향식 접근이다.

(3) MBO의 장단점

① 장점

㉠ 목표의 명확화로 조직의 효율성 제고

㉡ 참여적 방법으로 조직구성원의 사기앙양 및 동기부여에 기여

㉢ 전체 목표와 개별 목표, 집권화와 분권화를 효율적으로 조화한 관리방식

㉣ 효과적 의사전달체제 확립으로 목표와 성과의 연결
㉤ 목표 달성에 따른 개인별 보상체계로 효율적 인사관리
㉥ 책임한계 명확화로 환류기능 강화
㉦ 자율적 책임제로 관리의 융통성 제고

② 단점
㉠ 행정의 권위적 · 수직적 계층구조로 참여관리가 곤란
㉡ 목표에 대한 계량화와 가치평가가 곤란하여 주관적 평가의 위험 존재(공공부문에 적용 곤란)
㉢ 단기적 · 양적 목표에 치중하여 목표의 전환 초래
㉣ 관료주의적 타성을 초래(red tape)
㉤ 유동적이고 불확실하며 복잡한 행정환경에서는 목표의 잦은 수정으로 적용에 제약
㉥ 상황에 따라 계속성을 유지하기 곤란

2. MBO와 PPBS·OD와의 비교

Check Point

계획예산(PPBS)
1965년 미국 Johnson행정부가 연방정부에 도입한 예산으로 장기적인 계획과 단기적인 예산을 유기적으로 연결시키고 자원배분의 최적화를 기하려는 계획중심의 예산제도

(1) MBO와 PPBS의 비교

구분	MBO	PPBS
공통점	목표 중시, 계획에 대한 계속적 검토 · 수정 및 결과 평가	
발생	종합적 관리기술	예산제도
강조	목표의 달성 및 정책집행	목표의 설정 및 정책결정비용 제시
기술 및 운영	• 참여에 의한 산술적 관리기술(일반관리기술) • 내적 프로그램, 산출량에 치중	• 통계적인 고도의 분석적 관리기술(전문기술) • 외적 프로그램, 총편익/총비용에 치중
권위의 구조	분권적 계선기관에 치중	집권적 전문막료에 치중
의사소통	상향적	하향적
기획의 성격	• 부분적 · 개별적 • 단기적(보통 1년) 기획	• 종합적 · 자원배분적 • 장기적(주로 5년) 기획
예산범위	부분적 · 미시적 · 개별적	종합적 · 거시적
프로그램	내적 산출량에 치중	외적 파급효과 고려, 비용편익분석 중시
환류	환류기능 중시	환류기능 미흡
기구와 절차	공식적 기구나 절차 필요성 낮음	공식기구 필요

(2) MBO와 OD(조직발전)의 비교

MBO	OD
• 단기적 목표성취 • 상향적(구성원 참여) • 내부 인사(계선실무자), 폐쇄적 • 목표모형 • 결과지향적인 목표 · 내용 중시 • 계량화된 목표 중시, 양적 극대화 • 일반적 · 상식적 관리기법 • 단순성	• 전체적 발전을 통한 장기적 효율성의 제고 • 하향적(최고관리층이 지휘 · 통제) • 특별한 외부 전문가의 영입, 개방적 • 체제모형, 거시적 · 포괄적 • 과정 중시 • 계량화와 무관, 질적 · 가치관 변화 • 행태과학(감수성, 상담) 활용 • 다각적인 태도(조직의 실적, 효율성, 건강도, 환경 대응성)

Check Point

MBO와 OD의 공통점
- Y이론적 인간관리방식이며, 인간발전을 중시
- 목표 달성(효과성)을 중시
- 평가와 환류기능을 중시
- 개인의 목표와 조직목표와의 통합을 중시
- 변화와 쇄신을 추구하는 동태적 전략
- 팀워크의 강조, 갈등의 건설적 해결(갈등을 부정적으로 보지 않음)

꼭! 확인 기출문제

A 예산제도에서 강조하는 기능은? [지방직 9급 기출]

> A 예산제도는 당시 미국의 국방장관이었던 맥나마라(Mcnamara)에 의해 국방부에 처음 도입되었고, 국방부의 성공적인 예산개혁에 공감한 존슨(Johnson) 대통령이 1965년에 전 연방정부에 도입하였다.

① 통제 ② 관리
❸ 기획 ④ 감축

해 ③ 존슨(Johnson) 행정부에서 1965년에 도입한 예산제도는 계획예산(PPBS)에 해당하는 설명으로 기획과 예산을 연계시키고 한정된 자원을 합리적으로 배분하기 위하여 연방정부에 도입된 합리주의 예산이며, 예산의 기능 중 기획기능을 강조하였다.
① 통제기능은 전통적인 품목별 예산에서 강조한 기능이다.
② 관리기능은 성과주의 예산에서 강조한 기능이다.
④ 감축기능은 영기준 예산에서 강조한 기능이다.

제2절 조직발전(OD ; Organization Development)

1. 의의 및 특징

(1) OD의 의의

① 개념

㉠ 조직의 건전성 · 효과성을 제고하기 위하여 조직구성원의 가치관 · 신념 · 태도 등 인간의 행태를 의도적으로 변화시켜 조직의 환경변동 대응능력과

Check Point

OD의 발전
1947년 K. Lewin의 실험실 훈련에 의하여 태동하여 1960년대 행태과학자들에 의해 활발히 연구되어 사기업체를 중심으로 체계적으로 적용됨

문제해결 능력을 향상시키려는 계획적 · 지속적 · 개방적 · 복합적인 교육 전략 또는 관리전략

㉡ 조직 상층부에 의해 제기되며, 조직문화를 포함한 조직 전체에 관한 변화의 성격을 지님

② 구별개념

㉠ **계획적 변화이론과의 구별** : 계획적 변화이론은 Bennis 등이 주장한 초기 OD이론으로, 조직발전 기법상 OD와 유사(계획적인 행태변화기법이라는 점에서 동일)

㉡ **조직혁신(OI)과의 구별** : 조직혁신(OI ; Organization Innovation)은 구성원의 행태뿐만 아니라 조직의 구조와 관리기술적 측면의 변화까지도 포함하는 포괄적인 개념

③ 과정

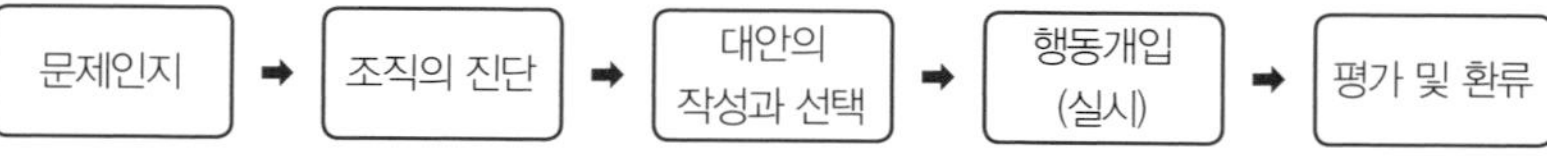

㉠ **문제의 인지** : 조직발전의 필요성을 인지하는 것

㉡ **조직의 진단** : 조직의 문제점을 객관적으로 진단

㉢ **대안의 작성과 선택** : 전략과 실시대안을 결정

㉣ **행동개입(실시)** : 행동이 개입되는 단계로, 가장 많은 저항을 유발하는 단계

㉤ **평가 및 환류** : 평가결과에 따라 개선책을 마련 · 시행하는 단계

(2) OD의 특징

① 행태과학의 기법을 응용하며, 행동연구를 강조

② 자아실현적 · 참여적인 Y이론적 인간관을 바탕으로 함

③ 계획적 · 지속적 변화과정이며, 조직 전체의 변화를 강조하는 전체 체제론적 접근방법을 취함

④ 조직의 효율성 · 효과성 · 건전성 제고를 목적으로 하며, 개인의 발전목표와 조직의 목표와의 조화 및 통합을 강조

⑤ 과업수행기능보다 인간관계나 행정개혁 및 쇄신, 조직 내의 민주화를 강조

⑥ 추진방향은 하향적이나 일방적 · 인위적 추진이 아니라 상하계층의 협동과 참여에 바탕을 둠

⑦ 내용보다는 과정을 중시하는 과정지향적 기법으로, 인간적 · 사회적(협동적) 과정을 특히 중시

⑧ 경직성을 타파하여 유기적 · 동태적인 적응을 중시

⑨ 환경과의 긴밀한 관련성을 강조하며, 피드백을 중시

Check Point

조직진단 (Organization Diagnose)

㉠ 의의
- 인과관계를 탐색하는 문제해결 활동 또는 조직의 현 상태를 평가하여 조직효과성을 증대시키기 위해 행태과학으로부터 개념과 방법을 활용하는 과정
- 조직이 의도적인 조직변화를 시도하기 위한 전(前) 단계로, 조직의 현황을 분석하여 조직의 문제점을 파악하는 가장 중요한 단계
- 조직진단은 원래 OD를 위한 과정으로 자료수집 및 분석의 단계로 연구되기 시작하였으나, 실용적으로 사용되기 시작하면서 최근에는 조직의 사무적인 측면에서부터 환경적 측면까지 포함하는 광범위한 개념으로 사용되고 있음

㉡ **구체적 진단방법** : 행동과학모델(태도조사, 행동조사 등), 특정 관심모델(성취도분석 등), 종합적 · 포괄적 모델, 유기체적 접근모델 등

⑩ 조직구성원 개개인을 기본적 분석단위로 삼으며 개개인에 관한 정보를 중시
⑪ 조직발전은 경험적 자료에 바탕을 둔 진단적 방법
⑫ 갈등을 극소화하되 갈등의 순기능을 중시하고 협동적 노력을 극대화하려는 것

2. OD의 주요 기법

(1) 감수성훈련(sensitivity training)

① 의의

㉠ 외부와 차단된 인위적인 고립상황에서 10여 명의 낯선 소집단 구성원들이 비정형적 접촉 등의 인간관계를 통해 스스로를 성찰하고 타인을 이해하며 대인적 수용능력을 제고하여 개인의 태도와 행동의 변화를 유도하는 개인적 차원의 조직발전 기법

㉡ 행태과학의 지식을 이용하여 자기 · 타인 · 집단에 대한 행태 변화를 추구하는 기법

㉢ 민감도 훈련, t-group훈련, 실험집단훈련, 팀 구축 등으로 불림

② 특성

㉠ 행태과학적 지식을 통해 태도와 행동을 스스로 변화시킴
㉡ 개방적인 대인관계 조성(자기표현적 인간관 조성)
㉢ 타인에 대한 관심과 인식능력 및 문제 해결능력 제고
㉣ 개인차에 대한 이해와 신뢰 · 상호협력관계 증진

Check Point

감수성훈련의 한계
- 시간과 노력의 과다 소요, 참가 인원의 제한
- 효과의 지속성 결여
- 훈련으로 인한 태도변화의 어려움
- 개인보다 집단적 가치에 대한 지나친 강조

(2) 관리망훈련(managerial grid training)

① 의의

㉠ 감수성훈련을 개인에서 조직 전반으로 확대 · 발전시킨 장기적 · 포괄적 접근으로, Blake와 Mouton에 의하여 제기됨

㉡ 개인 간 · 집단 간의 관계 개선 및 전체 조직의 효율화가 연쇄적으로 진행될 수 있도록 하는 체계적 · 장기적 · 종합적 접근방법

② 특성(감수성훈련과의 차이점)

㉠ 인간관계뿐만 아니라 직무상의 업적도 대상이 됨
㉡ 훈련과정의 지속을 위한 사후관리의 고려
㉢ 장기적 · 종합적 과정의 훈련기법(3~5년 소요)

Check Point

관리망훈련
'생산'과 '사람'의 두 변수에 의해 81개의 리더십(관리망) 유형을 만들고, 두 변수를 모두 중시하는 9 · 9유형의 관리방식(단합형, 이상형)을 가장 바람직하게 보고 훈련을 통한 접근을 추구함

Check Point

감수성훈련과 팀 빌딩의 구분
감수성훈련(실험실훈련)이 개개의 행태 변화와 능력 개선에 중점을 두는 기법인 데 비해, 팀 빌딩(팀 형성)은 팀(집단)의 공통문제 해결을 다루는 집단능력 향상과 관리 행태에 중점을 두는 기법이다.

(3) 팀 빌딩(team building)기법

① 수직적 계층제가 상하 간의 수직성이 강해 자율적 집단형성을 어렵게 하므로, 응집적 집단(팀)을 형성하여 의사소통을 원활히 하고 협동적 · 수평적 인간관계를 도모하는 기법

② 감수성훈련이 실효성이 낮아 그 한계를 극복하는 기법으로 널리 사용됨

③ McGregor에 의해 고안된 것으로, 작업집단기법이라고도 함

(4) 과정상담과 개입전략

① **과정상담(P–C ; process consultation)** : 개인 또는 집단이 조직 내의 과정적 문제를 지각하고 이해하며 해결할 수 있도록 제3자인 상담자가 도와주는 활동으로, 인간적 과정에 초점을 둠

② **개입전략** : 상담자가 조직에 참여하여 갈등 당사자끼리 갈등을 직접 공개적으로 해결하도록 유도하는 기법

(5) 태도조사환류기법

① **의의** : 조직구성원의 태도를 조직 전반에 걸쳐 체계적으로 조사하여, 그 결과를 조직 내의 모든 계층의 집단과 개인에 환류시켜 조직변화를 위한 기초 자료로서 활용하는 개입기법

② **적용단계**

㉠ 상담자와 조직의 최고관리층이 합의하여 조사 · 설계

㉡ 모든 조직구성원들로부터 자료를 수집

㉢ 조직의 최고관리층으로부터 시작하여 계서제상의 모든 작업집단에 하향적으로 자료수집의 결과를 환류

㉣ 각 작업집단의 상관은 부하들과 함께 환류된 자료에 관하여 연구집회를 가짐

③ **전통적인 태도조사법과의 비교**

전통적 접근	태도조사환류기법
• 하급직원들의 태도만을 조사 • 고급관리자에게만 자료를 환류 • 최고관리층이 자료를 분석하고 개혁방안 수립 • 문제발견에 초점	• 모든 계층의 구성원조사 • 모든 작업집단의 구성원에게 자료를 환류 • 모든 구성원이 연구집회를 통하여 자료를 분석하고 개혁방안 결정 • 문제발견과 환류, 해결방안까지 모색

Check Point

투사법(투영기법)
조직 내외의 단위 또는 부서가 그와 연관된 다른 부서(납품업자, 고객 등을 포함)로부터 자기부서에 관한 정보를 얻게 하는 방법

(6) 기타 기법

투사법(투영기법), 집단역학이나 집단심리요법, 직무확충, 직무재설계, 역할분석(역할연기), 제3자 자문, 직면회합(confrontation meeting) 등

3. OD의 문제점과 극복방안

OD의 문제점	OD의 극복방안
• 구조적 · 기술적 요인 경시(심리적 요인에 치중) • 효과의 장기적 지속이 불확실 • 전문가 확보 곤란 및 시간 · 비용의 과다 소요, 절차 복잡 • 외부 전문가와의 갈등, 상담자의 무능이나 상담에 대한 지나친 의존 • 엘리트주의의 병폐 • 최고관리층이 권력강화 수단으로 악용할 우려	• 전문가 초빙을 통한 객관적 조직진단 • 최고관리층의 지원과 적극적 관심, 기관장 · 인사담당자 등 참여 • 개혁 분위기 조성 • 지속적 분석과 평가 · 환류 • 훈련집단 구성 시 비친근자 선정

Check Point

OD의 행정 적용상의 문제점
- 권력적 요인으로 수평적 참여가 곤란
- 행정 계층적 요인에 따른 수평적 참여 곤란
- 참여자의 이질성 · 다양성으로 인한 문제
- 최고관리층의 빈번한 교체로 일관성 있는 추진 곤란
- 법령상 제약으로 상하 간 신축성 확보 곤란

조직혁신(OI ; Organization Innovation)

① 의의
- ㉠ 조직이 설정한 바람직한 방향으로 의도적인 변화를 유도하기 위한 총체적 관리작용
- ㉡ H. Leavitt는 조직혁신을 조직의 4대 변수인 과업 · 구조 · 인간 · 기술 중의 어느 한 가지 요소를 변화시켜 다른 변수의 변화를 도모하는 것이라 정의
- ㉢ 조직의 행태적 · 구조적 · 기술적 측면의 개혁과 쇄신에 중점을 둔다는 점에서 조직발전(OD)보다 포괄적이고 광범위한 전략

② 대상변수와 접근방법
- ㉠ 대상변수 : 과업(업무), 인간, 기술, 구조
- ㉡ 접근방법 : 어떤 요소를 변수로 사용할 것인가에 따라 과업적(업무적) · 행태적 · 기술적(과정적) · 구조적 접근방법으로 구분

③ 특성
- ㉠ 계획적 · 의도적 · 목표지향적 성격
- ㉡ 조직 내적 요인과 환경적 요인이 복잡하게 작용하는 동태적 과정
- ㉢ 현상을 타파하고 변동을 인위적으로 유도하므로 저항을 수반
- ㉣ 조직의 구조적 · 기술적 · 행태적 측면의 개혁과 쇄신에 중점을 두며, 구성원의 행태 · 가치관의 변화를 모색하는 조직발전이 주요전략이 됨

④ 과정
- ㉠ Whisler & Becker : 자극 → 착상 → 제안 → 적용
- ㉡ Lewin, Barnes : 낡은 것의 해빙 → 새로운 것으로의 변화 → 새로운 것의 재결빙
- ㉢ G. Caiden : 필요성 인식(인지단계) → 개혁안 입안(입안단계) → 행동개입(시행단계) → 평가 · 환류(평가단계)

⑤ 혁신의 담당자(주역)
- ㉠ 착상자(Initiator) : 주로 하위계층, 막료 등
- ㉡ 창도자(Advocate) : 중간관리층이 주로 담당
- ㉢ 채택자(adopter) : 최고관리층이나 정치엘리트

⑥ 조직혁신의 방법
- ㉠ W. Bennis의 조직혁신방법
  - 계획적 변화(planned change) : 조직을 환자로 보고 환자 중심으로 치료하는 의사로서의 상담역할을 토대로 권력균형화에 의하여 조직원들의 행동을 변화시켜 나가는 방법으로, 조직발전 등이 대표적 기법
  - 비계획적 변화 : 계획적 변화 이외에 목표설정과 권력행사 방법에 따라 교화적 변화, 강요적 변화, 기술적 변화, 교호적 변화, 사회적 변화, 모방적 변화, 자연적 변화의 7가지로 제시함
- ㉡ Simon & March의 조직혁신방법 : 정형적 혁신(루틴화된 재생산적 해결)과 비정형적 혁신(관례가 없는 창의적 해결)을 제시함

⑦ 추진 과정상의 저항
㉠ 의의 : 조직혁신은 현상에 대한 변동 · 개혁이므로 현상을 유지 · 옹호하려는 입장에서 저항이 발생
㉡ 구체적 발생원인 : 기득권 침해, 개혁 내용의 불명확, 개혁 추진 능력의 부족 및 대비책 미비, 집단 간의 갈등 · 대립, 정치적 요인 등
⑧ 저항의 극복방안 : 강제적 전략, 규범적 · 사회적 전략, 공리적 · 기술적 전략

제3절 TQM과 리엔지니어링 등

Check Point

총체적 품질관리(TQM)
행정환경의 급변으로 전통적 행정관리에서 추구되는 가치가 비판을 받는 가운데 새로운 행정관리방식으로서 주목받고 있음

Check Point

TQM의 운영과정
- **제1단계 – 평가** : 면담, 조사, 내부성과자료 등을 통하여 현 상황과 가능한 상황과의 차이를 분석하고 가능성이 가장 높은 개선방법들을 확인
- **제2단계 – 조직화** : 변화를 장려 · 유도할 하부구조를 설립하고 필요한 자원을 투입
- **제3단계 – 계획** : 계획을 단순하게 하고 구체적 조치나 시기, 담당자 등을 명확히 함
- **제4단계 – 인식고양 및 교육** : 품질개선의 필요성과 접근방법, 효용 등을 구성원에게 정확히 알려줌
- **제5단계 – 참여** : 관리자뿐만 아니라 모든 구성원들을 참여시킴
- **제6단계 – 개선** : 계획을 수행하고 필요하면 조정을 거침
- **제7단계 – 점검** : 계획과 주요 성과지표를 평가하고 고객과 직원에 대한 재조사를 실시하며, 성공에 기여한 팀과 구성원에게 포상을 실시

1. TQM(Total Quality Management, 총체적 품질관리)

(1) 의의 및 특성

① **의의** : 고객만족을 위한 서비스 품질 제고를 1차적 목표로 삼고 구성원의 광범위한 참여 아래 조직의 과정 · 절차 · 태도를 지속적으로 개선하여 나가려는 고객지향적 · 장기적 · 전략적 · 총체적 품질관리철학을 말함

② **특성(관리기법)**
㉠ 고객의 요구와 만족을 중시하는 고객 중심주의
㉡ 구성원들의 자발적 참여와 창의성을 중시하는 인간주의
㉢ 집단적 노력을 강조하는 통합주의
㉣ 조직 전반에 걸친 총체주의
㉤ 과학적 분석기법에 기초한 합리주의
㉥ 무결점을 향한 지속적 개혁을 특징으로 하는 개혁 · 무결점주의

(2) TQM의 등장배경

① 1920년대에 쇼하트(W. Shewhart)가 통계적 품질관리(SQM) 기법을 도입
② 미국의 통계학자 데밍(E. Deming)이 2차 세계대전 이후 일본에 전파하고, 1960~70년대에 일본에서 성공적으로 적용된 후에 1980년대에 미국으로 역수입

(3) 기본원칙(김규정)

① **고객이 품질의 최종결정자** : 행정서비스도 생산품으로 간주되며 그 품질을 소수 전문가나 관리자가 아닌 고객이 직접 평가

② **산출과정의 초기에 질(質)의 정착** : 예방적 관리를 의미하는 것으로, 서비스의 질은 산출의 초기 단계에 반영되면 추후 단계의 비효율을 방지하고 고객만족을 도모할 수 있음

③ **서비스의 변이성 방지** : 서비스의 질이 떨어지는 것은 지나친 변이성(variability)에 기인하므로, 서비스의 일관성을 유지하고 바람직한 기준을 벗어나지 않도록 함

④ **전체 구성원에 의한 질의 결정** : 서비스의 질은 MBO 등과 달리 구성원의 개인적 노력이 아니라 체제 내에서 활동하는 모든 구성원에 의하여 좌우됨

⑤ **투입과 과정의 계속적인 개선** : 서비스의 질은 고객만족에 초점을 두므로 정태적이 아니라 계속 변동되는 목표이며, 결과나 산출이 아니라 투입과 과정의 계속적인 환류와 개선에 주력함

⑥ **구성원의 참여 강화** : 서비스의 질은 구성원과 투입 및 과정의 끊임없는 개선에 의존하므로 실책이나 변화에 대한 두려움이 없는 구성원의 자발적 참여강화가 중요하며, 계층수준과 기능단위 간의 의사소통 장벽이 없어야 함(수직적 명령계통보다는 수평적 조직구조를 지향하는 현대적 조직관리이론)

(4) 효용과 한계

① TQM의 효용(유용성)

㉠ 오늘날 개혁이론이 추구하는 가치를 반영한 관리모형으로 효용성이 매우 높음

㉡ TQM이 추구하는 고객중심주의, 통합주의, 인간주의, 총체주의, 과학주의, 무결점주의는 오늘날 조직사회의 요청에 부합됨

㉢ TQM의 지향성은 환경적 격동성과 경쟁의 심화, 조직의 인간화 · 탈관료제화 요청, 소비자 존중의 요청 등의 최근 상황에도 부합됨

② 한계

㉠ 정부서비스는 노동집약적이고 산출과 소비가 동시에 이루어지며, 질의 측정이 곤란

㉡ 정부서비스 고객에 대한 범위 설정이 곤란하며, 서비스 수혜자인 고객과 일반고객과의 갈등조정이 곤란

㉢ 정부의 취약한 조직문화와 외부영향의 불가피성으로 인해 질에 대한 총체적 관심 형성이 곤란

㉣ 최고관리자의 빈번한 교체, 민간조직과 같은 강력한 조직내부 권한이 없음

㉤ 공공조직의 업무는 매우 다양하며 정치적 환경이 매우 유동적이므로 장기적인 사업의 추진이 곤란

Check Point

TQM의 성공요건
- 최고관리자의 리더십과 지지(가장 중요한 요건)
- 장기적 · 전략적 기획
- 고객 중심
- 모든 직원의 참여, 권한부여, 팀워크
- 업무과정과 성과 개선을 위한 지속적인 노력
- 품질개선을 위한 훈련 및 기여에 대한 보상
- 객관적인 자료의 확보
- 품질보장(사전예방과 초기 감지를 통해 오류를 최소화하는 업무과정을 설계)

기출 Plus 국가직 9급 기출

01. 정부 성과평가에 대한 설명으로 옳지 않은 것은?

① 성과평가는 개인의 성과를 향상시키기 위한 방법을 모색하기 위해서 사용될 수 있다.
② 총체적 품질관리(Total Quality Management)는 개인의 성과평가를 위한 도구로 도입되었다.
③ 관리자와 구성원의 적극적인 참여는 성과평가 성공에 있어서 중요한 역할을 한다.
④ 조직목표의 본질은 성과평가제도의 운영과 직접 관련성을 갖는다.

해 총체적 품질관리는 조직 전체의 총체적 헌신을 강조하는데 비해 목표관리(MBO)는 개인별 보상을 중시한다.

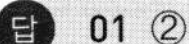

답 01 ②

ⓑ 성과척도의 개발, TQM 기준의 설계 및 기준에 따른 근무성적평정, 소비자 환류의 방식 등 기술적 문제들이 존재

(5) TQM과 전통적 관리 · MBO와의 비교

① 전통적 관리와의 비교

구분	전통적 관리	TQM
고객욕구 측정	전문가들이 측정	고객에 초점을 두어 측정
자원의 통제	기준을 초과하지 않는 한 낭비 허용	무가치한 업무, 과오, 낭비 불허
품질 관리	문제점을 관찰한 후 사후 수정	문제점에 대한 예방적 관리 중시
의사 결정	불확실한 가정과 직감에 근거	통계적 자료와 과학적 절차에 근거
조직 구조	통제에 기초한 수직적이고 집권적 구조 중시	수평적 구조 중시

Check Point

MBO와 TQM의 공통점
- 팀워크 중시
- 구성원의 참여
- 민주적 · 분권적 관리
- Y이론적 관리
- 최고 관리층의 지원과 관심

② MBO와의 비교

구분	MBO	TQM
안목	단기적 · 미시적 · 양적	장기적 · 거시적 · 질적
계량화	중시함	중시하지 않음
성격	관리전략, 사후적 관리	관리철학, 사전예방적 관리
보상	개인별 보상	총체적 헌신, 집단 중심의 팀 보상
지향	효과지향(대내적), 결과 중시	고객지향(대외적), 절차 · 과정 중시
목표	상하간 합의하에 목표 설정	고객의 필요에 따라 목표 설정
초점	결과	과정 · 절차 · 문화

꼭! 확인 기출문제

01. 총체적 품질관리(Total Quality Management)에 대한 설명으로 옳은 것을 모두 고르면?

[국가직 9급 기출]

ㄱ. 고객의 요구를 존중한다.
ㄴ. 무결점을 향한 지속적 개선을 중시한다.
ㄷ. 집권화된 기획과 사후적 통제를 강조한다.
ㄹ. 문제해결의 주된 방법은 집단적 노력에서 개인적 노력으로 옮아간다.

❶ ㄱ, ㄴ　② ㄱ, ㄷ
③ ㄴ, ㄹ　④ ㄷ, ㄹ

해 ㄱ. 총체적 품질관리(TQM)는 고객만족을 서비스 질의 제1차적 목표로 삼고 고객 중심의 관리로서 외부지향적인 목표, 즉 고객의 요구를 중시하며 고객의 요구를 파악하는 것부터 고객의 요구가 충족되었는지까지 조직의 전반적인 과정을 품질 중심으로 통제 · 관리한다.

ㄴ. 총체적 품질관리(TQM)는 실책과 결점을 용납하지 않으며 공공서비스를 공급하는 과정 내내 지속적으로 업무처리 과정을 개선하여 서비스의 품질을 제고하고 관리하는 방식이다.

ㄷ. 총체적 품질관리(TQM)는 공공서비스 공급 과정에서 구성원의 적극적 참여를 기반으로 하는 분권화된 관리방식이며, 사후적 통제보다는 공급 과정 내내 지속적인 품질관리를 통해 문제를 사전적으로 예방하는 것을 강조한다.

ㄹ. 총체적 품질관리(TQM)는 집단 전체의 성과를 중시하는 품질관리기법으로 개인별 분업이나 경쟁보다는 집단적 노력(협업)과 총체적 헌신을 통한 품질의 향상을 추구하며, 개인별 성과관리 기법이라고 할 수 없다.

02. 전통적 관리와 TQM(Total Quality Management)에 대한 설명으로 가장 옳지 않은 것은?

[서울시 9급 기출]

① 전통적 관리체제는 기능을 중심으로 구조화되는 데 비해 TQM은 절차를 중심으로 조직이 구조화된다.

② 전통적 관리체제는 개인의 전문성을 장려하는 분업을 강조하는 데 비해 TQM은 주로 팀 안에서 업무를 수행할 것을 강조한다.

③ 전통적 관리체제는 상위층의 의사결정을 위한 정보체제를 운영하는 데 비해 TQM은 절차 내에서 변화를 이루는 사람들이 적시에 정확한 정보를 소유하는 데 초점을 둔다.

❹ 전통적 관리체제는 낮은 성과의 원인을 관리자의 책임으로 간주하는 데 비해 TQM은 낮은 성과를 근로자 개인의 책임으로 간주한다.

해 ④ TQM은 협업에 의한 팀제식 관리방식이므로 낮은 성과의 원인을 팀의 책임을 맡고 있는 관리자의 책임으로 간주하는 데 비해, 전통적 관리체제는 분업구조에 의한 개별적 관리방식이므로 낮은 성과를 근로자 개인의 책임으로 간주한다.

① 전통적 관리체제는 기능을 중심으로 하는 기계적 구조를 기반으로 하는데 반하여, TQM은 절차를 중심으로 조직이 구조화된 팀제를 기반으로 한다.

② 전통적 관리체제는 분업구조에 의한 개별적 관리방식으로 개인의 전문성을 장려하는 반면, TQM은 팀제식 관리방식으로 구성원들 간의 협업을 장려한다.

③ 전통적 관리체제는 상위층의 통제에 기초한 수직적 · 집권적 의사결정을 수행하나, TQM은 구성원들 간의 정보공유에 의한 수평적 의사결정을 중시한다.

2. 리엔지니어링(re-engineering)

(1) 의의 및 특성

① 조직업무의 전반적인 과정과 절차를 축소 · 재정비하여 가장 합리적인 방법으로 업무를 수행하려는 현대적 · 성과 중심적 · 고객지향적 관리전략

② 구조나 기능의 재편성(re-structuring)이나 기존 절차를 그대로 두고 조직을 변화시키려는 TQM과는 다르며, 절차의 재설계로서 업무처리재설계(BPR ; Business Process Reengineering)와 기본적인 특성이 같음

> Check Point
>
> **업무처리재설계(BPR)**
> 비용이나 품질, 서비스와 같은 핵심 성과의 극적 향상을 위해 업무 프로세스를 기본적으로 재고하고 근본적(급진적)으로 고치는 것이다.

(2) 설계원리

① **정보기술의 활용** : 정보기술은 업무처리재설계를 위한 가장 기본적 수단 · 도구

② **고객 중심의 설계** : 전적으로 고객의 편의를 위해 운영됨

③ **절차의 병렬화** : 연속적인 업무(절차)들을 병렬로 진행시킴

④ **이음새 없는 조직** : 업무절차 및 통제 · 확인의 최소화, 분업의 부정(최소화), 서류전달점의 축소를 실현하여 이음새 없는 프로세스조직을 구현

⑤ **정보수집창구의 단일화** : 조직 내 한 곳에 단일화하여 일괄적으로 정보를 수집

⑥ **주된 절차의 지속적 흐름** : 고객에게 부가가치를 제공하는 주된 절차(main sequence)가 지속적으로 흐르도록 함

⑦ **고객과 조직의 만남** : 고객과 조직이 한곳에서 만날 수 있는 공간을 마련

⑧ **자동화의 추구** : 리엔지니어링의 최종단계에서 자동화는 필수적인 작업이 됨

기타 품질관리제도

- **6시그마** : 불량을 통계적으로 측정 · 분석하고 원인을 제거하여 6시그마 수준(거의 무결점 수준의 불량 정도)의 품질을 달성하기 위한 활동. 즉 생산현장에서는 제품불량 제로를 추구하고, 서비스부문에서는 고객불만 제로를 추구함으로써 궁극적으로 기업의 가치를 증대시키는 품질관리전략을 말함
- **통계적 품질관리(SQC ; Statistic Quality Control)** : 통계학과 모든 통계적 수단을 사용하여 품질특성값을 관리하는 것(통계적 표준활동을 통해 작업활동을 개선함으로써 품질을 개선하는 것)을 의미함. SQC는 TQM과 6시그마의 기본요소가 됨

제4절 균형성과관리(BSC, 균형성과표)

1. 의의와 관점

Check Point

균형성과관리의 도입

균형성과관리가 공공부문에 도입된 것은 1993년 미국에 의해서이며, 우리나라의 경우에는 2001년부터 공공기관에 도입되고 2005년 이후에 정부 각 부처에 적극 도입 · 활용되고 있다.

(1) 균형성과관리의 의의

① 1992년 D. Norton과 R. Kaplan 교수가 최초로 제시한 BSC는 기존의 성과평가가 매출액 같은 재무적 관점만을 반영하고 조직 인적 자원의 역량이나 고객의 신뢰와 같은 비재무적 성과를 경시한 점을 지적 · 보완한 성과평가체제이다(비재무적 성과까지 포함한 통합성과관리체제).

② 조직 전체의 전략적 목표와 성과를 중시하여 이를 토대로 하위계층의 목표를 작성하고, 이전 성과에 대한 재무지표를 통해 미래의 성과를 창출하는 전략적 성과관리체제이다.

③ 재무 · 고객 · 업무프로세스 · 학습 및 성장 등 4개의 관점에서 균형적 · 전략적 성과관리를 추구한다.

④ 우리나라의 경우 참여정부 때 공공부문의 통합적 성과관리가 부각되면서, 기존의 MBO(목표관리)와 연계 · 보완하여 사용한다. MBO는 구체적 성과지표나 책임확보 장치가 없고 미시적 · 상향적, 단기적이며 고객에 대한 고려보다는 결과에 치중하는데 비해, BSC는 구체적인 성과지표 및 성과계약에 의하여 운영되는 거시적 · 하향적 · 장기적 관리체제이며 고객에 대한 관점과 절차(process)까지 고려하는 균형 있는 성과평가체제이다.

(2) 균형성과관리의 관점

관점(지표)	개념	측정지표
재무적 관점	조직의 재무적 성과를 중시하며, 기업의 주주를 대상으로 하는 관점	매출, 자본수익률, 예산 대비 차이 등
고객 관점	서비스의 구매자인 고객들을 대상으로 하여 그들의 요구를 반영하기 위한 관점	고객만족도, 정책 순응도, 민원인의 불만율 등
프로세스(절차) 관점	조직의 목표를 달성하기 위해 기업 내부의 업무 처리 방식과 과정을 어떻게 할 것인가에 대한 관점	시민참여, 적법절차, 의사소통 구조, 공개 등
학습과 성장 관점	4가지 관점 중 가장 하부구조에 해당하며, 변화와 개선의 능력을 어떻게 성장시킬 것인가에 대한 관점	내부 직원의 만족도, 학습 동아리의 수, 인적 자원의 역량, 지식 축적 등

꼭! 확인 기출문제

균형성과표(BSC)에 대한 설명으로 옳지 않은 것은? [지방직 9급 기출]

① 조직의 장기적 전략 목표와 단기적 활동을 연결할 수 있게 한다.
② 재무적 성과지표와 비재무적 성과지표를 통한 균형적인 성과관리 도구라고 할 수 있다.
③ 재무적 정보 외에 고객, 내부 절차, 학습과 성장 등 조직 운영에 필요한 관점을 추가한 것이다.
❹ 고객 관점에서의 성과지표는 시민참여, 적법절차, 내부 직원의 만족도, 정책 순응도, 공개 등이 있다.

해 ④ 정책 순응도는 고객 관점의 성과지표에 해당하지만, 시민참여, 적법절차, 공개 등은 프로세스 관점에 성과지표에 해당하며, 내부 직원의 만족도 등은 학습과 성장 관점의 성과지표에 해당한다.

제5절 전략적 관리(SM ; Strategic Management)

1. 의의

(1) 개념

① 전략적 관리는 1980년대 신공공관리론에서 주장한 것으로, 개방체제하에서 환경과의 관계를 중시하는 변혁적 · 탈관료적 관리전략이다.

② 장기적인 관점에서 조직의 대내적 강점 및 약점과 환경으로부터의 위협 및 기회를 분석하고 확인하며, 이런 분석에 기초하여 최적의 전략을 수립하는 것이다.

③ MBO가 장기적 관점에서 전략적 관리를 하지 못한 것에 대한 반발로 전략적 관리가 등장하였다고 볼 수 있다.

(2) 특징

① 조직의 환경 분석과 이를 통한 환경의 이해를 강조한다.

② 조직의 변화에는 장기간이 소요된다는 장기적 시간관과 계획수립을 강조한다.

③ 보다 나은 상태로 발전해 나가는 관리로서 장기목표를 지향하는 목표지향성 · 개혁지향성을 지닌 관리체제이다.

④ 미래의 목표 성취를 위한 전략의 개발 및 선택을 강조한다.

2. TOWS 전략

(1) SWOT 분석

조직의 내부요인인 강점(Strength)과 약점(Weakness), 외부요인인 기회(Opportunities)와 위협(Threats)을 분석하여 전략을 수립하고 집행하기 위한 방법

(2) TOWS 전략

구분	전략
SO 전략(maxi-maxi)	조직의 강점과 기회를 모두 극대화하는 공격적 전략
ST 전략(maxi-mini)	위협에 대처할 수 있는 조직의 강점을 기반으로 위협을 회피하고 최소화하는 다양화 전략
WO 전략(mini-maxi)	약점을 최소화하고 기회를 극대화하는 방향전환 전략
WT 전략(mini-mini)	약점과 위협을 모두 최소화하는 방어적 전략

Check Point

정책의 전략적 관리 단계(Nut & Backoff)

① 총제적인 조직의 정책방향과 통용되는 규범적 가치, 역사적 맥락 파악
② SWOT 분석을 통한 조직의 현재 역량과 환경 파악
③ 해결해야 할 전략적 의제 개발
④ 개발된 의제들의 우선순위에 대한 전략적 대안 탐색 및 개발
⑤ 전략적 정책 대안의 성공 가능성 평가 및 최적의 대안 선택
⑥ 이해관계인 관리 및 자원 동원을 의한 단계별 전략의 집행

Check Point

Greiner의 위기 대응 전략

Greiner는 조직의 성장단계를 5단계로 제시하며 그에 따른 단계별 위기 대응 전략을 제시하였다.

성장	위기
창조의 단계	리더십의 위기
지시의 단계	자율성의 위기
위임의 단계	통제의 위기
조정의 단계	관료주의 위기
협력의 단계	탈진의 위기

제6절 조직의 동태화

1. 의의

(1) 개념

조직의 동태화란 조직이 복잡 · 다양하고 불확실한 환경변화에 보다 유기적 · 탄력적으로 적응하도록 계층제 중심의 경직된 조직을 변동 · 대응능력을 가진 쇄신적인 조직으로 전환시키는 과정을 의미함

(2) 특징

① 계층제의 수준이 낮고, 계선보다 막료가 큰 비중을 차지하는 분권적 · 유기적 조직에 중점을 둠
② 임무나 과제, 사업계획에 충실함
③ 미래지향적이며, 변동 · 대응력을 구비함
④ Y이론적 인간관계를 중시하여 자기통제나 수평적 동료관계에 중점을 둠
⑤ 참여 중심의 목표관리(MBO)에 중점을 둠
⑥ 정당성의 근거는 지식이며, 권한은 전문적 능력에 의거함
⑦ 동태적 조직은 임시조직(adhocracy)이며, 고전적인 관료제와 대조를 이룸
⑧ 전문가들로 구성되며, 수평적 의사결정이 이루어짐
⑨ 기동성 있는 조직구조를 가짐
⑩ 업무수행의 기준과 절차는 표준화에 의존하지 않으며 상황에 따라 변화함(상황적응성)

Check Point

조직동태화의 필요성
수직적인 계층제적 조직이 지니는 경직성과 비탄력성을 극복하고, 원활하고 신속한 의사소통과 환경변동에 대한 탄력적 대응이 가능하게 한다.

2. 조직의 동태화 방안

(1) 구조적 측면(adhocracy의 적용)

① **과제(課制)의 폐지** : 계층제 조직의 할거주의 등을 극복하고 조직의 신축성 · 기동성을 확보하려는 것(전면적인 과제 폐지는 불가능)
② **프로젝트팀(project team)** : 유동적 임시조직
㉠ 특정 사업(project)을 추진하거나 과제를 해결하기 위해서 조직 내의 인적 · 물적 자원을 결합하여 창설되는 동태적 조직
㉡ 계층제 구조가 아닌 직무의 횡적 연관성을 중시하며 여러 기능을 통합하기

Check Point

프로젝트팀의 장단점
㉠ 장점
- 단시일에 과업을 집중적으로 추진
- 문제 해결에 적합하며 할거주의 방지
- 조직의 신축성 · 전문성을 제고
- 각자의 역량을 최고로 조직화

㉡ 단점
- 심적 불안정성을 야기
- 사회적 풍토의 문제 제기

위해 조직된 잠정적인 조직

㉢ 구성원은 정규부서에 소속을 유지하며, 한시적인 사업을 완료하면 복귀

③ **태스크포스(task force)** : 유동적 임시조직

㉠ 특별 임무 수행을 위해 각 조직의 전문가를 차출하여 한 사람의 책임자 아래 입체적으로 편성한 조직

㉡ 프로젝트팀에 비하여 존속기간이 길고 보다 대규모의 공식조직이며, 업무 내용의 변경이 가능

㉢ 프로젝트팀이 임시차출의 형식임에 반해, 태스크포스는 구성원이 정규부서에서 이탈하여 전임제로 참여(법적 근거 필요)

프로젝트팀과 태스크포스의 비교

구분	특별작업반(project team)	전문담당반(task force)
구조	수평적 조직	수직적 · 입체적 · 계층적 조직
존속 기간	임시적 · 단기적 성향(목표 달성 후 해체, 상설성이 약함)	장기적 성향(목표 달성 후 존속 경향, 상설성이 강함)
규모	소규모(부문 내에 설치)	대규모(부문 간에 설치)
법적 근거	불필요(덜 전문적)	필요(더 전문적)
소속 관계	소속기관에서 탈퇴하지 않고 일시 차출	정규부서에서 이탈하여 전임제로 근무(파견)
성격	인적 성격이 강함	물적 · 조직적 성격이 강함
특징	단시일 내에 과업을 강력히 추진할 수 있는 문제 해결에 적합한 조직	특별업무를 수행하기 위해 임시로 편성한 조직

④ **매트릭스(matrix)조직(이중적 · 입체적 · 복합적 조직, 행렬조직)**

㉠ **의의** : 조직의 신축성 확보를 위해 전통적인 계선적 · 수직적 기능 구조에 횡적 · 수평적 사업구조(프로젝트 조직)를 결합시킨 혼합적 · 이원적 상설조직

㉡ **특징**

- 명령계통은 다원화되어 있고, 구성원은 양쪽 구조에 중복 소속되어 기능적 관리자(주로 인사)와 프로젝트 관리자(주로 사업) 간에 권한을 분담
- 환경적 압력이나 부서 간 상호의존관계가 존재하고, 내부자원 활용에 규모의 경제가 존재할 경우에 적절한 조직

⑤ **담당관제(막료조직)** : 계선 중심의 경직성 완화를 통한 행정 기동성과 환경적 응능력의 향상, 전문성 · 능률성 · 기술성의 제고를 통한 행정전문화 및 정책의 질적 향상 등을 추구하기 위한 막료(참모)제도

Check Point

태스크포스의 장단점

㉠ **장점**
- 외부 전문가의 의견을 도입
- 변화하는 행정수요를 정확히 판단할 수 있게 함

㉡ **단점** : 일반행정가 무시, 행정의 일관성 저해

Check Point

매트릭스조직의 장단점

㉠ 장점
- 한시적 사업에 신속하게 대처
- 각 기능별 안목을 넓히고 쇄신을 촉진
- 협동적 작업을 통해 조정 · 통합
- 자발적 협력관계와 비공식적 의사전달체계의 결합으로 융통성 · 창의성 발휘
- 인적 자원의 경제적 활용을 도모하고, 조직 단위 간 정보 흐름을 활성화

㉡ 단점
- 이중 구조로 인한 책임과 권한 한계의 불명확성
- 권력투쟁과 갈등이 발생
- 조정이 어렵고 결정이 지연
- 객관성 · 예측가능성의 확보 곤란으로 유동적이고 복잡한 조직에만 효과적

Check Point

자유형 조직구조(free structure)
융통성이 가장 높은 조직으로, 그때그때의 필요에 의해 형성되는 조직

⑥ 중복작업집단체제모형(link-pin model) : 조직 내에서 수직적 · 수평적으로 연락을 맺고 있는 자를 연결하여 조직의 조정력과 적응력을 높이는 모형(Likert)

⑦ collegia 조직(대학형태조직, 동료조직) : 모든 의사결정이 완전한 민주주의적 방법에 의해 이루어지는 분권적 조직(대학이나 병원, 연구소 등 자율적 연구조직)

⑧ 네트워크조직 : 결정과 기획 같은 핵심 기능만 수행하는 조직을 중심에 놓고 다수의 독립된 조직들을 협력 관계로 묶어 수행하는 조직 형태로, 조직의 자체 기능은 핵심 역량 위주로 합리화하고 그 외의 기능은 외부와의 계약을 통해 수행하는 구조

(2) 관리적 · 행태적 측면

① 관리적 측면의 동태화 방안

㉠ Y이론적 인간관 : 통제 중심의 X이론에서 자율통제와 계획 중심의 Y이론으로 변모

㉡ 상향식 의사전달 : 의사전달이 자유로워야 하고 의사전달의 저해요인을 제거

㉢ 분권적 · 참여적 조직구조 : 분권적 조직구조와 MBO를 활용하여 참여를 촉진 · 지향

㉣ 민주적 리더십의 확보

② 행태적 측면의 동태화 방안

㉠ 새로운 지식 · 기술을 습득

㉡ 발전지향적 · 성취지향적 가치관 확립

㉢ 변동유도능력과 문제 해결능력, 신속한 정책결정능력, 자원동원능력 등의 함양

㉣ 실적 중심의 인사행정과 승진제도, 적극적 모집과 장기적 인력계획

㉤ 합리적 교육훈련 및 근무성적평정제도 등

3. 조직동태화의 문제점 및 개선방안

(1) 문제점

① 조직구성원들의 심리적 불안을 조성

② 행정조직의 획일적인 동태화는 조직의 불안을 초래

③ 계층의 명확한 구분이 없으므로 갈등이 존재함

④ 전문가 조직의 편협한 시야, 책임감 결여 등의 제약이 수반됨

(2) 개선방안

① 동태화는 제도의 변경만으로 되는 것이 아니며 동태화의 목적에 대한 구성원의 충분한 이해와 협조가 있어야 함

② 정치적 · 인간적 요인 및 조직풍토의 영향을 충분히 고려할 필요가 있음

③ 계선과 막료 간의 불화 가능성을 사전에 조정하고 의사전달의 효율화를 도모함

4편

인사행정론

제1장

인사행정의 기초이론

제1절 인사행정의 개관

1. 인사행정의 의의

Check Point

현대 인사행정의 성격
• 개방체제성
• 가치갈등성
• 환경종속성
• 인적자원관리(HRM)
• 종합학문성

(1) 개념 및 목표

① 개념

㉠ 인사행정이란 행정의 효율을 제고하기 위해 정부조직에 필요한 인적 자원을 동원하고 관리하는 활동을 뜻함

㉡ 행정목표의 효율적 달성을 위하여 정부조직에 소요되는 인력을 채용 · 관리하는 것을 의미하며, 이를 위해서는 유능하고 참신한 인재 확보가 중요함

② 목표

㉠ 유능한 인재의 등용

㉡ 공무원의 능력발전

㉢ 공무원의 능력발전을 통한 사기앙양

㉣ 개인목표와 조직목표와의 조화유지

(2) 특성

① **일반적 특성** : 과학성, 전문성, 적극성, 적응성, 수단성(기술성), 기능의 다양성 및 통합성 등

② **정부 인사행정의 특성(기업 인사관리와의 차이)** : 정치적 비합리성, 비시장성, 법정주의(재량협소), 다양성 · 광범위성, 행정적 제약성(공익, 평등, 윤리) 등

2. 인사행정의 요소 및 과정

(1) 인사행정의 3대 요소(3대 변수)

① 임용 : 인력계획, 모집, 시험, 선발 · 배치 등

② 능력 발전 : 교육훈련, 근무성적평정, 승진, 전직, 전보, 파견, 제안제도 등

③ 사기앙양(사기관리) : 보수 및 연금, 복리후생, 인사상담, 고충처리, 인간관계, 신분보장, 직업공무원, 공무원단체, 공직윤리 등

(2) 인사행정의 과정

인력계획	➡	공직구조의 형성	➡	임용	➡	능력 발전	➡	동기부여	➡	통제
인적자원 계획		직무설계, 공직구조의 형성		모집, 공무원 관계		교육훈련, 근무성적 평정		사기, 보수, 공무원 단체		윤리 및 규범, 징계

(3) 인사행정제도의 변천

① 절대군주시대의 인사행정(18C) : 군주의 사용인(종복)의 채용 · 관리(강력한 중앙집권화를 위한 절대관료제 형성)

② 입법국가시대의 인사행정(19C)

㉠ 능력보다 정치적 충성도 등의 정치적 고려가 우선(정당의 사용인)

㉡ 영국의 정실주의와 미국의 엽관주의가 대표적 유형

③ 현대 국가의 인사행정 : 공무원을 국민에 대한 봉사자로 파악

㉠ 고전적 인사행정(19C 말~1930년대)

- 직무 중심의 과학적 · 합리적 · 객관적 인사(과학적 관리론)
- 실적주의 인사, 직위분류제 등

㉡ 신고전적 인사행정(1930~1950년대) : 인간의 가치를 중시하는 인간중심적 · 민주적 인사(인간관계론)

㉢ 적극적 인사행정(1950년대 이후)

- 체계적 · 적극적 · 효율적인 인적 자원 관리, 신축적 · 분권적 인사행정
- 적극적 모집, 능력발전, 정치적 임용의 허용, 인사권의 분권화, 인사행정의 인간화 등

Check Point

인사행정의 변천

㉠ 엽관주의, 정실주의
- 관료주의화 방지
- 대응성, 책임성 제고
- 효율성, 안정성 저해

㉡ 실적주의
- 효율성, 전문성 제고
- 대응성, 책임성 저해

㉢ 적극적 인사행정
- 실적주의 개념 확대

Check Point

적극적 인사행정의 흐름

- **후기인간관계론** : 개인목표와 조직목표의 통합
- **인적자원관리(HRM)** : 구성원을 소중한 자원으로 인식하고 전략적으로 개발하고 활용
- **실적주의 인사의 한계 보완** : 대표관료제, 개방형 직위 등 엽관주의적 요소를 도입
- **직위분류제와 계급제의 상호접근** : 고위공무원단제(SES) 등

제2절 엽관주의와 실적주의

1. 엽관주의(spoils system)

(1) 의의

① 개념

㉠ 공직임용이나 인사관리에 있어서의 기준을 정당에 대한 충성도와 공헌도에 두는 제도

㉡ 정치적 요인을 근거로 한 임용을 의미하며, 공직경질제(교체임용제, 공직교체제) 등으로 불림

② 구별 개념(정실주의와의 구별)

㉠ **엽관주의** : 미국에서 처음으로 등장한 개념으로, 선거에서 승리한 정당이 모든 관직을 전리품처럼 나누어 주던 것에서 비롯한 것으로 정당에 대한 충성도(정치적 충성도)에 따라 공직을 임용하는 제도

㉡ **정실주의** : 영국에서 발달한 제도로, 개인적 친분 및 충성도에 따라 공직을 임용하는 제도(엽관주의보다 좀 더 넓은 개념)

㉢ 엽관주의와 정실주의의 비교

구분	발달국가	임용기준 및 근거	신분보장	대폭적 경질 · 교체
엽관주의	미국	정당에 대한 충성도(정치적 충성도), 정치적 보상	임의성(신분보장 안 됨)	있음(정권교체 시)
정실주의	영국	• 개인에 대한 충성도(개인적 충성도) • 혈연 · 학연 · 금력 등	종신제(보장)	없음

(2) 연혁 및 발달배경

① 미국 엽관주의의 연혁

㉠ **기반조성** : 3대 대통령 Jefferson이 자신의 세력 확장을 위해 정당에 대한 기여도를 기준으로 공직경질 · 임용

㉡ **임기 4년제** : 1821년 「임기 4년법」을 제정하여 공무원 임기를 대통령의 임기와 일치시킴으로서 집권당과 공무원의 책임 일치를 도모

㉢ **공식적 채택** : 1829년 7대 대통령 Jackson이 엽관주의를 공식 인사정책으로 채택(Jackson 민주주의)

② 발달배경

Check Point

영국 인사행정의 연혁
- 은혜적 정실주의(18세기 이전 국왕 중심기)
- 정치적(의회적) 정실주의(명예혁명 이후)
- 실적주의(19세기 중반 이후)
- 적극적 인사행정(1968년 이후)

Check Point

Jackson 민주주의
미국의 제7대 대통령 A. Jackson은 "전리품은 승리자에 속한다."라는 슬로건 아래, 자신을 지지한 서부 개척민들에게 공직을 개방하고 공직경질 원칙에 입각한 엽관주의를 공식 인사정책으로 채택하였다(1829년).

㉠ 민주정치와 정당정치의 발달, 다원주의 체제의 형성
㉡ 집권자의 지지세력 확보의 필요성
㉢ 공직특권화 방지 및 책임 확보를 위한 수단 확보
㉣ 공직자의 직선제 효과의 구현

(3) 장단점

① 장점
㉠ 공무원의 적극적 충성심을 확보
㉡ 공직경질제를 통한 공직특권화 방지 및 민주통제 강화(책임성과 대응성 증대)
㉢ 관료주의화와 공직침체의 방지(관료제의 쇄신)
㉣ 참여기회의 제공으로 평등이념에 부합
㉤ 공약실현 및 정당정치 발전에 기여
㉥ 지도자의 정치적 리더십 강화

② 단점
㉠ 행정의 안정성 · 일관성 · 계속성 · 중립성 저해(행정의 단절성)
㉡ 행정능률의 저하, 위인설관(爲人設官)으로 인한 국가예산 낭비
㉢ 공직의 정치적 · 행정적 부패, 공익 저해
㉣ 공직의 기회균등정신 위배, 임용의 공평성 상실
㉤ 관료의 정당사병화(위민행정의 확립을 저해)
㉥ 신분보장의 임의성으로 인한 직업공무원제 성립 저해

한국과 미국의 엽관주의 비교

한국의 엽관주의	미국의 엽관주의
• 과거에 영구집권을 위한 수단 • 정당정치 발달과 관련성이 적음 • 대폭적 경질은 없으며, 빈자리에 충원하는 형식	• 민주주의 구현 수단의 하나 • 정당정치 발달과 연계 • 공직의 대량 경질

꼭! 확인 기출문제

인사행정제도에 대한 다음 설명 중 가장 옳은 것은? [서울시 9급 기출]

① 직업공무원제는 장기근무를 장려하고 행정의 계속성과 일관성을 유지하는 데 긍정적인 제도로 개방형 인사제도 및 전문행정가주의에 입각하고 있다.
❷ 엽관주의는 정당에의 충성도와 공헌도를 임용 기준으로 삼는 인사행정제도로 행정의 민주화에 공헌한다는 장점이 있다.

Check Point

관료주의화
지나친 신분보장으로 관료집단이 특권집단화되는 현상

Check Point

우리나라의 엽관주의
엽관주의를 공식적인 인사정책으로 채택한 적은 없으나 1950년대 이후 집권력 강화를 위한 비합리적 엽관주의가 만연했으며, 이는 정치이념의 실현과 책임정치의 구현이라는 엽관주의 취지와는 거리가 멀었다. 오늘날에는 한정된 엽관인사의 영역을 법적으로 용인하고 있는데, 특히 정책결정을 담당하는 고위직이나 특별한 신임을 요하는 직위 등에서 허용된다(정무직 외에도 별정직 등에 대한 엽관적 임용이 허용됨).

③ 실적주의는 개인의 능력이나 자격, 적성에 기초한 실적을 임용기준으로 삼는 인사행정제도로 정치지도자들의 행정 통솔력을 강화시키는 데 기여한다.
④ 대표관료제는 전체 국민에 대한 정부의 대응성을 향상시키고 실적주의를 강화하여 행정의 능률성을 향상시키는 장점이 있다.

해 ② 엽관주의(spoils system)는 공직임용이나 인사관리에 있어서의 기준을 정당에 대한 충성도와 공헌도에 두는 제도로, 행정의 민주화에 공헌한다는 장점이 있다.
① 직업공무원제는 장기근무를 장려하고 행정의 계속성과 일관성을 유지하는 데 긍정적인 제도로 폐쇄형 인사제도 및 일반행정가주의에 입각하고 있다.
③ 실적주의는 개인의 능력이나 자격, 적성에 기초한 실적을 임용기준으로 삼는 인사행정제도로 정치지도자들의 행정 통솔력을 강화시키기가 어렵다.
④ 대표관료제는 전체 국민에 대한 정부의 대응성을 향상시키고 사회경제적 여건이 불리한 계층에 대한 공직 진출을 보장하여 형평성을 향상시키는 장점이 있다.

2. 실적주의(merit system)

(1) 의의 및 성립배경

① 개념
- ㉠ 인사행정이나 공직임용의 기준을 당파성이나 정실, 혈연 · 지연이 아니라 개인의 객관적인 능력 · 실적 · 자격 · 업적 · 성적에 두는 제도
- ㉡ 기회균등의 보장을 통하여 능력과 자질을 과학적 · 합리적으로 분석하고 능력중심으로 인물을 임용하는 과학적 · 합리적 · 객관주의적 인사행정
- ㉢ 단순히 엽관주의의 방지에 주력한 소극적 인사행정이라 보기도 함

② 성립 및 발전 배경
- ㉠ **엽관주의 폐해의 극복** : 대량경질로 인한 신분불안 해소, 행정의 안정성 · 일관성 확보, 행정의 정치적 중립 확립(부패한 정치로부터의 분리)
- ㉡ **정당정치의 부패** : 민주정치를 위한 공직경질의 본질 훼손, 당파성을 초월한 국민 전체에 대한 봉사를 추구
- ㉢ **집권당(공화당)의 선거 참패** : 엽관주의를 포기하게 되는 계기로 작용
- ㉣ **행정국가의 등장** : 행정기능의 확대와 질적 전문화 · 복잡화에 따른 전문행정가 확보의 필요성, 행정조사 및 개혁운동의 전개

Check Point

실적주의의 기여요인과 위협요인(F. C. Mosher)
- **미국 실적주의 확립에 기여한 요인들** : 청교도적 윤리, 개인주의, 평등주의, 과학주의, 분리주의, 일방주의(unilateralism)
- **미국 실적주의를 위협하는 요인들** : 전문가주의(전문직업주의), 직업공무원제도, 공무원단체(노조)

(2) 실적주의의 수립과정

① 영국
- ㉠ **실적주의 토대 구축** : 1853년 Northcote-Trevelyan 보고서와 1855년 1차 추밀원령에 의한 공무원제도 개혁의 추진
- ㉡ **실적주의 확립**

- 1870년의 Gladstone 내각의 2차 추밀원령에 의해 구축
- 공무원 자격시험을 실시, 공무원 계급 분류(행정, 집행, 서기, 서기보 계급), 재무권의 인사통제권 강화 등

㉢ **특징** : 재직자 중심의 폐쇄형 실적주의를 취해 신분보장을 통한 직업공무원제 확립에 기여

② 미국

㉠ 배경

- Jenkes의 공무원제도 개혁운동(1868)
- 영국의 실적주의를 연구한 Eaton 보고서의 영향(1880)
- Garfield 대통령 암살 사건(1881)으로 엽관주의 폐해가 노출되고 실적주의 도입 필요성 제기(부패한 정치로부터 행정의 분리 요구)
- 펜들턴법(Pendleton Act) 제정(1883)으로 엽관주의를 극복하고 실적주의를 확립

㉡ **특징** : 직무 중심의 개방형 실적주의를 취해 직업공무원제 확립에는 기여하지 못함

(3) 실적주의의 내용 및 장단점

① 실적주의의 주요 내용(구성요소)

㉠ 인사행정의 과학화 · 합리화 · 객관화

㉡ 능력과 자격, 실적 중심의 공직임용(당파성과 정실 등을 배제)

㉢ 공개경쟁시험의 도입 및 공직의 기회균등 보장(공직 개방, 차별 배제)

㉣ 공무원의 신분보장

㉤ 정치적 중립(국민 전체에 대한 봉사자로서의 공무원 확립)

㉥ 인사권의 집권화(독립된 중앙인사기구를 통한 통일적 · 집권적 인사행정)

② 장점

㉠ 임용의 기회균등으로 평등이념 실현 가능

㉡ 신분보장을 통해 행정의 계속성 · 안정성과 직업공무원제 확립에 기여

㉢ 능력 · 자격에 의한 인사관리를 통한 과학적 · 합리적 · 객관적 인사행정 기여

㉣ 공무원의 정치적 중립과 부패방지

㉤ 행정의 전문화 · 능률화 기여(전문적 관료제 실현)

③ 단점

㉠ 인사행정의 소극적 · 비융통성 초래

㉡ 중앙인사기관의 권한 강화로 각 부처의 탄력적 · 창의적인 인사 저해

㉢ 지나친 집권성과 독립성으로 외부에 대한 불신과 비협조 초래

Check Point

펜들턴법(Pendleton Act)의 주요 내용

- 공개경쟁시험에 의한 공무원 채용
- 제대군인에 대한 임용 시 특혜 인정
- 공무원의 정치적 중립을 최초로 규정(정치자금 헌납과 정치활동 금지)
- 전문과목 위주의 시험(시험제도의 실제적 성격)
- 초당적 · 독립적 · 집권적 중앙인사위원회(CSC)의 설치
- 민간부문과 정부조직 간의 인사교류의 인정(개방형)
- 일정 기간의 시보(試補)기간 설정(조건부 임용제도)

Check Point

실적주의의 최근 경향

- 실적주의의 개념을 좀 더 적극적으로 해석하고 인사행정의 운영에 신축성과 경쟁성을 확대하려는 경향
- 인간관계론적 인사행정이나 대표관료제적 개념의 도입
- 엽관주의적 임용의 확대
- 정치적 중립성의 완화 등

㉣ 관료의 특권화를 유발하고 행정에 대한 민주통제 저해
㉤ 형식적인 인사행정으로 비인간화 초래
㉥ 행정의 민주적 책임성과 대응성 저해
㉦ 실질적인 기회균등의 문제(응시 기회의 균등이 곧 고용의 평등은 아님)

(4) 엽관주의와의 관계

① 가치의 측면 : 엽관주의는 상대적으로 민주성 · 대응성을 강조하고 실적주의는 능률성 · 안정성을 강조하나, 양자는 궁극적 · 기본적 가치로 민주성과 형평성을 추구한다는 점에서 상호 조화와 혼합 운용이 가능

② 제도적 측면

㉠ 중요한 정책변동 시 정책의 강력한 추진을 위해서는 정실주의적 · 엽관주의적 임용이 요청됨
㉡ 신분이 철저히 보장되는 실적주의 관료제에 대한 효율적 · 민주적 통제 요청
㉢ 고위직에는 엽관주의적 요소의 가미가 요청됨
㉣ 개발도상국은 정당정치의 육성 · 발전을 위해서 엽관주의가 필요

꼭! 확인 기출문제

실적주의의 주요 구성요소로 보기 어려운 것은? [지방직 9급 기출]

① 공직취임의 기회균등
❷ 공무원 인적 구성의 다양화
③ 신분보장 및 정치적 중립
④ 실적에 의한 임용

해 ② 공무원 인적 구성의 다양화는 실적주의가 아니라 인구 구성비율에 맞는 공직 구성을 추구하는 대표관료제와 관련된다. 실적주의는 인사행정이나 공직임용의 기준을 당파성이나 정실, 혈연 · 지연이 아니라 개인의 능력이나 자격, 실적 등에 두는 제도를 말한다.
①·③·④ 실적주의의 주요 내용으로는 공직 기회의 균등, 공무원의 신분보장 및 정치적 중립, 능력과 자격, 실적 중심의 공직임용 등이 있다.

3. 적극적 인사행정

(1) 의의 및 성립배경

① 개념

㉠ 소극적인 실적주의와 과학적 인사행정만을 고수하지 않고, 엽관주의적 요소나 인간관계론, 대표관료제, 후기인간관계론, 신공공관리론에 의한 개방형 인사제도 등을 수용한 신축적이고 인간적 · 분권적인 인사관리방식
㉡ 실적주의의 지나친 소극성 · 비용통성, 인사권의 집권성, 직업공무원제의 폐쇄성 등의 한계를 보완 · 극복하기 위하여 등장한 발전적 인사관리방식

② 성립배경

㉠ 과학적 관리의 극복 및 인간관계론의 영향

㉡ 대표관료제의 도입(소수자 평등고용제도, 고급행정관제 등)

㉢ 후기 인간관계론(인적 자원관리, 직장생활의 질 운동 등)

㉣ 신공공관리론에 의한 개방형 인사(외부 전문가 채용, 노동의 유연화, 정규직 감축 등)

㉤ 직위분류제에 계급제적 융통성 가미

(2) 확립 방안

① **적극적 모집** : 실적주의의 소극성 · 비융통성을 극복 · 보완하여 유능한 인재를 외부로부터 적극적으로 모집하고, 모집방법을 다양화함

② **엽관주의의 가미** : 고위직에 정치적 임용이 부분적으로 가능하도록 탄력성을 부여

③ **인사권의 분권화(집권성 극복)** : 중앙인사행정기관의 인사권을 분리하여 각 부처에 위양함으로써 인사기능의 자율성을 증대

④ **재직자의 능력발전** : 공무원의 교육훈련을 강화하고 합리적인 승진 · 전직 · 근무성적평정제도를 확립

⑤ **인사행정의 인간화(인간관계의 개선)** : 지나친 과학적 인사행정을 지양하고 인사상담제도 · 의사소통 등을 개선하여 행정의 인간화 및 사기앙양을 위해 노력

⑥ **공무원단체의 활용** : 공무원의 권익 및 단체 활동의 보장과 근로조건의 개선에 노력

(3) 인적자원관리(HRM ; Human Resource Management)

① 의의

㉠ 인적자원관리는 기존의 인사관리나 인사행정을 대치하는 개념으로, 인적자원을 조직의 주요한 자산이자 전략적 자원으로 활용하고자 하는 후기 인간관계론의 하나임

㉡ 기존의 인사행정이 통제를 전제로 한 실적주의적 인사관리, 즉 개인과 조직목표를 상충관계로 인식하는 교환모형이라면, 인적자원관리는 조직과 개인을 조화 · 통합하려는 Y이론적 관점에서 출발

㉢ 인적자원관리는, 인적자원이 가장 관리하기 어려운 자원일 뿐만 아니라 목표달성에 가장 결정적인 요인으로 작용한다고 봄

㉣ 인적자원관리에서 중앙인사기관은 전략적 정책기능만을 수행하고 각 부처에 인사권을 분산하며, 구성원의 직장생활의 질(QWL) 향상에 주력함

Check Point

관리융통성 모형

㉠ **의의** : 적극적 인사행정과 관련된 모형으로, 변화하는 인사행정의 환경에 효과적으로 대응할 수 있도록 운영상의 자율성과 융통성을 높인 인사행정 모형

㉡ **특징**
- 인사권의 분권화를 통한 대응성 향상
- 인사행정과 조직 · 재무관리 등의 기능을 연계하여 효율성 · 민주성 제고
- 통제 · 규제가 아닌 지원 · 봉사하는 중앙인사기관
- 부처별 자율성과 통합성의 조화

㉢ **확립방안**
- 실적주의에 엽관주의 가미
- 직위분류제에 계급제 요소 가미
- 교육훈련의 강화 및 다양화
- 신축성 · 탄력적 내부임용
- 퇴직자의 활용과 관리

Check Point

인적자원관리

인간관계론과 후기인간관계론, 1960년대의 조직발전(OD)이론에 뿌리를 두고 1970년대 후반부터 등장한 관리이론

② 특징

㉠ 승진, 개발, 경력발전 등에 있어 비교적 잘 개발된 내부노동시장체제 중시

㉡ 신축적인 업무조직체제를 특징으로 함

㉢ 상황적응적인 보상체계와 지식에 기초한 보수구조를 지님

㉣ 업무 관련 결정에 직원과 작업집단의 참여를 중시함

㉤ 내부 커뮤니케이션구조의 활성화를 추구함

③ 전통적 인사관리와의 비교

구분	전통적 인사관리	인적자원관리(HRM)
구성원에 대한 관점	비용(cost)	자원(resources)
인사관리의 중점	직무에 적합한 인재의 능률적 선발	변화에 적응하기 위한 인재의 능력 개발
인사관리의 특징	• 소극적 · 경직적 · 집권적 인사행정 • 절차와 규정 중시	• 적극적 · 신축적 · 분권적 인사행정 • 성과(결과)와 책임 중시, 조직과 개인 목표의 통합
배경이론	과학적 관리론	후기인간관계론
인사관리모형	교환모형	통합모형

④ 인적자원관리(HRM)와 전략적 인적자원관리(SHRM)

분류 특징	기존의 인적자원관리(HRM)	전략적 인적자원관리(SHRM)
분석	개인의 심리적 측면	조직의 전략과 인적자원관리
초점	직무만족, 동기부여, 조직시민행동의 증진(조직시민행동이란 조직의 계획적 · 의도적인 동기부여에 의존하지 않고 구성원들이 자발적으로 조직에 헌신하려는 태도를 말함)	활동의 연계 및 조직의 성과
범위	미시적 시각 : 개별 인적자원관리방식들의 부분적 최적화를 추구	거시적 시각 : 인적자원관리 방식들간의 연계를 통한 전체 최적화를 추구
시간	인사관리상의 단기적 문제해결	전략 수립에의 관여 및 인적자본의 육성
기능 및 역할	• 조직의 목표와 무관하거나 부수적 · 기능적 · 도구적 · 수단적 역할 수행 • 통제 메커니즘 마련	• 인적자본의 체계적 육성 및 발전 • 권한 부여 및 자율성 확대 유도

꼭! 확인 기출문제

전략적 인적자원관리에 대한 설명으로 옳지 않은 것은? [국가직 9급 기출]

① 장기적이며 목표 · 성과 중심적으로 인적자원을 관리한다.
❷ 개인의 욕구는 조직의 전략적 목표달성을 위해 희생해야 한다는 입장이다.
③ 인사업무 책임자가 조직 전략 수립에 적극적으로 관여한다.
④ 조직의 전략 및 성과와 인적자원관리 활동 간의 연계에 중점을 둔다.

해 ② 인적자원관리(HRM; Human Resource Management)는 기존의 '인사관리'나 '인사행정'을 대치하는 개념으로, 인적자원을 조직의 주요한 자산이자 전략적 자원으로 활용하므로 조직의 전략적 목표달성을 위해 개인의 욕구가 희생되어야 한다고 보지 않는다. 즉, 기존의 인사행정이 개인과 조직목표를 상충관계로 인식하는 교환모형이라면, 인적자원관리는 개인을 조화 · 통합하려는 Y이론적 관점에서 출발한다.

제3절 직업공무원제도

1. 직업공무원제도의 의의

(1) 개념 및 필요성

① 개념

㉠ 유능하고 인품 있는 젊은이에게 개방되어, 공직이 매력 있는 것으로 여겨지고 능력과 업적에 따라 명예롭고 높은 지위로 승진의 기회가 보장됨으로써, 공직을 전 생애를 바칠만한 보람 있는 일로 생각할 수 있도록 조치가 마련되어 있는 인사제도

㉡ 「국가공무원법」에서는 공무원을 경력직공무원과 특수경력직공무원으로 구분하고, 실적과 자격에 따라 임용되며 그 신분이 보장되어 평생 동안 공무원으로 근무할 것이 예상되는 경력직공무원을 직업공무원으로 규정함

② 필요성

㉠ 정권교체에 따른 행정 공백을 예방하여 행정의 계속성 · 안정성을 확보하는 제도적 장치

㉡ 정치적 변동이나 혼란 시 의회 · 정당정치의 폐단을 방지하고 행정의 정치적 중립성 및 공익성을 유지

㉢ 내각책임제의 정치와 행정의 분리로 인한 정권교체기의 혼란과 공백을 최소화(일반적으로 대통령중심제보다는 내각책임제에서 더 필요함)

Check Point

직업공무원제도의 일반적 특징
신분보장, 폐쇄형 인사제도(하위직 중심의 채용), 계급제 확립, 정치적 중립성 유지, 넓은 인사교류와 다양한 직무경험, 경력 중심의 일반행정가 양성 등

Check Point

직업공무원제의 성립요건 (F. Mosher)
폐쇄형 충원과 신분보장, 계급제, 일반행정가 중심 등

㉣ 공무원 신분보장을 통해 행정의 일탈을 극소화하고, 행정의 능률성을 확보
㉤ 유능한 인재를 유치하여 능력 발전이 폭넓게 이루어지므로 고급 공무원 양성에 유리

(2) 직업공무원제도의 장단점

장점	단점
• 공무원의 신분안정성 제고 • 공무원의 사기와 근무의욕 앙양 • 공무원의 직업의식 강화로 이직률 감소 • 행정의 지속성 · 안정성 · 일관성 유지 및 정치적 중립성 확보 • 유능한 인재 유치로 공무원의 질적 향상 • 전문 직업분야로서의 공직 확립 • 공직임용에서의 기회균등 중시(실적주의를 토대로 함)	• 특권집단화 · 관료주의화 초래 • 민주적 통제의 곤란과 무책임성, 신분보장에 따른 무사안일주의, 도덕적 해이 • 환경변동에의 저항 및 부적응 • 행정의 전문화 · 기술화 및 공직의 질 저하(폐쇄형 충원으로 외부 전문가 진입 곤란) • 소수 집단의 독점성 초래, 공직으로의 기회균등 박탈(비민주성) • 공직의 성격상 직업전환 곤란

2. 직업공무원제도의 확립요건과 위기

(1) 확립요건

> Check Point
>
> **직업공무원제와 실적주의의 조화 · 수렴**
> - 직업공무원제의 성격이 강한 인사제도를 수립한 유럽의 경우 이를 약화시키고 실적주의 방향으로 나아가는 추세(개방형, 직위분류제 채택 등)
> - 실적주의를 수립한 미국의 경우 점차 채용과 승진, 전직 훈련면에서 직업공무원제적 성격을 가미하고 있음

① 실적주의의 우선적 확립(직업공무원제 확립의 필요조건으로 충분조건이 아님)
② 공직에 대한 높은 사회적 평가 유지
③ 적정보수와 연금제도 확립
④ 승진기회 보장 및 재직자훈련으로 능력발전
⑤ 유능하고 인품 있는 젊은 인재의 채용(공무원 채용 시 연령과 학력 제한)
⑥ 폐쇄형 인사제도 확립(개방형은 직업공무원제를 저해)
⑦ 장기적 인력수급 조절 및 직급별 인력계획 수립

(2) 위기

① **개방형 인사제도의 도입** : 폐쇄적 직업관료제가 대응성이 떨어진다는 비판과 함께 최근 개방형의 계약 임용제가 선진국을 중심으로 일반화되면서 직업공무원제도는 중대한 도전에 직면함
② **대표관료제의 대두** : 대표관료제는 정치적 중립과 실적만을 중시하는 직업관료제나 실적주의의 이념을 약화시킴
③ **정년 단축과 계급정년제** : 직업공무원의 정년이 날로 단축되고 상위직에 대한 계급정년제 도입이 논의되면서 직업관료제가 위협을 받고 있음

④ **후기관료제 모형** : 전문가 위주의 다원적 · 동태적 구조로 일시성 · 유동성을 특징으로 하므로, 일반행정가를 중심으로 구성되어 있는 직업관료제의 안정을 저해함

직업공무원제도와 실적주의의 비교

㉠ **공통점** : 신분보장, 정치적 중립, 자격이나 능력에 의한 채용 · 승진, 공직임용 시의 기회균등

㉡ **차이점**

실적주의	직업공무원제
• 미국, 산업사회	• 영국 · 독일 · 프랑스 등, 농업사회 전통
• 개방형 또는 폐쇄형	• 폐쇄형 실적주의
• 신분의 상대적 보장	• 신분의 절대적 보장
• 결원보충 : 외부 충원형	• 결원보충 : 내부 충원형
• 임용 시 : 완전한 기회균등	• 임용 시 : 제약된 기회균등
• 직무급 보수제도	• 생활급
• 직위분류제	• 계급제
• 직무 중심(업적성), 합리성(과학성, 객관성 등)	• 인간 중심(생애성), 비합리성(감정 등)
• 채용 당시의 능력이 임용기준	• 연령이나 학력의 잠재능력
• 경력 무시(전문행정가)	• 경력 중심(일반행정가)

꼭! 확인 기출문제

직업공무원제에 대한 설명으로 옳지 않은 것은? [지방직 9급 기출]

① 젊고 우수한 인재가 공직을 직업으로 선택해 일생을 바쳐 성실히 근무하도록 운영하는 인사제도이다.
❷ 폐쇄적 임용을 통해 공무원집단의 보수화를 예방하고 전문행정가 양성을 촉진한다.
③ 행정의 안정성을 확보할 수 있고, 높은 수준의 행동규범을 유지하는 데 도움이 된다.
④ 조직 내에 승진적체가 심화되면서 직원들의 불만이 증가할 수 있다.

해 ② 직업공무원제는 폐쇄적 인사제도이므로 공무원집단의 보수화를 야기할 수 있고, 경력 중심의 일반행정가 양성을 촉진하는 특징이 있다.
① 유능하고 인품 있는 젊은이에게 개방되어, 공직이 매력 있는 것으로 여겨지고 능력과 업적에 따라 명예롭고 높은 지위로 승진의 기회가 보장됨으로써, 공직을 전 생애를 바칠만한 보람 있는 일로 생각할 수 있도록 조치가 마련되어 있는 인사제도이다.
③ 정권교체에 따른 행정 공백을 예방하여 행정의 계속성 · 안정성을 유지하고, 공무원 신분보장을 통해 행정 일탈의 최소화와 행정의 능률성을 확보한다.
④ 조직 내 승진적체로 인한 승진기회의 박탈은 공무원의 사기를 떨어뜨리고 불만을 증가시킨다.

국가직 9급 기출

01. 인사제도에 대한 설명으로 옳지 않은 것은?

① 직업공무원제가 성공하려면 우선 공직임용에서 연령상한제를 폐지하는 것이 필수적이다.
② 대표관료제는 관료들이 출신 집단의 가치와 이익을 대변하리라는 기대에 기반을 둔다.
③ 엽관주의는 국민의 요구에 대한 대응성 향상에 도움이 되는 제도이다.
④ 폐쇄형 인사제도는 내부승진의 기회를 개방형보다 더 많이 제공한다.

해 직업공무원제도가 성공하기 위해서는 인재들을 공직에 유치하기 위해서 연령상한제를 둔다. 최근 적극적 인사행정에서는 직업공무원제도의 문제점을 극복하기 위해 연령제한을 폐지하는 것이 추세이다.

답 01 ①

제4절 대표관료제

1. 대표관료제의 의의

(1) 개념 및 특성

① 개념

㉠ 사회집단들이 한 국가의 인구 구성비율(인종이나 성별, 계층, 직업, 지역 등의 사회적 구성비율)에 맞게 관료조직을 차지해야 한다는 원리의 관료제

㉡ 공직임용 시 상대적 소외계층에 대한 임용할당제를 적용하는 것

② 개념상의 두 측면

㉠ **소극적 대표** : 인구 구성상의 특징을 그대로 관료제 구성에 반영하는 피동적 · 비례적 · 1차적 대표(인적, 사회적, 태도적, 구성적 대표)

㉡ **적극적 대표** : 인구 구성을 반영할 뿐만 아니라 출신집단이나 계층을 적극 대변하고 책임을 진다는 능동적 · 역할론적 · 2차적 대표

참고

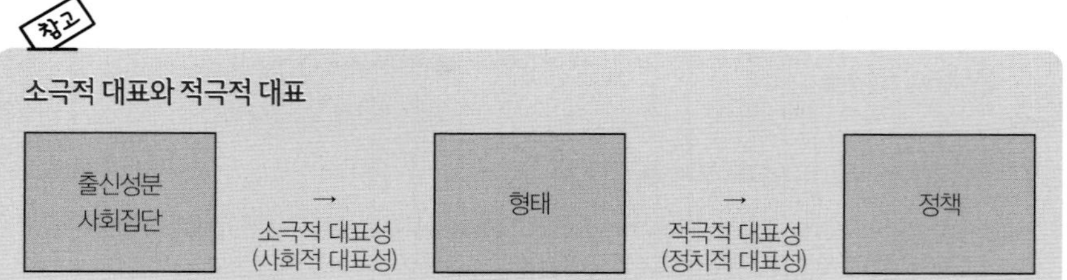

③ 대표관료제의 특징

㉠ 실질적이며, 적극적인 균등 기회를 제공함

㉡ 수직적 공평을 확보(역차별 논란)

㉢ 1차 사회화만 고려(2차 사회화는 고려하지 않음)

㉣ 비제도적 내부 통제 수단

㉤ 실적주의의 폐단 시정

㉥ 국민에 대한 대응성, 대표성, 책임성 향상

(2) 대표관료제의 배경

① **실적주의의 한계** : 시험에 의한 공개채용제도는 교육에 대한 기회균등이 보장되지 않은 상태에서 사회적 약자에 대한 고려가 없어 진정한 기회균등이 아님을 제기

② **특정 계층의 공직 · 권력 독점** : 특정 계층이 정부관료제의 인적 구성을 낙점함

Check Point

대표관료제

대표관료제라는 용어는 킹슬리에 의하여 가장 먼저 사용되었으며, 대표관료제의 개념을 비례대표까지 확대한 인물은 크랜츠이다.

기출 Plus 지방직 9급 기출

01. 대표관료제와 관련이 적은 것은?

① 양성평등채용목표제
② 지방인재채용목표제
③ 총액인건비제
④ 장애인 고용촉진제

해 ① · ② · ④는 대표관료제의 대표성 확보를 위한 구체적인 정책에 해당하나, 총액인건비제는 대표관료제와 관련이 적다.

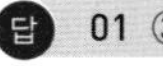

Check Point

대표관료제의 등장배경

- 특정 계층의 공직독점 방지
- 민주성과 중립성의 조화
- 관료제의 책임성 제고
- 내부통제장치의 필요
- 선거제도의 모순이나 시험에 의한 실적주의의 한계

답 01 ③

에 따라 사회적 이해관계와 민주성이 반영되지 않음

③ **내부통제장치의 필요** : 선거를 통한 선출이 아닌 임명직 관료집단에 대한 강력한 민주적 통제장치가 필요함

(3) 대표성 확보를 위한 구체적 정책(인사혁신처 균형인사지침 기준)

① **양성평등채용목표제** : 선발예정인원이 5명 이상인 시험단위를 그 대상으로 하며, 시험실시단위별 채용목표인원은 시험실시단계별 합격예정인원에 30%를 곱한 인원수로 함(교정 · 보호직렬 및 성별구분모집직렬은 적용을 제외함)

② **여성관리자 임용 확대** : 여성관리자 임용 확대를 위하여 각 기관의 연도별 임용목표비율을 포함한 중장기 계획을 수립하여 시행할 수 있음(여성관리자 임용 비율이 기관 전체 여성 비율을 초과한 기관은 관리자급의 양성평등을 위한 계획을 수립하여 시행함)

③ **장애인 의무고용제** : 신규채용시험을 실시할 때 신규채용인원의 3.4% 이상을 장애인으로 채용하여야 하며, 의무고용률 미달기관(의무고용 적용대상 기준)은 의무고용률 조기 달성계획을 수립하여 시행하여야 함(신규채용시험을 실시할 때 6.8% 이상을 채용하여야 함)

④ **지방인재채용목표제** : 서울특별시를 제외한 지역에 소재한 소정의 학교를 최종적으로 졸업(예정) · 중퇴하거나 재학 · 휴학 중인 자 시험실시단위별 채용목표인원은 시험실시단계별로 당초 합격예정인원의 20%(7급 공무원 공개경쟁채용시험은 30%)를 곱한 인원수로 함

⑤ **지역인재추천채용제** : 학교장의 추천을 받아 3년 이내의 수습 과정을 거쳐 채용함

⑥ **이공계 출신 채용목표제** : 인사혁신처장과 중앙행정기관 등의 장은 5급 공무원 공개경쟁채용, 경력경쟁채용, 임기제공무원 임용 등 채용경로에 관계없이 정부 전체 5급 및 이에 준하는 신규채용 총 인원의 40%(연구직 · 지도직은 산정비율에서 제외)를 이공계 인력으로 채용하도록 노력하여야 함

⑦ **저소득층 채용** : 9급 공개경쟁채용시험의 경우 선발예정인원의 2% 이상, 9급 경력경쟁채용시험의 경우 부처별 연간 신규채용인원의 1% 이상을 채용함

> **Check Point**
>
> **상대적 소외계층에 대한 임용할당제**
>
> • **임용 시의 차별 축소** : 장애인고용할당제(장애인의무고용제 · 장애인공무원의 임용 확대), 취업보호대상자 우대책, 저소득층채용목표제
>
> • **평등고용 확보** : 양성평등채용목표제(여성공직자임용할당제 · 여성관리자 임용목표제 · 여성교수채용목표제, 의회구성시의 여성할당제 등), 이공계 출신 채용목표제, 과학기술공무원의 정책결정직위 임용 확대 등
>
> • **지역차별 축소** : 인재지역할당제, 지방인재채용목표제
>
> • **적극적 인사행정** : 자격기준의 완화(학력 · 연령제한 폐지 등)

2. 대표관료제의 효용성과 한계

(1) 효용성

① **정부관료제의 대응성 · 대표성 제고** : 소수 집단의 의사를 보다 잘 반영하고 참여기회를 확대하며, 정부정책결정과 서비스 질을 제고하여 관료제의 대응

 국가직 9급 기출

02. 대표관료제에 대한 설명으로 옳지 않은 것은?

① 우리나라도 대표관료제적 임용정책을 시행하고 있다.
② 형평성을 제고할 수 있으나 역차별의 문제가 발생할 수 있다.
③ 관료의 국민에 대한 대응성과 책임성을 향상시킨다.
④ 엽관주의의 폐단을 시정하기 위해 등장하였다.

해 대표관료제는 사회집단들이 한 국가의 인구 구성비율(인종이나 성별, 계층, 직업, 지역 등의 사회적 구성비율)에 맞게 관료조직을 차지해야 한다는 원리의 관료제로, 실적주의의 폐단을 시정하기 위해 등장하였다. 그러므로 엽관주의의 폐단을 시정하기 위해 등장하였다는 ④의 설명은 옳지 못하다.

Check Point

실적관료제와 대표관료제의 비교

구분	실적관료제	대표관료제
임용기준	개인 능력, 성적	집단별 할당
가치	생산성, 전문성	민주성, 형평성
형평성	기회의 평등	결과의 평등
초점	개인 중심	집단 중심
이념	자유주의	사회주의

답 02 ④

성 · 대표성 제고

② **내부적 · 비제도적 통제 강화** : 관료제에 대한 내부통제장치로 기능하며, 책임성을 제고
③ **기회균등의 실질적 · 적극적 보장** : 실적제 폐단을 시정하고, 수직적 형평과 민주성에 기여

(2) 한계

① **국민주권과 민주주의 원리에 소홀** : 관료제 내부통제에 치중하여 외부통제에 소홀
② **구성론적 대표성 확보의 곤란** : 인구 구성비율에 맞게 관료조직을 구성하는 것은 현실적 · 기술적으로 어려움
③ **역할론적 대표성 확보의 곤란** : 대표관료가 출신집단 및 계층의 의사와 이익을 적극 대변 · 반영한다는 보장이 없고(소극적 · 피동적 대표가 적극적 · 능동적 대표로 이어진다는 보장이 없음), 책임성 확보가 경험적으로 입증되지 않음
④ **재사회화 문제를 고려하지 않음** : 임용 이후 대표성이나 이해관계가 변하는 경우를 고려하지 못함
⑤ 능력과 자질을 중심으로 하는 실적제와 상충되며, 행정의 효율성 · 전문성 저해
⑥ 수평적 형평성의 저해 및 역차별의 우려가 존재
⑦ 인사권자의 자의적 운영가능성, 계층제의 권력불균형 등

꼭! 확인 기출문제

대표관료제에 대한 설명으로 옳지 않은 것은? [지방직 9급 기출]

① 소극적 대표가 적극적 대표를 촉진한다는 가정 하에 제도를 운영해 왔다.
❷ 엽관주의 폐단을 시정하기 위해 등장하였으며 역차별의 문제를 완화할 수 있다.
③ 소극적 대표성은 전체 사회의 인구 구성적 특성과 가치를 반영하는 관료제의 인적구성을 강조한다.
④ 우리나라는 균형인사제도를 통해 장애인 · 지방인재 · 저소득층 등에 대한 공직진출 지원을 하고 있다.

해 ② 대표관료제는 실적주의 폐단을 시정하기 위해 등장하였으나 수평적 형평성의 저해 및 역차별의 우려가 존재한다는 비판을 받는다.
① 대표관료제는 피동적 · 비례적 · 1차적 대표인 소극적 대표가, 능동적 · 역할론적 · 2차적 대표인 적극적 대표를 촉진한다는 가정 하에 도입된 제도이다.
③ 소극적 대표성은 인구 구성상의 특성과 가치를 그대로 관료제 구성에 반영하는 인적 구성을 강조한다.
④ 우리나라는 균형인사제도를 통해 상대적 소외계층에 대한 임용할당제로 장애인 · 지방인재 · 저소득층 등에 대한 공직진출을 지원하고 있다.

제5절 중앙인사행정기관

1. 중앙인사행정기관의 의의

(1) 개념 및 필요성

① 개념

㉠ 중앙인사행정기관이란 한 국가의 인사기준을 세우고 정부 전체의 인사행정을 전문적 · 집권적으로 총괄하는 인사행정기관을 말함

㉡ 중앙정부의 인사정책을 수립하고 그 집행을 총괄하는 기구라는 점에서 각 부처별 인사행정기관(각 부처의 총무과, 운영지원팀 내의 인사부서 등)과 구별

② 설치의 필요성

㉠ 인사행정의 공정성 · 통일성 · 전문성의 확보를 위해서는 집권적 중앙인사기관이 요구됨

㉡ 엽관주의 폐해를 방지하고 실적주의와 정치적 중립성을 확보하기 위해서는 독립적 · 중립적 인사기관이 필요함

㉢ 국가기능의 확대에 따른 공무원 수의 증가로 인하여 이를 관리할 합리적 · 전문적인 인사기구가 필요함

㉣ 전문화된 인사행정기관으로 보다 효율적인 인사정책 수립이 가능함

㉤ 할거주의를 방지하고 행정수반에게 관리수단을 제공함

㉥ 공무원의 권익 보호와 신중하고 공정한 인사정책의 수립 · 집행에 기여함

(2) 조직상의 성격

① 독립성

㉠ 의의 : 입법부와 사법부로부터의 독립 외에, 특히 정치적 권력을 지닌 행정부로부터의 독립을 의미(위원의 신분보장, 자주적 조직권, 예산에서의 자주성 등을 최소한 유지하는 것)

㉡ 장단점

장점	단점
• 엽관주의 압력 배제 • 행정부패 및 무질서의 방지 • 정치적 중립성 • 인사행정의 계속성 유지	• 인사행정이 막료기능이므로 완전독립은 불가능 • 책임 한계 불분명 및 인사통제 곤란 • 독립성은 법제 · 법규만으로는 곤란 • 인사행정기능을 집행기능과 분리함으로써 행정관리능력 약화

Check Point

중앙인사행정기관의 기능 (F. Nigro)

• 준입법적 기능 : 법률의 범위 내에서 인사에 관한 규칙을 제정하는 독립적 기능을 수행함
• 준사법적 기능 : 위법 또는 부당한 처분에 대하여 공무원으로부터의 소청을 재결할 수 있는 권한을 가짐
• 기획기능 : 인사에 관한 기획과 선발업무의 기능을 수행함
• 집행기능 : 인사행정에 관한 구체적 사무를 인사법령에 따라 수행함
• 감사 및 감독기능 : 인사업무의 위법성과 부당성을 조사하며, 공무원의 시정조치를 취함
• 권고 · 보좌적 기능 : 행정수반에게 인사행정에 관한 정책에 대해 권고 · 보좌하는 기능을 수행함

② 합의성

㉠ 의의 : 단독제 형태의 기관이 아니라 복수의 구성원으로 이루어지는 회의제식 위원회 형태

㉡ 장단점

장점	단점
• 인사행정의 신중성 · 공정성 확보 • 전문가의 의견수렴 및 민주적 결정 • 독단화를 방지하고 정치적 중립성 확보 • 인사정책의 지속성 · 일관성 확보	• 책임소재 불명확 • 신속한 결정이 곤란해 인사행정 지체 • 과다한 시간 · 경비 지출 • 행정수반 통제의 어려움

③ 집권성

㉠ 의의 : 중앙인사기관의 권한을 강화하고 인사기능을 집중하여 인사행정의 공정성 · 통일성을 확보하고 인사기준 및 정책수립과 선발 등을 담당

㉡ 장단점

장점	단점
• 실적주의 확립에 기여 • 인사기준의 확립으로 통일성 · 공정성 확보 • 인사행정의 기술 · 절차 개선에 기여 • 부당한 인사행정의 시정, 공정성 확보	• 기관장의 사기저하 • 적극적인 인사행정의 추진 곤란 • 각 부처의 실정이 고려되지 못함 • 인사행정의 경직화

Check Point

중앙인사기관의 유형 분류

특징	독립적	비독립적
합의적	독립합의형(위원회형)	비독립합의형(절충형)
비합의적	독립단독형(절충형)	비독립단독형(집행부형)

중앙인사기관의 유형

㉠ **독립합의형(위원회형)**
- 엽관주의나 정실주의의 폐해를 방지하고 인사행정의 중립성을 보장하기 위한 형태로, 행정부에서 분리 · 독립된 지위를 가짐
- 과거 미국연방인사위원회나 현재의 실적제보호위원회(MSPB), 영국의 인사위원회 등이 이러한 형태에 속함

㉡ **비독립단독형(집행부형)**
- 행정수반에 의해 임명된 1인의 기관장에 의해 관리됨
- 미국의 인사관리처(OPM), 일본의 총무청 인사국, 과거 영국의 공공관리실(OPS) 등이 여기에 속함

㉢ **절충형** : 독립성을 지니나 합의체 의사결정구조를 갖지 않는 독립단독형과, 독립성은 없으나 지도층이 합의체의 의사결정구조로 되어있는 비독립합의형이 있음

㉣ **독립합의형과 비독립단독형의 장단점**

	독립합의형	비독립단독형
장점	• 합의에 의한 결정으로 인사 전횡 방지, 실적제 확립에 유리 • 인사의 안정성 확보 • 일반국민 및 행정부와 관계 원만	• 책임 명확화 • 집행부 형태로 신속한 결정 • 행정수반이 인사기관을 국정관리수단으로 삼아 강력한 인사정책 추진 • 환경 변화에 신축 대응 • 정부기관과의 기능적 연계의 효과성

단점	• 책임 분산 및 결정 지연 • 적극적 인사 곤란 • 강력한 정책 추진 곤란 • 행정변화에 신축적 대응 곤란	• 인사의 공정성 저해 • 독선적이고 자의적 정실 인사 • 인사정책의 안정성 · 일관성 저해 • 양당적 · 초당적 문제의 적절한 반영 · 해결 곤란

2. 각국의 중앙인사행정기관

(1) 미국

① 전개 : 펜들턴법(1883)에 의해 실적주의가 확립된 후 독립합의형의 인사위원회(CSC)가 설치되었고, 1978년 이후 인사관리처(OPM)와 실적제보호위원회(MSPB)로 이원화됨

② 인사관리처(OPM ; Office of Personnel Mangement)

㉠ 대통령 직속기관으로 인사자문 및 감독, 집행 · 기획기능 담당

㉡ 단독제, 처장은 대통령 임명(임기 4년)

③ 실적제보호위원회(MSPB ; Merit Systems Protection Board)

㉠ 독립성과 합의성을 가진 독립규제위원회로 공무원의 권익보호(신분보장, 고충처리 등)

㉡ 소청심사결정 등의 준사법적 권한을 가짐

㉢ 3인의 위원(임기 7년), 초당파적 성격

(2) 영국

① 전개

㉠ 인사위원회(CSC) 설치(1855)

㉡ 인사성(CSD, 1968)에서 총괄 업무를 담당하고 인사위원회는 시험 및 자격인정에 관한 부분적 업무를 담당

㉢ 1980년대 인사성은 폐지, 공무원장관실(OMCS)과 인사과학처(OPSS)로 개편

㉣ 1995년부터 공공관리실(OPS)과 그 산하의 인사위원회(CSC)로 이원화(OPS는 수상직속의 독임형 기관으로 정부혁신과 조직관리, 공무원 충원 및 교육 등 국정 전반을 총괄관리하며, CSC는 공무원 선발 등 채용시험기능 수행)

Check Point

인사위원회(CSC)
인사관리국, 아래의 합의제의 독립기관으로, 기획 및 선발, 준입법 · 준사법 기능을 담당

② 현재 : 2원화된 인사기관
㉠ 독립합의제기관인 인사위원회(CSC ; Civil Service Commission)
㉡ 비독립단독제기관인 내각사무처(Cabinet Office) : 집행기능 담당

(3) 프랑스

① 인사행정처 : 수상 직속의 중앙인사행정기관(비독립단독형)으로, 인사에 관한 기획 · 조정 · 조사 및 연구 업무를 담당
② 각 부처의 인사관리기관 : 실질적 관리 업무를 담당

(4) 일본

① 인사원(NPA) : 합의적 · 독립적 · 집권적 성격을 지닌 중앙인사행정기관에 해당하며, 인사 · 기획 · 선발기능을 담당
② 내각관방의 내각인사국 : 인사행정에 관한 구체적 집행기능을 담당

(5) 우리나라의 중앙인사행정기관

① 인사혁신처
㉠ 기능
- 인사행정에 관한 기본정책 및 운영의 기본방침, 인사 관계법령 제정 · 개폐
- 채용 및 교육, 성과관리, 공무원 처우 개선
- 고위공무원단 소속공무원의 채용 및 승진 기준 및 심사 사항 관장
- 직무분석의 원칙 · 기준에 관한 사항 관장

㉡ 조직과 구성
- 인사정책과 집행기능을 담당하며, 인재개발국 · 인사혁신국 · 인사관리국 · 윤리복무국 등을 둠
- 고위공무원 임용심사위원회 : 고위공무원의 채용 및 심사, 개방형직위 · 공모직위 임용후보자 심사업무 등을 담당
- 소청심사위원회 : 소청심사기능, 중앙고충처리 기능

② 기타 인사 관련 소속기관 : 소청심사위원회, 국가공무원인재교육원 등
③ 소청심사위원회
㉠ 의의
- 인사혁신처 소속기관으로, 행정기관 소속공무원의 징계처분 또는 기타 그 의사에 반하는 불리한 처분에 대한 소청의 심사 · 결정 및 그 재심청구 사건의 심사 · 결정에 관한 사무를 관장하는 상설합의제기관(준사법적 · 중립적 의결기관)

Check Point

한국의 중앙인사행정기관 연혁
- **1999년 5월** : 정부조직 개편에서 중앙인사위원회가 최초로 구성, 인사행정이 행정자치부 인사국과 중앙인사위원회로 이원화
- **2004년 6월** : 참여정부의 조직 개편 시 행정자치부의 인사기능을 중앙인사위원회에 통폐합하여 일원화
- **2008년 2월** : 이명박 정부의 출범 시 중앙인사위원회를 폐지하고 행정안전부(비독립단독형)로 통합
- **2014년 3월** : 박근혜 정부의 출범 시 행정안전부를 폐지하고 안전행정부로 개편
- **2014년 11월** : 박근혜 정부의 조직개편 시 안전행정부의 공무원 인사와 윤리 · 복무 · 연금 기능을 인사혁신처로 이관 받아 인사혁신 전담기관으로 새롭게 재편, 인사처와 안전처를 분리하여 행정자치부로 개편
- **2017년 7월** : 문재인 정부의 출범 시 국민안전처를 통합하여 행정안전부로 개편
- **2019년 2월** : 문재인 정부의 조직 개편 시 행정안전부를 세종특별자치시로 이전

• 위원회의 결정은 구속력이 인정되어 처분청의 행위를 기속

ⓛ 조직구성

• 위원장(정무직) 1인과 5~7명의 상임위원(고위공무원단 소속의 임기제공무원), 상임위원 수의 2분의 1 이상인 비상임위원으로 구성

• 상임위원의 임기는 3년(한 번만 연임 가능), 정무직으로 보함

ⓒ 소청심사위원회 위원의 결격사유(「국가공무원법」 제10조의 2)

• 공무원 임용 결격사유에 해당하는 자

• 「정당법」에 따른 정당의 당원

• 「공직선거법」에 따라 실시하는 선거에 후보자로 등록한 자

제6절 인간 중심적 인사행정

1. 직장생활의 질(QWL ; Quality of Working Life)

(1) 의의

① 1960년대 Michigan 대학에서 연구된 것으로, 직장에서 근로자의 삶의 질을 향상시키기 위한 인간적 · 민주적 근로운동을 의미함

② 작업환경과 풍토를 변화시켜 보다 나은 직장생활의 질을 확보하려는 것으로, 직무설계 및 재설계의 원리를 적용하여 작업상황의 질을 개선하려는 것

(2) 특징

① 정당하고 적절한 보상체계

② 안전하고 건강한 작업환경

③ 인간의 능력의 개발 · 활용 및 성장의 기회

④ 작업장에서의 사회적 통합(공동체의식)

⑤ 직장생활과 개인생활의 조화(사생활 존중)

⑥ 작업 조직의 제도화(법과 제도에 의한 공정한 대우 및 의사소통의 보장)

⑦ 작업생활의 사회적 유의성

Check Point

후기인간관계론

• 통제 중심의 실적주의 인사제도를 극복하기 위해 1930년대부터 등장한 인간 중심의 현대적 인사관리이론을 통칭하는 것으로, 인간주의, 참여관리론 등으로 불리기도 함

• 자아실현인관을 토대로 하며, Y이론적 관리를 통해 참여적 민주주의 구현을 추구

• 관련된 이론으로는 Y이론과 자아실현인관을 위한 인적자원관리, 조직의 인본주의, 탈관료제 조직이론, 직장생활의 질(QWL), MBO, OD 등이 있음

Check Point

유연근무제의 유형(인사혁신처 예규)

• 탄력근무제
  - 시차출퇴근형 : 1일 8시간 근무하면서, 출 · 퇴근시간 자율조정
  - 근무시간선택형 : 1일 근무시간(4~12시간)을 조정하되, 주 5일 근무 유지(주 40시간 근무)
  - 집약(압축)근무형 : 1일 근무시간(4~12시간)을 조정하여, 주 3.5~4일 근무(주 40시간 근무)
  - 재량근무형 : 출 · 퇴근의무 없이 프로젝트 수행으로 주 40시간 인정

• 원격근무제
  - 재택근무형 : 사무실이 아닌 집에서 근무
  - 스마트워크근무형 : 사무실이나 집이 아닌 자택 인근 스마트워크센터 등 별도 사무실 근무

국가직 9급 기출

01. 공무원의 근무방식과 형태에 대한 설명으로 옳지 않은 것은?

① 유연근무제는 공무원의 근무방식과 형태를 개인 · 업무 · 기관 특성에 따라 선택할 수 있는 제도이다.
② 시간선택제 근무는 통상적인 전일제 근무시간(주 40시간)보다 길거나 짧은 시간을 근무하는 제도이다.
③ 탄력근무제는 전일제 근무시간을 지키되 근무시간, 근무일수를 자율 조정할 수 있는 제도이다.
④ 원격근무제는 직장 이외의 장소에서 정보통신망을 이용하여 근무하는 제도이다.

해 시간선택제 근무는 통상적인 전일제 근무시간(주 40시간)보다 짧은 시간을 근무하는 제도이다.
① 유연근무제는 공무원의 근무방식과 형태를 개인 · 업무 · 기관 특성에 따라 선택할 수 있는 제도로, 시간선택제, 탄력근무제, 원격근무제 등으로 구분한다.
③ 탄력근무제는 전일제 근무시간을 지키되 근무시간, 근무일수를 자율 조정할 수 있는 제도로, 시차출퇴근형, 근무시간 선택형, 집약근무형, 재량근무형 등이 있다.
④ 원격근무제는 정보통신망을 이용하여 사무실이 아닌 자택에서 근무하는 재택근무형과 자택의 인근 스마트워크센터 등 별도 사무실에서 근무하는 스마트워크근무형이 있다.

답 01 ②

2. 직무설계와 직무재설계

(1) 직무설계(job design)

① 의의 : 전통적 통제 중심의 직무설계는 조직목표의 달성과 직무만족을 촉진하기 위해 직무의 구성을 조작 · 결정하는 활동, 직무의 내용 및 기능, 직무상 관계 등을 결정하는 활동을 말함

② 접근법

㉠ 전통적 직무설계
- 능률의 극대화를 목표로 엄격한 분업과 계서적 통제를 강조하며, 사람의 전문화가 아닌 일의 전문화와 업무단순화 · 표준화를 추구
- 상위의 인간욕구와 구성원의 자발적 동기유인에 대해서는 소홀함

㉡ 현대의 직무설계(탈전통적 직무설계)
- 직무수행자에게 의미와 사기를 부여하려는 목적으로, 목표의 효율적 수행을 위해 일련의 작업군과 단위 직무내용 및 작업방법을 설계하는 활동
- 직무설계의 문제점을 보완하기 위한 인간 중심의 직무재설계(일을 통한 인간의 자기실현을 강조)

③ 직무설계의 대상 : 직무의 내용, 직무의 기능, 직무상 관계(연관관계), 직무의 성과(결과), 직무환류

(2) 직무재설계(job redesign)

① 직무확대(job enlargement)

㉠ 직무 세분에 집중하는 전통적 직무설계를 보완하려는 것으로, 직무분담의 폭을 넓혀주는 수평적 재설계(수평적 강화, 수평적 직무개편)

㉡ 직무의 책임도가 같은 수평적 관계의 직무를 추가 · 확대하는 것이며, 이를 통해 과업의 수와 다양성을 증가시킴으로써 단순성에서 오는 권태감을 극복함

② 직무충실(job enrichment, 직무풍요화)

㉠ 직무의 완결도와 직무담당자의 책임성 · 자율성을 높이는 수직적 재설계(수직적 강화, 수직적 직무설계)의 일종으로, 이미 설계된 직무를 재설계하여 개편하는 것

㉡ 작업 내용의 질적 변화를 통해 동기부여 및 사기 향상을 도모함

㉢ 개인을 조직의 의사결정에 참여시켜 자주적 집행과 자기평가를 수행하게 하는 것으로, 일종의 직원 중심적 직무재설계임

제7절 공직의 분류

1. 공직분류의 의의

(1) 개념

① 인사행정의 편의와 능률성 · 공평성을 기하기 위해 공직을 일정한 기준에 따라 분류하는 것을 말함

② 정부활동의 기본이 되는 인적 자원을 동원하고 배분하는 인사관리의 토대로서, 공직구조를 형성하고 정부 인사관리의 방향을 제시

(2) 기준

가장 대표적인 기준은 직위분류제와 계급제이며, 「국가공무원법」에서는 공무원을 경력직과 특수경력직으로 구분함

(3) 우리나라의 공직분류

경력직과 특수경력직, 국가직과 지방직, 개방형과 폐쇄형, 정무관과 행정관, 직위분류제와 계급제로 구분

2. 경력직과 특수경력직

(1) 경력직공무원

① 의의

㉠ 실적과 자격에 따라 임용되고 그 신분이 보장되며 평생 동안(근무기간을 정하여 임용하는 경우에는 그 기간 동안) 공무원으로 근무할 것이 예정되는 공무원을 말함(「국가공무원법」 제2조)

㉡ 실적주의 및 직업공무원제의 적용을 받으며, 시험을 통하여 임용

② 종류

일반직 공무원	• 기술 · 연구 또는 행정 일반에 대한 업무를 담당하는 공무원으로, 직업공무원의 주류를 형성 • 보통 1급에서 9급까지의 계급으로 구분하며, 직군(職群)과 직렬(職列)별로 분류 • 특수 업무 분야에 종사하는 공무원과 연구 · 지도 · 특수기술 직렬의 공무원 등은 다른 법령으로 정하는 바에 따라 위의 계급 구분이나 직군 및 직렬의 분류를 적용하지 않을 수 있음(연구직이나 지도직은 연구관과 연구사, 지도관과 지도사의 2계급으로 구분)

Check Point

종전의 기능직공무원

기능직공무원은 「국가공무원법」 개정(개정 2012. 12. 11., 시행 2013. 12. 12.)으로 삭제되어 경력직공무원의 종류에 해당되지 않는다.

특정직 공무원	• 법관, 검사, 외무공무원, 경찰공무원, 소방공무원, 교육공무원, 군인, 군무원, 헌법재판소 헌법연구관, 국가정보원의 직원, 경호공무원과 특수 분야의 업무를 담당하는 공무원으로서 다른 법률에서 특정직공무원으로 지정하는 공무원(검찰공무원은 제외) • 별도의 인사법령체계(외무공무원법, 경찰공무원법, 소방공무원법 등), 계급정년의 일부 적용, 별도의 계급체계 부여하는 등의 특징을 지님(외무공무원의 경우 직위분류제를 토대로 계급을 폐지하여 직무등급을 적용)

Check Point

전문경력관

- **의의** : 계급 구분과 직군 · 직렬의 분류를 적용하지 않을 수 있는 일반직공무원으로서 특수 업무에 종사하는 공무원. 공무원임용령을 개정(2013.12.12. 시행)하고 「전문경력관 규정」을 제정하여 기존 별정직 중 전문성이 요구되는 직위를 일반직으로 전환하면서 신설한 직위
- **지정** : 소속 장관은 해당 기관의 일반직공무원 직위 중 순환보직이 곤란하거나 장기 재직 등이 필요한 특수 업무 분야의 직위를 인사혁신처장과 협의하여 전문경력관직위로 지정 가능
- **직위군 구분** : 직무의 특성 · 난이도와 직무에 요구되는 숙련도등에 따라 가군(일반직 5급 이상에 해당), 나군, 다군
- **신규채용** : 경력경쟁채용시험으로 채용. 응시연령은 20세 이상. 시보임용기간은 가군 1년간, 나 · 다군 6개월간
- **근무성적평정** : 「공무원 성과평가 등에 관한 규정」에 따른 근무성적평가에 의함
- **징계** : 징계의 종류 중 강등은 적용 안함

Check Point

시간선택제 채용공무원

능력과 근무의욕이 있으나 종일 근무는 곤란한 인재들에게 적합한 일자리로 근무시간을 선택하여 근무하면서 정년이 보장되는 공무원으로 주당 15~35시간 근무

(2) 특수경력직공무원

① 의의

㉠ 경력직공무원 외의 공무원을 말하며, 직업공무원제나 실적주의의 획일적 적용을 받지 않고 정치적 임용이 필요하거나 특정한 직무를 담당하는 공무원

㉡ 계급구분이 없고, 신분이 보장되지 않는 공무원

② 종류

정무직 공무원	• 선거로 취임하거나 임명할 때 국회의 동의가 필요한 공무원 • 고도의 정책결정 업무를 담당하거나 이러한 업무를 보조하는 공무원으로서 법률이나 대통령령에서 정무직으로 지정하는 공무원 • 대통령, 국무총리, 국무위원(장관) 및 차관(차관급), 처장, 청장(경찰청장 및 해양경찰청장, 소방청장, 검찰총장은 특정직), 국가정보원장과 차장, 감사원장과 감사위원 및 사무총장, 중앙선거관리위원회 사무총장 · 차장 및 상임위원, 국회사무총장 · 차장, 헌법재판소장 및 헌재재판관, 국회의원, 지방자치단체장, 지방의회의원 등
별정직 공무원	• 비서관 · 비서 등 보좌업무 등을 수행하거나 특정한 업무 수행을 위하여 법령에서 별정직으로 지정하는 공무원 • 직무 성질이 공공성 · 기밀성, 특별한 신임을 요하는 직위에 있는 자 • 별정직공무원의 채용조건 · 임용절차 · 근무상한연령, 그 밖에 필요한 사항은 국회규칙, 대법원규칙 등의 법령에서 정함 • 국회수석전문위원, 국가정보원 기획조정실장, 비서관 · 비서, 장관정책보좌관 등

임기제 공무원

- **의의** : 전문지식 · 기술이 요구되거나 임용관리에 특수성이 요구되는 업무를 담당하게 하기 위하여 근무기간을 정하여 임용되는 경력직 공무원으로 2013.12 폐지된 계약직공무원들이 대부분 임기제로 전환되었음
- **특성**
  - 임기동안 신분이 보장되는 경력직 공무원(주로 일반직)에 해당하며, 일반직과 동일한 직급 · 직위 명칭 사용 가능
  - 개방형 직위에 임용되는 공무원(외부에서 임용되는 경우)이나 소속책임운영기관장, 시 · 도 선거관리위원회 상임위원 등이 이에 해당
- **종류** : 일반임기제, 전문임기제, 시간선택임기제, 한시임기제공무원

꼭! 확인 기출문제

우리나라 인사제도에 대한 설명으로 옳지 않은 것은? [국가직 9급 기출]

① 인사혁신처는 비독립형 단독제 형태의 중앙인사기관이다.
② 전문경력관이란 직무 분야가 특수한 직위에 임용되는 일반직 공무원을 말한다.
❸ 별정직 공무원의 근무상한연령은 65세이며, 일반임기제 공무원으로 채용할 수 있다.
④ 각 부처의 고위공무원을 범정부적 차원에서 효율적으로 관리하고자 고위공무원단 제도를 운영하고 있다.

해 ③ 별정직 공무원의 정년(근무상한연령)도 일반직 공무원과 똑같이 원칙적으로 60세이며(「별정직공무원인사규정」제6조 제1항), 일반임기제 공무원으로 채용할 수 없다. 다만, 「대통령 등의 경호에 관한 법률」제6조에 따른 별정직공무원에 대해서는 임용권자나 임용제청권자가 근무상한연령을 따로 정할 수 있으며, 비서, 비서관 및 정책보좌관의 경우에는 근무상한연령을 두지 않는다.
① 우리나라 중앙인사행정기관인 인사혁신처는 처장을 기관장으로 하는 국무총리 소속기관으로, 비독립형 단독제 형태의 중앙인사기관이다.
② 전문경력관이란 직무분야가 특수한 직위에 임용되는 일반직 공무원으로, 일반직공무원 중 계급 구분과 직군 및 직렬의 분류를 적용하지 않는다.
④ 중앙부처 1~3급(실 · 국장급) 공무원들을 범정부적으로 관리하는 고위공무원단 제도가 2006년 이후 운영되고 있으며, 각 부처장관은 소속에 관계없이 전체 고위공무원단 중에서 적임자를 인선한다.

3. 개방형과 폐쇄형 인사

(1) 의의

① 개방형

㉠ 모든 계급과 직위를 불문하고 외부로부터 인력을 충원하는 형태

㉡ 산업사회 전통이 강하고 주로 직위분류제를 채택하고 있는 미국 · 캐나다 · 필리핀 등에서 발달

② 폐쇄형

㉠ 중상위직은 충원을 금지하고 하위직만 허용하여, 내부 승진제도를 통해 관리자를 양성하는 형태

㉡ 농업사회 전통이 강하며, 계급제를 채택하고 있거나 직업공무원제가 일찍부터 확립된 프랑스 · 독일 · 영국 · 일본 등에서 발달

Check Point

개방형과 폐쇄형
행정조직 내의 결원이 발생하거나 새로운 직무의 발생 시 개방형은 외부로부터 충원하는 인사행정 형태이며, 폐쇄형은 내부 하위직의 승진을 통해 충원하는 인사행정 형태이다.

(2) 장단점

① 개방형의 장단점

장점	단점
• 행정조직에 대한 민주적 통제가 용이(부패를 방지하고 행정 조직의 관료화 억제) • 신진대사를 통해 공직의 침체와 경직성, 관료화 방지(공직의 유동성 제고)	• 외부 임용 및 적극적 인사로 행정의 안정성 · 계속성 저해(직업공무원제도 확립 저해) • 신분보장의 미흡으로 재직자의 사기 저하, 이직률 증가

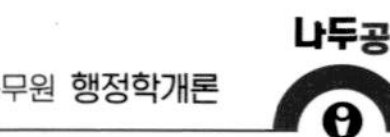

• 공직임용의 유연성 · 융통성 증대 • 적극적 인사행정 및 외부의 우수한 인재등용 가능 • 전문가 영입으로 행정의 질적 수준과 전문성 증대(직위의 전문성을 강조), 정책의 효율성 제고 • 경쟁체제의 도입으로 공무원의 자기개발 노력 촉진	• 빈번한 교체근무로 인한 행정 책임성 저하 • 자의적 인사 및 정실적 인사의 가능성 증가(인사행정의 객관성 · 책임성 확보 곤란) • 신규임용에 따른 임용구조의 복잡화 및 임용비용의 증가

② 폐쇄형의 장단점

장점	단점
• 공무원 신분보장 강화로 행정의 안정성 확보 • 재직자의 잦은 승진기회로 사기앙양 • 낮은 이직률로 직업공무원제의 확립 • 오랜 경험의 활용으로 행정능률 향상 • 경력 위주의 객관성 있는 승진제도 확립	• 전문성 및 능력발전 저해 • 유능한 인재 채용이 어려움 • 공직사회의 침체 초래 • 관료제에 대한 민주통제가 곤란

Check Point

개방형과 폐쇄형의 상호접근
폐쇄형을 채택하던 국가들은 최근 개방형을 점차적으로 도입하고 있으며, 개방형을 주로 이용하던 미국에서는 한계가 나타나 폐쇄형의 요소를 도입하고 있어, 양자는 상호 접근하는 추세에 있다.

(3) 개방형과 폐쇄형의 비교(G. Caiden)

구분	개방형	폐쇄형
신분보장	임의적 보장	안정적이고 강한 보장
충원 · 임용	모든 계층이 대상	최하위 계급 위주
배경	실적주의 · 직위분류제 (직업공무원제 확립 저해)	계급제 · 직업공무원제 (직업공무원제 확립 기여)
자격	직무수행능력	일반교육, 경력
보수	직무급	생활급
교육훈련	외부 교육기관	직장 내 교육기관
승진 경쟁	능력 · 개방적 경쟁	서열 · 폐쇄적 경쟁
공무원 양성	능력 중심의 전문가	경력 중심의 일반가
직원관계	사무적	온정적
채택국가	미국, 캐나다, 필리핀	영국, 독일, 프랑스, 일본

4. 우리나라의 개방형 인사제도

(1) 개방형 직위제도

① 의의

㉠ 임용권자는 전문성이 특히 요구되거나 효율적 정책수립을 위하여 필요하다고 판단되어 공직 내부 또는 외부에서 적격자를 임용할 필요가 있는 직위에 대해 이를 개방형 직위로 지정하여 운영할 수 있음

ⓛ 직무 중심의 직위분류제적 성격을 가진 제도로서 공무원의 전문성을 강화하고 경쟁력을 높이는 데 그 취지가 있음

ⓒ 정부개혁의 일환으로 공직사회의 전문성을 제고하고 경쟁력을 강화하기 위하여 도입(1999년 5월 「국가공무원법」과 「정부조직법」 개정으로 제도적 근거를 마련함)

② 개방형 직위의 지정

㉠ 소속장관별로 고위공무원단 직위 총수의 20% 범위에서 지정하되, 중앙행정기관과 소속기관 간 균형을 유지

ⓛ 소속장관은 중앙행정기관의 과장급 직위(실장 · 국장 밑에 두는 보조기관 또는 이에 상응하는 직위) 총수의 20% 범위에서 개방형 직위를 지정하되(임의적 지정에서 의무적 지정으로 변경), 그 실시 성과가 크다고 판단되는 기관, 공무원의 종류 또는 직무분야 등을 고려해야 함

ⓒ 개방형 직위의 지정기준과 직무수행요건의 설정기준에 관하여 필요한 사항은 인사혁신처장이 정하며, 소속장관은 정해진 지정기준에 따라 지정

㉣ 소속장관은 개방형 직위로 지정(변경 · 해제 포함)되는 직위와 지정범위에 관하여 인사혁신처장과 협의해야 함

③ 선발시험

㉠ 소속장관은 개방형 직위에 공무원을 임용하려는 경우 공직 내부와 외부를 대상으로 공개모집에 의한 시험을 거쳐 적격자를 선발함

ⓛ 소속장관은 선발시험을 실시하는 경우 임용예정 직위별로 5명 이상의 시험위원으로 이루어진 선발시험위원회를 구성하여야 하며, 시험위원은 공무원(국 · 공립 대학의 교원 제외)이 아닌 사람으로서 임용예정 직위와 관련된 분야 또는 채용 · 면접 등 시험에 관한 경험과 지식이 풍부한 사람 또는 해당 기관 소속 공무원 중에서 인사혁신처장이 위촉하며, 위원장은 위원 중에서 호선(互選)함

④ 임용절차 및 방법

㉠ 선발시험위원회는 개방형 직위의 임용예정 직위별로 2~3명의 임용후보자를 선발하여 소속장관에게 추천하고, 소속장관은 추천한 임용후보자 중에서 임용함

ⓛ 개방형 직위에 임용되는 공무원은 계약직공무원(임기제공무원)으로 하며, 다만 임용 당시 경력직공무원인 사람은 개방형 직위에 전보 · 승진 · 전직 또는 경력경쟁채용 등의 방법에 의하여 경력직공무원으로 임용 가능함

⑤ 임용기간 : 개방형 직위에 임용되는 공무원의 임용기간은 다른 법령에 특별한 규정이 없는 한 5년의 범위에서 소속장관이 정하되, 최소한 2년 이상으로 함(임기제공무원으로 임용되는 경우는 최소 3년 이상으로 해야 함)

Check Point

개방형직위의 지정

개방형직위는 특별시 · 광역시 · 도 또는 특별자치도별로 1급부터 5급까지의 공무원 또는 이에 상응하는 공무원과 시 · 군 및 자치구별로 2급부터 5급까지의 공무원 또는 이에 상응하는 공무원으로 임명할 수 있는 직위 총수의 100분의 10 범위에서 지정할 수 있으며, 개방형직위를 지정하는 경우에는 그 실시 성과가 크다고 판단되는 기관, 공무원의 종류 또는 직무 분야 등을 고려하여야 한다(지방자치단체의 개방형직위 및 공모직위의 운영 등에 관한 규정 제2조).

Check Point

경력개방형

개방형직위에 임용되는 공무원은 공직내부에서 선발될 경우 임기제가 아닌 경력직으로 임용될 수 있다. 공직외부에서만 적격자를 선발할 수도 있다.

Check Point

공모직위제도
공모직위제도는 정부 내 인력의 효율적 관리를 위하여 해당 직위별로 임용자격 및 직무수행요건을 미리 설정하고 공직 내에서 적격자를 선발 · 임용하는 제도를 말한다. 개방형 직위의 경우 공직 내 · 외부에서 적격자를 선발함에 비해, 공모직위는 공직 내에서 적격자를 선발한다는 점에서 차이가 있다.

Check Point

민간근무휴직제도
- 공무원이 민간기업 등(주식회사 등 영리목적으로 설립된 법인)에 취업한 경우에 3년 이내의 기간 내에서 휴직할 수 있도록 하는 제도(공직 관련 단체는 대상기관이 아님)
- 대상 공무원은 경력 3년 이상의 일반직 및 외무공무원(4 · 5급이 대상이나 기업의 요청 시 3급 과장급 또는 6 · 7급도 대상이 됨)
- 공무원은 휴직예정일 전 5년 동안 소속하였던 부서의 업무와 밀접한 관련이 있는 민간기업 등에 근무하기 위하여 휴직할 수 없음
- 민간기업 등에 채용된 공무원(휴직공무원)은 법령상 의무를 준수하며, 해당 민간기업 등과의 채용계약에서 정한 의무와 복무규율 등을 성실히 준수하며, 업무수행 시 공무원의 지위를 이용한 부당한 영향력의 행사, 국익과 상반되는 이익의 취득, 공직자 품위의 손상 행위 등을 해서는 안 됨

(2) 공모직위제도

① 공모직위의 지정

㉠ 소속장관은 소속장관별로 경력직공무원으로 임명할 수 있는 고위공무원단 직위 총수의 30%의 범위(과장급은 20%의 범위)에서 공모직위를 지정하되, 중앙행정기관과 소속기관 간 균형을 유지함

㉡ 소속장관은 필요시 과장급 직위 이하의 직위(개방형 직위는 제외)를 공모직위로 지정할 수 있으며, 지정하는 경우에는 그 실시 성과가 크다고 판단되는 기관, 공무원의 종류 또는 직무분야 등을 고려하여야 함

㉢ 소속 장관은 공모직위의 지정범위에 관하여 인사혁신처장과 협의해야 함

㉣ 공모직위의 지정기준과 직무수행요건의 설정기준에 관해 필요한 사항은 인사혁신처장이 정함

② 선발시험

㉠ 소속장관은 고위공무원단 공모직위에 공무원을 임용하려는 경우 경력직고위공무원, 「고위공무원단 인사규정」의 승진 요건을 갖춘 일반직공무원과 임용 요건을 갖춘 연구관 또는 지도관, 고위공무원단 직위에 상응하는 지방자치단체 또는 지방교육행정기관의 직위에서 근무한 경력이 있는 지방공무원에 해당하는 사람을 대상으로 공개모집에 의한 시험을 거쳐 적격자를 선발함

㉡ 소속장관은 과장급 직위 이하 직위를 공모직위로 지정하여 공무원을 임용하려는 경우에는 그 기관 내 · 외부의 경력직공무원을 대상으로 공개모집에 의한 시험을 거쳐 적격자를 선발함

㉢ 소속장관은 선발시험을 실시하는 경우 임용예정 직위별로 5명 이상의 심사위원으로 이루어진 선발심사위원회를 구성하며, 심사위원의 2분의 1 이상은 다른 중앙행정기관 소속공무원 또는 민간위원(국공립 대학의 교원 포함)으로 함

③ 임용절차 및 방법

㉠ 선발심사위원회는 공모직위의 임용예정 직위별로 2~3명의 임용후보자를 선발하여 소속장관에게 추천하고, 소속장관은 추천한 임용후보자 중에서 임용

㉡ 공모직위에 임용되는 공무원은 전보, 승진, 전직 또는 경력경쟁채용 등의 방법으로 임용함

④ **다른 직위에의 임용 제한** : 공모직위에 임용된 공무원은 승진임용 · 휴직, 징계처분이나 직위해제처분을 받은 경우 등을 제외하고는 원칙적으로 임용된 날부터 2년 이내에 다른 직위에 임용될 수 없음

(3) 개방형 직위제도와 공모직위제도

구분	개방형직위	공모직위
필요 요건	• 전문성이나 효율적 정책수립에 필요한 경우 • 공직 내부 또는 외부에서 적격자 임용(경력개방형은 공직외부)	• 효율적 정책수립 또는 관리를 위한 적격자 임용 필요 • 해당 기관 내부 또는 외부의 공무원 중 적격자 임용
지정비율	• 고위공무원단 : 20% 범위 • 과장급 : 20% 범위	• 고위공무원단 : 경력직 30% 범위 • 과장급 : 경력직 20% 범위
임용기간	2년 이상을 원칙으로 하고 최대 5년	기간제한 없음(2년간 전보 제한)
지정기준	전문성, 민주성, 중요성, 조정성, 변화필요성	직무공통성, 정책통합성, 변화필요성

5. 계급제와 직위분류제

(1) 계급제

① 의의

㉠ 직위 · 직무 중심의 직위분류제와 달리 인간 중심적 입장에서 개인의 자격, 능력, 학벌, 신분 등에 따라 계급을 분류하고 이에 따라 공직을 분류하는 제도

㉡ 오랜 관료제나 군주 국가 전통을 가진 영국, 프랑스, 독일, 이탈리아 등의 서구 각국과 한국, 일본 등의 아시아 각국에서 계급제 전통이 강함

② 특징

㉠ 학력 · 신분 강조 : 계급제의 확립은 각 계급에 따른 학력이나 신분과 밀접히 관련됨

㉡ 폐쇄형의 인사충원체제 : 공무원의 사기앙양과 직업공무원제의 확립이 용이함(강한 신분보장)

㉢ 계급 간의 차별 : 계급에 따라 사회적 위신 · 보수 · 학력 · 사회적 출신성분 등의 차이가 심하며 계급 간 승진이 용이하지 않음

㉣ 고위계급의 엘리트화 : 소수의 고위계급을 엘리트화하여 특권집단화를 형성

㉤ 행정의 전문성 부족 : 외부 전문인력의 충원이 곤란하여 행정의 전문화 저해

> **Check Point**
> **직무등급(「국가공무원법」 제5조)**
> 직무의 곤란성과 책임도가 상당히 유사한 직위의 군을 말함

③ 장단점

장점	단점
• 인사운영의 융통성 · 탄력성 확보, 적재적소의 인사배치(인사배치의 신축성)가 가능 • 일반적 교양 · 능력을 소유한 넓은 시야를 가진 인재의 등용이 용이(일반행정가 지향) • 직위분류제에 비해 행정조정 · 협조 · 협력이 원활 • 행정의 안정화에 기여, 공무원 신분보장 강화 • 신분보장으로 인한 직업적 연대의식 함양 • 장기적인 행정계획의 추진과 직업공무원제의 확립에 기여 • 사람과 조직의 일체화로 목표 달성에 헌신하는 조직몰입도가 높으며, 강력한 응집력 발휘	• 행정의 전문화를 이루기 곤란 • 인사관리의 객관적 합리화 기준의 설정 곤란 • 권한과 책임의 한계가 불분명 • 객관적인 근무평정과 훈련계획의 수립이 곤란 • 계급제와 엄격한 계층제로 환경변화에 탄력적 대응이 곤란(경직성) • 연공서열에 치우친 비합리적 보수 체계(직무등급 확립이 곤란함)

> **Check Point**
> **직위분류제의 특징**
> • 사회적 출신배경 · 학력에 관계없이 개인의 업무수행능력과 지식 · 기술을 중시함
> • 직무 수행의 적격자를 공직의 내부에서만 찾지 않고 모든 계층에서 외부 인사의 임용이 자유로운 개방형의 인사제도
> • 전문화된 분류체계로서 적재적소의 인사배치가 가능하며, 전문가를 선호함
> • 직무분석과 직무평가를 통해 객관적 인사기준을 마련함으로써 적재적소의 인사배치와 인사행정의 능률화 · 합리화를 도모함
> • 상하위직 간의 계급의식이나 위화감이 크지 않음

(2) 직위분류제

① 의의

㉠ 각 직위에 내포된 직무의 종류와 곤란도, 책임도에 따라 공직을 수직적 · 수평적으로 분류하는 제도

㉡ 객관적인 직위 · 직무 중심의 공직분류라는 점에서 인간 중심의 분류인 계급제와 구별

㉢ 농업사회나 신분적 계급제의 전통 없이 곧바로 산업화가 실현된 미국 등지에서 발전한 제도로, 동일 업무에 동일 보수라는 합리적 사상이 기초

㉣ 과학적 관리기법의 영향으로 능률적인 관리와 직무분석 및 표준화, 직무평가 등을 강조

㉤ 1923년 직위분류법이 제정되어 본격적으로 도입됨

② 구성요소

㉠ **직위(職位)** : 1명의 공무원에게 부여할 수 있는 직무와 책임

㉡ **직급(職級)** : 직무의 종류 · 곤란성과 책임도가 상당히 유사한 직위의 군, 인사행정의 편의상 채용이나 보수 등에 있어서 동일한 취급을 할 수 있는 집단

㉢ **등급** : 직렬과 직군을 초월하여 직무의 종류는 다르지만, 직무의 곤란도 · 책임도와 자격요건이 유사하여 채용이나 보수에 동일한 취급을 할 수 있는 직위의 군(직위의 횡적 집단, 우리의 경우 법령상 계급)

㉣ **직렬(職列)** : 직무의 종류가 유사하고, 그 책임과 곤란성의 정도가 서로 다른 직급의 군

㉤ **직군(職群)** : 직무의 성질이 유사한 직렬의 군

㉥ **직류(職類)** : 같은 직렬 내에서 담당분야가 같은 직무의 군

> **Check Point**
> **등급과 직무등급**
> 우리나라는 과거 등급이 없고 실정법상 계급으로 표현했으나, 현재는 「국가공무원법」 상 '직무등급' 개념이 도입되어 '직무의 곤란성과 책임도가 상당히 유사한 직위의 군'으로 규정. 직무등급은 고위공무원단(가 · 나등급)과 외무공무원(14등급)에 적용. 더 높은 직무등급의 직위에 임용되는 것을 '승격'이라 함.

③ 수립절차

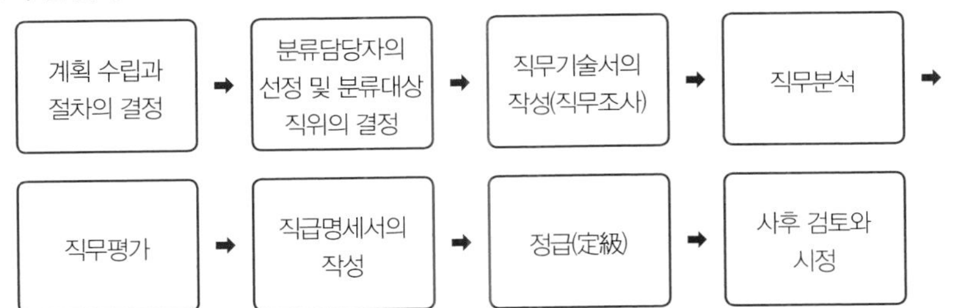

㉠ **계획과 절차의 수립** : 직위분류제 수립을 위한 계획 · 절차의 결정

㉡ **담당자의 선정과 분류대상 직위의 결정** : 담당자의 선정에서 일반적으로 초기에는 외부기술자가 주로 담당하게 하고 소수의 내부직원은 이에 협력하게 함

㉢ **직무기술서 작성(직무조사)** : 실제 수행하는 직무내용을 기술하게 하여 직무를 조사하는 것으로, 질문지법(원칙), 면접법, 관찰법 등이 이용됨

㉣ **직무분석**

- 직무기술서를 토대로 직무의 성질과 종류에 따라 종적 · 수직적으로 직군 · 직렬 · 직류별로 분류하는 것(사실상 횡적인 분업과 유사)
- 유사한 직위를 모아 직류를 만들고, 직류를 모아 직렬을, 직렬을 다시 모아 직군으로 만드는 수직적 분류구조를 형성하는 것(강성철 외)
- 해당 직위의 성과책임 규명, 직무평가 및 직무수행요건 규명 등 각종 직무정보를 체계적으로 수집 · 분석하는 제반활동(「직무분석규정」)

㉤ **직무평가**

- 직위별 직무의 곤란성 및 책임도를 평가하는 모든 활동(직무에 내포된 곤란성 · 책임도에 따라 횡적 · 수평적으로 분류하는 것)
- 보수수준을 가리키는 등급과 직급을 정하는 것(직무급보수체제 확립의 중요 척도)
- 직무 자체의 상대적 평가이며 인간의 등급화 작업은 아니라는 측면에서 직무분석보다 체계적 · 과학적 과정이며, 수평적인 분류구조에 해당
- 직무평가법

구분	내용
서열법	직무와 직무를 전체적 · 종합적으로 평가하여 상대적 중요도(상대평가)에 의해 서열을 부여하는 직관적 · 자의적 방법
분류법(등급법)	등급기준표(절대평가)에 의해 직무 전체를 평가하는 방법
점수법	직무의 평가요소를 직무평가기준표에 의하여 평가한 점수를 배점하는 방법(신뢰도, 타당도가 높음)

Check Point

직무기술서(「직무분석규정」)

직위별 주요 업무활동, 성과책임, 직무수행의 난이도 및 직무수행요건 등 직위에 관한 정보를 기술한 문서를 말함

Check Point

직무평가방법

구분	직무와 기준표의 절대평가	직무와 직무의 상대평가
비계량적 · 종합적 방법	분류법	서열법
계량적 · 분석적 방법	점수법	요소 비교법

Check Point

직무등급의 배정 및 개정(「직무분석규정」 제8조)

- 직무등급은 직무분석 결과를 기초로 하여 직무의 곤란성 및 책임도의 차이에 따라 배정함
- 고위공무원단 직위의 직무등급은 가등급과 나등급으로 구분함
- 인사혁신처장은 직무 내용이나 행정환경의 현저한 변화 등으로 인하여 직무등급을 재심사하여야 할 상당한 사유가 발생한 경우 재심사를 하고, 그 결과 이미 배정된 직무등급이 적정하지 않다고 판단하는 경우에는 이를 개정함
- 인사혁신처장은 직무등급을 배정하거나 개정하려는 경우에는 그 사실을 소속장관에게 통보함

요소비교법	가장 늦게 고안된 방법으로, 점수법의 임의성을 보완하기 위하여 평가할 직위의 공통된 평가요소를 선정한 후 대표직위를 선정하여 대비시켜 대표직위의 보수액을 산정 · 제시하는 방법(금액가중치방식이라고도 함)

ⓑ 직급명세서의 작성

- 직군과 직렬, 등급과 직급이 결정되면 직급별로 직급명세서를 작성하는데, 이는 직급들을 명확히 규정하는 것을 말함(직급의 명칭, 직책의 개요, 최저 자격요건, 채용방법, 보수액, 직무수행방법 등을 명시)
- 정급의 지표를 제시하며, 모집 · 선발 · 훈련 · 근무성적평정 등 인사관리 기준을 제시하는 문서로 활용됨

ⓢ **정급** : 모든 직위를 해당 직군 · 직렬 · 직류와 등급 · 직급에 배정하는 것

④ 장단점

장점	단점
• 보수체제의 합리적 기준 확립 • 직무분석 · 평가의 합리적 기준 제공 • 교육훈련 수요 및 근무성적 평정의 명확화 • 전문행정가의 양성에 기여 • 예산행정의 능률화 • 공직업무 명세화로 행정의 민주화에 기여 • 공무원 인사행정에 있어 객관적 기준 제시 • 인사행정상 자의성을 배제, 노동시장의 안정화에 기여 • 권한과 책임한계의 명확화	• 직무 세분화로 협조 · 조정이 곤란 • 인사배치의 융통성 및 신축성이 부족 • 지나친 전문가 양성이 일반행정가 양성 저해 • 혼합직 적용이 곤란, 창의력 계발 저해 • 점직자와 상관없이 설계되므로 인간경시 풍조 초래 • 신분의 임의적 보장과 개방형 인사로 행정의 안정성 및 직업공무원제의 확립 저해 • 성과 파악 곤란 • 직위관리의 고립화

⑤ 계급제와의 비교

구분	직위분류제	계급제
분류기준	직무의 종류 · 책임도 · 곤란도	개개인의 자격 · 능력 · 신분
분류단위	직위	계급
행정주체	전문행정가(specialist)	일반행정가(generalist)
협조 및 조정	곤란(엄격한 전문화, 할거주의)	용이 · 원활(부서 할거주의 적음)
발달배경	산업사회	농업사회
채택 국가	미국, 캐나다, 파나마, 필리핀 등	영국, 프랑스, 독일, 일본, 한국
충원체제	개방형(외부에서도 충원)	폐쇄형
시험(채용)	합리성 · 공평성, 채용과 시험내용(업무관련 전문지식)이 연결됨	비합리성, 업무와 시험내용(일반교양)이 연결되지 않음
직업공무원제 및 신분보장	• 확립 곤란 • 개방형으로 신분보장 약함 (직위 폐지 시 신분 불확실)	• 확립 용이 • 폐쇄형으로 신분보장 강함 (직위 폐지 시 인사이동 가능)

Check Point

직위분류제와 계급제의 조화

직위분류제와 계급제는 서로 대립적인 제도이지만, 요즘날에는 각 제도의 장점만을 서로 조화 · 접목시키려는 노력을 하고 있다. 고위공무원단 제도는 두 제도의 장점을 조화시킨 것이다.

Check Point

우리나라의 공직분류체계

- **현황** : 계급제를 바탕으로, 직위분류제적 요소가 부분적으로 가미된 절충형
- **직위분류제적 요소** : 직군별, 직렬별, 직류별 모집 및 시험, 동일 직렬 내 승진원칙, 보직관리 원칙

권한 · 책임 한계	명확	불명확
교육훈련	• 전문지식 강조 • 교육훈련 수요 파악이 정확	• 일반지식 · 교양 강조 • 교육훈련 수요나 내용 파악이 곤란
인사기준	직급명세서 및 능력 · 실적 중심	인사권자의 판단, 정실개입, 연공서열 중심
보직관리	보직관리의 합리화 도모	보직관리의 정확성 · 합리성 확보 곤란
인사배치 및 관리 · 이동	• 수평적 교류 곤란(비신축성) • 제한적 · 경직적 관리 (전직 · 전보 · 승진 범위 좁음)	• 수평적 개방성 및 신축성 확보 • 탄력적 · 신축적 관리 (전직 · 전보 · 승진 범위 넓음)
조직 계획	현재의 조직배열에 가장 부합	장기적 조직 계획의 수립에 유용
보수 책정	직무급(동일 직무 동일 보수의 합리적 보수제도)	자격급 · 생활급(생계유지 수준을 지급하는 비합리적 보수제도)
공직의 경직성	낮음	높음
창의력 계발 및 능력 발전	불리	유리
도입요건	대규모 복잡한 조직	소규모 단순한 조직
적용계층	하위계층	상위계층
몰입	직무몰입(직무상 이동 · 교류 제한, 기관간 교류 허용)	조직몰입(직무상 이동 · 교류 빈번, 기관간 이동 제한)
현직자의 사기	낮음	높음
제도의 유지비용	비쌈	저렴

꼭! 확인 기출문제

01. 계급제와 직위분류제에 대한 설명으로 가장 옳은 것은? [서울시 9급 기출]

① 과학적 관리론과 실적제의 발달은 직위분류제의 쇠퇴와 계급제의 발전에 기여했다.
❷ 우리나라 「국가공무원법」에는 직위분류제 주요 구성 개념인 '직위, 직군, 직렬, 직류, 직급' 등이 제시되어 있다.
③ 직위분류제는 공무원 개인의 능력이나 자격을 기준으로 공직분류체계를 형성한다.
④ 계급제와 직위분류제는 절대 양립불가능하며 우리나라는 계급제를 기반으로 한다.

해 ② 우리나라 「국가공무원법」 제5조에는 직위분류제의 주요 구성 개념인 '직위(職位), 직군(職群), 직렬(職列), 직류(職類), 직급(職級)' 등이 제시되어 있다.
① 과학적 관리론과 실적제의 발달은 능률적인 관리와 직무분석 및 표준화, 직무평가 등을 강조하며 직위분류제의 발전에 기여했다.
③ 공무원 개인의 능력이나 자격을 기준으로 공직을 분류하는 체계는 계급제이며, 직위분류제는 직무의 종류와 곤란도 및 책임도에 따라 공직을 분류한다.
④ 우리나라의 공직 분류는 역사적 전통을 지닌 계급제 기반 위에 직위분류제의 요소를 가미한 절충형의 형태이다.

Check Point

일반행정가와 전문행정가

- 일반행정가(generalist) : 특정 분야에 대한 전문적 지식보다 행정일반에 대한 넓은 지식을 갖춘 행정가를 말하며, 주로 계급제적 전통과 폐쇄형 실적주의, 직업공무원제도가 확립된 국가에서 주로 강조
- 전문행정가(specialist) : 특정 분야에 대한 깊이 있는 전문지식을 갖춘 행정가를 말하며, 직무 중심의 직위분류제와 개방형 실적주의를 취하고 있는 국가에서 주로 강조

02. 공직분류에 대한 설명으로 가장 옳은 것은? [서울시 9급 기출]

① 직무의 종류는 다르나 곤란도와 책임도가 상당히 유사한 직위의 군을 직렬이라고 한다.
② 직무의 종류는 유사하지만 곤란도와 책임도가 서로 다른 직무의 군을 직급이라고 한다.
❸ 비슷한 성격의 직렬들을 모은 직위 분류의 대단위는 직군이라고 한다.
④ 동일한 직급 내에 담당 분야가 동일한 직무의 군으로 세분화한 것을 직류라고 한다.

해 ③ 비슷한 성격의 직렬들을 모은 직위 분류의 대단위, 즉 직무의 성질이 유사한 직렬의 군을 직군(職群)이라 한다.
① 직무의 종류는 다르나 곤란도와 책임도가 상당히 유사한 직위의 군을 등급이라고 한다.
② 직무의 종류는 유사하지만 곤란도와 책임도가 서로 다른 직무의 군을 직렬(職列)이라고 한다.
④ 동일한 직렬 내에 담당 분야가 동일 직무의 군으로 세분화한 것을 직류(職類)라고 한다.

교류형과 비교류형

① 교류형
㉠ 의의
• 부처 및 기관 간의 인사이동이나 교류가 인정되는 인사제도
• 업무의 성격이 같은 범위 내에서 기관 간 인사이동이 자유로운 인사체계
• 직위분류제와 개방형 실적주의를 채택하는 국가에서 주로 나타나는 유형(미국 등)
㉡ 특징(장단점)
• 인력활용의 융통성 제고와 공무원 시야의 확대, 배타성 · 파벌성 극복에 유리
• 기관 간 승진 기회의 확보(형평성 확보) 유리
• 인사관리의 복잡화, 깊이 있는 전문기술 축적이 곤란(전문성에 대한 견해차 존재)

② 비교류형
㉠ 의의
• 부처 및 기관 간 인사이동이나 교류가 허용되지 않는 인사제도
• 공무원의 근무와 경력발전이 하나의 기관에 국한되는 인사체계
• 계급제를 취하고 있는 국가에서 주로 나타나는 유형(영국 등)
㉡ 특징(장단점)
• 전문성 제고가 어려움
• 일반행정가(generalist)를 양성
• 기관별 승진 기회의 차이가 있는 경우 승진 기회의 형평성 확보가 곤란

꼭! 확인 기출문제

01. 직위분류제의 장점에 대한 설명으로 가장 옳지 않은 것은? [서울시 9급 기출]

① 근무성적평정을 객관적으로 할 수 있는 기준을 제시해준다.
② 직위 간의 권한과 책임의 한계를 명확히 해준다.
③ 전문직업인을 양성하는 데 도움이 되고 행정의 전문화에 기여한다.
❹ 조직과 직무의 변화 등에 신속히 대응할 수 있다.

해 ④ 직위분류제는 직무의 세분화로 인한 협조 · 조정이 곤란하며, 조직과 직무의 변화 등에 신속히 대응할 수 없다는 단점이 있다.
① 직위분류제는 직무분석과 평가의 합리적 기준을 제공하므로, 교육훈련 수요 및 근무성적평정을 객관적으로 할 수 있는 장점이 있다.
② 직위분류제는 전문화된 분류체계로 적재적소의 인사배치가 가능하며 직위 간 권한과 책임의 한계도 명확하다.
③ 직위분류제는 출신배경이나 학력에 관계없이 개인의 업무수행능력과 지식 · 기술을 중시하므로 행정의 전문화와 전문행정가의 양성에 기여한다.

02. 직위분류제와 관련하여 다음 설명에 해당하는 것은? [국가직 9급 기출]

- 직무의 곤란성과 책임성을 기준으로 상대적 가치를 결정하는 것이다.
- 서열법, 분류법, 점수법 등을 활용한다.
- 개인에게 공정한 보수를 제공하는 데 필요한 작업이다.

① 직무조사 ② 직무분석
❸ 직무평가 ④ 정급

해 ③ 직위분류제의 수립을 위해 직무의 곤란성(난이도)과 책임성을 기준으로 상대적 가치를 결정하며 개인에게 공정한 보수를 제공하는 데 필요한 작업은 직무평가에 대한 설명으로, 직무별 보수를 정하는 데도 중요한 기준이 되며 이를 위해 서열법, 분류법, 점수법 등의 평가방법을 활용한다.
① 직무조사는 직무기술서의 작성으로 분류될 직무에 관한 직무 내용, 책임도 · 곤란도 등에 대한 객관적 정보를 수집하고 기록하는 과정이며, 질문지법, 면접법, 관찰법 등을 이용한다.
② 직무분석은 각 직위의 직무를 성질과 종류에 따라 직군 · 직렬 · 직류별로 분류하여 수직적 분류구조를 형성하는 단계이다.
④ 정급은 직무분석과정에서 수집된 각 직위에 대한 정보와 직급명세서를 비교하여 해당 직급에 분류대상의 직위를 배정하는 것이다.

6. 고위공무원단제도

(1) 개관

① 의의

㉠ 정부의 주요 정책결정이나 관리에 있어서 핵심적 역할을 담당하는 실 · 국장급 공무원을 범정부적 차원에서 일반 공무원과 별도로 구분 · 관리하여 정부생산성을 향상시키는 데 기여하도록 편성된 전략적 인사시스템

㉡ 개방과 경쟁, 직무와 성과를 강조하는 관리전문가 육성 · 관리 제도로, 궁극적으로 정부의 경쟁력과 책임, 역량 향상을 목적으로 함(직업공무원제의 근간은 유지하면서 고위직의 책임성을 제고하기 위한 제도)

㉢ 1978년 미국 Carter 행정부에서 개방형 인사제도의 하나로 도입된 이후 미국, 영국, 호주, 네덜란드 등에서 도입 · 운영하고 있음

② 주요 국가의 고위공무원단 제도

구분	미국	영국	호주	네덜란드
명칭	SES	SCS	SES	SPS
도입	1978	1996	1995	1995
관리기관	OPM(인사관리처) –OPM의 심사를 거친 공무원으로 지정	Cabinet Office(국무조정실, 내각부)	–	–

국가직 9급 기출

01. 고위공무원단제도에 대한 설명으로 옳지 않은 것은?
① 전(全)정부적으로 통합 관리되는 공무원 집단이다.
② 계급제나 직위분류제적 제약이 약화되어 인사 운영의 융통성이 강화된다.
③ 고위공무원단에 속하는 모든 일반직 공무원의 신규채용 임용권은 각 부처의 장관이 가진다.
④ 성과계약을 통해 고위직에 대한 성과관리가 강화된다.

해 고위공무원단에 속하는 모든 일반직 공무원의 신규채용 임용권은 대통령이 가지고, 대통령은 임용권의 일부를 소속 장관에게 위임할 수 있다.

01 ③

㉠ 미국의 고위공무원단 SES(Senior Executive Service)
- 도입 : 1978년 Carter 정부의 공무원제도개혁법을 통하여 엄격한 직위분류제의 순환 곤란 등의 문제점 극복하기 위하여 도입
- 특징
  - 직무의 개념을 포기하고 계급(사람 중심)의 개념을 도입
  - 계급제적 직업공무원제 요소를 부분적으로 가미

㉡ 영국의 고위공무원단 SCS(Senior Civil Service)
- 도입 : 1996년 Major 정부가 계급제의 폐쇄적이고, 비전문성의 문제를 극복하기 위하여 도입
- 특징
  - 관리계층 집단으로의 통합
  - 직위분류제적 요소(전문성)를 부분적으로 가미

Check Point

고위공무원단에 포함되는 직위 범위
- **직종별** : 국가직 공무원, 일반직, 별정직, 특정직 중 외무직
- **기관별** : 중앙행정기관(소속기관 직위 포함), 행정부 각급기관
- **정부별** : 광역자치단체 행정부지사, 행정부시장 및 기획관리실장, 지방교육행정기관 부교육감(단, 서울특별시 행정부시장은 국가직 공무원이지만 차관급이므로, 고위공무원단에 포함되지 않는다.)

(2) 우리나라의 고위공무원단제도

① 의의 : 실장 · 국장급 고위공무원들의 자질 향상과 안목 확대, 부처 간 정책 조정 및 협의 촉진, 책임성 향상, 성취동기 부여를 위해 국가공무원체계 중 이들을 중하위직과 구별하여 별도로 관리 · 운영하는 인사시스템

② 핵심요소
㉠ **개방과 경쟁** : 개방형 직위제도, 부처 간 직위공모 등
㉡ **성과와 책임** : 직무성과계약제, 직무등급제, 적격성심사, 인사심사 등
㉢ **능력발전** : 역량평가제, 교육훈련, 최소 보임기간 설정 등
㉣ **범정부적 통합적 시야** : 부처 간 인사교류, 직위공모 등

③ 기본방향(도입에 따른 기본방향의 전환)
㉠ 자기 부처 중심의 폐쇄적 인사 → 경쟁과 개방 강화(개방형 · 직위공모)
㉡ 계급 · 연공 → 직무 · 성과 중심의 직무성과급제(종전 1~3급의 계급을 없애고 직위의 직무등급을 기준으로 인사관리)
㉢ 연공서열에 따른 자동 진입 → 체계적 검증과 경쟁을 통한 진입
㉣ 성과관리 미흡 → 직무성과계약제를 통한 성과관리 강화
㉤ 순환보직 → 최소 보임기간 설정, 능력개발을 통한 전문성 강화
㉥ 각 부처 소속 → 고위공무원단 소속으로 통합적 시야 배양

④ 법령상의 고위공무원단 규정
㉠ 구성 목적 및 대상(「국가공무원법」 제2조의2)
- 구성 목적 : 국가의 고위공무원을 범정부적 차원에서 효율적으로 인사관리하여 정부의 경쟁력을 높이기 위하여 고위공무원단을 구성함

- 대상 : 고위공무원단은 직무의 곤란성과 책임도가 높은 다음의 직위(고위공무원단 직위)에 임용되어 재직 중이거나 파견 · 휴직 등으로 인사관리되고 있는 일반직 · 별정직 · 특정직공무원의 군(群)을 말함
  - 「정부조직법」에 따른 중앙행정기관의 실장 · 국장 및 이에 상당하는 보좌기관*
  - 행정부 각급 기관(감사원 제외)의 직위 중 위의* 직위에 상당하는 직위
  - 「지방자치법」 등에 따라 국가공무원으로 보하는 지방자치단체 및 지방교육행정기관의 직위 중 위의* 직위에 상당하는 직위
  - 다른 법령에서 고위공무원단에 속하는 공무원으로 임용할 수 있도록 정한 직위

ⓛ 주요 내용
- 실 · 국장급이 대상(중앙행정기관과 행정부 각급 기관(감사원 제외), 지방자치단체 및 지방교육행정기관 등의 실장 · 국장 및 이에 상당하는 보좌기관의 직위에 임용되어 재직 중이거나 파견 · 휴직 등으로 인사관리되고 있는 공무원 등이 대상)
- 고위공무원은 신분보다 일 중심으로 인사관리(고위공무원단 소속공무원의 경우 계급제가 폐지되고 직무 중심의 인사관리가 이루어짐)
- 고위직의 개방을 확대하고 경쟁을 촉진(개방형직위와 공모직위 운영)
- 고위공무원에 대한 부처별 인사자율권 확대
- 직무와 성과 중심의 체계적 관리(직무성과계약제 도입, 성과 중심의 근무성적평정, 직무성과급적 연봉제 등)
- 능력개발 및 역량강화(역량평가제), 적격성심사제 도입
- 직업공무원제의 근간을 유지하되 고위직의 책임성을 제고

ⓒ 직위 구성(「개방형 직위 및 공모직위의 운영 등에 관한 규정」)
- 개방형 직위 : 소속장관별로 고위공무원단 직위 총수의 20% 범위에서 지정(과장급 직위 총수의 경우도 20% 범위에서 지정)
- 공모직위 : 소속장관별로 경력직공무원으로 임명할 수 있는 고위공무원단 직위 총수의 30% 범위에서 지정(과장급 직위 총수의 경우는 20% 범위에서 지정)
- 기관자율직위 : 50%

⑤ 한국 고위공무원단과 미국 SES의 차이

구분	미국	한국
혁신방향	직위분류제에 계급제 도입(직무개념을 대신해 계급개념을 도입)	계급제에 직위분류제 도입(계급개념을 대신해 직무개념 도입)

공무원의 자질	일반행정가 + 전문행정가	전문행정가 + 일반행정가
신분보장	강화	신분상 불이익 가능
보수	직무급 → 직무성과급	연공급 → 직무성과급

(3) 고위공무원단제도의 효용과 폐단(오석홍)

① 효용(제도적 정당성)

㉠ 정치적 대응성과 전문적 · 중립적 업무수행능력의 향상

㉡ 공직의 경쟁력과 성과 향상에 기여

㉢ 인사관리 · 운영의 융통성 제고와 적재적소의 인력활용을 도모

㉣ 우수한 공무원 확보와 인사교류의 촉진을 통한 인사침체 완화

㉤ 인사권자의 인사상 재량범위 확대를 통한 통제력 · 정책추진력 강화

② 폐단(위험성)

㉠ 행정의 분절화 현상의 초래(고위직은 정치성, 하위직은 효율성 논리가 지배)

㉡ 신분불안에 따른 사기 저하와 직무수행의 자율성 훼손

㉢ 직무수행경험의 축적되는 전문성을 저하

㉣ 선호되는 부서 · 기관에 지망자가 집중

㉤ 개방형 · 공모직위 등의 인선절차 지연에 따른 업무공백

㉥ 직업공무원제의 약화

(4) 역량평가제

① 역량(competency)

㉠ 조직의 목표 달성과 연계하여 뛰어난 직무수행을 보이는 고성과자의 차별화된 행동특성과 태도

㉡ 기존의 '능력(ability)' 개념이 개인 측면의 보유 자질에 초점을 맞춘 것이라면, '역량(competency)'은 조직 측면에서 조직의 성과 창출을 위한 자질(직무를 성공적으로 수행하기 위하여 필요한 능력과 자질)

② 역량평가의 의의

㉠ 실제 직무상황과 유사한 모의상황을 피평가자에게 다양하게 제시하고, 그 상황에서 피평가자의 역할과 행동을 훈련된 다수의 전문 평가자가 관찰하고 합의하는 절차를 통해 역량을 평가하는 객관적이고 과학적인 기법

㉡ 과장급 공무원은 후보자교육과정 이수 및 역량평가 통과 이후 직위공모 절차 등을 통해 고위공무원단에 진입. 역량평가는 고위공무원으로서 요구되는 역량을 구비하였는지를 사전에 철저히 검증하여 적격자만이 고위공무

Check Point

적격심사(「국가공무원법」 제70조의2)

고위공무원의 자질이나 성과 등을 정기적으로 심사하여 부적격자를 가려내는 것으로, 근무성적평정에서 최하위 등급의 평정을 총 2년 이상 받은 때나 대통령령으로 정하는 정당한 사유 없이 직위를 부여받지 못한 기간이 총 1년에 이른 때(수시 심사)에 적격심사를 받아야 한다. 적격심사는 근무성적과 능력의 평정에 따라 부적격자를 결정하며, 부적격 결정을 받은 경우 직권면직이 가능하다.

원단에 선발될 수 있도록 하는 제도적 장치로서 2006년 고위공무원단제 시행에 따라 고위공무원단 진입의 필수 전제단계로 구축되었고, 2015년부터는 과장급 역량평가도 의무화 함(2010년부터 과장급에도 적용)

ⓒ **역량평가 구성요소** : 평가기준으로서의 역량, 평가도구로서의 실행과제, 평가주체로서의 평가자

③ **역량평가의 특성과 기대효과** : 기존의 다면평가나 인터뷰, 서류심사 방식의 평가체계와는 상이한 특성을 지님

㉠ 구조화된 모의 상황을 설정하여 현실적 직무 상황에 근거한 행동을 관찰 · 평가. 추측 · 유추가 아닌, 직접 나타난 행동들을 관찰함으로써 평가자의 주관성을 배제(평가센터법 활용)

㉡ 대상자의 과거 성과를 평가하는 것이 아니라 미래행동에 대한 잠재력을 측정. 성과에 대한 대외 변수(성과급 등 인센티브)를 통제하여 환경적 변인을 제거함으로써 개인의 역량에 대한 객관적 평가가 가능(역량평가는 성과급 지급기준으로 활용되지 않음)

㉢ 다양한 실행과제를 종합적으로 활용함으로써 개별 평가기법들의 한계를 극복하고 대상자들의 몰입을 유도하며, 다양한 역량의 측정 가능

㉣ 다수 평가자가 참여하여 합의에 의하여 평가결과를 도출하므로 개별 평가자의 오류 방지, 평가의 공정성 확보

㉤ 고위공무원단 진입과 과장급 임용 전에 후보자의 자질을 체계적이고 객관적으로 검증함으로써 과장급 이상 고위직 공무원들의 선발의 신뢰성 및 공정성을 제고하고 공무원에게 자기 계발 동기와 유인을 제공

㉥ 역량평가의 결과 나타난 개인별 역량수준은 구체적인 교육훈련 수요를 제공하므로 개인별 맞춤형 교육훈련이 가능해지고 교육효과 극대화

㉦ 고위직 공무원들의 전체적인 국정수행능력 향상에 기여, 정부의 생산성과 경쟁력 향상

④ **역량평가와 근무성적평정의 차이**

구분	역량평가	근무성적평정
목적	미래의 잠재력을 사전에 검증	과거의 실적을 사후에 평가
평가내용	역량(조직 성과 창출을 위한 자질)	근무실적·능력·태도 등
보상	없음	있음(성과급과 연계)
주체	역량평가단	상급자
성격	비교적 객관적	주관적
대상	고위공무원단·과장급 임용 전	전체 공무원(경력직)

Check Point

고위공무원단 평가대상 역량

- 문제인식 : 정보의 파악 및 분석을 통해 문제를 적시에 감지·확인하고 문제와 관련된 다양한 사안을 분석하여 문제의 핵심을 규명한다.
- 전략적 사고 : 장기적인 비전과 목표를 설정하고 이를 실행하기 위한 대안의 우선순위를 명확히 하여 추진방안을 확정한다.
- 성과지향 : 주어진 업무의 성과를 극대화하기 위한 다양한 방안을 강구하고, 목표 달성 과정에서도 효과성과 효율성을 추구한다.
- 변화관리 : 환경 변화의 방향과 흐름을 이해하고, 개인 및 조직이 변화상황에 적절하게 적응 및 대응하도록 조치한다.
- 고객만족 : 업무와 관련된 상대방을 고객으로 인식하고 고객이 원하는 바를 이해하고 그들의 요구를 충족시키려 노력한다.
- 조정·통합 : 이해당사자들의 이해관계 및 갈등상황을 파악하고 균형적 시각에서 판단하여 합리적인 해결책을 제시한다.

⑤ 역량평가의 대상 : 고위공무원단 및 과장급 임용 전

㉠ 고위공무원으로 신규채용되려는 사람 또는 4급 이상 공무원이 고위공무원단 직위로 승진임용되거나 전보(고위공무원이 아닌 연구관·지도관을 고위공무원단 직위로 전보하는 경우)되려는 사람을 대상으로 신규채용, 승진임용이나 전보 전에 실시(예외 있음)

㉡ 과장급 직위로 새롭게 신규채용되거나 전보 또는 승진임용되는 사람을 대상으로 신규채용, 전보 또는 승진임용 전에 실시(예외 있음)

⑥ 평가대상 역량

구분	역량		
	사고역량군 (thinking)	업무역량군 (working)	관계역량군 (relation)
고위공무원단 (6가지)	문제인식, 전략적 사고	성과지향, 변화관리	고객만족, 조정·통합
과장급 (5가지)	정책기획	성과관리, 조직관리	의사소통, 동기부여, 이해관계 조정

㉠ 평가기법 – 평가센터(Assessment Center)법 : 구조화된 모의 직무상황에서 평가대상자가 보이는 행동을 다수의 평가위원(고위공무원단 역량평가 9명, 과장급 역량평가 6명)이 직접 관찰·평가, 4개의 구체적인 평가방법(실행과제) 활용

꼭! 확인 기출문제

우리나라 고위공무원단제도에 대한 설명으로 옳지 않은 것은? [지방직 9급 기출]

① 국가의 고위공무원을 범정부적 차원에서 효율적으로 인사관리하기 위하여 도입하였다.
② 개방형임용 방법, 직위공모 방법, 자율임용 방법을 실시한다.
❸ 국가공무원으로 보하는 부시장, 부지사, 부교육감 등은 해당되지 않는다.
④ 원칙적으로 직무성과급적 연봉제를 적용한다.

해 ③ 국가공무원으로 보하는 지방자치단체 및 지방교육행정기관의 직위 중 중앙행정기관의 실장·국장 및 이에 상당하는 보좌기관의 직위에 상당하는 직위도 고위공무원단에 속하므로(「국가공무원법」 제2조의2 제2항), 광역자치단체의 부시장과 부지사(행정부시장과 행정부지사), 기획관리실장, 부교육감 등도 고위공무원단에 포함된다(다만, 광역자치단체의 정무부지사와 정무부시장, 기초자치단체의 부단체장은 포함되지 않음).
① 고위공무원단이란 정부의 주요 정책결정이나 관리에 있어서 핵심적 역할을 담당하는 실·국장급 고위공무원을 범정부적 차원에서 일반 공무원과 별도로 구분·관리하여 정부생산성 향상에 기여하도록 편성된 전략적 인사시스템이다.
② 우리나라 고위공무원단의 직위는 개방형 임용(직위 총수의 20% 이내), 공모직위(직위 총수의 30% 이내), 기관자율직위(50%)로 구성된다.
④ 고위공무원단의 경우 직무와 성과 중심의 체계적 관리가 이루어지므로, 원칙적으로 직무성과계약제, 성과 중심의 근무성적평정(성과계약 등 평가), 직무성과급적 연봉제 등이 적용된다.

제2장

임용 및 능력발전

제1절 공무원의 임용

1. 임용

(1) 의의

① 임용의 개념 : 공무원관계를 발생 · 변경 · 소멸시키는 일체의 인사행위

② 임용권자(「국가공무원법」)

㉠ 5급 이상 : 5급 이상 공무원과 고위공무원단에 속하는 일반직공무원은 소속장관의 제청으로 인사혁신처장과 협의를 거쳐 국무총리를 거쳐 대통령이 임용

㉡ 6급 이하 : 6급 이하의 소속공무원에 대한 일체의 임용권은 소속장관이 가짐(소속장관은 소속공무원에 대하여 ㉠ 외의 모든 임용권을 가짐)

임용의 유형

- 임용
  - 외부임용
    - 공개경쟁채용
    - 경력경쟁채용(종전의 특별채용)
  - 내부임용
    - 수평적 이동 : 배치전환(전직 · 전보 · 파견근무) · 겸임
    - 수직적 이동 : 승진 · 강임 등

(2) 외부임용(신규임용)

① 공개경쟁채용

㉠ 의의 : 자격 있는 모든 사람에게 평등하게 지원 기회를 부여하고 공개경쟁시험을 통해 임용후보자를 선발하는 방법(실적주의 인사행정에서의 신규

Check Point

공무원관계의 발생 · 변경 · 소멸
- **발생** : 신규채용 등
- **변경** : 승진, 전직, 전보, 파견, 강임, 휴직, 직위해제, 정직, 복직, 겸임 등
- **소멸** : 면직, 해임, 파면, 퇴직 등

Check Point

인적자원계획 절차(Klingner)
조직목표 설정 → 인력 총수요 예측 → 인력 총공급 예측 → 실제 인력수요 예측(총수요–총공급) → 실제 수요인력 확보방안 결정 → 인력확보방안 시행 → 효과성 평가 및 환류

Check Point

공개경쟁을 보장하는 요건
적절한 공고, 지원기회의 개방, 현실적 자격요건, 자격기준의 공평한 적용, 능력에 근거한 선발, 결과의 공개

임용 원칙)

ⓒ **목적** : 더 많은 수의 사람들에게 지원 기회를 부여함으로써 우수한 인력을 흡수

② **경력경쟁채용** : 종전의 특별채용이 법개정으로 2012년부터 경력경쟁채용으로 바뀜

㉠ **의의** : 공개경쟁채용이 부적당하거나 곤란한 경우 또는 특별한 자격이 있는 사람을 채용하는 경우에 실시되는 것으로, 경쟁을 제한하는 별도의 선발절차를 거쳐 공무원을 신규로 채용하는 것(제한경쟁시험에 의한 채용이 가능)

ⓒ **종류(「공무원임용령」)** : 퇴직한 공무원의 재임용, 자격증소지자의 채용, 연구 · 근무경력자의 채용, 특수학교졸업자의 채용, 특수직무 분야 또는 특수지 · 한지근무자의 채용, 지방직공무원과 국가직공무원 간의 교환임용, 외국어 능통자의 채용(4급 이하), 실업계학교 졸업자의 채용, 과학기술분야 학위소지자의 채용, 국비장학생 채용, 지역인재추천채용(인턴제), 귀화허가자나 북한이탈주민의 임용 등

ⓒ **장단점**

- 장점 : 공개경쟁채용제도를 보완하고 인력조달의 융통성 · 적극성 · 적응성을 기함(일종의 적극적 인사제도)
- 단점 : 정치적 압력이나 정실이 개입할 가능성이 큼(남용 시 실적주의 침해)

(3) 내부임용(재배치)

① **의의** : 이미 임용된 정부조직 내의 사람을 움직여 쓰는 활동을 말하며, 수직적 이동(승진, 강임)과 수평적 이동(배치전환, 겸임)이 있음

② **수직적 내부임용**

㉠ **승진** : 하위직급(계급)에서 상위직급(계급)으로의 이동

ⓒ **강임** : 하위직급으로의 이동

③ **수평적 내부임용**

㉠ **배치전환** : 동일한 계급 내의 수평적 인사이동으로, 전보, 전직, 전입, 파견 등이 있음

ⓒ **겸임** : 직위와 직무 내용이 유사하고 담당직무 수행에 지장이 없다고 인정되는 경우에 한 사람의 공무원에게 둘 이상의 직위를 부여하는 것

ⓒ **배치전환의 장단점**

장점	단점
• 공무원의 안목 확대와 종합적인 능력발전 • 부처 간 조정과 협조 증진에 기여	• 업무수행의 전문성과 숙련성 저하 • 인력낭비와 적응상의 문제

Check Point

지역 인재의 추천 채용

㉠ 「국가공무원법」 규정(지역 인재의 추천 채용 및 견습근무)
- 우수한 인재의 공직 유치를 위해 성적 등이 뛰어난 고등학교 이상 졸업자나 졸업 예정자를 추천 · 선발하여 3년의 범위에서 견습으로 근무하게 하고, 그 근무기간 동안 근무성적과 자질이 우수하다고 인정되는 자는 6급 이하의 공무원으로 임용할 수 있음
- 임용 시에는 행정 분야와 기술 분야별로 적정한 구성을 유지하고 지역별 균형을 이루도록 함

ⓒ 「공무원임용령」 규정(지역 인재의 추천 채용)
- 학사학위과정이 개설된 대학 졸업자 또는 졸업예정자를 대상으로 해당 학교 장의 추천을 거쳐 인사혁신처장이 임용예정 계급을 일반직 7급 공무원으로 하여 견습직원으로 선발
- 인사혁신처장이 정하는 고등학교 또는 전문학사 학위과정이 개설된 대학의 졸업자 혹은 졸업예정자를 대상으로 해당 학교장의 추천을 거쳐 임용예정 계급을 일반직 9급 공무원으로 하여 견습직원으로 선발

• 비공식집단의 폐해 차단 • 적재적소 배치와 부적응 극복 도모 • 권태감 방지 및 조직 활력 증진 • 조직 변동에 대한 유연한 적응 • 갈등의 적절한 조성 및 새로운 아이디어 주입	• 잦은 업무수행의 중단 초래 • 안정감 저하로 직무능률의 저하 초래 • 정원의 증원방안으로 악용될 우려(파견의 경우 별도정원으로 인정)

(4) 신규임용절차

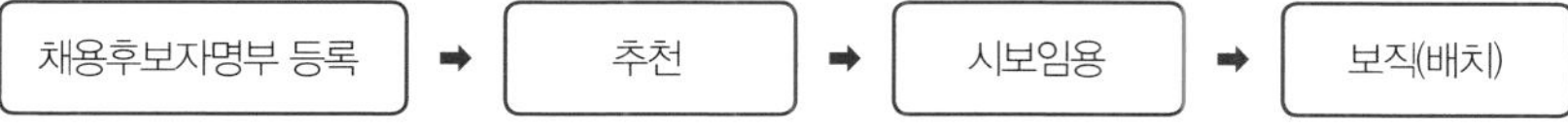

① 채용후보자명부 등록

㉠ 시험 실시기관의 장은 5급 이하의 시험합격자가 결정된 후 임명 전에 후보자명부에 등록(4급 이상은 적용되지 않음)

㉡ 명부의 유효기간은 2년이며, 1년 범위 내에서 연장 가능(교육훈련, 임용유예신청 등의 특별한 사유가 없이 추천된 7급 및 9급 공무원 채용후보자는 합격일로부터 1년 경과 시 의무적으로 임용하도록 규정됨)

② 추천

㉠ 시험 실시기관의 장은 각 기관의 결원 수 및 예상 결원 수를 고려하여 채용후보자 명부에 등재된 채용후보자를 시험성적, 훈련성적, 전공분야, 경력 및 적성 등을 고려하여 임용권을 갖는 기관에 추천

㉡ 단일추천제와 복수추천제 중 현재 우리나라는 단일추천제(동수추천제)가 일반적이며, 지정추천제(특별추천제)도 운영되고 있음

③ 시보임용

㉠ 의의

- 시험에 의하여 응시자의 모든 적격성을 판별할 수는 없으므로 임용권자는 추천된 임용후보자 가운데 적격자를 선발하여 일정한 기간 동안 시보공무원으로 임명함(미국의 조건부 임용제도와 유사)
- 시보제도는 응시자의 공직 적격성을 파악하는 최종적인 검증방법인 동시에 초임자의 적응훈련이라는 성격도 지님

㉡ 대상 및 기간 : 우리나라의 경우 신규채용되는 5급 이하의 공무원에 대해 적용되며, 5급의 경우 1년, 6급 이하의 공무원은 6개월의 시보기간을 규정

㉢ 운영상의 특징

- 정규공무원과 같이 신분보장이 되지 않아 시보임용 기간 중 근무성적 · 교육훈련성적이 나쁘거나 「국가공무원법」 또는 「국가공무원법」에 따른 명령을 위반하여 공무원으로서의 자질이 부족하다고 판단되는 경우 면직 또는 면직제청이 가능하며, 이 경우 소청 등의 구제수단이 인정되지 않음

Check Point

공무원 임용결격사유(「국가공무원법」 제33조)

- 피성년후견인
- 파산선고를 받고 복권되지 않은 자
- 금고 이상의 실형을 선고받고 그 집행이 종료되거나 집행을 받지 않기로 확정된 후 5년이 지나지 않은 자
- 금고 이상의 형을 선고받고 그 집행유예 기간이 끝난 날부터 2년이 지나지 않은 자
- 금고 이상의 형의 선고유예를 받은 경우에 그 선고유예 기간 중에 있는 자
- 법원의 판결 또는 다른 법률에 따라 자격이 상실되거나 정지된 자
- 공무원으로 재직기간 중 직무와 관련하여 「형법」 제355조 및 제356조에 규정된 죄를 범한 자로서 300만 원 이상의 벌금형을 선고받고 그 형이 확정된 후 2년이 지나지 않은 자
- 「성폭력범죄의 처벌 등에 관한 특례법」 제2조(성폭력범죄)에 규정된 죄를 범한 사람으로서 100만원 이상의 벌금형을 선고받고 그 형이 확정된 후 3년이 지나지 않은 자
- 미성년자에 대한 '성폭력범죄나 아동 · 청소년대상 성범죄'를 저질러 파면 · 해임되거나 형 또는 치료감호를 선고받아 그 형 또는 치료감호가 확정된 자(집행유예를 선고받은 후 그 집행유예기간이 경과한 자 포함)
- 징계로 파면처분을 받은 때부터 5년이 지나지 않은 자
- 징계로 해임처분을 받은 때부터 3년이 지나지 않은 자

Check Point

우리나라의 시보임용

우리나라의 경우 선발과정으로서의 기능을 수행하지 못한 채 형식적으로 운용됨으로써, 기초 적응훈련의 실시라는 부수적 기능만을 소극적으로 수행

- 휴직기간과 직위해제기간, 징계에 의한 정직 · 감봉처분을 받은 기간은 시보임용기간에 산입하지 않음

④ 배치(보직) : 시보기간이 끝난 뒤 정규공무원으로 임용되고, 초임 보직을 부여받음

적극적 모집

㉠ 의의 : 자격요건의 강화 등을 통해 단순히 부적격자를 가려내는 소극적 모집과는 달리, 유능한 인재를 적극적으로 공직에 유치하는 활동을 말함

㉡ 필요성
- 공직에 대한 낮은 사회적 평가
- 공무원의 승진기회 감소
- 공무원 이직률의 증가
- 공무원의 보수수준이 상대적인 저소득
- 인력공급에 비해 인력수요 증가
- 정보 업무의 전문화 제고

㉢ 자격요건
- 국적 : 우리나라의 경우 국가안보 및 보안 · 기밀 등의 분야를 제외하고는 임용 가능
- 성별 : 제한이 없는 것이 원칙이며, 업무 성격상 일부 제한(소방공무원 등)
- 학력(교육) : 1973년 이후 제한 폐지
- 연령 : 2009년 이후 제한 폐지(하한 연령 존재)
- 거주지 : 제한이 없는 것이 원칙이며, 일부 지방직의 경우 제한
- 경력 · 자격 등

㉣ 모집방법
- 모집자격 및 기준의 완화와 기회균등 보장
- 장기적이고 일관성 있는 인력 수급계획의 수립
- 수시접수제도, 제출서류 및 수험절차의 간소화
- 모집정책에 대한 사후평가 및 환류의 강화
- 공직에 대한 사회적 평가의 제고

꼭! 확인 기출문제

공무원의 인사이동에 대한 설명으로 옳은 것은? [국가직 9급 기출]

① 겸임은 한 사람에게 둘 이상의 직위를 부여하는 것으로 그 대상은 특정직 공무원이며, 겸임 기간은 3년 이내로 한다.

② 전직은 인사 관할을 달리하는 기관 사이의 수평적 인사이동에 해당하며, 예외적인 경우에만 전직시험을 거치도록 하고 있다.

❸ 같은 직급 내에서 직위 등을 변경하는 전보는 수평적 인사이동에 해당하며, 전보의 오용과 남용을 방지하기 위해 전보가 제한되는 기간이나 범위를 두고 있다.

④ 예산 감소 등으로 직위가 폐지되어 하위 계급의 직위에 임용하려면 별도의 심사 절차를 거쳐야 하고, 강임된 공무원에게는 강임된 계급의 봉급이 지급된다.

해 ③ 전보는 동일한 직급 내에서의 보직 또는 고위공무원단 직위 간의 보직을 변경하는 수평적(횡적) 인사이동으로 인사질서의 혼란과 전보의 오 · 남용을 방지하기 위해 전보가 제한되는 기간(2년, 3~4급 공무원은 1년 6개월, 고위공무원단은 1년)이나 범위(고충직원의 전보 제한 등)를 두고 있다.

① 겸임은 한 사람에게 둘 이상의 직위를 부여하는 것으로 일반직 공무원을 대상으로 하며, 기간은 2년 이내로 하고 2년의 범위 내에서 연장이 가능하다.

② 전직은 직렬을 달리하는 수평적 인사이동으로 직렬이 달라지므로 전직시험을 거쳐야 한다(예외적으로 면제 가능).

④ 정부조직 개편이나 예산 감소 등으로 폐직이 되어 하위 계급의 직위에 임용되는 것을 강임이라고 하나, 별도의 심사절차를 걸쳐야 하는 것은 아니며, 봉급도 강임된 봉급이 강임되기 전보다 많아지게 될 때까지는 강임되기 전의 봉급에 해당하는 금액을 지급한다.

2. 시험

(1) 의의

① 응시자 중에서 유능하고 직무수행능력을 갖춘 적격자를 분별하는 수단, 즉 모집된 인력의 집단 내의 적격성을 판단하는 수단(절대적 최선의 수단은 아님)

② 공개경쟁시험을 통해 공직에 대한 기회균등을 보장하며, 행정의 민주성 · 능률화에 기여

③ 실적주의 인사행정의 기초는 공정한 경쟁시험

(2) 효과적인 시험의 조건

① 동일한 자격에 입각하여 응시자에게 균등한 기회를 부여해야 함

② 시험 합격 후의 응시자의 직무수행능력, 근무태도, 발전능력 등을 예측할 수 있어야 함

③ 응시자의 우열 순위가 확실하게 나타나야 함

(3) 시험의 종류

① 형식(방법)에 의한 분류

㉠ 필기시험(주관식, 객관식, 논문형, 자유해답식 등)

- 모든 종류의 선발고사에서 보편적으로 사용되는 시험방법
- 시험관리가 용이하고 고도의 채점기술이 필요하지 않으며, 시간 · 경비가 절약되고 채점의 객관성이 높다는 것이 장점

㉡ 실기시험

- 직무수행에 필요한 실제적인 기술과 능력을 검증 · 평가하는 것
- 실제 직무내용 그대로를 측정 · 평가한다는 장점이 있음
- 다수의 응시자를 한 번에 테스트하기 어렵다는 단점이 있음

㉢ 면접시험

- 다른 시험으로는 측정하기 어려운 사람의 자질이나 직무수행능력, 적격성을 알아보기 위한 대면구술능력 평가
- 시험관의 정실이나 주관이 개입하기 쉽고 신뢰도 · 객관도를 보장하기 어려우며, 시험이 외부의 영향을 받기 쉽다는 단점이 있음

② **목적(내용 · 측정대상)에 의한 분류** : 일반 지능검사(일반 능력검사), 적성검사, 업적능력검사(실적검사), 성격검사, 체력검사 등

(4) 시험의 효용도

① **개념** : 시험의 목적(응시자의 능력 판단)을 효율적으로 달성할 수 있는 정도

Check Point

효용성의 기준(요건)
타당도와 신뢰도, 객관도 등

Check Point

타당도의 개념
- 측정하고자 하는 바(능력 등)를 실제로 정확하게 측정할 수 있는 정도
- 시험성적과 채용 후의 근무성적의 비교를 통해 측정 가능
- 가장 이상적 측정기준이나, 기술적 제약 등의 한계가 있음
- 세부적으로 기준타당도, 내용타당도, 구성타당도로 구분

Check Point

내용타당도와 기준타당도의 차이
- **내용타당도** : 응시자가 직무수행에 필요한 지식·기술 등 능력요소를 현재 얼마나 가지고 있는가를 알아내는 문제와 관련된 것
- **기준타당도** : 응시자들이 보여줄 장래의 업무실적을 예측하는 문제와 관련된 것

Check Point

구성타당도 검증방법
- **수렴적 타당도** : 동일 또는 유사한 두 개념을 상이한 측정방법으로 측정하였을 경우 그 측정값 사이의 상관관계(상관도가 높을수록 수렴적 타당도가 높음)
- **차별적 타당도** : 서로 다른 두 개념을 동일한 측정방법으로 측정하였을 경우 그 측정값 사이의 상관관계(상관도가 낮을수록 차별적 타당도가 높음)

② 타당도(validity)

㉠ 기준타당도

의의	• 일반적인 타당도를 말하며, 시험이 직무수행능력을 얼마나 정확하게 예측했는가의 정도(측정도구와 측정목적 간의 상관관계의 일치정도) • 시험성적과 근무성적의 상관관계가 높을수록 기준타당도가 높음
검증방법	• 예측적(예언적) 타당성 검증 : 시험에 합격한 사람이 일정 기간 직장생활을 한 다음 그의 채용시험 성적과 업무실적을 비교하여 양자의 상관관계를 확인하는 방법(추적법 내지 추종법)으로, 검증에 시간이 소요되고 성장효과가 작용하는 것이 단점 • 동시적(현재적) 타당성 검증 : 앞으로 사용하려고 입안한 시험을 재직 중에 있는 현직자들에게 실시한 다음 그들의 업무실적과 시험성적을 비교하여 그 상관관계를 확인하는 방법
평가	가장 이상적 타당도이나 현실적·기술적 제약이 있음

㉡ 내용타당도

의의	• 시험이 직위의 업무와 책임에 직접 관련되는 능력요소(지식, 기술, 태도 등)를 제대로 측정할 수 있는 정도 • 측정도구의 대표성 정도를 평가하는 타당성(측정도구가 측정대상이 가지고 있는 무수한 속성들 중의 일부를 대표성 있게 포함하고 있으면 그 측정도구는 내용타당성의 정도가 높음)
검증방법	직무분석을 통해 능력요소와 시험 내용의 적합도를 판정하므로, 직무분석에 필요한 내용요소와 시험 내용에 대한 '내용분석'이 필수적임
평가	기준타당도의 기술적 제약은 어느 정도 극복할 수 있으나 성공가능성 입증에 제약이 따르며, 능력요소의 조작적 정의가 가능하거나 시험의 종류가 업적검사일 때 유효

㉢ 구성타당도(해석적 타당도·안출적 타당도)

의의	• 시험이 직무수행의 성공과 관련된 이론적·추상적 능력요소를 얼마나 정확하게 측정하고 있는가의 정도 • 측정도구가 실제로 무엇을 측정하였는가 또는 조사자가 측정하고자 하는 추상적인 개념이 실제로 측정도구에 의해서 적절하게 측정되었는가에 관한 문제
검증방법	능력요소의 현실성과 직무수행에 대한 상관성을 확인한 후 시험내용과 구성된 능력요소 간의 관계를 분석
평가	고도의 관념적 추론과정이 요구되므로 오류 가능성이 큼

㉣ 타당도의 비교

구분	의의	평가기준	검증방법
기준타당도	직무수행능력이나 실적의 예측	시험성적 = 근무성적	• 예측적 타당성 검증 • 동시적 타당성 검증

내용타당도	직무수행능력 요소 측정 정도	시험내용 = 직무수행 능력요소	내용분석
구성타당도	직무수행과 관련된 이론적 · 추상적 구성요소 측정 정도	시험내용 = 이론적 구성요소	• 수렴적 타당도 • 차별적 타당도

③ 신뢰도(consistency)

㉠ 시험시기나 장소, 도구 등의 여건에 따라 점수가 영향을 받지 않는 정도(시험 등 측정도구가 측정대상을 일관성 있게 측정하는 정도)

㉡ 측정수단으로서의 일관성, 일치성을 알아보는 정도

㉢ 동일인이 동일 시험을 시차를 두고 측정한 것이 근소할수록 신뢰도가 높음

신뢰도와 타당도의 관계

- 신뢰도는 타당도의 필요조건에 해당함
- 신뢰도가 낮으면 타당도도 낮음(○)
- 타당도가 높으면 신뢰도가 높음(○)
- 신뢰도가 높으면 타당도도 높음(×) : 신뢰도가 높아도 다른 요인으로 타당도가 낮을 수 있음
- 타당도가 낮으면 신뢰도도 낮음(×) : 타당도가 낮아도 신뢰도는 높을 수 있음

④ 객관도(objectivity)

㉠ 채점의 공정성, 즉 시험 결과가 채점자의 주관적 편견이나 외적 요인에 의해 차이를 나타내지 않는 정도

㉡ 신뢰도의 한 조건으로서, 객관도가 낮으면 신뢰도가 낮음

㉢ 동일 답안에 대한 다른 여러 사람의 채점결과 간의 차가 적을수록 객관도가 높음

㉣ 일반적으로 주관식 시험보다는 객관식 시험의 객관도가 높음

⑤ 난이도(difficulty)

㉠ 쉬운 문제와 어려운 문제의 비율상의 적정도(시험의 쉽고 어려운 정도)로서, 시험의 변별력과 연관됨

㉡ 시험은 응시자 간의 능력 차이를 식별할 수 있을 만큼의 적정성이 있어야 하며, 너무 어렵거나 쉬워 득점의 변별력이 떨어져서는 안 됨

㉢ 일반적으로 성적분포가 종모양(bell-shaped)의 정규분포를 나타내는 것이 좋은 시험임

⑥ 실용도(availability) : 실시비용의 저렴성, 실시 및 채점의 용이성, 이용가치의 고도성, 균등 기회의 부여 등의 정도(시험의 실시에 따르는 비용이나 노력이 과다하게 소요되지 않는 것)

Check Point

신뢰도의 검증방법

- 시험을 2회 실시하는 방법
  - 복수양식법(동질이형법, 형식변화방법) : 시험 형식을 바꾸어 동일 집단에 시험하고 성적을 비교하는 방법
  - 재시험법 : 동일 시험을 시차를 두고 동일 집단에 다시 시험해 비교하는 방법
- 시험을 1회 실시하는 방법
  - 이분법(반분법) : 동일 시험의 문제를 두 부분으로 나누어 성적을 비교하는 방법
  - 문항 간 일관성 검증방법 : 시험의 모든 문제를 비교해 성적과 상관성을 분석하는 방법

Check Point

실용도

- 다수의 시험관이 필요하고 실시기간이 길다면 비용의 과다로 실용도가 낮아짐
- 시험결과가 신속히 밝혀질 경우에는 채점이 용이하므로 실용도가 높아짐

꼭! 확인 기출문제

다음에서 검증하고자 하는 선발시험의 효용성 기준은? [지방직 9급 기출]

보기

행정안전부는 2010년도 국가직 9급 공개경쟁채용시험을 통해 채용된 직원들의 시험 성적을 이들의 채용 이후 1년 동안의 근무성적 결과와 비교하려고 한다.

❶ 타당성(validity) ② 능률성(efficiency)
③ 실용성(practicability) ④ 신뢰성(reliability)

해 ① 시험의 효용성 측정기준 중 타당도(기준타당도)란 시험이 측정하고자 하는 요소를 실제로 정확하게 측정하는 정도를 말하는 것으로, 시험 성적과 채용 후의 근무성적을 비교하는 예측적 타당성 검증에 의해 측정이 가능하다.
② 능률성(efficiency)은 행정이념의 하나로, 투입에 대한 산출의 합리적 비율, 즉 일정한 투입으로 최대의 산출을 얻거나 일정한 결과를 최소의 투입으로 얻는 것을 말한다.
③ 시험의 효용성 기준으로서의 실용도는 시험의 실시에 따르는 비용이나 노력이 과다하게 소요되지 않는 것을 의미한다.
④ 시험의 효용성 기준으로서의 신뢰도는 시험 등 측정도구가 측정대상을 일관성 있게 측정하는 정도를 의미한다.

제2절 공무원의 능력발전

1. 교육훈련

(1) 의의

① 개념

㉠ **교육** : 공무원의 새롭고 일반적인 지식이나 기능, 가치관, 태도 등을 육성 · 함양하는 것

㉡ **훈련** : 특정 직무수행에 필요한 관련 지식과 기술을 개발하거나 숙달하는 것(교육보다 구체적 · 실제적 개념)

㉢ **교육훈련** : 공무원이 직무수행에 요구되는 지식과 기술을 습득하게 하고, 가치관과 태도를 발전적으로 변화시키고자 하는 인사기능

② 필요성(목적)

㉠ 직무수행 및 분석능력의 향상을 위해 지식 · 기술 · 가치관 및 태도의 향상

㉡ 공무원의 직무수행능력 향상과 이를 통한 조직 생산성 증대

㉢ 가치관의 쇄신으로 관료제의 역기능 극복 및 융통성 도모

㉣ 조정과 감독 · 통제의 필요성 감소

㉤ 공무원 개인에게 능력발전 및 승진의 기회를 제공하고 사기앙양을 도모

Check Point

교육훈련의 수요

교육훈련의 수요는 직책이 요구하는 자격에서 공무원이 현재 지니고 있는 자격을 제외한 부분을 말한다. 이는 적정한 교육대상자를 선정하고 교육내용을 결정하기 위해 반드시 필요한 기준이라 할 수 있다. 교육훈련 수요를 파악하기 위해서는, 우선 업무에 필요한 지식과 기술, 태도 등을 확인하고 공무원들이 이를 어느 정도나 구비하고 있는가를 파악한 다음 이러한 간격을 메우기 위해 적합한 교육훈련 방안을 모색 · 실행하여야 한다.

ⓑ 국민에 대한 행정서비스의 신속성이나 친절성 제고

ⓢ 행정체제의 침체를 방지하고 개혁을 통한 행정발전(궁극적 목적)

(2) 종류(교육훈련대상자에 따른 구분)

① 신규채용자 및 재직자 훈련

㉠ **신규채용자 훈련(기초훈련 · 적응훈련)** : 신규채용자를 대상으로 공무원으로서 지녀야 할 기본적인 소양 및 교양, 근무기관의 목적과 각자의 역할, 담당직무 내용 등을 위주로 한 훈련으로, 이를 통해 공직사회에 적응할 수 있게 함

㉡ **재직자 훈련(보수(補修)훈련)** : 재직 중인 공무원에게 새로운 지식이나 기술 등을 습득시키고, 그들의 근무태도와 가치관을 개선시키기 위하여 정기적으로 실시하는 훈련

② 감독자 및 관리자 훈련

㉠ **감독자 훈련** : 감독자에게 리더십 향상과 인간관계 개선에 중점을 두고 실시하는 훈련(감독자란 부하를 지휘 · 감독하고 이에 대한 책임을 지는 직위에 있는 자)

㉡ **관리자 훈련** : 관리능력 및 정책결정 · 기획에 필요한 지도력과 통솔력, 의사결정 및 정책분석능력 등을 향상시키는 훈련

(3) 방법

① 전달식 · 강의식 방법

㉠ **개념** : 가장 일반적 · 전통적 · 경제적인 교육방법으로, 일정 장소에서 강사가 일방적으로 강의하는 방식

㉡ **장점** : 훈련 내용을 신축적으로 조절할 수 있고 체계적 · 논리적 정보전달이 가능하며, 일시에 많은 사람을 대상으로 교육 가능

㉢ **단점** : 강의의 성과 파악이 곤란하고 훈련자들이 능동적으로 참여할 기회가 적어 흥미를 잃기 쉬우며, 유능한 강사의 확보가 어려움

② 참여식 · 토론식 · 토의식 기법

㉠ **회의(conference)** : 다수(보통 12~25명)의 훈련생들이 한데 모여 사회자를 두고 토의하는 방식

㉡ **패널(panel)과 심포지엄(symposium)**

- 패널 : 풍부한 지식을 가진 3~6명의 연사가 공동의 주제를 놓고 훈련생들 앞에서 의견을 발표하고 토론하는 방식으로, 청취자(훈련생)는 참여가 제약되는 단점이 있음
- 심포지엄 : 토론자 3~9명 정도가 각자 개별적 주제에 관하여 발표하는 방식

Check Point

목적에 따른 교육훈련 방법

- **지식 습득을 위한 방법** : 독서, 강의, 토론회, 사례연구, 시찰, 시청각교육 등
- **기술연마를 위한 방법** : 시범, 사례연구, 모의연습, 현장훈련, 전보 · 순환보직, 실무수습, 시청각교육 등
- **태도 및 행동 교정을 위한 방법** : 역할연기, 사례연구, 감수성 훈련 등

Check Point

회의의 장단점

- **장점** : 여러 사람이 가진 지식 · 정보를 모으는 데 효과적이며 (이론적 지식 발전에 유용), 능동적 참여를 통한 독창적 사고능력 배양과 태도 교정에 유용함
- **단점** : 소집단에만 사용할 수 있고 참여자의 사전 지식이 요구되며, 새로운 정보를 체계적으로 전달하는 데는 부적합함

㉢ **포럼(forum)** : 청중(훈련생)의 적극적인 참여에 의하여 진행되는 공개토론회

㉣ **신디케이트(syndicate, 분임연구)** : 훈련생들을 10명 내외의 소집단으로 나누고 각 집단별로 동일한 문제를 토의하여 합리적인 최종 결론을 도출시키는 훈련방법

㉤ **사례연구(case study)**
- 개념 : 사전에 선정된 특수한 사례(사건)를 여러 사람이 사회자의 지도 아래 연구 · 토의하는 방식
- 장점 : 훈련생 전원이 능동적 · 자율적으로 참가할 수 있으며, 주입식의 폐단을 시정하고 흥미를 유발하며, 창의적 · 분석적 사고능력과 문제 해결능력을 발전시켜 줌
- 단점 : 소집단에서만 가능하며, 상당한 시간이 소요되고 적절한 사례를 구하기가 어려움

㉥ **연기기법 · 역할연기(role-playing)**
- 실제 직무상황과 같은 가상의 상황을 조성해 특정 역할을 연기하도록 하여 당면 문제를 체험해 봄으로써 타인에 대한 이해를 도모하게 하는 기법으로, 연기 후 사회자가 청중들에게 그 내용을 비평 · 토론하도록 함
- 감독자 훈련에 적합하고 인간관계나 고객에 대한 태도 · 행동 변화에 적합하지만, 지식교육에는 효과적이지 못하며 수준 높은 사회 기술과 충분한 사전준비를 요함

㉦ **모의연습(simulation)** : 실제와 유사한 가상적 상황을 꾸며 놓고 훈련생이 거기에 대처하도록 하는 방법

③ **체험식 기법**

㉠ **시찰 · 견학** : 훈련생이 실제로 현장에 가서 직접 목격 · 체험하게 하는 방법

㉡ **현장훈련(OJT ; On the Job Training)** : 직장훈련 또는 견습이라 불리는 것으로, 훈련생이 실제 직무를 수행하면서 상관이나 감독자로부터 직무수행에 관한 지식과 기술을 배우는 방식

㉢ **감수성훈련** : 외부 환경이 차단된 상황에서 자신을 들여다보고, 자신의 경험을 교환 · 비판하게 함으로써 대인관계에 대한 이해와 감수성을 제고하고, 스스로 바람직한 행동을 찾게 하는 방법

㉣ **임시대역** : 상관부재 또는 유고 시 상급자의 권한을 대행함으로써 하급자의 자질을 향상시키는 방법

Check Point

시찰 · 견학의 장단점
- **장점** : 훈련생의 흥미 제고
- **단점** : 시간과 비용 과다

Check Point

액션러닝(action learning, 실천학습)

정책현안에 대한 현장방문, 사례조사, 성찰미팅, 행동학습 등을 통해 소그룹별 훈련생이 실제 현장의 문제해결방안을 모색하도록 하는 문제해결 및 참여와 성과지향 교육훈련기법으로 최근 우리나라 등 각국의 고위공무원(관리자) 역량중심 교육훈련기법으로 많이 활용되고 있음

현장훈련과 교육원훈련의 장단점

구분	현장훈련(On the Job Training)	교육원훈련(Off the Job Training)
장점	• 구성원 간의 이해와 협동정신 강화 • 피훈련자의 습득도와 능력에 알맞은 훈련 가능 • 훈련이 구체적 · 실제적이며, 업무와 병행 가능 • 훈련성과 파악을 통해 구성원의 동기 유발이 가능 • 교육원훈련보다 적은 비용으로 실시	• 전문적 훈련이 가능(전문적 교관이 훈련 실시) • 업무 수행과 관련 없이 실시되므로 예정된 계획에 따라 실시 가능 • 업무 부담 없이 훈련에 전념 가능 • 다수의 피훈련자를 동시에 교육할 수 있음
단점	• 업무와 병행하여 훈련 효과가 저하 • 계획에 따라 실시하기가 어려움 • 교육훈련의 전문성 보장이 곤란함 • 훈련 내용 및 수준의 통일이 어려움 • 다수의 구성원을 동시에 훈련시키기 어려움	• 업무 수행에 지장이 될 수 있음(일부의 훈련 참가로 업무 부담이 가중) • 교육훈련 결과를 업무 현장에 직접 활용하기 어려움 • 훈련 실시 비용이 많이 소요

꼭! 확인 기출문제

다음 설명에 해당하는 교육훈련 방법은? [국가직 9급 기출]

> 서로 모르는 사람 10명 내외로 소집단을 만들어 허심탄회하게 자신의 느낌을 말하고 다른 사람이 자신을 어떻게 생각하는지를 귀담아듣는 방법으로 훈련을 진행하기 위한 전문가의 역할이 요구된다.

① 역할연기 ② 직무순환
❸ 감수성 훈련 ④ 프로그램화 학습

해 ③ 제시문은 감수성 훈련에 대한 설명으로, 사전에 과제나 사회자를 정해 주지 않고 10명 내외의 이질적이거나 동질적인 피훈련자끼리 자유로운 토론을 통하여 어떤 문제의 해결 방안이나 상대방에 대한 이해를 얻도록 하는 교육훈련 방법이다.
① 역할연기 : 어떤 사례를 그대로 연기하고 연기 내용을 비평 · 토론한 후 결론을 유도하는 교육훈련 방법이다.
② 직무순환 : 여러 분야의 직무를 직접 경험하도록 계획된 순서에 따라 직무를 순환시키는 실무훈련 방법이다.
④ 프로그램화 학습 : 인간행동의 심리학적 전문지식, 특히 행동주의적 학습원리를 교육의 실천분야에 응용한 교수기계(teaching machine) 프로그램이다.

(4) 교육훈련에 대한 저항의 극복방안

① 훈련생과 감독자 · 관리자가 스스로 교육훈련의 유용성을 인식하고 이를 홍보하여 관계자들의 이해를 구함
② 참여에 의한 교육훈련 계획을 수립하고 효율적 훈련방법을 개발하며, 그 성과를 계량화함
③ 교육훈련 결과를 승진 · 보직 등에 적극 반영함
④ 훈련생의 자발적 참여와 선발을 위한 제도적 장치를 마련함

Check Point

현장훈련
- **장점** : 고도의 기술성 · 전문성 · 정밀성을 요구하는 직무에 적합, 실무적 훈련에 유리, 교육차출이 불필요, 비용 절감, 상관과 부하의 이해관계 증진
- **단점** : 많은 수의 인원을 동일한 수준으로 교육시킬 수 없음
- **종류** : 직무순환, 실무지도, 인턴십 등

Check Point

저항의 원인
훈련생 자신의 저항뿐만 아니라, 관리자 · 감독자의 저항 및 비협조, 입법부의 비호의적 태도 등이 원인으로 작용

2. 근무성적평정

(1) 의의

① 개념

㉠ 근무성적평정이란 공무원이 근무하는 조직체에 있어서의 근무실적, 직무수행능력 및 태도 등을 일정한 기준에 따라 체계적 · 정기적으로 평가하여 이를 인사행정자료로 활용하는 것을 말함

㉡ 인사행정에는 크게 직무평가와 근무성적평정이 있음

- 직위분류제의 직무평가 : 직무의 곤란도와 책임도에 따라 수평적으로 평가함으로써 등급 및 직급을 결정하는 것(보수표 작성에 이용)
- 근무성적평정 : 직무를 수행하는 인간(공무원)을 중심으로 하여 수행 · 실행된 직무성과를 평가하는 것(보수표 작성에 이용 불가)

㉢ 미국에서는 1923년 직위분류법이 도입됨에 따라 근무성적평정제도가 공식적으로 도입되었으며, 우리나라에서는 조선시대 도목정사(都目政事)와 갑오개혁 이후의 고과제(考課制)를 기원으로 하여, 1961년에 통일적인 규정이 마련됨

② 효용(용도)

㉠ 인사행정의 기준 제공(상벌의 판단 기준, 적재적소 인사배치의 자료)

㉡ 교육훈련의 기초자료(훈련의 필요성 및 수요 파악을 위한 자료)

㉢ 채용시험의 타당도 측정 시 비교 자료

㉣ 직무수행능력 및 근무능력 향상의 토대(평정결과의 공개)

㉤ 상 · 하급자 간의 협조 및 의견교환, 이해의 증진

(2) 평정기법(평정모형)

① 평정기법별 분류

㉠ 도표식 평정척도법

- 의의 : 가장 광범위하게 이용되는 기법으로, 한쪽 편에는 실적 · 능력 등을 나타내는 평정요소를 표시하고 다른 편에는 우열을 나타내는 등급을 구분하여 표시(우리나라의 경우 5급 이하에 사용)
- 평정표 작성 : 목표를 명확히 설정하고 직무분석을 통해 적절한 수의 평정요소를 선택하며, 상대적 중요도에 따라 평정요소 간의 가중치를 부여

㉡ 강제배분법

- 의의 : 피평정자들을 우열의 등급에 따라 구분한 뒤 몇 개의 집단으로 분포비율에 따라 강제적으로 배치하는 방법(우리나라의 경우 원칙상 3등급

> **Check Point**
>
> **근무성적평정의 개념상 특징**
> - 직무가 아닌 인간에 대한 평가이며, 절대평가가 아닌 상대적 평가
> - 공무원 인사기록카드에 기록되며, 승진 · 승급, 교육훈련, 인사배치의 자료로 활용

> **Check Point**
>
> **근무성적평정과 직무평가의 차이**
> 직무평가는 직무자체를 객관적으로 평가하는 것이지만 근무성적평정은 사람을 기준으로 실현된 직무의 성과를 평정하는 것이므로 직무와 공무원의 관계를 주관적으로 평가하는 것임

> **Check Point**
>
> **도표식 평정척도법의 장단점**
> ㉠ 장점
> - 한꺼번에 많은 수를 신속히 평정
> - 평정표 작성이 간단하고 평정이 용이
> - 상벌 목적에 이용하기 편리
> - 평정결과의 계량화와 통계적 조정이 가능
> - 분석적 평가로 평정의 타당성과 평정결과의 정확성 · 신뢰성이 높아짐
>
> ㉡ 단점
> - 합리적 평정요소의 선정 곤란
> - 각 평정요소의 비중 산출 및 평정요소 간 가중치 결정 곤란
> - 등급의 비교 기준이 모호
> - 평정자의 주관개입과 연쇄효과(halo effect) · 집중화 우려가 존재

이상으로 평가하되, 5급 이하의 경우 최상위 등급은 20%, 최하위 등급은 10%를 배정하도록 강제)

- 장점 : 평정 시의 관대화 및 집중화경향 방지
- 단점 : 평정대상 전체의 능력에 관계없이 고정된 비율에 따라 우열을 배분

ⓒ **산출기록법** : 일정한 시간당 생산량을 기록하여 비교 · 평가하는 방법으로, 업무의 성질이 비교적 단순한 일상적 · 반복적 업무에 적용(상대평가방법)

ⓔ **서열법(인물비교법)**

- 피평정자 간의 근무성적을 서로 비교해서 서열을 정하는 방법으로, 평정요소를 자세히 구분한 객관적 지표가 아닌 피평정자 한 사람의 전체적인 특성을 다른 사람들과 포괄적으로 비교하는 것(집단 규모가 작을 때 적합)
- 쌍쌍비교법(쌍대비교법, 2인비교법)은 피평정자를 두 사람씩 짝지어 비교를 되풀이하여 평정하는 방법으로, 서열법(인물비교법)의 일종

ⓜ **중요사건기록법(critical incident method)** : 피평정자의 근무실적에 큰 영향을 주는 중요사건들을 평정자로 하여금 기술하게 하거나 중요사건들에 대한 설명구를 미리 만들어 평정자로 하여금 해당 사건에 표시하게 하는 방법

ⓑ **체크리스트법(check list, 사실표지법)**

- 개념 : 적절한 평가의 판단 기준이 되는 표준행동목록을 미리 작성해 두고, 평정자가 피평정자에게 해당하는 목록의 항목을 골라 단순히 가부를 표시하게 한 후 선택 항목의 점수합계로 결정하는 방법(평정목록별로 가중치를 두는 것은 가중체크리스트법)
- 장점 : 평정요소의 명확한 제시, 평정이 용이
- 단점 : 평정항목 작성의 어려움

ⓢ **강제선택법** : 2개 또는 4~5개의 기술항목 가운데 피평정자의 특성에 가까운 것을 골라 표시하도록 강제선택시키는 방법으로, 강제선택식 체크리스트법이라고 함

ⓞ **직무기준법** : 직무수행의 구체적인 기준을 정하여 실적과 비교 · 평정하는 방법으로, 여러 가지 직무분석기법이 사용됨

ⓙ **목표관리법(MBO에 의한 평정법)**

- 조직 상하 구성원의 참여를 통해 단기 업무목표를 설정하고 그 결과를 공동으로 평가 · 환류시키는 목표관리(MBO)방식을 근무성적평정에 활용한 기법
- 관리의 효율화를 기하려는 결과 중심의 평정방법

ⓒ **행태기준 평정척도법(BARS ; Behavioraly Anchored Rating Scales)** : 평정의 임의성과 주관성을 배제하기 위하여 도표식 평정척도법에 중요사건기

Check Point

상대평가방법

평정기법 중 분포비율을 강제하는 상대평가방법에 해당하는 것으로는, 강제배분법과 서열법이 있다. 서열법에는 단순서열법, 대인비교법, 쌍대비교법, 이전법이 있다.

Check Point

중요사건기록법의 장단점

- **장점** : 피평정자와의 상담 촉진에 유용하고, 사실에 근거한 평가가 가능
- **단점** : 이례적인 행동을 지나치게 강조할 위험, 상호비교가 곤란

Check Point

강제선택법의 장단점

- **장점** : 평정자의 편견이나 정실을 배제할 수 있으며, 신뢰성과 타당성이 높음
- **단점** : 기술항목의 작성이 어렵고 작성 비용도 많이 들며, 평정결과에 대한 상의가 곤란

Check Point

행태기준 평정척도법의 장단점

- **장점** : 평정의 임의성과 주관성으로 인한 오류를 최소화
- **단점** : 평정표 개발에 비용 · 시간 · 노력이 많이 소요(직무에 따라 중요 행태가 달라야 하므로 별개의 평정양식이 필요)

록법을 절충한 방법으로, 직무분석에 기초하여 직무와 관련한 중요한 과업 분야를 선정하고 각 과업분야에 대하여 가장 이상적인 과업행태에서부터 바람직하지 못한 행태까지 몇 개의 등급으로 구분하여 각 등급마다 중요 행태를 명확하게 기술하고 점수를 할당(실제로 관찰될 수 있는 행태에 대해 서술적 문장으로 평정척도를 표시한 평정도표를 사용)

㉠ **행태관찰척도법(BOS ; Behavioral Observation Scales)** : 평정요소별 행태에 관한 구체적인 사건 · 사례를 기준으로 평정하는 한편, 등급에서는 도표식 평정척도법과 유사하게 사건을 빈도로 표시하는 척도를 구성하는 기법(행태기준 평정척도법과 도표식 평정척도법을 절충한 방식)

꼭! 확인 기출문제

01. 〈보기〉의 설명에 해당하는 근무성적 평정 방법으로 가장 옳은 것은? [서울시 9급 기출]

보기

저는 학생들을 평가함에 있어 성적 분포의 비율을 미리 정해 놓고 등급을 줍니다. 비록 평가 대상 전원이 다소 부족하더라도 일정 비율의 인원이 좋은 평가를 받거나, 혹은 전원이 우수하더라도 일부의 학생은 낮은 평가를 받게 되지만, 이 방법을 통해 학생들의 성적분포가 과도하게 한쪽으로 집중되는 것을 막아 평정 오차를 방지할 수 있다는 점에서 유용합니다.

❶ 강제배분법
② 서열법
③ 도표식 평정척도법
④ 강제선택법

해 ① 학생들의 성적 분포가 과도하게 한쪽으로 집중되는 것을 막아 평정 오차를 방지할 수 있는 근무성적평정 방법은 강제배분법이다. 강제배분법은 피평정자들을 우열의 등급에 따라 구분한 뒤 몇 개의 집단으로 분포 비율에 따라 강제적으로 배치하는 방법이다.
② 서열법 : 피평정자 간의 근무성적을 서로 비교해서 서열을 정하는 방법으로, 평정요소를 자세히 구분한 객관적 지표가 아닌 피평정자와 한 사람의 전체적인 특성을 다른 사람들과 포괄적으로 비교하는 것이다.
③ 도표식 평정척도법 : 가장 광범위하게 이용되는 기법으로, 한쪽 편에는 실적 · 능력 등을 나타내는 평정요소를 표시하고 다른 편에는 우열을 나타내는 등급을 구분하여 표시하는 방법이다.
④ 강제선택법 : 2개 또는 4~5개의 기술항목 가운데 피평정자의 특성에 가까운 것을 골라 표시하도록 강제선택시키는 방법이다.

02. 근무성적평정에서 나타나기 쉬운 집중화 경향과 관대화 경향을 시정하기 위한 방법으로 적절한 것은? [국가직 9급 기출]

① 자기평정법
② 목표관리제 평정법
③ 중요사건기록법
❹ 강제배분법

해 ④ 강제배분법은 피평정자들을 우열의 등급에 따라 구분한 뒤 몇 개의 집단으로 분포 비율에 따라 강제적으로 배치하는 방법으로, 평정 시 관대화 및 집중화 경향을 방지하는 장점이 있다.
① 자기평정법 : 피평정자가 자신의 근무 성적을 스스로 평가하는 방법이다.
② 목표관리제 평정법 : 조직 상하 구성원의 참여를 통해 단기 업무목표를 설정하고 그 결과를 공동으로 평가 · 환류시키는 목표관리(MBO)방식을 근무성적평정에 활용하는 방법이다.
③ 중요사건기록법 : 피평정자의 근무실적에 큰 영향을 주는 중요사건들을 평정자로 하여금 기술하게 하거나 중요사건들에 대한 설명구를 미리 만들어 평정자로 하여금 해당 사건에 표시하게 하는 방법이다.

지방직 9급 기출

01. 공무원의 근무성적평정에 대한 설명으로 옳은 것은?

① 평정대상자의 근무실적과 직무수행능력을 평가하지만 적성, 근무태도 등은 평가하지 않는다.
② 중요사건기록법은 평정대상자로 하여금 자신의 근무실적을 스스로 보고하도록 하는 방법이다.
③ 평정자가 평정대상자를 다른 평정대상자와 비교함으로써 발생하는 오류는 대비오차이다.
④ 우리나라의 6급 이하 공무원에게는 직무성과계약제가 적용되고 있다.

해 특정 피평정자에 대한 평가를 바로 직전의 피평정자와 대비하여 평정함으로써 발생하는 오류는 대비오차이다.
① 근무성적평정은 평정대상자의 근무실적과 직무수행능력뿐만 아니라 적성, 근무태도 등도 평가한다.
② 평정대상자로 하여금 자신의 근무실적을 스스로 보고하도록 하는 방법은 자기평정법에 해당한다. 중요사건기록법은 피평정자의 근무실적에 큰 영향을 주는 중요사건들을 평정자로 하여금 기술하게 하거나 중요사건들에 대한 설명구를 미리 만들어 평정자로 하여금 해당 사건에 표시하게 하는 방법이다.
④ 우리나라의 직무성과계약제는 4급 이상 공무원을 대상으로 하며, 소속장관은 평가대상 공무원과 평가자 간에 1년 단위로 성과계약을 체결하도록 한다.

답 01 ③

② 평정주체별 분류

㉠ 감독자(상급자) 평정

- 상급자가 평정하는 가장 전통적인 방법으로, 수직적 계층구조가 강한 조직에 적합
- 복수평정과 단수평정이 있음(우리나라는 평정자와 확인자의 협의에 의한 복수평정이 원칙)

㉡ 부하평정 : 부하가 상관을 평정하는 상향식 평정

㉢ 동료평정 : 동료에 의한 평정으로, 집단평정의 일종

㉣ 다면평정(집단평정 · 전방위평정)

- 의의 : 감독자(상급자)뿐만 아니라 부하나 동료, 일반국민(민원인)까지 평가주체로 참여시키는 평가방법으로, 오늘날 수직적 구조가 완화되고 조직이 동태화됨에 따라 부각되고 있는 평정방법(우리나라는 1998년 도입. 현재 실시 여부는 임의적이며, 평가결과는 역량개발 · 교육훈련 · 승진 · 전보 · 성과급지급 등에 활용 가능, 단, 근무성적평정에는 반영 안 됨)
- 다면평정의 장단점

장점	단점
• 평가에 있어서의 공정성과 객관성을 높일 수 있음 • 조직구성원이 평가과정에 직접 참여함으로써 평가 결과에 대한 이해 및 수용성을 높이고 주인의식을 제고 • 조직 내 커뮤니케이션이 활성화되고, 이해관계자에 대한 책임성이 높아짐 • 구성원의 자기개발을 촉진함 • 관리자의 민주적 리더십을 제고할 수 있음 • 조직의 운영에 있어서 조직구성원의 참여가 보장되는 의사결정과정을 통하여 보다 민주적인 조직문화의 창출에 기여	• 근무성적평정을 둘러싸고 평정상의 불쾌감이나 스트레스가 증가할 수 있음 • 시간적 · 물리적 비용이 증가하며, 관리업무가 지나치게 복잡함 • 업무목표의 성취보다는 원만한 대인관계의 유지에 급급해 하는 행태적 성향이나 포퓰리즘 등을 조장할 수 있음 • 평가방향의 불안정성으로 인해 평가결과의 형평성이 저하됨 • 평가자들의 유동이 심한 경우 평가의 신뢰성 확보가 곤란함 • 평가참여자들의 범위가 지나치게 확대될 경우 피평가자에 대한 정확한 정보를 모르는 상태에서 평가가 이루어져 평가의 정확성이 저하됨

㉤ 기타 : 자기평정, 고객평정 등

(3) 평정의 오차(착오, 오류)

① 연쇄효과(halo effect, 후광효과 · 현혹효과)의 오류

㉠ 개념 : 특정 평정요소에 대한 평정자의 판단이 연쇄적으로 다른 요소의 평정에도 영향을 미치거나, 피평정자의 막연하고 전반적인 인상이 평정에 영향을 미치는 현상

Check Point

근무성적평정의 문제점

- 근무성적평정의 신뢰도와 타당도 등 효용도가 낮음
- 다목적인 단일 평정방법이 없음
- 집중화 · 관대화 경향, 연쇄효과의 억제 곤란
- 평정자의 주관적 가치의 배제가 곤란하여 공정한 평가가 곤란
- 도의적인 품성이나 장래 발전가능성은 평정이 어려움
- 업무의 능률 향상보다는 평정을 위한 평정이 되어 형식적 평정화가 될 우려

ⓛ 방지 대책
- 강제선택법을 사용하여 평정요소 간의 연상효과 배제
- 평정요소별로 모든 피평정자를 순차적으로 평정한 다음 다른 요소를 평정
- 평정요소마다 용지를 교환하거나 평정요소별 배열순서 조정(연쇄효과 우려가 있는 요소를 멀리 배치)

② 시간적 오차(근접효과의 오류, recency effect error)

㉠ 개념 : 평정실시 시점에 있어 쉽게 기억할 수 있는 최근의 실적이나 능력을 중심으로 평가하려는 데서 생긴 오차(첫인상을 중시하는 최초 효과와는 반대되는 개념)

ⓛ 방지 대책 : 독립된 평정센터를 설치 · 운영, MBO 평정방식 도입, 중요사건기록법의 사용

③ 분포상의 오차(distributional error)

집중화 오차	• 개념 : 평정자가 모든 피평정자들에게 대부분 중간 수준의 점수나 가치를 주는 심리적 경향으로 인해 중간 척도에 점수가 집중되는 오차(중심화 경향) • 방지 대책 : 평정결과의 비공개, 강제배분법
관대화 오차와 엄격화 오차	• 개념 : 상관이 부하와의 인간관계를 의식하여 평정등급을 전반적으로 높이거나(관대화) 낮추는(엄격화) 것(관대화 경향은 상관이 부하와의 인간관계 등을 의식하거나 불편한 관계에 처하는 것을 회피하고자 하는 경우에 종종 발생) • 방지 대책 : 평정결과의 비공개, 강제배분법

④ 규칙적(일관적) 오차와 불규칙적(총계적) 오차

㉠ 규칙적(일관적 · 체계적) 오차 : 어떤 평정자의 가치관 및 평정기준의 차이 때문에 다른 평정자들보다 언제나 규칙적으로 후하거나 나쁘게 평정하는 것

ⓛ 불규칙적(총계적) 오차 : 평정자의 평정기준이 일정하지 않아 관대화 · 엄격화 경향이 불규칙하게 나타나는 것

⑤ 논리적 오차(logical error) : 평정요소의 논리적 상관관계에 의한 오차, 즉 어떤 평정요소가 특별히 좋거나 아주 나쁜 점수를 받은 경우 상관관계가 있는 다른 요소도 높게 또는 낮게 평정하는 오차

⑥ 상동적 오차(stereotyping, 유형화 · 정형화 · 집단화의 오차) : 피평정자의 성별이나 출신 배경(학교 · 지역 등), 연령, 종교 등에 대한 평정자의 편견이나 선입견, 고정관념 등이 영향을 미치는 것(선입견 · 편견에 의한 오류)

⑦ 해바라기효과(sunflower effect) : 관리자가 최고관리자에 대하여 자신의 유능함을 나타내고자 자기 부하직원에 대한 평정을 모두 후하게 평정하는 것

⑧ 대비오차 : 특정 피평정자에 대한 평가를 바로 직전의 피평정자와 대비하여 평정하는 것

⑨ 유사적 오차(similarity error) : 객관적 기준보다는 평정자 자신의 성향과 유사한

Check Point

시간적 오차
시간적 오차가 주로 최근의 실적 · 능력에 의존해 평가하려는 데서 생기는 오류라는 점에서 근접오류(proximity error) 또는 근접효과의 오류, 최근 결과에 의한 오류라고도 한다.

기출 Plus 서울시 9급 기출

02. 근무성적평정의 오류 중 관대화 경향, 엄격화 경향, 집중화 경향을 방지할 수 있는 방법 중 가장 효과적인 것은?

① 서술적 보고법
② 강제배분법
③ 연공서열법
④ 가점법

해 근무성적평정은 공무원들이 얼마나 일을 잘하며 또 잘할 수 있는지를 판정하여 이를 기록하고 활용하는 제도로 관대화 경향(우수한쪽으로 집중), 엄격화(낮은 쪽으로 집중), 집중화 경향(중간 수준으로 집중)의 오류를 방지하기 위해서는 강제배분법(일반적으로 나타나는 중앙화 또는 관후화의 경향을 방지하기 위하여 여러 피평정자의 근무성적의 분포를 강제적으로 배분하는 방법. 성적 분포를 미리 정함)이 효과적이다.

답 02 ②

부하를 높이 평가하는 오차

⑩ 이기적 착오 : 자신의 실패에 대한 책임은 지지 않고 성공에 대한 개인적 공로는 강조하려는 것

⑪ 투사 : 자신의 감정이나 특성을 다른 사람에게 전가하려는 것

⑫ 선택적 지각 및 방어적 지각의 착오

㉠ 선택적 지각의 착오 : 자신에게 유리한 부분적인 정보만을 받아들여 판단을 내리는 것

㉡ 방어적 지각의 착오 : 자신의 습성이나 고정관념에 어긋나는 정보를 회피하거나 왜곡시키는 것

⑬ 기대성 착오 : 사전에 가지고 있는 기대에 따라 무비판적으로 사실을 지각하는 것

꼭! 확인 기출문제

01. 근무성적평정상의 오류 중 평가자가 일관성 있는 평정기준을 갖지 못하여 관대화 및 엄격화 경향이 불규칙하게 나타나는 것은? [국가직 9급 기출]

① 연쇄 효과(halo effect) ② 규칙적 오류(systematic error)
③ 집중화 경향(central tendency) ❹ 총계적 오류(total error)

해 ④ 총계적 오류(total error)는 근무성적평정상의 오류 중 평가자가 일관성 있는 평정기준을 갖지 못하여 관대화 및 엄격화 경향이 불규칙하게 나타나는 오류를 말한다.
① 연쇄 효과(halo effect)로 인한 오류는 특정 평정 요소에 대한 평정자의 판단이 연쇄적으로 다른 요소의 평정에도 영향을 미치는 오류를 말한다.
② 규칙적 오류(systematic error)는 어떤 평정자가 다른 평정자들 보다 언제나 좋은 점수 또는 나쁜 점수를 주게 됨으로써 나타나는 오류를 말한다.
③ 집중화 오류(central tendency)는 중간 수준의 점수나 가치를 주는 평정자의 심리적 경향으로 인해 중간 척도에 점수가 집중되는 오류이다.

02. 국내 최고 대학을 졸업했기 때문에 일을 잘했을 것이라고 생각하여 피평정자에게 높은 근무성적 평정 등급을 부여할 경우 평정자가 범하는 오류는? [지방직 9급 기출]

❶ 선입견에 의한 오류 ② 집중화 경향으로 인한 오류
③ 엄격화 경향으로 인한 오류 ④ 첫머리 효과에 의한 오류

해 ① 국내 최고 대학을 졸업했다는 것처럼 근무성적을 평정하기 위한 평정요소가 아닌 사람에 대한 경직적인 고정관념이나 편견이 평정에 영향을 주는 오류를 선입견에 의한 오류라고 한다.
② 집중화의 오류란 무난하게 주로 가운데 점수를 주는 현상을 말한다.
③ 엄격화의 오류란 대부분의 구성원에게 열등한 점수를 주는 현상을 말한다.
④ 첫머리 효과의 오류란 첫인상을 중시하는데서 오는 최초 오류를 말한다.

(4) 우리나라의 공무원 평정(근무성적평정, 「공무원 성과평가 등에 관한 규정」)

① 근무성적평정의 종류

㉠ 성과계약 등 평가(성과계약에 의한 목표 달성도 등의 평가) : 고위공무원단, 일반직 4급 이상, 연구관 · 지도관, 전문직 공무원을 대상(다만, 소속장관

이 5급 이하 공무원 및 우정직공무원 중 적합하다고 인정하는 공무원도 대상이 됨)

ⓛ **근무성적평가(근무실적 및 능력에 대한 평가)** : 일반직 5급 이하, 연구사 · 지도사, 우정직, 전문경력관을 대상

② 성과계약 등 평가

㉠ **평가 항목** : 성과목표 달성도, 부서 단위의 운영 평가결과, 직무수행과 관련된 자질 · 능력 등에 대한 평가결과 중에서 하나 이상으로 정할 수 있음

ⓛ **평가자 및 확인자**

- 성과계약 등 평가의 평가자는 평가대상 공무원의 상급 또는 상위감독자 중에서 소속장관이 지정하고, 확인자는 평가자의 상급 또는 상위감독자 중에서 소속장관이 지정함
- 소속장관이 평가항목의 특성에 따라 필요한 경우 일부 평가항목에 대해 평가자나 확인자를 달리 정할 수 있고, 평가자의 상급 또는 상위감독자가 없는 경우 확인자를 지정하지 않을 수 있음

㉢ **성과계약의 체결** : 소속장관은 평가대상 공무원과 평가자 간에 1년 단위로 성과계약(성과목표 · 평가지표 및 평가결과의 활용 등에 대한 합의)을 체결하도록 함

㉣ **평가**

- 평가자는 대상 기간 중 평가대상 공무원의 소관 업무에 대한 성과계약의 성과목표 달성도 등을 감안하여 대상 공무원별로 평가하되, 평가등급 수는 3개 이상으로 함(고위공무원단에 속하는 자는 5등급(매우우수 · 우수 · 보통 · 미흡 · 매우미흡)으로 평가)
- 성과목표 달성도 등은 평가대상 기간 동안 대상 공무원이 달성한 성과목표의 추진결과 등을 평가지표나 평가기준에 따라 평가함
- 성과계약평가 시 성과목표의 중요도 · 난이도 및 대상 공무원의 자질 · 태도 등의 사항을 고려하여 평가함

③ 근무성적평가

㉠ **평가자 및 확인자** : 평가자는 평가대상 공무원의 업무수행과정 및 성과를 관찰할 수 있는 상급 또는 상위감독자 중에서, 확인자는 평가자의 상급 또는 상위감독자 중에서 소속장관이 각각 지정하며, 소속장관이 평가항목의 특성에 따라 필요할 경우 일부 평가항목에 대해 평가자나 확인자를 달리 정할 수 있고, 평가자의 상급 또는 상위감독자가 없는 경우 확인자를 지정하지 않을 수 있음

ⓛ **평가항목** : 근무실적 및 직무수행능력으로 하되, 소속장관이 필요하다고 인정하는 경우 인사혁신처장이 정하는 범위에서 직무수행태도 또는 부서단위의

> **Check Point**
>
> **평정시기 및 횟수**
> ㉠ **성과계약평가** : 12월 31일을 기준으로 실시(연1회)
> ⓛ **근무성적평가**
> - 정기평가 : 6월 30일, 12월 31일을 기준으로 실시(연 2회), 단, 소속장관이 필요하면 연 1회만 실시 가능
> - 수시평가 : 승진후보자 명부의 조정사유가 발생한 경우에 실시

> **Check Point**
>
> **성과계약 등 평가의 예외**
> 소속장관은 평가대상 공무원이 평가대상 기간 중 휴직, 직위해제나 그 밖의 사유로 실제 근무한 기간이 2개월 미만인 경우에는 성과계약 등 평가를 실시하지 않을 수 있음

> **Check Point**
>
> **근무성적평가위원회**
> 근무성적평가 결과를 고려하여 평가대상 공무원에 대한 근무성적평가 점수를 정하고 근무성적평가결과의 조정 · 이의신청 등에 관한 사항을 처리하기 위해 승진후보자 명부 작성 단위 기관별로 근무성적평가위원회를 설치한다. 위원회는 평가대상 공무원의 상급 또는 상위감독자 중에서 임용권자가 지정하는 5명 이상의 위원으로 구성하되, 상급 또는 상위감독자가 부족한 경우에는 2명 이상으로 구성할 수 있다.

운영평가 결과를 직무수행태도를 평가항목에 추가 가능(항목별 평가요소는 소속장관이 직급별 · 부서별 또는 업무 분야별 직무의 특성을 반영하여 정하되, 업무 관련성이 있도록 하고 평가가 객관적으로 이루어질 수 있도록 정함)

ⓒ **성과목표 선정** : 소속장관은 평가대상 공무원이 평가자 및 확인자와 협의하여 성과목표를 선정하도록 함(평가대상 공무원이 수행하는 업무가 단순 반복적 업무로서 성과목표 등을 선정하기에 부적합한 경우는 예외임)

ⓔ **근무성적평가의 평가방법**

- 평가자는 확인자와 협의하여 대상 공무원의 근무실적 및 직무수행능력 등을 고려하여 평가 단위별로 대상 공무원의 근무성적을 평가하되, 성과목표 달성도 등을 고려하여 평가
- 평가등급수는 3개 이상으로 하되 최상위 등급의 인원은 평가 단위별 인원수의 상위 20%, 최하위 등급의 인원은 하위 10% 비율로 분포하도록 평가(평가등급 인원수의 강제 할당)
- 평가자와 확인자는 평가결과를 근무성적평가위원회에 제출

④ **근무성적평정의 절차 등**

ⓐ **성과면담 등**

- 평가자는 근무성적평정이 공정하고 타당하게 실시될 수 있도록 하기 위하여 근무성적평정 대상 공무원과 성과면담을 실시
- 평가자가 성과계약 등 평가 또는 근무성적평가 정기평가를 실시할 때에는 평정대상 기간의 성과목표 추진결과 등에 관하여 평정대상 공무원과 서로 의견을 교환하여야 함

ⓑ **평가결과의 공개** : 평가자는 근무성적평정이 완료되면 대상 공무원 본인에게 평정결과를 알려주어야 함

ⓒ **평가결과의 활용** : 소속장관은 성과계약 등 평가 및 근무성적평가의 결과를 평가대상 공무원에 대한 승진임용 · 교육훈련 · 보직관리 · 특별승급 및 성과상여금 지급 등 각종 인사관리에 반영하여야 함

꼭! 확인 기출문제

근무성적평가제에 대한 설명 중 가장 옳은 것은? [서울시 9급 기출]

① 4급 이상 공무원을 대상으로 한다.
② 매년 말일을 기준으로 연 1회 평가가 실시된다.
❸ 평가단위는 소속 장관이 정할 수 있다.
④ 공정한 평가를 위해 평가자와 피평가자의 사전협의가 금지된다.

Check Point

평가결과의 이의신청 및 조정신청

- **이의신청** : 평정결과에 대해 이의가 있는 대상 공무원은 확인자에게 이의를 신청할 수 있음(확인자가 없는 경우는 평가자에게 신청)
- **조정신청** : 이의 신청 결과에 불복이 있을 경우 대상 공무원은 근무성적평가위원회에 결과의 조정을 신청할 수 있음(근무성적평정결과는 소청심사의 대상은 아님)

Check Point

임기제공무원의 근무성적평정(「공무원 성과평가 등에 관한 규정」 제22조의2~4)

4급 이상 일반임기제공무원의 근무성적평정은 성과목표 달성도 등에 대한 평가로 하고, 5급 이하 일반임기제공무원 · 전문임기제공무원 및 한시임기제공무원 등의 근무성적평정은 근무실적에 대한 평가로 함

해 ③ 근무성적평가는 직급별로 구성한 평가 단위별로 실시하되, 소속 장관은 직무의 유사성 및 직급별 인원수 등을 고려하여 평가단위를 달리 정할 수 있다(공무원 성과평가 등에 관한 규정 제14조).
① 4급 이상 공무원을 대상으로 하는 성과평가는 성과계약등 평가에 의한다(동규정 제7조).
② 근무성적평가는 매년 6월 30일과 12월 31일 연 2회 실시를 원칙으로 한다(동규정 제5조).
④ 평가자는 근무성적평정이 공정하고 타당하게 실시될 수 있도록 하기 위하여 근무성적평정 대상 공무원과 성과면담을 실시하거나 의견을 교환해야 한다(동규정 제20조).

⑤ 직무성과계약제
㉠ 의의 : 장 · 차관 등 기관의 책임자와 4급 이상의 공무원(실장, 국장, 과장, 팀장) 간에 성과목표와 성과지표 등에 대해 합의하여 top-down 방식으로 직근 상하급자간에 공식적인 성과계약(Performance Agreement)을 체결하고, 그 이행도를 평가하고, 결과를 성과급 · 승진 등에 반영하는 성과 중심의 인사관리 시스템
㉡ 도입배경 : 관리자의 구체적인 책임 확보수단의 부재와 평가지표 개발 tool의 부재
㉢ 구조적인 틀
- 기관의 임무 : 기관이 존재하는 이유
- 기관의 비전 : 조직의 미래상 또는 핵심가치
- 전략목표 : 기업의 임무와 비전 달성을 위한 구체적인 목표
- 성과목표 : 전략목표 달성을 위한 개인적 목표(output 중심)

(5) 경력평정(「공무원 성과평가 등에 관한 규정」)

① 의의 : 경력(직업경험과 근무연한)을 평가하여 점수화하는 것으로, 우리나라의 경우 5급 이하 공무원의 승진후보자 명부작성 시 경력평정점수를 반영하도록 하고 있음
② 원칙
㉠ 근시성의 원칙(최근 경력 우대 원칙)
㉡ 숙달성(습숙성)의 원칙(상위직 경력 우대 원칙)
㉢ 친근성의 원칙(유사 경력 우대 원칙)
㉣ 발전성의 원칙(발전가능성 있는 경력 우대 원칙)
㉤ 학력동등성의 원칙(경력과 학력의 동등 원칙)
㉥ 한정성 원칙(일정 한도 이상의 높은 평정 제한 원칙)
③ 우리나라의 경력평정제도
㉠ 평정대상 : 평정기준일 현재 승진소요 최저연수에 도달한 5급 이하 공무원(우정직공무원의 경우에는 우정2급 이하 공무원) · 연구사 · 지도사의 경력을 평정해 승진임용에 반영

Check Point

경력평정의 대상기간
경력평정은 정기평정 기준일부터 경력평정 대상 공무원의 승진소요 최저연수 이상의 범위에서 소속장관이 정하는 기간 중 실제로 직무에 종사한 기간을 대상으로 하되, 승진소요 최저연수에 산입되는 휴직기간과 직위해제 기간은 각각 휴직 또는 직위해제 당시의 직급 · 계급에서 직무에 종사한 기간으로 보아 평정한다.

Check Point

가점평정
소속장관은 승진후보자 명부 작성 시 직무 관련 자격증의 소지 여부나 특정 직위 및 특수지역에서의 근무경력, 근무성적평가 대상 기간 중의 업무혁신 등의 공적사항, 직무 공헌도 등을 고려하여 해당 공무원에게 5점의 범위에서 가점을 부여할 수 있다. 다만, 「공무원임용령」 제43조의3 제3항에 따른 전문직위에 동법 동조 제4항에 따른 기간 이상 근무한 사람에 대해서는 가점을 부여하여야 한다.

㉡ 평정시기
- 정기평정 : 6월 30일과 12월 31일을 기준으로 실시(연 2회, 소속장관은 필요 시 기준일을 달리 정할 수 있으며, 연 1회 실시할 수도 있음)
- 수시평정 : 승진후보자명부의 조정사유가 발생한 경우에 실시

㉢ 확인자 : 경력평정의 확인자는 각급 기관의 인사담당관이 됨(다만, 소속장관은 특히 필요한 경우에는 달리 지정할 수 있음)

㉣ 평정점(총점) : 경력평정점의 총점은 30점을 만점으로 함

3. 승진(promotion)

(1) 의의

① 승진이란 하위직급(계급)에서 직무의 책임도와 곤란도가 높은 상위직급(계급)으로의 수직적(상향적) 인사이동을 말함

② 수직적 이동이라는 점에서 수평적 이동인 전직이나 전보와 구별되며, 동일 직급이나 등급에서 호봉만 올라가는 승급과도 구별됨

Check Point

승진의 중요성
- 공무원 능력발전의 유인 및 사기앙양
- 내부 노동시장(인적자원)의 효율적 활용
- 유능한 인재 확보 및 직업공무원제 확립에 기여

(2) 승진경쟁의 범위(개방주의와 폐쇄주의)

① 의의 : 재직자의 승진임용에 있어 승진경쟁의 범위를 동일 부처 내에서 한정하는 폐쇄주의와 다른 부처의 공무원도 포함하는 개방주의로 구분되는데, 우리나라의 경우 폐쇄주의가 주로 적용되고 있음

② 효용(장점)

개방주의	폐쇄주의
• 유능한 공무원의 선발 • 공무원의 질 향상과 부처 간 균형 유지 • 부처 간의 할거성 · 파벌성 방지 • 부처의 인사침체 방지	• 부처 직원의 사기 제고 • 외부 충원에 따른 전문성 · 능률성 저하 등의 부적응을 방지

Check Point

승진 · 승격 · 승급

승진	직급 · 계급 상승	9급 → 8급
승격	직 무 등 급 상승	나등급 → 가등급
승급	호봉 상승	1호봉 → 2호봉

(3) 승진의 일반적 기준

① 경력

㉠ 의의 : 근무연한, 학력, 경험 등을 의미

㉡ 장점 : 객관성 확보, 직업공무원제 및 행정의 안정성 · 공정성 확보, 정실개입방지 등

㉢ 단점 : 유능인재 발탁 곤란, 장기근무자 통솔 곤란, 침체 및 관료주의화, 행정의 질 저하 및 비능률 초래, 부하통솔의 어려움(기관장의 재량권 축소) 등

Check Point

승진기준의 적용원칙
- 실적과 경력이 혼용되나, 실적주의를 채택하는 한 실적을 우선으로 하고 경력을 보충적으로 적용
- 대체로 상위직일수록 실적이, 하위직일수록 경력이 주된 기준임

② 실적

㉠ 주관적 실적 : 근무성적평정, 교육훈련성적, 승진심사위원회의 결정, 인사권자 개인의 판단 등

㉡ 객관적 실적 : 시험성적

장점	정실개입 방지, 평가의 타당성 제고, 공정성 확보, 자기 발전 및 지적수준 향상 등
단점	근무보다 시험공부에 치중, 안정성 저해, 타당도가 낮은 경우의 부작용, 수험에 대한 부담, 장기근속자의 사기저하 등

(4) 승진의 한계

① 승진경쟁범위와 승진한계

㉠ 폐쇄주의 : 최하위계층에만 문호가 개방되어 있어 개방형에 비해 승진의 한계가 높음

㉡ 개방주의 : 모든 계층에 문호가 개방되며 외부 인사의 영입으로 자체 승진의 제약이 많아 승진의 한계가 낮음

② 국가별 승진한계 : 직업공무원제나 계급제를 채택하는 영국, 프랑스, 일본 등은 승진의 한계가 높은 반면, 직위분류제를 채택하고 있는 미국 등은 비교적 낮음

> **Check Point**
>
> **승진한계 결정요인**
>
> 직업공무원제도의 발전 정도, 민주통제의 수준, 고급공무원의 능력, 공무원 채용 정책, 공직분류방식, 개방형 또는 폐쇄형의 여부

(5) 우리나라의 승진제도(「국가공무원법」, 「공무원임용령」)

① 일반승진 : 5급 이하의 경우 근무성적평정과 경력평정을 고려하여 작성된 승진후보자 명부 순위에 의하여 승진

㉠ 승진임용의 기준 : 근무성적평정 · 경력평정, 그 밖에 능력의 실증에 따름

- 1~3급 공무원으로의 승진임용 및 고위공무원단 직위로의 승진임용의 경우는 능력과 경력 등을 고려해 임용
- 5급 공무원으로의 승진임용의 경우는 승진시험을 거치도록 하되, 필요하다고 인정하면 승진심사위원회의 심사를 거쳐 임용(각 부처에서 시험과 심사 중 택일 또는 양자 병행 가능)
- 6급 이하 공무원으로의 승진임용의 경우 결원의 2~7배수 범위 안에 있는 승진후보자명부의 고순위자 중 보통승진심사위원회의 심사를 거쳐 임용

㉡ 승진임용의 방법

- 1급 공무원으로의 승진은 바로 하급 공무원 중에서, 2 · 3급 공무원으로의 승진은 같은 직군 내의 바로 하급 공무원 중에서 각각 임용(고위공무원단 직위로의 승진임용은 대통령령으로 정하는 자격 · 경력 등을 갖춘 자 중에서 임용)

> **Check Point**
>
> **높은 승진한계의 장단점**
>
> - **장점** : 사기가 앙양되고 행정의 안정화에 기여함
> - **단점** : 관료의 권력이 강화되어 민주적 통제가 곤란함

> **Check Point**
>
> **일반승진의 승진 심사**
>
> 승진시험에 따른 승진을 제외한 승진의 경우 임용 또는 임용제청 시 미리 승진심사위원회의 심사를 거쳐야 함

> **Check Point**
>
> **승진임용 제한 사유(「공무원임용령」 제32조)**
>
> - 징계처분 또는 징계의결 요구, 징계처분, 직위해제, 휴직, 시보임용기간 중에 있는 경우
> - 징계처분의 집행이 끝난 날로부터 강등 · 정직의 경우 18개월, 감봉 12개월, 견책 6개월이 지나지 않은 경우

- 승진시험에 따른 승진은 승진시험 합격자 중 승진임용 순위에 따라 임용
- 위의 두 가지 외의 승진은 같은 직렬의 바로 하급 공무원 중에서 임용(승진후보자 명부의 높은 순위에 있는 자부터 차례로 임용)
- 각급 기관의 장은 근무성적 · 경력평정, 그 밖에 능력의 실증에 따른 순위에 따라 직급별로 승진후보자 명부를 작성

㉢ 승진후보자명부

- 작성 시기 · 대상 : 임용권자는 1월 31일과 7월 31일을 기준으로 승진임용 요건을 갖춘 5급 이하 공무원(우정직은 우정2급 이하), 연구사 · 지도사에 대하여 승진임용예정 직급별로 작성. 4급 이상은 작성하지 않음
- 승진후보자명부의 평정점

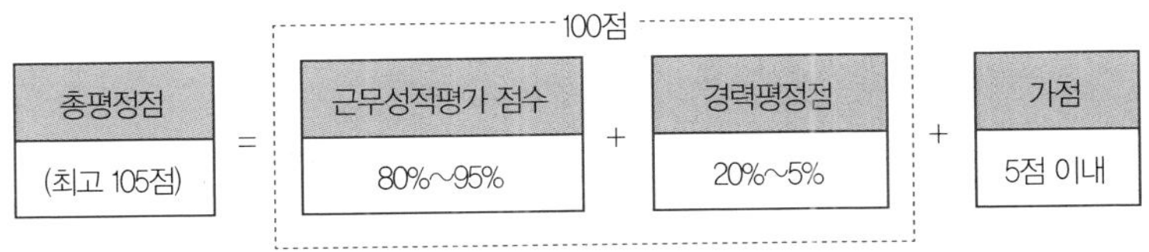

② **특별승진** : 다음의 경우 승진후보자 명부 순위나 소요연수에도 불구하고 승진 임용 가능

㉠ 청렴하고 투철한 봉사 정신으로 직무에 모든 힘을 다하여 공무 집행의 공정성을 유지하고 깨끗한 공직 사회를 구현하는 데에 다른 공무원의 귀감(龜鑑)이 되는 자

㉡ 직무수행 능력이 탁월하여 행정 발전에 큰 공헌을 한 자

㉢ 제안의 채택 · 시행으로 국가 예산을 절감하는 등 행정운영 발전에 뚜렷한 실적이 있는 자

㉣ 재직 중 공적이 특히 뚜렷한 자가 명예퇴직 할 때

㉤ 재직 중 공적이 특히 뚜렷한 자가 공무로 사망한 때

③ **승진소요 최저연수** : 승진하려면 일정 기간 이상 해당 계급에 재직하여야 하는데 일반직공무원의 경우 다음과 같다.

4급	5급	6급	7급 및 8급	9급
3년	4년	3년 6개월	2년	1년 6개월

④ **문제점**

㉠ 실제 승진소요연수의 지나친 장기화

㉡ 부처 간의 승진 불균형

㉢ 경력직의 낮은 승진한계

㉣ 정실에 의한 승진 및 공정성 결여

Check Point

특별승진의 승진 심사

특별승진의 대상 중 ㉠ · ㉡ · ㉢의 경우 임용 또는 임용제청 시 미리 승진심사위원회의 심사를 거쳐야 함

⑤ 승진적체의 대책방안(신인사제도의 도입)

㉠ 직급별 총 정원제(통합정원제) : 6~9급 공무원에 대한 총 정원을 통합해 인정해 주는 제도(일종의 정원동결제도)

㉡ 대우공무원제 : 승진소요 최저연수가 지난 우수 공무원을 상위직급 대우공무원으로 임용(대우공무원 수당 지급)

㉢ 필수실무관제 : 6급인 대우공무원 중 능력이 우수하고 기관운영에 특히 필요한 자가 원하는 경우 필수실무관으로 임용하고 수당을 지급

㉣ 복수직급제 : 동일 수준의 직위(보직)에 계급이 다른 사람을 배치할 수 있게 한 제도(현재 3급과 4급 간의 복수직급, 4급과 5급 간의 복수직급이 있음)

㉤ 근속승진제 : 일정 기간 이상 복무한 자를 자동 승진시키는 제도로, 일반직 공무원의 경우 7급은 11년 이상(30% 이내), 8급은 7년 이상, 9급은 5년 6개월 이상 재직 시 근속승진

4. 배치전환(配置轉換)

(1) 의의와 유형

① 의의 : 재직중인 공무원에 대하여 수평적으로 직위를 옮기는 인사이동을 의미함

② 유형

유형	내용
전직	동일한 직급수준에서 다른 직렬로 수평적 이동(전직시험 존재)
전보	동일 직급 · 직렬 내에서 보직 변경(필수보직기간 2~3년 존재)
파견	임시적으로 국가기관이나 타 기관에 근무
겸임	한 공무원에서 둘 이상의 직위를 부여(겸임기간은 2년 이내이나 2년 연장 가능)

(2) 용도

① 소극적 용도

㉠ 징계의 수단 또는 사임 강요 수단

㉡ 개인적 특혜의 수단 또는 개인 세력 확대의 수단

㉢ 부정부패 방지 수단

② 적극적 용도

㉠ 공무원 능력 발전과 인간관계 개선

㉡ 권태방지와 조직의 활성화

㉢ 보직 부적응 해소와 부서 및 부처 간의 갈등 해소

기출 Plus 서울시 9급 기출

03. 배치전환에 대한 설명으로 가장 옳지 않은 것은?

① 능력의 정체와 퇴행현상을 방지할 수 있다.

② 직무의 부적응을 해소하고 조직 구성원에게 재적응의 기회를 부여할 수 있다.

③ 행정의 전문성과 능률성을 증진시킬 수 있다.

④ 정당한 징계절차에 의하지 않고 일종의 징계수단으로 활용될 가능성이 존재한다.

해 배치전환이란 동일한 계급 내의 수평적 인사이동으로, 전보, 전직, 전입, 파견 등이 이에 해당된다. 배치전환은 업무수행의 전문성과 숙련성을 저하시키고, 안정감 부족으로 직무능률의 저하를 초래할 위험이 있다.

① 배치전환은 공무원의 안목 확대와 종합적인 능력 발전을 꾀하며, 권태감 방지 및 조직의 활력을 증진시킬 수 있다.

② 배치전환은 적재적소의 배치를 통해 조직 구성원에게 재적응의 기회를 부여한다.

④ 배치전환은 정당한 징계절차 없이 전보, 전직의 인사발령으로 징계수단의 역할을 대신할 가능성이 존재한다.

답 01 ③

㉣ 개인의 희망 존중 또는 승진 기회의 제공

(3) 장단점

① 장점

㉠ 공무원의 능력 및 조직 활력 증진

㉡ 부서 및 부처 간의 갈등 완화

㉢ 효율적 인력관리와 적재적소의 인력 배치

㉣ 비공식집단의 폐해 제거

㉤ 권태감 방지

② 단점

㉠ 전문행정가 양성의 어려움

㉡ 부정부패 등의 악용 소지

㉢ 행정의 안정성과 일관성 확보의 어려움

5. 경력개발프로그램(CDP ; Career Development Program)

(1) 의의

① 개념 : 조직의 요구와 개인의 요구가 일치되도록 개인의 경력목표를 설정하고 이를 달성하기 위한 경력계획을 수립하여 각 개인의 경력을 개발하는 활동

② 도입배경 : 순환보직제도(배치전환)의 폐해와 전문성 약화

(2) 특징

① 부처의 조직을 몇 개의 전문분야와 하나의 공통분야로 구분하고 개인별 전문분야를 지정하여 지정된 전문분야 내에서 인사관리를 실시. 전문분야 내에서 이동할 수 있도록 보직경로를 운영하고 교육훈련과 연계

② 연공서열 위주의 Z자형 순환형 보직경로를 직급별 맞춤형(행정직의 경우 工자형, 기술직은 T자형)으로 개선

③ 조직의 효율성 극대화와 개인의 생애설계 욕구를 결합시킨 제도로서 조직의 수요와 개인의 욕구가 전문성이라는 공통분모에서 접점을 찾아 결합(개인이 제시한 경력목표와 조직이 제시한 경력경로를 전문성이라는 공통분모 하에서 서로 접목시킴)

④ 직급이 아닌 직무중심의 경력계획 수립. 직무에서 요구되는 역량과 개인 보유역량간의 적합 여부 판단 및 필요역량 개발에 중점

Check Point

유용성(목적)

- 조직목표와 개인목표의 통합을 통한 조직의 경쟁력 강화
- 업무의 전문성 제고
- 맞춤형 인재의 개발 및 확보
- 공무원의 역량 제고
- 개인의 자아실현욕구 충족
- 조직과의 일체감(조직몰입) 향상

제3장

사기앙양 및 공무원 윤리

제1절 공무원의 사기

1. 사기의 의의

(1) 개념 및 특성

① 개념

㉠ 조직구성원들이 소속된 조직 내에서 조직목표를 인식하고 그 목표를 달성하려는 개인의 자발적인 근무의욕이나 만족감 또는 단결력(응집력)

㉡ 단순한 개인적 만족감의 총합이 아니며 그 이상의 협동성을 가진 창의적 · 집단적 근무의욕을 의미하며, 1930년대 인간관계론 이후 중시됨

② 특성

㉠ 자발적 · 자율적 · 자주적 근무의욕

㉡ 조직적 · 집단적 협동성

㉢ 사회성과 민주성(반사회적이거나 비민주적인 것은 진정한 사기가 아님)

㉣ 주관적 · 상대적이며, 인간의 욕구와 관련(동기부여 욕구이론이 토대)

㉤ 직무와의 관련성

㉥ 쇄신적 요인 강조(Y이론에 입각해 자기완성 · 성취동기 · 창의성 등을 강조)

Check Point

사기의 중요성
- 조직 효과성을 제고
- 조직에 대한 충성심 · 일체감 고취 및 기강확립
- 법규나 규칙에 대한 자발적 준수
- 창의력과 자긍심 제고
- 역경 극복의 능력과 강한 응집력 배양
- 창의성의 합리적 발휘에 기여

(2) 사기와 생산성과의 관계

① **밀접한 관련성을 인정하는 입장(사기실재론)** : 동기부여 욕구이론(Herzberg는 개인의 심리적 만족감이나 근로의욕의 자극은 생산성 향상을 가져온다고 봄)

② **밀접한 관련성을 부정하는 입장(사기명목론)** : Vroom, Coser, Schachter 등의 동기부여 기대이론(일반적 견해에 해당하며, 사기는 생산성을 결정하는 한 요

인이지 필요충분조건이 아니라는 입장

(3) 사기측정방법

① 사회측정법(sociometry) : 구성원 간의 심리적 호(好)·오(惡)의 관계를 파악하며 호(好)의 관계가 지배적이어서 구성원 간 심리적 견인관계의 정도가 높을 때는 사기가 높고, 낮을 때는 사기가 낮다고 봄

② 태도조사와 의견조사

㉠ 직원의 태도와 의견을 조사하는 것

㉡ 조사 방법 : 면접과 질문지를 통한 조사, 일상적 관찰과 정보수집, 사회측정법, 투사법(그림이나 잉크자국 등의 자극에 대한 반응상태를 관찰·파악하는 방법) 등

③ 행동경향법 : 직무 만족도를 알아보기 위해 직무에 대하여 어떻게 행동하고 싶은지를 물어 파악하는 방법

④ 외현행위관찰법(근무관계기록조사) : 생산성조사, 이직률조사, 출퇴근율(근태에 관한 기록)조사, 사고율조사 등

2. 사기의 결정요인 및 진작방안

(1) 사기결정요인

① 경제적·물질적 요인

㉠ 보수·연금, 작업환경, 안전 등을 포함한 물질적·일차원적 욕구

㉡ 일반적으로 경제적 요인을 중시하는 X이론에서는 사기의 극대화가 곤란함

② 사회·심리적 요인

㉠ 사회적 요인 : 관계욕구와 관련된 요인으로, 귀속감·일체감, 원만한 대인관계욕구 등

㉡ 심리적 요인 : 성장욕구와 관련된 요인

㉢ 기타 요인 : 인정 및 성취감, 성공에 대한 욕구(승진욕구 등), 참여욕 등

(2) 사기의 진작방안

① 공정하고 합리적인 승진보장

② 공직에 대한 사회적 평가의 제고

③ 공무원단체의 인정 및 활성화

④ 공무원 보수의 적정화, 연금제도

⑤ 공무원 신분보장 및 능력발전

⑥ 인간관계의 개선 및 인간적 가치의 존중
⑦ 휴가 및 포상제도
⑧ 참여확대 및 권한위임
⑨ 제안제도의 채택, 상담 및 고충처리의 확대

제2절 공무원의 사기와 관련된 제도

1. 제안제도

(1) 의의

① 개념 : 직무수행과정에서 예산의 절약과 행정능률 향상을 가져올 수 있는 사항에 관하여 이를 제안하도록 하고, 그것이 예산절약과 능률향상에 기여할 수 있다고 인정되는 경우에 이에 대해 포상하는 제도를 말함

② 대상
㉠ 국가의 예산절약과 인력의 절감 방안
㉡ 행정제도의 관리개선과 능률적인 인사관리 방안
㉢ 국가 재산과 물품 관리의 개선방안
㉣ 국가 주요시책의 효율적 추진방안
㉤ 공공관계의 개선
㉥ 사고 및 재해방지 등

Check Point

제안의 제외 대상
- 일반적으로 공지되었거나 사용되고 있는 것
- 이미 채택된 제안이나 특허권 · 실용신안권 · 의장권 등을 취득한 것
- 제안 내용이 단순한 주의 환기나 진정, 비판이나 불만표시, 건의 등에 불과한 것
- 실제 적용이 불가능하다고 판단되는 것 등

(2) 효용 및 한계

효용(장점)	한계(단점)
• 직무에 대한 관심과 흥미 제고로 근무의욕 향상 · 감정 정화 • 행정의 능률화 · 합리화와 예산절약 • 공무원에게 일체감 · 소속감 · 자신감 부여 및 사기앙양 • 조직 내 의사소통 촉진 및 참여의식 고양 • 창의력 · 구상력 및 문제 해결능력의 향상 • 업무수행방법 및 절차, 근무조건의 개선을 통한 낭비 제거	• 지나친 경쟁심으로 인간관계의 악영향 초래 • 합리적 · 객관적 심사 및 공정한 평가 곤란 • 제안내용의 기술적인 측면에 치중할 우려 • 실질적인 제안자의 선별이 곤란 • 상급자와의 사이에 긴장감 조성 우려

Check Point

제안제도에 대한 포상 규정(「국가공무원법」 제53조)
제안이 채택되고 시행되어 국가예산을 절약하는 등 행정운영 발전에 뚜렷한 실적이 있는 자에게는 상여금을 지급할 수 있으며 특별승진이나 특별승급을 시킬 수 있음

(3) 성공적인 운영방안

① 제안을 용이하게 할 수 있는 절차와 체제를 확립
② 제출된 제안에 대해 신속하고 공정한 처리가 보장되어야 함
③ 채택된 제안에 대해 적절하고 충분한 보상이 확보되고, 신속히 반영되어야 함
④ 제안제도에 대한 관리자의 관심 제고와 직원의 자유로운 참여가 보장되어야 함
⑤ 제안제도를 명확하게 제도화하고 제안제도에 대하여 널리 계속적으로 알려야 함

2. 고충처리제도

(1) 개념

고충처리는 공무원의 근무조건이나 인사관리, 신상문제, 직장생활 등과 관련된 불만인 고충을 심사하고 그 해결책을 강구하는 것을 말함

Check Point

고충처리제도의 의의
공무원의 신분보장 및 사기앙양, 하의상달의 촉진 등을 통해 적극적 인사행정이나 직업공무원제의 발달에 기여함

(2) 대상 및 절차

① 고충처리 대상
㉠ **근무조건에 관한 고충** : 보수, 근무시간 · 휴가, 근무환경, 후생복지 등
㉡ **인사관리에 관한 고충** : 임용(승진 · 전보 · 전직 등), 인사행정(근무성적 및 경력평정, 교육훈련 등), 업적 성취(상훈, 제안 등)에 관한 것
㉢ **신상에 관한 고충** : 차별대우, 기타 직무수행과 관련된 것

② 처리절차
㉠ **비공식적 절차(감독자에 의한 고충처리)** : 직원의 고충을 감독자가 일찍 포착하여 공식적인 고충제기에 이르지 않도록 하는 절차, 즉 공무원의 고충이 각 감독계층에서 감지 · 해결되는 것
㉡ **공식적 절차(전담기구에 의한 고충처리)** : 고충처리 전담기구를 설치하고 이를 통해 고충을 처리하는 것(고충처리위원회)

Check Point

고충처리제도와 인사상담
고충처리는 고충접수뿐 아니라 해결책 강구까지 포함한 개념이므로, 조직 부적응을 스스로 해결하도록 하기 위한 면접 절차인 인사상담(과정상담)보다는 더 포괄적인 개념임

(3) 우리나라의 고충처리제도

① **고충심사청구** : 공무원은 누구나 인사 · 조직 · 처우 등 각종 직무 조건과 그 밖에 신상 문제에 대하여 인사상담이나 고충심사를 청구할 수 있으며, 이를 이유로 불이익한 처분이나 대우를 받지 않음
② **고충심사위원회의 심사** : 심사청구를 받은 중앙인사관장기관의 장, 임용권자 등은 이를 고충심사위원회에 부쳐 심사하게 하거나 소속공무원에게 상담하게 하고, 고충의 해소 등 공정한 처리를 위하여 노력하여야 함
③ 소청심사와의 비교

Check Point

고충심사기관
- 6급 이하 공무원의 고충심사는 각 부처에 설치된 보통고충심사위원회가 담당
- 보통고충심사위원회의 심사를 거친 재심청구와 5급 이상 공무원 및 고위공무원단에 속하는 일반직공무원의 고충심사는 중앙고충심사위원회가 담당(중앙고충심사위원회의 기능은 소청심사위원회에서 관장)

구분	고충처리제도	소청심사
심사 대상	직무수행과 관련된 모든 문제	공무원 개인의 신분상 불이익 등
처리의 법적 성격	단순히 적정한 행정조치를 구하는 심사기능	불이익처분에 대한 사후구제를 위한 형식적 쟁송절차로서의 준사법적 기능
심사결과의 효력	행정청이 당연 기속되지는 않으며, 스스로 판단 및 시정조치	행정청은 소청심사위원회의 결정에 기속
심사기관	고충처리위원회	소청심사위원회

3. 신분보장

(1) 의의

① 개념

㉠ 공무원의 신분보장이란 잘못이 없는 한 공무원이 자신의 의사에 반하는 신분상의 불이익 처분을 당하지 않는 것을 말함

㉡ 공무원은 형의 선고나 징계처분 또는 「국가공무원법」에서 정하는 사유에 따르지 않고는 본인의 의사에 반하여 휴직 · 강임 또는 면직을 당하지 않음(1급 공무원과 직무등급이 가장 높은 등급의 직위에 임용된 고위공무원단 소속공무원은 제외)

② 필요성

㉠ 행정의 안정성 · 지속성 확보

㉡ 부당한 압력 배제 및 행정의 중립성 보장

㉢ 행정의 능률성 · 합리성 · 전문화에 기여

㉣ 창의적 · 자율적 직무수행

㉤ 인사권자의 자의 배제 및 공무원의 심리적 안정으로 사기앙양

㉥ 공익 증진 및 공평한 행정의 구현에 기여

③ 문제점(한계)

㉠ 공직의 침체화 및 관료의 특권화를 초래

㉡ 행정에 대한 민주통제(외부통제)와 관리자의 감독 곤란

㉢ 복지부동 및 무사안일, 도덕적 해이 등의 폐단을 야기

㉣ 무능력자와 불필요한 사람을 배제하기 어려움, 인적 자원 활용의 융통성 저해

㉤ 행정비용의 증가 및 행정의 비능률을 촉진

Check Point

처분사유 설명서의 교부(「국가공무원법」 제75조)
공무원에 대하여 징계처분 등을 할 때나 강임 · 휴직 · 직위해제 또는 면직처분을 할 때에는 그 처분권자 또는 처분제청권자는 처분사유를 적은 설명서를 교부(交付)하여야 함[다만, 본인의 원(願)에 따른 강임 · 휴직 또는 면직처분은 예외]

(2) 공무원 퇴직(면직)

① 강제퇴직

㉠ **당연퇴직** : 임용권자의 처분에 의해서가 아니라 재직 중에 법률에 규정된 일정한 사유의 발생으로 인하여 공무원관계가 소멸되는 경우(형사처벌 등의 임용결격사유가 발생하거나 사망 · 국적상실 등의 경우 등)

㉡ **직권면직** : 다음과 같은 일정한 사유에 해당되는 경우 임용권자의 직권에 의해 공무원신분을 박탈하는 것

- 직제 · 정원의 개폐, 예산의 감소 등에 의하여 폐직 또는 과원(정원초과)이 되었을 때(이 경우 임용 형태, 업무 실적, 직무수행 능력, 징계처분 사실 등을 고려하여 면직 기준을 정하여야 함)
- 휴직기간 만료 또는 휴직사유 소멸 후에도 복귀하지 않거나 직무를 감당할 수 없을 때(이 경우 직권 면직일은 휴직 기간이 끝난 날 또는 휴직 사유가 소멸한 날로 함)
- 일정 사유로 직위해제처분에 따라 대기명령을 받은 자가 그 기간 동안 능력 또는 근무성적의 향상을 기대하기 어렵다고 인정된 때(이 경우 신중을 기하기 위해 관할징계위원회의 동의를 받도록 함)
- 전직시험에 3회 이상 불합격한 자로서 직무수행능력이 부족하다고 인정된 때
- 징병검사 · 입영 등의 기피나 군무(軍務)를 이탈하였을 때
- 해당 직급 · 직위에서 직무수행에 필요한 자격증의 효력이 상실되거나 면허가 취소되어 담당 직무를 수행할 수 없게 된 때
- 고위공무원단에 속하는 자가 적격심사 결과 부적격 결정을 받은 경우

㉢ **징계면직** : 파면과 해임 등의 징계에 의해 면직되는 경우

② 임의퇴직

㉠ **의원(依願)면직** : 공무원 스스로의 희망에 의하여 면직되는 경우

㉡ **명예퇴직** : 공무원으로 20년 이상 근속(勤續)한 자가 정년 전에 자진하여 퇴직하는 경우 예산의 범위 안에서 명예퇴직수당을 지급하는 것으로, 장기근속자가 명예롭게 퇴직할 기회를 부여하고 공직의 신진대사를 촉진하며, 후진 공무원들의 사기진작을 위한 제도

(3) 정년제도

① **의의** : 행정의 생산성과 정부 역량을 제고하고 새로운 인력충원을 통한 조직의 신진대사를 촉진하기 위해 일정한 법정시기에 도달된 공무원을 자동으로 퇴직시키는 제도

② 필요성

㉠ 행정의 생산성 · 유동성 확보

㉡ 직원의 신진대사 등의 인사관리, 고용증대효과

㉢ 새로운 기술의 도입을 통한 능률성 제고

③ 종류

㉠ 연령정년제

- 가장 일반적인 정년제도로, 법정연령에 달하면 자동 퇴직하는 제도
- 우리나라는 60세가 정년(2013년부터 전 계급의 정년이 60세로 동일)
- 정년에 이른 날이 1월부터 6월 사이에 있으면 6월 30일에, 7월부터 12월 사이에 있으면 12월 31일에 당연히 퇴직됨

㉡ **근속정년제** : 공직의 근속연한이 일정 기간에 달하면 자동 퇴직하는 제도

㉢ **계급정년제** : 공무원이 특정 계급에서 법정기간 내에 승진하지 못하면 기간만료와 동시에 퇴직시키는 제도(우리나라의 경우 군인 · 경찰 · 검찰 등 일부 특정직의 상위직에서 적용하고 있음)

Check Point

계급정년제의 장단점

㉠ 장점

- 전통적 관료문화 타파
- 국민의 공직 참여기회 확대
- 공직의 적정 유동율 확보
- 무능한 공무원 도태의 방편
- 징계 · 면직 등 다른 강제퇴직보다 객관적으로 운용되어 정실개입이 봉쇄됨

㉡ 단점

- 공무원의 이익 희생
- 직업공무원제에 배치되며 실적주의 인사원칙에 부합되지 않음
- 직업적 안정성 저해, 공무원의 사기 저하
- 기계적 절차에 의한 인력교체로 이직률(퇴직률)의 조정이 어려워짐
- 숙달된 인력의 배제로 인한 정부 손실

(4) 징계

① 의의

㉠ **개념** : 법령이나 명령 등을 위반한 때 이에 대한 처벌로서 공무원의 신분을 변경하거나 상실하게 하는 것

㉡ **필요성** : 공무원의 의무 위반에 대한 제재, 원인파악 및 시정의 근거, 예방의 효과

② 종류

㉠ 「국가공무원법」상의 징계

구분	종류	내용
경징계	견책	• 전과에 대하여 훈계하고 회개하게 하는 것으로, 6개월간 승진 · 승급이 제한됨 • 가장 가벼운 징계이며 사용빈도가 높음
	감봉	• 1~3개월의 기간 동안 보수의 1/3을 감하는 처분 • 징계처분 집행이 끝난 날부터 12개월 간 승진 · 승급 제한
중징계	정직	• 1~3개월의 기간 동안 공무원 신분은 보유하나 직무에 종사하지 못함(별도의 보직이 없음) • 보수는 전액 삭감, 징계처분 집행이 끝난 날부터 18개월 간 승진 · 승급 제한
	강등	• 1계급 아래로 직급을 내림(고위공무원단에 속하는 공무원은 3급으로 임용하고, 연구관 및 지도관은 연구사 및 지도사로 함) • 공무원 신분은 보유하나 3개월간 직무에 종사하지 못하며, 그 기간 중 보수는 전액을 감함 • 징계처분 집행이 끝난 날부터 18개월 간 승진 · 승급 제한

Check Point

징계의 사유(「국가공무원법」 제78조)

- 「국가공무원법」이나 이에 따른 명령을 위반한 경우
- 직무상의 의무(다른 법령에서 공무원의 신분에 부과된 의무를 포함)에 위반하거나 태만한 때
- 직무의 내외를 불문하고 그 체면 또는 위신을 손상하는 행위를 한 때

Check Point

징계에 따른 승진 · 승급제한

징계에 따른 승진 · 승급제한은 국가공무원법 제78조의2 제1항 사유(금뇌물수수, 배임, 횡령 등 금전적 비위)로 인한 징계처분과 소극행정, 음주운전, 성폭력 · 성희롱 · 성매매로 인한 징계처분의 경우 각각 6개월을 가산

중징계	해임	• 강제퇴직의 하나로 공무원직이 박탈되며, 3년간 재임용이 제한됨 • 퇴직급여에는 영향이 없음(다만, 공금횡령 및 유용 등으로 해임된 경우는 퇴직급여의 1/8~1/4이 감액 지급되며, 징계부가금이 부과되는 경우도 있음)
	파면	• 공무원직이 박탈되며, 5년간 재임용이 제한됨 • 재직기간에 따라 퇴직급여의 1/4 내지 1/2이 감액 지급됨

㉡ 징계 유사 제도(징계에는 해당되지 않음)

직위해제	• 개념 : 직위를 부여하지 않는 처분 • 사유 : 직무수행능력이 부족하거나 근무성적이 극히 불량한 자, 징계(중징계)의결이 요구 중인 자, 형사사건으로 기소된 자, 고위공무원단에 속하는 공무원 중 근무성적평정결과 불량 등으로 수시적격심사 요구를 받은 자, 금품비위, 성범죄 등 대통령령으로 정하는 비위행위로 인하여 감사원 및 검찰 · 경찰 등 수사기관에서 조사나 수사 중인 자로서 비위의 정도가 중대하고 이로 인하여 정상적인 업무수행을 기대하기 현저히 어려운 자
대기명령	• 개념 : 직무수행능력이 부족하거나 근무성적이 극히 불량하여 직위해제된 자에게 3개월 이내의 대기명령을 내리고, 능력의 회복이나 태도의 개선을 위해 교육훈련이나 특별한 연구과제의 부여 등 필요한 조치를 취하는 것 • 경과 조치 : 대기명령을 받은 자에 대해서는 대기발령 기간 종료 시 직위를 부여하거나, 이 기간 중 능력 향상이나 개전의 정이 없다고 인정되면 징계위원회의 동의를 얻어 직권면직이 가능
직권면직	폐직 또는 과원(정원초과), 휴직사유 소멸 후의 미복귀, 병역기피나 군복무 이탈, 대기명령 기간 중 개전의 정이 없는 경우와 전직시험에 3회 이상 불합격한 경우 등의 사유 시 임용권자가 직권으로 면직시키는 제도
좌천	• 한직으로 발령(전보)하는 것 • 원래 교육훈련이나 일반행정가를 육성하기 위한 수단(수평적 인사이동)이나 악용될 소지가 있음
권고사직	파면시켜야 할 사람을 자발적 퇴직하도록 유도하는 것으로, 형식은 자발적이나 사실상의 강제퇴직에 해당
감원	정부조직의 변동이나 예산감축 등으로 일부 공무원이 불필요하게 되어 감원하는 제도(법적으로는 직권면직의 일종)
휴직	• 장기요양이나 병역복무 등으로 인한 직권휴직과 취업이나 유학, 출산 등으로 인한 청원휴직이 있음 • 휴직기간 동안 신분은 유지되며, 휴직사유 종료 시 복직 가능

③ 징계기구(「공무원 징계령」)

㉠ **중앙징계위원회** : 국무총리 소속으로 설치되며, 위원장(인사혁신처장) 1인을 포함하여 17명 이상 33명 이하의 공무원위원과 민간위원으로 구성하며, 민간위원의 수는 위원장을 제외한 위원 수의 2분의 1 이상이어야 함

㉡ **보통징계위원회** : 중앙행정기관 소속으로, 위원장 1명(설치기관의 장) 포함 9명 이상 15명 이하의 공무원위원과 민간위원으로 구성하며, 6급 이하 공무원, 연구사 · 지도사 등의 징계사건을 심의 · 의결

Check Point

징계 및 징계부가금 부과 사유의 시효

징계 및 징계부가금부과 의결의 요구는 징계등의 사유가 발생한 날부터 다음 구분에 따른 기간이 지나면 하지 못함

- **일반적인 징계사유** : 3년
- **징계부가금 부과 해당 징계사유(금품 · 향응 수수나 공금 등 횡령 · 유용 · 배임 · 절도 등)** : 5년
- **성범죄 관련 징계사유** : 10년

Check Point

중앙징계위원회에서 심의 · 의결하는 사건

고위공무원단 공무원, 5급 이상 공무원, 연구관 · 지도관 등의 징계 또는 징계부가금 사건, 대통령 또는 국무총리의 명령에 따른 각종 감사결과 국무총리가 징계의결을 요구한 6급 이하 공무원 및 연구사 · 지도사 등의 징계사건

ⓒ 징계절차 : 징계의결요구서가 접수되면 중앙징계위원회는 60일 이내, 보통징계위원회는 30일 이내에 징계의결을 하며, 이 의결에 따라 각급 행정기관장(징계처분권자)이 징계(단, 징계소멸시효 경과 후 징계 불가)

④ 소청심사

㉠ 징계에 대한 불복 시 소청심사위원회에 소청제기가 가능

㉡ 신분상의 불이익(징계, 강임, 휴직, 직위해제, 면직처분 등)이나 부작위(복직거부, 급여 미지급 등)가 소청심사의 대상(근무성적평정 결과나 승진탈락 등은 대상이 아님)

ⓒ 소청심사위원회의 결정은 처분청의 행위를 기속하며, 소청심사를 거치지 않고서는 행정소송 제기 불가(필요 · 의무적 전치절차)

Check Point

우리나라 소청심사제도의 쟁점

- 소청심사업무는 행정부의 경우 인사혁신처 소속 소청심사위에서 담당(헌법상 독립기관은 별도)
- 소청심사위의 결정은 처분청의 행위를 기속
- 행정소송을 제기하기에 앞선 의무적 전심절차
- 소청심사는 신분상의 불이익처분이나 부작위가 대상이며 근평결과는 대상이 아님
- 소청결정에 대한 중앙인사기관장의 재심요구권은 폐지(2004년)
- 특수경력직은 소청심사청구가 불가능(특정직은 가능)
- 직접적 · 구체적 이익의 침해가 있어야 청구 가능. 추상적 · 심리적 상태의 불만으로는 청구 불가
- 해임, 파면 및 직권면직의 경우 40일간(가결정시에는 최종결정 시까지) 후임자 보충발령 불가

꼭! 확인 기출문제

01. 「국가공무원법」상 징계에 대한 설명으로 옳은 것은? [국가직 9급 기출]

① 징계는 파면 · 해임 · 정직 · 감봉 · 견책으로 구분한다.
② 정직은 1개월 이상 3개월 이하의 기간으로 하고, 정직 처분을 받은 자는 그 기간 중 공무원의 신분은 보유하나 직무에 종사하지 못하며 보수의 3분의 2를 감한다.
❸ 감봉은 1개월 이상 3개월 이하의 기간 동안 보수의 3분의 1을 감한다.
④ 감사원에서 조사 중인 사건에 대하여는 조사개시 통보를 받은 후부터 징계 의결의 요구나 그 밖의 징계 절차를 진행할 수 있다.

해 ③ 「국가공무원법」상 감봉은 1~3개월의 기간 동안 보수의 1/3을 감하며, 12개월 간 승급이 제한된다.
① 「국가공무원법」상 징계는 파면 · 해임 · 강등 · 정직 · 감봉 · 견책의 여섯 가지로 구분한다.
② 정직은 1개월 이상 3개월 이하의 기간으로 하고, 정직 처분을 받은 자는 그 기간 중 공무원의 신분은 보유하나 직무에 종사하지 못하며 보수는 전액 감한다.
④ 감사원에서 조사 중인 사건에 대하여는 조사개시 통보를 받은 후부터 징계 의결의 요구나 그 밖의 징계 절차를 진행할 수 없다(국가공무원법 제83조 제1항).

02. 「국가공무원법」상 공무원 인사에 대한 설명으로 옳지 않은 것은? [지방직 9급 기출]

① 당연퇴직은 법이 정한 사유가 발생한 경우 별도의 처분 없이 공무원 관계가 소멸되는 것을 말한다.
② 직권면직은 법이 정한 사유가 발생한 경우 임용권자가 일방적으로 공무원 관계를 소멸시키는 것을 말한다.
③ 직위해제는 직무수행능력이 부족하거나 근무성적이 극히 나쁜 경우 공무원의 신분은 유지하지만 강제로 직무를 담당하지 못하게 하는 것이다.
❹ 강임은 한 계급 아래로 직급을 내리는 것으로 징계의 종류 중 하나이다.

해 ④ 한 계급 아래로 직급을 내리는 「국가공무원법」상의 징계는 강등이다. 강임은 정부조직 개편으로 폐직 · 과원 상태가 되었거나 본인의 희망에 의하여 하위직급으로 임용되는 것으로 징계에 해당되지 않는다.
① 당연퇴직은 임용권자의 처분에 의해서가 아니라 재직 중에 법률에 규정된 일정한 사유의 발생으로 인하여 공무원관계가 소멸되는 것을 말한다.
② 직권면직은 법률로 정한 일정한 사유에 해당되는 경우 임용권자의 직권에 의해 공무원신분을 박탈하는 것을 말한다.
③ 직위해제는 직무수행능력이 부족하거나 근무성적이 극히 불량한 자 등에게 공무원 신분은 유지하지만 강제로 직위를 부여하지 않는 처분을 말한다.

4. 보수

(1) 의의

① 개념

㉠ 일반적으로 보수는 공무원이 근무의 대가로 제공받는 금전적 보상을 말하며, 근무에 대한 반대급부인 동시에 생활 보장적 급부라는 양면적 성질을 지님

㉡ 법령상 보수는 봉급과 그 밖의 각종 수당을 합산한 금액(연봉제 적용대상 공무원의 경우는 연봉과 그 밖의 각종 수당을 합산한 금액)을 지칭함(「공무원보수규정」 제4조)

② 특징

㉠ **보수의 경직성** : 민간 기업에 비해 경직도가 높음

㉡ **보수의 비시장성** : 기여도를 화폐로 정확히 표현하기 어려움

㉢ **사회적 · 윤리적 성격** : 공무원의 생계유지 보장은 사회적 · 윤리적 의무

㉣ **단결권의 제약** : 노동3권의 제약으로 스스로의 권익 증진이 곤란

㉤ **동일 직무에 대한 동일 보수 구현 곤란** : 직무급 구현이 곤란

Check Point

보수

공무원의 실질적 생활수준을 결정하는 요소이고 사기와 행정능률에 영향을 미치는 직접적인 경제적 유인이며, 또한 부정부패 · 비리와 밀접한 관련이 있다는 점에서 인사행정의 가장 중요한 요소 중 하나임

(2) 보수수준의 결정요인

① 결정의 기본원칙

㉠ **대외적 균형성(비교성)** : 사기업의 보수와 균형이 필요하다는 공무원 보수의 민간준거의 원칙

㉡ **대내적 상대성** : 보수액은 상대적 관계를 나타내는 격차요인을 명확히 하여 공무원의 불평 · 불만 방지 가능(격차가 작으면 유인체계로서 매력이 떨어지고, 너무 크면 불만을 야기할 수 있으므로 적절한 격차를 두는 것이 핵심)

㉢ **보수법정주의 및 중복지급 금지** : 공무원의 보수는 법령에 명확한 근거를 두어야 하며, 중복지급되어서는 안 됨

㉣ **보수조정주의** : 내외적 환경에 잘 적응하기 위해 전체적 관점에서 합리적으로 조정되어야 함

㉤ **직무급의 원칙** : 업무의 곤란도와 책임도에 상응하여 지급함

② 일반적 결정요인

㉠ **경제적 요인(정부가 보수수준의 상한선 결정 시 우선 고려하는 요인)** : 민간기업의 임금수준, 국민의 담세능력, 정부의 재정력(지불능력), 정부의 경제정책(자원배분정책, 경기변동정책 등), 물가수준

㉡ **사회윤리적 요인(보수의 하한선 결정기준)** : 정부는 공공복지를 추구하는

Check Point

보수의 격차요인

근속기간, 직급, 직무, 작업조건, 부양가족, 학력, 경력, 능력, 근무성적 등

모범적 고용주로서 공무원의 생계비 · 생활급을 지급해야 할 사회적 · 윤리적 의무가 있음(적어도 공무원으로서의 건강과 품위유지 수준의 생계비를 지급)

ⓒ **부가적 요인** : 연금, 보험, 신분보장, 복지 등 보수 외에 받는 편익과 특혜

ⓓ **정책적 요인** : 보수를 근무의욕이나 행정능률, 성과를 제고하는 수단으로 활용하며, 기타 노동시장조건, 사기앙양 등도 고려

(3) 보수제도의 종류

원칙	보수유형	지급기준	특징
생활보장의 원칙	생활급	생계비	보수의 하한선
	근속급	연령 · 근무연수	–
근로대가의 원칙	직무급	직무(책임도 · 곤란도)	사전적 대가
	직능급	직무수행능력(노동력의 가치)	
	성과급	근무성과	사후적 대가

① 기본급

ⓐ **개념** : 매월 직급이나 근무연한 등에 따라 고정적으로 지급되는 보수(봉급)

ⓑ **종류** : 생활급, 근속급, 직무급, 직능급, 성과급 등

② 부가급

ⓐ **개념** : 직무내용 · 근무환경 및 생활조건 등의 특수성을 고려하거나 능률 증진을 위해 지급되는 보수의 일부(일명 수당)

ⓑ **특성** : 보수제도의 탄력성을 확보, 계급제 중심의 국가와 후진국가에서 발달

③ 생활급(연령급)

ⓐ 계급제에서 중시되는 것으로, 공무원과 그 가족의 생활수준이나 생계비에 역점을 두는 보수제도

ⓑ 객관적 직무보다 개개인의 연령과 가족상황 등이 기준이 됨

④ 근속급(연공급)

ⓐ 근속기간 등의 인적요소를 기준으로 하는 제도로, 폐쇄적 노동시장이나 계급제에서 강조

ⓑ 노쇠할수록 생산성이 저하된다는 것을 감안하지 못한 단점이 있음

⑤ 직무급

ⓐ 동일 직무에 대한 동일 보수의 원칙에 근거하여, 직무의 종류, 상대적 곤란도 · 책임도에 근거하여 보수 결정

ⓑ 직위분류제에서 채택되고 있는 합리적이고 공평한 보수제도

Check Point

기본급의 지급 구분

하위직은 호봉제에 의하여 직급과 근무연한(호봉)에 따라, 상위직은 연봉제에 의하여 성과에 따라 보수를 결정

Check Point

부가급의 종류

- **직무급적 수당** : 직무의 특성에 따라 지급하는 수당(위험수당, 특수업무수당 등)
- **생활보조금적 수당** : 생활비를 보조해주기 위한 수당(가족수당, 자녀학비보조수당, 육아휴직수당, 주택수당 등)
- **지역수당** : 근무지역의 특성에 따라 지급하는 수당(특수지근무수당 등)
- **초과근무수당** : 표준근무시간을 초과한 근무에 대한 수당(시간외수당, 휴일근무수당, 야근근무수당 등)
- **능률급적 수당** : 직무능률 향상을 위한 수당(성과상여금, 기능장려수당 등)
- **처우개선수당** : 민간 임금과 균형을 이루기 위한 조정수당(봉급조정수당 등)
- 기타 대우공무원수당, 정근수당, 관리수당, 업무대행수당 등

Check Point

직무급의 한계

사람보다 일을 고려하는 직무 중심의 보수제도로, 인사관리의 융통성 저해와 절차의 복잡성, 개인별 인센티브를 고려하지 않는 점 등이 단점

⑥ 직능급 : 노동력의 가치인 직무수행능력을 기준으로 보수를 지급하는 제도

⑦ 성과급

㉠ 고정급 형태와는 달리 구성원이나 집단이 수행한 작업성과나 능률에 따라 임금을 차등 지급하도록 하여 조직의 노동성과를 높이고자 하는 제도(연봉제)

㉡ 최근 성과 중심의 인사행정체계 구축에 따라 도입되고 있음

㉢ 인적 요소만을 강조하는 생활급과 근속급, 직무요소만을 고려하는 직무급의 한계를 극복하고 인적 요소와 직무요소를 결부시킨 종합적이고 적실성 있는 보수제도

㉣ 장단점

장점	구성원의 입장	• 능률에 따른 보수의 차등 지급으로 합리성 · 공평성을 지님 • 성취의욕을 고취하고 목표의식을 명확히 함
	관리자의 입장	• 실적향상과 원가절감으로 경영목표 달성이 용이 • 관리감독의 필요성 감소 및 자율적 관리 • 휴무시간 절약, 장비의 효율적 활용 • 표준원가시스템이나 예산통제시스템 활용을 촉진
단점	구성원의 입장	• 근로자의 수입 불안정 • 무리한 근무로 인한 사고 위험 • 공무원의 기본 기능인 봉사서비스를 소홀히 할 우려
	관리자의 입장	• 성과에 대한 집착으로 서비스의 질 하락 우려 • 소득 격차에 따른 위화감 조성으로 근무분위기를 해칠 우려 • 부가적 관리비의 발생 • 과업이 너무 높거나 최저임금이 낮은 경우 노사갈등 우려

연봉제(성과급)

① **의의** : 1년 단위로 개개인의 능력, 실적 및 공헌도의 평가와 계약에 의해 연간 임금액을 결정하는 실적 중심의 임금지급 형태(1년 단위로 관리를 하나 총액임금이 전년도 성과와 연동되어 결정)

② **성과 연봉제**

㉠ 적용대상 : 고위공무원단 및 4급 공무원

㉡ 급여구성

- 기본연봉 : 해당 직책과 계급, 개인의 성과를 반영해 지급되는 기본급여의 연액
- 성과연봉 : 전년도 근무성적의 평가결과를 반영해 차등지급하는 급여의 연액

③ **연봉제의 장단점**

장점	단점
• 개별평가에 의한 성과급 구현 • 동기유발과 책임감 부여를 통한 업무목표 달성이 가능 • 우수한 인재의 확보 가능	• 연봉제의 정확성 · 공정성 등에 대한 불신 • 두드러진 연봉 증감으로 인한 충격 및 부작용 • 팀워크의 분산과 과다한 경쟁심 유발

Check Point

우리나라 성과급제도

성과급적 연봉(5급 이상), 직무성과급적 연봉(고위공무원단), 성과상여금(호봉제 적용자, 수당으로 지급), 예산성과금(수입 증대나 지출 절약에 기여한 자)

Check Point

연봉제의 종류

- **고정급적 연봉제** : 기본연봉만 지급. 정무직 공무원과 지방자치단체장에 적용
- **직무성과급적 연봉제** : 기본연봉(기준급과 직무급)과 성과연봉(전년도 업무성과 평가에 따라 차등지급). 고위공무원단에 적용
- **성과급적 연봉제** : 기본연봉과 성과연봉(전년도 업무성과 평가에 따라 차등지급). 5급 이상에 적용

> **Check Point**
>
> **보수곡선**
> 등급에 따라 보수액을 표시하면 고위직으로 올라갈수록 급경사로 나타나는 J형 보수곡선을 보이는데, 이는 고위직일수록 직무의 곤란도와 책임도가 높거나 경제적 수요가 많으므로 보수에 반영되어야 하기 때문이다.

(4) 우리나라의 공무원 보수의 문제점 및 개선방향

① 문제점 : 보수액의 비현실성, 비합리성 보수체계, 공무원의 사기 저하 및 적극적 · 창의적 자세결여

② 개선방향

㉠ 민간 부문에 상응하는 보수의 적정체계 확립

㉡ 합리적인 보수표의 작성

㉢ 행정윤리와 민주적 공직관의 확립

㉣ 정치집권자의 정치적 결단 및 국민인식의 개선 요망

㉤ 공무원단체의 활용

> **보수표 작성**
>
> **㉠ 등급의 수**
> - 계급제보다 직위분류제에서 직무급 확립을 위해 더욱 세분화됨(우리나라의 경우 9등급, 미국의 경우 18등급)
> - 계급제는 등급의 수가 적고 폭이 넓으며 수당 중심인데 비해, 직위분류제는 보수 등급의 수가 많고 세분화되어 있으며 기본급 중심임
>
> **㉡ 등급의 폭(호봉)** : 보수표의 각 등급을 일률적으로 규정하는 것이 아니라 몇 개의 호봉으로 나누는 것을 말하며, 등급의 수와 등급의 폭은 반비례함
>
> **㉢ 등급 간의 중첩**
> - 개념 : 하위등급의 일정액과 상위등급의 일정액이 부분적으로 중첩되는 현상
> - 장점 : 장기근속자에 대한 충분한 유인과 보상 제공, 경험 있는 공무원의 가치를 인정, 등급의 수 감소, 승진으로 인한 예산상의 충격 완화
> - 단점 : 하급자가 상급자보다 높은 보수를 받는 경우 발생, 등급구분의 의의 감소, 승진기회의 감소

5. 연금

> **Check Point**
>
> **연금의 본질**
> - **공로보상설(은혜설)** : 연금을 재임 중의 공로나 장기간의 성실한 근무에 대한 보상차원으로 보는 견해
> - **생활보장설** : 퇴직 후의 생활을 보장함으로써 공무원 사기를 앙양한다는 견해
> - **거치보장설(보수후불설)** : 보수의 일부를 적립했다가 퇴직 후 지급하는 것이라는 견해(가장 지배적인 견해)

(1) 의의

① **개념** : 공무원이 노령이나 질병, 부상 등으로 퇴직하거나 사망한 때 본인이나 유족에게 지급되는 급여로, 공무원과 그 유족의 생활안정 및 복리향상에 기여하기 위한 사회보장제도의 일종

② **효용** : 공무원의 사회보장, 공무원의 사기앙양, 인사관리의 활력소

(2) 재원조달방식

① 기금제와 비기금제

㉠ **기금제** : 연금지급에 필요한 기금을 마련하고 이 기금의 투자이익금을 연금에 충당하는 제도(우리나라, 미국 등)

㉡ 비기금제 : 국가의 일반세입금 중 연금지출에 소요되는 재원을 마련하는 제도(영국, 독일 등)

② 기여제와 비기여제

㉠ 기여제 : 정부(부담금)와 공무원(기여금)이 공동으로 기금조성 비용을 부담하는 제도(우리나라, 일본, 미국 등)

㉡ 비기여제 : 기금 비용을 국가가 전액 부담하는 제도(영국, 독일 등)

(3) 종류

① 단기급여 : 공무상 요양비, 공무상 요양일시금, 재해부조금, 사망조위금 등

② 장기급여

㉠ 퇴직급여 : 퇴직연금, 퇴직연금일시금, 퇴직연금공제일시금, 퇴직급여가산금 등

㉡ 유족급여 : 유족연금, 유족연금일시금, 유족일시금, 유족연금부가금, 유족연금특별부가금, 유족급여가산금, 유족보상금 등

㉢ 장해급여 : 장해연금, 장해보상금

㉣ 퇴직수당 : 공무원이 1년 이상 재직하고 퇴직 또는 사망한 때 지급하는 수당

(4) 적용 대상

구분	구체적 대상
적용 대상	• 국가공무원법, 지방공무원법 및 그 밖의 법률에 따른 공무원 • 장관, 차관, 위원회의 상임위원도 포함 • 휴직공무원, 시간선택제공무원도 적용
비적용 대상	• 군인 • 선거에 의한 공무원(대통령, 국회의원, 지방자치단체장 등의 선거직)

공무원 연금법

구분	내용
공무원 기여율	9%(2016년부터 단계적 인상)
정부 부담률	
연금 지급률	연금수령액 = 평균보수월액×재직기간×1.7%(2035년까지 단계적 인하)
지급 개시 연령	만 65세(퇴직연도기준 2021년부터 3년마다 한 살씩 연장 2033년부터는 65세)
기여금 납부기간	36년
연금 수령 조건	최소 10년

국가직 9급 기출

01. 공무원 단체활동 제한론의 근거로 옳지 않은 것은?

① 실적주의 원칙을 침해할 우려가 있다.

② 공무원의 정치적 중립성이 훼손될 수 있다.

③ 공직 내 의사소통을 약화시킨다.

④ 보수 인상 등 복지 요구 확대는 국민 부담으로 이어진다.

해 공무원단체는 집단이익을 관리층과 외부에 전달하는 효율적인 의사전달의 수단으로 활용하여 행정관리 개선에 기여한다. 이는 공무원 단체 활동을 허용해야 하는 논거가 된다.

Check Point

공무원단체의 필요성

- 전반적인 행정개선에 기여
- 사기앙양을 위한 방안
- 공무원 수 증가에 따른 공무원 집단의사의 통로
- 관리층과 직원의 상호이해 증진 및 대내적 민주화에 기여
- 공직윤리의 확립에 기여
- 직업공무원제 확립 및 실적제의 강화에 기여

Check Point

공무원단체와 실적제의 관계

공무원단체는 능력이나 실적에 따른 보수보다 경력 · 연공서열을 요구하므로 실적주의를 저해하는 측면이 있다고 보았으나(Mosher), 오늘날은 공무원단체의 존재가 쌍방향적 의사결정을 활성화하는 등 실질적으로 실적제를 강화하는 측면이 있다고 본다(Nigro).

답 01 ③

유족연금 지급률	60%
퇴직수당	민간의 39%

6. 공무원단체

(1) 개념

① 공무원의 권익을 존중하고 근무조건을 개선하기 위하여 조직되는 공식적 · 합법적인 공무원 노동조합을 의미(공무원의 이익뿐만 아니라 생존권을 보호하기 위한 집단)

② 넓은 의미로는 공식적 단체뿐만 아니라 비공식집단 · 자생집단까지 포함하나 좁은 의미의 공무원단체는 공무원노동조합을 의미함

(2) 공무원단체의 인정에 관한 논의

① 인정론(찬성론) : 순기능을 강조하는 현대적 · 적극적 입장

㉠ 권익보장과 불만해소를 통한 사기진작

㉡ 공무원의 의견전달 수단

㉢ 관리층의 의사결정에 도움

㉣ 대화와 협상을 통한 행정개선 및 행정의 민주화와 행정발전에 기여

㉤ 실적제의 강화

㉥ 올바른 직업윤리의 확립과 부패 방지

② 부정론(반대론) : 역기능을 강조하는 전통적 · 소극적 입장

㉠ 국민 전체에 대한 봉사자로서의 공무원(공익에 반함)

㉡ 실적주의 인사원칙을 저해

㉢ 행정능률 및 행정의 계속성 저해

㉣ 특권집단화(국가와 특별권력관계), 관리층의 인사권 제약

㉤ 노사구분이 애매하며 교섭대상의 확인도 어려움

㉥ 사상적 혼란 및 국가 발전 저해

(3) 공무원단체의 활동내용

① **단결권** : 공무원들이 근무조건 향상을 위하여 관리층과 대등한 교섭력을 가지기 위하여 자주적 단체를 구성하고 가입할 수 있는 권리로 오늘날 대부분의 국가에서 인정

② 단체교섭권

㉠ 공무원이 근무조건을 향상시키기 위하여 단결체를 통하여 관리층과 자주적으로 교섭하는 권리

㉡ 교섭의 대상은 보수 등 재직자의 근무조건에 관한 사항이며, 채용 및 인사정책 등은 대상이 아님

㉢ 단결권을 인정하는 국가는 대부분 최소한의 단체교섭권을 인정

③ 단체행동권(노동쟁의권)

㉠ 공무원의 단체교섭이 순조롭지 않아 동맹파업 · 태업 · 직장폐쇄 등의 쟁의행위를 할 수 있는 권리

㉡ 대체로 금지하고 있으나, 독일과 프랑스의 경우 노무직 성격의 업무에 종사하는 하위직을 중심으로 제한적으로 인정

㉢ 우리나라의 경우 일반적으로 교원노조나 일반직 노조 등은 인정되지 않으나, 현업관서 우정직공무원은 가능하다고 봄(「국가공무원법」 및 「국가공무원 복무규정」)

공무원 근로3권에 관한 헌법 규정의 변천

- **제헌 헌법(제18조)** : 근로자의 단결, 단체교섭과 단체행동의 자유는 법률의 범위 내에서 보장된다.
- **제6차 개헌 헌법(제29조)** : 공무원인 근로자는 법률로 인정된 자를 제외하고는 단결권 · 단체교섭권 또는 단체행동권을 가질 수 없다.
- **현행 헌법(제33조)**
  - 근로자는 근로조건의 향상을 위하여 자주적인 단결권 · 단체교섭권 및 단체행동권을 가진다.
  - 공무원인 근로자는 법률이 정하는 자에 한하여 단결권 · 단체교섭권 및 단체행동권을 가진다.
  - 법률이 정하는 주요 방위산업체에 종사하는 근로자의 단체행동권은 법률이 정하는 바에 의하여 이를 제한하거나 인정하지 않을 수 있다.

(4) 우리나라의 공무원단체(「공무원의 노동조합 설립 및 운영 등에 관한 법률」)

① **노동조합의 설립** : 노동조합을 설립하려는 경우에는 국회 · 법원 · 헌법재판소 · 선거관리위원회 · 행정부 · 특별시 · 광역시 · 특별자치시 · 도 · 특별자치도 · 시 · 군 · 구(자치구) 및 특별시 · 광역시 · 특별자치시 · 도 · 특별자치도의 교육청을 최소 단위로 하며, 고용노동부장관에게 설립신고서를 제출해야 함

② 가입 범위

㉠ 6급 이하의 일반직공무원 및 이에 상당하는 일반직공무원

㉡ 특정직공무원 중 6급 이하의 일반직공무원에 상당하는 외무행정 · 외교정보관리직공무원

㉢ 6급 이하의 일반직공무원에 상당하는 별정직공무원

Check Point

단체행동권 관련 규정

- **「국가공무원법」 제66조(집단행위의 금지)**
  - 공무원은 노동운동이나 그 밖에 공무 외의 일을 위한 집단행위를 하여서는 안 됨(다만, 사실상 노무에 종사하는 공무원의 범위는 대통령령으로 정한다.)
  - 사실상 노무에 종사하는 공무원으로서 노동조합에 가입된 자가 조합 업무에 전임하려면 소속장관의 허가를 받아야 함
- **「국가공무원 복무규정」 제28조(사실상 노무에 종사하는 공무원)** : 「국가공무원법」 제66조에 따른 사실상 노무에 종사하는 공무원은 과학기술 정보통신부 소속 현업기관의 작업 현장에서 노무에 종사하는 우정직공무원(우정직공무원의 정원을 대체하여 임용된 일반임기제공무원 및 시간선택제일반임기제공무원을 포함)으로서 다음의 어느 하나에 해당하지 않는 공무원으로 함
  - 서무 · 인사 및 기밀 업무에 종사하는 공무원
  - 경리 및 물품출납 사무에 종사하는 공무원
  - 노무자 감독 사무에 종사하는 공무원
  - 「보안업무규정」에 따른 국가보안시설의 경비 업무에 종사하는 공무원
  - 승용자동차 및 구급차의 운전에 종사하는 공무원

Check Point

노동조합 가입 금지 대상

- 다른 공무원에 대하여 지휘 · 감독권을 행사하거나 다른 공무원의 업무를 총괄하는 업무에 종사하는 공무원
- 인사 · 보수에 관한 업무를 수행하는 공무원 등 노동조합과의 관계에서 행정기관의 입장에서 업무를 수행하는 공무원
- 교정 · 수사 또는 그 밖에 이와 유사한 업무에 종사하는 공무원
- 업무의 주된 내용이 노동관계의 조정 · 감독 등 노동조합의 조합원 지위를 가지고 수행하기에 적절하지 않다고 인정되는 업무에 종사하는 공무원

Check Point

단체협약의 효력

단체협약의 내용 중 법령 · 조례 또는 예산에 의하여 규정되는 내용과 법령 또는 조례에 의하여 위임을 받아 규정되는 내용은 단체협약으로서의 효력을 가지지 않음

③ 노동조합 전임자의 지위

㉠ 공무원은 임용권자의 동의를 받아 노동조합의 업무에만 종사할 수 있음(사실상 노무에 종사하는 공무원으로서 노동조합에 가입된 자가 조합 업무에 전임하려면 소속장관의 허가를 받아야 함)

㉡ 노동조합 전임자에 대하여는 그 기간 중 휴직명령을 하여야 함(보수를 지급하지 않는 직권휴직)

㉢ 공무원이 전임자임을 이유로 승급이나 신분 관련한 불리한 처우를 해서는 안 됨

④ 교섭 및 체결 권한 등

㉠ 노동조합의 대표자는 노동조합에 관한 사항이나 조합원의 보수 · 복지, 근무조건에 관하여 정부교섭대표와 교섭하고 단체협약을 체결할 권한을 가짐

㉡ 정책결정에 관한 사항, 임용권의 행사 등 그 기관의 관리 · 운영에 관한 사항으로서 근무조건과 직접 관련되지 않은 사항은 교섭의 대상이 될 수 없음

⑤ **쟁의행위의 금지** : 노동조합과 그 조합원은 파업, 태업 또는 그 밖에 업무의 정상적인 운영을 방해하는 일체의 행위를 해서는 안 됨

⑥ **정치활동의 금지** : 노동조합과 그 조합원은 정치활동을 해서는 안 됨

⑦ **조정신청** : 단체교섭이 결렬된 경우에는 당사자 어느 한 쪽 또는 양쪽은 중앙노동위원회에 조정을 신청할 수 있음(조정은 조정신청을 받은 날부터 30일 이내에 마쳐야 함)

⑧ **공무원 노동관계 조정위원회의 구성** : 단체교섭이 결렬된 경우 이를 조정 · 중재하기 위하여 중앙노동위원회에 공무원 노동관계 조정위원회를 둠

⑨ 공무원직장협의회와 중복 가입 가능(직장협의회 설립 · 운영 가능)

⑩ 복수노조가 인정됨(판례에서 인정, 복수노조를 금지하는 명문규정도 없음)

꼭! 확인 기출문제

우리나라의 현행 인사행정제도에 관한 설명으로 옳지 않은 것은? [국가직 9급 기출]

① 「국가공무원법」에 의거한 징계의 종류에는 파면 · 해임 · 강등 · 정직 · 감봉 · 견책이 있다.
② 고위공무원단에는 「정부조직법」상 중앙행정기관의 실장 · 국장 등 보조기관뿐 아니라 이에 상당하는 보좌기관도 포함된다.
③ 「정당법」에 의한 정당의 당원은 소청심사위원회의 위원이 될 수 없다.
❹ 사실상 노무에 종사하는 공무원으로서 노동조합에 가입된 자가 조합 업무에 전임하려면 노동부장관의 허가를 받아야 한다.

해 ④ 사실상 노무에 종사하는 공무원으로서 노동조합에 가입된 자가 조합 업무에 전임하려면 고용노동부장관이 아닌 소속장관의 허가를 받아야 한다(「국가공무원법」 제66조 제3항).
① 「국가공무원법」에서 규정하고 있는 징계의 종류에는 파면 · 해임 · 강등 · 정직 · 감봉 · 견책이 있다.

② 고위공무원단은 「정부조직법」에 따른 중앙행정기관과 행정부 각급 기관 등의 실장 · 국장 및 이에 상당하는 보좌기관의 직위에 임용되어 재직 중인 공무원 등이 대상이 된다.
③ 「정당법」에 따른 정당의 당원이나 「공직선거법」에 따라 실시하는 선거에 후보자로 등록한 자 등은 소청심사위원회의 위원이 될 수 없다(「국가공무원법」 제10조의2).

제3절 공무원 윤리

1. 공직윤리

(1) 의의

① 개념 : 국민에 대한 봉사자인 공무원이 신분상 또는 직무수행 과정상 준수해야 할 가치규범이나 행동기준을 말함

② 중요성

㉠ 행정기능의 확대와 관료의 영향력이 증대

㉡ 행정 권력의 증대에 따라 자율적인 내부통제의 필요성 요구

(2) 내용

① 자율적 규제윤리 : 공무원 스스로 직업윤리를 확립하고 이를 준수하는 것으로, 자율적이나 구속력과 구체성이 없어 실효성이 낮음

② 법률적 · 강제적 규제윤리

㉠ 「헌법」상의 의무 : 국민에 대한 봉사자이며, 국민에 대해 책임을 짐

㉡ 「국가공무원법」상의 의무(13대 의무)

- 선서 : 공무원은 취임할 때에 소속 기관장 앞에서 대통령령등으로 정하는 바에 따라 선서(宣誓)하여야 한다. 다만, 불가피한 사유가 있으면 취임 후에 선서하게 할 수 있다.
- 성실 의무 : 모든 공무원은 법령을 준수하며 성실히 직무를 수행하여야 한다.
- 복종의 의무 : 공무원은 직무를 수행할 때 소속 상관의 직무상 명령에 복종하여야 한다.
- 직장 이탈 금지 : 공무원은 소속 상관의 허가 또는 정당한 사유가 없으면 직장을 이탈하지 못한다(수사기관이 공무원을 구속하려면 그 소속 기관

Check Point

공무원직장협의회(「공무원직장협의회의 설립 · 운영에 관한 법률」)
㉠ 목적 : 공무원의 근무환경 개선 · 업무능률 향상 및 고충처리 등
㉡ 설립 : 각 부처, 광역시 · 도, 시 · 군 · 구 단위로 설치 가능하며, 국가기관, 지방자치단체 및 그 하부기관별로 하나의 협의회만 설립할 수 있음
㉢ 가입범위
- 6급 이하 일반직공무원 및 이에 준하는 일반직공무원과 이에 상당하는 별정직공무원
- 특정직공무원 중 재직경력 10년 미만의 외무행정직, 외교정보관리직공무원

㉣ 가입 및 탈퇴 : 자유롭게 협의회에 가입 및 탈퇴 가능
㉤ 협의회의 기능
- 해당 기관 고유의 근무환경 개선에 관한 사항
- 업무능률 향상에 관한 사항
- 소속공무원의 공무와 관련된 일반적 고충에 관한 사항
- 기타 기관의 발전에 관한 사항

Check Point

자율적 규제윤리의 예
우리나라의 공무원윤리헌장, 공무원 윤리헌장실천강령 등

Check Point

공무원 의무의 분류

분류	의무
기본적인 의무	성실
신분상의 의무	선서, 종교중립의 의무, 비밀 엄수의 의무, 외국 정부의 영예 등을 받을 경우, 품위 유지의 의무, 정치 운동의 금지, 집단 행위의 금지
직무상의 의무	복종의 의무, 직장 이탈 금지, 친절 · 공정의 의무, 청렴의 의무, 영리 업무 및 겸직 금지

의 장에게 미리 통보하여야 한다. 다만, 현행범은 그러하지 아니하다.).

- 친절 · 공정의 의무 : 공무원은 국민 전체의 봉사자로서 친절하고 공정하게 직무를 수행하여야 한다.
- 종교중립의 의무 : 공무원은 종교에 따른 차별 없이 직무를 수행하여야 한다.
- 비밀 엄수의 의무 : 공무원은 재직 중은 물론 퇴직 후에도 직무상 알게 된 비밀을 엄수(嚴守)하여야 한다.
- 청렴의 의무 : 공무원은 직무와 관련하여 직접적이든 간접적이든 사례 · 증여 또는 향응을 주거나 받을 수 없다.
- 외국 정부의 영예 등을 받을 경우 : 공무원이 외국 정부로부터 영예나 증여를 받을 경우에는 대통령의 허가를 받아야 한다.
- 품위 유지의 의무 : 공무원은 직무의 내외를 불문하고 그 품위가 손상되는 행위를 하여서는 아니 된다.
- 영리 업무 및 겸직 금지 : 공무원은 공무 외에 영리를 목적으로 하는 업무에 종사하지 못하며 소속 기관장의 허가 없이 다른 직무를 겸할 수 없다.
- 정치 운동의 금지 : 공무원은 정당이나 그 밖의 정치단체의 결성에 관여하거나 이에 가입할 수 없다.
- 집단 행위의 금지 : 공무원은 노동운동이나 그 밖에 공무 외의 일을 위한 집단 행위를 하여서는 아니 된다. 다만, 사실상 노무에 종사하는 공무원은 예외로 한다.

ⓒ 「공직자윤리법」상의 의무(재산등록 및 공개의무)

- 재산등록의무 : 대통령 · 국무총리 · 국무위원 · 국회의원 등 국가의 정무직공무원, 지방자치단체의 장, 지방의회의원 등 지방자치단체의 정무직 공무원, 4급 이상의 일반직 국가공무원(고위공무원단에 속하는 일반직공무원을 포함) 및 지방공무원과 이에 상당하는 보수를 받는 별정직공무원(고위공무원단에 속하는 별정직공무원을 포함) 등은 본인, 배우자, 본인의 직계존속 · 직계비속(혼인한 직계비속인 여성과 외증조부모, 외조부모, 외손자녀 및 외증손자녀는 제외)의 보유재산을 등록하고 변동사항을 신고해야 한다.
- 재산공개의무 : 대통령, 국무총리, 국무위원, 국회의원, 국가정보원의 원장 및 차장 등 국가의 정무직공무원, 지방자치단체의 장, 지방의회의원 등 지방자치단체의 정무직공무원, 일반직 1급 국가공무원 및 지방공무원과 이에 상응하는 보수를 받는 별정직공무원(고위공무원단에 속하는 별정직공무원을 포함), 대통령령으로 정하는 외무공무원 등의 공직자 본인

Check Point

공무원의 정치 운동의 금지 사항

공무원은 선거에서 특정 정당 또는 특정인을 지지 또는 반대하기 위한 다음의 행위를 하면 안 됨

- 투표를 하거나 하지 아니하도록 권유 운동을 하는 것
- 서명 운동을 기도(企圖) · 주재(主宰)하거나 권유하는 것
- 문서나 도서를 공공시설 등에 게시하거나 게시하게 하는 것
- 기부금을 모집 또는 모집하게 하거나, 공공자금을 이용 또는 이용하게 하는 것
- 타인에게 정당이나 그 밖의 정치단체에 가입하게 하거나 가입하지 아니하도록 권유 운동을 하는 것

Check Point

「공직자윤리법」상의 의무

재산등록 및 공개의무, 선물수수의 신고 · 등록 의무, 퇴직공직자의 취업제한 · 행위제한의무, 주식백지신탁의무 등

과 배우자 및 본인의 직계존속·직계비속의 재산에 관한 등록사항과 변동사항 신고내용을 공개하여야 한다.

- 재산등록 대상자와 재산공개 대상자

구분	재산등록 대상자	재산공개 대상자
정무직공무원	국가의 정무직공무원, 지방자치단체의 정무직공무원	국가의 정무직공무원, 지방자치단체의 정무직공무원
일반직공무원	4급 이상의 일반직 국가공무원(고위공무원단에 속하는 일반직공무원을 포함)	1급 국가공무원
법관·검사	법관 및 검사 전원	고등법원 부장판사급 이상의 법관과 대검찰청 검사급 이상의 검사
군인	대령 이상의 장교 및 이에 상당하는 군무원	중장 이상의 장성급(將星級) 장교
교육	총장·부총장·대학원장·학장(대학교의 학장 포함) 및 전문대학의 장과 대학에 준하는 각종 학교의 장, 특별시·광역시·특별자치시·도·특별자치도의 교육감 및 교육장	총장·부총장·학장(대학교의 학장 제외) 및 전문대학의 장과 대학에 준하는 각종 학교의 장, 특별시·광역시·특별자치시·도·특별자치도의 교육감
경찰·소방	총경(자치총경 포함) 이상의 경찰공무원과 소방정 이상의 소방공무원	치안감 이상의 경찰공무원 및 특별시·광역시·특별자치시·도·특별자치도의 시·도 경찰청장, 소방정감 이상의 소방공무원

㉣ **「공직자윤리법」상의 의무(외국 정부 등으로부터 받은 선물의 신고)** : 공무원 또는 공직유관단체의 임직원은 외국으로부터 선물(대가 없이 제공되는 물품 및 그 밖에 이에 준하는 것을 말하되, 현금은 제외)을 받거나 그 직무와 관련하여 외국인(외국단체를 포함)에게 선물을 받으면 지체 없이 소속 기관·단체의 장에게 신고하고 그 선물을 인도하여야 한다. 이들의 가족이 외국으로부터 선물을 받거나 그 공무원이나 공직유관단체 임직원의 직무와 관련하여 외국인에게 선물을 받은 경우에도 또한 같다.

㉤ **「공직자윤리법」상의 의무(퇴직공직자의 취업제한)** : 재산등록의무자와 부당한 영향력 행사 가능성 및 공정한 직무수행을 저해할 가능성 등을 고려하여 국회규칙, 대법원규칙, 헌법재판소규칙, 중앙선거관리위원회규칙 또는 대통령령으로 정하는 공무원과 공직유관단체의 직원은 퇴직일부터 3년간 취업심사대상기관에 취업할 수 없다(관할 공직자윤리위원회로부터 취업심사대상자가 퇴직 전 5년 동안 소속하였던 부서 또는 기관의 업무와 취업심사대상기관 간에 밀접한 관련성이 없다는 확인을 받거나 취업승인을 받은 때에는 취업할 수 있다.).

③ 기타 「부패방지 및 국민권익위원회 설치와 운영에 관한 법률」, 공무원의 청렴 유지 등을 위한 행동강령에 따른 의무

Check Point

공직윤리 확보의 전제조건
- 문화적 제약의 극복(유교이념의 극복)
- 법과 제도에 대한 신뢰
- 체념 및 냉소주의 극복
- 부패척결에 대한 지속적 관심과 부단한 노력
- 단기안적 정책의 오류 인식 및 극복

(3) 공직윤리 확보방안

① 정부차원의 신뢰성 · 투명성 확보

② 공직 내부의 윤리시스템 정비 및 공직 풍토의 개선

③ 윤리 관련 법제도 등의 정비

④ 공무원 윤리교육의 체계화

⑤ 가치의 전환 및 재량권의 적정화, 사회 환경의 조성

꼭! 확인 기출문제

공직윤리와 관련한 설명으로 가장 옳지 않은 것은? [서울시 9급 기출]

① 정무직 공무원과 일반직 4급 이상 공무원은 재산등록의무가 있다.

② 공무원이 직무와 관련하여 외국인으로부터 10만원 또는 100달러 이상의 선물을 받은 때에는 소속 기관 · 단체의 장에게 신고하고 그 선물을 인도하여야 한다.

③ 세무 · 감사 · 건축 · 토목 · 환경 · 식품위생분야의 대민업무 담당부서에 근무하는 일반직 7급 이상의 경우 재산등록 대상에 해당한다.

❹ 4급 이상 공무원과 공직유관단체 임직원은 퇴직일로부터 2년 간, 퇴직 전 5년 간 소속 부서 또는 기관 업무와 밀접한 관련이 있는 사기업체에 취업할 수 없다.

해 ④ 「공직자윤리법」상 재산등록의무자로 퇴직하는 4급 이상 공무원과 공직유관단체 임직원은 퇴직일로부터 3년간, 퇴직 전 5년간 소속 부서 또는 기관 업무와 밀접한 관련이 있는 사(私)기업체에 취업할 수 없다.
① 「공직자윤리법」상 재산등록의무자에는 정무직 공무원과 일반직 4급 이상 공무원 등이 포함된다.
② 「공직자윤리법」상 모든 공무원은 직무와 관련하여 외국인으로부터 10만원 또는 100달러 이상의 선물을 받은 때에는 소속 기관 · 단체의 장에게 신고하고 그 선물을 인도하여야 한다.
③ 「공직자윤리법」상 세무 · 회계 · 감사 · 건축 · 토목 · 환경 · 식품위생분야의 대민업무 담당부서에 근무하는 일반직 공무원도 7급 이상은 재산등록대상자에 포함된다.

2. 공직부패

Check Point

공직부패의 문제점
- 공직기강의 해이 및 불신 확대
- 행정비능률과 자원배분의 왜곡, 행정비용 인상 및 손실 발생
- 공평무사한 서비스 저해
- 공무원 간의 갈등 및 소외 현상 발생

(1) 개념

① 공직과 관련하여 영향력이나 권력을 부당하게 사용하는 행태, 또는 관료가 자신의 직무와 관련된 권력을 부당하게 행사하여 사익을 추구하거나 공익을 침해하는 행위

② 공직부패를 척결하는 것은 공직윤리 확립을 위한 필요조건

(2) 유형

① 일반적 부패 유형

㉠ **직무유기형 부패** : 시민이 개입되지 않은 관료 개인의 부패로, 관료로서의 직무를 소홀히 하여 발생한 부패

㉡ **후원형 부패** : 관료가 정실이나 학연 · 지연 등을 토대로 특정 단체나 개인을 불법적으로 후원하는 부패

㉢ **사기형 부패** : 공금의 유용이나 횡령, 회계부정 등 거래 상대방 없이 공무원에 의해 일방적으로 발생하는 부패

㉣ **거래형 부패** : 뇌물을 매개로 이권을 불법적으로 제공하는 부패로, 공무원과 민간인 간의 뇌물과 특혜의 교환 등이 거래형 부패(외부부패)의 예

㉤ **제도화된 부패(체제부패)**

- 행정체제에서 부패의 방법이나 과정, 범위, 수준, 금액 등이 어느 정도 일반화되어 있어 부패행위가 일정한 행위 유형을 나타내는 것
- 부패가 실질적인 규범으로 되는 경우, 즉 부패가 일상화되고 부패를 저지른 사람들이 조직의 옹호를 받고 당연시되는 부패

㉥ **우발적 부패(일탈형 부패)** : 구조화되지 않은 일시적 부패로서 공금횡령 등 주로 개인의 윤리적 일탈로 인한 개인적 부패(단속공무원이 돈 받고 단속 눈감아 주기 등)

② 부패의 용인 가능성에 따른 유형

㉠ **흑색부패** : 사회체제에 명백하고 심각한 해악을 미치는 부패로, 구성원 대다수가 인정하고 처벌을 원하는 부패

㉡ **백색부패** : 사회에 심각한 해가 없거나 사익 추구의 의사가 없는 선의의 부패로, 구성원 대다수가 어느 정도 용인할 수 있는 관례화된 부패

㉢ **회색부패**

- 사회에 영향을 미칠 수 있는 잠재성을 지닌 부패로, 사회구성원 일부는 처벌을 원하나 다른 일부는 용인하는 부패
- 과도한 선물수수와 같이 윤리적으로 문제될 수 있지만 법률로 규정하는 것에 대해서는 논란이 있는 경우 등

③ 권력형 부패와 생계형 부패

㉠ **권력형 부패(정치적 부패)** : 상층부가 정치권력을 부당하게 행사하는 거대한 부패로, 겉으로 드러나지 않으며 주로 정책결정 이전 단계에서 영향력을 발휘

㉡ **생계형 부패(행정적 부패)** : 하층부가 생계유지 목적의 차원에서 범하는 부패

④ 내부부패와 외부부패

㉠ **내부부패** : 관료제 내부에서 공무원 간에 발생하는 부패

㉡ **외부부패** : 관료와 국민 간에 발생하는 부패

Check Point

체제부패의 예
떡값이나 뇌물, 촌지, 민원처리과정에서의 급행료 등

Check Point

부패의 원인에 대한 다양한 접근법

- **기능주의적 분석** : 관료부패란 국가발전이나 산업화의 부산물임
- **후기기능주의적 분석** : 부패는 자기영속적인 것이며 국가가 성장, 발전한다고 해서 파괴되는 것이 아님
- **구조적 분석** : 공무원들의 잘못된 의식구조나 권위주의적 가치관이 부패의 원인임
- **제도적(거시적) 분석** : 행정통제의 부적합성으로 인한 부패의 원인을 중시함
- **권력문화적 분석** : 과도한 권력집중에 의한 부패유발을 강조
- **사회 · 문화의 환경적 분석** : 특정한 지배적 관습이나 경험적 습성 같은 것이 관료부패를 조장함
- **정치경제학적(정경유착적) 분석** : 정치와 경제엘리트간의 야합과 이권개입에 의한 타락
- **도덕적 접근법** : 개인의 윤리의식, 자질 등의 부족 탓으로 돌리는 입장
- **체제론적 접근법** : 사회문화적 특성, 제도상의 결함 등 다양한 요인 복합적으로 상호작용하여 나타난다고 보는 입장
- **군사문화적 분석** : 정치문화의 미성숙과 군사문화의 구조화로 인한 권위주의와 수직적 지배문화에 의한 부패
- **거버넌스적 접근** : 정부와 시민 간의 동등한 참여나 상호보완적 감시에 의한 협력적 네트워크에 의하여 해결될 수 있다고 보는 입장

(3) 원인 및 대책

① 부패의 원인

㉠ 내적 원인 : 낮은 급여, 신분에 대한 불안, 복잡한 행정절차 회피에 대한 공무원의 재량 남용

㉡ 외적 원인 : 통제장치의 미흡, 전통적 행정문화의 특혜와 차별, 지나친 정부주도의 정책, 비현실적인 법령체제, 공직에 대한 높은 기대감

② 대책

㉠ 정부규제를 대폭 완화하고 정부 주도의 국가발전체제에서 탈피

㉡ 공무원의 생계에 대한 안정감 부여를 위하여 보수와 연금의 현실화

㉢ 조직 내의 내부고발자보호제도의 정착화

㉣ 복잡한 행정 절차의 간소화 · 표준화로 권력남용의 철폐

㉤ 권력의 과도한 집중을 철폐시키고 분권화를 촉진

㉥ 부정부패에 대한 신상필벌제도의 확립

(4) 우리나라의 공직부패 방지제도

① 「부패방지 및 국민권익위원회 설치와 운영에 관한 법률」

㉠ 국민권익위원회의 설치 · 운영

㉡ 부패행위 등의 신고 및 신고자 등 보호(내부고발 및 내부고발자보호제도 등)

㉢ 국민감사청구제도

㉣ 제도개선에 대한 제안

㉤ 고충민원사무의 정보보호

㉥ 비위면직자의 취업제한 및 취업자의 해임요구 등

② 「공직자윤리법」

㉠ 공직자의 생활보장

㉡ 이해충돌 방지 의무화

㉢ 공직후보자의 재산등록 및 등록재산 공개

㉣ 재산형성과정 소명과 공직을 이용한 재산취득의 규제

㉤ 공직자의 선물수수의 신고, 주식의 매각 및 주식백지신탁

㉥ 퇴직공직자의 취업제한 및 행위제한 등

꼭! 확인 기출문제

공무원 부패의 사례와 그 유형을 바르게 연결한 것은? [국가직 9급 기출]

ㄱ. 무허가 업소를 단속하던 공무원이 정상적인 단속활동을 수행하다가 금품을 제공하는 특정 업소에 대해서는 단속을 하지 않는다.

기출 Plus 서울시 9급 기출

01. 공무원 부패에 관한 설명으로 가장 옳지 않은 것은?

① 인 · 허가와 관련된 업무를 처리할 때 소위 '급행료'를 지불하는 것을 당연시하는 관행은 제도화된 부패에 해당한다.

② 금융위기가 심각함에도 불구하고 국민들의 동요나 기업 활동의 위축을 막기 위해 공직자가 거짓말을 하는 것은 회색부패에 해당한다.

③ 무허가 업소를 단속하던 단속원이 정상적인 단속활동을 수행하다가 금품을 제공하는 특정 업소에 대해서 단속을 하지 않는 것은 일탈형 부패에 해당한다.

④ 공금 횡령, 개인적인 이익의 편취, 회계 부정 등은 비거래형 부패에 해당한다.

해 회색부패 → 백색부패
금융위기가 심각함에도 불구하고 국민들의 동요나 기업 활동의 위축을 막기 위해 공직자가 거짓말을 하는 것은 백색부패에 해당한다. 백색부패는 사회에 심각한 해가 없거나 사익추구의 의사가 없는 선의의 부패로, 구성원 대다수가 어느 정도 용인할 수 있는 관례화된 부패이다.

답 01 ②

ㄴ. 금융위기가 심각함에도 불구하고 국민들의 동요나 기업활동의 위축을 방지하기 위해 금융위기가 전혀 없다고 관련 공무원이 거짓말을 한다.
ㄷ. 인·허가와 관련된 업무를 담당하는 공무원의 대부분은 업무를 처리하면서 민원인으로부터 의례적으로 '급행료'를 받는다.
ㄹ. 거래당사자 없이 공금 횡령, 개인적 이익 편취, 회계 부정 등이 공무원에 의해 일방적으로 발생한다.

① ㄱ : 제도화된 부패　ㄴ : 회색 부패
　ㄷ : 일탈형 부패　ㄹ : 생계형 부패
② ㄱ : 일탈형 부패　ㄴ : 생계형 부패
　ㄷ : 조직 부패　ㄹ : 회색 부패
❸ ㄱ : 일탈형 부패　ㄴ : 백색 부패
　ㄷ : 제도화된 부패　ㄹ : 비거래형 부패
④ ㄱ : 조직 부패　ㄴ : 백색 부패
　ㄷ : 생계형 부패　ㄹ : 비거래형 부패

해 ㄱ. 현장단속 중인 하급 공무원이 저지르는 우발적이고 개인적인 부패는 일탈형 부패에 해당한다.
ㄴ. 백색부패는 사회에 심각한 해가 없거나 사익추구의 의사가 없는 선의의 부패로, 구성원 대다수가 어느 정도 용인할 수 있는 관례화된 부패이다.
ㄷ. 급행료나 커미션을 지불하는 관행은 제도화된 부패에 해당한다.
ㄹ. 공금 횡령 등은 사기형 부패로 민간과의 거래 없이 공직 내부에서 이루어지는 비거래형 부패에 해당한다.

내부고발

① 의의
㉠ 내부고발(whistle blowing)이란 조직구성원이 불법·부당 또는 부도덕한 조직 내부의 일이나 사건을 대외적으로 폭로하는 것을 뜻함
㉡ 종전에는 내부고발을 부정적으로 보아 보호하기보다 오히려 보복조치를 취하는 관행이 있었으나, 최근에는 이를 관료제조직에 대한 통제장치로 활용하고자 제도화하는 추세임
㉢ 내부고발자 보호제도는 내부고발 행위를 한 사람을 보호해 줌으로써 조직에 만연된 비리나 부패를 척결하려고 마련된 제도
㉣ 「부패방지 및 국민권익위원회의 설치와 운영에 관한 법률」에 근거를 둠

② 특성
㉠ 이타주의적 외형
㉡ 실제 동기의 다양성
㉢ 조직의 전·현직 구성원이 주체(퇴직 후라도 재직 중의 부패행위에 대한 고발이 가능)
㉣ 비공식적·비통상적인 통로를 이용한 대외적 공표
㉤ 중립적 분규해결장치의 미비

③ 내부고발자 보호의 필요성에 대한 논의
㉠ 찬반론

찬성론	반대론
• 악의적 조작이 없는 한 보호 • 공직 내부고발 유도 • 조직비리 은폐는 더 큰 비리와 부패를 초래 • 내부고발에 대한 보복은 반윤리적	• 감독자와 부하 간에 불신 발생 • 직무상의 기밀을 누설 위험 • 행정운영질서 교란, 명령 불복종 조장 • 책임자들의 사기 저하

㉡ 결론 : 내부고발을 인정하고 고발자를 보호하면서 그로 인한 부작용을 최소화하는 것이 필요

Check Point

내부고발자의 보호 방법 및 요소
• 보호 방법 : 외적(법적)·내적 보호 장치 마련, 보호 세력의 규합, 보호에 대한 확고한 신념의 견지
• 보호제도의 핵심요소 : 고발자의 신변보호·신분보장, 면책 및 형의 감면, 보상

Check Point

정치적 중립의 기본이념
공평성(공익성), 비정치성(능률성)

Check Point

등장배경
- 실적주의와 직업공무원제의 본질적 내용의 하나로서 대두됨
- 특히 인사행정에 있어 정치적 중립이 주요하게 대두된 것은 실적주의 출현과 맥을 같이 함

Check Point

정치적 중립의 특징
- 충원과정에서의 정치적 간섭 배제
- 정책수행에서의 공평성과 객관성
- 정치적 활동의 최소화
- 정치적 경쟁으로부터 초연

Check Point

정치적 중립의 한계
- 공무원의 기본권(참정권) 제한
- 정당정치 발달 저해
- 대표관료제의 갈등
- 참여관료제의 저해

Check Point

우리나라의 정치적 중립
- **「헌법」 제7조** : 공무원은 국민 전체에 대한 봉사자로서 국민에 대하여 책임을 지며, 공무원의 신분과 정치적 중립은 법률에 의하여 보장됨
- **「국가공무원법」 제65조** : 공무원의 정당 및 정치단체 결성 · 가입 금지, 정치적 활동이나 선거 관여 금지

3. 정치적 중립

(1) 의의

① 개념

㉠ 공무원은 국민 전체에 대한 봉사자로서 그 직무를 수행함에 있어 어떤 특정 정당에 치우치지 않고 공평무사하게 봉사해야 한다는 것

㉡ 공무원이 정당적 목적에 이용되는 것을 방지하고 인사관리에 있어 정치적 간섭을 배제하여 행정의 전문성과 공평성을 유지하려는 것

② 필요성

㉠ 공익의 증진과 옹호

㉡ 엽관주의나 정치적 개입에 따른 공직부패의 방지

㉢ 실적주의와 행정능률성 · 전문성 확보

㉣ 행정의 안정성 · 영속성 · 계속성 확보

㉤ 정치체제 내의 세력균형 도모, 민주적 기본질서 확립

㉥ 공무원의 정치세력화 방지 및 정당적 구속의 탈피, 정치적 자율성 확립

(2) 확보방안

① 직업공무원의 자율성 강화 및 공직윤리의 정착화

② 공직의 정치의식 향상 및 권력 가치에 집중된 가치체계의 분화

③ 평화적인 정권교체 및 정치풍토의 건전화 · 정상화

④ 공무원 신분의 공평성 · 대표성 확보, 민중통제의 강화

(3) 각 국가의 정치적 중립

① 미국

㉠ 엽관주의의 폐단 극복을 위해 정치적 중립을 최초 규정(Pendleton 법)

㉡ 뉴딜정책 실시와 더불어 정치활동을 광범위하고 엄격하게 제한(Hatch 법)

㉢ 참정권 제한에 대한 비판으로 1974년 연방선거운동법이 개정되어 공무원의 정치적 중립이 완화됨

② 영국

㉠ 법적 장치보다는 윤리적 차원에서 요청, 미국보다 상당히 완화

㉡ 1919년 Whitley 협의회와 1948년 Masterman 위원회의 활동이 결정적인 영향을 미침

③ **독일 · 프랑스 · 이탈리아** : 공무원이 국회의원직에 당선되면 공직을 사임, 의원직 사퇴 시 복직 허용

5편

재무행정론

제1장

예산의 기초이론

제1절 예산의 의의 및 본질

1. 예산의 의의 및 구성

(1) 예산의 개념

Check Point

예산의 행정관리적 개념
재정적 · 수량적 용어로 표현되고 장래 일정기간 허용된 모든 사업계획을 체계화한 최고관리층의 종합계획(예산을 적극적 행정관리수단으로 간주하고 관리상의 능률을 중시하는 개념)

Check Point

예산의 정의(A. Widavsky)
예산을 한정된 자원을 둘러싼 정치적 투쟁의 결과물이라 정의함

① 일반적 개념 : 일정 기간(1회계연도) 동안의 국가의 수입과 지출에 관한 예정적 계산(정부사업의 예정계획서)

② 형식적 · 실질적 개념

㉠ 형식적 개념(법적 개념) : 「헌법」이나 「국가재정법」에 의하여 행정부에서 일정 형식과 절차에 따라 편성하여, 국회에서 심의 · 의결하여 확정한 1회계연도의 재정계획

㉡ 실질적 개념 : 국가의 재정수요와 이에 충당할 재원을 비교 · 배정한 1회계연도 동안의 정부 세입 · 세출에 관한 예정적 계산(내용과 성질 중심의 개념)

③ 전통적 · 현대적 개념

㉠ 전통적 개념 : 행정부에서 편성된 예산이 입법부의 심의 · 의결을 거쳐 집행되는 과정(입법부 통제 중심의 예산)

㉡ 현대적 개념 : 1회계연도에 있어서 계획된 목표들을 성취할 수 있도록 체계적으로 연관시키는 과정(관리 · 기획 중심의 개념)

(2) 구별 개념

① 예산과 재정

㉠ 예산 : 국가의 수입 및 지출 계획서이므로 국가재정의 핵심적 내용에 해당되며, 좁게는 일반회계만을 의미하지만 넓게는 일반회계와 특별회계를 포함

㉡ 재정(공공재정) : 예산보다 넓은 개념으로, 예산과 기금, 조세, 차입금 등 포함

② 예산과 계획

의의 및 관계	• 계획 : 정부가 추구하는 목표를 설정한 후 이를 달성하기 위해 수단을 선택하고 우선순위를 매기는 과정 • 예산 : 정부의 계획을 금액으로 표시하고 재정적으로 뒷받침하는 활동 • 예산을 고려하지 않은 계획은 무의미하고 비현실적이며, 계획과 유기적으로 연결되지 않은 예산은 정책목표와 유리되어 비효율과 낭비를 초래하기 쉬우므로, 양자는 상호보완적으로 작용해야 함(현실적으로는 여러 요인으로 인해 괴리 발생)
괴리요인	• 특성(성격)의 차이 • 담당 조직 및 기구의 분리 • 계획 및 예산담당자의 가치관 · 행태상의 차이 • 기획을 뒷받침할 재원의 부족 • 상황변동의 부적응(계획과 예산의 신축성 결여) • 예산제도의 결함(통제지향적 · 점증주의적 예산제도 중심) • 계획제도의 비합리성(정보와 자료의 불충분 · 부정확, 정치적 압력)
연계방안	• 양자를 유기적으로 연계시킬 수 있는 정치적 리더십의 발휘 • 담당자 간의 인사교류 · 공동 교육훈련으로 상호 편견과 이해부족을 극복 • 단기적 · 통제 중심적 예산제도를 탈피, 관리 · 계획지향적 예산제도 도입 • 연동계획 및 계획예산제도의 활용

③ 예산과 법률

㉠ 비교

구분	예산	법률
법적 근거	예산의결권(「헌법」 제54조)	법률의결권(「헌법」 제53조)
제안권자	정부	국회, 정부
제출 기한	회계연도 개시 120일 전	제한 없음
심의 기한	회계연도 개시 30일 전	제한 없음
예산안 심의범위	증액 및 새로운 비목 설치 불가	수정 가능
대통령의 거부권	행사 불가	행사 가능
공포 절차	공포 불요(의결로 확정), 행정부의 공고	공포로 효력 발생
효력	• 1회계연도에 국한 • 국가기관만 구속 • 예산으로 법률 개폐 불가 • 국내외 불구 효력 발생	• 계속적 효력 • 국가기관, 국민 모두 구속 • 법률로 예산 변경 불가 • 원칙상 국내에 한정됨

Check Point

계획과 예산의 성격
• 계획 : 장기적 · 추상적 · 포괄적 · 개혁적 · 합리적
• 예산 : 단기적 · 구체적 · 점증적 · 보수적 · 정치적

Check Point

공공재정의 구성
㉠ 국가재정
• 예산
 – 일반회계 : 「국가재정법」의 적용, 기획재정부 장관이 관리책임
 – 특별회계 : 「정부기업예산법」과 개별법의 적용, 중앙관서의 장이 관리책임
• 기금
㉡ **지방재정** : 예산(일반회계 · 특별회계)와 기금으로 구성, 「지방재정법」이 적용, 자치단체장이 관리책임
㉢ **공공기관의 재정** : 「공공기관 운영에 관한 법률」의 적용, 해당 공공기관의 장이 관리책임

Check Point

공공재정의 비교
㉠ 성립
• 국가재정 : 국회의 승인을 요함
• 지방재정 : 국회의 승인을 요하지 않음
• 공공기관의 재정 : 국회의 승인을 요하지 않음
㉡ 국가재정, 지방재정, 공공기관은 감사원의 회계감사 대상이 됨

Check Point

예산의 법적 효력
예산은 입법부가 행정부에 대해 재정권을 부여하는 하나의 형식이므로 법적 구속력을 지니며, 법률의 형식을 띠지 않더라도 입법부의 승인을 받음으로써 집행의무가 발생함

ⓛ 예산의 성립형식

법률주의	• 의의 : 예산과 법률이 동일한 형식을 취하는 것, 즉 예산이 법률의 형식으로 성립하는 것 • 특징 – 예산과 법률은 동일한 효력을 지님 – 세입과 세출예산을 매년 의회에서 법률로 확정 – 세입과 세출 모두 구속력을 지님 • 해당 국가 : 미국(세출예산법), 영국(금전법) 등 • 조세제도 : 일년세주의
예산주의 (의결주의)	• 의의 : 예산이 법률의 형식이 아닌 예산이라는 의결의 형식을 취하는 것 • 특징 – 예산은 법률보다 하위의 효력을 가짐 – 행정부가 편성한 예산을 매년 의회가 의결 – 세입은 구속력이 없으나(예산 내역을 기재한 단순 참고자료) 세출은 법률에 준하는 구속력이 있음 • 해당 국가 : 한국, 일본 등 • 조세제도 : 영구세주의(세입은 예산과 별도의 조세법에 따라 징수)

(3) 예산의 구성

① **세입예산(구속력이 없는 참고자료)** : 세입은 일정 회계연도에 있어 국가나 자치단체의 지출원인이 되는 모든 현금적 수입(조세(주된 세입)와 공채, 국유재산매각, 수입, 사용료 · 수수료 등이 재원이 됨)

② **세출예산** : 세출은 일정 회계연도에 있어 국가나 자치단체의 목적 수행을 위한 모든 지출(승인된 예산의 범위 안에서만 지출 가능)

(4) 예산의 성격

① **자원배분계획** : 예산이란 희소한 공공자원의 배분에 대한 계획이므로 사업의 우선순위를 분석할 필요가 있음

② **권력적 상호작용** : 예산이 이루어지는 과정에서 다양한 주체들 간의 권력적 상호작용이 발생하는 정치적 타협과 협상(정치원리)이 전개됨

③ **보수적 영역** : 예산은 정부정책 중에서 가장 보수적인 영역

④ **정책 정보의 창출** : 예산으로부터 다양한 형태의 정책 관련 정보들이 창출 및 집적됨

⑤ **공공정책의 회계적 표현** : 예산은 공공정책의 결정과정 혹은 공공서비스 수준에 대한 회계적 표현

⑥ **책임 확보 수단** : 예산은 정부 자금 지출의 통로이며 그 자금을 이용하는 관료들의 책임성을 확보하기 위한 회계도구

2. 예산의 특성 및 기능

(1) 예산의 특성

① 일반적 특성

㉠ 사업의 우선순위 분석 필요(경제원리)

㉡ 예산과정을 둘러싼 정치적 타협과 협상 전개(정치원리)

㉢ 다양한 정책 관련 정보들이 창출 · 집적됨

㉣ 정책의 결정 결과와 공공서비스 수준에 관한 회계적 표현

㉤ 정부 자금지출의 통로이며, 지출과 관련된 책임을 확보하기 위한 회계도구

㉥ 정부정책 중 가장 보수적 영역으로 매년 점진적으로 편성됨

② 수단적 성격 : 관리 행정적 수단, 경제정책을 조정하는 경제적 수단, 관료의 책임성 확보를 위한 회계수단, 희소한 공적자원을 다양한 요구에 따라 배분하는 정치적 수단

(2) 예산의 기능

① 법적 기능 : 입법부가 심의 · 확정한 용도와 액수의 범위 내에서만 지출되었는가, 즉 법률에 근거하여 지출이 이루어졌는가를 파악하는 기능

② 정치적 기능

㉠ 예산의 배분과정은 단순히 합리적 · 총체적으로 결정되는 것이 아니며, 대립하는 다양한 정치적 이해관계를 조정 · 타협하는 과정을 통해 가치를 배분함(A. Wildavsky)

㉡ 의회는 예산심의와 결산심사를 통해 행정부를 견제하고 감시

㉢ 정책은 예산을 통해 형성 · 구체화됨(궁극적으로 예산에 반영되어 실현됨)

③ 행정적 기능(A. Schick가 강조)

A.Schick는 예산제도의 발전과 관련하여 예산의 행정적 기능을 통제 · 관리 · 계획 3가지 기능으로 구분. 1970년대 이후 재정위기에 따라 감축기능과 결과 및 참여지향 기능이 강조됨

㉠ 통제(Control)기능(1920~1930년대)

- 재정민주주의 실현을 위한 의회의 통제기능으로, 예산의 전통적 기능에 해당
- 의회의 재정통제와 중앙예산기관의 내부통제(품목별예산, 정기배정 등)가 포함

㉡ 관리(management)기능(1950년대) : 행정부가 가용자원을 동원하여 경제적 · 효율적으로 관리하는 기능(성과주의예산, 배정유보 등)

기출 Plus　지방직 9급 기출

01. A 예산제도에서 강조하는 기능은?

> A 예산제도는 당시 미국의 국방장관이었던 맥나마라(Mcnamara)에 의해 국방부에 처음 도입되었고, 국방부의 성공적인 예산개혁에 공감한 존슨(Johnson) 대통령이 1965년에 전 연방정부에 도입하였다.

① 통제　② 관리
③ 기획　④ 감축

해 존슨(Johnson) 행정부에서 1965년에 도입한 예산제도는 계획예산(PPBS)에 해당하는 설명으로 기획과 예산을 연계시키고 한정된 자원을 합리적으로 배분하기 위하여 연방정부에 도입된 합리주의 예산이며, 예산의 기능 중 기획기능을 강조하였다.
① 통제기능은 전통적인 품목별 예산에서 강조한 기능이다.
② 관리기능은 성과주의 예산에서 강조한 기능이다.
④ 감축기능은 영기준 예산에서 강조한 기능이다.

답 01 ③

Check Point

예산의 행정적 기능의 변화 순서
예산의 행정적 기능의 변화 순서로 통제지향 ⇨ 관리지향 ⇨ 기획지향 ⇨ 참여지향(MBO) ⇨ 감축지향 순으로 보는 견해도 있음

Check Point

소득재분배 효과

㉠ 조세의 재분배 효과(세입측면의 효과)
- 소득세 : 누진세율의 적용에 따라 고소득층일수록 세율이 높고 저소득층일수록 공제율이 높음
- 간접세(소비세) : 조세부담이 소비자에게 전가되는 특징이 있는데, 사치품에 부과되는 특별소비세는 재분배 효과가 있으나 일반소비재에 부과되는 부가가치세는 역진적 성격을 지니므로 소득세보다 소비세에 의존할수록 저소득층에게 불리함
- 재산세 : 상속세나 증여세 등의 재산세도 재분배기능

㉡ 재정지출의 재분배 효과(세출측면의 효과)
- 공공투자 : 저소득층에 대한 공공주택과 의료·보건, 교육 등 가치재의 지급은 소득재분배기능을 수행하며, 일반공공재의 경우도 상대적으로 고소득층이 더 많은 비용을 부담하므로 소득재분배 효과 발생
- 사회지출 : 저소득층이 직접적인 수혜자가 되고 고소득층이 비용부담자가 된다는 측면에서 소득재분배 기능을 수행
- 부(負)의 소득세 : 이는 소득이 일정액 이하이면 돈을 보조받을 수 있는 권리가 자동적으로 발생하는 것, 즉 소득신고액이 과세최저한도 이하인 경우 그 부족분의 전부 또는 일부를 정부가 조세의 환급과 같은 방법으로 지급하는 제도로 소득재분배기능 수행

㉢ **계획(planning)기능(1960년대)** : 자원 획득·배정·사용을 위해 정책을 직접 결정하는 기획과 예산의 연계기능(PPBS)

㉣ **감축기능(1970년대 후반 이후)** : 자원난 시대에 사업의 우선순위를 원점에서 검토·배분(ZBB)

㉤ **결과 및 참여지향 기능(1980년대~)** : 1980년대 신공공관리론 입장에서 투입보다는 결과(outcomes), 기관보다는 시민참여 중심의 개혁적 예산제도 도입

④ 경제적 기능(R. Musgrave가 강조)

㉠ **경제안정기능** : 예산은 재정정책의 도구로써, 경기불안 시 경제를 안정시키고 국민경제생활의 균형을 유지하는 기능을 수행함

㉡ **경제성장 촉진기능** : 정부 주도의 지속적 경제발전을 추구하는 개발도상국에서 특히 강조되는 기능

㉢ **소득재분배기능** : 예산은 세율조정이나 사회보장적 지출을 통하여 소득재분배형성의 기능을 수행(누진세, 실업수당 등)

㉣ **자원배분기능** : 시장이 효율적인 자원배분에 실패했을 경우 정부가 이를 치유하기 위해 자원배분의 우선순위를 정하거나 직접 공급(배분)하는 기능

(3) 공공지출관리(신예산기능론, A. Schick)

① 의의 : 지속적인 재정위기의 도래에 따라 전통적인 재정의 기능(통제·관리·기획기능)과 구별되는 공공지출에 대한 새로운 규범·규율로 제시

② 유형

㉠ 총량적 재정규율(aggregate fiscal discipline)
- 정부의 재정 및 경제정책과 관련한 예산운용전반에 대한 거시적·하향적(top-down)·집권적 방식을 통한 예산총액의 효과적 통제(총지출의 한도액 설정)를 의미
- 총예산은 국가사업의 우선순위를 반영하여 개별사업 결정 전에 확정
- 재정의 건전성 확보를 위해서는 총량적 재정규율 체제의 확립이 요구됨

㉡ 배분적 효율성(allocative efficiency)
- 거시적 관점보다는 미시적 관점에서 각 개별 재정부문 간 재원배분을 통한 재정지출의 총체적 효율성을 달성하는 것
- 파레토 효율성을 의미하며, PPBS에서 강조되는 효율성

㉢ 운영의 효율성(operational efficiency)
- 투입에 대한 산출의 비율을 제고하는데 중점을 두는 것
- 개별적 지출차원의 효율성을 의미하는 것으로, 사업 담당부처는 원가관리를 합리적으로 유지하며 효율성을 확보

3. 예산의 원칙

(1) 예산원칙의 의미

예산의 원칙은 예산안의 편성 · 심의 · 집행 · 회계검사 등 예산운영의 전반적 과정에서 지켜야 할 일반적 원칙(준칙)을 말하며, 특히 집행과정에서 강조

(2) 전통적(고전적) 예산원칙 : 입법부 중심의 원칙(F. Neumark)

① 공개성의 원칙

㉠ 의의 : 예산과정의 주요한 단계 및 내역은 국민 또는 입법부에 공개해야 한다는 원칙

㉡ 예외 : 신임예산, 국가 기밀에 속하는 국방비 · 외교활동비, 정보비(국정원 예산 등)

② 명료성(clarity)의 원칙

㉠ 의의 : 수입 · 지출 내역 및 용도를 명확히 하고, 예산을 합리적으로 분류하여 누구나 쉽게 이해할 수 있도록 하는 원칙

㉡ 예외 : 총괄(총액)예산, 안전보장 관련 예비비

③ 완전성(포괄성, comprehensiveness)의 원칙, 예산총계주의

㉠ 의의 : 한 회계연도의 모든 수입을 세입으로, 모든 지출을 세출로 한다는 원칙, 즉 정부의 세입 · 세출은 전부 예산에 계상되어야 한다는 원칙(예산총계주의)

㉡ 예외 : 순계예산, 기금, 현물출자, 전대차관, 차관물자대(借款物資貸), 초과수입을 관련 경비에 초과 지출할 수 있는 수입대체경비, 수입금마련지출제도

④ 단일성의 원칙

㉠ 의의 : 예산은 모든 재정활동을 포괄하여 하나의 단일예산(일반회계)으로 편성해야 한다는 원칙

㉡ 예외 : 특별회계, 기금, 추가경정예산 등

⑤ 한정성(한계성)의 원칙

㉠ 의의 : 예산의 각 항목은 상호 명확한 한계를 지녀야 한다는 원칙, 즉 예산의 사용목적 · 금액 · 사용기간 등에 명확한 한계가 있어야 한다는 원칙

㉡ 예외

- 질적 한정성(목적 외 사용금지)의 예외 : 이용, 전용
- 양적 한정성(계상된 금액 초과 지출 금지)의 예외 : 예비비, 추가경정예산
- 시기적 한정성(회계연도독립의 원칙, 예산1년주의)의 예외 : 이월, 계속비, 지난연도 지출 및 지난연도 수입, 국고채무부담행위

Check Point

예상총계주의

국가재정법 제17조(예산총계주의)에 따르면 "한 회계연도의 모든 수입을 세입으로 하고, 모든 지출을 세출로 한다."라고 규정함으로써 예산완전성의 원칙을 천명하고 있다.

Check Point

회계연도 독립의 원칙

국가재정법(제3조 회계연도 독립의 원칙)에 따르면 '각 회계연도의 경비는 그 연도의 세입 또는 수입으로 충당하여야 한다.'고 규정하고 있다.

⑥ 정확성(엄밀성, accuracy)의 원칙

예산추계가 정확하도록 예산과 결산은 가급적 일치해야 한다는 원칙. 예비비 지출, 이용 · 전용 · 이월 등 예산의 신축성 확보수단이나 예산불용액의 발생은 예산과 결산의 불일치를 초래하는 원인이 됨

⑦ 절차성(사전의결)의 원칙

㉠ 의의 : 행정부가 예산을 집행하기 전에 입법부의 심의 · 의결을 받아야 한다는 원칙

㉡ 예외 : 준예산, 사고이월, 예비비 지출, 전용, 재정상의 긴급명령, 선결처분 등

⑧ 통일성 원칙(non-affection)(국고통일원칙, 자기목적구속금지 원칙)

㉠ 의의 : 전체 세입으로 전체 세출을 충당해야 한다는 국고통일의 원칙, 즉 모든 수입을 하나의 공통된 일반세원에 포함하여 지출함으로써 특정 세출로 직접 연결시켜서는 안 된다는 원칙

㉡ 예외 : 특별회계, 기금, 수입대체경비, 목적세(교육세, 농어촌특별세, 지방교육세, 지역자원시설세) 등

꼭! 확인 기출문제

예산의 이용, 예비비, 계속비는 공통적으로 어떤 예산원칙에 대한 예외인가? [지방직 9급 기출]

① 포괄성의 원칙 ② 단일성의 원칙

❸ 한정성의 원칙 ④ 통일성의 원칙

해 ③ 예산의 이용과 예비비, 계속비는 모두 예산한정성의 원칙에 대한 예외에 해당한다. 예산의 이용은 질적 한정성(목적 외 사용 금지)의 예외이며, 예비비는 양적 한정성(초과 지출금지)의 예외, 계속비는 기간적(시간적) 한정성(회계연도의 독립)의 예외이다.

① 포괄성(완전성) 원칙의 예외로는 순계예산, 기금, 현물출자, 차관전대, 국가연구개발사업의 대가, 수입대체경비 등이 있다.
② 단일성 원칙의 예외로는 특별회계, 기금, 추가경정예산 등이 있다.
④ 통일성(예산통일) 원칙의 예외로는 특별회계, 기금, 수입대체경비, 목적세 등이 있다.

(3) 현대적 예산원칙 : 행정부 중심의 원칙(H. Smith)

① **행정부 계획의 원칙** : 예산은 행정부의 사업계획을 충실히 반영시켜야 한다는 원칙, 즉 사업계획과 예산편성을 유기적으로 연결시켜야 한다는 원칙

② **행정부 책임의 원칙** : 행정부는 예산을 집행함에 있어 입법부의 의도에 따라 합법성과 합목적성, 효과성 · 경제성을 고려해야 한다는 원칙

③ **보고의 원칙** : 예산과정은 선례나 관습보다는 각 수요기관의 재정 및 업무보고에 기초를 두어야 한다는 원칙

④ **적절한 관리수단 구비의 원칙** : 예산의 효과적인 이용을 위하여 재정통제와 신축성 유지를 위한 적절한 수단이 구비되어야 한다는 것

Check Point

전통적 예산원칙과 현대적 예산원칙의 비교

㉠ 전통적 예산원칙
- 19세기 입법국가에서 발달
- 통제지향성
- 재정 통제
- 조세부담 경감 및 위법한 지출 방지

㉡ 현대적 예산원칙
- 20세기 행정국가에서 발달
- 행정관리지향성
- 신축성 유지
- 예산 집행의 효용성 제고

⑤ **협력적(상호교류적) 예산기구의 원칙** : 중앙예산기구와 각 부처예산기구는 상호 간 의사전달협력체계가 구축되어야 한다는 원칙으로, 활발한 상호작용과 의사소통을 통해 능률적 · 적극적인 협력관계를 확립하는 것

⑥ **다원적 절차의 원칙** : 재정운영의 탄력성 · 효율성 제고를 위해 사업 성질에 따라 예산의 형식 · 절차를 다양하게 해야 한다는 원칙(특별회계, 기금제도 등을 운영)

⑦ **시기 신축성(융통성) 원칙** : 상황의 변화에 신속히 대응할 수 있는 장치를 마련하여 사업계획 실시시기를 경제적 필요에 따라 융통성 있게 조정할 수 있어야 한다는 원칙(계속비, 이월, 단년도 예산 등을 허용)

⑧ **행정부 재량의 원칙** : 예산을 세목이 아닌 총괄사업으로 통과시키고 집행상의 재량범위를 확대해야 한다는 원칙

(4) 예산원칙의 방향

① **양자의 조화** : 예산은 의회에 의한 재정통제에 중점을 둔 전통적 원칙과 사정변동에 대한 신축적 대응을 위해 행정부의 재량권을 인정하는 관리 · 계획지향적인 현대적 원칙을 상호보완적으로 조화시키는 것이 바람직함(최근의 신성과주의 예산 등에서 두 원칙의 조화를 모색하고 있음)

② **새로운 예산원칙의 모색** : 최근 신자유주의와 거버넌스 등 새로운 재정환경에 따라 재정의 투명성과 건전성, 참여성, 책임성 등의 다양한 예산 규범과 가치가 부각됨

꼭! 확인 기출문제

다음 예산의 원칙 중 스미스(H. Smith)가 주장한 현대적 예산의 원칙은? [서울시 9급 기출]

① 예산은 미리 결정되어 회계연도가 시작되면 바로 집행할 수 있도록 해야 한다.
❷ 예산의 편성, 심의, 집행은 공식적인 형식을 가진 재정 보고 및 업무 보고에 기초를 두어야 한다.
③ 모든 예산은 공개되어야 한다.
④ 예산구조나 과목은 국민들이 이해하기 쉽게 단순해야 한다.

해 ② 예산의 편성, 심의, 집행은 공식적인 형식을 가진 재정 보고 및 업무 보고에 기초를 두어야 한다.(보고의 원칙)
①·③·④ 모두 전통적 예산원칙이다.
① 예산은 미리 결정되어 회계연도가 시작되면 바로 집행할 수 있도록 해야 한다.(절차성의 원칙)
③ 모든 예산은 공개되어야 한다.(공개성의 원칙)
④ 예산구조나 과목은 국민들이 이해하기 쉽게 단순해야 한다.(명료성의 원칙)

기출 Plus 지방직 9급 기출

02. 현대적 예산원칙과 거리가 먼 것은?
① 사전승인의 원칙
② 보고와 수단구비의 원칙
③ 다원과 신축의 원칙
④ 계획과 책임의 원칙

해 사전승인의 원칙(절차성의 원칙)은 행정부가 예산을 집행하기 전에 입법부의 심의 · 의결을 받아야 한다는 원칙으로, 입법부 우위의 전통적(고전적) 예산원칙에 해당한다.

Check Point

「국가재정법」상의 예산원칙(법 제16조)
- 정부는 재정건전성의 확보를 위하여 최선을 다하여야 함
- 정부는 국민부담의 최소화를 위하여 최선을 다하여야 함
- 정부는 재정을 운용함에 있어 재정지출 및 「조세특례제한법」(제142조의2 제1항)에 따른 조세지출의 성과를 제고해야 함
- 정부는 예산과정의 투명성과 예산과정에의 국민참여를 제고하기 위하여 노력해야 함
- 정부는 예산이 여성과 남성에게 미치는 효과를 평가하고, 그 결과를 정부의 예산편성에 반영하기 위하여 노력해야 함
- 정부는 예산이 「저탄소 녹색성장 기본법」 제2조제9호에 따른 온실가스 감축에 미치는 효과를 평가하고, 그 결과를 정부의 예산편성에 반영하기 위하여 노력하여야 함

답 02 ①

4. 예산관련 법률

(1) 「헌법」

① **예산심의 · 확정** : 국회는 예산안을 심의 · 확정함(제54조)

② **예산안 제출 및 의결 기한** : 정부는 회계연도마다 예산안을 편성하여 회계연도 개시 90일 전까지 국회에 제출하고, 국회는 회계연도 개시 30일 전까지 이를 의결해야 함(제54조)

③ **준예산** : 새로운 회계연도가 개시될 때까지 예산안이 의결되지 못한 때 정부는 예산안이 의결될 때까지 다음의 목적을 위한 경비는 전년도 예산에 준하여 집행(제54조)

㉠ 「헌법」이나 법률에 의하여 설치된 기관 또는 시설의 유지 · 운영

㉡ 법률상 지출의무의 이행

㉢ 이미 예산으로 승인된 사업의 계속

④ **계속비** : 한 회계연도를 넘어 계속하여 지출할 필요가 있을 때에는 정부는 연한을 정하여 계속비로서 국회의 의결을 얻어야 함(제55조)

⑤ **예비비** : 예비비는 총액으로 국회의 의결을 얻어야 하며, 그 지출은 차기국회의 승인을 얻어야 함(제55조)

⑥ **추가경정예산** : 정부는 예산에 변경을 가할 필요가 있을 때 추가경정예산안을 편성하여 국회에 제출함(제56조)

⑦ **예산 증액 및 비목 신설 금지** : 국회는 정부의 동의 없이 지출예산 각 항의 금액증가나 새 비목을 설치할 수 없음(제57조)

⑧ **국채모집 및 국고채무부담행위** : 국채모집이나 예산 외 국가부담의 계약은 체결 전에 미리 국회의 의결을 얻어야 함(제58조)

⑨ **조세법정주의** : 조세의 종목과 세율은 법률로 정함(제59조)

⑩ **세입 · 세출 결산검사** : 감사원은 세입 · 세출의 결산검사를 매년 대통령과 차년도 국회에 보고해야 함(제99조)

(2) 「국가재정법」

① **의의** : 종전의 「예산회계법」 및 「기금관리기본법」을 통합하여 제정(2006년)한 국가재정에 관한 총칙법이자 재정운용의 기본법

② **특징 및 주요 내용**

㉠ **회계연도 독립의 원칙** : 각 회계연도의 경비는 그 연도의 세입 또는 수입으로 충당함

㉡ **회계구분** : 국가의 회계는 일반회계와 특별회계로 구분함

Check Point

「국가재정법」의 목적

국가의 예산 · 기금 · 결산 · 성과관리 및 국가채무 등 재정에 관한 사항을 정함으로써 효율적이고 성과 지향적이며 투명한 재정운용과 건전재정의 기틀을 확립하는 것

Check Point

여유재원의 전 · 출입(통합적 활용)의 예외

- 우체국보험특별회계
- 국민연금기금, 공무원연금기금, 사립학교교직원연금기금, 군인연금기금
- 고용보험기금
- 산업재해보상보험 및 예방기금
- 임금채권보장기금
- 방사성폐기물관리기금 등

㉢ **성과 중심의 재정운용** : 각 중앙관서의 장과 기금관리주체에게 예산요구서 및 기금운용계획안 제출시 각각 예산 및 기금의 성과계획서와 성과보고서를 함께 제출하도록 의무화함으로써 성과관리체계를 구축함

㉣ **주요 재정정보의 공표** : 예 · 결산, 기금, 국채, 차입금, 통합재정수지 등 국가와 지방자치단체의 중요한 재정정보를 정부로 하여금 매년 1회 이상 공표하도록 함으로써 재정활동의 투명성을 제고함

㉤ **회계 및 기금 간 여유재원의 신축적인 운용** : 국가재정의 효율적인 운용을 위하여 회계 및 기금 간 또는 회계 및 기금 상호 간의 여유재원의 전출입을 허용하여 통합적으로 활용할 수 있게 하되, 그 내용을 예산안 또는 기금운용계획안에 반영하여 국회에 제출함

㉥ **성인지 예 · 결산제도 도입** : 예산이 여성과 남성에게 미칠 영향을 미리 분석한 성인지(性認知)예산서와, 여성과 남성이 동등하게 예산의 수혜를 받고 예산이 성차별을 개선하는 방향으로 집행되었는지를 평가하는 성인지 결산서를 작성하여 예 · 결산안의 첨부서류로 국회에 제출하도록 함

㉦ **예비비의 계상한도 설정** : 사용목적이 지정되지 않은 일반예비비 규모를 일반회계 예산총액의 1% 이내로 그 한도를 설정하고, 미리 사용목적을 지정한 목적예비비의 경우 별도로 세입세출예산에 계상할 수 있으나 이를 공무원의 보수 인상을 위한 인건비 충당에는 사용할 수 없도록 함

㉧ **예산총액 배분 및 자율편성제도 도입** : 각 중앙관서의 장으로 하여금 매년 1월 31일까지 5회계연도 이상의 신규사업 및 주요 계속사업에 대한 중기사업계획서를 기획재정부장관에게 제출하도록 하는 한편, 기획재정부장관은 중앙관서별 지출한도를 포함한 예산안편성지침을 3월 31일까지 통보할 수 있도록 함

㉨ **국가채무관리계획의 국회 제출** : 국가채무에 관한 체계적 관리를 위해 기획재정부장관에게 매년 국채 · 차입금의 상환실적 및 상환계획, 증감에 대한 전망 등을 포함하는 국가채무관리계획을 수립하여 회계연도 개시 120일 전까지 국회에 제출하도록 함

㉩ **총사업비관리제도 및 예비타당성조사 등의 도입**
- 대통령령에서 정하는 대규모 사업에 대한 총사업비관리제도를 도입하여 각 중앙관서의 장으로 하여금 그 사업규모 · 총사업비 및 사업기간에 대하여 미리 기획재정부장관과 협의하도록 함(협의 후 사업규모 등을 변경하는 때에도 동일)
- 기획재정부장관은 대규모 사업에 대한 예산 편성을 위하여 미리 예비타당성조사를 실시하고, 그 결과를 요약하여 국회 소관 상임위원회와 예산

Check Point

성인지 예산서 · 결산서의 포함 내용
- 성인지 예산서 : 성평등 기대효과, 성과목표, 성별 수혜분석 등
- 성인지 결산서 : 집행실적, 성평등 효과분석 및 평가 등

결산특별위원회에 제출하여야 함

㉪ **총액계상** : 기획재정부장관은 대통령령이 정하는 사업으로서 세부내용을 미리 확정하기 곤란한 사업의 경우 이를 총액으로 예산에 계상할 수 있으며, 이러한 총액계상사업은 예산배정 전에 세부사업시행계획을 수립해 기획재정부장관과 협의해야 함

㉫ **결산(국가결산보고서)의 국회 조기제출** : 예·결산의 심의를 분리하여 결산심의에 내실화를 기하기 위하여 회계연도 개시 120일 전(9월 2일)까지 국회에 제출하던 결산을 다음 연도 5월 31일까지 제출하도록 함

㉬ **국세감면의 제한** : 해당 연도 국세 수입총액과 국세감면액 총액을 합한 금액에서 국세감면액 총액이 차지하는 비율이 대통령령이 정하는 비율 이하가 되도록 하며, 새로운 국세감면을 위해서는 감면액을 보충하기 위한 방안(기존 감면의 축소·폐지방안 등)을 제출하도록 함

㉭ **추가경정예산안 편성사유** : 국가재정의 건전성을 제고하기 위하여 전쟁이나 대규모 자연재해가 발생한 경우, 경기침체·대량실업 등 대내·외 여건에 중대한 변화가 발생하였거나 발생할 우려가 있는 경우, 법령에 따라 국가가 지급하여야 하는 지출이 발생하거나 증가하는 경우로 제한함

㉮ **초과 조세수입 및 세계잉여금의 사용**

- 일반회계 예산의 세입 부족을 보전하기 위해 해당 연도에 이미 발행한 국채의 금액 범위에서는 해당 연도에 예상되는 초과 조세수입을 이용하여 국채를 우선 상환할 수 있으며, 이 경우 세입·세출 외로 처리가 가능
- 매 회계연도 세입세출의 결산상 잉여금 중 이월액을 공제한 금액인 세계잉여금은 지방교부세 및 지방교육재정교부금의 정산, 공적자금상환기금의 출연, 국채 또는 차입금의 원리금 등의 상환, 추가경정예산안 편성의 순으로 사용할 수 있음

㉯ **불법 재정지출에 대한 국민감시제도의 도입** : 예산 및 기금의 불법지출에 대하여 일반 국민들이 집행에 책임 있는 중앙관서의 장 또는 기금관리주체에게 시정을 요구할 수 있도록 하고, 시정요구에 대한 처리결과 예산절약 등에 기여한 경우 시정요구를 한 자에게 예산성과금을 지급할 수 있도록 함(예산낭비신고센터의 설치·운영)

(3) 「정부기업예산법」

① 의의

㉠ 「국가회계법」이 제정됨에 따라 종전 「기업예산회계법」의 정부기업의 회계 및 결산 관련 조항을 삭제하고 법의 제명을 「정부기업예산법」으로 변경하

Check Point

기금운용계획의 변경 가능 범위 축소
기금운용계획 변경 시 국회에 제출하지 않고 정부가 자율적으로 변경할 수 있는 주요항목 지출금액의 범위를 비금융성기금은 20% 이하로, 금융성기금은 30% 이하로 축소함

Check Point

「정부기업예산법」의 목적
정부기업(우편사업, 우체국예금사업, 양곡관리사업 및 조달사업)별로 특별회계를 설치하고, 그 예산 등의 운용에 관한 사항을 규정함으로써 정부기업의 경영을 합리화하고 운영의 투명성을 제고함

Check Point

회전자금의 보유 및 운용
특별회계는 기획재정부장관의 승인을 받아 세입·세출 외에 사업의 운영에 필요한 회전자금을 보유·운용할 수 있음

Check Point

수입금 마련 지출
특별회계사업의 합리적 운영을 위해 초과수입금을 그 초과수입에 직접적으로 관련되는 비용에 사용할 수 있으며, 이 경우 그 이유 및 금액을 명시한 명세서를 기획재정부장관에게 제출

Check Point

결산보고서의 구성
- 결산 개요
- 세입세출결산(중앙관서결산보고서 및 국가결산보고서의 경우는 기금의 수입지출결산을 포함하고, 기금결산보고서의 경우는 기금의 수입지출결산을 말함)
- 재무제표(재정상태표, 재정운영표, 순자산변동표)
- 성과보고서

고, 법의 목적 역시 각 정부기업별 특별회계의 설치 및 그 예산 등의 운용에 관한 사항을 규정하는 것으로 변경함

㉡ 회계 운영의 투명성을 높이기 위하여 정부기업별로 특별회계를 설치하고 세입 및 세출 내용을 명확히 규정함

② 주요 내용

㉠ **특별회계의 설치 및 관리 · 운용** : 정부기업을 운영하기 위해 우편사업특별회계, 우체국예금특별회계, 양곡관리특별회계, 조달특별회계를 설치하여 그 세입으로써 그 세출에 충당하며, 이를 관계 중앙관서의 장이 관리 · 운용함

㉡ **발생주의 원칙** : 사업경영 성과와 재정상태를 명확히 하기 위해 발생주의(자산의 실질적 증감 및 변동을 발생 사실에 따라 계리하는 회계방식) 적용을 의무화 함

㉢ **기본순자산의 증감** : 필요 시 대통령령의 규정에 따라 특별회계의 기본순자산 증감이 가능함

㉣ **자금의 차입 및 선지급** : 특별회계사업에 필요한 시설의 건설이나 사업 운영에 필요한 경우 자금 차입이 가능하며, 양곡 매입자금과 관리비를 대행기관에 선지급할 수 있음

㉤ **자금의 전입 또는 전출** : 특별회계가 다른 회계 및 기금으로부터 자금을 전입하거나 다른 회계 및 기금으로 자금을 전출하는 경우에는 「국가재정법」에 따른 예산총칙에 반영

㉥ **세입세출예산의 구분** : 특별회계의 세입세출예산은 손익계정, 자본계정, 그 밖에 필요한 계정으로 구분할 수 있음

㉦ **이익 및 손실의 처분** : 결산 결과 이익이 발생한 경우에는 이를 적립금 및 잉여금으로 적립하고, 결손이 발생한 경우에는 적립금 및 잉여금 중에서 결손을 정리(다만, 필요 시 국무회의 심의와 대통령의 승인으로 적립금 및 잉여금의 전부나 일부를 일반회계에 전입할 수 있음)

㉧ **다른 법률과의 관계** : 특별회계의 예산에 관해 이 법에 규정된 것을 제외하고는 「국가재정법」을 적용하며, 수입 및 지출 등 국고금의 관리에 관해서는 이 법에 규정된 것을 제외하고는 「국고금관리법」을 적용함

(4) 기타 법률

① 「국고금관리법」

㉠ **목적** : 국고금의 관리에 필요한 사항을 정함으로써 국고금을 효율적이고 투명하게 관리하도록 함

기출 Plus 지방직 9급 기출

03. 우편사업, 우체국예금사업, 양곡관리사업, 조달사업을 수행하기 위한 특별회계예산의 운용에 관한 사항을 규정하고 있는 현행법은?

① 「공공기관의 운영에 관한 법률」
② 「정부기업예산법」
③ 「예산회계법」
④ 「정부산하기관관리기본법」

해 「정부기업예산법」은 기업 형태로 운영하는 정부사업의 합리적인 경영을 위하여 그 의 예산과 회계를 통일적으로 규제함으로써 건전한 발전에 기여하도록 하기 위해 제정된 법률이다. 「정부기업예산법」 제3조에 우편사업, 우체국예금사업, 양곡관리사업, 조달사업을 수행하기 위한 특별회계예산의 운용에 관한 사항을 규정하고 있다.

① 「공공기관의 운영에 관한 법률」 : 공공기관의 운영에 관한 시스템을 근본적으로 개선하기 위한 목적으로 시행되어, 공공기관의 자율 책임경영체제 확립과 경영합리화, 운영의 투명성 강화 내용 등을 담고 있다.
③ 「예산회계법」 : 국가의 예산과 회계에 관한 사항을 규정하기 위한 법률로, 2007년 1월 1일 국가재정법 제정으로 폐지되었다.
④ 「정부산하기관관리기본법」 : 정부산하기관의 운영 · 관리에 관한 기본적인 사항 및 자율 · 책임 경영 체제에 관한 사항을 규정함으로써 정부산하기관의 경영합리화와 운영의 투명성을 도모하기 위해 제정된 법으로, 2007년 4월 1일 공공기관의 운영에 관한 법률 제정으로 폐지되었다.

답 03 ②

Check Point

중앙예산기관의 기능
- 예산의 사정과 편성, 국회 제출
- 예산의 집행기능(자원의 합리적 배분과 집행)
- 기획 · 관리기능(자원의 효율적 배분을 위한 기획 · 조정 · 지도 · 관리)
- 대국민 예산공개 및 홍보기능

Check Point

재무행정조직의 삼원체계 · 이원체계

㉠ **구분** : 국가의 재무행정조직인 중앙예산기관, 국고수지총괄기관, 중앙은행이 모두 분리되어 있는 경우 삼원체계(분리형)라고 하며, 중앙예산기관과 국고수지총괄기관이 통합(예산기구가 국고수지기구에 소속되어 있는 행태)되어 있는 경우를 이원체계(통합형)라고 함

㉡ **삼원체계(분리형)**
- 해당 국가 : 미국(관리예산처, 재무부, 연방준비은행), 종전의 우리나라(기획예산처, 재정경제부, 한국은행) 등
- 장점 : 중앙의 예산관리기능이 효과적 행정관리수단으로 강력한 행정력을 발휘하며, 분파주의를 방지
- 단점 : 세입과 세출 관장 기관이 달라 유기적 관련성이 저하

㉢ **이원체계(통합형)**
- 해당 국가 : 영국 · 일본(재무성, 중앙은행), 우리나라(기획재정부, 한국은행) 등
- 장단점 : 세입 · 세출 간의 유기적 관련성이 제고되나, 효과적이고 강력한 행정관리수단이 되지 못함(분리형과 상반됨)

㉡ **적용 범위** : 「국가재정법」 제4조에 따른 일반회계 및 특별회계, 동법 제5조 제1항에 따라 설치된 기금 중 중앙관서의 장이 관리 · 운용(관리 · 운용 업무를 위탁한 경우도 포함)하는 기금(기금의 경우 공공성 · 설치 목적 · 재원 조달 방법 등에 비추어 국고금으로 관리하는 것이 적절하지 않은 것은 제외됨)

② 「국가회계법」

㉠ **목적** : 국가회계와 이와 관계되는 기본적인 사항을 정하여 국가회계를 투명하게 처리하고, 재정에 관한 유용하고 적정한 정보를 생산 · 제공하도록 함

㉡ **적용범위** : 「국가재정법」에 따른 일반회계 및 특별회계, 기금

㉢ **국가회계기준**
- 국가의 재정활동에서 발생하는 경제적 거래 등을 발생 사실에 따라 복식부기 방식으로 회계처리(발생주의 · 복식부기 적용)하는데 필요한 기준
- 회계업무 처리의 적정을 기하고 재정상태 및 재정운영의 내용을 명백히 하기 위해 객관성 · 통일성이 확보될 수 있도록 하여야 함

③ 「공공기관의 운영에 관한 법률」

④ 「지방재정법」 및 「지방공기업법」

5. 재무행정 관련기관

(1) 중앙예산기관

① **의의** : 행정수반의 기본정책과 정부의 재정 · 경제정책에 입각하여 각 부처의 사업계획을 검토 · 조정하고, 정부의 예산안을 편성하여 국회에 제출 · 집행하는 최상위의 정부예산 관리기관을 말함

② **유형**

㉠ **행정수반 직속형** : 미국 관리예산처(OMB)

㉡ **재무부형** : 영국의 재무성(예산국)과 일본의 재무성(주계국)

㉢ **기획부처형** : 개발도상국형으로 국가기획과 예산과의 유기적 연계를 위한 체제(우리나라의 기획재정부)

(2) 국고수지총괄기관

① **의의** : 중앙의 재정 · 금융, 회계 · 결산, 징세, 자금관리, 국고금 지출 등 국가의 수입과 지출을 총괄하는 기관

② **해당 기관** : 기획재정부(우리나라의 경우 중앙예산기관과 국고수지총괄기관이 통합)

㉠ 기획재정부 직속 하부조직 : 재정관리국(국가재정운용계획의 총괄), 예산실(예산 편성 · 관리), 세제실(조세정책 입안 · 결정), 국고국(회계 · 결산)
㉡ 기획재정부 소속 외 청 : 국세청, 관세청, 조달청, 통계청

(3) 기타 기관

① 한국은행(중앙은행) : 모든 국고금의 예수 및 출납업무를 대행(국가 재정 대행 기관)
② 국회 예산정책처, 감사원 등

제2절 정부회계

1. 정부회계의 의의와 기본원리

(1) 의의

① 정부회계의 개념 : 정부조직의 재정활동과 재정상태를 분석하고 기록 · 요약 · 평가 · 해석하는 기술임과 동시에 정부조직의 내 · 외적 관련자의 의사결정을 돕기 위한 정보를 제공하는 과학(기술적 · 실무적 측면과 과학적 · 이론적 측면을 동시에 지님)
② 정부회계와 기업회계 : 기업회계의 목적은 이윤의 측정 · 보고이지만 공익을 추구하는 행정의 특성상 정부회계의 목적은 예산과 비교한 자금의 흐름을 보여줌
③ 정부회계의 구분 – 예산회계와 정부회계(2원적 운영)

예산회계	단식부기·현금주의에 의한 수치결산 자료로서 세입세출결산서 형태로 나타나며 자금 집행의 계획과 통제가 주목적
재무회계	• 경제적 자원을 측정하는 자산·부채·자본·수익·비용 등을 나타내는 자료로서 대차대조표(재정상태표 – 자산 · 부채 · 순자산)와 손익계산서(재정운영표 – 수익 · 비용) 등 재무제표로 나타나며 재정상태와 운영성과의 파악이 주목적 • 재무운영의 결과와 회계주체의 재정상태를 이해관계인에게 보고하여 의사결정에 필요한 판단자료를 제공

(2) 기본원리

① 회계의 기본개념

㉠ 자산=부채+자본(순자산) ⇨ 대차대조표(재정상태표) 항목을 구성

㉡ 순이익=수익−비용 ⇨ 손익계산서(재정운영표) 항목을 구성

② 회계상의 거래

㉠ **회계상의 거래** : 자산 · 부채 · 자본의 증감을 일으키는 모든 사항을 말함. 정부회계에서 거래란 정부의 자산, 부채 및 순자산과 수익이나 비용의 증감 변화를 일으키는 모든 경제적 사건을 의미함

차변	대변
자산의 증가 부채의 감소 자본의 감소 비용의 발생	자산의 감소 부채의 증가 자본의 증가 수익의 발생

— 많이 발생하는 거래
— 발생빈도가 적은 거래
---- 거의 발생하지 않는 거래

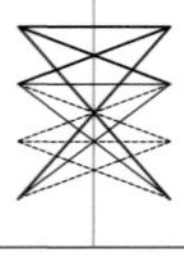

㉡ **거래의 8요소와 결합관계** : 자산 증감, 부채 증감, 자본 증가감, 수익과 비용의 발생이라는 8개의 요소로 서로 결합하여 2개 이상의 대립된 형태로 나타남

㉢ **거래의 이중성과 대차평균의 원리** : 회계상의 모든 거래는 차변요소와 대변요소로 결합되어 이뤄지며 차변요소의 금액과 대변요소의 금액도 같게 되는데 이것을 거래의 이중성이라 함. 거래의 이중성으로 인해 결국 차변 합계액과 대변 합계액은 일치하는 것을 대차평균의 원리라 함

2. 회계제도의 유형

(1) 인식기준에 의한 분류

① 현금주의(cash basis ; 형식주의)

㉠ 의의

- 현금의 유입과 유출을 기준으로 거래를 인식하는 방식. 현금 수취시 수입으로 인식하고, 현금 지불시 지출로 인식. 현금주의는 일반적으로 단식부기 적용
- 채권이나 채무는 회계장부상에 존재하지 않음. 재화 · 용역을 제공했더라도 현금으로 회수되지 않는 동안은 수익으로 계상하지 않고 재화 · 용역을 제공받았더라도 현금으로 지급되기 전에는 비용으로 계상하지 않음

㉡ 장점

- 회계관리가 단순하고, 작성 · 관리 용이, 회계처리 비용이 적음

- 회계공무원이나 일반시민이 이해하기 쉬움
- 현금의 유입 · 유출이 명확하므로 현금흐름 파악이 용이함
- 자산이나 부채 등을 인식하지 못하므로 자산이나 부채 평가시 발생하는 주관적 판단이 배제되어 발생주의보다 객관성 확보. 자의적인 회계처리가 불가능하여 통제가 용이
- 실제 지출내역을 기록하므로 예산액수와 실제지출액수의 비교가 쉬워 비목별(費目別) 통제[예산통제, 관리통제] 용이
- 세입과 세출을 분리하여 표시할 수 있으므로 계정과목을 사업별 · 조직별 · 기능별로 분류 가능
- 지출 용도에 따라 인건비, 물건비 등으로 다양하게 나눌 수 있음.

㉢ 단점

- 수입 · 지출을 수반하지 않은 비용 · 수익의 발생은 기록하지 않으므로 비용 · 수익에 관한 정확한 정보를 주지 못함
  - 거래의 실질 및 원가 미반영, 현금 출납정보만으로는 경영성과의 정확한 측정 곤란
  - 자산과 부채를 비망기록(memo)으로만 관리하므로 정부 투자사업의 비용과 편익에 대한 정확한 계산 곤란
  - 자정책결정시 대안별 비용 · 편익(BC)분석 곤란(비용에는 현금 외에도 건물 · 토지 등 자산도 포함되기 때문)
- 자산 · 부채의 명확한 인식 곤란
  - 이미 발생했지만 아직 지불되지 않은 채무에 관한 정보를 제공하지 않으므로, 가용재원이 과대평가되기 쉽고 재정적자의 초래가능성이 높음
  - 부채 발생을 그 시점에서 인식하지 못하므로 부채를 과소평가(외형상 [현금상] 수지균형이 이뤄져 재정건전성이 확보된 듯 보이나 미래재정의 영향을 미치는 자산과 부채가 인식되지 못하므로 실질적으로는 재정건전성을 확보하지 못함)
  - 정부재산의 매각은 수입 증가로 기록되지만, 이에 따른 자산 감소는 기록하지 못함
- 회계의 조작 가능성(현금지급의 고의 지연 등)
- 통합(연결) 재무제표 없이 현금수지, 자산과 부채(비공식표기)가 각각의 장부에 별도 기록되므로 회계 상호간 연계를 체계적으로 파악하기 곤란함. 통합재정상태표 없이 재정상황들이 단편적으로 구분 · 관리되므로 재정의 총괄적 체계적 인식 곤란

② 발생주의(accrual basis ; 실질주의, 채권채무주의)

㉠ 의의

- 현금의 유입(수입) · 유출(지출)과는 관계없이 거래가 발생한 시점을 기준으로 인식하는 방식. 실질적으로 수익이 획득되거나 지출 또는 비용이 발생(자산의 변동 · 증감)한 시점을 기준으로 함
- 수익은 회수할 권리(채권)가 발생한 시점(징수결정시점 예 납세고지)에 기록하고, 비용은 현금을 지불할 채무가 발생한 시점(채무확정시점 예 지출원인행위)에서 기록(채권채무주의)

현금주의 적용	수입(receipts) : 현금의 유입. 순자산 증가(이익 발생)와 무관	지출(expenditure) : 현금의 유출. 순자산 감소와 무관
발생주의 적용	수익(revenues) : 순자산 증가(자산 유입 또는 부채 감소)	비용(expenses) : 순자산의 감소(자산 감소 또는 부채 증가)

㉡ 장점

- 공공부문의 생산성 향상을 위한 유용한 회계정보의 활용 가능. 재정적 성과 파악 용이
  - 현금주의와 달리 자본적 자산의 감가상각비, 자본에 대한 이자, 내재적 비용부담 등 고려. 자산의 유지 · 보수 · 교체, 연금, 부채, 임대계약 등 미래에 지불해야 되는 자금에 대한 정보 제공
  - 투입비용에 대한 정보(원가계산, 감가상각 등 반영)를 제공하여 업무성과의 정확한 단위비용을 산정할 수 있도록 함으로써 올바른 재무적 의사결정에 공헌
  - 최근 선진국에서 강조되는 신성과주의예산도 발생주의 회계방식을 전제로 함(재무제표, 대차대조표, 원가계산, 손익계산서, 감가상각, BC분석 등)
- 자산 · 부채 규모를 정확히 파악할 수 있으므로 재정적자 및 실질적인 재정건전성 판단이 용이
- 간접비, 감가상각 등을 통하여 정확한 원가개념을 도출할 수 있어 공공서비스의 가격을 정확하게 산정
- 산출에 대한 정확한 원가 산정을 통해 부문별 성과측정이 가능하므로 분권화된 조직의 자율과 책임 구현 가능
- 지출내역을 기록하는 방식이 아니므로 예산편성과 집행에 있어서 자율성이 높음
- 발생한 비용과 수익이 기록되므로 회계연도 말에 보다 정확하고 종합적인 재무정보를 반영할 수 있으며 기간 간 손익비교나 기관별 성과 비교가 가능

- 재정성과에 대한 정보공유를 통해 정부재정활동의 투명성 · 신뢰성 · 책임성 제고와 미래지향적 재정관리기반 조성
- 현금기준이 아니므로 출납폐쇄기한 불필요
- 복식부기가 용이하게 적용될 수 있고 거래의 이중성을 반영한 대차평균원리에 따른 오류의 자기검증기능을 통해 예산집행상 오류 · 비리 방지

㉢ 단점

- 회계전문지식 필요(숙련된 회계공무원 필요), 회계처리 시간 · 비용 과다와 작성절차 복잡
- 회계담당자의 주관성 개입(예 자산평가 · 감가상각의 주관성, 채권 · 채무의 자의적 추정)으로 인한 정보왜곡
- 회수 불가능한 부실채권, 지불할 필요가 없는 채무의 파악 곤란 : 채권의 발생시점에 수익을 기록하지만, 모든 채권이 징수 가능한 것은 아니므로 수익의 과대평가가 이루어질 수도 있음
- 실제 현금지출내역을 기록하는 것이 아니므로 비목별(費目別) 통제 곤란
- 현금흐름 파악 곤란(현금흐름표나 현금예산(Cash Budget) 등으로 보완 필요)
- 공공부문의 무형성으로 인해 자산가치의 정확한 파악 곤란
- 공공재의 비시장성 · 무상공급 특성으로 인해 성과의 계량화 곤란
- 수익 · 비용의 계산에 항상 추정이 개입될 수밖에 없으므로 예산운용에 대한 통제가 느슨해질 수 있음

현금주의와 발생주의 비교

구분	현금주의(cash basis ; 형식주의)	발생주의(accrual basis ; 실질주의, 채권채무주의)
인식기준	• 현금의 수불(수취 · 지불) 사실을 기준으로 인식 • 현금 유입시 수입으로 인식, 현금 유출시 지출로 인식	• 현금 유 · 출입과 관계없이 거래 발생 시점을 기준으로 인식 • 수익의 획득과 비용(지출)의 발생(자산변동 · 증감)시점 기준
	• 수입은 현금수납이 있을 때 기록 • 지출은 현금지급 및 수표발행이 있을 때 기록 • 자산 · 부채 변동은 비망(備忘)기록으로 관리(공식적 표기 없음)	• 현금으로 회수될 채권 발생시(징수결정 시점) 수익으로 인식 • 현금을 지불할 채무 발생시(채무확정시점) 비용으로 인식 • 자산 · 부채 평가(주관적), 자산 · 부채 변동의 공식적 표기

인식내용	미지급비용 · 미수수익(未收收益)은 인식 안 됨	미지급비용은 부채로, 미수수익은 자산으로 인식
	선급비용(先給費用)은 비용으로 선수수익(先受收益)은 수익으로 인식	선급비용은 자산으로, 선수수익은 부채로 인식
	감가상각 · 대손상각 · 제품보증비 · 퇴직급여충당금은 인식 못함	감가상각 · 대손상각 · 제품보증비 · 퇴직급여충당금은 비용으로 인식
	무상거래는 인식 안 됨	무상거래는 이중거래로 인식(정부는 비용으로 인식)
	상환이자지급액은 지급시기에 비용으로 인식	상환이자지급액은 기간별 인식
특징	절차 간편, 회계 비용 저렴, 비목별 통제 용이	절차 복잡, 회계 관련 비용 높음, 비목별 통제 곤란
	• 외형상 수지균형의 재정건전성(부채 규모 파악 안 됨) • 재정상황의 총괄적 인식 곤란, 경영성과 파악 곤란 • 원가산정 · 비용편익분석, 거래오류 파악 곤란	• 실질적 재정건전성(부채 규모 파악) • 재정상황의 총괄적 인식, 경영성과 파악 용이 • 원가산정 · 비용편익분석 용이, 거래오류 파악 용이
기장방식	주로 단식부기 활용, 복식부기도 가능	복식부기 활용, 단식부기 불가
정보활용원	개별자료 우선	통합자료 우선
추가정보요구	별도 작업 필요	기본 시스템에 존재
사용례	정부 예산회계, 가계부	정부 재무회계, 민간기업, 정부기업

③ **수정현금주의(modified cash basis)** : 현금주의를 기본으로 하되 발생주의를 일부 도입(현금주의 완화). 현금 유입과 유출을 기준으로 하되 회계기간이 끝나더라도 며칠 동안 유예기간을 두어 회계기간 중 미치지 못한 지출 또는 수입에 대해 유예기간 동안 허용하는 방식(회계기간 종료 후 일정기간동안 발생한 수입과 지출을 전회계연도의 수지에 반영)－출납정리기한 내의 입출금을 포함하여 인식

④ **수정발생주의(modified accrual basis)** : 발생주의를 기본으로 하되 발생주의 방식을 일부 변경하거나 현금주의 방식을 일부 도입하는 방식. 발생주의를 기본으로 수익과 비용의 인식대상에 있어 측정가능하고 지정된 기간 내 징수나 지불이 가능한 경우로 제한하는 방식, 수익은 현금주의, 비용은 발생주의로 처리하는 방식이 있음

(2) 기장방식에 의한 분류

① 단식부기(single entry bookkeeping system)

㉠ 개념

- 현금의 수지와 같이 단일항목의 증감을 중심으로 기록하는 방식으로서, 거래의 영향을 단 한 가지 측면에서만 수입과 지출로 파악하여 기록
- 일정한 원리 없이 상식적으로 기장, 보통 경영활동의 일부만을 기록하는 불완전한 부기방식
- 현금주의에서 주로 사용. 단식부기로는 자산 · 자본 · 부채를 인식하지 못하므로 발생주의 방식 사용 불가

㉡ 장단점

장점	단점
• 단순하고 작성 · 관리 용이 • 회계처리비용이 적음	• 재정의 총괄적 · 체계적인 현황 파악 곤란. 자산 · 부채를 명확히 인식하기 힘들어 회계의 건전성 파악 곤란 • 원가파악이 안되고 이익과 손실 원인의 명확한 파악이 어려워 정부 전체의 예산 사업규모나 운용성과를 정확히 파악하기 곤란함 • 기록 · 계산과정에서의 오류나 누락이 있어도 부기 자체의 구조를 통한 자동적 검출이 어려워 회계상 정확도가 떨어짐

② 복식부기(double entry bookkeeping system)

㉠ 개념

- 경제의 일반 현상인 거래의 이중성을 회계처리에 반영하여 기록하는 방식
- 자산 · 부채 · 자본을 인식하여 거래의 이중성에 따라 하나의 거래를 차변(왼쪽)과 대변(오른쪽)에 이중 기록하고 그 결과 차변의 합계와 대변의 합계가 반드시 일치하여(대차평균의 원리) 자기검증기능을 가지며 발생주의에서 주로 사용

차변	대변
자산의 증가	자산의 감소
부채의 감소	부채의 증가
자본의 감소	자본의 증가
비용의 발생	수익의 발생

ⓛ 장단점

장점	단점
• 거래의 인과관계를 파악할 수 있어 거래의 성격을 잘 이해할 수 있음 • 대차평균원리에 따른 기장내용의 자기검증 기능(회계오류나 회계부정에 대한 통제기능)으로 신뢰성 · 투명성 제고 • 산출물에 대한 정확한 원가산정을 통해 정부의 예산사업의 규모나 성과 파악 용이. 부문별성과측정이 가능하므로 원가개념을 제고하여 성과측정 능력 향상 • 자동 이월(rolling-over) 기능과 자동 산출 기능 : 거래관계가 자산 · 부채 · 자본 간 상호관계로 자동 이월되면서 회계자료가 자동 산출됨. 별도의 작업 없이도 항상 최근의 총량데이터(gross data)를 작성 · 확보하고 매일 매일의 종합적 재정상태를 즉시 알 수 있으므로 정보의 적시성 확보. 출납폐쇄기한이 필요하지 않음 • 총량 데이터(gross data)를 확보할 수 있으므로 최고관리층이나 정책결정자에게 유용한 정보를 적시에 제공 • 결산과 회계검사의 효율성과 효과성 향상 및 회계정보의 이해가능성 증대로 대국민 신뢰 확보 • 단식부기와 달리, 장부 간 또는 재무제표 간 연계성이 높음	처리 절차가 복잡하고, 회계처리 비용이 많이 소요되며, 전문적 회계지식이 요구됨

단식부기와 복식부기 비교

구분	단식부기	복식부기
기록방법	일정한 원리 없이 상식적으로 기장(경영활동의 일부만 기록)	일정한 원리 원칙에 의해 기장(대차대조표)
기록범위	현금의 수입과 지출 내용.	모든 재산의 증감 및 수익의 발생 내용을 기록
자기검증기능	• 오류의 자기검증기능이 없음 • 채무증감, 손익발생의 파악이 불완전	• 오류의 자기검증기능이 있음 • 채무증감, 손익발생의 파악이 완전함
이용기관	비영리단체, 소규모 상점	영리단체, 대규모 기업
결과보고서	일정한 보고서 없음	각종 재무제표(대차대조표, 손익계산서)

3. 정부회계제도의 유형

		인식기준	
		현금주의	발생주의
기장방식	단식부기	Ⅰ : 현금주의/단식부기 – 가계부 작성시 전형적인 유형	Ⅱ : 발생주의/단식부기 – 실제 운용 불가능(단식부기에서는 자산, 부채, 자본을 별도로 인식하지 않기 때문에)
	복식부기	Ⅲ : 현금주의/복식부기 – 현금기준 재무상태변동표, 금융기관 재무제표 등 현실적으로 운용 가능	Ⅳ : 발생주의/복식부기 – 기업회계의 전형적 유형. 우리나라는 중앙정부와 지방정부의 예산(일반회계, 특별회계)과 기금의 재무회계에 적용(지방정부는 2007년, 중앙정부는 2009년 부터 적용)

4. 우리나라 정부회계

(1) 국가회계법[국가의 결산 및 회계에 관한 일반적 규정(2007년 제정, 2009년 시행)]

① 적용범위 : 국가의 일반회계 · 특별회계 · 기금(국가의 일반회계 · 특별회계 · 기금의 회계 및 결산에 관하여 다른 법률보다 우선 적용)

② 국가회계기준 : 발생주의 · 복식부기 – 국가의 재정활동에서 발생하는 경제적 거래 등을 발생사실에 따라 복식부기 방식으로 회계 처리하는 데 필요한 국가회계기준은 기획재정부령(국가회계기준에 관한 규칙)으로 정함

③ 결산보고서의 구성 : 결산 개요, 세입세출결산, 재무제표[재정상태표(자산 · 부채 · 순자산), 재정운영표(수익 · 비용, 재정운영결과), 순자산변동표], 성과보고서

(2) 우리나라 정부회계의 재무제표[국가회계기준에 관한 규칙(기획재정부령)]

① 재무제표의 의의 : 재정활동에 따라 발생하는 경제적 거래를 측정 · 기록 · 분류 · 요약해 작성되는 회계보고서

기업	중앙정부(국가)의 재무제표 구성	지방정부(지방자치단체)의 재무제표 구성
대차대조표	재정상태표	재정상태표
손익계산서	재정운영표	재정운영표
이익잉여금처분계산서	순자산변동표	순자산변동표

현금흐름표	-	현금흐름표
주석 및 부속명세서	주석, 부속서류로서 필수보충정보와 부속명세서	주석, 필수보충정보 및 부속명세서

② 정부 재무제표 작성 원칙

㉠ **회계연도 비교** : 재무제표는 해당 회계연도분과 직전 회계연도분을 비교하는 형식으로 작성

㉡ **계속성 원칙** : 회계처리에 관한 기준 및 추정이 기간별 비교가 가능하도록 기간마다 계속하여 적용되고 정당한 사유 없이 변경되면 안 됨

㉢ **통합재무제표 - 연결방식** : 재무제표를 통합하여 작성할 경우 개별회계 단위(일반회계, 특별회계, 기금회계) 간 내부거래를 상계(相計) · 제거하는 연결방식으로 작성(중복계상에 따른 과다계상 방지)

③ 정부 재무제표의 구성

㉠ 재정상태표

- 일정 시점에서의 자산, 부채, 순자산(자본) 상태(민간기업은 대차대조표) - 저량(貯量 ; stock) 개념
- 재정상태표일(재정상태표의 작성 기준일) 현재의 자산과 부채의 명세 및 상호관계 등 재정상태를 표시
- 자산 · 부채 · 순자산 항목 간 상계금지
- 자산과 부채는 유동성(현금으로 전환되기 쉬운 정도)이 높은 항목부터 배열

자산	• 과거의 거래나 사건의 결과로 현재 국가회계실체(국가의 일반회계, 특별회계, 기금으로서 중앙관서별로 구분된 것)가 소유 또는 통제하고 있는 자원으로서, 미래에 공공서비스를 제공할 수 있거나 직 · 간접적으로 경제적 효익(效益)을 창출하거나 창출에 기여할 것으로 기대되는 자원 • 구분 : 유동자산, 투자자산, 일반유형자산, 사회기반시설, 무형자산, 기타 비유동자산
부채	• 과거의 거래나 사건의 결과로 국가회계실체가 부담하는 의무로서, 그 이행을 위하여 미래에 자원의 유출 또는 사용이 예상되는 현재의 의무 • 구분 : 유동부채, 장기차입부채, 장기충당부채, 기타 비유동부채
순자산(자본)	• 회계연도 동안 순자산의 변동명세를 표시, 순자산(자본) = 자산 - 부채 • 구분 : 기본순자산, 적립금 및 잉여금, 순자산조정

㉡ 재정운영표

- 일정 기간 동안의 수익 · 비용 · 순수익(민간기업의 손익계산서) - 유량(流量 ; flow) 개념
- 회계연도 동안 수행한 정책 또는 사업의 원가(비용)와 재정운영에 따른 원가의 회수명세(수익) 등을 포함한 재정운영결과(운영차액[순이익])를

나타내는 재무제표.
- 구분 : 프로그램순원가, 재정운영순원가, 재정운영결과

㉢ **순자산변동표** : 회계연도 동안 순자산의 변동명세를 표시하는 재무제표(민간기업은 이익잉여금처분계산서) – 유량(流量 ; flow) 개념

꼭! 확인 기출문제

01. 정부회계의 기장 방식에 대한 설명으로 옳지 않은 것은? [국가직 9급 기출]

❶ 단식부기는 발생주의 회계와, 복식부기는 현금주의 회계와 서로 밀접한 연계성을 갖는다.
② 단식부기는 현금의 수지와 같이 단일 항목의 증감을 중심으로 기록하는 방식이다.
③ 복식부기에서는 계정 과목 간에 유기적 관련성이 있기 때문에 상호 검증을 통한 부정이나 오류의 발견이 쉽다.
④ 복식부기는 하나의 거래를 대차 평균의 원리에 따라 차변과 대변에 동시에 기록하는 방식이다.

해 ① 단식부기는 현금의 수지와 같이 단일 항목의 증감을 중심으로 기록하는 방식이고, 복식부기는 경제의 일반 현상인 거래의 이중성을 회계처리에 반영하여 기록하는 방식이다. 단식부기는 현금주의 회계와, 복식부기는 발생주의 회계와 서로 밀접한 연계성을 갖는다.
② 단식부기는 현금의 입출금과 관련된 단일한 항목만을 기준으로 그 증감 여부를 기장하는 방식이다.
③ · ④ 복식부기는 대차 평균의 원리를 적용하여 차변의 합과 대변의 합이 같아야 하므로 상호 검증을 통한 부정이나 오류의 발견이 용이하다.

02. 정부회계제도의 기장방식에 대한 〈보기〉의 설명과 바르게 짝지어진 것은? [서울시 9급 기출]

보기
ㄱ. 현금의 수불과는 관계없이 경제적 자원에 변동을 주는 사건이 발생된 시점에 거래를 인식하는 방식이다.
ㄴ. 하나의 거래를 대차평균의 원리에 따라 차변과 대변에 이중 기록하는 방식이다.

	ㄱ	ㄴ
①	현금주의	복식부기
❷	발생주의	복식부기
③	발생주의	단식부기
④	현금주의	단식부기

해 ㄱ. 현금의 수납보다는 현금 이동을 발생시키는 경제적 사건이 실제로 발생한 시점에 거래를 인정하는 방식은 발생주의에 해당한다.
ㄴ. 자산 · 부채 · 자본을 인식하여 거래의 이중성에 따라 차변과 대변에 각각 계상하고 대차평균의 원리에 따라 차변과 대변의 합계가 반드시 일치되도록 하는 기장방식은 복식부기에 해당한다.

제3절 재정민주주의

1. 재정민주주의의 의의

(1) 협의

국가의 쟁정활동이 국민의 대표기관인 국회의 의결에 의해 행해져야 한다는 의미. 입법부의 예산통제에 국한(재정입헌주의). "대표 없이 과세 없다."는 원칙은 이를 반영

(2) 광의

재정주권이 세금을 내는 국민에게 있다는 납세자주권의 원칙. 국민은 과세와 공공서비스 수혜의 대상이라는 수동적 객체가 아니라 예산과정에 적극 참여하여 국민의 의사를 반영하고 예산운영을 감시하며 잘못된 부분의 시정을 요구할 수 있는 능동적 주체로 활동

2. 재정민주주의의 내용

(1) 재정민주주의 실현의 전제조건

빅셀(K. Wicksell)은 재정민주주의를 국가가 사회구성원인 시민으로부터 세금을 거두어 그것으로 시민의 재정선호(fiscal preference)를 반영한 예산을 집행할 때 성립하는 개념으로 정립하고 전제조건으로서 민주주의와 시장경제질서의 확립을 중시

(2) 시민의 재정선호 반영 방식

구분	의사결정과정의 시민참여	시민의 직접 감시와 통제
의의	예산결정과정에 시민의 재정선호가 올바르게 표출되고 반영되는 것.	예산에 시민의 재정선호가 제대로 반영되었는지를 시민이 감시하고 통제하는 것
사례	예산편성 단계에서의 공청회 · 청문회 · 토론회, 시민대표의 위원회 참여, 재정수요의 조사, 주민투표제	예산관련 정보공개청구, 예산낭비 등에 대한 주민감사청구, 예산불법지출에 대한 내부고발자 보호, 주민소환제, 예산의 불법 · 부당지출에 대한 반환을 요구하는 납세자 소송

(3) 시민단체의 예산감시 활동

황금양털상 (Golden Fleece Award)	미국 예산의 파수꾼으로 불리는 프록시마이어(W.Proxmire) 전 상원의원이 제정한 것으로 1975년부터 1988년까지 매달 낭비가 가장 심한 정부기관과 사업에 이 상을 수여.
꿀꿀이 상 (Porker of the month)	미국의 예산감시단체인 CAGW(Citizens Against Government Waste)가 최악의 예산낭비사례를 매달 선정하여 준 상.
적자시계	독일납세자 연맹이 재정적자의 심각성을 알려주기 위해 건물입구에 설치한 시계로서 재정적자에 따른 독일연방의 부채규모를 실시간으로 보여줌.
밑 빠진 독 상	우리나라 예산감시 시민단체인 '함께하는 시민행동'이 선심성 예산배정과 어처구니없는 예산낭비사례를 선정하여 주는 상.

3. 재정운용의 국민 참여와 통제장치

구분	소극적	적극적
사전적	재정정보공개제도(예산편성안 공개)	주민참여예산제도
사후적	재정정보공개제도(결산정보 공개), 시민예산감시운동	납세자소송, 주민감사청구제도

(1) 재정정보공개제도

정부는 예산, 기금, 결산, 국채, 차입금, 국유재산의 현재액 및 통합재정수지 그 밖에 대통령령으로 정하는 국가와 지방자치단체의 재정에 관한 중요한 사항을 매년 1회 이상 정보통신매체 · 인쇄물 등 적당한 방법으로 알기 쉽고 투명하게 공표해야 함.

(2) 참여예산제도

① 의의 : 거버넌스적 예산제도로서 지방의회가 예산안 의결 전에 집행부의 예산편성과정에 시민이 지역별 · 주제별 총회 등을 통해 참여해 주제별 · 사업별 우선순위를 선정하는 사전적 주민통제제도

② 참여예산제의 이념

㉠ 결과적 측면 : 대응성 · 효율성(배분적 효율성, 기술적 효율성) · 형평성(계층 · 지역 간, 성별 등). 주민의 요구(수요)가 반영된 효율적이고 공평한 예산이 편성되어야 함

㉡ 과정적 측면 : "누구나(개방성), 함께(공동체성), 똑같이(평등성), 자유롭게(민주성), 공개적으로(투명성) 토론하는(담론지향성)" 참여를 지향. 참여예

산제는 결과 측면보다는 과정 측면의 이념을 지향(주민참여를 통해 주민들의 자치능력을 강화시키는 참여민주주의에 기반을 두기 때문)

③ 특성

㉠ **재정민주주의 제고** : 주민의 재정선호를 반영.

㉡ **비효율성 방지** : 관료 중심의 예산운영, 지방자치단체장의 인기성 · 선심성 예산운영 등으로 인한 비효율성 극복

㉢ **실질적 참여** : 아른슈타인(S.Arnstein)의 주민참여 8단계 중 주민권력(citizen control ; 주민통제) 단계에 속함

④ 연혁

㉠ 브라질 포르투 알레그리(Porto Alegre)시(市)에서 1989년 세계 최초로 시행

㉡ 우리나라는 2004년 광주광역시 북구 의회가 최초로 주민참여예산조례 제정. 이후 지방자치단체 예산편성 과정에 대한 주민참여의 법적 근거와 절차를 지방재정법에 규정하여 2006년 1월부터 자율적으로 시행하도록 했으며 2011년 9월부터 의무적으로 시행하도록 함. 국가(중앙정부)의 예산편성과정에는 2018년부터 본격 시행

⑤ 우리나라 참여예산제

㉠ 주민참여예산제[지방재정법 제39조(지방예산 편성 등 예산과정의 주민 참여)]

- 시행 의무 : 지방자치단체장은 대통령령으로 정하는 바에 따라 지방예산 편성등 예산과정(지방자치법 47조에 따른 지방의회 의결사항은 제외)에 주민이 참여할 수 있는 제도(주민참여예산제도)를 마련하여 시행하여야 한다.

> 지방재정법 시행령 제46조(지방예산 편성 등 예산과정에의 주민참여)
>
> ① 지방재정법 제39조 제1항에 따른 지방예산 편성등 예산과정에 주민이 참여할 수 있는 방법은 다음 각 호와 같다.
> 1. 공청회 또는 간담회
> 2. 설문조사
> 3. 사업공모
> 4. 그 밖에 주민의견 수렴에 적합하다고 인정하여 조례로 정하는 방법
>
> ② 지방자치단체장은 수렴된 주민의견을 검토하고 그 결과를 예산과정에 반영할 수 있다.
>
> ③ 행정안전부장관은 법 제39조제4항에 따라 다음 각 호의 항목에 대해서 지방자치단체를 대상으로 같은 조 제1항에 따른 주민참여예산제도의 운영에 대한 평가를 매년 실시할 수 있다.
> 1. 법 제39조제2항에 따른 주민참여예산기구의 구성 여부 및 운영의 활성화 정도
> 2. 예산과정에의 실질적인 주민참여 범위 및 수준
> 3. 주민참여예산제도의 홍보 및 교육 등 지원
> 4. 그 밖에 행정안전부장관이 주민참여예산제도의 운영에 대한 평가를 위하여 필요하다고 인정하는 사항
>
> ④ 제1항 및 제2항에서 규정한 사항 외에 예산과정에의 주민참여에 관한 절차 및 지원 등에 필요한 사항은 지방자치단체의 조례로 정한다.

• 주민참여예산기구 : 주민참여예산 제도 운영 등 관련 사항을 심의하기 위해 지방자치단체장 소속으로 주민참여예산위원회 등 주민참여예산기구를 둘 수 있다. 주민참여기구 구성 · 운영 등에 필요한 사항은 해당 자치단체 조례로 정함
• 의견서의 예산안 첨부 : 지방자치단체장은 주민참여예산제도를 통하여 수렴한 주민의 의견서를 지방의회에 제출하는 예산안에 첨부하여야 한다.
• 제도 운영 평가 : 행정안전부장관은 지방자치단체의 재정적 · 지역적 여건 등을 고려하여 대통령령으로 정하는 바에 따라 지방자치단체별 주민참여예산제도의 운영에 대한 평가를 실시할 수 있다.

ⓛ 국민참여예산제

• 의의 : 국민이 국가(중앙정부) 예산사업의 제안, 심사, 우선순위 결정 과정에 참여함으로써 재정운영의 민주성 · 투명성을 제고하고, 국민의 예산에 대한 관심도를 높이기 위한 제도. 2018년도 예산을 편성하는 2017년에 시범도입을 거쳐, 2019년도 예산을 편성하는 2018년부터 본격 시행
• 법적 근거

국가재정법 제16조(예산의 원칙) 제4호
정부는 예산과정의 투명성과 예산과정에의 국민참여를 제고하기 위하여 노력하여야 한다.

국가재정법 시행령 제7조의2(예산과정에의 국민참여)
① 정부는 법 제16조 제4호에 따라 예산과정의 투명성과 국민참여를 제고하기 위하여 필요한 시책을 시행하여야 한다.
② 정부는 예산과정에의 국민참여를 통하여 수렴된 의견을 검토하여야 하며, 그 결과를 예산편성 시 반영할 수 있다.
③ 정부는 제2항에 따른 의견수렴을 촉진하기 위하여 국민으로 구성된 참여단을 운영할 수 있다.
④ 제1항에 따른 시책의 마련을 위하여 필요한 구체적인 사항은 기획재정부장관이 정한다.

• 일정(2020년 기준)

사업제안·숙성 (1월~5월)	• 제안형 : 국민의 직접제안 중 적격제안을 사업으로 숙성하여 예산 반영 – 국민 사업제안 접수(1.15~3.31) : 온라인(홈페이지, e메일) · 오프라인(우편)으로 예산사업 제안 – 제안사업 적격성 점검 및 사업 숙성(3월~5월) : 국민참여예산지원협의회(민간전문가, 기획재정부 및 각 부처 공무원으로 구성)는 적격성 점검 내용을 확정하고 사업 숙성 후 각 부처의 사업숙성 내용 확정

사업제안·숙성 (1월~5월)	• 토론형 : 주요 재정관련 사회 현안 등에 대한 논의 및 국민의견 수렴 등을 통해 사업을 숙성하여 예산 반영 – 문제해결형 국민참여 이슈 공모(2.1~2.28) – 토론이슈 확정(3.15) – 온라인 토론(3.15~4.15) – 현장토론회(4월말) • 각 부처의 예산안 요구(5.31) : 부처별 지출한도와 별도로 요구
참여단 논의(6~7월)	• 예산국민참여단 발족 • 예산국민참여단 숙의
사업 선호도 조사(7월)	• 예산국민참여단 선호도 조사 • 일반국민 선호도 조사
정부예산안 반영(8월)	• 기획재정부(예산실) 예산 심의 • 재정정책자문회의에서 논의 • 국무회의에서 정부예산안 확정
국회 심의·확정(9~12월)	• 국회에서 정부예산안 심의 · 확정

⑥ 평가

㉠ **장점** : 민주적 거버넌스의 강화, 재정운영의 투명성과 책임성 제고

㉡ **한계** : 지역이기주의 성격의 사업 반영, 자원배분이 지나치게 정치적 논리에 편향, 공무원의 부정적 인식, 주민참여예산기구와 지방의회와의 갈등, 재정지출 규모와 구성비에 부정적 영향 우려 등

(3) 납세자소송(주민소송)

① **의의** : 국가나 지방자치단체의 예산이 위법 · 부당하게 사용된 경우 이를 환수할 수 있는 소송제기권을 납세자에게 부여하는 제도(공익소송 · 민중소송의 일종). 국민에 의한 재정주권 실현을 보장하는 재정민주주의의 본질을 가장 잘 반영

② **연혁**

㉠ **미국** : 1863년 연방부정청구법(False Claims Act)에서 시작되어 사문화되었다가 1986년 법 개정으로 부활

㉡ **일본** : 1948년 미국의 납세자 소송을 모델로 지방자치법 제정시 주민소송 도입

㉢ **우리나라** : 지방자치법 개정(2005.1)으로 주민소송을 규정. 2006년 1월부터 시행. 주민소송은 주민감사청구를 거쳐야 제기 가능(제8편 지방자치론에서 설명). 국민소송제는 도입되지 않음

(4) 불법지출감시제

국가의 경우 국가재정법이 시행(2007년)되면서 도입, 지방자치단체도 지방재정

법을 개정하여 시행(2011년)

> 국가재정법 제100조(예산 · 기금의 불법지출에 대한 국민감시)
> ① 국가의 예산 또는 기금을 집행하는 자, 재정지원을 받는 자, 각 중앙관서의 장(그 소속기관의 장 포함) 또는 기금관리주체와 계약 그 밖의 거래를 하는 자가 법령을 위반함으로써 국가에 손해를 가하였음이 명백한 때에는 누구든지 집행에 책임 있는 중앙관서의 장 또는 기금관리주체에게 불법지출에 대한 증거를 제출하고 시정을 요구할 수 있다.
> ② 제1항의 규정에 따라 시정요구를 받은 중앙관서의 장 또는 기금관리주체는 대통령령으로 정하는 바에 따라 그 처리결과를 시정요구를 한 자에게 통지하여야 한다.
> ③ 중앙관서의 장 또는 기금관리주체는 제2항의 규정에 따른 처리결과에 따라 수입이 증대되거나 지출이 절약된 때에는 시정요구를 한 자에게 제49조의 규정에 따른 예산성과금을 지급할 수 있다.

제4절 예산의 분류

1. 의의 및 목적

(1) 의의

① 예산의 내용을 국민이나 국회가 정확하게 파악하고 정부가 예산을 용이하게 운용할 수 있도록 일정한 기준에 따라 예산을 분류하는 것

② 예산의 편성 · 심의 · 집행 · 회계검사를 용이하게 하기 위해 예산을 정해진 기준에 따라 구분 · 편성하는 것

③ 국가나 예산제도에 따라, 세입예산과 세출예산에 따라 다르나, 일반적으로 기능별 · 조직별 · 품목별 · 경제성질별 분류로 대별됨

(2) 목적

① 행정부의 사업계획 수립과 국회의 예산심의를 용이하게 해야 함

② 정부활동이 국민경제에 미치는 영향을 정확하게 분석하고 재정경제정책 수립에 유용한 자료가 될 수 있도록 분류되어야 함

③ 예산집행이 용이할 수 있도록 분류되어야 함

④ 자원의 효율적 배분 및 신축적 운용이 가능하도록 분류되어야 함

⑤ 재정통제를 엄격히 할 수 있도록(회계검사 · 회계책임을 명백히 할 수 있도록) 분류되어야 함

Check Point

국회 예산정책처(NABO)

국회 예산정책처는 국회가 예산 · 결산을 심의함에 있어 독자적 · 중립적 · 전문적인 연구 · 분석을 통해 행정부에 대한 효율적 견제 · 감시기능을 수행하기 위해 설립된 기관으로, 국가의 예산결산 · 기금 및 재정운용과 관련된 사항에 관하여 연구분석 · 평가하고 의정활동 지원하는 기능을 담당한다(국회법).

2. 기준별 예산분류

(1) 기능별 분류

① 의의

㉠ 정부가 수행하는 국가의 주요 기능에 따라 예산을 분류하는 방법

㉡ 공공활동의 대영역별 분류로서 세출에만 적용되며, 예산정책수립과 예산심의를 용이하게 하기 위해 도입(총괄계정에 가장 적합한 분류)

㉢ 행정수반의 예산정책수립을 용이하게 하며 국회의 예산심의를 돕는 것이 주목적

㉣ 정부활동에 관한 정보를 시민에게 제공하여 시민이 국가예산을 잘 이해할 수 있다는 점에서 '시민을 위한 분류'라 불림

㉤ 대항목이 어느 한 부처의 예산만을 다룰 수는 없으며, 정부활동이나 사업이 두 가지 이상의 기능에 속하는 경우가 있음

Check Point

우리나라의 기능별 예산분류
일반행정비, 사회개발비, 경제개발비, 방위비, 교육비, 지방재정 지원(지방재정교부금 등), 채무상환 및 기타(예비비 등)

② 장단점

장점	단점
• 행정부의 재정정책 및 사업계획 수립과 입법부의 예산심의 등이 용이 • 국민의 예산 이해가 용이(시민을 위한 분류) • 예산과정의 단계가 명확하며, 장기간의 연차적 정부활동 분석에 용이 • 정부계획의 성격 변화나 중점 변동을 파악하기 용이 • 예산집행의 탄력성 · 효율성이 높음 • 총괄계정에 가장 적합한 분류	• 융통성이 지나쳐 회계책임이 명확하지 못함 • 입법부의 효율적인 예산통제가 곤란 • 정부활동이나 사업이 여러 기능에 중복되는 경우가 많음 • 기능별 분류의 대항목은 부처를 포괄적으로 포함하여 부처별 업무 파악이 불명확함 • 정부예산의 유통과정 파악이 용이하지 않음 • 공공사업은 정부기획과 관련 있을 때만 의의를 지님

(2) 조직별(소관별) 분류

Check Point

「국가재정법」상의 중앙관서
「헌법」이나 「정부조직법」, 그 밖의 법률에 따라 설치된 중앙행정기관

① 의의

㉠ 예산을 예산주체, 즉 부처별 · 기관별 · 소관별로 구분하는 방법

㉡ 가장 오래되고 기본적인 분류방법이며, 우리나라의 경우 중앙관서별로 구분함

② 장단점

장점	단점
• 입법부의 예산심의 및 통제에 가장 효과적 • 경비지출의 주체를 명확히 하여 회계책임이 명백 • 분류범위의 포괄성과 융통성으로 총괄계정에 적합 • 예산의 유통과정 · 단계를 명확히 파악	• 경비지출의 목적을 파악하기 곤란 • 조직 활동의 전반적 성과나 사업계획의 효과에 대한 평가가 곤란 • 국민경제에 미치는 영향 파악이 곤란 • 사업의 우선순위 파악 곤란

(3) 품목별(항목별) 분류

① 의의

㉠ 지출의 대상이나 성질, 물품 · 서비스의 종류를 중심으로 한 분류

㉡ 통제 중심의 예산제도로서 주로 세출예산에 적용

㉢ 미국 등 세계적으로 가장 보편화된 기준

㉣ 우리나라의 세출예산과목(장 · 관 · 항 · 세항 · 목) 중 목(目)이 품목별 분류에 해당

㉤ 다른 분류 방법과 병행되는 경우가 많음

② 장단점

장점	단점
• 예산집행자의 회계책임 확보가 용이 • 회계검사가 용이 • 인사행정에 유용한 자료나 정보 제공 • 행정의 재량범위를 축소하여 남용을 예방하고 재정통제를 용이하게 함	• 정부활동의 전체적인 상황 및 사업우선순위 파악 곤란 • 예산의 신축성 저해, 번문욕례 초래 • 세목별 분류로 각 기관의 총괄계정으로는 부적합 • 정책에 도움이 되는 자료를 제공하지 못함

(4) 경제성질별 분류

① 의의

㉠ 예산이 국민경제(소득, 소비, 저축, 생산, 투자)에 미치는 영향을 파악하는데 도움을 주기 위한 분류

㉡ 정부재정정책 결정에 유용한 자료를 제공하는 것이 목적

㉢ 다른 분류방법과 반드시 병행되는 기준

② 장단점

장점	단점
• 경제 · 재정정책 수립의 기초자료로 유용 • 국가 예산경비의 비중 비교가 가능 • 정부거래의 경제적 효과분석이 용이	• 경제성질별 분류가 경제정책이 될 수는 없음 • 경제적 영향의 일부만을 측정 • 일선 하위공무원에게는 유용치 않음 • 단독 활용이 곤란함

(5) 기타 분류

① **사업계획별 분류** : 업무를 구체적으로 몇 개의 사업계획으로 나눈 분류방법

② **활동별 분류** : 예산안의 편성 · 제출, 예산집행상황과 회계업무처리를 용이하게 하는 방법으로, 사업계획별 분류를 다시 세분화한 분류방법

③ **성과별 분류** : 기능과 활동을 기초로 예산지출에 의한 사업성과에 중점을 둔 분류방법

Check Point

우리나라의 경제성질별 분류 요소

- 예산을 세입 · 세출로 구분하고 이를 다시 경상계정(단기계정)과 자본계정(장기계정)으로 구분한 점
- **국민경제예산** : 정부의 수입, 지출이 국민경제나 국민경제의 기본 구성요소인 소득, 소비, 저축, 투자 등에 어떠한 영향을 미치고 있는가를 파악하려는 예산
- **완전고용예산** : 경제가 완전고용상태에 도달할 경우 세수가 얼마나 되고 예산적자가 얼마나 될 것인가를 보여주는 예산으로 일시적 적자를 감수하겠다는 예산
- **재정충격지표** : 거시경제에 미치는 영향을 파악하려는 지표
- **통합예산** : 일반회계, 특별회계, 기금을 포괄하여 경상수지, 자본수지, 융 · 출자 수지, 보전수지의 분류방식을 취하는 예산

3. 우리나라의 예산분류

(1)「국가재정법」상의 분류체계(법 제21조)

① 세입세출예산은 필요한 때에는 계정으로 구분 가능

② 세입세출예산은 독립기관 및 중앙관서의 소관별로 구분한 후, 소관 내에서 일반회계 · 특별회계로 구분

㉠ 세입예산은 그 내용을 성질별로 관 · 항으로 구분

㉡ 세출예산은 그 내용을 기능별 · 성질별 또는 기관별로 장 · 관 · 항으로 구분

③ 예산의 구체적인 분류기준 및 세항과 각 경비의 성질에 따른 목의 구분은 기획재정부장관이 정함

> **Check Point**
>
> **실제의 분류**
> - 소관 · 장 · 관 · 항 · 세항 · 목으로 구분(세입예산은 소관 · 관 · 항 · 목으로 구분하며, 세출예산은 소관 · 장 · 관 · 항 · 세항 · 목으로 구분)
> - 소관 · 장 · 관 · 항은 입법과목이며, 이들 간의 융통을 이용(移用)이라 함
> - 세항 · 목은 행정과목이며, 이들 간의 융통을 전용(轉用)이라 함

우리나라의 예산과목 및 분류

예산과목		입법과목				행정과목			
세입예산		기관(소관)	·	관(款)	항(項)	·		목(目)	
세출예산	기존	기관(소관)	장(章)	관(款)	항(項)	세항(細項)	세세항	목(目)	세목(細目)
	프로그램 예산	기관(소관)	분야	부문	프로그램(정책사업)	단위사업	세부사업	편성비목	통계비목
분류기준		조직별 분류	기능별 분류		사업별 · 항목별 분류			품목별 분류	

(2) 문제점 및 개선방향

① 문제점

㉠ 투입 중심의 품목별 분류로 인해 성과 중심의 예산운용이 어려움

㉡ 품목별 분류가 지나치게 세분화되어 예산과목체계가 복잡함

㉢ 예산회계별 독립적 재정운용으로 자원배분의 총체적 효율성이 저하되며, 중장기 전략적 자원배분이 어려움

㉣ 재정운영의 자율성이 저하되며, 책임소재가 불분명함

㉤ 중앙정부와 지방정부의 예산 연계가 미흡함

② 개선방향 : 사업과 성과 중심의 예산과목 체계의 구축

㉠ 참여정부시기인 2007년부터 재정개혁의 원활한 진행을 위해 종래 품목별 예산 중심의 구조를 사업별 예산(프로그램예산) 중심의 구조로 전환 모색

㉡ 사업별로 분류한 후 말단 비목에 가서 품목별 분류를 적용

> **Check Point**
>
> **문제점의 발생요인**
>
> 우리나라의 경우 다양한 분류기준이 혼합적으로 사용되고 있지만 말단분류는 품목별 분류의 성격을 강하게 띠는데, 이로 인해 여러 문제가 발생함

> **Check Point**
>
> **사업예산(프로그램예산)**
>
> 예산의 계획 · 편성 · 배정 · 집행의 과정과 체계를 사업 중심으로 구조화하고, 그것을 성과평가체계와 연계시켜 성과를 관리하고자 하는 예산기법

예산의 특징별과 해당 분류

특징	분류
합법성에 치중한 전통적 성격의 분류	조직별 · 품목별
시민을 위한 분류	기능별
프로그램 중심의 현대적 분류(효율성)	기능별(사업계획별 · 활동별)
의회통제와 회계책임 확보가 용이한 분류	품목별 〉 조직별
국회의 예산심의가 용이한 분류	조직별 〉 기능별
경제 효과분석에 가장 적합한 분류	경제성질별
총괄계정에 가장 적합한 분류	기능별 〉 조직별
다른 분류와 가장 많이 함께 사용되는 분류	품목별
다른 분류와 반드시 함께 사용되어야 하는 분류	경제성질별

제5절 예산의 종류

1. 일반회계와 특별회계(세입·세출의 성질에 따른 구분)

(1) 일반회계예산

① 국가활동의 총세입 · 총세출을 포괄적으로 편성한 예산으로서, 일반적으로 예산이라 하면 일반회계를 의미함

② 조세수입 등을 주요 세입으로 하여 국가의 일반적인 세출에 충당하기 위하여 설치

(2) 특별회계예산

① 의의

㉠ 국가에서 특정한 사업을 운영하고자 할 때, 특정한 자금을 보유하여 운용하고자 할 때, 특정한 세입(조세 외 수입)으로 특정한 세출에 충당함으로써 일반회계와 구분하여 회계처리할 필요가 있을 때에 법률로써 설치

Check Point

일반회계예산의 특징
- 국가의 고유기능을 수행하는 순수공공재를 생산하는 재원이 됨
- 세입원은 조세수입(전체 세입의 90% 이상), 전년도 이월, 차관 및 기타 세외수입으로 구성
- 모든 세입과 세출이 하나로 통일 · 회계처리되어야 한다는 통일성과 단일성에 근거한 예산
- 일반행정기관 외에 국회와 법원, 헌법재판소, 선거관리위원회 등 조세 외에 특정 세입이 없는 국가기관은 모두 일반회계에 포함됨

㉡ 예산의 단일성 · 통일성 원칙에 대한 예외로서, 예산집행 과정상의 신축성과 융통성, 재량을 확보하기 위한 예산(여유자금의 경우 다른 목적으로 사용할 수 없어 운영상의 경직성을 초래하는데, 최근 이를 극복하기 위해 특별회계 및 기금의 통합 · 폐지, 통합재정 등이 강조되고 있음)

㉢ 국민경제규모의 확대와 복잡화에 따라 국가가 특별히 관리해야 할 사업이 증가하였고, 이러한 사업수행을 위해 별도로 자금을 관리하고자 하는 목적에서 인정됨

② **설치요건** : 다음 요건에 해당될 경우 법률로써 설치할 수 있음

㉠ **국가에서 특정 사업을 운영하고자 할 때** : 기업특별회계−5개(「정부기업예산법」 상 우편사업 · 우체국예금 · 조달 · 양곡관리 특별회계, 「책임운영기관의 설치 · 운영에 관한 법률」 상 책임운영기관특별회계)

㉡ 특정한 자금을 보유하여 운용하고자 할 때(종전 재정융자특별회계는 폐지되어 현재는 공공자금관리기금으로 통합됨)

㉢ **기타 특정한 세입으로 특정한 세출에 충당함으로써 일반회계와 구분하여 회계 처리할 필요가 있을 때** : 기타 특별회계 예 교통시설특별회계, 우체국보험특별회계, 환경개선특별회계, 국가균형발전특별회계 등

③ **특징**

㉠ **적용 법률** : 일반회계가 「국가재정법」의 일반적 적용을 받는 데 비해, 특별회계는 「정부기업예산법」(기업특별회계)과 개별법(기타특별회계)의 적용을 받음

㉡ **수입원** : 일반회계는 세금으로 충당하는 데 비해, 특별회계는 일반회계로부터의 전입금 외에 별도의 특정한 수입(자체 세입)이 재원이 됨(단일성 · 통일성의 예외)

㉢ **국회 심의** : 특별회계는 일반회계와 함께 국가예산을 구성하며, 국회의 심의를 받음

㉣ **발생주의 원칙** : 발생주의 원칙을 규정

㉤ **원가계산 및 감가상각** : 정부기업은 사업능률의 증진, 경영합리화 및 요금결정의 기초 제공을 위해 원가계산을 하며, 고정자산 중 감가상각을 필요로 하는 자산에 대해 회계연도마다 감가상각을 실시

㉥ **예산집행의 신축성 · 자율성** : 기업특별회계의 경우 기업회계원칙에 입각하여 수입금마련지출제도(이익자기처분 원칙)를 두어 초과수입을 그 수입과 관련된 직접비에 사용할 수 있게 하며, 목(目) 간의 전용을 완화하고(기획재정부장관의 사전승인 없이 전용가능), 자금차입 및 조달이 용이하도록 국채발행을 허용

㉦ **예산관계 서류의 제출의무** : 정부기업은 예산 요구 시 해당 연도 사업계획

Check Point

특별회계 및 기금의 신설에 관한 심사(「국가재정법」 제14조)
중앙관서의 장은 소관 사무와 관련하여 특별회계 또는 기금을 신설하고자 하는 때에는 해당 법률안을 입법예고하기 전에 특별회계 또는 기금의 신설에 관한 계획서를 기획재정부장관에게 제출하여 그 타당성에 관한 심사를 받아야 함

서울시 9급 기출

01. 다음 중 특별회계예산의 특징으로 가장 옳지 않은 것은?

① 특별회계예산은 세입과 세출의 수지가 명백하다.
② 특별회계예산에서는 행정부의 재량이 확대된다.
③ 특별회계예산은 국가재정의 전체적인 관련성을 파악하기 곤란하다.
④ 특별회계예산에서는 입법부의 예산통제가 용이해진다.

해 특별회계예산은 예산구조와 체계의 복잡화로 입법부의 예산통제가 곤란하다.
① 특별회계예산은 특별회계 내에서 세출의 수지가 명백하다.
②·③ 특별회계예산에서는 예산의 단일성 · 통일성 원칙의 예외로 행정부의 재량이 확대되고, 국가재정의 전체적인 관련성을 파악하기 곤란하다.

답 01 ④

서 · 자금계획서 · 손익계산서(재정운영표) · 대차대조표(재정상태표) · 자산증감내역 등의 확인에 필요한 제반서류를 제출

④ 장단점

장점	단점
• 세입 · 세출에 있어서 정부수지의 명확화 • 재정운용의 자율성, 재량 확대 • 경영합리화 · 능률성 제고에 기여 • 행정기능의 전문화 · 다양화에 부응	• 예산구조 · 체계의 복잡화 • 재정운용의 경직성 초래(특정세입이 특정세출로 이어지는 칸막이 현상을 초래) • 입법부의 예산통제와 민중통제 곤란 • 회계신설이 용이해 재정팽창의 원인이 됨

2. 정부기금

(1) 의의

① 개념

㉠ 기금(fund)이란 국가가 특정한 목적을 위하여 특정한 자금을 신축적으로 운영할 필요가 있을 때에 한하여 법률로써 특별히 설치할 수 있는 자금

㉡ 정부의 출연금 또는 법률에 따른 민간부담금을 재원으로 하는 기금은 규정된 법률에 의하지 않고는 설치할 수 없으며, 세입 · 세출예산에 의하지 않고 예산 외로 운용(제3의 예산)

㉢ 기금에 대한 통제가 강화되어 2004년부터 예산과 마찬가지로 국회의 심의 · 의결을 거치도록 개정되었고, 비금융성기금의 경우 공공부문의 통합예산(통합재정수지)에 포함됨

② 특징

㉠ 재원 : 조세를 재원으로 하며 무상적 급부를 원칙으로 하는 예산과 달리, 기금은 일반회계로부터의 전입금, 정부출연금 등에 의존하며, 유상적 급부가 원칙

㉡ 운용방식 : 국회의 통제를 받으나, 통제가 비교적 약해 신축성을 지니며, 기업회계방식이 적용됨

㉢ 예산원칙의 예외 : 기금은 특정 수입으로 특정 지출에 충당하게 되며 세입 · 세출예산 외로 운영되어 예산의 단일성 · 완전성 · 통일성 원칙의 예외

(2) 기금의 유형

① 「국가재정법」상의 유형

㉠ 금융성기금

Check Point

금융성기금의 종류

부실채권정리기금 및 구조조정기금, 기술보증기금, 농림수산업자신용보증기금, 농어가목돈마련저축장려기금, 산업기반신용보증기금, 무역보험기금, 신용보증기금, 예금보험기금채권상환기금, 국가장학기금, 주택금융신용보증기금(「국가재정법」 별표3)

- 의의 : 신용보증·수출보험 등 특정 목적을 가지고 설치되는 금융적 성격의 기금
- 특성 : 종전과 달리 현재는 국회의 심사대상에 포함되나, 통합재정에는 포함되지 않음

ⓛ 비금융성기금 : 금융성기금을 제외한 기금

② 설립목적별 유형

㉠ 사회보험성기금 : 국민연금기금, 군인연금기금, 공무원연금기금 등

ⓛ 사업성기금 : 청소년육성기금, 사학진흥기금, 대외경제협력기금, 국민체육진흥기금, 보훈기금 등

㉢ 계정성기금 : 공공자금관리기금, 외국환평형기금 등

㉣ 금융성기금 : 신용보증기금 등

③ 기능별 유형

㉠ 정책사업기금 : 농수산물가격안정기금, 외국환평형기금 등

ⓛ 후생기금 : 공무원연금기금, 보훈기금 등

㉢ 연구기금 : 과학기술진흥기금, 방위산업육성기금 등

④ 운용방식별 유형

㉠ 소비성기금 : 정책사업 수행을 위해 지출하는 기금, 예산과 가장 성격이 유사

ⓛ 회전성기금 : 일단 조성한 후 사용하지 않고 융자 등의 형태로 지출 후 다시 회수되는 기금

㉢ 적립성기금(준비성기금) : 유사 시의 필요를 위하여 적립하는 보험 성격의 기금

Check Point

관리주체별 유형
- 정부관리기금(직접관리기금) : 공무원연금기금, 양곡증권정리기금 등
- 민간관리기금(간접관리기금) : 신용보증기금 등의 금융성기금

(3) 기금의 설치와 운용(「국가재정법」)

① 기금의 설치

㉠ 기금설치 법정주의(제5조)

ⓛ 기금신설 시 심의·심사(제14조) : 재정정책자문회의의 심의(자문) 후 기획재정부장관의 심사를 거침

㉢ 기금 조성 : 조세가 아닌 정부출연금, 민간부담금, 차입금, 운용수입 등이 재원(개별법에서 규정)

② 기금의 운용

㉠ 기금의 운용원칙
- 안정성·유동성·수익성·공공성 등을 고려하여 투명하고 효율적인 운용
- 기금의 회계는 「국가회계법」상의 원칙에 따라 회계처리(발생주의에 의한 기업회계방식 적용)

Check Point

기금 설치 법정주의(「국가재정법」 제5조)
기금은 국가가 특정한 목적을 위하여 특정한 자금을 신축적으로 운용할 필요가 있을 때에 한하여 법률로써 설치하되, 정부의 출연금 또는 법률에 따른 민간부담금을 재원으로 하는 기금은 기금설치 근거법률에 의하지 않고는 이를 설치할 수 없음

Check Point

기금운용계획안의 구성
㉠ 운용총칙 : 기금의 사업목표, 자금의 조달과 운용 및 자산취득에 관한 총괄적 사항을 규정
ⓛ 자금운용계획 : 수입계획과 지출계획으로 구분

ⓛ 기금운용계획안의 수립(제66조)

- 기금관리주체는 매년 1월 31일까지 당해 회계연도부터 5회계연도 이상의 기간 동안의 신규사업 및 기획재정부장관이 정하는 주요 계속사업에 대한 중기사업계획서를 기획재정부장관에게 제출해야 함
- 기획재정부장관은 자문회의의 자문과 국무회의의 심의를 거쳐 대통령의 승인을 얻은 다음 연도 기금운용계획안 작성지침을 매년 3월 31일까지 기금관리주체에게 통보해야 함
- 기획재정부장관은 국가재정운용계획과 기금운용계획 수립을 연계하기 위해 기금운용계획안 작성지침에 기금별 지출한도를 포함하여 통보할 수 있음
- 기획재정부장관은 기금관리주체에게 통보한 기금운용계획안 작성지침을 국회 예산결산특별위원회에 보고해야 함
- 기금관리주체는 기금운용계획안 작성지침에 따라 다음 연도의 기금운용계획안을 작성하여 매년 5월 31일까지 기획재정부장관에게 제출해야 함
- 기획재정부장관은 제출된 기금운용계획안에 대해 기금관리주체와 협의 · 조정하여 기금운용계획안을 마련한 후 국무회의의 심의를 거쳐 대통령의 승인을 얻어야 함

ⓒ 기금운용계획안의 국회제출(제68조)

- 정부는 기금운용계획안을 회계연도 개시 120일 전까지 국회에 제출해야 하며(국회는 이를 회계연도 개시 30일 전까지 심의 · 의결함), 이 경우 기금운용계획안에 계상된 국채발행 및 차입금의 한도액은 예산총칙에 규정해야 함
- 기금관리주체는 기금운용계획이 확정된 때에는 기금의 월별 수입 및 지출계획서를 작성하여 회계연도 개시 전까지 기획재정부장관에게 제출해야 함

ⓔ 증액 동의 : 국회는 정부가 제출한 기금운용계획안의 주요항목 지출금액을 증액하거나 새로운 과목을 설치하고자 하는 때에는 미리 정부의 동의를 얻어야 함

ⓜ 기금운용계획의 변경(제70조)

- 기금관리주체는 지출계획의 주요항목 지출금액의 범위 안에서 대통령령이 정하는 바에 따라 세부항목 지출금액을 변경할 수 있음
- 기금관리주체는 기금운용계획 중 주요항목 지출금액을 변경하고자 하는 때에는 기금운용계획변경안을 국회에 제출하여야 하는데, 주요항목 지출금액이 ⅰ) 금융성기금 외의 기금은 주요항목 지출금액의 변경범위가

Check Point

기금의 변경 운용

기금관리주체는 기금운용계획 중 주요 항목지출금액을 변경하여 집행하고자 하는 경우에도 국회에 제출해야 함. 단, 주요 항목지출금액의 10분의 2(금융성기금은 10분의 3) 이하의 범위 안에서는 국회의 의결을 얻지 않아도 됨

Check Point

국정감사

기금관리 주체는 「국정감사 및 조사에 관한 법률」에 따른 감사의 대상기관임

10분의 2 이하, ii) 금융성기금은 주요항목 지출금액의 변경범위가 10분의 3 이하(경상비에 해당하는 주요항목 지출금액에 대하여는 10분의 2 이하)인 경우 등은 기금운용계획변경안을 국회에 제출하지 않고 대통령령으로 정하는 바에 따라 변경이 가능

③ **기금결산(제73조)** : 각 중앙관서의 장은 회계연도마다 소관 기금의 결산보고서를 중앙관서결산보고서에 통합하여 작성한 후 다음 연도 2월 말일까지 기획재정부장관에게 제출하여야 함

④ **기금운용심의회(제74조)**

㉠ 기금관리주체는 기금의 관리 · 운용에 관한 중요한 사항을 심의하기 위하여 기금별로 기금운용심의회를 설치해야 함

㉡ 설치할 필요가 없다고 인정되는 기금의 경우 기획재정부장관과 협의하여 설치하지 않을 수 있음

⑤ **기금운용의 평가(제82조)**

㉠ 기획재정부장관은 회계연도마다 전체 기금 중 3분의 1 이상의 기금에 대하여 대통령령이 정하는 바에 따라 그 운용실태를 조사 · 평가하여야 하며, 3년마다 전체 재정체계를 고려하여 기금의 존치 여부를 평가해야 함

㉡ 기획재정부장관은 평가결과를 국무회의에 보고한 후 국회에 제출하는 국가결산보고서와 함께 국회에 제출해야 함

기출 Plus 지방직 9급 기출

02. 우리나라 기금에 대한 설명으로 옳지 않은 것은?

① 기금관리주체는 안정성, 유동성, 수익성 및 공공성을 고려하여 기금자산을 투명하고 효율적으로 운용하여야 한다.

② 기금관리주체는 매년 1월 31일까지 당해 회계연도부터 5회계연도 이상의 기간 동안의 신규사업 및 기획재정부장관이 정하는 주요 계속사업에 대한 중기사업계획서를 기획재정부 장관에게 제출하여야 한다.

③ 국회는 정부가 제출한 기금운용계획안의 주요항목 지출금액을 증액하거나 새로운 과목을 설치하고자 할 때에는 미리 정부의 동의를 얻어야 한다.

④ 정부는 주요항목 단위로 마련된 기금운용계획안을 회계연도 개시 60일 전까지 국회에 제출하여야 한다.

해 정부는 기금운용계획안을 회계연도 개시 120일 전까지 국회에 제출해야 하며, 국회는 이를 회계연도 개시 30일 전까지 심의 · 의결하여야 한다.

답 02 ④

예산과 기금의 비교

구분	예산	기금
재원	• 일반회계 : 조세수입 • 특별회계 : 일반회계와 기금의 혼재	전입금, 정부출연금, 부담금 등
급부	무상적 급부	유상적 급부(융자사업 등 유상급부 제공이 원칙)
성격	소비성	적립성 또는 회전성
보상	일반 보상원리	개별 보상원리
확정 절차	부처의 예산요구 – 기획재정부의 예산안편성 – 국회 심의 · 의결	기금관리 주체의 계획수립 – 기획재정부장관과의 협의 · 조정 – 국회 심의 · 의결
집행의 자율성	엄격 통제(합법성)	상대적인 자율성 · 탄력성(합목적성)
국회 의결	필요	필요
국회 결산	결산심의	결산심의

수입과 지출의 연계	• 일반회계 : 연계 배제 • 특별회계 : 연계(통일성)	연계(통일성)

3. 통합예산(unified budget)(통합재정)

(1) 의의

① 일반회계 · 특별회계, 기금 등을 모두 포함하는 정부의 재정활동을 체계적으로 한데 묶어 분류함으로써 재정규모의 파악과 재정이 국민경제에 미치는 효과를 파악하는 데 용이한 예산

② 정부부문에서 1년 동안 지출되는 재원의 총체적 규모로서, 국가는 물론 지방재정까지 포함하는 정부예산의 총괄표(회계가 아닌 재정통계이므로 현금주의로 작성됨)

③ 법정예산제도는 아니며, 법정예산과 병행하여 작성 · 발표하는 예산

(2) 특징

① 법정예산인 일반회계와 특별회계 외 기금, 세입 · 세출 외 자금까지 포함해 예산범위를 폭넓게 파악

② 내부 거래는 물론 실질적 내부 거래에 해당하는 회계 간의 예탁, 이자지급 등의 거래까지 모두 공제한 예산순계 개념으로 작성됨

③ 재정의 국민경제적 효과를 분석할 수 있도록 경상거래와 자본거래를 구분하는 등 경제적 분류로 작성됨

(3) 범위

① 공공부문 중 공공금융부문(공공기관, 중앙은행, 금융성기금)을 제외한 비금융공공부문을 포괄범위로 함

② **비금융공공부문의 구성** : 금융성기금 외에 외국환평형기금도 제외됨

일반정부부문 (순수한 정부활동부문)	중앙정부	일반회계, 기타특별회계(기업특별회계 제외), 기금, 세입세출외
	지방정부	일반회계, 기타특별회계, 기금, 교육비특별회계
비금융공기업부문 (기업적 정부활동부문)	중앙정부	기업특별회계
	지방정부	공기업특별회계

Check Point

통합예산의 필요성
- 예산의 경제적 영향 측정과 재정활동 등의 파악에 유용
- 재정과 국민소득계정, 통화 및 국제수지와의 연결을 통한 재정의 국민경제효과를 분석할 수 있음
- 정책수립의 능률화를 기할 수 있으며, 재정지표의 국제비교가 용이
- 재정활동의 통화 효과 및 국가채무분포를 파악하도록 하여 건전재정을 유도

Check Point

통합예산의 구비조건(4대 원칙)
- 포괄성(일반정부와 비금융 공기업이 모두 포함)
- 이중거래(회계 간 중복분)의 차감
- 대출순계(순융자)를 별도로 표시
- 보전재원 상황의 명시

Check Point

통합예산의 구성요소
- **세입** : 경상수입과 자본수입으로 구분되며, 비상환성 수입만 해당됨
- **세출 및 순융자** : 정부의 모든 비상환성 지출을 포함함
- **보전재원** : 세입에서 세출 및 순융자를 차감한 것

지방직 9급 기출

03. 통합재정에 대한 설명으로 옳은 것은?
① 일반회계, 특별회계, 기금을 포함한다.
② 통합재정의 기관 범위에 공공기관은 포함되지만, 지방자치단체는 포함되지 않는다.
③ 국민의 입장에서 느끼는 정부의 지출 규모이며 내부거래를 포함한다.
④ 2005년부터 정부의 재정규모 통계로 사용하고 있으며 세입과 세출을 총계 개념으로 파악한다.

해 ② 정부부문에서 1년 동안 지출되는 재원의 총체적 규모로서, 중앙정부는 물론 지방자치단체 및 공공기관(공공금융부문 제외)도 포함된다.
③ 국민의 입장에서 느껴지지 않는 실질적 정부 지출 규모를 내용으로 하며, 내부거래와 보전거래는 제외된다.
④ 세입과 세출을 총계 개념이 아닌 순계 개념으로 파악한다.

답 03 ①

(4) 통합예산의 구조

분류	수입	지출
경상수지	경상수입(조세 등 규칙적인 수입)	경상지출(인건비 등 소모적인 지출)
자본수지	자본수입(임대료 등 투자적인 수입)	자본지출(항만건설비 등 투자적인 지출)
대출순계	융자회수, 출자회수	융자지출, 출자지출
보전수지	보전수입(국내외에서 차입)	보전지출(국내외 차입금 상환)

(5) 우리나라 통합예산의 문제점

① 여러 재정통계 간의 일관성 부족
② 공기업이 제외되어 재정관리의 통합성 제약
③ 현금주의를 기준으로 하여 작성되므로 비용과 수익의 정확한 파악이 어려움
④ 재정범위가 국제기준과 달라 통계비교에 제약이 많음

4. 본예산·수정예산·추가경정예산(예산의 성립시기나 편성절차에 따른 구분)

(1) 본예산

① 정부가 예산을 편성하여 회계연도 개시 120일 전까지 국회에 제출하고 국회는 회계연도 개시 30일 전까지 의결하여 최초로 확정(성립)된 예산
② 국회에 상정되어 정기국회에서 다음 회계연도 예산으로 정상적으로 의결 · 확정한 당초예산

(2) 수정예산(예산안의 수정)

① 정부가 예산안을 국회로 제출한 후 예산이 최종 성립(의결) 전에 국내외 여건의 변화로 부득이하게 예산안 내용의 일부를 수정하여 편성 · 제출한 예산
② 제출된 수정예산안은 국회 상임위원회와 예산결산특별위원회의 심사를 받아야 함(이미 제출한 예산안에 대한 심사가 진행 중인 경우는 함께 심사하며, 이미 제출한 예산안의 심사가 종료된 경우에는 별도 수정예산안에 대한 소관 상임위원회와 예산결산특별위원회의 종합심사를 받아야 함)
③ 우리나라에서는 수정예산이 지금까지 총 4회 편성됨(1970년 · 1981년 · 2009년의 본예산, 1980년의 추가경정예산)

(3) 추가경정예산

① 의의

㉠ 예산이 국회를 통과하여 확정(성립)된 후에 생긴 사유로 인하여 이미 성립된 예산에 추가 · 변경이 있을 때 편성되는 예산(예산의 수정)

㉡ 예산 단일성의 원칙에 대한 예외로, 마지막 추가경정예산을 최종예산이라고 함

② **편성 사유** : 「국가재정법」에서는 재정건전성 제고를 위해 추가경정예산이 편성되는 경우를 다음으로 제한하고 있음

㉠ 전쟁이나 대규모 자연재해가 발생한 경우

㉡ 경기침체, 대량실업, 남북관계의 변화, 경제협력과 같은 대내 · 외 여건에 중대한 변화가 발생하였거나 발생할 우려가 있는 경우

㉢ 법령에 따라 국가가 지급하여야 하는 지출이 발생하거나 증가하는 경우

③ 특징

㉠ 정부는 국회에서 추가경정예산이 확정되기 전에 미리 배정 · 집행할 수 없음

㉡ 추가경정예산은 본예산과 별개로 성립하지만 성립 후에는 통합하여 운용됨

㉢ 우리나라의 경우 매년 평균 1~2회 정도의 추가경정예산이 편성되고 있음

기출 Plus 지방직 9급 기출

04. 추가경정예산에 대한 설명으로 옳지 않은 것은?

① 예산이 성립된 후에 생긴 사유로 이미 성립된 예산에 변경을 가할 필요가 있을 때 정부가 편성하는 예산이다.

② 예산 팽창의 원인이 될 수 있으므로, 「국가재정법」에서 그 편성사유를 제한하고 있다.

③ 과거에 추가경정예산이 편성되지 않은 연도도 있었다.

④ 본예산과 별개로 성립되므로 당해 회계연도의 결산에는 포함되지 않는다.

해 추가경정예산은 본예산과 별개로 성립하나, 본예산의 항목 · 금액을 추가하거나 수정하는 것이다. 따라서 추가경정예산이 일단 성립하면 본예산에 흡수되어 본예산과 추가경정예산을 통산하여 전체로서 집행하게 되므로 당해 회계연도 결산에 당연히 포함된다.

5. 준예산·잠정예산·가예산(예산불성립 시의 대처방안에 따른 구분)

(1) 준예산

① 의의 : 새로운 회계연도가 개시될 때까지 예산이 불가피하게 성립되지 못한 경우 정부가 국회에서 예산안이 의결될 때까지 일정 범위 내에서 전년도 예산에 준하여 경비를 지출할 수 있는 제도

② 특징

㉠ 예산불성립 시 이용하도록 규정된 것으로 예산 사전의결의 원칙에 대한 예외

㉡ 지출기간의 제한이 없으며(해당 연도의 예산이 성립할 때까지 제한 없이 사용 가능), 국회의 의결도 불요

㉢ 해당 연도 예산이 성립되면 준예산은 효력을 잃으며, 그동안 집행된 예산은 성립된 예산에 의해 집행된 것으로 간주

㉣ 우리나라는 제2공화국 헌법 때(1960년)부터 현재까지 준예산 제도를 채택하고 있으나, 사유가 발생하지 않아 사용한 적은 없음(지방자치법 상 지방정부의 준예산은 2004년 부안군, 2013년 성남시에서 사용한 적 있음)

Check Point

수정예산과 추가경정예산의 비교

예산의 편성 후에 변경된다는 점에서 추가경정예산과 유사하나, 추가경정예산은 예산안이 국회를 통과하여 성립된 후에 변경되는데 비해 수정예산은 예산안이 국회를 통과(최종의결 · 성립)하기 전에 수정된다는 점에 차이가 있다.

Check Point

준예산이 적용되는 경비

㉠ 헌법이나 법률에 의하여 설치된 기관 또는 시설의 유지비 · 운영비(공무원 보수와 기본경비 등)

㉡ 법률상 지출의 의무가 있는 경비

㉢ 이미 예산으로 승인된 사업의 계속비

 04 ④

(2) 잠정예산

① 회계연도 개시 전까지 본예산이 성립되지 않았을 때 잠정적으로 예산을 편성하여 의회에 제출하고 의회의 사전의결을 얻어 사용하는 제도. 사용기간은 대부분의 국가에서 규정되어 있지 않으며 의회 의결시 정해지기도 함

② 영국 · 미국은 예산심의 제도상 관행적으로 사용, 일본은 부득이한 경우 예외적으로 사용함. 우리나라는 사용한 적 없음

(3) 가예산

① 회계연도 개시일 전까지 예산안이 성립되지 못한 경우 최초 1개월분을 국회의 의결로 집행할 수 있는 예산제도

② 1개월간의 기간 제한이 있다는 점에서 잠정예산과 다르며, 국회의결을 필요로 한다는 점에서 준예산과 다름

③ 우리나라는 제1공화국 때 사용된 적이 있으며(총 9차례 의결되어 6차례 사용됨), 프랑스는 제3 · 4공화국 때 실시한 적이 있음

준예산, 잠정예산, 가예산의 비교

비교기준	준예산	잠정예산	가예산
지출 대상(항목)	제한적	무제한	무제한
지출 기간	무제한	원칙적으로 무제한(수개월로 기한을 정해 의결하기도 함)	제한(1개월)
국회의결	불요	요함	요함

꼭! 확인 기출문제

예산 유형에 대한 〈보기〉의 설명 중 옳은 것을 모두 고르면? [서울시 9급 기출]

보기

ㄱ. 준예산은 회계연도 개시 전까지 예산이 의결되지 않을 경우 편성하는 예산이다.
ㄴ. 본예산은 매 회계연도 개시 전에 국회의 심의 · 의결을 거쳐 성립되는 예산이다.
ㄷ. 추가경정예산은 본예산과 별개로 성립하며 결산 심의 역시 별도로 이루어진다.
ㄹ. 우리나라는 1960년도 이후부터 잠정예산제도를 채택하고 있다.

❶ ㄱ, ㄴ　② ㄱ, ㄹ
③ ㄴ, ㄷ　④ ㄷ, ㄹ

해 ㄱ. 준예산은 새로운 회계연도가 개시될 때까지 예산이 불가피하게 성립되지 못한 경우 정부가 국회에서 예산안이 의결될 때까지 일정 범위 내에서 전년도 예산에 준하여 경비를 지출할 수 있는 예산이다.

ㄴ. 본예산은 정부가 예산을 편성하여 회계연도 개시 120일 전까지 국회에 제출하고, 국회는 회계연도 개시 30일 전까지 의결하여 최초로 성립된 예산이다.
ㄷ. 추가경정예산은 본예산과 별개로 성립하지만 성립 후에는 본예산과 통합하여 운용된다.
ㄹ. 잠정예산의 구체적 내용은 국가마다 다르며, 영국이나 캐나다, 북한 등은 거의 매년 잠정예산을 사용하고 있으나 우리나라의 경우 사용한 적이 없다.

6. 자본예산(CBS ; Capital Budgeting System)

(1) 개념

① 예산을 경상계정과 자본계정으로 구분하여 경상지출은 경상수입으로, 자본지출은 자본적 수입이나 차입으로 충당하는 예산제도(경상지출은 경상수입으로 충당하여 수지의 균형을 이루도록 하고, 자본지출은 적자재정과 공채발행 등으로 충당하게 하는 제도)

② 시장실패 치료를 위한 행정국가의 재정적 산물로, 불균형예산제도 혹은 복식예산제도(자본계정에는 엄격한 복식부기를 적용)라고 불림

(2) 도입 및 발달과정

① 스웨덴 : 경제대공황에 대처하여 불경기나 실업을 타개할 목적으로 G. Myrdal이 제안하였고 1937년 채택됨(자본예산을 중앙정부에 도입한 유일한 국가)

② 미국 : 대공황의 극복을 위한 장기계획 및 도시계획, 공공시설 확충, 공채발행과 적자재정 편성, 자원개발, 수익자부담 원칙의 활용 등을 위해 주정부 차원에서 채택

③ 우리나라

㉠ 지방정부 예산을 자본계정과 경상계정으로 구분하고 있으나 공식적 자본예산제도라고는 할 수는 없음

㉡ 중앙정부부문에서는 1962년의 일반재정부문(일반회계+경제개발특별회계)이 유사한 형태라 할 수 있으나, 이후 폐지되어 현재는 없음

(3) 장단점

장점	단점
• 자본지출과 경상지출을 별도로 관리함으로써 국가재정의 기본구조를 명확하게 이해 · 파악 • 정부의 순자산상태 변동파악과 신용도 제고에 도움	• 정부의 경상지출 적자에 대한 은폐나 지출의 정당화 구실로 사용가능 • 적자재정 편성, 자본재 투자, 공공사업에 치중할 우려

Check Point

자본예산의 필요성
- **선진국** : 자본예산을 통한 조달재원으로 공공사업을 실시하여 경기 확보
- **후진국** : 경제성장이나 도시개발계획의 효율적 추진을 위한 투자재원 확보

Check Point

자본예산의 본질(이론적 근거)
- 불경기 극복수단
- 수익자부담 원칙의 구현
- 장기적 · 주기적 균형의 중시
- 국가 순자산상태의 증감 불변

• 장기적 재정계획 수립과 집행에 도움 • 불경기 때 적자예산을 편성해 불황 극복 및 경기 회복에 도움 • 자본적 지출이 경상적 지출과 구분되므로 지출에 대한 엄격한 심사 및 분석가능 • 조세부담이 경상지출로만 충당되므로 세 부담은 매년 거의 일정 • 비용부담자와 자본지출로 인해 혜택을 보는 사람이 일치(재원부담의 공정성 구현)	• 인플레이션을 조장할 우려 • 자본지출과 경상지출을 구분하나 양자 간 명확한 구분은 어려움 • 수익이 있는 사업에만 치중하고 선심성 사업이 등장할 우려 • 경제발전이나 불경기 극복에 얼마나 효율적인지 파악이 곤란

Check Point

조세지출

- 국가의 경제 · 사회적 목적 달성을 위해 비과세 · 감면 · 공제 등을 통해 특정 산업을 보호 · 육성하기 위한 정책적 수단을 말함
- 예산상의 지출(직접지출)과 대비되는 간접지출 수단에 해당되며, 형식은 조세이나 실질은 지출에 해당된다는 점에서 '숨은 보조금'이라고도 함
- 지나치게 이용하면 국고수입의 상실과 과세 불공평, 자원배분의 비효율성 등을 초래하게 됨(조세특혜, 합법적 탈세 등)
- 직접지출보다 신설이 용이하며, 일단 신설되면 폐지가 곤란하며 법률에 따라서 이루어지므로 지속성과 경직성이 강함

7. 기타 예산의 종류

(1) 조세지출예산

① 의의

㉠ 조세지출예산은 정책적 세금 감면 · 면제조치인 조세지출로 인한 세수감소액을 종합 · 분류하여 체계적으로 나타낸 예산을 말함

㉡ 조세지출의 구체적 내역을 예산구조에 반영하여 국회의 심의 · 의결을 받도록 하는 제도로서, 조세감면 등의 집행을 국회차원에서 통제하여 재정운용의 투명성을 제고하는 목적이 있음

② 연혁

㉠ 1967년 독일(서독)에서 처음 도입되었고, 1974년 미국의 예산개혁법에서 예산제출 시 조세지출 내역을 매년 함께 제출하도록 제도화한 이후 대부분의 선진국이 도입

㉡ 우리나라 : 1999년부터 재정지출의 효율화를 위해 기획재정부가 재정지출 보고서를 매년 의회에 제출하여 예산심의 자료로 활용하였고, 2007년 제정된 「국가재정법」에서 2011년 회계연도부터 기획재정부장관이 조세지출예산서를 작성 · 제출하도록 규정(지방정부의 경우 2010년부터 지방세지출예산제도를 도입)

③ 장단점

㉠ 장점

- 재정민주주의의 실현
- 조세지출을 재정지출과 연계함으로써 자원배분의 효율성을 제고
- 조세지출내역을 공개함으로써 재정운영의 투명성을 제고
- 만성화된 조세지출을 효과적으로 통제
- 과세의 형평성과 국고수입의 증대를 도모

㉡ 단점

- 조세지출에 대한 정책적 신축성이 저하되어 급변하는 상황에 능동적 대처가 곤란
- 대외적으로 공개됨으로써 무역마찰의 소지가 존재

꼭! 확인 기출문제

조세지출예산제도에 대한 설명으로 옳지 않은 것은? [지방직 9급 기출]

① 세제 지원을 통해 제공한 혜택을 예산지출로 인정하는 것이다.
② 예산지출이 직접적 예산 집행이라면 조세지출은 세제상의 혜택을 통한 간접지출의 성격을 띤다.
③ 직접 보조금과 대비해 눈에 보이지 않는 숨겨진 보조금이라고 이해할 수 있다.
❹ 세금 자체를 부과하지 않는 비과세는 조세지출의 방법으로 볼 수 없다.

해 ④ 조세지출예산이란 정부가 민간에게 조세상의 특혜를 부여해서 이루어진 간접적인 지출을 의미하는 것으로 비과세, 소득공제, 세액공제, 세액감면 등이 있다.
① 조세지출예산은 조세감면 등 세제지원을 통해 제공한 혜택을 예산지출에 준하여 인정하는 것이다.
② 예산지출이 예산을 직접 지출하는 것이라면 조세지출은 조세감면의 혜택을 통한 간접지출의 성격을 띤다.
③ 예산에서 직접 지출하는 보조금에 비해 조세지출은 내야 할 세금을 감면해주는 간접지출이지만 직접지출인 보조금과 실질적인 효과는 동일하므로 숨겨진 보조금이라고도 부른다.

(2) 신임예산(信任豫算)

① 전시나 국가안보상 지출액과 지출시기를 정확히 예측하기 곤란한 경우 의회는 총액만을 결정하고 각 항의 구체적인 용도는 행정부가 결정하여 지출을 하도록 하는 예산을 말함
② 의원내각제를 채택하는 국가에서 전시나 비상시에 주로 등장하였는데, 영국과 캐나다는 제2차 세계대전 중에 신임예산제를 적용한 바 있음
③ 신임예산이나 지출통제예산은 모두 총괄예산(총액예산)제도의 한 형태에 해당함

(3) 성인지(性認知)예산(남녀평등예산)

① 의의

㉠ 세입세출예산이 남성과 여성에게 미치는 영향은 서로 다르다고 전제하고, 남녀평등을 구현하려는 정책의지를 예산과정에 명시적으로 도입한 차별철폐 지향적 예산

㉡ 예산의 수혜가 남녀 모두에게 미치는 것이면 동등하게 영향을 미친다고 가정하는 성중립적 관점을 비판하고 성별 형평성을 촉진하는 방향으로 예산이 배분될 수 있도록 성별 영향을 고려하여 편성한 예산. 정부예산이 여성과 남성에게 미치는 효과를 평가해 이를 예산체계와 편성에 반영하고 다시

Check Point

총괄예산(총액예산, lump-sum budget)
- 예산집행의 신축성을 위하여 구체적으로 용도를 제한하지 않고 큰 항목을 기준으로 의회가 예산을 승인함으로써 행정부의 재량적 · 포괄적 지출을 허용하는 예산제도
- 신임예산과 지출통제예산이 대표적인 총괄예산에 해당하는데, 신임예산은 전시나 국가안보상의 필요에 의하여 활용되는데 비해 지출통제예산은 성과를 중시하는 개혁적 차원에서 예산집행의 자율성 확보를 위하여 활용되고 있음

Check Point

성인지예산의 명칭
처음으로 성인지예산(남녀평등예산)을 도입한 호주에서 여성예산(women's budgets)이라는 명칭으로 부르기도 했으나, 최근에는 일반적으로 젠더예산(gender budget), 성인지적 예산(gender-sensitive budget) 등으로 불리고 있음

예산 집행과정에서 영향을 분석 · 평가함으로써 성별 형평성을 제고(예산 과정에서 양성평등을 적극적으로 구현하고자 하는 성 주류화 전략을 채택)

㉢ 특별히 여성 혹은 남성을 위해서 형성된 예산뿐만 아니라 일반예산의 지출이 남성과 여성의 삶의 차이와 특성을 반영하여 계획 · 집행되고 그 효과가 남성과 여성에게 평등하게 나타나도록 하는 예산(Elson)

② 도입

㉠ 1984년 호주 정부에서 처음으로 채택한 이후 영국, 프랑스, 독일 등 60여 개 국가에서 채택하고 있으며, 프랑스 등에서는 정부의 예산안 부록으로 성인지 예산보고서를 제출하도록 함

㉡ 1990년대 중반부터 유엔개발계획(UNDP)을 비롯한 국제기구는 성인지예산의 중요성을 강조하고 각 국가에서 성인지예산 조치를 시행할 것을 권장

㉢ 우리나라에서는 2010회계연도부터 시행하고 있는데, 「국가재정법」에서 성인지 예 · 결산서를 규정하여 정부예산이 남성과 여성에게 미치는 영향이나 효과를 분석 · 평가하여 예산에 있어 성차별이 개선되도록 하고 있음

③ 「국가재정법」의 규정

㉠ **성인지예산서의 작성(법 제26조)** : 정부는 예산이 여성과 남성에게 미칠 영향을 미리 분석한 성인지(性認知)예산서를 작성(성 평등 기대효과, 성과목표, 성별 수혜분석 등의 내용 포함). 성인지 예산서는 각 중앙관서의 장이 작성하되, 기획재정부장관이 여성가족부장관과 협의하여 제시한 작성기준 및 방식 등에 따라 작성. 성인지예산서는 국회에 제출하는 예산안에 첨부해야 함

㉡ **성인지결산서의 작성(법 제57조)** : 정부는 여성과 남성이 동등하게 예산의 수혜를 받고 예산이 성차별을 개선하는 방향으로 집행되었는지를 평가하는 성인지결산서를 작성(집행실적, 성평등 효과분석 및 평가 등의 내용 포함). 성인지 결산서는 각 중앙관서의 장이 작성. 성인지 결산서는 결산보고서의 세입세출결산에 첨부해야 함

Check Point

성 주류화(性 主流化, gender mainstreaming)

㉠ **의미** : 정치적 · 경제적 · 사회적 영역의 모든 정책과 프로그램 설계 · 수행 · 모니터링과 평가에서 양성의 관심과 경험을 반영하여 양성의 동동한 혜택과 평등을 구현하기 위한 전략

㉡ **궁극적 목적** : 성 주류화는 궁극적으로 성 평등 달성을 목적으로 함

㉢ **과정** : 여성의 주류화, 양성평등 관점의 주류화, 주류의 전환의 3가지 과정을 포함함

Check Point

예산 관련 개념의 구분

- **총계예산** : 총계예산주의에 입각하여 필요경비를 공제하지 않고 세입과 세출의 총액(전체 세입과 전체세출)을 계상하는 예산
- **순계예산** : 예산을 계상함에 있어 필요경비를 공제한 순세입 · 순세출만을 계상한 예산
- **예산총계** : 일반회계와 특별회계를 합한 예산(중복분 포함)
- **예산순계** : 일반회계와 특별회계 합에서 중복분을 공제한 예산

제2장

예산결정이론 및 예산제도론

제1절 예산결정이론

1. 예산결정이론의 의의

(1) 의의

① 예산결정이론이란 예산의 효율적 배분에 관한 이론으로, 정책발전이론을 예산결정에 적용한 것이라 할 수 있음

② 예산결정이론은 합리성의 성격에 따라 경제적 합리성을 강조하는 합리주의(규범적 · 총체적 · 거시적 접근)와 정치적 합리성을 강조하는 점증주의(실증적 · 부분적 · 미시적 접근)로 대별됨

Check Point

예산결정이론의 발전
예산결정이론은 대체로 점증주의에서 합리주의(총체주의)로 발전하고 있다.

(2) 학자별 예산결정이론

① A. Schick의 예산결정유형론

㉠ 1960년대 : 예산을 과정예산(점증주의)과 체제예산(합리주의)으로 구분하고, 과정을 중시하는 다원적 점증주의를 비판하면서 체제 지향적인 PPBS(체제예산, 합리주의)를 역설함

㉡ 1980년대 : 예산을 점증주의(PPBS를 비판하며 여기에 포함시킴)와 점감주의(ZBB)로 구분하고, 점감주의를 완전한 합리주의라 하면서 양자를 대립되는 개념으로 이해함

② A. Wildavsky의 예산결정문화론(비교예산론)

㉠ 의의 : 예산결정의 중요한 환경변수로서 '부(富)와 예측성'을 들고, 이를 통하여 각국의 예산결정형태(예산결정문화)를 4가지로 유형화시킴

㉡ 유형

Check Point

예산배분의 3가지 이론(접근법, 백완기)
- **정치적 접근방법** : 정치원리에 입각한 점증주의 예산모형
- **경제적 접근방법** : 경제원리에 입각한 합리주의 예산모형
- **소비자선호의 접근방법** : 정치적 접근과 경제적 접근을 절충한 정치경제학적 접근모형(공공선택이론 등)

기출 Plus 지방직 9급 기출

01. 다음 설명에 해당하는 예산제도는?

- 합리적 선택을 강조하는 총체주의 방식의 예산제도이다.
- 조직구성원의 참여가 상대적으로 높은 분권화된 관리 체계를 갖는다.
- 예산편성에 비용 · 노력의 과다한 투입을 요구한다는 비판을 받는다.

① 성과주의예산제도
② 계획예산제도
③ 영기준예산제도
④ 품목별예산제도

해 영기준예산(ZBB ; Zero Base Budgeting)은 기존의 점증주의적 예산을 탈피하여 조직체의 모든 사업 · 활동을 원점에서 총체적으로 분석 · 평가하고 우선순위를 결정한 뒤 이에 따라 예산을 근원적 · 합리적으로 결정하는 예산제도이다.

① 성과주의예산(PBS ; Performance Budgeting System)은 예산사업마다 업무단위를 선정한 후 업무단위의 원가와 업무량을 통해 예산액을 계산해서 사업별 · 활동별로 분류해 편성하는 예산제도이다.
② 계획예산(PPBS ; Planning Programming Budgeting System)이란 장기적인 계획수립(planning)과 단기적인 예산(budgeting)을 프로그램 작성(programming)을 통하여 유기적으로 결합시킴으로써 자원배분에 관한 의사결정을 합리적으로 행하려는 제도이다.
④ 품목별예산(LIBS ; the Line Item Budgeting System)은 지출의 대상과 성질에 따라 세부 항목별로 분류하여 편성하는 예산이다.

답 01 ③

- 점증형(점증예산) : 선진국처럼 국가 경제력이 크고 예측 가능성이 높은 경우
- 양입제출형(세입예산) : 미국의 선진국 도시정부처럼 경제력은 작지만 예측가능성이 높은 경우
- 보충형(보충적 예산) : 경제력은 높으나 재정력의 예측 가능성이 낮은 경우(행정능력이 낮으면 추가적 형태가 나타남)
- 반복형(답습적 예산) : 후진국의 경우처럼 경제력과 예측 가능성이 낮은 경우

2. 합리주의와 점증주의

(1) 합리주의(총체적 · 규범적 · 거시적 접근)

① 의의

㉠ 예산결정과 관련된 모든 요소를 과학적 분석기법을 사용하여 총체적 · 종합적으로 검토 · 결정하는 예산이론

㉡ 비용과 효율 면에서 프로그램이나 정책대안을 관리과학 등의 분석기법을 이용하여 총체적 · 체계적으로 검토한 후 예산액을 결정하는 것

㉢ 규범적 성격이 강하며, 오늘날의 예산개혁은 이러한 예산결정이론을 제도화한 것이라 할 수 있음

㉣ PPBS(계획예산제도), ZBB(영기준예산제도) 등

② 원리

㉠ **과정** : 합리적 · 분석적 의사결정을 거쳐 예산을 배분 및 결정

㉡ **결과** : 사회전체적으로 파레토 최적이 이루어져 사회후생이 극대화되도록 공공부문과 민간부문 간, 부처 간, 사업 간 예산의 최적 배분을 실현

- 거시적 배분 : 예산 총액의 적정규모와 관련된 것으로, 공공부문과 민간부문 간의 적절한 자원 배분을 뜻함. 합리주의에서는 공공재와 민간재 간의 사회무차별곡선과 생산가능곡선이 만나는 점에서 자원의 적정 배분이 이루어진다고 봄
- 미시적 배분 : 공공부문 내의 자원 배분 문제로서 주어진 예산 총액의 범위 내에서 각 사업 간의 자금 배분을 뜻함. 소비자가 주어진 소득으로 효용을 극대화하도록 재화의 소비량을 결정하는 원리인 '한계효용 균등의 원리'가 적용된다고 봄

③ 특징

㉠ 의사결정의 합리모형을 예산결정에 적용(경제적 합리성을 중시)

ⓛ 목표와 수단을 구분하고, 목표 달성을 극대화할 수 있는 수단 강구
ⓒ 결정과 관련된 모든 요소를 종합적으로 검토하는 총체적 · 통합적 접근
ⓔ 대안에 대한 종합적이고 완전한 정보를 획득하고 최적의 대안을 선택
ⓜ OR, 경제적 분석 등을 통해 정부 정책을 선택
ⓑ 절대적 합리성을 추구하고 사업비용의 극소화를 강조
ⓢ 분석은 하향적 · 거시적으로 이루어지는 경우가 많음

④ 한계
ⓐ 경제적 · 기술적 합리성의 지나친 강조
ⓛ 정치적 합리성 무시(이해관계의 조정을 경시, 의회 심의기능 약화)
ⓒ 인간의 인지적 한계, 과다한 비용 소모
ⓔ 문제나 목표의 불명확성 및 목표설정의 곤란
ⓜ 계량화가 불가능한 예산단위를 무리하게 수량화 · 전산화
ⓑ 예산결정의 집권화(PPBS 등)
ⓢ 절차의 복잡성과 공무원의 보수적 태도(PPBS, ZBB의 실패요인)

(2) 점증주의(실증적 · 부분적 · 미시적 접근)

① 의의
ⓐ 전년도의 예산액을 기준으로 다음 연도의 예산액을 결정하는 방법
ⓛ 총체주의의 비현실성을 완화하여, 상황의 불확실성과 인간 능력의 부족을 전제로 한 결정이론
ⓒ 결정자의 현실적 제약(인지 및 분석능력의 한계, 시간과 정보의 부족, 대안 비교기준의 불분명)에서 현존정책에 대한 소폭적 변화만을 대안으로 고려하여 결정
ⓔ Lindblom, Wildavsky 등이 의사결정의 점증모형을 예산에 적용
ⓜ LIBS(품목별예산제도), PBS(성과주의예산제도) 등

② 원리
ⓐ 과정
- 거시적 과정 : 수많은 관련 기관(입법부, 행정부, 각 부처, 관련 집단 등)의 정치적 상호작용(상호 조절)
- 미시적 과정 : 연속적이고 제한된 비교 분석으로, 모든 대안을 포괄적으로 검토하는 것이 아니라 제한된 수의 대안만을 비교하여 결정하는 방식을 따름

ⓛ 결과
- 총예산규모 : 뚜렷하게 점증적이면서, 예산은 전년도 예산(base)의 함

Check Point

Wildavsky의 점증주의 예산의 특징
ⓐ 예산결정은 경험적임
ⓛ 예산결정은 단순화됨
ⓒ 예산결정은 만족화기준을 사용함
ⓔ 예산결정은 점증적임

수. Wildavsky는 예산을 기초액(base)과 공평한 몫의 추가적 배분(fair share)으로 정의

- 기관 간 관계 : 행정부와 의회 간 또는 기관 간 선형적 · 안정적 · 규칙적 함수 관계
- 사업별 예산 : 총액이 아닌 사업(program)으로 볼 때에는 비점증적 형태

Check Point

선형적 함수관계
예산이 매년 5%씩 증가한다고 할 때 전년도 예산액(x)과 금년도 예산액(y) 간에는 'y = 1.05x'와 같은 일정한 규칙적인 함수관계가 존재한다는 것임

③ 특징

㉠ 예산결정은 보수적 · 단편적 · 선형적(경향적) · 역사적 성격(전년도 예산을 기준으로 하여 소폭의 증감으로 결정)

㉡ 정치적 · 과정 중심적 예산결정(다원주의, 정치적 합리성)

㉢ 예산결정을 오류로부터 점차 수정 가능한 연속과정으로 파악

㉣ 전체 대안이 아닌 중요한 몇 가지 대안만 고려하며, 대안에 대한 부분적 분석에 치중

㉤ 비합리적이며 주먹구구식의 성향으로 품목별예산과 성과주의 예산에 적합

㉥ 분석은 상향적 · 미시적으로 이루어짐

④ 한계

㉠ 보수주의적 성격(정치적 실현가능성과 결정체제의 안정성에 치중)

㉡ 예산개혁을 위한 규범이론으로서의 한계

㉢ 점증의 정도나 대상 등에 대한 합의 부족

㉣ 이론적 설명의 불충분(특히, 최근 예산감축을 강조하는 하향적 · 거시적 예산결정을 설명하지 못함)

㉤ 자원 부족 시 적용이 곤란

예산결정의 경제원리와 정치원리

구분	경제원리	정치원리
초점	'어떻게 예산상의 이득(budgetary benefit)을 극대화할 것인가'	'예산상의 이득을 누가(who) 얼마만큼(how much) 향유할 것인가'
목적	효율적 자원배분(파레토 최적의 달성)	몫의 공정한 배분(균형의 달성)
행동원리	최적화 원리(시장감각)	균형화 원리(게임감각)
이론	총체주의	점증주의
방법	분석적 기법과 계획적 행동에 따른 체계적 결정	정치적 과정(협상 · 타협)에 따른 단편적 결정
적용분야	신규사업, 높은 분석수준을 요하는 사업, 기술적 문제와 관련된 분야 등	계속적 사업, 거시적 문제, 소득재분배와 관련된 분야 등

제2절 예산제도

1. 예산제도의 발달 단계(예산개혁의 단계)

(1) 통제지향적 예산

① 전통적인 통제지향적 예산제도는 1920년대 품목별예산(LIBS)이 대표적

② 수입과 지출에 적정화를 기하며, 특히 좁은 문제(투입)에 관심을 가져 세출예산에 있어서 낭비를 억제하는 데 중점을 둠

③ 통제기능에 중점을 두며, 합법성이나 민주성을 중시함

(2) 관리지향적 예산

① 1950년대 성과주의예산(PBS)이 대표적

② 다소 구체적인 문제(투입과 산출)에 관심을 가지며, 지출된 예산으로 최대의 성과를 얻으려는 능률성을 중시함

(3) 계획지향적 예산

① 1960년대 계획예산(PPBS)이 대표적

② 광범위한 문제(장기적 목적)에 관심을 가지며, 장기목표의 달성을 위해 기획과 예산을 연결하여 효과성 제고를 추구함

(4) 감축지향적 예산

① 1970년대 영기준예산(ZBB)이 대표적

② 석유파동을 계기로 재정난 해소를 위한 감축기능 중시

③ 영기준을 적용하여 사업의 우선순위에 따라 예산을 편성 · 결정

(5) 하향적 예산(목표 달성 지향)

① Reagan 행정부에서 적극적으로 추진되었으며, 성과주의예산과 계획예산, 영기준예산의 특징을 포괄하며, 특히 성과주의예산에 대하여 새로운 관심을 가짐

② 하향적 예산(top-down budgeting)은 재정지출 증가를 억제하고 효과적인 목표 달성을 위해 행정수반(기관장)에게 예산에 대한 전반적인 관리권을 부여함

Check Point

예산제도의 의의 및 발달

- 예산제도는 예산개혁의 결과로 새로 구성되는 예산과정을 말하며, 예산개혁은 예산과정에 합리적인 절차를 도입하려는 방향으로 전개되어 왔음
- 일반적인 예산제도의 발달과정(예산개혁의 과정)은 품목별예산에서 프로그램예산으로 전개 · 발달되어 왔으며, 프로그램예산은 성과주의, 계획예산, 영기준예산, 신성과주의예산의 순으로 전개됨

2. 품목별예산(LIBS ; The Line Item Budgeting System)

(1) 의의

① 품목별 예산은 지출의 대상과 성질에 따라 세부 항목별로 분류하여 편성하는 예산임

② 지출대상(투입요소, 품목)인 급여 · 여비 · 수당 · 시설비 등을 기준으로 분류하여 지출대상과 그 한계를 규정함으로써 예산을 통제하는 제도(통제지향적 예산)

③ 가장 최초의 근대적인 예산제로서 행정부의 재정활동을 입법부가 효율적으로 통제하여 재정민주주의를 실현하기 위해 등장함

④ 우리나라를 포함하여 세계적으로 가장 많이 활용되는 제도이며, 모든 예산제도의 기초로서 다른 예산제도와 결합하여 병행 · 사용될 수 있는 예산제도

Check Point

품목

품목에는 일반적으로 인건비(기본급, 수당 등), 물건비(운영비, 여비, 장비구입비 등), 경상이전비(보조금, 출연금, 배상금 등), 자본지출(시설비, 토지매입비 등), 융자 · 출자, 보전재원, 정부내부거래, 예비비 등이 있다.

Check Point

품목 구성

기본단위인 품목은 세출예산과목인 소관 · 장 · 관 · 항 · 세항 · 목 중에서 목(目)에 해당한다.

(2) 특징

① 매년 반복되는 1년 주기의 단기예산으로, 단년도 지출에 초점을 둠

② 대안의 평가에 무관심하며 전년도 결정에 따라 점증적인 결정이 이루어짐

③ 예산운영의 목적은 지출의 한계를 준수하는 것이며, 기관의 지출에 대해서만 관심을 가지므로 지출효과나 예산절감에는 관심을 두지 않음

④ 예산을 품목별로 표시하므로 사업별 비교가 불가능함

⑤ 예산의 통제기능을 강조하므로 입법부 우위의 예산원칙이 적용됨

(3) 장단점

장점	단점
• 편성 및 운영방법이 비교적 간단 · 용이하며, 이해가 용이(모든 예산편성의 기초) • 지출예산별 금액이 표시되므로 재정적 한계와 공무원의 회계책임이 명확하고, 부패가 억제됨 • 명시된 지출품목 이외에 지출 불가능(비능률적 지출이나 초과지출을 억제) • 정책에 대해 중립적이며 다양한 정책과 조화가 가능 • 행정재량의 범위를 제한하며, 의회의 심의 · 통제가 용이하여 재량권 남용을 억제 • 차기 예산안 편성에 도움이 되며, 정부운영에 필요한 자료를 받아 활용 가능	• 예산의 지나친 세분화로 예산집행의 신축성 · 자율성 · 융통성을 저해 • 산출(사업)이 아닌 투입(예산) 중심의 예산편성으로 인해 정부 사업에 대한 전체적 상황파악이 곤란(각각의 예산항목만 강조하여 사업이나 정책 우선순위를 경시) • 사업 성과와 정부생산성에 대한 정확한 평가가 곤란 • 사업과 예산의 연계에 대한 고려가 없음 • 예산이 국민경제에 미치는 전략적 · 적극적인 역할을 이해하는 데 무용함 • 장기적 계획수립이나 자원배분의 효율성을 저해

3. 성과주의예산(PBS ; Performance Budgeting System)

(1) 의의

① 예산사업마다 업무단위를 선정한 후 업무단위의 원가와 업무량을 통해 예산액을 계산해서 사업별 · 활동별로 분류해 편성하는 예산제도

② 주요사업을 세부 사업(활동)으로 나누고 각 세부 사업마다 업무측정단위(성과단위)를 선정한 후, 하나의 업무측정단위의 원가(단위원가)와 업무량을 통해 예산액을 산출하는 것(단위원가 × 업무량 = 예산액)

③ 업무량 또는 활동별 지출을 단위비용으로 표현하고자 하는 예산제도

④ 예산의 배정과정에서 필요 사업량이 제시되므로 예산과 사업의 연계가 가능한 예산제도

⑤ 품목별예산이 통제지향적 예산제도인데 비해, 성과주의예산은 능률 · 관리지향적 예산제도임

(2) 성립 및 발달과정

① 1913년까지 뉴욕시 Richmond에서 최초로 원가 중심의 예산이 편성된 이후 1934년 미 농무성의 사업별 예산편성과 TVA 사업에서 성과주의예산과 유사한 제도가 채택됨

② 1947년 제1차 Hoover 위원회가 보고서를 통해 성과주의예산제도의 필요성을 연방정부에 건의하였고, 1950년 Truman 정부에서 최초로 성과주의예산안을 도입함

③ 우리나라에서는 1961년 국방부 · 보건사회부 · 농림부 등에서 성과측정이 용이한 일부 사업에 적용 · 채택하였다가 이후 여러 정책적 · 제도적 어려움으로 인해 1964년에 중단됨

(3) 세부적 절차

정부사업이나 활동을 기능별로 분류한 후 다시 사업별로 분류
→ 사업별로 분류한 것을 몇 개의 세부 사업별로 분류
→ 각 사업마다 업무측정단위(성과단위)를 선정하여 업무를 양적으로 표시
→ 하나의 업무측정단위에 대한 원가를 계산(단위원가 계산)
→ 단위원가에 업무량을 곱하여 예산액을 산출

Check Point

성과주의 예산의 특징
- 관리 지향성
- 투입과 산출 고려
- 관리적 · 행정적 기술
- 점증주의적 접근
- 계획 책임의 분산
- 예산기관의 역할

Check Point

업무단위
업무단위란 도로건설이나 노면보수, 도로청소의 경우 1km, 방범활동의 경우 출동횟수 1회, 방역활동의 경우 방역횟수 1회 등이다.

Check Point

성과주의예산의 도입
지출목적이나 사업성과가 불분명한 품목별예산의 문제점을 극복하기 위해 1950년대 행정국가의 등장과 함께 도입되었다(1950년 미국 Truman 행정부에서 최초로 도입).

(4) 장단점

장점	단점
• 관리층에 효율적인 관리수단을 제공하며, 의사결정력 제고(의사결정의 합리화) • 국민과 의회가 정부사업의 목적과 활동을 이해하기 쉬움 • 사업별 산출근거가 제시되므로 의회의 예산심의가 간편함 • 실적평가 및 장기계획 수립 및 실시에 유용하며, 차기 회계연도 예산 반영 가능 • 예산편성에 있어 자원배분의 합리화 · 효율화에 기여함 • 통제가 아닌 관리 중심의 예산이므로 예산 집행의 자율적 관리 및 신축성 확보가 용이함(절약과 능률 확보 가능)	• 성과 측정이 가능한 단위사업에만 적용이 가능하므로 총괄예산계정에는 적합하지 못함(적용 영역의 제한성) • 품목별 분류에 비해 입법부의 엄격한 예산통제가 곤란함(통제지향이 아닌 능률 · 관리지향적 예산제도) • 이미 확정된 사업에 한정된 우선순위 분석이나 대안평가로는 합리적 검토가 곤란함 • 자원배분결정의 합리성이 부족함 • 업무측정단위(성과단위) 선정 및 단위원가 계산 등 기술적으로 곤란함 • 장기적 계획과의 연계성 부족 • 현금지출 주체 및 회계책임의 한계가 모호함 • 충분한 경험을 가진 전문회계인의 부족

Check Point

단위원가와 업무량
- **단위원가** : 업무측정단위 또는 성과단위를 산출하는 데 소모되는 경비
- **업무량** : 달성하고자 하는 업무측정단위의 총수

Check Point

업무측정단위의 선정기준
동질적인 것, 계산이 가능하고 완결된 성과의 표시, 영속성, 가능한 한 단수, 이해가 용이한 것 등

(5) 도입 및 운용상의 문제점

① **업무측정단위의 선정 곤란** : 성과주의에 있어 예산편성의 기본단위인 업무측정단위는 최종산출물(성과)로 표시되는데, 공행정의 무형성으로 인해 성과를 계량적으로 측정하는 데 근본적으로 어려움이 따름

② **단위원가 계산의 곤란** : 단위원가란 업무측정단위 하나를 산출하는 데 소요되는 인건비, 자재비 기타 모든 경비를 합산한 것이므로, 회계제도가 미발달한 국가나 현금주의를 채택하는 경우 계산이 어려움

꼭! 확인 기출문제

성과주의예산제도에 관한 설명으로 옳은 것을 〈보기〉에서 모두 고른 것은? [국가직 9급 기출]

보기
㉠ 예산서에는 사업의 목적과 목표에 대한 기술서가 포함되며, 재원은 활동 단위를 중심으로 배분된다.
㉡ 사업의 대안들을 제시하도록 하고 가장 효과적인 프로그램에 대해 재원배분을 선택하도록 한다.
㉢ 예산의 배정과정에서 필요 사업량이 제시되므로 예산과 사업을 연계시킬 수 있다.
㉣ 장기적인 계획과의 연계보다는 단위사업만을 중시하기 때문에 전략적인 목표의식이 결여될 수 있다.

① ㉠, ㉡ ❷ ㉠, ㉢, ㉣
③ ㉠, ㉡, ㉢ ④ ㉡, ㉢, ㉣

해 ㉠ 성과주의예산제도는 업무량 또는 활동별 지출을 단위비용으로 표현하고자 하는 예산제도이므로 활동 단위를 중심으로 한 재원 배분이 이루어진다.
㉢ 성과주의예산제도는 예산의 배정과정에서 필요 사업량이 제시되므로 예산과 사업의 연계가 가능한 예산제도이다.
㉣ 성과주의예산은 총체적 · 장기적인 계획에 따른 대안선택이 충분히 검토되지 못하고 단위사업에 치중하므로 전략적 목표의식이 결여될 수 있다는 비판이 따른다.
㉡ 계획예산제도에 해당되는 설명이다. 계획예산제도는 장기적인 계획수립(planning)과 단기적인 예산(budgeting)을 프로그램 작성(programming)을 통하여 유기적으로 결합시킴으로써 자원배분에 관한 의사결정을 합리적으로 행하려는 제도를 말한다. 이에 비해 성과주의예산제도는 정책목표 달성을 위한 대안의 타당성이나 우선순위 분석이 결여되어 있으므로 가장 효과적인 프로그램이나 대안의 탐색 · 평가에 기여하지 못하는 단점이 있다.

4. 계획예산(PPBS ; Planning Programming Budgeting System)

(1) 의의

① 계획예산제도란 장기적인 계획수립(planning)과 단기적인 예산(budgeting)을 프로그램 작성(programming)을 통하여 유기적으로 결합시킴으로써 자원배분에 관한 의사결정을 합리적으로 행하려는 제도임

② 계획과 예산결정을 연계시킴으로써 예산의 장기적 안목을 확보하고, 계획에 따른 예산편성으로 사업을 원활하게 수행하고자 하는 제도임

Check Point

계획예산의 구성 요소

- 목표의 명확한 정의
- 각종 대안의 체계적 검토를 통해 목표 달성을 위한 사업계획 수립
- 다년간의 사업재정계획을 수립하는 장기적인 시계의 확보

(2) 발달요인(A. Schick)

① **경제분석의 발달** : 미시경제학(기획과 예산의 연결논리 강조)과 거시경제학(체제분석의 틀 제공)의 경제분석 발달

② **정보기술과 의사결정기법의 발달** : 비용-효과분석, 운영연구(OR), 체제분석 등

③ **계획과 예산의 일치 요청** : 예산의 계획기능 강화로 관련성 증대(예산은 정부사업계획의 계수적 표현)

(3) 단계

기획(planning) ➡ 사업계획 작성(programming) ➡ 예산편성(budgeting)

① **기획(planning, 장기 계획 수립)** : 장기 재정계획을 수립하고 조직의 목표와 그 우선순위를 결정하는 단계로, 목표 달성을 위한 대안의 비교를 위해 비용편익분석 등 체제분석을 사용함

② **사업계획 작성(programming)** : PPBS 전체에서 핵심적인 단계

㉠ 의의 : 목표 달성을 위한 대안을 체계적으로 검토하여 사업계획을 확정하는 단계

㉡ 구분

- 실시계획 결정 : 장기 계획을 실행하기 위한 구체적 활동단계로, 실행 방법 및 가능성을 검토하여 사업의 실시계획을 작성
- 사업구조 작성 : 사업을 세분화하여 사업구조(프로그램구조) 작성(사업범주 · 하위사업범주 · 사업요소)
- 사업재정계획 작성 : 산출과 연차별 소요예산에 관한 종합표로서 보통 5년의 연동계획으로 작성

Check Point

사업구조의 구성

- **사업범주**(program category) : 조직 상층부가 전략적으로 결정하는 대단위사업
- **하위사업범주**(program sub-category) : 사업범주를 다시 분류한 중간단위의 사업
- **사업요소**(program element) : 사업구조의 기본단위로서 최종 산물을 생산하는 부처의 활동(산출을 명백히 정의할 수 있어야 하며 부처의 최종산물이어야 함)

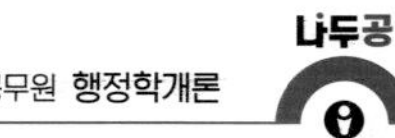

③ 예산편성(budgeting)

㉠ 구체적인 실시계획을 예산에 반영하는 단계로, 1회계연도의 실행예산을 편성(단기적 예산편성)

㉡ 채택된 프로그램의 초년도분을 실시하는 데 필요한 자금을 뒷받침하는 단계

기획예산의 사례(1966년 미국 Johnson 행정부의 원자력발전사업의 예)

planning	programming								budgeting(1966)
	category	sub-category	element	1966	1967	1968	1969	1970	
전력난 해소	발전 사업	원자력 발전	부지선정	○					• 부지선정 예산 = • 용지매수 예산 =
			용지매수	○					
			철거 및 보상		○				
			본관신축			○	○		
			내부시설				○		
			시험가동					○	

(4) 특성 및 장단점

① 특성

㉠ **목표지향성** : 조직목표를 구체적으로 설정하고 이를 효과적으로 달성할 수 있는 활동을 산출로 표시(목표의 명확한 정의)

㉡ **효과성** : 투입보다 최종산출물 등 목표 달성도를 중시(대안을 비교 · 평가하여 효과성 높은 대안을 선택)

㉢ **절약과 능률 추구** : 최소의 자원을 투입하여 최대의 효과 산출을 추구

㉣ **과학적 객관성과 합리성** : 주관과 편견을 배제하고 체제분석 등 과학적 분석 기법을 이용하는 합리주의 예산(비용편익분석 등 계량적 · 체계적 분석 기법 사용을 강조)

㉤ **장기적 안목** : 장기적 시계에서 프로그램 선택 · 예산편성(장기계획과 예산을 유기적으로 연결시키는 연동예산)

㉥ **균형 조정** : 체제예산의 성격을 지니므로 균형과 조화를 추구하며 대립을 조정하는 특성을 지님

Check Point

PPBS의 도입 및 채택

- 1958년 미국 랜드(RAND) 연구소의 Novick, Hitch 등이 프로그램 예산을 개발, 국방성에 건의하면서 비롯됨
- 1960년 Hitch와 McKean은 《핵시대의 국방경제학》에서 계획예산제도의 채택을 주장
- 1963년 McNamara 국방장관은 국방성에 계획예산을 시범적으로 도입
- 1965년 Johnson 대통령에 의해 연방정부에 도입되었으나 1971년 Nixon 행정부 등장으로 중단
- 우리나라에서는 1979년 국방부가 도입하였고, 1983년 이후 본격적으로 채택됨

② 장단점

장점	단점
• 예산과 기획에 관한 의사결정의 연계(일원화)로 합리적 결정과 조직의 통합적 운영이 가능 • 절약과 능률을 제고하며 자원배분의 합리화에 기여 • 장기적인 분석 · 평가로 사업계획의 신뢰성 제고 • 조직 간 장벽을 제거하고 활발한 의사교환으로 조직의 통합적 운영 실현(부서 갈등의 조정 등) • 사업계획과 예산편성의 상호 밀접한 관련성 보장(계획과 예산의 연계) • 정부 예산지출의 최종 결과 파악 가능 • 정책목표를 명확히 하며 목표 달성을 위한 효율적 수단 분석이 가능 • 최고층의 관리수단을 예산에 반영	• 최고관리층의 권한 강화(의사결정의 중앙집권화)로 하급공무원 및 계선기관의 참여 곤란, 상황변화에 대한 신속한 적응 곤란 • 행정목표의 무형성 · 추상성으로 명확한 목표 설정 및 사업구조 작성이 곤란 • 목표 간 우선순위 결정이 곤란하여 목표 간의 갈등과 대립이 빈발 • 정치적 합리성이나 다원적 이해관계 반영을 경시(경제적 합리성에 치중) • 정부의 사업계획은 개별적 · 공적 산출단위가 없으며, 계량화 및 비용편익분석 곤란 • 과목구조와 예산과목 간의 오차로 집행상 복잡한 환산작업 요구(환산작업의 곤란) • 통제지향적 예산이 아니므로 의회심의기능 약화 초래

예산제도의 비교

구분	품목별 예산(LIBS)	성과주의 예산(PBS)	계획예산(PPBS)
발달 시기	1920~1930년대	1950년대	1960년대
예산의 기본 기능	지출통제기능	관리기능	계획기능
관련 학문	회계학	행정학(관리)	기획론, 경제학
이념성	합법성	능률성	효과성
예산의 핵심단계	집행단계	편성단계	편성 전 분석 · 계획단계
정보의 초점	품목(투입)	기능 · 활동 · 사업(산출)	목표 · 정책(효과)
예산기관의 역할	지출의 적격성 통제 · 감시	능률 향상	정책과 사업에 관심
통제의 책임	중앙	운영단위	운영단위
관리의 책임	분산	중앙	감독책임자(중앙집중)
기획의 책임 및 결정권의 소재	분산, 분권화	분산, 분권화	중앙, 집권화
정책결정모형	점증모형	점증모형	합리모형(총체모형)
예산과 세출예산	동일	동일	개별적 수립
세출예산과 조직구조의 관계	직접 연결(예산구조와 일치)	직접 연결(예산구조와 일치)	간접 연결(환산필요, 불일치)

기출 Plus 서울시 9급 기출

01. 다음 중 예산제도에 대한 설명으로 가장 옳지 않은 것은?

① 품목별 예산(LIBS)의 정책결정방식은 분권적 · 참여적이다.
② 계획예산(PPBS)은 기획의 책임이 중앙에 집중되어 있다.
③ 영기준 예산(ZBB)은 기획의 책임이 분권화되어 있다.
④ 성과주의 예산(PBS)과 목표관리예산(MBO)은 모두 관리에 초점이 맞추어져 있다.

해 품목별 예산(LIBS)의 정책결정방식은 점증적이며, 대표적인 통제지향적 예산이다. 정책결정방식은 분권적 · 참여적인 예산제도는 목표관리예산(MBO)이다.
② 계획예산(PPBS)은 기획의 책임이 중앙에 집중되어 있다.
③ 영기준 예산(ZBB)은 기획의 책임이 분권화되어 있다.
④ 성과주의 예산(PBS)과 목표관리예산(MBO)은 모두 관리에 초점이 맞추어져 있다.

 01 ①

꼭! 확인 기출문제

예산제도 중 다음 〈보기〉의 내용에 해당하는 것은? [서울시 9급 기출]

보기

기획(Planning), 사업구조화(Programming), 예산(Budgeting)을 연계시킨 시스템적 예산제도로, 시간적으로 장기적 사업의 효과가 나올 수 있도록 예산을 뒷받침한 것으로 볼 수 있다. 조직목표달성 차원에서 성과를 설정하는 것이 가능하며, 자원배분의 효율성을 높일 수 있는 장점이 있다. 그러나 의사결정의 지나친 집권화와 실현가능성이 낮은 문제가 단점으로 지적된다.

① 성과예산제도
❷ 계획예산제도
③ 목표관리예산제도
④ 영기준예산제도

해 ② 제시문은 계획예산(PPBS : Planning Programming Budgeting System)의 개념과 장단점을 설명하고 있으며 장기적인 계획(planning)과 단기적인 예산(budgeting)을 프로그래밍(programming)이라는 연결고리를 통하여 유기적으로 결합하여 자원배분에 관한 의사결정을 합리적으로 하려는 기획중심의 예산제도를 말한다.

5. 영기준예산(ZBB ; Zero Base Budgeting)

Check Point

영기준예산(ZBB)
영기준예산(ZBB)은 효율적인 예산배분을 도모하고자 하는 예산제도로서, 총체예산, 백지상태예산이라고도 불린다.

(1) 의의

① 기존의 점증주의적 예산을 탈피하여 조직체의 모든 사업 · 활동(기존의 사업이든 신규사업이든)을 원점에서 총체적으로 분석 · 평가하고 우선순위를 결정한 뒤 이에 따라 예산을 근원적 · 합리적으로 결정하는 예산제도

② 1970년대 경기불황과 정부기능의 확대에 따른 재정적자 증가에 대한 비판으로 자원배분의 효율을 높이기 위해 대두됨

(2) 발달

① 미국에서의 발달과정

㉠ P. Pyhrr는 1969년 텍사스기구회사의 경영난을 극복하기 위해 최초로 개발 · 도입

㉡ 1973년 조지아 주지사였던 Carter가 주정부의 만성적자 해결을 위해 주 예산에 영기준예산을 도입

㉢ 1979년 Carter 행정부는 연방정부예산에 영기준예산을 도입

② 우리나라에서의 발달과정

㉠ 1983년 회계연도부터 경직성경비(방위비, 인건비, 지방재정교부금), 행정경비, 보조금, 출연금, 기금, 사업비 등에 부분적으로 도입

㉡ 도입 이후 정부재정에서의 '표준경비' 개념의 도입으로 예산증가율을 감소시키는 긍정적 영향을 미치기도 했으나, 예산제도로서 완전히 정착되지 못했다는 것이 일반적 견해

Check Point

우리나라에서의 영기준예산제도 정착 실패원인
제도상의 개념(영기준)에만 치중하여 구체적 기법과 절차의 개발에 소홀하였고, 각 부처가 정한 예산우선순위가 중앙예산기관에 의해 무시되었으므로 성공적으로 정착하지 못함

(3) 편성 절차

① 의사결정단위(decision unit)의 선정

㉠ 의사결정단위는 예산편성의 기본단위로서, 조직의 관리자가 독자적인 업무수행의 범위와 결정권을 갖는 사업단위나 조직단위

㉡ 의사결정단위는 예산을 가질 수 있는 최하 수준의 단위를 말하는데, 이는 조직목표 달성을 위한 의미 있고 중복되지 않는 요소 또는 독립된 기본적인 사업단위를 의미

② 의사결정항목(decision package)의 작성 : 관리자가 사업계획 · 활동수준 · 재원요구에 관한 판단에 필요한 정보를 기재한 문서를 말하며, 사업대안패키지와 증액(금액)대안 패키지로 구성

③ 우선순위의 결정(결정항목의 평가)

㉠ 자원을 효율적 사용 기준에 따라 의사결정항목의 우선순위를 결정하는 과정(결정대상은 사업대안이 아닌 선정된 사업대안의 증액대안)

㉡ 우선순위의 결정은 최하위에 있는 결정단위에서 상위단계로 올라가면서 상향적 · 단계적 · 통합적으로 이루어짐

④ 실행예산의 편성 : 결정항목에 대한 우선순위와 가용예산규모가 결정되면 이를 토대로 수행해야 할 사업 · 활동이 확정되며, 각 조직체는 그에 대한 실행예산을 편성함

Check Point

의사결정항목

ZBB의 핵심적인 작업으로, 의사결정단위에 대한 분석 및 평가결과를 명시해 놓은 기본문서이다.

(4) 장단점

장점	단점
• 모든 사업을 전면적 · 체계적으로 분석 · 평가하여 결정, 자원배분을 합리화 • 사업 우선순위의 결정을 토대로 재정운영의 효율성 · 탄력성 증가 • 예산의 감축으로 자원난 극복에 기여 • 운영기준 및 정보제공으로 계층 간 상호정보교류 및 융통성 확보가 가능 • 하의상달로 각 수준의 관리자 참여가 가능하며 지도자 훈련의 기회 제공	• 기득권자의 저항 등으로 실제 정부사업 축소나 폐지가 곤란 • 소규모 조직이 희생될 가능성 증가 • 사업활동과 대안개발에 고도의 전문지식과 기술을 요하며, 업무량과 시간이 과중 • 사업효과의 계량적 측정과 의사결정단위의 선정이 곤란 • 가치판단영역에 비용효과분석의 적용과 경제적 서비스를 평가 · 결정하는 한계 • 신규사업에 대해 상대적으로 관심 소홀

기출 Plus 국가직 9급 기출

02. 예산제도에 대한 설명으로 옳지 않은 것은?

① 품목별 예산제도는 일에 대한 정보를 제공하며, 세입과 세출의 유기적 연계를 고려한다.
② 성과주의 예산제도는 업무량과 단위당 원가를 곱하여 예산액을 산정한다.
③ 계획예산제도는 비용편익분석 등을 활용함으로써 자원 배분의 합리화를 추구한다.
④ 영기준 예산제도는 예산편성에서 의사결정단위(decision unit) 설정, 의사결정 패키지 작성 등이 필요하다.

해 품목별 예산제도(LIBS)는 지출의 대상과 성질에 따라 품목별로 분류하여 그 지출대상과 한계를 규정하고 예산을 편성하는 방법으로 품목별 예산제도는 지출항목을 엄격하게 분류하여 전반적인 정부의 업무에 대한 정보를 제공하지 못하며 목표의식이 결여되어 세입과 세출의 유기적 연계를 고려하지 못한다.

답 02 ①

(5) 다른 예산제도와의 비교

① 전통적 점증예산과의 비교

점증적 예산	영기준예산
• 전년도의 회계가 예산편성의 기준 • 신규사업만을 분석 • 화폐나 품목 중심 • 제약있는 의사전달 • 종래의 운영방식	• 영기준(전년도 회계 무시) • 계속사업까지 분석 • 목표와 활동 중심 • 자유로운 의사전달 • 새로운 운영방식 개발

② 계획예산과의 비교

분류 기준	계획예산	영기준예산
중심	정책 및 발전계획수립, 목표설정, 기획지향	사업목표 달성, 사업평가 및 환류, 평가지향
예산의 기능	계획(행정국가 시대의 예산)	조정(탈행정국가의 예산)
결정의 흐름 및 성격	하향적(중앙집권, 최고관리층의 관리도구), 거시적	상향적(분권, 중간관리층의 관리도구), 미시적
사업평가	구체적 사업평가 곤란	예산결정표의 작성으로 사업평가
관심 대상	사업 간의 예산변동	기존 사업의 계속적 재평가
기본 체제	개방체제(조직 간 장벽 제거)	폐쇄체제(조직구조를 토대로 활동)
기간	장기(5년)	단기(1년)
결정 모형	점증형과 합리형의 중간형(절충형)	완전한 합리모형, 포괄적 접근법

6. 일몰법(Sunset Law)

(1) 의의

① 특정 행정기관이나 사업이 일정기간(3~7년)이 지나면 국회의 재보증을 얻지 못할 경우 자동적으로 폐지되게 하는 법률
② 입법부가 행정기관을 실질적으로 감시할 수 있도록 하는 효과적인 수단(재심사 · 재보증의 권한)
③ 정책의 자동 종결과 주기적 재검토를 기본으로 하며, 영기준예산의 기능적 유사성이 있는 제도
④ 계획예산제도 등으로 입법부의 예산심의기능이 약화된 것에 대한 개혁의 일환으로 1976년 미국 콜로라도 주에서 최초로 채택

영기준예산(ZBB)과 일몰법(sunset law)의 비교

구분	영기준예산(ZBB)	일몰법(sunset law)
차이점	• 예산편성에 관련된 행정적 과정 • 조직 각 수준의 관리자(상층 + 중하층) 참여, 모든 수준의 정책심사 • 매년 사업재평가 실시(단기적)	• 예산에 관한 심의 · 통제를 위한 입법적 과정 • 행정 상위계층의 주요정책 심사 • 3~7년(장기적)
조화	매년 반복되는 단기적 예산심사인 ZBB는 장기적인 시야가 결여되므로 일몰법에 의해 이를 보완할 수 있고, 일몰법에 의한 사업의 장기적 권한 부여에 있어 자원, 실질목표, 사업의 성질, 예산결과를 ZBB 방법으로 파악할 수 있음	
공통점	• 자원난시대에 대비하는 감축관리의 일환 • 기득권의식을 없애고 자원의 합리적 배분을 기함 • 현 사업의 능률성 · 효과성을 검토하여 사업계속 여부를 결정하기 위한 재심사	

꼭! 확인 기출문제

예산제도에 대한 설명으로 옳지 않은 것은? [국가직 9급 기출]

① 쉬크(Schick)는 통제-관리-기획이라는 예산의 세 가지 지향(orientation)을 제시하였다.
❷ 영기준예산제도(ZBB)가 단위사업을 사업-재정계획에 따라 장기적인 예산편성 쪽으로 방향을 잡았다면, 계획예산제도(PPBS)는 당해 연도의 예산 제약 조건을 먼저 고려한다.
③ 우리나라는 예산편성과 성과관리의 연계를 위해 재정사업자율 평가제도를 실시하고 있다.
④ 조세지출예산제도는 조세지출의 내용과 규모를 주기적으로 공표해 조세지출을 관리하는 제도이다.

해 ②의 예산제도들은 서로 반대로 설명되었다. 영기준예산제도(ZBB; Zero Base Budgeting)는 당해 연도의 예산 제약 조건을 먼저 고려하여, 조직체의 모든 사업 · 활동을 원점에서 총체적으로 분석 · 평가하고 우선순위를 결정한 뒤 이에 따라 예산을 근원적 · 합리적으로 결정하는 예산제도이다. 반면에 계획예산제도(PPBS; Planning Programming Budgeting System)는 장기적인 계획수립(planning)과 단기적인 예산(budgeting)을 프로그램 작성(programming)을 통하여 유기적으로 결합시킴으로써 자원배분에 관한 의사결정을 합리적으로 행하려는 제도이다.

정치관리예산(BPM : Budgeting as Political Management)

㉠ 의의
- 정치관리예산은 행정부 우위의 합리주의예산에 대한 불만으로 1980년대 중반에 의회 우위를 확보하기 위하여 채택된 예산으로, 예산과정에 있어 중앙에서 일방적으로 부처별 목표를 제시하고 그 범위 내에서 각 부처가 예산을 운영하도록 하는 하향적 · 집권적 · 거시적 예산제도를 말함(top-down 방식의 예산)
- PPBS나 MBO, ZBB 등 기존 예산제도의 장점에 중앙예산기구의 강력한 통제에 의한 정부지출 감소와 정치적 교섭의 강화라는 정치적 의도가 강조된 예산

㉡ 평가
- **장점** : 의회에 대한 설득을 통해 행정부와 상호 이해 및 공조가 가능해지며, 의회기능의 약화를 막을 수 있음
- **단점** : 정치관리로서의 예산기능에 치중하여 경제적 기능을 다루는 데 소홀하였고, 예산결정이 지나치게 정치화됨

지방직 9급 기출

03. 예산제도에 관한 설명으로 가장 적합하지 않은 것은?

① 품목별 예산제도는 예산을 지출대상별로 분류하여 편성하는 것을 말한다.
② 성과주의 예산제도는 업무단위의 원가와 양을 계산해서 사업별, 활동별로 분류해서 예산을 편성하는 것을 말한다.
③ 계획예산제도란 장기적인 기획과 단기적인 예산을 유기적으로 연결시킴으로써 합리적인 자원배분을 이루려는 예산제도이다.
④ 영기준 예산제도란 점증주의적 의사결정방식에 따라 과거의 관행을 토대로 예산을 편성하는 것을 말한다.

해 영기준 예산제도(ZBB)는 점증주의적 예산을 탈피하여 조직체의 모든 사업이나 활동을 원점에서 총체적으로 분석 · 평가하여 우선순위를 결정한 뒤 예산을 합리적으로 결정하는 예산제도이다.

03 ④

7. 신성과주의예산(NPB ; New Performance Budgeting)

Check Point

정치관리예산의 특징
- 예산과정에서 대통령과 중앙예산기관의 권한 강화
- 거시적 · 하향적 예산
- 의회와의 공조 · 교섭 확대(입법부 설득적 예산)
- 연속적 · 신축적 예산주기
- 점증주의 탈피 및 목표 중심의 예산(총지출에 대한 엄격한 통제)

Check Point

신성과주의예산의 발달
1980년대 중반 이후 선진국을 중심으로 신공공관리론에 입각한 정부재창조 차원에서 경쟁과 성과, 책임을 강조하는 새로운 성과주의 예산제가 다시 주목받게 되었는데, 이를 1950년대 성과주의와 구분하여 신성과주의 예산(NPB) 또는 성과지향예산제(POB)라고 한다.

(1) 의의

① 신성과주의예산은 예산집행 결과 어떠한 산출물을 생산하고 어떤 성과를 달성하였는가를 측정하여 이를 기초로 평가하는 결과 중심의 예산체계로 1990년대 책임성 확보를 강조하는 선진국 예산개혁 방향을 성과평가를 통해 연계시킨 제도를 말함(사업성과와 예산을 연계시키되 투입요소인 예산이 아니라 산출요소인 사업성과를 중심으로 예산을 운영)

② 예산의 자율성과 융통성을 부여하되 책임성을 확보하는 방향으로 최근의 재정개혁이 이루어지고 있다는 점에서, 최근의 재정개혁은 신성과주의예산(결과기준예산)을 지향한다고 할 수 있음

(2) 1950년대 성과주의예산(PBS)과의 비교

구분	성과주의예산(PBS)	신성과주의예산(NPB)
시대적 배경	1950년대 행정국가	1980년대 이후 탈행정국가
성과의 지향	투입과 산출(능률성) 지향	산출과 결과(효과성) 지향(대체로 산출과 결과 중 '결과'를 성과지표로 봄)
경로 가정	투입이 자동으로 성과로 연결(단선적 가정)	투입이 반드시 성과를 보장하지는 않음(복선적 가정)
성과의 관점	정부(공무원) 관점의 성과	고객(만족감) 관점의 성과
성과관리	단순한 성과관리	성과의 제고
성과의 책임	성과에 대한 정치적 · 도덕적 책임 중시	구체적 · 보상적 책임 중시
중점	통제 및 관리 위주	자율과 책임의 연계, 목표는 통제하되 수단 및 운영의 대폭적 재량 부여
개혁의 범위(목표)	광범위(회계제도와 예산형식의 변경)	협소 · 단순(성과 정보의 활용)
예산 초점	예산의 형식	예산에 담길 성과 정보(과정과 기능)
결정흐름	상향식(분권)	집권과 분권의 조화
적용 및 연계 범위	예산편성 과정에 국한	국정 전반의 성과관리와 연계, BSC 관점
회계 방식	불완전한 발생주의(사실상 현금주의) 회계	완전한 발생주의 회계
원가 중심	단위산업	프로그램

(3) 운영절차(성과관리 절차)

① **목표설정** : 상위목표인 전략목표와 하위목표(세부 목표)인 성과목표를 설정

② **성과계획서 작성** : 성과계획서는 주요 재정사업에 대한 향후 5년간의 중장기적 전략목표와 구체적인 성과목표를 제시하고 목표 달성 여부를 판단할 수 있는 지표 및 지표별 목표치를 기술한 보고서로서 임무 · 비전 · 전략목표 · 성과목표 · 성과지표 등이 포함됨

③ **예산편성 및 집행** : 성과계획서를 토대로 예산을 편성하고 목표 달성을 위한 구체적 사업을 시행

④ **성과 측정 및 평가** : 목표 달성도 및 성과를 측정 · 평가하여 성과보고서(성과계획서에 제시된 성과지표의 목표치와 사업진행 후 실적치를 비교분석한 보고서)를 작성

⑤ **환류** : 결과의 공개 및 반영

(4) 특징 및 장단점

① 신성과주의의 특징

㉠ 결과 중심의 예산제도로, 기존의 예산제도와 달리 예산의 형식보다는 과정이나 기능에 초점을 맞춤(성과계획 수립, 예산편성 및 집행, 성과 측정 평가의 기본구조를 가짐)

㉡ 예산집행의 자율권을 부여함으로써 사업집행이나 서비스 전달의 구체적인 수단을 탄력적으로 동원

㉢ 관료들에게 재량권을 주면서 성과에 대한 책임을 중시하는 제도, 즉 지출한도액의 범위 내에서 관리자의 재량이 인정되며 성과에 대한 책임이 강조되는 분권화 예산제도

㉣ 추상적인 정부의 성과를 보다 엄격하게 구분하여 전략적인 성과에 초첨을 맞추는 정부운영을 강조

㉤ 예산을 공공부문에서의 성과관리의 주요한 수단으로 활용

② 장점(효용)과 단점(문제점)

장점(효용)	단점(문제점)
• 효율성 증진 • 대응성(시민에 대한 부응)과 책임성(성과에 대한 책임) 향상 • 자율성 제고 등	• 목표 · 성과기준의 설정의 곤란(성과지표 개발의 곤란 등) • 성과 측정 및 성과 비교의 문제 • 통제할 수 없는 요인의 영향에 따른 억울한 책임의 발생 • 관심의 부족, 정보의 과다, 환류의 미흡 등

8. 최근의 개혁적 예산제도(성과지향 예산제도)

Check Point

총괄배정예산의 장단점

㉠ 장점
- 각 부처의 자율성과 책임성 제고
- 과다예산 청구의 감소
- 사업별 우선순위의 효과적 반영

㉡ 단점
- 부문별 총괄배정예산의 기준이 모호
- 비합리적 · 비현실적

(1) 총괄배정예산(bulk budgeting)

① 중앙예산기관이 상한선에 의하여 총괄적인 규모로 재원을 배분한 후, 각 부처로 하여금 분야별 재원범위 내에서 사업 우선순위에 따라 예산을 편성하도록 하고 다시 중앙예산기관이 이를 최종 조정하는 제도

② 캐나다의 지출관리예산(PEMS, 1979)이 시초이며, 우리나라의 자율예산편성제(top-down 방식, 2005)도 이러한 방식의 예산에 해당(「국가재정법」에 규정)

③ 상층부에서 예산의 전체 규모와 주요 부문별 배분 규모를 결정하고 각 부문별 배정 규모 내에서 각 부처별로 사업대안을 자율적으로 선택하게 하는 지출대예산(expenditure envelop budget)제도도 상층부에서 총괄적으로 배정한다는 점에서 총괄배정예산을 기초로 함

Check Point

지출통제예산의 장단점

㉠ 장점
- 이월의 허용으로 낭비적 지출을 방지하고 예산 절감의 유인이 발생
- 신축적인 지출이 가능하므로 창의적 아이디어의 실행이나 환경변화의 적응이 용이
- 성과에 대한 책임을 강조함

㉡ 단점(한계)
- 책임확보를 위한 성과평가 및 관리체제가 없을 경우 재정 낭비를 초래
- 사전적 통제의 부재로 의회의 사전심의기능이 유명무실화됨

(2) 지출통제예산(expenditure control budget)

① 의의

㉠ 각 부처가 부서 내 모든 지출항목을 없애고 중앙예산기관이 정해준 예산총액의 범위 내에서 구체적인 항목별 지출을 집행기관의 재량에 맡기는 성과지향적 예산제도

㉡ 주민발의안 13호로 재정수입이 격감했던 캘리포니아주의 Fairfield시에서 도입

② 특징 : 지출의 자율성, 전용의 신축성, 이월의 허용과 효율성 배당제도(지출수요에 따라 예산운용을 신축적으로 함으로써 절감된 예산은 다음 연도에 이월하여 해당 부처가 사용할 수 있도록 하는 것), 자율과 책임의 조화

꼭! 확인 기출문제

예산에 관한 설명으로 옳지 않은 것은? [지방직 9급 기출]

❶ 지출통제예산은 예산의 구체적인 항목별 지출에 대해 통제하는 예산제도이다.
② 추가경정예산은 본예산과 별개로 성립되지만 일단 성립되면 통합하여 운용된다.
③ 통합예산에서는 융자지출도 재정수지상의 적자요인으로 파악한다.
④ 우리나라는 「국가재정법」에서 성인지(性認知) 예산제도를 명문화하고 있다.

해 ① 지출통제예산(expenditure control budget)은 항목별 지출에 대해 통제하는 예산제도가 아니라, 예산 총액의 범위만 정해주고 이 범위 내에서의 구체적인 항목별 지출에 대해서는 집행기관의 재량에 맡기는 성과지향적 예산제도이다.
② 추가경정예산은 예산이 국회를 통과하여 확정(성립)된 후에 생긴 사유로 인하여 이미 성립된 예산에 추가 · 변경이 있을 때 편성되는 예산으로, 본예산과 별개로 성립되지만 성립된 후에는 통합 · 운영된다.
③ 통합예산(unified budget)은 정부부문에서 1년 동안 지출되는 재원의 총체적 규모로서 국가는 물론 지방재정까지 포함하는 정부예산의 총괄표라고 할 수 있는데, 우리나라의 통합예산의 경우 융자지출을 재정수지 적자요인으로 파악하여 적절한 재정건정성 파악이 곤란하다는 문제가 있다.

> ④ 정부는 예산이 여성과 남성에게 미칠 영향을 미리 분석한 보고서(성인지예산서)를 작성해야 하며, 성인지예산서에는 성평등 기대효과, 성과목표, 성별 수혜분석 등을 포함해야 한다(「국가재정법」 제26조).

(3) 산출예산(output budget)

① 의의 : 1989년 뉴질랜드 정부에서 실시한 제도로, 공공서비스의 생산과정인 '투입 – 산출 – 효과' 단계 중 재화 및 서비스의 산출에 모든 초점을 맞춰 예산을 편성하는 제도(정부가 재화와 서비스의 독점공급자이므로 산출물의 시장가격이 형성될 수 없기 때문에 등장한 개념)

② 특징

㉠ 실제 수입과 지출을 정확히 파악하기 위해 발생주의 회계방식을 사용함

㉡ 재무성과표가 작성되므로 정부서비스의 가격을 정확히 산정하고 경영성과를 명확히 평가할 수 있음

Check Point

산출예산의 특징
근본적으로 성과 중심의 재무행정 관리체계를 확립하기 위한 것

(4) 운영예산(operating budget)

① 의의

㉠ 1987년에 호주에서 도입한 예산제도로서, 예산을 크게 사업비와 운영비로 구분하고, 경상비에 해당하는 행정경비를 운영경비라는 항목으로 통합하여 운영하는 제도

㉡ 행정경비 간의 전용을 보다 용이하게 하기 위하여 기존의 예산제도에서 행정경비에 해당하는 항목을 하나의 경비로 구분하여 운영하는 제도

② 특징

㉠ 각종 행정경비를 하나로 통합하여 운영함

㉡ 운영비의 신축적 운영(운영비의 상한선 내에서는 관리자가 재량적으로 운용할 수 있으며 각종 행정경비 간의 전용이 보다 용이)함

(5) 다년도예산(multi-year budget)

① 의의

㉠ 1년 단위의 단년도예산의 문제점을 극복하기 위해 3년 이상의 장기적 안목에서 자유로이 정책을 결정한 후, 이를 기초로 여러 해에 걸친 다년도예산을 편성할 수 있는 제도

㉡ 중기 재정목표와 연도별 예산의 연계로 자원의 합리적 배분을 추구하는 제도로서, 원래 예산수요를 예측해 미리 사업계획을 확정해두는 수단으로 등장하였으나 최근에는 주로 사업확장에 따른 예산증액을 막기 위한 제약수단으로 활용됨

ⓒ 미국의 20개 주정부와 영국, 호주, 스페인 등에서 시행되고 있음

② 특징

㉠ 매년 예산편성 작업에 따른 업무의 부담을 경감

㉡ 연도 말 과대집행(지출)에 따른 낭비 방지

㉢ 충분한 심의 기간 확보에 따른 예산심의 충실화

㉣ 예산편성보다 예산집행의 성과평가에 대한 관심을 제고

9. 우리나라의 재정개혁

(1) 의의

노무현 정부는 3대 재정개혁과제로 국가재정운용계획(2003년 도입), 성과관리제(2003년 도입), 총액배분자율편성제(top－down예산, 2004년 도입, 2005년도 예산편성부터 적용)를 시행하고 국가재정법에 명문으로 규정, 2007년부터 디지털 예산회계시스템을 도입

〈우리나라 성과중심 재정운용체계〉

3대 재정개혁					
국가재정 운용계획 2003	총액배분 자율편성 2004	성과관리 제도 2003	디지털예산 회계시스템 (dBrain) 2007	프로그램 예산 2007	발생주의 복식부기 2009
4대 재정개혁					

(2) 총액배분 · 자율예산편성제(사전재원배분제 : Top－down(하향식) 예산편성 방식)

① 의의 : 단년도 예산편성방식과 달리 재정당국(기획재정부)이 국정목표와 우선순위에 따라 장기(5개년) 재원배분계획을 수립하면, 국무위원들이 토론(국무회의)을 통해 연도별 · 분야별 · 부처별 지출한도를 미리 설정하고(Top－Down), 각 부처는 그 범위 내에서 사업의 우선순위에 따라 자율적으로 개별 사업별 예산을 편성 · 제출하여 협의 · 조정하고, 재정당국이 이를 심사하여 정부예산을 최종 확정하는 제도

② 외국의 사례

㉠ 캐나다의 정책 및 지출관리제도(Policy and Expenditure Management System) : 사전에 거시적인 5개년 재정계획에 의거, 중앙부처 장관들로 구성되는 '우선순위설정 및 계획위원회'에서 예산의 전체규모와 주요 부문별

배분규모를 결정하고, 각 부문별 예산규모 내에서 각 부처가 예산을 편성하여 제출하게 함

㉡ 스웨덴의 Spring Fiscal Plan, 영국의 Spending Review, 네덜란드의 Coalition Agreement

③ **도입배경－상향식 예산편성제도의 한계** : 개별사업별 검토중심의 단년도·상향식 예산편성방식을 탈피하고, 사전에 국가재원을 정책과 우선순위에 따라 전략적으로 배분하고, 이에 따라 각 부처가 예산을 자율적으로 편성하는 방식으로, 예산편성방식을 전면 혁신하여 2004년 도입(2005년도 예산편성부터 적용). 참여정부의 4대 재정개혁과제로 추진

기존 예산제도	총액배분자율편성제
단년도 예산편성 중심(단기적 시각). 중장기적 시각의 재정운영 곤란	단년도 예산편성이지만 국가재정운용계획과 연계하여 장기적 목표 고려
개별사업 검토 중심 ⇨ 공약 등 정치적 우선순위와 예산의 연계 곤란, 각 부처의 과다한 예산요구 관행 및 예산사정기관과의 마찰	국가적 우선순위에 입각한 거시적·전략적 자원배분, 정책기능 강화, 과다요구 관행 축소 및 예산사정기관과의 마찰 감소
• 상향식(bottom－up) 편성 • 각 부처 예산요구 ⇨ 예산기관의 대폭 삭감 ⇨ 편성	• 하향식(top－down) 편성 • 지출한도 설정 ⇨ 각 부처 자율편성 ⇨ 종합편성
예산 투입에 치중 － 재정지출의 사후 성과관리 곤란	성과관리에 중점 － 성과관리제와의 연계

④ **예산운용절차**

㉠ **국가재정운용계획 수립** : 중앙예산기관은 각 부처가 제출한 중기사업계획서 상의 신규사업 및 계속사업계획을 기초로 연차별 재정규모와 분야별·부처별 지출한도의 초안을 협의과정으로 통해 준비. 지출한도계획의 초안은 국무회의에 제출되고 국무회의는 국정목표와 우선순위에 따라 국가재정운용계획(5개년 연동계획)을 결정·공표

㉡ **지출한도 설정** : 국가재정운용계획을 토대로 국무회의에서 분야별·부처별 지출한도를 미리 설정하여 기획재정부장관이 예산편성지침·기금운용계획안작성지침에 포함하여 통보(top－down). 지출한도는 칸막이식 재원확보 유인을 차단하기 위해 일반회계·특별회계·기금을 모두 포함하여 설정

㉢ **각 부처의 예산 요구** : 각 부처는 부처별·부문별 지출한도와 편성기준에 따라 부처의 우선순위를 반영하는 예산요구서를 작성하여 기획재정부장관에게 제출

㉣ **정부의 예산안 결정** : 기획재정부장관은 각 부처의 예산요구가 지출한도와

편성기준을 준수했는지 검토하고 국가재정운용계획의 정책방향과 우선순위에 부합되는지 확인한 후 각 부처의 예산요구를 수정 · 보완하여 정부 예산안 편성 · 확정

⑤ 특징

㉠ 전략적 재원배분(기획)과 부처 자율(분권적 접근)을 결합

거시예산 (macro-budget)	• 정책과 우선순위에 입각한 전략적 재원배분 방식 • 지출 총액을 결정하고 분야별 부처별 지출한도를 설정한 후 구체적 사업별 예산을 정하는 방법으로 자금관리의 분권화를 강조하지만 의사결정의 주된 흐름은 하향적임
유사 소유권(quasi-property right) 개념이 부여된 예산	• 부처의 자율과 책임을 동시에 강조 • 예산의 공유재(비배제성 · 경합성)적 특성에 따른 공유지의 비극(과다소비와 자원고갈) 문제 해결을 위해 총액배분자율편성제는 부처에게 예산 총액 한도 내에서 '주인의식'을 부여해 유사소유권을 제공하는 것으로 각 부처는 예산의 주인으로서 자원을 효율적으로 사용할 유인과 책임을 동시에 갖게 됨
비교우위 개념에 부합하는 역할 분담 (기능별 분담)	중앙예산기구는 재원배분 계획과 전략을 수립하고, 개별 사업부처는 집행업무를 담당하는 체계를 재정립

㉡ 예산에 대한 주된 관심을 금액에서 정책으로 전환 : 부처 내에서 자율배분의 결정할 경우 돈을 위주로 펼쳐졌던 예산게임이 정책 합리성 위주로 펼쳐짐으로서 기획예산처의 악역(삭감자) 역할이 부처 예산담당관으로 이동되어 분담됨. 각 부처 정책 · 사업 담당자는 자신이 담당한 정책이나 사업의 예산을 확보하기 위해 다른 국이나 과의 정책 · 사업에 대해 객관적으로 효과성을 평가

㉢ 예산 배정과 집행관리의 강화와 수시 점검 : 예산편성 과정에서 기획재정부의 사전적 통제를 완화하지만 예산의 자율편성만 의미하며 예산집행상 점검이나 통제가 없어진 것은 아니므로 예산편성상 자율성이 높아진 만큼 그에 상응하는 책임을 강화하기 위해 오히려 예산집행에 있어서 예산배정과 집행관리를 강화하고 수시로 점검할 필요성이 있음

⑥ 장점

㉠ 영기준 분석의 촉진 : 경제와 정부임무에 대한 미래예측을 강조함으로써 점증주의적 관행을 바꾸는데 기여. 국정 우선순위에 따라 전략적으로 자원을 배분하고 배분과정에서 기존 사업보다는 미래예측을 강조하고 새로운 정부정책을 지지하는 예산요구에 프리미엄을 줌으로써 영기준 예산제도의 이점을 취할 수 있음

㉡ 목표관리 지원 : 부처별 지출한도가 미리 제시되기 때문에 각 부처는 자기 부처의 예산규모를 알고 사업별 배분을 자율적으로 할 수 있으므로 목표관

리예산제도의 이점을 취할 수 있음

㉢ 재정정책적 기능 강화 : 중기적 시각에서 정부 전체의 재정사업관점에서 국정 우선순위와 재원배분이 결정되므로 전략적 계획의 발전을 촉진하고 다년도 계획기능과 재정의 경기조절기능을 강화할 수 있음

㉣ 투명성 향상 : 전체 재정규모, 분야별 · 부처별 예산규모 등 중요 정보를 편성기간 중에 각 부처와 재정당국이 공유하고, 분야별 · 부처별 재원배분계획을 정부 두상구조의 회의체인 국무회의에서 함께 결정하므로 예산규모 결정과정의 투명성을 높임

㉤ 비효율적인 예산전략 행태 개선 : 각 부처의 과다요구에 따른 재정당국 대폭삭감 등 예산편성과정의 비효율성을 제거. 각 부처의 예산과다 청구관행이 줄어들고 중앙예산기관의 예산사정과정이 단순해짐

㉥ 각 부처의 전문성 활용 : 부처별 지출한도가 사전에 제시됨에 따라 각 부처의 전문성을 적극 활용하여 사업별 예산규모를 미리 결정할 수 있고, 각 부처의 책임과 권한 강화

㉦ 칸막이식 재원확보 유인 감소 : 각 부처의 일반회계, 특별회계, 기금을 모두 포함한 지출한도(ceiling)가 주어지므로 회계별로 칸막이식 재원을 확보하려는 유인을 줄임

⑦ 한계

㉠ 갈등의 심화 : 국가 재원의 전략적 배분을 위한 협의과정에서 갈등이 격화되어 조정이 어려울 수 있음

㉡ 정책오류 · 파행의 위험 : 각 부처의 이기적 · 방어적 정보제공과 점증주의적 행태는 국무회의의 판단을 그르칠 수 있음. 국무회의에서의 토론과정을 거친 재원배분 결정이 정치적 타협에 치우쳐 정책파행을 초래할 수 있음

㉢ 예산통제 곤란 : 사업별 재원배분에 관한 각 부처 자율권의 인정은 예산통제의 어려움을 수반. 부처 장관이 자신이 원하는 사업 중심의 선심성 예산을 편성하는 것을 막을 수 없음(따라서 성과관리제도와 연계 필요)

㉣ 정치적 전략의 무게중심이 국회 예산심의과정으로 이동 : 중앙예산기관이 정한 총액 한도 내에서 의원들의 관심이 높은 예산사업은 소규모로 혹은 우선순위를 낮게 설정하여 국회 예산심의과정에서 증액되도록 유도할 수 있음(국회 예산심의 과정에서 증액되는 부분은 부처별 한도액의 제한을 받지 않기 때문임)

㉤ 운영상 문제점

• 예산과다청구관행은 어느 정도 해소되었으나 여전히 총액범위가 지켜지지 않고 과다편성 사례가 있음. 부처 지출한도에 대한 공감대 부족

- 국회의 예산과정은 국가기능의 분야별 · 부처별 전략적 재원배분의 틀에 대한 논의가 아니라, 개별 단위사업에 대한 예산배분액을 검토 · 조정하는 방식으로 이루어지므로 국회의 예산심의 과정에서 행정부가 제출한 총액배분자율편성의 틀이 무시될 가능성이 많음(내각제에서는 효율적이지만, 대통령제에서는 예산 심의에서 예산 내용의 변경이 많기 때문에 적합성이 떨어질 수 있음)

(3) 성과관리제 – 성과중심 재정운용

① 의의

㉠ 개념 : 재정사업의 프로그램 목표[성과목표]와 계량화된 성과지표를 사전에 설정하고 지표에 의한 비교 · 평가 결과를 재정운영에 반영하여 예산과 성과를 직접 연계시키면서 성과에 대한 책임을 지우는 제도

㉡ 연혁

- 1999년부터 시범운영하다가 2003년 전면 도입
- 2007년 국가재정법에 근거규정을 두고 2009 회계연도부터 성과계획서를 예산안에, 성과보고서를 결산보고서에 첨부하여 국회에 제출하도록 했고 2011회계연도부터 예산안 및 기금운용계획안과 그에 따라 작성된 성과계획서의 사업 내용 및 사업비 등이 일치하도록 노력할 의무를 부과. 지방자치단체는 2005년 성과관리제 도입

㉢ 도입목적

- 성과계획서에 명시된 성과지표의 목표치와 사업진행 후 실적치를 비교 · 분석하여 예산편성 과정에 환류시킴으로서 예산과정의 효율성 · 효과성 제고
- 예산편성 및 집행의 자율성과 책임성 · 투명성 제고.

② 내용

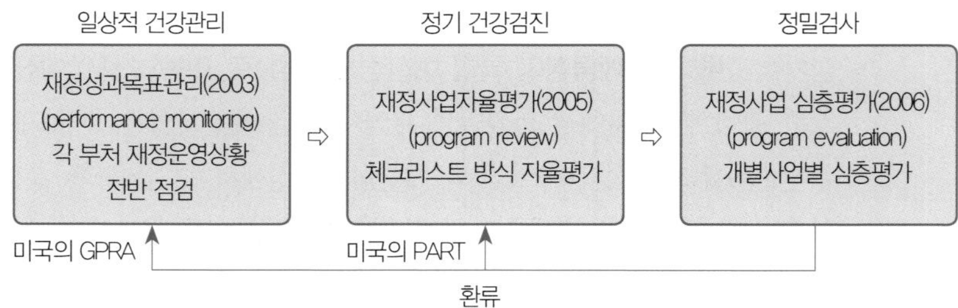

재정성과 목표관리 (performance monitoring)	• 매년 부처별로 전략목표 – 프로그램목표[성과목표] – 단위사업 체계를 바탕으로 성과지표를 사전에 설정한 후 이에 따라 성과를 평가하고 재정운영에 환류. 미국의 GPRA(Government Performance and Results Act)를 벤치마킹해 도입 **성과계획 수립**: 성과계획서 작성(프로그램목표[성과목표], 성과지표 및 측정방법) ⇨ **재정운영**: 성과계획에 따른 예산 배분 및 집행 ⇨ **성과측정 · 평가**: 성과보고서 작성 평가결과의 공표 및 환류 • 대상기관 : 예산요구서를 제출하는 각 중앙관서의 장 및 기금 관리운용자는 성과계획서 · 성과보고서를 제출 • 대상사업의 성과정보는 제시하나 개별사업에 대한 구체적 정보는 제시하지 못함(재정사업 자율평가로 보완)
재정사업 자율평가 (program review)	• 각 부처가 재정사업을 자율적으로 평가하고 기획재정부가 이를 확인 · 점검하여 예산편성시 활용 • 미국 OMB(관리예산처)의 PART(Program Assessment Rating Tools)를 우리 현실에 맞게 수정 적용한 것 • 사전 설정된 체크리스트 방식의 관리(사업 관리의 적절성) · 결과(목표 달성 및 성과우수성) 단계의 4개 지표로 평가. • 대상사업 : 예산 및 기금이 투입되는 모든 재정사업에 대해 매년 평가(단, 평가실익이 없는 사업은 제외)
재정사업 심층평가 (program evaluation)	• 정밀검토가 필요하다고 판단되는 소수의 개별 재정사업에 대해 심층평가를 실시하고 재정운용에 활용 • 대상사업(국가재정법 시행령 3조) – 재정사업자율평가 결과 추가적인 평가가 필요하다고 판단되는 사업 – 부처 간 유사 · 중복 사업 또는 비효율적인 사업추진으로 예산낭비의 소지가 있는 사업 – 향후 지속적 재정지출 급증이 예상되어 객관적 검증을 통해 지출효율화가 필요한 사업 – 그 밖에 심층적인 분석 · 평가를 통해 사업추진 성과를 점검할 필요가 있는 사업 • 개별사업에 대한 심층정보를 얻을 수 있으나 상당한 비용 · 시간이 소요되므로 모든 사업에 적용 곤란

③ 재정성과목표관리

㉠ 성과계획서

- 각 부처가 전략목표 및 해당 연도 프로그램목표 달성을 위해 수립하는 연도별 시행계획으로 기관의 비전 · 임무 · 전략목표 등을 설정하고 국가재정법에 의한 중장기 재정운용계획을 반영
- 해당 연도 프로그램목표 및 단위사업의 성과지표, 과거 추세치를 반영한 구체적이고 합리적인 목표치 설정 등을 포함

〈성과계획목표체계도〉

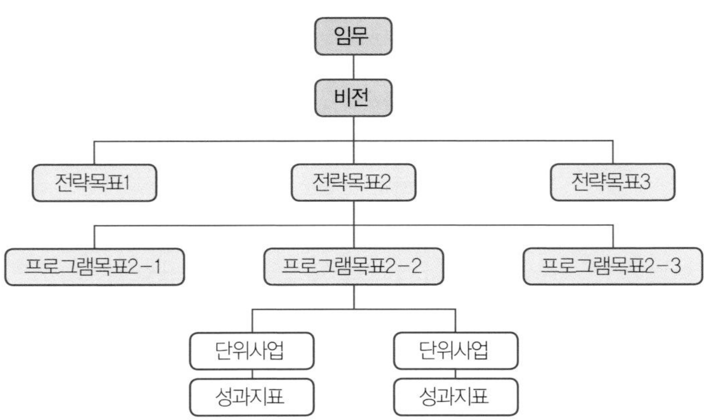

㉡ 목표체계 설정

임무(mission)	해당 기관의 존재 이유(목적)와 주요 기능. 기관의 설립근거가 되는 법령·규정, 관계법령에 제시된 역할 등에 근거하여 국민들이 체감할 수 있는 '결과지향적'인 내용으로 설정
비전(vision)	임무 달성을 통해 이루어지는 바람직한 미래상
전략목표 (strategic goal)	• 국정목표, 기관의 임무와 비전 등을 감안하여 해당기관이 중점을 두고 지향하거나 추진해야 할 정책방향 • 기관의 임무와 논리적 연계성을 가져야 함. 향후 5년 동안 성과의 개선 수준을 확인할 수 있을 정도로 명확해야 하고 일반적·추상적이 아닌 구체적 내용으로 작성하며 정책이 국민의 이해관계에 부합할 수 있도록 표어 형태로 작성하고 국가 장기계획 또는 관련 법령에 의한 중·장기 계획의 내용을 포함 • 해당기관이 '국가재정운용계획의 분야별 재원배분 및 투자방향'을 반영하여 수립
프로그램목표 (program goal) [성과목표]	• 해당연도 '전략목표' 달성을 위한 수단으로 실제 행동으로 옮겨지는 목표 • 사업의 핵심 성공요인(critical success factors)을 도출하여 이를 기초로 설정. 전략목표별로 설정하는 프로그램목표의 수는 제한이 없으며 1개의 프로그램목표는 예산체계 상 프로그램 1개와 대응되도록 설정 ※ 종래 '성과목표'를 성과관리와 프로그램예산체계를 일치시키기 위해 '프로그램 목표'로 명칭 변경(2015)
단위사업 (activity)	프로그램목표 달성을 위한 수단으로서 개별 사업단위이며 업무 추진 및 향후 성과 측정의 대상이 됨 ※ 종래 '관리과제'를 성과관리와 프로그램예산체계를 일치시키기 위해 '단위사업'으로 명칭 변경(2015)

㉢ 성과지표의 개발

- 성과지표 : 프로그램목표(성과목표) 또는 단위사업이 추구하는 목적 달성여부를 측정하는 도구
- 성과지표의 유형

– 내용별 성과지표 : 투입지표(inputs), 과정지표(process), 산출지표(outputs), 결과지표(outcomes)
– 정량적 측정여부 : 정량지표 (계량지표), 정성지표 (비계량지표)

• 성과지표 설정 : 측정 가능(정량지표)하고 결과중심적인 지표 설정
  – 성과지표는 목표달성도를 정확히 측정할 수 있도록 가능한 한 정량적으로 설정
  – 가급적 프로그램목표의 궁극적인 효과를 측정할 수 있는 결과지표 위주로 설정하고, 결과지표 설정이 어려운 경우 과정지표와 산출지표를 병행 사용

(4) 디지털 예산회계시스템(dBrain)(BAR : Budget & Accounting Reinvention System)

① 정의 : 예산편성 · 집행 · 회계결산 · 성과관리 등 재정활동 전 과정이 수행되고, 그 결과 생성된 정보가 관리되는 재정정보시스템(2007년부터 가동). 중앙정부, 지방정부, 공공기관 재정정보를 연계하여 포괄하고 기존 예산 · 회계 정보를 가공, 편집이 용이하도록 디지털화하여 정보 분석 및 통제능력을 극대화한 시스템

② 재정혁신제도와의 연계

재정혁신	디지털예산회계 시스템 연계
국가재정운용계획	5개년 재정계획 수립기능 제공, 매년 편성되는 예산의 지출한도 설정에 활용
총액배분자율편성제	지출한도 내에서 각 부처의 자체예산편성 기능을 제공, 성과평가 등 관련 정보 검색기능 지원
성과관리제	사업별로 성과정보를 관리하고 예산 편성시 활용
프로그램예산	프로그램별로 재정사업을 관리할 수 있으며 집행현황도 체제별로 점검
복식부기 · 발생주의 회계	재정집행 결과가 복식부기 · 발생주의 회계 기준에 따라 실시간으로 자동 분류 · 정리됨(자동분개)

(5) 프로그램예산(Program Budgeting System ; 사업별 예산)

① 의의

㉠ 개념 : 예산의 계획 · 편성 · 배정 · 집행 · 결산 · 평가 · 환류의 전 과정을 프로그램(사업) 중심으로 구조화하고 성과평가 체계와 연계시켜 성과를 관리하고자 하는 예산제도

㉡ 도입목적 : 성과주의 예산을 실현하는 하부구조(기존의 투입과 품목 중심

의 통제 · 관리체제에서 벗어나 정책의 목적과 예산을 연계시켜 특정 정책 목적을 위하여 소요되는 예산을 파악하기 용이하게 하여 정책 우선순위에 입각한 전략적 재원배분과 효율적 성과관리를 도모)로서 예산의 자율성 · 책임성, 투명성, 효율성 확보

㉢ 연혁

- 지출에 대한 산출물을 중시하는 프로그램예산의 초기 모습은 PBS, PPBS에서 나타남. 1980년대 이후 세계 각국에서는 효율성 · 투명성 · 책임성을 강조하는 공공부문 개혁을 통해 국가재정 운영의 패러다임을 전환하였는데, 특히 OECD 등 주요 선진국에서 예산을 정부재정 운영의 성과관리와 연계하여 재정규율과 재정책임을 강화하고자 도입된 정책수단이 프로그램예산. GPRA와 PART의 핵심내용
- 우리나라는 중앙정부에 2007년 도입(프로그램예산), 지방정부에 2008년 도입(사업예산제도)

② 기본구조

㉠ 정부의 기능(function ; 분야 · 부문), 프로그램(program), 단위사업(activities, projects)의 계층구조

㉡ 프로그램이란 동일한 정책목표를 달성하기 위한 단위사업(Activity)의 묶음으로 정책적으로 독립성을 지닌 최소 단위. 단일관리자에 의해 책임이 부여되고 동일한 성격의 사업들로 구성이 되며 정책의 투입 · 산출, 목표가 관리되고 성과관리가 이루어지는 기본단위

㉢ 관련성이 높은 단위사업을 하나의 프로그램으로 묶어 포괄적으로 관리. 프로그램관리자는 상당한 자율성을 가지고 예산을 필요한 사업에 투입할 수 있게 되며 자율성에 따른 책임은 성과관리제도에 의해 확보됨

㉣ 과거에는 일반회계 · 특별회계부터 구분한 후 각 회계 내에서 부처를 구분하여 예산서를 작성하였지만, 프로그램예산에서는 예산서를 부처별로 우선 구분한 후 부처 내에서 일반회계 · 특별회계로 구분하여 작성. ⇨ 부처별로 여러 회계를 통해 추진하려는 각종 사업(프로그램) 내역을 일목요연하게 파악 가능

우리나라의 프로그램 예산제도에서 예산과목 기본 체계

구분	입법과목						행정과목			
기존	(회계)	장	관		항		세항	세세항	목 · 세목	
현행		분야	부문	(실 · 국)	프로그램 (정책사업)	(회계/ 기금)	단위 사업	(세부 사업)	편성 비목	통계 비목
분류		기능별		조직별	사업별	회계별	사업별		품목별	
예시		사회 복지	노인 · 청소년	노인 정책국	노인 의료보장	일반 회계	노인 돌보미 바우처	사업 운영, 지자체 보조	인건비 물건비	봉급, 정근수당, 성과상여금

기존		개편			
장	대기능	top –down ⇩	기능 level	분야	대기능] 소관부처
관	중기능			부문	중기능] 소관부처
항	소기능		사업 level	프로그램 (program)	성과관리 기본단위 – 실 · 국
세항	(대부분) 실 · 국			단위사업 (activity)	세부사업군 – 과 · 팀, 회계/기금 구분
세세항	세부사업	⇧ bottom –up		세부사업 (project)	재정사업 최소단위
목	품목별 분류		예산품목 level	편성비목	예산편성 시 판단비목
세목				통계비목	예산통계 및 심의 참고비목

③ 품목별 예산구조와 프로그램예산구조 비교

구분	품목별 예산구조	프로그램 예산구조
기본구조	품목 중심(인건비 · 물건비 등)	프로그램(정책수립 최소단위)
접근방식	투입관리와 지출 통제 중심	성과와 자율 중심
우선감시	규정과 감사	자율과 책임
정책연계성	예산편성 후 사후적 연계 및 조정	예산편성시부터 체계적으로 연계
예산사정	사업간 예산증감 계수조정	사업우선순위와 효과 판단
사업원가관리	주요 사업비만 관리	주요 사업비 + 인건비 등 간접비도 관리(세밀한 원가관리)
주요성과	예산절감, 합법성	성과, 효율성, 투명성
예산편성 행태	계속사업 위주의 점증주의적 분석	성과가 예상되는 신규사업 투자 촉진

예산편성 행태	조직부서의 책임성이 미흡한 상태에서 세부사업별로 품목과 단가를 통해 예산금액을 산정하는 상향식(bottom-up) 방식의 단년도 중심의 예산	예산총량 통제-국가재정운영계획에 입각하여 분야별 예산규모 한도 내에서 사업에 기초하여 예산을 편성하는 하향식(top-down) 방식

품목별 예산의 문제점	단위사업별 총예산규모 파악 곤란	사업목적(성과)에 대한 관심 미흡	전년 대비 점증적 예산편성	정책분석에 관심 미흡	품목별 총액 내 지출 사업 내 역 자율변경	품목별 한도 내에서 관리책임 국한
프로그램 예산의 기대효과	단위사업별 예산규모 파악 용이	사업별 예산 대비 성과측정 용이	사업기간별 중·장기 예산편성	사업성·효과성 등 정책분석 강조	사업별 총액 내에서 지출품목 자율변경	사업의 성과관리에 대한 책임 강화

④ 장점 · 도입효과

㉠ 품목 중심 투입관리와 통제중심의 재정운영에서 프로그램 중심의 성과, 자율, 책임 중심의 재정운영으로 전환

㉡ 사업별 총액 내에서 지출품목의 자율변경이 가능하므로 조직단위, 프로그램단위로 재정운영의 자율성이 부여되며, 각각에 대한 성과평가가 객관적으로 이루어지기 때문에 재정운영의 자율성과 책임성 동시 확보

㉢ 사업관리시스템이 함께 운용되므로 재정집행의 투명성과 효율성을 제고할 수 있으며 세부사업 단위의 전 생애주기를 관리함으로써 예산과정의 투명성과 효율성 제고

㉣ 단위사업별 예산규모의 파악과 사업별 예산대비 성과목표 설정 및 이에 따른 성과측정이 용이하므로 성과관리에 대한 책임 강화

㉤ 투입, 산출, 성과를 연계시킴으로써 객관적인 성과평가와 결과의 환류 및 반영

㉥ 각 조직과 프로그램단위에서 사용되는 자금의 용도가 분명하게 나타나고 예산집행에 대한 산출물과 정책영향(성과)을 객관적으로 파악할 수 있어 정책부문 간, 프로그램 및 사업 간의 우선순위 결정 등 재정정책결정을 위한 유용한 재정정보 생성

㉦ 프로그램예산 체계 내에 일반회계, 특별회계, 기금이 모두 포괄적으로 표시됨으로써 총체적 재정배분 내용을 파악할 수 있으며 유사중복 사업의 파악이 가능해져 예산낭비 방지

㉧ 프로그램의 원가정보를 제공하므로 성과평가와 재정의 전략적 배분에 유용한 정보 제공

㉨ 기능별 분류를 중앙정부와 지방정부 간에 통일시킴으로써 중앙정부와 지방정부 간 예산의 연계 및 자금이동의 흐름파악이 가능하고 특정분야에 대

한 중앙정부와 지방정부 간 재정분담 비율 등 파악

ⓩ 주민 등 이해관계자들이 필요로 하는 유용한 재정정보 제공. 일반 국민이 예산사업을 쉽게 이해할 수 있음

제3장

예산과정

제1절 예산과정의 개관

1. 예산과정(예산주기, 예산순환, 예산절차)

Check Point

우리나라의 예산과정별 주체
- 편성 : 행정부
- 심의 : 입법부
- 집행 : 행정부
- 결산 : 결산의 작성 · 검사는 행정부(기획재정부 · 감사원), 결산의 승인은 입법부에서 함
- 회계검사 : 행정부(감사원)

(1) 의의

일반적으로 예산은 매년 '편성 → 심의 → 집행 → 결산 및 회계검사'의 순환과정을 거치는데, 이를 예산과정이라 함

(2) 성격

① 예산은 국가 정책의 하나이며, 정책의 각 과정이 예산의 각 과정과 연계되어 있음

② 예산과정은 관련 집단이 자신의 이익을 추구하는 가치배분적 정치투쟁의 성격을 지님(정치성, 예산의 현실적 속성)

③ 예산과정은 자원배분의 최적화를 추구하는 합리적 분석 · 결정과정임(합리성, 예산의 규범적 · 이상적 속성)

④ 예산과정은 동태성과 주기적 순환성을 지님

꼭! 확인 기출문제

예산과정에 대한 설명으로 옳은 것은? [지방직 9급 기출]

① 예산과정은 예산편성－예산집행－예산심의－예산결산의 순으로 이루어진다.

❷ 예산집행의 신축성을 확보하기 위해 예비비, 총액계상 제도 등을 활용하고 있다.

③ 예산제도 개선 등으로 절약된 예산 일부를 예산성과금으로 지급할 수 있지만 다른 사업에 사용할 수는 없다.

④ 각 중앙부처가 총액 한도를 지정한 후에 사업별 예산을 편성하고 있어 기획재정부의 사업별 예산통제 기능은 미약하다.

해 ② 예산집행의 신축성이란 예산집행에 있어서 경제사정 등의 변화에 적응할 수 있도록 예산통제를 어느정도 완화하여 일정한 범위 내에서 행정부에 재량권을 부여하는 것을 말하는데, 이를 확보하기 위해 예비비, 총액계상 제도 등이 활용되고 있다.
① 예산과정은 예산편성－예산심의－예산집행－예산결산의 순으로 이루어진다.
③ 예산제도 개선 등으로 절약된 예산 일부를 예산성과금으로 지급할 수 있고 다른 사업에 사용할 수도 있다.
④ 총액배분자율편성 예산제도는 기획재정부가 부처별 · 분야별 지출한도를 정해준 후에 각 중앙관서에서 사업별 예산을 편성하므로, 기획재정부의 사업별 예산통제 기능은 강력하다.

2. 회계연도(FY ; Fiscal Year)

(1) 의의

① 개념
㉠ 일정 기간에 있어서의 수입과 지출을 구분 · 정리하여 양자의 관계를 명확하게 하기 위한 예산의 유효기간(예산집행의 유효기간)
㉡ 매년의 수지상황을 명확하게 하고 재정통제를 실현하기 위해 설정한 기간

② 중요성
㉠ **회계연도 독립의 원칙** : 각 회계연도의 경비는 그 연도의 세입 또는 수입으로 충당하여야 한다는 원칙(예외로는 예산의 이월, 계속비, 과년도 수입 · 지출 등이 있음)
㉡ **출납정리기한** : 한 회계연도에 속하는 세입과 세출은 원칙적으로 당해 연도 내에 완결되어야 함

(2) 각국의 회계연도(예산집행의 유효기간)

① 1월 1일~12월 31일 : 한국, 프랑스, 독일, 이탈리아, 스위스, 네덜란드, 터키, 아르헨티나, 브라질, 중국 등
② 4월 1일~3월 31일 : 영국, 캐나다, 일본, 파키스탄, 인도 등
③ 7월 1일~6월 30일 : 스웨덴, 호주, 필리핀 등
④ 10월 1일~9월 30일 : 미국

Check Point

회계연도
- 통상 1년이나 2년(미국의 일부 주), 6개월인 경우도 있음
- 우리나라는 「국가재정법」 규정에 따라 1년(1월 1일~12월 31일)

제2절 예산의 편성

1. 예산편성 및 편성기구

Check Point

행정부형의 장단점

㉠ 장점
- 국회의 예산심의 및 파악이 용이
- 전문성 제고
- 관련 정보 및 자료관리의 용이
- 예산집행 용이
- 행정의 복잡 · 전문화 경향 반영
- 행정수요의 객관적인 판단 및 반영 용이

㉡ 단점
- 대국민 책임 확보
- 예산통제 곤란
- 의회기능 약화

(1) 예산편성의 의의

① 예산편성이란 정부가 다음 회계연도에 수행할 정책이나 사업계획을 재정적인 용어와 금액으로 표시하여 완전한 계획안으로서의 예산안을 확정하는 절차를 말함

② 구체적으로는 예산편성지침의 작성에서부터 예산요구서의 작성 · 제출, 중앙예산기관의 사정, 예산안 확정에 이르는 일련의 과정을 말함

(2) 예산편성기구

① **행정부형** : 행정부에서 예산을 편성하는 행정부 예산편성주의를 말하며, 우리나라를 비롯한 대부분의 국가에서 채택하고 있음

② 입법부형 및 독립형

㉠ 입법부형
- 예산을 법률의 형식으로 하고 있는 영국(금전법안)과 미국(세출예산법안)에서 취하는 형태로, 실질적으로는 행정부의 요구와 조서이송을 바탕으로 하는 행정부 편성주의
- 행정부의 요구에 의하여 입법부 상임위원회에서 예산을 법률로서 편성

㉡ **독립형** : 독립된 별도의 위원회에서 예산을 편성하는 유형(필리핀, 미국의 일부 시 정부)

2. 편성방식 및 절차

Check Point

우리나라의 편성방식

상향적 방식(예산요구서 제출)에 하향식 방식(지출한도)을 결합한 방식을 취하고 있음

(1) 편성방식

① **상향적 방식(bottom-up)** : 각 부처에서 예산요구서를 제출하면 중앙예산기관에서 이를 검토 · 사정하여 예산을 확정

② **하향적 방식(top-down)** : 중앙에서 국가 전체의 전략적 재정계획에 따라 지출한도를 설정하면 그 범위 안에서 예산을 편성

(2) 편성절차

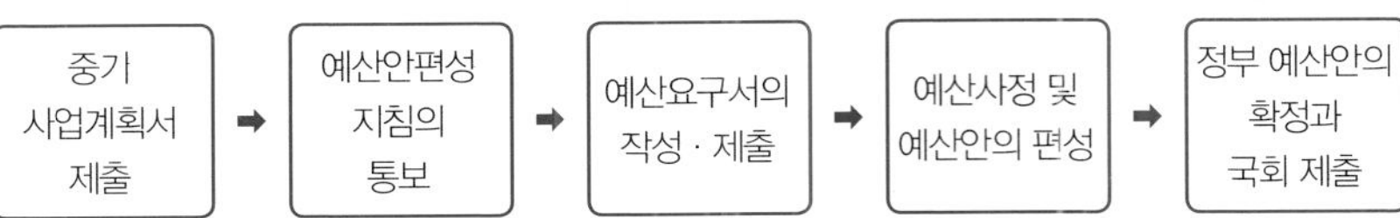

① **중기사업계획서 제출** : 각 중앙관서의 장은 미리 통보(전년도 12월 말까지 통보)된 국가재정운용계획 작성지침에 따라 매년 1월 31일까지 당해 회계연도부터 5회계연도 이상 기간 동안의 신규사업 및 기획재정부장관이 정하는 주요 계속사업에 대한 중기사업계획서를 기획재정부장관에게 제출해야 함

② **예산안편성지침의 통보**

㉠ 기획재정부장관은 국무회의의 심의를 거쳐 대통령의 승인을 얻은 다음 연도의 예산안편성지침을 매년 3월 31일까지 각 중앙관서의 장에게 통보해야 함(국회 예산결산특별위원회에도 보고)

㉡ 기획재정부장관은 국가재정운용계획과 예산편성을 연계하기 위하여 예산안편성지침에 중앙관서별 지출한도를 포함하여 통보할 수 있음

③ **예산요구서의 작성 · 제출** : 각 중앙관서의 장은 예산안편성지침에 따라 그 소관에 속하는 다음 연도의 세입세출예산 · 계속비 · 명시이월비 및 국고채무부담행위 요구서(예산요구서)를 작성하여 매년 5월 31일까지 기획재정부장관에게 제출해야 함

④ **예산사정** : 기획재정부는 각 부처의 예산요구서를 종합적으로 분석 · 검토

⑤ **예산안의 편성** : 기획재정부장관은 예산요구서에 따라 예산안을 편성하여 국무회의의 심의를 거친 후 대통령의 승인을 얻어야 함

⑥ **예산안의 국회제출** : 정부는 대통령의 승인을 얻은 예산안을 회계연도 개시 120일 전까지 국회에 제출해야 함

꼭! 확인 기출문제

「국가재정법」상 국가재정 운용에 대한 설명으로 가장 옳지 않은 것은? [서울시 9급 기출]

① 정부는 필요한 경우 회계 · 기금 간 여유재원의 전입 · 전출을 할 수 있는데, 국민연금기금과 공무원연금기금은 제외하고 있다.
② 외국차관을 도입하여 전대(轉貸)하는 경우는 예산총계주의 원칙의 예외에 해당한다.
③ 공무원 보수 인상을 위한 인건비 충당을 위해서는 예비비의 사용목적을 지정할 수 없다.
❹ 정부는 대통령의 승인을 얻은 예산안을 회계연도 개시 150일 전까지 국회에 제출하여야 한다.

해 ④ 「국가재정법」 제33조에 의하면 정부는 제32조의 규정에 따라 대통령의 승인을 얻은 예산안을 회계연도 개시 120일 전까지 국회로 제출하여야 한다.
① 일반회계 · 특별회계 기금 간 여유재원의 전출입은 원칙적으로 가능하지만 공적 연금기금(국민연금기금, 공무원연금기금, 군인연금기금 등)은 예외적으로 전출입에서 제외된다.

Check Point

국가재정운용계획의 수립

- 정부는 재정운용의 효율화와 건전화를 위하여 매년 해당 회계연도부터 5회계연도 이상의 기간에 대한 국가재정운용계획을 수립하여 회계연도 개시 120일 전까지 국회에 제출하여야 함
- 기획재정부장관은 「국가재정법」에 따른 국가재정운용계획의 수립을 위한 지침을 마련하여 당해 회계연도의 전년도 12월 31일까지 각 중앙관서의 장에게 통보하여야 함

Check Point

국회제출 예산안의 첨부서류

세입세출예산 총계표 및 순계표, 세입세출예산사업별 설명서, 계속비 지출액 및 지출예정액, 국고채무부담행위 설명서, 예산정원표와 예산안편성기준단가, 성과계획서, 성인지예산서, 조세지출예산서, 회계 · 기금 간 여유재원의 전입 · 전출 명세서 등

② 「국가재정법」상 예산총계주의에 대한 예외로는 현물출자, 외국차관 전대, 수입대체경비가 있으며 전대차관은 예산총계주의(완전성 원칙)의 예외이다.
③ 봉급예비비라는 목적예비비가 있긴 하지만 목적예비비의 경우 회계연도 중에 공무원보수 인상을 위한 인건비 충당 용도로는 예비비를 사용할 수 없다.

3. 예산편성

Check Point

예산의 구성
예산은 크게 예산총칙 · 세입세출예산, 계속비, 명시이월비 및 국고채무부담행위로 구성됨

Check Point

다양한 예산확보 전략
- **일반적 전략** : 수혜자 동원(파업, 시위 등), 사업의 중요성 부각, 신뢰의 확보 등
- **상황적 전략** : 방대한 자료 제시, 인맥동원이나 정치적 후견자 활용, 언론의 동원(언론플레이), 사업 우선순위의 조정(인기사업을 뒤로 배치), 인기사업과 신규사업의 결합(사업 끼워팔기식 전략), 공약사업 등 역점사업의 활용, 위기 시 혁신적 사업의 제시 · 착수, 기관장의 정치적 해결 모색, 정보격차의 활용, 기존예산의 삭감 저지(기득권 보호전략), 양보 및 획득전략(대를 위해 소를 희생하는 전략) 등

(1) 예산편성의 구성형식

① 예산총칙
㉠ 세입세출예산, 계속비, 명시이월비, 국고채무부담행위에 관한 총괄적 규정
㉡ 국채와 차입금의 한도액
㉢ 재정증권의 발행과 일시차입금의 최고액
㉣ 그 밖에 예산집행에 관하여 필요한 사항

② 세입세출예산 : 예산의 핵심 부분으로, 예비비도 여기에 포함됨
㉠ 세입세출예산은 필요한 때에는 계정으로 구분 가능
㉡ 독립기관 및 중앙관서의 소관별로 구분한 후 소관 내에서 일반회계 · 특별회계로 구분
㉢ 위 ㉡의 구분에 따라 세입예산은 성질별로 관 · 항으로, 세출예산은 기능별 · 성질별 · 기관별로 장 · 관 · 항으로 내용을 구분함
㉣ 예산의 구체적인 분류기준 및 세항과 각 경비의 성질에 따른 목의 구분은 기획재정부장관이 정함

③ 계속비
㉠ 완성에 오랜 기간이 필요한 공사 · 제조 · 연구개발사업은 그 경비의 총액과 연부액(年賦額)을 정하여 미리 국회의 의결을 얻은 범위 안에서 수년도에 걸쳐서 지출 가능
㉡ 국가가 지출할 수 있는 연한은 그 회계연도부터 5년 이내이나 다만 사업규모 및 국가재원 여건상 필요한 경우 예외적으로 10년 이내로 할 수 있음(필요시 국회 의결을 거쳐 지출연한 연장 가능)

④ 명시이월비
㉠ 세출예산 중 경비의 성질상 연도 내에 지출하지 못할 것으로 예측되는 때에는 그 취지를 세입세출예산에 명시하여 미리 국회의 승인을 얻은 후 다음 연도에 이월 가능
㉡ 각 중앙관서의 장은 명시이월비에 대하여 예산집행상 부득이한 사유가 있는 때에는 기획재정부장관의 승인을 얻은 범위 안에서 다음 연도에 걸쳐서

지출원인행위가 가능

⑤ **국고채무부담행위** : 국가가 예산 확보 없이 미리 채무를 부담하는 행위

㉠ 국가는 법률에 따른 것과 세출예산금액 또는 계속비의 총액 범위 안의 것 외에 채무를 부담하는 행위를 할 때 미리 예산으로써 국회의 의결을 얻어야 함

㉡ 국가는 ㉠ 외에 재해복구를 위하여 필요한 때에는 회계연도마다 국회의 의결범위 안에서 채무부담행위가 가능하며, 이 경우 일반회계 예비비 사용절차에 준하여 집행함

㉢ 국고채무부담행위는 사항마다 필요한 이유를 명백히 하고 그 행위를 할 연도 및 상환연도와 채무부담 금액을 표시해야 함

(2) 우리나라 예산편성의 문제점과 개선방안

문제점	개선방안
• 예산단가의 비현실성 • 각 부처 예산요구액의 가공성 • 행정부(중앙예산기관)의 예산통제 및 하향적 예산편성 • 예산사정의 비공개 • 전년도 답습적 편성(점증모형의 일반화) • 민중통제의 미흡 • 특별회계 및 추경예산의 남발(재정팽창의 요인) • 기획과 예산의 도치경향(선기획, 후예산)	• 국가시책 등의 우선순위 확립 • 예산단가의 조정 • 계획예산제도의 도입 • 관리기법의 도입 • 결산자료의 환류 • 공개적 예산편성

Check Point

T. Lynch의 예산관료 유형

- **합리주의자(합리주의 신봉자)** : 관료는 합리적 예산편성자이며, 예산결정이 합리모형에 따라 이루어져야 한다고 믿는다.
- **수동적 반응자** : 정치 · 행정이원론에 근거를 두고 정치적으로 임명된 고위관료에 의하여 이루어지며, 행정관료는 그러한 의도에 수동적으로 반응하게 된다는 유형이다.
- **정치우선주의자** : 관료들이 예산결정을 정치적이라고 보기 때문에 객관적인 예산자료 등에 대해 냉소적이며, 예산결정의 정치성을 중시한다.
- **현명한 예산담당자** : 정치가 우선적으로 중요하다는 점을 인식하나 합리모형의 분석도 한계는 있으나 나름대로 예산결정에 도움이 될 수 있다고 믿는 유형으로, Lynch가 가장 바람직한 유형이라고 보았다.

제3절 예산의 심의

1. 예산심의의 의의

Check Point

예산심의의 한계
- 예산결정에 있어서 의회심의의 수동성
- 포괄적 예산조정이 아닌 한계적 조정
- 행정부 예산요구액에 대한 부종성(附從性)

(1) 개념

① 국민의 대표기관인 의회가 재정감독권을 행사하여 행정부가 수행할 사업계획의 타당성 · 효율성을 검토하고 예산안을 확정(성립)하는 것을 말함

② 예산심의는 행정부에 대한 가장 실효성 있는 사전적 재정통제수단이자 재정민주주의의 실현과정이며, 국민에 대한 정치적 책임확보수단임(사실상의 국민주권 실현과정이라 할 수 있음)

③ 예산심의 과정에서는 다양한 이해관계를 조정 · 통합하는 정치성과 합리적 결정을 위한 과학성이 조화되어야 함

(2) 기능

① 행정부를 감독 · 통제하는 기능을 수행

② 정부가 추진해야 할 사업계획과 수준을 결정

③ 국가발전의 목표 달성을 위한 자원의 합리적 배분을 실현

④ 의회는 예산심의를 통해 세법 및 조세에 관한 법률의 제정 및 개정

⑤ 의회는 정부 활동을 비판 · 감시하고, 그 효율성을 분석하여 예산심의에 반영

2. 예산심의의 변수별 특징 비교

(1) 대통령제와 의원내각제

① 대통령제 : 권력분립과 견제를 바탕으로 하므로 예산심의도 엄격

② 내각책임제 : 의회 다수당이 내각을 구성하며 의원과 각료의 겸직이 많아 엄격한 심의가 곤란(의회의 심의과정 중 수정되는 일이 거의 없음)

(2) 예산과 법률

① 법률의 형식

㉠ 예산이 법률의 형식으로 동등한 효력(예산 의결이 곧 세출법안의 의결)을 가지므로 예산에 대한 비교적 엄격한 심의가 이루어짐(미국, 영국 등)

㉡ 예산이 법률의 형식인 경우는 원칙적으로 대통령이 거부권을 행사할 수 있

음(미국의 경우 「예산항목별 거부권법」이 위헌판결을 받아 무효화되어 항목별 거부권 행사는 인정되지 않음)

② **예산(의결)의 형식** : 예산이 법률의 하위 효력을 가지며, 거부권은 인정되지 않음(한국, 일본 등)

(3) 단원제와 양원제, 소위원회와 전원위원회

① **단원제와 양원제** : 단원제는 신속한 심의를 할 수 있으며, 양원제는 신중한 심의가 가능

② **소위원회와 전원위원회**

㉠ **소위원회 중심제**

- 소위원회 심의를 거쳐 본회의에서 위원회 심의 결과를 중심으로 심의(한국, 미국, 일본 등)
- 우리나라의 경우 상임위원회와 예산결산특별위원회를 중심으로 행하여지나, 국민에게 부담을 주는 주요 의안의 경우 상임위원회의 의결을 거쳐 전원위원회의 심사를 거칠 수 있도록 함

㉡ **전원위원회 중심제** : 과거 영국은 하원의 전원위원회에서 예산을 심의하였으나, 1971년 전원위원회가 폐지되고 상임위원회에서 심의함

(4) 예산심의에 영향을 미치는 구체적 변수(요인)

① **환경적 요인**

㉠ **경제적 환경** : 경제호황 및 불황에 따른 재정수입의 증감

㉡ **행정부와 입법부의 관계** : 행정부와 입법부 간의 지위나 권한배분 등

㉢ **정당 내 권력구조의 집권화 수준** : 정당 내 정당지도자와 국회의원 간의 권력구조가 집권화되어 있는 경우 의원의 예산심의권은 위축되고 예산심의가 왜곡될 수 있음

② **의회의 구조적 요인**

㉠ **위원회의 특성(상설 · 비상설 등)** : 예산전담위원회가 상설적 위원회인가 비상설 위원회인가에 따라 예산심의의 행태가 달라짐

㉡ **의회의 당파성과 이념** : 여당과 야당, 정당의 이념과 성향 등의 차이에 따라 달라짐(일반적으로 여당은 정부예산안을 지지 · 옹호하며 야당은 상대적으로 삭감지향적 태도를 보임)

㉢ **선거구민 대변방식(선거구제 등)** : 인구기준에 의한 소선거구제 방식의 경우 농민의 이익을 과소대표하고 도시주민의 이익을 과다대표할 수 있으며, 비례대표제를 확대할 경우 특수계층에 대한 배려가 확대됨

Check Point

예산안의 수정

- **한국, 영국** : 행정부의 예산편성권을 존중하여 동의 없이는 정부예산을 증액하거나 새로운 비목을 설치할 수 없음
- **일본, 미국** : 일본의 경우 의회의 증액수정권을 인정하고 있으며, 미국의 경우 의회는 예산안 삭감과 새 비목 설치 · 증액의 적극적 수정권을 지님

㉣ **예산심의의 절차(단계)** : 예산심의 절차가 단일 단계일 경우 책임성과 전문의식이 높아지고, 다단계의 형태를 띨 경우 객관성이 높아짐(단원제와 양원제, 단일 심의와 다단계 심의 등)

㉤ **예산심의의 기간** : 예산심의 기간이 충분한가 부족한가에 따라 예산심의의 행태가 달라짐

㉥ **예산심의의 보좌기관** : 적절한 정보와 자료를 제공해 줄 수 있는 보좌기관이 존재하는가 여부도 예산심의에 영향을 미침

③ **의원 개인의 특성 요인**

㉠ **의원의 전문성과 안정성** : 예산분야에 대한 전문성을 지니고 있는 경우 보다 심도 있는 예산심의 가능

㉡ **의원의 이념적 성향과 태도** : 의원 개인의 이념적 성향에 따라 예산심의의 행태가 달라짐

④ **예산 내용의 특성 요인** : 예산 내용이 경직성 경비(인건비 등)나 법정 경비, 칸막이 예산과 같이 의회가 영향력을 행사하기 어려운 내용이 포함된 경우 예산심의에 제약을 받음

3. 우리나라의 예산심의

(1) 심의절차

① **시정연설** : 회계연도 개시일 120일 전까지 예산안이 국회에 제출되면, 본회의에서 대통령의 시정연설과 기획재정부장관의 제안설명이 이루어짐

② **상임위원회별 예비심사** : '소관부처 장관의 제안 설명 → 전문위원의 검토 보고 → 정책질의 → 부별심의와 계수조정 → 결과보고'의 순으로 이루어짐

③ **예산결산특별위원회의 종합심사**

㉠ 의원 50인 이내로 구성되는 특별위원회(상설기구)로서, 예산심의의 핵심적 역할을 수행

㉡ **종합심사절차** : 기획재정부장관의 예산안 제안 설명 → 전문위원의 검토보고 → 국정 전반에 대한 종합정책 질의 및 답변 → 부별 심사 또는 분과위원회 심사 → 예산안조정소위원회의 계수조정 → 예산결산특별위원회의 전체회의 의결(찬반토론 후 표결)

Check Point

국정감사
본격적 예산심의에 앞서 매년 국회 정기회 집회일(9월 1일) 이전에 감사 시작일 부터 30일 이내의 기간을 정하여 소관 상임위원회별로 국정감사를 실시하고 예산운영에 대한 현장조사 및 자료수집을 하고 그 결과를 신년도 예산안에 반영(단 본회의 의결로 정기회 기간 중에 감사 실시 가능). 따라서 예산심의과정에 국정감사가 포함되지는 않음

Check Point

예비심사 내용의 존중
예산결산특별위원회는 소관 상임위원회의 예비심사 내용을 존중하여야 하며, 소관 상임위원회에서 삭감한 세출예산 각항의 금액을 증가하게 하거나 새 비목을 설치할 경우에는 소관 상임위원회의 동의를 얻어야 한다.

④ 본회의 의결 : 회계연도 30일 전까지 의결해야 하며, 본회의 의결로 예산은 완전하게 성립함(공포절차 불요)

Check Point

예산안조정소위원회의 계수조정
소위원회의 계수조정이 실질적 예산조정 절차라는 점에서 종합심사의 가장 중요한 절차라 할 수 있다. 소위원회안을 예산결산특별위원회 전체회의에서 수정 없이 수용하는 것이 관례이다.

꼭! 확인 기출문제

01. 예산심의에 대한 설명으로 옳지 않은 것은? [국가직 9급 기출]

① 예산심의는 사업 및 사업수준에 대한 것과 예산총액에 대한 것으로 나누어 볼 수 있다.
② 재정민주주의를 실현하는 과정이다.
❸ 예산결산특별위원회의 예비심사 후, 상임위원회의 종합심사와 본회의 의결을 거쳐 예산안을 확정한다.
④ 구체적인 정책결정의 기능으로 이해할 수 있다.

해 ③ 예산안은 소관 상임위원회의 예비심사 후 예산결산특별위원회에 회부되어 종합심사를 거치고 이후 본회의 의결로 확정된다.
② 예산심의를 통해 예산안 편성에 대한 민주적 견제와 조정, 국민 의견의 투입 · 반영 등이 가능하므로 재정민주주의를 실현하는 과정이라 할 수 있다.
④ 본회의 의결로 예산안이 확정(성립)되는 것이기 때문에 예산심의가 구체적인 정책결정 기능을 수행하는 것으로 이해할 수 있다.

02. 국회의 예산심의에 대한 설명으로 옳은 것만을 〈보기〉에서 모두 고른 것은? [지방직 9급 기출]

보기
ㄱ. 상임위원회의 예비심사를 거친 예산안은 예산결산특별위원회에 회부된다.
ㄴ. 예산결산특별위원회의 심사를 거친 예산안은 본회의에 부의된다.
ㄷ. 예산결산특별위원회를 구성할 때에는 그 활동기한을 정하여야 한다. 다만, 본회의의 의결로 그 기간을 연장할 수 있다.
ㄹ. 예산결산특별위원회는 소관상임위원회의 동의 없이 새 비목을 설치할 수 있다.

❶ ㄱ, ㄴ　　② ㄱ, ㄴ, ㄷ
③ ㄱ, ㄷ, ㄹ　　④ ㄴ, ㄹ

해 ㄱ · ㄴ 우리나라의 예산심의 절차는 크게 '국정감사 → 예산안의 국회제출 → 시정연설 → 상임위원회의 예비심사 → 예산결산특별위원회의 종합심사 → 본회의 의결'로 이루어진다.
ㄷ. 예산결산특별위원회는 예산과 결산의 심사를 위하여 구성된 특별위원회로서, 일반적인 특별위원회와는 달리 상설위원회이므로 활동기한이 없다.
ㄹ. 「국회법」 제84조에 의하면 상임위원회에서 증액한 내용은 예산결산특별위원회에서 상임위원회의 동의 없이 삭감할 수 있으나 예산결산특별위원회에서 새 비목을 설치하는 경우에는 상임위원회의 동의를 얻어야 한다.

(2) 특징

① 법률이 아닌 의결(예산)의 형식을 지님(의결주의)
② 국회는 정부의 예산안에 큰 수정을 가하지 않음(3% 이상 삭감한 일이 거의 없음)
③ 국회는 정부의 동의 없이 세출예산 금액을 증액하거나 새 비목을 설치할 수 없음
④ 상임위원회와 예산결산특별위원회의 심의 행태가 상이(대개 상임위원회는 증액지향적이며, 예산결산특별위원회는 삭감지향적)
⑤ 상임위원회의 증액 내용은 예산결산특별위원회가 상임위원회의 동의 없이 삭감할 수 있으나, 상임위원회가 삭감한 내용을 예산결산특별위원회가 증액하

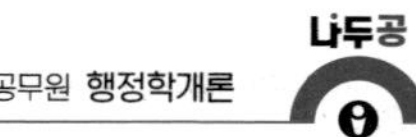

거나 새 비목을 설치하는 경우에는 상임위원회의 동의가 필요

⑥ 본회의보다 상임위원회와 예산결산특별위원회의 역할이 중심이며(특히 예산결산특별위원회를 중심으로 심의가 이루어짐), 예산위원회와 결산위원회가 결합되어 있어 전문성이 부족하다는 문제가 있음

⑦ 예산의 심의과정에서 당리당략에 따른 선심성 예산 등 정치적 고려가 강하게 반영되어 대폭적인 수정이나 심도 있는 심의가 어려움(정치적 성격이 강하게 반영됨)

(3) 문제점(한계)

① 예산위원회와 결산위원회가 분리되지 못하며, 전문성이 부족함

② 심의과정에서 국민의 의견투입이 취약함

③ 심의 기간이 짧아 비합리적이며, 획일적 · 일률적인 삭감이 난무함

④ 국회의원의 이권추구 및 전근대적인 가치관

⑤ 예산과 무관하거나 구체성 없는 정책질의로 일관함

(4) 개선방안

① 충분한 심의 기간으로 합리성 있는 삭감기준 제시

② 예산전담기관을 국회직속 상설기관으로 설치

③ 국회위원의 민주적 가치관의 확립

④ 국민들의 예산에 대한 비판 · 통제 의견을 수렴

⑤ 예산결산특별위원회와 상임위원회의 연계 및 국회와 감사원의 연계 강화

꼭! 확인 기출문제

국회의 예산심의에 대한 설명으로 옳지 않은 것은? [국가직 9급 기출]

① 상임위원회의 예비심사를 거친 정부예산안은 예산결산특별 위원회에 회부되고, 예산결산특별위원회에서 종합심사가 종결 되면 본회의에 부의된다.

❷ 예산결산특별위원회는 소관 상임위원회의 동의 없이 상임 위원회에서 삭감한 세출예산 각 항의 금액을 증액할 수 있다.

③ 국회는 정부의 동의 없이 정부가 제출한 지출예산 각 항의 금액을 증가하거나 새 비목을 설치할 수 없다.

④ 국회의장은 예산안을 소관 상임위원회에 회부할 때에는 심사 기간을 정할 수 있으며, 상임위원회가 이유 없이 그 기간 내에 심사를 마치지 아니한 때에는 이를 바로 예산결산특별위원회에 회부할 수 있다.

해 ② 예산결산특별위원회는 소관 상임위원회의 동의 없이 상임 위원회에서 삭감한 세출예산 각 항의 금액을 증액할 수 없다.

제4절 예산의 집행

1. 예산집행의 의의

(1) 개념

예산집행이란 국가의 수입 · 지출을 실행 · 관리하는 모든 행위로, 예산에 계상된 세입 · 세출뿐만 아니라 예산 성립 후에 일어날 수 있는 세입 · 세출 전부를 포함한 국가의 모든 수입 · 지출행위를 말함

Check Point

예산집행

예산서에 담긴 계획을 현실로 옮기는 행위를 말하는 것으로, 단순히 예산으로 정해진 금액을 국고에 수납하고 국고로부터 지불하는 것만을 말하는 것이 아니라 지출원인행위와 국고채무부담행위도 포함한다.

(2) 목표

① **재정통제** : 성립된 예산은 입법부와 국민의 의도를 계수적으로 표현한 것이므로, 집행에 있어 재정상의 한계를 엄수해야 할 것이 요구됨(재정민주주의의 구현)

② **예산의 신축성 유지** : 예산은 어디까지나 예정적 수치이므로 예산 성립 후에 정세와 상황의 변동에 따라 예산과 현실의 괴리현상이 발생할 수 있는데, 이러한 변동에 적응하기 위해 집행에 있어 신축성이 요구됨

③ **재정통제와 신축성의 조화** : 예산집행은 입법부의 의도와 재정한계를 엄수해야 하면서도 예산 성립 후의 여건변화에 적응하기 위해 신축성을 유지해야 하는 두 가지 대립적 목적을 달성해야 함(재정통제가 주된 목표이고 신축성의 유지는 보완적 목표이므로, 양자의 조화적 달성을 위해서는 예산과정의 어느 단계보다 공무원의 책임성이 강조됨)

2. 예산 집행상의 재정통제

(1) 예산의 배정과 재배정

① 개념

㉠ **예산의 배정** : 자금의 집중적인 지출을 막기 위해 중앙예산기관의 장(기획재정부장관)이 각 중앙관서의 장에게 각 분기별로 집행할 수 있는 금액과 책임소재를 명확히 하는 절차(회계연도 내의 수입과 지출의 합리적 배분을 도모하기 위하여 지출시기와 영역을 통제하려는 일종의 자금할당)

㉡ **예산의 재배정** : 각 중앙관서의 장이 배정받은 예산액의 범위 내에서 다시 산하 재무관(부속기관 또는 하급기관)에게 월별 또는 분기별로 예산액을

Check Point

예산의 배정

일반적으로 배정은 통제적 성격을 지닌 정기배정(연간배정계획에 따른 배정)을 말하며, 예외적으로 통제성보다 관리수단성에 중점을 두는 신축적 배정이 있음

다시 배정해주는 것(중앙관서 차원의 재정통제수단)

② **예산배정의 통제성** : 예산의 배정은 일시에 자금이 집중적으로 지출되는 것을 막기 위한 것으로, 지출원인행위의 근거 내지 요건적 절차가 됨

신축적 배정제도

통제성을 지닌 정기배정 외에 예외적으로 다음과 같은 신축적 배정제도가 있다(통제성보다는 관리수단성에 중점을 두는 제도).

① **긴급배정** : 예외적으로 회계연도 개시 전에 예산을 배정하는 것으로 각 중앙관서 장의 요구에 의해 기획재정부장관이 행함

② **조기배정** : 경제 정책상의 필요에 의하여 사업을 조기 집행하고자 할 때 연간 정기배정계획 자체를 상반기(1/4 또는 2/4분기)에 집중 배정하는 제도

③ **당겨배정** : 실제 집행과정에서 계획이나 여건 변화로 당초의 연간 정기배정보다 지출원인행위를 앞당길 필요가 있을 때 해당 사업에 대한 예산을 앞당겨 배정하는 제도

④ **수시배정** : 분기별 정기배정에 관계없이 사업 계획 및 수행상의 사유로 수시배정 요구를 받아 이를 분석 · 검토한 후에 예산을 수시로 배정하는 제도

⑤ **감액배정** : 배정된 예산에 대해 사업계획의 변동 또는 차질이나 재정 운영상의 필요에 의하여 감액하는 것(이미 집행된 예산에 대해서는 사실상 어려우며 집행 잔액에 대해서만 가능함)

⑥ **배정유보** : 각 중앙관서장이 보다 효율적인 계획 집행을 위해 기획재정부장관으로부터 배정받은 예산액 중 일부를 재배정하지 않고 유치 · 보류하는 제도(재정관리의 효율성 제고 수단)

(2) 지출원인행위의 통제

① 지출원인행위란 국가 지출의 원인이 되는 계약이나 기타 행위를 말하며, 이를 담당하는 회계기관은 원칙상 중앙관서의 장(실제로는 재무관)이며, 담당기관은 그 실적을 월별로 기획재정부장관에게 보고해야 함(월별 사업진행보고서 제출)

② 계약의 방법과 절차는 엄격히 규정되어 있으며, 일정 금액 이상의 계약은 상급기관의 승인을 얻어야 함

(3) 예비타당성 조사

① **의의** : 기존 타당성조사의 문제점을 보완하기 위하여 1999년 도입. 대규모 재정사업에 대한 담당 부처의 본격적인 타당성조사 이전에 기획재정부가 객관적 · 중립적으로 타당성에 대한 개략적인 사전조사를 통해 재정사업의 신규투자를 우선순위에 입각하여 투명 · 공정하게 결정하도록 함으로써 예산낭비 방지, 신규사업의 신중한 착수, 재정운영의 효율성 제고를 목적으로 하는 제도

② **대상사업** : 다음 해당 신규 사업

㉠ 총사업비 500억 원 이상, 국가 재정지원 규모 300억 원 이상인 건설사업(토목, 건축 등 건설공사가 포함된 사업), 지능정보화사업, 국가연구개발사업

Check Point

긴급배정의 사례

외국에서 지급하는 경비, 선박의 운영 · 수리 등에 속하는 경비, 교통이나 통신이 불편한 지방에서 지급하는 경비, 각 관서에서 필요한 부식물의 매입경비, 특수활동비(범죄수사 등), 여비, 경제 활동상 조기집행을 필요로 하는 공공사업비에 한하여 적용

국가직 9급 기출

01. 우리나라 행정부의 예산집행 통제장치에 해당하지 않는 것은?

① 정원 및 보수를 통제하여 경직성 경비의 증대를 억제한다.

② 정부조직 등에 관한 법령의 제정, 개정, 폐지로 인해 그 직무권한에 변동이 있을 때 예산도 이에 따라서 변동시킬 수 있다.

③ 각 중앙관서의 장은 2년 이상 소요되는 사업 중 대통령령이 정하는 대규모사업에 대해 사업규모 · 총사업비 · 사업기간을 정해 미리 기획재정부장관과 협의해야 한다.

④ 각 중앙관서의 장은 월별로 기획재정부장관에게 사업집행 보고서를 제출해야 한다.

해 ②는 예산의 이체(移替)에 설명인데, 이는 예산집행의 통제장치가 아니라 신축성 유지방안에 해당한다. 공무원 정원과 보수통제(①), 총사업비 관리제도(③), 보고제도(④) 등은 모두 예산집행의 통제방안에 해당한다.

답 01 ②

㉡ 중기사업계획서에 의한 재정지출이 500억원 이상인 사회복지, 보건, 교육, 노동, 문화 및 관광, 환경보호, 농림해양수산, 산업 · 중소기업 분야의 사업

③ **분석 방법 :** 경제성 분석, 정책성 분석, 지역균형발전 분석에 대한 평가결과를 종합(단, 지능정보화 사업은 기술성 분석을 포함하되 사업의 주요내용이 건설사업인 경우 기술성 분석을 수행하지 않을 수 있음)

경제성 분석	• 대상사업의 국민 경제적 파급효과와 투자적합성을 분석하는 핵심적 조사과정으로서 기본분석 방법은 비용 – 편익분석(사업 시행에 따른 수요를 추정하여 편익을 산정하고, 총사업비와 해당 사업의 운영에 필요한 모든 경비를 합하여 비용을 산정). 비용편익분석 부적합시 비용–효과분석 가능 • 여유자금 등을 활용한 수입증대를 주요 목적으로 하는 사업은 경제성 분석 대신 수익성 분석으로 대체 가능
정책성 분석	• 해당 사업과 관련된 사업추진 여건(정책일치성, 사업수용성), 정책 효과(사회적 가치), 사업 특수평가항목(재원조달위험성, 기타) 등 평가항목들을 정량적 또는 정성적으로 분석(사업특수평가항목은 선택적) • 재원조달위험성, 문화재가치 등 개별사업의 특성을 고려할 필요가 있을 경우에는 사업 특수평가항목에 반영 • 정책성 분석 과정에서 필요한 경우 재무성 분석을 실시하고 결과를 제시할 수 있음
지역균형 발전 분석	지역 간 불균형 상태의 심화를 방지하고 지역 간 형평성 제고를 위해 지역낙후도 개선, 지역경제 파급효과, 고용유발 효과 등 지역개발에 미치는 요인을 분석
기술성 분석	업무요구 부합성, 적용기술 적합성, 구현 · 운영계획 적정성 분석

- 사업 타당성에 대한 종합평가 : 평가항목별 분석결과를 토대로 다기준분석의 일종인 계층화분석법(AHP : Analytic Hierarchy Process)을 활용하여 사업시행의 적절성을 계량화된 수치로 도출. 사업의 추진 여부, 사업간 투자 우선순위 등을 결정하고, 사업의 최적 대안과 추진시기 등에 대한 정책적 제언

예비타당성 조사의 수행체계(건설 · 토목사업)

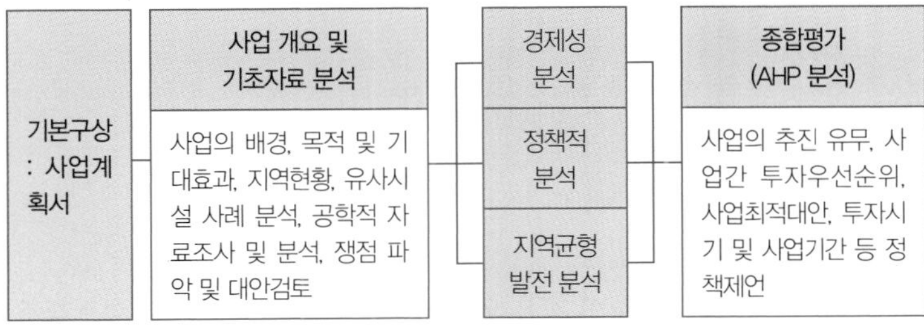

④ **예비타당성 조사와 타당성 조사 :** 타당성 조사는 예비타당성 조사를 거쳐 사업추진이 확정된 뒤에, 시행부처가 해당 사업을 추진하는 가장 효율적인 방안을 검토하는 제도이므로 개략적 조사에 그치는 예비타당성 조사와 달리, 지질조

사와 같은 기술적인 타당성 검토와 함께 경제성도 예비타당성 조사보다 더 구체적으로 분석. 예비타당성조사는 경제성 분석 외에 지역경제 파급효과, 지역균형개발 효과, 환경성, 지역의 사업추진의지까지 정책적 차원에서 분석하지만, 타당성 조사에서는 사업 추진을 전제로 현장실사 위주의 기술적 검토와 경제성 분석에 주안점을 둠

구분	예비타당성 조사	(본)타당성 조사
조사의 개념	타당성조사 이전에 예산반영 여부 및 투자우선순위 결정을 위한 조사	예비타당성조사 통과 후 본격적인 사업 착수를 위한 조사
조사주체	기획재정부	주무부처(사업시행기관)
기술적 타당성 분석	×(단, 지능정보화 사업은 기술성 분석을 포함)	○(토지형질조사, 공법분석 등 다각적인 기술성 분석)
정책적 분석	○	×(검토대상이 아님)
경제성 분석	본격적인 타당성조사의 필요성 여부 판단을 위한 개략적 수준의 경제성 분석	실제 사업 착수를 위한 보다 정밀하고 세부적인 수준의 경제성 분석
조사기간	단기적	장기적
조사대상	종합적 조사－해당 사업과 함께 가능한 모든 대안(후보사업)을 검토	해당 사업만 대상으로 수행

 꼭! 확인 기출문제

예비타당성조사에 대한 설명으로 옳은 것은? [지방직 9급 기출]

① 기존에 유지된 타당성조사의 문제점을 보완하기 위해 2013년부터 도입하였다.
② 신규 사업 중 총사업비가 300억 원 이상인 사업은 예비타당성조사대상에 포함된다.
③ 중앙행정기관의 장은 예비타당성조사를 실시하고 기획재정부장관과 그 결과를 협의해야 한다.
❹ 조사대상 사업의 경제성, 정책적 필요성 등을 종합적으로 검토하여 그 타당성 여부를 판단한다.

해 ④ 예비타당성조사는 조사대상 사업의 경제성, 정책성, 지역균형발전 등을 종합적으로 검토하여 그 타당성 여부를 판단한다.
① 예비타당성 조사제도는 이전의 부실한 타당성 조사로 인한 문제점을 보완하기 위해 1999년 김대중 정부 때 도입되었다.
② 예비타당성조사는 신규사업 중 총사업비가 500억 원 이상이고 재정지원 규모가 300억원 이상인 사업을 대상으로 한다.
③ 예비타당성조사는 예산당국인 기획재정부에서 실시한다.

(4) 총사업비의 관리

① **의의** : 각 중앙관서의 장은 완성에 2년 이상 소요되는 사업으로서 대통령령으로 정하는 대규모사업(다음의 표)에 대하여는 사업규모 · 총사업비 · 사업기간을 정하여 미리 기획재정부장관과 협의해야 함(협의내용 변경시에도 협의해야 함)

<table>
<tr><td rowspan="2">총사업비의 관리 대상 사업(국가재정법 시행령 제21조 ①항</td><td>총사업비가 500억 원 이상이고, 국가 재정지원 규모가 300억 원 이상인</td><td>• 건설공사가 포함된 사업. 단 건축사업 제외.
• 지능정보화 사업
• 그 밖에 사회복지, 보건, 교육, 노동, 문화 및 관광, 환경 보호, 농림해양수산, 산업 · 중소기업 분야의 사업</td></tr>
<tr><td colspan="2">건축사업 또는 연구개발사업으로서 총사업비가 200억 원 이상(사업추진 과정에서 총사업비 규모가 증액되어 총사업비가 200억원 이상에 해당하는 경우 포함)인 사업</td></tr>
</table>

② **목적** : 투자사업의 추진 과정에서 총사업비의 대폭 증액을 방지하고 재정투자의 생산성을 높임.

③ **타당성 재조사** : 기획재정부장관은 총사업비 관리 대상 사업 중 총사업비가 일정 규모 이상 증가하는 등 법정 요건에 해당하는 사업 및 감사원의 감사결과에 따라 감사원이 요청하는 사업에 대하여는 사업의 타당성을 재조사하고, 그 결과를 국회에 보고해야 함. 기획재정부장관은 국회가 그 의결로 요구하는 사업에 대하여는 타당성재조사를 하고, 그 결과를 국회에 보고해야 함

(5) 대규모 개발사업예산의 단계별 편성

각 중앙관서의 장은 대통령령으로 정하는 대규모 개발사업(총사업비 500억 원[건축사업은 200억 원] 이상인 사업)에 대하여는 타당성조사 및 기본설계비 · 실시설계비 · 보상비(댐수몰지역 보상과 공사완료 후 존속하는 어업권의 피해 보상은 제외)와 공사비의 순서에 따라 그 중 하나의 단계에 소요되는 경비의 전부나 일부를 해당 연도의 예산으로 요구해야 함(단, 부분완공 후 사용이 가능한 경우 등 사업의 효율적 추진을 위해 기획재정부장관이 불가피하다고 인정하는 사업은 2단계 이상의 예산을 동시에 요구 가능)

(6) 기타 통제방안

① **공무원 정원과 보수통제** : 공무원의 보수는 국가예산에서 큰 비중을 차지하고 있으므로, 예산한도액을 초과하지 않으려면 각 기관의 정원과 보수 등을 법정화하여 통제해야 함

② **회계기록 및 보고제도** : 각 중앙관서는 자체 수입 · 지출에 대한 회계기록뿐 아니라 시기별 보고와 결산보고를 해야 함

③ **예산안편성지침** : 기획재정부장관이 매년 3월 31일까지 각 중앙관서의 장에게 통보하는 예산안편성지침(지출한도액 포함)은 예산집행에 대한 사전통제임

④ **보조금의 관리** : 각 중앙관서의 장은 지방자치단체 및 민간에 지원한 국고보조금의 교부실적과 해당 보조사업자의 보조금 집행실적을 기획재정부장관, 국회 소관 상임위원회 및 예산결산특별위원회에 제출해야 함(국가재정법 54조)

⑤ **재정집행의 관리** : 각 중앙관서의 장과 기금관리주체는 매월 경과 후 20일 이내에 사업집행보고서와 예산 및 기금운용계획에 관한 집행보고서를 기획재정부장관에게 제출해야 함

⑥ **내부통제** : 각 중앙관서의 장은 재정관리 · 재원사용의 적정 여부와 집행과정에서 보고된 자료의 신빙성을 분석 · 평가하기 위하여 소속 공무원으로 하여금 필요한 사항에 관하여 내부통제를 하게 해야 함

⑦ **예산 및 기금운용계획의 집행에 대한 감독** : 기획재정부장관은 예산 및 기금운용계획의 집행 또는 결산의 적정을 기하기 위하여 소속 공무원으로 하여금 확인 · 점검하게 해야 하며, 필요시 각 중앙관서의 장에게 관련 제도의 개선을 요구하거나 국무회의 심의를 거친 후 대통령의 승인을 얻어 예산 및 기금운용계획의 집행과 결산에 관한 지시를 할 수 있음

⑧ **외부통제(국회의 의결과 사후승인)** : 계속비 · 명시이월비 · 예산의 이용 · 국고채무부담행위에 대한 국회의 의결과 예비비 사용에 대한 국회의 사후승인도 예산집행에 대한 통제작용

3. 예산 집행상의 신축성

Check Point

신축성의 필요성
- 예산 성립 후의 상황이나 여건 변화에 적응
- 정부예산의 경제안정화 기능 수행
- 예산의 효율적 집행을 위한 적절한 행정재량권 부여
- 경비절약 및 예산낭비 방지

(1) 의의

예산집행의 신축성이란 예산집행에 있어서 경제사정 등의 변화에 적응할 수 있도록 예산통제를 어느 정도 완화하여 일정한 범위 내에서 행정부에 재량권을 부여하는 것을 말함

(2) 신축성 유지방안

① 이용(移用)

㉠ 예산으로 정한 기관 간이나 입법과목인 장(章) · 관(款) · 항(項) 사이에 서로 융통하는 것

㉡ 미리 국회의 의결을 얻은 때에는 기획재정부장관(중앙예산기관장)의 승인을 얻어 이용하거나 기획재정부장관이 위임하는 범위 안에서 자체적으로 이용 가능

② 전용(轉用)

㉠ 행정과목인 세항(細項)과 목(目) 사이에 서로 융통하는 것

㉡ 기획재정부장관의 승인만 얻으면 가능(행정재량, 국회의결 불요, 이 경우 사업 간의 유사성이 있는지, 재해대책 재원 등으로 사용할 시급한 필요가 있는지, 기관운영을 위한 경비의 충당을 위한 것인지 여부 등을 종합적으

로 고려해야 함)

㉢ 기획재정부장관이 위임하는 범위 안에서 각 중앙관서장이 자체적으로 전용가능(자체 전용한도제)

㉣ 공공요금 및 봉급의 전용도 가능

③ 이체(移替)

㉠ 정부조직 등에 관한 법령의 제정 · 개정 또는 폐지로 인하여 중앙관서의 직무와 권한에 변동이 있는 때 예산의 책임소관이 기획재정부장관(중앙예산기관장)의 승인으로 변경되는 것(국회 승인 불요)

㉡ 당해 중앙관서장의 요구에 의해 기획재정부장관이 행하며, 책임소관 외에 사용목적과 금액은 변경되지 않음

④ 이월(移越)

㉠ 의의 : 해당 회계연도에 집행되지 않을 예산을 다음 회계연도에 넘겨서 다음 해의 예산으로 사용하는 것(회계연도 독립 원칙의 예외)

㉡ 종류

- 명시이월 : 예산편성 과정에서 세출예산 중 연도 내에 그 지출하지 못할 것이 예측될 때에는 미리 국회의 승인을 얻어서 다음 연도에 사용할 수 있게 한 것(세출예산 중 경비의 성질상 연도 내에 지출을 끝내지 못할 것이 예측되는 때에는 그 취지를 세입세출예산에 명시하여 미리 국회의 승인을 얻은 후 다음 연도에 이월하여 사용 가능)
- 사고이월 : 천재지변, 관급자재의 공급지연 등 불가피한 사유로 인하여 연도 내에 지출하지 못한 경비와 지출원인행위를 하지 않은 부대경비 이월을 말함(경상적 경비로서 대통령령이 정하는 경비(10%, 책임운영기관의 경우 20%) 등도 사고이월이 가능)

구분	사전예측	예산형식에 포함	국회의 사전승인	재이월	사용 사례	공통점
명시이월	사전예측 가능	○	필요	가능(사고이월)	적음	회계연도독립의 원칙의 예외
사고이월	불가피한 사유	×	불필요(사전의결원칙의 예외)	금지	많음	

⑤ 예비비

㉠ 의의

- 정부는 예측할 수 없는 예산 외의 지출 또는 예산초과지출을 충당하기 위하여 일반회계 예산총액의 100분의 1 이내의 금액을 예비비(일반예비비)로 세입세출예산에 계상할 수 있음

Check Point

이월의 특성

- **재이월** : 사고이월된 경비의 재차이월은 금지되며, 사고이월된 경비를 제외하고는 재이월에 특별한 제한이 없음
- **계속비 · 예비비의 이월** : 요건을 갖춘 경우 가능(승인받은 계속비 연부액을 사고이월하는 것을 체차이월이라고 하며, 이 경우 사업 완공 시까지 회수 제한 없이 이월 가능)

Check Point

일반예비비와 목적예비비

- **일반예비비** : 국가의 일반적 지출에 소용되는 경비(안전보장을 위한 예비비 포함)
- **목적예비비** : 특정 목적의 지출에 소요되는 경비(봉급예비비, 공공요금예비비, 재해대책예비비 등)

- 예산총칙 등에 따라 미리 사용목적을 지정해 놓은 예비비(목적예비비)는 별도로 세입세출예산에 계상(다만, 공무원의 보수 인상을 위한 인건비 충당을 위해서는 예비비의 사용목적을 지정할 수 없음)

㉡ 특성

- 편성 시 예측할 수 없는 예산 외 지출이나 예산초과지출 충당을 위한 것이므로, 성립 전에 이미 발생한 사유나 국회 개회 중의 대규모 예비비지출, 국회에서 부결한 용도의 지출 등은 지출이 제한됨
- 예산한정성 원칙과 예산사전의결의 원칙에 대한 예외이며, 기획재정부장관이 관리

⑥ 계속비

㉠ 의의 : 완성에 수년도를 요하는 공사나 제조 및 연구개발사업에서 그 경비의 총액과 연부액(年賦額)을 정하여 미리 국회의 의결을 얻은 범위 안에서 수년도에 걸쳐서 지출할 수 있는 경비

㉡ 특성

- 계속비의 연부액은 예산편성 시 세입세출예산에 반영하여 의회의 승인을 얻어야 하며, 지출 연한 기간은 5년 이내이며, 다만 사업규모 및 국가재원 여건상 필요한 경우 예외적으로 10년 이내로 할 수 있음(필요시 국회의결을 거쳐 지출연한 연장 가능)
- 회계연도 독립 원칙의 예외로서 인위적인 회계연도 구분의 원칙과 계속적인 지출의 필요라는 상반된 요청을 조화
- 국회 승인을 얻은 연부액은 차기년도에 이월(체차이월)할 수 있으나, 새로운 연부액은 국회의 승인을 얻어야 함
- 계속사업비의 결산보고서는 일반지출과 달리 사업이 끝나는 최종년도에 일괄보고 함

⑦ 국고채무부담행위

㉠ 의의

- 국가가 법률에 따른 것과 세출예산금액 또는 계속비의 총액의 범위 안의 것 외의 채무를 부담하는 행위를 말하며, 미리 예산으로써 국회의 의결을 얻어야 함(지출이 다음 회계연도 이후 필요한 경우 해당 연도의 국회의결을 얻지 못하면 국가가 채무불이행을 초래할 우려가 있어, 국가채무부담에 대해 해당 연도 예산으로서 미리 국회 의결을 얻어 두려는 취지)
- 국고채무부담행위는 사항마다 그 필요한 이유를 명백히 하고 그 행위를 할 연도 및 상환연도와 채무부담의 금액을 표시해야 함
- 국회 의결을 거친다는 점에서 통제적 성격이 있으나 세출예산금액 범위

를 벗어난 행위를 허가하는 것이므로 신축성 유지 수단으로 봄

㉡ 특성

- 지출권한이 아닌 채무부담행위를 할 권한을 말하므로 실제 지출 시 미리 예산에 계상하여 의결을 얻어야 하며, 일단 승인된 후에는 국회가 임의로 삭감할 수 없음
- 재해복구 등 예외적 사유에 해당하는 경우에는 미리 전년도 예산으로 의결되지 않아도 해당 연도 국회의 의결을 거쳐 국고채무부담행위를 할 수 있음
- 실제 지출은 해당 연도가 아닌 다음 회계연도부터 이루어지며, 다음 회계연도 예산에 계상

⑧ 수입대체경비

㉠ 용역 및 시설을 제공하여 발생하는 수입과 관련되는 경비로서 지출이 직접 수입을 수반하는 경비를 말함(국가가 서비스를 제공하고 그것을 제공받은 자에게 비용을 징수할 때 소요되는 경비)

㉡ 각 중앙관서의 장은 수입대체경비에 있어 수입이 예산을 초과하거나 초과할 것이 예상될 때에는 그 초과수입을 그 초과수입에 직접 관련된 경비 및 이에 수반되는 경비에 초과 지출할 수 있음

㉢ 국고통일의 원칙이나 완전성의 원칙(예산총계주의)의 예외에 해당하며, 그 인정범위가 점점 확대되는 추세임

⑨ **총액계상예산제도** : 예산편성단계에서는 사업의 총액으로만 계상하고, 세부 내역은 집행단계에서 각 중앙관서의 장이 자율적으로 결정하도록 하는 제도

⑩ **국고여유자금** : 기획재정부장관은 국고금 출납상 지장이 없다고 인정되는 때에는 그 회계연도 내에 한하여 정부 각 회계 또는 계정의 여유자금을 세입세출예산 외로 운용할 수 있음

⑪ **대통령의 재정 · 경제에 관한 긴급명령** : 국가가 재정 · 경제상 중대한 위기에 처하고 국회의 소집을 기다릴 여유가 없을 때 대통령은 긴급명령을 발할 수 있음(다만 국회에 즉시 통보하여 승인을 얻지 못하면 그 때부터 효력을 상실)

⑫ **기타 방안** : 신성과주의예산(총괄배정예산, 지출통제예산, 운영예산 등), 추가경정예산, 준예산, 수입 · 지출의 특례(과년도 수입 · 지출, 선금급, 개산급) 등

Check Point

수입대체경비의 대상
등기소의 등기부 등본 및 사본 발행경비, 외교통상부의 여권발급경비, 교육과학기술부의 대학입시경비, 각 시험연구기관의 위탁시험연구비 등

Check Point

총액계상예산제도
- **개념** : 정부예산은 원래 세부 사업별로 예산규모가 책정 · 집행되는 것이 원칙이나, 총액계상예산은 세부 사업이 확정되지 않은 상태에서 총액규모만 예산에 반영하는 것
- **목적** : 사정변동에 적응하고 예산운영의 탄력성을 제고하려는 것

꼭! 확인 기출문제

01. 예산집행의 신축성을 보장하기 위한 제도에 대한 설명 중 가장 옳은 것은? [지방직 9급 기출]

❶ 예산의 이용은 입법과목 간 융통을 의미하는 것으로, 예산 집행상 필요에 따라 미리 예산으로써 국회의 의결을 얻은 때에는 기획재정부장관의 승인을 얻어 이용할 수 있다.
② 예산의 이체는 정부조직 등에 관한 법령의 제정 · 개정 또는 폐지로 인하여 중앙관서의 직무와 권한에 변동이 있을 때 이루어지는 것으로 국회의 승인이 있어야 한다.
③ 예산의 이월은 당해 회계연도에 집행되지 않은 예산을 다음 연도의 예산으로 사용하는 것으로 각 중앙관서의 장이 자유롭게 이월 및 재이월할 수 있다.
④ 계속비는 원칙상 5년 이내로 국한하지만 필요하다고 인정하는 때에는 기획재정부장관의 승인을 통해 연장할 수 있다.

해 ① 「국가재정법」 제47조 제1항에 규정된 내용이다.
② 예산의 이체(移替)는 정부조직 등에 관한 법령의 제정 · 개정 또는 폐지로 인하여 중앙관서의 직무와 권한에 변동이 있는 때 예산의 책임소관이 기획재정부장관(중앙예산기관장)의 승인으로 변경되는 것을 말하며, 국회의 승인을 요하지 않는다.
③ 예산의 이월(移越)은 당해 회계연도에 집행되지 않은 예산을 다음 회계연도에 넘겨서 다음 해의 예산으로 사용하는 것을 말하는데, 명시이월은 국회의 승인을 얻은 후 이월하여 사용할 수 있다(국회의 사전의결이 필요). 즉, 세출예산 중 경비의 성질상 연도 내에 지출을 끝내지 못할 것이 예측되는 때에는 그 취지를 세입세출예산에 명시하여 미리 국회의 승인을 얻은 후 다음 연도에 이월하여 사용할 수 있다(「국가재정법」 제24조 제1항).
④ 계속비의 지출 연한은 원칙상 5년 이내이나 사업규모 및 국가재원 여건상 필요한 경우 예외적으로 10년 이내로 할 수 있다(필요시 국회 의결을 거쳐 지출연한 연장 가능).

02. 재정 민주주의에 대한 설명으로 옳지 않은 것은? [국가직 9급 기출]

① 재정 민주주의는 '대표 없이 과세 없다'라는 표현에서 나타나듯이 재정 주권이 납세자인 국민에게 있다는 의미를 내포하고 있다.
② 납세자인 시민이 국가 또는 지방자치단체의 재정지출과 관련된 부정과 낭비를 감시하는 납세자 소송제도는 재정 민주주의의 본질을 잘 반영하고 있다.
③ 주민참여 예산제도는 예산편성과정에 주민참여를 확대함으로써 지방재정 운영의 투명성 및 공정성을 제고하여 재정 민주주의에 기여한다.
❹ 정부 예산집행의 신축성을 확대하기 위하여 만들어진 예산의 전용제도는 국회의 동의를 구해야 하므로 재정 민주주의 확보에 기여하는 제도적 장치이다.

해 ④ 신축성 유지를 위한 제도인 예산의 전용 및 이용은, 국회의 통제를 강조하는 재정 민주주의를 저해한다. 한편 예산의 전용은 행정과목인 세항(細項)과 목(目) 사이에 서로 융통하는 것으로, 기획재정부장관의 승인을 얻으면 가능하며 국회의 의결은 불필요하다.

4. 예산집행의 절차

(1) 수입

① 수입의 의미 : 조세 등 국고금이 세입으로 납입되거나 기금에 납입되는 것
② 징수기관과 수납기관의 분리 : 징수기관(수입징수관)이 징수를 결정하여 납입고지한 수입을 수령하는 수납기관은 분리됨(겸직이 금지됨)
③ 수입사무기관

Check Point

경비부족 시 대처방안
- 대통령의 재정 · 경제상의 긴급명령권(「헌법」 제76조)
- 예산의 이용과 전용
- 예산의 긴급배정
- 예비비의 사용
- 추가경정예산 편성
- 조상충용 등

수입사무 총괄기관	기획재정부장관
수입사무 관리기관	각 중앙관서의 장
수입징수관	수입 징수에 관한 사무를 위임받은 공무원
수납기관	수입징수관이 징수결정을 하여 납입고지한 수입을 수령하는 기관

④ 수입의 원칙

㉠ 법령이 정하는 바에 따라 징수 또는 수납

㉡ 각 중앙관서의 장은 다른 법적 규정이 없는 한 그 소관 수입을 국고에 납부하여야 하며, 직접 사용이 금지됨

㉢ 수입의 회계연도 구분은 발생주의에 따름

⑤ 수입의 특례

㉠ **수입대체경비** : 그 수입이 확보되는 범위 내에서 직접 지출 가능

㉡ **과년도(지난 연도) 수입** : 현 연도(現 年度) 수입에 편입하며, 현금주의 방식 적용(발생주의의 예외)

㉢ **과오납금의 반환** : 잘못 납입된 수입금은 반환함

㉣ **수입금의 환급** : 법에 따라 환급해야 할 금액이 있는 경우 이를 환급함

㉤ **선사용자금** : 국고에 납입 전에 미리 사용하고 지출금으로 대체납입하는 자금을 말하며, 「정부기업예산법」에 의한 특별회계는 수입금을 선사용자금으로 운용할 수 있음

⑥ 수입의 징수와 수납

㉠ 수입의 징수는 징수결정, 납입고지, 수납, 독촉 및 강제집행의 순으로 이루어짐

㉡ 수입징수관은 수입을 조사 · 결정하여 납세의무자와 채무자에게 납입을 고지

㉢ 수입금은 이를 수납하는 출납공무원(수입금 출납공무원)이 수납하며, 출납공무원은 수납 후 수납금을 바로 한국은행 또는 금고은행에 납입해야 함

(2) 지출

① 의의 : 세출예산 및 기금운용계획의 집행에 따라 국고에서 현금 등이 지급되는 것

② 지출사무기관

지출사무 총괄기관	기획재정부장관
지출사무 관리기관	중앙관서의 장
재무관	지출원인행위를 하는 공무원

지출관	지출을 결정하고 명령하는 공무원
출납기관(기급기관)	지출명령에 따라 현금을 지급하는 기관

③ 지출원칙

㉠ 지출은 채권자 등의 계좌로 이체하여 지급함이 원칙

㉡ 지출관은 채권자 등을 수취인으로 하는 경우 외에는 지출할 수 없음(출납공무원에게 자금을 교부하는 경우는 예외)

㉢ 지출은 월별 세부 자금계획의 범위 내에서 행함

㉣ 지출의 회계연도 구분은 회계연도 독립의 원칙에 의하여 당해연도 세입예산으로부터 지출해야 하며, 회계연도 개시 후에 지출을 행함

④ **지출원인행위** : 세출예산 · 계속비 · 국고채무부담행위 및 기금운용계획에 따라 국가 지출의 원인이 되는 계약 행위 등을 행하는 것으로, 중앙관서의 장이 법령 등의 규정에 따라 배정된 금액 범위 내에서 행함

⑤ 지출의 특례

㉠ **관서운영경비** : 지출은 원칙적으로 채권자를 수취인으로 하는 계좌이체로서 행해지지만, 관서를 운영하는 데 드는 기본경비와 같이 그 성질상 법적 절차에 따라 지출할 경우 업무수행에 지장을 줄 우려가 있는 경비에 대해서는 필요한 자금을 관서운영경비 출납공무원으로 하여금 지출관으로부터 교부받아 지급하게 할 수 있음

㉡ **회계연도 개시 전 자금 교부** : 특정 연도의 지출은 그 연도 개시 후 지출함이 원칙이나, 연도 개시일 전에 신년도 소요자금을 교부하지 않으면 불편한 경비 등은 연도 개시 전에 지급

㉢ **선급** : 외국에서 직접 구입하는 기계 · 도서 · 정기간행물의 대가 등을 이행기도래 전에 미리 지급하는 것(금액이 확정되어 있으므로 정산이 필요 없음)

㉣ **개산급** : 채무금액이 확정되기 전에 이를 개략으로 계산하여 미리 채무금액을 지급하는 것(확정되어 있지 않은 여비, 보조금, 부담금, 교부금 등을 미리 지급하는 것을 말하며, 채무금액이 확정되면 이를 정산하여야 함)

㉤ **과년도(지난 연도) 지출** : 전년도 회계연도의 경비가 지출되지 않는 경우에 현 연도 예산으로 지출하는 것

㉥ **지출금의 반납** : 지출된 금액이 반납되는 경우 지출한 과목에 반납해야 함

㉦ **상계처리** : 채권 · 채무가 동일인에 귀속되는 경우 가능

Check Point

지급
지출관의 지출명령에 따라 현금을 지급하는 것을 말하며, 지급기관(출납기관)이 행함(지급기관으로는 한국은행, 관서운영경비 출납공무원 등)

Check Point

선급과 개산급(「국고금 관리법」 제26조)
지출관은 운임, 용선료(傭船料), 공사 · 제조 · 용역 계약의 대가 등의 경비 중 성질상 미리 지급하지 않거나 개산(槪算)하여 지급하지 않으면 해당 사무나 사업에 지장을 가져올 우려가 있는 경비의 경우에는, 이를 미리 지급하거나 개산하여 지급할 수 있음

정부계약의 종류(경쟁유형 또는 입찰방식에 따른 구분)

㉠ **일반경쟁계약** : 일반적(원칙적) 계약유형으로, 불특정 다수인을 경쟁하여 입찰하게 하고 그 중 가장 유리한 조건을 제시한 자를 낙찰자로 결정하는 방식으로, 계약의 민주성 · 공정성 · 경제성을 확보할 수 있는 반면, 절차가 복잡하고 비용이 과다하며 부실업체의 참여가능성이 있음

㉡ **제한경쟁계약** : 입찰참가자격을 공사금액 · 실적 · 기술보유 상황 등의 기준에 의해 제한하는 방식으로, 능력 있는 자의 입찰 참가를 유도하는 목적을 지님

㉢ **지명경쟁계약** : 기술력 · 신용 등에 있어 적당한 특정 다수인을 지명하고 지명된 자들로 하여금 경쟁을 시키는 계약방식으로, 일반경쟁계약과 수의계약의 단점을 보완하나, 지명된 자들의 담합을 초래하기 쉬움

㉣ **수의계약** : 계약기관이 임의로 적당하다고 인정하는 상대자와 계약하는 방식으로, 경비 절감과 적합한 상대자 선정이 가능한 반면, 부정을 초래하기 쉬운 단점을 지님

㉤ **다수공급자계약(MAS)** : 품질이나 성능이 비슷한 물품을 다수의 공급자들과 협상을 통하여 계약을 체결하고 수요기관이 원하는 물품을 선택하게 하는 방식

Check Point

다수공급자계약(MAS)의 도입

미국, 영국 등 선진국에서 이미 보편화되었으며, 우리나라의 경우 공통적으로 소요되는 물품의 구매와 관련하여 수요기관의 다양한 요구를 충족시키기 위해 2005년 1월부터 도입

제5절 결산 및 회계검사

1. 결산

(1) 결산의 의의

① 개념

㉠ 1회계연도 동안의 국가의 수입 · 지출의 실적을 확정적 계수로 표시하여 검증하는 행위

㉡ 수입과 지출의 실적에 대한 정부의 사후적 재무보고

② 특징

㉠ **사후적 성격** : 결산은 정당한 경우에 정부의 책임을 사후 해제시키는 효과를 지님

㉡ **정치적 · 역사적 성격** : 결산이 지출행위를 무효로 하거나 취소하는 법적 효력을 가지는 것은 아니며, 다만 다음 연도 예산편성 시 정치 쟁점화 가능

㉢ **집행의 책임 확인 및 해제** : 국회의 결산승인에 의해 예산집행에 대한 정부 책임 해제(부정행위에 대한 변상책임이나 형사책임까지 해제되는 것은 아님)

㉣ 예산주기의 마무리과정이자 정부 재정정보의 산출과정

Check Point

결산의 기본 원칙

정부는 결산이 「국가회계법」에 따라 재정에 관한 유용하고 적정한 정보를 제공할 수 있도록 객관적인 자료와 증거에 따라 공정하게 이루어지게 해야 함

③ 기능

㉠ 정부가 재정활동을 예산의 범위 내에서 했는지를 사후확인(소극적 기능)

㉡ 차기의 예산운영에 반영하도록 참고자료를 제공하는 기능(적극적 기능)

㉢ 입법부의 의도가 구현되었는가를 확인

Check Point

출납기한

출납의 정리 · 보고 및 장부정리 등 출납사무를 마감해야 하는 기한을 말하는 것으로, 다음 연도 2월 10일까지 완결해야 함

Check Point

결산보고서의 서류 구성(「국가회계법」 제14조)

- 결산 개요
- 세입세출결산(중앙관서결산보고서 및 국가결산보고서의 경우에는 기금의 수입지출결산을 포함하고, 기금결산보고서의 경우에는 기금의 수입지출결산을 말함)
- 재무제표(재정상태표, 재정운영표, 순자산변동표)
- 성과보고서

Check Point

결산보고서(세입세출결산)의 부속서류(「국가회계법」 제15조의2)

- 계속비 결산명세서
- 세입세출결산 사업별설명서
- 총액계상 사업집행명세서
- 수입대체경비 사용명세서
- 이월명세서
- 명시이월비 집행명세서
- 정부기업특별회계 회전자금운용명세서
- 성인지(性認知) 결산서
- 온실가스감축인지 결산서
- 예비금 사용명세서
- 「국가재정법」 제50조에 따른 총사업비 관리대상 사업의 사업별 집행명세서, 제53조제2항에 따른 현물출자명세서, 제90조에 따른 전년도 세계잉여금의 처리명세서, 제90조제9항에 따른 세계잉여금의 내역 및 사용계획
- 「국고금관리법」 제32조제1항에 따른 재정증권의 발행 및 한국은행 일시차입금의 운용명세서
- 그 밖에 대통령령으로 정하는 서류

(2) 절차

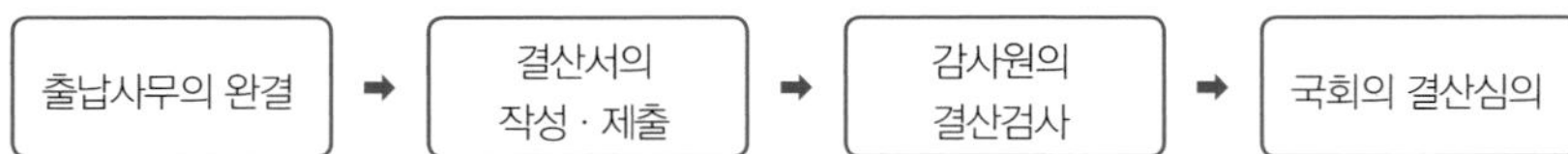

① **출납사무의 완결(출납정리기한)**

㉠ 1회계연도의 수납 · 지출을 완결하는 기한을 말함(원칙상 12월 31일)

㉡ 결산을 하기 위해서는 세입 · 세출의 출납사무를 해당 회계연도 말일까지 완결해야 함

② **결산서의 작성 및 제출**

㉠ **중앙관서결산보고서의 작성 · 제출** : 각 중앙관서의 장은 매 회계연도마다 그 소관에 속하는 일반회계 · 특별회계 및 기금을 통합한 결산보고서(중앙관서결산보고서)를 작성하여 다음 연도 2월 말까지 기획재정부장관에게 제출

㉡ **국가결산보고서의 작성 · 제출** : 기획재정부장관은 각 중앙관서의 장이 제출하는 중앙관서결산보고서를 통합하여 국가결산보고서를 작성한 후, 국무회의의 심의를 거친 후 대통령의 승인을 얻어 다음 연도 4월 10일까지 감사원에 제출(결산에 성과보고서를 첨부함)

③ **결산검사(결산확인) 및 보고서 제출**

㉠ 감사원은 제출된 국가결산보고서와 부속서류를 검사하고, 그 보고서를 다음 연도 5월 20일까지 기획재정부장관에게 송부

㉡ 감사원의 결산검사(결산확인)는 결산의 합법성과 정확성에 대한 검증행위로, 위법 · 부당한 내용을 발견한 경우에도 이를 무효 · 취소할 수 없음

④ **결산의 국회제출** : 정부는 감사원의 검사를 거친 국가결산보고서 및 부속서류를 다음 연도 5월 31일까지 국회에 제출

⑤ **국회의 결산심의**

㉠ 결산(기금결산 포함)은 본회의 보고, 상임위원회의 예비심사, 예산결산특별위원회의 종합심사, 본회의 심의 · 의결(승인)을 거쳐 확정됨

㉡ 결산에 대한 심의 · 의결은 정기회 개회 전까지 완료해야 함(「국회법」 제128조의2)

(3) 우리나라 결산의 문제점과 개선방안

① 문제점

㉠ 국회의 전문성 부족 및 책임 확보수단의 부재

㉡ 짧은 시간 내에 심도 있는 분석 부족

㉢ 상임위원회나 예산결산특별위원회가 결산심의에 대하여 형식적이고 무성의

㉣ 결산의 과소평가로 예산과 결산의 연결이 미비

② 개선방안

㉠ 국회의 전문성 강화 필요

㉡ 환류과정을 통해 적극적 기능 활성화

㉢ 결산위원회를 설치하여 국회의 심사를 강화

㉣ 결산의 적극적 기능의 활성화로 예산과 결산의 상호연결 강화

꼭! 확인 기출문제

우리나라의 결산에 대한 설명으로 옳지 않은 것은? [국가직 9급 기출]

① 결산은 한 회계연도의 수입과 지출 실적을 확정적 계수로 표시하는 행위이다.
② 정부는 감사원의 검사를 거친 국가결산보고서를 국회에 제출하여야 한다.
❸ 결산은 국회의 심의를 거쳐 국무회의의 의결과 대통령의 승인으로 종료된다.
④ 각 중앙관서의 장은 회계연도마다 소관 기금의 결산보고서를 중앙관서결산보고서에 통합하여 작성하여야 한다.

해 ③ 결산은 국가결산보고서를 국무회의의 심의를 거친 후 대통령의 승인을 얻어 감사원에 제출하고, 감사원의 검사를 마친 국가결산보고서를 국회에 제출하여 심의 · 의결 후 종료된다.
① 결산은 1회계연도 동안의 국가의 수입 · 지출의 실적을 확정적 계수로 표시하여 검증하는 행위로, 수입과 지출의 실적에 대한 정부의 사후적 재무보고이다.
② 정부는 감사원의 검사를 거친 국가결산보고서 및 부속서류를 다음 연도 5월 31일까지 국회에 제출하여야 한다.
④ 각 중앙관서의 장은 매 회계연도마다 그 소관에 속하는 일반회계 · 특별회계 및 기금을 통합한 중앙관서결산보고서를 작성하여 다음 연도 2월 말까지 기획재정부장관에게 제출하여야 한다.

2. 회계검사

(1) 의의

① 개념 : 회계검사란 정부기관의 재정활동 및 그 수지결과를 제3의 기관이 확인 · 검증 · 보고하는 행위를 말함

② 목적

㉠ 지출의 합법성을 확보(1차적 목적)

㉡ 재정낭비의 방지와 비위 · 부정의 적발 및 시정

㉢ 회계검사의 결과를 행정관리 개선과 차기 재정정책 수립에 반영

Check Point

예산과 결산의 일치문제

예산과 결산은 정확히 일치될 수는 없다(예산엄밀성 원칙의 준수 곤란). 이는 이용 · 전용, 이체, 이월, 예비비 지출 등 예산의 신축적 제도와 예산에 대한 불법사용이 존재하기 때문이다.

Check Point

결산 관련 기능별 소관

- **결산(국가결산보고서)의 작성 · 관리** : 기획재정부
- **결산검사(결산확인)** : 감사원
- **결산의 승인(심의 · 의결)** : 국회

Check Point

회계검사의 특징

- 회계검사의 대상은 회계기록
- 회계기록은 타인(제3의 기관)이 작성한 것이어야 함
- 회계기록의 정부(正否) 및 적부(適否)에 관한 비판적 검증절차

Check Point

전통적 회계검사의 문제점
- 지출의 합법성에만 치중하여 대국민 행정책임의 확보 곤란(현대적 회계검사는 경제성 · 능률성 · 효과성 중시)
- 법령에 대한 형식적 해석으로 소극적 법규만능주의 초래(적극적 · 능률적 행정 수행곤란)
- 불법에 이르지 않은 공금의 부당지출 방지가 곤란
- 정부지출의 전반적인 성과분석(효과성 · 합목적성 분석) 곤란(현대적 회계검사는 정책감사 · 성과감사에 중점)

(2) 회계검사의 방식

① 서면검사와 실지검사
- ㉠ 서면검사 : 각 기관으로부터 제출되는 서류에 의한 검사
- ㉡ 실지검사 : 직원이 현장에 직접 나가 확인하는 검사(파견검사)

② 사전검사와 사후검사
- ㉠ 사전검사 : 지출이 있기 전 실시하는 회계검사
- ㉡ 사후검사 : 지출이 있은 후 실시하는 회계검사

③ 내부검사와 외부검사
- ㉠ 내부검사 : 당해 기관의 자체 회계검사
- ㉡ 외부검사 : 외부의 회계검사 담당기관이 실시하는 검사

④ 정밀검사와 표본검사
- ㉠ 정밀검사 : 모든 수입 · 지출을 상세하게 검사(전수검사)
- ㉡ 표본검사 : 검사의 일부를 표본 추출하여 선택적으로 검사

⑤ 감사초점에 따른 분류방식
- ㉠ 재무감사 : 가장 보편적인 방식으로, 재무기록의 확인과 통제에 초점을 둠
- ㉡ 합법성 감사 : 법령이나 규칙에 따라 수행했는가에 대한 감사로, 감사의 초점이 통제에 있으며 재무감사와 함께 가장 보편적으로 사용
- ㉢ 능률성 감사 : 경제적 · 능률적으로 관리되었는지를 감사
- ㉣ 성과감사(정책감사, 사업감사) : 오늘날 강조되는 것으로, 합법성 감사 외에 정부의 기능 · 사업 · 활동 등의 경제성 · 능률성 · 효과성 등까지 감사하는 것

⑥ 미국식 분류방식 : 일반검사, 상업식 검사, 종합검사(통합검사)

(3) 회계검사기관의 종류

① 소속별 종류
- ㉠ 입법부형(영미형) : 회계검사기관이 입법부에 소속하고 있는 형태(영국, 미국, 벨기에, 이스라엘, 오스트리아 등)
- ㉡ 행정부형(대륙형) : 회계검사기관이 행정부에 소속하고 있는 형태(우리나라, 중국, 포르투갈, 과거의 프랑스 등)
- ㉢ 독립형 : 회계검사기관이 입법 · 사법 · 행정부에 속하지 않고 독립된 기관으로 존재하는 행태(프랑스, 일본, 대만 등)

② 구성방식별 종류
- ㉠ 단독제 : 회계검사기관의 장이 지휘 · 감독하는 행태(영 · 미의 회계검사원)
- ㉡ 합의제 : 위원들의 합의를 통한 형태(한국의 감사원, 일본 · 네덜란드의 회계검사기관 등)

③ 법적 근거별 종류 : 헌법상 기관(우리나라 등), 비헌법상 기관(미국 등)

(4) 우리나라의 회계검사기관(감사원)

① 성격 및 구성

㉠ 감사원은 대통령 소속의 헌법기관이며, 필수적 독립기관

㉡ 감사위원회와 사무처로 구성

㉢ 감사위원회는 원장을 포함해 5~11인 이하의 감사위원으로 구성되는 의결기관이며, 사무처는 조사 · 확인기관

② 주된 기능

결산의 확인 및 검사	국회에 제출된 국가기관의 세입 및 세출의 결산을 매년 사전 검사하여 대통령과 차년도 국회에 보고. 입법부와 사법부도 대상이지만 국가기관이 아닌 지방자치단체나 공기업 등 공공기관은 제외
회계검사	• 필요적 검사사항 : 국가, 지방자치단체, 한국은행의 회계, 국가 또는 지방자치단체가 자본금의 1/2 이상을 출자한 법인의 회계, 다른 법률에 따라 감사원의 회계검사를 받도록 규정된 단체 등의 회계 • 선택적 검사사항 : 감사원이 필요하다고 인정하거나 국무총리의 요구가 있는 경우 감사원법에 규정한 사항
직무감찰	공무원의 비위를 시정 및 방지하고, 행정운영 개선을 위하여 공무원의 직무와 행정기관의 사무를 감찰

③ 부수적 기능

검사 · 감찰결과의 처리	변상책임의 판정, 징계 · 문책 · 해임의 요구, 시정 · 주의요구, 개선요구, 형사고발, 대통령에 대한 수시보고 등
심사청구의 심리 · 결정	이해관계인의 심사청구가 있을 때 이를 심리하고 결정(행정심판기능에 해당)
의견진술	회계관계법령 제정 · 개폐시 감사원의 의견을 구하여야 함

구매행정(조달행정)

① **의의** : 구매(조달)행정이란 행정업무를 수행하는데 필요한 수단인 재화, 즉 소모품, 비품, 시설 등을 적기적소에 적재로 적량을 적가로 구입 · 획득 · 공급하는 활동을 말함

② **유형** : 최근 선진국의 성과관리를 바탕으로 분산구매에서 집중구매로 전환되는 추세

㉠ 집중구매 : 중앙구매기관이 필요한 재화를 일괄 구입하여 수요기관에 공급하는 제도

㉡ 분산구매 : 수요기관에서 직접 필요한 재화를 구입하는 제도

③ **집중구매의 장단점**

㉠ 장점

- 대량의 구매 · 보관 · 운반이 가능해 절약 도모
- 구매업무의 중앙집중화로 구매행정의 전문화
- 물자 규격의 통일과 사무표준화
- 긴급수요나 예상외의 수용에 대한 각 기관의 상호융통이 가능

Check Point

감사원의 지위

- **직무상의 독립성** : 직무수행에 있어 정치적 압력이나 간섭이 배제됨
- **인사상의 독립성** : 감사원장은 국회의 동의로 감사위원은 원장의 제청으로 각각 대통령이 임명하며, 임기는 4년으로 1차에 한하여 중임 가능
- **예산상의 자주성** : 감사원의 세출요구액의 감액 시 감사원장의 의견 청취
- **규칙 제정상의 독립성** : 감사 사무처리에 관한 규칙 제정 가능

Check Point

구매행정절차

- **저장품목** : 소요계획서의 제출과 구매요구서의 발급 → 입찰공고와 계약 → 납품, 검사 및 대금지급 → 수요기관에의 공급
- **비저장품목** : 조달요구서의 접수 · 검토 → 구매요구서의 발급 → 납품, 검사 및 대금 지급

기출 Plus 국가직 9급 기출

01. 세계잉여금에 대한 설명으로 옳은 것을 모두 고르면?

ㄱ. 일반회계, 특별회계가 포함되고 기금은 제외된다.
ㄴ. 적자 국채 발행 규모와 부(−)의 관계이며, 국가의 재정 건전성을 파악하는 데 효과적이다.
ㄷ. 결산의 결과 발생한 세계잉여금은 전액 추가경정예산에 편성하여야 한다.

① ㄱ ② ㄷ
③ ㄱ, ㄴ ④ ㄴ, ㄷ

해 ㄱ. 세계잉여금은 일반회계와 특별회계는 포함하나 기금에 대한 결산은 포함하지 않는 제도이다.
ㄴ. 세계잉여금에는 국채발행 및 차입금 등도 세입에 포함되며 일반회계 중에서 세입부족분을 보충하기 위해 적자 국채를 발행하게 되는데 이러한 경우 세계잉여금 자체도 증가하는 정(+)의 관계를 가진다. 특히 세계잉여금은 국채발행 등 빚으로 조달된 수입이 포함되기 때문에 재정건전성을 평가하기에는 부적절하며 재정건전성은 통합재정수지를 통해 평가해야 한다.
ㄷ. 결산의 결과 발생한 세계잉여금은 교부세의 정산, 공적자금의 상환, 국채의 채무상환 후 추가경정예산의 재원 편성 순으로 처리하고 남은 잔액은 다음연도 세입에 이입한다.

답 01 ①

- 공급자는 중앙구매기관에만 관심을 쏟음으로서 경비와 노력을 절약
- 종합적인 구매정책수립이 가능하며 국민경제의 균형 있는 발전 도모

ⓒ 단점
- 특수품목 구매 시 비능률적이며 불편
- 중앙구매기관의 대규모화 · 관료제화에 따른 절차복잡, 활동의 신축성 저해
- 복잡한 구매절차로 적기공급의 곤란
- 대량구매로 대량공급이 가능한 대기업에 편중(중소기업 불리)

④ 우리나라의 구매행정

㉠ 구매원칙(조달원칙)
- 집중구매제도를 원칙으로 하되 분산구매제도를 절충(집중구매가 대략 30%, 분산구매가 70% 정도임)
- 품목당 일정 금액(5천만 원) 이상의 품목 외에는 분산구매가 인정됨

㉡ 중앙구매기관 : 기획재정부 산하의 조달청이 정부물자구매와 비축물자관리업무를 관장
㉢ 정부조달시스템 : 국가종합전자조달시스템으로 나라장터가 있음(정부가 기업의 물건을 구매한다는 점에서 G2B라고도 함)

세계잉여금

① **의의** : 매 회계연도 세입세출의 결산상 생긴 잉여금으로, 결산시 수납된 세입액에서 지출된 세출액을 차감한 잔액
② **발생원인** : 세입초과와 세출불용으로 구성
③ **잉여금의 처리** : 건전재정원리에 비추어볼 때 세계잉여금은 발생되지 않도록 하는 것이 바람직하지만 불가피하게 발생하는 경우 다음과 같은 용도로 사용하도록 되어 있다.(단 사용시기는 대통령의 결산승인 이후)

㉠ 세입세출의 결산상 잉여금 중 다른 법률에 따른 것과 이월액을 공제한 금액은 교부세의 정산 등에 사용할 수 있다.
㉡ 제㉠항의 금액을 제외한 세계잉여금은 100분의 30 이상을 공적자금상환기금에 우선적으로 출연하여야 한다.
㉢ 제㉠항 및 제㉡항의 금액을 제외한 세계잉여금은 100분의 30 이상을 다음 각 호의 채무를 상환하는 데 사용해야 한다.
- 국채 또는 차입금의 원리금
- 국가배상금
- 재정융자특별회계의 차입금의 원리금
- 그 밖에 다른 법률에 따라 정부가 부담하는 채무

㉣ 제㉠ · ㉡ · ㉢항의 금액을 제외한 세계잉여금은 추가경정예산의 편성에 사용할 수 있다.
㉤ 제㉠ · ㉡ · ㉢ · ㉣항의 금액을 제외한 잔액은 다음연도 세입에 이입한다.

④ **문제점** : 실제 1990년도 이후 거의 매년 발생하고 있는 세계잉여금 중 다음연도 세입재원으로 처리된 잉여금의 대부분은 매년 추경예산의 재원으로 활용되어 왔는데 이는 잘못된 관행이었다.

6편

행정환류론

제1장

행정책임과 행정통제

제1절 행정책임

1. 행정책임의 의의 및 기준

Check Point

행정책임 개념의 다의성(이종수)
- Responsibility : 공복이자 행정의 수임자로서의 광범위한 도의적 · 자율적 책임
- Accountability : 제도적 · 법률적 · 변명적 책임이라는 비교적 한정된 의미의 책임
- Responsiveness : 국민의 의사에 대한 응답으로서의 책임

(1) 행정책임의 의의

① 개념

㉠ 행정책임이란 행정인 또는 행정기관이 국민의 기대에 부응하여 윤리적 · 기술적 · 법규적 기준에 따라 행동해야 할 의무를 말함

㉡ 공무원이나 행정조직이 직무를 수행할 때 일정한 행동기준인 행정이념, 법령, 공익, 국민의 기대 등에 부응해 행동해야 할 의무라 할 수 있음

㉢ 행정책임은 개인적 차원에서 공무원 개개인에 대한 의무이며, 동시에 국가적 차원에서 국민 전체에 대한 국가역할의 정당성을 확인하는 것

② 필요성

㉠ 행정의 전문화 · 기술화 · 복잡화로 인한 행정권한 강화와 재량권 증가로 인한 권력남용 가능성의 확대

㉡ 위임입법 증가 등 행정의 자율성 · 다양성 증대에 따른 책임의 확보

㉢ 정부주도형 경제발전의 추진과 행정부의 막대한 예산권의 행사

㉣ 국민의 낮은 정치의식과 권위적 정치문화로 인한 민중통제의 취약성

③ 특징

㉠ 행정상 일정한 임무를 수행할 의무와 권한의 실천을 전제로 함

㉡ 행정인의 재량권과 자율성에 기인하여 발생

㉢ 업무 수행상 중대하고 명백한 일탈에 대하여 발생

㉣ 행동의 결과에 대한 책임의 강조에서 발생

ⓜ 행정책임은 행정통제의 목적이며, 행정통제는 행정책임 보장을 위한 수단
ⓑ 개인적 요구보다 상위차원의 공익이나 수익집단 · 법령의 요구, 윤리성 등에 기인(외연성)
ⓢ 대물적 관계가 아닌 대인적 관계에서 발생(국민과 공무원의 관계에서 발생)
ⓞ 행정책임 기준의 비중은 시대에 따라 변화함(책임기준의 유동성)

(2) 행정책임의 기준(준거)

① 명문규정이 있는 경우(법령에 명시한 경우)
ⓖ 합법성, 즉 법규에서 명시하고 있는 절차 · 직무내용 · 목표 등이 행동기준
ⓝ 「국가공무원법」의 선서의 의무, 성실의 의무, 직무상의 의무(친절 · 공정의무, 법령준수의 의무, 복종의무, 겸직금지의무, 영리종사금지의무, 중교중립의무, 직장이탈금지의무), 신분상의 의무(청렴의무, 비밀엄수의무, 품위유지의무, 정치활동금지의무, 집단활동금지의무, 영예의 제한) 등
② 명문규정이 없는 경우(법령에 명시하지 않은 경우)
ⓖ 행정이념 : 공익성, 형평성, 민주성, 효과성 등
ⓝ 행정윤리 : 행정인으로서 가져야 할 직업윤리(공직윤리)
ⓓ 수익자 집단의 요구 : 수익자 집단인 고객의 이익 · 요구
ⓡ 행정목표와 계획 : 행정조직의 목표 및 정책목표, 목표 달성을 위한 행정계획
ⓜ 국민의 여망과 기대 등

Check Point

명문규정의 결여 시의 우선적 기준
명문규정이 없는 경우 행정책임의 가장 우선적인 준거기준으로 제시되는 것은 공익과 공직윤리이다.

2. 행정책임의 유형

(1) 행정책임에 대한 논의(책임유형론 논의)

① H. Finer의 고전적 책임론(19세기 입법국가 대변)
ⓖ 〈민주정부에 있어서의 행정책임〉이라는 논문에서 외부기관의 통제가 미약하면 관료권력이 강화된다고 주장(외부적 제재에 의한 통제 강조)
ⓝ 진정한 행정의 책임은 입법 · 사법 · 정당 등 외재적 · 객관적 통제에 의하여 확보될 수 있음을 강조
ⓓ 관료는 대중이 선출한 대표자들에게 책임을 져야 하며 그 책임에 있어 관료는 스스로의 행동에 대한 심판관이 될 수 없음
② C. Friedrich의 현대적 책임론(20세기 현대국가 대변)
ⓖ 〈공공정책과 행정책임의 성질〉이라는 논문에서 외재적 책임의 한계를 지적하면서 관료들의 내재적 · 자율적 · 도덕적 책임을 강조
ⓝ 행정책임 확보를 위해서는 행정인의 내재적 · 주관적 · 도덕적 통제가 효율

적이라고 하여, 심리적 · 행태적 변화에 의한 통제를 강조

ⓒ 책임 있는 행위는 기술적 지식과 대중의 감정에 응답하는 것이라고 정의하고 개인의 내재적 책임감이 스스로 유도되어야 함을 강조(정치적 · 기능적 · 도의적 책임 강조)

(2) 행정책임의 유형 구분

① 외재적 책임과 내재적 책임

㉠ **외재적 책임** : 외부적인 힘, 즉 법률이나 입법부, 사법부, 국민(국민정사나 요구 등)에 대하여 지는 책임(합법적 · 제도적 · 응답적 책임 등), Finer과 Hyneman 등이 강조

㉡ **내재적 책임** : 직업적 전문지식이나 기술에 따른 책임(직업적 · 관료적 · 기능적 책임) 관료나 공무원 자신의 마음속 양심이나 윤리에 따른 책임(주관적 · 자율적 · 재량적 · 심리적 책임 등), Friedrich 등이 강조

② 객관적 책임과 주관적 책임

㉠ **객관적 책임** : 외부로부터 주어진 의무나 기준(법령, 공익, 조직적 · 사회적 요구 등)에 따라야 할 책임(제도적 · 합법적 책임, 응답적 책임 등)

㉡ **주관적 책임** : 행정인 스스로의 신념 · 가치관 · 윤리기준(양심, 충성심, 일체감, 행정윤리, 내적 · 정신적 욕구 등)에 충실하려는 책임(내재적 · 능동적 · 자율적 책임 등)

③ 법적 책임과 도덕적(윤리적) 책임

㉠ **법적 책임(accountability)** : 법령 등에 위반되지 않아야 할 책임을 말하며, 위반 시 제재가 수반되고 결코 분담(공유)될 수 없는 책임(공식적 · 객관적 · 설명적 책임)

㉡ **도덕적 책임(responsibility)** : 국민의 수임자 내지 공복으로서의 책임으로, 국민의 요구에 대한 대응성이 핵심을 이루며 타인의 행위로 인해 분담될 수 있는 책임(임무적 · 포괄적 책임, 응답적 · 윤리적 책임 등)

④ 합법적 책임과 재량적 책임

㉠ **합법적 책임** : 행정활동이 법규에 위배되지 않을 책임으로, 가장 외재적이며 객관적인 책임

㉡ **재량적 책임** : 행정활동이 공익을 증진하고 윤리기준에 위배되지 않을 책임

⑤ 정치적 책임과 기능적(직업적) 책임

㉠ **정치적 책임** : 국민의 의사에 잘 부응하며 국민에 대해 지는 민주적 · 응답적 책임

㉡ **기능적 책임** : 전문직업인으로서 전문지식 및 기술, 업무윤리에 따라야 할

Check Point

행정책임의 순환구조에 따른 유형

- **임무적 책임** : 국민의 대리인 또는 수임자 · 공복으로서의 책임을 말하며, 특정 임무나 업무를 맡김으로써 발생하는 책임
- **응답적 책임** : 위임자(주인)인 국민이 의사에 따라 임무를 수행하고 국민의 뜻과 요구에 대응 · 응답해야 할 책임
- **변명적 책임** : 업무수행결과가 불만족스럽거나 불충분한 경우 수반되는 문책 등에 대해 변명 · 해명해야 할 설명적 · 법률적 책임
- **수난적 책임** : 대리인으로서 납득할 만한 해명 · 변명을 못 할 때 비난과 제재를 감수해야할 책임

직업적 · 목적적 책임

⑥ 결과적 책임과 과정적 책임

㉠ 결과적 책임 : 행정행위의 결과나 내용에 대한 책임

㉡ 과정적 책임 : 행정행위의 절차에 대한 책임

제도적 책임(accountability)과 자율적 책임(responsibility)의 비교

구분	제도적 책임성(accountability)	자율적 책임성(responsibility)
특징	• 문책자의 외재화 • 제재수단의 존재(제재 가능) • 공식적 · 제도적 통제 • 절차에 대한 준수 강조 • 판단기준 및 절차의 객관화 • 관련된 책임 : 외재적 책임, 객관적 책임, 법적 책임, 합법적 책임	• 문책자의 내재화 또는 부재 • 제재수단의 부재(제재 불가) • 공식적 · 제도적 통제로 확보 불가 • 절차의 준수와 책임완수는 별개 • 객관적인 기준이 존재하지 않음 • 관련된 책임 : 내재적 책임, 주관적 책임, 도덕적 책임, 재량적 책임

기출 Plus 국가직 9급 기출

01. 제도적 책임성(account-ability)과 대비되는 자율적 책임성(responsibility)에 대한 설명으로 가장 적합하지 않은 것은?

① 전문가로서의 직업윤리와 책임감에 기초해서 적극적 · 자발적 재량을 발휘하여 확보되는 책임

② 객관적으로 기준을 확정하기 곤란하므로, 내면의 가치와 기준에 따르는 것

③ 국민들의 요구와 기대를 정확하게 인식해서 이에 능동적으로 대응하는 것

④ 고객 만족을 위하여 성과보다는 절차에 대한 책임 강조

해 절차에 대한 책임을 강조하는 것은 정해진 규정이나 법, 공식적 제도 등을 강조하는 것이므로 제도적 책임성(법적 책임, 외재적 · 객관적 · 합법적 책임)과 관련 깊다.

답 01 ④

제2절 행정통제 및 참여

1. 행정통제

(1) 의의

① 개념

㉠ 행정이 국민과 입법부의 요구 · 기대, 공익, 법규 등의 기준에 합당하게 이루어지고 있는가를 확인 · 평가하고 적절한 개선방안을 강구하는 것(시정조치를 위한 환류기제)

㉡ 행정책임을 확보하기 위한 제어장치이며, 대외적 책임성을 확보하고 행정조직이나 참여자들이 조직목표나 규범을 적절히 준수하도록 하기 위한 제재와 보상 활동

② 필요성

㉠ 행정의 권한남용 방지와 책임확보

㉡ 행정계획의 효과적 집행 및 재정적 측면의 종합적 성과평가

Check Point

행정국가와 행정통제의 흐름

행정국가 아래에서의 행정전문화 · 복잡화 경향에 따라 민주성을 강조하는 외부통제의 실효성이 점차 약화되어 한계에 부딪치게 되었고, 행정조직 내부기관이나 구성원에 의한 통제로서 통제의 능률성과 효과성을 중시하는 내부통제가 점차 강조되고 있다.

㉢ 공무원의 부정부패 및 비리, 비윤리적 행위의 방지

㉣ 시민적 정치의식의 결여와 정치 · 행정문화의 낙후성 극복을 통한 행정 민주성 확보

③ 특징

㉠ 목표 달성 및 행정책임 확보를 위한 수단이자 장치(강제성을 수반함)

㉡ 정치발전과 밀접한 함수관계이며, 행정계획과도 불가분의 관계

㉢ 행정목표 달성의 수단이자 목표 달성까지의 계속적 · 다원적 · 환류적 과정

④ 통제의 유효성 개선방안

㉠ 행정정보공개제도의 활성화

㉡ 행정절차법의 활용

㉢ 옴부즈만제도의 확대 및 강화

㉣ 내부고발자 보호제도의 활용

㉤ 정책과정에서의 시민참여 기회의 확대 등

Check Point

행정통제의 근본적 기준

민주주의 국가에서 행정통제가 근본적으로 지향하는 기준은 시민의 자유 보장과 공익에 대한 봉사이다.

(2) 원칙 및 접근법

① 행정통제의 원칙

㉠ **예외의 원칙** : 대규모 조직의 관리자가 조직 전체를 통제하기 어려우므로 통제의 효율성을 위해 일상적 · 반복적 업무보다 특별히 비일상적 · 예외적인 사항만을 통제

㉡ **합목적성의 원칙** : 목표에 기여하는 가장 합목적적인 통제

㉢ **명확성(이해가능성)의 원칙** : 통제의 목적 · 동기, 기준, 방법 등에 대해 명확히 인식 · 이해할 수 있어야 함

㉣ **경제적 효용성의 원칙** : 경제적 효용성을 극대화할 수 있는 통제(적은 통제로 최대의 통제 효과 확보)

㉤ **적량성의 원칙** : 과다통제와 과소통제는 행정통제의 효율성을 저하시키므로, 통제의 효율성을 제고하는 적절한 통제수준 유지

㉥ **적응성(신축성)의 원칙** : 예측하지 못한 사태에 대한 신축적 · 적응적 대응 요구

㉦ **즉시성의 원칙** : 통제는 기획이 실천단계에 들어가면서 신속히 시행되어야 함

㉧ **일치의 원칙** : 피통제자의 권한과 책임이 일치하도록 통제

㉨ **비교의 원칙** : 통제에 필요한 모든 실적자료는 본래의 명확한 기준과 비교해 판단

㉩ **지속성의 원칙** : 일회성 있는 통제는 효과를 저해하므로 지속적인 통제 시스템 형성

② **행정통제의 접근법** : 절차적 규범을 중시하는 절차상의 통제요인과 관료의 결정내용을 통제하는 내용상의 통제요인을 기준으로 4가지 접근법으로 구분(R. Gruber)

구분		절차상의 통제	
		강	약
내용상의 통제	강	• 접근법 : 고객지향적 접근 • 관료 유형 : 행정서기	• 접근법 : 공익적 접근 • 관료 유형 : 목적 달성자
	약	• 접근법 : 참여적 접근 • 관료 유형 : 절차 추종자	• 접근법 : 자기통제적 접근 • 관료 유형 : 자율적 행위자

(3) 행정통제의 절차(과정)

통제 기준 설정 ➡ 성과측정 및 평가 · 보고 ➡ 시정조치

① 통제기준의 설정

㉠ 통제는 목표와 계획에 실적을 일치시키는 과정이기 때문에 조직목표가 통제의 기준으로 설정되는 경우가 많음

㉡ 조직운영 전부를 통제한다는 것은 불가능하므로 단시간 내에 전체 상황을 알 수 있는 전략적 통제지점이 선정되어야 함

② **성과의 측정과 평가 및 보고** : 업무 시행성과를 이미 설정된 기준과 비교 · 분석하여 편차를 발견하고 평가 · 보고하는 과정

③ **시정조치** : 업무진행과정 중 잘못이 발견되거나 실적이 기준에 미달될 때 시정조치를 취하는 것으로, 가장 궁극적이고 본질적인 통제과정

Check Point

전략적 통제지점 선정 시 고려사항

적시성, 포괄성, 사회적 가치성, 균형성, 경제성 등

Check Point

시정조치

• **소극적 환류** : 행정개선을 위한 환류기능으로 단순히 오차를 시정

• **적극적 환류** : 목표 자체를 수정

(4) 행정통제의 유형(C. Gilbert)

① **분류 기준** : 주체와 영향력 행사 방향에 따라 크게 외부통제와 내부통제로 구분(오늘날은 행정전문화 경향에 따라 외부통제가 한계에 부딪쳐 내부통제가 강조되고 있음)

외부통제 (민주통제)	공식적 통제	• 입법통제 : 입법 및 정책결정, 예산심의, 국정질의, 국정조사 · 감사, 임명동의, 탄핵소추권 등 • 사법통제 : 행정구제제도, 명령 · 처분의 위헌 · 위법 심사 • 옴부즈만제도(우리나라의 옴부즈만에 해당하는 국민권익위원회는 내부통제기관)
	비공식적 통제	민중통제(선거 · 투표, 시민참여, 지식인의 영향력, 이익집단, 여론 및 언론기관, 정당 등)

내부통제 (자율통제)	공식적 통제	행정수반(대통령), 감사원, 국민권익위원회, 행정조직 및 기관(계층제, 계선기관, 상급자 등)에 의한 통제, 행정절차나 운영에 따른 통제, 교차기능조직(참모조직), 내부평가(심사평가 등) 및 감사 · 감찰제도
	비공식적 통제	행정윤리(직업공무원의 공직윤리 등), 대표관료제, 공익, 공무원단체, 정치적 중립

② 입법통제

㉠ **입법활동에 의한 통제** : 법률제정(정책결정), 정책목표와 방향제시 · 변경, 정부조직의 설치 · 폐지 등

㉡ **국가재정에 대한 통제** : 예산심의 · 의결권, 예비비 설치동의, 지출승인, 결산승인, 조세징수 동의권 등

㉢ **인사권에 의한 통제** : 고위공무원의 임명동의권, 탄핵소추권, 해임건의권, 인사청문, 출석요구권 등

㉣ **정책에 대한 통제(승인 및 동의권에 의한 통제)** : 대통령 긴급명령의 승인권, 선전포고 승인권, 일반사면 동의권 등

㉤ **국정감사 · 조사에 의한 통제** : 국회가 국민의 대표기관으로서 정기적으로 국정감사 및 조사의 기능을 행사

Check Point

입법통제의 장단점
- **장점** : 가장 민주적인 통제, 객관적 외부통제, 통제의 제도화를 통한 민중통제의 한계 보완
- **단점** : 정보 부족으로 인한 대리손실, 전문성 부족, 사익 · 특수이익 추구 가능성, 행정권 강화에 따른 상대적 위축

③ 사법통제

㉠ 의의
- 행정부에 의해 국민의 권익이 침해당했을 때 행정소송 등을 통해 구제
- 행정명령 · 규칙 · 처분 등의 위헌 · 위법 여부에 대한 심사

㉡ 한계
- 소극적 · 사후구제의 성격(예방기능 부재)
- 소송절차의 복잡, 경비 · 시간의 과다 소요
- 부작위에 대한 통제나 부당행위에 대한 구제가 곤란
- 행정개입으로 인한 행정능률 제약
- 행정의 전문성에 의한 통제의 제약
- 정치적 · 정책적 책임 추궁에 대한 한계

④ 민중통제

㉠ 민중통제는 일반 국민이 행정기관을 간접적 · 비공식적으로 통제하는 것으로, 최근 입법통제와 사법통제가 실효성을 잃어감에 따라 그 보완책으로 중시됨

㉡ 정당은 공식적 성격이 강하나 나머지는 비공식적 통제에 해당

㉢ 최근 활발한 활동을 하는 비정부조직(NGO)은 공식적 성격을 지님(제5의 권력에 의한 통제)

㉣ 유형 : 선거 및 투표, 이익집단 및 정당의 역할, 여론 · 언론기관의 역할, 지식인 · 대학생 등의 비판기능, NGO 등 시민단체의 활동 등

⑤ 내부통제(행정관리통제, 자율적 통제)

㉠ 의의

- 행정활동이 본래의 목표나 방침대로 이루어지고 있는가를 자체적으로 확인 · 평가하여 필요한 시정조치를 취하는 것
- 행정의 전문성이 높아진 오늘날의 행정에서 그 중요성과 실효성이 부각되고 있음

㉡ 유형

- 행정수반 및 고급관료 등 엘리트(리더십, 권위)에 의한 통제
- 행정조직 · 기구나 제도, 위원회(국민권익위원회 등)에 의한 통제
- 감사 · 감찰기관 등에 의한 통제
- 교차기능조직(참모조직)에 의한 통제(기구, 인사 · 정원, 예산, 법제 등의 요소별 통제)
- 정책이나 기획, 관리 · 조정 · 운영에 의한 통제
- 행정절차 · 규정 등에 의한 통제
- 비공식 집단, 행정문화 등에 의한 통제
- 공무원단체에 의한 통제
- 행정윤리(공직윤리)의 확립(가장 바람직한 통제 방법)
- 관료제의 대표성(대표관료제)에 의한 통제
- 공익, 정치적 중립 등에 의한 통제

꼭! 확인 기출문제

01. 행정통제의 유형 중 외부통제가 아닌 것은? [지방직 9급 기출]

❶ 감사원의 직무감찰　② 의회의 국정감사
③ 법원의 행정명령 위법 여부 심사　④ 헌법재판소의 권한쟁의심판

해 ① 감사원은 대통령 직속의 합의제 의사결정기구로 행정부에 설치된 내부통제기관이며, 감사원의 직무감찰 등은 내부통제에 해당한다.
② 의회의 국정감사, ③ 법원의 행정명령 위법 여부 심사, ④ 헌법재판소의 권한쟁의심판은 모두 외부에서 행정부를 통제하는 외부통제에 해당한다.

02. 행정통제에 대한 설명으로 가장 옳지 않은 것은? [서울시 9급 기출]

① 행정 권한의 강화 및 행정재량권의 확대가 두드러지면서 행정책임 확보의 수단으로서 행정통제의 중요성이 커지고 있다.
② 의회는 국가의 예산을 심의하고 승인하거나 혹은 지출을 금지하거나 제한하는 등의 조치를 통하여 행정부를 통제한다.

기출 Plus 서울시 9급 기출

01. 행정통제의 유형 중 공식적 · 내부통제 유형에 포함되는 방식으로 가장 옳은 것은?

① 정당에 의한 통제
② 감사원에 의한 통제
③ 사법부에 의한 통제
④ 동료집단의 평판에 의한 통제

해 감사원에 의한 통제는 행정통제의 유형 중 공식적 내부통제에 해당된다.
① 정당에 의한 통제 : 비공식적 외부통제
③ 사법부에 의한 통제 : 공식적 외부통제
④ 동료집단의 평판에 의한 통제 : 비공식적 내부통제

답 01 ②

Check Point

바람직한 행정통제의 방향

외부통제에서 내부통제로, 소극적 통제에서 적극적 통제로, 사후통제에서 사전통제로, 일시적 통제에서 지속적 통제로, 양적 · 수단적 통제에서 질적 · 가치적 통제로, 공식적 통제에서 비공식적 · 자율적 통제로 방향 전환이 이루어져야 한다.

Check Point

국민권익위원회(민원옴부즈만)의 기능

- 국민의 권리보호 · 권익구제 및 부패방지를 위한 정책의 수립 및 시행
- 고충민원의 조사와 처리 및 이와 관련된 시정권고 또는 의견표명
- 고충민원을 유발하는 관련 행정제도 및 그 운영개선이 필요한 권고 또는 의견표명
- 처리한 고충민원의 결과 및 행정제도의 개선에 관한 실태조사와 평가
- 공공기관의 부패방지시책 추진상황에 대한 실태조사 · 평가
- 부패행위 신고 안내 · 상담 및 접수 등
- 부패방지 및 권익구제와 관련된 자료의 수집 · 관리 및 분석
- 공직자 행동강령의 시행 · 운영 및 위반행위 신고의 처리 및 신고자 보호
- 시민고충처리위원회의 활동과 관련한 협력 · 지원 및 교육 등

❸ 행정이 전문성과 복잡성을 띠게 된 현대 행정국가 시대에는 내부 통제보다 외부 통제가 점차 강조되고 있다.

④ 일반 국민은 선거권이나 국민투표권의 행사를 통하여 행정을 간접적으로 통제한다.

해 ③ 행정국가 아래에서의 행정전문화 · 복잡화 경향에 따라 민주성을 강조하는 외부통제의 실효성이 점차 약화되어 한계에 부딪치게 되었고, 행정조직 내부기관이나 구성원에 의한 통제로서 통제의 능률성과 효과성을 중시하는 내부통제가 점차 강조되고 있다.

① 행정책임은 행정인 또는 행정기관이 국민의 기대에 부응하여 윤리적 · 기술적 · 법규적 기준에 따라 행동해야 할 의무를 말하는데, 행정 권한의 강화 및 행정재량권의 확대가 두드러짐에 따라 행정책임 확보의 수단으로서 행정통제의 중요성이 부각되고 있다.

② 의회는 예산심의 · 의결권, 예비비 설치동의, 지출승인, 결산승인, 조세징수 동의권 등의 국가재정에 대한 통제를 통하여 행정부를 통제한다.

④ 일반 국민은 선거권이나 국민투표권의 행사를 통해 행정기관을 간접적 또는 비공식적으로 통제한다.

옴부즈만(Ombudsman)제도

① **의의**

㉠ 옴부즈만은 공무원(행정)의 위법 · 부당한 행위로 권리를 침해당한 시민이 제기하는 민원이나 불평을 조사하여 관계기관에 시정을 권고하는 기관을 말함(호민관, 행정감찰관이라 불림)

㉡ 입법부나 사법부의 통제를 보완하여 신속 · 공정하고 저렴한 비용으로 국민의 권익을 구제하기 위해 등장한 제도로, 외부통제 · 공식적 통제유형에 해당

㉢ 전통적으로 입법부에 의한 행정통제수단으로 발전해왔으며, 기능적으로는 입법부 및 행정부로부터 독립적 · 자율적으로 활동

㉣ 1809년 스웨덴에서 최초로 명문화되어 많은 나라에서 채택하고 있음

② **일반적 특징(스웨덴 · 핀란드 등의 옴부즈만제도를 중심으로 한 특징)**

㉠ 행정부소속이 아닌 의회소속의 기관(의회가 옴부즈만의 활동을 지휘 · 감독할 수 있다는 것이 아니라 단지 옴부즈만을 임명할 권한만을 가진다는 의미)

㉡ 당파성이 없는 독립된 기관이며, 직무 수행상 독립성을 갖는 헌법기관(정치적 중립성 보장)

㉢ 보통 민원이나 불편 제기에 의해 활동을 개시하지만 직권에 의한 자발적 조사도 가능

㉣ 조사 · 시찰권, 시정의 권고권, 소추권 행사(다만, 소추권이 인정되지 않는 국가도 있으며, 일반적으로 직접적인 시정권(통제권)은 인정되지 않아 법원이나 행정기관의 결정이나 행위를 무효로 하거나 취소 · 변경할 수 없음)

㉤ 조사권 행사 시 일반적으로 작위나 합법성뿐만 아니라 부작위나 합목적성에 대한 조사도 가능하다고 봄

㉥ 시정권고가 수용되지 않는 경우 의회에 대한 의견 개진이나 보고, 언론 공표 등의 방법을 통해 시정을 촉구할 수 있음

㉦ 법원에 의한 구제보다 그 형식과 절차가 간편하며, 시간이나 비용도 적게 듦

③ **우리나라의 옴부즈만(국민권익위원회)**

㉠ 목적 : 고충민원의 처리 및 이에 관련된 불합리한 행정제도의 개선, 부패의 발생 방지 및 부패행위의 효율적 규제

㉡ 소속 및 지위

- 우리나라의 국민권익위원회는 국무총리 소속기관이며, 소속상 외부통제가 아닌 내부통제기관
- 직무상 독립성과 자율성이 어느 정도 보장되나 미흡
- 스웨덴과 달리 헌법상 기관이 아니라 법률(「부패방지 및 국민권익위원회의 설치와 운영에 관한 법률」)상 기관(조직 안정성 부족)

㉢ 특징 및 한계

- 기존의 결정이나 행위를 무효로 하거나 취소 · 변경할 수 없으며 대상기관에 대한 직접적인 감독권 · 제재권이 없음(간접적 통제 제도)
- 직권에 의한 조사는 불가능하고 고충민원 등의 신청이 있는 경우에만 조사할 수 있음(우리나라의 경우 자발적 조사권 결여)

- 다수가 관련되거나 사회적 파급효과가 큰 고충민원 해결을 위해 필요한 경우 당사자의 신청 외에 직권에 의한 조정이 가능
- 사전심사권이 결여된 사후심사제도
- 입법부와 사법부를 통제대상으로 하지 못함
- 지방자치단체 및 그 소속기관에 대한 고충민원 처리를 위해 각 지방자치단체에 시민고충처리위원회를 설치

꼭! 확인 기출문제

옴부즈만(Ombudsman) 제도에 대한 설명으로 옳지 않은 것은? [지방직 9급 기출]

① 행정에 대한 통제 기능을 수행한다.
② 스웨덴에서는 19세기에 채택되었다.
③ 옴부즈만을 임명하는 주체는 입법기관, 행정수반 등 국가별로 상이하다.
❹ 우리나라의 국민권익위원회는 헌법상 독립성을 보장하기 위해 대통령 소속으로 설치되었다.

해 ④ 우리나라의 국민권익위원회는 국무총리 소속기관이며, 소속상 외부통제가 아닌 내부통제기관에 해당된다. 또한 스웨덴과 달리 헌법상 기관이 아니라 법률상 기관이다.
① 옴부즈만 제도는 전통적으로 입법부에 의한 행정통제수단으로 발전해왔으며, 기능적으로는 입법부 및 행정부로부터 독립적 · 자율적으로 활동한다.
② 1809년(19세기) 스웨덴에서 최초로 명문화되어 많은 나라에서 채택하고 있다.
③ 옴부즈만을 임명하는 주체는 국가별로 상이하여 스웨덴이나 핀란드는 의회소속의 기관이지만 우리나라는 행정부소속의 기관이다.

2. 행정참여(시민참여)

(1) 의의

① 개념 : 시민이 정책결정과정에 개인적 · 집단적으로 참여하여 영향력을 행사하는 것

② 필요성
㉠ 입법 및 사법통제의 무력화 극복
㉡ 관료제의 비대화와 병리현상의 방지 및 해결
㉢ 간접민주제(대의제)의 보완
㉣ 공동생산기능의 촉진(선거 · 환경오염 감시 등)

③ 특성
㉠ 전통적 · 포괄적 참여가 아닌 현대적 · 실질적 · 구체적 참여
㉡ 정책결정 및 집행, 평가 등 전반적 행정과정의 참여
㉢ 의회를 통한 간접참여가 아닌 주민의 명백하고 직접적인 참여
㉣ 시민의 주체적 · 자율적 참여
㉤ 하층민 등 이해관계자 위주의 참여

Check Point

민원행정
- 의의 : 민원인이 행정기관에 대하여 처분 등 특정한 행위를 요구하는 사항에 관한 사무
- 성격
  - 고객접점에서의 전달적 행정이며 정치적 관심의 영역임
  - 행정서비스는 시민들의 일상생활에 직결되는 민원 중심의 서비스 특징을 지니고 있음
  - 행정서비스는 중앙행정기관뿐 아니라 특별행정기관이나 지방자치단체에 의해 제공됨
  - 행정기관은 원칙적으로 민원인이 될 수 없으나 사경제 주체로서는 민원을 제기할 수 있음
  - 개인의 사생활에 관한 민원은 처리하지 않을 수 있음
- 기능 : 경계작용, 행정통제수단, 행정구제수단, 주민참여, 행정신뢰성 제고수단

Check Point

행정참여(H. Simon)
의사결정권이 없는 자가 결정권자의 행동이나 판단에 영향을 미치는 것

(2) 행정참여의 유형

① 제도화 여부에 의한 유형구분

㉠ **제도적 참여방법** : 협찬(명목적 참여), 자치

㉡ **비제도적 참여방법** : 운동, 교섭(타협)

② 주도권의 소재에 의한 유형구분

㉠ **주민주도형** : 주민이 주도적 역할을 담당하고 행정이 이를 수용하는 유형

㉡ **행정주도형** : 행정이 주도권을 행사하고 시민은 이를 따르는 수직적 관계 유형

㉢ **수평형** : 행정과 시민이 주도권을 공유하는 유형

㉣ **균형형** : 행정과 시민 사이에 제3자가 개입하여 균형을 이루게 하는 유형

Check Point

행정참여(시민참여)의 단계 (S. Arnstein)

정부에 대한 시민참여의 영향력을 다음과 같이 단계화함

㉠ **1단계(하위단계)** : 실질적 비참여단계
- 조작(manipulation)
- 치료(치유, therapy)

㉡ **2단계(중간단계)** : 명목적(형식적 · 상징적) 참여단계
- 정보제공(informing)
- 상담(consultation)
- 회유(유화, placation)

㉢ **3단계(상위단계)** : 실질적 참여단계, 시민권력의 단계(실질적 영향력)
- 쌍방협동(동업자관계, partnership)
- 주민권력위임(권한위양, delegated power)
- 시민통제(citizen control)

(3) 행정참여의 효과 및 한계

① 효과

㉠ 시민과 행정 간의 의사소통 촉진 및 공감대 형성

㉡ 행정의 대응성 · 책임성 제고 및 시민의 주체성 확립

㉢ 민주시민 의식의 교육 및 사회적 · 정치적 능력 향상

㉣ 간접민주주의(선거 · 국민투표)의 단점 보완

② 한계

㉠ 기존 내부세력의 저항 · 반감 초래

㉡ 노력과 시간 · 자원의 낭비로 비능률을 초래

㉢ 행정의 전문화와 기술화 저해

㉣ 결정권의 분산 및 다원화로 행정조직의 안정성 저해(명령체계에 혼란 초래)

제2장

행정개혁

제1절 행정개혁의 본질

1. 행정개혁의 의의

(1) 개념

① 행정개혁이란 행정을 현재보다 나은 상태나 방향으로 변동 · 개선하기 위한 의도적이고 계획적인 노력이나 활동을 의미함

② 행정체제의 바람직한 상태로의 변동과정을 의미하는 것으로, 행정쇄신 또는 정부혁신과 유사한 개념

(2) 조직발전 · 기관형성과의 구별

① **조직발전** : 행태과학의 지식을 이용하여 조직과정에 계획적으로 개입함으로써 조직의 효과성과 건전성을 증진시키는 인위적 · 계획적 노력이며 인간관계적 · 행태적 접근을 강조한 행정개혁의 형태(행정개혁에 비하여 내적 · 미시적 · 부분적 · 관리적 성격)

② **기관형성** : 변동을 유도하고 이를 보존 · 보호하는 공식적 조직을 형성 · 지도하는 것으로 구조적 행정개혁의 한 부분이 됨

(3) 행정개혁의 목표 및 특성

① 목표(필요성)

㉠ 행정이념의 구현(민주성 · 능률성 · 효과성 · 대표성 · 대응성 · 공개성 · 투명성)

㉡ 작고 강한 정부의 구현

Check Point

개편 · 쇄신 · 발전

- **개편** : 목표 달성을 위한 능동적 · 인위적 · 계획적 변혁 · 신설 · 도입 · 폐기 등을 의미하며, 개혁보다는 좀 더 제한적이고 구체성을 띠는 개념
- **쇄신** : 개혁이 과정적 성향을 지니는 것과 달리 쇄신은 수단적 성향을 지님
- **발전** : 쇄신이나 개혁보다 질적인 개념이며, 목적성을 띰(쇄신이라는 수단을 통하여 개혁과정이 전개되고, 이것이 발전과 연계됨)

ⓒ 새로운 제도 · 방법 · 절차의 도입

ⓔ 민간부문의 자율성과 창의성 제고

ⓜ 행정에 대한 국민신뢰와 행정서비스의 향상

ⓑ 생산성이 높은 기업가적 정부관 및 정부재창조

ⓢ 조직의 탄력성과 간소화 및 조정과 통제체제의 확립

ⓞ 공무원의 기강확립과 자세정립 및 사기앙양과 능력발전

② 특성

㉠ 목표 및 가치지향성, 포괄적 연관성(연계성)

㉡ 동태성 · 행동지향성, 개방성 · 능동성

㉢ 인위적 · 의식적 · 계획적인 변화지향성, 시간적 계속성 · 지속성

㉣ 정치성 · 불확실성(정치적 · 공공적 · 사회심리적 과정), 저항의 수반 등

Check Point

기타 행정개혁의 접근법

- **사업중심적 접근(산출중심 · 정책중심 접근)** : 행정산출의 정책목표와 내용, 소요자원에 초점을 두어 행정목표를 개선하고 서비스의 양과 질을 개선하려는 접근법으로, 정책분석과 평가, 생산성 측정, 직무감사, 행정책임평가 등이 주요 도구
- **문화론적 접근방법** : 행정문화를 개혁함으로써 행정체제의 근본적이고 장기적인 개혁을 성취하려는 접근방법으로, 의식적 · 계획적인 개입에 의해 바람직한 문화변동을 달성하는 것

(4) 행정개혁의 접근방법

① **관리 · 기술 · 과정적 접근법**

㉠ **의의** : 과학적 관리에 바탕을 둔 접근법으로 행정이 수행되는 절차나 과정 · 기술의 개혁으로 행정성과의 향상을 도모하려는 접근방법

㉡ **특징** : 기술적 쇄신이 표준적 절차나 조직의 구조적 형태, 인간의 행태에까지 영향을 미친다고 보는 입장임. 관리과학(OR), 체제분석(CBA), IT기술의 도입, 리엔지니어링(RE), 업무재설계(BPR), 문서양식 개선, 사무기계화(OA), 정원관리, 목표관리(MBO), 총체적 품질관리(TQM), 균형성과관리(BSC) 등 개선에 초점

② **구조적 · 기구적 접근법**

㉠ **의의** : 행정체제의 구조설계를 개선 · 재조정하는 고전적 접근법으로, 공식적 · 합리적 조직관에 바탕을 두며 원리전략과 분권화전략이 대표적인 방법

㉡ **특징** : 원리전략에는 기능 중복의 제거, 책임의 재규정, 조정 및 통제 절차의 개선, 표준적 절차의 간소화, 의사소통체제 및 통솔범위의 수정 등 고전적 조직원리에 충실한 전략이 있음. 분권화전략에는 구조의 집권화 또는 분권화에 의해 조직을 개선하려는 것이 있음

③ **행태적 · 인간관계적 접근법**

㉠ **의의** : 행정인의 가치관 · 신념 · 태도를 인위적으로 변혁시켜 행정체제 전체의 바람직한 변화를 유도하려는 인간 중심적 접근방법

㉡ **특징** : 행태변화를 조직발전의 필수요소로 보고 감수성훈련 등 조직발전(OD) 전략을 사용함

④ **종합적 · 체계적 접근법** : 현대 행정에서 가장 타당한 행정개혁의 방안으로, 구

조 · 관리기술 · 인간 등의 종합적 영역에 관심을 갖고 이의 상호 융합을 시도한 접근방법

2. 행정개혁의 과정 및 추진전략

(1) 행정개혁의 과정(절차)

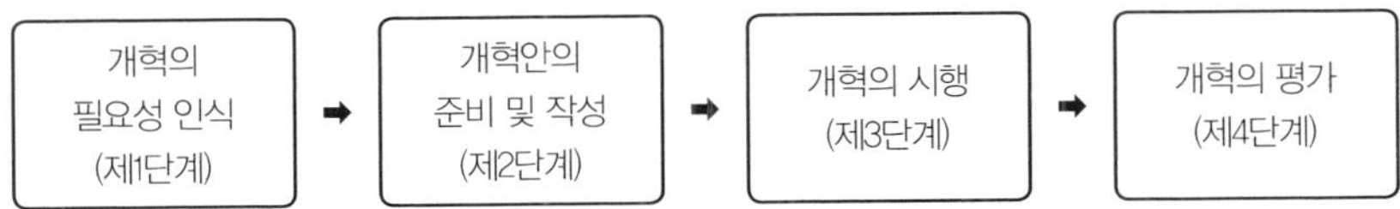

① **개혁의 필요성 인식** : 현재의 수준이 기준에 미달하는 경우를 확인하고 개혁의 필요성에 대한 합의를 형성하는 과정

② **개혁안의 준비** : 개혁의 목표를 설정하고 실천방안을 모색하는 것으로, 이 과정에서는 저항세력을 발견하고 그에 대한 극복전략도 함께 마련해야 함

③ **개혁의 시행(실시)** : 개혁을 시행하기 위해서는 관련 법안 및 규정, 편람, 예산, 인사, 교육훈련 등의 조치가 뒷받침되어야 함

④ **평가 및 환류**

> **Check Point**
> **개혁안의 작성**
> 조직 내부인이 준비 · 작성하는 경우와 조직 외부인이 준비 · 작성하는 경우가 있음

(2) 행정개혁의 추진전략

① **개혁의 속도와 폭** : 급진적 · 전면적 개혁전략, 점진적 · 부분적 개혁전략

② **개혁의 추진방향** : 명령적 · 하향적 개혁전략(top-down 방식), 참여적 · 상향적 개혁전략(bottom-up 방식)

③ **개혁의 주체** : 정부주도형 전략(행정가 주도형), 민간주도형 전략(비행정가 주도형)

> **Check Point**
> **행정개혁의 성공조건**
> • 실현가능성(적실성)
> • 내외 관계인의 참여(저항의 최소화)
> • 비용과 기대효과(추진비용과 효과의 체계적 분석)
> • 대안적 개혁안(복수의 행정개혁안 제시)

(3) 개혁안 작성주체

① 내부인사 – 국내자(정부 주도형)

㉠ 장점

- 시간 · 경비의 절감, 기술적 · 실제적 문제에 관심
- 집중적이고 간편한 건의, 추가적 연구 불필요
- 기관 내부이익 고려 가능, 현실 여건 감안
- 집행이 신속 · 용이, 현실성 · 실현가능성 높음

㉡ 단점

- 단편적이고 종합성 결여, 개혁의 전문성 결여
- 관료의 이익이 우선시되어 객관성 상실

- 광범위한 지지 확보 곤란
- 정치적 측면의 고려가 없어 기관 간 권력구조의 재편성 곤란
- 사소한 서무 · 관리기능에 치중
- 보수적 개혁안의 우려

② 외부인사 – 국외자(민간 주도형)

㉠ 장점

- 객관적 · 종합적 · 거시적 개혁안, 개혁의 전문성 · 체계성
- 국민의 광범위한 지지 확보 가능
- 정치권력 변화 추구 등 개혁의 정치적 측면 고려 가능
- 권력구조의 근본적 재편성 가능

㉡ 단점

- 시간 · 비용 과다
- 내부인사의 추가 연구 필요
- 행정현실과 동떨어진 극단적이고 과격한 개혁안이 건의되어 실행가능성 없음(너무 이상적임)
- 관료들의 이익을 고려하지 않아 내부 저항 유발

3. 행정개혁의 저항

> **Check Point**
>
> **행정개혁의 속성과 저항**
> 행정개혁에는 단순한 조직개편이나 관리기술의 개선뿐만 아니라 행정인들의 가치관 · 신념 · 태도를 변화시키는 것도 포함된다. 행정개혁의 이러한 성격으로 인해 행정개혁에는 대부분 저항을 수반하게 되며, 이를 극복하는 것이 곧 행정개혁의 과제라 할 수 있다.

(1) 저항의 원인

① 개혁 내용의 불명확성
② 개혁 과정의 폐쇄성에 의한 참여 제한
③ 기득권의 침해
④ 변화를 부정하는 관료조직의 경직성과 보수적 경향
⑤ 비공식적 관행 및 규범과의 부조화
⑥ 구성원의 참여부족 및 비협조
⑦ 소수 주도자에 의한 일방적 · 비공개적 추진
⑧ 개혁 목표 · 내용의 비수용성과 방법상의 부적합성
⑨ 개혁추진자의 신망 부재 및 낮은 권한 · 지위
⑩ 경제적 빈곤 등

(2) 저항의 극복방안

① 규범적 · 사회적 전략(가장 바람직한 전략)

㉠ 개혁의 규범적 정당성에 대한 인식을 높이고 참여를 확대

ⓛ 사회적 · 심리적 지원을 제공함으로써 자발적 협력과 개혁의 수용을 유도
ⓒ 집단 토론을 촉진하고 태도 · 가치관의 변화를 위한 훈련을 실시

② 공리적 · 기술적 전략
㉠ 관련자들의 이익침해 방지 또는 보상
㉡ 점진적인 개혁 추진(기득권 침해의 폭이 적고 기술적인 것부터 개혁 실시)
㉢ 정치 · 사회적 환경이 유리한 실시시기를 선택
㉣ 객관적 · 계량적인 개혁안 제시 및 개혁안의 공공성 강조
㉤ 개혁 과정의 기술적 · 관리적 요인의 조정 및 융통성 있는 수행, 손해에 대한 적절한 보상 등

③ 물리적 · 강제적 전략(단기적 · 최종적 전략)
㉠ 개혁추진자의 강압적 권력행사(제재 · 불이익)나 일방적 명령권 행사
㉡ 의식적인 긴장 조성을 통한 순응적 분위기 조성
㉢ 긴급을 요하고 추진자가 강력한 권한을 가진 경우 사용(많은 부작용 우려)

4. 선진국의 행정개혁

(1) 미국

① J. Carter 행정부 : 1970년대 Carter 행정부의 인사제도 혁신에서 현대적 행정개혁이 시작

② R. Reagan 행정부의 공공부문 개혁
㉠ 영국의 대처리즘(Thatcherism)의 영향을 받아 신연방주의에 의한 공공부문 개혁 추진
㉡ 민영화, 규제완화, 수익자부담의 원칙 제시
㉢ '탁월한 정부(excellent government)'에 대한 논의 이후 Clinton 행정부의 '정부재창조'에 영향을 줌

③ B. Clinton 행정부의 정부재창조
㉠ 1기 : 고객에 대한 봉사, 권한 · 책임을 위임, 성과 중심 관리
㉡ 2기 : NPR(국정성과평가) 원칙에 입각한 4대 원칙(관료적 형식주의 제거, 고객 중시, 성과 향상을 위한 관리, 기본의 중시)

④ G. W. Bush 행정부
㉠ 시민 중심의 정부를 추구하며, 당면한 정부의 운영개선과 성과향상책 제시
㉡ 개혁추진기구로 PMC(대통령정부운영협의회)를 설치하고, 각 부처별 개혁책임자로 최고행정관을 지명

Check Point

J. Carter 행정부의 행정개혁
고급행정관제(고위공무원단), 평등고용제도, 성과급제도의 도입, 실적제도 보호위원회 등

Check Point

G. W. Bush 행정부의 정부개혁 3원칙
고객 중심, 결과 지향, 시장 지향

(2) 영국

① **M. Thatcher 정부** : 1979년 OECD 국가 중 최초로 정부개혁 시도

㉠ **신보수주의** : 작고 효율적인 정부 추구

㉡ **능률성 정밀진단(1979)** : 민 · 관 혼합의 소수 능률팀(6인)으로, 불필요한 직무의 폐지 · 축소 · 민간이양, 절차 및 서식의 개선 · 간소화, 내부감사 강화, 공무원 정원관리 강화 등을 추구

㉢ **재무관리계획(FMI, 1982)** : 정원상한제와 총괄운영예산(중앙의 강력한 예산통제를 완화하여 부처 재정자율권 부여)

㉣ Next Steps(1988)

- 중앙 부처에서 담당하던 집행 및 서비스 기능을 정책기능으로부터 분리하여 집행기관이라는 새로운 행태의 책임경영조직으로 전환
- 집행기관의 장은 공직 내외에서 공개경쟁을 통한 계약제 방식으로 채용
- 장관과 집행기관의 책임자 내에 '구매자 – 공급자'의 관계를 성립

② J. Major 정부(1991)

㉠ **시민헌장제도(1991)** : 서비스 기준(표준)을 설정하고 이를 시민의 권리로 인정하여 그 실현을 약속하는 것으로, 종래 능률성 진단과 Next Steps이 경제성과와 효율성에 초점을 둔 데 비해 서비스의 질적 향상을 목표로 설정

㉡ **시장성평가(1991)** : 정부 기능을 원점에서 재검토하여 경쟁절차를 거쳐 공공서비스의 최적 공급주체를 결정하려는 프로그램으로, 필수경쟁절차라고도 함

㉢ **공무원 제도 개혁 및 능률 개선 계획**

- 서비스 경쟁과 민영화 확산에 따라 공무원 관리 체제의 변화 요구
- 고위 공무원의 공개경쟁 계약제, 개방제로의 전환, 계급제의 폐지, 성과급의 지급 등을 실시

③ T. Blair 정부(1996)

㉠ '보다 나은 정부(the better government)'구현을 기치로 지속적 개혁 추진

㉡ 정치적으로는 제3의 길을 표방하여 정부현대화라는 개혁 프로그램 추진

Check Point

시민헌장제도의 장단점

㉠ 장점
- 행정에 대한 주민들의 근접통제의 물리적 한계를 극복
- 서비스 제공의 투명성과 책임성 제고
- 공공서비스 품질의 표준화와 구체화 및 서비스에 대한 국민의 기대수준 명확

㉡ 단점
- 서비스의 무형성 · 추상성으로 인하여 구체화 · 객관화 곤란
- 모든 행정오류를 금전으로 연계시켜 보상하려는 편협한 경제적 논리
- 서비스 기준의 지나친 표준화 · 구체화로 인하여 공무원의 창의성과 행정의 유연성 저해

시민헌장제도(행정서비스헌장제도)

㉠ 의의
- 행정기관이 제공하는 서비스 중 주민생활과 밀접한 관련이 있는 서비스의 기준과 내용 및 수준, 제공받을 수 있는 절차와 방법, 잘못된 서비스에 대한 시정 및 보상조치 등을 구체적으로 정하여 공표하고 이의 실현을 국민에게 약속하는 것
- 공공기관에 대하여 행정서비스에 대한 의무조항을 명시적으로 설정하여 국민의 당연한 권리로 천명하고, 불이행 시 시정조치와 보상을 요구할 수 있도록 하는 고객 중심적 관리제도
- 1991년 영국 Major 정부의 Citizen's Charter에서 출발하였으며, 영국에서는 시민헌장제도 시행결과 성과가 우수한 기관에 대해 시상을 하는 Charter Mark를 운영

ⓛ 기본원리
- 서비스 품질의 명확한 표준 설정 및 적절한 공표
- 서비스 과정과 기준에 대한 완전하고 정확한 정보의 공개
- 서비스 처리가 어디에서나 가능하고 고객(시민)에게 서비스 선택의 기회 제공
- 서비스의 공평한 공급 및 정중하고 친절한 서비스 제공
- 서비스가 잘못된 경우 적절한 사과나 설명 제시, 즉각적이고 효과적인 구제나 보상체계 마련
- 정부는 서비스 제공 시 능률적 · 경제적 방법으로 집행(비용가치의 증대)

ⓒ 우리나라의 행정서비스헌장 제정원칙
- 서비스는 고객의 입장과 편의를 최우선으로 고려하는 고객 중심적일 것
- 고객에게 제공되는 서비스의 내용은 고객이 쉽게 알 수 있도록 구체적이고 명확할 것
- 행정기관이 제시할 수 있는 가장 높은 수준의 서비스를 제공할 것
- 서비스의 제공에 소요되는 비용과 고객의 편익이 합리적으로 고려된 서비스의 기준을 설정할 것
- 서비스와 관련된 정보와 자료를 쉽고 신속하게 얻을 수 있도록 할 것
- 잘못된 서비스에 대한 시정 및 보상조치를 명확히 할 것
- 제고된 서비스에 대한 고객의 여론을 수렴하여 이를 서비스의 개선에 반영할 것
- 행정기관의 장은 헌장의 재정 · 개선 시 국민이 충분히 알 수 있도록 관보 등에 게재하거나 일정 장소에 게시

Check Point

우리나라의 행정서비스헌장제도

행정서비스헌장제를 도입하여, 행정기관이 제공하는 서비스의 기준과 내용, 이를 제공받을 수 있는 절차와 방법, 잘못된 서비스에 대한 시정 및 보상조치 등을 구체적으로 정하여 공표하고 국민에게 약속함

꼭! 확인 기출문제

〈보기〉에서 설명하고 있는 개념으로 가장 옳은 것은? [서울시 9급 기출]

보기

행정기관이 제공하는 행정서비스의 기준과 내용, 이를 제공받을 수 있는 절차와 방법, 잘못된 서비스에 대한 시정 및 보상조치 등을 구체적으로 정하여 공표하고 이의 실현을 국민에게 약속하는 것

① 고객만족도 ❷ 행정서비스헌장

③ 민원서비스 ④ 행정의 투명성 강화

해 ② 제시된 지문은 행정서비스헌장규정 제2조의 정의에 관한 내용이며, 각 공공기관에 대하여 의무조항을 명시하고 일반국민이 당연히 누려야 할 권리를 천명하여 서비스의 기준(표준)을 설정하여 불이행시 국민들이 시정조치와 보상을 요구할 수 있도록 한 고객 중심적 서비스 관리 제도를 말한다.

Check Point

시장성검증(Market Testing)의 과정(절차)

- 첫째, 민간이 할 수 있는 기능이라면 민영화 또는 규제완화를 한다.
- 둘째, 민영화할 수 없는 경우일 때, 외부공급자와 계약으로 할 수 있다면 민간위탁 또는 경쟁을 강화(CCT ; Compulsory Competitive Tendering, 필수경쟁절차)하도록 한다.
- 셋째, 민간위탁도 할 수 없는 기능일 경우, 기업화 할 수 있다면 공기업 등의 방식을 통해서 기업화한다.
- 넷째, 기업화 할 수 없는 기능이라면, 경쟁성을 확보할 수 있도록 책임집행기관을 두고 권한을 위임토록 한다.
- 다섯째, 정부가 해야 할 기능일 경우에는 담당조직의 구조를 적절히 재설계하도록 한다.

시장성평가(시장성검증, Market Testing)

① 의의 및 특성
- ㉠ 1991년에 영국 중앙정부의 주도 아래 하향적으로 실시된 개혁 프로그램으로, 정부기능을 재검토하여 이를 적정히 축소하려는 것을 말함(정부의 모든 기능을 3년 또는 5년마다 검토하여 존폐여부와 수행주체를 결정)
- ㉡ 품질을 위한 경쟁(Competing for Quality)이라는 시책에서 강조한 것으로, 정부기능을 원점에서 재검토하고 경쟁절차를 거쳐 공공서비스 최적 공급주체를 결정함
- ㉢ 필수경쟁절차(CCT)라고도 하며, 신공공관리론의 주요 프로그램의 하나에 해당함

② 과정 : 정부기능인지 시장의 기능인지를 파악하는 과정(절차)로 다섯 가지를 제시

③ 개편
- ㉠ 개편의 내용 : 영국정부는 2000년에 CCT를 최고가치정책(BT, Best Value)로 개편하는데, 이는 비용 절감보다는 품질을 우선화하겠다는 의지를 반영한 개편이라 할 수 있음

> ⓒ BT의 특징
> - CCT의 필수적(강제적) 경쟁요소를 유지하면서도, 목표를 사전에 수립하도록 하고 다양한 활동의 성과를 평가하는 요소를 강화
> - CCT에 비해 정책의 능률성과 효과성, 품질(quality) 측면도 강조
> - CCT가 지방정부를 민간기업 위주의 쇄신 전략 아래에 위치시켰던 데 비해, BT는 지방정부를 지역공동체의 핵심적 구심점으로 복원

Check Point

뉴질랜드의 주요 혁신프로그램
- 1994년 공공관리위원회 평가보고서
- 1996년 Schick의 보고서
- 'Path to 2010'에서 21세기 뉴질랜드의 장기 비전을 제시

(3) 뉴질랜드

① 의의

ⓐ 1984년 노동당의 Lange 정부에 의해 가장 광범위하고 급진적인 개혁추진

ⓑ 1988년에 국가부문법(State Sector Act)을 제정하고, 재무 · 구매 · 인사에 관한 모든 권한을 부처에 위임

ⓒ 우수한 공무원 집단과 유능한 정치지도자를 가졌다는 점과 연방국가가 아닌 소규모 단일국가인 점이 성공요인으로 지적

② 개혁의 핵심원리

ⓐ 민간부문과 지역단체에 대한 정부개입 최소화

ⓑ 사업기능을 담당하는 정부기업을 민간 기업방식으로 구조전환

ⓒ 부처조직이 담당하는 상충적 기능의 구분(정책 · 집행기능의 분리, 상업 · 비상업의 분리)

ⓓ 부처관리자에게 운영권한 부임(투입에 대한 중앙통제의 최소화)

ⓔ 산출예산제도 도입(투입항목별 예산에서 산출항목별 예산제도로 전환)

꼭! 확인 기출문제

외국의 예산개혁에 대한 설명으로 옳지 않은 것은? [지방직 9급 기출]

① 영국의 경우 1982년에 재정관리 프로그램(Financial Management Initiative)을 도입해 개혁을 추진하였다.
② 호주의 경우 지출통제를 위해서 지출심사위원회(Expenditure Review Committee)를 두어 새로운 정책과 예산을 검토하게 했다.
③ 뉴질랜드의 경우 1988년에 국가부문법(State Sector Act)을 제정하여 예산개혁을 추진하였다.
❹ 미국의 경우 국가성과평가위원회(National Performance Review)가 최고의 가치(Best Value) 프로그램에 의해 개혁을 추진하였다.

해 ④ 최고가치(Best Value) 프로그램은 영국의 개혁 프로그램에 해당한다. 영국정부는 1991년 시장성평가(Market Testing) 프로그램을 2000년에 최고가치(Best Value) 프로그램으로 개편하였다.
① 영국은 1982년 재무관리계획(FMI : Financial Management Initiative)를 도입해 정원상한제와 총괄운영예산 등의 개혁을 추진하였다.
② 호주정부는 지출통제를 위해 지출심사위원회(Expenditure Review Committee)를 설치하고 이를 중심으로 정책과 예산개혁을 단행하였다.
③ 뉴질랜드는 1988년에 국가부문법(State Sector Act)을 제정하여 재무 · 구매 등 예산 관련 개혁을 추진하였다.

5. 우리나라의 행정개혁

(1) 우리나라 행정개혁의 전개

① 제1공화국(이승만 정권 : 1948~1960)

㉠ 중앙행정기구는 1원 11부 4처 3위원회로 구성

㉡ 1949년 「지방자치법」을 제정 · 공포하고, 1952년 지방의회를 구성

② 제2공화국(장면 정권 : 1960~1961)

㉠ 4 · 19 이후 헌법개정으로 내각제를 채택하고 「정부조직법」 제정

㉡ 경제발전을 위한 기구개혁, 각 부 사무차관과 정무차관제 신설

㉢ 중앙행정기구는 1원 12부 1처 3청 3위원회로 규정

③ 제3공화국(박정희 전기 정권 : 1963~1972)

㉠ 획기적인 행정개혁 구축

㉡ 2원 13부 3처 6청 7외국의 중앙행정기관, 부총리제도 도입 및 행정개혁조사위원회 설치

④ 제4공화국(박정희 후기 유신정권 : 1972~1979)

㉠ 중앙행정기구는 2원 13부 4처 13청 5외국으로 구성

㉡ 예산 · 회계제도의 개혁, 공무원제도의 개혁, 유신행정의 추진

⑤ 제5공화국(전두환 정권 : 1979~1993)

㉠ 전두환 행정부의 전면적 · 포괄적 · 권위적 · 급진적 개혁

㉡ 중앙행정기구는 2원 16부 4처 13청

㉢ 「공직자윤리법」 제정과 기구의 통폐합, 절차의 간소화, 소수 정예화 및 조직규모의 적정화

⑥ 제6공화국(노태우 정권 : 1988~1993)

㉠ 지방자치제도의 부활 및 1년 시한의 행정개혁위원회를 설치

㉡ 환경청을 환경처로 승격, 문화공보부를 문화부와 공보처로 분리

㉢ 중앙행정기구는 2원 16부 6처 12청 3외국

⑦ 김영삼 정부(1993~1998)

㉠ 중앙행정기구는 2원 13부 5처 15청으로 개편, 작은 정부 주창

㉡ 1년 시한의 행정쇄신위원회가 대통령 소속으로 설치

㉢ 금융실명제 실시

㉣ 「공직선거 및 선거부정방지법」 · 「정당법」 · 「정치자금법」 개정

⑧ 김대중 정부(국민의 정부, 1998~2003)

㉠ 1998년 2월(1차 정부조직 개편)

- 2원 14부 5처 14청에서 17부 2처 16청으로 축소

Check Point

5 · 16 쿠데타 직후의 행정개혁
군정기관(국가재건최고회의)을 중심으로 정부 주도의 경제성장을 위한 조직기반을 구축하고 중앙행정기구(2원 12부 1처 5청 2위원회)를 구성하였으며, 「국가공무원법」의 전면 개정과 「직위분류법」, 「공무원훈련법」, 「예산회계법」 등의 제정이 이루어졌다.

Check Point

우리나라 행정개혁의 방향

- 경제적 규제의 합리적 완화와 민간부문의 활성화 추구
- 정부기능의 민영화, 외부시장화와 책임운영기관화 도입
- 정책이나 예산을 개방형으로 전환
- 행정절차의 간소화를 통해 탈관료화를 추진
- 전자정부 구현을 위한 공무원들의 의식개혁 및 역기능 최소화를 위한 법적 근거 마련
- 권한의 위임을 통해 지역의 문제 해결능력 향상
- 경제적 규제는 완화, 환경 · 복지 · 여성을 위한 정부의 기능 합리화
- 시민참여와 공권력이 협력하는 공동생산의 영역 확대
- 공사 · 공단 · 협회 등과 같은 준공공조직에 대한 개혁 필요
- 성과협약제도, 성과급보수제도, 개방형직위나 계약직임용의 확대 요구 등

- 통일원을 통일부로, 재정경제원을 제정경제부와 예산청으로 개편
- 총무처와 내무부를 행정자치부로 통합, 과학기술처는 과학기술부로, 공보처는 공보실로 개편
- 문화체육부는 문화관광부로, 통상산업부는 산업자원부로 개편
- 법제처 · 국가보훈처의 차관급 하향조정, 식품의약품안전청을 신설

ⓛ 1999년 5월(2차 정부조직 개편)
- 기획예산위원회와 예산청 통합(총리 직속의 기획예산처로 단일화)
- 각 부처의 중복기능을 통합, 사업적 정부기능을 민간 위탁

ⓒ 2001년 1월(3차 정부조직 개편)
- 중앙행정기구 17부 4처 16청에서 18부 4처 16청으로 개편
- 여성부를 신설하고, 교육부를 교육인적자원부로 개편
- 재정경제부장관과 교육인적자원부장관을 부총리로 보하였고, 여성특별위원회를 폐지하고 여성부를 신설

(2) 노무현 정부(참여정부, 2003~2008)

① 인사개혁

ⓖ 인사기능 일원화(중앙인사위원회)
ⓛ 직무성과계약제 도입(2005년)
ⓒ 고위공무원단 도입(2006년)
ⓡ 복수차관제도의 도입
ⓜ 일부 장관직급의 부총리 격상, 일부 청장직급 상향조정
ⓑ 근무성적평정제도 개편(성과계약평가와 근무성적평가)
ⓢ 연봉제 적용범위 확대(과장급까지)
ⓞ 총액인건비제도의 도입(2005년) 및 전 부처 확대실시(2007년)

② 조직개혁

ⓖ 개혁 로드맵을 통한 점진적 · 부분적 개혁
- 소방방재청 신설, 과학기술부 등의 부총리기관화, 국가청렴위원회의 설치
- 업무재설계(BPR)를 통한 일하는 방식의 개선
- 진단을 통한 정부조직 재설계(부처별 자율적 개혁 강조)
- 분권형 조직 재설계

ⓛ 자율적 기능 재조정
- 일부 부처 간 기능조정
- 행정개혁업무 이관(기획예산처에서 행정자치부로 이관)
- 영유아 보육업무 이관(보건복지부에서 여성가족부로 이관)

㉢ 진단변화관리사업
- 부처가 스스로 진단하고 변화에 적응해가는 학습조직으로 유도하는 사업
- 환경 및 수요분석, 중장기발전전략, 구조 및 기능진단, 인력시스템 진단, 업무프로세스 진단, 문화 및 행태진단 등이 대상 영역

㉣ 분권형 조직재설계
- 부처 실정에 맞는 자율적 조직 · 인력 운용
- 기관의 자율성 확대와 실 · 국 중심의 책임행정체제 구축

③ 재정개혁
㉠ 사전재원배분제(자율예산편성제 도입)
㉡ 성과관리제도(성과계획서와 성과보고서의 작성 등)
㉢ 국가재정운용계획
㉣ 디지털예산회계시스템 구축

④ 지방분권
㉠ 「지방분권특별법」 제정(행정 중심 복합도시 건설 등)
㉡ 직접민주주의 확대(주민투표, 주민소송, 주민소환제 도입, 교육자치 개선 등)
㉢ 특별지방행정기관 정비

(3) 이명박 정부(2008~2013)

① 2008년 2월(정부조직 개편)
㉠ 「정부조직법」 개정에서 15부 2처 17청 3위원회를 중심으로 정부조직을 개편
㉡ 부총리제 폐지, 특임장관 신설
㉢ **기획재정부** : 기획예산처와 재정경제부를 통합
㉣ **지식경제부** : 종전 산업지원부와 과학기술부의 일부 정책 사무를 흡수
㉤ **국토해양부 신설** : 종전 건설교통부와 해양수산부의 일부 사무 흡수
㉥ 중앙인사행정 기관을 행정안전부로 일원화

② 행정개혁
㉠ 중앙정부와 지방정부의 기능에 대한 부분적 재검토
㉡ 중앙행정기구의 편제를 영역별 편제에서 기능별 편제로 전환 시도
㉢ 부처나 위원회 정비 등 간소화 정책은 효과적으로 정착되지 못함

(4) 박근혜 정부(2013~2017)

① 특징
㉠ 국민 행복, 경제, 안전, 미래를 위한 정부의 적극적 역할 강조 → 중앙행정기관 확대 개편(17부 3처 16청 4위원회)

ⓛ **경제 성장을 위한 경제부총리 부활** : 위헌시비, 관치경제 시비 재연 가능성

② 조직개혁

㉠ **미래창조과학부 신설** : 과학기술, 국가미래전략, 국가정보화 업무 소관

㉡ **부총리 부활** : 경제부총리(기획재정부장관), 사회부총리(교육부장관)

㉢ **해양수산부 부활** : 해양수산업무 총괄

㉣ **통상교섭기능 이관** : 외교통상부에서 통상기능을 산업자원부로 이관(외교통상부 → 외교부, 산업자원부 → 산업통상자원부)

㉤ **국민안전처 신설** : 재난 및 안전 총괄(국무총리 소속 장관급기구)

㉥ **해양경찰청 및 소방방재청 폐지** : 국민안전처 내 해양경비안전본부 및 중앙소방본부로 흡수 · 통합

㉦ **안전행정부 폐지** : 행정자치부(조직, 정원, 행정개혁, 전자정부, 지방자치 지원 등 담당)로 개편

㉧ **인사혁신처 신설** : 중앙인사기관으로서 인사, 보수 · 연금 · 윤리 · 복무 업무 담당

㉨ **특임장관** : 폐지

(5) 문재인 정부(2017~)

① **특징** : 문재인 정부는 '출범 1년이내 개헌 실시'라는 공약을 앞두고 국정의 연속성을 위하여 2017.6 최소한도의 정부조직 개편을 단행

② 조직개혁

㉠ 17부 5처 14청 4위원회 → 18부 5처 18청 7위원회(※ 2021.6 정부조직도)

㉡ **국민안전처 폐지** : 소방과 해양경찰기능 분리 · 독립

㉢ **행정자치부를 행정안전부로 개편** : 국민안전처의 재난안전기능 흡수

㉣ **해양경찰청 분리 · 독립** : 해양수산부 소속 외청

㉤ **소방청 분리 · 독립** : 행정안전부 소속 외청

㉥ **국가보훈처장 직급 격상** : 차관급 → 장관급

㉦ 미래창조과학부를 과학기술정보통신부로 개편

㉧ **물관리기능 환경부로 일원화** : 국토교통부의 수량관리기능을 환경부로 이관하여 수량과 수질관리 기능 통합 · 일원화(2018.6 정부조직법 개정으로 물관리기능이 환경부로 일원화)

제2절 행정개혁의 구현

1. 기업형 정부(기업가적 정부)

(1) 의의

① 정부부문에 기업가적 경영마인드를 도입함으로써 능률적이고 성과 중심의 운영방법을 모색하고, 또한 그러한 행동을 유도할 수 있는 정부

② 정부의 목표나 이념, 조직구조, 관리방법 등에 있어 이전까지의 비경쟁적 · 독점적인 경직된 패러다임을 극복하고 새로운 경쟁적 기업 패러다임을 추구하는 것을 의미

(2) 추진전략 및 구현방안

① 추진전략

㉠ 핵심전략(core strategy) : 정부의 목표를 명확히 하고 방향잡기 등 핵심적 기능 수행

㉡ 성과(결과)전략(consequences strategy) : 조직이나 조직구성원이 성과의 초점

㉢ 고객전략(customer strategy) : 고객에게 선택의 확대 추구

㉣ 통제전략(control strategy) : 권력을 대상으로 하며, 결과에 대한 책임 추구

㉤ 문화전략(culture strategy) : 조직구성원들의 근본적인 사고와 행태 변화를 추구

② 구현방안

㉠ 정부 조직구조의 재설계(탈관료제) 및 업무기술 · 과정의 재설계

㉡ 정부의 자원절약과 각종 사업의 타당성에 대한 비용효과분석 실시

㉢ 기업가적 마인드 구축 및 인력관리의 쇄신(전문인력 및 상황분석가 확보)

㉣ 조직의 지능화 · 학습조직화

㉤ 개방적 충원과 수평적 조직화 방법 활용

㉥ 시민사회의 견제역량의 결집

Check Point

기업형 정부의 제시

1992년 Osborne과 Gaebler가 《정부재창조론》에서 미래형 정부조직으로 기업가형 정부를 처음 제시함

Check Point

기업형 정부의 특징

- 촉매작용의 정부
- 고객 중심적 정부
- 시민의 정부
- 경쟁적 · 시장 지향적 정부
- 임무(사명) 중심적 정부
- 결과(성과) 지향적 정부
- 미래 예측적 · 예방적 정부
- 분권적 정부

전통적 관료제 정부와 기업형 정부의 비교

구분	전통적 관료제 정부	기업가적 정부
관련 이론	정부관료제론	신공공관리론, 국정관리론
국가 및 정부	행정국가, 경성정부	신행정국가, 연성정부
정부의 역할 및 활동	• 노젓기(rowing) 역할 • 서비스를 직접 제공함	• 방향잡기 · 조타수(steering) 역할 • 서비스를 제공 할 수 있는 권한 부여
서비스 공급	직접적 서비스 제공, 독점 공급	서비스 공급의 촉매자 · 촉진자, 경쟁도입
행정의 가치	형평성 및 민주성	경제성, 효율성, 효과성
주도 주체	공급자(관료 및 행정기관) 중심	수요자(고객) 중심
행정관리	• 행정메커니즘(관료 중심) • 법령 및 규칙 중심의 관리 • 집권적 계층제 및 명령과 통제 • 투입 중심의 예산, 지출지향 • 사후대처 위주 • 폐쇄적 인사관리	• 시장메커니즘(고객 중심) • 임무 · 성과 중심 관리 • 참여와 팀워크 및 네트워크 관리 • 성과연계예산, 수익 창출 • 예측과 예방 중심 • 개방적 인사관리
조직 구조	상명하복식 관료적 조직, 고객에 대한 규제와 통제	분권화된 유기적 조직, 기본적 통제만을 수행
책임에 대한 접근방식	계층제적 책임 확보	참여적 책임 및 대응성 확보

2. 고객지향적 정부

(1) 의의

① 고객지향적 정부란 관료가 아닌 국민의 요구에 부응하는 정부, 즉 국민을 정부의 주인으로 여기며 고객인 국민에게 최적의 행정서비스를 제공함으로써 국민을 만족시켜 주는 정부를 말함

② 과거 공급자 중심의 양적 · 물질적 성장 중심주의에서 오늘날 수요자 중심의 질적 · 인본주의적 행정환경으로의 전환에 따라 부각됨

(2) 구현방안

① 고객지향적 조직체계 마련

㉠ 책임운영기관을 확대해 사업적 성격의 기능을 분리

㉡ 일선창구로의 권한위임

Check Point

고객 만족을 위한 행정쇄신단계

- **절차혁신** : 고객 만족도 조사를 통한 업무처리방식을 전환하는 단계(리엔지니어링 등이 적용)
- **마인드 혁신** : 마음과 행동을 바꿔 고객 만족을 위한 마인드를 추구하는 단계(TQM 등이 적용)
- **질적 서비스 혁신** : 행정서비스를 혁신적으로 바꾸기 위한 단계(시민헌장 등이 적용 · 실시)

ⓒ 전자정부로 행정의 정보화 구현

② 고객 만족을 위한 행정관리전략 구축

㉠ 고객과 서비스가 가장 먼저 접촉하는 현장에서의 실태를 파악하고 이를 인식

㉡ 고객 만족도를 정기적 · 정량적으로 측정

㉢ 선진국의 서비스 기준제도를 도입하여 시민의 만족도 조사 및 서비스 선택권 확대

㉣ 잘못된 서비스에 대한 불만 제기권 부여, 시정 또는 보상장치를 마련

균형(통합)성과관리(BSC : Balanced Score Card, 균형성과표)

- BSC는 기존의 성과평가가 매출액 같은 재무적 관점만을 반영하고 조직 인적 자원의 역량이나 고객의 신뢰와 같은 비재무적 성과를 경시한 점을 지적 · 보완한 성과평가체제임(비재무적 성과까지 포함한 통합성과관리체제)
- 조직 전체의 전략적 목표와 성과를 중시하여 이를 토대로 하위계층의 목표를 작성
- 이전 성과에 대한 재무지표를 통해 미래의 성과를 창출하는 전략적 성과관리체제
- 재무 · 고객 · 업무프로세스 · 학습 및 성장 등 4개의 관점에서 균형적 · 전략적 성과관리를 추구
  - 재무적 관점 : 기업중심(민간부문)의 BSC에서 성과지표의 최종 목표이다. 기업의 주인인 주주들에게 보여주어야 할 성과임. 따라서 현재까지도 가장 중요한 기업의 성과지표라 할 수 있으며 순익이나 매출액이 대표적임
  - 고객관점 : 기업의 비전과 전략으로 보았을 때 상품과 서비스의 구매자인 고객들에게 무엇을 어떻게 보여주어야 하는가를 검토할 것을 요구함. 영업의 대상이 되는 고객층과 시장을 파악하고 이들의 요구를 반영하는 것이 중요함
  - 업무처리과정(business process) 관점 : 고객과 주주가 원하는 목표를 달성하기 위해 기업 내부의 일처리 방식과 과정을 어떻게 할 것인가에 대한 질문과 답임. 이 관점에서는 적법절차와 소통이 강조됨
  - 학습 · 성장 관점 : 4가지 관점 중에서 가장 하부구조에 해당함. 즉, 다른 세 관점이 추구하는 성과목표를 달성하는데 기본토대를 형성하는 것으로 구성원의 능력개발이나 직무만족과 같이 주로 인적 자원에 대한 투자와 성과를 포함함
- 1992년 D. Norton과 R. Kaplan 교수가 최초로 제시
- 우리나라의 경우 참여정부 때 공공부문의 통합적 성과관리가 부각되면서, 기존의 MBO(목표관리)와 연계 · 보완하여 사용(MBO는 구체적 성과지표나 책임확보 장치가 없고 미시적 · 상향적, 단기적이며 고객에 대한 고려보다는 결과에 치중하는데 비해, BSC는 구체적인 성과지표 및 성과계약에 의하여 운영되는 거시적 · 하향적 · 장기적 관리체제이며 고객에 대한 관점과 절차(process)까지 고려하는 균형 있는 성과평가체제)

Check Point

고객지향적 정부의 문제점

- 고객의 범위가 불명확함
- 시민의식의 실종 우려(국민이 국정과 행정서비스의 객체로 전락)
- 약자에 대한 배려가 부족하고, 구매력 있는 자만 고객으로 우대를 받을 수 있음

제3절 정보화 사회와 행정, 지식관리

1. 정보화 사회와 행정정보화

(1) 정보화 사회(지식정보사회)

① 의의 : 일반적으로 사회의 모든 영역에서 정보가 지배적이며, 정보의 처리수단 · 처리능력이 광범위하게 확산되어 체제변화를 일으키고 사회구성원의 욕구를 충족시키는 데 정보가 핵심적 역할을 하며 정보의 상대적 가치가 다른 어떤 재화 · 서비스보다 높게 평가되는 사회를 말함

② 특성

㉠ 정보통신기술의 확산으로 기존의 피라미드형 조직구조가 수평화 · (횡적) 네트워크화되어 탈관료제적 개혁이 가속화됨(정보기술의 지원으로 중앙의 관리나 조정력 상실 없이도 분권화와 권한의 위임, 시민참여의 가능성이 제고되며, 가상조직 · 네트워크조직 등에 의한 정치적 · 사회적 네트워크 등이 강화됨)

㉡ 정보통신기술이 수직적 · 수평적 조정기제로 활용되어 중간관리자와 지원인력을 감축시키므로, 행정농도를 낮추고 조직을 소규모 저층구조로 전환

㉢ 정보기술의 도입으로 기존 업무의 분할 · 통합 및 폐지, 새로운 업무의 추가, 업무처리절차의 재설계, 업무적응능력의 향상 등의 변화가 대두

㉣ 이음새 없는 프로세스 조직의 확산과 처리 절차 · 능력의 개선으로 업무처리의 신속성 · 정확성 제고(이음새 없는 조직이란 업무절차 및 통제 · 확인의 최소화, 분업의 부정(최소화), 서류전달점의 축소 등이 구현되는 조직)

㉤ 정보공유에 의한 의사결정의 분권화를 초래(의사결정이 조직구성원에게 위임되어 분권화되지만 정보기술을 이용한 통합된 정보체계를 통해 집권화를 초래한다는 견해도 있음)

㉥ 합리적 의사결정과 문제 해결을 위해 개인의 역량보다 조직의 협력적 행태가 더욱 강조됨(고전적 관료제와는 달리 업무를 팀 단위로 통합하므로 구성원 간 협력적 문제 해결이 중시됨)

㉦ 공공서비스의 생산 측면에서 정부기능이나 과제의 성격을 예측하기 어려워짐(종전의 규정이나 표준운영절차(SOP)의 적용으로 해결하기 어려워짐)

㉧ 정보처리 수단과 정보자원을 관료제가 통제 · 독점할 우려가 있음(정보권력의 오 · 남용의 문제)

㉨ 정치권력의 지방화(localization)가 진전됨

Check Point

지식정보사회

지식정보사회는 정보와 지식이 중요한 자원으로 인식되어 사회의 핵심적 역할을 담당하며, 고도로 발달된 정보 통신기술을 기반으로 정보의 이용이 보편화되고 이의 생성 · 전달 · 가공 · 누적이 활발해진 사회를 의미함

기출 Plus

국가직 9급 기출

01. 지식정보사회의 도래와 함께 급속히 진행된 정보화가 조직구조 및 조직행태에 미친 변화에 대한 설명으로 옳지 않은 것은?

① 지식정보사회의 조직은 수평적으로 연결된 네트워크 구조나 가상조직의 형태를 띠게 되는 경향이 있다.

② 린덴(R.M. Linden)이 정의한 '이음매 없는 조직'의 출현이 확산된다.

③ 지식정보사회의 조직에서는 개인의 역량이 강조되기 때문에 조직의 협력적 행태가 저해된다.

④ 지식정보사회에서는 조직구조의 신축성과 유연성을 보다 강조한다.

해 지식정보사회의 조직에서는 합리적 의사결정과 문제 해결을 위해 개인의 역량보다는 조직의 협력적 행태가 더욱 요구된다.

01 ③

꼭! 확인 기출문제

정보화 사회의 특징으로 가장 옳지 않은 것은? [국가직 9급 기출]

① 피라미드형 조직구조에서 수평적 네트워크구조로 전환되고 있다.
❷ 관료가 정보를 독점하여 권력의 오 · 남용 문제가 없어진다.
③ 전자정부가 출현하고 문서 없는 정부가 구현될 수 있다.
④ 정보통신기술을 활용한 원스톱(one-stop) · 논스톱(non-stop) 행정서비스가 가능해진다.

해 ② 일반적으로 관료에 의한 정보 독점이 강화되는 경우 권력의 오 · 남용도 증가하게 된다. 정보화 사회에서 정보처리 수단과 정보자원을 관료제가 통제 · 독점할 우려가 있는데 이것은 곧 권력의 독점을 의미하므로 권력의 오 · 남용의 문제를 초래하게 된다.
① 정보화 사회에서는 정보통신기술의 확산으로 기존의 피라미드형 조직구조가 수평적 네트워크화됨으로써 탈관료제적 개혁이 가속화된다.
③ 정보화로 인해 출현하는 전자정부는 문서를 전자매체화하고 정보전달을 전자화함으로써 행정정보의 공동활용과 신속하고 능률적인 행정서비스 제공을 촉진하는 정부를 말하므로 문서 없는 정부의 구현이 가능하다.
④ 정보화 사회에서는 정보통신기술을 활용한 행정정보화로 행정서비스 제공에 있어 원스톱(one-stop) · 논스톱(non-stop) 행정서비스가 가능해진다.

(2) 행정정보화

① 필요성

㉠ 팽창하는 행정수요에 대응
㉡ 정책결정과정의 합리화를 통하여 복잡한 정책문제의 최적대안을 탐색
㉢ 행정의 분권화 · 지방화와 민주화 · 인간화에 대비
㉣ 행정관리의 능률화 및 개선, 행정서비스의 질적 향상을 추구

② 행정정보화의 영향

㉠ 행정조직에 대한 영향

- 조직형태의 변화와 계층제의 완화 : 조직의 계층구조와 인력구성에 변화를 초래(전통적 피라미드 조직형태도 변함)
- 수평적 상호작용의 증가 : 조직의 수평적 상호작용은 증가하고 수직적 상호작용은 줄어들게 되어 계선과 참모 간의 구별이 모호해짐(기술을 가진 참모의 위신이 상승)
- 집권화와 분권화 : 통합적 정보관리체제가 확립되면 정보활동이 조직의 상층부나 중앙조직에 집중되어 집권화가 촉진된다고 볼 수도 있고, 정보관리가 하위계층이나 지방으로 분산되어 이른바 폭포효과(cascade effect)가 발생하여 분권화가 촉진된다고 볼 수도 있음

㉡ 정책과정에 대한 영향

- 정책의제 형성단계 : 다양한 자료 수집을 통한 의제형성의 능률화 · 민주화 촉진
- 정책 결정단계 : 다양한 대안에 대한 명확한 검토가 가능하며, 이해관계

Check Point

행정정보의 특성
- 정보네트워크의 광역화에 따른 광역성
- 정치적 관련성(정치성)
- 공익을 추구하는 공공성
- 법적 규제성
- 독점성, 비시장성

Check Point

폭포효과(Cascade Effect)
일상적인 의사결정은 컴퓨터가 수행하고, 중요한 의사결정은 대부분 최고관리층에서 수행함으로써 단기적으로 중하위계층의 업무에 진공상태가 발생하며, 이를 극복하기 위하여 상위계층에 속하던 결정권을 하위계층으로 폭포수처럼 내려주는 소위 '폭포현상'이 발생한다.

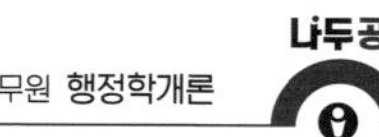

Check Point

행정정보화의 부작용

- 구성원에 대한 엄격한 통제와 인간소외현상
- 조직단위 · 지역 · 개인 간의 정보불균형(정보의 부익부 빈익빈 현상-마타이 효과)
- 관료제의 권력 강화 및 정보독점 우려
- 프라이버시에 대한 침해 우려
- 컴퓨터범죄와 왜곡된 정보의 전파

기출 Plus 지방직 9급 기출

02. 인공지능의 한 응용분야로서 컴퓨터시스템이 특정 분야의 문제 해결을 자동적으로 지원하는 시스템은?

① 관리정보시스템(MIS)
② 의사결정지원시스템(DSS)
③ 전문가시스템(ES)
④ 거래처리시스템(TPS)

해 컴퓨터가 특정 전문분야에 있어 스스로 문제를 진단하고 해결토록 도와주는 시스템은 전문가시스템(ES ; Expert System)이다.
④ TPS(거래처리시스템)는 거래와 관련된 데이터가 발생할 때마다 단말기에서 발신된 데이터를 수신 · 처리하여 그 결과를 즉시 보내주는 시스템을 말한다.

답 02 ③

가 상충되는 집단 간의 대립요인 분석 및 합의 도출에 기여

- 정책 집행단계 : 정보네트워크의 연결과 정보의 분산처리로 집행의 효율화에 기여
- 정책 평가단계 : 정책평가의 객관성 · 정확성 · 투명성 제고

ⓒ 업무내용의 변화

- 구조화된 단순 · 반복적 업무가 전산화됨으로써 분석력 · 창의력이 요구되는 업무가 증가(업무내용의 질적 향상이 가능)
- 정보 · 지식의 중요성이 심화되고, 전문성이 강조되면서 문제 해결을 위한 시스템적 사고방식이 요구됨
- 행정통제에도 컴퓨터에 의한 전산 감사방식이 도입

ⓔ 행정서비스의 변화

- 신속 · 정확한 자동화 서비스에 의한 대기비용 등의 감소, 논스톱(non-stop)행정서비스의 제공
- 행정기관 간의 네트워크 형성을 통한 서비스의 동시화 · 광역화
- 고객의 다양한 기호에 맞는 다양한 서비스를 제공
- 원스톱(one-stop)서비스를 통한 창구서비스의 일원화

ⓜ 행정환경에 대한 영향

- 정치체제 : 정치과정에 국민의 요구나 여론이 잘 투입됨으로써 국민의 정치참여가 활성화되고 정치체제의 대응성도 높아지게 됨
- 입법부 · 사법부 : 입법 활동에 필요한 자료의 분석 · 평가, 국정감사 및 정부통제 방식의 개혁이 가능해지며, 사법행정의 정보화도 기할 수 있음
- 민간경제부문 : 정보산업을 육성 · 발전시키고, 경제 및 산업구조의 획기적인 변혁과 선진화를 유도하게 됨
- 국민생활 : 국민의 정보 접근기회 확대, 행정서비스의 향상 · 개선 가능

행정정보체계(PMIS)

① **개념** : 행정에 필요한 정보를 제공할 목적으로 시설과 절차, 사람으로 구성된 체계
② **특징**
ⓐ 행정의 효과성 · 능률성 · 대응성을 달성하기 위한 도구
ⓑ 공공부문뿐만 아니라 민간부문에서도 활용되는 정보체계
ⓒ 자연스럽게 형성된 체계가 아니라 인위적으로 설계 · 개발된 체계
ⓔ 수직적 관계보다 수평적 관계를 더 중시하며, 수행업무는 관리적인 내용보다 정책결정을 위한 서비스를 더 중시
ⓜ 기계적 요소와 인간적 요소의 상호 유기적 관계로 형성된 종합시스템
③ **주요 시스템**
ⓐ EDPS(전자자료처리체계) : 컴퓨터에 의하여 복잡한 계산과 대량의 자료처리 등을 수행하는 시스템

> ㉡ MIS(관리정보체제) : 의사결정의 유효성을 높이기 위하여 필요한 관련 정보를 신속하면서도 대량으로 수집 · 전달 · 처리 · 저장 · 이용할 수 있도록 편성한 시스템
> ㉢ DSS(Decision Support System, 의사결정지원체계)
> - 의사결정자가 반구조적 · 비구조적 의사결정을 하는 데 필요한 정보나 모형 등을 제공하는 대화식 시스템
> - MIS보다 한층 발전된 비정형적 · 비일상적인 관리문제의 해결을 위해 고안된 것으로, 문제의 일부분만 해결하여 주고 나머지는 의사결정자의 판단과 경험에 맡김
> - 대표적인 DSS에는 SAS 등의 통계패키지, 시뮬레이션 등이 있음
>
> ㉣ ES(Expert System, 전문가체제)
> - 전문분야에 있어 문제를 진단하고 해결토록 도와주는 시스템
> - DSS에서는 사용자가 컴퓨터에게 질문하나, ES에서의 컴퓨터는 사용자에게 문제에 관한 질문도 하고 스스로 추론하면서 해결방안을 결정

2. 전자정부

(1) 의의

① 개념

㉠ 정보기술을 활용하여 행정기관 및 공공기관의 업무를 전자화하여 상호 간의 행정업무 및 국민에 대한 행정업무를 효율적으로 수행하는 정부(「전자정부법」)

㉡ 문서를 전자매체화하고 정보전달을 전자화함으로써 행정정보의 공동활용을 활성화하고 신속하고 능률적인 행정서비스를 제공하는 정부

② 등장배경 : 전자정부의 등장은 시장실패가 아닌 정부실패와 관련됨

㉠ 통제와 공식적 절차를 중시하는 관료제적 성격보다는 성과 · 결과에 대한 책임과 고객에 대한 반응성, 탈관료제 등이 부각

㉡ 전통적인 관료제의 재정적 비효율, 정책상의 효율성 및 신뢰도 저하 문제의 해결

㉢ 행정조직의 유연성 제고를 위한 정보화와 이를 바탕으로 한 네트워크 조직의 운영

㉣ 증가한 행정수요에 대처할 수 있는 조직 · 인력의 효율화(작고 효율적인 정부 등)

㉤ 정책문제와 환경의 복잡화에 따른 광범위하고 체계적인 정보자원관리의 필요(정보수집 · 처리 · 분석 등에 있어서 광범위한 네트워크와 체계적인 시스템)

③ 원칙(전자정부의 우선적 고려 사항) : 「전자정부법」 제4조

㉠ 대민서비스의 전자화 및 국민 편익의 증진

Check Point

행정정보체계의 구성요소
- **시스템자원** : 하드웨어자원, 소프트웨어자원
- **자료자원** : 파일시스템, DB 시스템
- **조직 · 인력 · 예산자원** : 정보시스템을 개발하고 운용할 조직 · 인력
- **기타 자원** : 적용대상 행정업무, 정보시스템 개발 · 관리방법

Check Point

전자정부의 발달단계
- **통합1단계** : 정부가 온라인을 통해 각종 행정정보를 제공하는 단계(초기단계)
- **통합2단계** : 정보제공자와 이용자 간 상호작용이 이루어지는 단계
- **통합3단계** : 정보제공자와 이용자 간에 보다 적극적인 거래가 이루어지는 단계(전자정부의 최종발전단계에 해당하는 연계(통합)단계까지 포함하는 단계)

Check Point

전자정부의 유형
- **능률형(효율형) 전자정부(협의의 전자정부)** : 정부혁신과 정보기술의 활용으로 정부 내부의 효율성을 제고하는 것을 목적으로 하는 유형으로, EDI, 정보공유, 재설계(BPR) 등의 수단으로 함
- **서비스형 전자정부** : 효율성 제고 외에도 정보공유를 통해 행정정보가 국민 복지와 서비스 질 향상에 얼마나 기여할 수 있는가를 목적으로 하는 고객지향적 전자정부를 말함
- **민주형 전자정부(광의의 전자정부)** : 국민의 참여 확대를 통한 신뢰 구축을 강조하는 열린 정부와 전자민주주의를 전제로 하는 유형(정보의 전자적 공개와 전자투표, 전자거버넌스 등을 통한 정보의 자유와 프라이버시 보호를 중시함)

㉡ 행정업무의 혁신 및 생산성 · 효율성의 향상

㉢ 정보시스템의 안전성 · 신뢰성의 확보

㉣ 개인정보 및 사생활의 보호

㉤ 행정정보의 공개 및 공동이용의 확대

㉥ 중복투자의 방지 및 상호운용성 증진

(2) 전자정부의 구성요소

① 기술 분야의 구성요소

㉠ **전자문서교환(EDI, Electronic Data Interchange)** : 독립된 조직 간 행정상 · 업무상의 거래를 종이 문서가 아닌 표준화된 형식(양식)을 통해 전자 문서화하여 컴퓨터 간에 교환 · 처리하는 정보전달시스템

㉡ **근거리통신망(LAN)** : 지리적으로 한정된 공간(동일 건물이나 구내)에서 구축된 컴퓨터 기반의 통신망

㉢ **민원서류자동발급기(KIOSK)** : 공공장소에 설치된 터치스크린 방식의 자동발급기로서, 서류 등의 발급과 관련된 non-stop 서비스의 제공과 창구서비스의 자동화를 가능하게 함

㉣ **전자급부이전(EBT ; Electronic Benefit Transfer)** : 정부가 복지서비스 수혜자에게 카드를 발급해 주고 카드로 물건구입을 하게 하는 제도

㉤ **스마트카드(smart card)** : 대규모의 연산 및 저장기능을 갖춘 IC칩을 내장하여 모든 정보에 대한 인식기능은 물론 전자화폐기능까지 수행하는 카드로, 대표적으로 전자주민카드가 있음

㉥ **공인인증제도** : 공문서의 전자신청 및 전자상거래에 사용되는 암호화된 전자서명(digital signature) 제도로, 공개키방식의 암호화로 보안을 유지함

㉦ **정보자원관리(IRM)** : 정보기술과 정보시스템, 정보로 구성된 정보자원의 통합적 관리체제

㉧ **고객관계관리(CRM ; Customer Relationship Management)** : 고객(소비자)과 관련된 다양한 자료나 정보를 통해 고객을 파악하고, 이를 토대로 업무프로세스와 조직, 인력 등을 정비 · 운영하는 관리전략

㉨ **국가대표포털** : 하나의 인터넷 통합사이트(포털사이트)를 통하여 모든 정부기관의 정보와 서비스를 제공하는 것으로, 행정기관을 직접 방문하지 않고도 1회 신청으로 민원을 전자적으로 처리할 수 있는 one-stop 민원처리가 가능

㉩ **정보시스템의 표준화** : 정보의 공동활용을 위한 정보시스템의 표준을 정립하는 것(전자정부 구축을 위한 정부참조모델(GRM) 등)

> **Check Point**
>
> **지리정보시스템(GIS ; Geographic Information System)**
> 전자정부의 핵심사업의 하나로, 국토지리 관련 정보를 통합 DB화하여 관련 부처가 공유, 정책결정에 활용하는 정보시스템이다. 우리나라의 경우 2002년도부터 본격적으로 구축되기 시작했는데, 초기의 지도제작 · 관리 차원 외에 토지 및 지상 · 지하의 시설관리, 교통분야(지능형 교통시스템), 도시계획, 환경분야, 농업분야, 재해재난, 응용산업(게임 및 군수산업) 등 분야별 전문지식으로 확대 · 활용되고 있다.

㉮ 기타 전자우편(E-mail), 전자상거래, 통합물류지원시스템, 지리정보시스템(GIS) 등

② 업무적용 분야의 구성요소(관리 · 운영 측면의 요소)

㉠ 정보의 디지털화 및 통합 DB를 통한 행정정보의 공동이용

㉡ 일상 · 반복적 업무의 자동화, 정책결정의 자동화

㉢ 보고 · 결재과정의 전자화

㉣ 행정업무절차의 재설계(BPR)

㉤ 네트워크를 통한 아웃소싱(민간위탁)

㉥ one-stop 서비스, non-stop 서비스의 제공

㉦ 행정정보의 전자적 공개

㉧ 정보활용 및 관리 · 처리 능력의 제고

㉨ 정보화책임관(CIO) 지정

㉩ 원격화상회의, 원격근무(재택근무), 가정민원제도 등

Check Point

전자정부의 행정적 기능
- 행정업무의 처리절차를 재설계하여 정부혁신을 유도
- 행정업무에 정보기술을 활용하여 행정업무의 효율성 제고
- 정보화로 인한 국가경쟁력의 향상
- 민주주의 이념의 보편적 서비스를 제공하여 사회적 형평성 제고
- 정보기술의 활용으로 신속 · 정확한 대국민서비스 실현

(3) 전자정부의 장단점

① 장점

㉠ 행정업무에 정보기술을 활용하여 행정업무의 효율성 · 생산성을 제고

㉡ 정보기술을 통해 신속 · 정확하면서도 간편하고 적은 비용으로 대국민서비스를 제공

㉢ 행정절차를 재설계하여 규제지향적 행정절차와 번문욕례를 완화 · 개선하고 정부혁신을 유도

㉣ 원스톱(one-stop)행정을 통한 창구서비스의 일원화, 논스톱(non-stop)행정서비스의 제공을 통한 서비스 대기비용 등의 축소(이음새 없는 조직의 구현)

㉤ 수평적 네트워크구조를 통한 정보공유의 촉진 및 전달(지식정부)

㉥ 행정에 대한 국민 참여와 정보의 공개를 통한 행정의 민주성 · 투명성 제고(전자민주주의, 사이버 거버넌스)

㉦ 민주주의 이념의 보편적 확대를 통해 사회적 형평성 제고

㉧ 정보화로 인한 국가경쟁력의 향상

② 단점(문제점)

㉠ 비대면적 업무의 처리에 따른 인간소외나 비인간화

㉡ 정보안정망의 불완전성이나 컴퓨터범죄로 인한 정보의 노출 및 개인의 프라이버시 침해, 행정업무의 장애

㉢ 컴퓨터 활용 능력의 격차에 따른 정보소외 및 계층 간 격차(정보격차의 해소 정책의 필요성)

(4) 전자정부의 구축방안

① 정보전달의 전자화 : 각종 신고 · 신청 · 보고 등을 전자화하여 전달 · 교환

② 전자적 민원처리 : 기존의 행정서비스 절차와 달리 민원인들이 행정기관을 직접 방문하지 않고 정보통신망을 통해 민원을 신청하거나 문의 · 상담하며, 민원처리결과를 신속 · 정확하게 받아 볼 수 있는 안방민원처리시스템

③ 행정정보의 전자적 공개 : 정보화시대에 있어 행정정보 제공은 주로 정보통신망을 통한 행정정보의 전자적 공개를 통해 달성됨

④ one-stop 행정 및 non-stop 행정의 구현, 법정 보존문서의 전자매체화 등

전자정부와 유비쿼터스 정부의 비교

구분	전자정부	유비쿼터스 정부
개념	유선인터넷을 기반으로 가상적 전자공간(1.0 전자정부)	인터넷 기반 온라인에 의한 가상공간을 뛰어 넘어 무선 · 모바일 등 물리적 · 현실공간에까지 확대시킨 차세대 전자정부 내지는 웹(Web) 2.0 또는 3.0시대의 미래형 전자정부
기술적인 측면	초고속 정보통신망과 네트워크 인터넷 기술이 기반	브로드밴드(광대역 초고속 인터넷 서비스)와 무선 & 모바일 네트워크, 센싱, 칩 기반
서비스 전달 측면	신속 · 투명한 서비스 제공(기계 중심, 일방향 정보제공)	지능적인 업무수행과 개개인의 수요에 맞는 맞춤형 정보서비스 제공(인간 중심, 양방향 정보제공)
업무방식의 측면	신속성, 투명성, 효율성, 민주성	실질적인 고객지향성, 지능성, 형평성, 실시간성

기존 전자정부와 스마트 정부의 비교

구분		기존 전자정부(~2010)	스마트 정부(2011~)
국민	접근방법	PC만 가능	스마트폰, 태블릿PC, 스마트TV 등 다매체 활용
	서비스	공급자 중심의 획일적 서비스	• 개인별 맞춤형 통합 서비스 • 개방을 통해 국민이 직접 원하는 서비스 개발 · 제공
	민원신청	• 개별 신청 • 동일서류도 복수제출	1회 신청으로 연관 민원 일괄 처리
	수혜 방식	국민이 직접 자격 증명 신청	정부가 자격 요건 확인 · 지원

Check Point

정보기술아키텍처와 범정부참조모델(GRM)

㉠ **정보기술아키텍처** : 일정한 기준과 절차에 따라 업무, 응용, 데이터, 기술, 보안 등 조직 전체의 구성요소들을 통합적으로 분석한 뒤, 이들 간의 관계를 구조적으로 정리한 체제 및 이를 바탕으로 정보화 등을 통하여 구성요소들을 최적화하기 위한 방법을 말한다. 행정기관 등은 전자정부의 구현 · 운영 및 발전을 추진할 때 정보기술아키텍처를 기반으로 하여야 한다.

㉡ **범정부참조모델(GRM)** : 참조모델(RM)은 정보기술아키텍처의 구성요소를 식별하여 표준화한 것으로, 각 기관이 아키텍처 수립 시 참조하는 추상화된 모델을 말하는데, 행정안전부에서 제시한 범정부참조모델에는 다음과 같은 것들이 있다.
- BRM(Business Reference Model, 업무참조모델) : 특정 기관의 업무 기능을 정의한 범정부업무참조모델
- DRM(Data Reference Model, 데이터참조모델) : 특정 기관의 데이터를 정의한 범정부데이터참조모델
- SRM(Serviece Reference Model, 서비스참조모델) : 특정 기관의 서비스를 정의한 범정부서비스참조모델
- PRM(Performance Reference Model, 성과참조모델) : 특정 기관의 성과를 정의한 범정부성과참조모델
- TRM(Technology Reference Model, 기술참조모델) : 특정 기관의 기술을 정의한 범정부기술참조모델

Check Point

전자정부의 효용과 목표
- 업무처리재설계를 통한 정부혁신
- 분권적 행정시스템 구축
- 행정의 효율성과 민주성 구현
- 국가경쟁력 향상
- 정보의 공동이용
- 보편적 서비스

공무원	근무위치	지정 사무실(PC)	시간 · 위치 무관(스마트 워크센터 또는 모바일 오피스)
	위기	사후 복구(재난)	사전 예방 및 예측

꼭! 확인 기출문제

01. 유비쿼터스 전자정부에 대한 설명으로 옳은 것만을 모두 고르면? [지방직 9급 기출]

ㄱ. 기술적으로 브로드밴드와 무선, 모바일 네트워크, 센싱, 칩 등을 기반으로 한다.
ㄴ. 서비스 전달 측면에서 지능적인 업무수행과 개개인의 수요에 맞는 맞춤형 서비스를 제공한다.
ㄷ. Any-time, Any-where, Any-device, Any-network, Any-service 환경에서 실현되는 정부를 지향한다.

① ㄱ, ㄴ
② ㄱ, ㄷ
③ ㄴ, ㄷ
❹ ㄱ, ㄴ, ㄷ

해 ④ ㄱ, ㄴ, ㄷ 모두 유비쿼터스 정부의 특징 또는 모습에 해당한다. 전자정부 3.0 패러다임인 유비쿼터스 정부란 인터넷 기반 온라인에 의한 가상공간을 뛰어넘어 무선 모바일 등 물리적 · 현실적 공간까지 확대된 차세대 미래형 전자정부로 지능화된 수요자 개개인의 맞춤형 서비스를 강조한다. 이를 위한 기술적인 기반은 브로드밴드(광대역 초고속 인터넷)와 무선, 모바일 네트워크, 센싱, 칩 등을 기반으로 하고, Any-time, Any-where, Any-device, Any-network, Any-service 환경에서 실현되는 정부를 지향한다.

02. 「전자정부법」상 전자정부에 대한 설명으로 가장 옳지 않은 것은? [서울시 9급 기출]

① 행정기관 등은 전자정부의 구현을 위해 중복투자의 방지 및 상호운용성 증진 등을 우선적으로 고려하여야 한다.
② 행정기관 등의 장은 5년마다 해당 기관의 전자정부 구현 · 운영 및 발전을 위한 기본계획을 수립하여 중앙사무관장기관의 장에게 제출하여야 한다.
③ 행정기관 등의 장은 해당 기관의 전자정부서비스에 대한 이용실태 등을 주기적으로 조사하여야 한다.
❹ 행정기관 등의 장이 행정안전부장관에게 데이터 활용을 신청한 경우 행정안전부장관은 비공개대상정보라도 반드시 제공하여야 한다.

해 ④ 신청한 행정정보가 다른 법률 또는 다른 법률에서 위임한 명령(국회규칙, 대법원규칙, 헌법재판소규칙, 중앙선거관리위원회규칙, 감사원규칙, 대통령령, 총리령 · 부령 및 조례 · 규칙)에서 비밀 또는 비공개 사항으로 규정된 경우나 신청한 행정정보가 국가안전보장 또는 국방 · 통일 · 외교관계 등에 관한 사항으로서 공개될 경우 국가의 중대한 이익을 크게 해칠 우려가 있다고 인정되는 경우에는 행정안전부장관은 이를 제공하여서는 안 된다.
① 행정기관 등은 전자정부의 구현 · 운영 및 발전을 추진할 때 대민서비스의 전자화 및 국민 편익 증진, 행정업무의 혁신 및 생산성 · 효율성 향상, 정보시스템의 안전성, 신뢰성 확보, 개인정보 및 사생활 보호, 행정정보의 공개 및 공동이용의 확대, 중복투자의 방지 및 상호운용성 증진 등을 우선적으로 고려하고 이에 필요한 대책을 마련해야 한다.
② 기관별 기본계획에 따르면 행정기관 등의 장이 5년마다 전자정부의 구현 · 운영 및 발전을 위한 기본계획을 수립하여 중앙사무관장기관의 장에게 제출하여야 한다.
③ 전자정부법 제22조 제1항에 따르면 행정기관 등의 장은 해당 기관에서 제공하는 전자정부서비스에 대한 이용실태 등을 주기적으로 조사 · 분석하여 관리한 다음 개선 방안을 마련하여야 한다.

기출 Plus 국가직 9급 기출

03. UN에서 제시하는 세 가지 전자적 참여형태에 해당하지 않는 것은?

① 전자정보화(e-information) 단계
② 전자자문(e-consultation) 단계
③ 전자결정(e-decision) 단계
④ 전자홍보(e-public relation) 단계

해 전자홍보는 UN이 제시한 전자적 참여형태(전자거버넌스)에 해당하지 않는다. UN에서는 전자거버넌스로서의 전자적 참여 형태가 '전자정보화(E-Information) → 전자자문(E-Consultation) → 전자결정(E-Decision)'의 순으로 발전하고 있다고 하였다.

참고

전자거버넌스의 발전 단계

㉠ **전자정보화(e-information)**
- 전자정부에서 각종 전자적 채널을 통해 정부의 다양한 정보가 공개되는 단계(다소 일방향적인 정보의 공개가 일어나는 단계)
- UN에서는 전자정보화 단계를 전자거버넌스로서 전자적 참여형태가 발전하는 첫 번째 단계로 봄

㉡ **전자자문(e-consultation)**
- 시민과 선출직 공무원 간의 소통이 이루어져 시민은 가상공간에서 선출직공무원에게 청원을 하기도 하고 양자 간의 정책토론이 전개되고 토론에 따른 피드백이 이루어짐
- 전자거버넌스로서의 전자적 참여 형태가 발전하는 두 번째 단계

㉢ **전자결정(e-decision)**
- 정부기관의 주요 정책과정에 시민의 의견이 고려 · 반영되는 것으로, 이 단계에서는 단순한 자문활동에 그치지 않고 어떠한 정책결정에 직접 반영되었는가에 대한 정보를 제공해 줌
- UN에서는 전자적 참여 형태의 세 번째 발전단계로 봄

3. 지식관리 및 지식관리시스템

(1) 지식관리(knowledge management, 지식행정관리)

① 의의

㉠ 일반적으로 지식관리(지식행정관리)란 개인과 조직에 내재되어 있는 다양한 정보를 획득 · 공유하고 새로운 지식을 창출하며, 창출된 지식이 제품이나 서비스 및 조직시스템으로 변환될 수 있도록 절차를 구성하고 장을 만들어주는 활동을 말함

㉡ 조직 내외의 상황과 환경을 지각하고 문제 해결능력을 제고하기 위해 지식을 획득 · 창출 · 전파 · 공유하고 이를 효과적으로 활용하기 위한 활동이라 할 수 있음

② 특징

㉠ 조직지식을 어떻게 관리하고 시스템화하여 조직에 기여할 것인가에 대한 방법론(기술적 측면)에 해당

㉡ 지식의 라이프 사이클을 통합적으로 관리하려는 것으로, 조직의 기억창고인 인적 자원을 중시함

㉢ 조직구성원의 인적 전문화, 지식공유를 통한 지식가치 향상, 학습조직 및 연성조직 등을 강조

㉣ 다양한 의사소통과 대화, 집단사고의 과정을 통해 지식의 창출 및 공유 · 활용을 중시

③ 지식관리의 성공요인

㉠ **암묵지(Tacit Knowledge)기능의 활성화** : 암묵지기능을 활성화하고 개인의

Check Point

암묵지와 형식지

- **암묵지(암묵적 지식, tacit knowledge)** : 어떤 유형이나 규칙으로 표현하기 어려운 주관적 · 내재적 지식. 즉 주관적 경험과 이미지, 학습, 숙련된 기능, 조직문화 등의 형태로 몸에 쌓인 지식을 말함(모든 지식의 원천)
- **형식지** : 누구나 이해 · 전달할 수 있는 객관적 지식(암묵지가 형식을 갖추어 표현된 것)을 말하며, 문서나 규정, 공식, 매뉴얼, 프로그램 등의 형태로 표현될 수 있음

답 03 ④

암묵지를 적극적으로 형식지화하여 이를 구성원 모두에게 공개(광범위한 인적 네트워크를 구축하여 적극적으로 지식을 획득하고 이를 전파)

㉡ **지식관리자(CKO)의 활용** : 지식관리를 총괄하는 지식관리자를 두고, 지식관리자가 조직구성원의 지식 창조 및 공유를 자극할 수 있도록 함

㉢ **지식관리조직의 구축 및 활성화** : 계층구조를 축소하고 학습조직이나 팀(team)제를 도입하며, 네트워크조직화와 조직 간 전략적 제휴를 통해 조직지식의 활용을 극대화

㉣ **지식평가 및 보상체계의 확립** : 조직지식의 효율적 활용을 위해 지적 자본의 평가기준을 마련하고 측정체계를 수립하며, 구성원에 대한 평가 및 보상 시스템을 수립

㉤ **신뢰와 협력의 문화 확립** : 지식공유를 위한 신뢰와 협력의 문화를 구축

㉥ **정보시스템 및 네트워크 구축** : 조직지식을 모든 구성원이 검색 · 활용할 수 있도록 정보시스템 및 정보네트워크를 구축하고, 구성원의 공동작업에 의한 지식창조가 가능하도록 그룹웨어(groupware)를 이용할 수 있는 시스템을 구축

④ 전통적 관리와의 비교

구분	전통적 행정관리	지식행정관리
조직구성원의 능력	구성원의 기량과 경험이 일과성으로 소모됨	인적(人的) 전문화(조직구성원의 전문적 자질 향상)
지식공유	조직 내 정보 및 지식의 분절, 파편화가 나타남	지식공유를 통해 지식가치의 향상 및 확대 재생산
지식소유	지식의 개인 사유화	지식의 조직 공동 재산화 촉진
지식활용	정보 및 지식이 중복 활용됨	조직의 업무능력 향상
조직의 성격	계층제적 조직구조	연성조직 강조, 학습조직의 기반 구축을 추구(학습조직의 구축은 다시 지식관리를 활성화시킴)

(2) 지식관리시스템(Knowledge Management System)

① 의의

㉠ 개인과 조직이 지식을 기반으로 해서 지식의 생성 · 활용 · 축적에 이르는 일련의 활동을 원활하게 할 수 있도록 정보기술을 통해 지원하는 것

㉡ 조직 내 지적 자산의 가치를 극대화하기 위하여 통합적인 지식경영 프로세스를 지원하는 정보기술 시스템

② 효과적 구축방안

지방직 9급 기출

04. 지식행정의 특징과 가장 거리가 먼 것은?

① 연성조직의 강화
② 의사소통의 활성화
③ 인적 자본의 강화
④ 암묵지의 축소화

해 지식행정관리의 성공을 위해서는 암묵지기능을 강화해야 한다. 암묵지란 학습과 체험을 통해 개인에게 습득돼 있지만 겉으로 드러나지 않는 상태의 지식(주관적 · 신체적 지식)을 말한다.
①·②·③ 조직구성원의 인적 전문화와 연성조직 등의 강조, 의사소통과 대화의 중시 등은 모두 지식행정관리의 특징에 해당한다.

답 04 ④

㉠ 통합적 · 수직적 조직구조보다는 분권적 · 수평적인 유기적 구조 형성
㉡ 전문적인 인적 자원의 확보
㉢ 지식관리를 위한 제도적인 지원과 문화의 형성
㉣ 지식관리시스템을 가능하게 하는 통합적 정보기술의 확보

③ **지식의 순환**

㉠ **지식순환의 과정** : 암묵지에서 암묵지(공동화, 사회화), 암묵지에서 형식지(표출화, 외재화), 형식지에서 형식지(연결화), 형식지에서 다시 암묵지(내재화)로의 4가지 과정을 순환

㉡ **지식변환의 4가지 유형**

- 공동화 : 공동체험을 통해 자신의 몸으로 지식과 정보를 획득 · 공유하는 과정
- 표출화 : 암묵지를 언어적 또는 행동적 표현 수단을 통해 형식지로 형태화하는 과정
- 연결화 : 매뉴얼이나 집단토론 등을 통해 형식지를 모아 형식지로 연결 · 결합하는 과정
- 내재화 : 형식지를 자신의 내면에 적용시켜보는 행동과 실천을 통한 체화 · 학습과정

 **꼭! 확인 기출문제**

지식관리시스템을 성공적으로 구축하고 그 효과를 실현하기 위한 방안과 거리가 먼 것은?
[지방직 9급 기출]

① 지식관리를 위한 제도적인 지원과 문화의 형성
❷ 통합적이고 수직적인 조직구조의 형성
③ 전문적인 인적자원의 확보
④ 지식관리시스템을 가능하게 하는 통합적 정보기술의 확보

해 ② 통합적이고 수직적인 조직구조는 전통적 행정관리의 계층제 조직의 특징에 해당한다. 지식관리시스템의 성공적 구축을 위해서는 분권적 · 수평적인 유기적 조직구조(학습조직 등)를 형성해야 한다.
①·③·④ 모두 지식관리시스템의 효과적인 구축방안에 해당한다.

7편

지방행정론

제1장

지방행정의 기초이론

제1절 지방행정의 본질

1. 지방행정의 의의

Check Point

직접행정과 간접행정
- 직접행정(관치행정) : 국가 일선기관(특별지방행정기관)이 담당하는 행정
- 간접행정(자치행정+위임행정) : 자치단체가 고유사무만을 처리하는 자치행정과 위임사무를 처리하는 위임행정으로 구성

(1) 지방행정의 개념

① 광의의 지방행정 : 자치행정+위임행정+관치행정

㉠ 행정의 주체나 처리사무에 관계없이 일정한 지역 내에서 수행하는 일체의 행정, 즉 자치행정과 위임행정, 관치행정을 포괄하는 개념(주로 후진국형의 지방행정 개념)

㉡ 자치행정은 주민자치를, 위임행정은 단체자치를, 관치행정은 특별지방행정기관에 의한 행정(중앙집권)을 의미

② 협의의 지방행정 : 자치행정+위임행정

㉠ 일정한 지역 내에서 지방자치단체가 처리하는 행정

㉡ 우리나라 등 대륙계 국가의 일반적인 지방자치의 개념

③ 최협의의 지방행정 : 자치행정

㉠ 지방행정의 개념을 자치행정과 동의어로 파악하여, 일정 지역 주민이 자신의 자치사무를 국가(중앙정부)의 간섭 없이 자주적으로 처리하는 것으로 봄(위임사무 제외)

㉡ 영미계 국가의 지방행정 개념으로, 본래적 의미 또는 고유한 의미의 개념에 해당

(2) 지방행정의 특징

① 지역행정 : 국가행정이 전국을 단위로 통일적 · 일원적으로 실시되는 행정임

에 비해, 지방행정은 일정 지역단위를 대상으로 개별적 · 다원적으로 실시되는 행정임

② **자치행정** : 일정한 지역에서 주민이나 독립된 법인격을 가진 자치단체, 또는 주민이 선출한 기관이 지방 사무를 자기 의사와 책임에 따라 자주적으로 처리하는 행정

③ **종합행정** : 국가행정은 전문적인 기능별 · 분야별 행정을 강조하는 데 비해, 지방행정은 지역 내 행정수요 전반을 종합적 · 포괄적으로 처리 · 수행하는 행정임

④ **생활행정(급부행정)** : 주로 주민들의 일상생활에 직결되는 주택, 복지, 재산 등의 사무를 처리 · 수행하는 행정

⑤ **대화행정** : 지역주민들과 접촉하면서 대화를 통하여 주민들의 의견을 청취하고 정책을 결정 · 집행해 가는 행정

⑥ **비권력적 행정** : 국가행정과는 달리 주민생활의 편익과 기본수요 충족, 복지를 위한 지원, 정보제공, 조정, 조언, 권고 등의 비권력적 행정을 수행

⑦ **집행적 행정** : 국가행정이 계획 수립 및 통제기능을 주로 하는 반면, 지방정부는 집행기능을 주로 수행

2. 집권과 분권

(1) 의의

① **집권** : 행정상의 의사결정권과 지휘 · 감독권이 중앙정부나 상위기관, 특정 기관 등에 집중되어 있는 현상으로 능률성의 제고를 위해 요구됨

② **분권** : 의사결정권과 지휘 · 감독권이 지방정부나 하위기관, 다수기관에 상대적으로 위임 · 분산되어 있는 현상으로 민주성의 제고를 위해 요구됨

(2) 유형

① 행정상의 집권과 분권

㉠ 상 · 하급 행정기관 간의 권한 집중 · 분산 정도

㉡ 조직 내 상하계층 간의 권한 집중 · 분산 정도

㉢ 정치적 의미의 중앙집권 · 지방분권과는 구별됨

② 자치상(정치상)의 집권과 분권(중앙집권과 지방분권)

㉠ 중앙정부와 지방정부 간의 권한이나 능력이 집중 또는 분산된 정도

㉡ 중앙집권은 권한 등이 중앙에 집중되어 있고, 국가의 통제가 강해 자치단체의 자주성을 제약하는데 반해, 지방분권의 경우 권한 등이 자치단체에

Check Point

지방행정의 이념
- 자율성(자치행정)
- 경영성(경영행정)
- 봉사성(봉사행정)
- 형평성(복지행정)
- 대응성(생활행정 · 현장행정)
- 책임성(책임행정)
- 참여성(참여행정)
- 투명성 · 신뢰성(공개행정)

Check Point

지방분권 정책방향(노무현 정부 이후)
- **지방분권의 원칙** : 지방자치단체가 지역의 정책을 자율적으로 결정하고 자기책임하에 집행할 수 있도록 지방분권을 기본이념으로 하고 지방분권 추진을 위한 3대원칙 제시
- **보충성의 원리(기초자치단체 우선의 원칙)** : 지역주민과 밀접한 말단 지방정부의 기능을 먼저 규정하고 지방정부가 처리하기 힘든 기능에 한하여 상급정부 또는 중앙정부가 보완
- **종합성의 원칙(특별지방행정기관 정비의 원칙)** : 특별지방행정기관(일선기관)보다는 가급적 지방자치단체가 수행하도록 함
- 교육자치 개선, 자치경찰제 도입, 지방재정 강화, 자치입법권 강화, 지방의회의 권한과 전문성 강화, 주민의 직접참여 확대, 추진기구 설치
- **3대원칙**
  - 선분권 · 후보완의 원칙 : 지방분권으로 인해 문제가 예상될 경우에도 먼저 분권조치를 취하고 사후 부작용은 지방정부와 시민사회가 자정능력에 의해 보완함
  - 보충성의 원칙 : 주민의 생활과 가까운 정부에 사무 및 기능의 우선적인 관할권을 인정한다는 기능배분 원칙
  - 포괄성의 원칙 : 단위사무 중심의 단편적 이양 대신 중 · 대단위 사무를 포괄적으로 이양함

Check Point

자치경찰제

- **개념** : 지방분권의 이념에 따라 지방자치단체에 경찰권을 부여하고, 경찰의 설치 · 유지 · 운영에 관한 책임을 지방자치단체가 담당하는 제도
- **장점**
  - 국가의 재정 부담이 경감됨
  - 자치경찰제는 지역 특성에 적합한 경찰활동이 가능
  - 소속 지역에 대한 귀속감이 높아 경찰관의 친절봉사도를 제고시킬 수 있음
- **단점**
  - 자치단체의 재정부담 증가
  - 국가목적적 치안활동을 위한 조정통제가 곤란함
  - 자치단체별 빈부격차에 따른 치안 서비스 차이가 있을 수 있음
  - 자치경찰이 정당 소속 지자체 장의 통제를 받게 됨에 따라 지방의원들의 선거 목적에 이용되는 등 공정성 저해가 우려됨

분산되어 있고 국가의 통제가 약해 자주성이 높음(오늘날 완전한 형태의 중앙집권과 지방분권은 있을 수 없으며, 양자의 조화가 요구됨)

③ **기능상의 집권과 분권** : 어떤 기능이 특정 기관에 집중 · 분산되었는가의 여부나 정도

(3) 중앙집권과 지방분권

구분	중앙집권	지방분권
의의	행정상의 의사결정권 등 권한이 비교적 중앙정부에 집중되어 있는 형태	행정상의 의사결정권 등 권한이 지방정부에 위임 · 분산되어 있는 형태
특성	• 신설조직 · 소규모 조직, 위기 시 주로 나타남 • 강력한 지도력 • 교통 · 통신의 발달은 중앙집권 촉진	• 오래된 조직, 대규모 조직에 주로 나타남 • 관리자의 양성과 능력발전 도모 • 국가의 통치 가능 영역의 확대 • 민주주의에 기여(풀뿌리 민주주의)
촉진 요인	• 소규모 조직 · 신설 조직인 경우 • 특정 행정부문에 관심이 집중되는 경우 • 위기를 극복하려는 경우 • 비용 소모가 큰 경우(능률적 처리 필요) • 개인적 리더십이 강한 경우 • 하위층의 능력이 부족한 경우 • 고위층의 직접적 통제를 강화하려는 경우 • 행정의 능률화가 요구되는 경우 • 강력한 행정력이 필요한 경우 • 관리기능의 전문화가 요구되는 경우	• 대규모 조직 · 오래된 조직인 경우 • 최고관리층의 업무부담을 감소시키는 경우 • 행정의 민주화가 요구되는 경우(주민통제의 강화) • 지역실정에 대한 적응이 요구되는 경우(근린행정, 행정의 현지성 구현) • 정책의 지역적 실험이 필요한 경우 • 행정의 신속한 업무처리를 하려는 경우 • 하위층에 적응하는 관리를 하려는 경우 • 구성원의 창의력을 제고하는 경우
장점	• 전국적인 계획행정과 강력한 통제행정(권력행정)에 유리 • 국가적 차원의 신속한 위기극복 • 정책의 통일성 · 안정성 · 균일성 · 형평성 유지 • 대규모 사업에 유리 • 행정능률의 향상에 기여	• 행정에 대한 민주통제와 민의반영 강화 • 지역실정에 맞는 행정이 가능 • 자치단체 간의 경쟁 촉진, 혁신 유도 • 참여와 정치훈련으로 사기를 앙양하고 상급자의 업무부담 경감 • 일선에서의 신속한 업무처리
단점	• 지방적 특수성의 무시와 지나친 획일화 유발 • 행정수요의 지역적 특수성을 무시 • 지방공동체의식의 약화 • 민중통제의 약화 • 지방의 민주화 저해	• 전체적 복지향상을 위한 사회입법 곤란 • 급증하는 행정수요에 대비한 재원확보 곤란 • 행정사무가 중복 처리 우려 • 행정 전문화 추구의 어려움

중앙집권과 지방분권의 측정지표

- 특별지방행정관서의 종류와 수 : 수가 많을수록 중앙집권적
- 지방자치단체 중요 직위 선임방식 : 중앙에 의한 임명 시 중앙집권적
- 국가공무원과 지방공무원의 수 : 국가공무원의 수가 많을수록 중앙집권적
- 국자재정의 총규모와 지방재정의 총규모 : 국가재정의 비중이 더 크거나 지방세보다 국세의 비중이 클수록 중앙집권적

- 자치단체의 예산편성 · 집행 및 회계에 대한 중앙정부의 통제 : 통제와 빈도가 높을수록 중앙집권적
- 고유사무, 단체위임사무, 기관위임사무의 구성비 : 위임사무의 비중이 높거나 위임사무 중 기관위임사무의 비중이 높을수록 중앙집권적
- 민원사무의 배분 비율 : 중앙정부의 관장 비율이 높을수록 중앙집권적
- 감사 및 보고의 횟수 : 감사나 보고의 횟수가 많을수록 중앙집권적

(4) 신중앙집권화

① 의의

㉠ 근대 입법국가시대 지방자치가 발달하였던 영미계의 민주국가에서의 행정국가화 경향 또는 광역행정 등으로 중앙정부가 지방정부에 대한 지원을 증대하거나 지방기능이 중앙으로 이관되는 등 새로운 협력관계로서 다시 중앙정부의 통제와 기능이 강화되는 현상

㉡ 기존 지방자치의 부정이 아니므로 지방정부의 기본적인 자치권은 보장되며, 중앙과 지방의 기능적 협력 및 조화를 모색하는 민주성 · 능률성의 조화방안(지방정부차원에서 가능한 것은 스스로 하고, 불가능한 것은 중앙정부에 의존)

㉢ 영미계 국가를 중심으로 전개되었으며, 대륙계 국가에서는 신중앙집권화는 존재하지 않음(우리나라의 1970년대 경제개발기에 나타난 현상도 신중앙집권화에 해당되지 않음)

② 촉진요인

㉠ 지방사무의 양적인 증대와 질적 심화(전문화)

㉡ 지방정부의 양적 · 기술적 능력의 한계

㉢ 행정사무의 전국화 · 복잡화 · 전문화

㉣ 교통 · 통신의 발달로 인한 행정의 광역화 · 국제화

㉤ 과학기술발달에 따른 행정역할의 변화

㉥ 국토균형개발 요청에 따른 광역 단위의 지역계획 및 전국 규모의 국가계획의 추진

㉦ 국민생활권의 확대와 경제적 규제의 필요성 증대

㉧ 국제 정세의 불안정과 국제적 긴장 고조

㉨ 지방재정의 자립성 저하 및 중앙에 대한 의존성 증대

㉩ 행정의 민주화와 능률화의 조화

㉪ 복지행정의 지역 간 균형

㉫ 국민복지의 최저수준(national minimum) 유지

③ 한계

㉠ 중앙의 지방에 대한 권력성 · 강압성

Check Point

신중앙집권화의 특성

- 비권력적 · 기능적 · 기술적 · 협동적 · 사회적 · 수평적 성격(과거의 중앙집권은 권력적 · 권위적 · 지배적 · 후견적 · 윤리적 · 예속적 · 수직적 성격)
- 지방자치의 불요성이나 불신에서 대두된 현상이 아니며, 행정의 능률성 향상을 위한 행정국가의 정치구조상 권력재편성의 성격을 지님
- 행정의 능률화와 민주화의 조화를 위한 중앙 · 지방 간의 새로운 협력관계(권력은 지방으로 분산, 지식과 기술의 집권)

ⓛ 지방행정의 획일적 통제 및 과도한 통제 우려
ⓒ 중앙정부의 책임 전가, 지방의 수단화

Check Point

신지방분권화의 특징

- 상대적 분권(절대적 분권 아님)
- 참여적 분권(행정적 분권 아님)
- 협조적 분권(배타적 분권 아님)
- 적극적 분권(소극적 분권 아님)

(5) 신지방분권화

① 의의 및 성격

㉠ 중앙집권적 전통을 가지고 있던 대륙계 국가나 신중앙집권 경향을 보여 온 최근의 영미계 국가에서 그 폐해를 인식하고 이를 극복하기 위한 중앙통제의 완화, 지방정부의 자율성 증대, 자치단체의 권리보장 등을 강조하는 현대적 지방분권화 경향

㉡ 신중앙집권의 불가피성을 인정하면서도 그 문제점에 대처하고, 국가와 자치단체를 협력 · 공존체계로 파악하여 중앙집권(능률성)과 지방분권(민주성)의 이점을 동시에 충족하려는 보다 적극적인 새로운 지방분권(신중앙집권과 대립관계가 아닌 상호보완관계)

Check Point

각 국의 신지방분권화 경향

- **프랑스** : 1982년 Mitterrand 행정부의 자주관리 사회주의
- **일본** : Hosokawa 내각 이후 지방분권 경향
- **미국** : 홈룰운동(home rule movement), Reagan 행정부의 신연방주의 등
- **개발도상국** : 중앙집권의 폐해를 인식하고 신지방분권화 추진

㉢ 대체로 1980년대 이후의 프랑스와 일본 등 전통적으로 중앙집권적 풍토를 가지고 있던 대륙계 국가들의 새로운 지방분권적인 경향을 지칭

㉣ 최근의 신자유주의에서 세계화는 곧 지방화라는 기치로 지방분권을 강조하려는 경향과 동일한 맥락(신자유주의에서는 지역사회 중심의 정부가 강조됨)

㉤ 우리나라의 경우 노무현 정부에서 「중앙행정권한의 지방이양 촉진 등에 관한 법률」과 「지방분권특별법」(현행 「지방분권 및 지방행정체제개편에 관한 특별법」) 등을 통해 중앙기능의 지방이양을 추진한 것도 신지방분권화의 일환임

② 촉진요인

㉠ 중앙집권에 따른 과밀 · 과소현상의 폐해 극복(특정 지역은 편중 · 과밀되고 다른 지역은 상대적으로 소외되어 지역 간 불균형 · 개발격차가 심화되는 문제를 해결)

㉡ 대량문화에 다른 개성 상실의 극복 및 문화적 다양성 회복

㉢ 시민사회의 직접 참여 요구 확대(시민공동체, 거버넌스 부각)

㉣ 지방화 및 지역분산 가속화, 도시화의 진전

㉤ 지방정부의 정보처리능력 향상, 정보화 및 재택근무의 확산

㉥ 탈냉전체제로의 국제정세 변화 및 국가의 활동영역의 확대에 따른 국제화 · 세계화

중앙집권과 지방분권의 역사적 전개

① 지방자치가 발달한 영미계 국가 : '중앙집권 → 지방분권 → 신중앙집권 → 신지방분권'의 순으로 전개

구분	16~18세기	19세기	20세기	1980~
국가 성격	절대군주국가	근대 입법국가	행정국가	신행정국가
집권과 분권	중앙집권	지방분권	신중앙집권	신지방분권
지방자치	부정	지방자치 발달(주민자치, 단체자치)	지방자치의 위기	지방자치의 발달
강조점	능률성	민주성	능률성 · 민주성의 조화	세계화와 지방화

② 중앙집권의 전통이 강한 대륙계 국가 : 지방분권을 거치지 않고 '중앙집권 → 신지방분권'의 순으로 전개(한국)

제2절 정부 간 관계론(IGR이론)

1. 의의와 대표 이론 모형

(1) 의의

① 정부 간 관계론은 국가 내에 존재하는 정부, 특히 중앙정부와 지방정부 간의 권력 · 권한배분 및 통제관계, 기능관계 등에 대한 규범적 이론을 의미함

② **대표적 이론모형** : D. Wright와 P. Dunleavy의 이론

(2) 대표적 이론 모형(정부 간 관계 모형)

① D. Wright의 정부 간 모형

㉠ 포괄권위형(종속형 · 내포형 · 계층형)

- 계층적 권위 아래 포괄적 · 종속적 관계를 지니는 형태, 즉 연방정부(중앙정부)가 주정부 및 지방정부를 완전히 포괄하고 있는 형태(우리나라 해당)
- 중앙집권적 체제 아래 상위정부의 통제를 잘 나타내고 있는 유형으로, 정부 간 관계를 종속관계로 파악함
- 주정부 및 지방정부는 전적으로 연방정부의 결정에 의존하고 강력한 계층제적 통제를 받으며, 자치단체의 사무는 기관위임사무가 주종을 이룸

Check Point

정부 간 관계(IGR)
일반적으로 정부 간 관계(Inter-Government Relationship)란 한 국가 내의 여러 정부 사이의 관계 또는 그러한 관계의 교환과 결합 관계를 지칭함

ⓛ 분리권위형(조정권위형 · 독립형 · 대등형)

- 독립적 권위 아래 분리적 · 독립적 관계를 지니는 형태, 즉 연방정부와 주정부가 명확한 분리 아래 상호 독립적이고 완전 자치적으로 운영되며 지방정부는 주정부에 종속된 이원적 관계를 이루는 유형(미국 연방제에서의 중앙과 지방정부의 관계)
- 연방정부와 주정부가 대등한 지위를 유지하여 상호 경쟁적 관계에 놓임(연방정부와 주정부 및 지방정부의 제관계를 적절히 나타내지 못하여 정치적 · 사회적 현실에 적합하지 않다는 비판을 받고 있음)
- 자치단체의 사무는 고유사무가 주종을 이룸

ⓒ 중첩권위형(상호의존형)

- 협상적 권위 아래 상호의존적 관계를 지니는 형태, 즉 연방정부와 주정부 및 지방정부가 각자 고유한 영역을 가지면서 동시에 동일한 관심과 책임 영역을 지니는 유형
- 정부 간 관계의 가장 바람직한 이상적 실천모형으로 평가됨
- 고유사무가 더 많고 위임사무 중에서는 단체위임사무가 기관위임사무보다 많음

② P. Dunleavy의 기능배분모형

㉠ 다원주의

- 중앙과 지방 간의 기능배분은 역사적으로 오랜 기간 동안 진화과정을 거치면서 점진적으로 지방적 기능과 전국적 기능으로 제도화된 것이라고 보는 관점
- 기능배분의 바탕에는 중복배제, 최적규모에의 부합 등 행정적 합리성 증진이라는 원리가 작용한다고 봄(우리나라도 이러한 관점에서 기능배분을 논의해 왔음)

ⓛ 신우파론

- 합리적 인간관과 방법론적 개체주의의 입장을 토대로 개인의 자유와 지방분권를 중시하는 공공선택론의 관점으로, 중앙과 지방정부 간의 기능배분도 개인후생을 극대화하고자 하는 시민과 세입원을 극대화하고자 하는 공무원 개개인들의 합리적 선택행동에서 비롯되는 것이라고 이해
- 중앙과 지방 간 기능배분과 관련하여, 재분배정책(사회보장정책)은 중앙정부가 관장하고, 개발정책은 편익의 범위와 내부화 여부에 따라 지방 혹은 중앙정부가 관장하며, 배당정책(치안 · 소방 · 쓰레기수거 등)은 해당지역 주민의 선호가 중시되므로 지방정부가 각각 관장하는 것이 타당하다고 봄

기출 Plus 지방직 9급 기출

01. 라이트(D. Wright)의 정부 간 관계모형에 대한 설명 중 옳지 않은 것은?

① 분리형(seperated model)은 중앙-지방 간의 독립적인 관계를 의미한다.
② 내포형(inclusive model)은 지방정부가 중앙정부에 완전히 의존되어 있는 관계를 의미한다.
③ 중첩형(overlapping model)은 정치적 타협과 협상에 의한 중앙-지방 간의 상호의존 관계를 의미한다.
④ 경쟁형(competitive model)은 정책을 둘러싼 정부 간 경쟁관계를 의미한다.

해 경쟁형(competitive model)은 Wright가 아니라 Nice가 제시한 유형이다. Nice는 정부 간 관계모형을 경쟁형과 상호의존형으로 분류하였다. Wright가 제시한 정부 간 관계(IGR) 모형에는 분리권위형(독립형), 포괄권위형(내포형), 중첩권위형(상호의존형)의 3가지가 있다.

Check Point

이상적 모형으로서의 중첩권위형의 특징

- 정부기능의 상당 부분이 연방 · 주 · 지방정부에 의해 동시적으로 작용하고 있음
- 자치권과 재량권의 영역이 제한적으로 분산되어 있으며, 상호의존적임
- 정부 간에는 협상 · 교환관계를 형성하면서 재정적 상호 협조와 경쟁관계가 이루어짐

답 01 ④

ⓒ **계급정치론** : 자본주의 국가 내부의 정부수준 간 기능배분에 대한 구체적인 기준에 대해서 별로 관심을 기울이지는 않으며, 이러한 기능배분문제를 자신의 이익을 위한 자본주의 국가 내 계급들 간의 갈등에서 비롯된다고 파악함

ⓔ 엘리트론

- 응집력 있는 지배엘리트가 지배연합을 통하여 국가자원의 배분 및 통제 범위를 확대한다는 관점으로, 이원국가론이 대표적 엘리트론모형
- 이원국가론은 국가재정지출의 유형화, 국가개입 및 의사결정 양식, 정부수준 간 기능배분의 순서로 중앙과 지방 간의 기능배분이 이루어진다고 봄(중앙정부는 사유재산이나 자본주의체제 보호 등의 기능을 담당하고 지방정부는 복지나 의료 · 보건 · 주택 등의 기능을 담당)

③ 기타 정부 간 관계모형

ⓐ D. Nice의 정부 간 관계모형

- 경쟁형 : 중앙정부와 지방정부 간 정책 경쟁관계를 유지하는 것
- 상호의존형 : 정부 간으로 분열 · 대립 · 경쟁하지 않고 상호의존관계를 지속하는 것

ⓑ **H. Elcock의 정부 간 관계모형** : 영국의 정부 간 관계에서 지방정부의 지위와 관련된 이념형으로, 대리자모형, 동반자모형, 교환과정모형(절충모형) 제시

ⓒ R. Rhodes의 전략적 협상관계모형

- 지방정부는 중앙정부로부터 완전독립(동등)도, 예속도 아닌 상호의존관계로 정부가 보유하는 4가지 자원에도 상호우위가 있다고 봄
- 중앙정부는 법적 자원, 재정적 자원에서 우위에 있으며, 지방정부는 정보자원, 조직자원에서 우위에 있음

Check Point

이원국가론 관점의 이론적 배경
이원국가론은 국가기능에 관해서는 신마르크스주의 관점을 일부 수용하면서, 정부수준 간의 상이한 의사결정방식에 대해서는 신베버주의의 입장을 근간으로 함

Check Point

H. Elcock의 모형

- **대리자모형** : 지방이 중앙의 단순한 대리자에 불과하기 때문에 지방은 중앙의 감독하에 국가정책을 집행한다는 모형
- **동반자모형** : 지방이 중앙과는 독자적인 결정을 내린다는 입장
- **교환과정모형(절충모형)** : 중앙과 지방이 상호 의존의 관계에 있다는 모형

제3절 지방자치단체에 대한 국가의 관여·감독(중앙통제)

1. 의의와 방식

(1) 의의

① 의미 : 국가(중앙정부)가 법률적 · 행정적 · 재정적 제반 통제수단을 활용하여 지방정부의 기능 · 조직 · 인사 · 예산 등에 대해 관여하는 것. 과거와 달리 현

대국가에서는 국가의 권력적 강제작용뿐 아니라 국가의 지도 · 지원 · 협조 · 조정, 국가와 지방자치단체 간 상호접촉 · 교섭 · 협의 등 모든 관여나 관계를 총괄하는 의미이며 상하복종관계가 아니라 공동의 이익을 위해 상호협력하는 것으로 지방자치단체의 독자성을 인정하면서 국가 전체의 균형을 확보하는 중앙과 지방의 새로운 공존 및 협력체제로 인식

② 국가의 관여 · 감독(중앙통제)의 필요성과 한계

중앙통제의 필요성	중앙통제의 한계
• 국가의 존립목적과 국가 전체적 통일성 유지 • 국민적 최저수준(national minimum)의 확보 • 재정·행정·기술적 능력이 부족한 지방자치단체의 보호·육성 • 국가위임사무·재정지원사무의 경우 중앙의 지도·감독 필요	• 국가 전체의 통일성 유지를 위해 필요한 경우에 한하되, 헌법상 보장된 지방자치단체의 독자성을 침해하면 안 됨 • 명백한 법적 근거를 두고 법적 절차를 거쳐서 행해야 함 • 행정의 능률성을 위해 민주성을 저해할 수 있으므로 조화가 필요

③ 지방자치의 유형과 국가의 관여 · 감독(중앙통제) 범위

- 영 · 미형 주민자치 : 입법적 · 사법적 통제 중심의 간접적 통제 위주(비권력적), 중앙통제가 약함
- 대륙계형 단체자치 : 행정적 통제 중심의 직접적 통제 위주(권력적), 중앙통제가 강함

(2) 국가의 관여 · 감독(중앙통제) 방식

통제 기관	입법적 통제	• 국가의 입법기관(국회)이 행하는 통제. 주로 입법절차(법률)를 통한 일반적 · 개괄적인 통제로 사전적 외부통제 • 한계 : 행정의 전문성 · 재량성 확대, 환경변화에 신속한 대응 곤란, 정당의 통제로 인한 의원활동의 제약 등
	사법적 통제	• 국가의 사법기관(법원 · 헌법재판소)이 행하는 통제. 주로 쟁송절차를 통한 사후적 소극적 통제 • 한계 : 사후적 · 소극적 통제에 불과하고 복잡한 절차가 요구되고 과중한 쟁송비용 등
	행정적 통제	• 국가의 행정기관(행정부)이 행정적 절차를 통해 행하는 통제로 가장 광범위하고 중요한 통제 • 행정의 양적 확대, 질적 전문화로 인해 오늘날 가장 효과적 · 탄력적 대응이 가능하므로 일반적 통제방식이 됨
통제 성격	권력적 통제	일방적 · 명령적 · 강제적 방식. 종래 단체자치형의 특징 예 감독, 감사, 인가, 승인, 처분, 임면, 취소, 정지, 시정명령, 이행명령
	비권력적 통제	장려적 · 유도적 · 조성적 방식. 종래 주민자치형의 특징. 신중앙집권 · 신지방분권의 특징 예 조언, 권고, 지원, 조정, 정보제공, 질의응답

통제 시기	사전통제	업무수행이 이뤄지기 전에 통제. 능률과 효과 면에서 더 바람직 예 지침시달, 승인 등
	사후통제	업무수행이 이뤄진 후에 통제. 민주와 자율 면 에서 더 바람직 예 감사, 예 · 결산보고 등
통제 내용	합법성 통제	사무처리 기타 업무수행의 위법 또는 월권을 방지
	합목적성 통제	부당하거나 비효율적으로 이뤄지는 활동을 방지

2. 우리나라의 중앙통제 중 행정적 통제(행정적 관여·감독)

(1) 행정관리적 통제

① 지방자치단체의 사무에 대한 지도와 지원(지방자치법 184조) : 중앙행정기관의 장이나 시 · 도지사[광역자치단체장]는 지방자치단체의 사무에 관하여 조언 · 권고 · 지도할 수 있으며, 필요하면 자료제출 요구 가능. 국가나 시 · 도[광역자치단체]는 지방자치단체의 사무처리에 대한 재정지원이나 기술지원 가능. 자치단체장은 위 조언 · 권고 · 지도와 관련해 의견 제출 가능

② 국가사무나 시 · 도사무 처리의 지도 · 감독(지방자치법 185조)

㉠ 지방자치단체나 그 장이 위임받아 처리하는 국가사무에 관하여 시 · 도에서는 주무부장관의, 시 · 군 · 자치구[기초자치단체]에서는 1차로 시 · 도지사의, 2차로 주무부장관의 지도 · 감독을 받음

㉡ 시 · 군 · 자치구나 그 장이 위임받아 처리하는 시 · 도의 사무에 관하여는 시 · 도지사의 지도 · 감독을 받음

③ 위법 · 부당한 명령 · 처분의 시정(지방자치법 188조)

㉠ 시정명령 과 취소 · 정지 : 지방자치단체의 사무에 관한 지방자치단체장(지방의회 사무직원에 대한 지휘 · 감독과 인사사무는 지방의회의 의장)의 명령 · 처분이 법령에 위반되거나 현저히 부당하여 공익을 해친다고 인정되면 시 · 도에 대하서는 주무부장관이, 시 · 군 · 자치구에 대해서는 시 · 도지사가 기간을 정해 서면으로 시정을 명하고, 그 기간에 이행하지 않으면 명령 · 처분을 취소하거나 정지할 수 있음. 이 경우 자치사무에 관한 명령 · 처분에 대한 시정명령, 취소 · 정지는 법령을 위반한 것에 한정됨(이하 ㉡의 경우도 동일)

㉡ 주무부장관의 시장 · 군수 · 자치구청장의 명령 · 처분에 대한 시정명령과 취소 · 정지

- 시 · 도지사가 시정명령을 하지 않는 경우 : 주무부장관은 지방자치단체의 사무에 관한 시장 · 군수 · 자치구청장의 명령 · 처분이 법령에 위반되거나 현저히 부당하여 공익을 해침에도 불구하고 시 · 도지사가 시정명령을 하지 않으면 시 · 도지사에게 기간을 정해 시정명령을 하도록 명할 수 있음. 주무부장관은 그 기간에 시 · 도지사가 시정명령을 하지 않으면 그 기간이 지난 날부터 7일 이내에 직접 시장 · 군수 · 자치구청장에게 기간을 정하여 서면으로 시정을 명하고, 그 기간에 불이행시 주무부장관이 그 명령 · 처분을 취소 · 정지할 수 있음
- 시 · 도지사가 취소 · 정지를 하지 않는 경우 : 주무부장관은 시 · 도지사가 시장 · 군수 및 자치구의 구청장에게시정명령을 하였으나 이를 이행하지 아니한 데 따른 취소 · 정지를 하지 않은 경우 시 · 도지사에게 기간을 정하여 시장 · 군수 · 자치구청장의 명령 · 처분을 취소 · 정지할 것을 명하고, 그 기간에 이행하지 않으면 주무부장관이 직접 취소 · 정지할 수 있음

㉢ **대법원에의 제소(자치사무만)** : 지방자치단체장은 자치사무에 관한 명령 · 처분의 취소 · 정지에 이의가 있으면 그 취소처분 또는 정지처분을 통보받은 날부터 15일 이내에 대법원에 소(訴) 제기 가능.

④ **지방자치단체장에 대한 직무이행명령(지방자치법 189조)**

㉠ **직무이행명령** : 지방자치단체장이 법령에 따라 그 의무에 속하는 국가위임사무나 시 · 도위임사무의 관리와 집행을 명백히 게을리하고 있다고 인정되면 시 · 도에 대해서는 주무부장관이, 시 · 군 · 자치구에 대해서는 시 · 도지사가 기간을 정해 서면으로 이행할 사항을 명령할 수 있음

㉡ **대집행, 행정상 · 재정상 조치** : 지방자치단체장이 위 기간에 이행명령 불이행시 주무부장관이나 시 · 도지사는 그 지방자치단체의 비용부담으로 대집행 또는 행정상 · 재정상 필요한 조치(이하 「대집행등」이라 함)가능(대집행은 행정대집행법 준용)

㉢ **주무부장관의 시장 · 군수 · 자치구청장에 대한 직무이행명령과 대집행, 행정상 · 재정상 조치**

- 시 · 도지사가 직무이행명령을 하지 않는 경우 : 주무부장관은 시장 · 군수 · 자치구청장이 법령에 따라 그 의무에 속하는 국가위임사무의 관리와 집행을 명백히 게을리하고 있다고 인정됨에도 불구하고 시 · 도지사가 직무이행명령을 하지 않는 경우 시 · 도지사에게 기간을 정해 이행명령을 하도록 명할 수 있음. 주무부장관은 시 · 도지사가 그 기간에 이행명령을 하지 않으면 그 기간이 지난 날부터 7일 이내에 직접 시장 · 군

수 · 자치구장에게 기간을 정해 이행명령을 하고, 그 기간에 불이행시 주무부장관이 직접 대집행등을 할 수 있음

- 시 · 도지사가 대집행등을 하지 않는 경우 : 주무부장관은 시 · 도지사가 시장 · 군수 · 자치구청장에게 직무이행명령을 했으나 이를 이행하지 아니한 데 따른 대집행등을 하지 않는 경우 시 · 도지사에게 기간을 정해 대집행등을 하도록 명하고, 그 기간에 대집행등을 하지 않으면 주무부장관이 직접 대집행등을 할 수 있음

㉣ 대법원에의 제소 : 지방자치단체장은 이행명령에 이의가 있으면 이행명령서를 접수한 날부터 15일 이내에 대법원에 소(訴) 제기 가능. 이 경우 이행명령의 집행을 정지하게 하는 집행정지결정 신청도 가능

시정명령과 직무이행명령 비교

구분	시정명령	직무이행명령
대상사무	지방자치단체의 사무(자치사무 + 위임사무)	위임사무
사유	자치단체 장의 명령 · 처분이 법령 위반 또는 현저히 부당하여 공익을 해침(단, 자치사무는 위법한 것에 한함)	위임사무의 관리 및 집행을 명백히 게을리 한 때
방식	기간을 정하여 서면으로 시정명령	기간을 정하여 서면으로 이행명령
명령 불이행시	주무부장관 또는 시도지사가 자치단체장의 명령 · 처분을 취소 · 정지할 수 있음	주무부장관 또는 시도지사가 그 자치단체의 비용부담으로 대집행 또는 행정상 · 재정상 조치 가능.
대법원 제소	취소 · 정지에 대해 이의가 있으면 자치사무의 경우에만 대법원에 15일 이내 제소 가능	직무이행명령에 이의가 있으면 대법원에 15일 이내 제소 가능. 집행정지 결정 신청 가능

⑤ 지방자치단체의 자치사무에 대한 감사(지방자치법 190조) : 행정안전부장관이나 시 · 도지사는 지방자치단체의 자치사무에 관하여 보고를 받거나 서류 · 장부나 회계를 감사할 수 있음. 단, 자치사무에 대한 감사는 법령 위반 사항만 하며 감사를 하기 전에 해당 사무의 처리가 법령에 위반되는지 여부 등을 확인해야 함

⑥ 지방의회 의결의 재의와 제소(지방자치법 192조)

지방자치법 제192조(지방의회 의결의 재의와 제소)

① 지방의회의 의결이 법령에 위반되거나 공익을 현저히 해친다고 판단되면 시 · 도에 대해서는 주무부장관이, 시 · 군 및 자치구에 대해서는 시 · 도지사가 해당 지방자치단체의 장에게 재의를 요구하게 할 수 있고, 재의 요구 지시를 받은 지방자치단체의 장은 의결사항을 이송받은 날부터 20일 이내에 지방의회에 이유를 붙여 재의를 요구하여야 한다.

> ② 시 · 군 및 자치구의회의 의결이 법령에 위반된다고 판단됨에도 불구하고 시 · 도지사가 제1항에 따라 재의를 요구하게 하지 아니한 경우 주무부장관이 직접 시장 · 군수 및 자치구의 구청장에게 재의를 요구하게 할 수 있고, 재의 요구 지시를 받은 시장 · 군수 및 자치구의 구청장은 의결사항을 이송받은 날부터 20일 이내에 지방의회에 이유를 붙여 재의를 요구하여야 한다.
> ③ 제1항 또는 제2항의 요구에 대하여 재의한 결과 재적의원 과반수의 출석과 출석의원 3분의 2 이상의 찬성으로 전과 같은 의결을 하면 그 의결사항은 확정된다.
> ④ 지방자치단체의 장은 제3항에 따라 재의결된 사항이 법령에 위반된다고 판단되면 재의결된 날부터 20일 이내에 대법원에 소를 제기할 수 있다. 이 경우 필요하다고 인정되면 그 의결의 집행을 정지하게 하는 집행정지결정을 신청할 수 있다.
> ⑤ 주무부장관이나 시 · 도지사는 재의결된 사항이 법령에 위반된다고 판단됨에도 불구하고 해당 지방자치단체의 장이 소를 제기하지 아니하면 시 · 도에 대해서는 주무부장관이, 시 · 군 및 자치구에 대해서는 시 · 도지사(제2항에 따라 주무부장관이 직접 재의 요구 지시를 한 경우에는 주무부장관을 말한다. 이하 이 조에서 같다)가 그 지방자치단체의 장에게 제소를 지시하거나 직접 제소 및 집행정지결정을 신청할 수 있다.
> ⑥ 제5항에 따른 제소의 지시는 제4항의 기간이 지난 날부터 7일 이내에 하고, 해당 지방자치단체의 장은 제소 지시를 받은 날부터 7일 이내에 제소하여야 한다.
> ⑦ 주무부장관이나 시 · 도지사는 제6항의 기간이 지난 날부터 7일 이내에 제5항에 따른 직접 제소 및 집행정지결정을 신청할 수 있다.
> ⑧ 제1항 또는 제2항에 따라 지방의회의 의결이 법령에 위반된다고 판단되어 주무부장관이나 시 · 도지사로부터 재의 요구 지시를 받은 해당 지방자치단체의 장이 재의를 요구하지 아니하는 경우(법령에 위반되는 지방의회의 의결사항이 조례안인 경우로서 재의 요구 지시를 받기 전에 그 조례안을 공포한 경우를 포함한다)에는 주무부장관이나 시 · 도지사는 제1항 또는 제2항에 따른 기간이 지난 날부터 7일 이내에 대법원에 직접 제소 및 집행정지 결정을 신청할 수 있다.
> ⑨ 제1항 또는 제2항에 따른 지방의회의 의결이나 제3항에 따라 재의결된 사항이 둘 이상의 부처와 관련되거나 주무부장관이 불분명하면 행정안전부장관이 재의 요구 또는 제소를 지시하거나 직접 제소 및 집행정지 결정을 신청할 수 있다.

⑦ **감사원의 회계검사와 직무감찰(감사원법 22조, 24조)** : 지방자치단체의 회계는 감사원의 필요적 회계검사 대상이며, 지방자치단체의 사무와 그에 소속한 지방공무원의 직무에 대해서도 감사원이 직무감찰 가능

⑧ **각종 유권해석 및 지침의 제공** : 중앙행정기관은 소관위임사무 등의 처리에 대한 법령해석 및 지침 제공

(2) 조직 · 인사상 통제(지방자치법 125조)

① **행정기구 편제 및 공무원의 정원에 대한 기준 제정** : 행정기구의 설치와 지방공무원의 정원은 인건비 등 대통령령으로 정하는 기준[기준인건비제]에 따라 그 지방자치단체의 조례로 정함. 행안부장관은 지방자치단체의 행정기구와 지방공무원의 정원이 적정하게 운영되고 다른 지방자치단체와의 균형이 유지되도록 하기 위하여 필요한 사항을 권고할 수 있음

② **자치단체에 두는 국가공무원의 임용 및 감독** : 지방자치단체에는 법률로 정하는 바에 따라 국가공무원을 둘 수 있음. 5급 이상의 국가공무원이나 고위공무원단에 속하는 공무원은 해당 지방자치단체장의 제청으로 소속 장관을 거쳐

대통령이 임명하고, 6급 이하의 국가공무원은 그 지방자치단체장의 제청으로 소속 장관이 임명

(3) 재정상 통제

구분	내용
사전통제	• 지방재정영향평가(지방재정법 27조의6) • 중기지방재정계획 제출(지방재정법 33조) • 재정투자심사(지방재정법 37조) • 재정운용업무편람과 예산편성기준(지방재정법 38조) • 재정지원사업 사전협의(국가재정법 7조10항) • 지방채 발행 총액 한도제(지방재정법 11조 2 · 3항) • 성인지예산(지방재정법 36조의2)
사후통제	• 재정보고서 제출(지방재정법 54조) • 예산 및 결산의 보고(지방자치법 149 · 150조) • 재정분석 및 재정진단(지방재정법 55조) • 재정위기단체의 지정(지방재정법 55조의2~56조) • 긴급재정관리단체의 지정(지방재정법 60조의3~60조의9) • 지방재정 운영상황의 공시(지방재정법 60조) • 지역통합재정통계 작성 · 제출(지방재정법 59조) • 재정벌칙제 – 지방교부세 감액 · 반환(지방교부세법 11조) • 보조금 교부결정 취소와 반환(보조금 관리에 관한 법률 30조) • 행정사무 감사 · 조사(지방자치법 49조) • 성인지결산(지방회계법 18조)

제4절 특별지방행정기관(일선기관)

1. 의의와 유형

(1) 의의

① 개념

㉠ 중앙행정기관의 업무를 지역적으로 분담 처리하기 위하여 특정한 중앙행정기관에 소속되어 현지에 설치되는 국가의 지방행정기관

㉡ 국가의 지역별 소관 사무를 분담 · 처리하기 위하여 중앙행정기관의 하부기관으로서 지방에 설치한 국가의 일선기관을 의미함

㉢ 국가사무의 처리에 있어 전국적 통일성과 전문성의 요구에 따라 지방자치단체에 위임 · 처리하는 것이 적합하지 않을 경우 예외적으로 지방에 설치

Check Point

특별지방행정기관의 특징

- 정치적이기보다는 관료적인 의미가 강함(중앙부처의 조직 구조와 계층의 일부분 구성)
- 중앙부처의 공식적 선발과정에 의하여 담당 행정관료를 충원
- 일선기관의 운영은 지역 사회에 의존하기보다 중앙정부의 의도에 의하여 운영됨

하는 국가의 행정기관(중앙의 대민적 업무를 현지에서 효율적으로 처리하기 위함)

ⓔ 국가기관으로서 책임과 권한이 국가에 있고 중앙의 엄격한 통제를 받는 관치행정의 성격을 띠며, 고유사무가 아닌 국가사무를 지역적 차원에서 수행한다는 점에서 지방자치단체와 구별

ⓜ 중앙정부와 일선기관 간의 관계는 정치상의 집권 · 분권(중앙집권 · 지방분권) 문제가 아닌 행정상의 집권 · 분권문제임

② **필요성** : 오늘날 정부기능의 양적 팽창 및 질적 전문화 · 기술화의 경향에서 중앙정부가 전문 분야의 행정을 국민과 대면하며 효율적으로 수행하기 위해서 요청됨

③ **문제점(폐단)**

ⓐ 중앙행정기관과의 마찰 발생 우려

ⓑ 일선기관의 증가로 인원과 경비 가중

ⓒ 결정의 지체와 절차의 복잡화, 비효율성 초래

ⓔ 주민참여의 곤란 및 자치의식 저해(지방자치 저해 및 중앙통제 강화수단)

ⓜ 책임성 · 대응성 확보가 곤란

ⓗ 주민에 대한 종합적 행정서비스 저해

Check Point

특별지방행정기관의 장점

- 전국 차원의 통일적 기술운용 가능
- 중앙행정기관의 업무량 감소
- 중앙행정기관은 정책 · 기획 기능에 전념 가능
- 지역과 타당성에 따른 구체적 정책집행
- 근린행정을 통한 주민 밀착형 서비스 제공
- 인접구역과의 유기적 상호협동 관계 확립

(2) 유형

① **보통일선기관과 특별일선기관**

ⓐ **보통일선기관(보통지방행정기관)** : 지방자치단체가 국가위임사무를 처리하는 경우로, 주로 대륙형 일선기관이 이에 해당(우리나라의 지방자치단체)

ⓑ **특별일선기관(특별지방행정기관)** : 중앙행정기관이 특정 업무수행을 위해 지방행정관청으로 설치하는 경우로서, 고도의 전문성 등으로 지방자치단체가 직접 처리하기 곤란한 경우 설치되며 영미형의 분리형 일선기관과 유사(세무서, 세관, 우체국 등)

② **영미형과 대륙형**

ⓐ **영미형** : 주민자치의 전통이 강해 자치단체가 일선기관의 성격을 띠지 않으며(자치단체에 위임사무가 없음), 중앙정부가 국가의 지역별 소관사무 처리를 위해 별도의 지방일선기관을 설치(특별일선기관 · 분리형 일선기관의 성격)

ⓛ 대륙형 : 자치단체가 국가 위임사무를 처리하므로 일선기관의 지위를 함께 가지며, 자치단체에 중앙부처별 사무를 위임할 수 있다는 점에서 모든 중앙부처를 대표하는 통합형 일선기관의 성격을 띰(우리나라의 보통지방행정기관)

③ 1차 일선기관과 2차 일선기관

㉠ 1차 기관 : 주민과 직접 접촉하는 최일선기관(우체국 · 경찰서 · 세무서 등)

ⓛ 2차 기관 : 최일선기관과 중앙행정기관의 교량 역할을 하는 중앙감독기관(지방체신청, 지방국세청 등)

④ 중간일선기관의 존재나 위치에 따른 유형(L. Gulick)

㉠ 전지형(全枝型) : 중간일선기관을 두지 않는 형태

ⓛ 장완단지형(長婉短枝型) : 다수의 중간기관이 소수의 일선기관을 관할하도록 하는 형태(중간일선기관이 지방에 인접)

ⓒ 단완장지형(短婉長枝型) : 소수의 중간기관을 설치하여 다수의 일선기관을 관할하도록 하는 형태(중간일선기관이 중앙에 인접)

Check Point

일선기관의 관할구역 설정 시 고려사항(J. Fesler)
통솔범위, 업무의 성질과 양, 행정상의 편의, 타 기관의 관할구역, 정치적 고려 요인 등

2. 우리나라의 특별지방행정기관

(1) 현황

1980년대 말 급증하였으며 지방자치단체의 수보다 훨씬 많음(광역적 행정의 요청과 중앙통제와 감독이 용이)

(2) 과제

① 일선기관이 수행하는 사무 중 지방자치단체가 수행하는 것이 효율적인 사무는 지방자치단체가 담당

② 새로운 일선기관의 설치 시 지방자치단체와 기능중복이 없도록 함

제5절 광역행정

1. 개념과 특징

(1) 개념

① 의의

㉠ 광역행정은 기존의 관할구역을 넘어선 광역적 행정수요를 복수의 지방자치단체가 공동적 · 통일적으로 수행하는 지방행정의 한 양식으로, 체계적이고 현지실정에 맞게 수행 · 처리함으로써 행정 능률성과 합목적성을 확보함

㉡ 지방자치단체에 대한 불신에서 등장한 제도는 아니며, 조직 간 협동적 사무의 필요성이나 분쟁 우려가 크고 규모의 경제가 적용되는 분야에서 광역행정이 강하게 요구됨

② 필요성

㉠ 산업화와 도시화의 급속한 진전과 사회경제권역의 확대(광역행정을 촉진)

㉡ 교통 · 통신수단의 발달에 따른 생활권과 행정권의 불일치 현상의 해소(사회변화와 제도 사이의 괴리 완화)

㉢ 대규모 지역개발사업 및 규모의 경제에 의한 경비절약의 요청

㉣ 토지이용에 대한 갈등의 완화

㉤ 지방분권(자치성)과 중앙집권(능률성)의 조화

㉥ 재정과 행정서비스의 불균등 문제 해결(복지행정의 요청)

㉦ 외부효과의 대처(서비스 혜택과 비용부담의 일치)

Check Point

광역행정과 지방자치의 방향 변화
- 민주성 강조 → 민주성과 능률성의 조화
- 독립성 → 상대적 독립성 : 자치단체 간의 절대적 독립에서 수평적 협력을 전제로 한 상대적 독립성 강조
- 개별성 → 체계적 종합성 : 개별적 차원의 자치에서 국가 차원의 종합적 자치로 변화
- 무계획성 → 계획성 : 국가 차원의 계획 수립
- 불균형성 → 균형성 : 지역 간 균형 추구
- 현상유지와 보존지향의 행정 → 개발행정 : 균형개발의 지향

(2) 효용 및 한계

효용(장점)	한계(단점)
• 국가자원의 경제적 활용 및 절약, 능률증진, 효과성 · 합목적성 제고 • 교통 · 통신의 발달에 따른 생활권과 행정권의 일치 가능 • 능률성에 역점을 두는 중앙집권주의와 민주성에 역점을 두는 지방분권주의의 조화 • 복지국가의 요청에 따른 행정서비스의 균질화 및 주민복지의 평준화 • 문화수준 향상 및 편의 제공 • 도농 간의 격차 축소, 전국적 균형발전 도모	• 지방자치제의 발전을 약화시키는 저해요인 • 권위주의적 행정과 자치단체의 민주성 저해로 주민참여 및 공동체의식의 약화 초래 • 각 자치지역의 특수 여건이 무시되어 비능률화 초래 • 기존의 일상적인 도시행정 수요가 경시될 우려 • 재정적 책임부담과 이익형성 간의 불일치 발생 • 경우에 따라 지역상호 간 이해충돌로 반목과 불화 발생 우려

2. 방식과 우리나라

(1) 광역행정의 방식(업무처리방식)

① 처리주체별 방식

㉠ **국가적 차원** : 중앙정부에 사무를 이관하여 국가가 직접 처리하는 사무 이관방식과 국가의 하급기관이 처리하는 일선기관에 의한 방식이 있음

㉡ **자치단체적 차원** : 기관의 공동설치방식, 사무위탁방식, 협의회방식, 공동처리방식, 연합방식, 특별구역방식 등이 있음

② 처리수단별 방식

㉠ 공동처리방식

- 의의 : 복수의 지방자치단체가 상호합의에 따라 광역적 행정사무를 공동처리하는 방식으로, 실효성이 가장 큰 순은 통합(합병)방식, 연합방식, 사무조합(약한 연합방식), 협의회 및 협정 · 협약 · 위탁의 방식임
- 유형
  - 사무위탁 : 자치단체 간의 협정 · 협약 등으로 계약을 체결한 후 사무처리나 서비스를 다른 자치단체에 위탁 · 처리하게 하는 방식(비용절감 및 서비스 성과 제고 등의 장점이 있으나 위탁처리비용의 객관적 산정이 어려워 자치단체 간 합의가 곤란)
  - 행정협의회 : 두 개 이상의 지방자치단체가 광역적 업무를 조정 · 협의 · 공동처리하기 위해 구성하는 협의회(법인격 및 이행강제력이 없어 협약에 관한 효과가 사무조합방식보다 작음)
  - 사무조합 : 지방자치단체 간에 사무의 일부를 공동처리하기 위해 계약(규약)에 의해 설치하는 법인체(우리나라의 일부 사무조합)
  - 공동기관(특별기관) : 인접 지방자치단체 간 합의로 특정 기능만을 처리하기 위해 일선행정기관과 별도로 설치하는 광역행정기관

㉡ 연합방식

- 의의 : 복수의 지방자치단체가 법인격을 가지고 있으면서 별도의 기구를 설치하고 이 기구로 하여금 광역행정사무를 담당하게 하는 방식
- 유형
  - 자치단체연합체 : 여러 지방자치단체가 특별자치단체적 성격을 지니는 연합체를 구성하는 방식
  - 도시공동체 : 기초단체인 시(市)들이 광역행정단위를 구성하는 방식
  - 복합사무조합 : 사무의 공동처리를 위해 합의에 의해 계약(규약)을 정하고 설치하는 법인체(법인격을 가진 공공기관)

> **Check Point**
>
> **조합**
>
> 특정 사무를 자치단체간 협력적으로 처리하기 위하여 독립된 법인격을 부여하여 설치한 특별자치단체로서 다음 세 가지가 있다.
>
> - **일부사무조합** : 한 개 사무 처리
> - **복합사무조합** : 둘 이상 사무 처리
> - **전부사무조합** : 모든 사무 처리 → 사실상 통합

기출 Plus
서울시 9급 기출

02. 자치단체 상호 간의 적극적 협력을 제고하기 위한 제도적, 비제도적 방식에 해당하지 않는 것은?

① 자치단체조합
② 전략적 협력
③ 분쟁조정위원회
④ 사무위탁

해 분쟁조정위원회는 제3자가 개입하여 당사자 간 협상을 돕거나, 독자적인 해결책을 제시하여 이를 당사자들이 받아들이도록 하여 분쟁을 해결하는 조정방법이다.
①·②·④ 자치단체조합, 전략적 협력, 사무위탁은 광역행정의 방식으로 당사자 간 분쟁해결을 하기 때문에 자치단체 상호 간의 적극적 협력을 제고하기 위한 제도적, 비제도적 방식에 해당한다.

답 02 ③

㉢ 통합방식

- 의의 : 여러 지방자치단체를 통합하여 단일의 정부를 설립하는 방식으로, 각 지방정부의 특수성은 무시된 채 중앙집권화가 촉진되고, 주민참여가 어려움(개발도상국에서 주로 사용)
- 유형
  - 합병 : 두 개 이상의 지방자치단체가 종래의 법인격을 통·폐합시켜 광역을 단위로 하는 새로운 법인격을 창설하는 방식(시·군 통폐합, 과거 일본 도쿄의 자치단체합병이나 시정촌합병 등)
  - 권한 및 지위의 흡수(흡수통합) : 하급 자치단체의 권한이나 지위를 상급자치단체가 흡수하는 방식(과거 기초단체의 사무이던 소방사무를 시·도가 흡수한 것은 권한(기능)의 흡수에 해당하며, 과거 읍·면의 지위를 시·군이 흡수한 것은 지위의 흡수에 해당함)
  - 전부사무조합 : 지방자치단체 간 모든 사무를 공동으로 처리하기 위해 합의에 의한 계약(규약)으로 설치하는 법인체(사실상의 자치단체 소멸을 의미하며, 연합보다 강한 방식)

㉣ **특별구역방식** : 일반행정구역과는 달리 특별행정구역을 정하여 특정 행정업무만을 광역적으로 처리하는 방식(교육구, 관광특구 등)

꼭! 확인 기출문제

광역행정에 대한 설명으로 옳지 않은 것은? [지방직 9급 기출]

① 기존의 행정구역을 초월해 더 넓은 지역을 대상으로 행정을 수행한다.
② 행정권과 주민의 생활권을 일치시켜 행정 효율성을 증진시킬 수 있다.
❸ 규모의 경제를 확보하기 어렵다.
④ 지방자치단체 간에 균질한 행정서비스를 제공하는 계기로 작용해 왔다.

해 ③ 광역행정은 조직 간 협동적 사무의 필요성이나 분쟁 우려가 크고 규모의 경제가 적용되는 분야에서 강하게 요구된다.
① 광역행정은 기존의 관할구역을 넘어선 광역적 행정수요를 복수의 지방자치단체가 공동적·통일적으로 수행하는 지방행정의 한 양식이다.
② 교통·통신의 발달에 따라 행정권과 주민의 생활권을 일치시켜 행정 효율성을 증진시킬 수 있다.
④ 광역행정은 도농 간의 격차 축소, 전국적인 균형발전을 도모하여 지방자치단체 간에 균질한 행정서비스를 제공하는 계기로 작용해 왔다.

(2) 우리나라의 광역행정

① 근거 규정

㉠ 지방자치단체는 다른 지방자치단체로부터 사무의 공동처리에 관한 요청이나 사무처리에 관한 협의·조정·승인 또는 지원의 요청을 받으면 법령의 범위에서 협력하여야 함, 관계 중앙행정기관의 장은 지방자치단체 간의 협

력 활성화를 위하여 필요한 지원을 할 수 있음(「지방자치법」 제164조)

㉡ 대표적 방식으로 사무의 위탁, 행정협의회, 지방자치단체조합을 규정

② 사무의 위탁

㉠ 지방자치단체나 그 장은 소관 사무의 일부를 다른 지방자치단체나 그 장에게 위탁하여 처리하게 할 수 있음

㉡ 지방자치단체의 장은 사무 위탁의 당사자가 시 · 도나 그 장이면 행정안전부장관과 관계 중앙행정기관의 장에게, 시 · 군 및 자치구나 그 장이면 시 · 도지사에게 이를 보고해야 함

㉢ 지방자치단체나 그 장은 사무를 위탁하려면 관계 지방자치단체와의 협의에 따라 규약을 정하여 고시해야 함

③ 행정협의회(가장 일반적으로 활용되는 방식)

㉠ 구성 : 지방자치단체는 두 개 이상의 지방자치단체와 관련된 사무의 일부를 공동으로 처리하기 위하여 관계 지방자치단체 간의 행정협의회를 구성할 수 있으며, 협의회를 구성하려면 관계 지방자치단체 간의 협의에 따라 규약을 정하여 관계 지방의회에 각각 보고한 다음 고시해야 함

㉡ 조직 : 협의회는 관계 지방자치단체의 직원 중에서 선임한 회장과 위원으로 구성하는데, 회장은 협의회를 대표하며 회의를 소집하고, 협의회의 사무를 총괄함

㉢ 협의사항의 조정(「지방자치법」 제173조)

- 협의회에서 합의가 이루어지지 않은 사항에 대하여 관계 지방자치단체의 장이 조정 요청을 하면 시 · 도 간의 협의사항에 대하여는 행정안전부장관이, 시 · 군 및 자치구 간의 협의사항에 대하여는 시 · 도지사가 조정할 수 있음(다만, 관계되는 시 · 군 및 자치구가 2개 이상의 시 · 도에 걸치는 경우 행정안전부장관이 조정)
- 행정안전부장관이나 시 · 도지사가 조정을 하려면 관계 중앙행정기관의 장과의 협의를 거쳐 분쟁조정위원회의 의결에 따라 조정해야 함

㉣ 협의 사항에 따른 사무처리 : 협의회를 구성한 관계 지방자치단체는 협의회가 결정한 사항이 있으면 그 결정에 따라 사무를 처리해야 함

④ 지방자치단체조합

㉠ 설립(동법 제176조)

- 2개 이상의 지방자치단체가 하나 또는 둘 이상의 사무를 공동으로 처리할 필요가 있을 때에는 규약을 정하여 지방의회의 의결을 거쳐 시 · 도는 행정안전부장관의 승인, 시 · 군 및 자치구는 시 · 도지사의 승인을 받아 지방자치단체조합을 설립할 수 있음. 다만, 지방자치단체조합의 구성원

Check Point

행정협의회의 특성

- 법인격이 없으며, 과세권이나 집행권을 갖고 있지 않음
- 협의회 결정은 실질적 구속력이나 강제력이 없어 운영실적이 저조함

Check Point

지방자치단체조합의 규약에 포함되어야 하는 사항(「지방자치법」 제179조)

- 지방자치단체조합의 명칭
- 지방자치단체조합을 구성하는 지방자치단체
- 사무소의 위치
- 지방자치단체조합의 사무
- 지방자치단체조합회의의 조직과 위원의 선임방법
- 집행기관의 조직과 선임방법
- 지방자치단체조합의 운영 및 사무처리에 필요한 경비의 부담과 지출방법
- 그 밖에 지방자치단체조합의 구성과 운영에 관한 사항

인 시 · 군 및 자치구가 2개 이상의 시 · 도에 걸쳐 있는 지방자치단체조합은 행정안전부장관의 승인을 받아야 함

- 지방자치단체조합은 법인으로 함

ⓛ 조직(동법 제177조)

- 지방자치단체조합에는 지방자치단체조합회의와 지방자치단체조합장 및 사무직원을 둠
- 지방자치단체조합회의의 위원과 지방자치단체조합장 및 사무직원은 지방자치단체조합규약으로 정하는 바에 따라 선임함
- 관계 지방의회의원과 관계 지방자치단체의 장은 지방자치단체조합회의의 위원이나 지방자치단체조합장을 겸할 수 있음

ⓒ 권한(동법 제178조)

- 지방자치단체조합회의는 지방자치단체조합의 규약으로 정하는 바에 따라 지방자치단체조합의 중요 사무를 심의 · 의결함
- 지방자치단체조합회의는 지방자치단체조합이 제공하는 서비스에 대한 사용료 · 수수료 또는 분담금을 조례로 정한 범위에서 정할 수 있음
- 지방자치단체조합장은 지방자치단체조합을 대표하며 지방자치단체조합의 사무를 총괄함

ⓔ 지도 · 감독(동법 제180조)

- 시 · 도가 구성원인 지방자치단체조합은 행정안전부장관, 시 · 군 및 자치구가 구성원인 지방자치단체조합은 1차로 시 · 도지사, 2차로 행정안전부장관의 지도 · 감독을 받는다. 다만, 지방자치단체조합의 구성원인 시 · 군 및 자치구가 2개 이상의 시 · 도에 걸쳐 있는 지방자치단체조합은 행정안전부장관의 지도 · 감독을 받음
- 행정안전부장관은 공익상 필요하면 지방자치단체조합의 설립이나 해산 또는 규약 변경을 명할 수 있음

ⓜ 우리나라의 자치단체조합 : 사무조합은 일부사무조합, 복합사무조합, 전부사무조합이 있는데 우리의 경우 일부사무조합과 복합사무조합이 인정되고 있으나 현재는 일부사무조합이 설치되어 있음. 현재 정보화자치조합, 수도권광역교통조합, 수도권매립지운영관리조합(서울 · 경기 · 인천) 등이 있음

⑤ 기타 방식

ⓖ 특별기구 설치방식 : 지방국토관리청, 지방체신청 등

ⓛ 특별구역방식 : 교육구

ⓒ 공동기업(광역지방공사) : 수도권매립지관리공사 등

> **기출 Plus** 지방직 9급 기출
>
> **03. 「지방자치법」상 우리나라 지방자치단체에 대한 설명으로 옳지 않은 것은?**
>
> ① 지방자치단체인 구는 특별시와 광역시의 관할 구역 안의 구만을 말한다.
> ② 자치구가 아닌 구의 명칭과 구역의 변경은 그 지방자치단체의 조례로 정한다.
> ③ 주민은 지방자치단체와 그 장의 권한에 속하는 사무의 처리가 법령에 위반되거나 공익을 현저히 해친다고 인정되면 감사를 청구할 수 있다.
> ④ 주민은 그 지방자치단체의 장뿐만 아니라 지방에 속한 모든 의회의원까지도 소환할 권리를 가진다.
>
> 해 주민은 그 지방자치단체의 장 및 지방의회의원(비례대표 지방의회의원은 제외한다)을 소환할 권리를 가진다(「지방자치법」 제25조 제1항).
>
> 답 03 ④

⑥ 우리나라 광역행정의 문제점

㉠ 중앙집권체제의 전통이 강하여 권위적 · 예속적 경향

㉡ 국토 면적이 협소하고 지방자치가 활성화되지 못하여 광역행정의 필요성이 그다지 크지 않음

㉢ 기초자치단체인 시 · 군의 규모가 상대적으로 방대함

㉣ 행정협의회의 기능이 미약하고 독립성 · 강제성이 결여되어 실효성이 낮음

⑦ 개선책

㉠ 협의기구의 상설화

㉡ 중앙통제를 최소화 및 중앙 · 지방의 기능 및 책임의 명확화

㉢ 중앙과 지방정부의 협조적 수평관계 유지

㉣ 행정의 능률성과 민주성을 조화

꼭! 확인 기출문제

현행 「지방자치법」상 지방자치단체 상호 간 협력방식에 대한 설명으로 가장 적합하지 않은 것은? [국가직 9급 기출]

① 사무위탁은 사무처리비용의 절감, 공동사무처리에 따른 규모의 경제 등의 장점이 있으나, 위탁처리비용의 산정문제 등으로 인해 광범위하게 이용되지 못하고 있다.
② 2개 이상의 지방자치단체가 그 사무 중 일부를 공동 처리할 필요가 있을 때에는 규약을 정하고 일정한 절차를 거쳐 지방자치단체조합을 설립할 수 있다.
❸ 행정협의회를 구성한 관계 지방자치단체는 반드시 협의회의 결정에 따라 사무를 처리할 필요는 없다.
④ 지방자치단체는 다른 지방자치단체로부터 사무의 공동처리에 관한 요청이나 사무처리에 관한 협의 · 조정 · 승인 또는 지원의 요청을 받으면 법령의 범위에서 협력하여야 한다.

해 ③ 행정협의회의 경우 이를 구성한 관계 지방자치단체는 협의회의 결정사항에 따라 사무를 처리해야 한다(「지방자치법」 제174조 제1항). 다만, 결정에 따르지 않을 경우 이에 대한 이행을 강제할 수단이 없어 실질적인 구속력은 없다고 할 수 있다.
① 사무위탁은 자치단체 간의 협정 · 협약 등으로 계약을 체결한 후 사무처리나 서비스를 다른 자치단체에 위탁 · 처리하게 하는 방식으로, 사무처리비용의 절감 및 서비스 성과 제고 등의 장점이 있으나, 위탁처리비용의 객관적 산정이 어려워 자치단체 간 합의가 곤란하므로 널리 이용되지는 못하고 있다.
② 2개 이상의 지방자치단체가 하나 또는 둘 이상의 사무를 공동으로 처리할 필요가 있을 때에는 규약을 정하여 그 지방의회의 의결과 해당 승인 절차를 거쳐 지방자치단체조합을 설립할 수 있다(동법 제176조 제1항).
④ 지방자치단체 상호 간의 협력에 대한 내용이다(동법 제164조 제1항).

Check Point

행정협의조정위원회의 구성

행정협의조정위원회는 위원장 1명을 포함하여 13명 이내의 위원으로 구성되며, 위원장은 위촉위원 중에서 국무총리가 위촉함

우리나라의 분쟁조정제도

① 자치단체 상호 간 분쟁조정

㉠ 상급감독기관의 분쟁조정 : 자치단체 상호 간 분쟁이 있을 때에는 행정안전부장관이나 시 · 도지사가 당사자의 신청에 의하여 이를 조정할 수 있음(그 분쟁이 공익을 저해하여 조속한 조정이 필요한 경우 직권으로 조정 가능)

㉡ 지방자치단체 분쟁조정위원회 : 행정안전부장관이나 시 · 도지사가 분쟁조정을 하는 경우 관계 중앙행정기관의 장과 협의를 거쳐 지방자치단체 중앙분쟁조정위원회(행정안전부에 설치) 또는 지방자치단체 지방분쟁조정위원회(시 · 도에 설치)의 의결에 따라야 함

㉢ 분쟁조정의 효력(구속력이 있음) : 행정안전부장관 또는 시 · 도지사의 조정결정에 대한 통보를 받은 관계 지방자치단체의 장은 그 조정결정 사항을 이행하여야 하며, 관계 자치단체는 필요한 예산을 우선 편성하여야 함(조정결정 사항을 이행하지 않을 경우 직무상 이행명령을 발할 수 있고, 이에 불응할 경우 대집행이 가능)

② 중앙정부와 자치단체 간의 분쟁조정

㉠ 행정협의조정위원회

- 중앙행정기관의 장과 지방자치단체의 장이 사무를 처리함에 있어서 의견을 달리하는 경우 이를 협의 · 조정하기 위하여 국무총리 소속으로 설치
- 협의 · 조정을 위해서는 행정협의조정위원회의 위원장에게 신청하여야 함
- 신청을 받은 위원장은 지체 없이 이를 국무총리에게 보고하고 행정안전부장관, 관계 중앙행정기관의 장 및 해당 지방자치단체의 장에게 통보하며, 협의 · 조정사항에 관한 결정을 하는 경우에도 지체 없이 서면으로 국무총리에게 보고하고 행정안전부장관 등에게 통보함
- 결정에 대한 통보를 받은 관계 중앙행정기관의 장과 그 지방자치단체의 장은 그 협의 · 조정 결정 사항을 이행하여야 함

㉡ 협의 · 조정의 효력 : 분쟁조정위원회의 경우와 달리 협의 · 조정결정 사항을 이행하지 않는 경우에도 직무상 이행명령이나 대집행권의 규정이 없음

제2장

지방자치

제1절 지방자치의 개관

1. 지방자치의 의의

(1) 개념과 구성요소

① 개념 : 지방자치란 일정한 지역과 주민을 기초로 하는 공공단체가 그 지역 내의 행정사무를 지역주민의 의사에 따라 주민이 선출한 기관을 통하여 주민의 부담으로 처리하는 과정을 말함(정세욱)

② 기본적 구성요소

㉠ 구역

- 지방자치의 관할구역은 지방정부의 자치권이 미치는 지역적 · 공간적 범위
- 우리나라의 시 · 도, 특별자치시 · 특별자치도의 광역자치단체(상급단체, 2차적 지방자치단체)와 시 · 군 · 자치구의 기초자치단체(하급단체, 1차적 지방자치단체) 등

㉡ 자치권

- 지역사무를 자주적으로 처리하기 위한 자주적 통치권
- 자치입법권(조례 · 규칙제정권)과 자치행정권(자치조직권, 자치재정권, 협의의 자치행정권)으로 대별

㉢ 사무

- 고유사무 : 자치단체가 자주적으로 처리하는 고유의 사무
- 위임사무 : 국가나 상급단체가 위임하는 사무로, 단체위임사무와 기관위임사무로 구분

Check Point

지방자치의 기본목표

- **정치적 가치** : 참여, 공개, 책임
- **행정적 가치** : 지역 특성에 맞고 주민이 원하는 서비스의 제공
- **사회 · 경제적 가치** : 공동체의식

Check Point

지방자치의 3대 구성요소

구역, 자치권, 주민

Check Point

지방자치의 필요성

㉠ 정치적 필요성
- 민주주의의 훈련장으로서의 주민교육
- 중앙정치의 독재화에 대한 방파제 역할
- 민주정치의 기초를 다짐
- 중앙정국 혼란의 지방 파급 방지
- 지역주민의 참여기회로 정치적 욕구충족 및 애향심 고취

㉡ 행정 · 기술적 필요성
- 지역적 특성과 실정에 맞는 행정의 구현
- 국가사무의 분담으로 행정업무의 기능적 분화 촉진
- 주민의 참여로 행정의 민주성 · 능률성 향상
- 제도와 정책의 지역적 실험 가능
- 지역의 실정에 맞는 공무원 충원으로 효율적인 능력 개발

㉣ 자치기구(지방정부)
- 주민의 의견을 수렴할 수 있는 자치단체의 기구
- 기관통합형과 기관대립형으로 구분

㉤ 주민 : 자치구역 내에서 재정을 부담하고 참정권을 행사하는 인적 구성요소

Check Point

자치의 유형과 자치의 본질
주민자치에서는 자치권의 본질(근거)을 국가 이전부터 존재하는 천부적 · 자연적 권리라 보는데 비해(고유권설), 단체자치에서는 자치권의 본질을 국가의 성립을 전제로 국가로부터 부여 받은 것이라 본다(전래권설).

(2) 지방자치의 유형

① 주민자치(영미형)

㉠ 영국에서 발달한 주민참여적 · 지방분권적인 지방행정제도로, 지방주민이 주체가 되어 지방의 공공사무를 결정하고 처리하는 주민참여에 중점을 두는 제도(주민들이 조직한 지방단체에 의해 지역사회의 공적 문제를 스스로 결정하고 집행하는 것을 의미)

㉡ 정치적 의미의 자치행정이며, 자연적 기본권에 근거하여 주민의 자치능력을 중시

㉢ 국가의 통치구조가 민주주의에 입각한 지방자치를 기초로 함

② 단체자치(대륙형)

㉠ 프랑스, 독일 등 유럽대륙에서 발달한 지방행정제도로, 지방자치단체가 국가로부터 독립된 지위와 권한을 부여받아 독자적으로 지방의 정치 · 행정 사무를 처리하는 제도

㉡ 법률적 의미의 자치행정이며, 국가로부터 독립된 법인격을 가진 자치단체의 행정

㉢ 지방자치가 국가권력 아래에서 국가목표의 달성을 위해 필요한 수단적 성격을 지닌다고 봄(자치단체가 자치사무를 처리하는 경우에도 그것이 국가로부터의 수여물이라는 이론적 토대 위에서 중앙정부의 통제를 받도록 함)

③ 주민자치와 단체자치의 비교

구분	주민자치(영미형)	단체자치(대륙형)
자치의 의미와 이념	• 정치적 의미(주권재민) • 민주주의 사상(민주주의와 상관관계 인정)	• 법률적 의미 • 지방분권 사상
해당 국가	영국, 미국	독일 · 프랑스 등의 대륙국가와 한국, 일본 등
자치의 초점	지방정부와 주민의 관계, 주민에 의한 행정 강조	중앙정부와 지방정부의 관계, 자치단체에 의한 행정 강조
자치권의 근거	고유권설(자연권설)	전래권설
자치사무의 성격	고유사무(위임사무 없음)	고유사무와 위임사무(구분)

중시하는 권리	지방정부의 주민참여	자치단체의 국가로부터 독립
권한 부여 방식	개별적 수권형(개별적 지정)	포괄적 수권형(포괄적 위임)
자치에 대한 통제	주민통제(아래로부터의 통제)	중앙통제(위로부터의 통제)
중앙통제방식	입법통제 · 사법통제(통제 약함)	행정통제(통제 강함)
자치단체의 형태 및 성격	• 기관통합형(의결기관 우월주의, 의원내각제 형식) • 단일적 성격(자치단체)	• 기관대립형(집행기관 우월주의, 대통령제 형식) • 이중적 성격(자치단체, 일선기관)
중앙과 지방의 관계	기능적 협력관계, 수평적 권력관계	권력적 감독관계, 수직적 권력관계
지방세	독립세(자치단체가 과세주체, 자주재원)	부가세(국가가 과세주체, 의존재원)

(3) 지방자치와 민주주의와의 관계

① 상관관계 긍정설(인정설)

㉠ 주장자 : 자연적 고유권을 인정하는 19세기 의회민주주의나 영미의 주민자치의 입장(Tocqueville, Bryce, Laski, Panter 등이 주장)

㉡ 근거 및 내용

- 국가권력의 제한 원리
- 민주주의의 전제이자 학교 · 훈련장이며, 민주주의 이념의 실천원리(풀뿌리 민주주의)
- 통치권의 분권화 · 내면화를 통한 정치적 통일의 확보
- 중앙정국의 혼란의 방지 및 지방행정의 안정성 확보

② 상관관계 부정설

㉠ 주장자 : 자연적 고유권으로의 지방자치권을 부인하는 유럽 등의 대륙형 단체자치나 20세기 현대행정의 입장(Langrod, Benson, Kelsen 등이 주장)

㉡ 근거 및 내용

- 현대 복지행정국가의 등장으로 중앙정부의 복지행정이 강화(중앙정부와 사회의 이원적 대립관계가 민주적이라는 논리의 극복)
- 지방자치와 민주주의의 필연적 연결성은 역사적 유산에 불과
- 광역행정에 따른 지역공동체의식의 약화
- 지방자치의 반민주주의적 경향
- 전문 직업공무원제의 채택(주민참여와 통제의 의의 상실)

기출 Plus 서울시 9급 기출

01. 지방자치의 이념과 사상적 계보에 대한 설명으로 가장 옳은 것은?

① 자치권의 인식에서 주민자치는 전래권으로, 단체자치는 고유권으로 본다.
② 주민자치는 지방분권의 이념을, 단체자치는 민주주의 이념을 강조한다.
③ 주민자치는 의결기관과 집행기관을 분리하여 대립시키는 기관분리형을 채택하는 반면, 단체자치는 의결기관이 집행기관도 되는 기관통합형을 채택한다.
❹ 사무구분에서 주민자치는 자치사무와 위임사무를 구분하지 않지만, 단체자치는 이를 구분한다.

해 사무구분에서 주민자치는 위임사무가 없으므로 자치사무와 위임사무를 구분하지 않지만, 단체자치는 자치사무 외에 국가나 상급자치단체로부터 부여받은 위임사무를 수행하므로 이를 구분한다.
① 주민자치는 자치권의 본질을 국가 이전부터 존재하는 천부적 · 자연적 권리라는 고유권으로, 단체자치는 국가의 성립을 전제로 국가로부터 부여받은 것이라는 전래권으로 본다.
② 주민자치는 민주주의의 이념을, 단체자치는 지방분권의 이념을 강조한다.
③ 주민자치는 의결기관이 집행기관도 되는 기관통합형을 채택하는 반면, 단체자치는 의결기관과 집행기관을 분리하여 대립시키는 기관분리형을 채택한다.

답 01 ④

2. 자치권

(1) 자치권의 본질

① **고유권설** : 자치권을 지방자치단체의 고유한 권리라고 보는 입장

② **전래권설** : 자치권을 국가의 필요에 따라 인정해준 권리라고 보는 입장

(2) 자치권의 내용

① 자치입법권

㉠ 조례

- 개념 : 지방의회가 헌법과 법령(법률, 대통령령 · 총리령, 부령 등 법규명령)의 범위내에서 제정한 자치법규로서 필수조례와 임의조례 등이 있음
- 제정범위 : 법령범위 내에에서 자치단체의 권한에 속하는 모든 사무(자치사무 + 단체위임사무)로, 법률의 위임이 있는 경우(법률유보주의)에는 주민의 권리 제한이나 의무 부과에 관한 사항이나 벌칙(과태료) 규정도 가능
- 제정절차 : 의회가 제정 → 단체장에게 이송(5일 이내) → 행정안전부장관에게 보고(5일 이내) → 20일 이내 공포 또는 재의요구(수정 또는 일부재의요구는 불가) → 지방의회에서 재의결(재적 과반수와 출석 2/3이상 찬성)되거나 공포 또는 재의요구를 하지 않으면 확정 → 단체장 즉시 공포 → 5일 이내 단체장이 공포하지 않으면 의장이 공포 → 특별한 규정이 없으면 공포한 날로부터 20일이 경과함으로써 효력 발생 → 재의결된 조례가 위법하다고 판단되면 단체장은 재의결된 날로부터 20일 이내에 대법원에 소 제기 가능
- 한계 : 국가사무나 기관위임사무 및 다른 자치단체의 사무 규정 불가

㉡ 규칙

- 자치단체의 장이 법령과 조례의 범위내에서 제정하는 자치법규
- 규칙으로는 벌칙 규정 또는 주민의 권리 · 의무에 관한 사항 규정 불가
- 조례의 시행에 필요한 사항이나 고유사무, 단체위임사무뿐 아니라 기관위임사무에 관한 사항도 규정 가능

② **자치조직권** : 자치단체가 지방자치단체의 조직을 자주적으로 구성할 수 있는 권한

③ **자치재정권** : 지방자치의 필요한 재원을 자주적으로 조달하고 관리할 수 있는 권한

④ **자치행정권(협의)** : 지방의 사무를 중앙의 통제 · 간섭 없이 자주적으로 처리할 수 있는 권리

Check Point

자치행정권의 범위
넓은 의미의 자치행정권에는 지방사무의 자주적 처리 권한을 의미하는 좁은 의미의 자치행정권 외에 자치조직권과 자치재정권의 개념이 포함된다.

꼭! 확인 기출문제

우리나라 지방자치제에 대한 설명으로 옳지 않은 것은? [지방직 9급 기출]

① 지방자치단체와 지방의회는 기관대립형이다.
② 지방자치단체는 법인으로 한다.
③ 주민투표제, 주민감사청구제, 주민소환제를 실시하고 있다.
❹ 자치입법권, 자치조직권, 자치재정권, 자치사법권을 인정하고 있다.

해 ④ 자치사법권은 인정되지 않는다. 일반적으로 자치권의 내용으로 자치입법권과 자치행정권이 인정되는데, 자치행정권에는 자치조직권과 자치재정권, 협의의 자치행정권이 포함된다.
① 우리나라 지방자치단체의 기관구성형태는 의결기관(지방의회)과 집행기관(자치단체장)이 분리된 채 엄격한 견제와 균형을 유지하는 기관대립형(기관분리형)을 취하고 있다.
② 우리나라의 지방자치단체는 독립된 법인격을 가지는 법인(공법인)에 해당한다.
③ 우리나라의 경우 주민투표제(「주민투표법」, 「지방자치법」 제18조), 주민감사청구제(「지방자치법」 제21조), 주민소환제(「주민소환에 관한 법률」, 「지방자치법」 제25조) 등을 실시하고 있다.

(3) 자치권의 부여방식(지방분권의 유형)

① 포괄적 수권형
㉠ 국가가 지방으로 사무를 포괄적으로 위임할 수 있는 방식
㉡ 즉 법률이 금지한 사항이나 중앙정부가 반드시 처리해야 할 사항을 제외하고는 지방자치단체가 처리할 수 있도록 하는 권한을 규정하는 것
㉢ 우리나라, 유럽의 각국 등에서 채택

② 개별적 수권형
㉠ 지방자치단체의 권한사항을 특별법으로 개별적으로 위탁하는 방식
㉡ 지방자치단체의 권한을 자치단체별, 사무 분야별로 특별법으로 부여
㉢ 영국, 영국형 자치제국가에서 채택

Check Point

포괄적 수권형의 장단점
㉠ 장점
- 지방행정에 융통성 부여
- 권한 부여 방법이 간단
㉡ 단점
- 중앙과 지방의 사무배분이 불분명
- 자치단체의 권한을 침해할 우려

Check Point

개별적 수권형의 장단점
㉠ 장점
- 중앙정부와 지방자치단체 간, 중간 및 기초자치단체 간 사무배분 한계가 명확함
- 자치단체의 특수성과 개별성에 적합한 자치행정 가능
㉡ 단점
- 중앙정부의 업무량 폭주와 혼란 야기
- 법 제정에 시간이 소요되므로 행정수요에 대한 신속한 대처가 곤란

제2절 지방자치의 내용

1. 지방자치단체의 조직

(1) 지방자치단체의 종류

① 목적에 따른 구분
㉠ 일반 지방자치단체(보통 지방자치단체)

- 개념 : 일반적 · 보편적 · 종합적 성격을 가진 자치단체로, 광역자치단체와 기초자치단체구로 구분됨
- 특성 : 독립된 법인격을 가지는 공법인, 지역을 기초로 한 통치단체, 헌법상 기관
- 종류 : 광역자치단체(특별시 · 광역시 · 특별자치시 · 도 · 특별자치도), 기초자치단체(시 · 군 · 자치구)

ⓛ 특별 지방자치단체

- 개념 : 자치행정상의 정책적 관점에서 특정 목적이나 특수한 행정사무를 처리하기 위해 설치된 자치단체 또는 행정사무의 공동처리를 위해 설치된 자치단체
- 특성 : 독립된 법인격을 가짐
- 종류 : 우리나라의 지방자치단체조합, 미국의 특별구역, 영국의 합동이사회

② 계층에 따른 구분

㉠ **광역자치단체** : 기초단체의 보충적 · 보완적 자치계층으로, 특별시(1) · 광역시(6) · 특별자치시(1) · 도(8) · 특별자치도(1)가 있음

ⓛ **기초자치단체** : 주민의 일상생활과 직접 관련된 본래의 자치계층으로 시 · 군 · 자치구가 있음

광역자치단체와 기초자치단체의 관계

① **대등관계** : 원칙적으로 광역자치단체와 기초자치단체는 상하관계가 아닌 대등한 관계(법률상 대등한 법인)

② **상하관계** : 현실적으로는 어느 정도 상하관계를 형성

㉠ 기초자치단체의 광역자치단체 조례 및 규칙 위반 금지

ⓛ 기초자치단체의 조례제정이나 예 · 결산 확정 등의 보고 의무

ⓒ 시도지사의 기초자치단체에 대한 지도 · 시정명령 · 재의요구권

ⓔ 광역사무의 위임처리

꼭! 확인 기출문제

우리나라 지방행정체제와 관련된 내용으로 옳지 않은 것은? [국가직 9급 기출]

❶ 자치구의 자치권 범위는 시 · 군의 경우와 같다.

② 특별시 · 광역시 · 도는 같은 수준의 자치행정계층이다.

③ 광역시가 아닌 시라도 인구 50만 이상의 경우에는 자치구가 아닌 구를 둘 수 있다.

④ 군은 광역시나 도의 관할 구역 안에 둔다.

Check Point

특별자치시, 특별자치도, 자치구

- **특별자치시** : 정부의 직할로 설치하도록 규정된 광역자치단체로서, 2012년 7월 설치된 세종특별자치시가 여기에 해당한다. 특별자치시는 특별법(「세종특별자치시 설치 등에 관한 특별법」)에 의하여 설치되고, 특별한 법적 지위를 부여받는다. 또한 시 · 군 · 구의 지방자치단체를 두지 않으며, 관할구역에 도시의 형태를 갖춘 지역에는 동을 두고, 그 밖의 지역에는 읍 · 면을 둔다.
- **특별자치도** : 도(道) 중에서도 자치권이 특별히 광범위하게 인정되고 그 사업에 있어 국가의 특별지원을 받는 자치단체로, 2006년 제주도가 처음으로 지정되었다. 특별자치도에 두는 행정시는 자치시(자치단체)가 아니며, 시장은 도지사가 임명한다.
- **자치구** : 특별시와 광역시 구역 안에 있는 기초자치단체를 지칭하는 것으로, 인구 50만 명 이상의 시에 설치되는 구(행정구)와 구분된다(행정구는 자치단체가 아니며, 행정구의 구청장도 시장이 임명함). 자치구는 법령에 의해 자치권을 제한할 수 있어, 다른 기초자치단체(시 · 군)에 비해 자치권 범위가 협소하고 지방세목의 수도 적은 것이 특징이다.

해 ① 기초자치단체 중 자치구는 법령에 의해 자치권을 제한할 수 있어, 다른 기초자치단체(시 · 군)에 비해 자치권 범위가 협소하고 지방세목의 수도 적은 것이 특징이다.
② 지방자치단체는 계층에 따라 광역자치단체와 기초자치단체로 나눌 수 있는데 이중 광역자치단체에는 특별시(1), 광역시(6), 특별자치시(1), 도(8), 특별자치도(1)가 있다. 한편 기초자치단체는 시, 군, 자치구가 있다.
③ 특별시와 광역시 구역 안에 있는 기초자치단체를 지칭하는 자치구는 인구 50만 명 이상의 시에 설치되는 구와 구분된다.
④ 군은 광역시나 특별자치시 또는 도의 관할 구역 안에 둔다.

(2) 지방자치단체의 계층구조

① 구분

㉠ 단층제 : 1개의 자치계층만 존재하는 경우(동일한 구역 내의 공공사무를 단일기관만이 처리하는 구조)

㉡ 중층제(2계층제, 다층제) : 하나의 지방자치단체가 다른 일반자치단체를 그 구역 내에 포괄하여 상하의 자치단체로 중첩되어 있는 경우

② 국가별 계층구조

㉠ 영국, 프랑스, 독일, 일본 등의 선진국은 대부분 중층제(점차 계층을 줄이는 추세)

㉡ 미국의 경우 일반적으로 주(州)를 자치단체로 보지 않으므로 단층제로 봄

㉢ 자치계층은 2계층(광역 · 기초) 또는 1계층(세종특별자치시 · 제주특별자치도), 행정계층(자치계층과 읍 · 면 · 동 및 행정구를 포괄)은 2~4계층

③ 단층제와 중층제의 장단점

구분	장점	단점
단층제	• 계층의 수가 적어 신속한 사무처리(이중행정 · 감독 방지) • 행정의 책임소재가 명확 • 행정의 경비절감 및 능률 증진 • 국가정책의 신속 · 정확한 전달 · 반영 • 지역적 특수성 존중(획일성 방지)	• 면적이 넓고 인구가 많은 국가에서 채택 곤란 • 중앙집권화 우려(중앙정부의 직접적 지시와 감독, 중앙정부의 직접적 개입 및 지시 · 감독 강화) • 광역적 행정수행이나 개발사무처리에는 부적합
중층제	• 중간자치단체가 기초자치단체의 기능을 보완 • 행정기능의 적정한 업무 분업 • 국가의 감독기능의 원활한 유지 • 민주주의 이념 및 원리 확산(국가의 직접 개입을 억제)	• 행정기능의 중복과 이중행정의 우려 • 상하 자치단체 간의 책임의 모호성, 기능배분의 불명확성 • 행정의 지체와 낭비, 비능률 야기 • 획일적 행정으로 지역적 특성 경시 • 의사소통의 지체 및 왜곡

Check Point

우리나라 자치계층의 문제점

• 자치단체의 전체 규모나 면적에 비해 계층구조의 단계가 다소 많고 복잡함
• 국가와 지방자치단체 간, 자치단체 계층 간의 기능배분이 불명확함
• 광역자치단체와 기초자치단체 간의 사무배분 기준이 법률이 아닌 시행령에 위임
• 한 지역 내에서 자치단체와 일선기관 등의 다수 기관이 중복 · 난립되는 경향이 있음

기출 Plus 국가직 9급 기출

01. 기초지방자치단체 구역 설정 시 일반적 기준으로 고려되지 않는 것은?

① 재원조달 능력
② 주민 편의성
③ 노령화 지수
④ 공동체와 생활권

해 기초지방자치단체 구역의 설정기준으로는 공동사회적 요인, 능률적인 행정단위, 행정과 주민의 편의, 정부의 재정력 및 수요의 균형 등이 있다. 따라서 노령화 지수는 이에 해당하지 않는다.

답 01 ③

꼭! 확인 기출문제

지방자치단체의 계층구조에 대한 설명으로 옳지 않은 것은? [국가직 9급 기출]

① 계층구조는 각 국가의 정치형태, 면적, 인구 등에 따라 다양한 형태를 갖는다.
② 중층제에서는 단층제에서보다 기초자치단체와 중앙정부의 의사소통이 원활하지 못할 수 있다.
③ 단층제는 중층제보다 중복행정으로 인한 행정지연의 낭비를 줄일 수 있다.
❹ 중층제는 단층제보다 행정책임을 보다 명확하게 할 수 있다.

해 ④ 반대로 설명되었다. 즉, 중층제는 상하 자치단체 간 행정책임이 모호해질 우려가 있는데 비해, 단층제는 상대적으로 책임소재가 명확하다는 것이 장점이다.
① 자치단체의 계층구조는 국가별 정치형태 및 환경에 따라 다양하게 나타날 수 있다.
② 중층제에서는 의사소통의 지체 및 왜곡현상이 나타날 수 있는 문제가 있다.
③ 단층제는 중층제에서 나타나는 기능 중복이나 이중 행정을 방지하여 행정지연으로 인한 경비를 절감할 수 있는 장점이 있다.

Check Point

자치구역과 행정구역
- **자치구역** : 자치단체의 자치권이 미치는 지역적 범위
- **행정구역** : 국가나 지방자치단체가 행정상 편의를 위해 설정해 놓은 지역적 단위

(3) 지방자치단체의 구역

① 개념 : 지방자치단체의 구역이란 지방자치단체의 자치권 · 통치권이 일반적으로 미치는 공간적 · 지역적 범위를 말함

② 적정구역의 설정기준

광역자치단체 구역의 설정기준	기초자치단체 구역의 설정기준
• 행정기능의 효과성에 따른 지역적 범위 • 도시와 농촌의 효율적 개발 • 효율적인 지역개발의 추진 구역	• 공동사회적 요인 • 능률적인 행정단위 • 행정과 주민의 편의성 • 정부의 재정력 및 수요의 균형

③ 구역 조정(개편 · 변경)

㉠ 절차 : 자치단체의 명칭과 구역 변경, 폐치 · 분합은 주민투표를 거친 경우를 제외하고는 지방의회의 의견을 들어야 함

㉡ 유형

구역 변경 (경계 변경)	• 기존의 자치단체의 존폐와는 관계없이 구역의 경계만 조정하는 것(자치단체의 구역 일부를 다른 자치단체의 구역에 이전하는 것) • 폐치분합과는 달리 경계변경은 법인격의 변경을 수반하지 않음 • 구역 변경은 법률로 정함(관할 구역의 경계 변경과 한자 명칭의 변경은 대통령령으로 정함)
폐치분합 (廢置分合)	• 자치단체의 신설이나 폐지를 수반하는 구역의 개편으로, 폐지 · 신설 · 분할 · 합병으로 구분 • 법률에 의함
규모 재편	자치구역의 전면적 재구획(법률에 의함)
명칭 변경	자치단체의 명칭만 변경하는 것(한자 명칭 변경을 제외하고는 법률에 의함)

Check Point

명칭 · 구역 등 조정절차
㉠ 지방자치단체의 명칭 · 구역 변경 및 폐치분합(폐지 · 설치, 나누거나 합침) : 주민투표를 한 경우가 아니면 지방의회 의결을 거쳐 법률로 정함. 단, 관할구역 경계변경 및 한자 명칭 변경은 대통령령으로 정함(관할구역 경계변경은 지방의회 의견 청취나 주민투표 없이 가능)
㉡ 자치구가 아닌 구(행정구)와 읍 · 면 · 동
- **명칭 · 구역 변경** : 행정안전부장관의 승인을 받아 조례로 정함
- **폐치분합** : 조례로 정하고, 광역자치단체장에게 보고

㉢ 필요성
- 사회적 · 경제적 여건의 변화에 탄력적인 적응
- 현대의 구역설정 기준에 부합하는 개편
- 면적 · 인구 · 재정력 등에서 불균형이 심한 자치단체의 구역 간 격차 완화

㉣ 목표
- 지역의 인적 · 물적 자원을 최대한 개발
- 행정과정의 주민참여를 통한 주민의 편의 도모
- 행정업무의 적정화를 통하여 행정능률 향상

2. 지방자치단체의 기관

(1) 지방자치단체의 기관 구성형태

① 기관통합형

㉠ 의의
- 권력통합주의에 입각해 지방자치단체의 정책결정기능과 집행기능을 지방의회에 귀속하는 형태(권한과 책임도 의회에 집중)
- 의결기관과 집행기관이 구분되지 않거나 유기적인 협조를 중시하는 내각제방식과 유사

㉡ 해당국가 : 영국, 프랑스, 독일 등에서 주로 사용

㉢ 유형
- 의회형(영국) : 의회 내에 집행기관을 두는 형태로서 의회단일주의 형태를 말함
- 위원회형 : 주민이 직접 선출한 위원으로 구성된 위원회가 정책을 의결하고 시행하는 지방정부 유형
- 의회의장형(프랑스) : 지방의회 의장이 집행기관의 장을 겸하는 유형

② 기관대립형(기관분리형)

㉠ 의의
- 의결기관과 집행기관이 분리된 채 엄격한 견제와 균형을 유지하는 집행기관 중심의 유형
- 의회와 집행기관의 엄격한 견제와 균형을 토대로 하면서 집행기관 중심의 구성형태이므로 대통령중심제와 비교적 유사

㉡ 해당국가 : 한국, 일본, 이탈리아 등에서 주로 사용

㉢ 유형(선출방식에 따른 유형)

Check Point

기관통합형의 장단점

㉠ 장점
- 권한과 책임이 의회에 집중되어 민주정치와 책임행정의 구현
- 의결 · 집행기관 간의 갈등 · 대립 소지가 없어 지방행정의 안정과 능률성 확보
- 결정과 집행 간의 유기적 관련성을 제고해 정책효과의 극대화 도모
- 예산절감 및 탄력적 행정집행 가능
- 집행기관이 다수로 구성되어 신중하고 공정한 자치행정 구현
- 집행기구 구성으로까지 주민대표성 확보 가능
- 소규모 자치단체에 적합함

㉡ 단점
- 견제와 균형의 상실로 의회에 의한 권력남용 우려
- 전문적 · 체계적 집행기구가 없어 행정의 전문화 저해
- 의원 간 업무분담과 총괄책임자의 부재로 행정의 종합성 · 통일성 저해
- 집행기구의 주민대표성 부족
- 지방행정에 정치적 요인이 개입될 우려

Check Point

기관대립형의 장단점

㉠ 장점
- 견제와 균형을 통한 권력남용 방지 및 민주성 확보
- 행정의 전문화

㉡ 단점
- 의결기관과 집행기관의 알력 · 갈등 및 비효율 초래
- 단일 수장의 편견적 결정의 우려
- 책임의식의 저하

Check Point

지방자치단체 기관구성방식 다양화
우리나라 지방자치법은 기관대립형을 원칙으로 하되, 법률로 지방자치단체장의 선임방법을 포함한 지방자치단체의 기관구성 형태를 달리 할 수 있으며(기관통합형, 절충형도 법률로 정하면 가능), 이 경우 주민투표를 거쳐야 함

Check Point

지방의회의 기능 및 권한
- 의결권(입법적 기능, 정책결정 기능)
- 주민 의사를 대표자에 의해 간접적으로 전달
- 행정사무 감사 및 조사권(매년 1회, 시 · 도는 14일, 시 · 군 · 자치구는 9일의 범위 내에서 감사)
- 서류제출요구권
- 행정사무 처리상황의 보고와 질문응답권
- 선거권(의장 · 부의장의 선거 등), 피선거권
- 기타 자율권 : 내부조직권, 의사자율권, 의회규칙제정권, 폐회 · 개회 · 휴회권, 의견표시권, 의원사직 허가, 의원징계권, 의원자격심사권, 의회 의장과 부의장 불신임권(자치단체 장에 대한 불신임권은 없음), 의원 경찰권 등

- 집행기관 직선형(미국의 시장－의회형) : 집행기관의 장을 주민이 직접 선출하는 유형으로, 강(强)시장－의회형(오늘날 일반적인 유형)과 약(弱)시장－의회형 등이 있음
- 집행기관 간선형 : 주민의 대표기관인 의회가 집행기관의 장을 선출하는 유형
- 집행기관 임명형 : 집행기관의 장을 중앙정부가 임명하는 유형(프랑스)

꼭! 확인 기출문제

지방자치단체의 기관구성에 대한 설명으로 옳지 않은 것은? [지방직 9급 기출]

① 기관대립형(기관분리형)은 견제와 균형을 통해 민주적이고 합리적인 지방자치를 실시하는 방식이다.
② 기관통합형은 주민 직선으로 지방의회를 구성하고 의회 의장이 단체장을 겸하는 방식이다.
❸ 기관대립형(기관분리형)은 집행부와 의회의 기구가 병존함에 따라 비효율성을 줄일 수 있다는 장점이 있다.
④ 기관통합형은 의결기능과 집행기능이 통합되어 있기 때문에 지방자치행정을 기관간 마찰 없이 안정적으로 수행할 수 있다는 장점이 있다.

해 ③ 기관대립형(기관분리형)은 집행부와 의회의 기구가 병존함에 따라 견제와 균형을 유지하여 민주성을 확보하는 장점이 있지만, 집행부와 의회의 기구가 대립하여 효율성이 떨어질 수 있다.
① 기관대립형(기관분리형)은 견제와 균형을 통해 민주적이고 합리적인 지방자치를 실시하는 방식으로 집행기관 중심의 구성형태이기 때문에 대통령중심제와 비교적 유사하다.
② 기관통합형은 주민 직선으로 지방의회를 구성하고 의회 의장이 단체장을 겸하거나 의회에서 선출하는 방식이다.
④ 기관통합형은 의결기능과 집행기능이 통합되어 있기 때문에 지방자치행정을 기관 간 마찰 없이 안정적으로 수행할 수 있다는 장점이 있고, 견제와 균형의 상실로 의회에 의한 권력 남용의 단점이 있다.

(2) 지방의회(의결기관)

① 의의
㉠ 주민에 의해 선출된 의원을 구성원으로 하여 성립하는 지방자치단체의 합의제 의결기관
㉡ 지방적 사무를 위한 중요정책을 결정하고 집행기관의 활동을 감시 · 통제하는 주민의 대표기관

② **지위** : 주민의 의사를 대표하는 주민대표기관, 지방자치단체의 의결기관, 행정감시기관

③ 운영
㉠ **정례회** : 매년 2회 개최(제1차는 5 · 6월 중에, 제2차는 11 · 12월 중). 집회일은 조례로 정함
㉡ **임시회** : 의장은 지방자치단체장이나 조례로 정한 수 이상의 의원이 요구하면 15일 이내에 소집(단, 총선거 후 최초로 집회되는 임시회는 의원 임기 개시일부터 25일 이내에 사무처장 · 사무국장 · 사무과장이 소집)

ⓒ 회기

- 지방의회의 개회 · 휴회 · 폐회와 회기는 지방의회가 의결로 정함
- 연간 회의 총일수와 정례회 및 임시회의 회기는 당해 지방자치단체의 조례로 정함(연간 총 회의일수 제한은 폐지됨)

ⓔ 의안 발의 : 지방의회에서 의결할 의안은 지방자치단체의 장이나 조례로 정하는 수 이상의 지방의회의원의 찬성으로 발의

ⓜ 회의 운영

- 정족수 : 의사정족수(재적의원 1/3 이상의 출석), 의결정족수(재적의원 과반수 출석과 출석의원 과반수 찬성), 특별의결정족수(의원의 자격상실 의결 및 제명의결은 재적의원 2/3 이상의 찬성, 지방의회 의결에 대한 재의 요구에 대한 재의결은 재적의원 과반수 출석과 출석의원 2/3 이상의 찬성, 의장 및 부의장 불심임 의결 및 자치단체등의 사무소소재지 변경 조례는 재적의원 과반수 찬성 필요)
- 의장은 표결권을 가지며, 가부동수인 경우 부결된 것으로 간주(캐스팅보트 불인정)
- 회의의 공개 원칙(의원 3인 이상의 발의나 출석의원 2/3 이상의 찬성의 경우 또는 의장이 사회 안녕과 질서유지를 위해 필요하다고 인정하는 경우 비공개 가능)
- 회의운영의 원칙 : 회기계속의 원칙, 일사부재의 원칙 적용
  - 회기계속의 원칙 : 제출된 의안이 회기 중 의결되지 못한 것 때문에 폐기되지는 않는 원칙(지방의회의원의 임기 종료 시는 예외)
  - 일사부재의의 원칙 : 부결된 의안은 같은 회기 중 다시 발의 · 제출할 수 없다는 원칙

④ 의원의 임기 : 영국, 네덜란드, 이탈리아, 일본, 미국의 대다수 지방자치단체, 우리나라 등은 4년 임기제를, 동구제국은 3년 임기제를 채택

⑤ 의원의 지위 · 신분

ⓐ 과거에는 무급직 · 명예직이었으나, 명예직 규정이 삭제되었고 의정활동비 · 월정수당 · 여비 등을 지급(유급직으로 전환됨)

ⓑ 의원들에게 지급되는 비용은 대통령령으로 정하는 기준을 고려하여 해당 지방자치단체의 의정비심의위원회에서 결정하는 금액 이내에서 조례로 정함(단, 여비는 의정비심의위원회 결정 대상에서 제외)

(3) 자치단체의 장(집행기관)

① 집행기관의 의의 : 의결기관의 의사에 따라 지방자치단체의 목적을 적극적이고 구체적으로 집행(실현)하는 기관

Check Point

지방의회의 의결사항(「지방자치법」 제47조)

- 조례의 제정 및 개폐
- 예산의 심의 · 확정
- 결산의 승인
- 법령에 규정된 것을 제외한 사용료 · 수수료 · 분담금 · 지방세 또는 가입금의 부과와 징수
- 기금의 설치 · 운용
- 대통령령으로 정하는 중요 재산의 취득 · 처분
- 대통령령으로 정하는 공공시설의 설치 · 처분
- 법령과 조례에 규정된 것을 제외한 예산 외 의무부담이나 권리의 포기
- 청원의 수리와 처리
- 외국 지방자치단체와의 교류협력에 관한 사항
- 기타 법령에 의하여 그 권한에 속한 사항(지방세의 부과 · 징수 · 감면 및 도시계획의 의결 등)

지방직 9급 기출

02. 「지방자치법」상 지방의회의 의결사항으로 옳은 것만을 모두 고른 것은?

ㄱ. 예산의 심의 · 확정
ㄴ. 법령에 규정된 수수료의 부과 및 징수
ㄷ. 외국 지방자치단체와의 교류협력에 관한 사항

① ㄱ, ㄴ ② ㄱ, ㄷ
③ ㄱ, ㄴ, ㄷ ④ ㄴ, ㄷ

해 ㄱ · ㄷ. 「지방자치법」 제47조에서 지방의회의 의결사항을 규정하고 있다.
ㄴ. 법령에 규정된 수수료의 부과 · 징수는 법령에 의하여 부과 · 징수가 이루어지며, 법령에 규정된 것을 제외한 사용료 · 수수료 · 분담금 · 지방세 또는 가입금의 부과 · 징수는 지방의회의 의결에 의한다.

답 02 ②

② 집행기관의 구성

㉠ 자치단체의 장 : 특별시장 · 광역시장 · 특별자치시장 · 도지사, 시장 · 군수 · 자치구청장

㉡ 보조기관

- 특별시의 부시장 : 정수는 3명을 넘지 않는 범위에서 대통령령으로 정함
- 광역시와 특별자치시의 부시장 및 도와 특별자치도의 부지사 : 정수는 2명(인구 800만 이상의 광역시나 도는 3명)을 초과하지 않는 범위에서 대통령령으로 정함
- 시의 부시장, 군의 부군수 및 자치구의 부구청장 : 정수는 1명
- 행정기구 및 지방공무원 : 행정기구의 설치와 지방공무원의 정원은 대통령령이 정하는 기준에 따라 조례로 제정

㉢ 소속행정기관

- 직속기관 : 소관 사무의 범위에서 필요한 경우 대통령령 또는 대통령령이 정하는 바에 따라 조례로 설치
- 사업소 : 특정 업무의 효율적 수행을 위해 필요한 경우 대통령령이 정하는 바에 따라 조례로 설치
- 출장소 : 원격지 주민의 편의와 특정 지역의 개발 촉진을 위해 필요한 경우 대통령령이 정하는 바에 따라 조례로 설치
- 합의제행정기관 : 소관 사무의 일부를 독립하여 수행할 필요가 있는 경우 법령 또는 조례로 설치
- 자문기관 : 법령 또는 조례로 설치

㉣ 하부행정기관

- 자치구가 아닌 구와 읍 · 면 · 동(행정동 · 행정면을 말함)
- 구청장과 읍장 · 면장 · 동장은 일반직 지방공무원으로 보함

㉤ **교육 · 과학 · 체육기관** : 지방자치단체의 교육 · 과학 및 체육에 관한 사무를 분장하게 하기 위한 별도의 기관

③ 지위

㉠ 당해 지방자치단체의 수장으로 자치단체를 대표하고, 그 사무를 총괄함
㉡ 국가나 상급자치단체의 하급기관(위임된 사무를 관리하고 집행)
㉢ 구역 내 종합행정책임자로서의 지위

④ 자치단체장의 권한

㉠ 자치단체의 대표 및 사무통할권
㉡ 사무의 관리 · 집행권
㉢ 소속행정청 · 관할 자치단체에 대한 지휘 · 감독권

㉣ 소속직원에 대한 임면 및 지휘 · 감독권

㉤ 의안발의권(지방의회에 조례안 · 예산안 제출, 기타 의회의결사항에 관한 제안권)

㉥ 규칙제정권

㉦ 지방의회 의결사항에 대한 재의요구권

㉧ 선결처분권

㉨ 임시회소집요구권(의회해산권은 없음)

⑤ 신분

㉠ 신분은 정무직공무원이며, 임기는 4년으로 하되 계속 재임은 3기에 한함

㉡ 대통령, 국회의원, 지방의회의원, 국가 및 지방공무원, 공기업 임직원, 교원 등 겸직 금지

㉢ 사임하고자 할 때는 미리 지방의회의장에게 서면으로 통지

지방의회의원과 자치단체장의 신분·지위 비교

구분	지방의회의원	자치단체장
공통점	• 임기 : 4년 • 보수 : 유급직 • 겸직 금지 규정 : 주요 공직에 대한 겸직 금지 • 정당 참여 : 인정(정무직)	
차이점	• 연임 제한 : 없음 • 영리행위 제한 : 약함	• 연임 제한 : 있음(3회) • 영리행위 제한 : 강함(포괄적 제한)

(4) 지방의회와 자치단체장 간의 갈등해결방안

① 사전협의제

㉠ 중요사항에 대한 양 기관의 협의의무를 법제화할 필요가 있음(구체적 대화통로 확보)

㉡ 「지방자치법」은 재정부담이 따르는 조례 제정 시(제148조) 양 기관 간의 협의를 의무화함

② **단체장 불신임권 및 지방의회 해산권** : 보다 적극적이고 강력한 갈등해결 · 세력균형 방안으로서 지방의회의 단체장 불신임권과 단체장의 의회해산권의 상호채택을 적극 검토할 필요가 있음(양 기관의 상호파국을 방지하는 효과를 지님)

③ **의결기관과 집행기관의 통합(통합형 정부형태)** : 의결기관과 집행기관이 구분되지 않거나 양자 간 유기적인 협조가 중시되는 일종의 내각책임제방식으로서, 지방의회가 중심이 되어 지방행정의 책임을 지는 형태

Check Point

지방자치단체의 장의 선결처분(「지방자치법」 제122조)

- 지방자치단체의 장은 지방의회가 지방의회의원이 구속되는 등의 사유로 의결정족수에 미달될 때와 지방의회의 의결사항 중 주민의 생명과 재산 보호를 위하여 긴급하게 필요한 사항으로서 지방의회를 소집할 시간적 여유가 없거나 지방의회에서 의결이 지체되어 의결되지 아니할 때에는 선결처분(先決處分)을 할 수 있다.
- 선결처분은 지체 없이 지방의회에 보고하여 승인을 받아야 한다.
- 지방의회에서 승인을 받지 못하면 그 선결처분은 그때부터 효력을 상실한다.
- 지방자치단체의 장은 지체 없이 공고하여야 한다.

Check Point

조례제정 등에 있어서의 사전협의(의견청취)

지방의회는 새로운 재정부담을 수반하는 조례나 안건을 의결하려면 미리 지방자치단체의 장의 의견을 들어야 함

④ **권한 및 사무배분의 명확화** : 많은 경우 양 기관 간의 갈등이 권한 또는 소관 업무 한계의 불명확함으로부터 기인하므로 이를 명확히 하는 것도 해결방안이 됨

⑤ **지방의원의 위상 강화** : 의정활동의 보좌기능 강화, 적절한 예우, 활동경비의 합리적 보상, 능력발전 프로그램의 체계적 실시 · 지원 등

⑥ **주민투표제**

㉠ 의결기관과 집행기관 간의 장기적 대립상황의 해결을 위해서는 사법적 해결방식보다 주민투표에 의한 해결방식이 보다 효과적임

㉡ 일반적으로 불신임권 · 의회해산권을 인정하지 않는 경우에 그 대체수단으로서 채택하는 것이 바람직함

3. 지방자치단체의 사무

(1) 지방자치단체 사무의 종류

Check Point

지방사무의 개념
- 지방사무란 지방자치단체가 수행할 것이 예상되는 일정한 공공서비스 업무를 말함
- 일반적으로 헌법상 규정된 주민복리에 관한 사무를 지칭

① **고유사무(자치사무)** : 자치단체의 존립을 목적으로 하는 사무

② **위임사무** : 국가정책의 지역적 구체화를 위한 사무로서, 기관위임사무와 단체위임사무로 구분

(2) 고유사무(자치사무, 공공적 사무)

① **개념**

㉠ 전국적 이해관계 없이 지역주민의 공공복리를 위해 자치단체가 자기의사와 책임 아래 처리하는 본래의 사무

㉡ 지방자치단체의 구역 · 조직, 행정관리, 복지증진, 산업진흥, 지역개발 및 생활환경 등에 관한 사무 등(「지방자치법」 제13조)

Check Point

지방자치단체의 사무 범위(「지방자치법」 제13조)
- 지방자치단체의 구역, 조직, 행정관리 등
- 주민의 복지증진
- 농림 · 수산 · 상공업 등 산업진흥
- 지역개발과 자연환경보전 및 생활환경시설의 설치 · 관리
- 교육 · 체육 · 문화 · 예술의 진흥
- 지역민방위 및 지방소방
- 국제교류 및 협력

② **특징**

㉠ 자치사무의 처리에 대한 국가의 감독은 원칙적으로 소극적 감독, 합법성에 관한 사후적 · 교정적 · 치료적 감독에 한하며, 적극적 감독, 합목적적 · 사전적 · 예방적 감독은 인정되지 않음

㉡ 자치사무에 소요되는 경비는 전액 자치단체가 충당함이 원칙(국고보조금을 받는 경우 장려적 보조금의 성격을 지님)

㉢ 지방의회의 관여가 이루어짐

③ 종류

㉠ **자치단체의 존립 · 유지에 관한 사무** : 자치입법(조례 · 규칙), 자치조직, 자주 재정에 관한 사무

㉡ **주민복지사무** : 학교, 병원 및 도서관의 설치관리, 도로의 건설 관리, 상하수도 사업, 주택사업, 쓰레기 등 오물처리, 교통, 도시계획, 지역소방(지역화재예방 · 진압 · 구조 · 구급사무) 등

가족관계등록사무와 주민등록사무

- 종래 호적사무의 경우 대법원 판례는 자치사무로 판시한 적이 있지만, 2008년부터 호적제가 폐지되고 「가족관계등록 등에 관한 법률」이 제정되면서 가족관계등록사무는 기관위임사무로 규정(대법원 관장, 자치구청장 · 시장 · 읍장 · 면장에게 사무처리 권한 위임, 비용은 국가 부담)
- 주민등록사무는 전국적 통일성을 지닌 사무로 성질상 기관위임사무이지만, 주민등록법에서 주민등록에 관한 사무는 시장(특별시장 · 광역시장은 제외하고, 특별자치도지사는 포함) · 군수 · 자치구청장이 관장하되 행정안전부장관의 지도 · 감독을 받으며, 필요한 경비는 해당 시 · 군 · 자치구의 부담(주민등록증 발행 비용만 국가와 분담)으로 하고 있으므로 자치사무로 처리

꼭! 확인 기출문제

우리나라 지방자치단체의 권한에 대한 설명으로 옳지 않은 것은? [지방직 9급 기출]

① 지방자치단체는 법령이나 상급 지방자치단체의 조례를 위반하여 그 사무를 처리할 수 없다.
② 지방자치단체는 그 사무를 분장하기 위하여 필요한 행정기구와 지방공무원을 둔다.
❸ 지방자치단체는 조례와 규칙으로 정하는 바에 따라 지방세를 부과 · 징수할 수 있다.
④ 지방자치단체는 관할 구역의 자치사무와 법령에 따라 지방자치단체에 속하는 사무를 처리한다.

해 ③ 우리나라는 「헌법」 제38조에서 '모든 국민은 법률이 정하는 바에 의하여 납세의 의무를 진다'라고 규정하여 조세법률주의를 채택하고 있다. 따라서 지방자치단체는 조례와 규칙이 아닌 법률로 정하는 바에 따라 지방세를 부과 · 징수할 수 있다.
① 지방자치단체는 법령이나 상급 지방자치단체의 조례를 위반하여 그 사무를 처리할 수 없다(「지방자치법」 제12조 제3항).
② 지방자치단체는 그 사무를 분장하기 위하여 필요한 행정기구와 지방공무원을 둔다고 규정되어 있다(「지방자치법」 제125조 제1항).
④ 지방자치단체는 관할 구역의 자치사무와 법령에 따라 지방자치단체에 속하는 사무를 처리한다. 지방자치단체의 사무범위는 지방자치단체의 구역, 조직, 행정관리 등에 관한 사무, 주민의 복지증진에 관한 사무, 농림 · 상공업 등 산업 진흥에 관한 사무, 지역개발과 주민의 생활환경시설의 설치 · 관리에 관한 사무, 교육 · 체육 · 문화 · 예술의 진흥에 관한 사무, 지역민방위 및 지방소방에 관한 사무, 국제교류 및 협력에 관한 사무가 있다(「지방자치법」 제13조).

(3) 단체위임사무

① 개념

㉠ 법령에 의해 국가나 상급자치단체로부터 지방자치단체에게 위임된 사무

㉡ 위임기관과 자치단체가 공동의 이해관계를 가짐

② 특징

㉠ 개별 법령상 위임받은 사무로서 위임 권한과 책임한계 내에서 중앙통제가 가해짐

Check Point

단체위임사무의 종류
보건소 운영, 시 · 군의 재해구호, 생활보호, 하천점용료 및 공과금 징수, 시 · 도세 징수, 국도유지 · 보수사무, 전염병 예방접종 등

ⓛ 자치단체에게 위임하여 자율적으로 처리하려는 단체위임사무의 취지상 국가의 감독은 합법성과 합목적성의 사후적 · 교정적 감독에 한정되며, 사전적 · 예방적 감독은 배제됨

ⓒ 사무처리경비는 국가와 자치단체가 공동으로 부담하는 것이 원칙이며, 이 경우 국고보조금은 부담금의 성격을 지님

ⓓ 지방적 이해관계가 있으므로 지방의회가 관여함

> **Check Point**
>
> **기관위임사무의 종류**
> 외국인 등록, 의약사 면허, 도량형, 근로기준 설정, 경찰, 선거사무, 징병 · 병역자원관리 등

(4) 기관위임사무

① 개념 : 직접적으로는 지방적 이해관계가 없는 국가사무를 법령의 규정에 의하여 국가 또는 상급자치단체로부터 자치단체의 장 등의 집행기관에 위임한 사무

② 특징

ⓐ 개별적인 법령의 근거를 요하지 않는 포괄적 수권주의에 의하여 지방자치단체의 집행기관에 대하여 위임이 이루어짐

ⓛ 국가가 거의 전면적인 감독, 즉 합법성 · 합목적성의 감독, 교정적 · 예방적 · 적극적 감독 인정(국가의 실질적 통제권 강화로 중앙집권화의 요인이 됨)

ⓒ 경비는 원칙적으로 위임기관인 국가가 전액을 부담하는 것이 원칙이며, 이 경우 교부되는 보조금은 위탁금(「지방재정법」상 교부금에 해당)의 성격을 지님

ⓓ 지방적 이해관계가 없으므로 지방의회는 사무에 관여할 수 없음(사무처리를 위한 경비를 부담할 때에는 관여 가능)

> **Check Point**
>
> **기관위임사무의 문제점**
> - 지방자치단체를 국가의 일선하급기관으로 전락시키는 중요한 요인이 됨
> - 국가의 지방자치단체에 대한 광범하고 강력한 통제의 통로가 됨
> - 국가와 지방자치단체 사이의 행정적 책임의 소재를 불명확하게 함
> - 행정에 대한 지방의회의 관여와 주민의 의사개진 및 주민통제의 통로를 폐쇄함
> - 전국적인 획일행정의 그늘 아래서 지방적 특수성, 창의성과 배분적 형평이 희생됨

꼭! 확인 기출문제

단체위임사무와 기관위임사무에 대한 설명으로 가장 옳지 않은 것은? [서울시 9급 기출]

① 단체위임사무는 법령에 의하여 국가 또는 상급 지방자치단체로부터 지방자치단체에 위임된 사무이고, 기관위임사무는 법령 등에 의하여 국가 또는 상급 지방자치단체로부터 지방자치단체의 장에게 위임된 사무이다.
② 단체위임사무의 경비는 지방자치단체와 위임기관이 공동으로 부담하며, 기관위임사무의 경비는 그 전액을 위임기관이 부담하는 것이 원칙이다.
❸ 단체위임사무는 지방의회가 관여하는 것이 불가능하고, 기관위임사무는 지방의회가 관여할 수 있다.
④ 단체위임사무의 예로는 예방접종, 보건소의 운영 등이 있고, 기관위임사무의 예로는 국민투표사무, 선거사무 등이 있다.

해 ③ 단체위임사무는 국가와 지방의 이해관계가 공존하는 지방자치단체의 사무이므로 지방의회가 관여할 수 있지만, 기관위임사무는 지방적 이해관계가 없고 비장자치단체의 집행기관에게 위임된 사무이므로 의결기관인 지방의회가 관여하거나 지휘할 수 없다.
① 단체위임사무는 개별법령에 의하여 국가 또는 상급 지방자치단체로부터 지방자치단체에 위임된 사무이고, 기관위임사무는 법령 등에 의하여 집행기관인 지방자치단체의 장에게 위임된 사무이다.
② 단체위임사무는 국가와 지방적 이해관계가 공존하므로 경비를 지방자치단체와 위임기관이 공동으로 부담하지만, 기관위임사무는 지방과는 관계없는 사무이므로 그 경비를 전액 위임기관이 부담하는 것이 원칙이다.
④ 단체위임사무의 예로는 재해구호, 예방접종, 보건소의 운영 등이 있고, 기관위임사무의 예로는 국민투표사무, 선거사무, 여권발급사무 등이 있다.

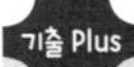

지방자치단체의 사무 비교

구분	고유사무(자치사무)	단체위임사무	기관위임사무
사무성질	지방적 이해를 갖는 사무	지방적+전국적 이해관계	전국적 이해관계
사무처리 주체	지방자치단체	지방자치단체	지방자치단체장(일선기관의 지위)
경비부담	• 자치단체가 전액 부담 • 국가보조금은 장려적 보조금	• 자치단체와 국가의 공동 부담 • 국고보조금은 부담금(일정 비율 분담)	• 국가가 전액 부담 • 국고보조금은 교부금(전액 부담)
지방의회의 관여	가능	가능	불가능
자치입법	조례, 규칙	조례, 규칙	규칙(조례 불가)
국가의 감독 · 통제	• 합법성 통제 • 사후 · 교정적 감독	• 합법성+합목적성 통제 • 사후 · 교정적 감독	• 합법성+합목적성 통제 • 사후 · 교정적+사전 · 예방적 감독

지방자치단체 사무의 현황 및 문제점

- 지방자치단체 사무의 경우 포괄적 예시주의로 인하여 자치사무와 위임사무의 구분이 불분명하며, 사실상 대부분이 기관위임사무로 해석되므로 실질적으로는 기관위임사무가 가장 큰 비중을 차지(기관위임사무의 비중이 가장 높고 다음으로 고유사무, 단체위임사무 순)
- 기관위임사무가 큰 비중을 차지하는 것은 국가의 통제가 강하고 자치단체를 국가의 하급기관으로 전락시키며, 지방적 창의성을 저해할 수 있음

(5) 사무배분(기능배분)

① 의의

㉠ 국가와 지방자치단체 간 또는 자치단체 상호 간 사무를 분담하는 것

㉡ 사무배분에 따라 공공서비스의 양상과 중앙집권 · 지방분권 여부가 결정됨

② 필요성

㉠ 사무수행에 따르는 권한과 책임의 귀속 측면에서의 역할

㉡ 조례입법권 · 행정사무감사 및 조사권을 비롯한 지방의회의 관여범위

㉢ 지방자치단체가 자체 재원으로 조달하여야 할 재정상의 부담범위

㉣ 집행기관의 조직과 인력규모를 결정하는 중요한 기준

기출 Plus　국가직 9급 기출

03. 단체위임사무와 기관위임사무에 대한 설명으로 옳지 않은 것은?

① 지방의회는 기관위임사무에 대해 조례제정권을 행사할 수 없다.
② 보건소의 운영업무와 병역자원의 관리업무는 대표적인 기관위임사무이다.
③ 중앙정부는 단체위임사무에 대해 사전적 통제보다 사후적 통제를 주로 한다.
④ 기관위임사무의 처리를 위한 비용은 국가가 부담한다.

해 보건소의 운영업무는 대표적인 단체위임사무에 해당하고, 병역자원의 관리업무는 대표적인 기관위임사무에 해당한다.
① 지방의회는 자치사무와 단체위임사무에 대해서는 조례제정권을 행사할 수 있으나 기관위임사무에 대해 조례제정권을 행사할 수는 없다.
③ 중앙정부는 단체위임사무에 대해 합법성과 합목적성의 교정적 감독에 한정되고, 사전적 통제보다 사후적 통제(합법성과 합목적성 차원의 사후적 통제)를 주로 한다.
④ 기관위임사무는 본래 중앙정부의 사무를 지방자치단체장에게 위임한 사무이기 때문에 국가적인 이해관계가 크므로 처리를 위한 비용은 원칙적으로 국가가 부담한다.

답 03 ②

③ 사무배분의 방식

구분		내용
개별적 지정방식(개별적 열거주의)	의의	• 사무를 자치단체별 · 사무종목별로 일일이 법률로 지정 · 배분하는 방식 • 영국 · 캐나다 등의 주민자치 아래에서 채택
	장점	사무의 이중 배분 방지, 행정책임 한계의 명확화, 광범위한 자치행정 가능
	단점	지나친 개별성으로 융통성과 통일성 부족, 지나친 인적 · 물적자원 소비
포괄적 수권방식(포괄적 위임방식)	의의	• 보편성의 원리에 입각하여 사무를 자치단체의 구별 없이 일괄적으로 규정하고, 법정 사항이나 국가의 배타적 사무를 제외한 모든 사무를 처리할 수 있는 방식 • 프랑스 · 독일 등 유럽의 대륙계 단체자치에서 채택
	장점	사무의 융통성 · 탄력성, 간편한 권한 부여방식
	단점	사무배분의 불명확화(도와 시 · 군 간 기능분리가 불명확하여 행정의 비효율성이 발생), 사무처리의 중복, 자치권의 제약, 상급단체의 무차별적 통제 · 감독 초래

Check Point

기타 사무배분의 원칙

포괄성 원칙(지방자치단체가 그 사무를 자기의 책임 하에 종합적으로 처리할 수 있도록 관련 사무를 포괄적으로 배분), 상호협력의 원칙, 행정수요의 특수성 적합 원칙, 자치단체의 규모 등 여건에 따른 차등 이양(차등 분권), 자치단체 능력한계 사무의 상급기관으로 이양, 민간부문에의 관여최소화 및 행정참여기회 확대

④ 사무배분의 원칙

㉠ **기초자치단체 우선의 원칙(보충성의 원칙)** : 주민생활에 밀착된 사무는 주민에 보다 가까운 최저단계의 행정기관에 배분하여야 한다는 원칙

㉡ **현지성의 원칙(기초자치단체 우선의 원칙, 근린행정의 구현)** : 지방주민의 복리 및 주민생활에 밀접한 사무는 주민참여와 주민의 효과적인 통제 하에서 스스로 처리되도록 기초자치단체에 우선 배분하여 현지실정에 맞게 민주적으로 수행되도록 한다는 원칙

㉢ **단체 간 협력의 원칙(보충성의 원칙)** : 사무분배 시 기초자치단체가 우선 담당하게 하되, 자체적인 처리 곤란 시 광역자치단체, 국가 순으로 담당한다는 원칙

㉣ **계획과 집행의 분리 원칙** : 행정정책을 계획하고 기준을 설정하는 것은 국가가, 그 계획 및 기준에 따라 대개의 사안을 처리하는 것은 지방이 처리하여야 한다는 원칙

㉤ **행정책임 명확화의 원칙(이중배분의 금지원칙, 비경합성의 원칙)** : 사무는 가능한 한 엄격하게 구분하여 책임이 명확하도록 한 단계의 정부단위에 하나의 특정사무만을 배분한다는 원칙

㉥ **능률성 · 경제성의 원칙** : 자치단체의 규모 · 재정력 등에 비추어 가장 능률적으로 수행할 수 있는 수준의 행정단위에 배분한다는 원칙

㉦ **이해관계 범위에 따른 배분 원칙** : 특정지역의 이해관계의 사무는 지방정부가, 전국적 이해관계의 사무는 중앙정부가 처리해야 한다는 원칙

ⓞ 경비부담 및 재원배분의 원칙 : 모든 행정사무는 그 수행에 따르는 경비가 자체수입으로 충당될 수 있도록 배분하며, 기능과 재원은 일치해야 한다는 원칙

ⓩ 종합성의 원칙(종합행정 구현, 특별지방행정기관의 통합 · 정비) : 일선기관보다는 지방행정이 종합적으로 이루어지는 자치단체에 사무를 배분하는 것이 좋다는 원칙

⑤ 우리나라의 사무배분 현황

㉠ 국가사무(자치단체의 처리 제한)

- 국가의 존립에 필요한 사무(외교, 국방, 사법(司法), 국세 등)
- 전국적으로 통일된 처리가 필요한 사무(물가정책, 금융정책, 수출입정책 등)
- 전국적 기준의 통일 및 조정을 요하는 사무(측량단위, 면허, 근로기준 등)
- 전국적 규모나 이와 비슷한 규모의 사무(국가종합경제개발계획, 국가하천, 국유림, 국토종합개발계획, 지정항만, 국도, 국립공원 등)
- 전국적 규모의 사무(농산물 · 축산물 · 수산물 및 양곡의 수급조절과 수출입 등)
- 전국적 규모나 이와 비슷한 규모의 사무(우편, 철도 등)
- 지방자치단체의 기술과 재정능력으로 감당하기 어려운 사무(고도의 기술을 요하는 검사 · 시험 · 연구, 항공관리, 기상행정, 원자력개발 등)

㉡ 광역자치단체사무(개별적 열거주의)

- 행정처리 결과가 두 개 이상의 시 · 군 및 자치구에 미치는 광역적 사무(지방도, 지방하천 사무 등)
- 시 · 도 단위로 동일한 기준에 따라 처리되어야 할 성질의 사무
- 지역적 특성을 살리면서 시 · 도 단위로 통일성을 유지할 필요가 있는 사무
- 국가와 시 · 군 및 자치구 사이의 연락 · 조정 등의 사무
- 시 · 군 및 자치구가 독자적으로 처리하기에 부적당한 사무
- 2개 이상의 시 · 군 및 자치구가 공동으로 설치하는 것이 적당하다고 인정되는 규모의 시설을 설치하고 관리하는 사무

㉢ 기초자치단체사무(포괄적 예시주의)

- 시 · 도가 처리하는 것으로 되어 있는 사무를 제외한 사무
- 현지성의 원칙에 따라 특별한 제한이 없는 지방사무는 기초자치단체의 사무로 처리하는 것이 원칙
- 지방사무 중 시 · 도 사무를 제외한 사무로 상하수도, 생활환경, 주택정리, 오물처리, 청소, 공원, 녹지, 가로조명, 주차장 · 버스정류장 설치 · 관리, 도서관, 오락시설, 공공부조, 재해 및 실업보상 등 다양

Check Point

우리나라 지방자치법상 사무배분 방식

1988년 이전 지방자치법 규정은 포괄적 수권방식이었으나 1988년 이후 지방자치법 규정은 포괄적 예시주의 방식으로 전환(제13조 1항에서 포괄주수방식을, 2항에서 예시주의를 규정)

Check Point

우리나라 사무배분의 문제점

- 사무범위와 배분기준의 불명확성
- 사무범위 · 배분기준 관련 규정의 미흡 및 실효성 저하
- 획일적 사무배분
- 사무배분과 재원의 불일치

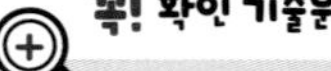

「지방자치법」상 지방자치단체의 사무처리에 관한 설명으로 가장 옳지 않은 것은? [서울시 9급 기출]

① 지방자치단체는 법령을 위반하여 그 사무를 처리할 수 없다.
② 행정처리 결과가 2개 이상의 시 · 군 및 자치구에 미치는 광역적 사무는 시 · 도가 처리한다.
❸ 시 · 도와 시 · 군 및 자치구의 사무가 서로 경합하면 시 · 도에서 먼저 처리한다.
④ 지방자치단체는 법률에 다른 규정이 있는 경우를 제외하고 외교, 국방, 사법, 국세 등 국가의 존립에 필요한 사무를 처리할 수 없다.

해 ③ 시 · 도와 시 · 군 및 자치구는 사무를 처리할 때 서로 경합하지 아니하도록 하여야 하며, 사무가 서로 경합하면 시 · 군 및 자치구에서 먼저 처리한다.
① 지방자치단체는 법령이나 상급 지방자치단체의 조례를 위반하여 그 사무를 처리할 수 없다.
② 행정처리 결과가 2개 이상의 시 · 군 및 자치구에 미치는 광역적 사무는 시 · 도에서 처리한다.
④ 지방자치단체는 외교, 국방, 사법, 국세 등 국가의 존립에 필요한 사무를 처리할 수 없다. 다만, 법률에 이와 다른 규정이 있는 경우에는 국가사무를 처리할 수 있다.

4. 지방자치단체의 재정

(1) 의의

① 개념
㉠ 자치단체가 지방자치를 수행하기 위하여 필요한 재원을 조달 · 확보하고 이를 관리 · 사용하는 작용(관리작용뿐만 아니라 권력작용도 포함됨)
㉡ 지방재정력의 확충 및 재정자립도 향상은 성공적 지방자치를 위한 선결적 과제
㉢ 이를 위한 법적 기초로서 「지방재정법」, 「지방세 기본법」, 「지방세법」, 「지방교부세법」, 「지방공기업법」 등이 있음

② 운영원칙
㉠ **수지균형의 원칙(건전성의 원칙)** : 자치단체도 하나의 경제 주체로서 수입과 지출의 균형을 유지
㉡ **재정적 탄력성의 원칙** : 지역사회의 여건 변화에 대응할 수 있는 탄력적 · 신축적인 재정구조 확보
㉢ **행정수준 향상의 원칙** : 지역의 행정수요를 충족시킬 수 있는 재정수준의 확보와 향상을 도모
㉣ **공정성의 원칙** : 적법하고 공익에 부합되는 지방재정운영 및 재정운영의 투명성 제고
㉤ **효율성의 원칙** : 최소 경비로 최대 서비스를 제공하고, 행정과 재정제도의 합리적 개선을 달성

Check Point

지방자치단체 재정의 특성
- **응익성** : 국가재정은 조세의 부담능력에 따른 응능성(應能性)의 성격이 강한 반면, 지방재정은 행정서비스에 대한 대가로서의 성격이 강함(수익자부담주의)
- **타율성** : 지방재정은 국가로부터 감독 · 제한 및 지원을 받으며, 자주재원과 의존재원(보조금 · 교부세 등)이 있음
- **다양성** : 자치단체마다 재정규모나 자립도, 세입 · 세출구조가 다양함

서울시 9급 기출

04. 지방자치단체의 재정자립도에 대한 설명으로 가장 옳지 않은 것은?
① 재정자립도는 세입총액에서 지방세수입과 세외수입이 차지하는 비율을 나타낸다.
② 자주재원이 적더라도 중앙정부가 지방교부세를 증액하면 재정자립도는 올라간다.
③ 재정자립도가 높다고 지방정부의 실질적 재정이 반드시 좋다고 볼 수는 없다.
④ 국세의 지방세 이전은 재정자립도 증대에 도움이 된다.

해 지방자치단체의 재정자립도는 세입총액(자주재원+의존재원)에서 자주재원이 차지하는 비율을 나타내는데, 지방교부세는 의존재원에 해당하므로 중앙정부의 지방교부세 증액은 자치단체의 재정자립도를 떨어트린다.

 04 ②

㉥ **장기적 안정성의 원칙** : 장기적 안목에서 지속적인 재정운영의 안정성을 도모

㉦ **부담의 적정성 원칙** : 재정주체 간 경비 부담의 적절성 · 적정성 도모

㉧ **국가정책 준수의 원칙** : 국가재정정책에 반하지 않는 범위 내의 재정운영 도모

㉨ **재정자주성의 원칙** : 국가는 지방재정의 자주성과 건전한 운영을 조장하며, 국가부담의 지방 전가 금지

국가재정과 지방재정의 비교

구분	국가재정	지방재정
주체	단일주체(국가)	다수의 자치단체(다양성 · 복수성)
재정의 기능	포괄적 기능 수행	자원배분의 기능 중심
평가기준	공평성(형평성) 중시	효율성 중시
서비스 성격	주로 순수공공재 공급	주로 준공공재 공급
재원조달방식	조세에 의존	다양한 세입원(조세+세외수입 · 의존재원)
부담의 설계	응능(應能) 부담 원칙 중시, 가격원리 적용 곤란	응익(應益)부담 원칙 가미, 가격원리 적용 가능
보상관계	일반적 보상관계 위주(일반 국민에게 부담)	개별적 보상관계 첨가(개별 이용자에게 부담)
경쟁성	낮음	높음(지방정부 간 경쟁)
탄력성 · 자주성	상대적으로 약함	상대적으로 강함(자주성과 제약성의 양면성)
재정관행	양출제입(量出制入) – 세입결정권한 있음	양입제출(量入制出) – 세입결정권한 없음

(2) 지방세입의 분류

① **자주재원과 의존재원** : 자주재원 비중이 높을수록 재정자립도가 높음

㉠ **자주재원** : 자치단체가 자주적으로 충당하는 재원(지방세와 세외수입)

㉡ **의존재원** : 국가나 상급자치단체 등이 결정하여 자치단체 수입이 되는 재원(국고보조금, 지방교부세, 조정교부금)

② **일반재원과 특정재원** : 일반재원의 비중이 높을수록 운영의 탄력성 · 독자성이 높아짐

㉠ 일반재원 : 자치단체가 어떤 경비에도 자유롭게 충당할 수 있는 재원(지방세, 세외수입, 지방교부세)

㉡ 특정재원 : 자치단체가 지출해야 하는 용도로 정해져 있는 재원(국고보조금 등)

③ 경상재원과 임시재원 : 경상재원의 비중이 높을수록 재정 건전성이 높아짐

㉠ 경상재원 : 자치단체가 회계연도마다 규칙적 · 안정적으로 확보할 수 있는 재원(지방세, 사용료, 수수료, 보통교부세 등)

㉡ 임시재원 : 자치단체가 회계연도마다 불규칙적 · 임시적 · 가변적으로 확보하는 재원(부동산 매각수입, 부담금, 분담금, 기부금, 특별교부세, 지방채 수입 등)

꼭! 확인 기출문제

지방재정의 세입항목 중 자주재원에 해당하는 것은? [지방직 9급 기출]

① 지방교부세 ❷ 재산임대수입

③ 조정교부금 ④ 국고보조금

해 ② 재산임대수입은 자주재원 중 세외수입에 해당하며, 대표적인 세외수입으로서 실질적, 경상적 세외수입에 해당한다.
①·④ 국가가 지방자치단체에 이전해주는 의존재원이다.
③ 광역자치단체가 기초자치단체에게 이전해주는 의존재원이다.

(3) 지방재정체계(일반회계 세입재원을 중심으로 한 분류)

① 자주재원(지방세와 세외수입)

㉠ 지방세

의의	자치단체의 기능 수행에 소요되는 일반적 경비조달을 위해 해당 구역 내 주민 등으로부터 직접적 · 개별적 반대급부(보상) 없이 강제적으로 부과 · 징수하는 재원		
특성	법정주의, 강제적 부과 · 징수, 일반적 경비조달 수단, 독립세주의(국세와 세원분리), 분리과세주의(지자체별 분리과세이며, 공동과세는 인정되지 않음)		
분류 체계	용도별 분류	보통세	• 전체 세입으로 전체 세출에 충당하기 위해 용도 구분 없이 징수하는 조세 • 등록면허세, 주민세, 재산세, 취득세, 레저세, 자동차세, 담배소비세, 지방소비세, 지방소득세
		목적세	• 특정한 세출을 충당하기 위해서 특별히 부과하는 조세 • 지방교육세, 지역자원시설세
	과세 주체별 분류	특별시세 · 광역시세	• 보통세 : 취득세, 주민세, 레저세, 자동차세, 담배소비세, 지방소비세, 지방소득세 • 목적세 : 지방교육세, 지역자원시설세
		자치구세	보통세 : 등록면허세, 재산세

Check Point

사용료 · 수수료 · 분담금의 징수(지방자치법)

- **사용료** : 지방자치단체가 공공시설의 이용이나 재산의 사용에 대하여 사용료를 징수
- **수수료** : 특정인을 위한 지방자치단체의 사무에 대하여 수수료를 징수
- **분담금** : 지방자치단체의 재산이나 공공시설의 설치로 이익을 받는 자에게 이익의 범위에서 분담금을 징수

Check Point

지방세의 원칙

㉠ 재정수입 측면
- **충분성의 원칙** : 지방자치를 위하여 충분한 금액을 확보
- **보편성의 원칙** : 세원이 지역 간 균형적(보편적)으로 분포
- **안정성의 원칙** : 경기변동에 관계없이 세수가 안정적으로 확보
- **신장성의 원칙** : 행정수요에 대응하여 매년 지속적으로 세수 확대
- **신축성(탄력성)의 원칙** : 자치단체의 특성에 따라 탄력적으로 운영

㉡ 주민부담 측면
- **부담분임의 원칙** : 가급적 많은 주민이 경비를 나누어 분담
- **응익성(편익성)의 원칙** : 향유 이익(편익)의 크기에 따라 부담
- **효율성의 원칙** : 자원배분의 효율화에 기여
- **부담보편(평등성, 형평성)의 원칙** : 주민에게 공평(동등)하게 부담

㉢ 세무행정 측면
- **자주성의 원칙** : 중앙정부로부터 독자적인 과세주권 확립
- **편의 및 최소비용의 원칙** : 징세의 용이 및 징세경비의 절감
- **국지성의 원칙** : 과세객체가 관할구역 내에 국한(지역 간 이동 금지)

<table>
<tr><td rowspan="2">분류
체계</td><td rowspan="2">과세
주체별
분류</td><td>도세</td><td>• 보통세 : 취득세, 등록면허세, 레저세, 지방소비세
• 목적세 : 지방교육세, 지역자원시설세</td></tr>
<tr><td>시 · 군세</td><td>보통세 : 주민세, 재산세, 자동차세, 담배소비세, 지방소득세</td></tr>
</table>

㉡ 세외수입

<table>
<tr><td>의의</td><td colspan="3">• 자주재원 중 지방세 이외의 수입을 총칭하는 개념
• 분류범위에 따라 개념은 다의적임</td></tr>
<tr><td rowspan="4">분류
체계</td><td rowspan="2">실질상
세외수입</td><td>경상적 수입</td><td>재산임대수입, 사용료, 수수료, 사업수입, 징수교부금수입, 이자수입 → 일반회계수입</td></tr>
<tr><td>사업수입</td><td>상수도, 하수도, 지하철, 주택, 공영개발, 기타 특별회계사업 → 특별회계수입</td></tr>
<tr><td rowspan="2">명목상
세외수입</td><td>임시적 수입</td><td>재산매각대금, 부담금, 과징금 및 과태료 등, 지난 연도 수입, 기타 수입(불용품 매각수입, 체납처분수입, 보상금수납금, 시도비 반환금수입, 기부금, 그 외 수입) → 일반회계수입</td></tr>
<tr><td>사업 외 수입</td><td>지난 연도 수입, 기타 수입 → 특별회계수입</td></tr>
</table>

② 의존재원(조정재원)

㉠ 국고보조금(광의)

<table>
<tr><td>의의</td><td colspan="2">• 국가적 시책상 또는 자치단체의 재정상 필요에 의해 지급하는 수직적 조정재원
• 자치단체의 행정수행에 소요되는 경비의 일부 또는 전부의 충당을 위해 용도를 정하여 교부하는 자금(국고보조금 규모는 중앙정부의 재정 여건, 예산정책 등을 고려하여 중앙정부에서 결정)
• 용도가 지정되어 있는 특정재원이므로 국가의 통제와 감독이 수반되어 지방정부의 재량권이 거의 없으며, 지방재정의 자율성을 제약</td></tr>
<tr><td rowspan="3">종류</td><td>장려적보조금
(협의의 보조금)</td><td>지방자치의 자주적 재원으로 충당해야 할 사무(자치사무)나 사업을 국가적 차원에서 시책상 장려하고자 지급</td></tr>
<tr><td>부담금</td><td>단체위임사무의 원활한 처리를 위해 국가가 그 경비의 일부를 지급</td></tr>
<tr><td>교부금</td><td>기관위임사무의 소요경비 전부를 국가가 지급</td></tr>
</table>

㉡ 지방교부세

<table>
<tr><td>의의</td><td colspan="2">• 지방의 재정적 필요 및 재정적 결함에 따라 지급하는 수직적 · 수평적 조정재원
• 일정 내국세액 총액의 19.24%, 종합부동산세 전액, 담배부과 개별소비세 45%에 해당하는 금액이 재원
• 일정한 기준에 따라 국가가 각 자치단체에 배분하여 교부</td></tr>
<tr><td>종류</td><td>보통
교부세</td><td>• 지방 간의 재정격차 시정(수평적 조정)을 위해 교부하는 일반재원
• 용도제한 없이 교부하는 무조건적 · 무대응적 교부금
• 기준재정수입액이 기준재정수요액에 미달(재정력지수가 1이하) 시 그 미달액(재정 부족액)을 기초로 하여 교부(교부금액 = 기준재정수요액 − 기준재정수입액)
• 내국세 총액의 19.24%의 금액 중 97%에 해당하는 금액이 재원</td></tr>
</table>

Check Point

세외수입의 특성

- 자치단체가 자체적으로 확보한 자주재원, 일반재원
- 법령에 저촉되지 않는 한 비교적 자유롭게 자치단체의 노력 여하에 따라 지속적인 확대 · 개발이 용이한 잠재 수입원
- 특정 서비스에 대한 반대급부로서의 응익적 성격
- 수입연도별 불규칙성 · 불균등성(지역 간 · 회계연도 간 안정성과 균형성이 떨어짐)
- 수입의 근거 · 종류 · 형태의 다양성

Check Point

국고보조금의 특징

- 국가로부터 교부되는 의존재원
- 중앙 부처의 소관 예산을 재원으로 하며 용도가 지정되어 통제 · 감독 수반되는 특정재원
- 반대급부를 요하지 않는 일방적 급부금(무상재원)
- 국가 목적 우선순위에 따라 배분되며, 자원배분기능 수행

Check Point

국고보조금(광의)의 효용 및 폐단

㉠ **효용** : 통일적 행정수준 확보, 특수 재정수요에 대응 등

㉡ **폐단**

- 지나치게 세분화된 조건부 보조금
- 국고보조사업에 따른 지방자치단체의 높은 재정부담
- 지역불균형의 심화 등으로 인해 지방통제 수단화
- 낮은 국고보조율과 보조금 결정의 객관적 기준 미흡

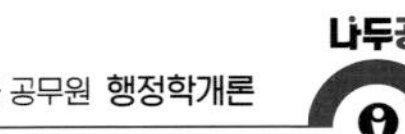

종류	특별 교부세	• 다음의 사유가 있는 때 교부되는 특정재원(용도를 지정) – 기준재정수요액의 산정방법으로는 파악할 수 없는 지역 현안에 대한 특별한 재정수요가 있는 경우 – 국가적 장려사업, 국가와 지방자치단체 간에 시급한 협력이 필요한 사업 또는 지역 역점시책 등 특별한 재정수요가 있을 경우 – 재해를 복구하거나 재해예방을 위한 특별한 재정수요가 생기거나 재정수입이 감소한 경우 • 내국세 총액의 19.24%의 금액 중 3%에 해당하는 금액이 재원
	소방안전 교부세	• 자치단체의 소방인력 운용, 소방 및 안전시설 확충, 안전관리 강화를 위하여 조건이나 용도를 정하여 교부할 수 있는 특정재원 • 담배에 부과되는 개별소비세 총액의 45%에 해당하는 금액이 재원 • 행정안전부장관이 심사 · 교부
	부동산 교부세	• 부동산 보유세제 개편으로 기존 지방세이던 종합토지세와 재산세의 일부를 국세인 종합부동산세로 전환함에 따라 지방자치단체의 재원 감소에 대한 보전과 지역균형발전을 도모하기 위하여 2005년부터 교부 • 2010년 시 · 도세인 지방소비세가 도입되면서부터 보유세 및 거래세 감소분 보전을 폐지하고 전액을 균형재원으로 특별자치도 · 특별자치시 · 시 · 군 · 자치구에 교부 • 내국세인 종합부동산세 총액에 해당하는 금액이 재원
문제점		과다한 경상비 사용, 낮은 교부세율, 지방예산의 낭비 등

③ 지방채

㉠ 과세권을 담보로 증서차입이나 증권발행을 통하여 부족한 재원을 충당하는 채무부담행위(일종의 예외적인 재원동원수단)

㉡ 지방자치단체의 항구적 이익이 되거나 긴급한 재난복구 등의 필요가 있는 때 재정상황 및 채무규모 등을 고려하여 발행 한도액의 범위 안에서 발행

㉢ 종전에는 자주재원(세외수입)에 포함시켰으나, 최근에는 세외수입과 자주재원에 포함시키지 않음(별도의 제3의 재원으로 보는 견해가 다수설)

지방채무 및 지방채권의 관리(「지방자치법」 제139조)

- 지방자치단체의 장이나 지방자치단체조합은 따로 법률로 정하는 바에 따라 지방채를 발행할 수 있음
- 지방자치단체의 장은 따로 법률로 정하는 바에 따라 지방자치단체의 채무부담의 원인이 될 계약의 체결이나 그 밖의 행위를 할 수 있음
- 지방자치단체의 장은 공익을 위하여 필요하다고 인정하면 미리 지방의회의 의결을 받아 보증채무부담행위를 할 수 있음
- 지방자치단체는 조례나 계약에 의하지 아니하고는 채무의 이행을 지체할 수 없음
- 지방자치단체는 법령이나 조례의 규정에 따르거나 지방의회의 의결을 받지 아니하고는 채권에 관하여 채무를 면제하거나 그 효력을 변경할 수 없음

Check Point

지방교부세의 특성 및 기능

㉠ 특성
- 내국세 총액의 일정 비율에 따라 모든 자치단체가 공유하는 독립재원
- 일단 교부된 후에는 자유롭게 사용할 수 있는 일반재원(용도지정이 없으나 특별교부세는 외)

㉡ 기능
- 자치단체 간의 재정격차 완화(수평적 조정재원)
- 지방재원의 보장기능(수직적 조정재원)

Check Point

소방안전교부세

2015.1 자치단체의 재난 · 안전관리 재원 확충을 위하여 소방안전교부세가 신설되었으며, 2020.4.1부터는 재원도 담배에 부과되는 개별소비세 총액의 20/100에서 45/100로 확충되었다. 국가사무 지방이양 촉진을 위해 국고보조사업을 이양 받은 자치단체에게 2005.1부터 한시적으로 교부하던 분권교부세는 2015.1.1. 보통교부세로 통합 · 폐지되었다.

꼭! 확인 기출문제

우리나라의 지방재정에 대한 설명으로 가장 옳지 않은 것은? [서울시 9급 기출]

① 지방자치단체의 세입재원은 크게 자주재원과 의존재원으로 나눌 수 있는데, 자주재원에는 지방세와 세외수입이 있고, 의존재원에는 국고보조금과 지방교부세 등이 있다.
❷ 지방세 중 목적세로는 담배소비세, 레저세, 자동차세, 지역자원시설세, 지방교육세 등이 있다.
③ 지방교부세는 지방자치단체 간 재정력의 불균형을 조정하는 재원으로, 보통교부세 · 특별교부세 · 부동산교부세 및 소방안전교부세로 구분한다.
④ 지방재정자립도를 높이기 위해 국세의 일부를 지방세로 전환할 경우 지역 간 재정 불균형이 심화될 수 있다.

해 ② 지방세 중 목적세로는 지역자원시설세, 지방교육세 등이 있다. 담배소비세, 레저세, 자동차세는 지방세의 보통세에 해당된다.

(4) 지방재정 평가모형

재정규모	• 자치단체의 총 재정규모(자주재원＋의존재원＋지방채수입) • 지방(자치)재정력에 관한 가장 기초적인 자료적 정보를 제공하지만 지방재정자립도 등을 반영하지 못함
재정자립도	• 총재원(자주재원＋의존재원＋지방채수입) 중에 자주재원이 차지하는 비중 • (지방세＋세외수입)/일반회계 총세입 • 자주재원 및 세입중심이므로 세출구조의 건전성이나 재정력, 총재정규모 등 실질적 재정상태를 반영하지 못하며, 의존재원이 제외되므로 재정지원의 규모나 형태 · 내역을 파악할 수 없음(재정자립도가 높다하여 반드시 지방재정이 건전하다고 볼 수 없음) • 도농복합형태의 시(市) 요건 판단기준
재정력 지수	• 기초적인 재정수요를 자체적으로 해결할 능력을 어느 정도 가지고 있는가를 재정적 수치로 추정하는 지표 • 기준재정수입액/기준재정수요액 • 보통교부세 교부여부 판단기준
재정자주도	• 총세입 중에 일반재원이 차지하는 비중을 의미 • (세수입＋세외수입＋지방교부세＋조정교부금)/일반회계 예산규모로 산정 → 차등보조율 및 기준부담율 결정기준

(5) 우리나라 지방재정의 문제점

① 재정 지위상의 문제점

㉠ 지방재정보다 국가재정을 우선시함
㉡ 지방재정의 국민총생산 및 정부총지출에 대한 낮은 비율
㉢ 국가와 지방의 사무분담과 경비분담의 불일치
㉣ 조세정책의 자주성 결여로 독자적인 과세주권의 결여
㉤ 국세와 지방세의 체계에서 지방재정은 본질적으로 취약함

Check Point

지방채의 발행조건과 발행절차
㉠ 발행조건
• 공유재산 조성 등 재정투자사업과 그에 직접적으로 수반되는 경비의 충당
• 재해예방 및 복구사업
• 예측할 수 없었던 세입결함의 보전
• 지방채의 차환
㉡ 발행절차
• 발행 한도액의 범위에서 발행
– 원칙 : 지방의회 의결(행정안전부장관의 사전 승인은 필요 없음)
– 예외 : 외채 발행 시 행정안전부장관의 승인을 받고 지방의회의 의결을 거침
• 발행 한도액을 초과하여 발행
– 원칙 : 행정안전부 장관과 협의(승인×)＋지방의회의 의결
– 예외 : 행정안전부장관의 승인 받은 후 지방의회 의결

Check Point

지방채의 기능
㉠ 순기능
• 재해복구사업 등 주민복지를 위한 대규모 사업을 위한 재원조달 기능
• 사회간접자본 확충을 위한 재원에 충당되므로 효율적인 자원배분에 기여
• 세대 간 · 주민 간 재정부담의 형평성 제고에 기여
• 경기조절, 외부재원 동원으로 지역경제 활성화 등
㉡ 역기능
• 지방채 상환을 위한 추가재원 확보의 곤란
• 재정수지의 건전성 저해
• 주민에게 실질적인 부담
• 투자재원은 사실상 공채가 아닌 일반세입으로도 해결 가능

② 지방 세제상의 문제점

㉠ 지방세원의 빈곤 · 부족과 지역적 편차(불균형)

㉡ 「지방세법」의 세목과 세율의 획일화로 지역특성 무시

㉢ 불안정적인 지방세원으로 세수의 신장성 약화

㉣ 지방재정의 세외수입에 대한 의존도가 높음

기초자치단체에 대한 광역자치단체의 재정조정제도

- 징수교부금 : 특별시 · 광역시 · 도는 시 · 군 · 구에서 특별시세 · 광역시세 · 도세를 징수하여 납입한 때에는 납입된 징수금의 3%에 해당하는 징수교부금을 해당 시 · 군 · 구에 교부해야 함
- 시 · 군 조정교부금 : 시 · 도가 관내 시 · 군에 대하여 재정을 보전해 주는 제도로서 시 · 도지사(특별시장 제외)는 시 · 군에서 징수하는 광역시세 · 도세의 27%(인구 50만 이상의 시는 47%)의 금액을 조정교부금의 재원으로 확보하여 인구, 재정사정 등에 따라 시 · 군에 배분해야 함
- 자치구 조정교부금 : 광역시나 특별시가 관내 자치구 사이의 재정격차 해소를 위하여 행하는 재정조정제도로서 대통령령으로 정한 보통세(총7개) 수입 중의 일정액을 확보하여 관내 자치구 상호간의 재원을 조정하여야 함

5. 지방자치와 주민

(1) 주민참여

① 개념

㉠ 주민참여란 자치단체의 정책 결정 및 집행과정에 주민이 직접 · 간접적으로 영향력을 행사하려는 일련의 활동을 말함

㉡ 주민참여는 주민통제의 중요한 수단이 되며, 최근 시민단체를 중심으로 다양하고 활발하게 이루어지고 있음

② 우리나라 주민참여제도의 법제화

㉠ **주민청구제도** : 1999년에 주민 조례제정 · 개폐청구제도와 주민감사청구제도가 「지방자치법」에 규정됨으로써 주민청구제도가 공식적으로 법제화됨

㉡ **주민투표제도** : 2004년 「주민투표법」의 제정으로 주민투표제도가 시행됨

㉢ **주민소송제도** : 「지방자치법」상의 주민소송에 관한 규정이 2006년에 시행됨

㉣ **주민소환제도** : 「주민소환에 관한 법률」이 2007년 제정 · 시행되면서 주민소환제도가 제도화됨

③ 주민청구제도

㉠ 주민조례 개폐청구제도(「지방자치법」 제19조)

- 의의 : 직접민주주의 제도인 주민발안의 하나로서, 지역주민들이 해당 지방의회에 조례의 제정이나 개폐를 청구할 수 있는 제도

Check Point

주민참여의 효용

㉠ 정치적 측면
- 대의민주주의를 보완하고 민주주의 발전 및 지방자치 확립에 기여
- 행정에 대한 견제기능을 수행하고 책임성 확보에 기여
- 주민에 대한 민주주의 교육의 기능

㉡ 행정적 측면
- 행정에 대한 이해 · 협력 증진을 통한 집행의 순응성 확보
- 주민상호 간 이해의 조정 및 분쟁해결에 기여
- 행정서비스 개선에 기여
- 정보수집 및 전달의 수단 · 통로

Check Point

주민참여의 한계

- 신속한 행정의 저해, 비능률과 비용 과다
- 전문성의 부족으로 적절한 행정 대응 곤란
- 이해관계 조정 능력의 부족
- 주민참여의 형식화 · 동원화 우려
- 활동적 소수로 인해 침묵하는 다수의 의견 반영 곤란(대표성 문제)

- 주민은 지방자치단체의 조례를 제정하거나 개정하거나 폐지할 것을 청구할 수 있음
- 조례의 제정 · 개정 또는 폐지 청구의 청구권자 · 청구대상 · 청구요건 및 절차 등에 관한 사항은 따로 법률로 정함

ⓛ 주민감사청구제도(「지방자치법」 제21조)

- 의의 : 주민이 지방자치단체와 그 장의 권한에 속하는 사무의 처리가 법령에 위반되거나 공익을 현저히 해친다고 인정되는 경우 감사를 청구할 수 있는 제도
- 요건 및 절차
  - 지방자치단체의 18세 이상의 주민은 시 · 도는 300명, 인구 50만 이상 대도시는 200명, 그 밖의 시 · 군 및 자치구는 150명 이내에서 그 지방자치단체의 조례로 정하는 수 이상의 18세 이상의 주민이 연대 서명하여 그 지방자치단체와 그 장의 권한에 속하는 사무의 처리가 법령에 위반되거나 공익을 현저히 해친다고 인정되면 시 · 도의 경우에는 주무부장관에게, 시 · 군 및 자치구의 경우에는 시 · 도지사에게 감사를 청구할 수 있음
  - 주무부장관이나 시 · 도지사는 감사 청구를 수리한 날부터 60일 이내에 감사 청구된 사항에 대하여 감사를 끝내야 하며, 감사 결과를 청구인의 대표자와 해당 지방자치단체의 장에게 서면으로 알리고, 공표하여야 함
  - 다만, 그 기간에 감사를 끝내기가 어려운 정당한 사유가 있으면 그 기간을 연장할 수 있으며, 기간을 연장할 때에는 미리 청구인의 대표자와 해당 지방자치단체의 장에게 알리고, 공표하여야 함. 청구는 사무처리가 있었던 날이나 끝난 날부터 3년이 지나면 제기할 수 없음
- 청구 제외 대상 : 수사나 재판에 관여하게 되는 사항, 개인의 사생활 침해의 우려가 있는 사항, 다른 기관에서 감사하였거나 감사 중인 사항(단, 다른 기관에서 감사한 사항이라도 새로운 사항이 발견되거나 중요사항이 감사에서 누락된 경우나 주민소송대상이 되는 경우에는 청구 가능), 동일사항에 대해 주민소송이 계속 중이거나 그 판결이 확정된 사항

(2) 주민투표(Referendum)

① 의의

㉠ 개념 : 자치단체의 중요 사안에 대하여 주민으로 하여금 결정권을 행사하도록 하는 직접민주주의적 제도(자기결정권의 행사)

Check Point

직접민주주의적 자치제도

- 주민발안(Intiative) : 법정수 이상의 주민의 연서로 조례의 제정 · 개정 청구가 성립되면 이를 주민투표로 결정하거나(직접발안) 지방의회 의결로 결정하는(간접발안) 제도
- 주민투표(Referendum)
- 주민소환(Recall)

Check Point

주민투표의 장단점

㉠ 장점
- 자치단체의 결정에 정당성 부여
- 집행기관 · 의결기관에 대한 견제 및 양자의 대립 문제 극복
- 주민의 권익보호 및 참여의식 제고
- 대의민주주의의 단점 보완
- 지역 및 집단이기주의로 인한 정책결정 · 집행의 저해를 방지

ⓛ 단점
- 재정적 비용 및 시간 비용의 증가
- 제도의 남용 시 지방의회 기능을 저해
- 충분한 정보 결여 시 여론조작의 가능성
- 다수의 횡포 발생 우려

㉡ **법적 근거** : 「지방자치법」, 「주민투표법」

- 「지방자치법」 제18조 : 지방자치단체의 장은 주민에게 과도한 부담을 주거나 중대한 영향을 미치는 지방자치단체의 주요 결정사항 등에 대하여 주민투표에 부칠 수 있으며, 주민투표에 관한 사항은 따로 법률로 정함
- 「주민투표법」 제1조 : 지방자치단체의 주요 결정사항에 관한 주민의 직접참여를 보장하기 위하여 「지방자치법」에 따른 주민투표의 대상 · 발의자 · 발의요건 · 투표절차 등에 관한 사항을 규정함으로써 지방자치행정의 민주성과 책임성을 제고하고 주민복리를 증진함을 목적으로 함

② 우리나라 「주민투표법」의 주요 내용

㉠ **주민투표사무의 관할** : 관할 선거관리위원회가 담당하도록 함으로써 주민투표의 객관성과 공정성을 제고

㉡ **투표인 자격요건(주민투표권자)** : 19세 이상의 주민 중 그 지방자치단체의 관할 구역에 주민등록이 되어 있는 사람, 일정한 자격을 갖춘 외국인도 포함(선거권이 없으면 주민투표권이 없음)

㉢ **주민투표의 대상** : 주민에게 과도한 부담을 주거나 중대한 영향을 미치는 지방자치단체의 주요 결정사항 중에서 조례로 정하는 사항이며, 예외적으로는 예산 · 결산 등 재무관련 사항과 공무원의 신분 등 주민투표에 부치기에 부적당한 사항은 이를 금지대상으로 함

㉣ **주민투표실시 청구권자**

- 주민은 주민투표청구권자 총수의 1/20 이상 1/5 이하의 범위 안에서 조례로 정하는 수 이상의 서명으로 주민투표의 실시를 청구
- 지방의회는 재적의원 과반수 출석과 출석의원 2/3 이상의 찬성으로 실시를 청구
- 지방자치단체의 장이 주민투표를 실시하고자 하는 때에는 미리 지방의회의 동의를 얻어 직권으로 실시할 수 있도록 함

㉤ **주민투표운동** : 지역현안에 대한 정책선택이라는 주민투표제의 특성을 감안하여 제한규정을 최소화하는 한편, 공직선거일 전 60일부터 선거일까지는 주민투표를 발의할 수 없도록 함

㉥ **투표결과의 확정**

- 주민투표권자 1/3 이상의 투표와 투표인 과반수 찬성으로 결과가 확정(투표율이 1/3에 미달한 경우 개표하지 않음)
- 지방자치단체는 투표 결과에 따른 행정 · 재정상의 필요한 조치를 시행하며(강행규정을 마련함으로써 이행력을 담보), 확정 사항은 2년 이내에 주민투표로 변경 불가

> Check Point
>
> **주민투표 실시단위**
> 원칙적으로 해당 자치단체 관할구역 전체를 단위로 주민투표를 실시하여야 하나, 특정 지역 또는 특정 주민에게만 직접 이해관계가 있는 경우에는 자치단체장이 지방의회의 동의를 얻어 일부 지역만의 투표실시도 가능토록 함

> Check Point
>
> **투표결과에 대한 불복**
> 투표의 효력에 이의가 있는 투표권자는 투표결과가 공표된 날부터 14일 이내에 관할선거관리위원장을 피소청인으로 하여 기초자치단체는 시도선관위에, 광역자치단체는 중앙선관위에 각각 소청할 수 있으며, 소청결과에 불복 시는 소청결정서를 받은 날부터 10일 이내에 기초자치단체는 관할 고등법원에, 광역자치단체는 대법원에 소송제기 가능

㉦ 중앙행정기관장의 주민투표 요구 : 지방자치단체의 폐치 · 분합, 주요시설의 설치 등 국가정책의 수립에 대한 주민의 의견을 듣기 위하여 필요한 때에는 자치단체의 장에게 주민투표의 실시를 요구할 수 있음

꼭! 확인 기출문제

우리나라 지방자치단체 주민투표제도에 대한 설명으로 가장 옳은 것은? [서울시 9급 기출]

① 1994년 「지방자치법」 개정에서 도입된 이래 지금까지 시행되고 있다.
❷ 주민투표에 부쳐진 사항은 법에서 정한 경우를 제외하고는 주민투표권자 총수의 3분의 1 이상의 투표와 유효 투표 수 과반수의 득표로 확정된다.
③ 지방자치단체의 장은 주민 또는 지방의회의 청구에 의한 경우가 아닌 자신의 직권으로 주민투표를 실시할 수 없다.
④ 일반 공직선거와 마찬가지로 외국인은 어떠한 경우에도 주민투표에 참여할 수 없다.

해 ② 주민투표(Referendum)는 자치단체의 중요 사안에 대하여 주민으로 하여금 결정권을 행사하도록 하는 직접민주주의적 제도로, 주민투표에 부쳐진 사항은 법에서 정한 경우를 제외하고는 주민투표권자 총 수의 3분의 1 이상의 투표와 유효투표수 과반수의 득표로 확정된다.
① 주민투표제도는 1994년에 개정된 「지방자치법」에 근거를 두고 있으나, 실제로 시행된 것은 2004년에 「주민투표법」이 제정 · 시행된 후부터이다.
③ 지방자치단체의 장은 주민 또는 지방의회의 청구에 의하거나 자신의 직권으로 주민투표를 실시할 수 있다.
④ 출입국관리 관계 법령에 따라 대한민국에 계속 거주할 수 있는 자격을 갖춘 외국인으로서 지방자치단체의 조례로 정한 사람은 주민투표에 참여할 수 있다.

(3) 주민소송

① 의의 : 재무행정과 관련된 사항에 대해 감사청구를 한 주민이 그 감사청구한 사항과 관련된 위법한 행위나 업무를 게을리한 사실에 대하여 해당 지방자치단체의 장을 상대방으로 하여 제기하는 소송을 말함

② 특징

㉠ 주민소송은 감사청구가 전심절차임

㉡ 재무행정과 관련된 위법한 행위 등에 대해서만 청구 가능(지방자치단체 재무행정의 적정한 운영을 목적으로 함)

③ 내용(「지방자치법」 제22조) : 공금의 지출에 관한 사항, 재산의 취득 · 관리 · 처분에 관한 사항, 해당 지방자치단체를 당사자로 하는 매매 · 임차 · 도급 계약이나 그 밖의 계약의 체결 · 이행에 관한 사항 또는 지방세 · 사용료 · 수수료 · 과태료 등 공금의 부과 · 징수를 게을리한 사항을 감사청구한 주민은 다음의 어느 하나에 해당하는 경우에 그 감사청구한 사항과 관련이 있는 위법한 행위나 업무를 게을리 한 사실에 대하여 해당 지방자치단체의 장을 상대방으로 하여 소송을 제기할 수 있음

㉠ 주무부장관이나 시 · 도지사가 감사청구를 수리한 날부터 60일(감사기간이 연장된 경우에는 연장기간이 끝난 날을 말함)이 지나도 감사를 끝내지

않은 경우

㉡ 감사결과 또는 조치요구에 불복하는 경우

㉢ 주무부장관이나 시 · 도지사의 조치요구를 지방자치단체의 장이 이행하지 않은 경우

㉣ 지방자치단체의 장의 이행 조치에 불복하는 경우

(4) 주민소환(Recall)

① **개념** : 유권자의 일정 수 이상의 연서에 의하여 지방자치단체 장, 의원, 기타 주요 지방공직자의 해직이나 의회의 해산 등을 청구하여 주민투표나 의회의 동의로 결정하는 제도(주민투표의 형식과 절차면에서 같음)

② 우리나라 주민소환제의 주요 내용(「주민소환에 관한 법률」)

㉠ **주민소환투표권자** : 주민소환투표인명부 작성기준일 현재 19세 이상의 주민으로서 당해 지방자치단체 관할구역에 주민등록이 되어 있는 자(선거권이 없는 자는 제외)

㉡ **주민소환투표청구권자** : 전년도 12월 31일 현재 주민등록표 및 외국인등록표에 등록된 해당 지방자치단체의 장과 지방의회의원에 대한 선거권이 있는 자

㉢ **주민소환투표의 대상** : 선출직 지방공직자인 해당 지방자치단체의 장 및 지방의회의원을 대상으로 하되, 비례대표 시 · 도의원 및 비례대표 자치구 · 시 · 군의원은 제외

㉣ **주민소환투표의 청구 서명인 수** : 시 · 도지사는 당해 지방자치단체의 주민소환투표청구권자 총수의 100분의 10 이상, 시장 · 군수 · 자치구의 구청장은 당해 지방자치단체의 주민소환투표청구권자 총수의 100분의 15 이상, 지역구 시 · 도의원 및 지역구 자치구 · 시 · 군의원은 당해 지방의회의원의 선거구 안의 주민소환투표청구권자 총수의 100분의 20 이상으로 함

㉤ **주민소환투표의 청구제한기간** : 선출직 지방공직자가 임기개시일부터 1년이 경과하지 않은 때, 선출직 지방공직자의 임기만료일부터 1년 미만인 때, 해당 선출직 지방공직자에 대한 주민소환투표를 실시한 날부터 1년 이내인 때에는 주민소환투표의 실시를 청구할 수 없음(청구 남용의 제한)

㉥ **서명요청 활동의 제한 대상자** : 주민소환투표권이 없는 자, 「고등교육법」의 규정에 따른 교원을 제외한 공무원, 해당 선출직 지방공직자 선거의 입후보예정자 · 입후보예정자의 가족 및 이들이 설립 · 운영하고 있는 기관 · 단체 · 시설의 임직원 등은 서명요청 활동을 하거나 서명요청 활동을 기획 · 주도하는 등 서명요청 활동에 관여할 수 없음

Check Point

주민소환의 도입

우리나라의 경우 「주민소환에 관한 법률」의 제정(2006. 5. 24.)으로 주민소환제가 도입되어 2007년 5월 25일부터 전국적으로 시행되고 있음(2007년 경기도 하남시에서 주민소환 최초 실시)

Check Point

주민소환의 장단점

㉠ 장점
- 공직자의 책임 및 윤리의식 확보
- 지방행정의 민주성 · 책임성 제고
- 주민 복리 증진에 기여
- 간접민주주의에 대한 보완

㉡ 단점
- 공직자의 안정적 · 창의적 업무수행 저해
- 감정적 소환제기의 우려
- 남용 시 지방자치의 혼란 초래(악용의 소지)

Check Point

주민소환투표의 실시

- 주민소환투표일은 주민소환투표 공고일부터 20일 이상 30일 이내의 범위 안에서 관할선거관리위원회가 정하되, 주민소환투표 대상자가 자진사퇴, 피선거권 상실 또는 사망 등으로 궐위된 때에는 주민소환투표를 실시하지 않음
- 주민소환투표공고일 이후 90일 이내에 「주민투표법」에 의한 주민투표, 「공직선거법」에 의한 선거 · 재선거 및 보궐선거(대통령 및 국회의원선거는 제외), 동일 또는 다른 선출직 지방공직자에 대한 주민소환투표가 있는 때에는 주민소환투표를 그에 병합하거나 동시에 실시할 수 있음

㉦ **권한행사의 정지 및 권한대행** : 주민소환투표대상자는 주민소환투표안을 공고한 때부터 주민소환투표결과를 공표할 때까지 그 권한행사가 정지되며, 지방자치단체장의 권한이 정지된 경우에는 부단체장이 그 권한을 대행

㉧ **주민소환투표결과의 확정** : 주민소환은 주민소환투표권자 총수의 3분의 1 이상의 투표와 유효투표 총수 과반수의 찬성으로 확정

㉨ **주민소환투표의 효력** : 주민소환이 확정된 때에는 주민소환투표대상자는 그 결과가 공표된 시점부터 그 직을 상실하며, 그 직을 상실한 자는 그로 인하여 실시하는 해당 보궐선거에 후보자로 등록될 수 없음

㉩ **주민소환투표소송 등** : 주민소환투표의 효력에 관하여 이의가 있는 해당 주민소환투표대상자 또는 주민소환투표권자는 주민소환투표결과가 공표된 날부터 14일 이내에 관할선거관리위원회 위원장을 피소청인으로 하여 소청을 제기할 수 있고, 소청에 대한 결정에 관하여 불복이 있는 소청인은 관할선거관리위원회 위원장을 피고로 하여 그 결정서를 받은 날부터 10일 이내에 소(訴)를 제기할 수 있음

꼭! 확인 기출문제

주민참여제도에 대한 설명으로 옳지 않은 것은? [지방직 9급 기출]

① 주민참여제도에는 주민투표, 주민소환, 주민소송 등이 있다.
② 「지방자치법」에서는 주민소송에 관한 사항을 명시하고 있다.
③ 지역구지방의회의원에 대한 주민소환투표는 당해 지방의회의원의 지역선거구를 대상으로 한다.
❹ 지방자치단체가 조례를 제정하면 해당 지역에 거주하는 18세 이상의 외국인에게도 주민투표권이 부여된다.

해 ④ 지방자치단체가 조례를 제정하면 해당 지역에 거주하는 19세 이상의 외국인에게도 주민투표권이 부여된다.
① 주민참여제도는 자치단체의 정책 결정 및 집행과정에 주민이 직·간접적으로 영향력을 행사하려는 일련의 활동으로 주민투표, 주민소환, 주민소송 등이 있다.
② 주민소송에 관한 사항은 「지방자치법」 제22조에 명시되어 있다.
③ 「주민소환에 관한 법률」 제16조 제2항에 따라 지역구지방의회의원에 대한 주민소환투표는 당해 지방의회의원의 지역선거구를 대상으로 한다.

(5) 최근의 주민참여제도(주민참여제도의 변화)

① **실질적·직접적인 참여제도의 강조** : 과거의 주민참여는 자문위원회, 도시계획위원회, 환경연합회 등을 통한 간접적인 참여제도가 주류를 이루었으나, 오늘날에는 주민과의 공개대화, 주민감사청구제도, 주민투표제도, 주민소환제도, 주민옴부즈만제, 납세자소송제도, 주민참여예산제도 등과 같이 다양한 직접적·실질적 참여제도가 활용되고 있음

② **사회적 소외계층에 대한 참여기회 확대의 강조** : 과거에는 일반 주민의 전체적 참여를 강조했으나 1990년대 이후에는 그동안 사회적으로 소외되었던 여성이

기출 Plus 국가직 9급 기출

05. 지방선거에 대한 설명으로 옳은 것은?

① 이승만 정부에서 처음으로 시·읍·면 의회의원을 뽑는 지방선거가 실시되었다.
② 박정희 정부부터 노태우 정부 시기까지는 지방선거가 실시되지 않았다.
③ 지방자치단체장과 지방의회의원을 동시에 뽑는 선거는 김대중 정부에서 처음으로 실시되었다.
④ 2010년 지방선거부터 정당공천제가 기초지방의원까지 확대되었지만 많은 문제점이 지적되면서 현재는 실시되지 않고 있다.

해 제1공화국 때인 이승만 정부에서 처음으로 시·읍·면 의회의원을 뽑는 지방선거가 실시되었다.
② 박정희 정부부터 전두환 정부 시기까지 지방선거가 실시되지 않았으며, 노태우 정부 시기인 1991년에 지방선거가 실시되어 지방의회가 구성되었다.
③ 지방자치단체장과 지방의회의원을 동시에 뽑는 선거는 1995년 김영삼 정부에서 처음으로 실시되었다.
④ 2006년 지방선거부터 정당공천제가 기초지방의원까지 확대되었으며, 현재도 광역자치단체와 기초자치단체의 장 및 의원의 선거에 있어 후보자의 정당표방 및 정당의 후보자 추천이 인정되고 있다.

답 05 ①

 국가직 9급 기출

06. 「지방자치법」상 주민참여 수단에 대한 설명으로 옳지 않은 것은?

① 지방자치단체의 장은 주민에게 과도한 부담을 주거나 중대한 영향을 미치는 지방자치단체의 주요 결정사항 등에 대하여 주민투표에 부칠 수 있다.
② 19세 이상의 주민은 그 지방자치단체와 그 장의 권한에 속하는 사무의 처리가 법령에 위반되거나 공익을 현저히 해친다고 인정되면 감사를 청구할 수 있다.
③ 주민은 그 지방자치단체의 장을 소환할 권리는 갖지만, 비례대표 지방의회의원을 소환할 권리를 가지고 있지는 못하다.
④ 주민은 행정기구를 설치하거나 변경하는 것에 관한 사항이나 공공시설의 설치를 반대하는 사항의 조례를 제정하거나 개정하거나 폐지할 것을 청구할 수 있다.

해 행정기구를 설치하거나 변경하는 것에 관한 사항이나 공공시설의 설치를 반대하는 사항은 조례의 제정과 개폐 청구 대상에서 제외되므로, 주민은 이를 청구할 수 없다.

답 06 ④

나 노약자, 청소년, 장애인, 저소득자 등의 참여기회의 확대를 상대적으로 강조하고 있음(기존의 정치적 시민권에 더해 신시민권 또는 실천적 시민권의 개념이 추가된 것을 의미)

③ **적극적인 참여 방식으로서의 공동생산과 파트너십 강조** : 객체로서의 주민참여에 그치지 않고 적극적으로 주민이 함께 참여하여 정책을 생산하는 공동생산 또는 공공-민간 파트너십을 지향하고 있음

④ **개별 자치단체 내 커뮤니티를 활용한 참여 강조**
   ㉠ 초등 혹은 중학교를 아우르는 지역 규모로 커뮤니티를 구성하고 일정한 권한까지도 부여할 수 있도록 하는 것(대면적인 상호작용이 가능한 규모의 커뮤니티를 구성하여 상호 친목과 상호 신뢰를 증진하고 공동체 의식과 자치 능력을 동시에 향상)
   ㉡ 기관의 동사무소 기능을 주민자치센터로 전환하는 것도 이러한 노력의 일환

⑤ **첨단 정보통신 수단에 의한 텔레참여(tele-participation) 강조** : 첨단 정보통신의 발달에 힘입어 다양한 정보통신 수단에 의한 주민참여가 강조되면서, 전자결제, 전자사서함, 화상회의 등과 같은 전자정부론에 더해서 정보통신수단에 의한 투표, 의견제시, 정보 제공 등 전자민주주의가 확대되고 있음

지방선거제도

① **유형**
   ㉠ 다수대표제 : 다수파의 의사를 우선하여 다수파의 대표자가 선거에서 당선되도록 하는 제도 → 소선구제
   ㉡ 소수대표제 : 소수파의 대표자에게도 당선의 기회가 주어지는 제도 → 대선거구제
   ㉢ 비례대표제 : 정당에 대한 선거인의 지지율을 당선인의 구성비에 반영하려는 제도

② **선거구** : 대표자를 선출하는 지역적인 단위
   ㉠ 소선거구제 : 선거구를 세분하여 각 선거구에서 1인의 대표자를 선출하는 방식
   ㉡ 대선거구제 : 선거구를 넓게 하여 5인 이상의 대표를 선출하는 제도
   ㉢ 중선거구제 : 2~4인의 대표자를 선출하는 제도 → 대선거구제의 일종

③ **우리나라의 지방선거구제(지방의원의 경우)**
   ㉠ 광역자치단체 : 소선거구제를 기본으로 비례대표제 가미
   ㉡ 기초자치단체 : 중선거구제(2인~4인)를 기본으로 비례대표제 가미

제3장

도시행정

제1절 도시행정의 이해

1. 도시의 의의

(1) 도시의 개념

① 행정학적(법적 · 정치적) 측면(L. Schnore, W. Munroe)

㉠ 도시를 '자치권과 법적 지위가 보장되는 행정단위'로 파악

㉡ 소규모 행정중심지도 인구나 경제적 중요성에 관계없이 도시로 정의됨

② 경제적인 측면(M. Weber)

㉠ 도시를 '주민의 압도적 대부분이 농업이 아닌 공업 또는 상업적인 업무로부터의 수입으로 생활하는 취락'으로 파악

㉡ 보통 농업에 종사하는 인구가 절반 이하에 이르는 지역이 도시로 정의됨

③ 사회학적인 측면(L. Wirth) : 도시를 '사회적으로 이질적인 사람들로 구성되며 상대적으로 넓은 면적과 높은 인구밀도로 영구적인 정착지'로 파악

④ 기타 인구학적 기준은 일정한 지역에 거주하는 정주인구를 기준으로 도시를 보는 관점이며, 물리적 기준은 하부구조시설과 상점건물군을 갖춘 밀집된 장소를 도시로 봄

(2) 도시의 유형(구조적 분류)

① 단핵도시(핵심도시)

㉠ 도시의 중추기능이 하나의 중심부에 집중

㉡ 가로망은 주로 방사형(부채꼴형)을 취함

㉢ 도시의 규모 증대에 따라 도심과밀화 문제가 발생

Check Point

도시에 대한 포괄적 개념 정의
도시란 정치적 · 경제적 · 사회적 · 행정적 측면에서 일정 공간에 정주인구가 대량 집중하여 다양한 분야의 활동을 행하는 중심지를 말한다.

Check Point

대상도시와 선상도시

㉠ 대상(帶狀)도시
- 도시의 집중적 활동이 선상(線狀)을 띠고 모여 있는 도시
- 평면적 확대 속에 도시활동을 배치하고, 하나의 중심축을 따라 주요 교통노선과 도시 중추기능이 집중되어 허리띠처럼 길게 형성
- 교통축을 따라 지리적 조건이 평준화되는 장점을 지니나, 행동거리를 연장시킨다는 것이 단점임
- 미국 동북부 대서양 연안지방 등에서 나타남

㉡ 선상(線狀)도시
- 선형 도시의 중심축에 주요 교통노선과 도시의 중추기능을 집중
- 대상도시의 초기에 나타나는 도시 유형

② 다핵도시

㉠ 도시의 집중적 활동이 몇 군데로 나누어져 있는 도시

㉡ 같은 규모의 몇 개의 도시가 기능적으로 협력하고 연합화를 거쳐 복합화됨

㉢ 단핵도시의 폐단을 개선하기 위한 도시로, 교통이 발달된 유럽 · 미국 중서부 등에 주로 나타남

2. 도시화

(1) 의의

① 기계문명이 발달됨에 따라 진행되어 온 인구의 도시 집중과 이를 통해 발생하는 부수적인 여러 가지 변화

② 어느 지역에 도시적 요소가 증대되어 도시적 성격으로 변화되어 가는 동태적 과정 또는 인구가 도시에 집중되는 과정

Check Point

협의 · 광의의 도시화
- **좁은 의미의 도시화** : 도시지역에 거주하는 인구의 전체 인구에 대한 비율변동(농촌적인 지역이 도시적인 지역으로 변동하는 과정)
- **넓은 의미의 도시화** : 농촌적인 지역이 도시적인 지역으로 변화하는 과정일 뿐만 아니라, 도시적인 지역이 더욱 도시적인 지역으로 변화하는 과정도 포함하는 개념

(2) 요인

① **도시의 흡인요인(직접적 요인)** : 도시산업의 발달과 교통 · 통신 및 과학기술의 발달, 인간의 경제활동, 정치 · 사회 · 문화활동의 도시 집중, 보다 많은 선택기회와 자유 등

② **농촌의 추출요인(간접적 요인)** : 도농 간의 개발불균형 · 소득격차, 영농의 기계화 · 과학화, 전통적 가족주의 쇠퇴, 가치관의 변화, 직업의 단순성, 매스컴의 자극과 도시생활에 대한 동경 등

Check Point

도시 적정규모이론
규모제한이론(Howard), 사회학적 접근이론, 비용편익 분석이론, 최소비용 접근이론, 도시규모 등급이론(Pareto), 규모의 경제이론, 대도시 집적이론, 조화의 원칙(Oates), 티부가설 등

(3) 선진국의 도시화 단계

① **집중적 도시화** : 도시 중심지역으로 인구와 산업이 집중되어 중심 도시가 급격히 팽창하고, 교외지역의 인구가 감소하는 단계

② **분산적 도시화(교외화, 준도시화)** : 도시의 외면적 확대에 따라 중심 도시의 주변 지역으로 인구 · 산업이 분산되어 이루어지는 도시화

③ **역도시화** : 결과적으로 도시권 전체의 인구와 고용이 감퇴되는 현상, 즉 교외지역에서도 인구 감소 현상이 나타나기 시작하여 도시가 쇠퇴 · 황폐화되어 가는 현상(슬럼화 · 노령화 등이 나타나며, 도시재개발이 필요)

④ **재도시화** : 고소득층을 중심으로 도심 부근에 고급주택지 등이 재집중되는 현상

(4) 발전도상국의 도시화 특성

① **종주도시화** : 종주도시(수위도시)는 한 국가에서 다른 도시들보다 영향력과 인구 규모가 가장 큰 도시를 말하는데, 이곳으로 과도한 인구 및 경제활동이 집중되어 과대 · 과밀화 현상이 발생되고 중소도시의 침체를 초래

② **가도시화** : 도시의 산업화가 없이 진행되는 산업화 이전의 도시화로, 악성 도시행정수요가 유발됨

③ **과잉도시화** : 도시화 수준이 산업화 수준보다 높은 상태, 즉 한 국가의 경제발전 또는 산업화 수준에 비해서 도시에 거주하는 인구비율이 더 큰 경우를 말함

④ **간접도시화** : 행정구역이 실질적인 도시화 구역보다 넓어져 도시 지역 내의 농촌인구 비율이 높아지는 현상(도시 지역 내의 농촌인구가 도시인구로 간주되는 도시화)

Check Point

도시화 지표
- **도시화율** : 도시인구/전체인구×100
- **수위도** : 인구순위 1위 도시 인구/인구순위 2위 도시 인구
- **종주화지수** : 인구순위 1위 도시 인구/인구순위 2위~4위 도시 인구의 합×100

(5) 선진국과 개발도상국 도시화의 차이

구분	선진국	개발도상국
진행 속도	점진적 진행	급속 진행
인구 증가	사회적 증가에 기인	자연적 증가가 도시 증가의 주요인
도시화의 기반	내부 경제발전의 결과	식민지 유산의 일부(상업, 무역)
도시화의 특성	집중적 도시화, 분산적 도시화, 역도시화, 재도시화	종주도시화, 가도시화, 과잉도시화, 간접도시화
도시화의 속도	산업화의 선행 또는 동시 진행으로 도시에서 농촌인구 흡수	도시화의 선행으로 농촌인구가 도시로 과잉 증가하여 높은 실업률 발생

우리나라 도시화의 특성
- 도시화가 경제발전 및 산업구조 변화와 밀접한 관련 속에서 진행
- 도시화가 가속적으로 빠른 시기에 진행
- 도시인구의 증가가 초기에는 서울을 중심으로 진행
- 정부의 경제 및 지역개발정책의 영향이 도시정주체계 및 도시의 순위에 영향
- 도시화에 따른 사회계층의 이동이 있음
- 도시정주체계 및 도시환경의 변화에 도시행정의 서비스 공급체계가 충분히 대응하지 못함

"나두 공무원 할 수 있다"
나두공
9급공무원 행정학개론
써머리

구성 및 특징

핵심이론

시험에 출제되는 핵심 내용만을 모아 효율적인 학습이 가능하도록 구성하였습니다. 반드시 알아야 할 내용에 대한 충실한 이해와 체계적 정리가 가능합니다.

빈출개념

시험에서 자주 출제되는 개념들을 표시하여 중요한 부분을 한눈에 들어올 수 있도록 하였습니다. 합격에 필요한 핵심이론을 깔끔하게 학습하시기 바랍니다.

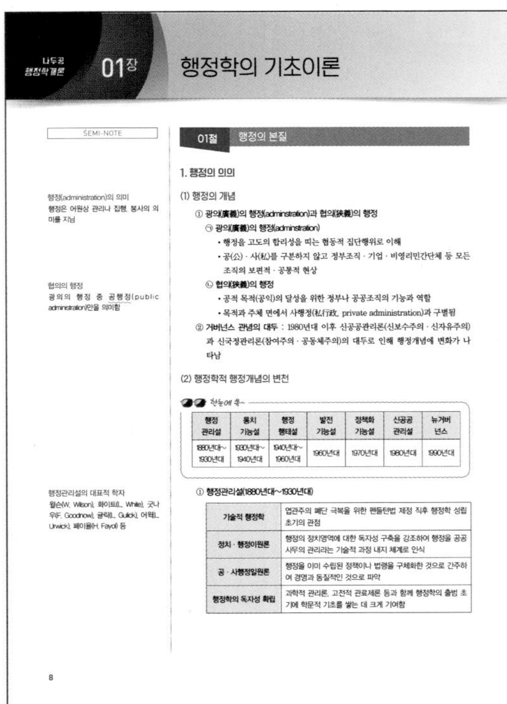

나두공 행정학개론 01장 행정학의 기초이론

SEMI-NOTE

01절 행정의 본질

1. 행정의 의의

(1) 행정의 개념

① 광의(廣義)의 행정(adminstration)과 협의(狹義)의 행정

㉠ 광의(廣義)의 행정(adminstration)

• 행정을 고도의 합리성을 띠는 협동적 집단행위로 이해

• 공(公)·사(私)를 구분하지 않고 정부조직·기업·비영리민간단체 등 모든 조직의 보편적·공통적 현상

㉡ 협의(狹義)의 행정

• 공적 목적(공익)의 달성을 위한 정부나 공공조직의 기능과 역할

• 목적과 주체 면에서 사행정(私行政, private administration)과 구별됨

② 거버넌스 관념의 대두 : 1980년대 이후 신공공관리론(신보수주의·신자유주의)과 신국정관리론(참여주의·공동체주의)의 대두로 인해 행정개념에 변화가 나타남

(2) 행정학적 행정개념의 변천

한눈에 쏙~

행정관리설	통치기능설	행정행태설	발전기능설	정책화기능설	신공공관리설	뉴거버넌스
1880년대~1930년대	1930년대~1940년대	1940년대~1960년대	1960년대	1970년대	1980년대	1990년대

① 행정관리설(1880년대~1930년대)

기술적 행정학	엽관주의 폐단 극복을 위한 펜들턴법 제정 직후 행정학 성립 초기의 관점
정치·행정이원론	행정의 정치영역에 대한 독자성 구축을 강조하여 행정을 공공사무의 관리라는 기술적 과정 내지 체계로 인식
공·사행정일원론	행정을 이미 수립된 정책이나 법령을 구체화한 것으로 간주하여 경영과 동질적인 것으로 파악
행정학의 독자성 확립	과학적 관리론, 고전적 관료제론 등과 함께 행정학의 출범 초기에 학문적 기초를 쌓는 데 크게 기여함

행정(administration)의 의미
행정은 어원상 관리나 집행, 봉사의 의미를 지님

협의의 행정
광의의 행정 중 공행정(public administration)만을 의미함

행정관리설의 대표적 학자
윌슨(W. Wilson), 화이트(L. White), 굿나우(F. Goodnow), 귤릭(L. Gulick), 어윅(L. Urwick), 페이욜(H. Fayol) 등

8

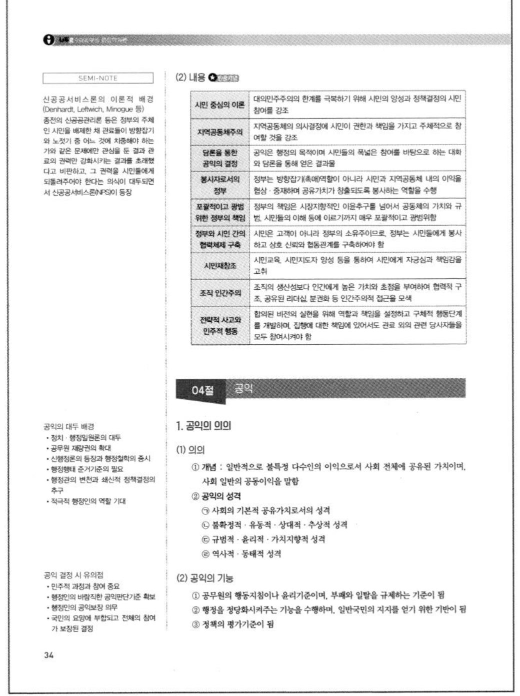

SEMI-NOTE

(2) 내용 빈출개념

시민 중심의 이론	대의민주주의의 한계를 극복하기 위해 시민의 양성과 정책결정의 시민참여를 강조
지역공동체주의	지역공동체의 의사결정에 시민이 권한과 책임을 가지고 주체적으로 참여할 것을 강조
담론을 통한 공익의 결정	공익은 행정의 목적이며 시민들의 폭넓은 참여를 바탕으로 하는 대화와 담론을 통해 얻은 결과물
봉사자로서의 정부	정부는 방향잡기(촉매)역할이 아니라 시민과 지역공동체 내의 이익을 협상·중재하여 공유가치가 창출되도록 봉사하는 역할을 수행
포괄적이고 광범위한 정부의 책임	정부의 책임은 시장지향적인 이윤추구를 넘어서 공동체의 가치와 규범, 시민들의 이해 등에 이르기까지 매우 포괄적이고 광범위함
정부와 시민 간의 협력체제 구축	시민은 고객이 아니라 정부의 소유주이므로, 정부는 시민들에게 봉사하고 상호 신뢰와 협동관계를 구축하여야 함
시민재창조	시민교육, 시민지도자 양성 등을 통하여 시민에게 자긍심과 책임감을 고취
조직 인간주의	조직의 생산성보다 인간에게 높은 가치와 초점을 부여하여 협력적 구조, 공유된 리더십, 분권화 등 인간주의적 접근을 모색
전략적 사고와 인주적 행동	합의된 비전의 실현을 위해 역할과 책임을 설정하고 구체적 행동단계를 개발하며, 집행에 대한 책임에 있어서도 관료 외의 관련 당사자들을 모두 참여시켜야 함

04절 공익

1. 공익의 의의

(1) 의의

① 개념 : 일반적으로 불특정 다수인의 이익으로서 사회 전체에 공유된 가치이며, 사회 일반의 공동이익을 말함

② 공익의 성격

㉠ 사회의 기본적 공유가치로서의 성격

㉡ 불확정적·유동적·상대적·추상적 성격

㉢ 규범적·윤리적·가치지향적 성격

㉣ 역사적·동태적 성격

(2) 공익의 기능

① 공무원의 행동지침이나 윤리기준이며, 부패와 일탈을 규제하는 기준이 됨

② 행정을 정당화시켜주는 기능을 수행하며, 일반국민의 지지를 얻기 위한 기반이 됨

③ 정책의 평가기준이 됨

신공공서비스론의 이론적 배경(Denhardt, Leftwich, Minogue 등)
종전의 신공공관리론 등은 정부의 주체인 시민을 배제한 채 관료들이 방향잡기와 노젓기 중 어느 것에 치중해야 하는가와 같은 문제에만 관심을 둔 결과 관료의 권력만 강화시키는 결과를 초래했다고 비판하고, 그 권력을 시민들에게 되돌려주어야 한다는 의식이 대두되면서 신공공서비스론(NPS)이 등장

공익의 대두 배경
• 정치·행정일원론의 대두
• 공무원 재량권의 확대
• 신행정론의 등장과 행정철학의 중시
• 행정행태 준거기준의 필요
• 행정관의 변천과 쇄신적 정책결정의 추구
• 적극적 행정인의 역할 기대

공익 결정 시 유의점
• 민주적 과정과 참여 중요
• 행정인의 바람직한 공익판단기준 확보
• 행정인의 공익보장 의무
• 국민의 요망에 부합되고 전체의 참여가 보장된 결정

34

한눈에 쏙~

흐름이나 중요 개념들이 한눈에 쏙 들어올 수 있도록 도표로 정리하여 수록하였습니다. 한눈에 키워드와 흐름을 파악하여 수험에 도움이 되도록 하였습니다.

실력 up

더 알아두면 좋을 내용을 실력 up에 배치하고, 보조단에는 SEMI – NOTE를 배치하여 본문에 관련된 내용이나 중요한 개념들을 수록하였습니다.

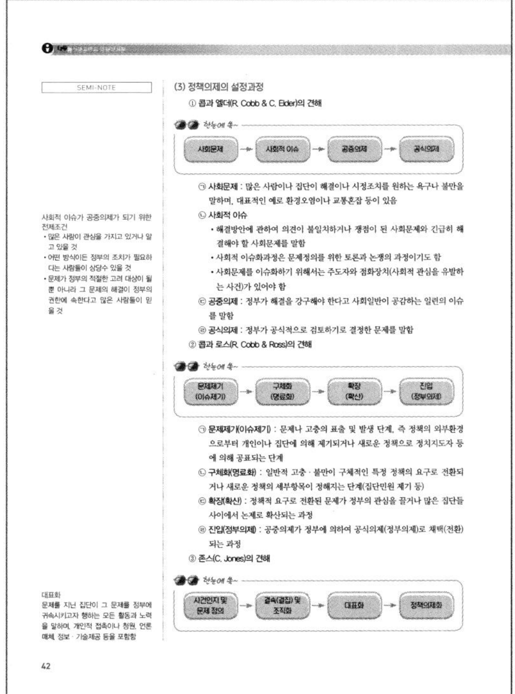

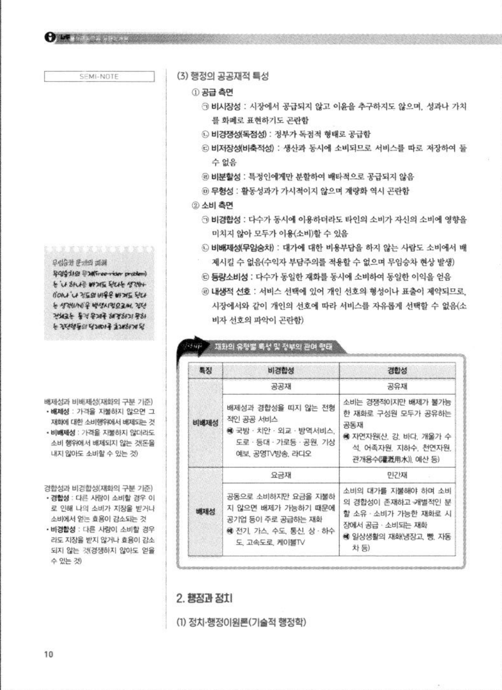

목 차

01장 행정학의 기초이론

02장 정책론

03장 조직론

04장 인사행정론

05장 재무행정론

06장 행정환류론

07장 지방자치론

9급공무원

행정학개론

나두공

나두공

01장 행정학의 기초이론

01장 행정학의 기초이론

SEMI-NOTE

01절 행정의 본질

1. 행정의 의의

행정(administration)의 의미
행정은 어원상 관리나 집행, 봉사의 의미를 지님

(1) 행정의 개념

① 광의(廣義)의 행정(adminstration)과 협의(狹義)의 행정

㉠ 광의(廣義)의 행정(adminstration)

- 행정을 고도의 합리성을 띠는 협동적 집단행위로 이해
- 공(公) · 사(私)를 구분하지 않고 정부조직 · 기업 · 비영리민간단체 등 모든 조직의 보편적 · 공통적 현상

협의의 행정
광의의 행정 중 공행정(public administration)만을 의미함

㉡ 협의(狹義)의 행정

- 공적 목적(공익)의 달성을 위한 정부나 공공조직의 기능과 역할
- 목적과 주체 면에서 사행정(私行政, private administration)과 구별됨

② **거버넌스 관념의 대두** : 1980년대 이후 신공공관리론(신보수주의 · 신자유주의)과 신국정관리론(참여주의 · 공동체주의)의 대두로 인해 행정개념에 변화가 나타남

(2) 행정학적 행정개념의 변천

한눈에 쏙~

행정 관리설	통치 기능설	행정 행태설	발전 기능설	정책화 기능설	신공공 관리설	뉴거버넌스
1880년대~ 1930년대	1930년대~ 1940년대	1940년대~ 1960년대	1960년대	1970년대	1980년대	1990년대

행정관리설의 대표적 학자
윌슨(W. Wilson), 화이트(L. White), 굿나우(F. Goodnow), 귤릭(L. Gulick), 어윅(L. Urwick), 페이욜(H. Fayol) 등

① 행정관리설(1880년대~1930년대)

기술적 행정학	엽관주의 폐단 극복을 위한 펜들턴법 제정 직후 행정학 성립 초기의 관점
정치 · 행정이원론	행정의 정치영역에 대한 독자성 구축을 강조하여 행정을 공공사무의 관리라는 기술적 과정 내지 체계로 인식
공 · 사행정일원론	행정을 이미 수립된 정책이나 법령을 구체화한 것으로 간주하여 경영과 동질적인 것으로 파악
행정학의 독자성 확립	과학적 관리론, 고전적 관료제론 등과 함께 행정학의 출범 초기에 학문적 기초를 쌓는 데 크게 기여함

② 통치기능설(1930년대~1940년대) 빈출개념

정치 · 행정일원론 (공 · 사행정이원론)	• 행정을 통치과정을 수행하여 정책을 결정하고 결정된 정책을 집행하는 일련의 작용으로 이해하는 입장 • 1930년대 시장실패 이후 현대행정국가의 등장과 관련
기능적 행정학	행정을 단순한 기술적 관리과정으로 보지 않고, 정책을 수립 · 형성하며 가치를 배분하는 기능으로 이해함

③ 행정행태설(1940년대~1960년대 초반)

의의	행정을 인간의 집단적 의사결정을 위한 협동적 집단행동(behavior, 행태)이라 하여 인간의 집단적 행동과 태도에 초점을 두는 이론으로, 사이먼(H. A. Simon)을 비롯한 카네기학파들이 주창함
연구방법	• 연구의 초점을 구조나 제도보다는 인간의 행태에 중점을 두며, 의사결정에 있어 사회심리학적인 방법을 취함 • 가치(정치)와 사실(행정)을 구분하여, 가치판단을 배제하고 순수한 과학성을 추구(논리실증주의)
정치 · 행정 새이원론 (공 · 사행정 새일원론)	연구영역이나 대상에 있어 정치영역인 가치를 고려하지 않음
평가	행정의 과학성 향상에 공헌하였으나, 가치를 배제함으로써 사회문제를 해결하지 못하는 한계가 있음(비적실성)

④ 발전기능설(1960년대)

정치 · 행정 새일원론	행정을 국가발전 목표 달성을 위하여 정책결정과 정책집행, 기획의 기능을 주도하는 과정으로 파악
특성	사회를 의도적 · 능동적 · 계획적으로 변화시키는 주체로 보는 행정 강조

⑤ 정책화기능설(1970년대) : 행정의 정책형성기능을 강조하는 입장으로, 행정은 공공정책 형성에 중요한 역할을 하는 정치과정의 일부로 파악(정치 · 행정일원론, 공 · 사행정이원론)

⑥ 신공공관리설(1980년대)

정치 · 행정이원론 (공 · 사행정일원론)	정부실패 극복을 위한 정부기능 감축을 주장하는 신행정국가의 행정개념으로, 행정을 시장메커니즘에 의한 국가경영으로 파악
특성	행정을 국가에 의한 일방적인 통치나 지배가 아니라 시장원리에 입각한 새로운 공공관리, 즉 시장적 거버넌스로 보고 시장기법의 도입에 초점을 둠
대표적 학자	후드(C. Hood), 오스본(D. Osborne), 게블러(T. Gaebler) 등

⑦ 뉴거버넌스(신국정관리설, 1990년대)

의의	공공문제 해결을 위해 정부와 다양한 비정부조직 간의 신뢰와 협조를 바탕으로 형성된 네트워크나 공동체(공공서비스 연계망)에 의한 행정을 강조
특성	행정을 정부의 독점적 통치나 지배가 아닌 정부와 준정부 · 비정부조직, 비영리 · 자원봉사 조직 등 다양한 사회세력에 의한 참여적 · 협력적 공동생산(co-product)으로 파악
대표적 학자	로즈(R. A. Rhodes), 프레데릭슨(H. G. Frederickson) 등

SEMI-NOTE

통치기능설의 대표적 학자
디목(M. E. Dimock), 애플비(P. H. Appleby), 러너(M. Lerner), 가우스(J. Gaus) 등

행정행태설의 대표적 학자
사이먼(H. A. Simon), 버나드(C. I. Barnard) 등

논리실증주의
행태과학에서 사용한 접근법으로 가설을 세우고 관찰과 실험 등을 통하여 가설을 검증하는 자연과학적인 연구 방법

발전기능설의 대표적 학자
에스만(M. J. Esman), 와이드너(E. W. Weidner) 등

정책화기능설의 대표적 학자
로스웰(H. Lasswell), 샤칸스키(I. Sharkansky), 드로어(Y. Dror), 데이비스(J. Davis) 등

뉴거버넌스(new governance)
뉴거버넌스를 1980년대 시장적 거버넌스와 구분하여 참여적 거버넌스 또는 공동체지향적 거버넌스라 지칭하기도 하며, 넓게 보아 거버넌스(governance)로 통칭하기도 함

SEMI-NOTE

(3) 행정의 공공재적 특성

① 공급 측면
㉠ 비시장성 : 시장에서 공급되지 않고 이윤을 추구하지도 않으며, 성과나 가치를 화폐로 표현하기도 곤란함
㉡ 비경쟁성(독점성) : 정부가 독점적 형태로 공급함
㉢ 비저장성(비축적성) : 생산과 동시에 소비되므로 서비스를 따로 저장하여 둘 수 없음
㉣ 비분할성 : 특정인에게만 분할하여 배타적으로 공급되지 않음
㉤ 무형성 : 활동성과가 가시적이지 않으며 계량화 역시 곤란함

② 소비 측면
㉠ 비경합성 : 다수가 동시에 이용하더라도 타인의 소비가 자신의 소비에 영향을 미치지 않아 모두가 이용(소비)할 수 있음
㉡ 비배제성(무임승차) : 대가에 대한 비용부담을 하지 않는 사람도 소비에서 배제시킬 수 없음(수익자 부담주의를 적용할 수 없으며 무임승차 현상 발생)
㉢ 등량소비성 : 다수가 동일한 재화를 동시에 소비하여 동일한 이익을 얻음
㉣ 내생적 선호 : 서비스 선택에 있어 개인 선호의 형성이나 표출이 제약되므로, 시장에서와 같이 개인의 선호에 따라 서비스를 자유롭게 선택할 수 없음(소비자 선호의 파악이 곤란함)

무임승차 문제의 폐해
무임승차의 문제(free-rider problem)는 '나 하나쯤 빠져도 된다는 생각(N-1)'이나 '나 정도의 비용은 빠져도 된다는 생각(1/N)'을 발생시킴으로써, 집단 전체로는 공적 문제를 해결하지 못하는 집단행동의 딜레마를 초래하게 됨

실력UP 재화의 유형별 특성 및 정부의 관여 형태

특징	비경합성	경합성
비배제성	공공재	공유재
	배제성과 경합성을 띠지 않는 전형적인 공공 서비스 예 국방 · 치안 · 외교 · 방역서비스, 도로 · 등대 · 가로등 · 공원, 기상예보, 공영TV방송, 라디오	소비는 경쟁적이지만 배제가 불가능한 재화로 구성원 모두가 공유하는 공동재 예 자연자원(산, 강, 바다, 개울가 수석, 어족자원, 지하수, 천연자원, 관개용수(灌漑用水)), 예산 등)
배제성	요금재	민간재
	공동으로 소비하지만 요금을 지불하지 않으면 배제가 가능하기 때문에 공기업 등이 주로 공급하는 재화 예 전기, 가스, 수도, 통신, 상 · 하수도, 고속도로, 케이블TV	소비의 대가를 지불해야 하며 소비의 경합성이 존재하고 개별적인 분할 소유 · 소비가 가능한 재화로 시장에서 공급 · 소비되는 재화 예 일상생활의 재화(냉장고, 빵, 자동차 등)

배제성과 비배제성(재화의 구분 기준)
- 배제성 : 가격을 지불하지 않으면 그 재화에 대한 소비행위에서 배제되는 것
- 비배제성 : 가격을 지불하지 않더라도 소비 행위에서 배제되지 않는 것(돈을 내지 않아도 소비할 수 있는 것)

경합성과 비경합성(재화의 구분 기준)
- 경합성 : 다른 사람이 소비할 경우 이로 인해 나의 소비가 지장을 받거나 소비에서 얻는 효용이 감소되는 것
- 비경합성 : 다른 사람이 소비할 경우라도 지장을 받지 않거나 효용이 감소되지 않는 것(경쟁하지 않아도 얻을 수 있는 것)

2. 행정과 정치

(1) 정치·행정이원론(기술적 행정학)

① **의의** : 행정학 태동기의 기술적 행정학의 관점으로, 행정을 정치적 성격이 없는 순수한 관리 · 기술현상으로 파악

② **성립 배경**

㉠ **엽관주의 극복의 필요성** : 1829년 이후 나타난 엽관주의의 폐단으로 행정의 독자성과 자주성이 상실되었으며, 비능률이 심화되어 이를 극복하고 행정의 전문성과 자주성을 확보할 필요성이 제기됨

㉡ **과학적 관리론의 등장** : 행정을 정치적으로 중립적인 비권력 현상으로 이해하는 정치 · 행정이원론을 발전시키는 데 결정적인 계기가 됨

(2) 정치·행정일원론(기능적 행정학)

① **의의** : 행정의 정치적 성격을 인정하여 행정을 단순한 정책의 집행이나 관리로 보지 않고 가치배분적인 정책결정을 주도하는 것이라 보는 입장

② **성립 배경**

㉠ 경제대공황 극복을 위한 뉴딜정책과 제2차 세계대전으로 행정의 확대 · 강화

㉡ 행정의 전문화 · 기술화에 따른 위임입법의 증대와 행정의 정책결정기능 증대

㉢ 시장실패의 치유를 위한 정부의 적극적인 개입의 필요성 대두

㉣ 국가와 사회의 일원적 동일화의 인식 확산(국가 · 사회의 이원적 대립관계 극복)

③ **비판** : 행정의 지나친 비대화를 가져와 재량권을 남용할 여지가 증가함

(3) 정치·행정 새이원론

① **행정행태론**

㉠ 1940년대 후반 사이먼(H. Simon)을 중심으로 한 행태론자들의 입장

㉡ 행정을 합리적인 협동적 집단행동으로 이해하며, 카네기학파에 의해 주창

㉢ 가치와 사실을 이원화하는 논리실증주의에 입각하여 경험적 검증가능성이 있는 사실만 연구(가치 배제)

㉣ 연구 초점을 인간의 행태(behavior)에 두고 이를 경험적 · 실증적으로 연구

㉤ 원리접근법을 배격하고 행정이론의 과학화를 위해 경험적 과학성 추구

② **신공공관리론** : 1980년대 행정의 탈정치화를 강조하면서 공공부문의 민간화와 행정의 시장화를 중시(정치 · 행정이원론, 공 · 사행정일원론의 입장)

(4) 정치·행정 새일원론

① **발전행정론**

㉠ 1960년대 신생국 발전문제에 관심을 가지면서, 에스만(Esman), 와이드너(Weidner) 등이 주창

㉡ **초기 일원론과의 차이** : 신생국은 선진국과 달리 정치나 민간부문이 취약하므로, 행정이 직접 다양한 정책수립의 역할 강조(행정우위적 정치 · 행정일원론)

㉢ 행정 독재국가의 우려가 있다는 비판을 받음

② **신행정론** : 1970년대 등장하였으며, 사회적 형평성 추구를 위한 행정의 적극적 역할 강조함

SEMI-NOTE

정치 · 행정이원론에 대한 비판

- 행정의 정책결정과 재량권 확대라는 현대 행정의 성격상 정치 · 행정의 분리는 무의미함
- 행정을 수단으로만 파악하며 행정의 목적성을 간과함
- 기계적 능률관의 강조로 인간적 측면에 대한 경시 우려

기능적 행정학의 영향

- 행정현상을 포괄적으로 파악함
- 행정이론의 범위가 확대됨

행정행태론과 초기 이원론과의 차이

행정연구의 과학화를 위해 방법론적으로 사실문제에 연구범위를 국한하였지만, 행정의 정책형성기능과 가치판단을 부정하는 것은 아님

SEMI-NOTE

행정과 경영에서의 관료제적 속성
행정과 경영은 관료제적 성격을 가지므로 관료제의 순기능과 역기능을 모두 내포하고 있다는 점에서 유사하다. 또한, 정보화 사회의 출현 이후 나타나는 탈관료제적 속성도 공통적으로 지니고 있다.

오늘날 행정과 경영
- 공 · 사조직의 거대화, 대규모 기업체의 출현, 사기업의 정치성이나 영향력의 증대 등으로 공 · 사행정의 구별이 점차 불분명해짐으로써 이 양자를 동일한 범주에 포함시켜 연구하는 경향이 증대함
- **제3섹터의 등장 및 확대**
  - 제3섹터의 개념 : 민간부문이 비영리활동을 수행하거나, 공공기관이 영리활동을 수행하는 영역
  - 제3섹터의 의의 : 일반적으로 정부투자 및 출자기관, 민관협동체나 공동출자법인, 민간박물관, 시민단체, 적십자단체, 준정부조직(QUANGO ; Quasi-Autonomous NGO) 등을 총칭하는 개념

3. 행정과 경영

(1) 유사점

목적달성을 위한 수단성(합리성)	추구하는 목표는 다름(공익 vs 사익)
관리기술성 · 기술성(인사 · 재무 · 조직관리)	목표달성을 위한 인적 · 물적 자원의 동원 · 활용
관료제적 성격	전문화 · 계층제 · 분업 · 비정의성(非情誼性) · 규칙중시 등을 특징으로 하며 그에 따른 순기능과 역기능(형식주의 · 동조과잉 · 인간소외 · 할거주의 등)을 갖는 조직구조(상대적으로 정부조직이 관료제의 역기능이 강함)
집단적 협동행위, 합리적 의사결정	다수인의 협력체계, 복수의 대안 중 최적안 선택(정책결정성은 차이점)
봉사성	행정은 국민에게 직접적 봉사, 경영은 소비자에게 간접적 봉사(기업의 이윤 추구를 위한 서비스 · 재화 공급이 간접적으로 소비자의 수요를 충족시킴), 봉사대상은 다름(행정은 일반국민, 경영은 소비자), 행정보다 경영이 고객범위가 명확하며 고객의 요구 파악이 더 용이함
동기부여 방법	경제적 욕구 · 사회적 욕구 · 자아실현 욕구 등의 충족을 통한 동기유발(단, 행정부문에서는 공직동기가 작용할 수 있음
개방체제적 성격	외부환경과의 유기적 상호작용
탈관료제와 지식조직의 활용	지식정보사회, 후기산업사회에서 관료제 구조의 한계를 보완하기 위해 행정과 경영에서 활용

(2) 차이점

구분	행정(공행정)	경영(사행정)
의의	공익이나 공적 목표 달성을 위하여 정치권력을 배경으로 행하는 행정	영리추구를 위하여 행하는 행정
목적	공익, 질서유지 등 다원적 목적(공익)	이윤 극대화의 일원적 목적(사익)
주체	국가 또는 공공기관	민간기업
법적 규제	엄격한 기속행위(법정주의)	재량적 · 자율적으로 처리
정치적 성격	강함(정치적 중립성이 요구됨)	약함
독점성	강함	약함
경쟁성	약함	강함
능률성	기계적 능률이 곤란(사회적 능률 추구)	기계적 능률을 추구
공개성	공개(국민의 알 권리)	비공개(비밀 업무활동)
자율성	작다	크다
평등성	평등한 공공재를 제공(비배제성, 무임승차 적용됨)	거래자와의 차별성 인정

활동범위	전 국민에게 광범위하게 영향력	특정 분야(경제분야 또는 특정지역에 국한)
결정의 신속성	결정을 위한 단계가 복잡해 정책결정의 속도가 느림	단계의 간소화로 의사결정 속도가 상대적으로 빠름
기술 변화에 대한 민감성	• 새로운 기술의 변화나 정보에 둔감함 • 대기비용 발생	• 새로운 기술의 변화나 정보에 민감함 • 대기비용 적음

02절 현대행정의 이해

1. 현대 행정국가

(1) 현대 행정국가의 특징

① 일반적 특징

㉠ 행정이 정치에 대한 수동적 관계에서 탈피하여 정치적 측면에서도 중요한 역할을 담당

㉡ 단순한 질서유지나 전통수호 역할에 국한하는 것이 아니라 바람직한 사회 변동을 유도 · 촉진하고 갈등조정의 기능을 수행

㉢ 국가발전을 위한 적극적인 발전 목표 설정, 국민생활의 질적 향상 추구

㉣ 행정기능의 확대 · 강화로 광범위한 분야에서 행정의 재량권이 증대

② 양적 측면의 특징

㉠ 행정수요의 복잡화 · 다양화 · 전문화 · 기술화에 기인하여 행정기능이 확대 · 강화됨

㉡ 파킨슨의 법칙 : 행정기능의 확대, 행정기구 · 공무원 수 증가 → 재정규모의 팽창

㉢ 경제 · 사회 발전과 문제 해결을 위해 공기업 및 제3부문이 증가

③ 질적 측면의 특징

㉠ 과학기술의 발달과 사회적 분화에 따라 행정의 전문화 · 기술화 · 과학화 현상이 대두함

㉡ 합리적 정책결정 및 기획을 위해 행정조사와 통계가 중시됨

㉢ 행정기능의 확대 · 강화, 정보체제의 발달, 국제 긴장의 고조 등으로 지방이 할 수 없는 일을 중앙에 위임하는 신중앙집권화 현상이 대두

㉣ 행정재량권 확대에 따른 행정부패와 권력남용의 방지를 위해 행정책임과 통제가 중시됨

㉤ 기존의 행정구역이나 지방자치단체를 초월한 행정수요 문제를 해결하기 위해 행정의 광역화 현상 및 교통과 통신수단의 발달이 촉진됨

㉥ 불확실한 상황 변화와 사회경제적 위기에 신속하고 적절히 대응할 필요성이 증대하여 행정의 동태화가 강조됨

SEMI-NOTE

행정국가

행정기능의 확대 · 강화에 따라 정책을 집행하거나 관리하는 것 외에도 정책결정의 기능까지 담당하는 국가로서, 적극국가, 급부국가, 봉사국가, 복지국가, 직능국가라고도 함

파킨슨의 법칙(Parkinson's law)

- **의의** : 본질적인 업무량이나 조직의 구조적 특징과 관계없이 공무원의 수와 업무는 일정한 비율로 증가한다는 법칙
- **내용**
  - 부하 배증의 법칙(제1공리) : 공무원은 동일 직급의 경쟁자가 아닌 부하직원의 증가를 원함
  - 업무 배증의 법칙(제2공리) : 공무원은 부하와 같이 일을 하면서 파생적 업무가 창조됨
- **한계**
  - 영국의 특수한 환경을 바탕으로 심리적 측면에 초점을 두어 조사하여 보편성이 결여됨
  - 국가 비상시에 행정업무 증가가 공무원 수의 증가를 수반한다는 사실과 사회 · 경제적 증가 요인을 경시함

ⓢ 정치와 행정의 유기적 연관성이 커져 정책결정기능이 중시되며, 행정의 효과성 제고와 성과 향상을 위해 계획기능이 강조됨

ⓞ 현대 행정은 행정의 재량권 강화에 따라 준입법적 기능(위임입법)이 활성화됨

ⓩ 예산과 계획의 연결 필요성이 증대하고 합리적 · 종합적 예산의 추구 경향이 두드러짐

ⓒ 정치 · 행정일원론과 공 · 사행정의 유기적 연관성이 강조됨(제3의 영역이 중요한 연구 분야로 등장)

SEMI-NOTE

의회정체에서 분화정체로의 변화

- 의회정체
  - 단방제 국가(단일의 전국수준 정부가 중앙집권적 권한을 행사)
  - 의회주권과 내각정부(대의민주주의를 토대로 다수당이 입법 · 행정 통제)
  - 장관책임과 중립적 관료제(최종적 결정권을 행사하고 의회와 유권자에 정치적 책임을 짐)
- 분화정체
  - 정책연결망과 정부 간 관계(단방제 국가 해체, 중앙이 없는 정부 간 관계)
  - 공동화(空洞化)국가와 핵심행정부(정부 중심부의 단편화 · 분산화, 상호의존성 심화)
  - 신국정관리(new governance, 상호의존하는 조직 간 연결망 강조)

(2) 신행정국가의 등장(행정국가의 변천)

① **신행정국가의 개념** : 신행정국가란 전통적인 행정국가에 신자유주의적 요구가 결합되어 국가의 역할이 보다 축소 · 효율화된 탈행정국가를 의미함

② **등장배경** : 20세기 후반(1970년대 이후)부터 신자유주의 사상의 등장과 정보화 현상이 급진전함을 배경으로 하여 행정국가가 초래한 문제 해결을 위해 새로운 형태의 국가, 즉 신행정국가가 등장

③ **방향** : 신공공관리론(시장적 거버넌스론)과 뉴거버넌스론(참여적 거버넌스론)

④ **일반적 특징**

㉠ 행정국가보다 국가의 역할이 상대적으로 감소

㉡ 국가기능을 형평성 확보가 아닌 시장 효율성 제고에 중점

㉢ 적극적 복지서비스 제공자에서 시장형성자로의 권력 이동

㉣ 정보국가, 지식국가, 계약국가, 신자유국가, 그림자국가, 공동(空洞)국가 등으로 지칭

⑤ **행정국가와 신행정국가의 비교**

구분	행정국가	신행정국가
정치적 책임	직접적	간접적
핵심행위자	정당, 공무원, 조합	규제자, 전문가, 판사
정부기능	큰 정부	작은 정부
직업관료제	옹호	비판
지방분권	신중앙집권	신지방분권
재정의 주요 기능	안정화, 자원배분, 소득재분배(포괄적 기능)	자원배분의 효율화

(3) 행정국가의 기능

① **일반적 기능**

㉠ **소극적 기능** : 사회의 안정 · 유지기능을 말하며, 구체적인 예로 국방 · 외교 · 치안 · 질서 · 조세징수기능 등이 있음

㉡ **적극적 기능** : 사회변동 유도 · 촉진기능을 말하며, 구체적인 예로 건설, 경제 · 사회개발 · 교육사업 등이 있음

② **행정기능의 분류**

㉠ **디목(M. E. Dimock)의 행정기능 분류**

행정기능별 비교

보호기능에서 직접봉사기능으로 갈수록 파생적 기능 · 현대적 기능 · 적극적 기능 · 비권력적 기능 · 봉사 기능의 성격이 강하며, 직접봉사기능에서 보호기능으로 갈수록 고유 기능 · 고전적 기능 · 소극적 기능 · 권력적 기능 · 질서 기능의 성격이 강함

보호의 기능	대내적	범죄, 질병, 풍속, 교통, 보건, 천재지변에 있어 개인의 안전 보호 기능 등
	대외적	외교, 국방, 전시 동원 기능 등
규제의 기능	대내적	독점 및 물가통제, 오염 규제, 인·허가, 노동조합 규제, 의약품·식품 통제 기능 등
	대외적	이민규제, 출입국 규제, 관세 규제, 외환 기능 등
원호의 기능	대내적	구호, 보험, 구빈(救貧), 연금, 사업 보조 등
	대외적	교포원호 및 외국원조, 국제기구와의 협력 기능 등
직접봉사의 기능	대내적	교육사업, 체신·철도·주택·병원·도서관·공원 건설 등
	대외적	교포 관련 봉사, 국제우편 및 전신, 후진국 개발 기능 등

㉡ **케이든(G. Caiden)의 국가발전단계에 따른 행정기능 분류** : 케이든은 국가발전단계에 따라 전통적 기능에서 환경통제기능으로 행정기능의 중점이 이동한다고 봄

전통적 기능	사회안정화기능(법과 질서 유지, 외교, 국방, 치안, 공공사업, 과세 등)
국민형성기능	국가적 통일감, 국민적 일체감, 국민적 사회화, 국가 상징조작
경제관리기능	국가경제의 기획과 관리, 경제산업 발전, 경제규제, 공기업 운영, 보조금, 기술 원조
사회복지기능	사회조장, 교육, 보건위생, 연금 등을 통한 삶의 질 향상
환경통제기능	자연자원이나 환경의 보존·유지, 국토의 효율적 이용

㉢ **보수주의와 진보주의의 정부관**

구분		보수주의 정부관	진보주의 정부관
이념		자유방임적 자본주의, 최소한의 정부(소극국가, 야경국가), 기독교적 보수주의	개혁주의, 규제된 자본주의, 사회주의, 평등주의, 혼합자본주의국가, 복지국가
인간관		• 오류의 가능성이 없는 인간 • 합리적 이기적인 인간(경제인간	욕구, 협동, 오류의 가능성이 있는 인간
시장관		• 자유시장에 대한 신념이 강함(시장주의자) • 정부개입은 정부실패를 초래 : X-비효율 등	• 시장의 결함과 윤리적 결여 인지 • 시장실패는 정부개입에 의해 치유가능
가치판단	정의	교환적(평균적) 정의(거래의 공정성)	배분적 정의(부의 공정한 분배)
	평등	기회의 평등(기회균등)과 경제적 자유 강조-형식적 평등	결과의 평등 증진을 위한 실질적인 정부 개입 허용-실질적 평등
	자유	간섭이 없는 소극적 자유, 정부(국가)로부터의 자유 강조 → 보수적 자유주의	자유를 열렬히 옹호-무엇인가 할 수 있는 적극적 자유, 정부(국가)에로의 자유 → 진보적 자유주의

SEMI-NOTE

행정기능의 변천
- **시간적 변천** : 과거에는 소극적 사회안정기능이 중시되었으나, 현대 행정국가에서는 적극적인 사회변동 유도·촉진기능이 중시
- **공간적 변천** : 선진국의 경우 사회안정기능이 중시되어 소극적·수동적·사후적 관리기능이 강조되나, 후진국의 경우 사회변동 유도·촉진기능이 중시되어 적극적·능동적·사전적 예방기능이 강조

X-비효율
법 규정으로 명시할 수 없는 행정이나 관리상의 심리적 요인에 의해 발생하는 비효율을 말하며, 행정이 경쟁 압력에 노출되지 않고 적절한 종결장치가 없기 때문에 발생

평균적 정의
개인 상호 간의 급부와 반대급부의 균형을 이루게 하는 것. 예를 들어 근로에 대하여는 이에 상응하는 대가를 주고, 절도에 대하여는 그 손해에 상응하는 배상을 지급하게 하는 것

배분적 정의
단체가 개인을 그 능력(能力) 및 공적(功績)에 따라서 취급하는 것

SEMI-NOTE

시장실패(넓은 의미의 시장실패)

- **경제적 시장실패(좁은 의미의 시장실패)** : 시장이 제대로 작동하지 못하여 완전경쟁 상황을 달성하지 못함으로써 발생하는 시장실패
- **사회적 시장실패** : 시장기능이 제대로 작동을 한다 하더라도 시장 자체가 본래적으로 해결할 수 없는 문제점(빈부격차 등 시장기능의 부작용)이 발생하여 이상적인 소득분배 상태를 이루지 못하는 경우의 시장실패

외부효과(external effect, 외부성)의 분류

- **외부경제(external economy)** : 제3자에게 대가를 받지 않고 이익을 주는 것으로, 시장기능에만 맡길 경우 과소공급되는 경향이 있음 예 과수원 옆집의 양봉업자, 무상의무교육 등
- **외부불경제(external diseconomy)** : 제3자에게 손해를 끼치면서도 아무런 비용을 지불하지 않는 것으로, 방치하는 경우 과다 공급되는 경향이 있음 예 환경오염, 쓰레기 투기, 스팸메일, 불법주차 등

대리 손실(agency loss)

정보의 불균형(비대칭성 · 격차 · 편재)에 의하여 발생하는 것으로, 일반적으로 대리인은 많은 정보를 가지고 있는 반면, 주인은 정보가 부족해 대리인을 잘못 선택하거나 대리인을 제대로 감시 · 통제할 수 없기 때문에 손해(대리손실)를 보게 되는 것

2. 시장실패와 정부실패

(1) 시장실패

① 의의

㉠ 시장 기능이 제대로 작동하지 않음으로써 자원배분이 효율적이지 못하거나 형평성이 달성되지 못하는 상태를 말함

㉡ 시장이 불완전하여 완전경쟁시장에서의 '파레토 최적'상태를 이루지 못하는 것을 의미함

② 시장실패의 근거이론

㉠ 죄수의 딜레마

- 두 명의 죄수가 각자의 입장에서 보다 낮은 형량을 받기 위해 합리적인 선택(자백)을 하지만, 결과적으로는 모두 자백을 하게 되어 모두 자백을 하지 않은 경우보다 높은 형량을 받게 되는 것을 설명한 이론
- 개인의 사적 이익의 지나친 추구는 공익의 파멸로 귀결된다는 이론으로, 시장실패 원인의 출발점이자 합리적 선택이론의 한 지류를 형성

㉡ 공유지의 비극

- 공유지에서 농민이 양을 많이 사육할수록 개인의 이익은 늘어나지만 과중한 방목으로 목초지가 황폐되어 비극적인 손실을 초래함을 설명한 이론
- 개인의 합리적 선택이 타인이나 사회 전체에 부정적 외부효과를 초래할 수 있다는 것을 보여줌

㉢ 구명보트의 윤리 배반 현상

- 구명보트에 너무 많은 사람이 탑승하여 더 태울 수 없음에도 불구하고 물에 빠진 사람을 더 태워 결국 보트가 가라앉게 된다는 것을 설명하는 이론
- 공유지의 비극이론과 같이 개인의 합리성 추구가 반드시 전체적 합리성 보장으로 이어지는 것이 아님을 보여주는 이론

③ 시장실패의 원인

㉠ **불완전 경쟁(독과점)** : 생산자(공급자) 1인 또는 소수가 시장을 점유하여 경쟁이 결여되는 경우 이들에 의해 가격이 좌우되므로 시장실패가 발생하게 됨

㉡ **공공재의 존재 및 공급 부족** : 공공재는 비배제성과 비경합성이 높은 재화와 서비스를 말하는데, 이는 시장에 맡겨두었을 때 충분히 공급되지 못하여 시장실패를 초래함

㉢ **외부효과의 발생** : 외부효과란 특정 경제주체의 행위가 다른 경제주체에게 중요한 영향을 미침(외부경제, 외부불경제)에도 불구하고 그 영향에 대한 대가의 청산(지불)이 이루어지지 않는 현상을 말하는데, 외부효과가 존재하면 시장은 자원을 효율적으로 배분하는 역할을 하지 못함

㉣ **정보의 비대칭성(불완전 정보)** : 거래 일방만이 정보를 가지고 있는 정보의 편재가 존재하는 경우 문제가 발생하므로 이를 시정하기 위한 정부의 개입 요구

㉤ **규모의 경제 존재** : 규모의 경제로 인해 해당 산업의 평균비용은 감소하고 평균수익은 증가하게 되어 독점현상이 발생하게 되므로 정부의 개입이 요구됨

㉥ **소득분배의 불공정성(형평성의 부재)** : 시장메커니즘은 능률성을 추구하므로 계층이나 지역, 산업 간의 소득 불균형이 발생할 수 있는데, 이를 규제하고 경제적 약자를 보호하기 위해 정부의 규제가 수반됨

㉦ **경제의 불안정(물가불안 및 고용불안)** : 시장경제에 맡겨 두면 인플레이션과 디플레이션 등으로 물가불안과 고용불안, 무역적자 등이 야기되는데, 개별 경제주체의 독립된 행위의 결과로 발생하는 이런 경기불안정을 조절하는 정부의 개입이 필요함

④ 시장실패에 대한 정부의 대응방식

㉠ 정부의 개입 수단

공적 공급(조직)	정부가 조직을 구성하여 시장 개입수단으로 활용
공적 유도(유인)	정부가 조세감면, 보조금 지급 등의 경제적 유인책을 시장 개입 수단으로 활용
공적 규제(권위)	정부가 법적 · 제도적 권위나 규제, 부담금 부과 등을 시장 개입 수단으로 활용

㉡ 시장실패 원인별 개입 방식

구분	공적 공급(조직)	공적 유도(유인)	공적 규제(권위)
공공재의 존재	○		
불완전 경쟁(독과점)			○
자연 독점	○		○
외부효과의 발생		○ (외부경제)	○ (외부비경제)
정보의 비대칭성		○	○

SEMI-NOTE

(2) 정부실패

① **정부실패의 의미** : 시장실패를 치유하기 위한 정부활동이 본래 의도한 결과를 나타내지 못하거나 기존의 상태를 더 악화시키는 경우

② 정부실패의 원인

㉠ 정부개입의 수요 측면 특징

- 행정수요의 팽창 : 정치사회의 민주화와 민권의 신장, 시장 결함에 대한 사회적 인식의 증가 등으로 정부기능은 지속적으로 팽창함
- 왜곡된 정치적 보상체계 : 사회에서의 재정문제가 있을 때, 무책임한 정치적 보상 약속이 정부활동을 확대하고 재정적 어려움을 가중시킴
- 정치인의 단기적 안목 : 정치인의 짧은 재임기간으로 인해 장기적 이익과 손해의 현재가치보다 단기적 이익과 손해를 더 높게 평가함

㉡ 정부개입의 공급 측면 특징

- 정부성과의 무형성 : 정부산출이나 성과는 정의 및 측정이 어려움
- 독점적 생산구조로 인한 문제 : 경쟁의 부재와 무사안일에 의한 X-비효율성과 소비자의 선호 반영이 어려움

정부팽창 요인

- **도시화와 바그너(Wagner)의 법칙** : 도시화의 진전과 사회의 상호의존관계 심화는 정부개입의 강화를 촉진
- **전위효과와 대체효과** : 전위효과(문지방효과)는 전쟁이나 경제공황과 같은 비상적 재난 및 위기상황에서는 국민들의 조세부담 허용수준이 높아진다는 것을 뜻하며, 이러한 위기가 종료된 후에도 한번 증액된 조세나 재정규모는 감소하지 않고 새로운 사업추진에 대체되는 효과를 대체효과(단속효과)라 함
- **정부서비스의 노동집약적 성격** : 정부나 공공부문의 노동집약적 성격과 낮은 생산성으로 양적 팽창을 지속하며 감축이 어려움
- 이익집단의 영향
- 과학기술의 비약적 발달
- 관료제의 발달(Kaufman의 정부조직 불멸론 등), 사회복지제도의 확산 등

SEMI-NOTE

정부실패의 두 측면

- **민주성 측면** : 정부가 국민의 선호를 정확하게 대변하지 못하여 정부실패가 발생
- **효율성 측면** : 정부가 국민의 선호를 정확하게 대변한다 하더라도, 정부 관료제의 비효율적인 속성으로 인해 정부실패가 발생

정부실패 요인별 대응방식

구분	규제 완화·폐지	정부보조 축소·중단	민영화
사적 이익의 추구			○
X-비효율성	○	○	○
파생적 외부효과	○	○	
권력 배분의 불평등	○		○

- 생산기술의 불확실성 : 생산기술(생산함수)이 존재하지 않거나 정부부문의 생산성과 효율성을 높이기 위해 어떤 측면에서의 개선이 요구되는지를 파악하기 어려움
- 최소수준과 정책종결 메커니즘의 결여 : 활동이 부진하고 효과성이 없는 정부기관을 해체시킬 수 있는 종결 메커니즘도 없음
- 관료들의 예산극대화 동기(Niskanen) : 자기 자신이나 부서의 이익 극대화에 치중

ⓒ **내부목표와 사회목표와의 괴리** : 정부조직은 시장과 같은 명확한 성과기준이 없으므로 활동의 기준으로서 내부조직목표가 필요한데, 행정 활동에 관한 목표·기준을 설정하는 데 있어서 관료 자신의 사적 차원의 이익을 우선적으로 고려함으로써 사회 전체의 목표와 조직 내부목표의 괴리가 발생

ⓓ **관료의 예산증액 추구 성향(W. Niskanen의 예산극대화 모형)** : 관료들이 자기 이익을 위하여 예산을 극대화하는 형태를 취하여 정부실패현상이 초래됨

ⓔ **최신 기술에 대한 집착** : 정부조직은 비용을 고려하지 않고 대체로 새로운 기술, 최신의 기술과 복잡한 첨단 과학기술을 추구

ⓕ **X-비효율성** : X법 규정으로 명시할 수 없는 행정이나 관리상의 심리적 요인에 의해 발생하는 비효율(행정이 경쟁 압력에 노출되지 않고 적절한 종결장치가 없기 때문에 발생)

ⓖ **공공재의 파생적 외부효과** : 시장실패를 치료하기 위한 정부개입이 초래하는 의도하지 않은 잠재적 부작용을 말하며, 주로 정치적 개입에 의한 졸속행정이 원인이 되어 발생함

ⓗ **소득배분의 관여와 권력배분의 불평등** : 분배정의를 실현하기 위한 정부의 직접 개입 시 오히려 각종 보조금이나 세제상의 우대조치, 특정 산업의 보호·육성 등으로 분배의 불공평을 초래할 수 있으며, 공공서비스의 제공과정에서 특정집단에 대하여 권력을 부여하고 다른 집단으로부터는 박탈하는 일이 발생할 수 있음

ⓘ **비용과 편익의 절연** : 특정 정책으로 인한 이익이 특수한 소수집단에 집중적으로 귀속되는 반면 그에 대한 비용은 불특정 다수 국민이 부담하게 될 때 이익을 노리는 소수집단이 정치적 조직화와 로비를 통하여 자신의 주장을 관철(포획, 지대추구 등)하여 정부실패가 발생

ⓙ **복지국가의 폐단** : 의존성 심화와 국가 재정위기 등을 초래

(3) 정부실패의 대응방안

① **작은 정부**

ⓐ **의의** : 단순히 규모를 줄이는 것이 아니라 정부의 공권력에 의한 시민의 권리 침해 방지, 기능의 재정립, 효율적인 관리를 하는 것 등을 포괄하는 개념

ⓑ **구현 방향**

권력 통제를 통한 민주화	• 입법부의 행정통제와 사법부에 의한 권리보장의 수단 확보 • 내부 감사기능을 통한 행정 재량의 남용과 불법·비리에 대한 감독기능 강화

민간기능 활성화를 통한 행정기능 재정립	• 정부규제의 최소화 · 합리화를 통한 민간부문의 창의성과 경쟁력 확보 • 불필요하고 중복된 기능을 철폐, 행정권한 및 기능의 갈등에 대한 정책조정 등 정부기능의 재조정 • 민간화 · 민영화를 통한 재정 적자 감축(시장성 평가가 요구됨) • 행정 만능적 사고와 행정 편의주의의 배격 • 민간의 전문성과 자율성 보장을 위한 민간 공동생산(co-production) 영역의 확대

② 감축관리

㉠ 방법 및 수단

- 조직 · 인력의 축소 및 정비 : 불필요한 기구나 인력 축소, 적정한 정원배치, 총정원제, 임시적 해고
- 사업의 축소 : 사업축소 및 사업시행의 보류
- 정책종결제도 : 기능적 종결(사무, 인력, 예산의 감축)과 구조적 종결(대국대과주의, 조직동태화, 조직개편 등)
- 행정절차의 간소화 및 행정규제, 감독의 완화 · 폐지, 업무의 정비
- 정부기능의 공기업화 또는 민간화(민간 이양 및 민간 영역의 확대), 생산성의 제고
- 자발적 조직에 대한 공익 사업의 이관
- 영기준예산(ZBB) 및 일몰법(Sun-set Law) 도입을 통한 예산감축
- 총액예산제도의 도입
- 조직구조 · 과정의 개선에 의한 비용절감
- 자료의 구매가격과 서비스 수준의 하향 조정

㉡ 저해요인

- 조직의 존속 지향성과 조직구성원의 심리적 저항
- 새로운 대안에 따른 과다한 비용 · 손실

㉢ 방향

- 행정조직의 전반적 효율성 제고
- 행정의 변동관리능력의 확보
- 조직원의 사기를 고려하여 획일적 · 기계적 감축 지양
- 가외성의 고려

③ 공공부문의 민영화

㉠ 민영화의 방식

정부기능의 민간 이양	정부기능을 완전히 민간으로 이양하여 시장이 완전하게 재화를 공급 · 생산하는 방법
주식이나 자산의 매각	정부보유 주식이나 자산을 민간에 매각하는 방식으로 소유권의 이전
협의의 민간위탁(contracting-out)	• 정부가 위탁계약을 통해 민간부문에 서비스의 생산을 맡기는 대신, 정부가 서비스 생산 비용 전액을 현금으로 지불하고 그 서비스에 대하여 일정한 책임을 지는 방식 • 서비스 구입자는 국민이 아니라 정부

SEMI-NOTE

감축관리

특정 정책이나 사업, 조직이나 기구 등을 의도적 · 계획적으로 축소 · 정비하여 조직 전체의 효과성 제고를 추구하는 관리전략(행정개혁의 실천적 접근방법의 하나)

영기준예산(ZBB)

기존 사업과 새로운 사업을 구분하지 않고 매년 모든 사업의 타당성을 영기준에서 분석하고 예산을 편성하는 제도를 말함

일몰법(Sun-set Law)

3~7년마다 국회에서 재보증을 얻지 못하는 사업은 자동폐기 되도록 하는 입법제도

가외성

위기에 대비하기 위한 여유분으로 감축관리와 상반되거나 충돌되는 개념으로 해석되어서는 안 됨

민영화

정부기능의 전부나 일부를 민간으로 이양하는 것으로서, 넓은 의미에서는 정부규제의 완화도 포함

민간위탁의 개념 범위

일반적으로 민간위탁은 contracting-out을 의미하지만 광의의 민간위탁에 협의의 민간위탁(계약방식 ; contracting-out), 면허, 보조금, 바우처, 자원봉사, 자조, 규제 및 조세 유인 등을 포함시키는 견해도 있음

SEMI-NOTE

면허(franchise)	• 독점적 허가 : 한 기업에만 서비스공급권을 부여하는 방법(예 차량 견인, 폐기물 수거 · 처리) • 경쟁적 허가(license) : 다수의 기업에게 서비스공급권을 부여하는 방법(예 택시사업 면허)
보조금	• 장점 : 공공서비스에 대한 요건을 구체적으로 명시하기 곤란하거나 서비스가 기술적으로 복잡하고 서비스의 목표를 어떻게 달성할 것인지 불확실한 경우에 사용, 이용자의 부담 경감, 정부 비대화 방지 • 단점 : 보조금 횡령 · 유용 등 대리손실(도덕적 해이) 발생 가능, 정치적 목적의 악용, 자율적 시장가격 왜곡 우려
규제 및 조세 유인	• 특정 서비스의 민간 생산을 장려하기 위해 규제 완화 및 조세 감면 · 세율 인하 등 유인을 제공하는 방식 • 보조금 지급과 동일한 효과를 창출하면서도 직접 지출비용은 상대적으로 적게 소요되는 장점이 있음
바우처(Vouchers)	공공서비스 생산을 민간부문에 위탁하면서 시민들의 서비스 구입 부담을 완화시키기 위해 금전적 가치가 있는 구입증서(voucher)를 제공하는 방식
자원봉사방식	직접적인 보수는 받지 않으면서 서비스 생산과 관련된 현금지출(실비)만 보상받고 정부를 위해 봉사하는 사람들을 활용하는 방식
자급 · 자조	공공서비스 수혜자와 제공자가 같은 집단에 소속되어 서로 돕는 형식으로 활동하는 것
기타	• 대여제도(Lease) : 정부가 기업을 소유하되 외부기관이 일정기간동안 정부 소유의 시설과 장비를 임차하여 운영하는 것 • 제3섹터 활용(준정부조직 · NGO 활용, 공동생산 등) • 민자유치(BOO, BOT, BTO, BTL, BLT)

바우처(Vouchers)

공공서비스 생산을 민간부문에 위탁하면서 시민들의 서비스 구입 부담을 완화시키기 위해 금전적 가치가 있는 구입증서(voucher)를 제공하는 방식. 시민들은 바우처를 활용해 서비스 제공기관을 자유롭게 선택할 수 있음

ⓛ 민영화의 필요성(이점)

- 정부규모의 적정화와 작은 정부 실현
- 효율성(능률성)의 제고
- 업무의 전문성 제고
- 근린행정의 구현
- 정부재정의 건전화
- 서비스의 질적 수준 향상(대응성 향상)
- 민간경제의 활성화
- 행정수요의 변화에 대응한 신축성 · 대응성 확보
- 자본시장 및 통화의 안정적 관리
- 복대리인(復代理人) 이론
- 임금 인상 요구의 억제

복대리인(復代理人) 이론

공기업 운영 시 국민–정치인–정부–공기업으로 연결되는 중층구조의 복대리인(대리인의 대리인) 관계에서 정보의 비대칭성에 따라 실제로 주인이 없는 상황에 처하게 되어 도덕적 해이가 심화됨. 그러므로 민영화를 통해 재산권 주체를 찾아주면 관리자에게 비용절감에 대한 강력한 유인을 부여하므로 도덕적 해이 현상이 감소될 것이라는 주장으로 민영화를 지지함

실력up 민간투자 유치 방식

• 방식별 개념

BOO(Build–Own–Operate)	민간자본으로 민간이 직접 건설(Build)하여 소유하고(Own), 직접 운용(Operate)하면서 투자비용을 회수하는 방식
BOT(Build–Operate–Transfer)	민간자본으로 민간이 건설(Build)하여 직접 운용(Operate)하여 투자비용을 회수한 이후 소유권을 기부채납 형식으로 정부에 이전(Transfer)하는 방식
BTO(Build–Transfer–Operate)	민간자본으로 민간이 건설(build)하여 완공 후 소유권을 정부에 이전(Transfer)하고 민간(사업시행자)이 운용(Operate)하여 투자비용을 회수하는 방식
BTL(Build–Transfer–Lease)	민간자본으로 민간이 건설(Build)하여 완공 후 정부에 소유권을 이전(Transfer)하며, 정부는 협약 기간 동안 시설 임대비용을 지불하고 임대(Lease)하여 운영하며 투자비용을 회수하는 방식
BLT(Build–Lease–Transfer)	민간이 건설(Build)하여 정부가 시설을 임대(Lease)하여 운영한 후, 운영종료 시 소유권을 정부에 이전(Transfer)하는 방식

• 방식 간의 비교

구분	BOO	BOT	BTO	BTL	BLT
운영주체	민간	민간	민간	정부	정부
운영 시 소유권	민간	민간	정부	정부	민간
투자비 회수방법	사용료 등	사용료	사용료	임대료	임대료
소유권 이전시기	이전없음	운영종료 시	준공 시	준공 시	운영종료 시

(4) 준정부조직

① 개념 : 준정부조직이란 법적으로는 민간의 조직형태를 취하면서 정부의 대리인 자격으로 공공부문에 해당하는 공적인 기능을 수행하는 기관을 말함. 대리정부, 계약국가, 그림자국가, 공유된 정부, 감추어진 공공영역 등이라고도 부름

② 우리나라의 준정부조직

㉠ 공공기관의 운영에 관한 법률상 공공기관 : 공기업, 준정부기관, 기타공공기관

㉡ 지방공기업법상 지방공사, 지방공단

③ 특징

㉠ 민간과 공공의 영역이 연속성이 있음을 보여 줌

㉡ 법적인 면에서 민간부문의 조직형태를 취하므로 권력적 행정에서 간접적 지원 행정으로의 전환을 의미함

㉢ 정부로부터 독립해 준자율적으로 운영됨. 그러나 정부의 통제나 재정상 지원을 받음

SEMI-NOTE

민영화의 한계(폐단)

• 행정통제 및 책임 확보 곤란, 책임성의 저하
• 형평성의 저해
• 안정성의 저해
• 역대리인 이론(도덕적 해이)
• 저렴한 서비스의 제약
• 부패의 발생가능성
• 취업기회 위축
• 크림스키밍(cream skimming)

크림스키밍(cream skimming)

공기업 민영화 과정에서 민간이 흑자 공기업만 인수하려 하므로 적자 공기업은 매각되지 않고 흑자 공기업만 매각되는 현상

준정부조직을 칭하는 용어

• QUANGO : Quasi–Autonomous Non–Governmental Organizations. 정부조직이 아니면서 어느 정도의 자율성을 가지고 정부에 준하는 공공기능을 수행하는 조직
• QUAGO : Quasi–Governmental Organizations. 정부조직에 준하는 공공기능을 하는 점에 초점. 자율성 정도에 따라 비자율적 준정부조직과 준자율적 준정부조직으로 구분하기도 함

SEMI-NOTE

ⓔ 공공부문의 팽창을 억제하며 민간의 전문성을 활용해 경영의 능률성을 높임

ⓜ 관료제의 경직성을 극복하고 조직의 신축성과 자율성을 유지함

④ 문제점

㉠ 관료의 잠재적 이해관계에 따라 관료의 퇴직 후 자리보장을 위한 수단이 되기도 함. 또한 행정활동의 가시성을 낮춤으로써 정부팽창의 은폐수단이나 정부책임 회피수단이 되기도 한다는 문제점을 지님

㉡ 공적인 공간에 의해 사적 이용이 정당화될 가능성 있음. 민 · 관 공동협력 방식이지만 실제로는 영리를 추구하는 경향이 지배적이라는 것임

㉢ 책임소재가 불분명하며 경영이 부실할 경우 그 원인을 서로에게 전가함으로써 경영의 책임성을 구현하기 어려움

비정부기구의 발생 및 성장배경
- 시장실패의 극복 및 정부실패 극복을 위한 작은 정부의 구현
- 행정환경의 변화(세계화 · 지방화 · 정보화 · 민주화 · 민간 중심)
- 다양한 수요에 대한 공급 보충 · 보완의 필요
- 구조적 요인으로 발생한 소외계층의 이익 대변
- 공공재의 공급

(5) 비정부기구(NGO)

① 개념

㉠ 정부 이외의 기구로서 국제사회의 사회적 연대와 공공의 목적 실현을 위한 자발적 공식 조직

㉡ 비영리를 목적으로 자발적인 회원활동과 분권화된 조직구조를 바탕으로 국가의 서비스 전달기능을 수행하는 기구

② 개념적 특징(M. Salamon)

㉠ **비영리 조직(non-profit distributing)** : 이윤 획득이 아닌 공익을 추구하는 조직

㉡ **공식적 조직(formal)** : 어느 정도 지속성을 지님(비공식 조직 아님)

㉢ **사적 조직(private)** : 정부의 간섭을 받지 않는 민간 조직(공적 조직이 아님)

㉣ **자치적 조직(self-governing)** : 자기 통치성을 지닌 조직

㉤ **자발적 조직(voluntary)** : 구성원들이 자발적으로 모인 조직

③ 비정부기구의 역할 및 기능

㉠ 정책제언자(governance) 또는 정책파트너

㉡ 정부나 시장에 대한 감시 · 견제 · 통제의 역할 수행

NPO와 NGO의 비교
- 비영리단체(NPO)
  - 비영리성에 초점을 둔 개념
  - 미국에서 공식적으로 사용
  - 자발성, 자율성, 공익성, 이익의 비배분성
- 비정부조직(NGO)
  - 비정부성에 초점을 둔 개념
  - UN, 유럽이나 제3세계 국가에서 보편적으로 사용
  - 자발성, 비영리성, 공익성

④ 비정부기구와 정부의 관계이론

구분	내용
대체적 관계	정부실패로 인해 정부가 공급하기 어려운 공공재에 대한 수요를 NGO가 대체하여 충족시킬 수 있음
보완적 관계	정부-NGO관계가 복지국가로서의 확장된 정부 역할을 수행하는 하나의 동반자로서 NGO의 협력적 기능을 포괄한다는 점을 강조
적대(대립)적 관계	NGO는 다양한 방법을 통해 정부의 정책결정과정에 참여하여 정책변화를 유도하거나, 정부의 책임성을 높이기 위한 감독자 역할을 수행하면서 정부와 상호견제적 · 갈등적 관계
의존적 관계	정부가 지지나 지원의 필요성 때문에 특정한 NGO 분야의 성장을 유도해 온 경우 나타나는 관계로서 개도국에서 많이 나타남

⑤ 비정부기구의 문제점

㉠ 재정 및 활동상의 제약과 어려움으로 인한 관변단체화의 우려

㉡ 전문성이 높지 않으며, 정책적 영향력이나 구속력 등이 부족

㉢ 순수한 본래의 의도를 잃고 정치적 · 정파적 성격의 조직으로 변질될 우려

실력UP 코스턴(Coston, 1998)의 모형

코스턴은 다원주의의 수용여부와 양자관계의 공식화 정도 그리고 양자 간 권한관계의 대칭성이라는 3대 기준을 변수로 정부와 NGO관계를 8가지로 유형화함

다원주의 수용여부	대칭성	공식화	모형	특징
다원주의의 거부형	비대칭	공식 또는 비공식	억압형	NGO 불인정
			대항형	쌍방적인 대항관계(NGO는 등록 · 규제 대상)
		비공식	경쟁형	정부가 원하지 않는 경쟁관계
다원주의의 수용형	비대칭	공식	용역형	정부서비스를 위탁받아 제공하는 관계
			제3자형	비교우위에 따라 양자 간 분업관계
	대칭	비공식	협력형	기본적으로 정보를 공유하는 관계
			보충형	기술적 · 재정적 · 지리적 보충관계
		공식	공조형	상호 협조적 관계

SEMI-NOTE

살라몬(M. Salamon)의 NGO 실패모형(1987)

- **박애적 불충분성** : NGO는 내 · 외부에 대한 강제성이 없기 때문에 활동에 절대적으로 필요한 충분한 양의 자원을 지속적이고 안정적으로 획득하는 데 많은 어려움이 있음
- **박애적 배타주의** : 특정 종교, 인종단체 등을 배경으로 한 NGO는 활동영역과 서비스 공급 대상이 한정되어 있는 경우가 많아 도움이 필요한 모든 대상에게 전달되지 않음
- **박애적 온정주의** : NGO의 활동내용과 방식은 NGO에게 가장 많은 자원을 공급하는 사람 · 집단의 결정에 의하여 좌우될 수 있으므로 몇몇 지역 유지의 의지를 반영
- **박애적 아마추어리즘** : 사회문제의 해결이나 서비스의 제공은 전문적인 지식을 필요로 하는 경우가 많아 도덕적 · 종교적 신념에 바탕을 둔 일반적 도움은 한계가 있음

03절 행정학의 주요 접근방법

1. 과학적 관리론

(1) 과학적 관리론의 의의 및 성립배경

① 의의

㉠ 절약과 능률을 실현할 수 있는 표준화된 업무절차를 만들어 업무의 양을 설정하고 생산성과 능률성을 향상시키고자 하는 방법에 관한 관리기술을 말함

㉡ 최소의 투입비용으로 최대의 산출을 올릴 수 있는 방법을 탐구하는 것

② 성립배경

㉠ 19세기 말 초기 산업자본주의의 폐해를 시정하고 산업기술발달에 기인한 경영합리화의 필요성에서 대두

㉡ 테일러(F. W. Taylor)를 비롯한 여러 경영관리론자들이 새로운 관리방법을 모색하기 위해 기계적 능률관에 입각한 과학적 관리기법을 확립

과학적 관리론

테일러(F. W. Taylor)에 의해 체계화되어 '테일러시스템'이라고도 하며, 정치 · 행정이원론과 기술적 행정학, 행정능률주의의 발달을 촉진

(2) 발전과정

① 테일러(Taylor)이론(과업관리) ★빈출개념

㉠ 의의 : 동작연구와 시간연구, 생산과정의 분업화 · 표준화를 통하여 생산성 향상을 도모하려는 것

㉡ 과업관리(테일러시스템)의 원리

- 요소별 시간연구 · 동작연구를 통해서 합리적인 일일 과업을 설정

테일러의 기업관리 4대 원칙

- 작업을 통한 진정한 과학원칙의 발견
- 노동자의 과학적인 선발과 교육
- 노동자의 과학적 관리
- 관리자와 노동자의 협력관계 인식

SEMI-NOTE

- 업무나 작업여건, 공구의 표준화
- 표준화에 따른 노동자의 선발 및 교육
- 과업달성에 따른 차별적 성과급(경제적 보상이나 불이익)의 지급(최초로 성과급 보수제도 도입)
- 관리층은 예외적인 사안만 담당하고 일상 · 반복적 업무는 부하에 일임

② 포드(Ford)이론(포드시스템, 동시관리)

㉠ 생산의 표준화와 유동식 조립방법(conveyer system, 이동 조립법)을 실시하였고, 이를 위하여 생산의 표준화, 부품의 규격화, 공장의 전문화, 작업의 기계화와 자동화(4대 경영원리)를 강조

㉡ '저가격 고임금' 원칙에 근거하여 경영을 사회에 대한 봉사로 표명하였으나, 소위 '백색사회주의'라 하여 인간관계론자들로부터 비판을 받음

페이욜(Fayol)의 14대 관리원칙

- 분업의 원칙
- 권한과 책임의 원칙
- 규율의 원칙
- 명령일원화의 원칙
- 지휘일원화의 원칙
- 개인이익의 전체종속의 원칙
- 종업원 보상의 원칙
- 집권화의 원칙
- 계층적 연쇄의 원칙
- 질서의 원칙
- 공정성의 원칙
- 고용안정의 원칙
- 창의력 개발의 원칙
- 단결의 원칙

③ 페이욜(Fayol) 이론 : 조직의 관리가 생산성에 미치는 영향을 종합적으로 파악 · 관리하고자 14대 관리원칙을 주장

④ 과학적 관리론의 특성 및 영향

㉠ 행정의 전문화 · 객관화 · 과학화 · 합리화에 기여

㉡ 행정을 권력현상이 아닌 관리현상으로 파악하여 정치 · 행정이원론의 성립에 영향을 미침

㉢ 업무의 배분을 중심으로 하는 공식적 구조를 중시

㉣ 인간을 경제적 · 합리적으로 가정하는 X이론적 인간관에 근거함

㉤ 기계적 능률관을 강조

㉥ 행정조사 및 행정개혁운동의 원동력(능률촉진운동)이 됨

⑤ 한계

㉠ 인간의 기계화 · 부품화에 따라 사회적으로 인간의 소외현상 초래

㉡ 인간을 지나치게 경제적 인간으로만 파악하는 편향성을 지님

㉢ 조직 내 인간변수나 인간관계의 중요성, 내면적 · 심리적 · 사회적 요인 경시

㉣ 폐쇄적인 체계로서 환경적 요인을 무시

㉤ 비공식집단이나 조직을 소홀히 취급

㉥ 노동자에 대한 연구만 있고 관리자에 대한 연구가 없음(관리자를 위한 인간조정기술의 성격을 지님)

㉦ 과학적 관리론의 능률개념을 행정에 획일적으로 적용하는 데는 많은 어려움이 따름

인간관계론의 성립배경

- 과학적 관리론과 강압적 관리방식에 대한 반발
- 새로운 관리기법의 필요성
- 사회적 능률관의 등장
- 호손(Hawthorne) 실험의 영향

2. 인간관계론

(1) 의의 및 주요 내용

① 의의

㉠ 조직의 생산성 향상을 위하여 인간의 정서와 감정적 · 심리적 요인에 역점을 두는 관리기술 내지 방법에 관한 이론

㉡ 관리상의 민주화 · 인간화를 강조하며, 오늘날 행태과학으로 발전

② 주요 내용

㉠ 생산성은 인간의 동태적 요인인 소속감 · 집단규범에 따라 결정됨

㉡ 구성원의 귀속감, 대인관계, 팀워크, 의사소통 등을 중시

㉢ 구성원의 욕구충족에 따라 인간적 · 민주적 관리를 중시

③ 특징

㉠ 근로자들은 집단구성원으로서 사회적 규범을 중시

㉡ 경제적 유인뿐만 아니라 격려나 칭찬, 고충처리, 상담 등 다양한 비경제적 요소를 중시

㉢ 비공식조직 · 집단을 중시하며, 비공식적 리더의 역할이 강조

㉣ 참여와 동기부여를 강조하는 민주적 리더십을 중시

㉤ 조직과 구성원의 관계에 있어서 비공식적 · 동태적 관계를 강조

㉥ 기계적 능률보다 인간적이고 민주적인 능률을 나타내는 사회적 능률을 중시

(2) 한계

① 공식 · 비공식조직과 인간의 합리적 · 비합리적 측면을 지나치게 대립적으로 파악(이원론적 조직관 및 인간관)

② 비공식적 측면과 비합리적인 측면을 강조한 나머지 조직의 능률을 저해하였고, 감정적 측면과 사회적 인간관을 지나치게 강조하여 경제인관을 경시

③ 조직과 환경과의 상호작용을 고려하지 않음(폐쇄체제이론)

④ 인간 간의 협동만을 중시할 뿐 갈등적 요인을 등한시

⑤ 관리자를 위한 인간 조종의 기술에 불과하며, 그 적용에 한계가 있음

⑥ 인간관계의 안정성을 지나치게 중시하여 보수주의 경향을 띰

(3) 과학적 관리론과의 비교

① 차이점

구분	과학적 관리론	인간관계론
중점	직무(구조) 중심	인간 중심
조직관	공식적 조직관	비공식적 조직관
능률관	기계적 능률	사회적 능률
인간관	인간을 기계의 부품화로 인식, 정태적 인간관(X이론, 합리적 · 경제적 인간)	인간을 감정적 존재로 인식, 동태적 인간관(Y이론, 사회적 인간)
행정에 대한 기여	능률 증진에 기여	민주성 확립에 기여
조직목표와 인간 욕구	자연스러운 균형을 이룸	인간적인 면을 고려할 때 균형을 이룸
유인동기	경제적 동기(경제적 욕구충족)	비경제적 동기(사회적 욕구충족)
보수 체계	성과급	생활급
연구방법	테일러시스템(시간 · 동작연구 등)	호손실험

SEMI-NOTE

과학적 관리론의 4대 비인간화

- **직업으로부터의 비인간화** : 기계부품화
- **소유로부터의 비인간화** : 소유 · 경영의 분리
- **직장으로부터의 비인간화** : 감시체계
- **동료로부터의 비인간화** : 경쟁체제

인간관계론의 영향

- 조직관의 변화
- 인간관의 변화
- 행정의 인간화 · 민주화
- 민주적 리더십
- 집단 중심의 사기 중시
- 행태과학 및 동기부여이론의 발달에 공헌

호손효과(Hawthorne effect)

실험집단으로 선정된 근로자들은 자신들이 관심을 받고 있음을 인식하게 되며, 이로 인해 동기가 유발되어 생산성이 증가되는 결과가 초래되는 현상을 말함. 호손효과는 실험결과를 왜곡시켜 실험의 타당성을 저해시키는 요인의 하나가 됨

SEMI-NOTE

② 유사점
㉠ 조직목표와 개인목표의 양립성(교환) 인정
㉡ 관리자를 위한 연구이론
㉢ 생산성 · 능률성 향상의 추구
㉣ 외재적 동기부여 및 인간행동의 피동성, 수단화된 인간가치
㉤ 환경을 고려하지 않은 폐쇄체제이론

행정행태론
1940년대 대두되어 사이먼(H. Simon)에 의해 체계화되었으며, 대표적 학자로는 마치(J. G. March), 버나드(C. I. Barnard), 사이어트(R. Cyert) 등이 있음

3. 행정행태론

(1) 의의 및 특징

① 의의
㉠ 행정을 합리적 · 협동적 집단행위로 규정하는 접근방법으로, 행정에 내재한 인간의 행태(행동이나 태도 등의 외면적 행태)를 중심으로 행정현상을 과학적 · 체계적으로 설명하는 이론
㉡ 행정의 과학화와 행정학의 정체성위기를 극복하는 데 기여(정치 · 행정 새이원론)
② 특징
㉠ 행정의 과학적 연구를 위해 자연과학을 행정학에 적용(객관적 측정방법 등을 강조)
㉡ 연구 초점을 인간의 행태(behavior)에 두고 이를 경험적 · 실증적으로 연구(인간행태의 경험적 입증과 행태의 통일성 · 규칙성 · 유형성 발견에 치중)
㉢ 논리실증주의를 토대로 가치(목표)와 사실(수단)을 구분하여 가치를 배제(가치중립성), 경험적 검증가능성이 있는 사실 연구에 치중
㉣ 집단의 고유한 특성을 인정하지 않는 방법론적 개체주의를 택하며, 복잡인관의 입장을 취함
㉤ 종합과학적 · 연합학문적 성격을 지님(사회학 · 심리학 · 경제학 등을 다룸)

행태론의 방법론적 개체주의
행태론은 인간의 사고나 의식은 그가 속한 집단의 고유한 속성에 의해 규정되는 것이 아니라, 각자에 따라 다르다고 보는 방법론적 개체주의의 접근방법에 입각하고 있음

(2) 사이먼(H. Simon)의 행태론

① 특징
㉠ 논리실증주의에 입각한 경험주의와 과학적 방법론을 중시
㉡ 행정을 집단적 의사결정행위로 파악해 목표의 집행뿐만 아니라 결정을 담당하는 과정으로 봄
㉢ 정치 · 행정이원론, 공 · 사행정일원론의 입장
㉣ 연구대상은 인간의 반복적 행위나 행동이어야 함
㉤ 행정에서 인간의 합리성은 심리적인 자극 · 반응에 의해 결정된다고 봄
㉥ 행정문화를 중시
㉦ 사회학, 심리학, 경제학 등을 다루는 종합과학적 성격을 지님
㉧ 인간관 · 능률관 · 조직관 · 합리성 등에 있어 과학적 관리론과 인간관계론의 통합을 시도

사이먼(H. Simon) 행태론의 종합적 성격
- **인간관** : 행정인(경제인과 사회인의 절충)
- **능률관** : 종합적 능률(기계적 능률과 사회적 능률의 절충)
- **합리성** : 제한된 합리성(절대적 합리성과 비합리성의 절충)
- **조직관** : 구조론적 접근(공식구조와 비공식구조의 절충)

② 후기 행태론(탈행태론)

배경	기존의 가치중립적인 행태주의 등이 1960년대 미국사회의 당면문제(인종갈등, 흑인폭동, 월남전에 대한 반전 운동 등)를 해결하는 데 아무런 기여를 하지 못한다는 비판에 직면하면서 이러한 문제 해결을 위해 대두
발전	• 1960년대 말에 이스턴(Easton)이 후기 행태주의(post-behavioralism)가 시작되었음을 선언한 이후 신행정론자들을 중심으로 후기 행태주의 접근방법이 도입되기 시작 • 신행정론은 1960년대 중반 이후 존슨(Johnson) 행정부가 위대한 사회의 건설이라는 기치를 내걸고 하류층 및 소외계층의 복지 향상을 위하여 사회복지정책을 추진하면서 이와 관련된 행정이론으로 등장
내용	• 후기 행태주의적 접근법은 사회의 급박한 문제 해결을 위해 가치중립적인 과학적 · 실증적 연구보다는 가치판단적 · 가치평가적인 정책 연구를 지향 • 행정학 분야에서도 정책지향적인 연구, 가치판단의 문제, 바람직한 사회를 위한 정책목표에 관한 문제, 새로운 행정이념으로서의 사회적 형평성 등의 문제에 많은 관심을 갖게 됨

③ 행태론과 후기 행태론의 비교

행태론	후기 행태론
• 가치중립적 • 설명적 · 서술적 • 정치 · 행정 새이원론, 공 · 사행정 새일원론 • 과학성 강조 • 논리실증주의	• 가치지향적 • 응용적 · 처방적 • 정치 · 행정 새일원론, 공 · 사행정 새이원론 • 기술성 강조 • 반(反) 논리실증주의

SEMI-NOTE

후기행태주의의 성격(D. Easton)

이스턴(Easton)은 〈정치학의 새로운 혁명(1969)〉에서 후기행태주의의 시작을 선언하고 그 성격을 '적실성(relevance)의 신조'와 '실천(action)'이라고 주장

4. 행정생태론

(1) 행정생태론의 이론

① **가우스(J. Gaus)의 이론** : 행정에 영향을 미치는 생태적 · 환경적 요인으로 국민, 장소, 물리적 기술, 사회적 기술, 욕구와 이념, 재난, 개성(인물)의 7가지를 제시

② **릭스(F. Riggs)의 이론**

㉠ **사회이원론(1961)** : 《행정의 생태학》에서 농업사회(미분화사회 · 융합사회), 산업사회(분화사회)의 2가지 생태모형을 제시

㉡ **사회삼원론(1964)** : 사회이원론이 발전도상국의 과도기적 사회를 설명하지 못한다는 비판이 제기되자 농업사회를 융합사회로, 산업사회를 분화사회로 파악하고, 여기에 융합사회에서 분화사회로 이행되어 가는 전이사회에 해당하는 프리즘적 사회를 추가

(2) 평가

① **영향 및 기여**

㉠ 행정과 환경과의 관계를 최초로 분석(행정을 개방체제로 처음 파악한 이론)

㉡ 행정을 하나의 유기체로 이해하고 거시적 이론 형성에 기여

행정생태론의 의의

- 유기체와 그 환경의 상관관계를 밝히려는 이론으로서, 행정조직을 유기체로 간주하고 그것을 둘러싸고 있는 환경과의 상호작용을 규명하려는 거시적 이론
- 행정과 환경과의 관계에 있어 생태론은 행정이 환경으로부터 영향을 받는 종속변수적 성격을 강조한 이론이며, 행정과 환경과의 관계를 다룬다는 점에서 개방체제이론에 해당한다고 할 수 있음

관료 권한의 양초점성(兩焦點性, bi-focalism)

관료의 권한은 법규상 제한 · 제약되고 있으나 실제로는 그 영향력이 크며, 고객에 따라 이중적인 태도를 보이는 등 일관성이 없다. 이로 인해 공식적 통제는 잘 이루어지지 않고 비공식적 사회세력에 의한 통제가 주로 이루어진다.

SEMI-NOTE

프리즘적 사회의 구분
- 농업사회를 융합사회로, 산업사회를 분화사회로 두고 그 중간의 전이 · 과도사회로 프리즘적 사회를 둠
- 각 사회의 관료제 모형으로 융합사회에는 공 · 사가 구분되지 않는 '안방모델'을, 프리즘적 사회에는 공 · 사가 불명확하게 구분되는 '사랑방 모델'을, 분화사회에는 공 · 사가 구분되는 '사무실 모델'을 제시함

체제론의 특징(오석홍 등)
- 연합학문적 연구(학제적 성격)
- 총체주의적 관점
- 목적론적 관점
- 계서적 관점(상 · 하위체제로구성)
- 추상적 · 관념적 관점
- 시간적 차원의 중시(시간선상에서의 순환적 · 동태적 변동)

ⓒ 행정의 특수성 인식을 통해 후진국 행정현상의 설명에 기여하고, 비교행정의 방향을 제시

ⓔ 여러 학문과의 다양한 상호교류를 통하여 종합적 연구활동을 촉진

② 비판

㉠ 행정의 환경에 대한 적극적이고 주체적인 역할을 경시하고 수동적으로 파악(환경결정론적 입장)

㉡ 행정현상을 환경과 관련시켜 진단과 설명은 잘 하지만, 내부적으로 행정이 추구해야 할 목표나 방향을 전혀 제시하지 못함(내부문제를 경시)

㉢ 행정의 동태적 사회변동기능을 설명하기 곤란하며, 발전을 선도하는 엘리트를 경시(정태적 균형이론)

㉣ 특정 국가의 환경만을 고려 · 연구함으로써 일반이론화가 곤란

실력up 프리즘적 사회

- 프리즘적 사회의 구분

구분	융합사회	프리즘적 사회	분화사회
사회구조	농업사회(agraria)	전이 · 굴절 · 과도 사회(transitia)	산업사회(industria)
분화 정도	미분화	분화가 이루어지지만, 통합이 미흡	분화 활성화
관료제 모형	안방 모형 (chamber model) : 공사(公私)의 미분화	사랑방 모형(sala model) : 공사(公私)의 분화 · 미분화가 혼재	사무실 모형(office model) : 공사(公私)의 분화

- 프리즘적 사회의 특징
  - 공 · 사 기능의 중첩, 고도의 이질성(전통적 요인과 분화적 요인의 혼재)
  - 법제상 제약된 관료의 권한이 현실적으로는 큰 영향력 행사(양초점성)
  - 연고 우선주의, 다분파주의, 신분과 계약의 혼합양상(법적 관계와 신분관계 혼합)
  - 형식주의(형식과 실제의 괴리)
  - 상용성(相容性, 현대적 규범과 전통적 규범의 공존), 다규범성, 무규범성
  - 가격의 불확정, 무정가성(無定價性)
  - 권한과 통제의 불균형 및 괴리
  - 천민기업가, 의존 증세(권력자도 기업가의 재력에 의존)

5. 체제론적 접근(행정체제론)

(1) 의의

① **행정체제론** : 행정을 하나의 체제로 파악하고 행정을 둘러싸고 있는 환경과의 상호작용과 행정체제 내의 하위체제 간 상호관계를 체계적으로 밝히는 이론

② **샤칸스키(I. Sharkansky)의 체제론**

한눈에 쏙~

체제

투입 → 전환 → 산출 → 환경

체제

환경	체제와 교류하는 체제 밖의 모든 정치 · 경제 · 사회적 영역(고객, 수혜자, 이익단체, 경쟁조직 등)
투입	체제에 투입되는 요구나 희망, 지지나 반대, 인력 · 물자 · 정보 등과 같은 자원
전환	산출을 위한 체제 내의 작업절차나 과정, 행정조직이나 결정과정
산출	결과물(정책, 법령, 재화, 서비스 등)
환류	적극적 · 긍정적 피드백(목표의 변화나 수정), 소극적 · 부정적 피드백(오차의 수정, 통제)

(2) 체제의 유형 비교

① 폐쇄체제와 개방체제

폐쇄체제	개방체제
• 환경과의 관계를 고려하지 않음(상호작용이 없음) • 체제 내부에만 관심을 기울임 • 주어진 목표의 능률적 집행에 관심 • 예측 가능성이 높음 • 엔트로피의 증가 • 정태적 균형론	• 환경과의 관계를 고려함 • 체제 외부에 관심을 기울임 • 환경에 어떻게 적응하느냐의 생존에 관심 • 환경으로부터의 투입 및 전환, 환경으로 산출이라는 연속과정을 지님 • 부정적 엔트로피의 존재(조직이 해체 · 소멸, 무질서로 움직여가는 엔트로피 현상을 부정) • 동태적 균형성, 등종국성을 지님

② 합리체제와 자연체제

㉠ **합리체제** : 구체적 목표를 집합적으로 추구하며 공식화된 사회구조를 갖는 체제(조직)로, 목표와 그 목표의 달성을 위한 인적 · 물적 수단의 논리적 · 체계적 연결(기능적 합리성)이 강조됨

㉡ **자연체제** : 구성원의 심리 · 사회적 욕구를 강조하며 목표 달성보다는 조직의 생존과 조직 내 비공식성 · 비합리성 등에 중점을 두는 체제(조직)

6. 신제도론적 접근(신제도주의) 빈출개념

(1) 의의 및 특성

① **의의** : 제도를 법으로 규정된 공식적 요소로 한정하지 않고 인간행위와 사회현상 등의 다양한 변수를 포함한 공식 · 비공식 요소의 결합으로 인식하며, 규범(norm)이나 절차, 규칙(rule), 균형점 등을 포함하는 개념으로 파악

SEMI-NOTE

체제의 특징(T. Parsons)

- **분화 · 통합** : 체제는 다양한 상 · 하위 체제로 분화되고, 동시에 목표 달성을 위해 유기적으로 상호 조정 · 통합됨
- **경계성과 균형성** : 각 체제는 경계에 의해 다른 하위체제나 환경과 구별되며, 투입 · 산출을 통해 환경과 균형을 유지함
- **전체론적 인식** : 체제는 부분이 아니며, 공동목표를 위한 전체론적 통일적 유기체임
- **개방체제** : 현대의 체제는 환경과의 상호작용을 하는 개방체제임
- **균형성 · 항상성(homeostasis)** : 체제는 구성요소 간에 동태적 균형성과 항상성을 지님

신제도론의 발생배경

신제도론은 제도를 정태적으로 연구한 구제도론이나 인간의 행태를 미시적으로 연구한 행태주의를 비판하고 그 한계를 극복하기 위해 대두된 것으로, 1960년대 이후 행태주의와 방법론적 개체주의의 논리에 대한 반발로 경제학 · 사회학 · 정치학 분야에서 등장함

SEMI-NOTE

② 특성

㉠ 유 · 무형의 제도까지도 제도로 다룸

㉡ 조직의 구조적 특성뿐만 아니라 가치나 규범, 문제 해결방식까지 제도에 포함

㉢ 분석의 수준이 다양(미시, 거시)

㉣ 정책의 보편성보다는 특수성에 기인한 개별 정책구조의 특성에 주목

㉤ 정책의 차이와 변화를 설명하기 위한 중범위수준의 변수들을 제시하여 미시 또는 거시적 행정학이 지닌 한계를 보완(정책현상 등 다른 변수들과의 관계 분석도 추구)

㉥ 사회적 성과의 차이를 야기하는 일단의 규칙도 제도의 범위에 포함시킴

㉦ 생산활동에 참여하는 인간을 합리적 행위자라 가정하며, 경제활동과 사회를 지배하는 정치적 · 사회적 제도인 규칙을 강조

제도의 핵심 요소

- **규칙**(rule) : 사회 내의 행위자들의 관계를 규율하는 것(따르지 않을 경우 제재가 수반된다는 공통적 이해나 사회적 제약)
- **규범**(norm) : 행위자들의 선호와 행위를 제약하는 판단기준(행위의 적절성에 대한 공유된 인식이나 통념)
- **균형점**(equilibrium) : 합리적 상호작용의 결과로 나타난 어떤 규칙이나 질서(균형상태, 질서)를 말하며, 행위자들의 관계를 규율하고 선호와 행위를 제약함으로써 다양한 거래행위에 있어서 안전성과 예측가능성을 부여함

(2) 구제도론과의 비교

구분	구제도론(1880~1920년대)	신제도론(1980년대 이후)
제도의 의의	• 정부에 의해 만들어진 일방적 · 공식적인 법제나 기관 • 가시적이고 구체적인 조직(통치체제나 구조, 행정기구 등) • 인간 행위나 사회현상을 제도의 범위에서 제외	• 제도와 인간 간의 상호 작용으로 형성 · 공유된 공식적 · 비공식적 규범 • 공식적으로 표명되지 않은 조직이나 문제해결기제까지도 제도로 봄 • 인간 행위나 사회현상을 제도의 범위에 포함
형성	외생적 요인에 의해 일방적으로 형성	제도와 인간 간의 상호작용으로 형성
특성	• 공식적, 구체적 • 개별제도의 정태적 특성을 서술 • 거시적 접근법(인간을 고려하지 않음) • 규범적 · 도덕적 • 행태주의의 비판을 받음	• 비공식적, 상징적, 문화적 • 다양한 제도의 동태적 관계를 중시(분석적) • 거시적인 제도와 미시적인 인간행동의 연계 • 경험적 · 실증적 · 분석적 • 행태주의를 비판
연구	• 각국 제도의 차이를 설명하기 위한 정태적 연구 • 행위자를 배제(사회현상을 설명하지 못함)	• 제도와 행위자의 상호작용에 따른 정책 내용과 효과의 차이를 설명하기 위한 동태적 연구 • 제도와 행위자의 동태적 상호관계 연구(사회현상을 설명)
학문적 토대	정치학적 기술	행정학적 기술

합리적 선택의 신제도주의 특징

- 집단행동의 딜레마에 대한 해결책으로서 제도를 형성(제도의 의도적 설계)
- 개인과 제도의 전략적 상호작용을 강조

역사적 신제도주의 특징

- 방법론적 전체주의(전체주의의 입장)
- 독립변수이자 종속변수로서의 제도
- 내생적 선호
- 인과관계의 다양성과 맥락성
- 권력관계의 불균형(불균등성) 강조
- 제도의 지속성과 경로의존성(path-dependence) 강조

(3) 신제도론의 유파

구분	합리적 선택의 신제도주의	역사적 신제도주의	사회학적 신제도주의
제도의 개념	개인의 합리적(전략적) 계산	역사적 특수성(맥락)과 경로의존성	사회문화 및 상징, 의미 구조

제도의 측면	공식적 측면	공식적 측면	비공식적 측면
제도의 범위	좁음	넓음	넓음
학문적 기초	경제학	정치학	사회학
초점	개인 중심(개인의 자율성)	국가 중심(국가의 자율성) 제도의 상이성 설명	사회 중심(문화의 자율성) 제도의 유사성 설명
개인의 선호	외생적	내생적	내생적
인간행동	임의론과 제도적 결정론 절충	제도적 결정론 성격(선호가 제도의 영향을 받음)	

SEMI-NOTE

사회학적 신제도주의 특징

- 내생적 선호
- 제도의 인지적 측면과 비공식적 측면의 강조
- 조직이나 제도 변화를 제도적 동형화(isomorphism) 과정으로 파악
- 모든 상황에 적용되는 보편적 제도의 추구를 부정
- 해석학, 귀납적 방법론의 적용

7. 신공공관리론(NPM)

(1) 의의 및 특징

① **의의** : 1970년대부터 공공선택론자 등에 의해 전통적 관리론이나 관료제조직에 대한 비판이 고조되면서 어코인(Aucoin)과 후드(Hood)에 의해 제기된 공공분야에 대한 합리적 관리방식

② **특징**

㉠ 공공부문의 시장화, 정부기능의 대폭적 축소 · 민간화 및 계약에 의한 민간 위탁 강조

㉡ 경쟁 및 개방, 고객 서비스 지향

㉢ 정부의 감독 · 통제 완화, 정부규제의 개혁과 권한위임, 융통성 및 관리자의 재량권 확대

㉣ 권한 확대 및 재량에 대한 책임의 강조(행정의 정치적 성격 인정)

㉤ 결과 · 성과 중심의 행정체제로의 전환

㉥ 성과급의 도입과 근무성적평정제도의 대폭적 강화를 강조

㉦ 경력직 공무원의 축소 및 유능한 인재의 개방적 채용을 선호함(계약직에 의한 임용)

㉧ 생산성 향상을 위해 절차 · 과정보다 결과 · 성과를 강조

③ **정부혁신의 방향 및 내용**

작지만 효율적인 정부	거대 정부의 비효율성으로 인한 정부실패를 치유하기 위해 대대적 감축관리를 추진함
촉진적 정부	집행 및 서비스 전달은 민간에 이양하고 목표 및 전략기능에 역량을 집중
성과 중심의 정부	명확한 목표의 설정과 조직구성원의 자율적 참여에 의한 성과 중심의 정부를 지향
사명지향적 정부	일하는 방식을 지시하기보다 성취할 목표를 지시하며, 규칙과 규제에 얽매이기보다는 목표와 사명에 따라 혁신적으로 활동

신공공관리(NPM)의 개념(범위)

- **최협의의 개념** : 민간경영기법의 도입을 통한 행정성과 및 고객만족을 제고하려는 신관리주의(내부개혁운동)
- **일반적 개념** : 신관리주의에 시장주의(신자유주의적 관리)를 추가한 개념
- **최광의의 개념** : 일반적 개념의 신공공관리에 참여주의 · 공동체주의를 추가한 개념으로, 오스본과 게블러(Osborne & Gaebler)가 '정부재창조'에서 주장한 기업형 정부가 여기에 해당

기업가적 정부	생산성 향상을 위해 이미 효과가 검증된 우수한 민간경영기법을 행정에 도입
분권화된 정부	신뢰를 바탕으로 의사결정권을 최대한 위임(empowerment)하여 구성원들의 책임과 역량강화를 모색하고 조직 전체 차원의 문제 해결능력을 증대하고, 조직 간에도 권한이양
시장지향적 정부	정부가 경쟁원리를 핵심으로 하는 시장화를 지향하고 민간부문의 생산성을 향상시키기 위하여 각종 규제를 완화 또는 철폐
고객지향적 정부	시민을 정부의 고객으로 인식하고 정부나 공무원들의 편의보다 시민의 요구와 평가를 반영함으로써 시민 만족을 최우선으로 추구

(2) 기업가적 정부운영의 10대 원리(Osborne & Gaebler) 빈출개념

전통적 관료제		기업형 정부(NPM)	기업형 정부의 10대 원리
노젓기	→	방향키 역할	촉매적 정부
직접 해줌(service)	→	할 수 있도록 함 (empowering)	시민소유 정부
독점 공급	→	경쟁 도입	경쟁적 정부
규칙중심 관리	→	임무중심 관리	임무지향 정부
투입중심	→	성과중심	결과지향 정부
관료중심	→	고객중심	고객지향 정부
지출지향(지출절감)	→	수익창출	기업가적 정신을 가진 정부
사후치료	→	예측과 예방	예견적 정부
집권적 계층제 (명령과 통제)	→	참여와 팀워크 (협의와 네트워크 형성)	분권화된 정부
행정메커니즘	→	시장메커니즘	시장지향 정부

(3) 거버넌스(governance)

① 의의 : 신공공관리론에서 강조하는 국가행정이론으로서, 시장화와 분권화, 기업화, 국제화를 지향하는 행정

② 거버넌스의 유형

구분	의의	이론 유형
국가 중심 거버넌스	국가가 주도적으로 관리하는 관리주의적 입장의 거버넌스	신공공관리론, 좋은 거버넌스, 신축적 정부모형, 탈규제적 정부모형 등
시장 중심 거버넌스	시장이 국정을 주도하는 시장주의적 거버넌스	시장적 정부모형, 최소국가론 등
시민사회 중심 거버넌스	시민사회가 주도하는 참여주의적 · 공동체 주의적 거버넌스	신공공서비스(NPS), 참여적 정부모형, 기업 거버넌스 등

SEMI-NOTE

임파워먼트(empowerment)의 효능 (오석홍)
- 참여관리·신뢰관리를 촉진하고 창의적 업무수행을 촉진
- 관리의 지향성을 권한중심주의에서 임무중심주의로 전환
- 조직은 조정·통제에 필요한 인력과 비용을 절감
- 하급자들에게 권력을 이양함으로써 관리자들의 권력은 오히려 증가

임무

임무(mission)란 기관의 존재이유를 말하며 NPM은 전통 관료제에 비하면 임무중심적이지만 후술할 거버넌스에 비하면 상대적으로 임무보다는 고객 중심적

거버넌스(governance)의 특징
- 파트너십(partnership)의 중시
- 유기적 결합관계의 중시
- 공식적 · 비공식적 요인의 고려
- 정치적 특성의 강조
- 세력연합 · 협상 · 타협의 중시
- 행정조직의 재량성 중시

③ 피터스(G. Peters)의 뉴거버넌스모형

시장적 정부모형 (시장지향모형)	민간부문과 마찬가지의 공공부문도 관리 및 서비스 전달 문제에 직면해 있으므로, 이를 해결하기 위해 시장에서와 동일한 기법이 적용될 수 있다고 주장
참여적 정부모형	계층제적 구조에 비판적 입장을 취하여 대내외 구성원들의 광범위한 참여를 통한 협의나 협상을 중시하는 모형
신축적 조직모형 (연성정부)	종래 조직의 경직성(항구성)을 문제시하는 모형으로, 조직구조와 인력 및 예산관리 등에 있어 탈항구성과 유연성, 융통성을 추구하는 신축적 모형
탈규제적 정부모형 (저통제 · 탈규제 모형)	정부에 대한 내부통제 · 규제의 완화나 철폐를 통해 정부의 잠재력과 창의력에 대한 속박을 풀고 이를 분출시켜야 한다고 주장함

(4) 탈신공공관리론

① 의의 : 재집권과 재규제를 통하여 신공공관리론의 한계를 보완하기 위한 일련의 조치를 통칭하는 개념(거버넌스와 신공공서비스를 포함하는 개념)

② 신공공관리론과 탈신공공관리론의 비교

구분	신공공관리론	탈신공공관리론
정부시장 관계	시장지향주의 규제완화(탈규제, 탈정치)	정부 역량 강화(재규제, 재정치, 정치적 통제 강조)
행정가치	능률 · 성과 등 경제적 가치를 강조	민주성 · 형평성 등 전통적 가치도 고려
정부규모	정부규모의 감축, 시장화 · 민영화	민간화 · 민영화의 신중한 접근
기본모형	탈관료제 모형	관료제와 탈관료제의 조화
조직구조	유기적, 비계층적, 임시적, 분권적	재집권화, 분권과 집권 조화
조직개편	소규모의 준자율적 조직으로 분절화	구조적 통합을 통하여 분절화 축소(총체적 · 합체적 정부)
통제	결과 · 산출중심 통제	과정과 소통 중심
인사	경쟁적 · 개방적인 성과중심 인사관리	공공책임성 중시
재량	넓음	재량 필요, 제약 · 책임
관리	자율, 경쟁	자율, 책임

8. 신공공 서비스론(New Public Service)

(1) 의의

1990년대 후반부터 전통적 행정이론과 신공공관리론의 지나친 시장주의와 시민의 객체화 등에 대한 반작용(대안)으로 주인인 시민의 권리를 회복하고 지역공동체 의식을 회복하는데 초점을 둠

SEMI-NOTE

01장 행정학의 기초이론

신공공관리론의 한계
- 공공부문과 민간부분의 차이를 경시
- 직업공무원제 약화
- 모든 계층에 대한 대표성을 확보하지 못해 민주성이 훼손될 우려
- 정부기관 외의 공공서비스 공급은 윤리적 · 관리적 책임문제를 일으킴
- 모든 계층에 대한 대표성을 확보하지 못해 민주성이 훼손될 우려가 있음
- 성과급 등 금전적 보상체계로 인해 단기적 · 가시적 성과에 대한 집착현상, 동기부여의 편협성, 인간관계 악화 및 갈등 등이 초래
- 성과 중심 행정의 지나친 강조로 참여 등 절차적 정당성이 경시되며, 창조적 · 창의적 사고를 저해

탈신공공관리론의 특징
- 재집권화와 재규제의 주장
- 총체적 정부 또는 합체적 정부의 주도
- 역할모호성의 제거 및 명확한 역할관계의 안출
- 민관파트너십 강조
- 환경 · 역사 · 문화 · 맥락적 요소에의 유의

SEMI-NOTE

신공공서비스론의 이론적 배경(Denhardt, Leftwich, Minogue 등)
종전의 신공공관리론 등은 정부의 주체인 시민을 배제한 채 관료들이 방향잡기와 노젓기 중 어느 것에 치중해야 하는가와 같은 문제에만 관심을 둔 결과 관료의 권력만 강화시키는 결과를 초래했다고 비판하고, 그 권력을 시민들에게 되돌려주어야 한다는 의식이 대두되면서 신공공서비스론(NPS)이 등장

공익의 대두 배경
- 정치 · 행정일원론의 대두
- 공무원 재량권의 확대
- 신행정론의 등장과 행정철학의 중시
- 행정행태 준거기준의 필요
- 행정관의 변천과 쇄신적 정책결정의 추구
- 적극적 행정인의 역할 기대

공익 결정 시 유의점
- 민주적 과정과 참여 중요
- 행정인의 바람직한 공익판단기준 확보
- 행정인의 공익보장 의무
- 국민의 요망에 부합되고 전체의 참여가 보장된 결정

(2) 내용 ★빈출개념

시민 중심의 이론	대의민주주의의 한계를 극복하기 위해 시민의 양성과 정책결정의 시민 참여를 강조
지역공동체주의	지역공동체의 의사결정에 시민이 권한과 책임을 가지고 주체적으로 참여할 것을 강조
담론을 통한 공익의 결정	공익은 행정의 목적이며 시민들의 폭넓은 참여를 바탕으로 하는 대화와 담론을 통해 얻은 결과물
봉사자로서의 정부	정부는 방향잡기(촉매)역할이 아니라 시민과 지역공동체 내의 이익을 협상 · 중재하며 공유가치가 창출되도록 봉사하는 역할을 수행
포괄적이고 광범위한 정부의 책임	정부의 책임은 시장지향적인 이윤추구를 넘어서 공동체의 가치와 규범, 시민들의 이해 등에 이르기까지 매우 포괄적이고 광범위함
정부와 시민 간의 협력체제 구축	시민은 고객이 아니라 정부의 소유주이므로, 정부는 시민들에게 봉사하고 상호 신뢰와 협동관계를 구축하여야 함
시민재창조	시민교육, 시민지도자 양성 등을 통하여 시민에게 자긍심과 책임감을 고취
조직 인간주의	조직의 생산성보다 인간에게 높은 가치와 초점을 부여하여 협력적 구조, 공유된 리더십, 분권화 등 인간주의적 접근을 모색
전략적 사고와 민주적 행동	합의된 비전의 실현을 위해 역할과 책임을 설정하고 구체적 행동단계를 개발하며, 집행에 대한 책임에 있어서도 관료 외의 관련 당사자들을 모두 참여시켜야 함

04절 공익

1. 공익의 의의

(1) 의의

① **개념** : 일반적으로 불특정 다수인의 이익으로서 사회 전체에 공유된 가치이며, 사회 일반의 공동이익을 말함

② **공익의 성격**
㉠ 사회의 기본적 공유가치로서의 성격
㉡ 불확정적 · 유동적 · 상대적 · 추상적 성격
㉢ 규범적 · 윤리적 · 가치지향적 성격
㉣ 역사적 · 동태적 성격

(2) 공익의 기능

① 공무원의 행동지침이나 윤리기준이며, 부패와 일탈을 규제하는 기준이 됨
② 행정을 정당화시켜주는 기능을 수행하며, 일반국민의 지지를 얻기 위한 기반이 됨
③ 정책의 평가기준이 됨

④ 주관적 가치를 객관적 가치로 전환시켜 주는 역할을 수행

2. 공익의 본질에 관한 학설

(1) 실체설

의의	• 사회나 국가는 하나의 유기체로서 개인의 속성과 다르고 개인의 단순한 집합과 다른 실체가 있으므로, 공익도 사익과 별도로 공공선(common good)으로서 규범적으로 존재한다고 봄 • 공익은 사익의 단순한 총화가 아닌 실체적 · 적극적 개념이며, 사익과는 질적으로 다른 전혀 별개의 개념
특성	• 공익과 사익이 상충되는 경우 사익은 당연히 희생됨(공익 우선). 공익은 대립적 이익들을 평가할 수 있는 기준을 제시할 수 있으므로 집단이기주의에 대응할 수 있음 • 공익의 실체를 규정하는 엘리트와 관료의 적극적 역할 강조
한계	• 단일적 가치가 있다고 주장하나 인간의 규범적 가치관에 따라 공익관이 달라지므로, 통일적 공익관 도출 곤란 • 공익개념이 추상적이며 객관성 · 구체성 결여 • 이념적 경직성이 강해 공익 개념 해석에 융통성이 부족하며 국민 개개인의 주장이나 이익을 무시할 수 있음
대표학자	플래턴(Platon), 롤스(Rawls), 칸트(Kant) 등

(2) 과정설

의의	공익은 실체적 내용이 선험적으로 존재하지 않으며, 사익 간 경쟁 · 대립을 조정하는 과정에서 형성된다고 봄. 다양한 이해관계가 조정을 통해 공익이 되는 점에서 다원화된 사회의 특성을 반영
특성	• 공익의 유일성 · 선험성 부정, 공익관념은 다수성 · 복수성과 가변성을 지님 • 공익은 사익의 총합 또는 사익 간 타협 · 조정의 결과임. 공익은 제도나 절차 · 과정을 통해 형성되고, 사회집단 간 타협 · 협상 · 투쟁을 통해 내용이 변형됨. 공익은 상호경쟁적 · 대립적인 이익이 조정과 균형된 결과임. 절차적 합리성을 중시하며 적법절차를 강조
한계	• 도덕적 · 규범적 요인 경시, 국가이익이나 공동이익의 존재를 고려하지 않음 • 토의 · 협상 · 경쟁과정이 발달되지 못한 신생국에서는 적용 곤란
대표학자	슈버트(Schubert), 하몬(Harmon), 린드블롬(Lindblom) 등

(3) 절충설

의의	사익의 집합이 아닌 공익의 존재를 인정하면서 사익과 관련시켜 이해하는 입장으로, 사익과 관련된 사회이익을 공익으로 파악
특성	실체설과 과정설의 조화(공익은 사익의 집합체나 타협의 소산도 아니며 사익과 전혀 별개의 것도 아님)
한계	공익에 대한 정의보다 사익 간 공통점 · 일치점에 공익을 찾으려 하며, 공익의 적절한 평가 · 판단 기준이 없음

SEMI-NOTE

공익 결정의 변수

가치관, 정치이념, 정치발전 및 민주화의 수준, 경제체제 및 사회체제, 정책유형

공익의 실체설과 과정설 비교

실체설	과정설
적극설	소극설
절대설	상대설
전체주의, 권위주의	개인주의, 다원주의
선험적	경험적
공익≠사익의 합	공익=사익의 합
공익과 사익 간 갈등 없음	갈등이 존재
합리모형	점증모형
후진국	선진국

절충설의 대표학자

헤링(Herring), 뷰캐넌(Buchanan), 털록(Tullock) 등

9급공무원

행정학개론

나두공

나두공

02장 정책론

정책론

SEMI-NOTE

학자들별 정책의 개념

- **로스웰(H. Lasswell)** : 목적가치와 실행을 투사한 계획
- **드로어(Y. Dror)** : 매우 복잡하고 동태적인 과정을 거쳐 주로 정부기관에 의하여 만들어지는 미래지향적인 행동지침
- **이스턴(D. Easton)** : 사회 전체를 위한 가치의 권위적 배분의 결과
- **린드블롬(C. Lindblom)** : 상호타협을 거쳐 여러 사회집단이 도달한 결정
- **샤칸스키(I. Sharkansky)** : 정부의 중요한 활동

포크배럴(pork barrel)

노예들에게 소금에 절인 돼지고기 통을 주었을 때, 그것을 얻기 위해 싸우는 것을 표현한 것에서 유래. 정치인 · 국회의원들이 정치적 생색을 내기 위해 자기 지역구나 특정 지역 주민의 환심을 사려는 교량건설, 고속도로, 부두, 댐 등과 같은 지역개발사업에 정부예산을 끌어오는 이기적인 행위를 지칭

로그롤링(log-rolling)

통나무를 운반할 때 서로 협력하여 굴리는 데서 유래. 자신이 선호하는 이슈에 대한 지지를 얻는 조건으로 자신은 선호하지 않지만, 타인이 선호하는 이슈를 지지해주는 거래를 하는 것

01절 정책과 정책학의 본질

1. 정책의 개념 및 유형

(1) 정책(Policy)의 개념

① 공익 또는 공적 목표를 위한 정부 · 공공기관의 행정지침이나 주요 결정 및 활동

② 정책목표와 이를 달성하기 위해 필요한 정책수단에 대하여 권위 있는 정부기관이 의도적 · 공식적으로 결정한 장래에 대한 기본방침

(2) 정책의 유형

① 로위(T. Lowi)의 분류 빈출개념

분배정책	국민에게 권리나 편익 · 재화 · 서비스를 제공하는 정책 예 보조금 지급, 국공립학교 교육서비스, SOC(사회간접자본) 구축, 주택자금 대출, 국유지 불하(拂下) 등
재분배정책	사회 내 개인이나 집단에 대해 부, 권리 등과 같은 각종 가치배분의 재조정에 관한 정책 예 누진세, 사회보장지출, 종합부동산세, 임대주택건설, 부(負)의 소득세, 통합국민건강보험정책, 국민기초생활보장법 등
구성정책	주로 정부기구의 구조와 기능의 변화와 관련되며, 정치체제에서 투입을 조직화하거나 체제의 구조와 운영에 관련된 정책 예 정부기관 신설 · 폐지 · 변경, 선거구조정, 선거, 공직자 보수, 군인퇴직연금 등
규제정책	어떤 개인이나 집단의 활동을 통제 · 제한하여 다른 개인이나 집단을 보호하려는 정책 예 환경오염이나 독과점 방지, 최저임금의 보장, 식품첨가물 규제(안전규제), 각종 인 · 허가 등

② 알몬드와 파웰(G. Almond & Powell)의 분류

추출정책 (동원정책)	국내적 · 국제적 환경에서 물적 · 인적 자원이나 수단을 확보하는 것과 관련된 정책 예 조세정책, 병역(징집)정책, 성금모금, 인력 동원, 토지 · 물자수용 등
규제정책	개인 · 집단의 활동이나 재산에 대해 정부가 통제나 일정 제한을 가하는 정책
분배정책 (배분정책)	정부가 각종 재화나 서비스, 지위 · 권리, 이익, 기회 등을 정책대상에게 제공하는 정책
상징정책	국민의 순응과 정부의 정통성 · 신뢰성을 확보하기 위해 정부가 가치나 규범, 상징 · 이미지 등을 만들어 사회나 국제적 환경에 유출하는 것과 관련된 정책

③ 리플리와 프랭클린(R. Ripley & G. Franklin)의 분류

경쟁적 규제정책	다수의 경쟁자 중에서 소수의 개인이나 집단에게만 재화나 서비스의 공급 · 사용권을 허가하는 정책
보호적 규제정책	사적 활동에 제약을 가하거나 허용 조건을 규정함으로써 일반 대중을 보호하는 것을 목적으로 하는 정책
분배정책	정책대상에게 재화나 서비스, 지위, 권리 등을 제공하는 정책
재분배정책	재산이나 권리를 많이 소유한 집단에서 적게 소유한 집단으로 이전시키는 것과 관련된 정책

2. 정책결정요인이론

(1) 정책결정요인이론의 의의와 한계

① **의의** : 정책을 종속변수로 보고 정책의 내용을 결정하는 요인(원인변수)이 무엇인지를 규명하는 이론

② **한계**

㉠ **변수 선정상의 문제** : 사회경제적 변수를 지나치게 과대평가하고, 정치적 변수에 대한 고려가 부족

㉡ **단일방향적인 영향만을 고려한 문제** : 사회경제적 변수와 같은 정책환경 요인들이 일방적으로 정책과 정치체제에 영향을 미치는 것으로 생각하고 있으나, 정책이나 정치체제가 환경에 영향을 미친다는 점을 고려하지 못함

㉢ **정책수준이나 구조적 차이를 간과** : 지나친 상위수준의 정책을 연구 대상으로 하여 연구의 정확성이 부족

㉣ **개인의 중요성 간과** : 결정은 사회경제적 변수가 아니라 개인에 의해 행해지며, 특히 권력엘리트의 역할이 중요하다는 점을 간과

(2) 정책결정이론 논쟁의 전개 양상

① **발생 초기의 정치 · 행정학자들의 환경연구** : 키와 록카드(Key & Lockard)의 참여경쟁모형 등 초기의 정책결정요인론은 정치학자들의 영향으로 정치적 요인(변수)을 더욱 중시

② **경제 · 재정학자들의 환경연구** : 1960년대 도슨(Dawson), 로빈슨(Robinson) 등의 경제자원모형은 사회경제적 요인을 중시(재정지출의 결정요인 등 사회경제적 요인을 과대평가하고 정치적 요인을 배제)

③ **후기 정치학자들의 연구 참가** : 다시 정치학자들이 연구에 참여하게 되면서 사회경제적 요인뿐만 아니라 정치적 요인(정치체제)도 정책내용에 영향을 미친다는 것을 규명

SEMI-NOTE

정책결정요인이론의 한계

- **변수선정상의 문제**
  - 사회경제적 변수를 지나치게 과대평가하고, 정치적 변수에 대한 고려가 부족
  - 계량화가 곤란한 중요한 정치적 변수들이 배제되고, 중요하지 않은 변수가 선정
- **단일방향적인 영향만을 고려한 문제**
  - 사회경제적 변수와 같은 정책환경 요인들이 일방적으로 정책과 정치체제에 영향을 미치는 것으로 생각하고 있으나, 정책이나 정치체제가 환경에 영향을 미친다는 점을 고려하지 못함(정책이나 정치체제를 종속변수로, 정책환경을 독립변수로만 파악)
  - 정책환경이 정책에 영향을 미치는 경로 파악이 불분명
- **정책수준이나 구조적 차이를 간과** : 지나친 상위수준의 정책을 연구 대상으로 하여 연구의 정확성이 부족
- **개인의 중요성 간과** : 결정은 사회경제적 변수가 아니라 개인에 의해 행해지며, 특히 권력엘리트의 역할이 중요하다는 점을 간과함

SEMI-NOTE

정책과정의 전개
- **정책의제설정** : 사회문제를 정책 문제화하여 의제로 전환하는 과정(갈등이 빈발한 과정)
- **정책결정** : 정책목표 설정 후 정책대안을 비교 · 분석(정책분석)하여 이를 탐색 · 선택하는 과정(규범적 가치판단이 요구되는 과정)
- **정책집행** : 정책이 잘 수행되고 환경에 바르게 실현하는 과정(저항 발생)
- **정책평가** : 정책의 모든 과정을 평가하고 정책 집행상의 결과를 판단
- **정책종결** : 정책을 의도적으로 중지하거나 종식하는 과정

공중 · 공식의제의 학자별 구분
- 아이스톤(Eyestone)
  - 채택 이전 : 공중의제
  - 채택 이후 : 공식의제
- 콥과 엘더(Cobb & Elder)
  - 채택 이전 : 체제의제
  - 채택 이후 : 제도의제
- 앤더슨(Anderson)
  - 채택 이전 : 토의의제
  - 채택 이후 : 행동의제

02절 정책과정 및 기획론

1. 정책의제(policy agenda)의 설정

(1) 정책의제설정의 의의

① **개념** : 정책의제의 설정이란 사회문제가 정책문제가 되어 정부의 관심 대상으로 전환되는 과정 즉, 정부가 정책적인 해결을 추구하고자 사회문제를 공식적 정책 의제로 채택하는 것

② **대두배경** : 1960년대 초 미국의 흑인폭동을 계기로 특정 사회문제가 정책문제로 전환되는 이유나 과정 등에 대한 관심이 높아지면서 대두됨

③ 특성

㉠ 문제해결의 첫 단계로, 가장 많은 정치적 갈등이 발생하며, 정책의제의 설정에 있어 일반적으로 가장 중요한 변수 또는 기준은 '문제의 해결 가능성'임

㉡ 정책대안의 실질적인 제한과 범위의 한정이 이루어지는 단계

㉢ 주도집단의 이해관계나 주관이 개입되어 복잡성과 다양성, 역동성을 띰

㉣ 반드시 합리적 · 객관적 과정을 거치는 것은 아니며, 주관적 · 자의적 · 인공적 판단이 개입됨

㉤ 대안이 훌륭하고 바람직한 정책효과가 나타났다 해도 정책문제를 잘못 인지하여 정책문제가 해결되지 못하는 근원적인 오류(제3종 오류)가 발생할 수 있음

④ 유형

구분	내용
공중의제 – 공식의제	• 공중의제 : 정부에 의해 공식적으로 채택되기 전이지만, 관심이 집중되어 정부에 의해 해결되어야 한다고 생각되는 의제(체제의제, 토의의제, 환경의제) • 공식의제 : 정부에 의해 공식적으로 채택된 의제(제도의제, 행동의제, 기관의제)
강요의제 – 선택의제	• 강요의제 : 재량의 여지없이 정책결정권자가 의무적으로 고려해야 할 의제 • 선택의제 : 의제선택의 재량권이 인정된 의제
제안의제 – 협상의제	• 제안의제 : 문제 정의에서 더 나아가 문제해결책과 관련되어 제기되는 의제 • 협상의제 : 의제에 대한 지지가 강력히 요구되는 의제

실력up 정책오류(policy error)의 유형

- **제1종 오류(Type I error, 알파 오류)** : 실제로는 정책대안이 효과나 인과관계가 없는데, 있다고 잘못 평가하여 잘못된 대안을 채택하는 오류
- **제2종 오류(Type II error, 베타 오류)** : 실제로는 정책대안이 효과나 인과관계가 있는데, 없다고 잘못 평가하여 올바른 대안을 기각하는 오류
- **제3종 오류(Type III error, 메타 오류)** : 가설 검증이나 대안선택에서는 오류가 없었으나, 정책문제 자체를 잘못 인지하거나 정의하여 발생하는 근원적 오류로, 주로 정책의제설정과정에서 발생

(2) 정책의제의 설정에 영향을 주는 요인

① 정책문제의 성격

문제의 특성이나 중요성	영향을 받는 집단이 크고(많고) 문제의 내용이 대중적이고 중요한 것일수록 의제가 될 가능성이 커짐
사회적 유의성	사회 전체에 주는 충격의 강도가 클수록 의제가 될 가능성이 커짐
쟁점화의 정도	관련 집단들에 의하여 예민하게 쟁점화된 것일수록 갈등해결의 필요성이나 중요성이 크므로 의제가 되기 쉬움
시간적 적실성	문제의 시간적 적실성이 높을 때 의제로 설정될 가능성이 큼
문제의 복잡성	• 문제가 단순할수록(복잡성이 낮을수록) 정부의제로 채택될 가능성이 커지며, 이해관계가 복잡할수록 채택가능성은 낮아짐 • 기술적 복잡성이 높아 해결가능성이 낮을 경우 의제채택 가능성이 작음
문제의 구체성	문제가 추상적(포괄적)일수록 의제가 될 가능성이 크다는 견해와 문제가 구체적일수록 의제 형성이 용이하다고 보는 견해가 있음
문제의 내용적 특징	전체적인 이슈로서 전체적 편익을 주면서 부분적 비용을 수반하는 문제는 비용부담자의 조직적 저항으로 채택이 어려움
선례와 정형화 여부	선례가 있는 문제는 표준운영절차(SOP)에 따라 쉽게 의제로 채택되며, 일종의 유행이 되어 있는 정형화된 문제들도 쉽게 의제가 될 가능성이 큼
해결책의 유무	해결책이 존재하고 해결이 쉬울수록 쉽게 의제가 됨

② 주도집단과 참여자

영향력의 결정 기준	대상집단의 규모나 응집력 · 영향력, 의제설정자의 가치관 및 성향 등
문제인지집단	문제인지집단이 크고 응집력이 강할수록, 인지집단의 자원이 풍부하고 자원과 영향력이 클수록 의제채택 가능성이 커짐
의제설정자	상부기관의 영향력이 크고 지시가 구체적일수록, 하위조직원의 참여도가 높을수록 의제가 될 가능성이 커짐

③ 정치적 · 경제적 · 사회적 요인

정치적 요인	• 정치이념이나 정치체제 : 사회주의에 비해 자유주의 국가일수록 의제화 논의가 활발하고 개방적임 • 정부의 정책 : 현재 정부가 어떤 정책을 펴는가에 따라 그에 합당한 사회문제가 의제화되기 쉬움 • 정치적 사건의 존재 : 사회적 관심을 유발하는 사건은 의제설정과정에서 점화장치가 됨 • 정치인의 관심 정도나 속성 등
사회적 · 경제적 요인	사회문화적 상황, 경제발전 정도, 재원마련 가능성 등이 영향을 미침

SEMI-NOTE

정책의제의 설정을 좌우하는 요인(J. Kingdon)

- **정부문제의 성격** : 사회적, 유의성, 문제의 시간성과 구체성, 복잡성, 선례성 등
- **주도집단의 정치적 자원** : 집단의 규모, 재정력, 응집력, 구성원의 지위 · 명망 등
- **정치적 상황** : 정치체제의 구조, 정치이념과 정치 문화, 정책 담당자의 태도, 정치적 사건 등

정책문제의 정의 및 고려 요소

- **정책문제의 정의** : 정책문제의 구성요소, 원인, 결과 등을 규정하여 무엇이 문제인지를 밝히는 것으로, 이를 위해서는 정책문제 관련 요소와 역사적 맥락, 인과관계 등을 파악하고 관련자들이 원하는 가치가 무엇인지 판단하여야 함
- **정책문제의 올바른 정의를 위한 고려 요소**
  - 관련 요소의 파악 : 첫 번째로 고려해야 할 요소로서, 정책문제를 유발하는 사람들과 사물의 존재, 상황요소 등을 찾아내는 작업을 말함
  - 가치 판단 : 문제의 심각성과 피해계층 · 피해집단을 파악함으로써 관련된 사람들이 원하는 가치가 무엇인가를 판단
  - 인과관계의 파악 : 관련 요소(변수)들의 관계를 원인, 매개, 결과로 나누어 파악
  - 역사적 맥락의 파악 : 관련 요소(변수)들의 역사적 발전 과정, 변수들 사이의 관계의 변화 과정 파악

SEMI-NOTE

(3) 정책의제의 설정과정

① 콥과 엘더(R. Cobb & C. Elder)의 견해

한눈에 쏙~

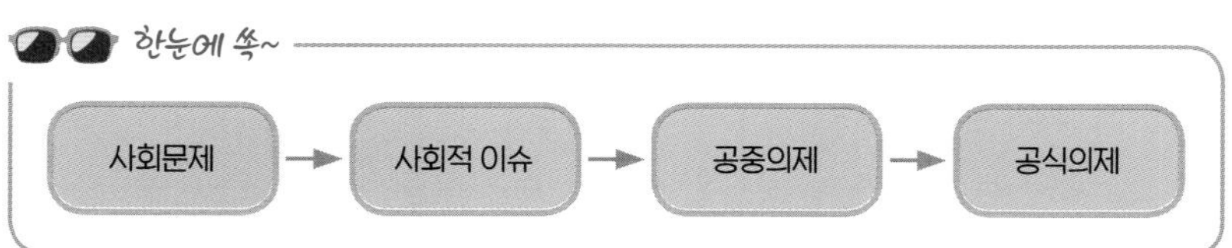

㉠ **사회문제** : 많은 사람이나 집단이 해결이나 시정조치를 원하는 욕구나 불만을 말하며, 대표적인 예로 환경오염이나 교통혼잡 등이 있음

㉡ **사회적 이슈**

- 해결방안에 관하여 의견이 불일치하거나 쟁점이 된 사회문제와 긴급히 해결해야 할 사회문제를 말함
- 사회적 이슈화과정은 문제정의를 위한 토론과 논쟁의 과정이기도 함
- 사회문제를 이슈화하기 위해서는 주도자와 점화장치(사회적 관심을 유발하는 사건)가 있어야 함

사회적 이슈가 공중의제가 되기 위한 전제조건

- 많은 사람이 관심을 가지고 있거나 알고 있을 것
- 어떤 방식이든 정부의 조치가 필요하다는 사람들이 상당수 있을 것
- 문제가 정부의 적절한 고려 대상이 될 뿐 아니라 그 문제의 해결이 정부의 권한에 속한다고 많은 사람들이 믿을 것

㉢ **공중의제** : 정부가 해결을 강구해야 한다고 사회일반이 공감하는 일련의 이슈를 말함

㉣ **공식의제** : 정부가 공식적으로 검토하기로 결정한 문제를 말함

② 콥과 로스(R. Cobb & Ross)의 견해

한눈에 쏙~

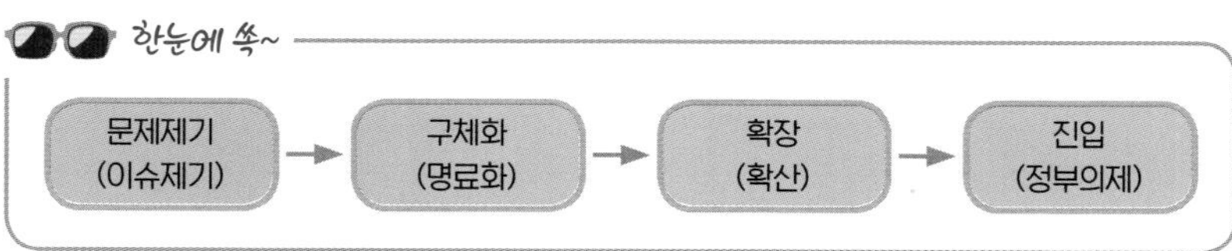

㉠ **문제제기(이슈제기)** : 문제나 고충의 표출 및 발생 단계, 즉 정책의 외부환경으로부터 개인이나 집단에 의해 제기되거나 새로운 정책으로 정치지도자 등에 의해 공표되는 단계

㉡ **구체화(명료화)** : 일반적 고충 · 불만이 구체적인 특정 정책의 요구로 전환되거나 새로운 정책의 세부항목이 정해지는 단계(집단민원 제기 등)

㉢ **확장(확산)** : 정책적 요구로 전환된 문제가 정부의 관심을 끌거나 많은 집단들 사이에서 논제로 확산되는 과정

㉣ **진입(정부의제)** : 공중의제가 정부에 의하여 공식의제(정부의제)로 채택(전환)되는 과정

③ 존스(C. Jones)의 견해

한눈에 쏙~

사건인지 및 문제 정의 → 결속(결집) 및 조직화 → 대표화 → 정책의제화

대표화

문제를 지닌 집단이 그 문제를 정부에 귀속시키고자 행하는 모든 활동과 노력을 말하며, 개인적 접촉이나 청원, 언론매체, 정보 · 기술제공 등을 포함함

(4) 정책의제설정 모형

① 콥과 로스(R. Cobb & Ross)의 모형

구분	외부주도형	동원형	내부접근형
개념	외부집단이 주도하여 사회문제에 대해 정부가 해결해 줄 것을 요구하고 정부의제로 채택하도록 하는 과정	정부조직 내부에서 주도되어 거의 자동적으로 공식의제화하고, 행정 PR을 통하여 공중의제가 되는 모형	정부조직 내의 집단 또는 정책결정자에게 쉽게 접근할 수 있는 외부집단에 의하여 문제가 제기되고 정부의제가 되도록 충분한 압력을 가하는 모형
특성	정책과정 전반을 사회문제 당사자인 외부집단이나 다양한 행위자가 주도하고 협상과 타협 등 진흙탕 싸움, 즉 외부집단 간의 경쟁으로 인하여 점진적인 해결에 머무르는 수가 많음	• 전문가의 영향력이 지대함 • 분석적인 설정과정 • 정책내용이 종합적 · 체계적 · 장기적 • 카리스마적 지도자에 의해 주도될 가능성이 큼	• 이슈가 공중에게 확산되기를 원하지 않음 • 호의적 결정과 성공적인 집행의 가능성이 높음 • 부와 지위가 집중된 사회, 엘리트계층에 의해 발생될 가능성이 높음

② 메이(P. May)의 모형(1991)

㉠ 구분기준

논쟁의 주도자 / 대중적 지지	사회적 행위자들	국가
높음	외부주도형	굳히기형
낮음	내부주도형(내부접근형)	동원형

㉡ 모형의 유형

외부주도형	비정부집단 등의 사회행위자들이 주도하여 사회문제를 이슈화하여 이를 공중의제로 만든 다음, 다시 정부의 공식의제로 채택되도록 하는 모형
내부주도형 (내부접근형)	정책결정자에게 쉽게 접근할 수 있는 영향력 있는 집단들이 정책을 주도하는 모형
굳히기형	대중적 지지가 필요하나 대중적 지지가 높을 것으로 기대될 때, 정부가 의제설정을 주도하여 의제설정을 명확히 하는 모형
동원형	대중적 지지가 낮을 때 정부에서 주도하여 공식의제화하고 행정 PR(공공관계 캠페인)이나 상징 등을 활용하여 대중적 지지를 높이는 모형

(5) 의제설정에 관한 이론

① 의제설정과 국가론

㉠ 의의 : 정책의제의 설정을 누가 주도하는가는 국가의 성격을 어떻게 규정하느냐에 따라 다르므로, 국가론은 정책이론의 기본 가정이자 전제적 이론이 됨

SEMI-NOTE

내부접근형의 예

율곡사업 등 무기구매계약, 마산 수출자유지역 결정, 관주도의 경제개발 및 국토개발사업, 고속도로사업, 금강산관광, 대북지원 사업, 집권자의 공약 실천 등

외부주도형

비정부집단의 이슈 제기 → 공중의제화 → 공식적인 제도적 의제화

내부주도형

사회문제 → 공식적 의제화(이슈화나 정책경쟁이 생략되는 모형)

동원형

사회문제에 대한 이슈제기 → 공식의제화 → 공중의제화

SEMI-NOTE

포자모형
곰팡이 포자가 적당한 환경이 조성되지 않으면 균사체로 발전하지 못하는 것과 같이, 영향력이 없는 집단이 주도하는 이슈의 경우 이슈 촉발계기(triggering device)가 없으면 정부의제로 발전하지 못한다는 모형

흐름모형
사회적 이슈가 어떤 계기로 사회적 환경에서 정부의 공식의제로 채택되느냐와 관련하여, 흐름모형은 능동적 참여자와 의제 · 대안의 논의과정이 의제형성에서 중요하다고 보는 모형. 이러한 모형의 대표적인 유형으로는 흐름창모형과 쓰레기통모형이 있음

유럽의 대표적인 고전적 엘리트론
- **모스카(G. Mosca)의 지배계급론** : 조직화된 소수의 지배계급이 다수의 피지배계급을 지시 · 통제
- **파레토(V. Pareto)의 엘리트 순환론** : 사회구성원을 엘리트계층과 비엘리트계층으로 구분하고 엘리트계층을 다시 통치엘리트(정책과정에 참여)와 비통치 엘리트(정책과정에 비참여)로 구분한 후, 엘리트계층 간의 순환과정이 자연스럽게 이루어진다고 주장
- **미헬스(R. Michels)의 과두제의 철칙(Iron law of oligarchy)** : 정당의 내부구조에 대한 연구를 통해 민주적 조직이 불가피하게 과두제의 방식으로 조직화되어(과두제화) 구성원의 이익이 아닌 지배계급의 이익을 대표하게 됨(목표-수단의 전환)

㉡ 의제설정이론의 접근방법

- 주도권자에 따른 분류

국가 중심적 접근방법	국가주의(statism), 조합주의(corpratism)
사회 중심적 접근방법	다원주의(pluralism), 엘리트주의(elitism, 선량주의), 마르크스주의(marxism)

- 권력의 집중 · 분산 여부에 따른 분류

권력균형론(권력분산론)	다원주의
권력불균형론(권력집중론)	국가주의, 조합주의, 선량주의, 마르크스주의

② 엘리트이론과 다원론의 논쟁

㉠ 논쟁의 의의

- 두 이론 간의 논쟁은 단순한 정책문제에만 국한된 것이 아니라 정치제도의 실질적 지배자에 대한 논쟁으로서의 의미를 지님
- 미국의 엘리트이론은 정책문제 채택에 대한 엘리트집단의 영향력에 대한 이론으로서 그 의의가 크며, 정책의제 설정이론도 사실상 이들의 이론전개에 의해 개발됨

㉡ 논쟁의 전개과정

고전적 민주주의 → 고전적 엘리트론(19세기 말) → 미국의 엘리트론(1950년대) → 고전적 다원론(초기다원론, 1950년대) → 다알(R. Dahl)의 다원론(1960년대) → 신엘리트론(무의사결정론, 1960년대) → 신다원론(수정다원론, 1980년대)

③ 엘리트이론

㉠ 의의 : 사회는 권력을 가진 자와 이를 가지지 못한 일반대중으로 나뉘며, 소수 관료나 저명인사 등 사회지배계급(엘리트)에 의하여 정책문제가 일방적으로 채택된다는 이론

㉡ 전개

고전적 엘리트론 (19세기 말)	• 미국의 고전적 민주주의에 대한 비판으로 유럽에서 전개 • 소수의 동질적 · 폐쇄적 엘리트(정치지도자)가 대중을 지배 • 엘리트는 자율적이고 다른 계층에 대해 책임지지 않으며, 중요한 정치적 문제는 전체의 이익과 관계없이 자신들의 이해관계를 고려해 해결
미국의 엘리트론 (1950년대)	엘리트 이론가들은, 미국사회를 지배하는 엘리트는 정치적으로 중요한 기관의 지도자라는 밀스(C. Mills)의 지위접근법과, 사회적 명망가가 결정한 것을 대중은 수용할 뿐이라는 헌터(F. Hunter)의 명성접근법을 토대로 미국도 엘리트사회라고 주장(다원론자들을 자극)
신엘리트론 (1960년대)	바흐라흐(Bachrach)와 바라츠(Baratz)의 무의사결정론이 대표적

④ 신엘리트이론(무의사결정론)

㉠ 의의 : 지배엘리트(집권층, 의사결정자)의 권력과 이해관계와 일치되는 사회

문제만 정책의제화된다는 이론

㉡ 특징 : 주로 의제설정 · 채택과정에서 일어나지만 넓은 의미의 무의사결정은 정책의 전 과정에서 발생

㉢ 행사 방법(수단)

- 폭력 등의 강제력 행사
- 권력에 의한 특혜의 부여 · 회유(특혜의 제공이나 이익을 통한 매수 등)
- 편견의 동원(지배적 규범 · 절차를 강조해 정책요구를 억제하는 간접적 방법)
- 편견의 강화나 수정(지배적 규범 · 절차 자체를 수정 · 보완하여 정책요구를 봉쇄하는 가장 간접적 · 우회적 방법)
- 문제 자체의 은폐 및 지연

⑤ 다원론(pluralism)

㉠ 의의 : 민주주의 사회에서의 정치적 영향력이나 권력은 사회 각 계층에 널리 분산되어 있다는 이론

㉡ 특징

- 민주사회를 정치적 시장으로 보며, 여러 사회집단들이 선거를 통해 의견을 나타내는 정치시스템으로 간주
- 정치인들은 정치적 지지를 얻기 위하여 경쟁(당선된 공직자가 정책결정에 가장 큰 영향을 미치게 된다는 정치논리)
- 정책과정의 주도자는 이익집단이며, 정부는 갈등적 이익을 조정하는 중재인, 규칙의 준수를 독려하는 심판자로서의 역할을 수행

㉢ 전개

고전적 민주주의 (매디슨 다원주의)	민주주의에 대한 낙관적 입장
고전적 다원론 (이익집단론, 초기의 다원론, 집단과정이론)	정치과정의 핵심은 이익집단의 활동이며, 이익집단의 자유로운 활동(협상 · 타협)을 통해 정책문제가 채택된다는 이론
다알(R. Dahl)의 다원론 (다원적 권력이론)	엘리트론과 달리 엘리트집단 전체가 대중의 선호나 요구에 민감하게 움직인다는 점에서 미국 도시가 다원적 정치체제를 지닌다고 봄
신다원론(수정다원론)	특정 엘리트집단의 영향력은 누적적으로 쌓일 수 있으며 특정집단이 다른 집단에 비하여 강한 영향력을 행사할 수 있으므로 특정 엘리트집단이 정부와 사회를 주도할 수 있다고 봄

㉣ 한계

- 집단의 중요성을 지나치게 강조하며 정부나 관료의 독자적 결정능력을 간과
- 정책과정에서 정책결정 요인으로 작용하기도 하는 이데올로기의 역할을 고려하지 못함
- 외적 환경이나 구조적 제약이 정책에 미치는 영향을 고려하지 못함
- 잠재집단이나 정부부처 간의 견제 · 균형으로 특수한 이익이 지배하지 못할 것이라는 점도 설득력이 약함

SEMI-NOTE

무의사결정론의 발생 원인

- 지배계급의 가치나 신념체계에 대한 도전의 부정, 기득권 침해 예방
- 지배엘리트들에 대한 행정관료의 지나친 충성심(과잉충성)
- 정치문화에 부정적으로 작용하는 문제의 억제
- 정치체제가 특정 문제에 편견이 있거나 구조화·경직성이 심한 경우
- 관료의 이익과 상충되거나 관련 정보·지식·기술이 부족한 경우

다원론의 시사점

- 정책결정과정이 특정 계층이나 집단에 독점되어 있지 않고 분권화되어 있으며, 정책결정과정은 유동적이며, 정치적 균형은 갈등과 타협의 결과
- 이익집단은 정책과정에 영향력의 차이는 있지만 동등한 접근 기회를 가짐
- 이익집단은 전체적으로는 상호 견제와 중복회원 등의 이유로 균형을 유지하고 있음
- 이익집단들은 상호 경쟁을 하고 있지만 게임의 규칙에 대한 합의를 토대로 하므로, 경쟁은 순화될 수 있고 정치체제의 유지에 순기능적 역할을 수행함

벤틀리와 트루먼(A. Bentley & D. Truman)의 이익집단론에 대한 반발이론

- **이익집단자유주의론** : 이익집단이 자유로운 활동에서는 조직화된 활동적 소수의 이익만 반영되고 침묵하는 다수의 이익은 반영이 곤란하다는 이론
- **공공이익집단론** : 특수 이익보다 공익에 보다 가까운 주장을 펴는 집단의 이익이 정책에 반영된다고 보는 이론

SEMI-NOTE

신마르크스주의

- 경제를 지배하고 있는 자본가 계급이 국가를 장악한다고 보는 이론
- 국가가 어느 정도 자율성을 가진다는 것을 강조하는 점에서 정통 마르크시즘과 구별되며, 민간부문이 실질적 결정권을 장악한다는 점에서 신베버주의와 구별됨

- 잠재집단이 집합적으로 만나지도 않고 자원도 부족하므로 실제 조직화는 곤란함

⑥ 기타 국가론

㉠ 유럽 중심의 이론

계급이론	사회가 지배계급과 피지배계급으로 나뉜다고 보고, 경제적 부를 독점하는 지배계급이 엘리트화하여 정책과정을 담당한다는 이론
베버주의	국가나 정부관료제의 절대적 자율성과 지도적 · 개입적 역할을 인정하는 이론
신베버주의	이익집단이나 지배계급뿐만 아니라 국가나 정부도 자율적 의사결정주체라 보는 이론
조합주의이론	• 다원주의에 대한 반발로 나타난 국가주의의 일종으로, 사회 전체를 국가에 종속되는 조합들로 구성하려는 이론 • 대표적 유형으로, 제3세계나 후진 자본주의에서 국가가 일반적으로 주도하는 국가조합주의와 서구 선진자본주의에서 이익집단의 자발적 시도로 발생한 사회조합주의가 있음

㉡ 제3세계 국가 중심의 이론

종속이론	후진국의 저발전 문제가 주변부(후진국)에서 중심부(선진국)로 유출되는 경제적 잉여 때문이라 보는 이론
관료적 권위주의	서구의 경우 사회경제의 근대화가 정치적 민주주의를 실현시키지만, 제3세계에서는 오히려 강력한 권위주의 정권을 초래한다고 봄
신중상주의	우리나라 등 동아시아의 신흥 공업국가를 중심으로 경제발전 과정에서 국가의 역할을 논의한 이론(경제성장제일주의, 안보제일주의)

2. 정책분석과 미래예측

정책분석의 의의

정책분석(PA)쪽으로 갈수록 정치적인 고려가 많은 상위차원의 분석으로 공공부문에 적합하며, 관리과학(OR)쪽으로 갈수록 기술적 · 계량적 분석으로서 민간부문에 적합함

(1) 정책분석(PA)

문제의 인지 및 정책목표의 설정 → 정책대안의 탐색 · 개발 → 정책대안의 비교 · 분석과 평가 → 최적대안의 선택

① 의의 : 정책분석은 정책결정의 핵심단계로서, 각종 대안에 대한 비교 · 평가를 통해 의사결정자의 합리적 판단을 도와주는 지적 · 인지적 활동

② 특징

㉠ 결정자의 역할을 대체하는 것이 아니라 합리적 판단을 도와주는 활동임

㉡ 대안의 결과를 예측 · 비교 · 평가하는 합리적 · 상식적 활동이며, 협상과 타협이나 권력적 관계에 의존하는 정치적 활동이 아님

㉢ 정책분석은 어디까지나 상식적인 것으로 정책 전문가뿐만 아니라 누구나 할 수 있는 작업임

㉣ 경제적, 기술적 합리성 외에도 정치적 변수, 사회적 합리성, 사회적 형평성, 초합리성 등을 고려(합리모형 + 점증모형 + 최적모형)

③ 한계

㉠ 목표 설정의 곤란

㉡ 문제의 복잡 · 다양성

㉢ 정보와 자료의 부족

㉣ 분석결과 활용능력 및 권력의 제약

㉤ 계량화와 객관적 분석의 곤란

㉥ 지나친 정치적 고려

④ 정책분석의 세 가지 차원

(협의의) 정책분석(PA)	• 체제분석에 가치나 사회적 배분, 정치적 효과 등을 고려 • 당위성차원의 분석 • 정책의 기본방향(where) 결정이 분석의 초점 • 정책대안의 실행가능성 및 정책목표의 최적화 등 정치적 요인 고려
체제분석(SA)	• 관리과학에 직관 · 통찰력 등을 보완 • 능률성이나 실현성 차원의 분석 • 능률적 정책대안(what) 결정이 분석의 초점 • 부분적 최적화 추구(비용편익 · 효과분석, 관리과학기법)
관리과학(OR)	• 정책집행을 위한 관리결정의 계량적 기법 • 경제적 합리성(능률성) 차원의 분석 • 경제적 달성방법(how) 선택(집행 · 운영계획의 수립)이 초점 • 수단의 최적화, 계량화 추구(선형계획, 모의실험, PERT 등)

(2) 체제분석(SA)

① 의의 : 문제 해결을 위하여 총체적 대안을 검증적 · 실증적(통계학적) 분석을 통하여 합리적인 대안을 선택하는 것으로 정책결정자의 합리적 · 경제적 대안선택을 돕기 위한 체계적이고 과학적인 접근법

② 특징

㉠ 정책분석의 기초로서 결정자의 합리적 판단에 기여(문제 해결을 위한 대안을 발견하고 각 대안의 비교 · 검토를 통해 합리적 결정을 위한 기초를 제공)

㉡ 비교분석을 통한 합리적 · 계량적 분석기법(합리모형의 기법) 강조

㉢ 대안 검토의 기준으로 능률성이나 경제적 합리성을 중시

㉣ 동시적 분석보다는 부분적 분석으로 최적화를 추구

㉤ 체제의 개방성을 전제하여 불확실한 환경 요인까지 고려

㉥ 비용편익분석과 비용효과분석이 핵심수단

③ 한계

㉠ 환경적 요인의 영향으로 분석의 불완전성 극복 곤란

㉡ 계량적 분석만을 중시하여 비합리적 요인과 가치적 · 질적 요인 및 분석을 경시

㉢ 문제의 명확한 파악과 목표의 계량적 측정이 곤란하며, 목표 달성도 측정이 어려움

㉣ 객관성 · 과학성으로 인하여 복잡한 문제의 분석에 한계가 있음

㉤ 인간의 불완전성으로 미래예측에 한계가 있음

SEMI-NOTE

(협의의) 정책분석(PA)의 특성

• 가장 상위차원의 분석으로 목표설정, 정책의 기본방향, 정의 등 규범성 · 당위성을 고려(정치적 변수 고려)
• 분석이 포괄적이므로 복잡하고 광범위한 문제들도 다룸
• 경제적 · 합리적 분석모형과 정치적 점증모형을 혼합한 분석 방법
• 광의의 합리성, 초합리성을 고려하며, 계량적 · 질적 분석 모두를 강조
• 비용 · 편익의 크기 외에도 사회적 배분이나 형평성도 고려
• 정책대안의 쇄신을 강조하여 자기발견적 방법(heuristic method)에 의한 새로운 대안 발견을 중시
• 여러 학문분야의 전문적인 활동에 의존하는 지적이고 분석적인 활동으로, 체제분석을 토대로 함

SEMI-NOTE

체제분석과 정책분석의 공통점

- 문제와 대안을 넓은 체제적 관점에서 고찰
- 예상결과를 측정 · 비교 · 검토하기 위한 과학적 분석기법
- 보다 나은 명백한 최적대안을 탐색하는 행위
- 체제분석을 토대로 활용

비용과 편익의 추계(추정)

- **비용** : 기회비용의 개념이며, 매몰비용은 무시하고 미래비용만 고려
- **편익** : 소비자 잉여개념, 총체적 실질 비용 · 편익을 측정
- 비용 · 편익은 내 · 외부적인 것, 직 · 간접적인 것, 유 · 무형적인 것을 모두 고려
- 실질적 비용과 편익만 포함하며 금전적 비용 · 편익은 제외

내부수익률의 한계

- 사업기간이나 규모가 다른 복수사업을 비교할 경우나 예산 제약이 있는 경우에는 IRR 기준 적용 곤란
- 초기에 비용이 발생하고, 편익 발생기간이 지난 후 다시 비용이 발생하는 사업이나 사업 종료 후 또 다시 투자비가 소요되는 변이된 사업의 경우 복수의 IRR이 도출되어 적용기준이 모호해짐

비용효과분석의 한계

- 사회복지와 조직구성원의 만족도를 순편익 개념으로 측정하기는 곤란함
- 효과를 화폐단위로 측정하지 않기 때문에 계량화가 곤란함

④ 정책분석과의 비교

구분	정책분석(PA)	체제분석(SA)
기준	비용 · 효과의 사회적(외적) 배분 고려(형평성 고려)	자원배분의 내적 효율성 중시
성격	정치적 합리성과 공익성, 실현가능성	경제적 합리성
분석방법	계량분석 · 비용편익분석 외에 질적 · 비계량적 분석 중시	계량분석 · 비용편익분석 위주
가치 및 분석	가치문제 고려, 목표분석	가치문제 무시, 수단분석
정치성	정치적 · 비합리적 요인 고려	정치적 · 비합리적 요인 무시
최적화	정책목표와 최적화 추구	부분적 최적화 추구(경제적 측면에서만 대안의 최적화를 추구)
관련 학문	정치학 · 행정학 · 심리학 · 정책과학 활용	경제학(미시경제) · 응용조사 · 계량적 결정이론

⑤ 체제분석의 기법

㉠ 비용편익분석(CBA, B/C분석) 빈출개념

대안의 식별 → 사업의 수명결정 → 비용 · 편익의 확인 및 측정 → 할인 → 민감도 분석 → 대안 우선순위 제시

- 의의 : 공공사업에 대한 정책대안의 편익과 비용을 계량적으로 비교 · 평가하여 사업의 경제적 타당성과 자원배분의 우선순위를 결정하는 기법
- 평가기준

순현재가치(NPV)	• 가장 일차적인 기준, '순현재가치 = 편익의 현재가치(B) − 비용의 현재가치(C)' • NPV(B−C)가 0보다 크면 사업 타당성이 있음
편익비용비(B/C)	• 편익비용비 = 편익의 현재가치 ÷ 비용의 현재가치 • B/C가 1보다 크면 사업 타당성이 있음
내부수익률(IRR)	• 편익의 현재가치와 비용의 현재가치가 같도록 해주는 할인율(순현재가치를 0으로 만드는 할인율)을 말함 • 내부수익률이 기준할인율(사회적 할인율)보다 크면 사업타당성이 인정됨, 즉 IRR이 클수록 경제적 타당성이 큰 좋은 대안이 됨(IRR은 투자의 수익률과 의미가 같음)
자본회수기간(투자회임기간)	• 투자비용을 회수하는 데 소요되는 시간으로, 이 기간이 짧을수록 우수한 사업임 • 낮은 할인율은 장기투자에 유리하고 높은 할인율은 단기투자에 유리(할인율이 높을 때에는 초기에 편익이 많이 나는 사업이 상대적으로 유리)

㉡ 비용효과분석(CEA, E/C분석)

- 의의 : 전체비용과 전체효과를 비교하여 최선의 대안을 선택하는 분석기법
- 선택기준 : 대안은 최소비용과 최대효과의 기준에 따라 선택

• 비용편익분석과의 비교

비용편익분석(CBA, B/C분석)	비용효과분석(CEA, E/C분석)
경제적 합리성 · 타당성, 능률성(효율성) 분석, 양적 분석	기술적(도구적) 합리성, 효과성 분석
• 비용 · 편익을 화폐가치로 표현 • 계량화 · 통계화가 가능	• 비용은 화폐가치로 계량화하나, 효과는 재화나 서비스의 단위, 기타 측정 가능한 단위로 표현하므로 쉽게 적용 가능 • 계량화 · 통계화 곤란
사업의 타당성에 중점	자원이용의 효율성에 중점
가변비용과 가변효과의 분석에 사용	고정 비용과 고정효과의 분석에 사용
외부경제에 부적합	외부경제에 적합, 질적 · 무형적 분석에 적합
수력발전, 관개, 관광, 교통, 인력개발, 도시개발 등의 영역에 사용	국방, 경찰행정, 운수, 보건, 기타 영역에 사용

㉢ 계층화분석법(Analytical Hierarchy Process, AHP)

• 의의 : 대운하, 새로운 공항, 지하철, 도로 등 기반시설 사업의 타당성 여부 판별에 비용편익분석과 더불어 가장 많이 쓰이는 분석기법

• 분석단계

제1단계	문제를 몇 개의 계층 또는 네트워크 형태로 구조화함
제2단계	각 계층에 포함된 하위목표 또는 평가기준으로 표현되는 구성 요소들을 둘씩 짝을 지어 바로 상위계층의 어느 한 목표 또는 평가기준에 비추어 평가하는 이원비교(쌍대비교)를 시행함
제3단계	각 계층에 있는 요소별 우선순위를 설정하고 숫자로 전환한 다음 전체적으로 종합하여 최종적인 대안간 우선순위를 설정함

(3) 미래예측

① 미래예측기법

델파이 기법(delphi method)	문제의 예측 · 진단 · 결정에 있어 전문가집단으로부터 반응을 수집해 체계적 · 통계적으로 분석 · 종합하는 주관적 · 비계량적 예측기법
브레인스토밍(brainstorming)	자유로운 상태에서 대면접촉을 유지하며 전문가의 창의적 의견이나 아이디어를 즉흥적이고 자유분방하게 교환 · 창출하는 집단자유토의 기법

㉠ 델파이 기법(delphi method)

구분	전통적 델파이(일반델파이)	정책델파이
의의	참여 전문가들의 익명성을 계속 유지하며 서로 의견을 제출 · 교환하는 과정을 반복하여 문제를 해결	초기 단계에서는 익명성을 유지하나 어느 정도 대안이나 논쟁이 표면화된 후 참여자들이 공개적으로 토론

SEMI-NOTE

계층화분석법의 원리

• 동일성과 분해의 원리 : 문제를 계층별로 분해해서 관찰하고 그들이 관찰한 것을 전달할 수 있는 능력

• 차별화와 비교판단(이원비교·쌍대비교)의 원리 : 관찰한 요소들 간의 관계를 설정하고 요소들의 상대적 강도와 효용을 차별화

• 종합의 원리 : 이들 관계를 총체적으로 이해할 수 있도록 종합화

일반델파이의 방법

• **격리와 익명성 확보** : 직접 대면 및 상호 토론 배제, 서면제출 방식의 활용

• **반복성과 환류** : 제출된 의견을 취합 · 회람한 후, 각자 의견을 수정 및 제시하는 과정을 반복

• **통계분석과 합의** : 수차례의 회람 후 통계적 분석절차를 거쳐 전문가들의 최종 합의(consensus)를 도출

특징	익명성의 유지, 질문의 반복과 회람(주제에 대한 지속적 관심과 사고를 촉진), 통제된 환류 등	선택적 익명성, 질문의 반복과 회람, 통제된 환류, 의도적 갈등 조성, 의견 차이를 부각시키는 이원화 · 양극화된 통계 처리
적용	일반적 · 기술적 문제에 대한 예측	정책문제(특히 정책수단의 영향)에 대한 예측
응답자	동일 영역의 일반전문가	정책전문가, 이해관계자 등 식견과 통찰력 있는 다양한 대상자 채택
익명성	철저한 익명성과 격리성(토론 없음)	선택적 익명성 보장(나중에 회의 및 상호토론 허용)
응답결과	의견의 대표적인 평균치 중시	의견 갈등을 부각시키는 양극화이론
통계처리	의견의 대푯값이나 평균치(중위값) 중시	의견차나 갈등을 부각하는 양극화 · 이원화된 통계처리
합의	근접된 의견이나 합리적 다수의견 또는 합의 도출	구조화된 갈등(의견차와 대립을 부각)
공통점	주관적 · 질적 미래예측기법, 전문가 참여, 익명성, 반복조사, 통계처리	

ⓛ 브레인스토밍(brainstorming)

의의	자유로운 상태에서 대면접촉을 유지하며 전문가의 창의적 의견이나 아이디어를 즉흥적이고 자유분방하게 교환 · 창출하는 집단자유토의기법
특징	• 현장에서의 상호 비판을 금하고 자유로운 상상을 허용 • 질보다 양을 중시하여 많은 아이디어를 얻는 것을 목적으로 함 • 타인의 아이디어를 결합하거나 수정 · 추가해 새로운 아이디어를 만들 수 있음(편승기법)

② 불확실성과 미래예측

㉠ 불확실성의 의의 : 예측하려는 사건이나 그 진행경로에 대한 지식이 결여되어 있는 상태로서 미래의 사태에 대한 예측불가능성

ⓛ 미래예측의 유형(W. Dunn)

- 예견(예언) : 이론적 · 인과관계적 · 양적 예측
- 투사(project) : 연장적 · 보외적(補外的) 예측
- 추측(conjecture) : 직관적 · 주관적 · 질적 예측

㉢ 불확실성의 대처방안

일반적 방안	• 표준화 · 공식화 추구(회사모형) : 표준운영절차(SOP)에 의한 불확실성 회피 • 완화된 합리성 추구 : 인지능력의 한계 등을 고려해 완화된(제한적) 합리성 추구 • 문제인지적 탐색 : 발견적 접근(시행착오를 통해 순차적 문제 해결을 추구하는 자기발견적 접근)
적극적 대처 방안	• 불확실성을 유발하는 환경 · 상황의 통제 • 결정을 늦추어 필요한 정보의 충분한 획득을 추구(관련 변수에 대한 정보획득 확대) • 모형이나 이론의 개발 · 적용(정책실험, 정책델파이, 브레인스토밍 등

SEMI-NOTE

정책델파이의 기본절차

문제의 명확화 → 전문가 선정 → 질문지 설계와 배포 → 1차 결과의 분석 → 2차 질의서의 작성 → 회의 소집(입장 평가) → 최종보고서의 작성

예견 기법

경로분석, 회귀분석, 선형회귀분석, 상관분석, 인과분석, 투입산출분석, 선형계획, 구간(간격)추정, 이론지도, PERT(계획의 평가검토 기법), CPM(경로공정관리법) 등(양적 · 과학적 기법)

투사 기법

시계열분석, 외삽법(外插法), 흑선 기법, 구간외추정, 선형경향추정, 최소자승경향추정법, 지수가중법, 자료변환법, 격변방법 등

추측 기법

델파이 기법(전통적 델파이, 정책델파이), 브레인스토밍, 교차(상호)영향분석, 실현(실행)가능성 분석, 역사적 유추 등

소극적 대처 방안	• 보수적 접근 : 최악의 상황(불확실성)을 전제로 대안을 예측하는 보수적 안을 말하며, 대표적 방안으로 최소극대화(maximin)기준이 있음 • 민감도 분석(sensitivity analysis) • 악조건 가중분석 • 분기점 분석(break-even analysis) • 상황의존도 분석 • 복수대안 제시 • 중복 및 가외성 장치 • 한정적 합리성의 확보

ⓔ 불확실한 상황에서의 의사결정(대안선택)기준

- 라플라스(laplace) 기준(평균기댓값기준) : 환경에 의해 정해지는 각 상황의 발생 확률이 모두 동일하다고 가정하고 각 대안의 평균기댓값을 구하여 그중 최선의 대안(최대기댓값)을 선택하는 것
- 낙관적 기준 : 최선의 상황이 발생한다는 가정에서 최선의 조건부 값을 비교하여 최적의 대안을 선택하는 것
  - maximax(최대최대치기준, 최대극대화기준) : 편익(이익)의 최대치가 가장 최대인 대안을 선택하는 것
  - minimin(최소최소치기준, 최소극소화기준) : 비용(손실)의 최소치가 가장 최소인 대안을 선택하는 것
- 비관적 기준 : 최악의 상황이 발생한다는 가정에서 최악의 조건부 값을 비교하여 최적의 대안을 선택하는 것
  - maximin(최대최소치기준, 최소극대화기준) : 편익(이익)의 최소치가 가장 최대인 대안을 선택
  - minimax(최소최대치기준, 최대극소화기준) : 비용(손실)의 최대치가 가장 최소인 대안을 선택
- 후르비츠(Hurwicz) 기준
  - 낙관적 기준과 비관적 기준을 절충한 모형으로, 낙관적일 때와 비관적일 때의 확률을 가중평균하여 선택(극단적인 값들 간의 중간값만 낙관계수에 의하여 도출 · 비교하는 방식)
  - 최댓값과 최솟값에 속하지 않는 다른 중간 조건부 값들을 전혀 고려하지 못하는 문제가 있음
- 새비지(Savage) 기준 : 미래의 상황을 잘못 판단함으로써 가져오는 손실 혹은 비용의 최소화를 추구하여 선택하는 것

3. 정책결정

(1) 정책결정의 의의 및 유형

① 정책결정의 의의

㉠ 개념 : 정책결정은 공익의 추구나 공적 문제 해결을 위하여 합리적이고 바람직한 정부의 대안을 탐색 · 선택하는 일련의 동태적 과정을 의미함

SEMI-NOTE

최소극대화(maximin) 기준

편익의 최소치가 가장 최대인 대안을 선택하는 것으로, 최악의 불확실성을 가정하고 대안을 모색하는 비관적 · 보수적 방안

정책결정의 정의

이스턴(Easton)은 정책결정을 "가치의 권위적 배분과정"이라 정의하였고, 드로어(Dror)는 "정부가 공익을 위하여 내리는 의사결정"으로 정의함

SEMI-NOTE

ⓒ 의사결정과의 관계

구분	정책결정	의사결정
주체	정부 · 공공기관	정부 · 기업 · 개인
성격	공적	공 · 사적
영향력	광범위한 영향	부분적인 영향
강제성	강함	약함
계량화	곤란함	대체로 용이함
근본이념	공익성	공익, 사익
결정사항	정부활동 지침	대안의 합리적 결정

② 정책결정의 유형

㉠ 정형적 결정과 비정형적 결정(H. Simon)

- 정형적 결정(프로그램적 결정) : 선례나 프로그램 등 이미 정해진 형태에 따라 행하는 기계적 · 반복적 결정으로, 하위층에서 하는 단기적이며 예측 가능한 결정
- 비정형적 결정(비프로그램적 결정) : 선례나 프로그램 없이 행하는 고위층의 결정으로, 장기적이며 예측이 불확실한 결정 등 고도의 판단력과 통찰력이 요구되는 결정

㉡ 전략적 결정과 전술적 결정

- 전략적 결정 : 조직의 목표 설정이나 존속 · 발전과 같은 중요한 전략적 문제에 대한 결정으로, 무엇(what)을 하는가에 관한 결정
- 전술적 결정 : 전략적 결정을 실천에 옮기기 위한 결정으로 일상적 업무처리방식의 선택과 같은 수단적 성격을 띠며, 어떻게(how)에 관한 결정

㉢ 가치결정과 사실결정

- 가치결정 : 목표나 방향의 설정 등 윤리와 선, 당위에 관한 결정. 에치오니(Etzioni)의 통합적 결정에 해당
- 사실결정 : 수단이나 방법의 채택 등 경험적으로 관찰 및 검증이 가능한 결정. 에치오니의 수단적 결정에 해당

정책결정의 특성

- 공공성 공익을 추구하며, 인본주의적 성격을 지님
- 가치지향성 · 규범성과 정치성 최적대안을 선택하기 위한 과정이며, 정치 · 행정일원론에서 중시
- 강제성과 구속성 정부에 의해 결정되는 과정이므로 강제력을 지님
- 미래지향성 미래의 바람직한 행동대안의 선택과정
- 행동지향성 정부의 단순한 의도나 감정이 아닌 구체적 행동을 초래함
- 동태성 · 복잡성 여러 변수가 작용하며, 많은 갈등과 이해관계의 상호작용 과정
- 합리성 경제적 · 정치적 합리성을 중시하는 과정

가치결정과 사실결정

가치결정은 전략적 결정과, 사실결정은 전술적 결정과 연결됨

(2) 정책네트워크 모형

① 의의 : 정책네트워크 모형은 정책과정에 다양한 공식 · 비공식 참여자 간 상호작용을 중심으로 정책과정을 분석하는 모형으로, 다원론과 엘리트이론, 조합주의에 대한 대안으로 등장

② 특징

정책영역별 · 문제별 형성	사안(문제)별로 형성하여 정책을 부분화 · 전문화함
다양한 공식적 · 비공식적 참여자	정부부문과 민간부문의 개인이나 조직인 공식적 참여자와 비공식적 참여자로 구성되어 있음

정책네트워크와 정책산출 예측

정책네트워크 모형에서의 정책산출 예측은 구체적인 모형에 따라 차이가 있으나 전반적으로 볼 때 정책산출은 각종 이해관계자나 참여자들 간 상호작용에 의하여 처음 의도했던 정책내용과 달라질 수 있으므로 이러한 동태적 현상에 의하여 정책산출에 대한 예측이 용이하지 않다는 점을 강조함

참여자간 교호작용을 통한 연계	연계는 정책선호에 관한 의사표시, 전문지식 기타의 자원교환, 상호 신뢰 구축의 통로가 되며 다소 간의 의존관계와 교환관계를 매개
경계의 존재	참여자와 비참여자를 구분하는 경계가 있으며 경계의 제한성과 명료성은 상황에 따라 다름
제도로서의 특성	개별구조라기보다 참여자들의 상호작용을 규정하는 공식적 · 비공식적 규칙의 총체(제도)
가변성 · 동태성	정책과정 전반을 지배하는 거시적 · 동태적 현상으로, 시간 흐름에 따라 내 · 외재적 요인에 의해 변동됨

③ 유형

하위정부모형 (철의 삼각모형)	미국의 정책과정을 설명하며 제시된 모형으로서 각 정책영역별로 정책과정의 비공식 참여자인 이익집단, 공식참여자인 의회 상임위원회(정당×), 행정부처(관료조직, 고위관료) 3자가 은밀하게 결탁한 장기적 · 안정적 · 호혜적인 동맹관계를 통해 상당한 독립성을 지닌 하위정부를 형성함으로써 정책에 결정적인 영향을 미친다는 이론
정책공동체모형	영국에서 정당과 의회 중심의 정책과정 모형인 하위정부모형의 폐단을 보완하려 제시된 이론으로, 정책을 둘러싼 정책문제, 정책대안, 정책내용, 정책결과 등에 대하여 관심을 가지고 있는 사람들로 구성되어 눈에 보이지 않지만 계속적인 활동을 하는 인식공동체
이슈네트워크	지식을 구비한 일반시민까지 포함한 공통의 기술적 전문성을 가진 대규모의 참여자들을 함께 묶는 불안정한 지식공유집단으로, 정책쟁점망, 정책문제망, 이슈망이라고도 함

④ 정책네트워크 모형의 비교

구분	하위정부(철의 삼각)	정책공동체	이슈네트워크
참여자 (행위자)	이익집단, 의회 상임위원회, 행정관료	하위정부의 삼자 외에 전문가 추가(제한된 멤버십)	정책공동체보다 행위자가 확대(다양하고 이질적인 집단)
관료의 역할	특수이익집단 이익에 종속되며 공익과 이익집단의 이익 조정	관료의 적극적 역할	쟁점에 따라 주도적 역할 또는 방관자 역할
관계의 지속성 · 안정성	안정적 · 지속적	비교적 안정적(멤버십의 연속성)	불안정(일시적 · 유동적)
행위자간 연계	동맹관계	의존적 · 협력적 관계	경쟁적 · 갈등적 관계
	강한 결합 (안정적 협력관계)	↔	약한 결합 (공개적인 갈등 상황)
정책네트워크의 경계	명확한 경계(폐쇄성)	↔	희미한 경계(개방성)

SEMI-NOTE

철의 삼각(Iron Triangle)

각 정책분야별 정책과정에서 관련 이익집단, 소관 관료조직, 그리고 의회의 소관 위원회가 상호간의 이해관계를 보호하기 위해 밀접한 동맹관계를 형성하고 있는 현상을 가리키는 개념

정책공동체와 이슈네트워크의 공통점

- 국가는 자신의 이해를 가지고 있고, 이를 관철시키고자 하는 하나의 행위자임
- 국가기관의 범주에는 행정부, 의회, 사업부 모두가 포함되며, 이들은 국가라는 하나의 실체가 아니라 개별 행위자로 간주됨

SEMI-NOTE

퀘이드(E. Quade)의 합리적 정책결정 과정(9단계론)
- 정책의제 형성(문제인지)
- 정책목표 설정
- 정보 수집 및 분석
- 대안 작성 · 탐색 · 개발
- 모형의 작성
- 예상결과 예측(대안의 평가)
- 우선순위 선정기준의 설정
- 우선순위 선정
- 종합판단, 우선순위 조정 및 최적대안 선택

품의제의 특징
- 내부 결제제도이며, 공식적 의사결정 형식 및 절차
- 계선 중심적인 의사결정방식
- 정형적인 의사결정의 방법으로, 목표의 설정, 대안의 탐색, 결과의 예측 등이 의사결정자의 권한으로 전제되어 있음
- 기관의 의사를 결정하는 환류적 의사결정 방법
- 업무의 분산집행을 가능하게 하며, 의사결정의 집권화를 초래

번문욕례(red tape)
실질적 내용보다 형식과 절차, 문서를 중시하는 관료제 병리현상의 일종으로, 형식주의 · 의식주의 행정문화에서 기인함. 17세기 영국에서 규정집을 붉은색 노끈(red tape)으로 묶었다는 사실에서 명칭이 유래되었음

(3) 정책결정과정

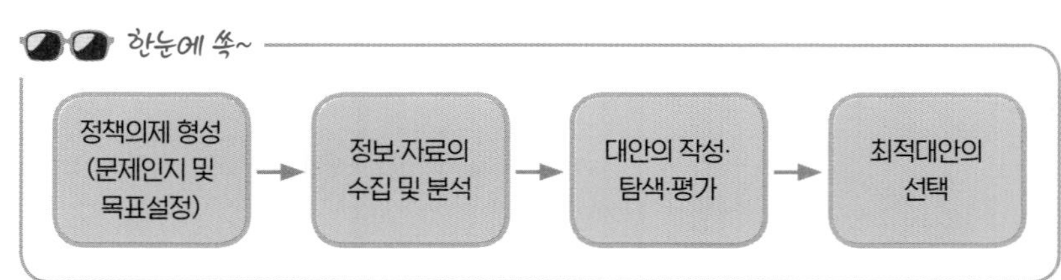

① **정책의제 형성(문제인지 및 목표설정)** : 문제를 정확히 인식하고 문제 해결을 통하여 달성하고자 하는 바람직한 목표를 명확히 하는 단계로, 가장 창조적인 단계이며, 갈등이 가장 많이 발생함

② **정보 · 자료의 수집 · 분석** : 목표를 달성하기 위한 각종 자료와 정보를 수집하는 단계로서 MIS기법이 활용됨

③ **대안의 작성 · 탐색 · 평가** : 수집된 정보와 자료를 근거로 대안을 작성하고 비용편익분석, 비용효과분석 등과 같은 체제분석기법을 통하여 대안들을 비교 · 평가

④ **최적대안의 선택** : 대안을 평가한 후 최적의 대안을 선택하는 것으로, 정책결정권자의 주관적 가치가 반영되기도 함

(4) 우리나라의 정책결정(품의제)

① **의의** : 행정기관 내부에서 하급자가 기안을 하여 단계별로 상급자의 결재를 거쳐 최고결재권자의 결재를 거친 다음 집행하는 정책결정 제도

② **평가**

㉠ **장단점**

장점	단점
• 상하 간의 정보공유, 하의상달촉진(민주적 · 상향적 결정) • 개별적 · 직접적 통제방식으로 활용 • 하급자의 참여의식 배양, 훈련기회 제공 • 사전조정 및 심사가능 • 실시단계에서의 협력 확보, 정책결정과 집행의 유기적 연계	• 행정지체와 비능률 초래 • 밀실행정으로 정실개입의 우려 • 고급공무원의 전문성 약화 • 할거주의(횡적 협조 저해) • 주사행정 초래 • 결정의 다단계화로 책임한계의 불분명 • 문서과다현상(번문욕례, red tape) 초래

㉡ **개선방안**
- 계층별 전문화 수준을 높여 형식적인 결재를 방지
- 결재 계층 수를 줄이고, 결재시기를 정하여 능률성을 확보
- 기관장의 막료기능을 강화하여 신중한 검토가 이루어지도록 함
- 전자결재의 활성화 및 대면결재의 축소

(5) 정책결정모형

① **정책결정모형의 의의** : 정책대안의 장단점을 비교 · 분석하여 평가하는 분석적 틀을 의미

② **정책결정모형의 구분**

㉠ 산출지향적 모형과 과정지향적 모형

산출지향적 모형 (합리성모형)	• 주로 행정학에서 다루며, 정책산출의 기준(합리성) 분석에 중점 • 처방성이 강하며, 정책내용이나 정책결정방법 개선에 목적을 둠 • 합리모형, 만족모형, 점증모형, 혼합주사모형, 최적모형, 연합모형 등
과정지향적 모형 (권력성모형, 참여자 중심 모형)	• 주로 정치학에서 다루는 모형으로 공공정책 형성과정에 있어 주도자(권력성)가 누구인가에 중점 • 기술적(記述的) 성격을 특징으로 하고, 분권화된 다원적 사회에 적용될 가능성이 높음 • 집단모형(다원론), 체제모형, 엘리트모형, 게임이론, 제도모형, 쓰레기통모형, 정책의 창 모형 등

㉡ 규범모형 · 실증모형과 합리모형 · 인지모형

규범모형	바람직한 의사결정을 위해 무엇을 어떻게 해야 하는지 제시하려는 처방적 연구
실증모형	실제 발생하고 있는 현실의 의사결정을 기술하고 설명하는 경험적 연구
합리모형	결정자를 합리적 행위자(완전한 합리성)로 가정하여 목표달성을 극대화하는 최적 대안을 선택하는 결정모형
인지모형	인간의 인지능력의 한계(제한된 합리성)를 전제로 의사결정과정의 설명이나 바람직한 의사결정 방법 제시

㉢ 개인적 모형과 집단적 모형(의사결정주체에 따른 구분)

개인적 모형	개인이 실제로 어떻게 의사결정을 하는가를 연구하는 모형(합리모형, 만족모형, 점증모형, 혼합모형, 최적모형)
집단적 모형	여러 개인들의 참여로 이루어지는 모형으로, 개인차원의 모형을 그대로 유추 · 적용하는 모형과 개인차원의 모형과 접근법을 달리하는 모형이 있음(회사모형, 조직모형, 쓰레기통모형, 앨리슨모형, 사이버네틱스모형 등)

③ 합리모형(연역적 접근방법)

㉠ 의의 : 정책결정자가 이성과 고도의 합리성에 따라 결정하고 행동한다고 보며, 목표나 가치가 명확하고 고정되어 있다는 가정 아래 목표 달성의 극대화를 위한 합리적 대안을 포괄적으로 탐색 · 평가 · 선택하는 모형

㉡ 전제조건

- 전체 사회가치의 가중치가 정해짐(목표가 명확히 제시되어 있다는 목표수단 분석)
- 인간은 대안의 결과에 대한 예측 능력 및 합리적인 분석 · 계산 능력을 지님
- 모든 대안을 총체적으로 비교 · 분석할 수 있는 합리적 정책 결정체제가 존재

㉢ 특징

- 가치 · 목표와 사실 · 수단을 엄격하게 구분 · 분석(목표수단분석)하며, 목표는 주어진 것으로 고정되어 있다고 가정
- 목표 달성을 이룰 수 있는 절대적 합리성이나 경제적 합리성에 근거하여 추구
- 계획적이고 단발적인 의사결정으로 동시적 · 분석적 해결추구

SEMI-NOTE

산출지향적 모형의 전개

- 1950년대 : 합리모형(합리주의적 의사결정론) 발달
- 1958년 : 만족모형(제한된 합리성 모형) 발달
- 1959년 : 점증모형(Lindblom의 정치적 합리성의 관점)
- 1967년 : 혼합주사모형(Etzioni의 의사결정에 관한 제3의 접근방법)
- 1970년대 : 최적모형(Dror)

합리모형의 한계

- 명확히 주어진 목표, 확실한 상황을 전제하는 등 비현실적인 모형이라는 비판
- 목표의 총체적 탐색과 목표의 합의가 현실적으로 어려우며, 결과에 대한 정확한 예측도 곤란
- 정책목표의 유동성을 고려하지 않았으며, 목표 · 가치의 신축적 조정도 불가능
- 정책문제 자체에 대해서만 분석 · 강조(분석과정의 폐쇄성)
- 인간의 주관적 가치판단이나 심리 등의 동태적 요인을 경시
- 경제적 합리성을 추구하면서도 분석과정이 매우 복잡하고 시간 · 비용이 많이 소요되는 비경제적 모형
- 매몰비용과 현실의 기득권을 무시
- 실질적으로 실행가능성이 낮음

SEMI-NOTE

만족모형의 한계

- 개인의 심리적 만족기준이 지나치게 주관적
- 만족기준이 불명확하며 기준에 일치되기 곤란
- 만족 시 최적 대안 탐색을 포기하므로 현실 만족적 보수주의에 빠지기 쉬움
- 창조적 · 쇄신적 대안 탐색활동은 기대하기 어려움
- 개인적 의사결정에 치중하므로 조직적 · 집단적 결정을 설명하기 곤란(연합모형에 의해 조직차원의 모형으로 발전)
- 정치체제 · 행정체제의 특징을 고려하지 않은 채 고급공무원의 행정결정과 소비자의 구매 결정을 동일시

점증모형의 한계

- 다원화되고 안정된 사회에서 만족스런 기존정책이 존재할 때만 타당한 이론이며, 이 조건을 만족시키지 못하면 실효성 상실
- 보수적이고 임기응변적 성격이 강하여 혁신의 장애가 될 수 있으며, 의도적 변화나 급속한 국가발전을 도모하는 개발도상국에는 적용이 곤란
- 장기적이고 근본적인 방향이 잘못되어 나갈 때 수정 곤란
- 다원론에 근거하므로 정치적 압력 · 영향력이 큰 집단에게는 유리하고 소수 집단은 불리(형평성이나 소수 집단 이익보호에 부적합)
- 기득권이나 매몰비용을 고려하므로 정책의 축소 · 종결이 곤란(눈덩이 굴리기식 정책결정)

㉣ 효용
- 대안에 대한 체계적 · 과학적 분석, 대안 선택에 대한 객관적 평가가 가능
- 엘리트의 역할이 큰 개발도상국의 국가 발전사업 추진에 용이
- 단기간의 쇄신적 결정에 유용

④ 만족모형(귀납적 접근방법)

㉠ 의의 : 의사결정은 인지능력의 한계 등 여러 현실적 제약으로 인해 최적대안이 아니라 현실적으로 심리적 만족을 주는 정도의 대안선택이 이루어진다는 모형

㉡ 특징
- 합리모형의 한계를 보완한 모형으로, 심리적 만족을 기준으로 대안을 선택(주관적 합리성에 의한 결정)
- 완전한 합리성이 아닌 제한된 합리성, 의도적 합리성을 추구(합리성에 있어 합리모형과 점증모형의 중간)
- 경제인이 아닌 행정인의 가정에 기초(Simon은 합리모형이 가정하고 있는 의사결정자를 '경제인'이라고 하고, 합리성의 제약을 받는 의사결정자를 '행정인'이라 지칭)
- 무작위적(random)이고 순차적(sequential)인 대안탐색을 통해 순차적으로 몇 개의 대안을 검토하여 현실적으로 만족하는 대안을 채택(귀납적 · 현실적 · 실증적 접근법, 점증모형으로 발전)

㉢ 합리모형과의 비교

구분	합리모형	만족모형
합리성	완전한 합리성(경제인)	제한된 합리성(행정인)
인간에 대한 가정	전지전능	인지성의 한계
목표 설정	극대화	만족수준
대안 탐색	모든 대안을 광범위하게 탐색	만족대안을 찾을 때까지 몇 개의 대안을 무작위적 · 순차적으로 탐색
대안의 결과 예측	모든 대안의 결과예측	중요한 요소만 고려하여 결과예측
대안 선택기준	최적대안(목표를 극대화하는 최적대안 선택)	만족할 만한 대안(심리적 만족 추구)

⑤ 점증모형(귀납적 접근방법)

㉠ 의의
- 정책결정자는 현실적으로 분석력과 시간이 부족하고 정보도 제약되어 있기 때문에 현재의 정책에서 소폭적인 변화만을 대안으로 고려하여 정책을 결정한다는 모형
- 현재의 상황을 바탕으로 조금씩 개선해 가는 방법이므로 '가지에서 시작하는 방법(brench method)', '그럭저럭 헤쳐 나가는 방법'이라고 불림

㉡ 특징

- 현상유지도 대안의 하나로 보고, 현 정책에 비해 약간 향상된 정책에 치중(현상유지적)
- 한정된 수의 정책대안만 검토 · 분석하거나 중요한 결과만 평가하며 현 사회의 구체적인 결함을 소폭 경감시키는 보수적 · 연속적 · 점진적 · 개량주의적 이론
- 경제적 합리성보다는 이해관계의 원만한 타협과 조정을 통한 정치적 합리성을 중시
- 정책결정과정을 비합리적이고 무계획적인 이전투구과정(진흙탕 싸움)으로 간주

㉢ 점증주의 정책분석의 유형(C. Lindblom)

단순 점증주의	합리모형의 복잡성을 덜기 위하여 정책대안 마련 시 현재 상태보다 약간 나은 것을 찾는 것으로, 소폭적 변화를 중시하는 초기의 점증주의
분절적 점증주의	더 복잡한 정책문제를 해결하기 위하여 관련 정책요인을 단순화시키고 다소의 전략을 포함하는 분석활동(연속적 접근방법)
전략적 점증주의	매우 복잡한 정책문제를 해결하기 위하여 신중하고 사려 깊은 전략을 통한 해결활동을 말하며, 합리모형을 추구하는 형태(합리주의와 점증주의의 결합형태)

㉣ 합리모형과의 비교

구분	합리모형	점증모형
추구하는 가치	경제적 합리성(자원배분의 효율성)	정치적 합리성과 민주성(타협과 조정 중시)
목표-수단 관계	목표 · 수단의 구분, 목표수단분석 실시(목표 고정, 목표에 합치되도록 수단 선택)	목표 · 수단의 연쇄, 목표수단분석 미실시(목표를 수단에 합치되게 수정)
대안의 결과예측	모든 대안 예측(대안의 수는 무한정)	일부만 한정 예측하며, 환류로 결함 보충(대안의 수가 한정)
정책결정	• 근본적 · 쇄신적 결정 • 분석적 · 합리적 · 비분할적 결정 • 포괄적 · 단발적 · 일회적 결정(문제재정의가 없음)	• 지엽적 · 개량적 결정 • 부분적 · 분산적 · 분할적 결정 • 계속적 · 연속적 · 순차적 결정(문제재정의 빈번)
변화	대폭적 · 쇄신적 · 근본적 변화 모색	소폭적 · 점진적 · 부분적 변화 모색
상황	확실한 상황에 적합	불확실한 상황에 적합
매몰비용	기득권이나 매몰비용 무시	기득권이나 현실적 매몰비용 인정
접근방식	연역적 접근, 수학공식 적용	귀납적 접근, 시행착오
결정방향	하향식(top-down)	상향식(bottom-up)
집권 및 분권	집권적, 참여불인정	분권적, 참여인정
조직 구분	조직 간 장벽제거(사업별 편성)	조직 간 구분(조직별 편성)
적용 국가	개발도상국	선진국
배경 이론	엘리트론(소수가 기획)	다원론(다양한 이익집단의 참여)

SEMI-NOTE

점증모형의 유용성

- 부분적인 정책대안의 선택으로 예측이 용이
- 의사결정에 비용이 수반된다는 점을 명확히 함
- 매몰비용과 관련된 정책결정 방법을 설득력 있게 설명함
- 급격한 정책으로 인한 부작용을 예방하고 정책의 안정성을 도모하며, 미래의 불확실성을 극복하는 정책적 대안이 됨
- 다양한 이해관계자의 참여와 정치적 합의를 통해 정치적 갈등을 줄이고 실현가능성을 높임(현실적으로 가장 합리적인 모형)

린드블롬(C. Lindblom)의 견해

전략적 점증주의가 가장 이상적이나 인간은 복잡한 사회문제에 대하여 '총체적 지적 완벽함'을 기할 수 있는 능력이 없으므로, 단순 점증주의와 분절적 점증주의를 토대로 한 전략적 점증주의 모방이 바람직하다고 봄

SEMI-NOTE

혼합주사모형의 장단점
- 장점
  - 합리모형과 점증모형을 절충한 것으로 합리주의의 지나친 엄밀성과 점증주의의 보수성 극복 가능
  - 합리모형과 점증모형의 융합을 통해 정책결정 실제에 대한 설명력을 제고하고 상황에 따른 융통성을 부여함
  - 정책의 오류를 줄이고, 핵심에 근접할 수 있음
- 단점
  - 합리모형과 점증모형의 단순한 절충에 불과한 독창성 없는 이론으로, 두 이론의 결함을 해결하지 못함
  - 합리모형의 변형으로 거시적 개략분석과 미시적 정밀분석의 혼합에 불과함(합리모형의 단점인 지나친 엄밀성을 완화한 것에 불과)
  - 정책결정이 기본적 결정과 부분적 결정으로 신축성 있게 이루어지기 어려움

정책결정구조의 중첩성(Y. Dror)

Dror는 정책결정의 여러 국면(단계)들이 중첩적 · 가외적인 특징을 가진다고 보고, 이러한 정책결정구조의 중첩성이 정책결정의 오류를 방지하고 최적수준의 정책결정을 보장해준다고 함

최적모형의 한계
- 기본적으로 경제적 합리성을 중시하므로 다원화된 사회적 과정에 대한 고려가 부족함
- 지나치게 이상적이고 유토피아적인 모형으로, 여전히 합리모형의 틀을 탈피하지 못함
- 합리성과 구별되는 초합리성의 본질 · 기준이 불분명하며, 최적의 기준도 불명확함

⑥ 혼합주사모형(혼합모형, 혼합관조모형)

㉠ 의의
- 에치오니(Etzioni)가 규범적 · 이상적인 합리모형과 현실적 · 실증적인 점증모형의 장점을 교호적으로 혼용한 제3의 접근방법
- 합리모형을 제1접근으로, 점증모형을 제2접근으로 양자를 결합하여 합리모형이 지니는 비현실성을 감소시킴과 동시에 점증모형이 지니는 보수성을 극복

㉡ 특성
- 합리모형과 점증모형을 신축적 · 탄력적으로 절충한 모델
- 상황이 급변하거나 최초 결정이 바람직하지 않을 때는 기본적 · 맥락적 결정(합리모형 적용)을, 안정적 상황에서는 부분적 · 세부적 결정(점증모형 적용)을 시도
- 완전한 당위성을 강조하는 합리모형은 전체주의 사회에 적합하고, 정치적 합리성을 추구하는 점증모형은 다원주의 사회에 적합하며, 혼합모형은 활동적 사회(능동적 사회)에 적합함
- 정책결정을 정치 사회화함

㉢ 합리모형 · 점증모형과의 관계 비교

구분	합리모형(제1접근)	점증모형(제2접근)	혼합모형(제3접근)	
			근본적 결정	세부적 결정
대안의 탐색	포괄적	제한적	포괄적(합리모형)	제한적(점증모형)
예측할 대안 결과	포괄적	제한적	제한적 – 합리모형의 엄밀성 극복	포괄적 – 점증모형의 보수성 극복
결정상황	근본적(위기, 중대한) 상황	부분적, 지엽적, 안정적 상황	상황에 따른 신축적 적용	
평가	• 쇄신적 모형 • 비현실적	• 보수적 모형 • 현실적	• 절충 · 혼합모형 • 합리모형과 점증모형의 단점 극복 시도	
정치 사회	전체주의 사회	다원주의 사회	능동적 사회	

⑦ 최적모형(Optimal Model)

㉠ 의의
- 불확실한 상황이나 제한된 자원, 선례 및 정보의 부재 등으로 합리성이 제약되는 경우 합리적 요소 외에도 결정자의 직관이나 주관적 판단, 영감, 육감 같은 초합리적 요소도 고려해야 한다는 모형
- 드로어(Y. Dror)는 합리모형의 비현실성과 점증모형의 보수성을 비판하고, 양자를 통합하여 이상주의(합리모형)와 현실주의(점증모형)를 결합시켜 최적모형을 제시
- 정책결정을 체제론적 관점에서 파악하고 정책성과를 최적화하려는 모형

㉡ 주요단계

초정책결정단계 (meta-policy making stage)	• 정책결정에 관한 결정(정책결정을 어떻게 할 것인가에 관한 결정)단계로, 가장 중요한 정책결정이며 고도의 초합리성이 요구됨 • 가치의 처리, 현실의 처리, 문제의 처리, 자원의 조사 · 처리 및 개발, 정책시스템의 설계 · 평가 및 재설계, 문제 · 가치 및 자원의 할당, 정책결정 전략의 결정
정책결정단계 (policy making stage)	• 본래적 의미의 정책결정으로, 합리성이 요구되는 단계 • 자원의 세부적 할당, 조작적 목적 설정 및 우선순위 결정, 주요 가치 설정 및 우선순위 결정, 주요 정책대안 마련, 대안의 편익과 비용에 대한 예측 실시, 편익과 비용 비교를 통한 최선의 대안 식별 등
후정책결정단계 (post-policy making stage)	• 정책을 집행하고 평가하는 단계, 정책수정단계 • 정책 집행의 동기부여, 집행, 집행 후 정책결정에 대한 평가 및 환류

ⓒ 특성
- 정책의 합리적 요인과 초합리적 요인을 동시에 다루는 양적 · 질적 모형
- 대안선택 시 제한된 자원의 범위 내에서 최적대안 선택(경제적 합리성)
- 불확실한 상황이나 선례가 없는 복잡한 문제에 대해서는 초정책 결정에 중점(초합리성)
- 정보교류와 환류를 전개하여 정책결정자의 결정능력을 최적수준까지 향상(환류과정의 확장)
- 점증모형이나 만족모형의 보수적 · 타협적 성격을 비판하고 개선을 강조한 모형

⑧ 회사모형(연합모형)

㉠ 의의 : 회사(조직)를 유기체로 보지 않고 서로 다른 목표들을 가지고 있는 하부조직의 연합체(coalition, 느슨하게 연결된 반독립적인 하부집단의 결합체)로 가정하며, 각 하위조직들이 연합하거나 타협하여 최종안을 선택한다는 의사결정모형

㉡ 특성
- 경험적으로 학습된 행동규칙인 표준운영절차(SOP) 발견 및 이에 따른 의사결정 강조
- 하위조직 간의 갈등 · 모순을 하나의 차원이나 기준으로 통합하는 방법이 없어 완전한 해결이 아니라 갈등에 대한 잠정적 · 불완전한 해결(준해결)에 머물며, 제한된 국지적 합리성을 추구
- 환경의 유동성으로 대안의 결과는 불확실한 것으로 보고 환경의 불확실성을 제거(회피)하기 위해 환경을 통제할 방법을 찾음(불확실성에 대한 극복이 아닌 단기적 피드백과 단기적 반응을 통한 회피 전략을 추구)

⑨ 쓰레기통모형

㉠ 의의 : 조직화된 무질서와 혼돈(조직화된 무정부 상태) 속에서 쓰레기가 우연히 한 쓰레기통 속에 모이는 것과 같은 임의적 선택과정을 거쳐 의사결정이 이루어진다고 보는 모형

SEMI-NOTE

초합리성 강조

초합리적 결정은 사례연구, 감수성훈련, 브레인스토밍 등과 같은 수단들에 의해 증진될 수 있다고 봄

회사모형의 한계

- 사조직(회사)을 대상으로 하므로 공공조직에 적용은 무리가 있음
- SOP에 의존하는 보수적 이론으로, 혁신적 대안 제시가 곤란함
- 민주적 · 분권적 모형이므로 개발도상국 등 권위주의 국가나 조직에는 적용이 곤란함

표준운영절차(SOP)의 종류

- **장기적(일반적) SOP** : 장기적인 환류에 따라 서서히 변화하게 하여 장기적 합리성을 도모하는 SOP
- **단기적(구체적) SOP** : 일반적 SOP를 구체화시킨 것으로 이는 단기적인 환류에 의하여 변화됨(회사모형에서 중시하는 SOP)

SEMI-NOTE

조직화된 무정부 상태의 세 가지 조건

- **문제성 있는 선호** : 사람들의 선호가 분명치 않으며, 서서히 각자의 선호를 알아감
- **불명확한 기술** : 의사결정에 적용할 인과적 지식과 적용기술이 불분명하며, 참여자들이 이것을 잘 이해하지 못함
- **일시적 · 유동적 참여자** : 의사결정에 참여하는 담당자의 유동이 심하고 시간적 압박상태에 놓여 있음

정책의 창과 점화장치(triggering event)

응집성이 약한 조직화된 무정부 상태에서는 점화장치(점화계기)가 있어야 3가지 흐름이 합쳐져 정책의 창이 열릴 수 있음. 이러한 점화장치에는 문제의 심각성을 크게 부각시키는 극적인 사건과 정권의 변동 등으로 인하여 정치적 분위기나 이념 등을 변화시키는 정치적 사건이 있음

정책의 창이 닫히게 되는 요인

- 관련 문제가 충분히 다루어졌다고 느낄 때
- 정책의 창을 열게 했던 사건이 사라지는 경우
- 정책 참여자들이 정부의 행동을 유도하지 못하거나 정책대안을 제시하지 못한 경우

쿠바의 미사일 사건(1962)

구소련이 쿠바에 미국을 공격할 수 있는 미사일기지를 설치하고 핵탄두미사일을 배치하려 하자, 미국의 케네디(Kennedy) 정부는 이에 해상봉쇄와 무력침공의 두 가지 대안 중 미사일이 운반되지 못하도록 하는 해양봉쇄정책을 채택함으로써 13일 간 지속된 일촉즉발의 위기상황을 극복하게 됨

ⓛ 내용

구분	내용
전제조건	의사결정상황은 조직화된 무정부상태(조직화된 무질서와 혼돈상태)라는 고도의 불확실한 상황이며, 이는 문제성 있는 선호, 불명확한 기술, 일시적 · 유동적 참여자라는 세 가지 조건을 내포
의사결정	조직화된 무질서와 혼돈 속에서 쓰레기가 우연히 한 쓰레기통 속에 모이듯 독자적으로 흘러 다니던 네 가지 의사결정 흐름(문제의 흐름, 해결책의 흐름, 참여자의 흐름, 선택기회의 흐름)이 우연히 한 곳에 모여 의사결정이 이루어짐
쓰레기통 속에서의 임의적 선택	의사결정과정이 문제의 확인에서 문제해결로 끝나는 순차적 과정이라 보지 않음
결정방식 및 전략	• 날치기 통과(choice by oversight, 간과) : 다른 문제들이 제기되기 전에 재빨리 의사결정을 하는 방식 • 진빼기 결정(choice by flight, 탈피) : 어려운 결정을 내릴 때 다른 관련 문제가 반복적 주장으로 힘이 빠져 다른 기회를 모색할 때까지 기다렸다가 의사결정을 하는 방식

⑩ 정책의 창 모형(Streams and Windows Model, 정책흐름 모형)

㉠ 의의 : 의사결정에 필요한 3요소(문제의 흐름, 정치의 흐름, 정책의 흐름)가 흘러다니다 만날 때 정책의 창이 열려 결정이 이루어진다는 모형으로, 여기서의 정책의 창은 정책주창자들이 그들의 관심대상에 주의를 집중시키고 그들이 선호하는 대안을 관철시키기 위해서 열리는 기회를 말함

㉡ 3가지 흐름

구분	내용
문제의 흐름	정책결정자나 일반공중은 특정 사회문제에 관심을 집중시켜 문제를 규정하고 문제 해결을 위한 새로운 정책을 모색함
정치의 흐름	국가적 분위기나 여론, 선거 등에 의한 정치적 영향력의 변화 속에서 이루어지는 협상과정
정책의 흐름	문제 해결을 위한 정책으로서 선택할 수 있는 각종 대안이 마련되고 특정 대안이 부각되는 과정

㉢ 특성

- 정책의 창(문제를 논의할 수 있는 문)은 우연한 사건으로 열리기도 하지만, 주로 여러 여건이 성숙하여 세 가지 흐름이 함께 할 때 열리게 됨
- 정책의 창은 여러 요건이 갖추어진 짧은 시간 동안만 열리게 되며, 오래 지속되지 않고 몇몇 요인에 의해 이내 닫히게 됨
- 정책의 창은 정책의제설정에서부터 최고의사결정까지의 과정에서 필요한 여러 여건들이 성숙될 때 열리게 되므로, 한번 닫히게 되면 다시 열릴 때까지 대체로 많은 시간이 소요됨

⑪ 앨리슨(G. T. Allison)의 모형 빈출개념

㉠ 의의

- 앨리슨은 쿠바 미사일사태에 대하여 체계적으로 설명하기 위해 집단의 특성(응집성이나 권력성)에 따라 세 가지의 상이한 모형을 제시

- 기존의 합리모형은 심리적 · 정치적 문제에 관하여 이론적 기초가 불분명하다고 지적하고 두 가지 대안으로 조직과정모형과 관료정치모형을 제시

ⓛ 내용

합리모형(합리적 행위자 모형, 모형 I)	엄밀한 통계적 분석에 치중하는 결정방식으로, 개인적 차원의 합리모형의 논리를 집단적인 국가 · 정부정책 과정에 유추 적용한 모형
조직과정모형(모형 II)	정부를 느슨하게 연결된 준독립(반독립)적인 하위조직체들의 결정체로 보아, 정부정책을 이들 여러 조직의 상반된 대안이 최고결정자의 조정을 거쳐서 반영된 것이라 보는 모형
관료정치모형(정치모형, 모형 III)	조직의 상위계층에 적용되는 모형으로, 현실적인 정책결정이 결정환경에 참여하는 독립적인 참여자 간의 갈등과 협상 · 타협 · 흥정에 의해 이루어진다는 모형

ⓒ 각 모형의 비교

구분	합리모형(모형 I)	조직과정모형(모형 II)	관료정치모형(모형 III)
목표 공유도 및 응집성	매우 강함	중간 내지 다소 약함	매우 약함
조직관	조정 · 통제가 잘 된 유기체적 조직	반독립적 집합체	독립적인 개개인들의 집합체
권력 소재 및 권위	최고지도자가 권력 보유(집권), 공식적 권위	반독립적 하부조직이 권력 분산 소유, 전문적(기능적) 권위	독립적인 개별적 행위자 개인
행위자의 목표	조직 전체의 전략적 목표(갈등 없음)	조직 전체 목표 + 하부 조직목표	조직 전체 목표 + 하위 조직목표 + 개인목표
적용 계층(결정주체)	전체 계층	하위계층	상위계층
정책결정 원리 및 방식	최고지도자의 명령 · 지시에 의한 총체적 · 동시적 · 분석적 탐색과 결정(합리적 결정)	기존 관행과 프로그램 목록, SOP 등에 의한 대안 추출(순차적 해결), 준 해결	• 정치적 게임의 규칙에 따라 협상 · 타협 · 연합 • 흥정 · 경쟁(정치적 해결)
합리성	완전한 합리성	제한된 합리성	정치적 합리성
정책의 일관성	항상 일관성 유지	빈번히 변경	거의 일치하지 않음

⑫ 사이버네틱스(인공두뇌학)모형(적응모형)

㉠ 의의

- 분석적인 합리모형과 극단적으로 상반되는 적응적 · 관습적 의사결정모형으로 '인공두뇌학(인공지능)'이라고 하며, 목표 달성을 위한 상황 변화에 따른 정보의 해석 · 판단과 적응, 환류에 의한 통제라는 관점에서 설명한 모형
- 광범위하고 복잡한 탐색을 거치지 않고 주요 변수에 대한 정보만을 미리 정해진 표준운영절차에 따라 처리하고 미리 개발해 둔 해결목록에 의해 문제를 해결

SEMI-NOTE

반대에 의한 결정모형

앤더슨(Anderso)이 앨리슨(Allison) 모형의 경우와 같이 쿠바 미사일 사건을 통해 의사결정에 대한 연구를 통해 제기한 것으로, 경쟁적인 대안을 제시하고 탐색하기보다는 논의의 과정에서 반대제기를 통하여 목표를 발견해 나가는 경우가 많다는 모형. 여기서는 '문제를 해결해 줄 것인가'가 아니라 '문제를 악화시킬 확률이 낮은 것인가'를 대안선택에 있어 가장 중요한 판단기준으로 봄

사이버네틱스모형

애쉬비(Ashby), 바이너(Weiner) 등이 제시하였으며, 사이버네틱스 결정양식에 대하여 바이너는 '기계 및 동물에 있어서의 제어와 통신에 관한 이론 전반'이라 정의함

SEMI-NOTE

ⓛ 특성

- 비목적적인 적응적 의사결정 : 고도의 불확실성 속에서 정보를 자동적으로 제어 · 환류해 나가는 결정체제로, 목적을 미리 고정하지 않고 프로그램 반응목록에 따라 이루어지는 의사결정 추구
- 휴리스틱스(heuristics)식 결정 : 시행착오에 근거하여 관례를 만들어가고 그 관례를 프로그램 반응목록에 입력하여 이에 의하여 의사결정
- 불확실성의 통제 : 대안이 초래할 불확실한 결과를 문제 삼지 않는 시행착오적 적응
- 시행착오적(도구적) 학습 : 관례를 입력한 프로그램 반응목록에 없는 상황이 발생하면 시행착오를 거쳐 새로운 도구를 만들고 이 도구가 효과를 보면 프로그램 반응목록에 입력하여 의사결정의 기준으로 활용
- 집단적 의사결정 : 합리모형과 달리 개인의 의사결정 논리가 그대로 집단에 적용되지 않음

인간의 제한된 합리성

인간은 문제해결을 위해 완전한 답을 도출해 내려고 하지만 현실적으로 그가 가진 정보와 인지의 한계 등으로 인해 만족할 만한 수준에서 의사결정이 이루어질 수밖에 없다는 것. 결국 이런 논리적 귀결에 의해 인간이 정책문제에 대한 접근은 알고리즘에 의한 방식이라기보다는 휴리스틱에 의한 방식으로 이루어지는 것이 압도적으로 많게 됨

ⓒ 합리모형과의 비교

구분	합리모형	사이버네틱스모형(적응모형)
기본적 가정	완전한(엄격한) 합리성(전지전능)	제한된 합리성(인지능력의 한계)
문제해결과 해답	알고리즘(연역적 방식) → 최선의 답 추구	휴리스틱스(귀납적 방식) → 그럴듯한 답 추구
학습	인과적 학습	도구적 학습(시행착오적 학습)
대안분석	동시적 검토 · 분석	순차적 검토 · 분석
의사결정 및 대안선택	단발적 결정, 목표의 극대화와 최적대안(수단)의 선택	연속적 결정, 비목적적 적응과 그럴듯한 대안
불확실성 대응	불확실성의 감소 추구	불확실성의 통제 추구
이념	효율성	형평성
모형	합리모형, 앨리슨의 모형 Ⅰ	조직모형, 회사모형, 앨리슨의 모형 Ⅱ
조직	단일한 의사결정자로서의 조직 → 유기체이므로 개인의 의사결정=조직의 의사결정	상이한 목적을 지닌 개인의 연합체로서의 조직 → 유기체가 아니므로 개인의 의사결정≠조직의 의사결정

⑬ 정책딜레마 모형

㉠ 의의 : 정책결정을 해야 하지만 상충되는 정책대안들 가운데서 어떤 것도 선택하기 어려운 상태로, 상호 갈등적인 복수의 정책대안(가치)이 선택상황에 나타났을 때, 어느 한 대안의 선택이 가져올 기회손실이 용인의 한계를 벗어나기 때문에 선택이 불가능하거나 매우 어려운 상태

정책딜레마의 논리적 구성요건

- **분절성(단절성)** : 대안 간 절충 불가
- **상충성** : 대안 간 충돌
- **균등성** : 대안들의 비슷한 결과 가치 내지는 기회손실
- **선택불가피성** : 선택 압력
- **명료성** : 대안의 구체성

ⓛ 발생조건

- 선택요구의 압력 : 시간적 제약으로 대안들 가운데서 하나를 반드시 선택해야 한다는 요청이 강함
- 행태적 · 상황적 조건

- 갈등집단 간의 강한 내부응집력
- 특정대안의 선택으로 이익을 보는 집단과 손해를 보는 집단의 명확히 구분
- 갈등집단이 결정의 회피나 지연을 불용(선택불가피성)

• 대응행동
- 소극적 대응 : 결정의 회피(포기, 비결정), 결정의 지연, 결정책임의 전가, 상황의 호도 등
- 적극적 대응 : 딜레마 상황의 변화를 유도하거나 관심을 돌리기 위해 새로운 딜레마 상황을 조성하거나 정책문제의 재규정, 상충대안의 동시 선택 등

• 예방대책
- 결정자의 개인적 이익이나 판단으로 시스템 전체가 딜레마에 빠지지 않도록 함
- 이해 관계자가 정책결정자에게 직접적인 영향력을 행사할 수 없도록 여과장치(행정계층 등) 설계

4. 정책집행(policy implementation)

(1) 정책집행의 본질

① 정책집행의 의의

㉠ 정책집행이란 결정된 정책을 현실에서 수행하는 과정

㉡ 나카무라와 스몰우드(Nakamura & Smallwood)는 권위 있는 정책지시를 실천에 옮기는 과정이라고 정의함

㉢ 미국 존슨(Johnson) 대통령의 '위대한 사회'건설을 위한 각종 사회복지정책(소수민족 취업계획인 Oakland 사업 등)의 실패에 대한 조사 · 연구에서 출발

② 정책집행 연구의 대두

고전적 정책집행관	• 정책집행에 대한 고전적 연구는 연구대상에서 정책집행의 특정적 측면(행정조직 내부의 운영)만이 강조되고, 정책집행을 극히 단순 · 기계적인 것으로 가정 • 정책집행이 조직외부의 관련집단과의 관계 속에서 정책이 구체적으로 실현되는 과정이라는 측면을 간과하였으며 정책집행을 별도로 연구하지 않음
현대적 정책집행관	• 정책결정과 정책집행의 동질성(정치 · 행정1원론) • 정책결정과 정책집행의 순환성 : 정책결정과정에서 지식 · 정보의 부족으로 인해 추상적 정책결정이 이루어지고, 집행과정에서 환류되는 정보와 집행자의 전문가적 판단에 의해 정책내용이 수정 · 보완됨 • 정책결정자와 집행자의 연관성 : 정책결정자는 정책내용결정 시 정책집행자의 능력과 태도를 고려하고, 정책집행자도 집행과정에서 정책내용을 구체화하는 점에서 양자는 주어진 상황 하에서 상호적응적 형태를 보임

SEMI-NOTE

정책집행의 특성
• 정책결정 및 정책평가와의 상호작용을 하는 계속적 과정
• 많은 조직과 인력이 관련되는 정치적 · 복합적 성격
• 정책문제의 해결과 목표 달성을 위해 실현방안을 계속적 · 구체적으로 결정
• 법률의 제정에서 지침개발 · 자원배분 · 평가 등을 거치는 순환적 특성
• 정책이 현지실정에 맞도록 환류 · 수정(상호적응성)

고전적 정책집행관의 특징
• **정책만능주의** : 정책을 수립하기만 하면 문제가 다 해결됨
• **정태적 정책관** : 구조화된 상황 아래에서 정책은 집행과정에서 변하지 않음
• **계층적 조직관** : 정책은 결정자의 지시에 따라 하향적으로 집행됨

현대적 정책집행론의 등장배경
• **사회정책사업의 대대적 실패**
- 1960년대 말 잇단 정책 실패
- 다원론적 정치체제
• **프레스맨과 윌다브스키(J. Pressman & A. Wildavsky)의 집행론**
- 많은 참여자
- 집행관료의 빈번한 교체
- 타당한 인과모형의 결여
- 부적절한 행정기관

SEMI-NOTE

상향적 접근법이 유용한 경우
- 조직 상하관계의 상호 교류가 많고 원만한 경우
- 집행참여자가 다양하고 의사결정점이 증대되는 경우
- 급변하는 상황에 신축적인 적응이 요구되는 경우
- 정책의 영향을 받는 개인들을 협상의 장으로 유인할 필요가 있는 경우

립스키(M. Lipsky)의 일선관료제
- 1976년 도시 관료 연구를 통하여 교사, 경찰, 복지요원 등을 분석하면서 상향적 정책집행의 한 영역으로 일선관료제를 제시
- 일선관료란 시민(고객)들과 직접 접촉하는 공무원을 말하며, 립스키(Lipsky)는 고객과 접촉하는 일선관료가 실질적으로 공공정책을 결정한다는 상향적 정책집행 접근법을 중시
- 복지행정에서는 일선관료가 중요한 역할을 수행하나 지금껏 이에 대한 연구가 부족했다고 비판
- 일선관료의 직무상황에 대한 적응방식(적응메커니즘)을 업무의 단순화(simplification)와 정형화(routinization)로 파악

매틀랜드(Matland)의 상황론적 통합모형(1995)

통합모형의 일종으로, 모호성과 갈등이 모두 낮은 경우에는 하향식 접근법이 효과적이고, 모호성과 갈등이 모두 높은 경우에는 상향식 접근이 효과적이라고 봄

③ 정책집행의 접근방법

구분	하향적 접근	상향적 접근
성격	정형적 · 거시적 · 전방향적 · 연역적	적응적 · 미시적 · 후방향적 · 귀납적
목적	성공적 정책집행 조건과 전략 제시(결정자에 대한 규범적 처방 제시)	실제 집행 양태를 밝힘(집행과정의 기술과 인과론적 설명)
권한 소유	결정자(정책결정자가 주요 행위자)	집행자(일선집행관료나 정책대상집단이 주요 행위자)
정책 상황	안정적 · 구조화된 상황, 목표 수정의 필요성 낮음	유동적 · 비구조화된 상황, 목표 수정의 필요성 높음
이념 및 성격	합법성, 기술성	대응성, 상호적응성
합리성의 성격	완전한 합리성, 도구적 합리성	제한된 합리성, 적응적 합리성(환경에의 적응 중시)
정책목표	구체성, 명확성(목표수정의 필요성 낮음)	모호성, 일반성(목표수정의 필요성 높음)
관리자의 참여	참여 제한(충실한 집행 강조)	참여 필요(적응적 집행 강조)
정책의 성공요건	결정권자의 리더십(결정자의 효과적 통제와 집행자의 순응)	집행관료의 재량과 역량(일선관료에게 적절한 재량과 자원부여)
집행절차	표준운영절차(SOP) 사용	상황에 맞는 절차 사용
집행자의 재량	인정 안 됨	인정됨
정치와 행정	정치 · 행정이원론, 결정과 집행의 분리	정치 · 행정일원론, 결정과 집행의 통합
집행의 평가기준	집행의 충실성과 성과 · 목표 달성 여부	환경에 대한 적응성, 성과는 부차적 평가 기준
주요학자	미터와 혼(V. Meter & V. Horn)(1975), 사바티어와 마즈매니언(Sabatier & Mazmanian)(1981)	립스키(Lipsky, 일선관료제론), 엘모어(Elmore, 1979), 버먼(Berman, 1978), 히언과 헐(Hjern & Hull, 1985)
모형	• 월다브스키 – 통제모형 • 엘모어 – 전향적 접근방법 • 버먼 – 정형적(거시적 · 하향적) 집행 • 나카무라 – 고전적 기술자형, 지시적 위임형	• 월다브스키 – 상호작용모형, 진화모형 • 엘모어 – 후향적 접근방법 • 버먼 – 적응적(미시적 · 상황적) 집행 • 나카무라 – 재량적 실험가형, 관료적 기업가형

④ 통합모형(통합적 접근방법)

㉠ 의의

- 1980년대 중반 이후 하향적 접근과 상향적 접근방법을 서로 보완 · 통합하고자 하는 학문적 노력이 전개되면서 등장한 모형
- 통합모형에서는 각 접근방법의 장단점이 상대적이므로 접근방법의 변수들

을 통합해야만 집행과정의 다양한 측면을 설명할 수 있다고 보았으나, 하향적 접근법과 상향적 접근법은 이론적 배경과 성격이 달라 유기적 연계성이 부족하고 통합으로 인한 논리적 모순이 발생할 수 있다는 비판이 제기됨

ⓛ 주요 연구모형 빈출개념

사바티어의 통합모형	• 비교우위 접근법 : 하향적 또는 상향적 방법 중 상대적으로 적용 가능성이 높은 조건을 발견하여 이용함 • 정책지지연합모형 : 기본적 관점은 상향적 접근을 채택하고, 하향적 접근을 결합
엘모어의 통합모형	정책결정자가 정책프로그램 설계 시 하향적 접근방법에 의하여 정책목표를 설정하되, 정책수단을 선택하는 경우는 상향적 접근방법에서 제시하는 방법을 수용함으로써 집행가능성이 가장 높은 정책수단을 선택함

⑤ 정책집행의 단계

정책지침개발(작성)단계	• 추상적인 정책이 현실적으로 집행이 가능하도록 구체화시켜 '무엇을', '어떻게' 할 것인가를 규정하는 것으로, 이 지침을 집행자에게 밝혀 주어야 함 • 정책집행에 필요한 사항과 집행자의 업무를 규정하는 사실상의 정책결정단계(SOP가 핵심)
자원확보 및 배분단계	집행담당기관이나 집행대상자에 대한 예산 · 인력 · 시설 · 정보 등 필요한 물적 · 인적 자원을 확보 · 배분하는 단계
실현활동단계	확보된 자원을 이용하여 정책지침에 따라 정책의 내용을 대상자에게 실천하는 단계(서비스 제공이나 행동 규제 등의 단계
감시 및 환류(감독 · 통제) 단계	실현활동이 지침에 따라 적절히 수행되었는가를 점검 · 평가하고, 그 결과를 정책집행과정에 환류하는 단계

(2) 정책집행의 모형(정책집행유형론)

① 나카무라와 스몰우드(Nakamura & Smallwood)의 정책집행유형

고전적 기술 관료형	• 정책결정자는 집행자의 활동을 통제하며, 목표를 달성하기 위한 미미한 재량권(행정적 권한)만을 집행자에게 위임 • 정책실패 시 그 원인을 집행자의 기술자 능력 부족(기술적 결함) 때문이라고 봄
지시적 위임형	• 정책결정자는 집행자에게 목표 달성을 지시하고 이를 위한 수단을 강구하도록 재량적인 행정적 권한(관리권한)을 위임(집행자는 기술적 권한 외에 행정적 권한을 가짐) • 정책실패의 원인을 집행자의 기술적 역량 부족, 다수 집행기관의 참여(공동행동의 복잡성)와 협상 실패, 결정자의 애매모호한 지시 등으로 봄
협상가형	• 결정자와 집행자가 목표나 목표 달성을 위한 수단에 관해 협상을 벌이는 유형(집행자는 구체적 목표 및 수단에 관한 협상권한을 가짐) • 정책실패의 원인을 집행자의 기술적 역량부족과 집행수단의 기술적 결함, 협상 실패로 인한 집행자의 불만(타성, 무사안일, 부집행 등), 집행자의 정책목표 왜곡이나 정책집행 회피 등으로 봄

SEMI-NOTE

정책집행과 정책변동
- **점증모형** : 정책은 쉽게 변동되지 않음
- **정책변동모형(단절적 균형모형)** : 정책이 어떤 계기로 변동되는 이유를 설명(단절 이후 균형 유지)
  - 정책지지연합모형(Sabatier 등) : 정책은 장기간(10년 이상)에 걸쳐 점진적으로 변동되는 학습과정임
  - 정책패러다임변동모형(P. Hall) : 정책은 급격한 변동이 쉽지 않다는 사바티어의 주장과 달리 정책의 근본적인 패러다임이 급격히 변동될 수도 있다는 모형(예 자유방임주의 → 케인즈주의 → 통화주의 등)

나카무라와 스몰우드의 정책집행유형의 의의
- 정책결정자와 집행자의 역할관계를 고전적 기술관료형, 지시적 위임가형, 협상가형, 재량적 실험가형, 관료적 기업가형으로 구분
- 고전적 기술가형에서 관료적 기업가형으로 나아갈수록 정책결정자의 통제는 감소하고 정책집행자의 재량적 역할은 증가

SEMI-NOTE

관료적 기업가형에서의 권력이전

- **권력이전의 의미** : 관료적 기업가형에서는 권력이 결정자에게서 정책집행자로 이동하게 되어 집행자가 정책과정을 지배하게 되는 현상
- **권력이전의 발생원인**
  - 집행자는 정책결정에 필요한 정보를 산출하고 통제함으로써 정책과정을 지배
  - 안정성과 계속성을 기본 속성으로 하는 행정관료제에서 집행자는 결정자와 달리 교체되지 않음
  - 집행자들이 기업가적 · 정치적 재능(기술)을 발휘해서 처음부터 정책형성을 주도

성공적 정책집행의 판단기준

- **실질적 · 내용적 판단기준**
  - 실질적 · 내용적 판단기준이란 정책집행의 성공 여부를 특정 일방의 정책주체와는 관계없이 실질적 내용을 국가 · 사회의 전체 입장에서 판단하는 것
  - 정책내용이 분명한 경우 정책집행의 성공 여부를 판단하는 내용적 기준은 효과성과 능률성이 주요기준이 됨
  - 정책집행에서 일어나는 실질적 정책결정과정이 바람직한가의 여부(정책목표의 소망성, 즉 목표의 적합성이나 적절성, 정책수단의 소망성)
- **주체적 · 절차적 판단기준(Rein, Rabinovitz)**
  - 법적 명제(legal imperative) : 정책집행은 법률의 내용이나 의도를 따라야 하며, 여기에는 정책목표는 물론 정책수단이나 추진방법이 포함됨
  - 합리적-관료적 명제(rational-bureaucratic imperative) : 집행이 도덕적으로 옳고, 행정적으로 실현 가능하며, 지적으로 합리적이어야 한다는 것으로, 집행관료들이 집행의 성공 여부를 주관적으로 판단하는 기준
- **합의적 명제(consensual imperative)** : 정책집행에 관련되는 이해집단들 모두가 합의할 수 있도록 정책이 집행되는 것을 의미

재량적 실험가형	• 문제와 해결책에 대한 구체적 정의가 어려운 경우 적용 가능한 유형이며, 복잡하고 불확실한 상황에서 가장 혁신적인 집행방법이 됨 • 정책실패의 원인을 집행자의 전문성 · 지식의 부족, 모호한 정책결정에 따른 집행상의 혼란, 집행자가 임의적 자원 사용이나 기만, 책임의 분산으로 인한 결정자와 집행자의 책임회피 등으로 봄
관료적 기업가형	• 집행자가 강력한 권한을 갖고 정책과정 전반을 주도하며 결정권까지 행사(집행자에게 권력이 이전되는 유형으로, 고전적 기술관료형과 반대됨) • 집행자는 목표를 설정하고 결정자를 설득하여 이를 수용하게 하며, 목표 달성에 필요한 수단을 결정자와 협상을 통해 확보함 • 결정자는 집행자가 수립한 목표와 목표 달성방안을 지지

② 엘모어(Elmore)의 정책집행유형(집행조직모형)

체제관리 모형	조직을 합리적 가치극대자로 보는 모형으로, 집행의 성공을 위한 조건으로 효율적인 관리통제를, 실패 원인으로 미숙한 관리를 제시(고전적 접근법과 밀접)
관료과정 모형	정책집행은 관료가 지니는 재량과 루틴(집행관료가 나름대로 설정한 정형화된 집행방법)에 의하여 결정된다는 모형
조직발전 모형	집행의 성공 조건을 정책결정자와 집행자 사이의 정책에 관한 합의로 드는 모형
갈등협상 모형	조직을 갈등의 장으로 보며, 집행의 성공 여부는 갈등의 협상 여부에 의하여 결정된다고 보는 모형

(3) 정책집행에 영향을 미치는 요인(정책집행 성공요인)

① 일반적 요인

내부요인	외부요인
• 정책내용 • 자원 • 집행조직 • 집행담당자 • 집행절차	• 정책문제 • 정책대상집단 • 정책집행의 참여자 • 사회경제적 여건 및 기술 • 대중매체와 여론 • 정책결정기관의 지원

② 사바티어와 마즈매니언(P. Sabatier & D. Mazmanian)의 정책집행분석모형

문제의 성격	• 타당한 인과모형의 존재(목표와 수단 간의 긴밀한 인과관계, 기술적 타당성) • 대상집단 행태(활동)의 다양성과 요구되는 행태변화의 정도 • 대상집단의 규모와 명확성
법적 요인	• 법규상 추구하는 정책목표의 안정성 · 일관성 및 목표 간 우선순위의 명확성 • 집행기관의 계층적 통합성(계층적 통합이 약화되면 집행 곤란) • 목표에 부합하고 표준화 · 공식화된 집행기관의 결정규칙(SOP 등) • 집행 과정상의 거부점의 최소화 및 저항의 극복수단(제재 · 유인책) 구비
정치적 요인	• 대중의 지지와 대중매체의 관심 • 사회 · 경제 · 기술적 상황과 여건 • 관련 집단의 자원 및 집행에 대한 태도 • 지배기관의 후원과 관심

③ 기타 모형

윈터(Winter)의 정책결정-집행 연계모형	정책집행에 영향을 주는 변수로, 정책형성국면, 조직 및 조직 간 집행국면, 일선관료의 행태변수, 대상집단의 사회경제적 조건변수를 제시
그린들(Grindle)의 정책집행변수	• 내용적 변수(내적변수) : 정책변수(목표의 명확성, 적절한 인과모형 등)와 집행변수(집행기구, 인력, 예산 등) • 맥락적 변수(외적변수) : 환경적 변수(관련 단체의 적극성, 지원, 대중의 관심 등)와 문제 관련 변수(정책문제의 성격)

(4) 정책집행의 순응과 불응

① 순응(compliance)

㉠ 의의 : 정책집행자나 정책대상집단이 정책결정자의 의도나 정책 또는 법규의 내용에 일치되는 행위를 하는 것을 말함(행동의 일관성)

㉡ 원인 및 조건

- 결정자의 리더십과 권위 및 정통성에 대한 믿음
- 정책목표의 명확성과 의사전달의 활성화
- 의식적 · 합리적 설득
- 개인의 이익보장 · 편익제공 등의 유인
- 강제적 제재수단(처벌, 벌금 등)
- 집행 기간의 장기성

② 불응(non-compliance)

㉠ 의의 : 정책집행에 있어서 정책결정자의 지시나 정책집행자의 환경에 대한 요구를 피지시자나 환경이 들어주지 않는 상태를 말함

㉡ 원인 및 조건

- 기존 가치와의 대립이나 기득권 침해
- 정책의 모호성과 비일관성
- 순응에 따른 부담회피나 금전적 욕심
- 집행자의 능력이나 지도력, 정보, 예산의 부족
- 정책집행체제에 대한 불신이나 의사전달체계의 결함
- 정책 자체에 대한 회의적 평가

5. 정책평가와 정책변동

(1) 정책평가

① 의의 : 정부의 정책이나 사업계획을 대상으로 그것이 실제로 정책환경에 미친 영향이나 효과를 판단하는 것

② 정책평가의 기준

㉠ 나카무라와 스몰우드(Nakamura & Smallwood)의 기준

- 효과성(목표달성도)
- 능률성(경제성)

SEMI-NOTE

순응확보 전략

- 교육과 도덕적 설득
- 선전에 의한 호소
- 정책수정 또는 관습 · 관행의 채택
- 유인과 보상(보상수단이나 편익 제공 등)
- 제재나 처벌, 강압적 수단의 사용

정책평가의 목적

- 정책향상과 합리적 결정, 능률적 집행을 위한 정보 · 지식의 제공
- 정책결정의 타당성 · 합리성 및 집행의 효율성 제고
- 정책 과정상의 시행착오나 비용 손실 감소
- 정책목표의 달성 여부 파악과 목표 달성 수단 및 하위목표의 재구성
- 정책수단이 정책결과에 이르는 인과경로를 검토 · 확인하여 이론 정립
- 담당자의 주체적 · 자발적 책임성 확보 및 투명성 제고
- 원인 분석을 통한 정책환류의 기준 마련

SEMI-NOTE

나크미아스(D. Nachmias)의 정책평가 목적
- 평가를 통한 새로운 지식의 확보
- 효율성을 증진하기 위한 관리의 수단
- 책임성의 확보 등

- 주민만족도
- 수혜자(수익자)의 대응성
- 체제유지도

㉡ 던(W. Dunn)의 기준 : 효과성, 능률성, 필요성, 충분성, 형평성, 대응성, 적합성 등을 제시(신행정학적 입장)

③ 과정(단계)

㉠ 탐색 및 상황판단

㉡ 목표의 확인 및 식별

㉢ 평가기준의 선정

㉣ 인과모형의 설정

㉤ 평가기획 및 설계의 개발

㉥ 자료의 수집

㉦ 자료의 분석 · 해석

모니터링(monitoring)
- 프로그램이 처음 설계대로 운용되고 있는가와 한정된 대상집단에 혜택이 가도록 집행되는가를 평가하는 것
- 정책집행이 목표지침에 순응하는가를 판단하는 기능, 감사 · 회계기능, 설명기능 등을 가짐
- 프로그램 설계에 명시된 대로 그대로 집행되고 있는지를 확인하는 집행모니터링과 당초 기대한 성과가 산출되는지를 확인하는 성과모니터링으로 구분됨

④ 정책평가의 유형

㉠ 총괄평가와 과정평가

총괄평가	• 정책이 집행(완료)된 후에 정책집행의 결과가 당초 의도했던 목적(효과 · 영향 등)을 달성했는가에 대한 평가 • 일반적으로 정책평가라 하면 총괄적 평가를 지칭하며, 효과평가와 영향평가가 대표적인 총괄평가에 해당함
과정평가	집행과정을 대상으로 하는 평가를 말하며, 협의의 과정평가와 협의의 형성평가(집행과정평가)가 대표적 과정평가에 해당함

㉡ 내부평가 · 외부평가

내부평가(자체평가)	프로그램 기관 내의 연구단위나 기관이 평가
외부평가	프로그램 기관이 외부기관과 계약을 맺어 제3자의 위치에 있는 외부전문가가 평가

㉢ 메타평가(평가종합, 평가의 평가, 2차적 평가, 평가결산)
- 기존의 평가자가 아닌 제3의 기관(상급기관, 외부 전문기관 등)에서 기존의 평가에서 발견했던 사실들을 재분석하는 평가(평가에 대한 재평가)
- 평가에 사용된 방법의 적정성, 자료의 오류 여부, 도출된 결과에 대한 해석의 타당성 등을 재검토하는 것
- 엘리트 중심의 평가가 아닌 외부인에 의한 다면평가의 일종
- 주로 영향평가에 적용되며, 정책형성이나 정책집행, 행정책임 등 여러 가지 목적에 필요한 정보들을 산출 가능

평가성 사정의 효용(이점)
- 한정된 예산과 인력을 가장 유용한 평가를 위해 사용 가능
- 정책관련자로 하여금 추진하는 사업의 평가 가능성을 향상시키기 위한 노력을 자극
- 사업의 목표 · 활동 등에 대한 수정 · 보완을 유도
- 장래 평가에 대한 길잡이 역할

㉣ 평가성 사정(evaluation assesment, 평가성 검토)

의의	정책의 본격적 평가에 앞서 정책평가 분석기법과 성과의 기준이 될 목표, 평가의 범위 등을 명료하게 하는 사전설계나 예비평가의 일종으로, 평가의 필요성과 소망성, 가능성, 평가범위 등을 검토하는 것
중점	• 소망성 있는 평가를 위한 검토 • 어떠한 사업 또는 사업의 어떠한 부분이 평가 가능한가를 검토

내용 및 절차	• 평가 대상이 되는 사업의 범위를 확정하고, 사업모형을 파악 • 평가 가능한 모형을 작성

ⓜ 착수직전 분석(front-end-analysis, 사전분석)

- 새로운 프로그램 평가를 기획하기 위하여 평가를 본격적으로 착수하기 직전에 수행하는 조망적 차원의 평가작업(사전적 총괄평가의 성격을 지님)
- 프로그램 개시를 결정하기 직전에 프로그램의 수요, 개념의 적합성, 운영적 측면에서의 실행가능성 등에 대해 행하는 평가작업
- 기획과 유사하며, 맥락분석 조망적 종합평가에 해당

⑤ 정책평가의 요소

㉠ 인과관계

- 독립변수와 종속변수 간의 관계를 말함
- 정책평가는 정책수단(독립변수 · 원인변수)과 정책목표 또는 효과(종속변수 · 결과변수) 간의 인과관계를 밝히는 것

㉡ 변수

- 독립변수 : 결과(정책효과)를 초래하는 원인이 되는 변수(원인변수)
- 종속변수 : 원인변수에 의해 나타난 변화나 효과(결과변수)
- 제3의 변수 : 독립변수와 종속변수의 관계에 영향을 미치는 변수를 말하며, 이러한 변수는 정확한 인과관계 파악을 어렵게 함(내적 타당도를 저해)

㉢ 타당도 : 정책평가의 타당도란 정책평가가 정책의 효과를 얼마나 진실에 가깝게 추정하고 있느냐 하는 정도

내적 타당도	일반적 의미의 타당도로서, 추정된 원인과 그 결과 사이에 존재하는 인과적 결론의 정확성에 관한 것
외적 타당도	조사연구나 실험결과를 다른 모집단이나 상황 및 시점에 어느 정도까지 일반화(이론화)시킬 수 있는지의 정도, 즉 조작된 구성요소들 중 그 효과가 당초의 연구가설 이외의 다른 이론적 구성요소들까지도 일반화될 수 있는 정도
구성적 타당도	처리, 결과, 모집단 및 상황, 평가요소 등에 대한 이론적 구성요소들이 성공적으로 조작된 정도
통계적 결론의 타당도	• 추정된 원인과 추정된 결과 사이에 관련이 있는지에 관한 통계적인 의사결정의 타당성 • 정책의 결과가 존재하고 이것이 제대로 조작되었다고 할 때, 이에 대한 정확한 효과를 찾아낼 만큼 정밀하고 강력한 연구설계(통계분석을 위한 준비 및 과정)가 구성되었는가 하는 정도 • 연구설계나 평가기획이 정밀하고 강력하게 구성된 정도로서, 평가과정에서 제1종 및 제2종 오류가 발생하지 않은 정도를 말함(제1종 · 제2종 오류의 발생 시 통계적 결론의 타당성이 낮아짐)

- 내적 타당도 저해요인 ★ 빈출개념

선발요소	선발의 차이(실험집단과 통제집단 간 구성상 상이함)로 인한 오류로서 집단을 구성할 때 발생할지 모르는 편견
선정효과	통제집단이 아닌 실험집단에 선정되게 만든 요인(선정변수)에 의한 현상. 희망에 의하여 자기선정의 경우에 흔히 발생

SEMI-NOTE

인과관계의 조건

- **시간적 선행성(time order)** : 정책(독립변수)은 목표달성(종속변수)보다 시간으로 선행해야 함
- **공동변화(association)** : 정책과 목표달성은 모두 일정한 방향으로 변화해야 함
- **비허위적 관계(non-spuriousness)** : 정책 이외의 다른 요인(경쟁적 요인)이 목표 달성에 영향을 미치지 않았음을 입증해야 함

내적 타당도 저해요인의 구분

- **내재적 저해요인** : 실험을 진행하는 과정에서 일어나는 변화요인을 말하며, 사건효과, 성숙효과(성장효과), 상실요소, 측정요소, 회귀인공요소, 측정도구의 변화, 선발과 성숙의 상호작용, 처치와 상실의 상호작용 등이 해당됨
- **외재적 저해요인** : 실험을 위해 관련 대상집단을 구성할 때 발생하는 요인을 말하며, 선발요소(선정요인)가 이에 해당

역사적 요소	실험기간 동안에 외부에서 일어난 역사적 사건이 실험에 영향을 미치는 것
성숙효과(성장효과)	순전히 시간이 지남에 따라 나타난 대상집단의 특성변화, 즉 자연적 성장이나 발전에 의한 효과
선발과 성숙의 상호작용	두 집단의 선발상 차이뿐 아니라 두 집단의 성숙 속도가 다름으로 인한 현상
상실요소	연구기간 중 집단으로부터 이탈(탈락) 등 두 집단간 구성상 변화로 인한 효과(이탈효과, 불균등한 상실)
처치와 상실의 상호작용	두 집단에 대한 다른 처치로 인하여 두 집단으로부터 구성원들이 다르게 상실되는 현상
측정 요소	유사검사를 반복할 경우 실험 전에 측정(테스트)한 사실 자체가 영향을 주는 현상
측정도구의 변화	프로그램의 집행 전과 집행 후에 사용하는 측정절차, 측정도구의 변화로 인한 오류
회귀인공요소	실험이 진행되는 동안 당초 극단적인 성향의 구성원들이 원래 자신의 성향으로 돌아갈 경우에 나타나는 오차로서 실험 직전의 측정결과나 단 한 번의 측정만으로 집단 구성 시 발생
오염효과	통제집단의 구성원이 실험집단 구성원과 접촉하여 행동을 모방하는 오염 또는 확산효과로서 모방, 정책의 누출(이전), 부자연스러운 반응 등이 이에 포함

- 외적 타당도 저해요인 ★빈출개념

호손효과	실험집단 구성원이 실험(관찰)의 대상이라는 사실로 인하여 평소와는 다른 특별한 심리적 · 감각적 행동을 보이는 현상으로 외적 타당도를 저해하는 대표적 요인, 실험조작의 반응효과
다수적 처리에 의한 간섭	동일 집단에 여러 번의 실험적 처리를 실시하는 경우 실험조작에 익숙해짐으로 인한 영향이 발생. 그 결과를 처치를 받지 않은 집단에게 일반화 곤란
표본의 대표성 부족	두 집단 간 동질성이 있더라도 사회적 대표성이 없으면 일반화 곤란
실험조작과 측정의 상호작용	실험 전 측정(측정요소)과 피조사자의 실험조작(호손효과)의 상호작용으로 실험결과가 나타난 경우 이를 일반화시키기 곤란
크리밍효과	효과가 크게 나타날 양호한 집단이나 사람만 의도적으로 실험집단에 배정한 경우 그 결과를 일반화시키기 곤란

㉣ 신뢰도

의의	측정도구가 어떤 현상을 되풀이해서 측정했을 때 얼마나 일관성 있게 측정할 수 있는지의 확률, 즉 동일한 측정도구를 반복해서 사용했을 때 동일한 결과를 얻을 확률을 말함
측정방법	• 재검사법 : 동일 측정도구로 동일 대상자에게 두 번 측정하는 비교법 • 평행양식법(동질이형법) : 유사한 두 가지 측정도구로 측정하는 비교법 • 반분법 : 하나의 측정도구에서 반으로 나누어 검사하고 비교하는 방법

SEMI-NOTE

내적 타당도 제고 전략

- 진실험
  - 무작위배정에 의한 통제(난선화) : 홀짝추첨방식의 무작위적 배정(난선화)에 의해 실험집단과 통제집단을 동질적으로 구성하여 외생변수의 영향을 통제
- 준실험
  - 축조된 통제(짝짓기) : 특정정책의 실시지역과 미실시 지역이 구분되어 있어 무작위배정이 곤란할 경우 연구대상을 비슷한 대상끼리 둘씩 짝을 지어 하나는 실험집단에, 하나는 통제집단에 배정
  - 재귀적 통제 : 정책이 전국적으로 실시되어 실험집단과 통제집단의 구분이 곤란한 경우 통제집단 없이 동일한 집단에 대해 정책을 집행한 전과 후에 나타난 상태의 변화를 비교
- 비실험설계
  - 통계적 통제 : 정책에 참여한 대상과 그렇지 않은 대상과의 차이를 통계적 기법을 통해 추정해 외생변수의 영향력을 추정 · 제거
  - 포괄적 통제 : 정책을 집행한 대상집단에 일어난 변화를 유사한 집단에 집행하면 어떤 변화가 일어날 것이라고 기대되는 전형적인 표준과 비교하여 정책효과를 판단
  - 잠재적 통제 : 정책을 집행한 대상집단에 일어난 변화에 대해 전문가, 프로그램 집행자 · 참여자의 의견을 구해 정책효과를 판단

크리밍효과

두 집단 간 동질성을 확보하지 못한 준실험에서 발생하므로 이는 내적타당성을 저해하는 요인이 외적 타당성을 저해할 수도 있음을 보여주는 요인임

신뢰도의 기준

평가의 신빙성과 안정성의 측면을 기준으로 함

⑥ 정책평가의 방법–실험

㉠ 의의 : 정책평가의 방법은 주로 과학적인 조사설계에 의존하는데, 과학적 조사설계는 정책수단과 정책효과 간의 인과관계(내적 타당도)를 규명하는 것으로, 주로 총괄평가에서 이용됨

㉡ 실험의 유형

실험적 설계	진실험	• 실험집단과 통제집단의 동질성을 확보하여 비교 · 평가하는 실험 • 실험대상을 무작위로 두 집단에 배정해 동질성을 확보하고, 한 집단에만 일정한 처치를 가하여 두 집단 간 차이를 효과로 추정하는 실험
	준실험	• 실험집단과 통제집단을 사전에 선정하되, 동질성을 확보하지 않고 평가하는 방법(유사실험) • 자연스러운 상태에서 실험을 하므로 진실험에서 나타나는 호손효과, 모방효과, 누출효과, 부자연스러운 반응 등이 나타나지 않아 외적 타당도와 실행가능성 상대적으로 높음
비실험적 설계	대표적 비실험	비교집단을 선정하지 않고 정책대상집단(실험집단)의 집행 전후 상태를 단순히 비교하는 실시전후 비교방법, 정책집행 후에 정책대상집단과 다른 집단을 찾아 비교하는 사후 비교집단 선정방법 등이 있음
	통계적 비실험	실험에 영향을 준 외생변수의 영향을 감소시키고자 각종 통계적 분석기법을 사용하는 것으로, 통계적 분석, 통계적 통계'라고도 함

⑦ 우리나라의 정책평가–정부업무평가(정부업무평가 기본법)

㉠ 정부업무평가의 목적 : 정부업무평가에 관한 기본 사항을 정함으로써 중앙행정기관 · 지방자치단체 · 공공기관 등의 통합적인 성과관리체제의 구축과 자율적인 평가역량의 강화를 통하여 국정운영의 능률성 · 효과성 및 책임성을 향상

㉡ 평가의 정의(법 제2조)

정부업무 평가	• 정부업무평가라 함은 국정운영의 능률성 · 효과성 및 책임성을 확보하기 위하여 평가대상기관이 행하는 정책 등을 평가하는 것을 말한다(제2조 2호). • 평가대상기관 : 중앙행정기관(대통령령이 정하는 대통령 소속기관 및 국무총리 소속기관 · 보좌기관을 포함함), 지방자치단체, 중앙행정기관 또는 지방자치단체의 소속기관, 공공기관
자체평가	자체평가라 함은 중앙행정기관 또는 지방자치단체가 소관 정책 등을 스스로 평가하는 것을 말한다(제2조 3호).
특정평가	특정평가라 함은 국무총리가 중앙행정기관을 대상으로 국정을 통합적으로 관리하기 위하여 필요한 정책 등을 평가하는 것을 말한다(제2조 4호).
재평가	재평가라 함은 이미 실시된 평가의 결과 · 방법 및 절차에 관하여 그 평가를 실시한 기관 외의 기관이 다시 평가하는 것을 말한다(제2조 5호).

SEMI-NOTE

실험의 종류별 장단점

구분	내적 타당도	외적 타당도	실행 가능성
비실험	×	○	○
준실험	△	△	△
진실험	○	×	×

과학적인 조사설계

• **실험적 설계** : 사전에 실험집단과 통제집단을 구분하여 행하는 실험

• **비실험적 설계** : 통제집단(비교대상집단) 없이 실험집단에만 정책처리를 하여 효과를 추정하는 실험

통계적 분석기법

시계열분석, 인과관계분석, 회귀분석 등

양적 평가와 질적 평가

• **양적 평가** : 계량적인 자료 분석을 통해 사실적 가치에 초점을 둔 과학적 · 연역적인 접근법으로, 주로 총괄평가에서 많이 사용하는 실험접근법

• **질적 평가** : 현상학적 입장에서 대상자들의 요구에 관심을 두는 가치지향적인 평가방법으로, 과정평가에서 주로 사용하는 비실험적인 접근법(면접, 인터뷰 등)이며 주로 연성자료(Soft Data)를 사용

SEMI-NOTE

정부업무평가 기본법 제정이유

- 개별 법령에 의하여 이루어지는 개별적이고 중복되는 각종 평가를 통합·체계화
- 소관 정책을 스스로 평가하는 자체평가를 정부업무평가의 근간으로 하여 자율적인 평가역량을 강화
- 공공기관을 포함한 정부업무 전반에 걸쳐 통합적인 성과관리체제를 구축

통합적 정부업무평가제도의 구축(법 제3조)

- 중앙행정기관 및 그 소속기관에 대한 평가는 이 법의 규정에 의하여 통합하여 실시되어야 한다. 이 경우 통합실시되는 평가의 범위에 관하여 필요한 사항은 대통령령으로 정한다(제3조 2항).
- 제2항의 규정에 불구하고 업무의 특성·평가시기 등으로 인하여 통합실시가 곤란한 경우에는 정부업무평가위원회와 미리 협의하여 별도로 평가를 실시할 수 있다. 이 경우 지체 없이 그 평가결과를 위원회에 제출하여야 한다(제3조 3항).

정부업무평가기반 구축에 대한 지원(법 제23조)

- 정부는 평가역량의 강화를 위하여 필요한 조직과 예산 등을 최대한 지원하여야 한다.
- 정부는 중앙행정기관·지방자치단체 및 공공기관에 대한 평가의 제도적 정착 및 활성화를 위하여 평가방법과 평가지표의 개발·보급 등 필요한 조치와 지원을 하여야 한다.
- 정부는 평가와 관련된 기관에 대한 지원방안 및 평가에 관한 전문인력을 효율적으로 활용하기 위하여 필요한 방안을 강구하여야 한다.

㉢ 정부업무평가제도

구분	내용
정부업무평가 기본계획의 수립	• 국무총리는 위원회의 심의·의결을 거쳐 정부업무의 성과관리 및 정부업무평가에 관한 정책목표와 방향을 설정한 정부업무평가기본계획을 수립하여야 한다(제8조 1항). • 국무총리는 최소한 3년마다 정부업무평가기본계획의 타당성을 검토하여 수정·보완 등의 조치를 하여야 한다(제8조 2항).
정부업무평가 시행계획의 수립	국무총리는 정부업무평가기본계획에 기초하여 전년도 평가결과를 고려하고 평가대상기관의 의견을 들은 후 정부업무평가에 관한 연도별 시행계획을 수립하고, 이를 평가대상기관에 통지함
정부업무평가 위원회	• 정부업무평가의 실시와 평가기반의 구축을 체계적·효율적으로 추진하기 위하여 국무총리 소속 하에 정부업무평가위원회를 둔다(제9조 1항). • 위원장 2인을 포함한 15인 이내의 위원으로 구성된다(제10조 1항). • 위원장은 국무총리와 대통령이 위원으로 위촉한 자 중에서 대통령이 지명한다(제10조 2항). • 위원회의 사무 처리를 위해 간사 1인을 두되, 간사는 국무조정실 소속 공무원 중에서 국무총리가 지명한다(제10조 4항). • 공무원이 아닌 위원의 임기는 2년으로 하되, 1차에 한하여 연임할 수 있다(제10조 5항). • 위원회의 회의는 재적위원 과반수의 출석으로 개의하고 출석위원 과반수의 찬성으로 의결한다(제10조 6항).
전자통합평가 체계의 구축	국무총리는 정부업무평가를 통합적으로 수행하기 위하여 전자통합평가체계를 구축하고, 각 기관 및 단체가 이를 활용하도록 할 수 있다(법 제13조).

㉣ 정부업무평가의 종류

구분	내용
중앙행정기관의 자체평가	• 중앙행정기관의 장은 그 소속기관의 정책 등을 포함하여 자체평가를 실시하여야 한다(법 제14조 1항). • 중앙행정기관의 장은 자체평가조직 및 자체평가위원회를 구성·운영하여야 한다. 이 경우 평가의 공정성·객관성 확보하기 위하여 자체평가위원의 3분의 2 이상은 민간위원으로 하여야 한다(법 제14조 2항).
지방자치단체의 자체평가	• 지방자치단체의 장은 그 소속기관의 정책 등을 포함하여 자체평가를 실시하여야 한다(제18조 1항). • 지방자치단체의 장은 자체평가조직 및 자체평가위원회를 구성·운영하여야 한다. 이 경우 평가의 공정성과 객관성을 담보하기 위하여 자체평가위원의 3분의 2 이상은 민간위원으로 하여야 한다(제18조 2항).
공공기관평가	공공기관평가는 공공기관의 특수성과 전문성을 고려하고 평가의 객관성·공정성을 확보하기 위하여 공공기관 외부의 기관이 실시하여야 한다(제22조 1항).

㉤ 평가결과의 활용

구분	내용
평가결과의 공개	국무총리·중앙행정기관의 장·지방자치단체의 장 및 공공기관평가를 실시하는 기관의 장은 평가결과를 전자통합평가체계 및 인터넷 홈페이지 등을 통하여 공개하여야 한다(제26조).

평가결과의 보고	• 국무총리는 매년 각종 평가결과보고서를 종합하여 국무회의에 보고하거나 평가보고회를 개최하여야 한다(제27조 1항). • 중앙행정기관의 장은 전년도 정책 등에 대한 자체평가결과를 지체 없이 국회 소관 상임위원회에 보고하여야 한다(제27조 2항).
평가결과의 예산 · 인사 등에의 연계 · 반영	• 중앙행정기관의 장은 평가결과를 조직 · 예산 · 인사 및 보수체계에 연계 · 반영하여야 한다(제28조 1항). • 중앙행정기관의 장은 평가결과를 다음 연도의 예산요구 시 반영하여야 한다(제28조 2항). • 기획재정부장관은 평가결과를 중앙행정기관의 다음 연도 예산편성 시 반영하여야 한다(제28조 3항).
평가결과에 따른 자체 시정 조치 및 감사	중앙행정기관의 장은 평가의 결과에 따라 정책 등에 문제점이 발견된 때에는 지체 없이 이에 대한 조치계획을 수립하여 당해 정책 등의 집행중단 · 축소 등 자체 시정조치를 하거나 이에 대하여 자체감사를 실시하고 그 결과를 위원회에 제출하여야 한다(제29조).

(2) 정책변동

① 정책변동의 일반

㉠ 의의 : 정책변동은 정책평가 후 또는 정책과정의 진행 도중에 획득하게 되는 새로운 정보나 지식 등을 다른 단계로 환류시켜 정책내용이나 정책집행방법상의 변화를 가져오는 것

㉡ 원인

- 정책의 인식이나 환경변화로 집행문제의 우선순위가 바뀌고 새로운 문제가 대두
- 재정수입의 증감에 따라 정책의 확대, 축소가 불가피
- 정책 자체가 잘못된 경우에 대규모의 정책변동을 수반해야 함

㉢ 종류

정책유지	정책의 기본적 특성이나 정책목표 · 수단 등이 큰 폭의 변화 없이 모두 그대로 유지
정책승계	정책의 기본적 성격을 바꾸는 것으로 정책의 근본적인 수정이나 정책을 없애고 완전히 새로운 정책으로 대체하는 경우를 포함
정책혁신	완전히 새로운 정책을 결정하는 것으로 현재의 정책이나 활동이 없고 이를 담당하던 정책수단(조직 · 예산 등)이 없는 '무'에서 새로운 정책을 만드는 것
정책종결	정책목표가 완전히 달성되어 문제가 소멸되었거나 달성 불가능한 경우 정책을 완전히 소멸시키는 것. 새로운 정책도 결정하지 않으며 정책 수단들도 완전히 없어짐

㉣ 한계

- 행정조직은 정책의 종결을 회피하기 위해 유사한 목표를 설정하는 동태적 보수주의에 빠짐
- 정책수혜집단은 자신의 기득권 유지를 위해 정책의 종결을 막으려고 여러 방법을 동원

SEMI-NOTE

정책승계의 유형

- **정책대체** : 정책목표를 변경시키지 않는 범위 내에서 정책내용을 새로운 것으로 바꾸는 것
- **부분종결** : 정책의 일부는 유지하면서 일부를 완전히 폐지하는 것
- **복합적 정책승계** : 정책유지, 대체, 종결, 추가 등이 복합적으로 나타나는 것
- **우발적 정책승계** : 타 분야의 정책변동에 연계하여 우발적인 변화가 나타나는 형태의 정책승계(부수적, 파생적 승계)
- **정책통합** : 복수의 정책이 하나의 정책으로 통합되는 것
- **정책분할** : 하나의 정책이 두 개 이상으로 분리되는 것

• 관료들은 정책종결로 인한 정치적 부담으로 쉽게 정책을 변경 · 포기 못함

② 정책종결

㉠ 의의 : 기존의 정책에 대해 종결원인이 발생해 소멸시키는 것을 뜻함

㉡ 원인

• 문제나 행정수요의 고갈
• 정책의 정통성 · 정당성 상실
• 조직 위축이나 감축
• 자원의 부족
• 환경의 엔트로피 증가
• 종결에 대한 저항의 약화

㉢ 정책종결에 대한 저항의 원인

• 매몰비용의 존재
• 정치적 연합(수혜집단과 정치세력의 연대)
• 법적 제약(법령의 폐지절차 등이 필요)
• 동태적 보수주의(목표의 승계에 의한 조직존속 등)

6. 기획론

(1) 기획의 본질

① 의의

㉠ 행정목표 달성을 위해 장래의 구체적 계획을 준비하는 사전적 · 동태적 · 계속적 과정

㉡ 기획의 개념은 학자에 따라 다르며, 주로 정치 · 행정일원론과 발전행정론에서 중시

㉢ 예산은 기획에 의하여 작성된 재정 계획표로 1년성, 구체성, 부정성, 저축성, 보수성의 성질을 지니나 기획은 장기성, 추상성, 확장성, 소비성, 쇄신성의 성격을 지님

② 특성

목표지향적 활동	설정된 목표나 정책을 구체화 · 명료화시키는 활동
미래지향적 활동	미래의 바람직한 활동을 준비하는 예측 과정
계속적 준비 과정	더 나은 결정을 위한 계속적이고 순환적인 활동
행동지향적 활동	실천과 행동을 통한 문제의 해결이나 현실의 개선에 목적
효율적 최적 수단을 강구하는 과정	추구하는 목표를 효율적으로 달성할 수 있는 수단을 제시하려는 활동
합리성을 지향하는 활동	정책결정에 비해 합리성을 추구(목표 달성에 적합한 대안을 추구)하는 과정
통제성	자유방임이 아니라 인위적인 절차에 따른 강제성을 수반하는 과정

③ 기획의 과정(Koontz & O'Donnell)

SEMI-NOTE

정책환류의 구분
• 적극적 환류(positive feedback) : 목표나 기준의 수정
• 소극적 환류(negative feedback) : 오차나 오류의 수정

계획과 기획
• **계획** : 기획을 통하여 구체화되고 산출되는 최종적 · 결과적 개념
• **기획** : 계획을 수립 · 집행하는 포괄적 · 절차적 과정

기획의 원칙
• 목표성의 원칙
• 간결성 및 표준성의 원칙
• 융통성 및 안정성의 원칙
• 기획우선의 원칙
• 경제성의 원칙 및 예산연계성의 원칙
• 계속성의 원칙 및 장래예측성의 원칙

상황분석과 기획전제
상황분석이 주로 현실적인 여건을 대상으로 삼는 데 비하여, 기획전제는 미래에 관한 예측이나 전망이라는 점에서 차이가 있음

목표의 설정	기획의 첫 단계로서 달성하려고 하는 목표를 명확히 하고 구체화하는 과정
상황의 분석	목표 달성의 장애요인과 문제점을 규명하기 위한 정보 · 자료의 수집과 분석이 이루어지는 단계
기획전제의 설정	계획 수립 시 토대로 삼아야 할 기본적인 예측이나 가정의 설정 단계를 의미
대안의 탐색과 평가	B/C분석, E/C분석 등의 체제분석, 관리과학의 기법이 동원됨
최종안의 선택	대안의 비교 · 검토를 통해 몇 가지 유용한 대안을 간추린 후 가장 적절한 최종안을 채택하는 단계를 말하며, 결정권자의 가치범주에서 해석 · 판단됨

④ 기획의 효용성
- ㉠ 목표의 명확화 및 장래의 대응방안
- ㉡ 사전조정과 내부통제의 수단
- ㉢ 업무의 성과 및 효율 제고
- ㉣ 변화의 촉진, 미래에 대비
- ㉤ 불필요한 경비의 절약

⑤ 기획의 한계
- ㉠ **수립상의 제약** : 목표 간의 갈등, 미래예측의 곤란성, 정보와 자료의 부족 및 부정확성, 시간 · 비용, 기획의 그레샴법칙, 창의력 부족
- ㉡ **집행상의 제약** : 저항과 반발, 계획의 경직성 및 수정의 곤란, 즉흥적 결정과 빈번한 수정, 반복적 사용의 제한, 자원배분의 비효율
- ㉢ **행정적 제약요인** : 담당자의 능력부족, 기획 · 예산기구의 이원화, 인식부족, 기술 · 경험의 부족, 정치적 불안정, 자원부족, 기획인력 충원의 어려움, 행정절차의 복잡성, 회계제도와 재정기법의 비효율성, 부처 간 조정 결여, 행정기관의 비능률과 비대화

(2) 기획의 발달 및 논쟁

① 국가기획의 발달요인

도시계획의 발달	인구와 산업의 도시집중에 대한 대처가 필요하였고, 이를 해결하기 위해 도시계획이 발달
경제대공황(1929년)	'보이지 않는 손'에 의한 시장경제체제의 무력화를 통해 자본주의의 수정(계획경제와 수정자본주의 등)을 위한 국가 기획이 도입
사회과학의 발전	케인즈(Keynes)를 중심으로 한 거시경제학과 통계학의 발달로 미래를 예측할 수 있는 기법이 새롭게 등장하고 국가기획제도가 발달
세계대전의 경험	전쟁수행을 위한 자원을 국가적 차원에서 조직적으로 동원 · 활용하는 데 기획이 효과적이었음
신생국 및 후진국 발전계획	이를 효율적으로 추진하기 위해 기획이론이 강조
사회주의의 영향	최초의 국가계획제도인 소련의 제1차 경제개발 5개년 계획과 프랑스의 모네플랜(Monnet plan)이 성공적으로 수립 · 전개

SEMI-NOTE

현대적 기획관
- 규범적 · 인본적 기획관
- 질적 · 가치중심적 기획
- 정책형성, 정책결정 등 정책과정으로 이해
- 종합적 · 포괄적 기획
- 개방적 · 동태적 기획
- 창조적 인간행동모형 관점
- 유기적 모형(사회체제 중심)
- 새로운 미래의 창조

모네플랜(Monnet plan)

1차 세계대전 후 피폐한 프랑스 경제를 부흥하기 위한 산업 부흥 4개년 계획으로 기간산업의 진흥, 무역의 확대, 인플레이션의 억제를 기반으로 고용 증대 및 생활 향상에 큰 성과를 거두었으며, 1975년까지 6차에 걸쳐 실시됨

SEMI-NOTE

국가기획과 민주주의

- **국가기획반대론(F. Hayek)** : 자본주의와 민주주의를 동일시하고 자유주의·보수주의 입장에서 모든 계획경제에 반대. 국가기획제도를 도입하면 의회 제도를 파괴·무력화시켜 독재를 초래하고, 시민의 정치적·경제적 자유와 권리의 침해, 이질성·복합성·융통성이 없는 극히 단조로운 경제사회의 탄생 등으로 자유민주주의 국가들이 전체주의 국가로 전락할 것이라고 보면서 국가기획과 자유민주주의는 양립할 수 없다고 주장. 신자유주의로 연결됨
- **국가기획찬성론**
  - 파이너(H. Finer) : 시민의 자유와 권리를 보장하는 기획(경제위기, 실업, 빈곤, 재난 등에 대한 해결책 강구)이 가능하며 자본주의의 균형 있는 발전, 질서 있는 현대사회로의 발전을 위해서 국가기획이 필요
  - 홀콤(A. Holcomb) : 사유재산과 사기업의 절대성을 전제하면서 정부의 재정·금융·공공사업 등 적극적 정책이 필요하다고 하고, 관료제에 의해 뒷받침되는 계획적 민주주의 강조
  - 만하임(K. Mannheim) : 자유방임적 경쟁사회나 독재주의가 아닌 민주적 통제방식에 의한 계획적 사회로의 이행이 필연적이지만 일방통행적·독재적 기획이 아닌 민주주의의 전통(다원적 가치관·다양성의 인정)에 입각한 '자유사회를 위한 민주적 기획'이어야 한다고 주장

② 기획과 민주주의와의 관계

구분	내용
반대론	국가기획은 의회 제도를 파괴하고 국민의 노예화를 초래한다고 하여, 기획과 민주주의는 양립할 수 없다고 주장
찬성론	진정한 민주주의란 책임정치여야 한다는 민주적 기획론을 주장하고, 이를 통해 자본주의의 균형발전도 가능하다고 함
절충론	국가기획의 지나친 중시는 시민적 자유와 민주주의에 대한 중대한 위협이 될 가능성이 있다고 봄

(3) 기획의 유형 및 정향기준

① 기획의 유형

유형	내용
조직 계층별 유형	규범적 기획, 전략적 기획, 전술적 기획
대상 기간별 유형	단기(1년), 중기(3~7년), 장기(10~20년)
대상별 유형	경제기획, 자연기획, 사회기획, 방위 및 전략기획
고정성별 유형	고정계획, 연동계획
지역 수준별 유형	국제기획, 국토기획, 지역기획, 도시기획, 농촌기획
이용 빈도별 유형	단용기획, 상용기획
강제성 정도별 유형	유도기획, 강제기획, 예측기획

② 기획의 정향기준(R. Ackoff)

기획의 정향 기준	기획의 종류	기획의 관심영역
무위주의 – 현상유지주의	조작적 기획	기계적 집행수단의 선택(조작적·수단적 기획)
반동주의 – 복고주의	기술적 기획	수단과 단기목표의 선택
선도주의 – 미래주의	전략적 기획	수단과 장단기목표의 선택
능동주의 – 이상주의	규범적 기획	수단과 장단기목표 및 그 이상의 선택

나두공

03장 조직론

조직론

SEMI-NOTE

01절 조직의 본질 및 기초이론

1. 조직의 본질

(1) 조직의 유형

① 블라우(Blau) & 스콧(Scott)의 유형(조직 수혜자 기준)

구분	내용
호혜적 조직 (상호조직, 공익결사조직)	조직구성원이 주된 수혜자가 되는 조직으로, 정당, 노동조합, 이익단체 등이 해당됨
기업조직 (사업조직, 경영조직)	조직소유자나 투자자가 주된 수혜자가 되는 조직이며, 사기업, 은행, 보험회사, 공장 등이 해당됨
봉사조직 (서비스조직)	조직과 직접 관련된 고객이 주된 수혜자가 되는 조직이며, 병원이나 학교, 사회사업기관, 상담기관 등이 해당됨
공익조직 (공공복리조직)	일반대중이 주된 수혜자가 되는 조직을 말하며, 군대나 경찰, 일반 행정기관 등이 해당됨

② 에치오니(A. Etzioni)의 유형(권력과 복종의 유형 기준)

구분	내용
강제적 조직	• 강제적 권력, 소외적 관여, 질서목표 • 조직은 강제(물리적 제재)가 주요 통제수단이며, 구성원은 조직에 대하여 소외감을 느끼며 복종하는 조직유형 • 교도소, 강제수용소, 격리적 정신병원 등
공리적 조직	• 공리적 · 보수적 권력, 타산적 관여, 경제적 목표 • 물질적 보상이 주요 통제수단이며, 대다수의 구성원은 타산적으로 행동하는 이해타산적 조직유형 • 사기업, 이익단체, 평시의 군대 등
규범적 조직	• 규범적 · 상징적 권력, 도덕적 · 헌신적 관여, 문화적 목표 • 명예나 위신, 존경, 애정 등 상징적 · 도덕적 가치에 의한 규범적 권력이 주요 통제수단이며, 구성원은 조직에 대하여 헌신적 사명감을 지니고 권위를 수용하는 유형 • 정치단체, 종교단체, 시민단체, 사회사업단체, 대학 등

③ 민츠버그(Mintzberg)의 유형(조직성장경로모형, 복수국면적 접근법)

구분	내용
단순구조	• 전략정점(최고관리층)과 핵심운영(작업계층)의 2계층으로 구성되며, 최고관리층으로 권력이 집권되는 구조(최고관리층이 직접 감독) • 조직환경이 매우 동태적이며, 조직기술은 정교하지 않음 • 신생조직, 초창기 소규모 조직, 독재조직, 위기에 처한 조직 등
기계적 관료제	• 가장 전형적인 고전조직으로, 베버(Weber)의 관료제 조직과 유사한 형태 • 계층제와 표준화된 절차, 공식적 규정 · 규칙을 중시하며, 일반적으로 조직 규모가 크고 조직환경이 안정됨 • 전략정점에서 중요한 의사결정, 일상적 업무는 중간라인(중간관리자)의 감독 아래에서 운영 • 은행 · 우체국 · 대량제조업체 · 항공회사 등

에치오니(A. Etzioni)의 조직유형 분류 기준

에치오니는 복종의 구조, 즉 상급자가 사용하는 '권력'과 여기에 대응하는 하급자의 '관여'(involvement)를 기준으로 조직을 3가지로 유형화함

구성원의 관여 구분(A. Etzioni)

- **소외적 관여** : 조직과 조직목적에 대한 부정적 · 소외적인 태도
- **타산적 관여** : 물질적 이익과 손해를 계산하여 그 결과에 따르는 계산적 · 타산적 태도
- **도덕적 관여** : 조직목적을 적극적으로 지지하는 태도

에치오니(A. Etzioni)가 제시한 조직유형의 조합형태(이중적 복종관계의 조직)

- **강제적 조직 + 규범적 조직** : 전투부대
- **강제적 조직 + 공리적 조직** : 전근대적인 기업(농장 등)이나 어선
- **규범적 조직 + 공리적 조직** : 노동조합

전문적 관료제	• 전문가로 구성된 핵심운영계층이 중심이 되는 분권화된 조직으로, 전문적 · 기술적 구성원에 의한 작업 기술의 표준화와 자율적 과업 조정을 중시 • 핵심운영계층의 조직환경이 상대적으로 안정되고 외부통제가 없음 • 대학 · 종합병원 · 사회복지기관 · 컨설팅회사 등
사업부제	• 독자적 분립구조, 할거구조, 산출물 표준화 중시, 성과관리에 적합 • 중간관리층(각 부서책임자)이 핵심적 역할을 수행(각 사업부는 자율적 활동을 수행) • 기능부서 간의 중복, 규모의 불경제로 인해 자원 소요가 많음 • 기업의 사업부, 대학분교, 종합병원의 지역병원 등
애드호크라시 (임시특별조직)	• 고정된 계층구조를 갖지 않고, 기계적 관료제와 서로 다르게 분권화된 유기적 구조 • 공식화된 규칙이나 표준화된 절차를 거부 • 동태적이고 복잡한 환경에 적합 • 첨단기술연구소, 우주센터 등

④ 파슨스(T. Parsons), 카츠(Katz) & 칸(Kahn)의 유형(조직의 기능 중심)

구분	적응기능(A)	목표 달성기능(G)	통합기능(I)	형상유지기능(L)
파슨스 (T. Parsons)	• 경제적 조직 • 회사 등 생산조직	• 정치조직(정부) • 행정기관, 정당	• 통합조직 • 사법기관, 경찰서	• 체제유지조직 • 학교, 종교단체
카츠와 칸 (Katz & Kahn)	• 적응조직 • 연구소, 대학 등	• 경제적 · 산업적 조직 • 산업조직, 공기업	• 정치 · 관리적 조직 • 정부기관, 노조, 압력단체, 정당	• 형상유지조직 • 학교, 교회, 가정

(2) 조직이론의 변천(D. Waldo) 빈출개념

① 고전적 조직이론

㉠ 의의 : 1900년대 과학적 관리론을 바탕으로 1930년대 완성된 전통적 조직이론(wilson-weberian paradigm)으로 행정관리론의 입장에서 조직을 분업화 · 전문화의 기계적인 체계로 이해하고, 절약과 능률, 최고관리층에 의한 행정통제에 중점을 둠

㉡ 특징

- 능률지상주의, 기계적 능률 강조
- 합리적 · 경제적 인간모형(X이론적 인간관)
- 공식적 구조 중시(권한의 계층, 절차, 분업, 조정 등을 강조)
- 조직관리의 원리로 POSDCoRB를 중시, 조직의 원리 중시(원리주의)
- 폐쇄적 · 기계적 · 정태적 환경론, 명확한 목표 제시
- 정치 · 행정이원론, 공 · 사행정일원론의 시각
- 하향적 · 통제적 · 단선적(單線的) 행정과정
- 형식적 · 미성숙한 과학성(엄밀한 이론분석 미흡)

SEMI-NOTE

민츠버그(H. Mintzberg)의 조직유형 분류 기준

민츠버그는 개방체제적 · 복수국면적 관점에서 주요 구성부분(핵심부문), 조정장치(조정기제), 상황요인을 기준으로 하여 조직유형을 5가지로 분류

민츠버그가 제시한 조직의 주요 구성부문(핵심부문)

- 전략부문(전략정점, 최고관리층)
- 기술분석부문(기술구조)
- 핵심운영부문(작업계층)
- 중간라인(중간계층)
- 지원참모(막료집단)

조직이론 변천에 대한 견해

- **카츠와 칸(Katz & Kahn)** : 1930년대를 분기점으로 그 이전을 고전적 조직이론, 그 이후를 현대적 조직이론이라 구분함
- **왈도(D. Waldo)** : 1930년대까지를 고전적 조직이론, 1930년대부터 1940년대 중반까지를 신고전적 조직이론, 1940년대 중반 이후를 현대적 조직이론으로 구분함
- **스콧(W. Scott)** : 폐쇄 · 합리적 이론(1900~1930), 폐쇄 · 자연적 이론(1930~1960), 개방 · 합리적 이론(1970년 이후)으로 구분함

SEMI-NOTE

신고전적 조직이론의 환경관

신고전적 조직이론의 대표적인 이론인 환경유관론에서는 고전이론의 폐쇄적 환경관을 비판하고 조직과 환경이 상호작용하는 사실을 인정함으로써 개방체제적 접근방법으로의 토대를 닦았음. 그러나 환경 관계의 복잡한 변수에 대한 경험적 연구가 미흡해 본격적인 개방체제모형으로 볼 수 없음. 조직의 외부환경을 경시하였다는 점에서 대체로 폐쇄적 환경관을 취한다고 볼 수 있음

현대조직모형

- **의사결정모형** : 사이먼(Simon)에 의해 주장된 모형으로, 행정과정을 의사결정과정으로서 파악하고 의사결정을 행정행태의 기본적인 개념 도식으로 사용
- **체제모형** : 스콧(Scott)에 의해 제시된 것으로, 조직이란 공동목표를 달성하기 위해 환경에 대해 전체적 대응책을 강구한 유기체로 파악(투입에 대한 반응 중시)
- **사회체제모형** : 조직을 하위조직의 유기적 관련 아래에 전체 목표를 달성하기 위하여 AGIL기능을 수행하는 것으로 이해함
- **후기관료제 모형** : 베버(Weber)가 주장하고 블라우와 스콧(Blau & Scott)에 의해 발전된 모형으로, 탈관료제적 입장을 강조함

② 신고전적 조직이론

의의	• 1920년대 호손실험을 계기로 발전된 인간관계론이 신고전적 조직이론의 핵심 • 과학적 관리론의 문제를 지적하며, 인간 중심적 조직관리로 등장
특징	• 사회적 능률을 강조 • 조직의 비공식적 측면을 강조하고 조직참여자의 사회적 · 심리적 측면을 중시 • 사회적 인간모형(인간 중심주의)을 토대로 구성원을 사회적 인간으로 파악 • 인간주의 강조, 과학주의의 형식성을 비판하고 경험주의 · 실증주의를 추구 • 폐쇄적 환경관(내부환경과 조직의 상호관계에 주목하고 외부 환경 경시)

③ 현대조직이론

의의	고전적 조직이론과 신고전적 조직이론을 통합하고 조직 전체를 하나의 분석단위로 파악하는 이론으로, 산업화와 정보사회로의 이전 등으로 급속한 변동과 복잡성이 증가하는 현대사회의 특징을 반영
특징	• 개방적 환경관, 유기적 · 동태적 조직 강조(복잡하고 불확실한 환경에 대응) • 복잡인관(Z이론적 인간관)을 토대로 조직구조보다 인간행태나 발전적 가치관을 중시함 • 가치 및 문제의 다원화, 목표와 수단을 구분하지 않음 • 탈관료적 · 상황적응적 접근(애드호크라시, 혼돈이론, 상황적응론) • 정치 · 행정일원론의 시각 • 행정을 종합적으로 파악

2. 조직과 개인

(1) 조직과 개인의 관계

① 의의

㉠ 현대인은 조직인이라 할 수 있으며, 양자는 불가분의 관계에 있음

㉡ 조직 속 개인은 공식적 · 비공식적 행동으로 자아실현과 조직의 목표 달성에 관여하며, 조직은 구성원의 협동행위를 통해 조직목표를 달성하고자 함

㉢ 조직은 개인에게 권한과 지위, 책임, 자격, 보수 등을 부여함

㉣ 개인은 가치관과 태도, 특성, 지식, 기술 등을 통해 조직에 참여함

㉤ 조직의 목표와 개인의 욕구가 일치 · 조화되는 조직이 가장 이상적이나, 오늘날은 개인의 이성과 욕구의 다양성으로 인해 조화가 쉽지 않음(필연적인 갈등 · 대립요소를 내포)

② 조직과 개인의 상호작용(J. Pfiffner & F. Sherwood)

㉠ **사회화의 과정** : 개인이 조직에 동화되는 객관화 과정

㉡ **인간화의 과정** : 개인의 개성을 회복하는 주관화 과정(조직이 개인의 자아실현에 기여하는 활동)

㉢ **융합화의 과정(상호조화)** : 개인의 조직목표를 통하여 자신의 목표를 실현시키는 과정으로서, 인간화와 사회화가 동시에 진행됨(오늘날의 보편적인 작용)

(2) 조직의 인간관계전략 – 동기부여이론 ★ 빈출개념

① 동기부여의 내용이론

㉠ 매슬로(A. H. Maslow)의 욕구단계설

생리적 욕구	• 가장 기본적이며 우선되는 욕구로, 생리적 욕구 충족 이전에는 어떤 욕구도 일어나지 않음 • 의식주에 대한 욕구, 수면욕과 성욕, 근무환경, 경제적 보상(보수) 등
안전의 욕구	• 공포나 위협, 사고나 질병, 전쟁, 고용 및 신분적 불안, 경제적 불안 등으로부터의 해방과 관련된 욕구 • 후생복지(건강 · 재해보험, 연금), 직업의 안정성, 신분보장(정년) 등
사회적 욕구	• 집단에 소속하고 인간관계를 맺으며 교류하고 싶은 욕구 • 애정의 욕구 또는 친화의 욕구라고도 함 • 소속감 고취, 친교, 인사상담, 의사전달의 원활, 고충처리 등
존경의 욕구	• 타인으로부터 존경받고 싶어 하는 욕구 • 명예와 위신, 신망, 지위, 인정(제안제도, 참여, 권한 및 책임 강화)
자아 실현의 욕구	• 자신의 가능성과 능력을 개발하여 이를 구현하고자 하는 욕구(이상과 목적에 대한 성취욕) • 가장 추상적이고 고차원적인 욕구(최상위의 욕구) • 승진 및 사회적 평가의 제고, 도전적 직무와 일을 통한 성장, 성취, 능력 발전, 자율성 부여, 창의적 직무수행, 직무충실 · 직무확대 등

㉡ 앨더퍼(C. P. Alderfer)의 ERG이론

- 의의 : 1970년대 매슬로의 욕구단계설을 수정하여 생존(존재)욕구 · 관계욕구 · 성장욕구의 세 가지를 제시
- 특징 : 앨더퍼는 인간의 욕구는 항상 단계적으로 성장하는 것이 아니며, 보통 만족하면 진행하지만 좌절하면 후진적 · 하향적으로 퇴행한다고 파악

㉢ 맥그리거(D. McGregor)의 X · Y이론

구분	X이론	Y이론
가정	인간은 근본 성격이 게으르고 무책임하며, 오로지 안정을 추구하며 새로운 도전을 좋아하지 않음(아동형, 경제적 인간관)	인간은 참여를 통해 자기를 표현하고 행동의 방향을 스스로 정하며, 자제할 능력이 있고 책임 있는 행동을 함(성인형, 자아실현인간관)
관리 전략	• 당근과 채찍이론(엄격한 감독과 구체적 통제) • 권위적 리더십 • 공식적 조직에서 중시 • 경제적 보상과 명령체계를 통한 계층제적 조직관리	• 조직목표와 개인목표의 조화 • 자율통제 · 자기책임 • 민주적 리더십(분권화와 권한의 위임) • 비공식적 조직의 활용 • 인간적 보상과 평면적 조직관리
관련 이론	합리적 경제인 모형, 과학적 관리론	사회인 모형, 인간관계론

㉣ 허즈버그(F. Herzberg)의 2요인 이론(동기-위생이론)

구분	위생요인(불만요인)	동기요인(만족요인)
의의	직무맥락이나 작업자의 환경 범주와 관련된 요인(물리적 · 환경적 · 대인적 요인), 사람과 직무상황 · 환경과의 관계	직무 자체와 관련된 심리적 요인(직무요인), 사람과 일 사이의 관계

SEMI-NOTE

욕구단계설의 한계

- 인간의 욕구를 체계적으로 분석하였으나, 개인차나 상황 등은 고려되지 않고 획일적으로 단계를 설정함
- 5단계 욕구는 단계에 따라 순차적으로 나타난다고 하였으나, 욕구는 역순으로 나타나거나 퇴행되기도 함
- 각 욕구의 단계는 고정되어 있지 않으며, 단계별 경계도 불명확하고 중복 · 복합현상이 나타나기도 함

매슬로의 욕구단계설과 앨더퍼의 ERG이론

매슬로의 욕구단계설	앨더퍼의 ERG이론
생리적 욕구	생존욕구
안전욕구	
사회적 욕구	관계욕구
존경의 욕구	
자아실현 욕구	성장욕구

X · Y이론

맥그리거는, X이론은 조직구성원에 대한 전통적 관리전략을 제시하는 이론이며, Y이론은 개인 목표와 조직목표의 통합을 추구하는 새로운 이론이라 주장함

2요인 이론의 특징

- 불만요인이 제거된다고 하여 만족하는 것이 아니며, 만족요인이 없다고 해서(만족하지 못한다고 해서) 불만이 야기되는 것도 아니라 함(불만의 역은 만족이 아니라 불만이 없는 것이라 봄)
- 불만요인(위생요인)의 충족은 불만을 제거할 뿐이며 직무수행에 대한 동기를 유발하지 못함(소극적 · 단기적 효과만 발생)
- 만족요인(동기요인)이 충족되어야 직무수행을 위한 동기가 유발됨(조직의 생산제고와 직결되는 것은 위생요인이 아니라 만족요인의 충족)
- 구성원들의 만족을 통해 직무동기를 높이기 위해서는 동기요인에 중점을 둔 동기화 전략이 중요하며, 그 처방으로서 직무충실을 제시

SEMI-NOTE

샤인(E. H. Schein)의 인간관

샤인은 인간관이 합리적 경제인 → 사회인 → 자아실현인 → 복잡인의 순서로 발달한다고 주장하며, 복잡인을 현대사회에 가장 적합한 인간관으로 봄

아지리스 인간관의 특징

- **조직과 인간의 갈등** : 인간은 성숙상태로 발전해나가고자 하지만, 조직(관료제)은 X이론적 관리전략과 능률성 · 생산성을 강조하므로 성숙과 발전을 저해
- **갈등의 악순환** : 조직과의 갈등으로 인간 본연의 성숙욕구를 좌절당한 구성원은 수동적 무관심, 태업, 비공식집단의 결성, 업무보다는 승진에 집착하는 태도 등을 보임
- **성숙한 인간실현을 위한 전략의 제시** : 아지리스는 성숙한 인간 실현을 위한 인간 중심적 · 민주적 가치체계를 갖출 것을 주장하고, 이를 위한 전략으로 조직발전(OD)과 조직학습(OL) 등을 제시

성취동기가 높은 사람의 특징

- 보상이나 지위보다는 목표달성을 통한 성취에 더 가치를 둠
- 적당히 어려운 목표를 설정하고 계산된 위험을 감수하려는 성향을 보임
- 일의 수행성과에 대한 즉각적이고 구체적인 피드백(평가와 환류)을 원함
- 문제 해결이나 결과 등에 대해 강한 책임을 느끼며 다른 사람의 개입을 꺼림
- 항상 계획을 수립 · 점검하며 목표를 향해 추진하는 미래지향적 성향을 지님

예	정책과 관리(행정), 감독기술, 작업(업무)조건, 임금 · 보수, 인간관계(대인관계, 조직의 수직 · 수평적 관계)	성취감, 성취에 대한 인정감, 책임감, 안정감, 직무내용 자체에 대한 만족이나 보람 등

ⓜ 샤인(E. H. Schein)의 인간관

구분	의의	관리전략
합리적 경제인관	인간을 합리적 · 이성적 · 경제적 · 타산적 존재로 간주하는 고전적 조직이론의 인간관	직무조직의 합리적 설계, 통치 및 유인체제의 확립, 개별적 관리, 성과급제 등
사회인관	인간관계론의 인간관과 동일하며, 업무수행과정에서 형성되는 인간관계 · 동료관계 등을 중시하는 신고전적 조직이론의 인간관	구성원의 욕구에 관심, 자생 집단의 인정 및 수용, 집단적 관리, 중간관리층의 가교역할 등
자아실현 인관	자신의 능력과 자질을 최고조로 생산 · 발휘하려는 욕구를 가진 존재로 파악하는 인간관으로, 자율적 자기규제를 긍정	도전적이며 의미 있는 직무, 권력 평등화, 자기통제와 자기계발, 참여적 관리, 내적인 보상, 면담자 · 촉매자의 역할 강조 등
복잡인관	오늘날의 복잡 · 다양한 상황조건 및 역할에 따라 인간도 복잡한 형태를 표출하는 다양한 존재로 파악하는 인간관으로, 현대조직이론에서 가장 중시	상황적합적 관리, 융통성 · 신축성 있는 대인관계기술, 진단가의 역할 강조 등

ⓑ 아지리스(C. Argyris)의 인간관

미성숙인	성숙인
• 수동적 활동, 의존적 상태 • 산만하고 우발적이며 얕은 관심 • 단기적 전망, 현재에만 관심 • 단순한 행동 • 종속적 지위에 만족, 복종 • 자기의식의 결여	• 능동적 활동, 독립적 상태 • 신중하며 깊고 강한 관심 • 장기적 전망, 장기적 시간관 • 다양한 행동 • 대등 내지 우월한 지위에 만족 • 자기의식 및 자기규제 가능

ⓢ 리커트(R. Likert)의 관리체제이론

체제 I (착취적 · 수탈적 권위형)	조직의 최고 책임자가 독단적으로 결정하며, 구성원의 이익은 고려되지 않음
체제 II (온정적 권위형)	주요 정책은 고위층에서 결정하되 하급자는 정해진 테두리에서 상급자의 동의를 거쳐 결정함(제한적 상의하달)
체제 III (협의적 민주형)	주요 정책은 위에서 결정하나 한정된 범위의 특정 사항은 하급자가 결정함
체제 IV (참여적 민주형)	조직의 구성원이 결정에 광범위하게 참여함

ⓞ 매클리랜드(McClelland)의 성취동기이론

- 의의 : 인간의 동기는 사회문화와 상호작용하는 과정에서 취득되고 개발될 수 있다는 것을 전제로, 인간의 동기를 권력욕구 · 친교욕구 · 성취욕구로 분류함

• 내용
  – 권력욕구 : 다른 사람에게 영향을 미치거나 환경을 통제하려는 욕구
  – 친교욕구 : 다른 사람들과 친근하고 인간적인 관계를 지속 · 발전시키려는 욕구(소속욕구, 결연욕구)
  – 성취욕구 : 어떤 목표나 과업을 성취하려는 욕구

ⓩ 해크만(Hackman) · 올드햄(Oldham)의 직무특성이론

• 직무의 특성(환경적 요인)이 개인의 심리상태(개인적 요인)와 결합되어 직무수행자의 성장욕구수준에 부합될 때 긍정적인 동기유발효과를 얻게 된다는 내용적 차원의 동기부여이론
• 동기부여요소(직무의 특성) : 기술다양성, 직무정체성, 직무중요성, 자율성, 환류의 5가지가 동기부여에 중요한 역할을 함(자율성과 환류가 특히 동기부여에 영향을 미친다고 주장)

ⓩ Z이론

• 런드스테트(Lundstedt)의 Z이론 : X이론 · Y이론이 권위형과 민주형만으로 구분하여 이론을 단순화시켰다고 비판하고 Z이론(자유방임형 조직, 자유방임적 리더십 강조)을 추가
• 롤리스(Lawless)의 Z이론 : X · Y이론이 절대적 적합성을 가지는 것이 아니며 때나 장소, 조직특성에 따라 적합성이 달라질 수 있다고 주장하여, 상황 적응적 관리와 융통성 있는 관리를 강조한 이론
• 라모스(Ramos)의 Z이론 : 작용인(조작인, X이론)과 반응인(Y이론)에 이어, 이성과 자율성을 토대로 자기조직을 괄호로 묶어서 조직 밖에서 관조하는 괄호인(호형인, Z이론)을 제시
• 베니스(Bennis)의 Z이론 : 유기적 · 적응적 조직의 탐구형 인간을 제시
• 오우치(Ouchi)의 Z이론 : 미국에 적용한 일본식 Z이론(Z유형의 미국조직)을 제시

② 동기부여의 과정이론

㉠ 애덤스(J. S. Adams)의 공정성이론

• 인간은 준거인과 비교하여 자신의 노력(투입)과 그 대가 간에 불일치(과다보상 또는 과소보상)를 지각하면 이를 제거하는 방향으로 동기가 부여된다는 이론
• 과소보상을 소극적 비형평성, 과다보상을 적극적 비형평성이라 함
• 타인과 공평한 교환을 하려는 호혜주의 규범과 생각과 행동을 일치시키고자 하는 인지일관성 정향이 행위유발요인이 됨
• 비형평성 존재 시의 형평성 회복을 위한 방법으로는 일에 대한 투입의 변동, 받은 보상의 변동, 현장이탈, 준거인의 변경, 비교의 심리적 왜곡, 준거인의 투입 또는 산출에 대한 변동의 야기 등이 있음

㉡ 브룸(V. Vroom)의 기대이론(VIE이론)

• 의의 : 욕구충족과 동기 사이에는 어떤 주관적 평가과정(지각과정)이 개재되어있다고 보며, 그 지각과정을 통한 기대요인의 충족에 의해 동기나 근무의욕이 결정된다는 이론

SEMI-NOTE

직무정체성(Hackman & Oldham)

직무특성의 하나인 직무정체성은 직무의 내용이 어떤 제품이나 서비스 완성에 기여하도록 구성된 정도에 관한 요소(제품이나 서비스를 처음부터 끝까지 완성시킬 수 있도록 구성된 것인가 또는 특정 부문만을 만드는 것인가에 대한 것)를 말함

타인(준거인)과의 비교결과에 대한 반응

• **타인과 투입-산출 비율이 일치하는 경우** : 만족(동기유발 없음)
• **자신의 투입-산출 비율이 작을 경우(과소보상)** : 편익증대 요구, 투입 감소, 산출 왜곡(질 저하), 준거인물의 변경, 조직에서의 이탈 등
• **자신의 산출-투입 비율이 클 경우(과다보상)** : 편익감소 요구, 투입 증대

SEMI-NOTE

EPRS이론

노력(Effort), 업적(Performance), 보상(Reward), 만족(Satisfaction) 등의 변수와 그 상호관계에 중점

조고폴로스의 통로-목표이론

한 개인의 생산성은 매우 복잡한 개인적·상황적 요인에 의하여 영향을 받으며, 생산활동의 조직구성원의 개인목표 달성의 통로로서 유효하게 작용하는지가 생산활동을 좌우함. 개인의 동기는 개인이 추구하는 목적에 반영되어 있는 개인의 욕구와, 목표달성에 이르는 수단·통로로서 생산성 제고 행동이 갖는 상대적 유용성에 대한 개인의 지각에 달려 있음

- 내용

기대감 (expectancy)	자신의 노력이 실제로 성과를 가져오게 할 것이라고 믿는 정도(주관적 확률과 관련된 믿음)
수단성 (instrumentality)	목표 달성(성과)과 보상과의 상관관계(어떤 특정 수준의 성과를 이루면 이에 대한 보상이 적절하게 주어지는가에 대한 관계)에 관한 인지도
유인가 (valence, 유의성)	보상에 대한 개인의 선호 강도(어떤 결과에 대하여 개인이 가지는 가치나 중요성)

- 특징 : 능력이 실제 성과를 거두리라 기대하고, 실제 성과가 승진이나 보상 등의 결과를 가져오리라고 기대할수록 개인의 동기는 강하게 작용하며, 성과에 의심이 많고 성과와 원하는 보상 간에 상관관계가 없다고 믿을수록 동기는 낮게 나타남

㉢ 포터(Porter) · 롤러(Lawler)의 업적만족이론(EPRS이론)

- 만족이 직무성취나 업적 달성을 가져오는 것이 아니라 직무성취나 업적 달성이 만족을 가져다 줄 것이라는 기대가 직무수행능력과 생산성을 좌우한다는 이론
- 노력에 대한 업적이 나타나고 이에 대한 적절한 보상이 주어질 때 만족하여 동기부여가 형성된다는 이론(만족은 업적 달성에 대해 보상이 주어질 것이라는 기대감 또는 보상의 가능성에서 나옴)
- 보상에는 외재적 보상과 내재적 보상이 있으며, 내재적 보상이 외재적 보상보다 중요한 변수이나 보상 그 자체보다는 보상의 공평성에 대한 지각이 가장 중요한 변수가 됨
- 브룸의 기대이론에 기초하여 추가변수를 포함시켜 근무태도와 성과와의 관계에 관한 동기부여이론으로 제시

㉣ 조고폴로스(B. Georgopoulos)의 통로-목표이론

- 조직의 목표(생산활동)가 구성원의 목표 달성의 통로로서 얼마나 유효하게 작용하는지가 동기부여를 결정한다는 이론
- 동기부여의 정도는 추구하는 목표가 얼마나 개인의 욕구를 충족시켜 줄 수 있느냐 또는 근로자의 생산성 제고 노력이 목표를 얼마나 잘 달성할 수 있느냐에 대한 인식에 달려 있다는 것

㉤ 앳킨슨(J. Atkinson)의 기대이론

- 행위를 선택함에 있어 결과가 가져다 줄 유인과 행위를 달성할 수 있는 가능성, 행위를 하고 싶어하는 욕구의 정도가 복합적으로 작용하여 동기부여의 강도가 결정됨
- 어떤 행위 선택에 대하여 수행 또는 회피하려는 경우 두 가지를 고려하여 양자 간 교호작용에 의해 개인의 동기가 결정된다고 봄

㉥ 학습이론(강화이론)

- 의의 : 외적 자극에 의하여 학습된 행동이 유발되는 과정 또는 어떤 행동이 왜 지속되는가를 밝히려는 이론으로, 네 가지 강화수단(긍정적 · 적극적 강

화, 부정적 · 소극적 강화, 처벌, 중단)을 제시하며 이 중 긍정적 강화를 가장 중시함

• 분류

고전적 학습이론 (조건화 이론)	• 고전적 조건화 이론(고전적 관점) : 가장 오래된 학습이론으로서, 조건화된 자극과 조건화된 반응의 과정을 설명한 이론 • 수단적 조건화 이론 : 강화요인(바람직한 결과) 획득을 위하여 어떤 행태적 반응을 보인다는 것을 설명한 이론 • 조작적(작동적) 조건화 이론 : 행동의 결과를 조건화함으로써 행태적 반응을 유발하는 과정을 설명한 것
현대적 학습이론	• 잠재적 학습이론 : 인위적 조작에 해당하는 강화가 없어도 잠재적 학습이 가능하다는 이론 • 자율규제 및 초인지이론 : 인지적 학습이론, 사회적 학습이론, 자율규제이론 등

ⓢ 로크(E. A. Locke)의 목표설정이론

• 목표의 곤란성(난이도)과 구체성(명확성)에 의해 개인성과가 결정된다는 이론

• 목표가 명확하고 구체적이며 적당히 곤란할 때 더욱 노력하게 됨

실력 up 공공봉사동기(Public Service Motivation) ★ 빈출개념

• **의의** : 국민과 사회, 그리고 국가를 위해 봉사하려는 이타적 동기를 가지고 공익 증진 및 공공의 목표 달성을 위해 헌신적으로 기여하고자 하는 공무원들의 고유한 동기

• **특징**
  – 개인의 공공봉사동기가 크면 클수록 개인이 공공조직의 구성원이 되고자 하려는 가능성이 더욱 클 것임
  – 공공조직에서는 공공봉사동기가 성과와 정(+)의 관계에 있음
  – 높은 공공봉사동기 수준을 갖는 사람을 유인하는 공공조직은 개인성과를 효과적으로 다루기 위하여 실용적인 인센티브에 보다 적게 의존할 것임

• **공공봉사동기의 세 가지 차원(Perry & Wise)**
  – 합리적 차원 : 정책형성과정에 참여, 공공정책에 대한 일체감, 특정한 이해관계에 지지하는 정도
  – 규범적 차원 : 공익적 봉사에 대한 요구, 의무감과 정부 전체에 대한 충성도, 사회적 형평성의 추구
  – 감성적 차원 : 사회적으로 중요한 정책에 대한 몰입, 선의의 애국심

SEMI-NOTE

강화의 유형

• **적극적 강화** : 바람직한 결과의 제공 → 바람직한 행동의 반복을 유도
• **소극적 강화(회피)** : 바람직하지 않은 결과의 제거 → 바람직한 행동의 반복을 유도
• **처벌(제재)** : 바람직하지 않은 결과의 제공 → 바람직하지 않은 행동을 제거
• **소거(중단)** : 바람직한 결과의 제거 → 바람직하지 않은 행동을 제거

로크의 목표설정이론

인간의 행동이 가장 쾌락적인 쪽으로 동기화된다는 기대이론의 가정을 '인지적 쾌락주의'라고 비판하고, 인간의 행동(동기)은 쾌락 정도가 아닌 가치관과 의도에 의해 결정된다고 주장

SEMI-NOTE

결정론과 임의론

- **결정론** : 개인이나 조직의 행동이 외부환경의 제약요인에 의해 결정되고, 관리자나 조직은 이에 소극적으로 반응한다는 실증주의의 입장(조직을 수동적 종속변수로 인식)
- **임의론** : 조직이 자율적 · 능동적 · 적극적으로 행동하며 환경을 형성한다는 입장(조직을 독립변수로 인식)

대리인이론

- 조직을 주인(위임자)과 대리인 간 상충적 이해관계로 파악해 효용극대화를 추구
- 위임자는 자기의 의도대로 대리인이 일하도록 보수와 같은 유인을 제공하고 대리인의 업무수행을 감시통제
- 상충적 이해관계의 존재와 정보격차로 대리비용(대리손실) 발생(도덕적 해이, 역선택 현상)
- **도덕적 해이와 역선택을 극복하는 방안** : 정보공개, 공청회, 내부고발자보호, 정보공개법 · 행정절차법의 제정 등

조직목표의 특성

공공성, 공익성, 가치관련성, 다원성, 변동성, 단계성, 창조성

3. 거시적 조직이론

(1) 거시적 조직이론의 개관

분석수준 \ 환경인식	결정론적 입장	임의론적 입장
개별조직 관점	체제 구조적 관점 – 구조적 상황론(상황적응론)	• 전략적 선택 관점 – 전략적 선택이론 – 자원의존이론
조직군 관점	• 자연적 선택 관점 – 조직군생태학이론 – 조직경제학이론(대리인 이론, 거래비용이론) – 제도화이론	집단적 관점 – 공동체생태학이론

(2) 거시조직이론의 내용

구조적 상황론(상황적응이론)	1970년대 전후 강조된 조직이론으로서, 상이한 상황에서 조직이 어떻게 기능하여야 하는가에 관심을 가짐
조직군생태학 이론	환경의 영향력을 중시하여, 조직의 성쇠가 자생적 힘이 아닌 환경의 특성과 선택에 따라 좌우된다는 이론
조직경제학 이론	• 대리인이론 • 거래비용경제학
제도화이론	조직은 사회문화적 규범이나 가치체계 등의 제도적 환경과 부합되도록 그 형태와 구조를 적응해야 한다는 이론으로, 행위가 반복되고 자기와 타인에 의하여 유사한 의미가 부여되는 과정으로 제도화를 이해
전략적 선택이론	조직이 스스로 구조를 결정할 수 있다고 보고, 조직의 생존과 발전을 좌우하는 것은 결국 환경이 아닌 관리자(인간)의 자율적 판단과 인지라 보는 임의론적 · 환경형성론적 이론
자원의존이론	조직의 필요한 모든 자원획득은 불가능하며 희소자원에 대한 통제능력이 관리자의 능력을 좌우한다는 이론으로, 환경에 대한 피동성보다 관리자의 통제능력에 의한 적극적 환경관리를 중시
공동체생태학 이론	조직군생태학이론이 환경에 능동적으로 대처해 나가는 조직의 공동노력을 설명하지 못한다고 비판하고, 조직의 행동과 환경적응 과정을 설명하려고 하는 거시적 이론의 한 분파

4. 조직과 목표

(1) 조직목표의 본질

① 조직목표의 의의

㉠ 조직목표는 조직이 달성하고자 하는 미래의 바람직한 상태를 의미함

㉡ 시대와 장소에 따라 그 중요성의 비중이 달라지며, 환경에 대응하기 위해 목표가 변동되기도 함

② 조직목표의 기능 빈출개념

㉠ 미래의 행정활동의 방향과 지침을 제시

㉡ 조직의 활동이나 목표에 대한 정당성의 근거가 됨

㉢ 효과성 및 행정의 성과, 능률성 등의 측정기준이 됨

㉣ 조직구성원을 평가할 수 있는 기준을 제시

㉤ 조직구성원의 응집성과 동기부여, 효율적인 목표관리(MBO)에 기여

㉥ 권위의 수용범위를 확대하며, 행정에 대한 일체감을 부여

③ 조직목표의 유형

기능성 기준 (A. Etzioni)	• 질서목표 : 강제적 조직(경찰서, 교도소, 격리 · 감금된 정신병원 등)이 내세우는 목표로서, 사회질서유지를 위하여 추구되는 목표 • 경제적 목표 : 공리적 조직(기업, 경제단체)이 내세우는 목표로서, 사회를 위해 재화를 생산 · 분배하려는 목표 • 문화적(상징적) 목표 : 규범적 조직(학교, 이데올로기 집단, 자선단체, 종교)이 내세우는 목표로서, 문화가치를 창조 · 발전시키고 상징적 대상이나 가치를 창출
계층성 기준	상위목표와 하위목표가 있으며, 하위목표는 상위목표를 달성하기 위한 수단이 됨(수단–목표의 연쇄관계)
유형성 기준	무형적 목표, 유형적 목표
공식성 기준 (C. Perrow)	공식적 목표, 실질적 목표
이익의 대상에 따른 기준	사회적 목표(사회의 기대), 생산목표(소비자), 투자자의 목표(투자자), 체제유지목표(최고관리자), 파생적 목표(부수적 목표)
목표 수에 따른 기준	단일목표, 다원적 목표
지향 상태에 따른 기준	치료적 · 소극적 목표, 창조적 · 적극적 목표

(2) 조직목표의 변동

① **목표의 전환(전도 · 왜곡 · 도치 · 대치)** : 본래의 목표가 다른 목표로 뒤바뀌어 조직의 목표가 왜곡되는 현상. 즉, 본래의 조직목표를 왜곡 · 망각하여 수단적 가치를 종국적 가치로 전환시키는 것

② **목표의 승계** : 목표 달성 또는 달성 불가능 시 새로운 목표를 재설정하는 것으로, 동태적 보수주의를 초래하여 조직팽창의 원인이 됨

③ **목표의 다원화** : 본래의 목표에 새로운 목표를 추가하는 것

④ **목표의 확대** : 목표의 양이나 수준 등 목표의 범위를 확장하는 것

⑤ **목표의 비중변동** : 조직이 여러 개의 복수목표를 가지고 있을 때 기존의 목표들 간의 우선순위나 비중이 달라지는 것

⑥ **목표의 종결** : 목표가 달성됨에 따라 목표를 폐지하는 것

SEMI-NOTE

조직의 목표 모호성

조직목표가 분명하지 않아 조직구성원이 조직목표를 여러 가지 의미로 받아들이고 해석하는 경우

- **사명이해의 모호성** : 조직의 사명을 이해하고 설명하고 의사소통함에 있어 발생하는 경쟁적 해석의 정도
- **지시적 모호성** : 조직의 사명이나 일반적 목표들을 그 사명을 달성하기 위한 구체적 행동을 위한 지침으로 전환하는 데 있어 발생하는 경쟁적 해석의 정도
- **평가적 모호성** : 조직의 사명을 얼마나 달성했는지 그 진전을 평가하는 데 있어 경쟁적 해석의 정도
- **우선순위 모호성** : 다수의 조직목표들 중 우선순위를 결정하는 데 있어 발생하는 경쟁적 해석의 정도

조직목표 전환의 원인

- 소수 간부의 권력욕(과두제의 철칙)
- 동조과잉현상과 형식주의
- 목표의 지나친 추상성 · 무형성
- 목표의 과다책정
- 행정의 내부성
- 전문화와 할거주의

SEMI-NOTE

조직구조
- 조직의 기본적 골격에 해당하는 것으로, 조직구성원들의 '유형화된 교호작용'을 뜻함
- 목표 달성을 위한 협동과 지속적 교호작용 속에서 구성원들의 행위의 유형이 형성됨

기본변수와 상황변수
- **기본변수** : 조직구조의 구성요소(역할 · 지위 · 권력)가 지닌 특성이나 정도를 나타낸 것
- **상황변수** : 기본변수에 영향을 미치며, 기본변수가 결정되면 그에 따라 조직설계(처방)가 이루어짐

공식화의 척도
- 감독 정도 및 자유 재량권의 정도
- 직무기술서와 규정의 세분화 정도
- 법규나 규정의 존재 및 강제 정도
- 작업표준화의 정도

02절 조직의 구조

1. 조직구조의 본질

(1) 조직구조의 구성요소 및 변수

한눈에 쏙~

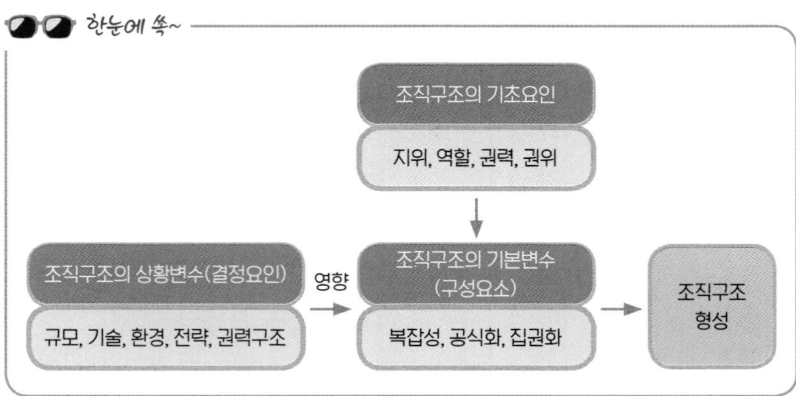

① 개관

㉠ 조직구조의 구성요소

㉡ **조직구조의 변수** : 조직의 효율성에 영향을 주는 구조적 요소나 지표이며, 기본변수와 상황변수로 구분함

② 기본변수

㉠ 복잡성(complexity)

수직적 분화	• 직무의 난이도와 책임 · 권한에 따른 계층화의 정도나 계층의 수, 계층제의 깊이 등을 의미 • 고전적인 기계적 구조는 통솔범위가 좁아 많은 계층이 만들어지므로 수직적 분화의 정도가 높은 반면, 유기적 구조는 수직적 분화의 정도가 낮음
수평적 분화	• 조직이 수행하는 업무(과업)의 세분화를 의미(전문화와 유사) • 직무의 전문화(업무의 분화 또는 분업화)와 사람의 전문화로 나누어짐
장소적 분산	특정 조직의 하위 단위나 인적 · 물적 시설 자원이 지역적 · 지리적 · 장소적으로 분산되어 있는 것

㉡ 공식화(공식성)

의의	조직 내의 직무가 표준화 · 정형화 · 법규화되어 있는 정도 또는 조직구성원의 행태에 대하여 조직이 규칙 · 절차에 의존하는 정도
순기능	• 불확실성이나 행동의 변이성을 감소시키고 구성원의 행동을 용이하게 규제 • 조직의 시간 및 활동비용 감소(표준운영절차 등) • 행정의 예측가능성과 안정성을 높여 주고, 조직활동의 혼란 방지 • 신뢰성 향상을 통한 대외관계의 일관성 · 안정성 유지

역기능	• 지나친 공식화는 구성원의 자율성을 제약하고 소외감을 초래하며, 상하 간의 민주적 · 인간적 의존관계를 무너뜨림 • 비정형적 의사결정사항이 최고관리층에 집중되며, 집권화를 촉진 • 행정의 재량범위를 축소하며, 변화하는 조직환경에 대한 탄력적 대응이 곤란함 • 문서주의나 번문욕례의 폐단 발생

ⓒ 집권화(집권성)

- 의의 : 조직 내의 권력배분 양태에 관한 것으로, 권력 중추로부터 권력이 위임되는 수준을 말함
- 집권 · 분권의 촉진요인

집권의 촉진요인	분권의 촉진요인
• SOP, 규칙과 절차의 합리성 · 효과성 • 최고관리층의 권력욕 • 권위주의적 문화, 계서적 원리의 지배 • 역사가 짧은 소규모 신설 조직 • 조직 통일성 · 일관성에 대한 요청 • 정보통신기술의 발달(신속한 전달) • 재정 규모의 팽창 • 중요성 · 관심도가 높은 사항이나 기능	• 기술 및 환경변화의 격동성 · 불확실성 • 사회의 민주화 • 구성원의 참여와 자율적 동기유발 전략 • 조직참여자의 창의성 강조 • 현대조직의 규모 확대 • 기술수준의 고도화, 인적 전문화와 능력 향상 • 신속하고 상황적응적인 서비스의 요청

③ 상황변수

㉠ 환경

- 의의 : 조직 경계 밖의 영역을 말하며, 조직과 상호작용하며 영향을 미치는 상위시스템
- 특성

환경의 불확실성과 복잡성은 역관계	불확실성이 높을 경우 복잡성이 낮음
환경의 불확실성과 공식화는 역관계	불확실성이 낮은 안정된 환경의 경우 집권화된 조직, 공식적인 조직, 생산 지향적인 조직이 유리
환경의 불확실성과 집권화는 역관계	불확실성이 낮은 안정된 환경에서는 집권화(관료제 조직)가, 불확실한 유동적 상황에서는 분권화(동태적 조직)가 유리

㉡ 규모

- 의의 : 조직구성원의 수와 직결되나, 그 밖에 조직의 범위와 책임, 사업규모, 물적 수용규모, 업무량, 고객의 수, 순자산 등도 규모를 측정하는 구성요소(변수)가 됨
- 특성

규모와 복잡성	조직규모가 커지게 되면 어느 정도까지는 복잡성이 증대
규모와 공식화	조직규모가 커질수록 공식화가 촉진
규모와 집권화	조직규모가 커지면 대체로 일정 수준까지 분권화 · 전문화가 지속

SEMI-NOTE

집권과 분권의 유형

- 정치(통치)상의 집권 · 분권은 중앙행정기관과 지방 간의 권한배분 문제와, 행정상의 집권 · 분권은 행정조직체 내 상하계층으로의 권한배분 문제와 연결됨
- 수직적 분권(일반적 의미의 분권)은 하급자(일반관리자)로의 분권을 말하며, 수평적 분권은 전문가로의 분권을 의미함

환경의 불확실성

복잡성(다양성)과 불안정성(역동성 · 격동성)으로 구성되며, 복잡하고 불안정한 환경은 불확실성이 높고, 단순하고 안정적인 환경은 불확실성이 낮음

규모와 행정농도

견해가 대립되나 조직규모가 커질수록 부하 수가 증가하므로 관리자의 통솔범위가 확대되고 관리인력 규모가 상대적으로 적어져 행정농도(전체인력 중 유지관리구조의 비율)가 낮아짐

SEMI-NOTE

우드워드(J. Woodward)의 기술유형론(1965)

기술유형에 따른 조직구조의 적합성이 조직의 효과성을 좌우한다는 이론으로, 생산기술이 조직설계에 미치는 영향을 실증적 연구를 토대로 주장하여 구조적 상황이론의 발전에 기여. 소단위 생산체 → 대단위 생산체 → 연속 생산체로 갈수록 기술의 복잡성 증가, 관리계층 수 증가, 관리자 비율 증가

명령통일의 필요성(중요성)

- 조직 지위의 안정성과 질서 유지, 심리적 안정, 부하직원에 대한 통제
- 업무의 책임성 확보, 업무의 신속성과 의사전달의 효율성 향상

조정의 저해요인

- 조직의 거대화 · 비대화
- 행정의 전문화와 분권화, 행정기관의 할거주의, 횡적 의사전달의 미흡
- 정치적 압력이나 이해관계
- 전근대적 가치관 및 태도
- 관리자의 조정능력 부족 및 조정기구 결여

ⓒ 기술

- 의의 : 조직의 투입을 산출로 전환시키는 데 필요한 지식 · 과정 · 방법 등의 모든 활동
- 특성

기술과 복잡성	대체로 일상적 기술일수록 복잡성은 낮고, 비일상적 기술일수록 복잡성이 높음
기술과 공식성	대체로 일상적 기술일수록 공식성이 높고(표준화 용이), 비일상적인 기술일수록 공식성이 낮음
기술과 집권성	양자는 상관도가 낮고 타 변수의 개입에 따라 영향을 받는 경향이 있으나, 대체로 일상적 기술은 집권화를, 비일상적 기술은 분권화를 초래함

(2) 조직의 원리(조직구조의 형성원리)

① 개관

㉠ 의의 : 복잡하고 거대한 조직을 합리적으로 편제하고 능률적으로 관리하여 목표를 효율적으로 달성하기 위해 적용되는 일반적 · 보편적 원리

㉡ 구분

분업을 위한 원리	분업(전문화) 원리, 부성화 원리, 참모조직의 원리, 기능명시의 원리
조정을 위한 원리	조정의 원리, 계층제 원리, 통솔범위의 원리, 집권화의 원리, 목표 중시의 원리, 일치성의 원리, 예외성의 원리

② 주요 조직원리

계층제의 원리	계층제란 권한과 책임의 정도에 따라 직무를 등급화시키고 이에 따라 상하 계층을 설정하여 지휘 및 명령계통을 확립시킨 피라미드형의 직제를 말함
분업(전문화)의 원리	업무를 성질별 · 기능별로 분할하여 계속적인 수행을 거쳐 조직의 능률성을 제고하고자 하는 원리로, 기능의 원리라고도 함
명령통일의 원리	한 사람의 상관에게만 보고하고 명령을 받아야 한다는 원리
통솔범위의 원리	1인의 상관이 효과적으로 감독할 수 있는 부하의 수에 관한 원리
조정의 원리	공동목표 달성을 위해 행동의 통일을 이루도록 집단적 노력을 정연하게 배열하는 과정, 즉 분열된 의견과 세분화된 업무를 조직목표에 비추어 통합하는 것
부처편성의 원리(부성화의 원리)	정부기능의 합리적 · 능률적 달성을 위해 조직을 편성하는 원리로, 수평적 전문화와 관리 단위의 분화기준 및 방법을 말함

2. 관료제(bureaucracy)

(1) 관료제의 본질

① 관료제의 개념

구조적 관점	관료제는 계층제 형태를 지니며 합법적 · 합리적 지배가 제도화되어 있는 대규모 조직(M. Weber, R. Merton, P. M. Blau)
정치적(권력적) 관점	관료제를 정치권력을 장악한 대규모 조직(특권집단 등)으로 파악(H. Laski, H. Finer)
구조기능적 관점	구조적 관점과 정치적 관점을 혼합한 접근으로, 관료제를 고도의 계층제 형태를 지니며 합리적 · 병리적 기능을 수행하는 조직체로 파악(F. Riggs)

② 베버(M. Weber)의 관료제이론

㉠ 의의 : 20세기 초 당대의 정치 · 경제적 현실을 토대로 연구된 가설적 모형(실제 조직에 대한 실존 연구모형이 아님)

㉡ 특징

이념형 (ideal type)	현존하는 관료제의 속성을 평균화한 것이 아니라 관료제의 가장 특징적인 것만 추출해서 정립한 가설적 모형(경험보다는 고도의 사유과정을 통해 구성)
합리성	관료제를 기계적 정형성을 가지며 목표 달성을 위하여 인적 · 물적 자원을 집중적이고 최고도로 활용하도록 편제된 가장 합리적 조직으로 봄
보편성	관료제는 국가뿐만 아니라 공 · 사의 모든 대규모 조직에 보편적으로 존재

㉢ 지배유형 : 베버는 관료제의 대표적인 형태인 이념형 관료제의 입장에서 권위의 정당성을 기준으로 지배의 유형을 세 가지로 분류함(현실에 그대로 적용되는 것이 아니라 많은 혼합형이 존재한다고 파악)

③ 근대 관료제의 성립 배경

화폐경제 발달	봉건관료의 현물급여와는 달리, 근대관료는 규칙적 화폐급여의 형태를 취하고 있기 때문에 화폐경제의 발달이 전제가 됨
행정업무의 양적 증대와 질적 발달	행정업무의 양적 증대와 질적 전문화 및 기술화가 합리적 관리를 내세운 관료제의 성립 배경이 됨
물적 관리수단의 집중화	물적 수단을 집중관리하는 데에 필요한 근대예산제도의 탄생은 관료제를 필요로 함
관료제적 조직의 기술적 우위성	직업관료제란 기술적 능력에 의한 기술관료제로서 정확성, 지속성, 통일성, 신속성, 엄격한 복종, 물적 · 인적 비용 절약 등의 기술적 우위성을 지님
기타	사회의 세속화, 자본주의 경제체제의 성장, 법 앞의 평등에 의한 사회적 차별의 평준화, 제2차 집단의 발달

SEMI-NOTE

이념형 관료제

이념형(ideal type) 관료제는 현존하는 관료제의 속성을 경험적으로 추출하거나 평균화하여 정립한 것이 아니라 사유작용에 의해 가장 합리적으로 작업능률을 극대화시키는 이상적 조직의 조건으로서 정립한 가설적 모형

지배의 세 가지 유형(M. Weber)

- **전통적 지배** : 정당성의 근거가 전통과 관례에 있다고 보는 입장이며, 가산관료제가 대표적 ㉠ 왕, 족장 등
- **카리스마적 지배** : 정당성의 근거가 개인의 비범한 능력이나 초인적인 품성에 있는 것으로 보는 입장으로, 위기나 재난 시 주로 등장하는 카리스마적 관료제가 대표적 ㉠ 종교지도자, 군지도자 등
- **합법적 지배** : 정당성의 근거가 근대 법치주의나 합리주의에 있다고 보는 입장으로, 근대사회를 특징짓는 합법적 · 합리적 근대 관료제가 대표적 ㉠ 가장 순수한 형태의 정통관료제, 근대 직업관료제 · 실적관료제 등

SEMI-NOTE

항구화 경향

관료제가 성숙하면 파괴하기 어려운 실체가 됨. 권력관계의 사회화를 통해 권력의 망을 형성하여 스스로 지속시키려는 관성과 변동 저항적 형태가 형성

비인간성(인격적 관계의 상실), 인간 소외

조직 내 대인관계의 지나친 몰인정성(impersonality)은 냉담과 무관심 등으로 나타나 인간성을 상실을 초래

문서주의 · 형식주의

문서에 의한 행정업무처리는 번문욕례(red tape, 문서다작주의)를 초래

애드호크라시(adhocracy)

후기관료제 혹은 반(反)관료제모형으로 불리는 애드호크라시는 높은 융통성과 적응성의 동태적 조직 모형으로서 임시특별위원회로 번역되며, 포스트모더니즘의 산물이라고 할 수 있음

④ 근대 관료제의 특징

법규에 의한 지배(합법성 · 공식성)	관료의 직무와 기능, 책임, 권한배분, 자격요건 등이 명백히 법규에 규정되어 보편성에 근거한 객관적 업무수행이 용이함
공식화 및 문서주의	행정에 관한 결정이나 규칙은 모두 공식화되고, 업무나 직무수행은 문서에 의거해 처리되며 그 결과는 문서로 기록 · 보존됨
고도의 계층제	조직관계가 고도의 계층제의 원리에 의하여 확립되어 있음
업무의 전문화(분업화) · 세분화	기술적 능력 · 자격에 따라 규정된 기능을 수행하며, 업무의 성질별 · 기능별 분할을 통해 능률성이 제고됨
직업의 전업화 및 전문직업관료제	전문직업관료제로서의 성격을 지니므로 신속 · 정확한 업무수행과 장기적 측면의 비용감축이 가능
공개적 채용	시험 또는 자격증 등을 통해 공개적으로 채용함
고용관계의 자유계약성	직무수행을 위한 신분보장과 평등한 고용관계를 전제로 한 고용의 자유계약성이 인정됨
예측가능성	미래 상황에 대한 명확한 예측을 전제로 목표의 명확화와 능률적 수행이 요구됨
공사분리주의	직무와 직무상의 설비나 재정 등에 있어서 공 · 사가 엄격히 구별됨
비정의성(몰인간성 · 비인격성 ; impersonality)	• 법규에 근거한 지배로 감정이나 정의적 요소가 배제됨 • 국민의 사정이나 개별적 여건을 고려하기는 어려우며, 보편적 · 일반적 상황을 전제로 한 행정을 추구함
객관주의적 공평성	형식주의, 평등주의 등을 토대로 비개인적이고 객관적으로 업무를 수행함

⑤ 관료제의 순기능과 역기능(병리)

순기능	역기능(병리)
• 인간본성의 상승욕구를 충족시키는 승진제도 • 법 앞의 평등 및 법규에 따른 예측 가능한 행정 확보 • 업무의 표준화 • 신속하고 효율적인 행정 구현 • 고도의 합리주의(공직의 기회균등과 행정과정의 객관화 · 민주화에 기여) • 갈등의 구심적 통합 • 조직의 안정성 · 지속성 보장	• 법규에 의한 지배 • 비인간성(인격적 관계의 상실), 인간 소외 • 문서주의 · 형식주의 • 무사안일주의, 권위나 선례 의존성 • 전문화에 따른 무능 • 변화 · 변동에 대한 저항 • 관료독선주의와 권위주의 • 무능력자의 승진(Peter의 법칙) • 권력구조의 이원화 • 관료제의 과도한 팽창 · 확대(관료제국주의)

(2) 탈관료제(후기관료제)

① 의의 : 1970년대 전통적 관료제조직의 한계가 지적되면서 관료제조직과 반대되는 조직형태로 등장한 모형으로, 애드호크라시(adhocracy, 임시특별위원회)가 대표적 조직

② 탈관료제의 특징

㉠ 임무와 문제해결능력 중시, 문제의 집단적(협력적) 해결을 강조

㉡ 비계서적 구조를 추구하며, 조직구조변수(복잡성 · 공식성 · 집권성)가 낮음
㉢ 계선(현상유지)보다 막료의 비중이 큰 유기적 조직
㉣ 상황적응성, 임무와 기구의 유동성, 조직의 잠정성(가변성)
㉤ 의사전달의 공개주의
㉥ 수평적 동료 관계, Y이론에 입각한 자기통제
㉦ 막료나 전문가를 통한 수평적 분권 또는 조직 하부로의 수직적 분권(선택적 분권화)

③ 애드호크라시(adhocracy, 임시특별조직)

㉠ 개념
- 관료제와 대조적인 조직 개념으로, 탈관료제화 현상에서 나온 평면조직의 일종
- 문제 해결을 위한 다양한 전문적 지식이나 기술을 가진 이질적 집단으로, 융통성 · 적응성이 높고 혁신적인 성격을 지닌 체제
- 특별임시위원회, 임시적 · 역동적 · 유기적 조직이라고 함

㉡ 특성 : 복잡성 · 공식화 · 집권화 정도가 모두 낮음
- 낮은 수준의 복잡성(낮은 수준의 분화) : 수직적 분화(계층화의 정도) 수준이 아주 낮음
- 낮은 수준의 공식화 : 애드호크라시는 규칙과 규정이 거의 없으며, 신속한 결정과 유연성을 필요로 하기 때문에 공식화 · 표준화가 불필요함
- 낮은 수준의 집권화(분권적 의사결정) : 융통성과 신속성을 확보하기 위해 분권적 · 민주적 의사결정이 요구됨

㉢ 형태 및 방식 : 프로젝트팀, 태스크포스, 매트릭스조직, 중복작업집단체제, collegia 조직, 자유형 조직구조 등

㉣ 기계적 구조와의 비교

기계적 구조(bureaucracy)	유기적 구조(adhocracy)
• 계층제 • 좁은 직무범위, 명확한 책임관계 • 표준운영절차 • 높은 예측가능성 • 공식적 대인관계 • 명확한 조직목표 • 명확하고 단순한 분업적 과제 • 성과측정 용이 • 금전적 동기부여 • 권위의 정당성 확보	• 다양한 의사전달 채널 • 넓은 직무범위, 모호한 책임관계 • 규칙과 절차의 축소 • 높은 상황적응성 • 비공식적 · 인간적 대면관계 • 모호한 조직목표 • 모호하고 복잡한 과제 • 성과측정 곤란 • 복합적 동기부여 • 도전받는 권위

④ 탈관료제의 조직 유형 ✪ 빈출개념

적응적 · 유기적 구조 (W. Bennis)	• 문제의 해결은 전문분야의 사람들이 모여 구성한 집단에 의해 이루어짐 • 의사전달과 조정을 위한 접합점의 역할을 할 사람을 지정 • 구조의 배열은 잠정적

SEMI-NOTE

탈관료제의 등장 배경
- **이론적 배경** : 베버 이론에 대한 비판을 시작으로 발전행정론과 신행정론의 장
- **시대적 배경** : 사회과학 전반의 인본주의적 성향, 환경의 급속한 변동, 지식과 기술의 고도화, 개인의 자율성 및 조직 내부 민주주의에 대한 요청, 인간주의적 사고 등

애드호크라시의 장단점
- 장점
  - 변화에 대한 신속한 대응과 높은 적응성 · 창의성이 요구되는 조직에 적합
  - 공동목표 달성을 위한 다양한 전문가의 협력을 통한 문제 해결
  - 기술혁신을 촉진함
  - 조직의 민주화 촉진에 기여함
- 단점
  - 상하위층의 업무 및 권한 · 책임의 불명확으로 갈등이 불가피함
  - 구성원의 대인관계에 문제를 야기하며 심리적 불안감을 조성함
  - 비효율적 구조, 관료제적 기계모형의 정확성이나 편리성이 결여됨
  - 전문화의 이점과 규모의 경제를 조화시키기 곤란함

적응적 · 유기적 구조의 특징
- 문제중심의 구조
- 집단에 의한 문제 해결
- 조정을 위한 접합점 운영
- 비계서제적 구조
- 구조적 배열의 잠정성
- 문제해결능력이 지배하는 구조
- 민주적 리더십에 의한 감독

SEMI-NOTE

견인이론적 조직구조(Golembiewski)

- 수평적 분화의 기준은 기능의 동질성이 아니라, 일의 흐름에 대한 상호관련성으로 여김
- 권한의 흐름이 하향적 · 일방적인 것이 아니라, 상호적이며 상화(相和) · 좌우적인 권한관계를 형성

이음매

조직에서 이음매는 엄격한 계층제와 분업으로 인한 수직적 · 수평적 분화 현상을 의미하며, 유기적 조직구조에선 이러한 분화보다는 통합을 추구

매트릭스조직의 특징

- 명령계통은 다원화되어 있고, 구성원은 양쪽 구조에 중복 소속되어 기능적 관리자(주로 인사)와 프로젝트 관리자(주로 사업) 간에 권한을 분담
- 환경적 압력이나 부서 간 상호의존관계가 존재하고, 내부자원 활용에 규모의 경제가 존재할 경우에 적절한 조직

변증법적 조직 (O. White)	• 조직은 정 · 반 · 합의 변증법적 과정을 전부 거친 통합모형이 아니라, 스스로를 계속 발전시키는 단계에 있다며 주장하고 제시한 조직모형 • 고객과 조직 사이의 경직된 전통적인 경계 개념을 타파한 고객 중심의 조직
연합적 이념형 (L. Kirkhart)	• 조직의 기초적 업무 단위는 팀조직(프로젝트팀)으로, 고용관계가 잠정적 • 봉사 대상인 고객 집단의 대표들이 조직에 참여 • 같은 목표를 추구하는 팀조직은 각기 다른 방법을 통해 목표를 달성
비계서제 (F. Thayer)	• 계서제와 경쟁 원리가 인간소외를 초래했다고 여기며, 의사결정의 위임, 고객의 참여, 조직 경계의 개방 등을 통해 계서제의 타파를 주장 • 승진 개념과 보수 차등, 집단 간의 모호하고 유동적인 경계 등을 철폐하는 참여적이고 협동적인 문제해결장치를 발전시킴
견인이론적 조직구조 (Golembiewski)	• 자유로운 업무분위기를 조성하여 조직의 외재적 통제와 억압을 최소화하고 직무수행과 욕구충족의 조화를 이룸 • 업무 성과에 대한 평가를 기본으로 자율규제를 촉진하여 통솔 범위를 확대
이음매 없는 조직 (R. Linden)	• 분할적 · 편린적인 조직이 아니라 총체적으로 구성된 유기적 조직으로서, 기존의 관료제를 분산적 조직이라 비판하며 고객에게 다양한 통합서비스를 제공 • 성과와 고객만족을 중심으로 업무를 평가 • 조직 내부의 경계가 모호하며 네트워크로 전환 • 고객에 대응하도록 복수기능적 팀에 의해 업무를 수행
팀조직 (project team)	• 특정 사업(project)을 추진하거나 과제를 해결하기 위해서 조직 내의 인적 · 물적 자원을 결합하여 창설되는 동태적 조직 • 계층제 구조가 아닌 직무의 횡적 연관성을 중시하며 여러 기능을 통합하기 위해 조직된 잠정적인 조직 • 구성원은 정규부서에 소속을 유지하며, 한시적인 사업을 완료하면 복귀
태스크포스 (task force)	• 특별 임무 수행을 위해 각 조직의 전문가를 차출하여 한 사람의 책임자 아래 입체적으로 편성한 조직 • 팀조직에 비하여 존속기간이 길고 보다 대규모의 공식조직이며, 업무 내용의 변경이 가능 • 팀조직이 임시차출의 형식임에 반해, 태스크포스는 구성원이 정규부서에서 이탈하여 전임제로 참여(법적 근거 필요)
매트릭스 (matrix)조직	조직의 신축성 확보를 위해 전통적인 계선적 · 수직적 기능 구조에 횡적 · 수평적 사업구조(프로젝트 조직)를 결합시킨 혼합적 · 이원적 상설조직
네트워크조직	결정과 기획 같은 핵심 기능만 수행하는 조직을 중심에 놓고 다수의 독립된 조직들을 협력 관계로 묶어 수행하는 조직 형태로, 조직의 자체 기능은 핵심 역량 위주로 합리화하고 그 외의 기능은 외부와의 계약을 통해 수행하는 구조

⑤ 탈관료제에 대한 평가

㉠ 탈관료제의 장점

- 전문성 · 합리성을 갖춘 다양한 전문가들의 협력을 통해 문제해결이 가능함
- 환경이나 상황이 급변하거나 유동적인 경우에 적합

- 변동 · 혁신에 신속하게 대응할 수 있어 높은 환경적응도와 창조성을 요구하는 조직에 적합

ⓛ 탈관료제의 한계
- 권위적인 계층의 명확한 구분이 없기 때문에 조정과 통합이 곤란
- 임시적인 조직이기 때문에 조직의 불안정성으로 인한 구성원들의 긴장과 심리적 불안을 유발
- 조직구조의 변경과 재설계 문제에만 중시하여 인간 본성에 대한 배려가 부족
- 관료제에서와 같은 기계적 모형이 갖추고 있는 조직의 정밀성 · 안정성 · 효율성 · 통일성 · 일관성이 결여

3. 계선과 막료

(1) 계선

① 특성

㉠ 계층제적 형태를 띠며, 명령통일 · 통솔범위의 원칙에 따라 편성됨

ⓛ 최고책임자를 정점으로 하는 수직적 명령복종관계를 지님

ⓒ 국민과 직접 접촉하는 대민성을 지님

ⓔ 행정목표의 달성에 직접적으로 기여하며, 결정권과 집행권을 가짐

② 장단점

장점	단점
• 명확한 권한과 책임 • 신속한 결정으로 시간과 경비 절약 • 명령복종의 권한관계에 따라 강력한 통솔력 행사 • 조직의 안정을 기할 수 있으며, 단순한 업무와 소규모 조직에 적합	• 결정권이 최고관리층에 집중되어 주관적 · 독단적인 결정 초래 • 조직의 경직화로 민주성 · 신축성 결여 • 부문 간 업무 중복으로 조직운용의 효율성 저하 • 막료에 비하여 전문적인 지식과 기능을 불충분하게 활용

(2) 막료

① 특성 및 유형

㉠ 특성
- 전문지식을 가지고 계선기관의 기능을 인격적으로 보완
- 국민과 직접 접촉하지 않는 비대민성을 가짐
- 구체적인 집행권이나 명령권을 행사할 수 없음

ⓛ 유형

화이트(L. White)의 분류	• 서비스형(보조형) 막료 : 조직을 유지 · 관리하는 보조기관으로, 계선기관에 서비스 제공 • 자문형 막료(정책자문기관) : 정책 자문이나 건의, 기획 · 조사 · 연구 등의 기능 담당
서비스의 종류에 따른 분류	일반막료, 특별막료(기술막료), 개인막료

SEMI-NOTE

관료제 옹호론
- 미국 관료제 옹호론(C. Goodsell) : 동태적 조직도 문제가 해결되고 난 후에는 관료제로 다시 회귀한다고 주장
- 카우프만(H. Kaufman) : 관료제에 대한 과다 포장된 두려움은 관료제가 인간에게 통제될 수 있다는 믿음의 붕괴 때문
- 페로우와 다운스(C. Perrow & A. Downs) : 미래에도 관료제조직은 지배적 조직구조가 됨

계선과 계선기관
- **계선** : 명령복종관계를 지닌 수직적 계층제 구조에서 조직 고유의 업무를 직접적으로 수행하는 중추적 기관
- **계선기관** : 장관, 차관, 실장, 국장, 본부장, 과장, 팀장 등

막료와 막료기관
- **막료** : 계선기관의 기능을 지원 · 보좌함으로써 조직목표 달성에 간접적으로 기여하는 기관, 즉 기획 · 자문 · 권고 · 조정 및 협의 · 정보수집과 판단 · 인사 · 회계 · 법무 · 공보 · 연구 등의 지적 기능을 수행하는 참모기관
- **막료기관** : 차관보, 기획실장, 심의관, 담당관, 위원회, 연구소 등

SEMI-NOTE

우리나라의 막료제도
- **보좌기관** : 행정기관이 그 기능을 원활히 수행할 수 있도록 그 기관장이나 보조기관을 보좌함으로써 행정기관의 목적달성에 공헌하는 기관. 보좌기관은 전문적 지식을 활용하여 정책의 기획, 계획의 입안, 연구 · 조사, 심사 · 평가 및 홍보와 행정개선 등에 관하여 행정기관의 장이나 그 보조기관을 보좌. 명칭은 정책관 · 기획관 · 담당관 등, 필요한 최소한의 하부조직을 둘 수 있음
- **차관보** : 행정각부의 장관이 지시하는 사항에 대하여 장관과 차관을 직접 보좌하는 공무원

행정농도(L. Pondy)
- 행정농도는 전체조직의 총인원에서 유지관리구조가 차지하는 비율을 의미함. 여기서 유지관리구조는 생산활동을 지원하고 조직을 유지하는 기능을 수행하는 인력으로서 참모나 일반관리자를 의미함
- 행정농도는 측정 가능하며 계층의 축소나 분권화 등 행정조직개혁의 지표로 사용되기도 함

② 장단점

장점	단점
• 기관장의 통솔범위의 확대 • 전문적 지식과 경험을 활용한 합리적 · 창의적결정 및 행정 전문화에 기여 • 조직의 신축성 및 적응성 확보 • 계층제의 형태를 띠지 않는 수평적인 업무	• 계선기관과 갈등 · 대립 · 불협화음 • 전문가적 안목의 한계 • 과다한 경비의 지출 • 계선과의 권한과 책임의 한계가 불투명

③ 계선과의 비교

구분	계선	막료
업무 성격	고유 업무수행	지원 업무수행
행정목표 달성	직접적 기여	간접적 기여
권한	결정 · 집행권	조언의 권한
규모	소규모 · 대규모 조직	대규모 조직
형태	수직적 계층제	수평적 · 부차적 조직
조직 원리	명령통일의 원리	행정기관장의 인격 확장
대국민적 관계	직접적 · 대면적 봉사	간접적 봉사
태도	현실적 · 실제적 · 보수적 성향	이상적 · 개혁적 · 비판적 성향

④ 계선과 막료의 갈등과 해결방안

㉠ 계선과 막료의 갈등 원인
- 지식 · 능력 · 행태의 차이 : 막료는 교육수준이 높고 개인주의적인 반면, 계선은 상대적으로 교육수준이나 전문적 지식이 부족
- 개혁과 현상유지 : 막료는 비판 · 개혁을 추구하고 미래지향적 성향이 강한 반면, 계선은 현상유지적 · 보수적 성향이 강함
- 심리적 경쟁과 갈등 : 계선은 막료가 기관장을 통해 권한을 침해할 수 있다고 여김
- 상호 간 직무에 대한 이해 부족

㉡ 갈등 해결방안
- 상호 간 권한과 책임의 명료화를 통해 업무를 이해하고 협조함
- 공동교육훈련 및 교육훈련 강화를 통해 계선의 능력을 배양하고 막료의 편견을 극복함
- 의사전달 및 인사교류의 활성화를 통해 상호이해를 증진하고 의사소통을 활성화함
- 상호접촉을 통한 친밀감을 형성함(대면기회의 확대)
- 기관장의 인식을 제고하고 편견을 해소하여 상호협조할 수 있는 원만한 분위기를 조성함

4. 위원회

(1) 위원회의 의의

① 개념 : 단독제 · 독임형에 대응하는 개념으로서, 민주적 정책결정과 조정 촉진을 위해 복수의 구성원으로 이루어진 합의제 행정기관을 말함

② 장단점

장점	단점
• 의사결정의 민주성 · 신중성 · 공정성 확보 • 정치적 중립성과 정책의 계속성 제고 • 집단결정을 통한 안정성 · 지속성 확보 • 전문지식 · 기술, 경험을 지닌 전문가 활용 • 의사소통의 원활화, 업무처리의 혼란방지 • 계층제의 경직성 완화와 창의적 결정 가능 • 권력재분배에 유리(분권적 의사결정) • 참여를 통한 관리자 양성의 계기, 사기앙양	• 신속한 의사결정이 곤란(의사결정의 지연) • 과다한 경비 지출 • 합의 도출의 곤란 • 비밀(기밀성) 확보 곤란 • 책임의 전가 우려 • 소수의 전제화 우려 • 통솔력의 약화 • 사무국의 우월화

(2) 위원회의 유형

① 일반적 유형

구분	내용
자문 위원회	• 조직이나 조직구성원에 대한 자문에 응하고, 시민의 의견을 집약하여 행정에 반영시키는 막료기관적 성격의 합의제 기관 • 공식적인 행정관청으로 볼 수 없고 독립성이 미약함 • 조언이나 정책에 대한 지지 유도기능 등을 주로 담당(결정의 법적 구속력 없음)
조정 위원회	• 행정기관이나 구성원의 상이한 의견을 통합 · 조정할 목적으로 설치된 합의제 조직 • 위원회의 결정은 건의 · 자문의 성질만 지니는 것(사학분쟁조정위원회 등)이 있고 법적 구속력(의결권)을 지니는 것도 있음(중앙환경분쟁조정위원회 등)
행정 위원회	• 어느 정도의 중립성과 독립성을 부여받아 설치되는 행정관청적 성격의 위원회 • 합의제 기관으로서, 그 결정은 법적 구속력을 가짐 • 원칙적으로 법률에 의해 설치되며, 사무기구와 상임위원회를 둠 • 미국의 독립규제위원회도 넓은 의미의 행정위원회에 속함
독립 규제 위원회	• 19세기 말 자본주의의 발달에 수반된 경제 · 사회문제의 규제를 위해 형성된 것으로, 행정부로부터 독립하여 준입법권 · 준사법권을 가지고 특수 업무를 수행하거나 규제하기 위하여 설치된 합의제 · 회의제 기관 • 주로 경제 · 사회분야 위원회라는 점에서 일반행정분야의 관청적 위원회와 구별됨 • 우리나라의 경우 미국의 독립규제위원회와 같은 위원회는 존재하지 않지만, 중앙선거관리위원회, 금융통화위원회, 공정거래위원회, 방송통신위원회, 중앙노동위원회, 국가인권위원회 등이 유사

SEMI-NOTE

위원회의 특징
- 다수의 결정에 의한 합의적 · 민주적 성격을 지님
- 계층제 조직에 비해 상대적으로 수평화되고 경직성이 완화된 형태
- 분권적이고 참여적 구조를 지니며, 다수지배적인 복합적 성격을 띰
- 전문가의 참여로 행정의 효율성 및 전문성을 제고
- 대부분 경제적 · 사회적 규제업무를 수행

사무국의 우월화

사실 확인 및 조사 등 위원회의 결정을 지원하는 사무기구가 위원회 결정에 주도적 영향을 미침

행정위원회의 특징
- 일선행정에 대한 규제, 정책 · 기획 · 조정 기능을 수행
- 준사법권(조정, 판정, 결정, 재결), 준입법권(규칙제정권)을 지님
- 법적 강제력이 있는 집행권을 지니며, 부처 편제에 있어 어느 정도 독립적

SEMI-NOTE

공공성과 기업성의 관계
공공성과 기업성을 동시에 추구해 나가는 것이 바람직함

공기업의 발달요인
- 사기업에 전담시킬 수 없는 독점성이 강한 서비스의 존재 예 철도, 통신, 전력
- 국방 및 국가 전략상의 고려 예 방위산업, 군수업
- 공공수요의 충족 예 주택
- 재정적 수요의 충족 예 과거의담배, 인삼
- 민간이 감당하기 어려운 막대한 고정자본 소요 예 전력, 철도
- 위기적 사업관리나 유도 · 개발 전략
- 사기업의 비대방지, 독과점 규제 등 경제적 수혜구조 조정의 필요
- 정당의 정강정책이나 정치적 신조 · 신념
- 정치적 유산 예 광복 후의 석탄, 전력 등 국가귀속산업

정부부처형 공기업의 제약
- **조직상의 제약** : 정부조직에 해당하므로 조직개편 시 법령 개정을 요함
- **재정상의 제약** : 예산의 국회의결을 요하며, 예산 전용 등에 제약이 있어 신축적 재정운영이 곤란
- **인사상의 제약** : 공무원의 신분이므로 임용, 승진, 보수 등에 있어 일반공무원과 동일한 절차를 요함

5. 공기업

(1) 공기업의 의의 ★빈출개념

① 개념 : 국가나 공공단체가 공공수요의 충족을 목적으로 주로 공채 및 차입금으로 출자 및 관리 · 지배하여 수행하는 기업적 성격의 사업으로, 공공성과 기업성을 갖춤

② 원칙 및 이념

㉠ 경영원칙

공공성의 원칙 (공공성)	• 이윤극대화보다 공공수요 충족과 공익 실현이 일차적 목적(공기업에 대한 통제 근거) • 공공서비스의 원칙과 공공규제의 원칙이 있음
기업성의 원칙 (기업성)	• 공기업은 원가보상주의적 · 수익주의적 형태를 지니고 이윤을 추구 • 자주성 · 융통성이 보장되어야 하며, 독립채산제 · 생산성의 원칙 등이 강조됨

㉡ 이념 : 민주성(책임성 · 통제성), 능률성(자율성 · 자주성)

(2) 공기업의 유형

① 공기업의 유형 분류(광의의 공기업 분류)

㉠ 강학상(이론상)의 유형 분류(Friedman) : 정부부처형, 주식회사형, 공사형 공기업(조직형태에 따른 일반적 분류)

㉡ 실정법상의 유형 분류

정부기업 (정부기업예산법 적용)	순수정부기업과 책임운영기관(기업형 기관) 형태로 분리 · 운영
공공기관 (공공기관의 운영에 관한 법률 적용)	• 공기업 : 시장형 공기업, 준시장형 공기업 • 준정부기관 : 기금관리형 준정부기관, 위탁집행형 준정부기관 • 기타 공공기관 : 공기업과 준정부기관을 제외한 공공기관

② 일반적인 공기업 유형(조직형태에 따른 분류)

정부 부처형 공기업 (정부기업)	• 실정법상의 정부기업을 말하는 것으로, 우편사업 · 우체국예금 · 조달사업 · 양곡관리사업, 책임운영기관 등이 있음 • 직원은 공무원이므로 일반공무원과 동일한 임용 및 근무조건이 적용됨 • 중앙관서나 소속기관(책임운영기관 등) 형태로 운영됨
주식 회사형 공기업	• 주식자본조직을 갖는 법인형 공기업으로서 민간자본과 정부가 결합된 혼합형 기업(유럽국가에서 주로 운영되는 유형) • 상법이나 특별법에 의해 주식회사 형태로 설립 • 임원은 주주총회에서 선출되며, 직원은 공무원 신분이 아님
공사형 공기업	• 주식자본조직을 갖지 않는 법인형 공기업으로서 정부가 전액 출자하여 설립하는 유형(공공성과 기업성의 조화를 추구) • 일반행정기관에 적용되는 예산 · 회계 관련 법령이 아닌 공공기관의 운영에 관한 법률과 감사원법 등이 적용됨 • 정부가 임명하는 임원은 준공무원의 신분을 가지나, 직원은 공무원이 아님

③ 공기업 유형의 비교

구분	정부부처형	주식회사형	공사형
독립성	없음	독립된 법인(법인격), 당사자능력 보유	
설치 근거	정부조직법	회사법 또는 특별법	특별법
정부 출자	전부 정부예산	5할 이상 정부 출자 (민 · 관 공동투자 주식 보유)	전부 정부 출자
이념	공공성 > 기업성	공공성 < 기업성	공공성 + 기업성(조화)
직원 신분	공무원	임원은 준공무원, 직원은 회사원(공무원 아님)	
예산회계	국가예산, 특별회계(정부기업예산법, 국가재정법)	국가예산 아니며, 독립채산제(공공기관의 운영에 관한 법률)	
예산 성립	국회의 예산의결 필요	국회의결 불필요(이사회 의결로 성립)	
해당기관 및 기업	우편사업 · 우체국예금사업 · 양곡관리사업 · 조달사업, 책임운영기관	한국전력공사, 한국도로공사 등	한국철도공사, 토지주택공사 등
도입 국가	관료주의 국가형	대륙형, 개발도상국형	영미형
조직 특징	독임형(이사회 없음)	의결기관(합의제, 이사회)과 집행기관(독임형, 사장 · 총재)이 분리된 이중기관제	

(3) 공공기관의 운영

① 공공기관의 유형 : 기획재정부장관은 공공기관을 공기업 · 준정부기관과 기타공공기관으로 구분하여 지정하되, 공기업과 준정부기관은 직원 정원이 50인 이상인 공공기관 중에서 지정

공기업		준정부기관	
직원 정원 50명 이상, 총수입액 30억원 이상, 자산규모 10억원 이상			
총수입액 중 자체수입액 비중이 50% 이상인 공공기관을 지정(시장성이 더 큼)		공기업이 아닌 공공기관 중 지정(시장성보다 공공성이 더 큼)	
시장형 공기업	준시장형 공기업	기금관리형 준정부기관	위탁집행형 준정부기관
• 자산규모가 2조원 이상 • 총수입액 중 자체수입액 비중이 85% 이상	시장형 공기업이 아닌 공기업	국가재정법에 따라 기금을 관리하거나 기금 관리를 위탁받은 준정부기관	기금관리형 준정부기관이 아닌 준정부기관

SEMI-NOTE

각 공기업의 특징

- 정부부처형 공기업
  - 철저한 공공성
  - 운영의 관료주의화 초래, 창의성 · 탄력성 부족, 만성적 재정적자
- 공사형 공기업
  - 영미형(전형적인 이상형)
  - 가장 합리적인 공기업 형태
- 주식회사형 공기업
  - 대륙계 · 개도국형(과도기형)
  - 혼합기업
  - 주식의 매입 · 매도를 통해 정부의 탄력적인 경제정책 추진
  - 운영이 너무 복잡

우리나라 공기업 현황

시장형 (16개)	준시장형 (20개)
인천국제공항공사, 한국공항공사, 부산항만공사, 인천항만공사, 한국지역난방공사, 한국전력공사, 한국석유공사, 한국가스공사, 한국수력원자력, 한국광물자원공사, 한국중부발전, 한국남부발전, 한국남동발전, 한국서부발전, 한국동서발전, 강원랜드	한국토지주택공사, 주택도시보증공사, 제주국제자유도시개발센터, 한국감정원, 한국도로공사, 한국철도공사, 한국수자원공사, 한국조폐공사, 한국마사회, 한국방송광고진흥공사, 대한석탄공사, 여수광양항만공사, 울산항만공사, 해양환경관리공단, 그랜드코리아레저, 한국전력기술, 한국가스기술공사, 한전KDN, 한전KPS, 주식회사에스알

SEMI-NOTE

공공기관으로 지정할 수 없는 기관
- 구성원 상호 간 상호부조·복리증진·권익향상 또는 영업질서 유지 등을 목적으로 설립된 기관
  예 한국학교발명협회, 재향군인회, 공인회계사회 등
- 지방자치단체가 설립하고, 그 운영에 관여하는 기관
  예 지방직영공기업, 지방공사, 지방공단 등
- 방송법에 따른 한국방송공사(KBS)와 한국교육방송공사법에 따른 한국교육방송공사(EBS)

② 공기업 · 준정부기관의 운영

구분	내용
경영지침	기획재정부장관은 운영위원회의 심의 · 의결을 거쳐 공기업 · 준정부기관 및 주무기관의 장에게 조직운영, 정원, 인사, 예산 등에 관한 경영지침 통보
성과계약	주무기관장은 기관장과, 기관장은 상임이사 등과 성과계약 체결
경영목표 수립	기관장은 다음 연도를 포함한 5회계연도 이상의 중장기 경영목표를 설정, 이사회 의결을 거쳐 확정 후 매년 10월 31일까지 기획재정부장관과 주무기관의 장에게 제출
경영실적 등의 보고	매년 3월 20일까지 전년도의 경영실적을 기재한 경영실적보고서와 기관장이 체결한 계약의 이행에 관한 보고서를 작성하여 기획재정부장관과 주무기관의 장에게 제출
경영실적 평가	기획재정부장관은 경영실적을 평가하여 부진한 경우 운영위원회의 심의 · 의결을 거쳐 기관장 · 상임이사의 임명권자에게 그 해임을 건의 · 요구 가능
고객헌장 등	국민에게 직접 서비스를 제공하는 기관은 고객헌장 제정 · 공표, 연 1회 이상 고객만족도 조사 실시
회계원칙	정부회계연도를 따르되, 발생주의 적용 의무화
예산편성 · 의결	기관장은 예산안을 편성하여 다음 회계연도 개시 전까지 이사회에 제출, 예산안은 이사회 의결로 확정
예산의 보고	기관장은 예산 확정 또는 변경 시 지체 없이 기획재정부장관, 주무기관장 및 감사원장에게 보고하고 국회 소관 상임위원회에 그 내용을 제출
결산서 작성 및 회계감사	회계연도가 종료되면 지체 없이 그 회계연도의 결산서를 작성하고, 감사원규칙이 정하는 바에 따라 선임된 회계감사인의 회계감사를 받아야 함
결산승인	회계감사를 거친 결산서를 공기업은 기획재정부장관에게, 준정부기관은 주무기관의장에게 다음 연도 2월 말일까지 각각 제출하고 3월 31일까지 승인을 받아 결산을 확정
감사	감사원은 별도로 감사원법에 따라 공기업과 준정부기관의 업무와 회계에 관하여 감사 실시 가능

지방공기업의 공통 특징
- **설립주체** : 지방자치단체
- **경영의 기본원칙** : 공익성과 수익성의 조화(공기업의 경제성과 공공복리를 증대하도록 운영). 독립채산제 적용. 지방공기업 경영 시 민간경제를 위축시키거나, 공정하고 자유로운 경제질서를 해치거나, 환경을 훼손시키지 않도록 노력
- **재원조달** : 수익자 및 원인자 부담원칙
- **사업연도** : 지방자치단체의 일반회계의 회계연도에 따름
- **예산회계** : 발생주의 · 복식부기 적용
- **관리책임** : 지방직영기업은 관리자 지정, 지방공사는 사장을, 지방공단은 이사장을 임명

(4) 지방공기업

① 지방공기업의 유형

구분	내용
직접경영 (지방직영기업)	• 설립 : 지방자치단체가 직접 경영, 공기업특별회계로 운영(상수도, 하수도, 공영개발, 지역개발기금, 도시개발 등), 수익성에 관계없이 공공서비스의 지속적 공급 가능 • 성격 : 정부조직(구성원은 공무원), 법인격 없음 • 관리책임 : 관리자(공무원) • 근거법률 : 지방공기업법
간접경영	• 지방공단 : 지방자치단체가 전액 출자, 민간 출자 불허, 지방정부의 특정 사무 대행(지방정부가 위탁한 것만) • 지방공사 : 지방자치단체가 전액 출자 또는 민간(외국인 · 외국법인 포함)과 공동출자(민간이 50% 미만 출자 가능), 독립사업 경영 + 지방정부의 특정 사무 대행 • 성격 : 법인(구성원은 공무원이 아님) • 관리책임 : 이사장(지방공단), 사장(지방공사) • 근거법률 : 지방공기업법

경영위탁 (공동출자 법인)	• 설립 : 지방자치단체가 자본금 또는 재산을 민간과 공동 출자 · 출연(출연은 자치단체가 10% 이상일 것), 독립사업 경영 • 성격 : 법인(주식회사나 재단법인) • 관리책임 : 기관장(대표이사) • 근거법률 : 지방자치단체 출자 · 출연 기관의 운영에 관한 법률

② 경영에 대한 감독 및 통제

㉠ **경영평가** : 행정안전부장관은 지방공기업에 대한 경영평가를 하고, 그 결과에 따라 필요한 조치를 해야 함

㉡ **경영진단 및 경영 개선 명령** : 행정안전부장관은 경영평가를 하거나 경영평가 관련 서류 등을 분석한 결과 특별한 대책이 필요하다고 인정되는 지방공기업에 따로 경영진단을 실시하고, 그 결과를 공개할 수 있음

6. 책임운영기관

(1) 책임운영기관의 개념 및 특성

① 개념

㉠ 정부가 수행하는 사무 중 공공성을 유지하면서도 경쟁원리에 따라 운영하는 것이 바람직한 집행적 사무에 대하여 책임운영기관장에게 행정 및 재정상의 자율성을 부여하고 그 운영성과에 대하여 책임을 지도록 하는 행정기관

㉡ 인사 · 보수 · 조직관리 등의 면에서 책임운영기관이 자율적으로 운영하며, 장관과 책임운영기관장 사이에 계약한 사업계획 · 재정목표 등의 달성 정도에 따라 인사 · 보수(성과금) 등에 있어서 우대를 받도록 함

② 특성

결정과 집행의 분리 및 집행기능 중심	결정과 집행을 통합 수행하던 중앙정부의 기능 중 집행 및 서비스 기능을 분리하여 수행
성과 중심, 성과에 대한 책임	장관과 기관장 간의 성과협약을 통해 성과목표와 사업계획을 설정하며, 기관장은 결과 및 성과에 대해 책임을 짐
개방적 조직	공직 내외에서 인재를 공개모집하여 계약직을 채용하며, 성과급적 연봉을 지급함
융통성 및 자율성, 책임의 조화	운영에 필요한 인사 · 조직 · 예산 등에 있어 기관장에게 재량과 융통성을 부여하되 그 결과에 대해 책임을 지도록 함
내부시장화 조직	민간기업의 경쟁을 도입하고 수익자부담주의, 기업회계방식 등 기업화된 조직의 성격을 지님
기관장의 계약제	성과에 대한 책임추구를 용이하게 하기 위해 계약직으로 보하며, 계약 임용기간은 2~5년

(2) 책임운영기관의 기능 및 한계

① **기능** : 행정의 기능을 서비스와 규제, 조타수 역할(방향잡기)과 노젓기 역할로 나눌 때, 책임운영기관은 서비스 기능 중 노젓기 기능을 수행함

SEMI-NOTE

책임운영기관의 내부구조

책임운영기관의 내부구조는 전통적인 계층제 구조를 띠며, 구성원의 신분도 공무원임

책임운영기관의 기본성격

• 신공공관리론에서 주장하는 민간관리 방식을 도입하여 관리자에게 보다 많은 신축성(재량권)을 부여한 다음 그 성과에 따라 책임을 묻도록 함
• 국방이나 보건, 교도소 등의 순수 공공재는 성격상 대상 사업이 될 수 없음
• 책임운영기관의 성격은 정부조직이며, 구성원도 공무원 신분을 유지

책임운영기관의 구제적 적용 대상

• 공공성이 강하여 민영화가 곤란한 분야
• 성과관리가 용이한 분야
• 내부시장화가 필요한 분야
• 자체 재원 확보가 가능한 분야
• 중앙정부와 지방정부 간의 서비스 통합이 필요한 분야

② 한계

㉠ 책임운영기관의 비대화, 정부팽창 은폐 및 민영화의 회피수단의 악용 가능

㉡ 기관장의 신분보장 미흡으로 소신 있는 책임운영기관의 관리가 어려움

㉢ 기관장의 책무를 구체적으로 규정한다 해도 운영상의 책임한계 문제가 대두될 가능성이 높음

㉣ 정책과 집행기관의 분리는 강한 수직적 통합이 요구될 때 한계를 지님

03절 조직의 관리

1. 의사전달(communication, 의사소통)

SEMI-NOTE

의사전달의 구성요소

전달자, 전달내용, 전달수단 · 매체와 방법, 피전달자, 반응 및 전달효과 등

의사전달과정의 핵심 요소

- 발신자와 수신자의 존재
- 발신자는 전달자를 의미하며, 전달자의 의도는 상징을 통해 기호화(coding)됨
- 수신자는 정보를 전달받는 사람을 말하며, 수신된 메시지는 상징을 의미로 전환하는 해독화(decoding) 과정을 거침
- 정보전달의 매체 또는 수단
- 정보전달 통로(전송 채널 · 수단)

(1) 의사전달의 의의

① **개념** : 복수의 행정주체가 결정에 필요한 정보나 자료 등을 서로 교환하여 의미를 공유하는 과정

② **특성**

㉠ 의사전달은 원칙적으로 개인(정보 전달자와 피전달자) 간의 과정

㉡ 원칙적으로 목적 지향적(어떤 영향을 미치게 하거나 알리려 함)

㉢ 조직 내의 모든 상호작용은 의사전달을 내포

㉣ 의사전달이 없으면 조직은 성립될 수 없음(의사전달은 조직의 생명선에 해당)

③ **의사전달과정**

㉠ **일반적 과정** : 발신자(전달자) → 코드화 및 발송 → 통로(전송채널이나 수단) → 수신자(피전달자) → 해독 → 환류(수신자의 반응)

㉡ 피셔(F. Fisher)모형

한눈에 쏙~

아이디어와 문제의 명료화 → 참여 → 전달 → 동기부여 → 평가

㉢ 레드필드(C. Redfield)모형

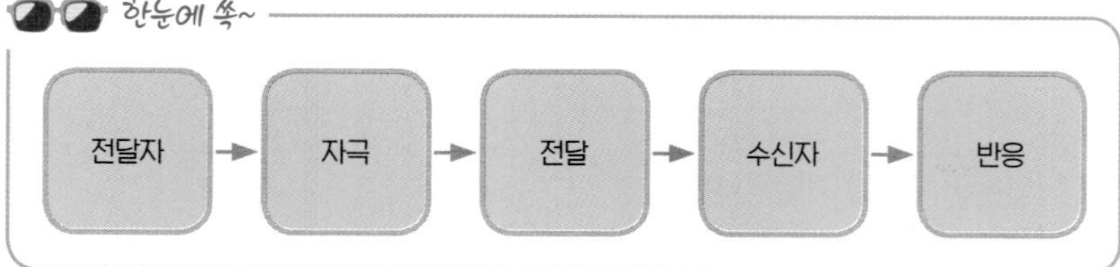

④ 의사전달의 기능

㉠ 조정

㉡ 동기유발 · 촉진

㉢ 정책결정의 합리화

㉣ 사회적 욕구의 충족

㉤ 리더십의 발휘

㉥ 조직체의 유지

(2) 의사전달망의 유형

한눈에 쏙~

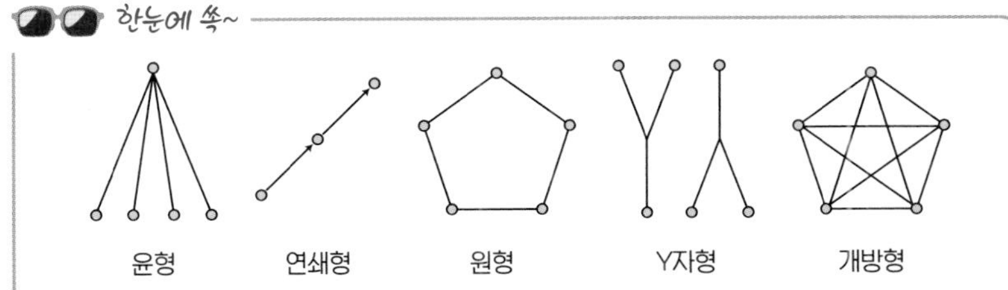

① **윤형(wheel, 바퀴형)** : 집단 안에 중심적인 인물이나 리더가 존재하며, 구성원 간의 정보전달이 중심에 있는 한 사람에게 집중되고 있는 형태

② **연쇄형(chain, 사슬형)** : 상사와 부하 간에만 의사전달이 이루어지며 수직적 계층만을 통하여 이루어지는 형태

③ **원형(circle, 반지형)** : 집단구성원 간의 서열이나 지위가 불분명하여 거의 동등한 입장에서 의사전달이 형성되는 유형

④ **Y자형** : 의사전달망의 최상층에 두 개의 대등한 지위가 있거나 반대로 최하위층에 두 개의 대등한 지위를 가진 사람이 있는 유형

⑤ **개방형(all channel, 전체경로형, 자유형)** : 집단 내의 모든 구성원들이 다른 구성원들과 자유롭게 정보를 교환하는 형태

⑥ **혼합형** : 윤형과 개방형이 혼합되어 있는 형태로, 구성원들이 자유롭게 의사전달을 하지만 리더로 여겨지는 한 사람이 중심적 위치를 차지

(3) 의사전달의 장애요인 및 개선방안

구분	장애요인	개선방안
의사소통자(전달자 · 피전달자) 측면	• 준거기준 차이 • 지위상의 차이 • 전달자의 의식적 제한 • 전달자의 자기방어	• 상호접촉 촉진 • 조직 내 관계의 개선 • 하의상달의 권장과 활성화 • 의사전달 조정 집단의 활용
전달수단 및 매개체 측면	• 정보의 과다로 인한 내용 파악 곤란 • 정보의 유실과 불충분한 보존 • 전달매체의 불완전성 • 업무의 과다 · 폭주로 인한 압박 • 지리적 거리	• 전달매체의 정밀성 제고 • 효율적인 관리정보체계(MIS)의 확립과 시설의 개선 • 의사전달의 반복과 환류 · 확인 메커니즘 확립

SEMI-NOTE

공식적 의사전달

- **개념** : 공식조직 내에서 계층제적 경로를 거쳐 공식적으로 행하여지는 의사전달. 고전적 조직론에서 강조
- **장점**
  - 상관의 권위 유지
  - 의사전달이 확실하고 편리하며 객관적임
  - 전달자 · 피전달자가 분명, 책임소재 명확
  - 정보의 신뢰성 · 정확성, 정책결정에 활용 용이
  - 정보나 근거의 보존 용이
- **단점**
  - 법규에 의거하므로 신축성 · 융통성이 없고 형식화되기 쉬움
  - 변동하는 사태에 신속한 적응 곤란
  - 복잡 · 다양한 의사표현 곤란
  - 배후사정을 전달하기 곤란
  - 근거가 남기 때문에 기밀유지 곤란

비공식적 의사전달

- **개념** : 계층제나 공식적 직책을 떠나 조직구성원 간의 친분, 상호신뢰와 현실적인 인간관계 등을 통해 이루어지는 의사전달
- **장점**
  - 형식에 구애되지 않아 신속성, 융통성, 적응성이 높음
  - 의사소통과정에서 구성원의 긴장감 · 소외감 해소, 개인적 욕구 충족
  - 배후사정까지 자세히 전달
  - 공식적 의사전달을 보완
  - 관리자에 대한 조언 기능
  - 구성원 간 행동의 통일성 확보
- **단점**
  - 수직적 계층 하에서 상관의 공식적 권위를 손상
  - 공식적 의사전달기능을 마비시킴
  - 의사전달에 대한 통제 · 조정 곤란, 책임소재의 불분명
  - 비신뢰성(애매 · 왜곡) · 부정확성, 의사결정에 활용 곤란
  - 개인적 목적에 역이용, 목표 전환의 우려

SEMI-NOTE

조직구조 측면	• 집권적 계층구조 • 할거주의와 전문화 • 비공식적 의사전달의 역기능 • 정보전달 채널의 부족	• 계층제의 완화와 분권화 • 정보의 분산 • 정보채널의 다원화

2. 조직문화

(1) 조직문화의 의의 및 특성

① 조직문화의 의의 : 사회문화의 하위 체제로 조직의 구성원들이 공유하는 보편적인 생활양식 또는 행동양식의 총체

② 조직문화의 순환

구분	설명
형성	조직문화의 형성은 구성원들의 대외적 적응과 생존, 대내적 통합 등에 관한 문제 해결 방안을 수용하는 데에서부터 시작
보존(사회화)	• 동화 : 신참자가 조직문화에 일방적으로 적응 • 격리 : 신참자가 조직문화에 반감을 가져 직무영역으로부터 고립 • 탈문화화 : 조직문화 혹은 신참자의 개인문화가 모두 지배력을 상실하여 문화적 정체성이 모호해짐 • 다원화 : 쌍방적 학습과 적응의 과정을 통하여 상호 장점을 수용하거나 공존
변동	조직문화는 안정적인 특성이 있지만 시간의 흐름에 따라 변동
개혁	의식적 · 계획적으로 조직문화를 개혁

조직문화의 구성요소
- 규범
- 철학
- 지배적 가치관
- 행태 규칙성

문화의 개혁과 연관된 요인
- 충원
- 발전
- 평가 및 보상
- 조직 설계
- 의사소통
- 상징 · 언어 · 이야기

(2) 조직문화의 순기능과 역기능

① 조직문화의 순기능

㉠ 문화는 조직의 안정성과 계속성을 유지시킴

㉡ 조직의 경계를 설정하여 조직의 정체성을 제공

㉢ 모방과 학습을 통하여 구성원을 사회화하는 기능을 함

㉣ 구성원들이 조직에 몰입하도록 만듦

㉤ 규범의 공유에 의해 조직의 생산성을 높이고, 조직에 대한 충성심과 복종심을 유도

㉥ 구성원을 통합하여 응집력, 동질감, 일체감을 높임

㉦ 구성원의 일탈 행위에 대한 통제기능을 함

② 조직문화의 역기능

㉠ 부서별 독자적인 조직문화로 인하여 조직 내부의 조정과 통합에 어려움이 생김

㉡ 집단사고의 폐단으로 조직의 유연성과 구성원들의 창의력을 저하

㉢ 초기에는 조직문화가 순기능을 하지만 장기적인 관점에서는 문화의 경직성으로 인해 변화와 개혁의 장애를 초래하기도 함

조직문화의 특성
- 사고와 행동의 결정요인
- 학습에 의한 공유
- 역사적 산물
- 집합체적 · 공유적 특성
- 지속성(경로의존성)과 변동저항성
- 통합성과 안정성
- 사회문화의 하위체제

(3) 조직문화의 경쟁적 가치접근(E. Quinn & R. Kimberly)

한눈에 쏙~

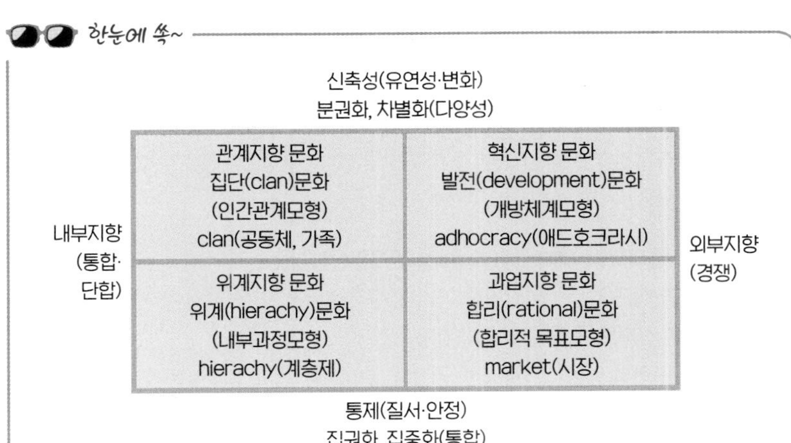

① **수직 축(구조)** : 유연성 지향의 가치는 분권화의 다양성(차별화)을 강조, 통제지향 가치는 집권화와 통합(집중화)을 강조하는데, 이는 조직의 유기적 특성과 기계적 특성의 구분을 의미함

② **수평 축(초점)** : 내부지향성은 조직 유지를 위한 조정 · 통합 강조, 외부지향성은 조직 환경에 대한적응, 경쟁, 상호관계 강조

③ **조직문화유형** : 조직은 네 가지 조직문화 유형을 모두 가질 수 있으며 그 강도는 차이가 있음

3. 갈등

(1) 갈등의 의의

① **갈등의 개념** : 희소자원이나 업무의 불균형배분 또는 여건 · 목표 · 가치 · 인지 등에 있어서의 차이와 같은 원인과 조건으로 인해 개인이나 집단, 조직의 심리, 행동에 발생하는 대립적 교호작용

② **갈등관의 변화**

구분	내용
갈등유해론, 갈등제거 (1930~1940년대)	• 갈등의 역기능, 모든 갈등은 제거대상 • 고전적 조직이론과 초기 인간관계론의 관점 • 갈등은 일종의 악, 조직의 효과성에 부정적 영향 • 직무의 명확한 규정 등을 통해 갈등을 제거할 수 있음
갈등불가피론, 갈등수용 (1940년대 말~1970년대)	• 갈등의 양면성(역기능 기능), 갈등의 불가피성 · 보편성 • 갈등은 조직 내에서 자연적으로 일어나는 불가피한 현상, 완전 제거 곤란 – 갈등 수용 • 갈등이 때로는 순기능을 한다고 보지만, 능동적으로 갈등을 추구하거나 조장할 상황요인을 만들어 낼 수 있다는 생각을 제시하지는 않음

SEMI-NOTE

관계지향문화
- **특징** : 유연성 · 변화/내부지향
- **핵심속성** : 협력, 가족적 인간관계, 응집성
- **리더** : 후견인(mentor), 촉진자, teambuilder
- **관리지향** : 의사소통, 인간적 배려, 헌신
- **조직형태** : 공동체, 가족

혁신지향문화
- **특징** : 유연성 · 변화/외부지향
- **핵심속성** : 창의성, 기업가정신
- **리더** : innovator, visionary, entrepreneur
- **관리지향** : 창의 · 혁신, 자율성, 지속적 변화
- **조직형태** : 애드호크라시

위계지향문화
- **특징** : 안정성 · 통제/내부지향
- **핵심속성** : 통제, 명령, 규칙, 규제, 능률
- **리더** : monitor, coordinator, organizer
- **관리지향** : 통제 · 조정, 능률성, 일관성 · 통합성
- **조직형태** : 계층제, 관료제

과업지향문화
- **특징** : 안정성 · 통제/외부지향
- **핵심속성** : 경쟁, 목표달성, 시장점유율
- **리더** : hard-driver, 경쟁자, 생산자
- **관리지향** : 경쟁력, 생산성, 고객초점
- **조직형태** : 시장조직

갈등
조직 내의 의사결정에 있어 대안선택기준이 모호하여 결정자인 개인이나 집단이 심리적으로 곤란을 겪는 상태(H. Simon)

SEMI-NOTE

갈등과 경쟁
- 차이점
  - 갈등 : 특정 집단의 목표 추구가 다른 집단의 목표를 위협하고 집단적 적대감이 존재하며, 규칙과 규정이 준수되지 않음
  - 경쟁 : 집단들이 동일한 목표를 추구하고 상호 적대감이 존재하지 않으며, 규칙이나 규정이 준수됨
- 공통점 : 대상 집단이나 개인이 상호대립적 행동을 보임

갈등의 기능
- 순기능(L. Coser, M. P. Follett 등)
  - 조직의 조화 · 통합의 새로운 계기로 작용
  - 선의의 경쟁을 촉진해 행정 발전 · 쇄신의 원동력이 됨
  - 갈등의 해결을 위한 조직의 문제해결능력 · 창의력 · 융통성 · 적응능력을 향상
  - 행정의 획일성 배제와 다양성 · 민주성 확보에 기여
  - 개인 및 집단의 동태적 성장의 계기
- 역기능(G. E. Mayo 등)
  - 조직 내 관계자의 심리적 · 신체적 안정 저해
  - 구성원과 조직 간에 적대감정과 반목을 유발
  - 직원이나 기관 간에 위계질서를 문란하게 하며, 공무원의 사기를 저하
  - 행정의 조정을 곤란하게 함
  - 조직의 효과성과 생산성을 저하

진행단계별 갈등의 분류(L. Pondy)
- **잠재적 갈등** : 갈등이 야기될 수 있는 상황 또는 조건
- **지각된 갈등** : 구성원들이 인지하게 된 갈등
- **감정적 갈등** : 구성원들이 감정(내면)적으로 느끼는 갈등
- **표면화된 갈등** : 표면적인 행동이나 대화로 표출된 갈등
- **갈등의 결과** : 조직이 갈등에 대처한 후에 남은 조건 또는 상황

갈등관리론 (현대의 갈등관) (1970년대 말~)	• 갈등의 양면성 인정, 갈등의 관리 · 활용 – 역기능적(파괴적) 갈등 → 갈등 완화 · 해소 · 억제 – 순기능적(건설적) 갈등 → 갈등 조장 · 촉진 • 갈등수준이 너무 낮으면 환경에의 적응력 저하, 독재와 획일주의, 무사안일, 의욕상실, 침체 등의 집단행동을 보이므로 적정한 갈등수준을 유지하는 최적관리가 필요

(2) 갈등의 유형

① 밀러와 돌라드(N. Miller & J. Dollard)의 개인심리기준

㉠ **접근-접근 갈등** : 바람직한 가치(긍정적인 유인가)를 가진 두 가지 대안 중 하나를 선택해야 하는 경우의 갈등

㉡ **접근-회피 갈등** : 바람직한 긍정적 유인가와 회피하고 싶은 부정적 유인가를 함께 가진 대안 중 선택해야 하는 경우의 갈등

㉢ **회피-회피 갈등** : 회피하고 싶은 부정적인 가치를 가진 두 가지 대안 중 하나를 선택해야 하는 경우의 갈등

② 사이먼과 마치(H. Simon & J. March)의 갈등주체기준

㉠ 개인적 갈등
- 수락불가능성 : 결정자가 각 대안의 결과를 알지만 만족기준을 충족하지 못해 수락할 수 없는 경우
- 비교불가능성 : 결정자가 각 대안의 결과를 알지만 공통기준의 결여로 최선의 대안을 알지 못하는 경우
- 불확실성 : 대안이 초래할 결과를 알 수 없는 경우

㉡ 집단 간 갈등
- 분류 : 조직 내의 집단 간 갈등, 조직 간의 갈등
- 원인 : 가치관 · 태도 · 인지의 차이, 공동의사결정의 필요성, 업무의 상호의존성(순차적 의존성), 대등한 권력의 존재(조정 곤란), 의사결정의 참여 증대, 전문가의 증가(계선과 참모의 갈등) 등

③ 폰디(L. Pondy)의 단위 및 영향 기준

㉠ 단위기준(조직 내 상하단위 기준)
- 협상적 갈등 : 부족한 자원으로 인한 이해당사자 간에 겪게 되는 갈등
- 체제적 갈등 : 동일 수준의 계층 · 기관이나 개인 간의 수평적 갈등
- 관료제적 갈등 : 상하계층 간의 갈등

㉡ 영향(변화)기준
- 마찰적 갈등 : 조직구조의 변화를 유발하지 않는 갈등
- 전략적 갈등 : 조직구조의 변화를 유발하는 갈등

④ 집단 간 갈등(대인적 갈등)의 원인

구분	상황
공동의사결정의 필요성	조직상의 부처가 세분된 상태에서 다른 조직이나 집단과의 상호의존성에 의한 공동의사결정이 필요한 경우

목표와 이해관계의 차이	서로 다른 조직이 양립 불가능한 목표를 동시에 추구하는 경우, 각 조직 간의 목표나 이해관계의 차이가 나타날 경우
자원의 한정에 따른 경쟁	한정된 자원에 공동으로 의존하고 있는 제로섬게임(Zero sum game) 상황인 경우
지위부조화	높아진 지위만큼 그에 따른 전문적인 능력이 부족하여 행동주체 간의 교호작용을 예측불가능하게 하는 경우
권력의 차이가 없는 경우	권력의 차이가 있는 경우에는 더 큰 권력을 가진 기관에 의해 조직의 조정과 통제가 가능하지만, 권력의 차이가 없는 경우에는 조정이 곤란하여 갈등을 유발
지각 및 인지의 차이	구성원 간의 성격, 태도, 가치관, 지각의 차이로 인하여 정보나 사실에 대하여 다르게 해석하고 평가하는 경우
과업의 상호의존성	과업이 독립적이거나 일방향 집중형일 경우 갈등 가능성이 낮지만, 상호의존적이거나 상호연계적일 경우 갈등 가능성이 증가
의사전달의 방해	의사전달에 대한 오해나 이해부족, 의사전달의 부족으로 인하여 정보의 교환이 불충분할 경우 갈등을 유발

(3) 갈등의 해결방안

① 사이먼과 마치(H. Simon & J. March)의 전략

㉠ 개인적 측면의 해결전략

- 비수용성의 해결 : 새로운 대안의 탐색이나 목표의 수정
- 비교불가능성의 해결 : 선택된 대안의 우선순위 선정기준과 비교기준을 명확히 하고, 대안이 제기된 전후관계의 분석
- 불확실성의 해결 : 대안의 결과 예측을 위한 과학적 분석, 자료의 수집 · 탐색, 결과 예측이 가능한 새로운 대안 탐색

㉡ 복수의사주체 간의 갈등 해결전략

- 문제해결(합리적 · 분석적 해결) : 갈등당사자 간의 자료수집과 제시, 새로운 쇄신적 대안의 모색 등을 통해 공동의 해결책을 찾아보는 방법
- 설득(합리적 · 분석적 해결) : 하위목표와 공동목표의 조화를 검증하고 설득 · 이해를 통해 의견대립을 조정하는 방법
- 협상(비합리적 · 정치적 해결) : 당사자 간의 직접적 해결방법으로, 양보와 획득을 위한 포기를 통해 조정하는 방법
- 정략(비합리적 · 정치적 해결)
  - 이해관계나 기본목표를 조절하기 위한 방법으로서, 제3자를 통하여 해결하는 방법
  - 여론과 대중의 지지에 호소하는 방법 등이 있으며, 갈등의 원인이 가장 근원적인 목표 · 가치갈등인 경우의 해결전략

② 토마스(K. Thomas)의 전략

㉠ 의의 : 자신의 욕구(주장 · 이익)를 충족시키려는 욕구인 '단정'과 상대방의 욕구(주장 · 이익)를 만족시키려는 욕구인 '협조'라는 2차원적 요소에 근거해 다섯 가지 전략을 제시

SEMI-NOTE

갈등의 요인

개인적 요인	• 감정 • 상태 • 소통의 장애 • 문화적 차이 • 기술 및 능력 • 지각, 가치관, 윤리 • 성격 등
구조적 요인	• 목표의 차이 • 지위의 차이 • 권한 및 책임의 불명확성 • 상호의존성 및 협조 필요성 • 전문화 및 분업 • 한정된 자원의 공유(제로섬 게임)

갈등의 예방전략

- 사전참여를 통한 의사결정
- 권한과 책임의 명확화 또는 상호의존성의 감소
- 최고관리자의 균형적 자세와 조정역할 강화

SEMI-NOTE

집단 간 갈등의 일반적 해결 방안
- 상위목표나 이념의 제시
- 자원의 확충
- 회피
- 완화
- 상관의 리더십이나 명령
- 행태변화
- 제도개혁
- 기타 방안으로 문제의 공동해결이나 상호작용의 촉진, 공동의 적 설정, 집단 간 상호의존성 감소, 조정기구의 설치, 조직개편 등

권위의 개념적 구성요소

정당성이 부여된 권력, 사회적 관계(상대방의 존재)가 전제, 타인의 행태에 영향, 명령에 대한 자발적 복종

한눈에 쏙~

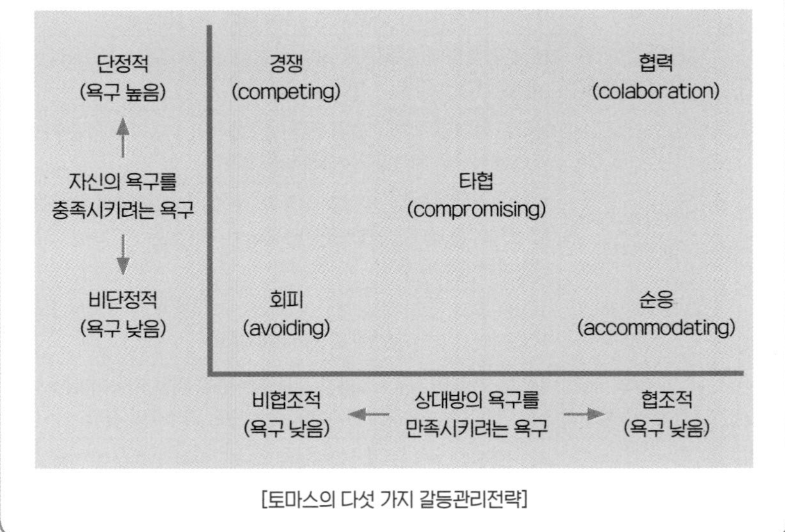

[토마스의 다섯 가지 갈등관리전략]

㉡ 내용
- 회피전략 : 갈등상황으로부터 벗어나 버리는 것으로, 사소한 문제이거나 자신의 욕구충족 기회가 없을 때 나타나는 비단정적 · 비협력적 전략
- 순응(수용 · 적응)전략 : 상대방의 주장을 받아들이는 것으로, 자신의 결정이 잘못되었거나 상대방과 화합하고 조직의 안정과 사회적 신뢰를 중요시할 때 나타나는 전략
- 타협전략 : 당사자들이 동등한 권력을 보유하고 시간적 여유가 없을 때 사용되는 임기응변적이고 잠정적인 전략으로, 협상을 통한 양보와 획득으로 자신과 상대방의 이익을 절충
- 경쟁 · 강제전략 : 위기상황이나 한쪽의 권한이 우위일 때 나타나는 전략
- 협력(협동 · 제휴)전략 : 갈등을 긍정적으로 받아들이며 상대에게 신뢰가 있는 경우와 공통의 관심사가 너무나 중요하여 통합적 해결전략이 필요할 때 나타나는 전략

4. 권위(Authority)

(1) 권위의 의의 및 유형

① 의의

㉠ 개념 : 제도화되고 정당성이 부여된 권력으로서 타인에 의해 자발적으로 수용되어 의사결정에 영향을 미치는 능력

㉡ 유사 개념
- 권력(power) : 어떤 개인이나 집단이 다른 개인이나 집단의 행태에 영향을 미칠 수 있는 잠재적 능력
- 영향력 : 잠재적인 능력을 실제의 행동으로 옮기는 과정으로, 행위를 거부

하거나 부정적인 방향으로 유도하는 것도 포함하는 포괄적 개념

② 권위의 유형

㉠ 피프너(J. Pfiffner)의 공식성 유무 기준

공식적 권위	조직에서 어떤 직위의 담당자가 행사할 수 있는 영향력을 말하며, 합법화 · 제도화된 권위
비공식적 권위	상관과 부하 간의 공통된 감정을 기초로 형성되는 권위로서, 비공식적 조직구성원들 간의 사회적 상호작용을 통해 구체화됨

㉡ 베버(M. Weber)의 권위의 정당성 기준

전통적 권위	권위의 정당성을 신성시하는 전통이나 관행, 지배자의 권력에 대한 신념에 근거하는 권위
카리스마적 권위	지도자의 비범한 초월적 자질이나 능력, 영웅적 행위나 신비감에 대한 외경심 등에 근거하는 권위
합법적 · 합리적 권위	권위의 정당성을 법규화된 질서나 합법성에 대한 신념 · 동의에 두는 권위

㉢ 에치오니(A. Etzioni)의 기준

조직의 성격 기준	• 강제적 권위 : 강제적 · 물리적 힘이 통제수단이 되는 권위 • 공리적 권위 : 보수 같은 경제적 유인이 통제수단이 되는 권위 • 규범적 권위 : 도덕 · 규범 · 가치가 통제수단이 되는 권위
권위의 성격 기준	• 행정적 권위 : 공식적 지위(일반행정관리자의 지위)에 근거한 권위로, 부하 · 전문가의 활동을 조정 · 통제(전문적 권위와 대립관계) • 전문적 권위 : 전문적 지식 및 기술에 근거한 권위(전문가들의 권위)

㉣ 사이먼(H. Simon)의 심리적 동기의 기준

일체화(동일화)의 권위	조직이나 상관에 대한 부하의 일체감 · 동질감 · 충성심에 근거한 권위
신뢰의 권위	부하의 신뢰에 근거하는 권위로, 기능적(전문적) 권위와 계층적(행정적) 권위가 있음
제재의 권위	형벌 또는 보상에 근거한 권위
정당성의 권위	권위가 합법적이고 정당하다는 심리적 · 논리적 귀결에 근거하는 권위

(2) 권위의 수용이론

① 권위수용의 변수

㉠ **윤리적 신념** : 권위에 대한 윤리적 신념이 권위를 수용하게 함

㉡ **충성심 · 일체감** : 조직에 대한 충성심 · 일체감이 강할수록 권위를 잘 수용하게 됨

㉢ **보수 · 지위 · 위신** : 보수나 승진의 향상, 위신 · 지위가 고려되는 경우 권위가 잘 수용됨

㉣ 기타 연령이나 경력 · 경험, 전문기술, 제재의 수반 등

SEMI-NOTE

권위와 권력의 차이

권위가 정당성을 가진 권력으로서 자발적 복종을 전제로 함에 비해, 권력은 상대방의 의사와는 상관없이 명령이나 결정을 따르도록 하는 강제적 · 일방적인 힘을 말함

권위의 본질

- **하향적 권위설(명령권위설)** : 전통적 조직이론은 권위를 상관이 공식적 직위에 근거하여 명령할 수 있는 권리로 봄으로써 하향적 권위로 인식
- **상향적 권위설(수용설 또는 동의설)** : 인간관계론자들은 부하의 수용 정도에 따라서 권위가 좌우된다는 상향적 권위를 주장하고, 권위에 대한 하급자의 동의를 중시
- **종합적 인식** : 명령권리설은 조직 계층상 지위와 관련되며, 수용설은 개인의 속성 · 특성과 관련되므로 양자는 상호보완 관계에 있다고 보는 종합적인 인식이 요구됨

제재의 권위

- 소극적 제재(불리 : 해임 · 징계), 적극적 보상(유리 : 승진 · 승급)의 행사능력
- 부하 또는 외부인사도 가질 수 있음 (예 부하의 태업행위)

SEMI-NOTE

무차별권의 범위
목표가 명확하고 명령이 정당하다고 인정되는 경우 확대되고, 조직의 현실적 목표와 불일치하고 계층 수가 많은 경우 축소됨

수용권의 범위
구성원의 교육수준이 높아지고 자아의식이 확립될수록 수용권은 좁아진다고 주장

정보권력
타인이 가치 있다고 생각하는 정보를 보유하거나 그 정보에 쉽게 접근할 수 있다는 사실에 근거한 권력

배경권력
조직 내외의 영향력 있고, 중요한 인물들과의 연결, 즉 교섭력이나 인맥을 보유하고 있다는 사실에 근거한 권력

② 권위수용이론

㉠ 버나드(C. Barnard)의 권위수용과 무차별권

권위수용의 전제조건	• 의사전달의 내용 파악 가능 • 권위 내용이 조직 목적에 부합 • 명령이 조직구성원의 개인적 이익과 모순되지 않음 • 정신적 · 육체적으로 의사전달에 대응 가능
무차별권	버나드는 권위의 수용형태를 명백히 수용할 수 없는 경우, 중립적인 경우, 이의 없이 수용하는 경우의 세 가지로 나누고, 이의 없이 수용하는 경우(무조건적 수용범위)를 무차별권이라 함

㉡ 사이먼(H. Simon)의 수용권

의사결정을 수용하는 경우	• 의사결정의 장단점을 파악하여 장점에 대하여 확신할 경우 • 의사결정의 장단점을 검토하지 않고 따르는 경우 • 의사결정의 검토 후 잘못되었음을 알면서도 따르는 경우
수용권(zone of acceptance)	의사결정의 장단점을 검토하지 않고 따르는 경우와 검토 후 잘못되었음을 알면서도 따르는 경우가 권위의 수용권에 해당

실력up 프렌치와 레이븐(J. French & B. Raven)의 권력 유형

• **직위권력(지위권력)** : 조직 안에서 그가 맡은 직무나 직위와 관련해서 공식적으로 부여받은 권력 ㉔ 보상적 권력, 강요적 권력, 합법적 권력, 정보권력
• **개인권력** : 조직에서 지위권력 이외의 개인적 특성(전문성, 설득력, 카리스마 등)에서 비롯된 권력 ㉔ 준거적 권력, 전문가적 권력, 배경권력

보상적(보수적) 권력	타인이 가치 있다고 생각하는 보상(㉔ 봉급, 승진, 직위부여 등)을 줄 수 있는 능력에 근거를 둠
강요적(강압적) 권력	인간의 공포에 기반을 둔 것으로 어떤 사람이 타인을 처벌할 수 있는 능력을 가지거나 육체적 또는 심리적으로 다른 사람에게 위해를 가할 수 있는 능력을 가진 경우 발생
합법적(정통적) 권력	법 · 제도에 근거한 권력. 권력행사자가 정당한 권력을 행사할 수 있는 권리를 가지고 있다고 인정되는 경우 성립하며 '권한(authority)'이라고도 함. 상관이 보유한 직위에 기반을 두므로 지위가 높아질수록 커지며 조직에 의해 부여되고 보장됨. 기계적 조직에서는 엄격하며 유기적 조직일수록 불분명함
준거적 권력	복종자가 지배자와 일체감을 가지고, 자기의 행동모형을 권력행사자로부터 찾으려고 하는 역할모형화에 의한 권력으로 어떤 사람이 자신보다 월등하다고 느끼는 무언가의 매력이나 카리스마에 의한 권력. 일체감과 신뢰를 바탕으로 함
전문가적 권력	다른 사람들이 가치를 두는 정보를 갖고 있는 정도에 기반을 둔 것으로, 다른 사람이 필요로 하는 전문적 지식 · 기술을 지닐 때 발생하는 권력. 직위나 직무를 초월해 누구나 행사할 수 있으므로 공식적 직위와 일치하지 않을 수도 있음

5. 리더십

(1) 의의 및 기능

① 의의 : 조직의 목표 달성을 위하여 구성원이 자발적으로 참여하도록 동기를 부여하고 영향력을 미치는 관리자의 쇄신적 · 창의적 능력 · 기술 등을 말함

② 리더십의 기능

㉠ 목표설정과 대표성 있는 목표수립에 기여

㉡ 목표 달성을 위한 인적 · 물적 자원을 동원

㉢ 불완전한 공식구조와 설계의 보완

㉣ 조직의 일체성과 적응성의 확보

㉤ 조직활동의 통합 · 조정과 통제

㉥ 환경변화에 대한 대응 및 변화의 유도

(2) 리더십의 본질에 관한 이론 유형

한눈에 쏙~

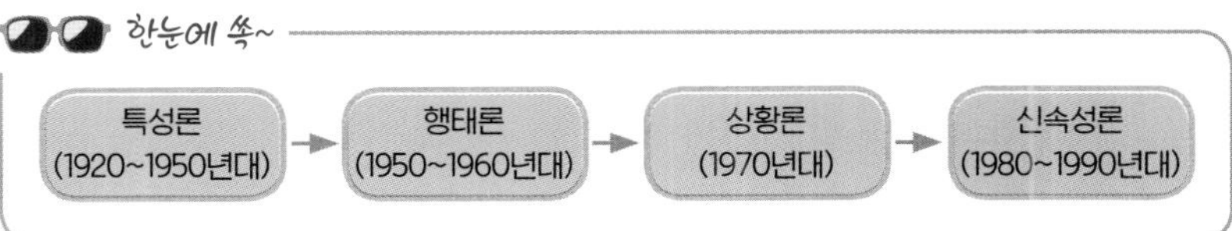

① 특성론

통일적(단일적) 자질론	1940년대까지의 전통적 연구로서, 리더는 하나의 통일적 · 단일적 자질을 구비한다는 이론
성좌적 자질론	리더십에 있어 통일적 · 단일적 자질은 존재하지 않는다고 보는 이론

② 행태론

㉠ 아이오와(Iowa) 대학 연구(White & Lippitt)

- 권위형 : 지도자가 주요한 결정을 내리고 부하에게 맹목적인 복종을 요구하는 형태로, 직무수행에 중점을 두는 유형
- 민주형 : 의사결정이 상관과 부하의 참여 · 합의로 이루어지며, 생산량과 사기가 높은 최선의 유형
- 자유방임형 : 리더가 결정권을 대부분 부하에게 위임하여 목표나 방법을 하급자가 설정하는 유형

㉡ 미시간(Michigan) 대학 연구 : 1960년대 리커트(Likert) 등이 주도한 연구로, 리더의 행동을 직무 중심적 행동과 부하 중심적 행동으로 구분하고 부하 중심적 행동이 생산성과 만족감 측면에서 효과적이라 주장

㉢ 오하이오(Ohio) 주립대학 연구 : 리더십을 '구조설정(initiating structure)'과 '배려(consideration)'의 조합으로 살펴보는 이론

㉣ 블레이크와 머튼(Blake & Mouton)의 관리망모형

- 무관심형(빈약형) : 생산과 인간에 대한 관심이 낮아 주로 자신의 직분유지를 위한 최소의 노력만 기울이는 유형

SEMI-NOTE

리더십의 성격

- 지도자와 추종자, 환경(상황) 변수 간의 의존성(변수의 상호의존성)
- 지도자와 추종자의 상호작용이면서 영향을 미치는 과정
- 조직의 목표 달성을 위한 목표지향적 개념
- 리더십의 효율성은 동태적 · 신축적 · 가변적 성격
- 지도자의 권위를 통해야만 발휘되는 기능

특성론에 대한 비판

- 집단의 특징·조직목표·상황에 따라 요구되는 리더십의 자질도 변함
- 모든 지도자의 자질이 동일한 것은 아니며, 지도자의 보편적인 자질은 존재하지 않음
- 지도자가 되기 전과 후의 자질이 사실상 동일함을 설명하기 어려움

블레이크와 머튼의 관리망모형

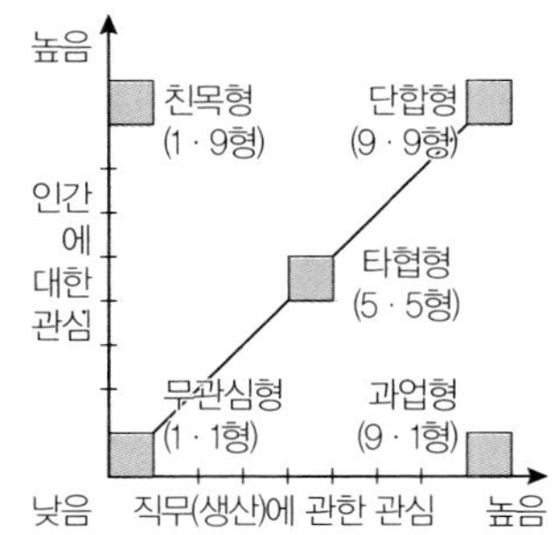

SEMI-NOTE

- 친목형 : 인간에 대한 관심은 높으나 생산에 대한 관심은 낮아 인간적인 분위기를 조성하는 데 주력하는 유형
- 과업형 : 생산에 대한 관심은 높으나 인간에 대한 관심은 낮아 과업에 대한 능력을 중시하는 유형
- 타협형(절충형) : 인간과 생산에 절반씩 관심을 두고 적당한 수준의 성과를 지향하는 유형
- 단합형 : 생산과 인간 모두에 관심이 높아 조직과 구성원들의 상호의존관계와 공동체의식을 강조함으로써 조직목표 달성을 위해 헌신하도록 유도하는 유형

③ 상황론

㉠ **탄넨바움과 슈미트(Tannenbaum & Schmidt)의 리더십**

- 리더십 유형은 지도자와 집단이 처한 상황에 따라 결정
- 효율적인 리더십의 세 가지 변수 : 지도자 요인, 비지도자 요인, 상황요인
- 리더가 직면하는 의사결정을 어떻게 처리하느냐에 따른 리더십 유형 : 독재적 의사결정, 협의적 의사결정, 공동 의사결정

㉡ **피들러(F. Fiedler)의 상황이론(목표성취이론)**

- '가장 좋아하지 않는 동료(Least Preferred Co-worker ; LPC)'라는 척도에 의하여 리더십 유형을 관계지향적 리더십과 과업지향적 리더십으로 구분
- 리더와 부하 간의 관계가 좋고 과업의 구조화 정도가 높으며, 리더의 직위권력이 강할수록 리더에게 유리하며, 리더십 상황이 리더에게 유리하거나 불리한 경우에는 과업지향적 리더가 효과적인 반면, 유리하지도 불리하지도 않은 상황에서는 관계지향적 리더가 효과적이라 주장

㉢ **하우스와 에반스(House & Evans)의 통로-목표이론** : 리더의 행동(원인변수)이 부하의 기대감 등에 영향을 미치는 정도에 따라 부하의 동기가 유발된다는 이론, 즉 리더는 부하가 바라는 목표를 얻게 해줄 수 있는 경로가 무엇인가를 명확하게 해줌으로써 성과를 높일 수 있다는 것

㉣ **커와 저미어(Kerr & Jermier)의 리더십대체물이론**

- 리더십을 필요 없게 만들거나 중요성을 감소시키는 상황적 요인으로 대체물과 중화물을 제시
- 리더의 행동을 필요 없게 하거나 행동의 효과를 약화·중화시키는 부하의 특성으로 능력·경험·훈련·지식, 독립 욕구, 전문가 지향성, 보상에 대한 무관심 등을 제시

㉤ **레딘(W. J. Reddin)의 3차원적 리더십** : 과업을 지향하는가 인간관계를 지향하는가에 따라 리더 행동의 기본유형을 네 가지로 분류하고 이를 효과성 차원에 접목한 이론

㉥ **허쉬와 블랜차드(Hersey & Blanchard)의 3차원적 리더십이론** : 오하이오(Ohio) 그룹의 연구와 레딘(Reddin)의 3차원 유형을 종합한 이론으로, 리더십을 인간 중심적 리더십(관계지향)과 과업 중심적 리더십(과업지향)으로 나누고, 효율성이라는 차원을 추가하여 리더십이론을 제시

그랜과 단세로(Graen & Dansereau)의 수직적 쌍방관계연결이론

- 리더와 각각의 부하 간의 관계가 서로 다를 수 있다는 것을 강조함. 수직적-쌍방관계란 리더와 각각의 부하가 이루는 쌍(pair)을 의미하는데 리더가 신뢰하는 내집단과 그렇지 않은 외집단이 있음
- 내집단의 구성원들은 외집단의 구성원들보다 근무성과와 만족도가 높음

대체물과 중화물

- **대체물** : 리더십을 불필요하게 만드는 요인으로, 과업이 일상적이거나 구조화되어 있고 환류가 빈번하게 이루어지며, 구성원이 과업 그 자체로 만족감을 느끼는 경우에는 리더십이 불필요하다고 주장
- **중화물** : 리더십의 필요성을 약화시키는 요인으로서, 명확한 계획과 목표, 규칙과 규정, 높은 응집력, 리더가 통제할 수 없는 보상체계, 리더와 부하 간의 긴 공간적 거리 등을 제시

ⓢ 유클(G. Yukl)의 다중연결모형 : 리더의 열한 가지 행동을 원인변수로 보면서, 여기에 여섯 가지의 매개변수와 세 가지 종류의 상황변수를 이용하여 부서의 효과성을 설명

④ 신속성론(신자질론)

㉠ 카리스마적 리더십(위광적 리더십) : 변혁적 리더십과 관련되며, 리더의 뛰어난 개인적 능력과 자신감, 도덕적 정당성 등에 대한 신념을 기초로 하는 신속성론의 리더십

㉡ 변혁적 리더십(Burns, Rainey & Watson 등) 빈출개념

의의	거래적 리더십에 대응하는 개념으로 급변하는 환경에 적응하기 위한 변동추구적 · 개혁적 리더십. 현상유지를 거부하고 기존 사고의 틀을 벗어나 새로운 가치관과 시각에서 문제에 접근하고 해답을 구하도록 유도하며 기꺼이 위험을 감내하고 도전을 기회로 만들기 위해 노력하면서 미래의 비전을 실현하기 위한 변화를 선도함
카리스마적 리더십과의 차이	카리스마적 리더는 부하가 리더의 세계관에 따르도록 바랄 뿐이지만, 변혁적 리더는 카리스마적 리더십을 기반으로 하지만 부하에게 확립된 의견뿐 아니라 리더가 확립시킨 의견에도 문제를 제기할 수 있는 능력을 주입시킴
특징	• 새로운 비전 제시, 다른 사람들이 이를 내면화하여 탁월한 성취를 할 수 있도록 힘을 실어줌. 비전 달성을 위해서는 현상에 대한 점진적 변화가 아닌 과거와 단절된 변혁이 필요하며 그러한 변혁을 주도 • 추종자가 업무수행의 의미를 발견하고 몰입 · 헌신하도록 유도 • 사람들 사이에 신뢰 구축. 조직과 개인이 공생적 관계를 형성하고, 공동의 목표를 향해 단합하게 함 • 다양성과 창의성을 존중하고 지원 • 거래적 리더보다 낮은 이직률, 높은 생산성, 높은 직원만족.

㉢ 문화적 리더십 : 1980년대 이후의 새로운 리더십연구로서 변혁적 리더십이 진보한 것이나, 초점을 지도자와 추종자 간의 관계의 본질에 두는 것이 아니라 지도성-추종성 관계에 배어 있는 사회문화적 맥락에 둠

㉣ 발전적 리더십(서번트 리더십) : 부하에 대한 리더의 봉사적인 리더십으로, 리더의 종복정신을 강조

㉤ 촉매적 리더십 : 연관성이 높은 공공문제의 해결을 위해 리더가 전략적으로 생각하고 행동해야 하며 촉매작용적 기술과 능력이 필요하다는 이론

㉥ 분배된 리더십 : 리더십을 단일의 명령체제로 보지 않고 부하 등에게 힘을 실어주는, 즉 분배된(위임된) 공동의 리더십으로 봄

㉦ 영감적 리더십 : 리더가 향상된 목표를 설정하고 추종자들로 하여금 그 목표 성취에 대해 자신감을 가지도록 하는 리더십으로, 미래에 대한 구상이 핵심

㉧ 셀프 리더십 : 정보화 사회나 네트워크화 된 지능시대에서는 상호 연계된 리더십이나 구성원 모두가 리더라는 셀프 리더십이 필요

㉨ 참여지향 리더십 : 부하들이 의사결정에 어느 정도 참여해야 하는가 하는 규범적 리더십

SEMI-NOTE

카리스마적 리더의 특성(Conger & Kanungo)
- 현상에 반대하고 미래에 대한 이상적 비전을 가짐
- 개인적 위협과 대가를 무릅씀
- 현존 질서의 초월을 위하여 비인습적 수단을 활용하는 데 노력
- 과업환경에 민감하며, 목표를 강력히 명시
- 정예주의 · 창업가 정신을 추구

변혁적 리더십의 주된 구성요소
- 카리스마적 리더십
- 영감적 리더십
- 촉매적 리더십
- 개별적 배려
- 조직과 개인의 통합

슈퍼리더십(Super leadership)
사람들의 잠재능력과 최선의 노력을 끌어내고 개발하는 리더십. 모든 구성원이 충분한 잠재력을 가지며 좋은 성과를 낼 수 있다는 낙관주의에서 출발. 셀프리더십 역량이나 잠재력을 자극 · 촉진하여 부하가 자신의 일에 자발적 몰입과 책임감을 갖게 함

SEMI-NOTE

행정PR의 원칙

- **수평성(상호대등성)** : 행정PR은 언제나 주체와 객체의 대등한 지위를 전제로 함
- **의무성** : 국민은 정부활동에 대해 알 권리가 있고 정부는 이를 충족시킬 의무가 있음
- **교류성** : 행정PR은 정부의 입장만을 일방적으로 알리는 것이 아니라 국민의 의견을 듣기도 하는 상호 간의 의사전달과정임
- **객관성(진실성)** : 정부의 업무나 정책의 내용 및 성과에 대해 과장 · 왜곡 · 은폐해서는 안 되며, 사실 그대로를 알려야 함
- **교육성(계몽성)** : 국민을 계도 · 설득하고 건전한 여론이 조성되도록 함
- **공익성** : 행정PR은 개인적 · 정치적 목적을 위해 이용되어서는 안 됨

정보공개의 필요성

- 국민의 알 권리 보장 및 권익보호(정보공개제도에 의해 국민의 정보공개청구권이 인정되고 공공기관의 정보공개가 의무화됨)
- 행정의 신뢰성 · 투명성 확보(행정통제)
- 행정부패 방지 및 개혁의 촉진
- 국민의 행정참여 신장

6. 행정PR(공공관계, 대민홍보)

(1) 행정PR(Public Relations)의 의의

① **개념** : 행정조직에 대한 공중의 태도를 평가하고 조직의 정책 · 사업에 대한 동의와 협조를 얻기 위한 적극적 · 계획적 활동

② **중요성**

㉠ **민주주의적 행정의 요청** : 공개행정과 주민참여를 보장하고 주권자인 시민에게 봉사하는 행정이 요구되고 있음

㉡ **합리적 · 능률적 행정이미지 확립** : 행정의 능률이나 효과는 국민의 실제 이미지에 많은 영향을 받으므로, 선입견이나 부정적 이미지를 벗고 긍정적 이미지를 알릴 필요가 있음

㉢ **인간적 행정의 부각** : 관료제의 경직성과 비인간적 측면을 방지하고 이를 극복

(2) 행정PR의 기능

순기능	• 주지기능 : 행정업적을 알리고 국민의 지지와 협조를 유도하는 기능 • 방어기능 : 정부활동의 정당성을 입증하고 반대파의 공격을 중화하는 기능 • 안정화기능 : 위기발생 시 민심을 수습하여 정부를 안정시키는 기능 • 중개기능 : 정부와 국민 사이의 의사교류를 위한 중개의 기능 • 교육기능 : 국민의 자질을 보다 바람직한 방향으로 향상시키는 기능 • 적응기능 : 급변하는 사회에 즉각 대응할 수 있게 태도를 유도하는 기능
역기능	• 국민의 자율적 결정 · 선택권을 침해하며 정확한 인식 · 전문성 형성을 제약 • 현실적인 사실이나 실책은 왜곡 · 은폐되고 여론 조종의 선전적 형태만 표현 • 정보 왜곡에 무감각하게 하여 정치적 무관심 · 무기력 초래 • 국가 기밀의 강조 등 행정의 비밀주의로 인한 제약

실력up 행정정보공개제도

- **정보공개의 개념**
  - 일반적 개념 : 국가, 지방자치단체 및 공기업 등 공공기관이 보유하고 있는 정보를 국민이나 주민의 청구에 의하거나 자발적으로 공개하는 것을 말함
  - 실정법상 개념 : 공공기관이 직무상 작성 또는 취득하여 관리하고 있는 정보를 법 규정에 따라 열람하게 하거나 그 사본 · 복제물을 제공하는 것
- **정보공개제도의 효용과 폐단**

효용	폐단
• 정보민주주의(tele-democracy) 구현 • 행정의 투명성과 신뢰성 제고 • 국민참여 및 열린 행정 구현	• 국가기밀의 유출과 사생활 침해의 우려 • 정보의 왜곡 · 조작 및 정보의 남용이나 오용 가능성 • 공개에 따른 비용과 업무부담의 증가 • 공무원의 위축 및 소극적 행정 조장, 업무수행의 유연성 · 창의성 저해 • 정보격차에 따른 공개 혜택의 형평성 저해

- **우리나라의 정보공개제도(공공기관의 정보공개에 관한 법률)**
  - 정보공개

정보공개의 원칙	공공기관이 보유 · 관리하는 정보는 국민의 알 권리 보장 등을 위하여 이 법에서 정하는 바에 따라 적극적으로 공개하여야 한다(법 제3조).
정보공개 청구권자	모든 국민은 정보의 공개를 청구할 권리를 가진다(법 제5조 제1항).

– 정보공개의 절차

정보공개 여부의 결정	• 공공기관은 정보공개의 청구를 받으면 그 청구를 받은 날부터 10일 이내에 공개 여부를 결정하여야 한다(법 제11조 제1항). • 공공기관은 부득이한 사유로 제1항에 따른 기간 이내에 공개 여부를 결정할 수 없을 때에는 그 기간이 끝나는 날의 다음 날부터 기산하여 10일의 범위에서 공개 여부 결정기간을 연장할 수 있다. 이 경우 공공기관은 연장된 사실과 연장 사유를 청구인에게 지체 없이 문서로 통지하여야 한다(법 제11조 제2항).
부분공개	공개청구한 정보가 비공개대상정보에 해당하는 부분과 공개 가능한 부분이 혼합되어 있는 경우로서 공개청구의 취지에 어긋나지 않는 범위 안에서 두 부분을 분리할 수 있는 경우에는, 비공개대상정보에 해당하는 부분을 제외하고 공개하여야 한다(법 제14조).
정보의 전자적 공개	공공기관은 전자적 형태로 보유 · 관리하는 정보에 대하여 청구인이 전자적 형태로 공개하여 줄 것을 요청하는 경우에는 그 정보의 성질상 현저히 곤란한 경우를 제외하고는 청구인의 요청에 따라야 한다(법 제15조).
비용부담	정보의 공개 및 우송 등에 드는 비용은 실비(實費)의 범위에서 청구인이 부담한다(법 제17조).
불복구제 절차	청구인이 정보공개와 관련한 공공기관의 결정에 대하여 불복이 있거나 정보공개 청구 후 20일이 경과하도록 정보공개 결정이 없는 때에는 이의신청, 행정심판, 행정소송을 제기할 수 있다(법 제4장).

04절 조직의 발전과 변동

1. 목표관리(MBO ; Management By Objectives)

(1) 의의 및 특성

① MBO의 의의

㉠ 조직구성원의 자발적 참여와 합의를 토대로 조직목표가 설정되고 조직단위와 개인의 개별 목표가 부과되며, 구성원 각자의 권한과 책임 아래에 직접 직무를 수행하고 결과를 평가 · 환류시켜 조직의 효율성 제고에 기여하고자 하는 참여적 · 민주적 · 자율적 · 쇄신적 · 결과지향적 관리기법

㉡ 원래는 조직발전(OD) 등과 함께 동태적 조직관리체제로 논의되었으나, 공공부문에서는 PPBS의 지나친 집권화에 따른 한계를 극복하기 위한 예산기법으로 도입함

SEMI-NOTE

정보공개제도와 행정PR
- **공통점** : 국민의 알 권리 충족 및 민주행정의 기본요체라는 점에서는 동일함
- **차이점**
  - 정보공개제도 : 원하는 자에게만(제한성) 청구를 통해(수동성, 비자발성) 원래 상태의 정보를 그대로(비가공성) 제공하는 것
  - 행정PR : 일반국민이나 정책대상자 등에게(광범위성) 국가시책의 홍보 및 협조 · 지지확보(가공성)를 위해 청구가 없어도 제공(능동성)

정보공개청구권자
국내에 일정한 주소를 두고 거주하거나 학술 · 연구를 위하여 일시적으로 체류하는 외국인과 국내에 사무소를 두고 있는 외국 법인 또는 단체도 청구대상이 됨)

정보공개위원회의 설치
정보공개에 관한 정책의 수립 및 제도개선에 관한 사항과 기준수립에 관한 사항, 공공기관의 정보공개운영실태 평가 및 그 결과처리에 관한 사항 등을 심의 · 조정하기 위하여 행정안전부장관 소속으로 설치

목표관리(MBO)의 과정
- 전체 조직의 상위목표 설정
- 상 · 하급자 참여 · 합의를 통한 하위목표(팀 목표와 개인 목표) 설정
- 목표 추구 활동과 중간평가
- 참여식 기법에 의한 최종평가
- 결과의 환류

SEMI-NOTE

MBO와 OD(조직발전)의 비교

MBO	OD
• 단기적 목표 성취 • 상향적(구성원 참여) • 내부 인사(계선실무자), 폐쇄적 • 목표모형 • 결과지향적인 목표 · 내용 중시 • 계량화된 목표 중시, 양적 극대화 • 일반적 · 상식적 관리기법 • 단순성	• 전체적 발전을 통한 장기적 효율성의 제고 • 하향적(최고관리층이 지휘 · 통제) • 특별한 외부 전문가의 영입, 개방적 • 체제모형, 거시적 · 포괄적 • 과정 중시 • 계량화와 무관, 질적 · 가치관 변화 • 행태과학(감수성, 상담) 활용 • 다각적인 태도(조직의 실적, 효율성, 건강도, 환경대응성)

조직혁신(OI ; Organization Innovation)
구성원의 행태뿐만 아니라 조직의 구조와 관리기술적 측면의 변화까지도 포함하는 포괄적인 개념

② MBO의 특성

상하 간의 신축적인 참여적 관리	목표설정에서부터 환류의 과정까지 조직구성원이 공동 참여하는 대표적인 참여적 관리방법
Y이론 또는 Z이론적 인간관	자발적 참여로 조직목표와 개인목표를 조화시키려는 Y이론 또는 Z이론적 인간관에 입각
자율적 · 분권적인 관리	구성원의 상호의존과 팀워크를 강조
목표설정, 참여, 환류	최종결과를 평가하고 개선책을 강구하는 환류과정을 중시하며, 조직의 쇄신성 제고에 기여함
종합적 관리방식	통합적인 체제 아래 이루어지는 종합적 관리방법
계량 가능 단기 목표 중시	계량 가능한 양적 · 단기적 · 가시적인 목표를 중시
결과지향적 관리방식	효율적인 집행을 위한 결과지향적 관리방식

③ MBO의 장단점

㉠ 장점

- 목표의 명확화로 조직의 효율성 제고
- 참여적 방법으로 조직구성원의 사기앙양 및 동기부여에 기여
- 전체 목표와 개별 목표, 집권화와 분권화를 효율적으로 조화한 관리방식
- 효과적 의사전달체제 확립으로 목표와 성과의 연결
- 목표 달성에 따른 개인별 보상체계로 효율적 인사관리
- 책임한계 명확화로 환류기능 강화
- 자율적 책임제로 관리의 융통성 제고

㉡ 단점

- 행정의 권위적 · 수직적 계층구조로 참여관리가 곤란
- 목표에 대한 계량화와 가치평가가 곤란하여 주관적 평가의 위험 존재
- 단기적 · 양적 목표에 치중하여 목표의 전환 초래
- 관료주의적 타성을 초래(문서주의, red tape)
- 유동적이고 불확실하며 복잡한 행정환경에서는 목표의 잦은 수정으로 적용에 제약
- 상황에 따라 계속성을 유지하기 곤란

2. 조직발전(OD ; Organization Development)

(1) 의의 및 특징

① OD의 의의

㉠ 개념 : 조직의 건전성 · 효과성을 제고하기 위하여 조직구성원의 가치관 · 신념 · 태도 등 인간의 행태를 의도적으로 변화시켜 조직의 환경변동 대응능력과 문제해결 능력을 향상시키려는 계획적 · 지속적 · 개방적 · 복합적인 교육전략 또는 관리전략

㉡ 과정

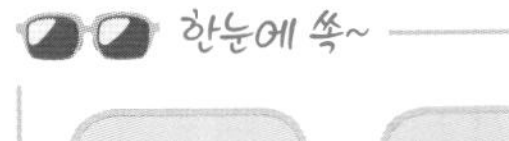

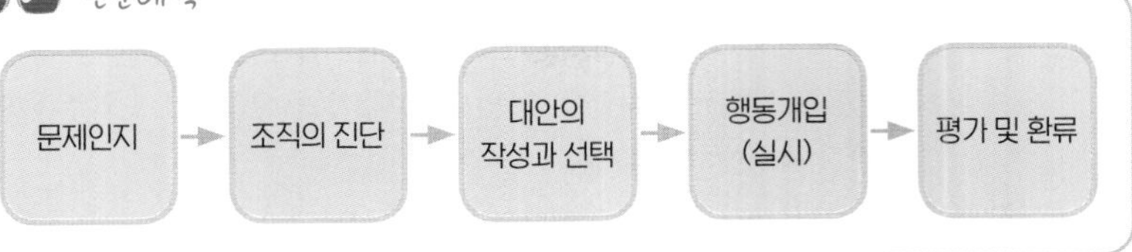

- 문제의 인지 : 조직발전의 필요성을 인지하는 것
- 조직의 진단 : 조직의 문제점을 객관적으로 진단
- 대안의 작성과 선택 : 전략과 실시대안을 결정
- 행동개입(실시) : 행동이 개입되는 단계로, 가장 많은 저항을 유발하는 단계
- 평가 및 환류 : 평가결과에 따라 개선책을 마련 · 시행하는 단계

② OD의 특징

㉠ 행태과학의 기법을 응용하며, 행동연구를 강조

㉡ 자아실현적 · 참여적인 Y이론적 인간관을 바탕으로 함

㉢ 계획적 · 지속적 변화과정이며, 조직 전체의 변화를 강조하는 전체 체제론적 접근방법을 취함

㉣ 조직의 효율성 · 효과성 · 건전성 제고를 목적으로 하며, 개인의 발전목표와 조직의 목표와의 조화 및 통합을 강조

(2) OD의 주요 기법

① 감수성훈련

㉠ 의의 : 외부와 차단된 인위적인 고립상황에서 10여 명의 낯선 소집단 구성원들이 비정형적 접촉 등의 인간관계를 통해 스스로를 성찰하고 타인을 이해하며 대인적 수용능력을 제고하여 개인의 태도와 행동의 변화를 유도하는 개인적 차원의 조직발전 기법

㉡ 특성
- 행태과학적 지식을 통해 태도와 행동을 스스로 변화시킴
- 개방적인 대인관계 조성(자기표현적 인간관 조성)
- 타인에 대한 관심과 인식능력 및 문제 해결능력 제고

② 관리망훈련

㉠ 의의 : 감수성훈련을 개인에서 조직 전반으로 확대 · 발전시킨 장기적 · 포괄적 접근으로, 개인 간 · 집단 간의 관계 개선 및 전체 조직의 효율화가 연쇄적으로 진행될 수 있도록 하는 체계적 · 장기적 · 종합적 접근방법

㉡ 특성
- 인간관계뿐만 아니라 직무상의 업적도 대상이 됨
- 훈련과정의 지속을 위한 사후관리의 고려
- 장기적 · 종합적 과정의 훈련기법(3~5년 소요)

③ 팀 빌딩(team building) 기법 : 수직적 계층제가 상하 간의 수직성이 강해 자율적 집단형성을 어렵게 하므로, 응집적 집단(팀)을 형성하여 의사소통을 원활히 하고 협동적 · 수평적 인간관계를 도모하는 기법

SEMI-NOTE

OD의 특징
- 과업수행기능보다 인간관계나 행정개혁 및 쇄신, 조직 내의 민주화를 강조
- 추진방향은 하향적이나 일방적 · 인위적 추진이 아니라 상하계층의 협동과 참여에 바탕을 둠

감수성훈련의 한계
- 시간과 노력의 과다 소요, 참가 인원의 제한
- 효과의 지속성 결여
- 훈련으로 인한 태도변화의 어려움
- 개인보다 집단적 가치에 대한 지나친 강조

감수성훈련과 팀 빌딩의 구분

감수성훈련(실험실훈련)이 개개의 행태변화와 능력 개선에 중점을 두는 기법인데 비해, 팀 빌딩(팀 형성)은 팀(집단)의 공통문제 해결을 다루는 집단능력 향상과 관리행태에 중점을 두는 기법

SEMI-NOTE

④ 과정상담과 개입전략

㉠ 과정상담(P-C ; process consultation) : 개인 또는 집단이 조직 내의 과정적 문제를 지각하고 이해하며 해결할 수 있도록 제3자인 상담자가 도와주는 활동으로, 인간적 과정에 초점을 둠

㉡ 개입전략 : 상담자가 조직에 참여하여 갈등 당사자끼리 갈등을 직접 공개적으로 해결하도록 유도하는 기법

⑤ 태도조사환류기법 : 조직구성원의 태도를 조직 전반에 걸쳐 체계적으로 조사하여, 그 결과를 조직 내의 모든 계층의 집단과 개인에 환류시켜 조직변화를 위한 기초 자료로서 활용하는 개입기법

태도조사환류기법의 적용단계
- 상담자와 조직의 최고관리층이 합의하여 조사 · 설계
- 모든 조직구성원들로부터 자료를 수집
- 조직의 최고관리층으로부터 시작하여 계서제상의 모든 작업집단에 하향적으로 자료수집의 결과를 환류
- 각 작업집단의 상관은 부하들과 함께 환류된 자료에 관하여 연구집회를 가짐

(3) OD의 문제점과 극복방안

① OD의 문제점

㉠ 구조적 · 기술적 요인 경시(심리적 요인에 치중)

㉡ 효과의 장기적 지속이 불확실

㉢ 전문가 확보 곤란 및 시간 · 비용의 과다 소요, 절차 복잡

㉣ 외부 전문가와의 갈등, 상담자의 무능이나 상담에 대한 지나친 의존

㉤ 엘리트주의의 병폐

㉥ 최고관리층이 권력강화 수단으로 악용할 우려

② OD의 극복방안

㉠ 전문가 초빙을 통한 객관적 조직진단

㉡ 최고관리층의 지원과 적극적 관심, 기관장 · 인사담당자 등 참여

㉢ 개혁 분위기 조성

㉣ 지속적 분석과 평가 · 환류

㉤ 훈련집단 구성 시 비친근자 선정

OD의 행정 적용상의 문제점
- 권력적 요인으로 수평적 참여가 곤란
- 행정 계층적 요인에 따른 수평적 참여 곤란
- 참여자의 이질성 · 다양성으로 인한 문제
- 최고관리층의 빈번한 교체로 일관성 있는 추진 곤란
- 법령상 제약으로 상하 간 신축성 확보 곤란

3. TQM과 균형성과관리

(1) TQM(Total Quality Management, 총체적 품질관리)

① TQM의 의의 및 특성

㉠ 의의 : 고객만족을 위한 서비스 품질 제고를 1차적 목표로 삼고 구성원의 광범위한 참여 아래 조직의 과정 · 절차 · 태도를 지속적으로 개선하여 나가려는 고객지향적 · 장기적 · 전략적 · 총체적 품질관리철학을 말함

㉡ TQM의 특성
- 고객 중심주의 – 고객이 품질의 최종결정자
- 통합주의 – 전체 구성원에 의한 서비스의 질 결정
- 조직의 총체적 헌신 요구
- 과학적 분석기법에 기초한 합리주의
- 무결점을 향한 지속적 개혁을 특징으로 하는 개혁 · 무결점주의
- 서비스의 변이성 방지(품질의 일관성)
- 구성원의 참여 강화

TQM의 등장배경
- 1920년대에 쇼하트(W. Shewhart)가 통계적 품질관리(SQM) 기법을 도입
- 미국의 통계학자 데밍(E. Deming)이 2차 세계대전 이후 일본에 전파하고, 1960~70년대에 일본에서 성공적으로 적용된 후에 1980년대에 미국으로 역수입

• 산출과정의 초기에 품질 정착

② TQM의 효용과 한계

효용	• 오늘날 개혁이론이 추구하는 가치를 반영한 관리모형으로 효용성이 매우 높음 • TQM이 추구하는 고객중심주의, 통합주의, 인간주의, 총체주의, 과학주의, 무결점주의는 오늘날 조직사회의 요청에 부합됨 • TQM의 지향성은 환경적 격동성과 경쟁의 심화, 조직의 인간화 · 탈관료제화 요청, 소비자 존중의 요청 등의 최근 상황에도 부합됨
한계	• 정부서비스는 노동집약적이고 산출과 소비가 동시에 이루어지며, 질의 측정이 곤란 • 정부서비스 고객에 대한 범위 설정이 곤란하며, 서비스 수혜자인 고객과 일반고객과의 갈등조정이 곤란 • 정부의 취약한 조직문화와 외부영향의 불가피성으로 인해 질에 대한 총체적 관심 형성이 곤란 • 최고관리자의 빈번한 교체, 민간조직과 같은 강력한 조직내부 권한이 없음 • 공공조직의 업무는 매우 다양하며 정치적 환경이 매우 유동적이므로 장기적인 사업의 추진이 곤란

(2) 균형성과관리(BSC, 균형성과표) ★ 빈출개념

① 의의

㉠ 조직 전체의 전략적 목표와 성과를 중시하여 이를 토대로 하위계층의 목표를 작성하고, 이전 성과에 대한 재무지표를 통해 미래의 성과를 창출하는 전략적 성과관리체제

㉡ 재무 · 고객 · 업무프로세스 · 학습 및 성장 등 4개의 관점에서 균형적 · 전략적 성과관리를 추구

㉢ 기존의 성과평가가 매출액 같은 재무적 관점만을 반영하고 조직 인적 자원의 역량이나 고객의 신뢰와 같은 비재무적 성과를 경시한 점을 지적 · 보완한 성과평가체제(비재무적 성과까지 포함한 통합성과관리체제)

② 균형성과관리의 관점

관점(지표)	개념	측정지표
재무적 관점	조직의 재무적 성과를 중시하며, 기업의 주주를 대상으로 하는 관점	매출, 자본수익률, 예산 대비 차이 등
고객 관점	서비스의 구매자인 고객들을 대상으로 하여 그들의 요구를 반영하기 위한 관점	고객만족도, 정책 순응도, 민원인의 불만율 등
프로세스(절차) 관점	조직의 목표를 달성하기 위해 기업 내부의 업무 처리 방식과 과정을 어떻게 할 것인가에 대한 관점	시민참여, 적법절차, 의사소통 구조, 공개 등
학습과 성장 관점	4가지 관점 중 가장 하부구조에 해당하며, 변화와 개선의 능력을 어떻게 성장시킬 것인가에 대한 관점	내부 직원의 만족도, 학습 동아리의 수, 인적 자원의 역량, 지식 축적 등

SEMI-NOTE

TQM의 성공요건

• 최고관리자의 리더십과 지지(가장 중요한 요건)
• 장기적 · 전략적 기획
• 고객 중심
• 모든 직원의 참여, 권한부여, 팀워크
• 업무과정과 성과 개선을 위한 지속적인 노력
• 품질개선을 위한 훈련 및 기여에 대한 보상
• 객관적인 자료의 확보
• 품질보장(사전예방과 초기 감지를 통해 오류를 최소화하는 업무과정을 설계)

균형성과관리의 도입

균형성과관리가 공공부문에 도입된 것은 1993년 미국에 의해서이며, 우리나라의 경우에는 2001년부터 공공기관에 도입되고 2005년 이후에 정부 각 부처에 적극 도입 · 활용됨

균형성과관리의 필요성

기존 성과관리는 계량적 측정이 용이한 재무적 성과만 측정 · 관리했으나 재무적 성과는 과거 지향적 지표로서 지금까지 한 일의 결과만 보여주며 미래지향적 정보나 조직의 당면문제 해결방법을 제공하지 못함. 또한 지식정보사회에서 무형자산의 중요성이 커지는 상황에서 유형자산인 재무가치 중심의 성과평가는 순이익 같은 단기적 성과에만 집착하여 장기적 가치 창조나 미래의 성장을 낳는 무형 및 지적 자산에 대한 투자에 소홀했음

SEMI-NOTE

그라이너(Greiner)의 위기 대응 전략

그라이너는 조직의 성장단계를 5단계로 제시하며 그에 따른 단계별 위기 대응 전략을 제시함

성장	위기
창조의 단계	리더십의 위기
지시의 단계	자율성의 위기
위임의 단계	통제의 위기
조정의 단계	관료주의 위기
협력의 단계	탈진의 위기

(3) 전략적 관리(SM ; Strategic Management)

① 의의

㉠ 개념 : 전략적 관리는 1980년대 신공공관리론에서 주장한 것으로, 개방체제 하에서 환경과의 관계를 중시하는 변혁적 · 탈관료적 관리전략

㉡ 특징

- 조직의 환경 분석과 이를 통한 환경의 이해를 강조
- 조직의 변화에는 장기간이 소요된다는 장기적 시간관과 계획수립을 강조
- 보다 나은 상태로 발전해 나가는 관리로서 장기목표를 지향하는 목표지향성 · 개혁지향성을 지닌 관리체제
- 미래의 목표 성취를 위한 전략의 개발 및 선택을 강조

② TOWS 전략

㉠ SWOT 분석 : 조직의 내부요인인 강점(Strength)과 약점(Weakness), 외부요인인 기회(Opportunities)와 위협(Threats)을 분석하여 전략을 수립하고 집행하기 위한 방법

㉡ TOWS 전략

구분	전략
SO 전략(maxi–maxi)	조직의 강점과 기회를 모두 극대화하는 공격적 전략
ST 전략(maxi–mini)	위협에 대처할 수 있는 조직의 강점을 기반으로 위협을 회피하고 최소화하는 다양화 전략
WO 전략(mini–maxi)	약점을 최소화하고 기회를 극대화하는 방향전환 전략
WT 전략(mini–mini)	약점과 위협을 모두 최소화하는 방어적 전략

나두공

04장 인사행정론

인사행정론

SEMI-NOTE

01절 인사행정의 기초이론

1. 인사행정의 개관

(1) 인사행정의 의의

① 개념

㉠ 인사행정이란 행정의 효율을 제고하기 위해 정부조직에 필요한 인적 자원을 동원하고 관리하는 활동

㉡ 행정목표의 효율적 달성을 위하여 정부조직에 소요되는 인력을 채용 · 관리하는 것을 의미하며, 이를 위해서는 유능하고 참신한 인재 확보가 중요

현대 인사행정의 성격
- 개방체제성
- 가치갈등성
- 환경종속성
- 인적자원관리(HRM)
- 종합학문성

② 특성

㉠ **일반적 특성** : 과학성, 전문성, 적극성, 적응성, 수단성(기술성), 기능의 다양성 및 통합성 등

㉡ **정부 인사행정의 특성(기업 인사관리와의 차이)** : 정치적 비합리성, 비시장성, 법정주의(재량협소), 다양성 · 광범위성, 행정적 제약성(공익, 평등, 윤리) 등

인사행정의 목표
- 유능한 인재의 등용
- 공무원의 능력발전
- 공무원의 능력발전을 통한 사기앙양
- 개인목표와 조직목표와의 조화유지

(2) 인사행정의 변수 및 과정

① 인사행정의 3대 변수

임용	인력계획, 모집, 시험, 선발 · 배치 등
능력 발전	교육훈련, 근무성적평정, 승진, 전직, 전보, 파견, 제안제도 등
사기앙양 (사기관리)	보수 및 연금, 복리후생, 인사상담, 고충처리, 인간관계, 신분보장, 직업공무원, 공무원단체, 공직윤리 등

② 인사행정의 과정

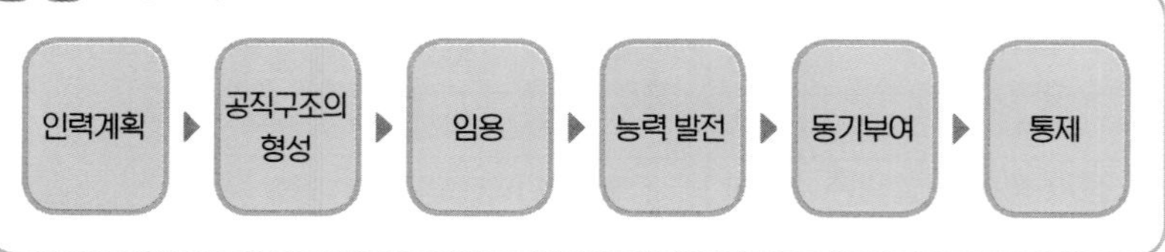

③ 인사행정제도의 변천

㉠ **절대군주시대의 인사행정(18C)** : 군주의 사용인(종복)의 채용 · 관리(강력한 중앙집권화를 위한 절대관료제 형성)

㉡ **입법국가시대의 인사행정(19C)**
- 능력보다 정치적 충성도 등의 정치적 고려가 우선(정당의 사용인)
- 영국의 정실주의와 미국의 엽관주의가 대표적 유형

인사행정의 변천
- **엽관주의, 정실주의**
  - 관료주의화 방지
  - 대응성, 책임성 제고
  - 효율성, 안정성 저해
- **실적주의**
  - 효율성, 전문성 제고
  - 대응성, 책임성 저해
- **적극적 인사행정** : 실적주의 개념 확대

㉢ **현대국가의 인사행정** : 공무원을 국민에 대한 봉사자로 파악

고전적 인사행정 (19C 말~1930년대)	• 직무 중심의 과학적 · 합리적 · 객관적 인사(과학적 관리론) • 실적주의 인사, 직위분류제 등
신고전적 인사행정 (1930~1950년대)	인간의 가치를 중시하는 인간중심적 · 민주적 인사(인간관계론)
적극적 인사행정 (1950년대 이후)	• 체계적 · 적극적 · 효율적인 인적 자원 관리, 신축적 · 분권적 인사행정 • 적극적 모집, 능력발전, 정치적 임용의 허용, 인사권의 분권화, 인사행정의 인간화 등

2. 엽관주의와 실적주의 빈출개념

(1) 엽관주의

① 의의

㉠ **개념** : 공직임용이나 인사관리에 있어서의 기준을 정당에 대한 충성도와 공헌도에 두는 제도

㉡ **정실주의와의 비교**

구분	발달국가	임용기준 및 근거	신분보장	대폭적 경질 · 교체
엽관주의	미국	정당에 대한 충성도(정치적 충성도), 정치적 보상	임의성(신분보장 안 됨)	있음(정권교체 시)
정실주의	영국	• 개인에 대한 충성도(개인적 충성도) • 혈연 · 학연 · 금력 등	종신제(보장)	없음

② **엽관주의의 연혁**

㉠ **기반조성** : 미국 3대 대통령 제퍼슨(Jefferson)이 자신의 세력 확장을 위해 정당에 대한 기여도를 기준으로 공직경질 · 임용

㉡ **임기 4년제** : 1821년 임기 4년법을 제정하여 공무원 임기를 대통령의 임기와 일치시킴으로서 집권당과 공무원의 책임 일치를 도모

㉢ **공식적 채택** : 1829년 7대 대통령 잭슨(Jackson)이 엽관주의를 공식 인사정책으로 채택(잭슨 민주주의)

③ **엽관주의의 장단점**

장점	단점
• 공무원의 적극적 충성심을 확보 • 공직경질제를 통한 공직특권화 방지 및 민주통제 강화(책임성과 대응성 증대) • 관료주의화와 공직침체의 방지(관료제의 쇄신) • 참여기회의 제공으로 평등이념에 부합	• 행정의 안정성 · 일관성 · 계속성 · 중립성 저해(행정의 단절성) • 행정능률의 저하, 위인설관(爲人設官)으로 인한 국가예산 낭비 • 공직의 정치적 · 행정적 부패, 공익 저해 • 공직의 기회균등정신 위배, 임용의 공평성 상실 • 관료의 정당사병화(위민행정의 확립을 저해)

SEMI-NOTE

적극적 인사행정의 흐름
- **후기인간관계론** : 개인목표와 조직목표의 통합
- **인적자원관리(HRM)** : 구성원을 소중한 자원으로 인식하고 전략적으로 개발하고 활용
- **실적주의 인사의 한계 보완** : 대표관료제, 개방형 직위 등 엽관주의적 요소를 도입
- **직위분류제와 계급제의 상호접근** : 고위공무원단제(SES) 등

정실주의
영국에서 발달한 제도로, 개인적 친분 및 충성도에 따라 공직을 임용하는 제도(엽관주의보다 좀 더 넓은 개념)

엽관주의의 발달배경
- 민주정치와 정당정치의 발달, 다원주의 체제의 형성
- 집권자의 지지세력 확보의 필요성
- 공직특권화 방지 및 책임 확보를 위한 수단 확보
- 공직자의 직선제 효과의 구현

관료주의화
지나친 신분보장으로 관료집단이 특권 집단화되는 현상

SEMI-NOTE

우리나라의 엽관주의

우리나라 제도에서 엽관주의 원리가 공식적으로 완전히 배제되어 있는 것은 아니며, 정무직과 별정직의 많은 직위, 단순 노무종사자 등에 대한 엽관주의적 공직 임용이 공식적으로 허용되고 있음

실적주의의 기여요인과 위협요인(F. Mosher)

- **미국 실적주의 확립에 기여한 요인들** : 청교도적 윤리, 개인주의, 평등주의, 과학주의, 분리주의, 일방주의(unilateralism)
- **미국 실적주의를 위협하는 요인들** : 전문가주의(전문직업주의), 직업공무원제도, 공무원단체(노조)

펜들턴법(Pendleton Act)의 주요 내용

- 공개경쟁시험에 의한 공무원 채용
- 제대군인에 대한 임용 시 특혜 인정
- 공무원의 정치적 중립을 최초로 규정(정치자금 헌납과 정치활동금지)
- 전문과목 위주의 시험(시험제도의 실제적 성격)
- 초당적 · 독립적 · 집권적 중앙인사위원회(CSC)의 설치
- 민간부문과 정부조직 간의 인사 교류의 인정(개방형)
- 일정 기간의 시보(試補)기간 설정(조건부 임용제도)

④ **우리나라의 엽관주의** : 엽관주의를 공식적인 인사정책으로 채택한 적은 없으나 1950년대 이후 집권력 강화를 위한 비합리적 엽관주의가 만연했으며, 이는 정치이념의 실현과 책임정치의 구현이라는 엽관주의 취지와는 거리가 멀었음. 오늘날에는 한정된 엽관인사의 영역을 법적으로 용인하고 있는데, 특히 정책결정을 담당하는 고위직이나 특별한 신임을 요하는 직위 등에서 허용됨

(2) 실적주의

① 의의 및 성립배경

㉠ 개념

- 인사행정이나 공직임용의 기준을 당파성이나 정실, 혈연 · 지연이 아니라 개인의 객관적인 능력 · 실적 · 자격 · 업적 · 성적에 두는 제도
- 기회균등의 보장을 통하여 능력과 자질을 과학적 · 합리적으로 분석하고 능력중심으로 인물을 임용하는 과학적 · 합리적 · 객관주의적 인사행정
- 단순히 엽관주의의 방지에 주력한 소극적 인사행정이라 보기도 함

㉡ 성립 및 발전 배경

- 엽관주의 폐해의 극복 : 대량경질로 인한 신분불안 해소, 행정의 안정성 · 일관성 확보, 행정의 정치적 중립 확립(부패한 정치로부터의 분리)
- 정당정치의 부패 : 민주정치를 위한 공직경질의 본질 훼손, 당파성을 초월한 국민 전체에 대한 봉사를 추구
- 집권당(공화당)의 선거 참패 : 엽관주의를 포기하게 되는 계기로 작용
- 행정국가의 등장 : 행정기능의 확대와 질적 전문화 · 복잡화에 따른 전문행정가 확보의 필요성, 행정조사 및 개혁운동의 전개

② 실적주의의 수립과정

구분	내용
영국	• 실적주의 토대 구축 : 1853년 노스코트–트리벨리언(Northcote–Trevelyan) 보고서와 1855년 1차 추밀원령에 의한 공무원제도 개혁의 추진 • 실적주의 확립 – 1870년의 글래드스톤(Gladstone) 내각의 2차 추밀원령에 의해 구축 – 공무원 자격시험을 실시, 공무원 계급 분류(행정, 집행, 서기, 서기보 계급), 재무권의 인사통제권 강화 등 • 특징 : 재직자 중심의 폐쇄형 실적주의를 취해 신분보장을 통한 직업공무원제 확립에 기여
미국	• 배경 – 젠크스(Jenkes)의 공무원제도 개혁운동(1868) – 영국의 실적주의를 연구한 이튼(Eaton) 보고서의 영향(1880) – 가필드(Garfield) 대통령 암살 사건(1881)으로 엽관주의 폐해가 노출되고 실적주의 도입 필요성 제기(부패한 정치로부터 행정의 분리 요구) – 펜들턴법(Pendleton Act) 제정(1883)으로 엽관주의를 극복하고 실적주의를 확립 • 특징 : 직무 중심의 개방형 실적주의를 취해 직업공무원제 확립에는 기여하지 못함

③ 실적주의의 주요 내용(구성요소)

㉠ 인사행정의 과학화 · 합리화 · 객관화

㉡ 능력과 자격, 실적 중심의 공직임용(당파성과 정실 등을 배제)

ⓒ 공개경쟁시험의 도입 및 공직의 기회균등 보장(공직 개방, 차별 배제)

ⓓ 공무원의 신분보장

ⓔ 정치적 중립(국민 전체에 대한 봉사자로서의 공무원 확립)

ⓕ 인사권의 집권화(독립된 중앙인사기구를 통한 통일적 · 집권적 인사행정)

④ 실적주의의 장단점

㉠ 장점

- 임용의 기회균등으로 평등이념 실현 가능
- 신분보장을 통해 행정의 계속성 · 안정성과 직업공무원제 확립에 기여
- 능력 · 자격에 의한 인사관리를 통한 과학적 · 합리적 · 객관적 인사행정 기여
- 공무원의 정치적 중립과 부패방지
- 행정의 전문화 · 능률화 기여(전문적 관료제 실현)

㉡ 단점

- 인사행정의 소극적 · 비융통성 초래
- 중앙인사기관의 권한 강화로 각 부처의 탄력적 · 창의적인 인사 저해
- 지나친 집권성과 독립성으로 외부에 대한 불신과 비협조 초래
- 관료의 특권화를 유발하고 행정에 대한 민주통제 저해
- 형식적인 인사행정으로 비인간화 초래
- 행정의 민주적 책임성과 대응성 저해
- 실질적인 기회균등의 문제(응시 기회의 균등이 곧 고용의 평등은 아님)

⑤ 엽관주의와의 관계

㉠ 가치의 측면 : 엽관주의는 상대적으로 민주성 · 대응성을 강조하고 실적주의는 능률성 · 안정성을 강조하나, 양자는 궁극적 · 기본적 가치로 민주성과 형평성을 추구한다는 점에서 상호 조화와 혼합 운용이 가능

㉡ 제도적 측면

- 중요한 정책변동 시 정책의 강력한 추진을 위해서는 정실주의적 · 엽관주의적 임용이 요청됨
- 신분이 철저히 보장되는 실적주의 관료제에 대한 효율적 · 민주적 통제 요청
- 고위직에는 엽관주의적 요소의 가미가 요청됨
- 개발도상국은 정당정치의 육성 · 발전을 위해서 엽관주의가 필요

(3) 적극적 인사행정

① 개념

㉠ 소극적인 실적주의와 과학적 인사행정만을 고수하지 않고, 엽관주의적 요소나 인간관계론, 대표관료제, 후기인간관계론, 신공공관리론에 의한 개방형 인사제도 등을 수용한 신축적이고 인간적 · 분권적인 인사관리방식

㉡ 실적주의의 지나친 소극성 · 비융통성, 인사권의 집권성, 직업공무원제의 폐쇄성 등의 한계를 보완 · 극복하기 위하여 등장한 발전적 인사관리방식

② 확립방안

㉠ 적극적 모집 : 실적주의의 소극성 · 비융통성을 극복 · 보완하여 유능한 인재를 외부로부터 적극적으로 모집하고, 모집방법을 다양화함

SEMI-NOTE

실적주의의 최근 경향

- 실적주의의 개념을 좀 더 적극적으로 해석하고 인사행정의 운영에 신축성과 경쟁성을 확대하려는 경향
- 인간관계론적 인사행정이나 대표관료제적 개념의 도입
- 엽관주의적 임용의 확대
- 정치적 중립성의 완화 등

엽관주의와 실적주의의 조화

구분	궁극적 가치	실현방법
엽관주의	민주성과 형평성	정치적 · 정당적 대응성
실적주의	민주성과 형평성	공개경쟁채용시험, 정치적 중립, 신분보장, 중앙인사기관 설치

적극적 인사행정의 성립배경

- 과학적 관리의 극복 및 인간관계론의 영향
- 대표관료제의 도입(소수자 평등고용제도, 고급행정관제 등)
- 후기 인간관계론(인적 자원관리, 직장생활의 질 운동 등)
- 신공공관리론에 의한 개방형 인사(외부 전문가 채용, 노동의 유연화, 정규직 감축 등)
- 직위분류제에 계급제적 융통성 가미 완화 등

SEMI-NOTE

ⓛ **엽관주의의 가미** : 고위직에 정치적 임용이 부분적으로 가능하도록 탄력성을 부여

ⓒ **인사권의 분권화(집권성 극복)** : 중앙인사기관의 인사권을 분리하여 각 부처에 위양함으로써 인사기능의 자율성을 증대

ⓔ **재직자의 능력발전** : 공무원의 교육훈련을 강화하고 합리적인 승진 · 전직 · 근무성적평정제도를 확립

ⓜ **인사행정의 인간화(인간관계의 개선)** : 지나친 과학적 인사행정을 지양하고 인사상담제도 · 의사소통 등을 개선하여 행정의 인간화 및 사기앙양을 위해 노력

ⓑ **공무원단체의 활용** : 공무원의 권익 및 단체 활동의 보장과 근로조건의 개선에 노력

인적자원관리의 특징
- 승진, 개발, 경력발전 등에 있어 비교적 잘 개발된 내부노동시장체제 중시
- 신축적인 업무조직체제를 특징으로 함
- 상황적응적인 보상체계와 지식에 기초한 보수구조를 지님
- 업무 관련 결정에 직원과 작업집단의 참여를 중시함
- 내부 커뮤니케이션구조의 활성화를 추구함

③ 인적자원관리(HRM ; Human Resource Management)

ⓐ 의의

- 인적자원관리는 기존의 인사관리나 인사행정을 대치하는 개념으로, 인적자원을 조직의 주요한 자산이자 전략적 자원으로 활용하고자 하는 후기 인간관계론의 하나임
- 기존의 인사행정이 통제를 전제로 한 실적주의적 인사관리, 즉 개인과 조직목표를 상충관계로 인식하는 교환모형이라면, 인적자원관리는 조직과 개인을 조화 · 통합하려는 Y이론적 관점에서 출발

ⓛ 전통적 인사관리와의 비교

구분	전통적 인사관리	인적자원관리(HRM)
구성원에 대한 관점	비용(cost)	자원(resources)
인사관리의 중점	직무에 적합한 인재의 능률적 선발	변화에 적응하기 위한 인재의 능력 개발
인사관리의 특징	• 소극적 · 경직적 · 집권적 인사행정 • 절차와 규정 중시	• 적극적 · 신축적 · 분권적 인사행정 • 성과(결과)와 책임 중시, 조직과 개인 목표의 통합
배경이론	과학적 관리론	후기인간관계론
인사관리모형	교환모형	통합모형

3. 직업공무원제도

직업공무원제도의 일반적 특징

신분보장, 폐쇄형 인사제도(하위직 중심의 채용), 계급제 확립, 정치적 중립성 유지, 넓은 인사교류와 다양한 직무경험, 경력 중심의 일반행정가 양성 등

(1) 직업공무원제도의 의의

① **개념** : 유능하고 인품 있는 젊은이에게 개방되어, 공직이 매력 있는 것으로 여겨지고 능력과 업적에 따라 명예롭고 높은 지위로 승진의 기회가 보장됨으로써, 공직을 전 생애를 바칠만한 보람 있는 일로 생각할 수 있도록 조치가 마련되어 있는 인사제도

② 직업공무원제도의 장단점

장점	단점
• 공무원의 신분안정성 제고 • 공무원의 사기와 근무의욕 앙양 • 공무원의 직업의식 강화로 이직률 감소 • 행정의 지속성 · 안정성 · 일관성 유지 및 정치적 중립성 확보 • 유능한 인재 유치로 공무원의 질적 향상 • 전문 직업분야로서의 공직 확립 • 공직임용에서의 기회균등 중시(실적주의를 토대로 함)	• 특권집단화 · 관료주의화 초래 • 민주적 통제의 곤란과 무책임성, 신분보장에 따른 무사안일주의, 도덕적 해이 • 환경변동에의 저항 및 부적응 • 행정의 전문화 · 기술화 및 공직의 질 저하(폐쇄형 충원으로 외부 전문가 진입 곤란) • 소수 집단의 독점성 초래, 공직으로의 기회균등 박탈(비민주성) • 공직의 성격상 직업전환 곤란

(2) 직업공무원제도의 확립요건과 위기

① 확립요건

㉠ 실적주의의 우선적 확립

㉡ 공직에 대한 높은 사회적 평가 유지

㉢ 적정보수와 연금제도 확립

㉣ 승진기회 보장 및 재직자훈련으로 능력발전

㉤ 유능하고 인품 있는 젊은 인재의 채용

㉥ 폐쇄형 인사제도 확립(개방형은 직업공무원제를 저해)

㉦ 장기적 인력수급 조절 및 직급별 인력계획 수립

② 위기

㉠ **개방형 인사제도의 도입** : 폐쇄적 직업관료제가 대응성이 떨어진다는 비판과 함께 최근 개방형의 계약 임용제가 선진국을 중심으로 일반화되면서 직업공무원제도는 중대한 도전에 직면함

㉡ **대표관료제의 대두** : 대표관료제는 정치적 중립과 실적만을 중시하는 직업관료제나 실적주의의 이념을 약화시킴

㉢ **정년 단축과 계급정년제** : 직업공무원의 정년이 날로 단축되고 상위직에 대한 계급정년제 도입이 논의되면서 직업관료제가 위협을 받고 있음

㉣ **후기관료제 모형** : 전문가 위주의 다원적 · 동태적 구조로 일시성 · 유동성을 특징으로 하므로, 일반행정가를 중심으로 구성되어 있는 직업관료제의 안정을 저해함

4. 대표관료제

(1) 대표관료제의 개념 및 특징

① 개념

㉠ 사회집단들이 한 국가의 인구 구성비율(인종이나 성별, 계층, 직업, 지역 등의 사회적 구성비율)에 맞게 관료조직을 차지해야 한다는 원리의 관료제

㉡ 공직임용 시 상대적 소외계층에 대한 임용할당제를 적용하는 것

SEMI-NOTE

직업공무원제도의 필요성

• 정권교체에 따른 행정 공백을 예방하여 행정의 계속성·안정성을 확보하는 제도적 장치
• 내각책임제의 정치와 행정의 분리로 인한 정권교체기의 혼란과 공백을 최소화
• 공무원 신분보장을 통해 행정의 일탈을 극소화하고, 행정의 능률성을 확보

대표관료제

대표관료제라는 용어는 킹슬리(Kingsley)에 의하여 가장 먼저 사용되었으며, 대표관료제의 개념을 비례대표까지 확대한 인물은 크랜츠(Kranz)

SEMI-NOTE

대표관료제의 배경
- **실적주의의 한계** : 시험에 의한 공개채용제도는 교육에 대한 기회균등이 보장되지 않은 상태에서 사회적 약자에 대한 고려가 없어 진정한 기회균등이 아님을 제기
- **특정 계층의 공직 · 권력 독점** : 특정 계층이 정부관료제의 인적 구성을 낙점함에 따라 사회적 이해관계와 민주성이 반영되지 않음
- **내부통제장치의 필요** : 선거를 통한 선출이 아닌 임명직 관료집단에 대한 강력한 민주적 통제장치가 필요함

실적관료제와 대표관료제의 비교

구분	실적관료제	대표관료제
임용 기준	개인능력, 성적	집단별 할당
가치	생산성, 전문성	민주성, 형평성
형평성	기회의 평등	결과의 평등
초점	개인 중심	집단 중심
이념	자유주의	사회주의

ⓒ 개념상의 두 측면
- 소극적 대표 : 인구 구성상의 특징을 그대로 관료제 구성에 반영하는 피동적 · 비례적 · 1차적 대표(인적, 사회적, 태도적, 구성적 대표)
- 적극적 대표 : 인구 구성을 반영할 뿐만 아니라 출신 집단이나 계층을 적극 대변하고 책임을 진다는 능동적 · 역할론적 · 2차적 대표

② 대표관료제의 특징
㉠ 실질적이며, 적극적인 균등 기회를 제공함
㉡ 수직적 공평을 확보(역차별 논란)
㉢ 1차 사회화만 고려(2차 사회화는 고려하지 않음)
㉣ 비제도적 내부 통제 수단
㉤ 실적주의의 폐단 시정
㉥ 국민에 대한 대응성, 대표성, 책임성 향상

(2) 대표관료제의 효용성과 한계

① 효용성
㉠ **정부관료제의 대응성 · 대표성 제고** : 소수 집단의 의사를 보다 잘 반영하고 참여기회를 확대하며, 정부정책결정과 서비스 질을 제고하여 관료제의 대응성 · 대표성 제고
㉡ **내부적 · 비제도적 통제 강화** : 관료제에 대한 내부통제장치로 기능하며, 책임성을 제고
㉢ **기회균등의 실질적 · 적극적 보장** : 실적주의 폐단을 시정하고, 수직적 형평과 민주성에 기여

② 한계
㉠ **국민주권과 민주주의 원리에 소홀** : 관료제 내부통제에 치중하여 외부통제에 소홀
㉡ **구성론적 대표성 확보의 곤란** : 인구 구성비율에 맞게 관료조직을 구성하는 것은 현실적 · 기술적으로 어려움
㉢ **역할론적 대표성 확보의 곤란** : 대표관료가 출신집단 및 계층의 의사와 이익을 적극 대변 · 반영한다는 보장이 없고, 책임성 확보가 경험적으로 입증되지 않음
㉣ **재사회화 문제를 고려하지 않음** : 임용 이후 대표성이나 이해관계가 변하는 경우를 고려하지 못함
㉤ 능력과 자질을 중심으로 하는 실적주의와 상충되며, 행정의 효율성 · 전문성 저해
㉥ 수평적 형평성의 저해 및 역차별의 우려가 존재
㉦ 인사권자의 자의적 운영가능성, 계층제의 권력불균형 등

5. 중앙인사기관

(1) 중앙인사기관의 의의

① **중앙행정기관의 개념** : 국가의 인사기준을 세우고 정부 전체의 인사행정을 전문적 · 집권적으로 총괄하는 인사행정기관을 말함

② **조직상의 성격**

독립성	입법부와 사법부로부터의 독립 외에, 특히 정치적 권력을 지닌 행정부로부터의 독립을 의미
합의성	단독제 형태의 기관이 아니라 복수의 구성원으로 이루어지는 회의제식 위원회 형태
집권성	중앙인사기관의 권한을 강화하고 인사기능을 집중하여 인사행정의 공정성 · 통일성을 확보하고 인사기준 및 정책수립과 선발 등을 담당

실력up 중앙인사기관의 유형

- **독립합의형(위원회형)**
  - 엽관주의나 정실주의의 폐해를 방지하고 인사행정의 중립성을 보장하기 위한 형태로, 행정부에서 분리 · 독립된 지위를 가짐
  - 과거 미국연방인사위원회나 현재의 실적주의보호위원회(MSPB), 영국의 인사위원회 등이 이러한 형태에 속함
- **비독립단독형(집행부형)**
  - 행정수반에 의해 임명된 1인의 기관장에 의해 관리됨
  - 미국의 인사관리처(OPM), 일본의 총무청 인사국, 과거 영국의 공공관리실(OPS) 등이 여기에 속함
- **절충형** : 독립성을 지니나 합의체 의사결정구조를 갖지 않는 독립단독형과, 독립성은 없으나 지도층이 합의체의 의사결정구조로 되어있는 비독립합의형이 있음
- **독립합의형과 비독립단독형의 장단점**

	독립합의형	비독립단독형
장점	• 합의에 의한 결정으로 인사 전횡 방지, 실적주의 확립에 유리 • 인사의 안정성 확보 • 일반국민 및 행정부와 관계 원만	• 책임 명확화 • 집행부 형태로 신속한 결정 • 행정수반이 인사기관을 국정관리수단으로 삼아 강력한 인사정책 추진 • 환경 변화에 신축 대응 • 정부기관과의 기능적 연계의 효과성
단점	• 책임 분산 및 결정 지연 • 적극적 인사 곤란 • 강력한 정책 추진 곤란 • 행정변화에 신축적 대응 곤란	• 인사의 공정성 저해 • 독선적이고 자의적 정실 인사 • 인사정책의 안정성 · 일관성 저해 • 양당적 · 초당적 문제의 적절한 반영 · 해결 곤란

(2) 각국의 중앙인사기관

① 미국

㉠ **독립 · 합의제형** : 실적주의보호위원회(MSPB ; Merit Systems Protection Board)

㉡ **비독립 · 단독제형** : 인사관리처(OPM ; Office of Personnel Management)

SEMI-NOTE

중앙인사기관의 기능(F. Nigro)

- **준입법적 기능** : 법률의 범위 내에서 인사에 관한 규칙을 제정하는 독립적 기능을 수행함
- **준사법적 기능** : 위법 또는 부당한 처분에 대하여 공무원으로부터의 소청을 재결할 수 있는 권한을 가짐
- **기획기능** : 인사에 관한 기획과 선발 업무의 기능을 수행함
- **집행기능** : 인사행정에 관한 구체적 사무를 인사법령에 따라 수행함
- **감사 및 감독기능** : 인사업무의 위법성과 부당성을 조사하며, 공무원의 시정조치를 취함
- **권고 · 보좌적 기능** : 행정수반에게 인사행정에 관한 정책에 대해 권고 · 보좌하는 기능을 수행함

중앙인사기관의 유형 분류

특징	독립적	비독립적
합의적	독립합의형(위원회형)	비독립합의형(절충형)
비합의적	독립단독형(절충형)	비독립단독형(집행부형)

인사위원회(CSC)

인사관리국, 아래의 합의제의 독립기관으로, 기획 및 선발, 준입법·준사법 기능을 담당

SEMI-NOTE

② 영국
㉠ **독립 · 합의제형** : 인사위원회(CSC ; Civil Service Commission)
㉡ **비독립 · 단독제형** : 내각사무처(Cabinet Office)
③ **프랑스** : 인사행정처(비독립 · 단독제형)
④ 일본
㉠ **독립 · 합의제형** : 인사원(NPA)
㉡ **비독립 · 단독제형** : 내각관방의 내각인사국

(3) 우리나라의 중앙인사기관

① 인사혁신처
㉠ 기능
- 인사행정에 관한 기본정책 및 운영의 기본방침, 인사 관계법령 제정 · 개폐
- 채용 및 교육, 성과관리, 공무원 처우 개선
- 고위공무원단 소속공무원의 채용 및 승진 기준 및 심사 사항 관장
- 직무분석의 원칙 · 기준에 관한 사항 관장

㉡ 조직과 구성
- 인사정책과 집행기능을 담당하며, 인재개발국 · 인사혁신국 · 인사관리국 · 윤리복무국 등을 둠
- 고위공무원 임용심사위원회 : 고위공무원의 채용 및 심사, 개방형직위 · 공모직위 임용후보자 심사업무 등을 담당
- 소청심사위원회 : 소청심사기능, 중앙고충처리 기능

② **기타 인사 관련 소속기관** : 소청심사위원회, 국가공무원인재교육원 등
③ 소청심사위원회
㉠ 의의
- 인사혁신처 소속기관으로, 행정기관 소속공무원의 징계처분 또는 기타 그 의사에 반하는 불리한 처분에 대한 소청의 심사 · 결정 및 그 재심청구 사건의 심사 · 결정에 관한 사무를 관장하는 상설합의제기관(준사법적 · 중립적 의결기관)
- 위원회의 결정은 구속력이 인정되어 처분청의 행위를 기속

㉡ 조직구성
- 위원장(정무직) 1인과 5~7명의 상임위원(고위공무원단 소속의 임기제공무원), 상임위원 수의 2분의 1 이상인 비상임위원으로 구성
- 상임위원의 임기는 3년(한 번만 연임 가능), 정무직으로 보함

㉢ 소청심사위원회 위원의 결격사유(국가공무원법 제10조의2)
- 공무원 임용 결격사유에 해당하는 자
- 정당법에 따른 정당의 당원
- 공직선거법에 따라 실시하는 선거에 후보자로 등록한 자

한국의 중앙인사기관 연혁
- **1999년 5월** : 정부조직 개편에서 중앙인사위원회가 최초로 구성, 인사행정이 행정자치부 인사국과 중앙인사위원회로 이원화
- **2004년 6월** : 참여정부의 조직 개편 시 행정자치부의 인사기능을 중앙인사위원회에 통폐합하여 일원화
- **2008년 2월** : 이명박 정부의 출범 시 중앙인사위원회를 폐지하고 행정안전부(비독립단독형)로 통합
- **2014년 3월** : 박근혜 정부의 출범 시 행정안전부를 폐지하고 안전행정부로 개편
- **2014년 11월** : 박근혜 정부의 조직 개편 시 안전행정부의 공무원 인사와 윤리 · 복무 · 연금기능을 인사혁신처로 이관 받아 인사혁신 전담기관으로 새롭게 재편, 인사처와 안전처를 분리하여 행정자치부로 개편
- **2017년 7월** : 문재인 정부의 출범 시 국민안전처를 통합하여 행정안전부로 개편
- **2019년 2월** : 문재인 정부의 조직 개편 시 행정안전부를 세종특별자치시로 이전

6. 공직의 분류

(1) 경력직과 특수경력직 ★ 빈출개념

① 경력직공무원

㉠ 의의

- 실적과 자격에 따라 임용되고 그 신분이 보장되며 평생 동안(근무기간을 정하여 임용하는 경우에는 그 기간 동안) 공무원으로 근무할 것이 예정되는 공무원을 말함(국가공무원법 제2조)
- 실적주의 및 직업공무원제의 적용을 받으며, 시험을 통하여 임용

㉡ 종류

일반직 공무원	• 기술 · 연구 또는 행정 일반에 대한 업무를 담당하는 공무원으로, 직업공무원의 주류를 형성 • 보통 1급에서 9급까지의 계급으로 구분하며, 직군(職群)과 직렬(職列)별로 분류
특정직 공무원	• 법관, 검사, 외무공무원, 경찰공무원, 소방공무원, 교육공무원, 군인, 군무원, 헌법재판소 헌법연구관, 국가정보원의 직원, 경호공무원과 특수 분야의 업무를 담당하는 공무원으로서 다른 법률에서 특정직공무원으로 지정하는 공무원(검찰공무원은 제외)

② 특수경력직 공무원

㉠ 의의

- 경력직공무원 외의 공무원을 말하며, 직업공무원제나 실적주의의 획일적 적용을 받지 않고 정치적 임용이 필요하거나 특정한 직무를 담당하는 공무원
- 계급구분이 없고, 신분이 보장되지 않는 공무원

㉡ 종류

정무직 공무원	• 선거로 취임하거나 임명할 때 국회의 동의가 필요한 공무원 • 고도의 정책결정 업무를 담당하거나 이러한 업무를 보조하는 공무원으로서 법률이나 대통령령에서 정무직으로 지정하는 공무원
별정직 공무원	• 비서관 · 비서 등 보좌업무 등을 수행하거나 특정한 업무 수행을 위하여 법령에서 별정직으로 지정하는 공무원 • 직무 성질이 공공성 · 기밀성, 특별한 신임을 요하는 직위에 있는 자 • 별정직공무원의 채용조건 · 임용절차 · 근무상한연령, 그 밖에 필요한 사항은 국회규칙, 대법원규칙 등의 법령에서 정함

(3) 특수한 일반직 공무원

① 임기제 공무원

㉠ 개념 : 전문지식 · 기술이 요구되거나 임용관리에 특수성이 요구되는 업무를 위하여 경력직 공무원을 임용할 때에 일정기간을 정하여 임용하는 공무원

㉡ 종류

- 일반임기제 공무원 : 직제 등 법령에 규정된 경력직 공무원의 정원에 해당하는 직위에 임용. 개방형 직위와 소속책임 운영기관의 장

SEMI-NOTE

우리나라의 공직분류

경력직과 특수경력직, 국가직과 지방직, 개방형과 폐쇄형, 정무관과 행정관, 직위분류제와 계급제로 구분

특정직 공무원의 특징

별도의 인사법령체계(외무공무원법, 경찰공무원법, 소방공무원법 등), 계급정년의 일부 적용, 별도의 계급체계 부여하는 등의 특징을 지님(외무공무원의 경우 직위분류제를 토대로 계급을 폐지하여 직무등급을 적용)

정무직 공무원

대통령, 국무총리, 국무위원(장관) 및 차관(차관급), 처장, 청장(경찰청장 및 해양경찰청장, 소방청장, 검찰총장은 특정직), 국가정보원장과 차장, 감사원장과 감사위원 및 사무총장, 중앙선거관리위원회 사무총장 · 차장 및 상임위원, 국회사무총장 · 차장, 헌법재판소장 및 헌재재판관, 국회의원, 지방자치단체장, 지방의회의원 등

별정직 공무원

국회수석전문위원, 국가정보원 기획조정실장, 비서관 · 비서, 장관정책보좌관 등

SEMI-NOTE

우리나라 공직 분류 관련 주의사항

- 국회수석전문위원은 별정직, 국회전문위원은 일반직, 헌법재판관은 정무직, 헌법연구관은 특정직, 대법원장·대법관은 임명 시 국회의 동의를 요하지만 법관으로서 특정직
- 중앙선관위 선거관리위원 및 상임위원은 정무직, 시·도 선관위 상임위원은 일반직
- 국회·헌법재판소·중앙선관위의 사무차장은 정무직, 감사원 사무차장은 일반직, 법원행정처의 처장(대법관)·차장(판사)은 특정직

계급제의 특징

- 4대 계급제
- 계급 간의 차별, 엄격한 계층제
- 일반행정가 지향성
- 탄력적 인사운영
- 조직몰입의 제고
- 강력한 신분보장과 직업공무원제

- 전문임기제 공무원 : 특정 분야에 대한 전문적 지식이나 기술 등이 요구되는 업무를 수행하기 위하여 임용
- 시간선택제 임기제 공무원 : 통상적인 근무시간보다 짧은 시간을 근무하는 공무원으로 임용되는 일반임기제 공무원 또는 전문임기제 공무원
- 한시임기제 공무원 : 휴직 공무원, 30일 이상의 병가 공무원, 출산·유산·사산으로 인한 30일 이상의 특별휴가 공무원, 시간선택제 전환공무원의 업무를 대행하기 위하여 1년 6개월 이내의 기간 동안 임용되는 공무원으로서 통상적인 근무시간보다 짧은 시간을 근무하는 임기제 공무원

② **전문경력관** : 계급 구분과 직군·직렬의 분류를 적용하지 않을 수 있는 일반직 공무원으로서 특수 업무에 종사하는 공무원

③ **시간선택제 채용공무원** : 통상적 근무시간을 근무하는 조건으로 신규채용하는 일반직 공무원. 일과 가정생활을 병행할 수 있는 근무여건을 조성하고 양질의 일자리 나누기를 통한 고용 창출을 유도하기 위해 도입

(4) 계급제와 직위분류제

① **계급제**

㉠ **의의** : 직위·직무 중심의 직위분류제와 달리 인간 중심적 입장에서 개인의 자격, 능력, 학벌, 신분 등에 따라 계급을 분류하고 이에 따라 공직을 분류하는 제도

㉡ **특징**

- 학력·신분 강조 : 계급제의 확립은 각 계급에 따른 학력이나 신분과 밀접히 관련됨
- 폐쇄형의 인사충원체제 : 공무원의 사기앙양과 직업공무원제의 확립이 용이함(강한 신분보장)
- 계급 간의 차별 : 계급에 따라 사회적 위신·보수·학력·사회적 출신성분 등의 차이가 심하며 계급 간 승진이 용이하지 않음
- 고위계급의 엘리트화 : 소수의 고위계급을 엘리트화하여 특권집단화를 형성
- 행정의 전문성 부족 : 외부 전문인력의 충원이 곤란하여 행정의 전문화 저해

㉢ **장단점**

장점	단점
• 인사운영의 융통성·탄력성 확보, 적재적소의 인사배치(인사배치의 신축성)가 가능 • 일반적 교양·능력을 소유한 넓은 시야를 가진 인재의 등용이 용이(일반행정가 지향) • 직위분류제에 비해 행정조정·협조·협력이 원활	• 인사관리의 객관적 합리화 기준의 설정곤란 • 계급제와 엄격한 계층제로 환경변화에 탄력적 대응이 곤란(경직성) • 연공서열에 치우친 비합리적 보수 체계(직무등급 확립이 곤란함)

② 직위분류제

㉠ 의의

- 각 직위에 내포된 직무의 종류와 곤란도, 책임도에 따라 공직을 수직적 · 수평적으로 분류하는 제도
- 객관적인 직위 · 직무 중심의 공직분류라는 점에서 인간 중심의 분류인 계급제와 구별

㉡ 구성요소

직위(職位)	1명의 공무원에게 부여할 수 있는 직무와 책임
직급(職級)	직무의 종류 · 곤란성과 책임도가 상당히 유사한 직위의 군, 인사행정의 편의상 채용이나 보수 등에 있어서 동일한 취급을 할 수 있는 집단
등급	직렬과 직군을 초월하여 직무의 종류는 다르지만, 직무의 곤란도 · 책임도와 자격요건이 유사하여 채용이나 보수에 동일한 취급을 할 수 있는 직위의 군(직위의 횡적 집단, 우리나라의 경우 법령상 계급)
직렬(職列)	직무의 종류가 유사하고, 그 책임과 곤란성의 정도가 서로 다른 직급의 군
직군(職群)	직무의 성질이 유사한 직렬의 군
직류(職類)	같은 직렬 내에서 담당분야가 같은 직무의 군

㉢ 수립절차

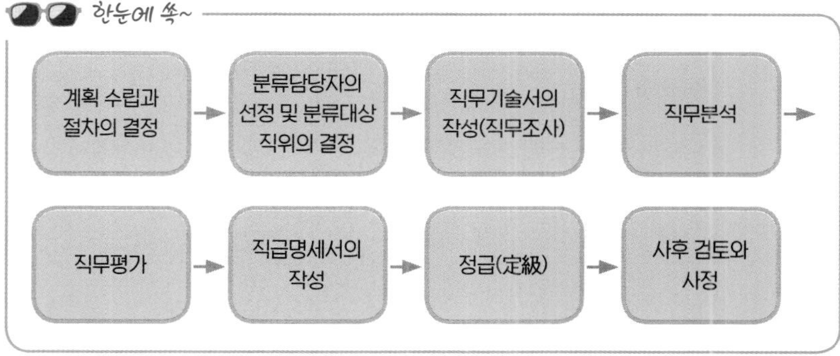

(5) 고위공무원단제도 빈출개념

① 개관

㉠ 의의 : 정부의 주요 정책결정이나 관리에 있어서 핵심적 역할을 담당하는 실 · 국장급 공무원을 범정부적 차원에서 일반 공무원과 별도로 구분 · 관리하여 정부생산성을 향상시키는 데 기여하도록 편성된 전략적 인사시스템

㉡ 주요 국가의 고위공무원단 제도

구분	미국	영국	호주	네덜란드
명칭	SES	SCS	SES	SPS
도입	1978	1996	1995	1995
관리기관	OPM (인사관리처)	Cabinet Office (국무조정실)	–	–

SEMI-NOTE

직위분류제의 도입

1923년 직위분류법이 제정되어 본격적으로 도입됨

직위분류제의 특징

- 사회적 출신배경 · 학력에 관계없이 개인의 업무수행능력과 지식 · 기술을 중시함
- 직무 수행의 적격자를 공직의 내부에서만 찾지 않고 모든 계층에서 외부 인사의 임용이 자유로운 개방형의 인사제도
- 전문화된 분류체계로서 적재적소의 인사배치가 가능하며, 전문가를 선호함
- 직무분석과 직무평가를 통해 객관적 인사기준을 마련함으로써 적재적소의 인사배치와 인사행정의 능률화 · 합리화를 도모함
- 상하위직 간의 계급의식이나 위화감이 크지 않음

미국의 고위공무원단 SES(Senior Executive Service)

- **도입** : 1978년 카터(Carter) 정부의 공무원제도개혁법을 통하여 엄격한 직위분류제의 순환 곤란 등의 문제점 극복하기 위하여 도입
- **특징**
  - 직무의 개념을 포기하고 계급(사람 중심)의 개념을 도입
  - 계급제적 직업공무원제 요소를 부분적으로 가미

영국의 고위공무원단 SCS(Senior Civil Service)

- **도입** : 1996년 메이저(Major) 정부가 계급제의 폐쇄적이고, 비전문성의 문제를 극복하기 위하여 도입
- **특징**
  - 관리계층 집단으로의 통합
  - 직위분류제적 요소(전문성)를 부분적으로 가미

SEMI-NOTE

② 우리나라의 고위공무원단제도

㉠ 의의 : 실장 · 국장급 고위공무원들의 자질 향상과 안목 확대, 부처 간 정책 조정 및 협의 촉진, 책임성 향상, 성취동기 부여를 위해 국가공무원체계 중 이들을 중하위직과 구별하여 별도로 관리 · 운영하는 인사시스템

㉡ 핵심요소

개방과 경쟁	개방형 직위제도, 부처 간 직위공모 등
성과와 책임	직무성과계약제, 직무등급제, 적격성심사, 인사심사 등
능력발전	역량평가제, 교육훈련, 최소 보임기간 설정 등
범정부적 통합적 시야	부처 간 인사교류, 직위공모 등

㉢ 기본방향(도입에 따른 기본방향의 전환)

- 자기 부처 중심의 폐쇄적 인사 → 경쟁과 개방 강화(개방형 · 직위공모)
- 계급 · 연공 → 직무 · 성과 중심의 직무성과급제
- 연공서열에 따른 자동 진입 → 체계적 검증과 경쟁을 통한 진입
- 성과관리 미흡 → 직무성과계약제를 통한 성과관리 강화
- 순환보직 → 최소 보임기간 설정, 능력개발을 통한 전문성 강화
- 각 부처 소속 → 고위공무원단 소속으로 통합적 시야 배양

㉣ 한국 고위공무원단과 미국 SES의 차이

구분	미국	한국
혁신방향	직위분류제에 계급제 도입(직무개념을 대신해 계급개념을 도입)	계급제에 직위분류제 도입(계급개념을 대신해 직무개념 도입)
공무원의 자질	일반행정가 + 전문행정가	전문행정가 + 일반행정가
신분보장	강화	신분상 불이익 가능
보수	직무급 → 직무성과급	연공급 → 직무성과급

역량평가

- 역량 : 조직의 목표 달성과 연계하여 뛰어난 직무수행을 보이는 고성과자의 차별화된 행동특성과 태도
- 역량평가의 의의 : 실제 직무상황과 유사한 모의상황을 피평가자에게 다양하게 제시하고, 그 상황에서 피평가자의 역할과 행동을 훈련된 다수의 전문 평가자가 관찰하고 합의하는 절차를 통해 역량을 평가하는 객관적이고 과학적인 기법

02절 임용

1. 공무원의 임용

(1) 의의

① 임용의 개념 : 공무원관계를 발생 · 변경 · 소멸시키는 일체의 인사행위

② 임용권자(국가공무원법)

㉠ 5급 이상 : 행정기관 소속 5급 이상 공무원 및 고위공무원단에 속하는 일반직 공무원은 소속 장관의 제청으로 인사혁신처장과 협의를 거친 후에 국무총리를 거쳐 대통령이 임용한다(법 제32조 제1항).

㉡ 6급 이하 : 소속 장관은 소속 공무원에 대하여 제1항 외의 모든 임용권을 가진다(법 제 32조 제2항).

공무원관계의 발생 · 변경 · 소멸

- **발생** : 신규채용 등
- **변경** : 승진, 전직, 전보, 파견, 강임, 휴직, 직위해제, 정직, 복직, 겸임 등
- **소멸** : 면직, 해임, 파면, 퇴직 등

(2) 임용의 유형

한눈에 쏙~

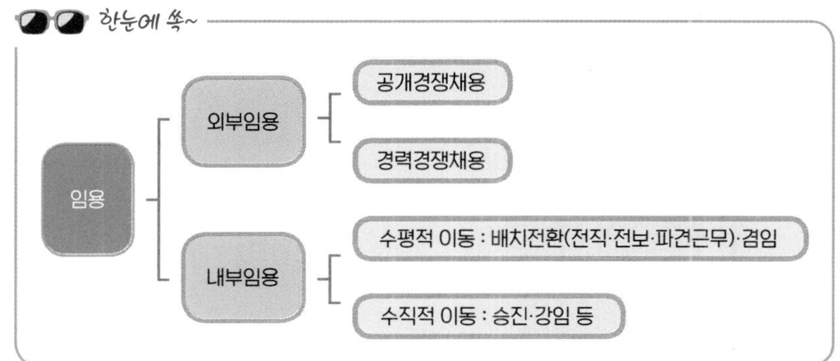

① 외부임용(신규임용)

㉠ **공개경쟁채용** : 자격 있는 모든 사람에게 평등하게 지원 기회를 부여하고 공개경쟁시험을 통해 임용후보자를 선발하는 방법

㉡ **경력경쟁채용** : 공개경쟁채용이 부적당하거나 곤란한 경우 또는 특별한 자격이 있는 사람을 채용하는 경우에 실시되는 것으로, 경쟁을 제한하는 별도의 선발절차를 거쳐 공무원을 신규로 채용하는 것

② 신규임용절차

한눈에 쏙~

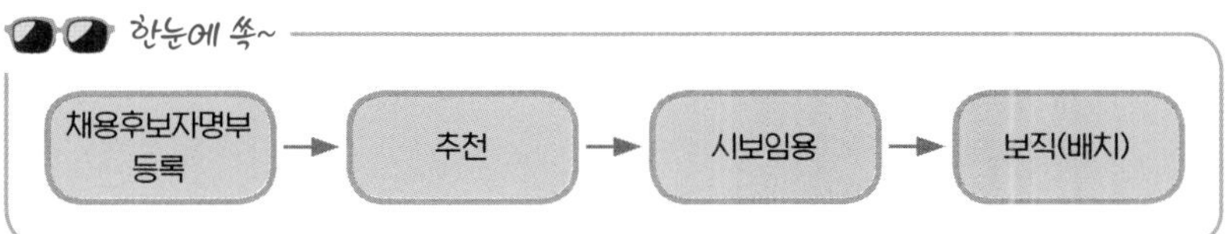

㉠ 채용후보자명부 등록

- 시험 실시기관의 장은 5급 이하의 시험합격자가 결정된 후 임명 전에 후보자명부에 등록(4급 이상은 적용되지 않음)
- 명부의 유효기간은 2년이며, 1년 범위 내에서 연장 가능(교육훈련, 임용유예신청 등의 특별한 사유가 없이 추천된 7급 및 9급 공무원 채용후보자는 합격일로부터 1년 경과 시 의무적으로 임용하도록 규정됨)

㉡ 추천

- 시험 실시기관의 장은 각 기관의 결원 수 및 예상 결원 수를 고려하여 채용후보자 명부에 등재된 채용후보자를 시험성적, 훈련성적, 전공분야, 경력 및 적성 등을 고려하여 임용권을 갖는 기관에 추천
- 단일추천제와 복수추천제 중 현재 우리나라는 단일추천제(동수추천제)가 일반적이며, 지정추천제(특별추천제)도 운영되고 있음

㉢ 시보임용

- 시험에 의하여 응시자의 모든 적격성을 판별할 수는 없으므로 임용권자는 추천된 임용후보자 가운데 적격자를 선발하여 일정한 기간 동안 시보공무원으로 임명함(미국의 조건부 임용제도와 유사)

SEMI-NOTE

인적자원계획 절차(Klingner)

조직목표 설정 → 인력 총수요 예측 → 인력 총공급 예측 → 실제 인력수요 예측(총수요–총공급) → 실제 수요인력 확보방안 결정 → 인력확보방안 시행 → 효과성 평가 및 환류

공개경쟁을 보장하는 요건

적절한 공고, 지원기회의 개방, 현실적 자격요건, 자격기준의 공평한 적용, 능력에 근거한 선발, 결과의 공개

시보임용의 대상 및 기간

우리나라의 경우 신규채용되는 5급 이하의 공무원에 대해 적용되며, 5급의 경우 1년, 6급 이하의 공무원은 6개월의 시보기간을 규정

우리나라의 시보임용

우리나라의 경우 선발과정으로서의 기능을 수행하지 못한 채 형식적으로 운용됨으로써, 기초 적응훈련의 실시라는 부수적 기능만을 소극적으로 수행

• 시보제도는 응시자의 공직 적격성을 파악하는 최종적인 검증방법인 동시에 초임자의 적응훈련이라는 성격도 지님

㉣ **배치(보직)** : 시보기간이 끝난 뒤 정규공무원으로 임용되고, 초임 보직을 부여받음

실력 up 적극적 모집

• **의의** : 자격요건의 강화 등을 통해 단순히 부적격자를 가려내는 소극적 모집과는 달리, 유능한 인재를 적극적으로 공직에 유치하는 활동을 말함
• **필요성**
  – 공직에 대한 낮은 사회적 평가
  – 공무원의 보수수준이 상대적인 저소득
  – 공무원의 승진기회 감소
  – 인력공급에 비해 인력수요 증가
  – 공무원 이직률의 증가
  – 정보 업무의 전문화 제고
• **자격요건**
  – 소극적 기준(외형적 · 형식적 기준) : '~는 안 된다.'고 규정. 최저자격요건 제시, 부적격자 사전 배제(국적, 연령, 지역, 성별, 학력 등)
  – 적극적 기준(내용적 · 실질적 기준) : '~를 갖추어야 한다.'고 규정. 일정 능력자의 적극적 유치(지식, 기술, 경험, 가치관, 태도 등)
• **모집방법**
  – 모집자격 및 기준의 완화와 기회균등 보장
  – 모집정책에 대한 사후평가 및 환류의 강화
  – 장기적이고 일관성 있는 인력 수급계획의 수립
  – 공직에 대한 사회적 평가의 제고
  – 수시접수제도, 제출서류 및 수험절차의 간소화

2. 근무성적평정

(1) 근무성적평정의 의의

① **개념** : 공무원이 근무하는 조직체에 있어서의 근무실적, 직무수행능력 및 태도 등을 일정한 기준에 따라 체계적 · 정기적으로 평가하여 이를 인사행정자료로 활용하는 것

② **효용(용도)**

㉠ 인사행정의 기준 제공(상벌의 판단 기준, 적재적소 인사배치의 자료)
㉡ 교육훈련의 기초자료(훈련의 필요성 및 수요 파악을 위한 자료)
㉢ 채용시험의 타당도 측정 시 비교 자료
㉣ 직무수행능력 및 근무능력 향상의 토대(평정결과의 공개)
㉤ 상 · 하급자 간의 협조 및 의견교환, 이해의 증진

SEMI-NOTE

우리나라 공무원 임용결격사유(국가공무원법 제33조)

• 피성년후견인
• 파산선고를 받고 복권되지 아니한 자
• 금고 이상의 실형을 선고받고 그 집행이 종료되거나 집행을 받지 아니하기로 확정된 후 5년이 지나지 아니한 자
• 금고 이상의 형을 선고받고 그 집행유예 기간이 끝난 날부터 2년이 지나지 아니한 자
• 금고 이상의 형의 선고유예를 받은 경우에 그 선고유예 기간 중에 있는 자
• 법원의 판결 또는 다른 법률에 따라 자격이 상실되거나 정지된 자
• 공무원으로 재직기간 중 직무와 관련하여 형법 제355조 및 제356조에 규정된 죄를 범한 자로서 300만 원 이상의 벌금형을 선고받고 그 형이 확정된 후 2년이 지나지 아니한 자
• 성폭력범죄의 처벌 등에 관한 특례법 제2조에 규정된 죄를 범한 사람으로서 100만 원 이상의 벌금형을 선고받고 그 형이 확정된 후 3년이 지나지 아니한 사람
• 미성년자에 대한 다음 어느 하나에 해당하는 죄를 저질러 파면 · 해임되거나 형 또는 치료감호를 선고받아 그 형 또는 치료감호가 확정된 사람(집행유예를 선고받은 후 그 집행유예기간이 경과한 사람을 포함한다)
  – 성폭력범죄의 처벌 등에 관한 특례법 제2조에 따른 성폭력범죄
  – 아동 · 청소년의 성보호에 관한 법률 제2조 제2호에 따른 아동 · 청소년대상 성범죄
• 징계로 파면처분을 받은 때부터 5년이 지나지 아니한 자
• 징계로 해임처분을 받은 때부터 3년이 지나지 아니한 자

근무성적평정과 직무평가(직위분류제)의 차이

직무평가는 직무자체를 객관적으로 평가하는 것이지만 근무성적평정은 사람을 기준으로 실현된 직무의 성과를 평정하는 것이므로 직무와 공무원의 관계를 주관적으로 평가하는 것임

(2) 평정기법(평정모형)

① 평정기법별 분류

도표식 평정 척도법	• 가장 광범위하게 이용되는 기법으로, 한쪽 편에는 실적 · 능력 등을 나타내는 평정요소를 표시하고 다른 편에는 우열을 나타내는 등급을 구분하여 표시 • 평정표 작성 : 목표를 명확히 설정하고 직무분석을 통해 적절한 수의 평정요소를 선택하며, 상대적 중요도에 따라 평정요소 간의 가중치를 부여
강제배분법	피평정자들을 우열의 등급에 따라 구분한 뒤 몇 개의 집단으로 분포비율에 따라 강제적으로 배치하는 방법
산출기록법	일정한 시간당 생산량을 기록하여 비교 · 평가하는 방법으로, 업무의 성질이 비교적 단순한 일상적 · 반복적 업무에 적용(상대평가방법)
서열법 (인물비교법)	• 피평정자 간의 근무성적을 서로 비교해서 서열을 정하는 방법 • 쌍쌍비교법(쌍대비교법, 2인비교법)은 피평정자를 두 사람씩 짝지어 비교를 되풀이하여 평정하는 방법으로, 서열법(인물비교법)의 일종
중요사건기록법	피평정자의 근무실적에 큰 영향을 주는 중요사건들을 평정자로 하여금 기술하게 하거나 중요사건들에 대한 설명구를 미리 만들어 평정자로 하여금 해당 사건에 표시하게 하는 방법
체크리스트법 (사실표지법)	적절한 평가의 판단 기준이 되는 표준행동목록을 미리 작성해 두고, 평정자가 피평정자에게 해당하는 목록의 항목을 골라 단순히 가부를 표시하게 한 후 선택 항목의 점수합계로 결정하는 방법
강제선택법	2개 또는 4~5개의 기술항목 가운데 피평정자의 특성에 가까운 것을 골라 표시하도록 강제선택시키는 방법으로, 강제선택식 체크리스트법이라고 함
직무기준법	직무수행의 구체적인 기준을 정하여 실적과 비교 · 평정하는 방법으로, 여러 가지 직무분석기법이 사용됨
목표관리법	조직 상하 구성원의 참여를 통해 단기 업무목표를 설정하고 그 결과를 공동으로 평가 · 환류시키는 목표관리(MBO)방식을 근무성적평정에 활용한 기법
행태기준 평정척도법	평정의 임의성과 주관성을 배제하기 위하여 도표식 평정척도법에 중요사건기록법을 절충한 방법
행태관찰 척도법 (BOS)	평정요소별 행태에 관한 구체적인 사건 · 사례를 기준으로 평정하는 한편, 등급에서는 도표식 평정척도법과 유사하게 사건을 빈도로 표시하는 척도를 구성하는 기법

② 평정주체별 분류

㉠ **감독자(상급자) 평정** : 상급자가 평정하는 가장 전통적인 방법으로, 수직적 계층구조가 강한 조직에 적합

㉡ **부하평정** : 부하가 상관을 평정하는 상향식 평정

㉢ **동료평정** : 동료에 의한 평정으로, 집단평정의 일종

㉣ **다면평정(집단평정 · 전방위평정)** : 감독자(상급자)뿐만 아니라 부하나 동료, 일반국민(민원인)까지 평가주체로 참여시키는 평가방법으로, 오늘날 수직적 구조가 완화되고 조직이 동태화됨에 따라 부각되고 있는 평정방법

SEMI-NOTE

도표식 평정척도법의 장단점

- **장점**
  - 평가자의 직관과 선험을 바탕으로 하여 평가요소가 결정되기 때문에 작성이 빠르고 쉬우며 경제적임
  - 상벌목적에 이용하는 것이 편리함
  - 평정결과가 점수로 표시되므로 계량화와 통계적 조정에 용이
- **단점**
  - 평정요소의 합리적 선정이 곤란
  - 등급의 비교기준 불명확
  - 연쇄효과와 집중화 · 관대화 경향
  - 일반적 요소를 기준으로 하므로 피평정자의 능력개발을 위한 자료 형성 곤란

중요사건기록법의 장단점

- **장점** : 피평정자와의 상담 촉진에 유용하고, 사실에 근거한 평가가 가능
- **단점** : 이례적인 행동을 지나치게 강조할 위험, 상호비교가 곤란

강제선택법의 장단점

- **장점** : 평정자의 편견이나 정실을 배제할 수 있으며, 신뢰성과 타당성이 높음
- **단점** : 기술항목의 작성이 어렵고 작성 비용도 많이 들며, 평정 결과에 대한 상의가 곤란

근무성적평정의 문제점

- 근무성적평정의 신뢰도와 타당도 등 효용도가 낮음
- 다목적인 단일 평정방법이 없음
- 집중화·관대화 경향, 연쇄효과의 억제 곤란
- 평정자의 주관적 가치의 배제가 곤란하여 공정한 평가가 곤란

SEMI-NOTE

이기적 착오

자신의 실패에 대한 책임은 지지 않고 성공에 대한 개인적 공로는 강조하려는 것

투사

자신의 감정이나 특성을 다른 사람에게 전가하려는 것

선택적 지각 및 방어적 지각의 착오

- **선택적 지각의 착오** : 자신에게 유리한 부분적인 정보만을 받아들여 판단을 내리는 것
- **방어적 지각의 착오** : 자신의 습성이나 고정관념에 어긋나는 정보를 회피하거나 왜곡시키는 것

기대성 착오

사전에 가지고 있는 기대에 따라 무비판적으로 사실을 지각하는 것

배치전환의 용도

- 소극적 용도
  - 징계의 수단 또는 사임 강요 수단
  - 개인적 특혜의 수단 또는 개인 세력 확대의 수단
  - 부정부패 방지 수단
- 적극적 용도
  - 공무원 능력 발전과 인간관계 개선
  - 권태방지와 조직의 활성화
  - 보직 부적응 해소와 부서 및 부처 간의 갈등 해소
  - 개인의 희망 존중 또는 승진 기회의 제공

(3) 평정의 오차(오류) 빈출개념

① **연쇄효과(halo effect, 후광효과 · 현혹효과)의 오류** : 특정 평정요소에 대한 평정자의 판단이 연쇄적으로 다른 요소의 평정에도 영향을 미치거나, 피평정자의 막연하고 전반적인 인상이 평정에 영향을 미치는 현상

② **시간적 오차(근접효과의 오류, recency effect error)** : 평정실시 시점에 있어 쉽게 기억할 수 있는 최근의 실적이나 능력을 중심으로 평가하려는 데서 생긴 오차

③ **분포상의 오차(distributional error)**

㉠ **집중화 오차** : 평정자가 모든 피평정자들에게 대부분 중간 수준의 점수나 가치를 주는 심리적 경향으로 인해 중간 척도에 점수가 집중되는 오차

㉡ **관대화 오차와 엄격화 오차** : 상관이 부하와의 인간관계를 의식하여 평정등급을 전반적으로 높이거나(관대화) 낮추는(엄격화) 것

④ **규칙적(일관적) 오차와 불규칙적(총계적) 오차**

㉠ **규칙적(일관적 · 체계적) 오차** : 어떤 평정자의 가치관 및 평정기준의 차이 때문에 다른 평정자들보다 언제나 규칙적으로 후하거나 나쁘게 평정하는 것

㉡ **불규칙적(총계적) 오차** : 평정자의 평정기준이 일정하지 않아 관대화 · 엄격화 경향이 불규칙하게 나타나는 것

⑤ **논리적 오차(logical error)** : 평정요소의 논리적 상관관계에 의한 오차, 즉 어떤 평정요소가 특별히 좋거나 아주 나쁜 점수를 받은 경우 상관관계가 있는 다른 요소도 높게 또는 낮게 평정하는 오차

⑥ **상동적 오차(stereotyping, 유형화 · 정형화 · 집단화의 오차)** : 피평정자의 성별이나 출신 배경(학교 · 지역 등), 연령, 종교 등에 대한 평정자의 편견이나 선입견, 고정관념 등이 영향을 미치는 것

⑦ **해바라기효과(sunflower effect)** : 관리자가 최고관리자에 대하여 자신의 유능함을 나타내고자 자기 부하직원에 대한 평정을 모두 후하게 평정하는 것

⑧ **대비오차** : 특정 피평정자에 대한 평가를 바로 직전의 피평정자와 대비하여 평정하는 것

⑨ **유사적 오차(similarity error)** : 객관적 기준보다는 평정자 자신의 성향과 유사한 부하를 높이 평가하는 오차

(4) 배치전환(配置轉換)

① **의의** : 동일한 등급 · 계급 내에서 보수의 변동 없이 수평적으로 직위를 옮기는 것

② **유형**

구분	내용
전직	동일한 직급수준에서 다른 직렬로 수평적 이동(전직시험 존재)
전보	동일 직급 · 직렬 내에서 보직 변경(필수보직기간 2~3년 존재)
파견	임시적으로 국가기관이나 타 기관에 근무
겸임	한 공무원에게 둘 이상의 직위를 부여(겸임 기간은 2년 이내이나 2년 연장 가능)

③ **장단점**

㉠ 장점

- 공무원의 능력 및 조직 활력 증진
- 부서 및 부처 간의 갈등 완화
- 효율적 인력관리와 적재적소의 인력 배치
- 비공식집단의 폐해 제거
- 권태감 방지

㉡ 단점

- 전문행정가 양성의 어려움
- 부정부패 등의 악용 소지
- 행정의 안정성과 일관성 확보의 어려움

(5) 경력개발프로그램(CDP ; Career Development Program)

① **의의** : 조직의 요구와 개인의 요구가 일치되도록 개인의 경력목표를 설정하고 이를 달성하기 위한 경력계획을 수립하여 각 개인의 경력을 개발하는 활동

② **특징**

㉠ 부처의 조직을 몇 개의 전문분야와 하나의 공통분야로 구분하고 개인별 전문분야를 지정하여 지정된 전문분야 내에서 인사관리를 실시. 전문분야 내에서 이동할 수 있도록 보직경로를 운영하고 교육훈련과 연계

㉡ 연공서열 위주의 Z자형 순환형 보직경로를 직급별 맞춤형(행정직의 경우 工자형, 기술직은 T자형)으로 개선

㉢ 조직의 효율성 극대화와 개인의 생애설계 욕구를 결합시킨 제도로서 조직의 수요와 개인의 욕구가 전문성이라는 공통분모에서 접점을 찾아 결합(개인이 제시한 경력목표와 조직이 제시한 경력경로를 전문성이라는 공통분모 하에서 서로 접목시킴)

㉣ 직급이 아닌 직무중심의 경력계획 수립. 직무에서 요구되는 역량과 개인 보유역량 간의 적합 여부 판단 및 필요역량 개발에 중점

SEMI-NOTE

경력개발프로그램의 도입배경

순환보직제도(배치전환)의 폐해와 전문성 약화

경력개발프로그램의 유용성(목적)

- 조직목표와 개인목표의 통합을 통한 조직의 경쟁력 강화
- 업무의 전문성 제고
- 맞춤형 인재의 개발 및 확보
- 공무원의 역량 제고
- 개인의 자아실현욕구 충족
- 조직과의 일체감(조직몰입) 향상

03절 사기앙양 및 공무원 윤리

1. 공무원의 사기

(1) 사기와 생산성과의 관계

① **밀접한 관련성을 인정하는 입장(사기실재론)** : 동기부여 욕구이론(Herzberg는 개인의 심리적 만족감이나 근로의욕의 자극은 생산성 향상을 가져온다고 봄)

② **밀접한 관련성을 부정하는 입장(사기명목론)** : 동기부여 기대이론(Vroom, Coser, Schachter 등의 일반적 견해에 해당하며, 사기는 생산성을 결정하는 한 요인이지 필요충분조건이 아니라는 입장)

사기와 생산성의 관계

- **사기실재론** : 사기는 생산성과 직접적 관계가 있으며, 사기는 생산성 향상의 충분조건임
- **사기명목론** : 사기는 생산성과 직접적 관계가 없으며, 사기는 생산성 향상의 필요조건에 불과함

SEMI-NOTE

사기의 중요성
- 조직 효과성을 제고
- 조직에 대한 충성심 · 일체감 고취 및 기강확립
- 법규나 규칙에 대한 자발적 준수
- 창의력과 자긍심 제고
- 역경 극복의 능력과 강한 응집력 배양
- 창의성의 합리적 발휘에 기여

사기의 결정요인

경제적 요인	사회심리적 요인	
생존욕구	관계욕구	성장욕구
• 보수 • 연금 • 안전 • 근무여건	• 귀속감 • 대인관계	• 성취감 • 성공감 • 참여의식

사기의 진작방안
- 인간관계의 개선 및 인간적 가치의 존중
- 휴가 및 포상제도
- 참여확대 및 권한위임
- 제안제도의 채택, 상담 및 고충처리의 확대

고충처리제도의 의의
공무원의 신분보장 및 사기앙양, 하의상달의 촉진 등을 통해 적극적 인사행정이나 직업공무원제의 발달에 기여함

(2) 사기측정방법

사회측정법 (sociometry)	구성원 간의 심리적 호(好) · 오(惡)의 관계를 파악하며 호(好)의 관계가 지배적이어서 구성원 간 심리적 견인관계의 정도가 높을 때는 사기가 높고, 낮을 때는 사기가 낮다고 봄
태도조사와 의견조사	• 직원의 태도와 의견을 조사하는 것 • 조사방법 : 면접과 질문지를 통한 조사, 일상적 관찰과 정보수집, 사회측정법, 투사법(그림이나 잉크자국 등의 자극에 대한 반응상태를 관찰 · 파악하는 방법) 등
행동경향법	직무 만족도를 알아보기 위해 직무에 대하여 어떻게 행동하고 싶은지를 물어 파악하는 방법
외현행위관찰법 (근무관계기록조사)	생산성조사, 이직률조사, 출퇴근율(근태에 관한 기록)조사, 사고율조사 등

(3) 사기의 결정요인 및 진작방안

① 사기의 결정요인

㉠ 경제적 · 물질적 요인
- 보수 · 연금, 작업환경, 안전 등을 포함한 물질적 · 일차원적 욕구
- 일반적으로 경제적 요인을 중시하는 X이론에서는 사기의 극대화가 곤란함

㉡ 사회 · 심리적 요인
- 사회적 요인 : 관계욕구와 관련된 요인으로, 귀속감 · 일체감, 원만한 대인관계욕구 등
- 심리적 요인 : 성장욕구와 관련된 요인
- 기타 요인 : 인정 및 성취감, 성공에 대한 욕구(승진욕구 등), 참여욕 등

② 사기의 진작방안

㉠ 공정하고 합리적인 승진보장
㉡ 공직에 대한 사회적 평가의 제고
㉢ 공무원단체의 인정 및 활성화
㉣ 공무원 보수의 적정화, 연금제도
㉤ 공무원 신분보장 및 능력발전

2. 공무원의 사기와 관련된 제도

(1) 고충처리제도

① 개념 : 고충처리는 공무원의 근무조건이나 인사관리, 신상문제, 직장생활 등과 관련된 불만인 고충을 심사하고 그 해결책을 강구하는 것을 말함

② 대상 및 절차

㉠ 고충처리 대상
- 근무조건에 관한 고충 : 보수, 근무시간 · 휴가, 근무환경, 후생복지 등
- 인사관리에 관한 고충 : 임용(승진 · 전보 · 전직 등), 인사행정(근무성적 및 경력평정, 교육훈련 등), 업적 성취(상훈, 제안 등)에 관한 것

• 신상에 관한 고충 : 차별대우, 기타 직무수행과 관련된 것

㉡ 처리절차

• 비공식적 절차(감독자에 의한 고충처리) : 직원의 고충을 감독자가 일찍 포착하여 공식적인 고충제기에 이르지 않도록 하는 절차, 즉 공무원의 고충이 각 감독계층에서 감지 · 해결되는 것

• 공식적 절차(전담기구에 의한 고충처리) : 고충처리 전담기구를 설치하고 이를 통해 고충을 처리하는 것(고충처리위원회)

(2) 신분보장

① **개념** : 공무원의 신분보장이란 잘못이 없는 한 공무원이 자신의 의사에 반하는 신분상의 불이익 처분을 당하지 않는 것을 말함

② **필요성**

㉠ 행정의 안정성 · 지속성 확보

㉡ 부당한 압력 배제 및 행정의 중립성 보장

㉢ 행정의 능률성 · 합리성 · 전문화에 기여

㉣ 창의적 · 자율적 직무수행

㉤ 인사권자의 자의 배제 및 공무원의 심리적 안정으로 사기앙양

㉥ 공익 증진 및 공평한 행정의 구현에 기여

(3) 공무원 퇴직(면직)

① **강제퇴직**

㉠ **당연퇴직** : 임용권자의 처분에 의해서가 아니라 재직 중에 법률에 규정된 일정한 사유의 발생으로 인하여 공무원관계가 소멸되는 경우(형사처벌 등의 임용결격사유가 발생하거나 사망 · 국적상실 등의 경우 등)

㉡ **직권면직** : 일정한 사유에 해당되는 경우 임용권자의 직권에 의해 공무원신분을 박탈하는 것

㉢ **징계면직** : 파면과 해임 등의 징계에 의해 면직되는 경우

② **임의퇴직**

㉠ **의원(依願)면직** : 공무원 스스로의 희망에 의하여 면직되는 경우

㉡ **명예퇴직** : 공무원으로 20년 이상 근속(勤續)한 자가 정년 전에 자진하여 퇴직하는 경우 예산의 범위 안에서 명예퇴직수당을 지급하는 것

(4) 정년제도

① **의의** : 행정의 생산성과 정부 역량을 제고하고 새로운 인력충원을 통한 조직의 신진대사를 촉진하기 위해 일정한 법정시기에 도달된 공무원을 자동으로 퇴직시키는 제도

② **필요성**

㉠ 행정의 생산성 · 유동성 확보

㉡ 직원의 신진대사 등의 인사관리, 고용증대효과

㉢ 새로운 기술의 도입을 통한 능률성 제고

SEMI-NOTE

고충처리제도와 인사상담

고충처리는 고충접수뿐 아니라 해결책 강구까지 포함한 개념이므로, 조직 부적응을 스스로 해결하도록 하기 위한 면접 절차인 인사상담(과정상담)보다는 더 포괄적인 개념임

신분보장

공무원은 형의 선고나 징계처분 또는 국가공무원법에서 정하는 사유에 따르지 않고는 본인의 의사에 반하여 휴직 · 강임 또는 면직을 당하지 않음(1급 공무원과 직무등급이 가장 높은 등급의 직위에 임용된 고위공무원단 소속 공무원은 제외)

휴직

• **의의** : 공무원이 일정 사유로 직무에 종사할 수 없는 경우 면직시키지 않고 일정 기간 동안 신분을 유지하면서 직무에 종사하지 않아도 되도록 하는 조치

• **직위해제와 휴직** : 직무에 종사하지 않는 점은 같지만 직위해제는 제재적 의미를 가진 보직 해제이며 복직이 보장되지 않는 점에서 휴직과 다름

• **휴직의 종류**
  – 직권휴직
  – 청원휴직

SEMI-NOTE

계급정년제의 장단점

- 장점
  - 퇴직률 제고로 공직 참여기회 확대(관료제의 민주화)
  - 적정 유동률 유지로 신진대사 촉진
  - 관료침체 방지, 낡은 관료문화 타파, 인사적체 해소
  - 무능한 공무원 도태의 방편
- 단점
  - 획일적 적용 시(인위적인) 이직률 조절 곤란
  - 숙련공무원의 인위적 배제에 의한 공직손실
  - 대상 공무원의 신분 불안과 직업적 안정성 약화로 인한 사기 저하

징계기구

- **중앙징계위원회** : 국무총리 소속으로 설치되며, 위원장(인사혁신처장) 1인을 포함하여 17명 이상 33명 이하의 공무원위원과 민간위원으로 구성하며, 민간위원의 수는 위원장을 제외한 위원 수의 2분의 1 이상이어야 함
- **보통징계위원회** : 중앙행정기관 소속으로, 위원장 1명(설치기관의 장) 포함 9명 이상 15명 이하의 공무원위원과 민간위원으로 구성하며, 6급 이하 공무원, 연구사 · 지도사 등의 징계사건을 심의 · 의결

소청심사

- 징계에 대한 불복 시 소청심사위원회에 소청제기가 가능
- 신분상의 불이익(징계, 강임, 휴직, 직위해제, 면직처분 등)이나 부작위(복직거부, 급여 미지급 등)가 소청심사의 대상(근무성적평정 결과나 승진탈락 등은 대상이 아님)
- 소청심사위원회의 결정은 처분청의 행위를 기속하며, 소청심사를 거치지 않고서는 행정소송 제기 불가(필요 · 의무적 전치절차)

③ 종류

구분	내용
연령정년제	가장 일반적인 정년제도로, 법정연령에 달하면 자동 퇴직하는 제도. 우리나라는 60세가 정년(2013년부터 전 계급의 정년이 60세로 동일)
근속정년제	공직의 근속연한이 일정 기간에 달하면 자동 퇴직하는 제도
계급정년제	공무원이 특정 계급에서 법정기간 내에 승진하지 못하면 기간만료와 동시에 퇴직시키는 제도(우리나라의 경우 군인 · 경찰 · 검찰 등 일부 특정직의 상위직에서 적용하고 있음)

(5) 징계

① **개념** : 법령이나 명령 등을 위반한 때 이에 대한 처벌로서 공무원의 신분을 변경하거나 상실하게 하는 것

② 국가공무원법상의 징계

㉠ 경징계

- 견책
  - 전과에 대하여 훈계하고 회개하게 하는 것으로, 6개월간 승진 · 승급이 제한됨
  - 가장 가벼운 징계이며 사용빈도가 높음
- 감봉
  - 1~3개월의 기간 동안 보수의 1/3을 감하는 처분
  - 징계처분 집행이 끝난 날부터 12개월간 승진 · 승급 제한

㉡ 중징계

- 정직
  - 1~3개월의 기간 동안 공무원 신분은 보유하나 직무에 종사하지 못함(별도의 보직이 없음)
  - 보수는 전액 삭감, 징계처분 끝난 날부터 18개월간 승진 · 승급 제한
- 강등
  - 1계급 아래로 직급을 내림(고위공무원단에 속하는 공무원은 3급으로 임용하고, 연구관 및 지도관은 연구사 및 지도사로 함)
  - 공무원 신분은 보유하나 3개월간 직무에 종사하지 못하며, 그 기간 중 보수는 전액을 감함
  - 징계처분 집행이 끝난 날부터 18개월간 승진 · 승급 제한
- 해임
  - 강제퇴직의 하나로 공무원직이 박탈되며, 3년간 재임용이 제한됨
  - 퇴직급여에는 영향이 없음(다만, 공금횡령 및 유용 등으로 해임된 경우는 퇴직급여의 1/8~1/4이 감액 지급되며, 징계부가금이 부과되는 경우도 있음)
- 파면
  - 공무원직이 박탈되며, 5년간 재임용이 제한됨
  - 재직기간에 따라 퇴직급여의 1/4 내지 1/2이 감액 지급됨

(6) 공무원단체

① **개념** : 공무원의 권익을 존중하고 근무조건을 개선하기 위하여 조직되는 공식적 · 합법적인 공무원 노동조합

② **공무원단체의 인정에 관한 논의**

인정론(찬성론)	• 권익보장과 불만해소를 통한 사기진작 • 공무원의 의견전달 수단 • 관리층의 의사결정에 도움 • 대화와 협상을 통한 행정개선 및 행정의 민주화와 행정발전에 기여 • 실적주의의 강화 • 올바른 직업윤리의 확립과 부패 방지
제한론(반대론)	• 국민 전체에 대한 봉사자로서의 공무원(공익에 반함) • 실적주의 인사원칙을 저해 • 행정능률 및 행정의 계속성 저해 • 특권집단화(국가와 특별권력관계), 관리층의 인사권 제약 • 노사구분이 애매하며 교섭대상의 확인도 어려움 • 사상적 혼란 및 국가 발전 저해

③ **공무원단체의 활동내용**

㉠ **단결권** : 공무원들이 근무조건 향상을 위하여 관리층과 대등한 교섭력을 가지기 위하여 자주적 단체를 구성하고 가입할 수 있는 권리

㉡ **단체교섭권** : 공무원이 근무조건을 향상시키기 위하여 단결체를 통하여 관리층과 자주적으로 교섭하는 권리

㉢ **단체행동권(노동쟁의권)** : 공무원의 단체교섭이 순조롭지 않아 동맹파업 · 태업 · 직장폐쇄 등의 쟁의행위를 할 수 있는 권리

④ **우리나라의 공무원단체**

㉠ **가입 범위**

- 6급 이하의 일반직공무원 및 이에 상당하는 일반직공무원
- 특정직공무원 중 6급 이하의 일반직공무원에 상당하는 외무행정 · 외교정보관리직공무원
- 6급 이하의 일반직공무원에 상당하는 별정직공무원

㉡ **노동조합 전임자의 지위**

- 공무원은 임용권자의 동의를 받아 노동조합의 업무에만 종사할 수 있으며, 사실상 노무에 종사하는 공무원으로서 노동조합에 가입된 자가 조합 업무에 전임하려면 소속 장관의 허가를 받아야 함
- 노동조합 전임자에 대하여는 그 기간 중 휴직명령을 하여야 함(보수를 지급하지 않는 직권휴직)
- 공무원이 전임자임을 이유로 승급이나 신분 관련한 불리한 처우를 해서는 안 됨

㉢ **교섭 및 체결 권한 등**

- 노동조합의 대표자는 노동조합에 관한 사항이나 조합원의 보수 · 복지, 근무조건에 관하여 정부교섭대표와 교섭하고 단체협약을 체결할 권한을 가짐

SEMI-NOTE

공무원단체의 필요성

- 전반적인 행정개선에 기여
- 사기앙양을 위한 방안
- 공무원 수 증가에 따른 공무원 집단의 사의 통로
- 관리층과 직원의 상호이해 증진 및 대내적 민주화에 기여
- 공직윤리의 확립에 기여
- 직업공무원제 확립 및 실적주의의 강화에 기여

공무원의 노동조합 설립

노동조합을 설립하려는 경우에는 국회 · 법원 · 헌법재판소 · 선거관리위원회 · 행정부 · 특별시 · 광역시 · 특별자치시 · 도 · 특별자치도 · 시 · 군 · 구(자치구) 및 특별시 · 광역시 · 특별자치시 · 도 · 특별자치도의 교육청을 최소 단위로 하며, 고용노동부장관에게 설립 신고서를 제출해야 함

쟁의행위의 금지

노동조합과 그 조합원은 파업, 태업 또는 그 밖에 업무의 정상적인 운영을 방해하는 일체의 행위를 해서는 안 됨

정치활동의 금지

노동조합과 그 조합원은 정치활동을 해서는 안 됨

공무원 노동관계 조정위원회의 구성

단체교섭이 결렬된 경우 이를 조정 · 중재하기 위하여 중앙노동위원회에 공무원 노동관계 조정위원회를 둠

자율적 규제윤리의 예

우리나라의 공무원윤리헌장, 공무원 윤리헌장실천강령 등

- 정책결정에 관한 사항, 임용권의 행사 등 그 기관의 관리 · 운영에 관한 사항으로서 근무조건과 직접 관련되지 않은 사항은 교섭의 대상이 될 수 없음

㉣ **조정신청** : 단체교섭이 결렬된 경우에는 당사자 어느 한 쪽 또는 양쪽은 중앙노동위원회에 조정을 신청할 수 있으며, 조정은 조정신청을 받은 날부터 30일 이내에 마쳐야 함

㉤ 공무원직장협의회와 중복 가입 가능(직장협의회 설립 · 운영 가능)

㉥ 복수노조가 인정됨(판례에서 인정, 복수노조를 금지하는 명문규정도 없음)

3. 공무원 윤리

(1) 공직윤리

① **자율적 규제윤리** : 공무원 스스로 직업윤리를 확립하고 이를 준수하는 것으로, 자율적이나 구속력과 구체성이 없어 실효성이 낮음

② **법률적 · 강제적 규제윤리**

㉠ **국가공무원법상 13대 의무** 빈출개념

- 선서 : 공무원은 취임할 때에 소속 기관장 앞에서 대통령령 등으로 정하는 바에 따라 선서(宣誓)하여야 함
- 성실 의무
- 복종의 의무
- 직장 이탈 금지
- 친절 · 공정의 의무
- 종교중립의 의무 : 공무원은 종교에 따른 차별 없이 직무를 수행하여야 함
- 비밀 엄수의 의무 : 공무원은 재직 중은 물론 퇴직 후에도 직무상 알게 된 비밀을 엄수(嚴守)하여야 함
- 청렴의 의무
- 외국 정부의 영예 등을 받을 경우 : 공무원이 외국 정부로부터 영예나 증여를 받을 경우에는 대통령의 허가를 받아야 함
- 품위 유지의 의무
- 영리 업무 및 겸직 금지
- 정치 운동의 금지
- 집단 행위의 금지 : 공무원은 노동운동이나 그 밖에 공무 외의 일을 위한 집단 행위를 하여서는 안 됨. 다만, 사실상 노무에 종사하는 공무원은 예외로 함

㉡ **공직자윤리법상의 의무**

재산등록 의무	대통령 · 국무총리 · 국무위원 · 국회의원 등 국가의 정무직공무원, 지방자치단체의 장, 지방의회의원 등 지방자치단체의 정무직공무원, 4급 이상의 일반직 국가공무원 및 지방공무원과 이에 상당하는 보수를 받는 별정직공무원 등은 본인, 배우자, 본인의 직계존속 · 직계비속의 보유재산을 등록하고 변동사항을 신고해야 함

SEMI-NOTE

공무원 의무의 분류

구분	의무
기본적인 의무	성실
신분상의 의무	선서, 종교중립의 의무, 비밀 엄수의 의무, 외국 정부의 영예 등을 받을 경우, 품위 유지의 의무, 정치 운동의 금지, 집단 행위의 금지
직무상의 의무	복종의 의무, 직장 이탈 금지, 친절 · 공정의 의무, 청렴의 의무, 영리 업무 및 겸직 금지

공직윤리 확보방안

- 정부차원의 신뢰성 · 투명성 확보
- 공직 내부의 윤리시스템 정비 및 공직풍토의 개선
- 윤리 관련 법제도 등의 정비
- 공무원 윤리교육의 체계화
- 가치의 전환 및 재량권의 적정화, 사회 환경의 조성

공직윤리 확보의 전제조건

- 문화적 제약의 극복(유교이념의 극복)
- 법과 제도에 대한 신뢰
- 체념 및 냉소주의 극복
- 부패척결에 대한 지속적 관심과 부단한 노력
- 단기안적 정책의 오류 인식 및 극복

재산공개 의무	대통령, 국무총리, 국무위원, 국회의원, 국가정보원의 원장 및 차장 등 국가의 정무직공무원, 지방자치단체의 장, 지방의회의원 등 지방자치단체의 정무직공무원, 일반직 1급 국가공무원 및 지방공무원과 이에 상응하는 보수를 받는 별정직공무원, 대통령령으로 정하는 외무공무원 등의 공직자 본인과 배우자 및 본인의 직계존속 · 직계비속의 재산에 관한 등록사항과 변동사항 신고내용을 공개하여야 함
외국 정부 등으로부터 받은 선물의 신고	공무원 또는 공직유관단체의 임직원은 외국으로부터 선물을 받거나 그 직무와 관련하여 외국인에게 선물을 받으면 지체 없이 소속 기관 · 단체의 장에게 신고하고 그 선물을 인도하여야 함. 이들의 가족이 외국으로부터 선물을 받거나 그 공무원이나 공직유관단체 임직원의 직무와 관련하여 외국인에게 선물을 받은 경우에도 또한 같음
퇴직 공직자의 취업제한	재산등록의무자와 부당한 영향력 행사 가능성 및 공정한 직무수행을 저해할 가능성 등을 고려하여 국회규칙, 대법원규칙, 헌법재판소규칙, 중앙선거관리위원회규칙 또는 대통령령으로 정하는 공무원과 공직유관단체의 직원은 퇴직일부터 3년간 취업심사대상기관에 취업할 수 없음. 다만, 관할 공직자윤리위원회로부터 취업심사대상자가 퇴직 전 5년 동안 소속하였던 부서 또는 기관의 업무와 취업심사대상기관 간에 밀접한 관련성이 없다는 확인을 받거나 취업승인을 받은 때에는 취업할 수 있음

(2) 공직부패

① 일반적 부패 유형

㉠ **직무유기형 부패** : 시민이 개입되지 않은 관료 개인의 부패로, 관료로서의 직무를 소홀히 하여 발생한 부패

㉡ **후원형 부패** : 관료가 정실이나 학연 · 지연 등을 토대로 특정 단체나 개인을 불법적으로 후원하는 부패

㉢ **사기형 부패(비거래형 부패)** : 공금의 유용이나 횡령, 회계부정 등 거래 상대방 없이 공무원에 의해 일방적으로 발생하는 부패

㉣ **거래형 부패** : 뇌물을 매개로 이권을 불법적으로 제공하는 부패로, 공무원과 민간인 간의 뇌물과 특혜의 교환 등이 거래형 부패(외부부패)의 예

㉤ **제도화된 부패(체제부패)**

- 행정체제에서 부패의 방법이나 과정, 범위, 수준, 금액 등이 어느 정도 일반화되어 있어 부패행위가 일정한 행위 유형을 나타내는 것
- 부패가 실질적인 규범으로 되는 경우, 즉 부패가 일상화되고 부패를 저지른 사람들이 조직의 옹호를 받고 당연시되는 부패

㉥ **우발적 부패(일탈형 부패)** : 구조화되지 않은 일시적 부패로서 공금횡령 등 주로 개인의 윤리적 일탈로 인한 개인적 부패(단속공무원이 돈 받고 단속 눈감아 주기 등)

② 부패의 용인 가능성에 따른 유형

흑색부패	사회체제에 명백하고 심각한 해악을 미치는 부패로, 구성원 대다수가 인정하고 처벌을 원하는 부패

SEMI-NOTE

공직부패의 특징
- 직무관련성
- 의식적 행동
- 다양성
- 권력작용의 산물
- 호혜성
- 은폐성
- 자기확산적 성격
- 영향의 포괄성

체제부패의 예

떡값이나 뇌물, 촌지, 민원처리과정에서의 급행료 등

권력형 부패와 생계형 부패
- **권력형 부패(정치적 부패)** : 상층부가 정치권력을 부당하게 행사하는 거대한 부패로, 겉으로 드러나지 않으며 주로 정책결정 이전 단계에서 영향력을 발휘
- **생계형 부패(행정적 부패)** : 하층부가 생계유지 목적의 차원에서 범하는 부패

백색부패	사회에 심각한 해가 없거나 사익 추구의 의사가 없는 선의의 부패로, 구성원 대다수가 어느 정도 용인할 수 있는 관례화된 부패
회색부패	• 사회에 영향을 미칠 수 있는 잠재성을 지닌 부패로, 사회구성원 일부는 처벌을 원하나 다른 일부는 용인하는 부패 • 과도한 선물수수와 같이 윤리적으로 문제될 수 있지만 법률로 규정하는 것에 대해서는 논란이 있는 경우 등

(3) 공무원의 정치적 중립

① **개념** : 공무원은 국민 전체에 대한 봉사자로서 그 직무를 수행함에 있어 어떤 특정 정당에 치우치지 않고 공평무사하게 봉사해야 한다는 것

② **확보방안**

㉠ 직업공무원의 자율성 강화 및 공직윤리의 정착화

㉡ 공직의 정치의식 향상 및 권력 가치에 집중된 가치체계의 분화

㉢ 평화적인 정권교체 및 정치풍토의 건전화 · 정상화

㉣ 공무원 신분의 공평성 · 대표성 확보, 민중통제의 강화

③ **각 국가의 정치적 중립**

㉠ **미국**

- 엽관주의의 폐단 극복을 위해 정치적 중립을 최초 규정(Pendleton 법)
- 뉴딜정책 실시와 더불어 정치활동을 광범위하고 엄격하게 제한(Hatch 법)
- 참정권 제한에 대한 비판으로 1974년 연방선거운동법이 개정되어 공무원의 정치적 중립이 완화됨

㉡ **영국**

- 법적 장치보다는 윤리적 차원에서 요청, 미국보다 상당히 완화
- 1919년 휘틀리(Whitley) 협의회와 1948년 마스터맨(Masterman) 위원회의 활동이 결정적인 영향을 미침

㉢ **독일 · 프랑스 · 이탈리아** : 공무원이 국회의원직에 당선되면 공직을 사임, 의원직 사퇴 시 복직 허용

SEMI-NOTE

정치적 중립의 등장배경
- 실적주의와 직업공무원제의 본질적 내용의 하나로서 대두됨
- 특히 인사행정에 있어 정치적 중립이 주요하게 대두된 것은 실적주의 출현과 맥을 같이 함

정치적 중립의 기본이념
공평성(공익성), 비정치성(능률성)

정치적 중립의 특징
- 충원과정에서의 정치적 간섭 배제
- 정책수행에서의 공평성과 객관성
- 정치적 활동의 최소화
- 정치적 경쟁으로부터 초연

정치적 중립의 한계
- 공무원의 기본권(참정권) 제한
- 정당정치 발달 저해
- 대표관료제의 갈등
- 참여관료제의 저해

나두공

05장 재무행정론

재무행정론

SEMI-NOTE

01절 예산의 기초이론

1. 예산의 의의 및 본질

(1) 예산의 의의 및 구성

① 예산의 개념

㉠ 일반적 개념 : 일정 기간(1회계연도) 동안의 국가의 수입과 지출에 관한 예정적 계산(정부사업의 예정계획서)

㉡ 형식적 · 실질적 개념

- 형식적 개념(법적 개념) : 헌법이나 국가재정법에 의하여 행정부에서 일정 형식과 절차에 따라 편성하여, 국회에서 심의 · 의결하여 확정한 1회계연도의 재정계획
- 실질적 개념 : 국가의 재정수요와 이에 충당할 재원을 비교 · 배정한 1회계연도 동안의 정부 세입 · 세출에 관한 예정적 계산

㉢ 전통적 · 현대적 개념

- 전통적 개념 : 행정부에서 편성된 예산이 입법부의 심의 · 의결을 거쳐 집행되는 과정(입법부 통제 중심의 예산)
- 현대적 개념 : 1회계연도에 있어서 계획된 목표들을 성취할 수 있도록 체계적으로 연관시키는 과정(관리 · 기획 중심의 개념)

② 예산의 구성

세입 예산	세입은 일정 회계연도에 있어 국가나 자치단체의 지출원인이 되는 모든 현금적 수입(조세와 공채, 국유재산매각, 수입, 사용료 · 수수료 등이 재원이 됨)
세출 예산	세출은 일정 회계연도에 있어 국가나 자치단체의 목적 수행을 위한 모든 지출(승인된 예산의 범위 안에서만 지출 가능)

예산의 정의(A. Wildavsky)
예산을 한정된 자원을 둘러싼 정치적 투쟁의 결과물이라 정의함

예산과 재정
- **예산** : 국가의 수입 및 지출 계획서이므로 국가재정의 핵심적 내용에 해당되며, 좁게는 일반회계만을 의미하지만 넓게는 일반회계와 특별회계를 포함
- **재정(공공재정)** : 예산보다 넓은 개념으로, 예산과 기금, 조세, 차입금 등 포함

(2) 예산의 성격 및 기능

① 예산의 성격

㉠ 자원배분

㉡ 정치적 게임의 과정

㉢ 보수적 영역

㉣ 책임성 확보

㉤ 다양한 형태의 정보

㉥ 정책결정자의 가치판단을 내포

② 예산의 기능

㉠ 법적 기능 : 입법부가 심의 · 확정한 용도와 액수의 범위 내에서만 지출되었는가, 즉 법률에 근거하여 지출이 이루어졌는가를 파악하는 기능

예산의 성격
- 자원배분계획
- 권력적 상호작용
- 보수적 영역
- 정책정보의 창출
- 공공정책의 회계적 표현
- 책임확보 수단

ⓛ 정치적 기능

- 예산의 배분과정은 단순히 합리적 · 총체적으로 결정되는 것이 아니며, 대립하는 다양한 정치적 이해관계를 조정 · 타협하는 과정을 통해 가치를 배분함(A. Wildavsky)
- 의회는 예산심의와 결산심사를 통해 행정부를 견제하고 감시
- 정책은 예산을 통해 형성 · 구체화됨(궁극적으로 예산에 반영되어 실현됨

ⓒ 행정적 기능

통제(Control)기능 (1920~1930년대)	• 재정민주주의 실현을 위한 의회의 통제기능으로, 예산의 전통적 기능에 해당 • 의회의 재정통제와 중앙예산기관의 내부통제(품목별예산, 정기배정 등)가 포함
관리(management)기능 (1950년대)	행정부가 가용자원을 동원하여 경제적 · 효율적으로 관리하는 기능(성과주의예산, 배정유보 등)
계획(planning)기능 (1960년대)	자원 획득 · 배정 · 사용을 위해 정책을 직접 결정하는 기획과 예산의 연계기능(PPBS)
감축기능 (1970년대 후반 이후)	자원난 시대에 사업의 우선순위를 원점에서 검토 · 배분(ZBB)
결과 및 참여지향 기능 (1980년대~)	1980년대 신공공관리론 입장에서 투입보다는 결과(outcomes), 기관보다는 시민참여 중심의 개혁적 예산제도 도입

(3) 예산의 원칙

① 전통적 예산원칙(입법부 중심의 원칙)

㉠ 공개성의 원칙

- 의의 : 예산과정의 주요한 단계 및 내역은 공개해야 한다는 원칙
- 예외 : 신임예산, 국가 기밀에 속하는 국방비 · 외교활동비, 정보비

ⓛ 명료성의 원칙

- 의의 : 수입 · 지출 내역 및 용도를 명확히 하고, 예산을 합리적으로 분류하여 누구나 쉽게 이해할 수 있도록 하는 원칙
- 예외 : 총괄(총액)예산, 안전보장 관련 예비비

ⓒ 완전성의 원칙

- 의의 : 한 회계연도의 모든 수입을 세입으로, 모든 지출을 세출로 한다는 원칙, 즉 정부의 세입 · 세출은 전부 예산에 계상되어야 한다는 원칙(예산총계주의)
- 예외 : 순계예산, 기금, 현물출자, 전대차관, 차관물자대(借款物資貸), 초과수입을 관련 경비에 초과 지출할 수 있는 수입대체경비, 수입금마련지출제도

㉣ 단일성의 원칙

- 의의 : 예산은 모든 재정활동을 포괄하여 하나의 단일예산(일반회계)으로 편성해야 한다는 원칙
- 예외 : 특별회계, 기금, 추가경정예산 등

SEMI-NOTE

예산의 경제적 기능

- 경제안정기능
- 경제성장 촉진기능
- 소득재분배기능
- 자원배분기능

예산원칙의 의미

예산의 원칙은 예산안의 편성 · 심의 · 집행 · 회계검사 등 예산운영의 전반적 과정에서 지켜야 할 일반적 원칙(준칙)을 말하며, 특히 집행과정에서 강조

예산총계주의

국가재정법 제17조(예산총계주의)에 따르면 "한 회계연도의 모든 수입을 세입으로 하고, 모든 지출을 세출로 한다."라고 규정함으로써 예산완전성의 원칙을 천명하고 있음

SEMI-NOTE

한정성(한계성)의 원칙
- **양적 한정성** : 금액 한도의 제한. 예산에 계상된 금액 이상의 지출 금지
- **질적 한정성** : 비용의 용도 · 목적의 제한
- **시기적 한정성** : 1회계연도 내에 세입 · 세출을 완료해야 한다는 원칙

사전의결이 필요한 사항

명시이월, 계속비, 국고채무부담행위, 일반회계, 특별회계, 기금, 추가경정예산, 이용, 가예산 · 잠정예산, 예비비 총액

전통적 예산원칙과 현대적 예산 원칙의 비교
- **전통적 예산원칙**
  - 19세기 입법국가에서 발달
  - 통제지향성
  - 재정 통제
  - 조세부담 경감 및 위법한 지출 방지
- **현대적 예산원칙**
  - 20세기 행정국가에서 발달
  - 행정관리지향성
  - 신축성 유지
  - 예산 집행의 효용성 제고

ⓜ 한정성(한계성)의 원칙
- 의의 : 예산의 각 항목은 상호 명확한 한계를 지녀야 한다는 원칙, 즉 예산의 사용목적 · 금액 · 사용기간 등에 명확한 한계가 있어야 한다는 원칙
- 예외 : 예산의 이용, 전용, 예비비, 추가경정예산, 이월, 계속비, 지난연도 지출 및 수입, 국고채무부담행위

ⓑ **정확성의 원칙** : 예산추계가 정확하도록 예산과 결산은 가급적 일치해야 한다는 원칙. 예비비 지출, 이용 · 전용 · 이월 등 예산의 신축성 확보수단이나 예산불용액의 발생은 예산과 결산의 불일치를 초래하는 원인이 됨

ⓢ 사전의결(사전승인)의 원칙
- 의의 : 행정부가 예산을 집행하기 전에 입법부의 심의 · 의결을 받아야 한다는 원칙
- 예외 : 준예산, 사고이월, 예비비 지출, 전용, 재정상의 긴급명령, 선결처분 등

ⓞ 통일성의 원칙
- 의의 : 전체 세입으로 전체 세출을 충당해야 한다는 국고통일의 원칙. 즉, 모든 수입을 하나의 공통된 일반세원에 포함하여 지출함으로써 특정 세출로 직접 연결시켜서는 안 된다는 원칙
- 예외 : 특별회계, 기금, 수입대체경비, 목적세(교육세, 농어촌특별세, 지방교육세, 지역자원시설세) 등

② 현대적 예산원칙(H. Smith)

행정부 계획의 원칙	예산은 행정부의 사업계획을 충실히 반영시켜야 한다는 원칙, 즉 사업계획과 예산편성을 유기적으로 연결시켜야 한다는 원칙
행정부 책임의 원칙	행정부는 예산을 집행함에 있어 입법부의 의도에 따라 합법성과 합목적성, 효과성 · 경제성을 고려해야 한다는 원칙
보고의 원칙	예산과정은 선례나 관습보다는 각 수요기관의 재정 및 업무보고에 기초를 두어야 한다는 원칙
적절한 관리수단 구비의 원칙	예산의 효과적인 이용을 위하여 재정통제와 신축성 유지를 위한 적절한 수단이 구비되어야 한다는 것
협력적(상호교류적) 예산기구의 원칙	중앙예산기구와 각 부처예산기구는 상호 간 의사전달협력체계가 구축되어야 한다는 원칙으로, 활발한 상호작용과 의사소통을 통해 능률적 · 적극적인 협력관계를 확립하는 것
다원적 절차의 원칙	재정운영의 탄력성 · 효율성 제고를 위해 사업 성질에 따라 예산의 형식 · 절차를 다양하게 해야 한다는 원칙(특별회계, 기금제도 등을 운영)
시기 신축성(융통성) 원칙	상황의 변화에 신속히 대응할 수 있는 장치를 마련하여 사업계획 실시 시기를 경제적 필요에 따라 융통성 있게 조정할 수 있어야 한다는 원칙(계속비, 이월, 단년도 예산 등을 허용)
행정부 재량의 원칙	예산을 세목이 아닌 총괄사업으로 통과시키고 집행상의 재량범위를 확대해야 한다는 원칙

2. 예산의 종류 빈출개념

SEMI-NOTE

(1) 일반회계예산과 특별회계예산

① 일반회계예산

㉠ 국가활동의 총세입 · 총세출을 포괄적으로 편성한 예산으로서, 일반적으로 예산이라 하면 일반회계를 의미함

㉡ 조세수입 등을 주요 세입으로 하여 국가의 일반적인 세출에 충당하기 위하여 설치

② 특별회계예산

㉠ 의의 : 국가에서 특정한 사업을 운영하고자 할 때, 특정한 자금을 보유하여 운용하고자 할 때, 특정한 세입(조세 외 수입)으로 특정한 세출에 충당함으로써 일반회계와 구분하여 회계처리할 필요가 있을 때에 법률로써 설치

㉡ 특징

- 설치 목적 : 사업성이 강하거나 일반회계와 분리하는 것이 예산운영에 능률성이 있을 경우 설치
- 예산원칙 : 특정 세입으로 특정 세출에 충당되므로 통일성 원칙의 예외, 일반회계와 분리되어 있으므로 단일성 원칙의 예외. 예산에 포함되어 국회의 사전의결을 받으므로 완전성 원칙에는 합치됨
- 수입원 : 재원은 일반적 조세가 아닌 별도의 특정 수입 또는 일반회계로부터의 전입금으로 확보
- 관리 : 중앙정부의 각 부처가 관리. 책임운영기관특별회계는 계정별로 중앙행정기관의 장이 운용하고 기획재정부장관이 통합관리
- 정부기업예산법상 특징 : 원가계산, 감가상각, 예산집행상 신축성, 회계처리의 구분, 발생주의 회계

특별회계예산의 필요성
- 특정사업의 안정적 추진 가능
- 정부가 자본을 투자하여 운영하는 사업의 수입 · 지출을 명확화함으로써 경영의 합리화
- 행정기관의 재량성 확대, 적극성 · 창의성 도모를 통한 행정능률의 증진
- 행정기능의 전문화 · 다양화에 부응

(2) 기금

① 개념 : 국가의 특수한 정책목적을 실현하기 위해 예산원칙의 일반적인 제약으로부터 벗어나 좀 더 탄력적으로 운용할 수 있도록 특정 사업을 위해 보유 · 운용하는 특정자금으로 예산에 의하지 않고 운용 가능

② 기금의 운용(국가재정법)

㉠ 기금운용계획안의 수립

- 기금관리주체는 매년 1월 31일까지 당해 회계연도부터 5회계연도 이상의 기간 동안의 신규사업 및 기획재정부장관이 정하는 주요 계속사업에 대한 중기사업계획서를 기획재정부장관에게 제출하여야 한다(법 제66조 제1항).
- 기획재정부장관은 자문회의의 자문과 국무회의의 심의를 거쳐 대통령의 승인을 얻은 다음 연도 기금운용계획안 작성지침을 매년 3월 31일까지 기금관리주체에게 통보하여야 한다(법 제66조 제2항).
- 기금관리주체는 기금운용계획안 작성지침에 따라 다음 연도의 기금운용계획안을 작성하여 매년 5월 31일까지 기획재정부장관에게 제출하여야 한다(법 제66조 제5항).

기금의 특징
- 예산의 단일성 · 완전성 · 통일성 원칙의 예외
- **예산과의 차이**
  - 재원의 다양성, 유상급부
  - 자금 적립 가능
  - 특정 수입과 지출의 연계가 강함
  - 운용의 자율성 · 신축성

관리주체별 유형
- **정부관리기금(직접관리기금)** : 공무원연금기금, 양곡증권정리기금 등
- **민간관리기금(간접관리기금)** : 신용보증기금 등의 금융성기금

SEMI-NOTE

기금관리주체

기금관리주체는 국정감사 및 조사에 관한 법률에 따른 감사의 대상기관임

ⓛ 기금운용계획안의 국회제출

- 정부는 기금운용계획안을 회계연도 개시 120일 전까지 국회에 제출하여야 한다. 이 경우 기금운용계획안에 계상된 국채발행 및 차입금의 한도액은 예산총칙에 규정하여야 한다(법 제68조 제1항).
- 기금관리주체는 기금운용계획이 확정된 때에는 기금의 월별 수입 및 지출계획서를 작성하여 회계연도 개시 전까지 기획재정부장관에게 제출하여야 한다(법 제68조 제2항).

ⓒ 증액 동의 : 국회는 정부가 제출한 기금운용계획안의 주요항목 지출금액을 증액하거나 새로운 과목을 설치하고자 하는 때에는 미리 정부의 동의를 얻어야 한다(법 제69조).

ⓓ 기금운용계획의 변경

- 기금관리주체는 지출계획의 주요항목 지출금액의 범위 안에서 대통령령이 정하는 바에 따라 세부항목 지출금액을 변경할 수 있다(법 제70조 제1항).
- 기금관리주체는 기금운용계획 중 주요항목 지출금액을 변경하고자 하는 때에는 기획재정부장관과 협의 · 조정하여 마련한 기금운용계획변경안을 국무회의의 심의를 거쳐 대통령의 승인을 얻은 후 국회에 제출하여야 한다(법 제70조 제2항).
- 제2항에도 불구하고 주요항목 지출금액이 다음의 어느 하나에 해당하는 경우에는 기금운용계획변경안을 국회에 제출하지 아니하고 대통령령으로 정하는 바에 따라 변경할 수 있다(법 제70조 제3항).
  - 금융성 기금 외의 기금은 주요항목 지출금액의 변경범위가 10분의 2 이하
  - 금융성 기금은 주요항목 지출금액의 변경범위가 10분의 3 이하. 다만, 기금의 관리 및 운용에 소요되는 경상비에 해당하는 주요항목 지출금액에 대하여는 10분의 2 이하로 한다.

④ 기금결산 : 각 중앙관서의 장은 회계연도마다 소관 기금의 결산보고서를 중앙관서결산보고서에 통합하여 작성한 후 기획재정부장관에게 제출하여야 한다(법 제73조).

⑤ 기금운용의 평가

- 기획재정부장관은 회계연도마다 전체 기금 중 3분의 1 이상의 기금에 대하여 대통령령이 정하는 바에 따라 그 운용실태를 조사 · 평가하여야 하며, 3년마다 전체 재정체계를 고려하여 기금의 존치 여부를 평가해야 한다(법 제82조 제1항).
- 기획재정부장관은 평가결과를 국무회의에 보고한 후 국회에 제출하는 국가결산보고서와 함께 국회에 제출해야 한다(법 제82조 제3항).

금융성 기금과 비금융성 기금

구분	주요항목 지출금액 변경범위	통합재정	국회 심의 · 의결
금융성 기금	30% 이하	통합재정에 포함 안 됨	국회 심의 · 의결 대상
비금융성 기금	20% 이하	통합재정에 포함 됨	

(3) 통합예산(통합재정)

통합예산

정부부문에서 1년 동안 지출되는 재원의 총체적 규모로서, 국가는 물론 지방재정까지 포함하는 정부예산의 총괄표(회계가 아닌 재정통계이므로 현금주의로 작성됨)

① 의의 : 일반회계 · 특별회계, 기금 등을 모두 포함하는 정부의 재정활동을 체계적으로 한데 묶어 분류함으로써 재정규모의 파악과 재정이 국민경제에 미치는 효과를 파악하는 데 용이한 예산

② 특징

㉠ 법정예산인 일반회계와 특별회계 외 기금, 세입 · 세출 외 자금까지 포함해 예

산범위를 폭넓게 파악

㉡ 내부 거래는 물론 실질적 내부 거래에 해당하는 회계 간의 예탁, 이자지급 등의 거래까지 모두 공제한 예산순계 개념으로 작성됨

㉢ 재정의 국민경제적 효과를 분석할 수 있도록 경상거래와 자본거래를 구분하는 등 경제적 분류로 작성됨

(4) 예산절차상 분류 - 본예산, 수정예산, 추가경정예산

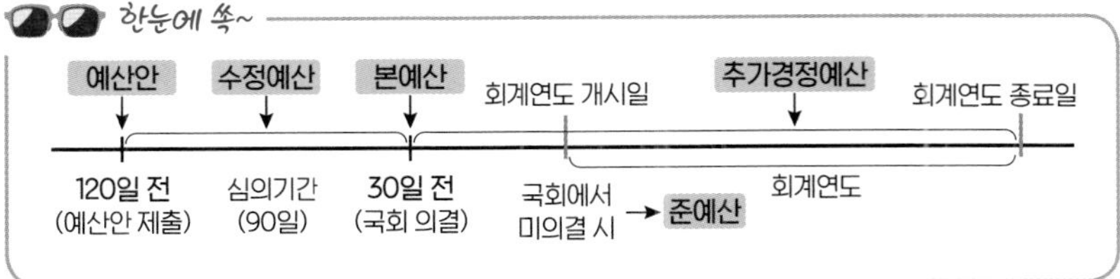

① 본예산

㉠ 정부가 예산을 편성하여 회계연도 개시 120일 전까지 국회에 제출하고 국회는 회계연도 개시 30일 전까지 의결하여 최초로 확정(성립)된 예산

㉡ 국회에 상정되어 정기국회에서 다음 회계연도 예산으로 정상적으로 의결 · 확정한 당초예산

② 수정예산

㉠ 정부가 예산안을 국회로 제출한 후 예산이 최종 성립(의결) 전에 국내외 여건의 변화로 부득이하게 예산안 내용의 일부를 수정하여 편성 · 제출한 예산

㉡ 제출된 수정예산안은 국회 상임위원회와 예산결산특별위원회의 심사를 받아야 함(이미 제출한 예산안에 대한 심사가 진행 중인 경우는 함께 심사하며, 이미 제출한 예산안의 심사가 종료된 경우에는 별도 수정예산안에 대한 소관 상임위원회와 예산결산특별위원회의 종합심사를 받아야 함)

③ 추가경정예산 ✪ 빈출개념

㉠ 의의

- 예산이 국회를 통과하여 확정(성립)된 후에 생긴 사유로 인하여 이미 성립된 예산에 추가 · 변경이 있을 때 편성되는 예산
- 예산 단일성의 원칙에 대한 예외로, 마지막 추가경정예산을 최종예산이라고 함

㉡ 편성 사유 : 국가재정법에서는 재정건전성 제고를 위해 추가경정예산이 편성되는 경우를 다음으로 제한하고 있음

- 전쟁이나 대규모 자연재해가 발생한 경우
- 경기침체, 대량실업, 남북관계의 변화, 경제협력과 같은 대내 · 외 여건에 중대한 변화가 발생하였거나 발생할 우려가 있는 경우
- 법령에 따라 국가가 지급하여야 하는 지출이 발생하거나 증가하는 경우

㉢ 특징

- 정부는 국회에서 추가경정예산이 확정되기 전에 미리 배정 · 집행할 수 없음

SEMI-NOTE

통합재정의 유용성

- 정부의 전체적 재정규모 파악
- 재정운영의 건전성 파악
- 재정지표의 국가 간 비교 용이
- 재정의 국민경제적 효과 분석
- 정책수립의 능률화

우리나라의 수정예산

우리나라에서는 수정예산이 지금까지 총 4회 편성됨(1970년 · 1981년 · 2009년의 본예산, 1980년의 추가경정예산)

추가경정예산

본예산과 별개로 성립하지만, 본예산의 항목 · 금액을 추가하거나 수정하는 것으로, 추가경정예산이 일단 성립하면 본예산이 흡수되어 본예산과 추가경정예산을 통산하여 전체로서 집행하게 되므로 당해 회계연도 결산에 당연히 포함됨

수정예산과 추가경정예산의 비교

예산의 편성 후에 변경된다는 점에서 추가경정예산과 유사하나, 추가경정예산은 예산안이 국회를 통과하여 성립된 후에 변경되는 데 비해 수정예산은 예산안이 국회를 통과(최종의결 · 성립)하기 전에 수정된다는 점에 차이가 있음

SEMI-NOTE

• 추가경정예산은 본예산과 별개로 성립하지만 성립 후에는 통합하여 운용됨
• 우리나라의 경우 매년 평균 1~2회 정도의 추가경정예산이 편성되고 있음

(5) 예산 불성립 시 제도 – 준예산, 가예산, 잠정예산

① 준예산

㉠ 의의 : 새로운 회계연도가 개시될 때까지 예산이 불가피하게 성립되지 못한 경우 정부가 국회에서 예산안이 의결될 때까지 일정 범위 내에서 전년도 예산에 준하여 경비를 지출할 수 있는 제도

㉡ 특징

• 예산불성립 시 이용하도록 규정된 것으로 예산 사전의결의 원칙에 대한 예외
• 지출기간의 제한이 없으며(해당 연도의 예산이 성립할 때까지 제한 없이 사용 가능), 국회의 의결도 불요
• 해당 연도 예산이 성립되면 준예산은 효력을 잃으며, 그동안 집행된 예산은 성립된 예산에 의해 집행된 것으로 간주

우리나라의 준예산

우리나라는 제2공화국 헌법 때(1960년)부터 현재까지 준예산 제도를 채택하고 있으나, 사유가 발생하지 않아 사용한 적은 없음(지방자치법상 지방정부의 준예산은 2004년 부안군, 2013년 성남시에서 사용한 적 있음)

준예산의 지출용도

• 헌법이나 법률에 의하여 설치된 기관 또는 시설의 유지 · 운영
• 법률상 지출의무가 있는 경비
• 이미 예산으로 승인된 사업의 계속을 위한 경비(계속비)

② 가예산

㉠ 회계연도 개시일 전까지 예산안이 성립되지 못한 경우 최초 1개월분을 국회의 의결로 집행할 수 있는 예산제도

㉡ 1개월간의 기간 제한이 있다는 점에서 잠정예산과 다르며, 국회의결을 필요로 한다는 점에서 준예산과 다름

㉢ 우리나라는 제1공화국 때 사용된 적이 있으며(총 9차례 의결되어 6차례 사용됨), 프랑스는 제3 · 4공화국 때 실시한 적이 있음

③ 잠정예산

㉠ 회계연도 개시 전까지 본예산이 성립되지 않았을 때 잠정적으로 예산을 편성하여 의회에 제출하고 의회의 사전의결을 얻어 사용하는 제도. 사용기간은 대부분의 국가에서 규정되어 있지 않으며 의회 의결 시 정해지기도 함

㉡ 영국 · 미국은 예산심의 제도상 관행적으로 사용, 일본은 부득이한 경우 예외적으로 사용함. 우리나라는 사용한 적 없음

미국의 잠정예산

미국은 의회가 회계연도 개시 전에 예산법을 통과시키지 못하면 잠정예산법을 의결하여 운영하나 잠정예산법도 의결되지 않거나 의결된 잠정예산법을 대통령이 거부하여 잠정예산이 성립되지 못하면 예산부족이 발생하고 예산배정 및 예산집행이 불가능해져 연방정부폐쇄(shut-down)가 이루어짐

(6) 조세지출예산

① 의의

㉠ 조세지출은 각종 사회적 · 경제적 목적의 달성을 위해 세제상의 혜택(조세감면 · 비과세 등)을 통해 특정 활동이나 특정 집단에게 지원을 해주는 것. 정부가 특정목적을 달성하기 위해 당연히 징수해야 할 세금을 거두지 않는 세제상의 특혜적 지원책으로 통상적 예산에 나타나는 직접지출(direct expenditure)에 대비되는 개념

직접지출(예산지출)	재화나 용역을 구입하거나 민간에 보조금 형태로 지원
조세지출(간접지출)	• 징수해야 할 조세를 면세 · 감액함으로써 지원(조세우대조치) • 형식적으로는 조세의 일종이지만, 실질적으로는 보조금(숨은 보조금)

조세지출

• 예산상의 지출(직접지출)과 대비되는 간접지출 수단에 해당되며, 형식은 조세이나 실질은 지출에 해당된다는 점에서 '숨은 보조금'이라고도 함
• 지나치게 이용하면 국고수입의 상실과 과세 불공평, 자원배분의 비효율성 등을 초래하게 됨(조세특혜, 합법적 탈세 등)
• 직접지출보다 신설이 용이하며, 일단 신설되면 폐지가 곤란하고 법률에 따라서 이루어지므로 지속성과 경직성이 강함

ⓛ 국가의 경제 · 사회적 목적 달성을 위해 비과세 · 감면 · 공제 등을 통해 특정 산업을 보호 · 육성하기 위한 정책적 수단

② 연혁

㉠ 1967년 독일(서독)에서 처음 도입되었고, 1974년 미국의 예산개혁법에서 예산제출 시 조세지출 내역을 매년 함께 제출하도록 제도화한 이후 대부분의 선진국이 도입

ⓛ **우리나라** : 1999년부터 재정지출의 효율화를 위해 기획재정부가 재정지출보고서를 매년 의회에 제출하여 예산심의 자료로 활용하였고, 2007년 제정된 국가재정법에서 2011년 회계연도부터 기획재정부장관이 조세지출예산서를 작성 · 제출하도록 규정(지방정부의 경우 2010년부터 지방세지출예산제도를 도입)

02절 예산결정이론 및 예산제도론

1. 예산결정이론

(1) 합리주의

① **의의** : 예산결정과 관련된 모든 요소를 과학적 분석기법을 사용하여 총체적 · 종합적으로 검토 · 결정하는 예산이론. PPBS(계획예산제도), ZBB(영기준예산제도) 등

② **원리**

㉠ **과정** : 합리적 · 분석적 의사결정을 걸쳐 예산을 배분 및 결정

ⓛ **결과**

거시적 배분	예산 총액의 적정규모와 관련된 것으로, 공공부문과 민간부문 간의 적절한 자원 배분을 뜻함. 합리주의에서는 공공재와 민간재 간의 사회무차별곡선과 생산가능곡선이 만나는 점에서 자원의 적정 배분이 이루어진다고 봄
미시적 배분	공공부문 내의 자원 배분 문제로서 주어진 예산 총액의 범위 내에서 각 사업 간의 자금 배분을 뜻함. 소비자가 주어진 소득으로 효용을 극대화하도록 재화의 소비량을 결정하는 원리인 '한계효용 균등의 원리'가 적용된다고 봄

③ **특징**

㉠ 의사결정의 합리모형을 예산결정에 적용(경제적 합리성을 중시)

ⓛ 목표와 수단을 구분하고, 목표 달성을 극대화할 수 있는 수단 강구

ⓒ 결정과 관련된 모든 요소를 종합적으로 검토하는 총체적 · 통합적 접근

ⓔ 대안에 대한 종합적이고 완전한 정보를 획득하고 최적의 대안을 선택

ⓜ OR(관리과학), 경제적 분석 등을 통해 정부 정책을 선택

ⓑ 절대적 합리성을 추구하고 사업비용의 극소화를 강조

ⓢ 분석은 하향적 · 거시적으로 이루어지는 경우가 많음

SEMI-NOTE

계획예산제도(PPBS)

계획예산(PPBS ; Planning Programming Budgeting System)이란 장기적인 계획수립(planning)과 단기적인 예산(budgeting)을 프로그램 작성(programming)을 통하여 유기적으로 결합시킴으로써 자원배분에 관한 의사결정을 합리적으로 행하려는 제도

합리주의 예산이론의 한계

- 경제적 · 기술적 합리성의 지나친 강조
- 정치적 합리성 무시(이해관계의 조정을 경시, 의회 심의기능 약화)
- 인간의 인지적 한계, 과다한 비용 소모
- 문제나 목표의 불명확성 및 목표설정의 곤란
- 계량화가 불가능한 예산단위를 무리하게 수량화 · 전산화
- 예산결정의 집권화(PPBS 등)
- 절차의 복잡성과 공무원의 보수적 태도(PPBS, ZBB의 실패요인)

SEMI-NOTE

품목별예산제도(LIBS)

품목별예산(LIBS ; the Line Item Budgeting System)은 지출의 대상과 성질에 따라 세부 항목별로 분류하여 편성하는 예산

성과주의예산제도(PBS)

성과주의예산(PBS ; Performance Budgeting System)은 예산사업마다 업무단위를 선정한 후 업무단위의 원가와 업무량을 통해 예산액을 계산해서 사업별 · 활동별로 분류해 편성하는 예산제도

윌다브스키의 점증주의 예산의 특징

- 예산결정은 경험적임
- 예산결정은 단순화됨
- 예산결정은 만족화기준을 사용함
- 예산결정은 점증적임

선형적 함수관계

예산이 매년 5%씩 증가한다고 할 때 전년도 예산액(x)과 금년도 예산액(y) 간에는 'y = 1.05x'와 같은 일정한 규칙적인 함수관계가 존재한다는 것임

(2) 점증주의

① 의의

㉠ 전년도의 예산액을 기준으로 다음 연도의 예산액을 결정하는 방법

㉡ 총체주의의 비현실성을 완화하여, 상황의 불확실성과 인간 능력의 부족을 전제로 한 결정이론

㉢ 린드블롬(Lindblom), 윌다브스키(Wildavsky) 등이 의사결정의 점증모형을 예산에 적용

㉣ LIBS(품목별예산제도), PBS(성과주의예산제도) 등

② 원리

㉠ 과정

거시적 과정	수많은 관련 기관(입법부, 행정부, 각 부처, 관련 집단 등)의 정치적 상호작용(상호 조절)
미시적 과정	연속적이고 제한된 비교 분석으로, 모든 대안을 포괄적으로 검토하는 것이 아니라 제한된 수의 대안만을 비교하여 결정하는 방식을 따름

㉡ 결과

- 총예산규모 : 뚜렷하게 점증적이면서, 예산은 전년도 예산(base)의 함수. 윌다브스키는 예산을 기초액(base)과 공평한 몫의 추가적 배분(fair share)으로 정의
- 기관 간 관계 : 행정부와 의회 간 또는 기관 간 선형적 · 안정적 · 규칙적 함수 관계
- 사업별 예산 : 총액이 아닌 사업(program)으로 볼 때에는 비점증적 형태

③ 특징

㉠ 예산결정은 보수적 · 단편적 · 선형적(경향적) · 역사적 성격(전년도 예산을 기준으로 하여 소폭의 증감으로 결정)

㉡ 정치적 · 과정 중심적 예산결정(다원주의, 정치적 합리성)

㉢ 예산결정을 오류로부터 점차 수정 가능한 연속과정으로 파악

㉣ 전체 대안이 아닌 중요한 몇 가지 대안만 고려하며, 대안에 대한 부분적 분석에 치중

㉤ 비합리적이며 주먹구구식의 성향으로 품목별예산과 성과주의예산에 적합

㉥ 분석은 상향적 · 미시적으로 이루어짐

④ 한계

㉠ 보수주의적 성격(정치적 실현가능성과 결정체제의 안정성에 치중)

㉡ 예산개혁을 위한 규범이론으로서의 한계

㉢ 점증의 정도나 대상 등에 대한 합의 부족

㉣ 이론적 설명의 불충분(특히, 최근 예산감축을 강조하는 하향적 · 거시적 예산결정을 설명하지 못함)

㉤ 자원 부족 시 적용이 곤란

2. 예산제도 빈출개념

(1) 예산제도의 발달 단계

한눈에 쏙~

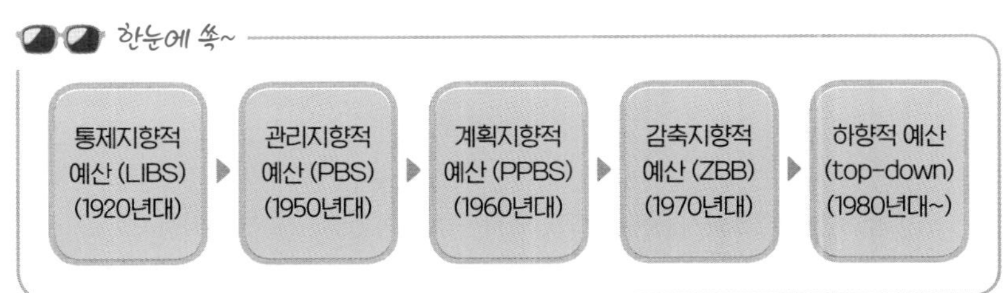

① 통제지향적 예산

㉠ 전통적인 통제지향적 예산제도는 1920년대 품목별예산(LIBS)이 대표적

㉡ 수입과 지출에 적정화를 기하며, 특히 좁은 문제(투입)에 관심을 가져 세출예산에 있어서 낭비를 억제하는 데 중점을 둠

㉢ 통제기능에 중점을 두며, 합법성이나 민주성을 중시함

② 관리지향적 예산

㉠ 1950년대 성과주의예산(PBS)이 대표적

㉡ 다소 구체적인 문제(투입과 산출)에 관심을 가지며, 지출된 예산으로 최대의 성과를 얻으려는 능률성을 중시함

③ 계획지향적 예산

㉠ 1960년대 계획예산(PPBS)이 대표적

㉡ 광범위한 문제(장기적 목적)에 관심을 가지며, 장기목표의 달성을 위해 기획과 예산을 연결하여 효과성 제고를 추구함

④ 감축지향적 예산

㉠ 1970년대 영기준예산(ZBB)이 대표적

㉡ 석유파동을 계기로 재정난 해소를 위한 감축기능 중시

㉢ 영기준을 적용하여 사업의 우선순위에 따라 예산을 편성 · 결정

⑤ 하향적 예산

㉠ 미국 레이건(Reagan) 정부에서 적극적으로 추진되었으며, 성과주의예산과 계획예산, 영기준예산의 특징을 포괄하며, 특히 성과주의예산에 대하여 새로운 관심을 가짐

㉡ 하향적 예산(top-down budgeting)은 재정지출 증가를 억제하고 효과적인 목표 달성을 위해 행정수반(기관장)에게 예산에 대한 전반적인 관리권을 부여함

SEMI-NOTE

예산제도의 의의 및 발달

- 예산제도는 예산개혁의 결과로 새로 구성되는 예산과정을 말하며, 예산개혁은 예산과정에 합리적인 절차를 도입하려는 방향으로 전개되어 왔음
- 일반적인 예산제도의 발달과정(예산개혁의 과정)은 품목별예산에서 프로그램예산으로 전개 · 발달되어 왔으며, 프로그램예산은 성과주의, 계획예산, 영기준예산, 신성과주의예산의 순으로 전개됨

시대별 미국 예산개혁

- 1900년대 초반 : 품목별예산(LIBS)
- 1950년대 : 성과주의 예산(PBS)
- 1960년대 : 계획예산(PPBS)
- 1970~1980년대 : 영기준예산(ZBB)
- 1990년대~ : 결과지향예산

윌다브스키의 예산문화론(비교예산론)

예산결정의 중요한 환경변수인 국가의 경제력과 재정의 예측성을 통해 각국의 예산결정행태를 비교 · 설명. 예산결정은 기존예산에 공평한 몫의 배분이 추가된다는 점증주의의 우월성에 기초하여 미국 같은 다원주의 사회에서는 완전한 합리주의 예산의 도입은 불가능하며 바람직하지 않다고 봄

SEMI-NOTE

품목별예산제도의 연혁

- 근대 국가의 국왕이 가지고 있던 재정권을 의회가 통제하려는 노력에서 연유한 것으로 봄
- 20C 초 미국 정부운용의 부정부패를 막으려는 진보주의 운동으로 등장. 1912년 능률과 절약을 위한 대통령위원회(태프트 위원회)의 권고로 1921년 예산회계법 제정과 함께 행정부제출 예산제도가 확립되면서 대부분의 연방부처에 도입

품목

품목에는 일반적으로 인건비(기본급, 수당 등), 물건비(운영비, 여비, 장비구입비 등), 경상이전비(보조금, 출연금, 배상금 등), 자본지출(시설비, 토지매입비 등), 융자 · 출자, 보전재원, 정부내부거래, 예비비 등이 있음

성과주의예산의 도입

지출목적이나 사업성과가 불분명한 품목별예산의 문제점을 극복하기 위해 1950년대 행정국가의 등장과 함께 도입됨(1950년 미국 Truman 행정부에서 최초로 도입)

성과주의예산 관련 주의사항

성과주의예산은 사업계획과 예산을 연계시키며 정부계획 수립이 용이하지만 계획예산(PPBS)에 비하면 개별적인 단위사업을 중시하므로 장기적인 계획과의 연계가 약하며 정책목표달성을 위한 사업의 우선순위 분석이나 정책대안의 비교 · 평가 등 계획 · 기능 · 활동 간의 비교 · 측정에 관한 가치판단의 기준을 제공하지 못함

(2) 품목별예산제도(LIBS ; Line Item Budget System)

① 특징

㉠ **1년주의** : 매년 반복되는 1년 주기의 단기예산으로, 단년도 지출에 초점을 둠

㉡ **점증적 예산 결정** : 대안의 평가에 무관심하며 전년도 결정에 따라 점증적인 결정이 이루어짐

㉢ **투입(비용) 중심** : 기관의 지출에 대해서만 관심을 가지므로 지출효과나 예산절감에는 관심을 두지 않음

㉣ **품목별 분류** : 예산을 품목별로 표시하므로 사업별 비교가 불가능함

㉤ **통제 지향** : 예산의 통제기능을 강조하므로 입법부 우위의 예산원칙이 적용됨

② 장단점

장점	단점
• 편성 및 운영방법이 비교적 간단 · 용이하며, 이해가 용이(모든 예산편성의 기초) • 지출예산별 금액이 표시되므로 재정적 한계와 공무원의 회계책임이 명확하고, 부패가 억제됨 • 명시된 지출품목 이외에 지출 불가능(비능률적 지출이나 초과지출을 억제) • 정책에 대해 중립적이며 다양한 정책과 조화가 가능	• 예산의 지나친 세분화로 예산집행의 신축성 · 자율성 · 융통성을 저해 • 산출(사업)이 아닌 투입(예산) 중심의 예산편성으로 인해 정부 사업에 대한 전체적 상황파악이 곤란(각각의 예산항목만 강조하여 사업이나 정책우선순위를 경시) • 사업 성과와 정부생산성에 대한 정확한 평가가 곤란

(3) 성과주의예산(PBS ; Performance Budget System)

① 특징

㉠ 예산의 배정과정에서 필요 사업량이 제시되므로 예산과 사업의 연계가 가능

㉡ 주요사업을 세부 사업(활동)으로 나누고 각 세부 사업마다 업무측정단위(성과단위)를 선정한 후, 하나의 업무측정단위의 원가(단위원가)와 업무량을 통해 예산액을 산출

㉢ 품목별예산이 통제지향적 예산제도인 데에 비해, 성과주의예산은 능률 · 관리지향적 예산제도임

② 장단점

장점	단점
• 관리층에 효율적인 관리수단을 제공하며, 의사결정력 제고(의사결정의 합리화) • 국민과 의회가 정부사업의 목적과 활동을 이해하기 쉬움 • 실적평가 및 장기계획 수립 및 실시에 유용하며, 차기 회계연도 예산 반영 가능 • 예산편성에 있어 자원배분의 합리화 · 효율화에 기여함	• 품목별 분류에 비해 입법부의 엄격한 예산통제가 곤란함(통제지향이 아닌 능률 · 관리지향적 예산제도) • 이미 확정된 사업에 한정된 우선순위 분석이나 대안평가로는 합리적 검토가 곤란함 • 자원배분결정의 합리성이 부족함 • 업무측정단위(성과단위) 선정 및 단위원가 계산 등 기술적으로 곤란함

(4) 계획예산(PPBS)

① 단계

한눈에 쏙~

㉠ 기획(planning, 장기 계획 수립) : 장기 재정계획을 수립하고 조직의 목표와 그 우선순위를 결정하는 단계로, 목표 달성을 위한 대안의 비교를 위해 비용편익분석 등 체제분석을 사용함

㉡ 사업계획 작성(programming) : PPBS 전체에서 핵심적인 단계

- 실시계획 결정 : 장기 계획을 실행하기 위한 구체적 활동단계로, 실행 방법 및 가능성을 검토하여 사업의 실시계획을 작성
- 사업구조 작성 : 사업을 세분화하여 사업구조(프로그램구조) 작성(사업범주 · 하위사업범주 · 사업요소)
- 사업재정계획 작성 : 산출과 연차별 소요예산에 관한 종합표로서 보통 5년의 연동계획으로 작성

㉢ 예산편성(budgeting)

- 구체적인 실시계획을 예산에 반영하는 단계로, 1회계연도의 실행예산을 편성(단기적 예산편성)
- 채택된 프로그램의 초년도분을 실시하는 데 필요한 자금을 뒷받침하는 단계

② 특성

㉠ 목표지향성 : 조직목표를 구체적으로 설정하고 이를 효과적으로 달성할 수 있는 활동을 산출로 표시(목표의 명확한 정의)

㉡ 효과성 : 투입보다 최종산출물 등 목표 달성도를 중시(대안을 비교 · 평가하여 효과성 높은 대안을 선택)

㉢ 절약과 능률 추구 : 최소의 자원을 투입하여 최대의 효과 산출을 추구

㉣ 과학적 객관성과 합리성 : 주관과 편견을 배제하고 체제분석 등 과학적 분석기법을 이용하는 합리주의 예산(비용편익분석 등 계량적 · 체계적 분석 기법 사용을 강조)

㉤ 장기적 안목 : 장기적 시계에서 프로그램 선택 · 예산편성(장기계획과 예산을 유기적으로 연결시키는 연동예산)

㉥ 균형 조정 : 체제예산의 성격을 지니므로 균형과 조화를 추구하며 대립을 조정하는 특성을 지님

SEMI-NOTE

계획예산

장기적인 계획수립(planning)과 단기적인 예산(budgeting)을 프로그램 작성(programming)을 통하여 유기적으로 결합시킴으로써 자원배분에 관한 의사결정을 합리적으로 행하려는 제도

사업구조의 구성

- 사업범주(program category) : 조직 상층부가 전략적으로 결정하는 대단위사업
- 하위사업범주(program subcategory) : 사업범주를 다시 분류한 중간단위의 사업
- 사업요소(program element) : 사업구조의 기본단위로서 최종산물을 생산하는 부처의 활동(산출을 명백히 정의할 수 있어야 하며 부처의 최종산물이어야 함)

계획예산의 도입 및 채택

- 1958년 미국 랜드(RAND) 연구소의 노빅(Novick), 히치(Hitch) 등이 프로그램 예산을 개발, 국방성에 건의하면서 비롯됨
- 1960년 히치와 맥킨(McKean)은 《핵시대의 국방경제학》에서 계획예산제도의 채택을 주장
- 1963년 맥나마라(McNamara) 국방장관은 국방성에 계획예산을 시범적으로 도입
- 1965년 존슨(Johnson) 대통령에 의해 연방정부에 도입되었으나 1971년 닉슨(Nixon) 행정부 등장으로 중단
- 우리나라에서는 1979년 국방부가 도입하였고, 1983년 이후 본격적으로 채택됨

SEMI-NOTE

③ 장단점

장점	단점
• 예산과 기획에 관한 의사결정의 연계(일원화)로 합리적 결정과 조직의 통합적 운영이 가능 • 절약과 능률을 제고하며 자원배분의 합리화에 기여 • 조직 간 장벽을 제거하고 활발한 의사교환으로 조직의 통합적 운영 실현(부서 갈등의 조정 등) • 정책목표를 명확히 하며 목표 달성을 위한 효율적 수단 분석이 가능	• 최고관리층의 권한 강화(의사결정의 중앙집권화)로 하급공무원 및 계선기관의 참여 곤란, 상황변화에 대한 신속한 적응 곤란 • 행정목표의 무형성 · 추상성으로 명확한 목표 설정 및 사업구조 작성이 곤란 • 목표 간 우선순위 결정이 곤란하여 목표 간의 갈등과 대립이 빈발 • 정치적 합리성이나 다원적 이해관계 반영을 경시(경제적 합리성에 치중)

(5) 영기준예산(ZBB)

① 편성 절차

ZBB와 PPBS의 의사결정단위

- PPBS : 의사결정단위는 사업단위 → 단위 설정의 경직성
- ZBB : 의사결정단위는 사업단위 또는 조직단위 → 단위 설정의 융통성

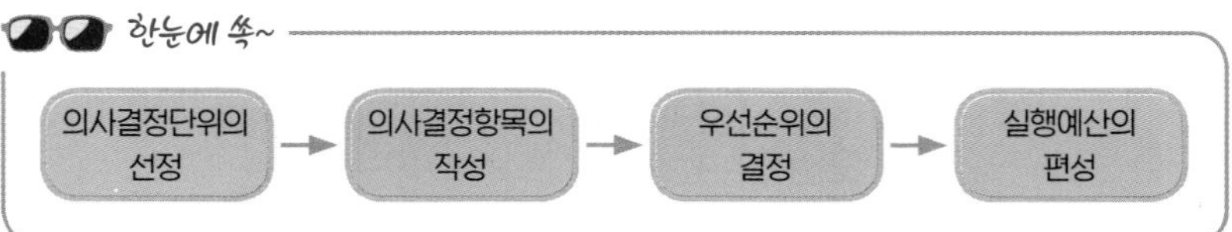

의사결정항목

ZBB의 핵심적인 작업으로, 의사결정단위에 대한 분석 및 평가결과를 명시해 놓은 기본문서

② 장단점

장점	단점
• 모든 사업을 전면적 · 체계적으로 분석 · 평가하여 결정, 자원배분을 합리화 • 예산의 감축으로 자원난 극복에 기여 • 운영기준 및 정보제공으로 계층 간 상호정보교류 및 융통성 확보가 가능 • 하의상달로 각 수준의 관리자 참여가 가능하며 지도자 훈련의 기회 제공	• 기득권자의 저항 등으로 실제 정부사업 축소나 폐지가 곤란 • 소규모 조직이 희생될 가능성 증가 • 사업활동과 대안개발에 고도의 전문지식과 기술을 요하며, 업무량과 시간이 과중 • 가치판단영역에 비용효과분석의 적용과 경제적 서비스를 평가 · 결정하는 한계

ZBB와 일몰법의 조화

일몰법의 기본적 목적은 행정기관이나 사업의 종결보다는 평가에 의한 행정부의 책임성의 증대와 비효율적 행정의 비대화를 방지하는 장치로서, 우선성을 기준으로 하는 자원배분인 점에서 ZBB와 유사함. ZBB는 매년 반복되는 단기적 예산심사여서 장기적 시야가 결여되므로 일몰법에 의해 이를 보완할 수 있고, 일몰법에 의한 사업의 장기적 권한부여에 있어 자원, 실질적 목표, 사업성질, 예산결과를 ZBB로 파악할 수 있음

실력up 영기준예산과 일몰법(sunset law)의 비교

구분	영기준예산(ZBB)	일몰법(sunset law)
차이점	• 예산편성에 관련된 행정적 과정 • 조직 각 수준의 관리자(상층 + 중하층) 참여, 모든 수준의 정책심사 • 매년 사업재평가 실시(단기적)	• 예산에 관한 심의 · 통제를 위한 입법적 과정 • 행정 상위계층의 주요정책 심사 • 3~7년(장기적)
공통점	• 자원난 시대에 대비하는 감축관리의 일환 • 기득권의식을 없애고 자원의 합리적 배분을 기함 • 현 사업의 능률성 · 효과성을 검토하여 사업계속 여부를 결정하기 위한 재심사	
조화	매년 반복되는 단기적 예산심사인 ZBB는 장기적인 시야가 결여되므로 일몰법에 의해 이를 보완할 수 있고, 일몰법에 의한 사업의 장기적 권한 부여에 있어 자원, 실질목표, 사업의 성질, 예산결과를 ZBB 방법으로 파악할 수 있음	

(6) 최근의 개혁적 예산제도

① 총괄배정예산(bulk budgeting) : 중앙예산기관이 상한선에 의하여 총괄적인 규모로 재원을 배분한 후, 각 부처로 하여금 분야별 재원범위 내에서 사업 우선순위에 따라 예산을 편성하도록 하고 다시 중앙예산기관이 이를 최종 조정하는 제도

② 지출통제예산(expenditure control budget) : 각 부처가 부서 내 모든 지출항목을 없애고 중앙예산기관이 정해준 예산총액의 범위 내에서 구체적인 항목별 지출을 집행기관의 재량에 맡기는 성과지향적 예산제도

③ 산출예산(output budget)

㉠ 의의 : 1989년 뉴질랜드 정부에서 실시한 제도로, 공공서비스의 생산과정인 투입 – 산출 – 효과' 단계 중 재화 및 서비스의 산출에 모든 초점을 맞춰 예산을 편성하는 제도(정부가 재화와 서비스의 독점공급자이므로 산출물의 시장가격이 형성될 수 없기 때문에 등장한 개념)

㉡ 특징 : 실제 수입과 지출을 정확히 파악하기 위해 발생주의 회계방식을 사용하며, 재무성과표가 작성되므로 정부서비스의 가격을 정확히 산정하고 경영성과를 명확히 평가할 수 있음

④ 운영예산(operating budget)

㉠ 의의 : 1987년에 호주에서 도입한 예산제도로서, 예산을 크게 사업비와 운영비로 구분하고, 경상비에 해당하는 행정경비를 운영경비라는 항목으로 통합하여 운영하는 제도

㉡ 특징 : 각종 행정경비를 하나로 통합하여 운영하며, 운영비의 신축적 운영으로 운영비의 상한선 내에서는 관리자가 재량적으로 운용할 수 있으며 각종 행정경비 간의 전용이 보다 용이함

⑤ 다년도예산(multi–year budget) : 1년 단위의 단년도예산의 문제점을 극복하기 위해 3년 이상의 장기적 안목에서 자유로이 정책을 결정한 후, 이를 기초로 여러 해에 걸친 다년도예산을 편성할 수 있는 제도

(7) 최근 우리나라의 주요 재정개혁제도

① 의의 : 노무현 정부는 3대 재정개혁과제로 국가재정운용계획(2003년 도입), 성과관리제(2003년 도입), 총액배분자율편성제(top–down예산, 2004년 도입, 2005년도 예산편성부터 적용)를 시행하고 국가재정법에 명문으로 규정, 2007년부터 디지털 예산회계시스템을 도입

② 총액배분 · 자율예산편성제(사전재원배분제, top–down 방식)

㉠ 의의 : 단년도 예산편성방식과 달리 재정당국(기획재정부)이 국정목표와 우선순위에 따라 장기(5개년) 재원배분계획을 수립하면, 국무위원들이 토론(국무회의)을 통해 연도별 · 분야별 · 부처별 지출한도를 미리 설정하고(Top–Down), 각 부처는 그 범위 내에서 사업의 우선순위에 따라 자율적으로 개별 사업별 예산을 편성 · 제출하여 협의 · 조정하고, 재정당국이 이를 심사하여 정부예산을 최종 확정하는 제도

SEMI-NOTE

지출통제예산의 특징

지출의 자율성, 전용의 신축성, 이월의 허용과 효율성 배당제도(지출수요에 따라 예산운용을 신축적으로 함으로써 절감된 예산은 다음 연도에 이월하여 해당 부처가 사용할 수 있도록 하는 것), 자율과 책임의 조화

신성과주의예산(NPB ; New Performance Budgeting)

예산집행 결과 어떠한 산출물을 생산하고 어떤 성과를 달성하였는가를 측정하여 이를 기초로 평가하는 결과 중심의 예산체계로 1990년대 책임성 확보를 강조하는 선진국 예산개혁 방향을 성과평가를 통해 연계시킨 제도를 말함

다년도예산의 특징

- 매년 예산편성 작업에 따른 업무의 부담을 경감
- 연도 말 과대집행(지출)에 따른 낭비 방지
- 충분한 심의 기간 확보에 따른 예산심의 충실화
- 예산편성보다 예산집행의 성과평가에 대한 관심을 제고

총액배분 · 자율예산편성제의 특징

- 전략적 재원배분(기획)과 부처 자율(분권적 접근)을 결합
  - 거시예산 : 정책과 우선순위에 입각한 전략적 재원배분 방식
  - 유사 소유권 개념이 부여된 예산 : 부처의 자율과 책임을 동시에 강조
  - 비교우위 개념에 부합하는 역할 분담 : 중앙예산기구는 재원배분 계획과 전략을 수립하고, 개별 사업부처는 집행업무를 담당하는 체계를 정립
- 예산에 대한 주된 관심을 금액에서 정책으로 전환
- 예산 배정과 집행관리의 강화와 수시 점검

SEMI-NOTE

총액배분 · 자율예산편성제의 도입배경
상향식 예산편성제도의 한계로 인하여 개별사업별 검토중심의 단년도 · 상향식 예산편성방식을 탈피하고, 사전에 국가재원을 정책과 우선순위에 따라 전략적으로 배분하고, 이에 따라 각 부처가 예산을 자율적으로 편성하는 방식으로, 예산편성방식을 전면 혁신하여 2004년 도입. 참여정부의 4대 재정개혁과제로 추진

재정사업자율평가
- 각 부처가 재정사업을 자율적으로 평가하고 기획재정부가 이를 확인 · 점검하여 예산편성 시 활용
- 미국 OMB(관리예산처)의 PART (Program Assessment Rating Tools)를 우리 현실에 맞게 수정 적용한 것

재정사업심층평가
정밀검토가 필요하다고 판단되는 소수의 개별 재정사업에 대해 심층평가를 실시하고 재정운용에 활용

ⓒ 예산운용절차
- 국가재정운용계획수립 : 중앙예산기관은 각 부처가 제출한 중기사업계획서상의 신규사업 및 계속사업계획을 기초로 연차별 재정규모와 분야별 · 부처별 지출한도의 초안을 협의과정으로 통해 준비. 지출한도계획의 초안은 국무회의에 제출되고 국무회의는 국정목표와 우선순위에 따라 국가재정운용계획(5개년 연동계획)을 결정 · 공표
- 지출한도 설정 : 국가재정운용계획을 토대로 국무회의에서 분야별 · 부처별 지출한도를 미리 설정하여 기획재정부장관이 예산편성지침 · 기금운용계획안작성지침에 포함하여 통보(top-down). 지출한도는 칸막이식 재원확보 유인을 차단하기 위해 일반회계 · 특별회계 · 기금을 모두 포함하여 설정
- 각 부처의 예산 요구 : 각 부처는 부처별 · 부문별 지출한도와 편성기준에 따라 부처의 우선순위를 반영하는 예산요구서를 작성하여 기획재정부장관에게 제출
- 정부의 예산안 결정 : 기획재정부장관은 각 부처의 예산요구가 지출한도와 편성기준을 준수했는지 검토하고 국가재정운용계획의 정책방향과 우선순위에 부합되는지 확인한 후 각 부처의 예산요구를 수정 · 보완하여 정부 예산안 편성 · 확정

③ 성과관리제

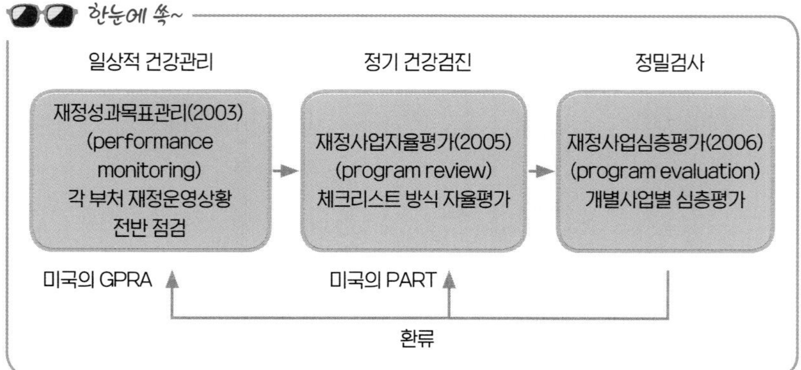

㉠ 도입목적
- 성과계획서에 명시된 성과지표의 목표치와 사업진행 후 실적치를 비교 · 분석하여 예산편성 과정에 환류시킴으로써 예산과정의 효율성 · 효과성 제고
- 예산편성 및 집행의 자율성과 책임성 · 투명성 제고

ⓒ **재정성과목표관리** : 매년 부처별로 전략목표-프로그램목표(성과목표)-단위사업 체계를 바탕으로 성과지표를 사전에 설정한 후 이에 따라 성과를 평가하고 재정운영에 환류. 미국의 GPRA(Governmnet Performance and Results Act)를 벤치마킹해 도입

SEMI-NOTE

03절 예산과정

1. 예산과정의 개관

(1) 예산과정의 의의

㉠ **의의** : 일반적으로 예산은 매년 '편성 → 심의 → 집행 → 결산 및 회계검사'의 순환과정을 거치는데, 이를 예산과정이라 함

㉡ **특징**

- 합리성 : 한정된 자원의 합리적 배분에 관한 의사결정과정이면서 정책결정과정 – 경제적 합리성 확보를 위해 분석적 · 계량적 방법 활용
- 정치성 : 가치배분을 둘러싼 정치투쟁과정으로서 고도의 정치적 성격 – 여러 참여자 간 영향력의 균형 및 상호조정을 통한 의사결정
- 동태적 과정 : 여러 가지 복합적 요소가 작용하는 과정이며, 경제변동 등 상황변동에 따른 신축성 필요
- 주기적 · 순환적 과정 : 예산과정은 일정기간 내에 완결되는 1회적인 현상이 아니라, 시간선상(회계연도)에서 지속적으로 진행되는 동태적 과정(예산주기)

예산주기

예산과정의 4단계가 시간적 차원에서 단계적으로 반복되는 과정. 예산주기가 반복되므로 예산과정에서 새로운 정보를 흡수하여, 사업의 제안 · 심사에 반영하며, 정부의 책임을 물을 수 있음. 우리나라의 예산주기는 3년으로, 2022년에는 2021년도 예산의 결산, 2022년도 예산의 집행, 2023년도 예산의 편성 · 심의가 이루어짐

(2) 회계연도(FY ; Fiscal Year) 빈출개념

① **개념** : 일정 기간에 있어서의 수입과 지출을 구분 · 정리하여 양자의 관계를 명확하게 하기 위한 예산의 유효기간(예산집행의 유효기간)

② **중요성**

㉠ **회계연도 독립의 원칙** : 각 회계연도의 경비는 그 연도의 세입 또는 수입으로 충당하여야 한다는 원칙(예외로는 예산의 이월, 계속비, 과년도 수입 · 지출 등이 있음)

㉡ **출납정리기한** : 한 회계연도에 속하는 세입과 세출은 원칙적으로 당해 연도 내에 완결되어야 함

③ **우리나라 회계연도(예산집행의 유효기간)** : 우리나라의 회계연도는 1년(1월 1일 ~12월 31일)

FY–1년	예산편성(행정부–기획재정부)	• 중기사업계획서 제출(중앙관서의 장 → 기획재정부 장관) • 국가재정운용계획 수립. 기획재정부장관이 시안 작성. 국무회의 심의 • 예산편성지침 통보(기획재정부 장관 → 각 중앙관서의 장) • 예산요구서 제출 : 매년 6월 30일까지, 각 중앙관서의 장 → 기획재정부 장관 • 예산안 사정 · 편성(기획재정부 예산실) • 예산안 국회제출(회계연도 개시 120일 전까지)
	예산심의(국회)	• 대통령 시정연설 • 각 상임위원회 예비심사 → 예산결산특별위원회 종합심사 • 본회의 의결(회계연도 개시 30일 전까지)

회계연도

- 통상 1년이나 2년(미국의 일부 주), 6개월인 경우도 있음
- 우리나라는 국가재정법 규정에 따라 1년(1월 1일~12월 31일)

각국의 회계연도

- **1월 1일~12월 31일** : 한국, 프랑스, 독일, 이탈리아, 스위스, 네덜란드, 터키, 아르헨티나, 브라질, 중국 등
- **4월 1일~3월 31일** : 영국, 캐나다, 일본, 파키스탄, 인도 등
- **7월 1일~6월 30일** : 스웨덴, 호주, 필리핀 등
- **10월 1일~9월 30일** : 미국

출납기한

출납은 회계연도 말일까지 완료(출납정리기한)

SEMI-NOTE

FY (회계 연도)	예산집행 (각 기관)	• 예산배정요구서 제출(중앙관서의 장 → 기획재정부 장관) • 예산배정계획서 작성(기획재정부 장관 → 국무회의에 제출, 대통령 승인) • 예산배정 통지(기획재정부 장관 → 감사원) • 예산 배정(기획재정부 장관 → 중앙관서의 장) • 예산 재배정(중앙관서의 장 → 산하기관의 장)
FY+1	결산 및 회계검사 (기획재정부, 감사원, 국회)	• 출납기한(출납사무완결) • 중앙관서결산보고서 제출(중앙관서 장 → 기획재정부 장관) • 국가결산보고서 작성 · 제출(기획재정부장관 → 감사원) • 감사원의 결산검사 및 결산검사보고서 제출(감사원 → 기획재정부 장관) • 국가결산보고서 국회 제출(정부 → 국회) • 소관 상임위원회의 예비심사 → 예산결산특별위원회의 종합심사 → 본회의 심의 • 국회의 결산심의 완료(정기회 개회 전까지)

2. 예산의 편성

(1) 예산편성 및 편성기구

① 예산편성의 의의 : 정부가 다음 회계연도에 수행할 정책이나 사업계획을 재정적인 용어와 금액으로 표시하여 완전한 계획안으로서의 예산안을 확정하는 절차

② 예산편성기구

행정부형	행정부에서 예산을 편성하는 행정부 예산편성주의를 말하며, 우리나라를 비롯한 대부분의 국가에서 채택하고 있음
입법부형	예산을 법률의 형식으로 하고 있는 영국과 미국에서 취하는 형태로, 실질적으로는 행정부의 요구와 조서이송을 바탕으로 하는 행정부 편성주의
독립형	독립된 별도의 위원회에서 예산을 편성하는 유형(필리핀)

행정부형의 장단점
- 장점
  - 국회의 예산심의 및 파악이 용이
  - 전문성 제고
  - 관련 정보 및 자료관리의 용이
  - 예산집행 용이
  - 행정의 복잡 · 전문화 경향 반영
  - 행정수요의 객관적인 판단 및 반영 용이
- 단점
  - 대국민 책임 확보
  - 예산통제 곤란
  - 의회기능 약화

우리나라의 편성방식

상향적 방식(예산요구서 제출)에 하향식 방식(지출한도)을 결합한 방식을 취하고 있음

(2) 편성방식 및 절차

① 편성방식

㉠ 상향적 방식(bottom-up) : 각 부처에서 예산요구서를 제출하면 중앙예산기관에서 이를 검토 · 사정하여 예산을 확정

㉡ 하향적 방식(top-down) : 중앙에서 국가 전체의 전략적 재정계획에 따라 지출한도를 설정하면 그 범위 안에서 예산을 편성

② 편성절차

한눈에 쏙~

중기 사업계획서 제출 ▶ 예산안편성 지침의 통보 ▶ 예산요구서의 작성·제출 ▶ 예산사정 및 예산안의 편성 ▶ 정부 예산안의 확정과 국회 제출

㉠ **중기사업계획서 제출** : 각 중앙관서의 장은 미리 통보(전년도 12월 말까지 통보)된 국가재정운용계획 작성지침에 따라 매년 1월 31일까지 당해 회계연도부터 5회계연도 이상 기간 동안의 신규사업 및 기획재정부장관이 정하는 주요계속사업에 대한 중기사업계획서를 기획재정부장관에게 제출해야 함

㉡ **예산안편성지침의 통보**

- 기획재정부장관은 국무회의의 심의를 거쳐 대통령의 승인을 얻은 다음 연도의 예산안편성지침을 매년 3월 31일까지 각 중앙관서의 장에게 통보해야 함(국회 예산결산특별위원회에도 보고)
- 기획재정부장관은 국가재정운용계획과 예산편성을 연계하기 위하여 예산안편성지침에 중앙관서별 지출한도를 포함하여 통보할 수 있음

㉢ **예산요구서의 작성 · 제출** : 각 중앙관서의 장은 그 소관에 속하는 다음 연도의 세입세출예산 · 계속비 · 명시이월비 및 국고채무부담행위 요구서(예산요구서)를 작성하여 매년 5월 31일까지 기획재정부장관에게 제출해야 함

㉣ **예산사정** : 기획재정부는 각 부처의 예산요구서를 종합적으로 분석 · 검토

㉤ **예산안의 편성** : 기획재정부장관은 예산요구서에 따라 예산안을 편성하여 국무회의의 심의를 거친 후 대통령의 승인을 얻어야 함

㉥ **예산안의 국회제출** : 정부는 대통령의 승인을 얻은 예산안을 회계연도 개시 120일 전까지 국회에 제출해야 함

SEMI-NOTE

국가재정운용계획의 수립(국가재정법 제7조 제1항)

정부는 재정운용의 효율화와 건전화를 위하여 매년 해당 회계연도부터 5회계연도 이상의 기간에 대한 국가재정운용계획을 수립하여 회계연도 개시 120일 전까지 국회에 제출하여야 한다(제1항).

(3) 우리나라 예산편성의 구성형식

한눈에 쏙~

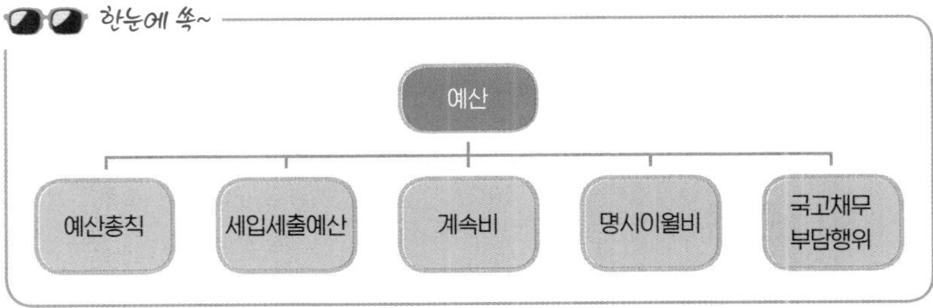

① **예산총칙**

㉠ 세입세출예산, 계속비, 명시이월비, 국고채무부담행위에 관한 총괄적 규정

㉡ 국채와 차입금의 한도액 등 예산집행에 관하여 필요한 사항의 규정

② **세입세출예산** : 예산의 핵심 부분으로, 1회계연도의 모든 수입 · 지출의 예정액을 구체적으로 표시. 예비비도 여기에 포함됨

③ **계속비** : 완성에 수년을 요하는(5년 이내) 사업의 경비에 대해 그 총액과 연부액(年賦額)을 미리 정해 국회의 의결을 받음으로써, 매 회계연도마다 그 예산에 대해 국회의 의결을 받지 않고 지출할 수 있는 경비

④ **명시이월비** : 세출예산 중 경비의 성질상 연도 내에 지출을 하지 못할 것이 예측될 때에는 그 취지를 세입세출 예산에 명시, 미리 국회의 승인을 얻어 다음 연도에 이월하여 사용할 수 있는 비용

⑤ **국고채무부담행위** : 국가가 예산 확보 없이 미리 채무를 부담하는 행위

다양한 예산확보 전략

- **일반적 전략** : 수혜자 동원(파업, 시위 등), 사업의 중요성 부각, 신뢰의 확보 등
- **상황적 전략** : 방대한 자료 제시, 인맥 동원이나 정치적 후견자 활용, 언론의 동원(언론플레이), 사업 우선순위의 조정(인기사업을 뒤로 배치), 인기사업과 신규사업의 결합(사업 끼워팔기식 전략), 공약사업 등 역점사업의 활용, 위기 시 혁신적 사업의 제시 · 착수, 기관장의 정치적 해결 모색, 정보격차의 활용, 기존예산의 삭감 저지(기득권 보호전략), 양보 및 획득전략(대를 위해 소를 희생하는 전략) 등

SEMI-NOTE

국회의 예산심의

행정부가 편성한 예산안을 국회가 심의하여 확정하는 것으로 예산총액을 결정하고, 사업의 정당성을 검토. 이 과정에서 국회는 행정부의 각종사업이나 행정관리방법 등을 검토하고, 궁극적으로는 행정부를 견제 · 통제할 수 있으므로 국회는 사업분석과 정책분석 능력을 갖춰야 함

미국의 대통령중심제

미국 의회는 새 비목 설치권과 증액권도 보유하며 행정부가 요구하지 않은 예산도 의회가 입안하여 의결하기도 함

미국과 영국의 양원제

동일한 양원제라도 미국은 상 · 하원의 예산심의 권한이 동등한 반면, 영국은 하원이 우선권을 가짐

예산심의의 한계

- 예산결정에 있어서 의회심의의 수동성
- 포괄적 예산조정이 아닌 한계적 조정
- 행정부 예산요구액에 대한 부종성(附從性)

국정감사

본격적 예산심의에 앞서 매년 국회 정기회 집회일(9월 1일) 이전에 감사 시작일부터 30일 이내의 기간을 정하여 소관 상임위원회별로 국정감사를 실시하고 예산운영에 대한 현장조사 및 자료수집을 하고 그 결과를 신년도 예산안에 반영(단 본회의 의결로 정기회 기간 중에 감사 실시 가능). 따라서 예산심의과정에 국정감사가 포함되지는 않음

3. 예산의 심의

(1) 예산심의의 의의

㉠ **개념** : 국민의 대표기관인 의회가 행정감독권을 행사하여 행정부가 수행할 사업계획의 타당성 · 효율성을 검토하고 예산안을 확정(성립)하는 것

㉡ **기능**

- 행정부를 감독 · 통제하는 기능을 수행
- 정부가 추진해야 할 사업계획과 수준을 결정
- 국가발전의 목표 달성을 위한 자원의 합리적 배분을 실현
- 의회는 예산심의를 통해 세법 및 조세에 관한 법률의 제정 및 개정
- 의회는 정부 활동을 비판 · 감시하고, 그 효율성을 분석하여 예산심의에 반영

㉢ **예산심의의 변수**

구분	내용
정부형태 (권력구조)	• 의원내각제(내각책임제) : 의회 다수당이 집행부(내각)를 구성하므로 예산심의과정이 엄격하지 않음. 실제 영국 · 일본은 의회에서 예산 수정이 거의 없음 • 대통령중심제 : 삼권분립에 입각하여 행정부와 입법부가 견제와 균형 관계이므로 의회의 예산심의 권한이 막강하고 예산심의가 엄격함
단원제와 양원제 (의회구조)	• 단원제 : 양원의 갈등관계가 문제되지 않으므로 신속한 심의가 가능하지만 신중한 심의는 곤란함. 우리나라의 경우 • 양원제 : 단원제보다 신중하고 양원 간 갈등이 존재하여 양원의 의견을 조율할 필요가 있으므로 예산통과를 위한 거부점 수가 더 늘어나 의회가 더 큰 영향력을 행사할 수 있음
본회의 중심주의와 위원회 중심주의	• 본회의 중심주의(전원위원회중심주의) : 예산심의를 모든 의원이 참석한 본회의에서 하는 제도. 공개토론이 이뤄지므로 민주주의 정신에 부합. 영국은 상임분과위원회 심의 없이 본회에서만 심의 • 위원회중심주의(소위원회중심주의) : 능률성 · 전문성 · 신속성 · 탄력성을 통해 행정에 대한 감시 · 통제 강화. 우리나라 · 미국 · 일본의 경우
예산증액 제한	• 영국, 우리나라 : 폐지 · 삭감권만 가짐(우리나라는 지출항목 금액 증액이나 새 비목 설치 시 정부 동의 필요) • 미국, 일본 : 폐지 · 삭감권뿐만 아니라 새 비목 설치나 증액도 가능
예산의 형식	예산 형식은 의결의 형식(예산의결주의)보다 법률의 형식(예산법률주의)이 더 엄격함

(2) 우리나라의 예산심의 빈출개념

① 예산심의절차

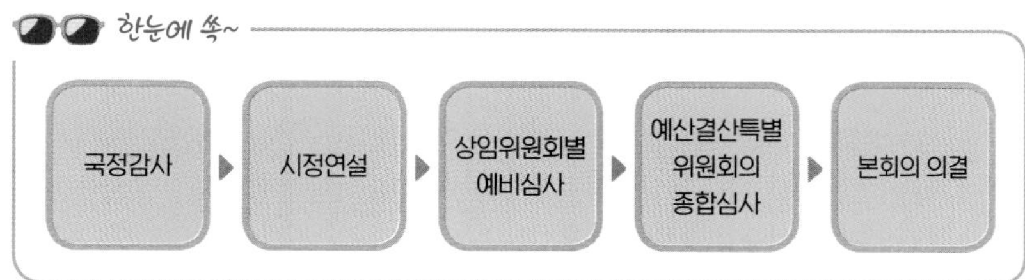

㉠ **시정연설** : 회계연도 개시일 120일 전까지 예산안이 국회에 제출되면, 본회의에서 대통령의 시정연설과 기획재정부장관의 제안설명이 이루어짐

㉡ **상임위원회별 예비심사** : '소관부처 장관의 제안 설명 → 전문위원의 검토 보고 → 정책질의 → 부별심의와 계수조정 → 결과보고'의 순으로 이루어짐

㉢ **예산결산특별위원회의 종합심사**

- 의원 50인 이내로 구성되는 특별위원회(상설기구)로서, 예산심의의 핵심적 역할을 수행
- 종합심사절차 : 기획재정부장관의 예산안 제안 설명 → 전문위원의 검토보고 → 국정 전반에 대한 종합정책 질의 및 답변 → 부별 심사 또는 분과위원회 심사 → 예산안조정소위원회의 계수조정 → 예산결산특별위원회의 전체회의 의결(찬반토론 후 표결)

㉣ **본회의 의결** : 회계연도 30일 전까지 의결해야 하며, 본회의 의결로 예산은 완전하게 성립함(공포절차 불요)

② **문제점(한계)**

㉠ 예산위원회와 결산위원회가 분리되지 못하며, 전문성이 부족함

㉡ 심의과정에서 국민의 의견투입이 취약함

㉢ 심의 기간이 짧아 비합리적이며, 획일적 · 일률적인 삭감이 난무함

㉣ 국회의원의 이권추구 및 전근대적인 가치관

4. 예산의 집행

(1) 예산집행의 의의

① **개념** : 국가의 수입 · 지출을 실행 · 관리하는 모든 행위로, 예산에 계상된 세입 · 세출뿐만 아니라 예산 성립 후에 일어날 수 있는 세입 · 세출 전부를 포함한 국가의 모든 수입 · 지출행위를 말함

② **목표**

㉠ **재정통제** : 성립된 예산은 입법부와 국민의 의도를 계수적으로 표현한 것이므로, 재정상의 한계를 엄수해야 할 것이 요구됨(재정민주주의의 구현)

㉡ **예산의 신축성 유지** : 예산은 어디까지나 예정적 수치이므로 예산 성립 후에 정세와 상황의 변동에 따라 예산과 현실의 괴리현상이 발생할 수 있는데, 이러한 변동에 적응하기 위해 집행에 있어 신축성이 요구됨

㉢ **재정통제와 신축성의 조화** : 예산집행은 입법부의 의도와 재정한계를 엄수해야 하면서도 예산 성립 후의 여건변화에 적응하기 위해 신축성을 유지해야 하는 두 가지 대립적 목적을 달성해야 함

(2) 예산집행상의 재정통제

① **예산의 배정과 재배정**

㉠ **예산의 배정** : 자금의 집중적인 지출을 막기 위해 중앙예산기관의 장(기획재정부장관)이 각 중앙관서의 장에게 각 분기별로 집행할 수 있는 금액과 책임소재를 명확히 하는 절차

SEMI-NOTE

우리나라 예산심의 개선방안

- 충분한 심의 기간으로 합리성 있는 삭감기준 제시
- 예산전담기관을 국회직속 상설기관으로 설치
- 국회위원의 민주적 가치관의 확립
- 국민들의 예산에 대한 비판 · 통제 의견을 수렴
- 예산결산특별위원회와 상임위원회의 연계 및 국회와 감사원의 연계 강화

예산집행

예산서에 담긴 계획을 현실로 옮기는 행위를 말하는 것으로, 단순히 예산으로 정해진 금액을 국고에 수납하고 국고로부터 지불하는 것만을 말하는 것이 아니라 지출원인행위와 국고채무부담행위도 포함

예산의 배정

일반적으로 배정은 통제적 성격을 지닌 정기배정(연간배정계획에 따른 배정)을 말하며, 예외적으로 통제성보다 관리수단성에 중점을 두는 신축적 배정이 있음

SEMI-NOTE

㉡ **예산의 재배정** : 각 중앙관서의 장이 배정받은 예산액의 범위 내에서 다시 산하 재무관(부속기관 또는 하급기관)에게 월별 또는 분기별로 예산액을 다시 배정해주는 것

② **지출원인행위의 통제** : 지출원인행위란 국가 지출의 원인이 되는 계약이나 기타 행위를 말하며, 이를 담당하는 회계기관은 원칙상 중앙관서의 장(실제로는 재무관)이며, 담당기관은 그 실적을 월별로 기획재정부장관에게 보고해야 함

③ **우리나라 행정부의 예산집행 통제장치**

공무원 정원과 보수통제	공무원의 보수는 국가예산에서 큰 비중을 차지하고 있으므로, 예산한도액을 초과하지 않으려면 각 기관의 정원과 보수 등을 법정화하여 통제해야 함
예비타당성 조사제도	기존 타당성조사의 문제점을 보완하기 위하여 1999년에 도입된 제도로서, 대규모 재정사업에 대한 담당 부처의 본격적인 타당성조사 이전에 기획재정부가 객관적이고 중립적으로 타당성에 대한 개략적인 사전조사를 통해 재정사업의 신규투자를 우선순위에 입각하여 투명하고 공정하게 결정하도록 함으로써 예산낭비 방지, 신규 사업의 신중한 착수, 재정운영의 효율성 제고를 목적으로 하는 제도
회계기록 및 보고제도	각 중앙관서의 장은 월별로 기획재정부장관에게 사업집행 보고서를 제출해야 함
총사업비 관리제도	각 중앙관서의 장은 2년 이상 소요되는 사업 중 대통령령이 정하는 대규모사업에 대해 사업규모 · 총사업비 · 사업기간을 정해 미리 기획재정부장관과 협의해야 함

예비타당성조사제도의 대상사업
- 총사업비 500억 원 이상, 국가 재정지원 규모 300억 원 이상인 건설사업, 정보화 사업, 국가연구개발사업
- 국가재정법 제28조에 따라 제출된 중기재정지출이 500억원 이상인 사회복지, 보건, 교육, 노동, 문화 및 관광, 환경보호, 농림해양수산, 산업 · 중소기업 분야의 사업

(3) 예산집행상의 신축성 확보방안

① **이용(移用)** : 입법과목 간 융통을 의미하는 것으로, 예산 집행상 필요에 따라 미리 예산으로써 국회의 의결을 얻은 때에는 기획재정부장관의 승인을 얻어 이용할 수 있음

② **전용(轉用)** : 행정과목인 세항(細項)과 목(目) 사이에 서로 융통하는 것

③ **이체(移替)** : 정부조직 등에 관한 법령의 제정 · 개정 또는 폐지로 인하여 중앙관서의 직무와 권한에 변동이 있는 때 예산의 책임소관이 기획재정부장관(중앙예산기관장)의 승인으로 변경되는 것(국회 승인 불요)

④ **이월(移越)** : 해당 회계연도에 집행되지 않을 예산을 다음 회계연도에 넘겨서 다음 해의 예산으로 사용하는 것(회계연도 독립 원칙의 예외)

⑤ **예비비** : 지출항목 중에서 예측이 불가능한 예산 외의 지출 또는 회계연도의 모든 지출예산보다 필요한 경비가 증가할 때를 대비하여, 이를 충당하기 위해 용도를 결정하지 않고 미리 예산에 계상하는 항목

㉠ **일반예비비** : 국가의 일반적 지출에 소요되는 경비(안전보장을 위한 예비비 포함)

㉡ **목적예비비** : 특정 목적의 지출에 소요되는 경비(봉급예비비, 공공요금예비비, 재해대책예비비 등)

⑥ **계속비** : 완성에 수년도를 요하는 공사나 제조 및 연구개발사업에서 그 경비의

재정민주주의의 저해
신축성 유지를 위한 제도인 예산의 전용 및 이용은, 국회의 통제를 강조하는 재정민주주의를 저해

이월의 종류
- **명시이월** : 예산편성 과정에서 세출예산 중 연도 내에 그 지출하지 못할 것이 예측될 때에는 미리 국회의 승인을 얻어서 다음 연도에 사용할 수 있게 한 것
- **사고이월** : 천재지변, 관급자재의 공급지연 등 불가피한 사유로 인하여 연도 내에 지출하지 못한 경비와 지출원인행위를 하지 않은 부대경비 이월

총액과 연부액(年賦額)을 정하여 미리 국회의 의결을 얻은 범위 안에서 수년도에 걸쳐서 지출할 수 있는 경비

⑦ **국고채무부담행위** : 국가가 법률에 따른 것과 세출예산금액 또는 계속비의 총액의 범위 안의 것 외의 채무를 부담하는 행위를 말하며, 미리 예산으로써 국회의 의결을 얻어야 함

⑧ **수입대체경비** : 용역 및 시설을 제공하여 발생하는 수입과 관련되는 경비로서 지출이 직접 수입을 수반하는 경비를 말함

⑨ **총액계상예산제도** : 예산편성단계에서는 사업의 총액으로만 계상하고, 세부내역은 집행단계에서 각 중앙관서의 장이 자율적으로 결정하도록 하는 제도

⑩ **국고여유자금** : 기획재정부장관은 국고금 출납상 지장이 없다고 인정되는 때에는 그 회계연도 내에 한하여 정부 각 회계 또는 계정의 여유자금을 세입세출예산 외로 운용할 수 있음

⑪ **대통령의 재정 · 경제에 관한 긴급명령** : 국가가 재정 · 경제상 중대한 위기에 처하고 국회의 소집을 기다릴 여유가 없을 때 대통령은 긴급명령을 발할 수 있음(다만 국회에 즉시 통보하여 승인을 얻지 못하면 그 때부터 효력을 상실

(4) 정부회계

① **정부회계의 의의** : 정부조직의 경제적 정보를 식별 · 측정하여 정보이용자가 적절한 판단과 의사결정을 할 수 있도록 전달 · 보고하는 과정

② **현금주의와 발생주의**

㉠ **현금주의** : 현금이 수납될 때 수익이 발생하는 것으로 기록하고, 현금이 지급될 때 비용이 발생하는 것으로 보는 방식. 가계부, 비영리 공공부문

㉡ **발생주의** : 현금의 수납보다는 현금 이동을 발생시키는 경제적 사건이 실제로 발생한 시점에 거래를 인정하는 방식. 기업, 일부 비영리 공공부문

③ **정부회계의 회계처리방식 구분**

㉠ 단식부기

- 차변과 대변의 구분 없이 발생된 거래의 한쪽 면만 고려하여 기록하는 방식(자기검증기능 없음)
- 현금 수지 및 채권 · 채무, 즉 재산의 증감만을 기록하는 것
- 현금주의에 주로 채택되며, 정부의 회계는 전통적으로 단식부기에 의함

㉡ 복식부기

- 자산 · 부채 · 자본을 인식하여 거래의 이중성에 따라 차변과 대변에 각각 계상하고 차변과 대변의 합계가 반드시 일치되도록 하여 자기검증기능을 가지는 기장방식(하나의 거래를 대차평균의 원리에 따라 차변과 대변에 기록하는 방식)
- 발생주의에서 주로 사용

SEMI-NOTE

수입대체경비의 대상

등기소의 등기부 등본 및 사본 발행경비, 외교통상부의 여권발급경비, 교육과학기술부의 대학입시경비, 각 시험연구기관의 위탁시험연구비 등

복식부기의 구성항목

차변	대변
• 자산의 증가 • 부채(차입금)의 감소 • 자본(순자산)의 감소 • 비용의 증가 • 수익의 감소	• 자산의 감소 • 부채(차입금)의 증가 • 자본(순자산)의 증가 • 비용의 감소 • 수익의 증가

SEMI-NOTE

결산의 기능

- 정부가 재정활동을 예산의 범위 내에서 했는지를 사후확인(소극적 기능)
- 차기의 예산운영에 반영하도록 참고자료를 제공하는 기능(적극적 기능)
- 입법부의 의도가 구현되었는가를 확인

회계검사의 특징

- 회계검사의 대상은 회계기록
- 회계기록은 타인(제3의 기관)이 작성한 것이어야 함
- 회계기록의 정부(正否) 및 적부(適否)에 관한 비판적 검증절차

전통적 회계검사의 문제점

- 지출의 합법성에만 치중하여 대국민 행정책임의 확보 곤란(현대적 회계검사는 경제성 · 능률성 · 효과성 중시)
- 법령에 대한 형식적 해석으로 소극적 법규만능주의 초래(적극적 · 능률적 행정 수행곤란)
- 불법에 이르지 않은 공금의 부당지출 방지가 곤란
- 정부지출의 전반적인 성과분석(효과성 · 합목적성 분석) 곤란(현대적 회계검사는 정책감사 · 성과감사에 중점)

5. 결산 및 회계검사

(1) 결산

① **결산의 개념** : 1회계연도 동안의 국가의 세입 · 세출의 실적을 확정적 계수로 표시하여 검증하는 행위로, 세입 · 세출의 실적에 대한 정부의 사후적 재무보고이며, 정부재정활동에 대한 사후적 통제, 넓게는 회계검사를 포함

② **결산의 절차**

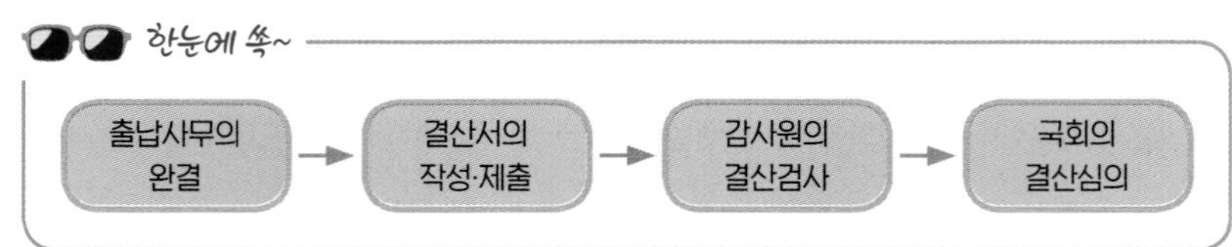

(2) 회계검사

① **개념** : 정부기관의 재정활동 및 그 수지결과를 제3의 기관이 확인 · 검증 · 보고하는 행위

② **회계검사의 방식**

㉠ **서면검사와 실지검사**
- 서면검사 : 각 기관으로부터 제출되는 서류에 의한 검사
- 실지검사 : 직원이 현장에 직접 나가 확인하는 검사(파견검사)

㉡ **사전검사와 사후검사**
- 사전검사 : 지출이 있기 전 실시하는 회계검사
- 사후검사 : 지출이 있은 후 실시하는 회계검사

㉢ **내부검사와 외부검사**
- 내부검사 : 당해 기관의 자체 회계검사
- 외부검사 : 외부의 회계검사 담당기관이 실시하는 검사

㉣ **정밀검사와 표본검사**
- 정밀검사 : 모든 수입 · 지출을 상세하게 검사(전수검사)
- 표본검사 : 검사의 일부를 표본 추출하여 선택적으로 검사

㉤ **감사초점에 따른 분류방식**
- 재무감사 : 가장 보편적인 방식으로, 재무기록의 확인과 통제에 초점을 둠
- 합법성 감사 : 법령이나 규칙에 따라 수행했는가에 대한 감사로, 감사의 초점이 통제에 있으며 재무감사와 함께 가장 보편적으로 사용
- 능률성 감사 : 경제적 · 능률적으로 관리되었는지를 감사
- 성과감사(정책감사, 사업감사) : 오늘날 강조되는 것으로, 합법성 감사 외에 정부의 기능 · 사업 · 활동 등의 경제성 · 능률성 · 효과성 등까지 감사하는 것

㉥ **미국식 분류방식** : 일반검사, 상업식 검사, 종합검사(통합검사)

③ **우리나라의 회계검사기관(감사원)**

㉠ **성격 및 구성**

- 감사원은 대통령 소속의 헌법기관이며, 필수적 독립기관
- 감사위원회와 사무처로 구성
- 감사위원회는 원장을 포함해 5~11인 이하의 감사위원으로 구성되는 의결기관이며, 사무처는 조사 · 확인기관

ⓛ 주된 기능

결산의 확인 및 검사	국회에 제출된 국가기관의 세입 및 세출의 결산을 매년 사전 검사하여 대통령과 차년도 국회에 보고. 입법부와 사법부도 대상이지만 국가기관이 아닌 지방자치단체나 공기업 등 공공기관은 제외
회계검사	• 필요적 검사사항 : 국가, 지방자치단체, 한국은행의 회계, 국가 또는 지방자치단체가 자본금의 1/2 이상을 출자한 법인의 회계, 다른 법률에 따라 감사원의 회계검사를 받도록 규정된 단체 등의 회계 • 선택적 검사사항 : 감사원이 필요하다고 인정하거나 국무총리의 요구가 있는 경우 감사원법에 규정한 사항
직무감찰	공무원의 비위를 시정 및 방지하고, 행정운영 개선을 위하여 공무원의 직무와 행정 기관의 사무를 감찰

ⓒ 부수적 기능

검사 · 감찰 결과의 처리	변상책임의 판정, 징계 · 문책 · 해임의 요구, 시정 · 주의요구, 개선요구, 형사고발, 대통령에 대한 수시보고 등
심사청구의 심리 · 결정	이해관계인의 심사청구가 있을 때 이를 심리하고 결정(행정심판기능에 해당)
의견진술	회계관계법령 제정 · 개폐 시 감사원의 의견을 구하여야 함

실력 UP 세계잉여금

- **의의** : 매 회계연도 세입세출의 결산상 생긴 잉여금으로, 결산 시 수납된 세입액에서 지출된 세출액을 차감한 잔액. 일반회계, 특별회계가 포함되며 기금은 제외됨
- **발생원인** : 세입초과와 세출불용으로 구성

법 령 국가재정법

제90조(세계잉여금 등의 처리) ① 일반회계 예산의 세입 부족을 보전(보전)하기 위한 목적으로 해당 연도에 이미 발행한 국채의 금액 범위에서는 해당 연도에 예상되는 초과 조세수입을 이용하여 국채를 우선 상환할 수 있다. 이 경우 세입 · 세출 외로 처리할 수 있다.

② 매 회계연도 세입세출의 결산상 잉여금 중 세계잉여금은 교부세의 정산 및 교부금의 정산에 사용할 수 있다.

③ 제2항의 규정에 따라 사용한 금액을 제외한 세계잉여금은 100분의 30 이상을 공적자금상환기금에 우선적으로 출연하여야 한다.

④ 제2항 및 제3항의 규정에 따라 사용하거나 출연한 금액을 제외한 세계잉여금은 100분의 30 이상을 다음 각 호의 채무를 상환하는데 사용하여야 한다.

1. 국채 또는 차입금의 원리금
2. 국가배상금
3. 공공자금관리기금의 융자계정의 차입금(예수금을 포함)의 원리금
4. 그 밖에 다른 법률에 따라 정부가 부담하는 채무

SEMI-NOTE

감사원의 지위

- **직무상의 독립성** : 직무수행에 있어 정치적 압력이나 간섭이 배제됨
- **인사상의 독립성** : 감사원장은 국회의 동의로 감사위원은 원장의 제청으로 각각 대통령이 임명하며, 임기는 4년으로 1차에 한하여 중임 가능
- **예산상의 자주성** : 감사원의 세출요구액의 감액 시 감사원장의 의견 청취
- **규칙 제정상의 독립성** : 감사 사무처리에 관한 규칙 제정 가능

구매행정(조달행정)

구매(조달)행정이란 행정업무를 수행하는데 필요한 수단인 재화, 즉 소모품, 비품, 시설 등을 적기적소에 적재로 적량을 적가로 구입 · 획득 · 공급하는 활동을 말함

세계잉여금의 사용 우선순위

- 지방교부세 및 지방교육재정교부금의 정산
- 공적자금상환기금에 출연
- 채무상환
- 추가경정예산안의 편성
- 다음 연도 세입에 이입

9급공무원

행정학개론

나두공

나두공

06장 행정환류론

행정환류론

SEMI-NOTE

01절 행정책임

1. 행정책임의 의의 ★ 빈출개념

(1) 행정책임의 개념

① 행정책임이란 행정인 또는 행정기관이 국민의 기대에 부응하여 윤리적 · 기술적 · 법규적 기준에 따라 행동해야 할 의무를 말함
② 공무원이나 행정조직이 직무를 수행할 때 일정한 행동기준인 행정이념, 법령, 공익, 국민의 기대 등에 부응해 행동해야 할 의무라 할 수 있음
③ 행정책임은 개인적 차원에서 공무원 개개인에 대한 의무이며, 동시에 국가적 차원에서 국민 전체에 대한 국가역할의 정당성을 확인하는 것

(2) 행정책임의 특징

① 행정상 일정한 임무를 수행할 의무와 권한을 전제로 함
② 행정인의 재량권과 자율성에 기인하여 발생
③ 개인적 요구보다 상위차원의 공익이나 수익집단 · 법령의 요구, 윤리성 등에 기인(외연성)
④ 대물적 관계가 아닌 대인적 관계에서 발생(국민과 공무원의 관계에서 발생)

2. 행정책임의 유형

(1) 행정책임에 대한 논의(책임유형론 논의)

① 파이너(H. Finer)의 외재적 책임론(19세기 입법국가 대변)
㉠ 외부기관의 통제가 미약하면 관료권력이 강화된다고 주장(외부적 제재에 의한 통제 강조)
㉡ 진정한 행정의 책임은 입법 · 사법 · 정당 등 외재적 · 객관적 통제에 의하여 확보될 수 있음을 강조
㉢ 관료는 대중이 선출한 대표자들에게 책임을 져야 하며 그 책임에 있어 관료는 스스로의 행동에 대한 심판관이 될 수 없음
② 프리드리히(C. Friedrich)의 내재적 책임론(20세기 현대국가 대변)
㉠ 외재적 책임의 한계를 지적하면서 관료들의 내재적 · 자율적 · 도덕적 책임을 강조
㉡ 행정책임 확보를 위해서는 행정인의 내재적 · 주관적 · 도덕적 통제가 효율적이라고 하여, 심리적 · 행태적 변화에 의한 통제를 강조
㉢ 책임 있는 행위는 기술적 지식과 대중의 감정에 응답하는 것이라고 정의하고 개인의 내재적 책임감이 스스로 유도되어야 함을 강조(정치적 · 기능적 · 도의적 책임 강조)

행정책임 개념의 다의성(이종수)
• Responsibility : 공복이자 행정의 수임자로서의 광범위한 도의적 · 자율적 책임
• Accountability : 제도적 · 법률적 · 변명적 책임이라는 비교적 한정된 의미의 책임
• Responsiveness : 국민의 의사에 대한 응답으로서의 책임

행정책임의 필요성
• 행정의 전문화 · 기술화 · 복잡화로 인한 행정권한 강화와 재량권 증가로 인한 권력남용 가능성의 확대
• 위임입법 증가 등 행정의 자율성 · 다양성 증대에 따른 책임의 확보
• 정부주도형 경제발전의 추진과 행정부의 막대한 예산권의 행사
• 국민의 낮은 정치의식과 권위적 정치문화로 인한 민중통제의 취약성

(2) 행정책임의 유형 구분

① 외재적 책임과 내재적 책임

외재적 책임 (H. Finer 등)	외부적인 힘, 즉 법률이나 입법부, 사법부, 국민(국민정사나 요구 등)에 대하여 지는 책임(합법적 · 제도적 · 응답적 책임 등)
내재적 책임 (C. Freidrich 등)	직업적 전문지식이나 기술에 따른 책임(직업적 · 관료적 · 기능적 책임) 관료나 공무원 자신의 마음속 양심이나 윤리에 따른 책임(주관적 · 자율적 · 재량적 · 심리적 책임 등)

② 제도적 책임과 자율적 책임

제도적 책임 (accountability)	법령 등에 위반되지 않아야 할 책임을 말하며, 위반 시 제재가 수반되고 결코 분담(공유)될 수 없는 책임(공식적 · 객관적 · 설명적 책임)
자율적 책임 (responsibility)	국민의 수임자 내지 공복으로서의 책임으로, 국민의 요구에 대한 대응성이 핵심을 이루며 타인의 행위로 인해 분담될 수 있는 책임(임무적 · 포괄적 책임, 응답적 · 윤리적 책임 등)

③ 롬젝(B. Romzek)과 듀브닉(M. Dubnick)의 행정책임 유형

구분		통제의 원천(통제의 소재)	
		조직 내부(내부통제)	조직 외부(외부통제)
통제 정도 (자율성 정도)	높은 통제수준 (낮은 자율성 부여)	위계적(관료적) 책임성	법률적 책임성
		• 조직 내외 상급자의 지시사항 중시 • 조직 내부통제를 통한 책임성 담보 • 효율성 중심의 책임성	• 법률적 의무사항 이행을 중시 • 외부감사기관의 합법성 감사를 통한 책임성 담보 • 법치(합법성) 중심의 책임성
	낮은 통제수준 (높은 자율성 부여)	전문가적 책임성	정치적 책임성
		• 개인적 전문성과 조직의 자율적 운영을 존중 • 개별관료와 조직단위의 성과관리를 통한 책임성 담보 • 전문성 중심의 책임성	• 고객집단, 일반대중 등 외부 이해관계자의 만족도를 중시 • 대통령 · 의회의 통제와 고객만족도를 통한 책임성 담보 • 대응성(반응성) 중심의 책임성

책임성의 하위 범주	강조 가치	관계의 토대	유사 관계(통제자 → 행정가)	행태적 기대
위계적(관료적) 책임성	효율성	감독	상관 → 부하	조직의 지침과 감독에 복종
법률적 책임성	합법성	신탁	법 제정자(주인) → 법 집행자(대리인)	외부로부터의 강제 · 명령 · 위임에 순응
전문가적 책임성	전문성	전문가에 대한 존경	비전문가 → 전문가	개인의 판단과 전문성을 존중
정치적 책임성	대응성	선거구민에 대한 대응성	선거구민(유권자) → 대표자	주요 외부 이해관계자에 대한 대응

SEMI-NOTE

제도적 책임성(accountability)
- 문책자의 외재화
- 제재수단의 존재(제재 가능)
- 공식적 · 제도적 통제
- 절차에 대한 준수 강조
- 판단기준 및 절차의 객관화
- **관련된 책임** : 외재적 책임, 객관적 책임, 법적 책임, 합법적 책임

자율적 책임성(responsibility)
- 문책자의 내재화 또는 부재
- 제재수단의 부재(제재 불가)
- 공식적 · 제도적 통제로 확보 불가
- 절차의 준수와 책임완수는 별개
- 객관적인 기준이 존재하지 않음
- **관련된 책임** : 내재적 책임, 주관적 책임, 도덕적 책임, 재량적 책임

롬젝과 듀브닉의 행정책임 유형
- 통제의 소재(내부·외부)와 자율성(통제)의 정도에 따른 구분
- 통제의 방향은 외부통제에서 내부통제로, 높은 통제수준에서 낮은 통제수준으로 이동

SEMI-NOTE

02절 행정통제

1. 행정통제의 의의와 원칙 빈출개념

(1) 행정통제의 의의

① **개념** : 행정이 국민과 입법부의 요구 · 기대, 공익, 법규 등의 기준에 합당하게 이루어지고 있는가를 확인 · 평가하고 적절한 개선방안을 강구하는 것

② **특징**

㉠ 목표 달성 및 행정책임 확보를 위한 수단이자 장치(강제성을 수반함)

㉡ 정치발전과 밀접한 함수관계이며, 행정계획과도 불가분의 관계

㉢ 행정목표 달성의 수단이자 목표 달성까지의 계속적 · 다원적 · 환류적 과정

(2) 행정통제의 원칙

① **예외의 원칙** : 대규모 조직의 관리자가 조직 전체를 통제하기 어려우므로 통제의 효율성을 위해 일상적 · 반복적 업무보다 특별히 비일상적 · 예외적인 사항만을 통제

② **합목적성의 원칙** : 목표에 기여하는 가장 합목적적인 통제

③ **명확성(이해가능성)의 원칙** : 통제의 목적 · 동기, 기준, 방법 등에 대해 명확히 인식 · 이해할 수 있어야 함

④ **경제적 효용성의 원칙** : 경제적 효용성을 극대화할 수 있는 통제(적은 통제로 최대의 통제 효과 확보)

⑤ **적량성의 원칙** : 과다통제와 과소통제는 행정통제의 효율성을 저하시키므로, 통제의 효율성을 제고하는 적절한 통제수준 유지

⑥ **적응성(신축성)의 원칙** : 예측하지 못한 사태에 대한 신축적 · 적응적 대응 요구

행정통제의 원칙

- **즉시성의 원칙** : 통제는 기획이 실천 단계에 들어가면서 신속히 시행되어야 함
- **일치의 원칙** : 피통제자의 권한과 책임이 일치하도록 통제
- **비교의 원칙** : 통제에 필요한 모든 실적자료는 본래의 명확한 기준과 비교해 판단
- **지속성의 원칙** : 일회성 있는 통제는 효과를 저해하므로 지속적인 통제 시스템 형성

2. 행정통제의 절차와 유형

(1) 행정통제의 절차(과정)

① **통제기준의 설정(확인)**

㉠ 통제는 목표와 계획에 실적을 일치시키는 과정이기 때문에 조직목표가 통제의 기준으로 설정되는 경우가 많음

㉡ 조직운영 전부를 통제한다는 것은 불가능하므로 단시간 내에 전체 상황을 알 수 있는 전략적 통제지점이 선정되어야 함

② **성과의 측정과 평가 및 보고** : 업무 시행성과를 이미 설정된 기준과 비교 · 분석

전략적 통제지점 선정 시 고려사항

적시성, 포괄성, 사회적 가치성, 균형성, 경제성 등

하여 편차를 발견하고 평가 · 보고하는 과정

③ **시정조치** : 업무진행과정 중 잘못이 발견되거나 실적이 기준에 미달될 때 시정조치를 취하는 것으로, 가장 궁극적이고 본질적인 통제과정

(2) 행정통제의 유형

① 외부통제 빈출개념

공식적 통제	• 입법통제 : 입법 및 정책결정, 예산심의, 국정질의, 국정조사 · 감사, 임명동의, 탄핵소추권 등 • 사법통제 : 행정구제제도, 명령 · 처분의 위헌 · 위법 심사 • 옴부즈만제도(우리나라의 옴부즈만에 해당하는 국민권익위원회는 내부통제기관)
비공식적 통제	민중통제(선거 · 투표, 시민참여, 지식인의 영향력, 이익집단, 여론 및 언론기관, 정당 등)

② 내부통제

공식적 통제	행정수반(대통령), 감사원, 국민권익위원회, 행정조직 및 기관(계층제, 계선기관, 상급자 등)에 의한 통제, 행정절차나 운영에 따른 통제, 교차기능조직(참모조직), 내부평가(심사평가 등) 및 감사 · 감찰제도
비공식적 통제	행정윤리(직업공무원의 공직윤리 등), 대표관료제, 공익, 공무원단체, 정치적 중립

실력UP 옴부즈만(Ombudsman)제도

• 옴부즈만은 공무원(행정)의 위법 · 부당한 행위로 권리를 침해당한 시민이 제기하는 민원이나 불평을 조사하여 관계기관에 시정을 권고하는 기관을 말함(호민관, 행정감찰관이라 불림)
• 입법부나 사법부의 통제를 보완하여 신속 · 공정하고 저렴한 비용으로 국민의 권익을 구제하기 위해 등장한 제도로, 외부통제 · 공식적 통제유형에 해당
• 전통적으로 입법부에 의한 행정통제수단으로 발전해왔으며, 기능적으로는 입법부 및 행정부로부터 독립적 · 자율적으로 활동
• 1809년 스웨덴에서 최초로 명문화되어 많은 나라에서 채택하고 있음
• 옴부즈만을 임명하는 주체는 국가별로 상이하여 스웨덴이나 핀란드는 의회소속의 기관이지만 우리나라는 행정부소속의 기관

03절 행정참여(시민참여)

1. 행정참여

(1) 행정참여의 의의

① **개념** : 시민이 정책결정과정에 개인적 · 집단적으로 참여하여 영향력을 행사하는 것

SEMI-NOTE

시정조치
• **소극적 환류** : 행정개선을 위한 환류기능으로 단순히 오차를 시정
• **적극적 환류** : 목표 자체를 수정

우리나라의 옴부즈만(국민권익위원회)
• **목적** : 고충민원의 처리 및 이에 관련된 불합리한 행정제도의 개선, 부패의 발생 방지 및 부패행위의 효율적 규제
• **소속 및 지위**
  – 우리나라의 국민권익위원회는 국무총리 소속기관이며, 소속상 외부통제가 아닌 내부통제기관
  – 직무상 독립성과 자율성이 어느 정도 보장되나 미흡
  – 스웨덴과 달리 헌법상 기관이 아니라 법률(부패방지 및 국민권익위원회의 설치와 운영에 관한 법률)상 기관(조직 안정성 부족)
• **특징 및 한계**
  – 기존의 결정이나 행위를 무효로 하거나 취소 · 변경할 수 없으며 대상기관에 대한 직접적인 감독권 · 제재권이 없음(간접적 통제 제도)
  – 직권에 의한 조사는 불가능하고 고충민원 등의 신청이 있는 경우에만 조사할 수 있음(우리나라의 경우 자발적 조사권 결여)

행정참여(H. Simon)
의사결정권이 없는 자가 결정권자의 행동이나 판단에 영향을 미치는 것

SEMI-NOTE

행정참여의 필요성

- 입법 및 사법통제의 무력화 극복
- 관료제의 비대화와 병리현상의 방지 및 해결
- 간접민주제(대의제)의 보완
- 공동생산기능의 촉진(선거 · 환경오염 감시 등)

행정참여(시민참여)의 단계(S. Arnstein)

정부에 대한 시민참여의 영향력을 다음과 같이 단계화함

- 1단계(하위단계) : 실질적 비참여단계
  - 조작(manipulation)
  - 치료(치유, therapy)
- 2단계(중간단계) : 명목적(형식적 · 상징적) 참여단계
  - 정보제공(informing)
  - 상담(consultation)
  - 회유(유화, placation)
- 3단계(상위단계) : 실질적 참여단계, 시민권력의 단계(실질적 영향력)
  - 쌍방협동(동업자 관계, partnership)
  - 주민권력위임(권한위양, delegated power)
  - 시민통제(citizen control)

주민투표에 부칠 수 없는 사항

- 법령에 위반되거나 재판 중인 사항
- 국가 또는 다른 지방자치단체의 권한 또는 사무에 속하는 사항
- 지방자치단체의 예산 · 회계 · 계약 및 재산관리에 관한 사항과 지방세 · 사용료 · 수수료 · 분담금 등 각종 공과금의 부과 또는 감면에 관한 사항
- 행정기구의 설치 · 변경에 관한 사항과 공무원의 인사 · 정원 등 신분과 보수에 관한 사항
- 다른 법률에 의하여 주민대표가 직접 의사결정주체로서 참여할 수 있는 공공시설의 설치에 관한 사항
- 동일한 사항에 대하여 주민투표가 실시된 후 2년이 경과되지 않은 사항

② 특성

㉠ 전통적 · 포괄적 참여가 아닌 현대적 · 실질적 · 구체적 참여

㉡ 정책결정 및 집행, 평가 등 전반적 행정과정의 참여

㉢ 의회를 통한 간접참여가 아닌 주민의 명백하고 직접적인 참여

(2) 행정참여의 유형

① 제도화 여부에 의한 유형구분

㉠ **제도적 참여방법** : 협찬(명목적 참여), 자치

㉡ **비제도적 참여방법** : 운동, 교섭(타협)

② 주도권의 소재에 의한 유형구분

㉠ **주민주도형** : 주민이 주도적 역할을 담당하고 행정이 이를 수용하는 유형

㉡ **행정주도형** : 행정이 주도권을 행사하고 시민은 이를 따르는 수직적 관계 유형

㉢ **수평형** : 행정과 시민이 주도권을 공유하는 유형

㉣ **균형형** : 행정과 시민 사이에 제3자가 개입하여 균형을 이루게 하는 유형

(3) 행정참여의 장단점

① 장점

㉠ 정책능력의 제고

㉡ 권력의 재배분

㉢ 시민협동 증진, 민주시민의 양성

㉣ 간접민주주의(선거 · 국민투표)의 단점 보완

② 단점

㉠ 지엽적 특수이익에 집착, 보상만을 노린 맹목적인 집단이기주의의 횡포

㉡ 책임의 불명확

㉢ 행정의 전문화와 기술화 저해

㉣ 결정권의 분산 및 다원화로 행정조직의 안정성 저해(명령체계에 혼란 초래)

2. 우리나라의 주민참여제도

① 주민투표

의의	지방자치단체의 중요 사안에 대해 주민이 직접 결정권을 행사하는 제도
주민투표 권자	• 19세 이상의 주민 중 투표인명부 작성기준일 현재 다음 해당자 – 지방자치단체의 관할 구역에 주민등록이 되어 있는 사람 – 출입국관리 관계 법령에 따라 대한민국에 계속 거주할 수 있는 자격을 갖춘 외국인으로서 자치단체의 조례로 정한 사람
주민투표 대상	주민에게 과도한 부담을 주거나 중대한 영향을 미치는 지방자치단체의 주요 결정사항으로서 조례로 정하는 사항
주민투표 발의	• 주민투표의 요구나 청구는 중앙행정기관장, 주민, 지방의회가 할 수 있지만 주민투표 발의는 지방자치단체장만이 가능 • 관할구역 전부나 일부에서 공직선거법에 의한 선거가 실시되는 때에는 그 선거의 선거일 전 60일부터 선거일까지의 기간 동안에는 주민투표를 발의할 수 없음

② 주민소환 빈출개념

의의	선거에 의한 공직취임자의 파면을 유권자인 주민 일정 수가 요구하면 주민투표로 그 여부를 결정하는 제도
주민소환 투표권자	• 주민소환투표인명부 작성기준일 현재 다음에 해당하는 자 – 19세 이상의 주민으로서 해당 지방자치단체 관할구역에 주민등록이 되어 있는 자 – 19세 이상의 외국인으로서 출입국관리법 제10조의 영주 체류자격 취득일 후 3년이 경과한 자 중 해당 지방자치단체 관할구역의 외국인등록대장에 등재된 자
대상	• 선출직 지방공직자에 한함 • 지방자치법상 지방자치단체의 장 및 지방의회의원(비례대표 선거구 지방의회의원은 제외) • 지방교육자치에 관한 법률상 교육감 • 제주특별자치도 설치 및 국제자유도시 조성을 위한 특별법상 제주특별자치도의 교육의원
주민소환 투표청구	• 소환투표권자는 다음 주민의 서명으로 소환사유를 서면에 명시해 관할 선관위에 주민소환투표 실시를 청구할 수 있음 – 시 · 도지사 : 당해 지방자치단체의 주민소환투표청구권자 총수의 10/100 이상 – 시장 · 군수 · 자치구의 구청장 : 당해 지방자치단체의 주민소환투표청구권자 총수의 15/100 이상 – 지역구시 · 도의원 및 지역구자치구 · 시 · 군의원 : 해당 지방의회의원의 선거구 안의 주민소환투표청구권자 총수의 20/100 이상

③ 주민감사청구(지방자치법 2022. 1. 13. 시행)

의의	주민이 지방자치단체와 그 장의 권한에 속하는 사무의 처리가 법령에 위반되거나 공익을 현저히 해친다고 인정되는 경우 감사를 청구할 수 있는 제도	
청구권자	• 18세 이상의 주민으로서 다음 해당자 – 해당 지방자치단체의 관할 구역에 주민등록이 되어 있는 사람 – 영주의 체류자격 취득일 후 3년이 경과한 외국인으로서 지방자치단체의 외국인등록대장에 올라 있는 사람	
감사 청구요건	주민서명	시 · 도는 300명, 인구 50만 이상 대도시는 200명, 그 밖의 시 · 군 및 자치구는 150명 이내에서 그 지방자치단체의 조례로 정하는 18세 이상의 주민 수 이상의 연서(連署)
	청구사유	지방자치단체와 그 장의 권한에 속하는 사무의 처리가 법령에 위반되거나 공익을 현저히 해친다고 인정되는 경우
	제기기한	청구는 사무처리가 있었던 날이나 끝난 날부터 2년이 지나면 제기할 수 없음
청구절차	대표자	청구인의 대표자를 선정하여 청구인명부에 적어야 하며, 청구인의 대표자는 감사청구서를 작성하여 주무부장관 또는 시 · 도지사에게 제출하여야 함
	공표 · 열람	주무부장관이나 시 · 도지사는 청구를 받으면 청구를 받은 날부터 5일 이내에 공표하여야 하며, 청구를 공표한 날부터 10일간 청구인명부나 그 사본을 공개된 장소에 갖추어 두어 열람할 수 있도록 하여야 함

SEMI-NOTE

주민소환투표의 청구제한기간

- 선출직 지방공직자의 임기개시일부터 1년이 경과하지 않은 때
- 선출직 지방공직자의 임기만료일부터 1년 미만일 때
- 해당 선출직 지방공직자에 대한 주민소환투표를 실시한 날부터 1년 이내인 때

주민감사청구의 청구불가사항

- 수사나 재판에 관여하게 되는 사항
- 개인의 사생활 침해의 우려가 있는 사항
- 다른 기관에서 감사하였거나 감사중인 사항
- 동일사항에 대해 주민소송이 계속 중이거나 그 판결이 확정된 사항

주민감사청구의 청구기관

- 광역자치단체의 경우 → 주무부장관에게 청구
- 기초자치단체의 경우 → 시 · 도지사에게(광역자치단체장) 청구

SEMI-NOTE

조례 제정 및 개폐 청구의 청구불가사항
- 법령을 위반하는 사항
- 지방세 · 사용료 · 수수료 · 부담금의 부과 · 징수 또는 감면에 관한 사항
- 행정기구의 설치 · 변경에 관한 사항 또는 공공시설의 설치를 반대하는 사항

	이의신청	주무부장관이나 시 · 도지사는 이의신청을 받으면 14일 이내에 심사 · 결정하되, 그 신청이 이유 있다고 결정한 경우에는 청구인명부를 수정하고, 그 사실을 이의신청을 한 사람과 청구인의 대표자에게 알려야 하며, 그 이의신청이 이유 없다고 결정한 경우에는 그 사실을 즉시 이의신청을 한 사람에게 알려야 함
	감사	주무부장관이나 시 · 도지사는 감사 청구를 수리한 날부터 60일 이내에 감사 청구된 사항에 대하여 감사를 끝내야 함

④ 조례 제정 및 개폐 청구(주민발안)

의의	주민들이 지방자치단체의 조례를 제정하거나 개폐할 것을 직접 제안하는 제도
청구권자	• 18세 이상의 주민으로서 다음 해당자 – 해당 지방자치단체의 관할 구역에 주민등록이 되어 있는 사람 – 영주의 체류자격 취득일 후 3년이 경과한 외국인으로서 지방자치단체의 외국인등록대장에 올라 있는 사람
청구절차	주민감사청구와 동일

⑤ 주민소송제도

의의	• 지방자치단체의 업무에 대해 감사청구한 주민이 감사결과에 불복이 있는 경우 지방자치단체장을 상대로 주민소송을 제기할 수 있는 제도 • 납세자소송의 일환이며 국가재정운영 관련 국민소송제도는 인정되고 있지 않음 • 주민은 공익적 소송이므로 소익(訴益)을 요건으로 하지 않음
소송제한	주민소송이 계속 중인 때 동일 사항에 대해 다른 주민이 별도의 소송을 제기하지 못함
문제점	주민감사청구 없이 직접 주민소송 불가능, 주민감사를 거친 뒤에도 비리당사자를 상대로 직접 주민소송을 못함(복잡한 절차와 감사청구전치주의)

나두공

07장 지방자치론

07장 지방자치론

SEMI-NOTE

직접행정과 간접행정
- 직접행정(관치행정) : 국가 일선기관(특별지방행정기관)이 담당하는 행정
- 간접행정(자치행정+위임행정) : 자치단체가 고유사무만을 처리하는 자치행정과 위임사무를 처리하는 위임행정으로 구성

지방행정의 이념
- 자율성(자치행정)
- 경영성(경영행정)
- 봉사성(봉사행정)
- 형평성(복지행정)
- 대응성(생활행정 · 현장행정)
- 책임성(책임행정)
- 참여성(참여행정)
- 투명성 · 신뢰성(공개행정)

01절 지방자치와 지방행정

1. 지방행정

(1) 지방행정의 개념

① **광의의 지방행정** : 행정의 주체나 처리사무에 관계없이 일정한 지역 내에서 수행하는 일체의 행정, 즉 자치행정과 위임행정, 관치행정을 포괄하는 개념(자치행정+위임행정+관치행정)

② **협의의 지방행정** : 일정한 지역 내에서 지방자치단체가 처리하는 행정(자치행정+위임행정)

③ **최협의의 지방행정** : 지방행정의 개념을 자치행정과 동의어로 파악하여, 일정 지역 주민이 자신의 자치사무를 국가(중앙정부)의 간섭 없이 자주적으로 처리하는 것으로 봄(위임사무 제외)(자치행정)

(2) 지방행정의 특성

① **지역행정** : 국가행정이 전국을 단위로 통일적 · 일원적으로 실시되는 행정임에 비해, 지방행정은 일정 지역단위를 대상으로 개별적 · 다원적으로 실시되는 행정임

② **자치행정** : 일정한 지역에서 주민이나 독립된 법인격을 가진 자치단체, 또는 주민이 선출한 기관이 지방 사무를 자기 의사와 책임에 따라 자주적으로 처리하는 행정

③ **종합행정** : 국가행정은 전문적인 기능별 · 분야별 행정을 강조하는 데 비해, 지방행정은 지역 내 행정수요 전반을 종합적 · 포괄적으로 처리 · 수행하는 행정임

④ **생활행정 · 급부행정** : 주로 주민들의 일상생활에 직결되는 주택, 복지, 재산 등의 사무를 처리 · 수행하는 행정

⑤ **일선행정 · 대화행정** : 지역주민들과 접촉하면서 대화를 통하여 주민들의 의견을 청취하고 정책을 결정 · 집행해 가는 행정

⑥ **집행적 행정** : 국가행정이 계획 수립 및 통제기능을 주로 하는 반면, 지방정부는 집행기능을 주로 수행

2. 지방자치

(1) 지방자치의 개념

① **지방자치** : 일정한 지역의 주민이 그 지역 내 사무를 자주재원으로 자기책임 하에 스스로 또는 그 대표자를 통해 처리하는 것

한눈에 쏙~

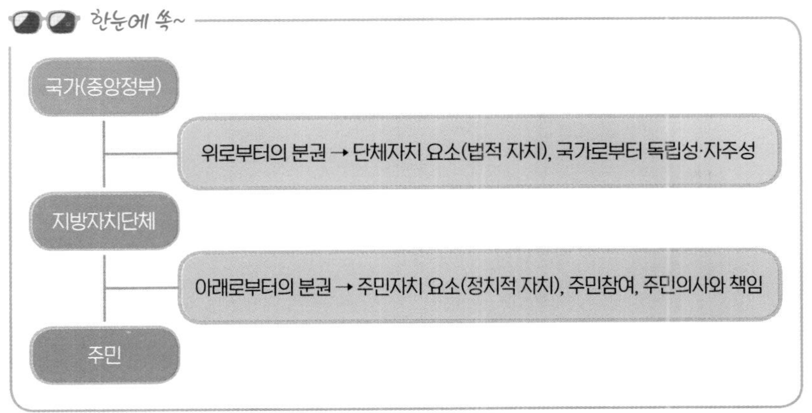

② **지방자치의 3대 구성요소** : 지역(구역), 주민, 자치권

(2) 자치권

① 의의

㉠ **개념** : 지방자치단체가 그 존립목적을 실현하기 위해 가지는 일정한 범위의 권리나 권한. 해당 지역의 문제를 그 주민들이 스스로 처리하도록 제도적으로 보장하고 있는 권리

㉡ **특성** : 예속성과 자주성의 양면성(국가로부터 일정한 감독과 통제 + 일정 범위의 자주성 · 독립성 보장), 포괄성(원칙적으로 해당 관할구역 내에 있는 모든 인적 · 물적 자원에 포괄적인 영향력 행사)

② 자치권의 본질

㉠ **고유권설(지방권설, 독립설, 확인설)** : 주민자치와 관련. 지방자치단체는 독자적으로 고유한 정치적 지배권을 향유한다고 보는 이론으로 자연법사상과 역사적 유래관에 기반을 두고 있음

㉡ **전래권설(국권설)** : 단체자치와 관련. 자치권은 국권으로부터 유래한 것으로 봄. 근대의 지방자치는 민족통일국가의 성립을 전제로 하므로, 지방자치단체는 국가 법률의 창조물이며 고유사무가 설정되어도 국가 법률에 의해 수탁된 결과이고, 사무집행 시 국가의 강력한 감독을 받음. 다만, 자치단체는 독립된 법인격을 가진 단체로서 자기이익을 위해 자기 권리로서 지배권을 행사할 수 있을 뿐임

③ 자치권의 내용

㉠ **자치입법권** : 사무처리에 필요한 법규를 자율적으로 제정할 수 있는 권한. 조례와 규칙제정권이 있음

자치입법	조례	규칙
의의	지방자치단체가 법령의 범위 안에서 권한에 속하는 사무에 관하여 지방의회의 의결로 제정하는 규범	지방자치단체장이 법령이나 조례의 범위 안에서 그 권한에 속하는 사무에 관하여 제정하는 규범
제정권자	지방의회	지방자치단체장, 교육감

SEMI-NOTE

지방자치의 4대 구성요소
지역(구역), 주민, 자치권, 지방사무

자연법사상
사람이 천부의 기본권을 가진 것처럼 지방자치단체도 고유한 지방권을 가지므로 국가권력으로 이 권리를 침범할 수 없음

역사적 유래관
지방자치단체는 국가의 성립 이전부터 형성된 것으로 지방자치단체가 국가로부터 권리를 부여받은 것이 아니라 오히려 국가가 지방자치단체로부터 권리를 인수한 것으로 봄

SEMI-NOTE

사무범위	• 자치사무, 단체위임사무에 대해 제정 가능 • 기관위임사무와 지방자치단체장 등의 집행기관의 전속적 권한에 속하는 것은 조례로 정할 수 없음이 원칙	자치사무, 단체위임사무, 기관위임사무를 불문하고 지방자치단체장의 권한에 속하는 모든 사항에 관하여 제정 가능. 단, 지방의회의 전속적 권한인 사항은 불가
효력발생	조례와 규칙은 특별한 규정이 없으면 공표한 날부터 20일이 지나고 효력 발생	

국가의 관여 · 감독 범위
- **영 · 미법계** : 지방자치단체가 원칙적으로 자치(고유)사무를 처리, 입법적 · 사법적 관여 위주, 기술적 · 재정적 지원
- **대륙법계** : 국가위임사무가 큰 비중, 행정적 관여가 강하며, 자치행정권의 범위가 좁음

ⓛ 자치행정권
- 지방자치단체가 국가의 관여 없이 자신의 독자적 사무(자치사무)를 자주적으로 처리할 수 있는 권한
- 우리나라의 경우 주무부장관은 자치단체장의 명령 · 처분에 대한 취소 · 정지권과 위임사무 불이행에 대한 직무이행명령권 및 대집행권을, 행정안전부장관은 자치사무에 대한 감사권을 가지므로 자치행정권이 상당히 제한됨

ⓒ 자치재정권 : 지방자치단체가 사무수행에 필요한 재원을 자율적으로 조달 · 관리하는 권한. 지방자치의 실질을 보장하기 위한 핵심적 요건

ⓔ 자치조직권
- 개념 : 지방자치단체가 사무의 수행을 위해 필요한 조직(인사)을 자율적으로 구성할 수 있는 권한. 주요 내용은 행정기구설치권과 공무원 임용권한
- 우리나라 : 헌법은 지방의회의 설치를 규정하고 지방의회의 조직 · 권한 · 의원선거와 지방자치단체장의 선임방법 기타 지방자치단체의 조직과 운영에 관한 사항을 법률로 정하도록 규정하여 자치조직권 보장

(3) 지방자치의 효용과 폐해

티부가설의 한계
- **형평성 저해 가능** : '지역 내 동질성'은 높아지지만 지역 간 빈부격차가 심해져 '지역 간 이질성'은 더욱 심해짐(효율성을 위해 형평성을 희생함).
- **전제조건의 비현실성** : 현실의 직장 · 문화시설 · 지역에 대한 감정적 정서 · 지가 · 입지조건 및 관련 이주비용, 불완전정보, 외부효과 등을 무시

① 티부(C. Tiebout)의 이주에 의한 투표권 행사(티부가설)

㉠ 의의
- 각 지역에서 제공하는 공공서비스와 조세 간의 묶음을 주민선호에 따라 자율적으로 선택하게 하여, 자신이 원하는 공공서비스를 제공하는 자치단체로 진입 · 퇴장을 보장하면 지방정부 간 경쟁을 유도하고, 서비스 공급의 효율성을 높일 수 있다는 가설(지방분권 옹호). 지방공공재의 시장배분적 과정 중시
- 공공재는 분권적인 배분체제가 효율적이지 못하며 중앙정부에 의한 공급이 필요하다는 새뮤얼슨(P. Samuelson)의 공공재 공급 이론을 반박한 것. 지방공공재의 효율적 공급방법이 지방분권임을 주장한 것이지 지방공공재의 최적 공급규모 결정 이론은 아님

ⓛ 결론
- 지방정부가 독자적 조세징수와 지방공공재에 관한 의사결정을 하는 지방분권 시 효율적 자원배분(Pareto 효율) 달성
- 지방정부는 중앙정부와 달리 주민의 선호에 따른 선택이 가능하며, 시장처럼 주민들이 가장 저렴한 비용으로 큰 이득을 얻는 프로그램을 찾아 지방

정부를 선택하게 하면 비슷한 선호와 소득을 가진 주민이 모여 살게 되고 지방공공재 규모가 적정수준이 됨

② **지역이기주의(Local Egoism)** : 단순한 향토애나 지역의식이 아닌 배타적이고 편협한 부정적 지역주의의 형태로, 국가이익 · 공동이익보다는 자기지역의 이익만을 추구하고, 우선시하는 지역주민 또는 자치단체의 경향 또는 태도

㉠ **특징**

- 지역주민들의 양면적 태도
- 다양한 원인과 이해 간의 마찰(복잡성)
- 해결곤란성(난해성)
- 불확실성으로 인한 두려움(시설의 위험성)

㉡ **형태**

- PIMFY(Put In My Front Yard) : 지역주민 또는 지방자치단체가 지역개발 촉진 등 자기지역에 이익이 되는 조치 · 시설을 적극 유치하려는 현상
- NIMBY(Not In My Back Yard) : 지역주민 또는 지방자치단체가 어떤 시설과 정책의 성격과 기능 및 역할에 관계없이 이를 기피하는 현상

SEMI-NOTE

지역이기주의에 대한 관점

- **부정론(전통적 입장)**
  - 공리주의적 윤리관에 기초
  - 지역이기주의는 협소한 국지적 합리성의 주장에 불과하다고 봄
- **긍정론(현대적 입장)**
  - 정의론에 입각하여 소수의 정당한 권리는 다수의 이익과 상반되더라도 보호되어야 한다고 봄
  - 지역이기주의의 본질은 지역보호주의에서 출발

02절 지방자치단체

1. 지방자치단체의 계층

(1) 단층제와 중층제(다층제) - 중간자치단체의 존재 여부 기준

① **단층제** : 하나의 구역 안에 단일의 자치단체만 존재. 국가와 자치단체 사이에 중간자치단체가 없음. 지방행정의 종합화를 추구하며 주민자치 전통이 강한 영국에서 유래

② **중층제(다층제)** : 하나의 구역 안에 여러 자치단체가 중첩된 구조. 국가와 기초자치단체 사이에 중간자치단체가 있음. 광역행정을 통해 능률성을 제고하고자 하며 단체자치 전통이 강한 프랑스에서 유래

구분	단층제	중층제(다층제)
장점	• 행정계층 수가 적어 이중행정이나 이중감독의 폐단을 방지. 경유기관을 줄여 행정의 지연을 방지하고 신속한 행정, 거래비용 · 의사전달비용 감소 • 행정책임의 명확화 • 다층제보다 자치단체의 자치권, 지역의 특수성 · 개별성 존중	• 지방정부 간 수직적 분업체계, 행정기능의 적정관리규모에 맞도록 행정구역을 구획하여 전문성 · 효율성 제고 • 중간자치단체가 보완, 대행, 감독, 광역행정기능 수행 • 국토가 넓고 인구가 많은 대규모 국가에 적합
단점	• 광역적 행정 · 개발사무처리에 부적합 • 자치단체 간 갈등이 중앙의 이슈로 될 가능성이 많으며 사전조정 곤란	• 이중감독, 이중행정의 폐단으로 인한 비능률 • 중간자치단체와 기초자치단체 간 행정책임의 불명확성

우리나라 계층구조의 문제점

- 계층구조 중복에 따른 비효율성
- 책임성 확보 곤란
- 광역자치단체와 기초자치단체 간 협력행정의 부족과 갈등
- 도와 시 · 군의 기능 중복에 따른 행정 비효율, 도의 형식화와 경유기관화
- 계층을 법률에 획일적으로 정함에 따라 지역의 정치경제적 상황이나 지역사회의 특수성을 반영할 수 없음

	• 계층 수 축소는 구역의 크기를 확대시켜 다층제보다 행정서비스에 대한 주민의 접근성 저하, 주민참여 곤란, 행정수요에 대한 지방정부의 대응성 · 민감성 둔화	• 지역별 특수성 · 개별성 경시 • 국가와 주민 간 상향적 의사전달과 하향적 행정침투의 왜곡 · 저해

SEMI-NOTE

국가별 계층구조

- 영국, 프랑스, 독일, 일본 등의 선진국은 대부분 중층제(점차 계층을 줄이는 추세)
- 미국의 경우 일반적으로 주(州)를 자치단체로 보지 않으므로 단층제로 봄
- 우리나라의 경우 자치계층은 2계층(광역 · 기초) 또는 1계층(세종특별자치시 · 제주특별자치도), 행정계층(자치계층과 읍 · 면 · 동 및 행정구를 포괄)은 2~4계층

구역 설정 시 고려사항

- 광역자치단체의 구역은 광역행정기능, 보완 · 대행기능, 연락 · 조정기능, 지도 · 감독기능 등을 수행하기 용이해야 함
- 우리나라 시 · 읍의 설치기준은 인구를 가장 중요한 기준으로 함

구역 설정 기준 학설

- **훼슬러(J. Fesler)**
  - 자연적 · 지리적 조건(특히 교통 · 통신 발달수준 고려)
  - 행정적 조건 : 행정처리의 능률성
  - 경제적 조건 : 자주재원 조달능력
  - 민주적 조건 : 자치행정에 대한 효과적인 주민통제(popular control)
- **밀스포우(A. Millspaugh)**
  - 공동사회(community) : 자연발생적인 공동생활권과 일치시킴
  - 능률적 행정단위(service unit) : 주민의 행정수요 충족에 있어 최소의 경비로 행정효과를 올릴 수 있는 적정 인구규모와 행정량을 가진 구역
  - 자주적 재원조달단위(self-financing unit) : 자체수입으로 행정수요 감당
  - 주민의 행정편의(areas of convenience) : 주민이 집행기관에 접근이 용이하고 행정처리에 편리하도록 함

(2) 외국의 자치계층

① 후진국은 관리능력의 미약으로 세밀한 감독을 위해 가급적 관할 구역을 좁게 하여 다층제로 발전되는 반면, 선진국은 교통통신이 발달되고 행정능력이 높으므로 관할구역을 넓게 함으로써 계층구조가 축소됨

② 오늘날 지방자치단체 계층 수는 축소하고, 기초적 행정구역은 넓어지는 경향. 계층이 줄어드는 것은 행정의 신속성 확보를 위함이고, 구역이 넓어지는 것은 교통 · 통신의 발달로 지역 간 연계성 증가에 따른 광역행정의 필요성이 커졌기 때문

2. 지방자치단체의 구역

(1) 지방자치단체별 구역 설정 기준

광역자치단체의 구역 설정 기준	기초자치단체의 구역 설정 기준
• 기초자치단체 행정기능의 효과적 조정 • 지역개발의 효과적 추진 • 도 · 농행정 기능을 동시에 효율적 수행 • 기초자치단체의 행정기능 보완	• 공동사회와 공동생활권 확대 • 민주성과 능률성 요구 • 재정수요와 재정조달능력의 관계 • 행정의 편의와 주민의 편의

(2) 명칭·구역 등 조정 절차

구분	지방자치단체	읍 · 면 · 동, 자치구가 아닌 구	행정시	리
명칭 · 구역 변경	• 주민투표를 실시한 경우가 아니면, 관계 지방의회의 의견을 들어 법률로 정함 • 단, 관할구역 경계변경 및 한자 명칭 변경은 대통령령으로 정함	해당 자치단체의 조례로 정하고 광역자치단체장에게 보고	도의 조례로 정하고 특별자치도지사가 행안부장관에게 보고	해당 자치단체의 조례로 정함(구역은 자연촌락 기준)
폐치분합(폐지 · 설치, 나누거나 합침)	• 주민투표를 실시한 경우가 아니면, 관계 지방의회의 의견을 들어 법률로 정함 • 단, 관할구역 경계변경 및 한자 명칭 변경은 대통령령으로 정함	행정부장관의 승인을 얻어 해당 자치단체의 조례로 정함		
사무소 소재지	해당 자치단체 조례로 정함(지방의회 재적의원 과반수의 찬성 필요)			–

3. 우리나라의 지방자치단체의 기관

(1) 지방의회 – 의결기관

① **의의** : 지방자치단체의 최고 의사결정기관. 주민에 의하여 선출된 지방의회의원을 구성원으로 하는 합의제 의사결정기관. 지방이익을 추구하는 점에서 국가이익을 추구하는 국회와 다름. 지방의회는 단원제로 운영

② **지방의회의 의결권** : 지방자치법 제47조 제1항에 따라 다음 사항을 의결

㉠ 조례의 제정 · 개정 및 폐지

㉡ 예산의 심의 · 확정

㉢ 결산의 승인

㉣ 법령에 규정된 것을 제외한 사용료 · 수수료 · 분담금 · 지방세 또는 가입금의 부과와 징수

㉤ 기금의 설치 · 운용

㉥ 대통령령으로 정하는 중요 재산의 취득 · 처분

㉦ 대통령령으로 정하는 공공시설의 설치 · 처분

㉧ 법령과 조례에 규정된 것을 제외한 예산 외의 의무부담이나 권리의 포기

㉨ 청원의 수리와 처리

㉩ 외국 지방자치단체와의 교류 · 협력

㉪ 그 밖에 법령에 따라 그 권한에 속하는 사항

SEMI-NOTE

지방의회의 지위

- **주민의 대표기관** : 주민이 선출한 의원으로 구성. 선출된 선거구 주민이 아닌 전체 주민을 대표하는 기관
- **의결기관(의사기관)** : 지방자치단체의 의사를 최종적으로 확정하는 권한을 지님
- **입법기관** : 자치법규인 조례 제정권은 지방의회의 전속적 권한
- **행정감시기관** : 의회의 결정사항이 집행기관에 의해 실현되는지 감시 · 확인
- **헌법기관** : 헌법 제118조는 지방자치단체에 의회를 두도록 함

4. 지방자치단체의 사무

(1) 지방자치단체의 사무의 종류

① **지방자치법상 구분** : 자치사무와 위임사무(단체위임사무와 기관위임사무)

② 행정실무상 자치사무와 단체위임사무를 지방사무, 기관위임사무를 국가사무라 함

③ **지방자치단체의 사무 비교**

구분	자치사무	단체위임사무	기관위임사무
의의	주민의 복리증진과 지방자치단체 존립과 관련된 본래적 사무	국가나 상급자치단체가 지방자치단체에게 개별 법령에 의해 위임한 사무	국가나 상급자치단체가 포괄적 법령 근거에 의해 지방자치단체의 집행기관에게 위임한 사무
사무처리주체	지방자치단체	지방자치단체	지방자치단체장
결정주체	지방의회	지방의회	국가
지방의회의 관여	가능	가능	불가능
자치입법	조례, 규칙	조례, 규칙	규칙
배상책임	지방 책임	국가 · 지방 공동책임	국가 책임

자치사무의 예

지역소방, 상하수도, 오물처리 및 청소, 시장 · 병원 · 공원 · 도서관 · 운동장 설치, 초등학교교육, 학교급식, 도시계획, 도서관, 지방세 부과 · 징수 등

단체위임사무의 예

보건소 운영, 시 · 군의 도세 징수, 시 · 도의 국세징수, 도의 국도 유지 · 수선, 광역자치단체의 하천 보수 · 유지, 국유하천 점유료 및 사용료 징수, 국민기초생활보장사무, 전염병 예방접종, 재해구호 등

기관위임사무의 예

경찰, 징병, 민방위, 선거, 인구조사, 경제통계, 농업개발, 상공업 및 수산업 진흥업무, 공유수면매립면허, 지적, 국세조사, 병역자원관리

SEMI-NOTE

국가사무의 처리 제한(지방자치법 제15조, 2022. 1. 13. 시행)

지방자치단체는 다음에 해당하는 국가사무를 처리할 수 없다. 다만, 법률에 이와 다른 규정이 있는 경우 국가사무를 처리할 수 있다.

- 외교, 국방, 사법(司法), 국세 등 국가의 존립에 필요한 사무
- 물가정책, 금융정책, 수출입정책 등 전국적으로 통일적 처리를 요하는 사무
- 농산물 · 임산물 · 축산물 · 수산물 및 양곡의 수급조절과 수출입 등 전국적 규모의 사무
- 국가종합경제개발계획, 국가하천, 국유림, 국토종합개발계획, 지정항만, 고속국도 · 일반국도, 국립공원 등 전국적 규모나 이와 비슷한 규모의 사무
- 근로기준, 측량단위 등 전국적으로 기준을 통일하고 조정하여야 할 필요가 있는 사무
- 우편, 철도 등 전국적 규모나 이와 비슷한 규모의 사무
- 고도의 기술을 요하는 검사 · 시험 · 연구, 항공관리, 기상행정, 원자력개발 등 지방자치단체의 기술과 재정능력으로 감당하기 어려운 사무

우리나라 사무배분의 문제점

- 사무구분의 모호성
  - 계층 간 사무배분의 불명확
  - 단위사무의 계층 간 분할 배분
- 자치단체의 특성을 무시한 획일적 사무배분
- 중앙정부 주도 사무배분
- 사무범위배분 규정의 실효성 미흡
- 사무배분과 재정배분의 불일치
- 기관위임사무 우위와 자주성 약화

(2) 지방자치단체의 사무배분

① 사무배분방식의 유형

㉠ 포괄적 수권형과 개별적 수권형

구분	포괄적 수권형	개별적 수권형
의의	법률에 특별히 금지된 사항이나 중앙정부의 전속적 관할에 속하는 사항을 제외하고는 자치단체의 구별 없이 모든 자치단체에 사무를 포괄적으로 배분하도록 지방자치에 관한 일반법에 규정하는 방식	지방자치단체가 처리할 수 있는 권한 사항을 사무종류별, 개개 지방단체별로 그때그때 필요할 때마다 수시로 국가의 개별 특별법에 의해 지정해 주는 방식
국가	주로 프랑스, 독일 등 유럽대륙형 단체자치제 국가	주로 영국형의 주민자치제 국가(영국 · 미국 · 캐나다)
장점	• 권한배분 방법 간단, 통일성 확보 • 운영상 유연성 · 융통성 • 사무를 개별적으로 지정하지 않으므로 지방재정에 융통성을 부여하여 행정수요와 재정력이 다양한 각 자치단체가 그 행정수요 · 재정력에 적합한 행정 가능	• 사무분배의 종류 · 한계가 명확, 책임한계 명확 • 지방자치단체의 특수성 · 개별성 고려 • 개별적으로 주어진 사무에 대해 자치권을 폭넓게 보장하고 중앙정부의 간섭을 최대한 배제하므로 자치권 영역이 넓어짐
단점	• 각 단계 정부단위의 사무 간 구분 불명확, 사무배분의 중복 · 혼란 • 지방자치단체의 특수성 · 개별성 무시 • 지방자치단체의 권한사항까지 국가나 상급자치단체의 관할로 법률에 규정하여 무제한적 통제를 초래하고 지방자치단체 권한이 유명무실화됨	• 무수한 법률의 제정을 요하므로, 의회의 업무량 폭주 • 법률 제정이 정치 쟁점화되어 장시일이 소요되는 경우 행정수요에 신속한 대응 곤란 • 법률 제정 때마다 중앙과 지방 간 관계가 계속 변동됨 • 지나친 개별성으로 인해 통일성 저해 • 사무를 구체적으로 지정하므로 운영상 유연성 저해

㉡ 절충적 수권방식 : 개별적 수권방식의 단점(경직성)과 포괄적 수권방식의 단점(사무구분의 모호성, 중앙정부의 간섭)을 보완한 방식으로서 사무를 예시하되, 모든 지방자치단체에 포괄되는 사무를 배분. 일본과 우리나라의 경우

② 사무배분의 원칙

㉠ 현지성 원칙

㉡ 보충성 원칙

㉢ 경제성 원칙

㉣ 공평성 원칙

㉤ 권한 · 책임 명확화 원칙

㉥ 지역종합성 원칙

㉦ 계획과 집행의 분업 원칙

㉧ 경비부담능력 원칙

ⓧ 이해관계범위 원칙

ⓩ 기타 : 포괄성의 원칙, 상호협력의 원칙, 행정수요의 특수성 적합 원칙, 자치단체의 규모 등 여건에 따른 차등 이양(차등 분권), 자치단체 능력한계 사무의 상급기관으로 이양, 민간부문에의 관여최소화 및 행정참여기회 확대

5. 광역행정

(1) 광역행정의 의의

① 기존 행정구역 또는 자치구역을 초월하여 발생되는 여러 행정수요를 통일적 · 종합적이고 현지성에 맞게 계획적으로 처리함으로써 행정의 능률성 · 경제성 · 효과성을 높이기 위한 현대행정국가 하의 지방행정 수행방식

② 국가행정의 효율성과 자치행정의 민주성이란 상반된 요구의 조화, 중앙집권과 지방분권의 조화를 위한 제도

③ 지방자치의 불신이나 지방자치의 필요성 소멸에서 나온 것이 아니며 행정구역이 새로운 사회환경에 부적합할 경우 더 넓게 처리하는 것으로 주민자치가 활성화된 영국 · 미국의 리저널리즘(regionalism ; 광역주의)이 시초, 신중앙집권화의 주된 요인이 되었으며 지방자치의 저해요인으로 작용

④ 분쟁조정과 광역행정

ⓐ **분쟁조정** : 자치단체 간 타율적 · 소극적 · 수직적 · 하향적 협력, 분쟁 발생 후 상급기관 · 중앙정부가 해결

ⓑ **광역행정** : 자치단체 간 능동적 · 적극적 · 수평적 · 자발적 협력, 분쟁 발생 전 지방자치단체 간 적극 협력

(2) 광역행정의 촉진요인

① 광역행정수요 증대에 대응

② 경제권 · 생활권의 확대에 따른 행정권과의 일치 요청

③ 급속한 도시화

④ 개발행정과 계획행정의 요청

⑤ 규모의 경제 실현(능률성의 요청)

⑥ 외부효과의 내부화

⑦ 지역 간 균형개발, 도 · 농간 서비스의 균질화 · 평준화 요청

⑧ 행정협력 · 조정 기능 보강, 지역갈등의 완화

⑨ 행정능력 향상의 요청

⑩ 집권(능률성)과 분권(민주성)의 조화, 중앙과 지방의 협력관계

(3) 우리나라의 광역행정 유형

① **지방자치법(2022. 1. 13. 시행)**

ⓐ **협력사업** : 지방자치단체는 다른 지방자치단체로부터 사무의 공동처리, 사무처리의 협의 · 조정 · 승인 또는 지원요청이 있는 경우 법령의 범위 내에서 협력하여야 한다(법 제164조).

SEMI-NOTE

광역행정의 장점
- 중앙집권과 지방분권의 조화
- 규모의 경제 실현
- 지역의 지리적 · 역사적 요인에 대한 고려
- 지방자치의 구역 – 계층 – 기능의 재편성 수단
- 제도와 사회 변화 사이의 괴리 완화
- 투자의 효율성 제고 및 자원의 효율적 이용
- 지방자치단체 간 협력을 촉진하여 자치단체 간 할거주의나 지역이기주의를 극복할 수 있음
- 자치단체의 행정적 · 재정적 격차를 완화하고 주민의 복지향상과 행정서비스 평준화 도모
- 막대한 자본 소요, 고도의 전문적 기술 요구 등 각 자치단체의 해결능력을 벗어나는 문제를 해결

광역행정의 단점
- 지방자치의 저해
- 지역주민의 접근성 및 자치의식 약화
- 지역별 특수성 · 개별성 경시
- 지역 · 지구제(zoning)와의 충돌
- **기타** : 재정적 책임부담과 이익형성 간 불일치 우려, 광역행정권 내 자치단체 간 동등한 권리 · 의무 확립 곤란, 거시적인 행정처리로 인해 행정의 말단 침투가 곤란해짐

ⓛ **사무위탁** : 지방자치단체나 그 장은 소관 사무의 일부를 다른 지방자치단체나 그 장에게 위탁하여 처리하게 할 수 있다(법 제168조).

ⓒ **행정협의회** : 지방자치단체는 2개 이상의 지방자치단체에 관련된 사무의 일부를 공동으로 처리하기 위하여 관계 지방자치단체 간의 행정협의회를 구성할 수 있다(법 제169조).

ⓔ **지방자치단체조합** : 2개 이상의 지방자치단체가 하나 또는 둘 이상의 사무를 공동으로 처리할 필요가 있을 때에는 규약을 정하여 지방의회의 의결을 거쳐 시 · 도는 행정안전부장관의 승인, 시 · 군 및 자치구는 시 · 도지사의 승인을 받아 지방자치단체조합을 설립할 수 있다(법 제176조).

ⓜ **지방자치단체장 등의 협의체와 연합체** : 지방자치단체의 장이나 지방의회의 의장은 상호 간의 교류와 협력을 증진하고, 공동의 문제를 협의하기 위해 전국적 협의체를 설립할 수 있다(법 제182조).

② 지방공기업법

ⓖ **공기업조합** : 지방자치단체는 지방직영기업의 경영에 관한 사무를 광역적으로 처리하기 위하여 필요한 경우 규약을 정하여 다른 지방자치단체와 공동으로 지방자치단체조합을 설립할 수 있다(법 제44조).

ⓛ **공동기업** : 지방자치단체는 상호 규약을 정하여 다른 지방자치단체와 공동으로 공사를 설립할 수 있다(법 제50조).

6. 특별지방행정기관(특별일선기관)

(1) 의의

① 국가나 지방자치단체의 특정 행정기관에 소속되어 특수한 전문분야의 행정사무를 처리하는 지방행정기관으로 특별지방관서라고도 하며 대부분 시 · 군의 경계를 초월하는 광역권에서 업무를 수행

② 주로 국가업무의 효율적 · 광역적 추진을 위해 설치되며 중앙정부 부처에 소속되어 특정한 국가사무를 지역에서 대신 처리하는 것에 불과하므로 관치행정이며 지방분권과는 무관

③ 사무의 전문성이나 관할구역 통일성과 전문성의 요구 등에 따라 종합행정기관인 지방자치단체에 위임하여 처리하는 것이 적합하지 않을 경우 특히 필요한 경우에 한하여 예외적으로 설치

④ 특별지방행정기관 중 일부는 중앙정부의 소관 사무를 처리함과 동시에 지방자치단체의 소관 사무도 처리

(2) 특별지방행정기관의 장단점

① **장점**

ⓖ 행정의 전문성 · 통일성

ⓛ 기능적 분권화

ⓒ 국가의 업무부담 경감

ⓔ 지역별 특성 반영

SEMI-NOTE

기타 광역행정 유형

흡수합병(권한 · 지위흡수), 구역확장(편입 · 흡수통합), 시 · 군 통합, 연락회의, 직원파견, 특별지방행정기관 등

특별지방행정기관의 유형

- 소속별
  - 국가(중앙행정기관) 소속
  - 지방자치단체 소속
- 1차 · 2차 일선기관
  - 1차 일선기관 : 경찰서, 세무서 등 일선에서 직접 주민과 접촉하는 일선기관
  - 2차 일선기관 : 지방경찰청, 지방국세청 등 중앙과 1차 일선기관 사이에서 교량역할을 하는 일선기관
- 귤릭(Gulick)의 분류
  - 전지형 : 중앙과 최하위 특별지방행정기관 간에 중간기관이 없는 단층형
  - 단완장지형 : 중앙과 최하위 특별지방행정기관 사이에 관할구역이 광범위한 소수의 중간기관을 두어 다수의 최하위기관을 관할하도록 하는 유형
  - 장완단지형 : 중앙과 최하위 특별지방행정기관 간에 관할구역이 협소한 다수의 중간기관을 두어 소수의 최하위 기관을 관할하도록 하는 유형

ⓜ 근린행정
ⓑ 공공서비스 제공의 형평성 제고
ⓢ 현장에서의 신속한 업무처리
ⓞ 협력 및 광역행정 수행

② 단점
㉠ 기능 중복에 따른 비효율성
㉡ 집권화와 중앙통제 강화
㉢ 지방행정의 종합성 제약
㉣ 행정의 민주성 · 책임성 저해, 주민참여의 곤란과 지방자치의 저해
㉤ 주민의 혼란과 불편 초래
㉥ 기관 상호 간 수평적 조정 곤란
㉦ 행정절차의 번잡하고 신속한 결정 곤란

SEMI-NOTE

특별지방행정기관의 특징
- 정치적이기보다는 관료적인 의미가 강함(중앙부처의 조직 구조와 계층의 일부분 구성)
- 중앙부처의 공식적 선발과정에 의하여 담당 행정관료를 충원
- 일선기관의 운영은 지역 사회에 의존하기보다 중앙정부의 의도에 의하여 운영됨

03절 지방재정

1. 지방재정체계

(1) 지방재정의 특성

① **다양성** : 지방자치단체의 여러 가지 여건에 따라 각각 재정규모나 성격이 다름
② **자주성에 대한 양면성** : 재정 면에서 자주성을 갖지만, 국가가 제정한 법규의 범위 안에서 이루어지며, 국가로부터 많은 통제를 받음
③ **재화의 성격 - 준공공재적 성격** : 국가재정은 순수공공재(국방 · 치안 · 사법 등)를 주로 공급하지만 지방재정은 비배제성과 비경합성이 약한 준공공재(상하수도 · 도로 · 교육 등)를 주로 공급
④ **재정의 기능 - 자원배분 기능 중심** : 국가재정은 자원배분(효율), 소득재분배(형평), 경제안정화, 경제성장 등 포괄적인 기능을 수행하는 반면, 지방재정은 주로 자원배분 기능을 중심적으로 수행
㉠ **효율성 중시** : 지방재정은 국가재정에 비해 형평성(공평성)보다는 효율성(자원배분의 효율성)을 더 중시
㉡ **생활관련성** : 지역 주민의 일상생활과 관련된 서비스를 제공하며 주민의 선호에 더 민감하게 반응
㉢ 소득재분배기능이나 경기안정화기능은 국가재정에서 수행함이 더 적합
⑤ **다양한 세입원** : 국가재정은 주로 조세 의존적, 지방재정은 조세 외에도 세외수입, 지방교부세, 국고보조금 등 다양
⑥ **경쟁성** : 재정운영에서 타 지방정부에 비해 더 나은 서비스를 경쟁적으로 제공하려 함(티부가설의 적용 가능)
⑦ **양입제출성** : 국가재정은 양출제입(量出制入)성격, 지방재정은 양입제출(量入制出) 성격이 강함(세입결정권한 없음)

준공공재적 성격
- **가격원리의 적용** : 준공공재를 공급하므로 배제성을 지닐 수 있어 가격원리가 적용되는 경우가 많음
- **응익성, 개별적 보상관계** : 일반적으로 국가재정에는 응능주의가 지배적이지만, 지방재정에는 응익주의가 강하게 지배, 일반국민의 담세 능력에 따른 보편적인 부과인 일반적 보상관계보다는 개별 이용자에게 부담시키는 개별적 보상관계가 강함

SEMI-NOTE

지방세
지방자치단체가 지방재정수요 충당을 위해 주민 또는 이와 동일한 지위에 있는 법인으로부터 특정한 개별적 보상이나 반대급부 없이 강제적으로 징수하는 재화

탄력세율이 적용되는 지방세
레저세, 지방소비세, 담배소비세를 제외한 지방세

세외수입
자주재원 중 지방세 이외의 수입을 총칭하는 개념

세외수입의 구성
- **실질상 세외수입**
  - 경상적 수입
  - 사업수입
- **명목상 세외수입**
  - 임시적 수입
  - 사업 외 수입

⑧ **외부효과성** : 지방재정은 일정 구역을 배경으로 하므로 재정활동의 효과가 그 구역을 넘어서는 외부효과성을 지님

2. 자주재원 - 지방세

(1) 지방세의 원칙

① 재정 수입 측면

보편성 원칙	모든 자치단체에 세원(稅源)이 고르게 분포해야 함. 지역 간 경제력 불균형으로 인해 보편적으로 소재하는 세원 발굴이 어려우므로, 가능하면 보편성이 높은 세원을 지방세로 배분하고, 지방교부세 등 재정조정수단으로 보완
충분성 원칙	지방재정수요의 충족에 필요한 충분한 수입이 확보되어야 함
안정성 원칙	지방행정수요에 대처하는 재정이 일정수준으로 유지되어야 하고, 재정의 건전성을 유지해야 하므로, 지방세는 경기변동에 민감하지 않고 세수(稅收)가 안정되어야 함
신장성 원칙	세수가 지역경제 성장에 따라 증가되어야 함. 경제발전과 소득수준 상승에 따라 재정수요도 증가하므로, 이에 충당할 재원 확보를 위해 세수 증가가 필요. 소득과세나 소비과세는 세수의 신장성을 높임
신축성 · 탄력성 원칙	재정수요 변화에 따라 탄력적으로 대응하도록 법정 세목과 세율 외에 지방자치단체의 세목 결정 및 세율 조정권한 인정하는 것. 우리나라의 조세는 법률로써만 정하는 법정세주의이고, 세율의 경우 일부 지방세에 대해 예외적으로 지방세법상 표준세율 범위 내에서 조례로써 가감할 수 있는 탄력세율이 적용됨

② 주민 부담 측면

응익성 원칙	지방자치단체의 서비스 제공으로 지역주민이 이익을 향유할 경우 일정 경비를 부담시킴
부담분임 원칙	가능한 한 모든 주민이 지방자치단체의 행정에 소요되는 경비를 부담해야 함. 응익성은 개별적 수익에 대응하는 개념이며 부담분임은 자치단체 구성원으로서 일반적 수익에 대응하는 개념
부담보편 원칙	동등한 지위에 있는 자에게는 동등하게 과세하며, 조세감면 폭을 너무 넓히면 안 됨. 부담분임은 가급적 많은 주민이 고르게 부담하는 것이며, 부담보편은 주민이 공평하게 부담하는 것
효율성 원칙	시장의 효율적인 선택행위를 침해하지 않아야 함

③ 세무 행정 측면

정착성 원칙	과세대상(세원)은 자치단체 간 이동이 적고, 관할구역 내에 정착되어 있어야 함
귀속성 원칙	하나의 세원이 둘 이상의 자치단체와 관련된 경우 어느 특정 자치단체에게 귀속해야 하고, 해당 자치단체에서 징수할 것이 명백히 구분되는 세원을 지방세로 해야 함

자주성 원칙	지방세는 지방자치단체가 과세행정상 자치성을 보장할 수 있어야 함. 탄력세율의 적용, 과세시가표준액의 결정 및 적용 비율의 고시, 과세면제조례의 제정시행 등은 과세 자주성에 기인한 것
편의 및 최소 비용의 원칙	징세가 간편하고, 경비가 적게 들어야 함
확실성 원칙	징세가 확실히 실행되어야 함

SEMI-NOTE

(2) 과세주체별 지방세의 종류

<table>
<tr><th colspan="2">과세주체</th><th colspan="2">보통세(9개)</th><th>목적세(2개)</th></tr>
<tr><td rowspan="2">광역자치단체</td><td>특별시세 · 광역시세</td><td>담배소비세, 자동차세, 지방소득세, 주민세</td><td rowspan="2">지방소비세, 취득세, 레저세</td><td rowspan="2">지방교육세, 지역자원시설세</td></tr>
<tr><td>도세</td><td>등록면허세</td></tr>
<tr><td rowspan="2">기초자치단체</td><td>시 · 군세</td><td>담배소비세, 자동차세, 지방소득세, 주민세</td><td rowspan="2">재산세</td><td rowspan="2">–</td></tr>
<tr><td>자치구세</td><td>등록면허세</td></tr>
</table>

지방세의 특성

- **강제적 부과 · 징수** : 법률에 근거해야 하지만 주민의 개별적 승낙의 의사표시를 요하지 않음
- **직접적 반대급부 없는 징수** : 개별적 반대급부 없이 주민 또는 일정구역 안에서 일정행위를 하는 자로부터 징수
- **독립세주의** : 국세는 국가 단일 과세주체이지만 지방세는 지방자치단체가 각각 독립된 과세주체가 됨

3. 지방교부세

(1) 의의

① **개념** : 지방재정의 지역 간 불균형을 시정하기 위하여 국가가 일정 내국세액 총액의 19.24%, 종합부동산세 전액, 담배부과 개별소비세 45%를 재원으로 하여 일정한 기준에 따라 각 자치단체에 배분하여 교부하는 금액

② **기능** : 재원의 균형화, 재원 보장, 자주성 보장

(2) 지방교부세의 종류

① **보통교부세** : 모든 지방지방자치단체가 일정한 행정수준을 유지할 수 있도록 표준수준의 기본적 행정수행경비를 산출하고 지방세 등 일반재원수입으로 충당할 수 없는 부족분을 일반재원으로 보전하는 재원

② **특별교부세** : 보통교부세 산정 시 반영할 수 없었던 구체적인 사정, 지방재정여건의 변동, 예기치 못한 재정수요 등을 고려하여 특별히 교부하는 교부세

③ **부동산교부세** : 부동산 보유세제 개편으로 기존 지방세이던 종합토지세와 재산세의 일부를 국세인 종합부동산세로 전환함에 따라 지방자치단체의 재원 감소에 대한 보전과 지역균형발전을 도모하기 위하여 2005년부터 교부. 2010년도에 시 · 도세인 지방소비세가 도입되면서부터는 보유세 및 거래세 감소분 보전을 폐지하고 전액을 균형재원으로 특별자치도 · 특별자치시 · 시 · 군 · 자치구에 교부

④ **소방안전교부세** : 행정안전부장관이 지방자치단체의 소방인력 운용, 소방 및 안전시설 확충, 안전관리 강화 등을 위해 교부

보통교부세의 재원

일정 내국세 총액의 19.24%의 금액 중 97%

특별교부세의 재원

일정 내국세 총액의 19.24%의 금액 중 3%

부동산교부세의 재원

종합부동산세 총액

소방안전교부세의 재원

담배에 부과하는 개별소비세 총액의 45%

SEMI-NOTE

4. 조정교부금

(1) 시·군 조정교부금

① 의의 : 광역시 · 도가 그 관할구역 내 시 · 군의 재정을 보전해주기 위해 시 · 군이 징수한 광역시세 · 도세 수입 일부를 일정기준에 따라 시 · 군에 배분하는 제도

② 종류

㉠ 일반조정교부금
- 시 · 군의 행정운영에 필요한 재원을 보전하는 등 일반적 재정수요에 충당하기 위한 교부금. 일반재원
- 재원은 조정교부금 총액의 90%

㉡ 특별조정교부금
- 시 · 군의 지역개발사업 등 시책을 추진하는 등 특정한 재정수요에 충당하기 위한 교부금. 특정재원
- 재원은 조정교부금 총액의 10%. 특별조정교부금은 보조사업의 재원으로 사용할 수 없음

시 · 군 조정교부금의 재원
다음 금액의 27%(인구 50만 이상의 시와 자치구가 아닌 구가 설치되어 있는 시는 47%)에 해당하는 금액
- 시 · 군에서 징수하는 광역시세 · 도세(화력발전 · 원자력발전에 대한 지역자원시설세, 소방분 지역자원시설세 및 지방교육세는 제외)의 총액
- 해당 광역시 · 도의 지방소비세액을 전년도 말 광역시 · 도의 인구로 나눈 금액에 전년도 말의 시 · 군의 인구를 곱한 금액

(2) 자치구 조정교부금

① 의의 : 특별시 · 광역시가 부과하는 시세 수입 중 일정액을 관할구역의 자치구간 재정력 격차를 조정하기 위해 자치구에 지원하는 제도

② 종류

㉠ **자치구 일반조정교부금** : 일반적 재정수요에 충당하기 위한 교부금. 재원은 조정교부금 총액의 90%

㉡ **자치구 특별조정교부금** : 특정한 재정수요에 충당하기 위한 교부금. 재원은 조정교부금 총액의 10%

자치구 조정교부금의 재원
특별시 · 광역시의 시세 중 보통세(광역시는 주민세 재산분 · 종업원분 제외)

5. 지방채

(1) 지방채의 의의

① **지방채의 개념** : 지방자치단체가 재정수입의 부족을 보충하기 위하여 지방자치단체의 '과세권'을 실질적인 담보로 하여 증서차입 또는 증권발행의 형식에 의해 외부로부터 조달하는 차입(借入)자금

② **지방채의 특징**

㉠ **장기차입금** : 2년 이상에 걸쳐 장기 분할 상환. 해당 연도의 수입으로 상환하는 일시차입금과 다름

㉡ **무담보 무보증** : 지방자치단체의 과세권을 실질적인 담보로 하며 별도의 담보는 없음

㉢ **자주재원인가 의존재원인가에 대해서는 견해 대립** : 정부의 지방재정 지표에서는 자주재원 및 의존재원과 별도로 구분하여 파악하고 재정자립도 계산에서도 지방채를 빼고 계산

지방채의 특징
- 특정재원, 임시재원
- 기채행위(채권발행) 시 자금이전 발생
- **국채와의 구별** : 지방채는 국채보다 탄력성이 적고 자주적으로 발행 곤란. 경제정책상 필요성에서 발행하는 국채와 달리 지방채는 주로 재정수입액의 부족 보존을 위해 발행
- **지방세와의 구별** : 지방채의 매입여부는 응모자의 자유의사이므로 지방세와 달리 조건만 갖추면 단기간 내 많은 수입을 확보할 수 있지만 예외적으로 강제로 인수시키는 공채(매출공채)도 있음

(2) 지방채의 발행 절차와 요건

① 지방자치단체장의 지방채 발행

㉠ **발행조건** : 지방자치단체장은 다음 사유를 위한 자금 조달에 필요할 때에는 지방채를 발행할 수 있음

- 공유재산의 조성 등 소관 재정투자사업과 그에 직접적으로 수반되는 경비의 충당
- 재해예방 및 복구사업
- 천재지변으로 발생한 예측할 수 없었던 세입결함의 보전
- 지방채의 차환(借換)

㉡ **발행 절차**

구분		내용
발행 한도액의 범위에서 발행	원칙	지방의회 의결(행정안전부장관의 사전 승인은 필요 없음)
	예외	외채(外債) 발행 시 행정안전부장관의 승인을 받고 지방의회의 의결을 거침
발행 한도액을 초과하여 발행	원칙	행정안전부 장관과 협의(승인×) + 협의한 범위에서 지방의회의 의결
	예외	재정책임성 강화를 위하여 재정위험수준, 재정 상황 및 채무 규모 등을 고려하여 대통령령으로 정하는 범위를 초과하는 지방채 발행 시 행정안전부장관의 승인 받은 후 지방의회 의결

② 지방자치단체조합장의 지방채 발행

㉠ **발행조건**

- 지방자치단체조합의 투자사업과 긴급한 재난복구 등을 위한 경비를 조달할 필요가 있을 때
- 투자사업이나 재난복구사업을 지원할 목적으로 지방자치단체에 대부할 필요가 있을 때

㉡ **절차** : 행정안전부장관의 승인을 받은 범위에서 조합 구성원인 각 지방자치단체 지방의회의 의결 필요

SEMI-NOTE

지방채의 종류

- **증권차입채** : 지방재정법 시행령상 차입금. 지방자치단체가 (차입)증서에 의하여 차입하는 지방채. 외국정부 · 국제기구 등으로부터 차관(현물차관 포함)을 도입하는 경우를 포함. 실제적으로 장기차입금이며 지명채권(指名債權)이므로 유통성이 없음
- **증권발행채** : 지방재정법 시행령상 지방채증권(협의의 지방채). 지방자치단체가 증권발행 방식에 의해 차입하는 지방채. 외국에서 발행하는 경우(외채)를 포함. 무기명이며 유통성이 있음
  - 모집공채 : 신규 발행 지방채 증권에 대해 청약서에 의하여 불특정 다수를 대상으로 공채매입자를 모집한 후 현금을 받고 지방채 증권을 발행하는 방식
  - 매출공채 : 지방자치단체로부터 인 · 허가나 등록 · 등기 등 특정 서비스를 제공받는 주민 · 법인을 대상으로 원인행위에 첨가하여 이미 발행한 지방채 증권을 강제 구입하게 하는 방식
  - 교부공채 : 지방자치단체가 현금지급 대신에 차후 연도에 지급을 약속하는 증권을 채권자에게 교부하는 방식

지방자치단체조합 지방채의 연대책임

조합이 발행한 지방채는 조합과 그 구성원인 지방자치단체가 상환과 이자 지급의 연대책임을 짐

Money can't buy happiness, but
neither can poverty.
행복은 돈으로 살 수 없지만
가난으로도 살 수 없다.

– 레오 로스텐 –